# ACCOUNTING PRACTICE and PROGRAMMING

# Excel 회계실무와 프로그래밍

정용기

정독
DEEP READING

# 머리말

Excel이 많은 업무영역에서 기본 도구로 사용되고 있고, 특히 숫자나 금액을 주로 다루는 회계 실무에서는 이젠 필수나 다름없는 도구이다.

그럼에도 불구하고 수많은 Excel 관련 도서 중에서 회계실무만을 중점적으로 다루고 있는 도서가 눈에 띄지 않아 아쉬웠다. 특히 회계학을 어느 정도 학습한 사람이나 Excel을 상당히 다룰 수 있는 사람들에게도, Excel 기능을 어디까지 어느 정도로 익혀야 할 것인지, 그리고 실제로 회계업무에 어떤 방법으로 적용되고 있는지에 대한 실무지침서가 꼭 필요한 것도 사실이다.

그래서 관련 강의에 대한 오랜 경험과 기업 실무자들의 도움을 얻어 회계실무와 관련된 Case들만을 모아 정리하여 이 책을 집필하게 되었다. 분야별 주요 Case들은 [따라하기] 형식으로 문제해결과정을 독자와 함께 하는 방식으로 기술하고 있지만, 각 Case마다 [유사 사례]를 두어 자율적으로 해결해 보도록 함으로써 응용능력을 배양할 수 있도록 고려하였다.

이 책의 전체적인 구성은 다음과 같다.

본론에 앞서 기술되고 있는 [회계실무에 유용한 Excel Tips]는 Excel에 사용되고 있는 여러 기능들 중에서도 회계업무 수행에 자주 사용되고 있으므로 Case 문제들을 다루기 전에 미리 익혀두면 도움이 될 만한 Tip들을 따로 요약, 정리해 본 것이다.

제1장 [영업실적과 성과평가] Case들은 활용도가 가장 빈번한 실무 문제들이지만 Excel 기초기능만 사용하더라도 쉽게 실무에 적용해 볼 수 있는 경우이다. Excel 초보자들을 위한 도입단계 차원의 실무 문제들이지만 향후 보다 복잡한 분석이나 프로그래밍을 위한 준비단계로 이해해도 좋을 것이다.

제2장 [장부 작성과 관리] Case들은 회계실무에서 가장 기본이 되는 각종 장부들을 직접 설계해보고 또 정확하고 손쉽게 입력해나가는 방법들을 소개하고 있다. 견적서, 매입매출장, 간편장부, 급여계산서 등의 비교적 정형적인 형태의 회계장부나 계산서식들을 설계하는 데에는 Excel의 기본적인 표작성 기능과 수식 및 함수들만을 적용하더라도 유용한 서식을 직접 개발하여 사용할 수 있게 될 것이다.

제3장 [결산과 추정재무제표 작성] Case들은 회계결산 작업이나 재무제표 작성과 재무분석, 그리고 추정재무제표 작성 등에 Excel 기능을 활용하는 방법을 다루고 있다. 특히 추정재무제표를 작성하는 Case는 미래예측이나 민감도분석 등을 수행하는데 유용할 것이다.

제4장 [추세분석과 재무보고] Case들은 매출자료 등과 같은 빅데이터 자료들을 분석해서 추세를 예측하고 동적 차트와 같은 다양한 멀티미디어식 보고자료를 만들어보는 방법들을 예시하고 있다.

제5장 [분석업무의 자동화] Case들은 엑셀에 내장되어 있는 여러 재무함수들을 이용하고 이를 일정한 양식으로 자동화할 수 있도록 하여 정기적, 반복적으로 사용하는 Case들을 다루고 있다. 할부금과 법인세 계산, 투자안 평가, 감가상각, 사업타당성 분석 등은 주요 회계 의사결정에 해당하는 문제들로 자동화 업무에 적격이다.

제6장 [업무 자동수행 Macro] Case들은 Excel의 꽃이라 할 수 있는 VBA Macro를 통해 반복적으로 수행해야 하는 업무들을 자동화하는 과정을 다루고 있다. 사실 Macro를 본격적으로 적용하기 위해서는 Visual Basic 학습이 선행되어야 하겠지만, 여기서는 기초적인 프로그래밍 예제들을 따라하는 방식으로 기본적인 Macro 사용법을 익혀서 점차적으로 유사한 사례나 업무에 확장 적용해나가는 방법으로 실습해보도록 한다.

제7장 [Excel로 만드는 재무회계 프로그램]에서는 지금까지 학습한 Excel 기본기능들을 사용하여, 거래를 분개하여 분개장에 입력하는 절차로부터 결산 및 재무제표 작성, 그리고 대시보드 등 그래픽보고서를 작성하는 절차 등 일련의 재무회계 프로세스 전체를 하나의 프로그램으로 만들어가는 과정을 실습해보기 위한 것이다. 물론 엑셀 프로그래밍에는 VBA Macro 적용이 적격이긴 하지만, 여기서는 장부설계에 다양한 입력통제기능을 접목하는 과정을 이해하도록 하기 위해 기본적인 엑셀 기능만을 주로 사용하고 있다. VBA Macro를 이용한 회계프로그래밍에 관심이 있는 경우에는 또 다른 졸저「행렬회계」책을 참조할 수 있을 것이다.

물론 이 한 권의 책에서 Excel을 회계실무에 적용할 수 있는 모든 문제나 Case들을 망라하기는 어려운 일이다. 여기에 제시된 Case들은 그중에서도 사용이 빈번한 예제들만을 선별 적용하고 있다. 더구나 여기에 [따라하기] 형식으로 예시된 풀이 절차나 적용 수식/함수들도 여러 가지 방법 중의 하나를 예시한 것에 불과할 뿐이며, 더 나은 방법이나 새로운 기능들을 적용해 볼 수도 있을 것이다.

이 책의 많은 한계에도 불구하고, 회계실무와 관련된 Case들을 Excel로 수행하거나 직접 프로그래밍하는 절차에 대한 새로운 시도로 이해해주기 바란다. Excel과 회계실무의 접목은 OA(업무자동화)는 물론 빅데이터분석이나 코딩/프로그래밍을 위한 기초가 될 것이므로, 관련 사례들을 모으고 정리하는 추가적인 노력이 저와 독자들의 공동관심사가 되기를 기대한다.

이 책의 일부 Case들은 앞선 졸저인「사례중심 Excel 활용 회계실무」에서도 소개된 바 있으며, 이를 보다 보완하고 확장하여 실무지침서로 손색이 없도록 개선하고자 노력하였다. 부족한 부분은 독자들의 창의적인 제언이나 지속적인 개선 노력을 통해 보완해나가고자 한다.

**2022년 화창한 여름날에**

**저자**

# 차 례

알유엑셀 TIPS

## 회계실무에 유용한 Excel Tips

## 회계실무 Cases

알유엑셀TIPS

# 회계실무에 유용한 Excel Tips

Excel의 가장 큰 장점은 각종 수치연산과 분석업무를 쉽고 빠르고 정확하게 수행할 수 있다는 것이다. 이들 업무는 대부분 유사한 작업과정을 반복 수행하게 되는 경우가 많은데, 이때 가능한 한 반복업무를 최소화하고 자동화할 수 있도록 구성하는 것이 중요하다. 물론 대부분의 기능은 메뉴나 단축키에 정의되어 있긴 하지만, 유용한 Tip들을 미리 정확히 이해하고 손에 익혀둠으로써 가능한 한 빠르고 간소화된 절차를 통해 업무를 수행할 수 있도록 하는 것이 엑셀 활용을 업그레이드 하기 위한 지름길이다.

엑셀 회계실무 Case 학습에 앞서서, 모르고 있어도 크게 문제되는 것은 없을지 모르지만 알아두면 쓸모 있고 유용한 엑셀 TIP들을 미리 정리해 보았다. 이 중에는 Case 해설에 적용된 것도 있고 미처 적용하지 않은 것도 있지만, 미리 학습해 두면 문제 해결에 보다 유용할 것이다.

# 알유엑셀TIP 01 Worksheet에서의 이동

## Worksheet의 특성

Excel 2007 이후의 버전에서는 Worksheet의 크기가 1,048,576행과 16,384열(A~XFD)로 구성되어 있다. 하나의 페이지 단위로 구성되어 있는 워드 등에서의 자료입력방법과는 달리, Worksheet는 말하자면 약 172억 페이지(=1,048,576×16,384)의 용지를 서로 겹쳐놓아 하나의 sheet 형태로 구성해 놓은 독특한 구조를 가지고 있다. 게다가 하나의 셀(페이지)에 입력할 수 있는 글자수가 3만 자 이상이고, 이러한 sheet를 255개까지 포함하여 하나의 통합문서로 저장할 수 있으니, 이론상으로는 하나의 worksheet에 포함할 수 있는 데이터량은 무궁무진하다.

현실적으로 이 모든 데이터 영역을 가득 채워 관리할 수 있는 방법이나 그러한 업무도 있기 어려운 일이지만, 하나의 sheet 내에 포함되는 데이터량이 많아질수록 처리속도가 늦어질 수밖에 없고, 입력되는 데이터 셀 사이의 빈칸 영역까지도 파일 용량에 포함되는 구조이므로, worksheet 내에서 데이터를 어떤 형식으로 입력하고 관리할 것인가에 대한 사전계획이 필요하다.

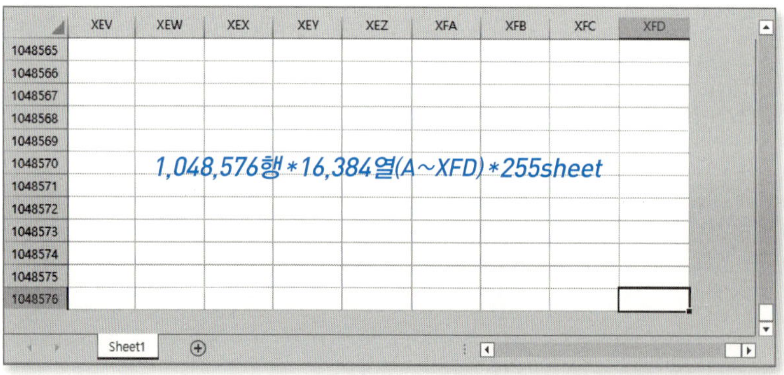


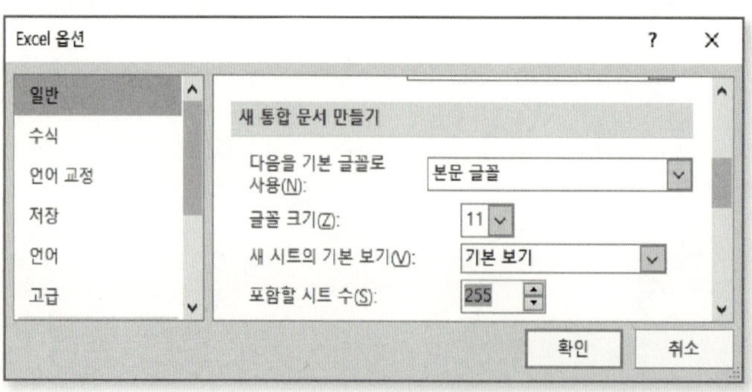

## Worksheet에서의 셀 이동과 단축키

수많은 셀들로 구성되어 있는 sheet 내에서 특정 셀 또는 데이터영역으로 커서를 쉽게 이동할 수 있도록 하기 위해 다양한 단축키가 준비되어 있다. 특히 일정 범위에 데이터가 입력되어 있거나 Macro를 통해 특정 셀로 이동하고자 하는 경우 이들 단축키를 이용하면 매우 유용하다.

| 단축키 | 수행 결과 |
|---|---|
| Enter / Shift + Enter | 아래쪽으로 한 셀 이동 / 위쪽으로 한 셀 이동 |
| Tab / Shift + Tab | 오른쪽으로 한 셀 이동 / 왼쪽으로 한 셀 이동 |
| Home | 현재 행의 처음 셀로 이동 |
| Ctrl + Home / Ctrl + End | A1셀로 이동 / 워크시트 마지막 셀로 이동 |
| Ctrl + ( ← → ↑ ↓ ) | 해당 방향의 마지막 데이터 셀로 이동 |
| End + ( ← → ↑ ↓ ) | |
| Shift + ( ← → ↑ ↓ ) | 해당 방향으로 한 셀씩 범위지정 |
| Ctrl + Shift + ( ← → ↑ ↓ ) | 해당 방향의 마지막 데이터 셀까지 한 번에 범위 지정 |

## 알유엑셀TIP 02 숫자 표시와 감추기

### 숫자 앞에 0 입력하기

데이터가 많은 표에서 행 또는 열 단위로 세 자릿수의 일련번호를 입력하고자 할 때, 001, 002, 003…과 같이 입력하더라도 연산에 불필요한 0은 자동으로 제거되고 1, 2, 3…과 같이 표시된다. 형식상 세 자리 숫자표시가 필요하여 [셀서식]을 찾아봐도 적당한 표시형식이 없다. 이 경우 일련번호를 표시할 셀범위를 지정하고 오른쪽 마우스 [셀서식]의 [표시형식] - [사용자지정]을 선택하고 오른쪽 [형식] 입력상자에 '000'을 입력한 후 [확인]을 누르면 '001'과 같이 표시된다.

### 일련번호 자동 표시하기

거래일자, 제품목록 등을 작성할 때 맨 앞 열에 일련번호를 입력하는 경우가 많은데, 중간에 새로운 거래를 삽입하거나 품목을 삭제할 때마다 일련번호를 수정해야 하는 불편이 있다. 이 경우 일련번호를 숫자로 입력하는 대신에 행번호를 표시하는 ROW함수를 사용할 수 있다. 예컨대 A4셀 아래로 1부터 시작하는 일련번호를 부여하려고 하면, A4셀에 "=ROW() - 3"으로 입력하고 아래로 자동채우기 하면, 중간에 행이 삽입되거나 삭제되는 경우에도 일련번호를 유지하게 된다. 여기서 "=ROW() - 3"은 ROW함수로 현재의 행번호(4)를 구한 다음 3을 빼서 1로 표시한다는 의미이다.

### 원 단위 숫자를 천원, 백만원 단위로 표시하기

매출액 등 대부분의 재무제표 금액들은 원 단위까지 표시해야 정확한 계산이 가능하다. 그러나 약식의 보고 목적상 원래의 숫자는 그대로 유지한 채 천원 또는 백만원 단위로 표시해야 할 경우가 있다. 데이터 범위를 지정하고 오른쪽 마우스 [셀서식] - [표시형식] - [사용자 지정]에서 오른쪽 [형식] 입력상자에 '#,###,'으로 입력하고 [확인]을 누르면, 수식입력줄에 표시되는 숫자는 그대로 있지만 선택된 셀범위의 값은 천원 단위까지만 표시된다. 백만원 단위로 표시하고자 하는 경우에는 맨 뒤쪽에 쉼표(,)를 하나 더 추가하여 '#,###,,'과 같이 입력한다.

### 천원 단위 숫자를 원 단위 숫자로 바꾸기

고액 거래 매출기업의 경우 편의상 대부분 매출액을 천원 단위 숫자로만 입력하는 경우도 많다. 그러나 필요에 따라 원 단위 금액으로 수정하려고 하는 경우 수많은 거래 금액을 어떻게 한꺼번에 바꿀 수 있을까? 데이터 범위 외의 빈 셀에 '1,000'을 입력하고 그 셀을 [복사]한 다음, 변환하고자 하는 데이터 범위를 선택하고 오른쪽 마우스 [선택하여 붙여넣기] – [선택하여 붙여넣기] 대화상자에서 [연산] 옵션으로 [곱하기]를 선택하고 [확인]을 누르면 한꺼번에 변환된다. 여기서 [곱하기] 대신 [나누기]로 선택하면 천원 단위 금액이 백만원 단위로 표시될 것이다.

## 셀에 입력된 데이터 감추기

표작성시 참고자료로 사용했던 셀이나 다른 사람에게 보이지 않아야 할 데이터를 화면에 표시하지 않도록 해야 할 때가 있다. 숨기려는 셀범위를 지정하고 오른쪽 마우스 [셀서식] – [표시형식] – 사용자 지정]의 [형식] 상자에 ';;;'와 같이 세 개의 세미콜론(;)으로 입력하고 [확인]을 누른다. 이는 [사용자 지정] – [형식]에서 4개 구역까지를 ';'로 구분하여 정의할 수 있는데, ';' 사이에 아무것도 정의하지 않은 것이니 데이터를 보이지 않도록 한다는 의미이다.

# 알유엑셀TIP 03 이름 정의하여 사용하기

## 이름 정의하기

특히 데이터 양이 많거나 복잡한 구조에서 수식이나 함수를 적용할 때 현재 또는 다른 sheet의 특정 셀이나 셀범위를 참조하거나 대상 셀로 블록 지정해야 하는 경우가 많은데, 이때 미리 해당 셀 또는 셀범위에 [이름]을 정의해두고 사용하는 것이 편리하다.

- 방법 1: 먼저 이름을 정의할 셀이나 셀범위를 지정하고 [수식] 탭의 [정의된 이름] - [이름 정의]를 선택한 후 [새 이름] 대화상자의 [이름]난에 정의할 이름을 입력하고 [확인]을 누른다.
- 방법 2: 먼저 이름을 정의할 셀이나 셀범위를 지정하고 sheet의 행/열 머리글 한 칸 위쪽의 [이름상자]를 클릭해서 여기에 정의할 이름을 입력하고 Enter키를 누른다.

[방법 2]의 사용이 보다 간편하며, 정의된 이름들은 [수식] 탭의 [정의된 이름] - [이름관리자]에서 확인해 볼 수 있다.

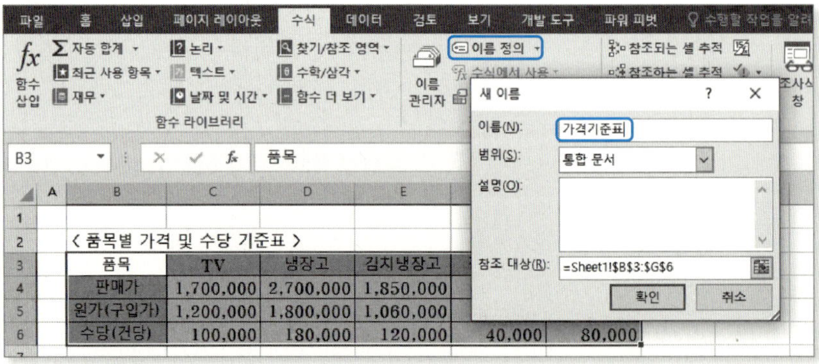

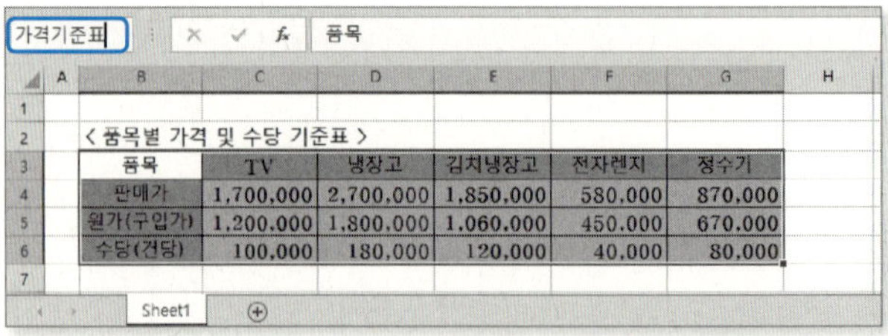

## 행/열 단위 이름 정의하기

행/열 단위로 구성된 데이터 범위에서 행/열 머리글을 기준으로 각각 이름을 정의하고자 하는 경우, 먼저 해당 범위를 지정한 후 [수식]탭의 [정의된 이름] - [선택영역에서 만들기]를 선택하여 첫 행 또는 첫열로 지정하면 여러 이름을 한꺼번에 정의할 수 있다.

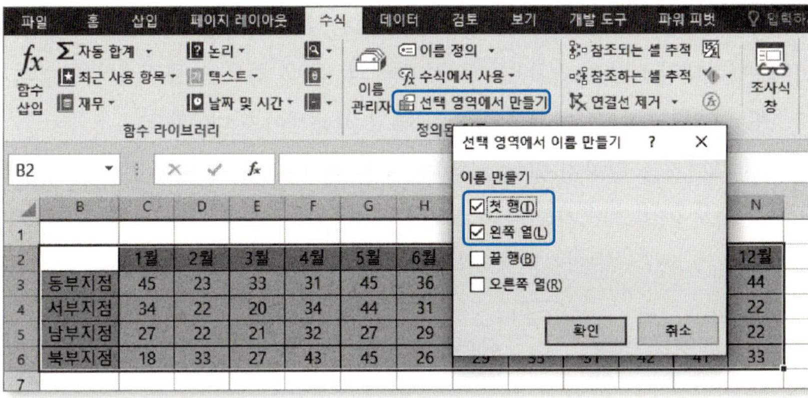


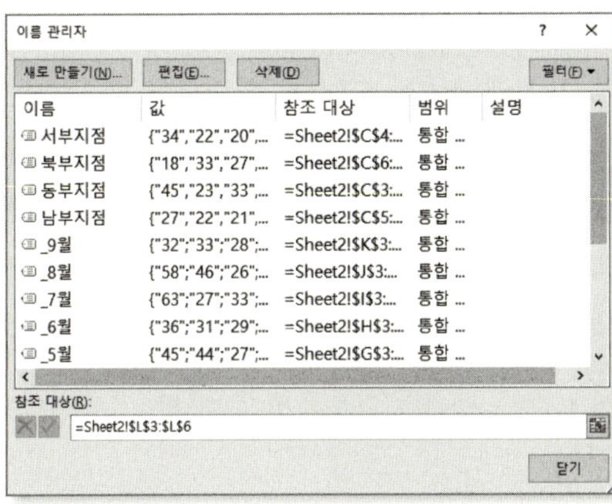


## 이름의 편집 및 관리

이름의 첫 글자로 숫자를 사용할 수 없으므로 '1월' 등 숫자가 포함된 경우에는 앞에 다른 문자나 밑줄(_)을 포함하도록 해야 하고, 이름 중간에 공백이 이 있어서도 안된다. 정의된 이름이 다른 sheet에서 사용될 수도 있으므로, 보통 [참조대상]에는 선택한 셀범위 앞에 해당 sheet의 이름이 붙는다. 이름을 정의했던 대상 셀이나 범위가 삭제된 경우 [참조대상]에 오류가 생기게 되는데, 이 경우 [이름관리자] 화면에서 수정, 편집하거나 [필터] - [오류가 있는 이름]을 선택하여 일괄 삭제할 수 있다.

## 알유엑셀TIP 04 상대셀 참조와 절대셀 참조

### 상대참조와 절대참조 적용하기

연산을 위한 수식을 정의하고 그 수식을 다른 셀 영역에도 복사하여 동일하게 적용해야 할 경우도 많다. 이때 복제된 수식의 위치에 따라서 미리 정의된 수식의 위치정보가 반영되어 수식 자체가 자동 변경되어지는 [상대참조](또는 [상대셀 참조]) 방식과, 처음 참조한 셀주소가 변경되지 않도록 하는 [절대참조](또는 [절대셀 참조]) 방식을 잘 이해하고 적용해야 한다.

[절대참조]의 경우 변경을 원하지 않는 열 번호 또는 행 번호 앞에 '$'부호를 추가하면 되는데, 흔히 입력된 셀주소에서 F4키를 번갈아 눌러가며 원하는 절대참조 형식을 선택 적용한다.

예컨대 차이 계산을 위해 C9셀에 '=C4-C7'으로 입력하고 E9, H9셀에도 같은 논리를 적용하려면 [상대참조]인 상태로 C9셀을 복사하여 E9, H9셀에 붙여넣기 하면 된다. 그러나 C10셀에 차이금액으로 표시하고자 하는 경우에는 판매단가가 입력되어 있는 F1셀이 고정되어 있으므로 '$F$1'과 같이 절대참조 형식으로 변경해두어야 C10셀의 수식을 변경 없이 E10, H10 셀에 복사하여 적용할 수 있다. 여기서 복제되는 셀영역이 모두 10행에 위치해 있으므로 '$F$1' 대신에 '$F1'과 같이 입력해도 결과는 같다. 즉 향후 복제될 셀영역이 열단위인가 행단위인가에 따라 절대기호($)의 입력위치를 결정해야 한다.

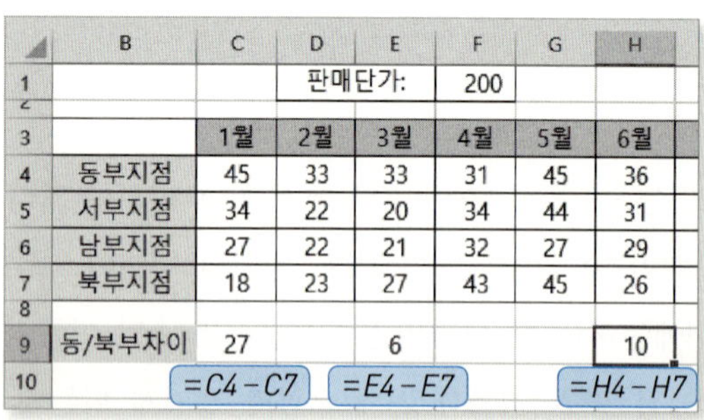

| | B | C | D | E | F | G | H |
|---|---|---|---|---|---|---|---|
| 1 | | | 판매단가: | | 200 | | |
| 3 | | 1월 | 2월 | 3월 | 4월 | 5월 | 6월 |
| 4 | 동부지점 | 45 | 33 | 33 | 31 | 45 | 36 |
| 5 | 서부지점 | 34 | 22 | 20 | 34 | 44 | 31 |
| 6 | 남부지점 | 27 | 22 | 21 | 32 | 27 | 29 |
| 7 | 북부지점 | 18 | 23 | 27 | 43 | 45 | 26 |
| 8 | | | | | | | |
| 9 | 동/북부차이 | 27 | | 6 | | | 10 |
| 10 | | =C4-C7 | | =E4-E7 | | | =H4-H7 |

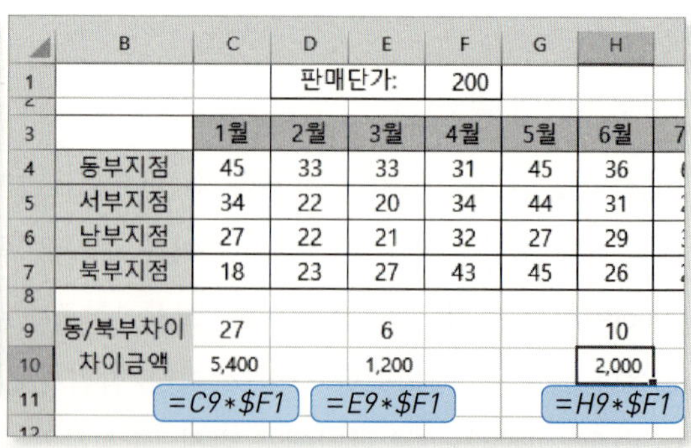

| | B | C | D | E | F | G | H |
|---|---|---|---|---|---|---|---|
| 1 | | | 판매단가: | | 200 | | |
| 3 | | 1월 | 2월 | 3월 | 4월 | 5월 | 6월 |
| 4 | 동부지점 | 45 | 33 | 33 | 31 | 45 | 36 |
| 5 | 서부지점 | 34 | 22 | 20 | 34 | 44 | 31 |
| 6 | 남부지점 | 27 | 22 | 21 | 32 | 27 | 29 |
| 7 | 북부지점 | 18 | 23 | 27 | 43 | 45 | 26 |
| 8 | | | | | | | |
| 9 | 동/북부차이 | 27 | | 6 | | | 10 |
| 10 | 차이금액 | 5,400 | | 1,200 | | | 2,000 |
| 11 | | =C9*$F1 | | =E9*$F1 | | | =H9*$F1 |

## 참조영역이 다른 sheet인 경우

입력 수식에서 참조해야 할 셀범위가 다른 시트에 있는 경우에는 셀주소 앞에 '(시트이름)!'을 붙여준다. 또 만일 참조 셀범위가 다른 파일에 있는 경우에는 시트이름 앞에 참조할 파일이름도 대괄호([ ])에 넣어 표시해 주어야 한다.

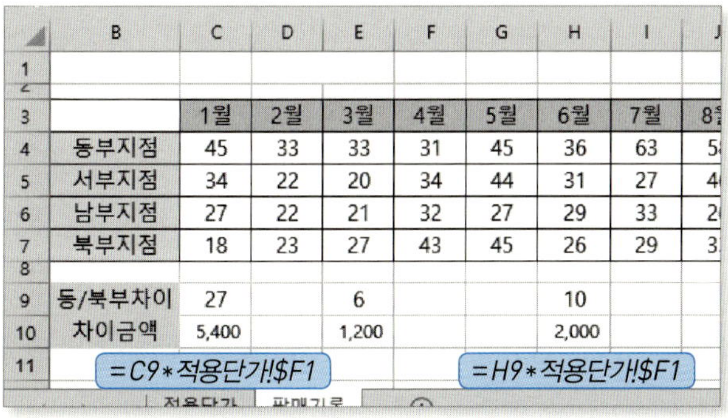

| | B | C | D | E | F | G | H | I |
|---|---|---|---|---|---|---|---|---|
| 3 | | 1월 | 2월 | 3월 | 4월 | 5월 | 6월 | 7월 |
| 4 | 동부지점 | 45 | 33 | 33 | 31 | 45 | 36 | 63 |
| 5 | 서부지점 | 34 | 22 | 20 | 34 | 44 | 31 | 27 |
| 6 | 남부지점 | 27 | 22 | 21 | 32 | 27 | 29 | 33 |
| 7 | 북부지점 | 18 | 23 | 27 | 43 | 45 | 26 | 29 |
| 9 | 동/북부차이 | 27 | | 6 | | | 10 | |
| 10 | 차이금액 | 5,400 | | 1,200 | | | 2,000 | |



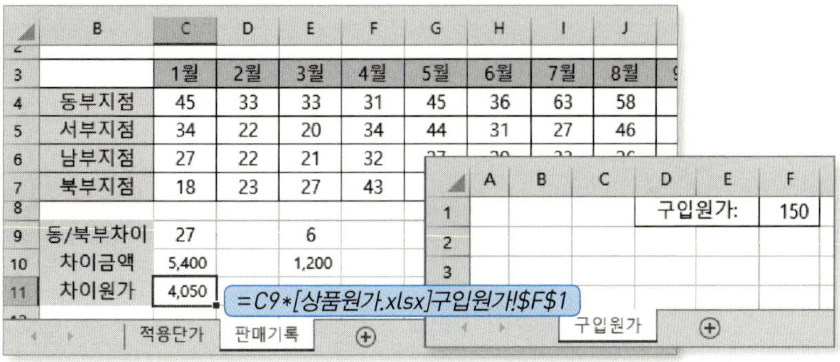

| | B | C | D | E | F | G | H | I | J |
|---|---|---|---|---|---|---|---|---|---|
| 3 | | 1월 | 2월 | 3월 | 4월 | 5월 | 6월 | 7월 | 8월 |
| 4 | 동부지점 | 45 | 33 | 33 | 31 | 45 | 36 | 63 | 58 |
| 5 | 서부지점 | 34 | 22 | 20 | 34 | 44 | 31 | 27 | 46 |
| 6 | 남부지점 | 27 | 22 | 21 | 32 | | | | |
| 7 | 북부지점 | 18 | 23 | 27 | 43 | | | | |
| 9 | 동/북부차이 | 27 | | 6 | | | | | |
| 10 | 차이금액 | 5,400 | | 1,200 | | | | | |
| 11 | 차이원가 | 4,050 | | | | | | | |

| | A | B | C | D | E | F |
|---|---|---|---|---|---|---|
| 1 | | | | 구입원가: | | 150 |



참조된 파일 이름이나 위치가 바뀌거나 삭제된 경우 오류메시지 창이 표시되는데, 연결을 수정, 편집하려면 [데이터] 탭의 [연결]-[연결 편집]에서 변경할 수 있다.

## 알유엑셀TIP 05 데이터 자동채우기

연속된 셀 범위에 일정 규칙의 문자, 숫자를 입력할 때 일일이 입력하기보다는 데이터 채우기 기능을 익혀두고 사용하면 매우 편리하다.

### 하나의 셀에 입력된 데이터에서 자동채우기핸들을 드래그하면

- 문자 또는 숫자 하나만 입력된 셀인 경우 동일한 데이터가 복사되어 채워진다.
- 문자와 숫자가 혼합된 연속데이터인 경우 숫자가 증가되면서 데이터가 채워진다.
- 요일 등 연속데이터인 경우에는 다음의 연속데이터로 채워진다.
- 자동채우기핸들을 드래그한 후 자동채우기 옵션단추(田)를 클릭하면 연속데이터 채우기, 서식만 채우기, 서식없이 채우기 등을 선택하여 변경할 수 있다.

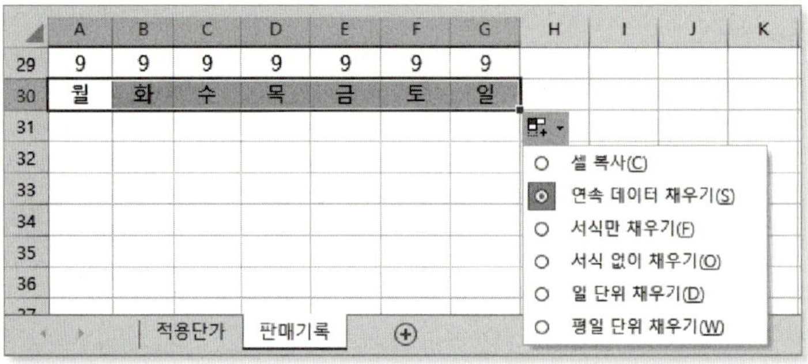


### 셀 범위 지정하여 자동채우기핸들을 드래그하면

- 데이터가 입력된 둘 이상의 셀범위를 지정한 경우 해당 데이터의 값 차이만큼 증가 또는 감소된 값들로 채워진다.
- 지정된 범위에 빈 셀이 있는 경우 빈 셀도 반복하여 채워진다.
- 순서가 있는 문자데이터인 경우 목록에 지정된 순서대로 표시되고, 목록에 없는 경우 [파일] 탭의 [옵션]-[고급]-[일반]의 〈사용자 지정 목록 편집〉을 클릭하여 [목록 항목]에 새 목록을 추가한 후 사용할 수 있다.

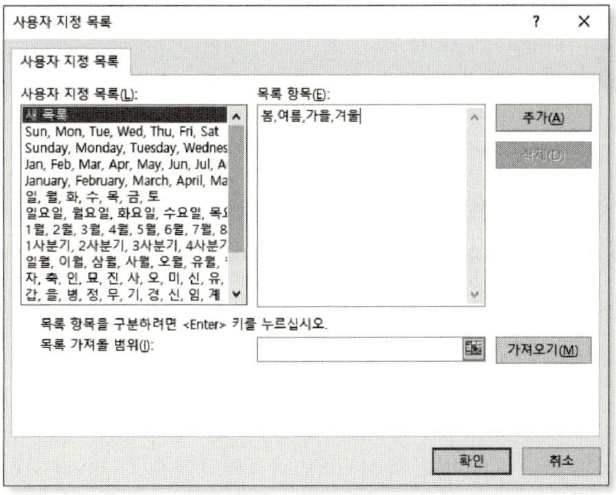


## 자동채우기핸들과 옵션단추가 표시되지 않을 경우

대부분 기본 설정으로 선택되어 있는 것이지만, 혹시 자동채우기핸들(+)이 표시되지 않는 경우 [파일] 탭의 [옵션] - [고급] - [편집 옵션]에서 "채우기 핸들 및 셀 끌어서 놓기 사용"이 선택되어 있는지 확인한다. 자동채우기 옵션단추( )가 표시되지 않는 경우에는 위 [편집 옵션] 아래쪽의 [잘라내기/복사/붙여넣기]에서 "콘텐츠를 붙여넣을 때 붙여넣기 옵션단추 표시"가 선택되어 있는지 확인한다.

## 알유엑셀TIP 06 날짜, 시간 데이터로 계산하기

엑셀에서 날짜와 시간은 숫자로 표시되며, 따라서 계산이 가능한 데이터이다. 특히 회계에서는 연도 구분이나 이자계산 등에서 숫자 형식의 날짜 표현이 자주 사용되므로, 이들 데이터의 특성을 미리 이해해 두어야 각종 연산에 활용할 수 있을 것이다.

### 날짜 표시방법

엑셀에서는 날짜에 고유의 숫자를 대입하여 1900년 1월 1일을 '1'로 표시하고 매일 1씩 증가하는 숫자형식으로, 그로부터 44,614번째에 해당하는 날짜를 '2022-02-22'로 인식한다. 따라서 2021년4월20일(해당 숫자 44,306)에 차입한 금액에 대해 2022년2월22일(해당 숫자 44,614)까지의 날짜수(308일)를 계산할 수 있으므로 해당 이자계산을 쉽게 할 수 있다.

날짜를 입력할 때는 주로 'yyyy-mm-dd' 형식으로 연도와 월, 일을 구분하는 하이픈(-)이나 슬래시(/)를 사용하여 '2022-02-22'와 같이 입력한다. 물론 날짜 표시형식도 오른쪽 마우스의 [셀서식]에서 [표시형식]-[날짜]의 형식들 중에서 선택 적용할 수 있다.

날짜를 '월-일'(mm-dd) 형식으로만 입력하는 경우에는 화면상으로는 입력한 월-일만 표시되지만, 내부적으로는 시스템 상에서 인식하고 있는 현재 연도까지가 자동 반영되어 인식된다. 따라서 현재 연도가 아닌 경우에는 반드시 해당 연도까지 입력하도록 한다. 연도를 두 자릿수만 입력하는 경우 00~29까지는 2000년대로, 30~99까지는 1900년대로 인식한다. 또 날짜를 입력했던 셀에는 자동으로 날짜 서식이 지정되어 숫자를 입력해도 날짜 표시형식으로 표시되어진다.

D4 | =B5-B4

| | A | B | C | D | E |
|---|---|---|---|---|---|
| 1 | | 날짜 표시 | 숫자 표시 | | |
| 2 | | 1900-01-01 | 1 | | |
| 3 | | | | (경과일수) | |
| 4 | | 2021-04-20 | 44,306 | 308 | |
| 5 | | 2022-02-22 | 44,614 | | |
| 6 | | | | | |

D8 | 2022-05-24

| | A | B | C | D | E |
|---|---|---|---|---|---|
| 7 | | 입력날짜 | 숫자표시 | 날짜서식적용 | |
| 8 | | 5/24 | 44,705 | 2022년 5월 24일 | |
| 9 | | 2020-05-24 | 43,975 | | |
| 10 | | 56-5-24 | | 1956-05-24 | |
| 11 | | 22-5-24 | | 2022-05-24 | |
| 12 | | | | | |

## 시간 표시방법

시간은 콜론(:)을 사용해서 '시:분:초'로 구분하여 입력한다. 24시간이 '1'로 정의되므로 시간은 0과 1 사이의 소수점 이하 숫자로 표시된다. 오전 6시는 이를 24시로 나눈 0.25의 숫자로 표시되며, 30분은 이를 1,440분(24시간)으로 나눈 0.02083의 값으로 표시된다. 따라서 오전 6시30분은 이들을 합한 0.27083의 숫자로 표시될 수 있다.

따라서 시간 형식으로 표시된 데이터를 이용하여 시급 등의 급료를 계산하는 경우에는 반드시 이 숫자표시 시간에 24를 곱한 후에 값을 계산해야 한다.

I14 =H14*12000

| | E | F | G | H | I | J |
|---|---|---|---|---|---|---|
| 13 | | 출근시간 | 퇴근시간 | 근무시간 | 급료계산 | |
| 14 | | 9:00 | 18:00 | 9:00 | 4,500 | |
| 15 | | 13:00 | 17:00 | 4:00 | 2,000 | |
| 16 | | 10:15 | 15:47 | 5:32 | 2,767 | |
| 17 | | | | | | |

I21 =H21*24*12000

| | E | F | G | H | I | J |
|---|---|---|---|---|---|---|
| 20 | | 출근시간 | 퇴근시간 | 근무시간 | 급료계산 | |
| 21 | | 9:00 | 18:00 | 9:00 | 108,000 | |
| 22 | | 13:00 | 17:00 | 4:00 | 48,000 | |
| 23 | | 10:15 | 15:47 | 5:32 | 66,400 | |
| 24 | | | | | | |

## 알유엑셀TIP 07 리본 메뉴와 빠른 실행도구모음 표시

엑셀에서 사용되는 대부분의 기능과 명령은 리본 메뉴에 여러 가지 탭과 명령단추로 표시되고 있으므로 언제든 필요한 기능을 찾아 실행할 수 있다. 그러나 사용자에 따라 자주 사용하는 명령단추가 다를 수 있는데, 이때 빠른 실행 도구모음에 등록해 두면 여러 단계의 실행절차를 생략할 수 있다. 또 리본 메뉴의 표시영역이 커서 워크시트 화면이 좁게 느껴지는 경우 이를 최소화하여 넓게 사용할 수도 있다.

### 빠른 실행도구모음에 명령단추 추가하기

자주 사용하게 될 명령단추가 있는 경우, 리본메뉴에서 해당 명령단추를 오른쪽 마우스로 클릭하고 [빠른 실행도구모음에 추가]를 선택하면 리본메뉴 위쪽의 빠른 실행도구모음에 추가된다. 리본메뉴에서 다른 탭이 선택되어 있는 경우에도 해당 명령단추를 찾아갈 필요 없이 이 빠른 실행도구모음의 단추를 이용해서 빠르게 수행할 수 있다.

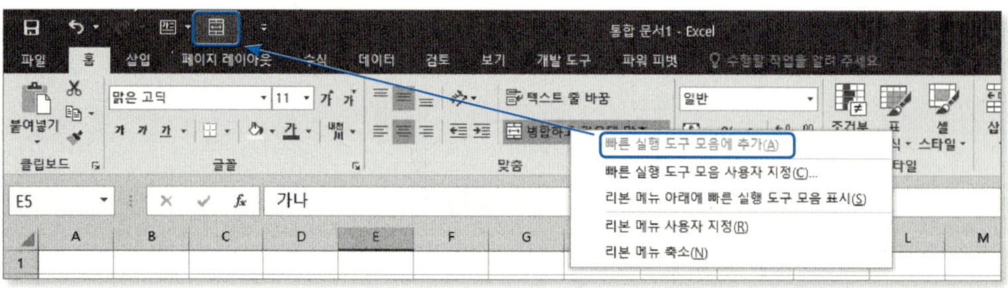


리본메뉴에 없는 명령단추를 추가하려는 경우에는 [빠른 실행도구모음]에서 오른쪽 마우스 [빠른 실행도구모음 사용자 지정]을 선택하여 [Excel 옵션] 대화상자의 [명령 선택]에서 [리본메뉴에 없는 명령]을 선택하고 추가할 명령을 선택한 후 [추가]를 클릭하면 된다. 또 오른쪽 [빠른 실행도구모음 사용자지정]에서 이동단추를 통해 명령단추의 표시 순서를 바꿀 수도 있다.

### 리본메뉴 최소화하기

비교적 자주 사용하는 명령단추들을 빠른 실행도구모음에 등록해둔 경우에는 복잡한 리본메뉴를 항상 표시할 필요는 없다. 리본메뉴를 최소화하면 워크시트 화면을 넓게 사용할 수 있어서 보다 효율적인 작업 수행이 가능하다.

- 방법 1: 리본메뉴에서 오른쪽 마우스 [리본메뉴 축소] 실행
- 방법 2: 리본메뉴의 탭 부분을 선택하고 더블클릭
- 방법 3: 단축키(Ctrl + F1)

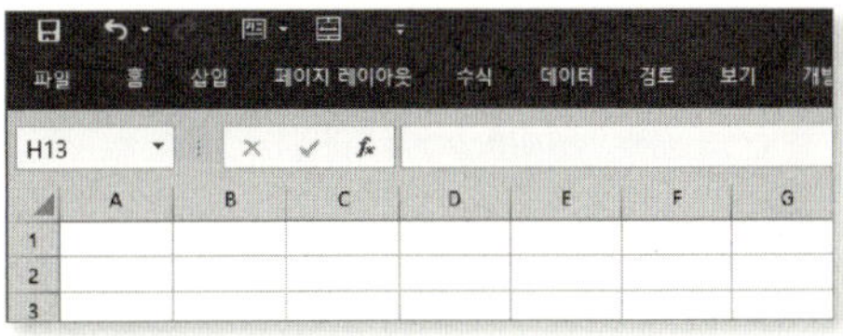


이 경우에는 빠른 실행도구모음과 리본메뉴 탭만 표시되지만, 이마저도 숨겨서 워크시트 화면만 크게 표시하고자 하는 경우에는 워크시트의 오른쪽 위 [리본메뉴 표시옵션]에서 [리본메뉴 자동숨기기]를 선택할 수 있다.

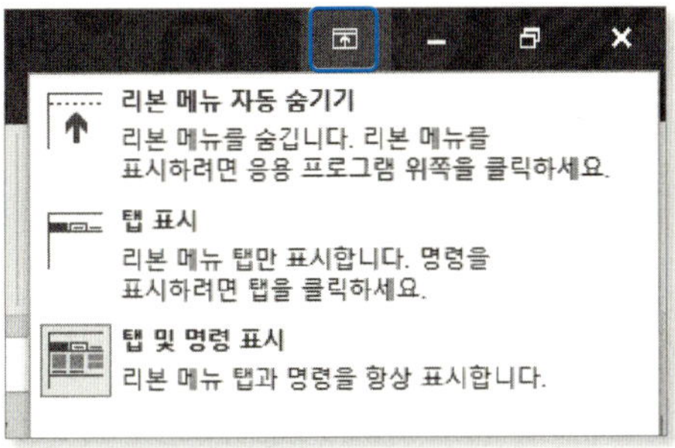

최소화된 리본메뉴를 다시 확장하고자 하는 경우에는 위의 축소 실행방법을 다시 반복한다.

## 알유엑셀TIP 08 텍스트 줄 바꾸기와 나누기

엑셀에 입력되는 데이터는 크게 문자와 숫자로 구분되는데, 문자데이터는 계산할 수 없는 데이터이고 숫자데이터는 계산이 가능하다. 따라서 계산이 가능하려면 대상 셀에 문자가 포함되지 않아야 하는데, 경우에 따라서는 문자와 숫자를 같은 셀에 입력하게 되는 경우가 있다.

### 텍스트 줄 바꾸어 입력하기

한 셀에 긴 문장을 줄을 바꾸어 입력하거나, 문자와 숫자가 혼합된 일련의 데이터를 함께 입력해야 하는 경우에는 [강제로 줄바꾸기](Alt+Enter)를 이용할 수 있다. 한 줄의 데이터를 입력하고 [Alt]+[Enter]를 눌러 줄을 바꾼 후 다음 데이터를 입력하고 마지막에는 [Enter]를 누른다.

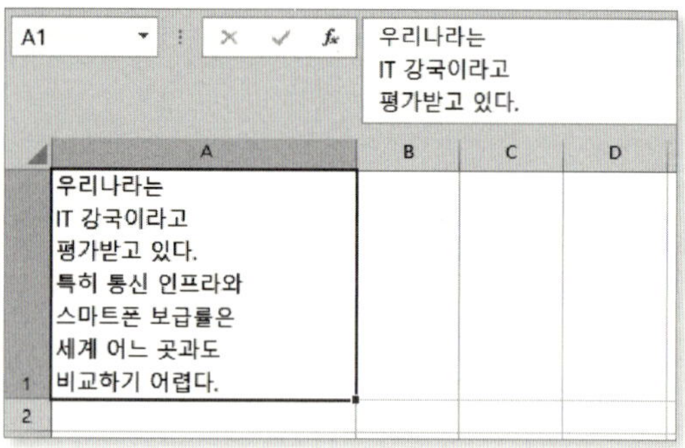


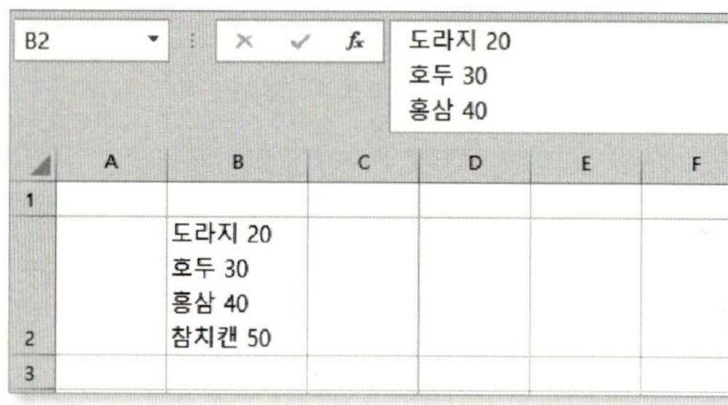


### 강제 줄 바꿈 해제하기

해당 셀을 선택하고 [홈] 탭의 [맞춤]-[텍스트 줄바꿈]을 선택한다. 이때 셀에서는 줄바꿈이 해제된 것처럼 표시되지만, 수식입력줄에서는 제거되지 않고 남아 있어서 [셀서식]-[맞춤]-[텍스트 줄바꿈]을 선택하더라도 강제 줄바꿈이 남아 있게 된다. 강제 줄바꿈을 완전히 해제하려면 수식입력줄에서 확장단추(▼)를 누른 후 [Backspace] 키로 줄바꿈을 제거해주어야 한다.

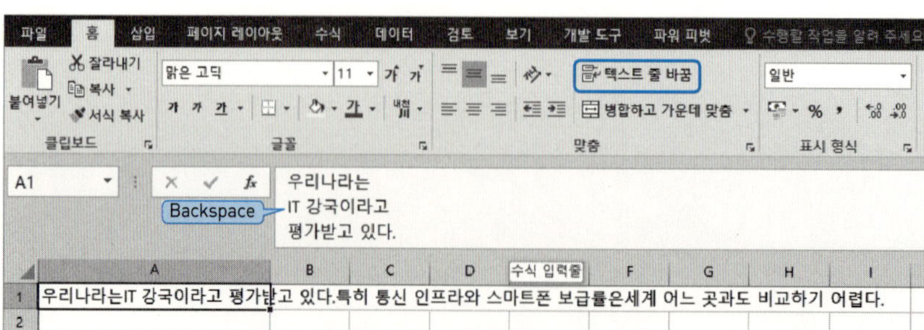

## 강제 줄 바꿈 데이터의 텍스트나누기

문자+숫자로 구성되어 강제 줄바꿈으로 하나의 셀에 입력된 데이터를 셀 구분하려면 [텍스트나누기] 기능을 이용한다. 해당 셀을 선택하고 [데이터] 탭의 [데이터도구]-[텍스트나누기]를 선택한 후 [텍스트 마법사] 1단계에서 [구분기호로 분리됨]을 선택하고 2단계에서 [탭], [공백], [기타]에 체크하여 아래 미리보기 구분선을 확인한 후 [마침]을 누르면 문자와 숫자가 서로 다른 셀로 나누어 표시된다. 이제 숫자 데이터만 따로 정리해서 연산이 가능하다.

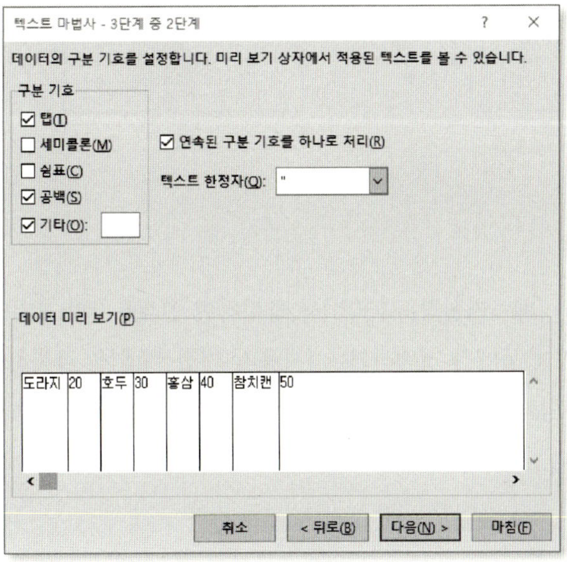

## 알유엑셀TIP 09 인쇄 페이지 설정하기

엑셀 워크시트는 워드 등의 페이지 구성과 다르기 때문에 인쇄하기 전에 반드시 용지의 종류, 방향, 여백과 인쇄배율 등을 지정해야 불필요한 용지 낭비를 막을 수 있다.

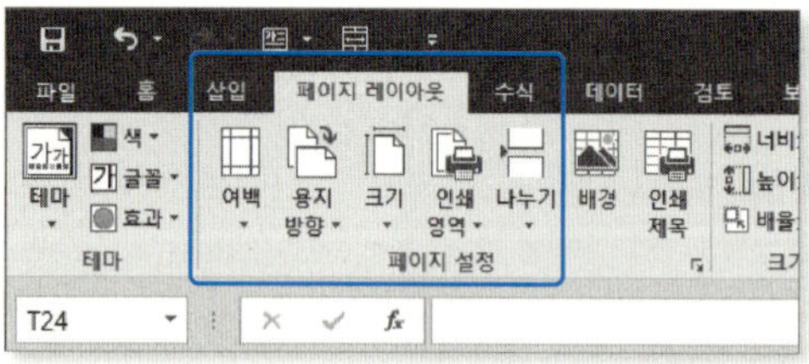


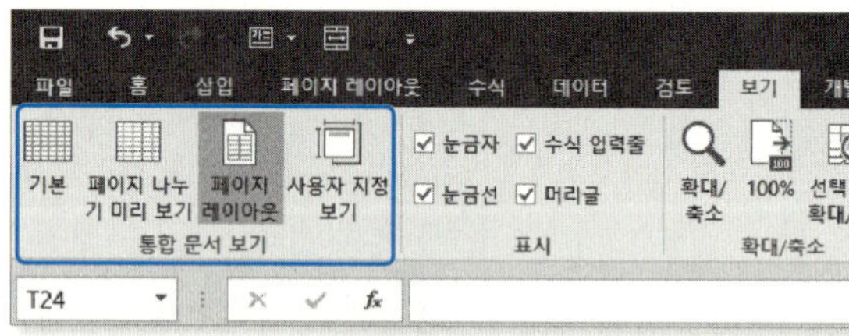


### 인쇄용지와 여백 설정

[페이지 레이아웃] 탭의 [페이지설정]-[크기]를 클릭하여 인쇄용지의 크기(A4 등)를 선택하고, [여백]에서 기본, 넓게, 좁게 등에서 선택하거나 [사용자 지정 여백]을 클릭하여 직접 수치값을 변경 설정할 수 있다. 인쇄부분을 용지 가운데로 배치하려면 [페이지 가운데 맞춤]에서 [가로]나 [세로]로 지정할 수 있다.

### 인쇄 머리글 반복행 지정

데이터 목록이 긴 경우 인쇄되는 두 번째 페이지부터는 제목이나 필드명이 인쇄되지 않아서 보기 어려운 경우가 많다. 인쇄되는 페이지마다 제목이나 필드명이 표시되도록 하려면 인쇄제목 행을 지정하면 된다. [페이지 레이아웃] 탭의 [페이지설정]-[인쇄제목]을 선택하고 [페이지설정] 대화상자의 [시트] 탭에서 [반복할 행]을 클릭한 후 워크시트에서 반복인쇄할 머리글 행을 선택한다.

### 페이지 단위로 인쇄배율 맞추기

인쇄할 데이터의 너비와 길이가 다소 길어서 오른쪽이나 아래쪽 끝이 잘려서 인쇄되는 경우가 있다. 이때 인쇄 페이지가 나누어지지 않도록 자동으로 축소배율을 지정할 수 있다. [페이지 레이아웃] 탭의 [크기조정] 그룹에서 [너비]나 [높이]를 "1페이지"로 설정하면 페이지 여백 안쪽으로 인쇄되도록 배율이 자동 조정된다.

## 인쇄영역 조정하기

인쇄할 데이터 영역이 커서 원하지 않은 곳에서 페이지 나누기가 자동 수행되는 경우, [페이지나누기 미리보기]에서 페이지 구분선을 드래그하여 인쇄영역을 조정할 수 있다.

- [보기] 탭 [통합문서 보기] – [페이지나누기 미리보기] 실행 후 조정
- 워크시트 아래 "상태표시줄"의 [페이지나누기 미리보기]( ) 클릭하여 조정
- 원하는 위치의 행/열 머리글 선택하고 [페이지 레이아웃] 탭에서 [나누기] – [페이지나누기 삽입]

## 페이지 번호 표시하기

페이지 번호는 머리글이나 바닥글 영역에 표시할 수 있다.

- [보기] 탭의 [페이지 레이아웃](또는 상태표시줄의 [페이지 레이아웃]) 선택 후 [바닥글 추가](또는 [머리글 추가]) 클릭하고 [디자인] 탭에서 [페이지번호] 클릭하여 삽입
- [파일] 탭의 [인쇄] 선택하여 미리보기 창에서 페이지번호 표시 확인

## 알유엑셀TIP 10 자주 사용하는 서식파일 만들기

회사마다 사원 공용으로 사용하는 표준문서 서식을 미리 만들어 놓고 동일 작업을 반복해야 할 때마다 해당 서식을 불러다가 쓰면 작업 효율을 높일 수 있다. 특히 견적서나 자재출고전표, 간이영수증과 같이 표준서식을 적용해야 할 때 표, 글꼴, 수식 등을 다시 일일이 지정해야 하는 불편을 최소화할 수 있다.

### 서식파일로 저장하기

자주 적용하게 될 파일 양식이 작성되었으면 꼭 필요한 표양식이나 수식 등만을 남기고 입력 데이터는 모두 지운다. 빈 시트도 모두 삭제하여 파일 용량을 최소화한다.

[파일] 탭의 [다른 이름으로 저장]에서 우선 아무 폴더나 선택하고 [파일 이름]을 지정하기 전에 먼저 [파일 형식]을 [Excel 서식 파일(*.xltx)]로 선택하면 파일 저장 경로를 자동으로 찾아준다. [파일 이름]에 사용할 서식파일 이름을 입력하고 [저장]하면 자동 설정된 파일경로에 새 서식파일이 저장된다.

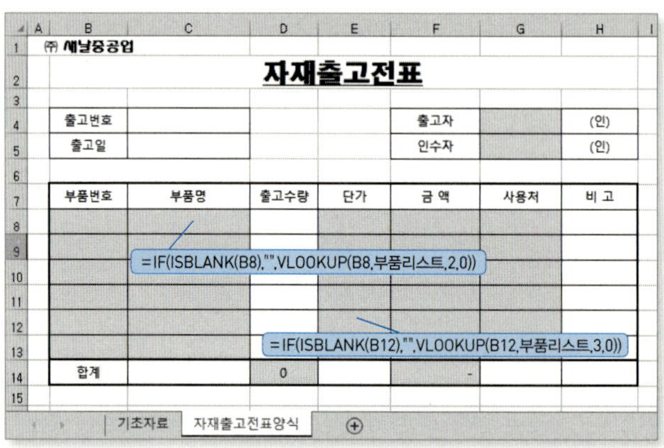


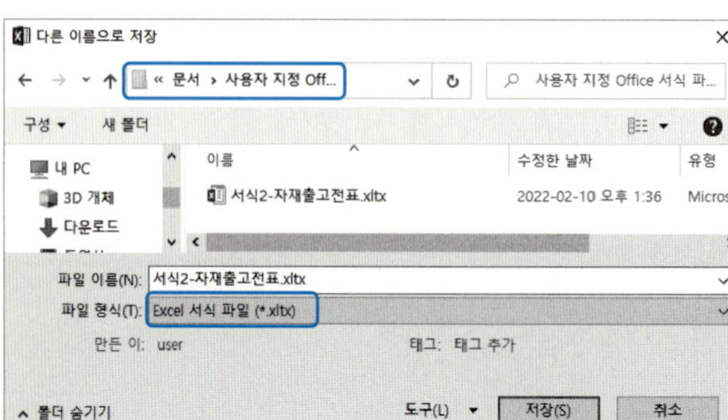

## 저장된 서식파일 적용하기

[파일] 탭의 [새로 만들기]를 선택하면 새로 저장한 서식파일이 나타난다. 만일 저장된 서식파일이 여럿 있는 경우에는 [개인]을 클릭하여 표시되는 서식파일 중에서 선택 적용한다.

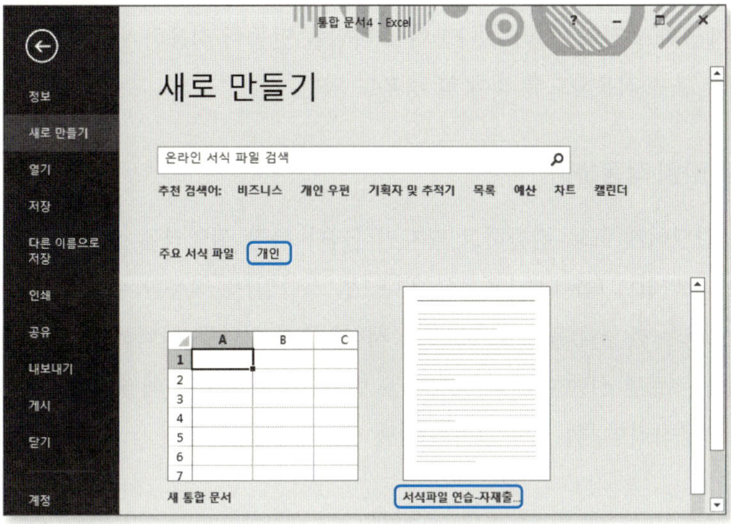


서식파일이 적용되어 새로 만들어진 파일은 서식파일 이름 뒤에 "1" 등의 일련번호가 추가된 이름으로 표시되므로(원본 서식 보호 차원), 이를 작업내용과 관련된 새 이름으로 변경해두고 작업하는 것이 좋다.

## 알유엑셀TIP 11 나만의 표 서식과 셀 스타일 만들기

엑셀에서 표 작성은 자주 사용되는 기능이기 때문에 표를 쉽게 꾸밀 수 있도록 다양한 [표 서식]과 [셀 스타일]을 제공하고 있다. 그러나 나만의 스타일을 만들어 적용하거나 회사 표준형식의 표 서식, 글꼴, 스타일 등을 적용하도록 해야 할 경우도 있다.

### 표 서식과 셀 스타일 적용하기

데이터 영역을 간단하게 표로 전환하고 디자인하거나 특정 셀영역에 스타일을 적용하고자 하는 경우 [홈] 탭의 [스타일] 그룹에서 [표서식]이나 [셀 스타일]을 적용할 수 있다. 표 형식의 데이터 영역 중의 한 셀(또는 전 영역)을 클릭하고 [표 서식] 중의 하나를 선택하면 표의 범위를 입력하도록 하고 [확인]을 누르면 선택한 서식으로 자동 변환된다. 이 중 금액 관련 셀 등 특정 셀 단위로 다른 스타일을 적용하려면 [셀 스타일]에서 선택하여 적용할 수 있다.

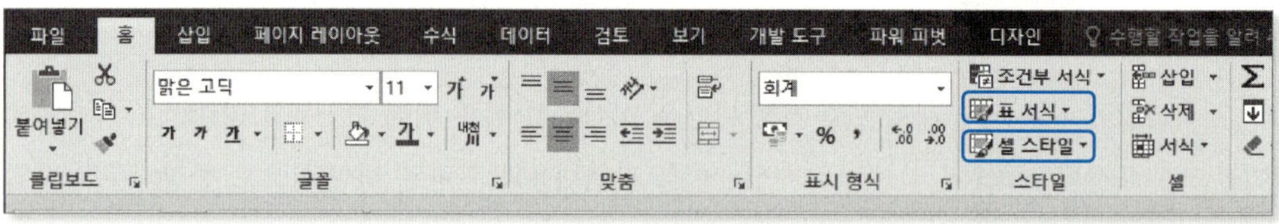


### 나만의 표 서식 만들기

제공되는 서식 이외에 나만의 서식을 만들어 보관해두고 사용하고자 하는 경우, [표 서식]을 클릭하여 아래쪽에 표시되는 [표 스타일 새로 만들기]를 선택한다. [새 표 스타일] 상자에서 [이름]을 정의하고 아래 각 [표 요소]마다 [서식]을 클릭하여 글꼴, 테두리, 채우기 등을 선택하고 [확인]을 누르면 [표 서식]의 [사용자 지정]란에 새 서식이 저장된다. 이제 표 내부의 한 셀을 선택하고 [셀 서식에서 [사용자 지정]에 표시된 나만의 서식을 적용하여 한꺼번에 적용할 수 있다.

### 나만의 셀 스타일 만들기

특정 셀 또는 셀영역에 적용하는 [셀 스타일]도 이미 다양한 스타일들이 제공되고 있지만, [셀 스타일]-[새 셀 스타일]을 클릭하고 새 [스타일 이름]을 정의한 후 [서식]에서 표시형식, 맞춤, 글꼴, 테두리, 채우기, 보호 등을 자유로이 선택하여 저장해 두면 나만의 셀 스타일을 만들어 반복 적용할 수 있다.

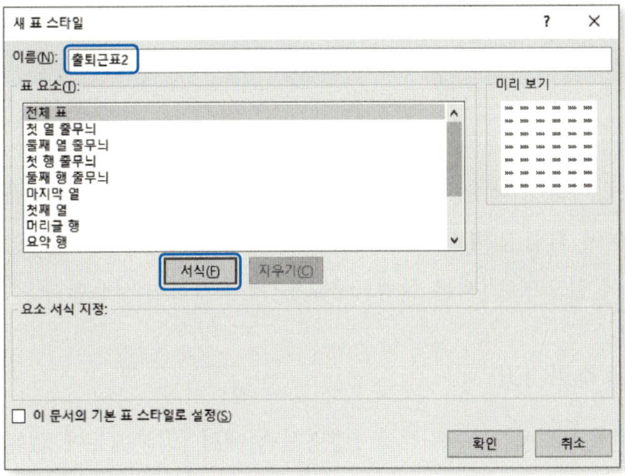
새 표 스타일
이름(N): 출퇴근표2
표 요소(T):
전체 표
첫 열 줄무늬
둘째 열 줄무늬
첫 행 줄무늬
둘째 행 줄무늬
마지막 열
첫째 열
머리글 행
요약 행
미리 보기
서식(F)
지우기(C)
요소 서식 지정:
이 문서의 기본 표 스타일로 설정(S)
확인
취소

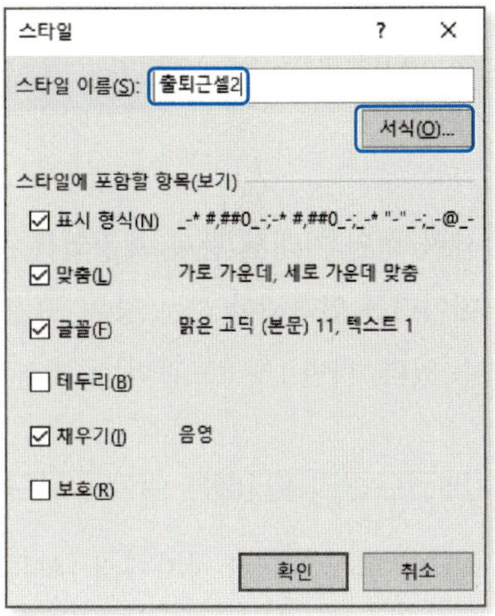
스타일
스타일 이름(S): 출퇴근셀2
서식(O)...
스타일에 포함할 항목(보기)
표시 형식(N) _-* #,##0_-;-* #,##0_-;_-* "-"_-;_-@_-
맞춤(L) 가로 가운데, 세로 가운데 맞춤
글꼴(F) 맑은 고딕 (본문) 11, 텍스트 1
테두리(B)
채우기(I) 음영
보호(R)
확인
취소

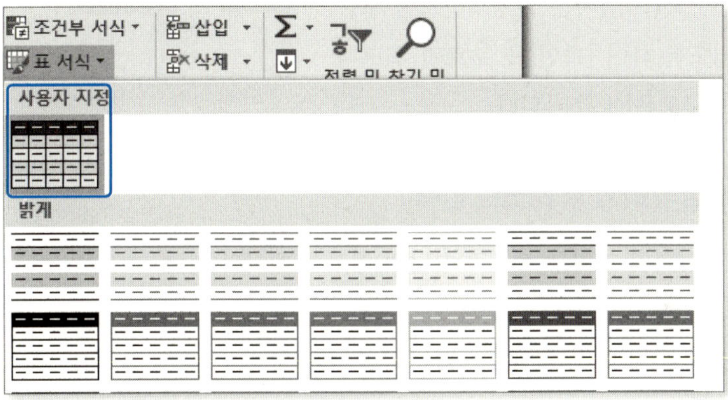
조건부 서식
표 서식
삽입
삭제
사용자 지정
밝게

## 알유엑셀TIP 12 데이터 입력/검색시 레코드관리 폼 사용하기

사원/회원/거래처/품목/계정과목 등의 관리를 위해 미리 정해진 입력요소에 따라 한꺼번에 많은 데이터를 입력해야 하는 경우, 표를 만들어 직접 입력할 수도 있지만 [레코드관리] 명령을 사용할 수 있다. 다만 [레코드관리]는 리본메뉴에 없으므로 [빠른 실행도구모음]에 추가하여 사용한다.

### [레코드관리]를 [빠른 실행도구모음]에 추가하기

[파일] 탭의 [옵션] 상자에서 [빠른 실행도구모음]을 클릭하고 [명령선택]에서 [리본메뉴에 없는 명령] 선택 후 아래에서 [레코드 관리] 선택 후 중간의 [추가] 클릭하여 오른쪽 [빠른 실행도구모음 사용자지정]에 추가되도록 하여 [확인]을 누르면 워크시트의 [빠른 실행도구모음]에 추가된다.

### 워크시트에 기본 양식 작성 후 레코드 입력

- 워크시트에 기본양식의 머리글 부분과 하나의 레코드 데이터 입력
- 머리글이나 입력 레코드의 하나의 셀 선택 후 [빠른 실행도구모음]에서 [레코드관리] 명령 클릭
- [레코드관리] 폼에 이미 입력한 레코드 표시되면 [새로만들기] 클릭 후 다음 레코드 자료 입력
- 반영하고 다음 레코드 입력하려면 [새로만들기] 클릭
- 다음 레코드 계속 입력
- 마지막 레코드 입력 후 [다음] 클릭

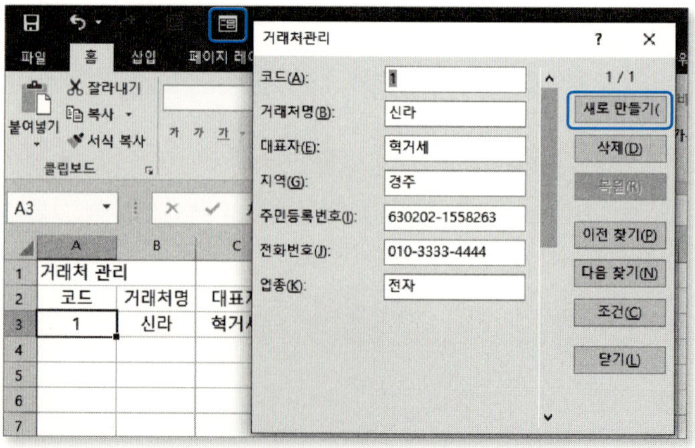

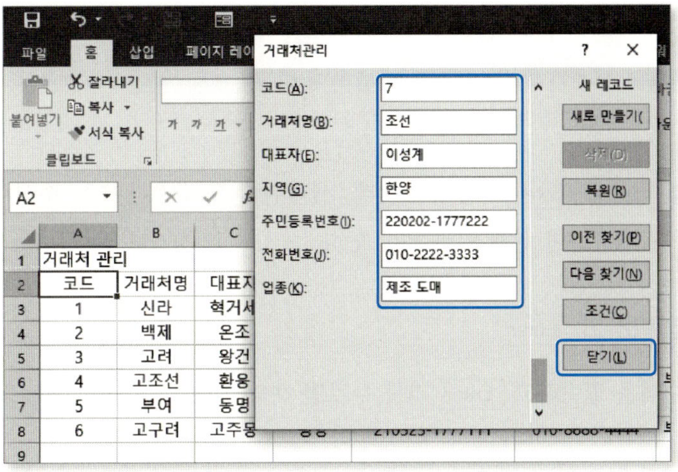

## 표 내의 특정 레코드 검색하기

- 표 내의 하나의 셀 클릭 – [레코드관리] 명령 클릭
- 폼 내의 [조건] 클릭 – 찾고자 하는 머리글 자료(예; 부여) 입력 – [다음 찾기] 클릭

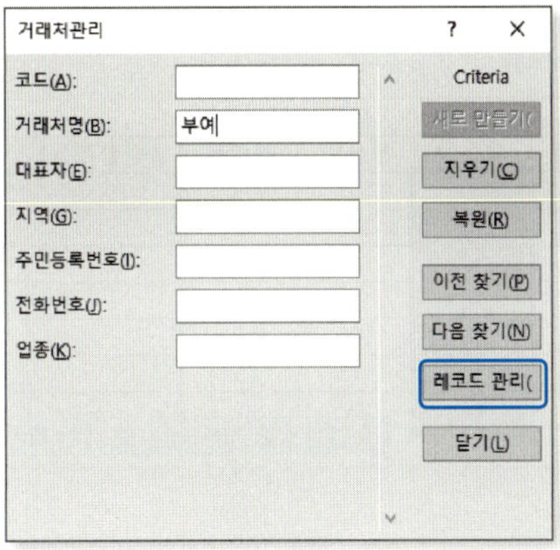

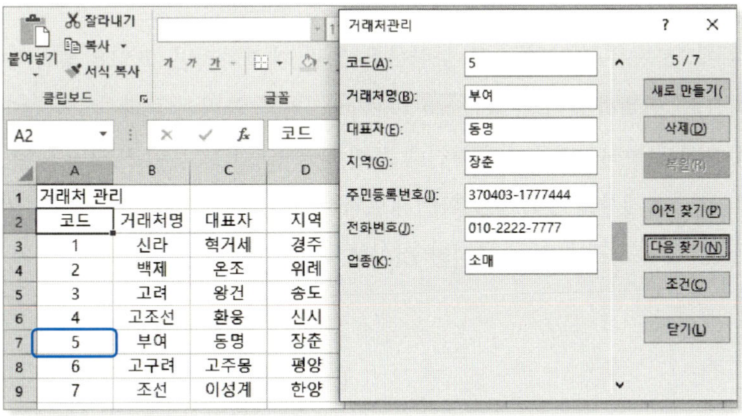

## 알유엑셀TIP 13 셀범위에 데이터 일괄 입력하기

특정 셀에 값을 입력할 때 Enter 키를 누르는데, 셀범위에 동일한 값 또는 수식/함수를 적용할 때도 Enter 키를 함께 사용하면 쉽게 입력할 수 있다.

### 하나의 셀에 값 입력하기: Enter

하나의 셀에 값/수식을 입력하고 Enter 키를 누르면 해당 셀에 값/수식결과를 표시한다.

### 셀범위에 동일한 값 입력하기: Ctrl + Enter

❶ 입력 범위를 선택하고 "100"을 입력한 후 Ctrl + Enter 를 누르면 해당 범위에 일괄 "100"으로 입력 표시된다. 이와 같이 연속된 셀범위에 동일한 하나의 숫자/문자로만 입력하는 경우 첫 셀에 숫자 또는 문자를 입력하고 자동채우기핸들로 끌기 해도 결과는 같다.

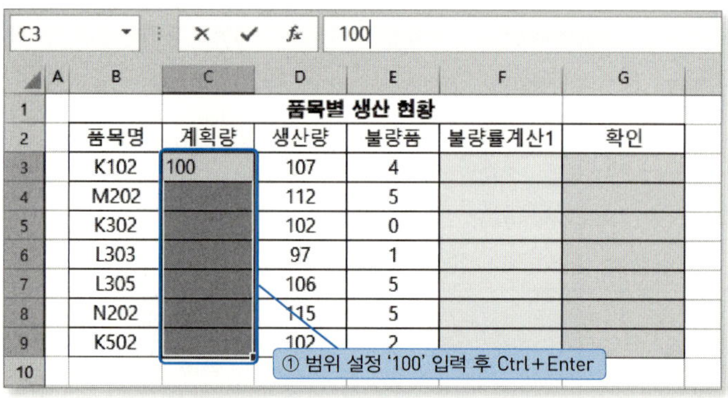


### 셀범위에 같은 수식으로 값 입력하기: Ctrl + Shift + Enter

❷ F2:F8 셀범위에 "불량품/생산량"으로 불량률을 일괄 계산하려면, F2:F8 셀범위 지정 후 수식 "=E2:E2/D2:D8" 입력하고 Ctrl + Shift + Enter 키를 함께 누른다. 이와 같이 배열수식 형태로 입력한 수식은 수식입력줄에서 확인해 보면 중괄호({ })로 묶여 표시됨을 알 수 있다.

❸ G2:G8 셀범위는 이 계산의 정확성을 확인해보기 위해 G2셀에 수식 "=E2/D2"로 입력하고 자동채우기핸들로 아래로 끌기 하여 표시한 것인데, 결과는 같다.

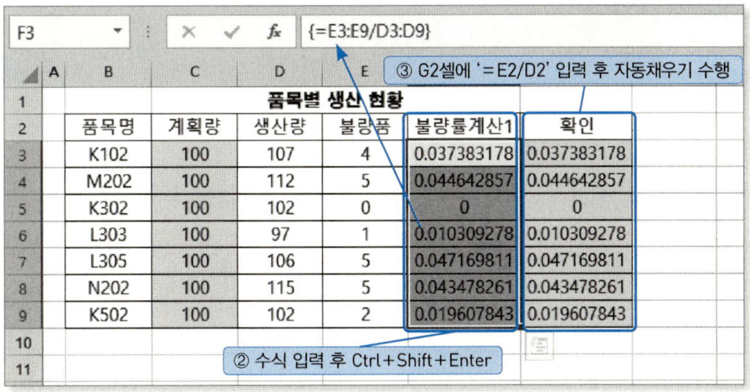


품목별 생산 현황

| 품목명 | 계획량 | 생산량 | 불량품 | 불량률계산1 | 확인 |
|---|---|---|---|---|---|
| K102 | 100 | 107 | 4 | 0.037383178 | 0.037383178 |
| M202 | 100 | 112 | 5 | 0.044642857 | 0.044642857 |
| K302 | 100 | 102 | 0 | 0 | 0 |
| L303 | 100 | 97 | 1 | 0.010309278 | 0.010309278 |
| L305 | 100 | 106 | 5 | 0.047169811 | 0.047169811 |
| N202 | 100 | 115 | 5 | 0.043478261 | 0.043478261 |
| K502 | 100 | 102 | 2 | 0.019607843 | 0.019607843 |

## 알유엑셀TIP 14 텍스트형 숫자를 숫자 형식으로 변환하기

분명 숫자로 표시되어 있지만 계산이 제대로 되지 않거나 계산시 오류메시지가 표시되는 경우가 있는데, 대부분의 경우 숫자가 텍스트형 숫자로 표시되어 있기 때문이며, 이를 숫자 형식으로 변환해주어야 한다.

예시 자료에서 합계를 표시하는 B8 셀은 참조셀(B3:B7)이 숫자 형식으로 제대로 입력되어 있음을 의미하는 것이며, 계산결과가 0('-')으로 표시되는 C8, D8 셀은 참조셀(C3:C7, D3:D7)이 텍스트형 숫자로 입력되어 있어서 각 셀의 좌측 상단에 [오류 표식]이 나타나고 있다. [오류 표식]이 나타나지 않도록 하려면 다음 각 변환방법을 사용한다.

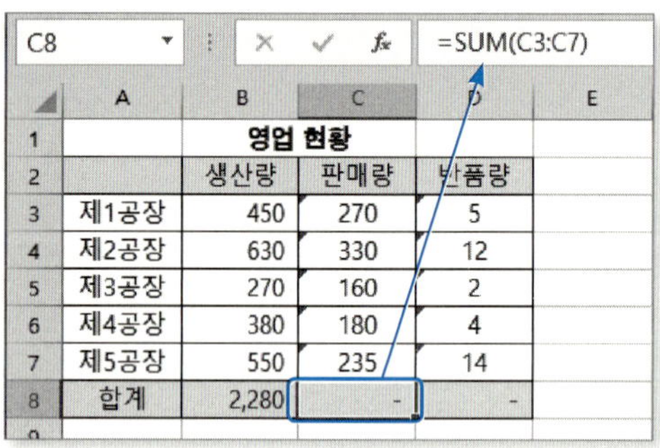


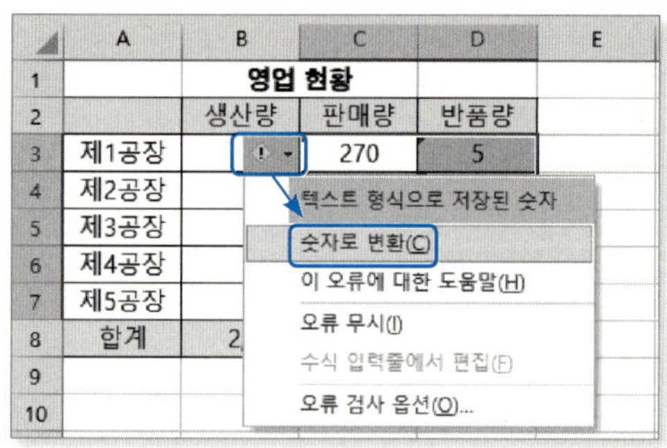


### 변환방법1: [오류검사] 단추를 눌러 숫자로 변환하기

오류 표식이 표시되어 있는 셀범위(C3:D7)를 선택하면 선택범위의 좌상단에 [오류검사] 메시지 단추가 표시된다. [오류검사] 단추를 클릭하고 [숫자로 변환]을 클릭하면 텍스트형 숫자가 모두 숫자 형식으로 변환된다.

### 변환방법2: [텍스트나누기] 명령 이용

[텍스트 나누기]는 한 번에 한 열만 변경 가능하므로 먼저 C3:C7 셀범위를 선택하고 [데이터] 탭의 [데이터도구] - [텍스트 나누기]를 클릭한다. [텍스트 마법사] 상자에서 아래 [미리보기]를 확인한 후 바로 [마침]을 클릭하면 숫자 형식으로 변환된다. D3:D7 셀 범위에도 동일하게 적용한다. 변환이 이루어지면 아래 합계란이 자동으로 표시된다.

## 변환방법3: 숫자와 곱하기 형식으로 변환하기

빈 셀(F3)에 숫자 '1'을 입력하고 해당 셀을 복사한 후 변환하고자 하는 셀범위(C3:D7)를 선택한다. 오른쪽 마우스 [선택하여 붙여넣기] - [선택하여 붙여넣기]을 클릭하고 [선택하여 붙여넣기] 대화상자에서 [값]과 [곱하기]를 선택하고 [확인]을 누르면 모두 숫자 형식으로 변환된다. 이는 텍스트형 숫자도 숫자 형식의 값과 연산을 수행하면 숫자 형식으로 자동 변환되는 특성을 이용하는 것이다.

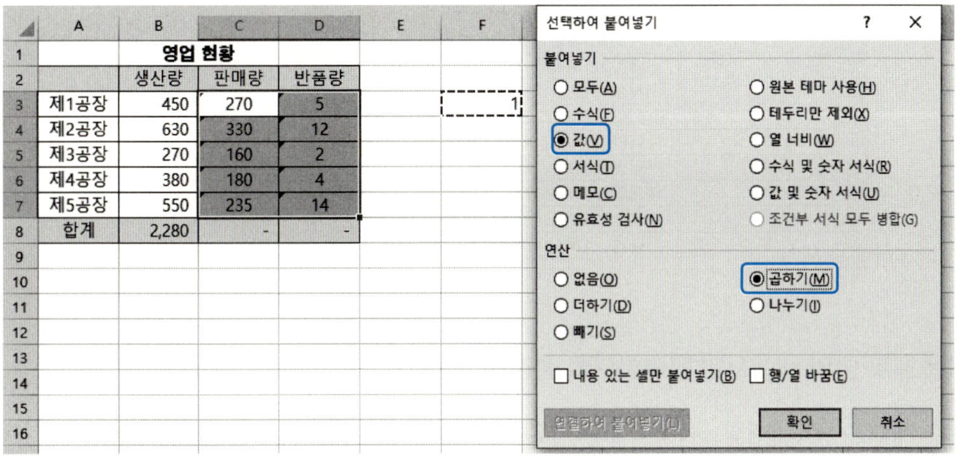

## 알유엑셀TIP 15 잘못된 데이터 입력 예방하기

계산에 이용되는 숫자나 금액은 단위 하나만 틀려도 10배의 효과로 나타나며, 날짜나 전화번호 등의 숫자도 전혀 다른 결과를 초래할 수 있으므로 잘못된 데이터가 입력되지 않도록 미리 예방하는 통제기능이 필요하다. 이때 이용할 수 있는 한 가지 방법으로 [유효성 검사]기능이 있다.

| | A | B | C | D | E | F | G | H |
|---|---|---|---|---|---|---|---|---|
| 1 | | ㈜이레네 10월 매출자료 입력 | | | | | | |
| 2 | 거래번호 | 날짜 | 거래처 | 상품명 | 수량 | 단가 | 금액 | 연락처(휴대폰) |
| 3 | 1 | | ㈜서산 | ERN-14K | 30 | | 0 | |
| 4 | 2 | | 일성상회 | ERN-32G | 8 | | 0 | |
| 5 | 3 | | 가나안 | ERN-14K | 25 | | 0 | |
| 6 | 4 | | ㈜양동 | ERN-22S | 15 | | 0 | |
| 7 | 5 | | ㈜평화 | ERN-52T | 6 | | 0 | |
| 8 | 6 | | ㈜서산 | ERN-33H | 22 | | 0 | |
| 9 | 7 | | 가나안 | ERN-14K | 18 | | 0 | |

### 지정된 날짜 범위 내에서만 입력하도록 설정하기

10월의 거래일자만 입력할 수 있도록 하려면 해당 범위(B3:B9)를 선택한 후 [데이터] – [데이터 도구] – [데이터 유효성검사]의 [설정]에서 [제한대상]을 "날짜", [제한방법]을 "해당 범위", [시작날짜]를 "2022 – 10 – 01", [끝 날짜]를 "2022 – 10 – 31"로 설정하고, [오류 메시지] 탭의 [제목]에 "날짜 입력 오류!", [오류메시지]에 "10월의 날짜만 입력 가능합니다."로 입력하고 [확인]을 누른다.

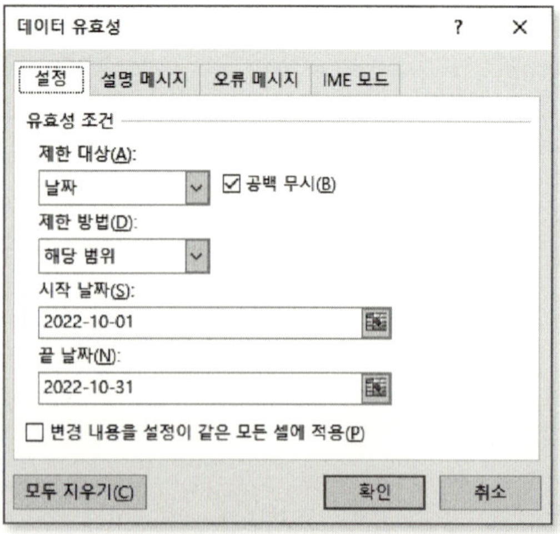


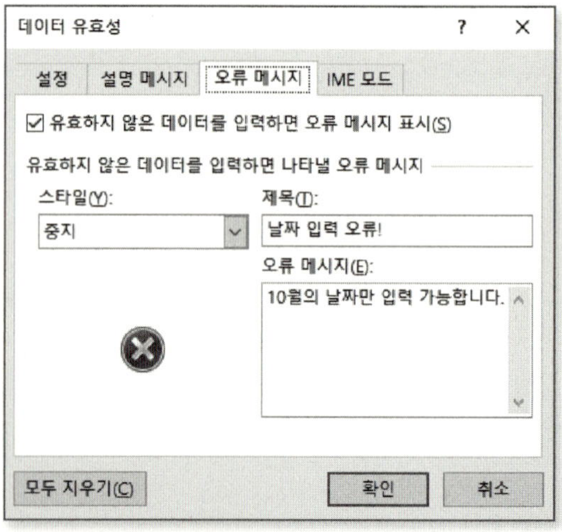

## 금액 단위 잘못 입력하지 않도록 설정하기

단가 입력부분에 5,000~9,900 사이의 숫자만 입력되도록 설정하려면, 해당 범위(F3:F9)를 선택한 후 [데이터]-[데이터 도구]-[데이터 유효성검사]의 [설정]에서 [제한대상]을 "정수", [제한방법]을 "해당 범위", [최솟값]를 "5000", [최댓값]을 "9900"으로 설정하고, [오류 메시지] 탭의 [제목]에 "단가 범위 이외의 숫자 입력!"으로 설정하고 [확인]을 누른다.

## 연락처(전화번호) 정확성 체크하기

전화번호는 뒤 네 자리 앞에 반드시 하이픈(-)으로 구분하여 입력하도록 하려면 [제한방법]을 "수식"으로 입력하여 통제할 수 있다. 연락처 해당 범위(H3:H9)를 선택한 후 [데이터 유효성검사]의 [설정]에서 [제한대상]을 "사용자 지정"으로 선택한 후 [수식]란에 '=**LEFT(RIGHT(H3,5),1)=** "-"'로 입력하여 [확인]을 누른다. 여기서 "RIGHT(H3,5)"은 입력자료 중 오른쪽 5자릿수를 선택한다는 의미이고, "LEFT(5자리숫자,1)"은 선택된 5자리 중 첫 번째 값이라는 의미이며, 이 값이 하이픈(-)이어야 한다는 조건이다.

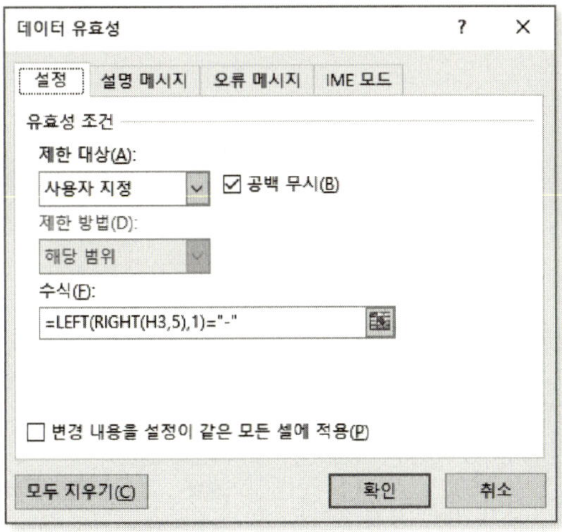

## 알유엑셀TIP 16 목록에서 선택하여 입력하도록 지정하기

상품명, 계정과목명, 거래처명 등과 같이 데이터의 분류나 분석을 위한 키워드로 사용될 수 있는 데이터는 정확한 문자/숫자로 입력되도록 해야 한다. 글자 한 자의 오류나 탈자, 생략, 공란 여부까지도 신경써야 하는 경우, 미리 정확한 데이터를 입력해두고 이를 드롭다운 목록에서 선택하여 적용하도록 하는 방법이 유용하다. 이 경우에도 [데이터 유효성검사] 기능을 적용할 수 있다.

| | A | B | C | D | E | F | G | H | I | J |
|---|---|---|---|---|---|---|---|---|---|---|
| 1 | | ㈜이레네 10월 매출자료 입력 | | | | | | | | |
| 2 | 거래번호 | 날짜 | 거래처 | 상품명 | 수량 | 단가 | 금액 | 연락처(휴대폰) | | |
| 3 | 1 | 10/14 | ㈜서산 | | 30 | 5,500 | 165,000 | 010-2345-5555 | | ERN-14K |
| 4 | 2 | 10/17 | 일성상회 | | 8 | 6,300 | 50,400 | 010-2344-5678 | | ERN-22S |
| 5 | 3 | 10/18 | 가나안 | | 25 | 8,250 | 206,250 | 010-3355-5566 | | ERN-32G |
| 6 | 4 | 10/21 | ㈜양동 | | 15 | 6,350 | 95,250 | 010-5432-1234 | | ERN-33H |
| 7 | 5 | 10/25 | ㈜평화 | | 6 | 7,200 | 43,200 | 010-4444-8888 | | ERN-52T |
| 8 | 6 | 10/25 | ㈜서산 | | 22 | 5,200 | 114,400 | 010-3456-7890 | | |
| 9 | 7 | 10/30 | 가나안 | | 18 | 8,800 | 158,400 | 010-2635-4352 | | |

### 목록에 이름 부여하여 적용하기

품목명, 계정과목명 등이 길거나 복잡한 경우, 또는 일일이 기억해서 입력하기 어려운 경우에는 해당 데이터들을 다른 곳(J3:J7)에 입력해두고 해당 범위에 이름("품목명")을 부여하여 [데이터 유효성검사]에 적용할 수 있다. 먼저 J3:J7 셀범위를 선택하고 수식입력줄 왼쪽의 [이름상자]에 "품목명"으로 입력하고 Enter키를 누른다. 이름이 부여되었으면 D3:D9 셀범위를 선택한 후 [데이터] 탭의 [데이터도구]-[데이터 유효성검사]에서 [설정]의 [제한대상]을 "목록'으로 선택하고 아래 [원본] 상자에 "=품목명"으로 입력하여 [확인]을 누른다. 이제 D3:D9 셀범위의 한 셀을 선택하면 셀 우측에 목록화살표(▾)가 표시되며, 이를 클릭하여 나타나는 목록 중에서 선택하여 입력하면 된다.

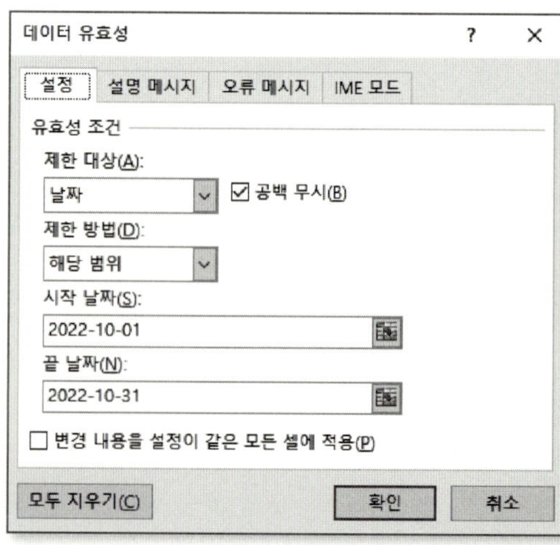

## 목록을 [원본]에 입력하여 적용하기

[데이터 유효성검사]에 적용할 목록을 다른 시트나 셀범위에 미리 입력해두는 경우 또 다른 시트가 필요하거나 특정 셀범위에 자료가 기록되어야 하는 불편이 있으므로, 조금 간단한 데이터 목록인 경우에는 [데이터 유효성검사]의 [설정] - [원본] 상자에 콤마(,)로 구분하여 목록 데이터를 직접 입력하여 적용할 수도 있다.

이 경우 목록에서 선택된 데이터가 자동 입력되므로 입력상의 오류를 회피할 수 있다.

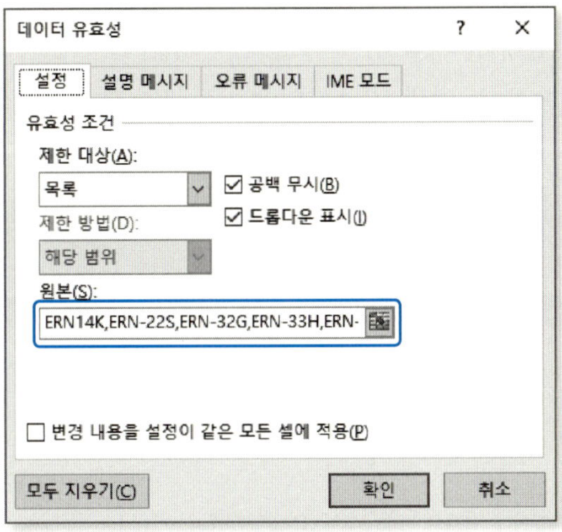


| | A | B | C | D | E | F | G | H |
|---|---|---|---|---|---|---|---|---|
| 1 | | ㈜이레네 10월 매출자료 입력 | | | | | | |
| 2 | 거래번호 | 날짜 | 거래처 | 상품명 | 수량 | 단가 | 금액 | 연락처(휴대폰) |
| 3 | 1 | 10/14 | ㈜서산 | | 30 | 5,500 | 165,000 | 010-2345-5555 |
| 4 | 2 | 10/17 | 일성상회 | ▾ | 8 | 6,300 | 50,400 | 010-2344-5678 |
| 5 | 3 | 10/18 | 가나안 | ERN14K | 25 | 8,250 | 206,250 | 010-3355-5566 |
| 6 | 4 | 10/21 | ㈜양동 | ERN-22S<br>ERN-32G | 15 | 6,350 | 95,250 | 010-5432-1234 |
| 7 | 5 | 10/25 | ㈜평화 | ERN-33H | 6 | 7,200 | 43,200 | 010-4444-8888 |
| 8 | 6 | 10/25 | ㈜서산 | ERN-52T | 22 | 5,200 | 114,400 | 010-3456-7890 |
| 9 | 7 | 10/30 | 가나안 | | 18 | 8,800 | 158,400 | 010-2635-4352 |

# 알유엑셀TIP 17 엑셀 표 기능을 이용한 연산

엑셀에는 [표] 기능이 따로 있어 워크시트에서 만든 표를 별도의 데이터 저장영역으로 변경하여 표 안의 데이터를 필터링하거나 요약하는 등의 작업을 쉽게 할 수 있다.

## 엑셀 표 만들기

표 내부의 특정 셀(A2)을 선택하고 [삽입] 탭의 [표]-[표]를 클릭해서 대화상자에 표시된 지정범위를 확인한 후 [확인]을 누른다. 엑셀 표 스타일이 자동 적용되고 필터링이 표시되며 리본에 [표 도구] 탭이 추가되어 나타난다. [표 도구]의 [디자인]-[표 스타일]에서 다른 스타일로 변경할 수 있으며, [홈] 탭의 [스타일]-[셀 스타일]을 통해서도 색상, 강조방식 등을 바꿀 수 있다.

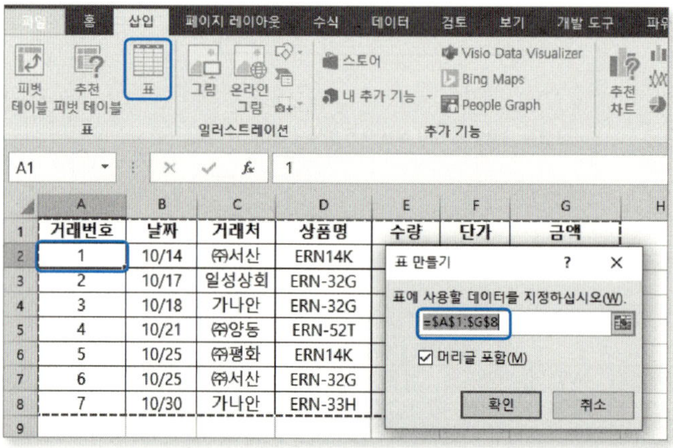

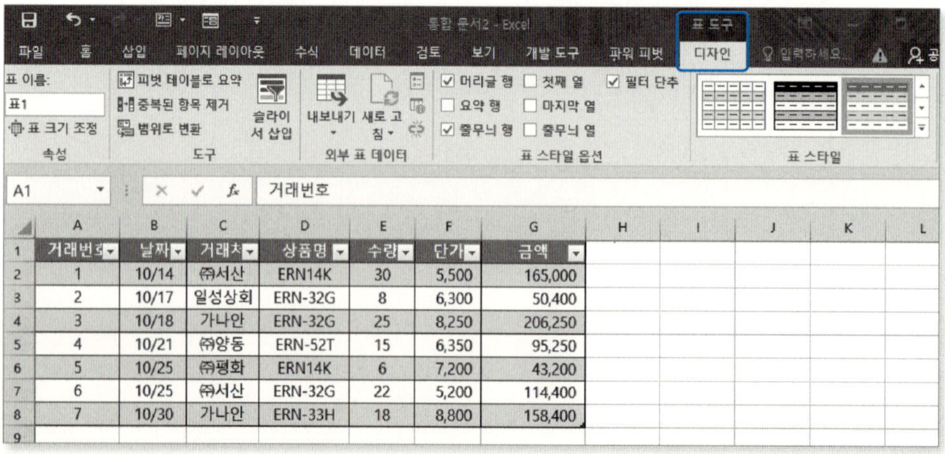

## 엑셀 표에서 요약행 삽입하기

엑셀 표 안의 특정 셀을 클릭하고 [디자인] 탭의 [표 스타일 옵션]에서 [요약 행]을 체크하면 표 하단에 요약 행이 만들어지고 마지막 열의 합계가 표시된다. 요약 행의 다른 셀에서도 목록화살표(▾)를 클릭하여 합계, 평균, 개수 등을 표시할 수 있으며, 머리글(C1)의 필터링 목록화살표(▾)를 클릭하여 거래처별 subtotal을 표시할 수도 있다.

## 엑셀 표에서 데이터 범위 자동 확장

엑셀 표는 인접한 행/열에 새 데이터를 추가하면 표 영역이 자동 확장된다. 표 오른쪽 G열에 판매금액을 계산하기 위해 G1 셀에 "금액"으로 입력하면 G열 또한 표 영역으로 확장된다. G2 셀에 금액을 계산하는 수식 "=F2*E2"로 입력하면 수식입력창에서는 머리글 이름을 따서 "=[@단가]*[@수량]"으로 표시되고, Enter키를 누르면 아래 금액 표 영역(G3:G7)에도 수식이 자동으로 복사되어 표시된다. 아래쪽에 새 데이터를 추가하기 위해 A9 셀에 새 번호를 입력하는 경우에도 행이 자동으로 추가되어 엑셀 표가 확장된다.

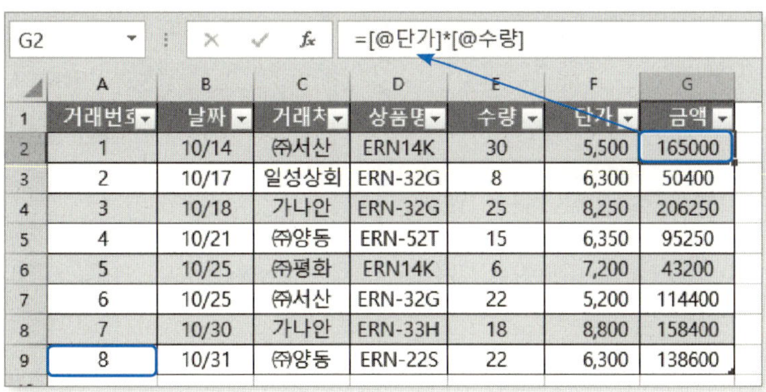


| | A | B | C | D | E | F | G |
|---|---|---|---|---|---|---|---|
| 1 | 거래번호 | 날짜 | 거래처 | 상품명 | 수량 | 단가 | 금액 |
| 2 | 1 | 10/14 | ㈜서산 | ERN14K | 30 | 5,500 | 165000 |
| 3 | 2 | 10/17 | 일성상회 | ERN-32G | 8 | 6,300 | 50400 |
| 4 | 3 | 10/18 | 가나안 | ERN-32G | 25 | 8,250 | 206250 |
| 5 | 4 | 10/21 | ㈜양동 | ERN-52T | 15 | 6,350 | 95250 |
| 6 | 5 | 10/25 | ㈜평화 | ERN14K | 6 | 7,200 | 43200 |
| 7 | 6 | 10/25 | ㈜서산 | ERN-32G | 22 | 5,200 | 114400 |
| 8 | 7 | 10/30 | 가나안 | ERN-33H | 18 | 8,800 | 158400 |
| 9 | 8 | 10/31 | ㈜양동 | ERN-22S | 22 | 6,300 | 138600 |

## 엑셀 표의 구조적 참조 이용한 계산

엑셀 표의 구조적 참조 방법을 이용하여 다른 셀에 합계, 평균 등을 구할 수 있다.

- 표 내부의 셀 선택 – [디자인] 탭 [속성] – [표 이름:]에 "판매대장"으로 입력 Enter
- J1셀에 매출액 합계 계산 수식 "=SUM(판매대장[금액])" 입력

## 알유엑셀TIP 18 데이터 크기를 가로 막대그래프로 표시하기

셀에 입력된 값을 데이터막대 서식으로 표시하면 데이터 크기를 더 시각적으로 나타낼 수 있다.

### 데이터 크기에 맞는 가로 막대그래프로 표시하기

막대그래프로 표시하고자 하는 실적데이터 범위(B3:B8)를 선택하고 [홈] 탭의 [스타일]-[조건부 서식]-[데이터 막대]-[그라데이션 채우기]에서 [빨강 데이터막대]를 선택한다. 데이터 값이 표시된 셀에 그 값의 크기에 따라 막대의 크기가 비례적으로 표시되는데, 막대 크기를 좀 더 확대해 보려면 해당 열의 너비를 넓혀주면 된다.

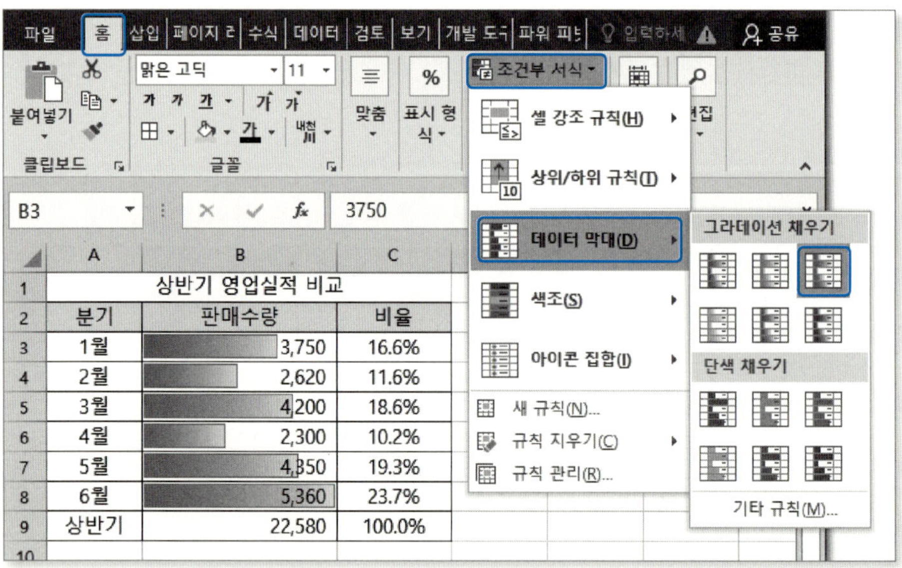

## 데이터 크기에 맞는 가로 막대그래프로 표시하기

데이터 막대그래프가 값이 입력된 셀이 아닌 다른 셀에 별도로 표시하는 것이 더 나을 수도 있다. 값이 입력되어 있는 열(B열) 다음에 새 열(C열)을 [삽입]하거나 오른쪽의 빈 열을 선택하고, 예컨대 C3 셀에 수식 "=B3"로 입력한 후 자동채우기핸들로 C8 셀까지 드래그하여 수식을 복사한다. 새로 복사된 데이터범위(C3:C8)를 선택하고 [홈] 탭의 [스타일]-[조건부 서식]-[데이터 막대]에서 이번에는 맨 아래 [기타 규칙]을 선택한다. [새 서식 규칙] 상자에서 [막대만 표시]에 체크하고, [막대 모양]-[채우기]에서 "그라데이션 채우기"로, [색]은 빨간색으로, [테두리]에서 "실선 테두리"로, [색]은 파란색으로 선택하고 [확인]을 누른다.

이제 C열에서는 숫자 값은 표시되지 않고 데이터 막대만 표시되고 있다.

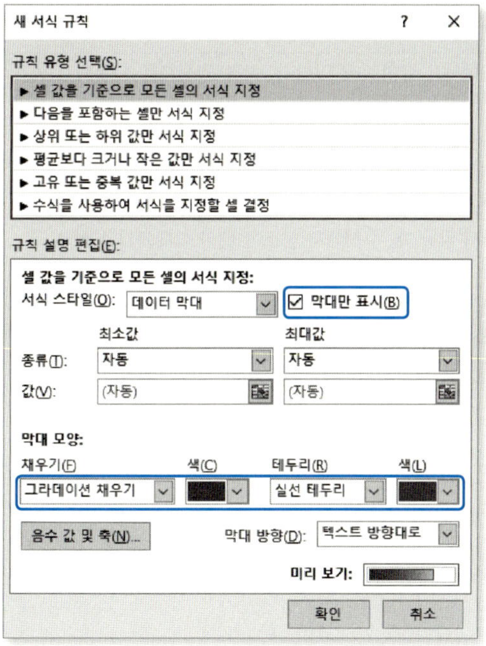


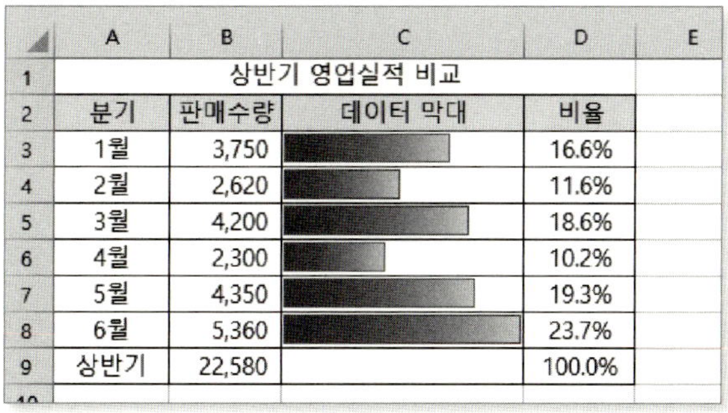

| 상반기 영업실적 비교 | | | |
|---|---|---|---|
| 분기 | 판매수량 | 데이터 막대 | 비율 |
| 1월 | 3,750 | | 16.6% |
| 2월 | 2,620 | | 11.6% |
| 3월 | 4,200 | | 18.6% |
| 4월 | 2,300 | | 10.2% |
| 5월 | 4,350 | | 19.3% |
| 6월 | 5,360 | | 23.7% |
| 상반기 | 22,580 | | 100.0% |

# 알유엑셀TIP 19 수식 오류 메시지와 오류 수정하기

수식을 입력한 셀에서 값이 표시되지 않고 오류 메시지가 표시되는 경우에는 그 원인을 정확히 이해하고 수정해 주어야 한다.

## 오류 값의 종류

| 오류 값 | 오류 설명 | 수정방법 |
|---|---|---|
| #DIV/0! | 나누기 연산에서 분모가 0이거나 빈 셀이거나 텍스트인 경우 | 분모 셀을 찾아 숫자로 수정 |
| #NA | 함수나 수식에 사용할 수 없는 (인수)값을 지정한 경우 | 해당 셀값을 찾아 수정 |
| #NAME? | 함수명, 범위 이름 등을 잘못 입력하거나 텍스트 값을 큰따옴표(" ") 없이 사용한 경우 | 잘못된 이름이나 참조 등을 수정 |
| #NULL! | 참조연산자에 공백( )이 포함되어 있거나, 참조 연산자를 사용할 때 지정한 두 범위의 교차부분이 없어 나타낼 범위가 존재하지 않는 경우 | 셀과 범위 참조를 확인하여 수정 |
| #NUM! | 수식의 결괏값이 너무 작거나 커서 값을 표시하지 못하는 경우, 수식에서 답을 찾을 수 없는 경우 | 수식 자체를 수정 |
| #REF! | 셀참조가 유효하지 않을 때, 수식에서 참조한 셀이 삭제되거나 찾을 수 없는 경우 | 수식의 셀참조를 검토하여 수정 |
| #VALUE! | 잘못된 수식으로 구성되어 계산 계산할 수 없는 경우(함수 인수 오류, 숫자와 텍스트 값 연산 등) | 오류 문자열을 숫자로 수정 |
| ######## | 결괏값을 표시하기에 열너비가 충분하지 못한 경우, 날짜, 시간 값이 음수로 표시된 경우 | 열너비 늘림, 숫자표시형식 변경 |

## 오류 추적 기능으로 오류 원인 파악하기

오류가 표시된 셀에는 왼쪽 위에 오류표식이 나타나며, 해당 셀을 선택하면 왼편에 오류추적 스마트태그( )가 표시된다.

오류추적 스마트태그의 목록화살표를 클릭하면 오류의 원인을 알려주고 수정 방법이나 도움말을 제공해주므로 이에 따라 수정할 수 있다.

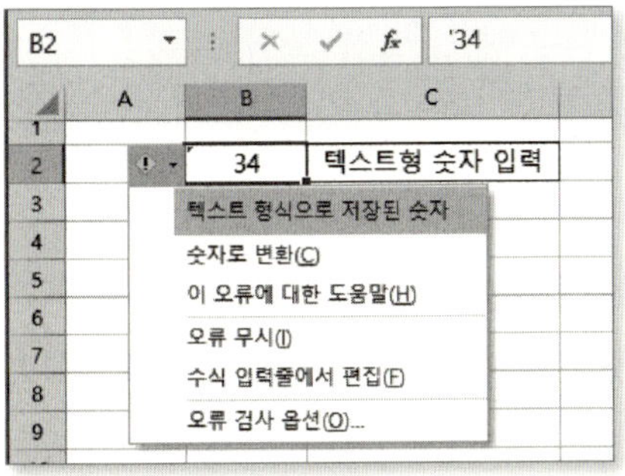


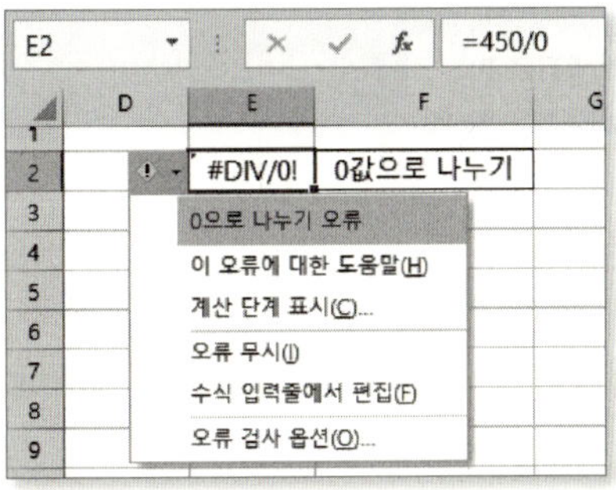


## 워크시트의 모든 수식 오류를 한꺼번에 확인하기

오류를 찾고자 하는 워크시트에서 [수식] 탭의 [수식 분석] - [오류 검사]를 클릭하면 오류가 발생한 셀을 순차적으로 자동으로 찾아서 [오류 검사] 대화상자에 오류 원인과 수정방법을 알려준다.

# 알유엑셀TIP 20 순환참조 경고 오류 수정하기

수식에서 자신을 참조하거나 자신을 참조하는 다른 셀을 계산에 포함시킨 경우에는 순환참조 오류가 발생한다. 오류인 경우 수식을 변경해야 하겠지만 순환참조를 이용해서 계산해야 할 경우도 있다.

## 순환참조 경고오류

수식에서 자신의 셀을 참조하거나 포함하는 경우 [순환참조] 오류 경고가 나타나거나 파란색 화살표 상호참조선이 표시된다. 물론 이 경우 수식의 결괏값이 제대로 표시되지 않는다.

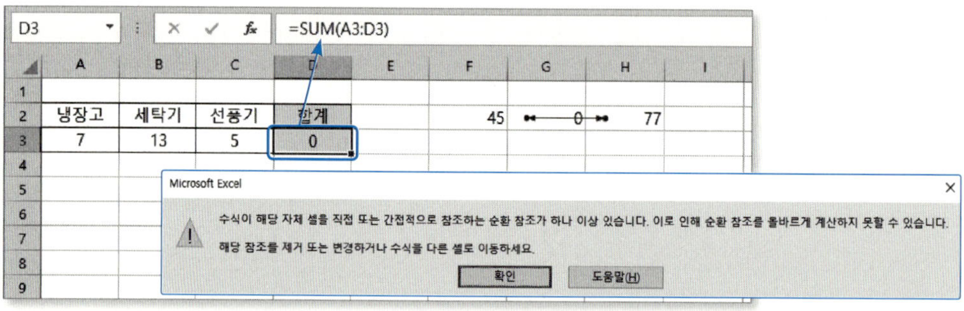


## 순환참조 오류를 확인하는 방법

1. 워크시트의 아래 상태표시줄 왼쪽에 "순환참조: H2"와 같이 표시되어 있는 경우 해당 위치에 순환참조가 발생하였다는 의미이다.
2. [수식] 탭의 [수식 분석] - [오류 검사]의 목록화살표(▾)를 클릭했을 때 [순환참조] 메뉴가 활성화되어 있는 경우, 워크시트 어디에선가 순환참조 오류가 있다는 의미이며, [순환참조]를 클릭해보면 오른쪽에 그 위치를 표시해준다.

## 순환참조 오류 해결방법

순환참조 오류 표시 위치 또는 파란색 상호참조선이 표시된 셀에서 해당 수식을 올바로 수정하면 순환참조 경고오류가 사라진다. 순환참조 오류가 여러 곳인 경우 하나를 수정하면 다음 오류 위치가 표시되므로 [순환참조] 메뉴가 비활성화될 때까지 수정을 계속해 주어야 한다.

## 수식에 순환참조가 반드시 필요한 경우

일반적인 경우는 아니지만 수식에 반드시 순환참조가 필요한 경우에는, [파일] 탭의 [옵션]-[수식]의 [계산 옵션]에서 "반복 계산 사용"을 체크하고 [최대 반복 횟수]를 "1"로 변경하고 [확인]하면 순환참조 경고오류가 사라진다. 다만 이 경우에는 의도하지 않은 순환참조까지도 표시되지 않을 수 있으므로 유의해야 한다.

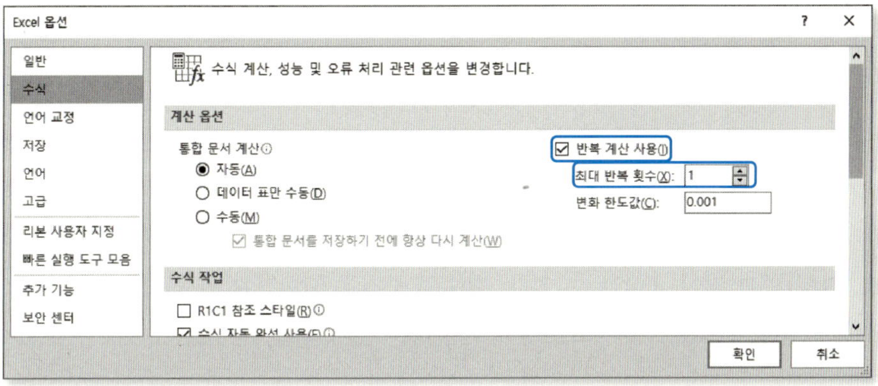

## 알유엑셀TIP 21 복잡한 판단을 함수로 표현하기

표 작성시 복잡한 조건을 수식으로 표현하는 데 IF함수만한 게 없다. 그러나 IF문은 조건이 복잡해질수록 수식이 길어지는 단점이 있어 VLOOKUP, INDEX, MATCH 등의 함수와 결합하여 사용하면 좋다.

### IF함수로 판단 수식 표현하기

IF함수는 "=IF(조건,참값,거짓값)" 형식으로 표현하는데 IF함수 안에 IF함수를 중첩하여 사용할 수도 있고, AND, OR 등 다른 함수나 수식을 함께 사용할 수도 있다. 각 사원에게 지급할 보너스를 IF함수를 사용하여 계산하는 경우 "**=G2*IF(B2="부장",200%,IF(B2="차장",180%,IF(B2="대리",150%,100%)))**"과 같이 표시할 수 있다. 함수의 중첩은 64회까지 가능하지만, 수식이 너무 길어지면 오류 가능성이 크므로 3~4회로 줄여 사용하는 것이 좋다.

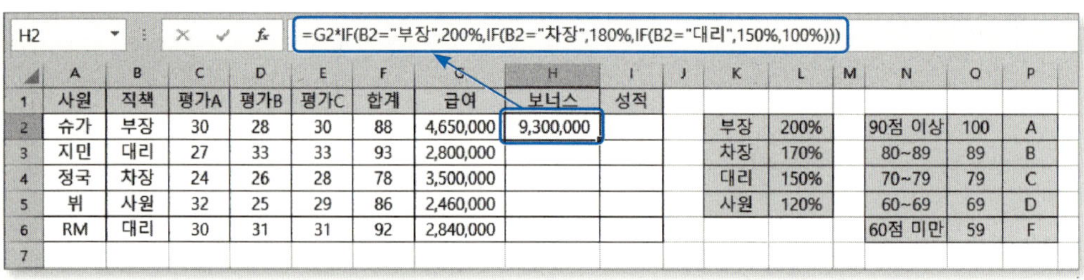
H2 =G2*IF(B2="부장",200%,IF(B2="차장",180%,IF(B2="대리",150%,100%)))

| | A | B | C | D | E | F | G | H | I | J | K | L | M | N | O | P |
|---|---|---|---|---|---|---|---|---|---|---|---|---|---|---|---|---|
| 1 | 사원 | 직책 | 평가A | 평가B | 평가C | 합계 | 급여 | 보너스 | 성적 | | | | | | | |
| 2 | 슈가 | 부장 | 30 | 28 | 30 | 88 | 4,650,000 | 9,300,000 | | | 부장 | 200% | | 90점 이상 | 100 | A |
| 3 | 지민 | 대리 | 27 | 33 | 33 | 93 | 2,800,000 | | | | 차장 | 170% | | 80~89 | 89 | B |
| 4 | 정국 | 차장 | 24 | 26 | 28 | 78 | 3,500,000 | | | | 대리 | 150% | | 70~79 | 79 | C |
| 5 | 뷔 | 사원 | 32 | 25 | 29 | 86 | 2,460,000 | | | | 사원 | 120% | | 60~69 | 69 | D |
| 6 | RM | 대리 | 30 | 31 | 31 | 92 | 2,840,000 | | | | | | | 60점 미만 | 59 | F |
| 7 | | | | | | | | | | | | | | | | |

### VLOOKUP함수로 표현하기

IF함수를 사용하는 경우 수식이 너무 길어지면 VLOOKUP함수를 적용해서 "**=G2*VLOOKUP(B2,$K$2:$L$5,2,FALSE)**"와 같이 비교적 간결하게 표현할 수도 있다.

※ =VLOOKUP(찾을값,참조영역,열번호,찾기옵션)

### INDEX, MATCH 함수로 표현하기

성적표시와 같이 구간별 값을 참조해야 하는 경우(I2:I6)에는 수식이 긴 IF문보다는 INDEX, MATCH함수 등을 써서 간소화할 수 있다. 이때 참조영역은 절대셀범위 형식으로 표시하되, 절대셀범위 대신에 참조영역에 이름을 부여하여 이름으로 표시할 수도 있다.

I2셀 – [IF함수 사용]: **=IF(F2>=90,"A",IF(F2>=80,"B",IF(F2>=70,"C",IF(F2>=60,"D","F"))))**

I2셀 – [INDEX,MATCH 사용]: **=INDEX($P$2:$P$6,MATCH(F2,$O$2:$O$6,-1))**

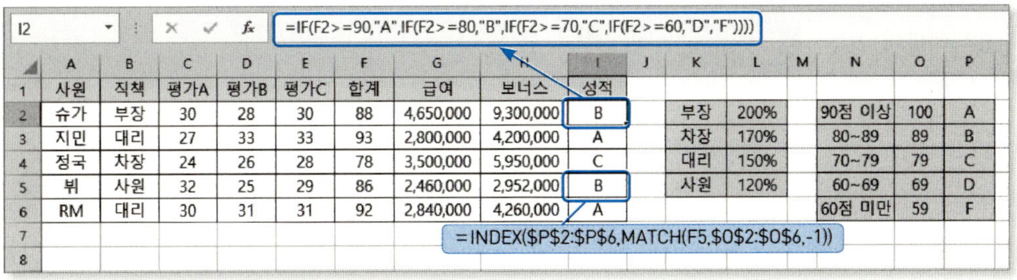
I2 =IF(F2>=90,"A",IF(F2>=80,"B",IF(F2>=70,"C",IF(F2>=60,"D","F"))))

| | A | B | C | D | E | F | G | H | I | J | K | L | M | N | O | P |
|---|---|---|---|---|---|---|---|---|---|---|---|---|---|---|---|---|
| 1 | 사원 | 직책 | 평가A | 평가B | 평가C | 합계 | 급여 | 보너스 | 성적 | | | | | | | |
| 2 | 슈가 | 부장 | 30 | 28 | 30 | 88 | 4,650,000 | 9,300,000 | B | | 부장 | 200% | | 90점 이상 | 100 | A |
| 3 | 지민 | 대리 | 27 | 33 | 33 | 93 | 2,800,000 | 4,200,000 | A | | 차장 | 170% | | 80~89 | 89 | B |
| 4 | 정국 | 차장 | 24 | 26 | 28 | 78 | 3,500,000 | 5,950,000 | C | | 대리 | 150% | | 70~79 | 79 | C |
| 5 | 뷔 | 사원 | 32 | 25 | 29 | 86 | 2,460,000 | 2,952,000 | B | | 사원 | 120% | | 60~69 | 69 | D |
| 6 | RM | 대리 | 30 | 31 | 31 | 92 | 2,840,000 | 4,260,000 | A | | | | | 60점 미만 | 59 | F |
| 7 | | | | | | | | | | | | | | | | |
| 8 | | | | | | | | | | | | | | | | |



※ =INDEX(참조영역, 행/열번호)

※ =MATCH(찾을값, 참조영역, 찾기옵션)

(찾기옵션은 참조영역이 오름차순인 경우 "1", 내림차순인 경우 " - 1"로 표시)

## 알유엑셀TIP 22 배열수식과 배열함수를 이용한 합계

흔히 표로 정리된 매출자료에서 여러 거래의 단가와 수량을 곱하여 금액을 계산하고 이를 합산하는데 SUM함수를 이용하는 경우 여러 단계를 거치게 된다. 이때 단가와 수량의 배열구조를 이용해서 배열수식과 배열함수를 적용하면 더 빠르게 합계를 계산할 수 있다.

| | A | B | C | D | E | F |
|---|---|---|---|---|---|---|
| 1 | 거래번호 | 상품명 | 단가 | 수량 | 금액 | |
| 2 | 101 | GGM-27K | 15,600 | 35 | | |
| 3 | 102 | KGB-23J | 23,400 | 16 | | |
| 4 | 103 | GGM-36F | 7,300 | 8 | | |
| 5 | 104 | JJT-56H | 12,700 | 26 | | |
| 6 | 105 | HHR-73B | 13,500 | 15 | | |
| 7 | 106 | GSF-34A | 32,700 | 12 | | |
| 8 | 107 | HHR-84G | 43,000 | 5 | | |
| 9 | (합계) | | | | | |
| 10 | | | | | | |

### SUM 함수를 사용하는 일반적인 합계

E9 셀에 전체 거래의 합계금액을 표시하고자 하는 경우, 먼저 E2 셀에 "=C2*D2" 수식을 입력하고 아래 E8 셀까지 복사한 후 E9 셀에서 "=SUM(E2:E8)"으로 계산한다.

물론 개별거래의 금액을 일일이 계산하지 않고 E11 셀에 한 번에 합계를 구하려면 "=SUM(C2*D2,C3*D3,C4*D4,C5*D5,C6*D6,C7*D7,C8*D8)"과 같이 입력할 수도 있다.

### 배열수식을 이용한 간편 합계

E12 셀에 수식 "=SUM(C2:C8*D2:D8)"을 입력하고 Ctrl + Shift + Enter를 누르면 E9 셀과 같은 합계금액이 계산된다. E12 셀을 다시 클릭하여 수식입력줄을 살펴보면 입력했던 수식 앞뒤로 브레이스({ }) 문자가 자동으로 추가되어 "{=SUM(C2:C8*D2:D8)}"로 변경되어 있음을 알 수 있는데, 이는 Ctrl + Shift + Enter 키가 수식에 범위 연산을 적용하여 범위 내의 값을 배열로 변환하여 처리하는 배열수식으로 바꾸어 놓은 것이다.

### 배열함수를 이용한 합계

엑셀 함수 중에서도 배열을 자체적으로 변환하여 사용하는 함수로 SUMPRODUCT 함수를 사용하면 배열수식과 동일한 결과를 얻을 수 있다. E13 셀에 수식을 "=SUMPRODUCT(C2:C8,D2:D8)"

로 입력하고 Enter 키를 누른다. SUMPRODUCT 함수는 배열함수이기 때문에 따로 인수를 배열수식 형태로 입력하거나 Ctrl + Shift + Enter 키를 누를 필요 없이 Enter 키만 누르면 된다.

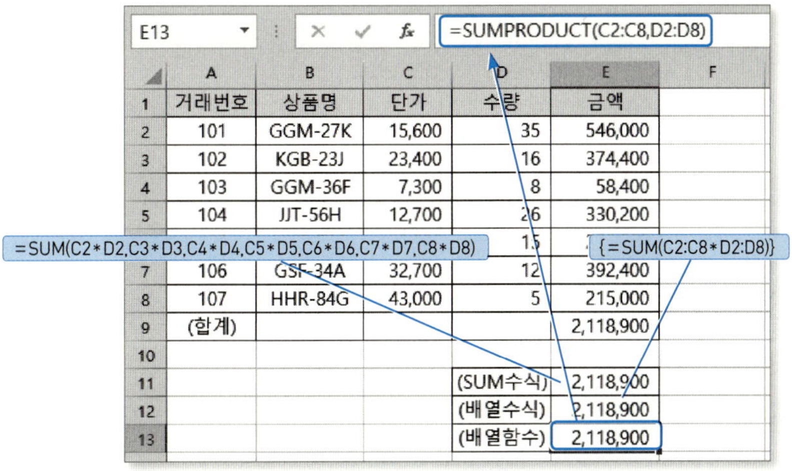


| | A | B | C | D | E | F |
|---|---|---|---|---|---|---|
| 1 | 거래번호 | 상품명 | 단가 | 수량 | 금액 | |
| 2 | 101 | GGM-27K | 15,600 | 35 | 546,000 | |
| 3 | 102 | KGB-23J | 23,400 | 16 | 374,400 | |
| 4 | 103 | GGM-36F | 7,300 | 8 | 58,400 | |
| 5 | 104 | JJT-56H | 12,700 | 26 | 330,200 | |
| 6 | | | | 15 | | |
| 7 | 106 | GSF-34A | 32,700 | 12 | 392,400 | |
| 8 | 107 | HHR-84G | 43,000 | 5 | 215,000 | |
| 9 | (합계) | | | | 2,118,900 | |
| 10 | | | | | | |
| 11 | | | | (SUM수식) | 2,118,900 | |
| 12 | | | | (배열수식) | 2,118,900 | |
| 13 | | | | (배열함수) | 2,118,900 | |

배열수식이나 배열함수를 적용하면 개별거래의 금액을 계산하고 이를 다시 합산하는 여러 단계의 절차를 거치지 않고서도 필요한 계산과정을 보다 단축하는 효과를 얻을 수 있다.

## 알유엑셀TIP 23 병합된 셀이 포함된 표 정렬하기

표를 정렬할 때 병합된 셀이 포함되어 있는 경우에는 정렬이 실행되지 않는다. 이 경우에는 다음 절차에 따라 먼저 병합을 해제하고 정렬한 후에 다시 병합하는 절차를 거치면 된다.

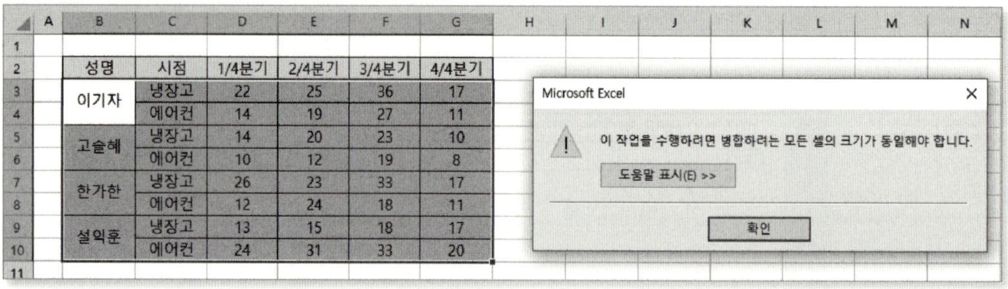

| 성명 | 시점 | 1/4분기 | 2/4분기 | 3/4분기 | 4/4분기 |
|---|---|---|---|---|---|
| 이기자 | 냉장고 | 22 | 25 | 36 | 17 |
| | 에어컨 | 14 | 19 | 27 | 11 |
| 고슬혜 | 냉장고 | 14 | 20 | 23 | 10 |
| | 에어컨 | 10 | 12 | 19 | 8 |
| 한가한 | 냉장고 | 26 | 23 | 33 | 17 |
| | 에어컨 | 12 | 24 | 18 | 11 |
| 설익훈 | 냉장고 | 13 | 15 | 18 | 17 |
| | 에어컨 | 24 | 31 | 33 | 20 |



### 단계1: 병합 해제하고 값 채우기

병합된 셀이 있는 경우 정렬할 수 없으므로 먼저 병합을 해제한다. 병합된 셀범위(B3:B10)를 선택하고 [홈] 탭의 [맞춤] - [병합하고 가운데 맞춤]을 클릭하여 병합을 모두 해제한다.

### 단계2: 병합 해제된 빈 셀에 값 채우기

병합되어 있던 셀범위(B3:B10)가 선택된 상태에서 [F5]키를 눌러 [이동] 대화상자를 호출하고, 아래 [옵션]을 클릭한 후 [빈 셀]을 선택하고 [확인]을 누른다.

### 단계3: 병합 해제된 빈 셀에 값 채우기

빈 셀만 선택된 상태에서 등호(=)를 입력하고, 등호(=)가 입력된 B4 셀의 바로 위 셀인 B3 셀을 선택한 후 Ctrl + Enter 키를 누르면 아래 빈 셀까지 모두 바로 위 셀을 참조하여 값이 채워진다.

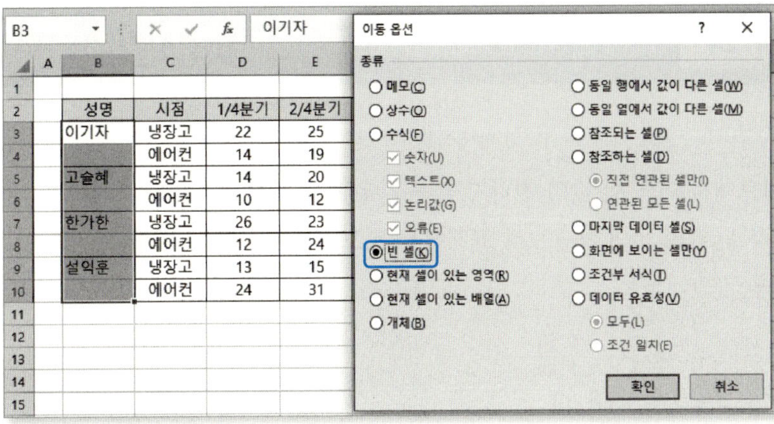


## 단계4: 데이터 정렬 실행

머리글까지 포함한 전체 데이터범위(B2:G10)을 선택하고 [데이터] 탭의 [정렬 및 필터]-[정렬]을 클릭한다. [정렬] 대화상자에서 [내 데이터에 머리글 표시]를 체크하고 [정렬기준]으로 "성명", [정렬]에서 [오름차순]을 선택한 후 [확인]을 누른다.

## 단계5: 정렬된 셀 다시 병합

다시 병합하고자 하는 첫 범위(B3:B4)를 선택하고 [홈] 탭의 [맞춤]-[병합하고 가운데 맞춤]을 클릭한다. 병합된 B3:B4 셀의 자동채우기핸들을 B10 셀까지 드래그한 후 아래 자동채우기 옵션(⊞) 에서 "서식만 채우기"를 클릭하면 병합 작업이 완료된다.

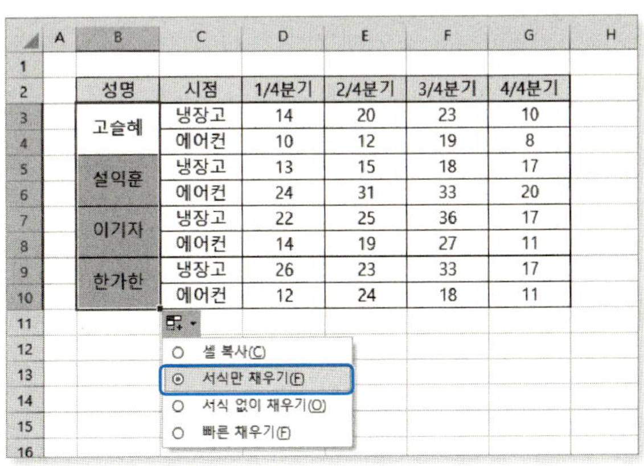

## 알유엑셀TIP 24 값이 큰 막대그래프를 로그눈금으로 축약 표시하기

세로 막대형차트에서 어느 한 값이 지나치게 큰 경우 전체 막대그래프가 제대로 표시되지 않을 수 있다. 이때 Y축 단위를 10의 제곱으로 표시하는 로그차트로 만들어 가장 큰 막대를 축약 형태로 표시할 수 있다.

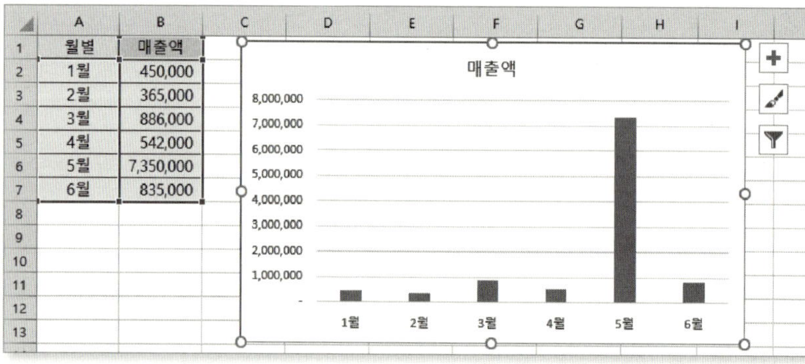


### 단계1: 막대 차트의 세로축을 로그 눈금으로 수정

데이터범위(A1:B7)를 선택하고 [삽입] - [차트] - [2차원 세로 막대형] 차트를 표시한 후, 차트 내부를 더블클릭하여 화면 오른쪽에 [차트 영역 서식]을 표시한다. 이 상태에서 다시 차트 내부의 [세로(값) 축] 부분을 클릭하면 오른쪽의 [차트 영역 서식]이 [축 서식]으로 바뀌는데, [축 서식] 상자의 [축 옵션] 아래 오른쪽 [축 옵션](▮▮▮)을 클릭하고 다시 아래 [축 옵션]을 클릭한다. [축 옵션]에서 먼저 아래쪽 [로그 눈금 간격]을 체크 표시하면 차트의 세로축이 10의 제곱 형태의 로그눈금을 바뀌고 막대 표시 역시 비슷한 크기 형태로 바뀌게 된다. 바뀐 차트의 모든 막대가 최소한 세로축 눈금 10,000을 상회하고 있으므로, 오른쪽 [축 서식]의 [축 옵션] - [경계] - [최소]의 입력란을 "10,000"으로 변경 입력한다.

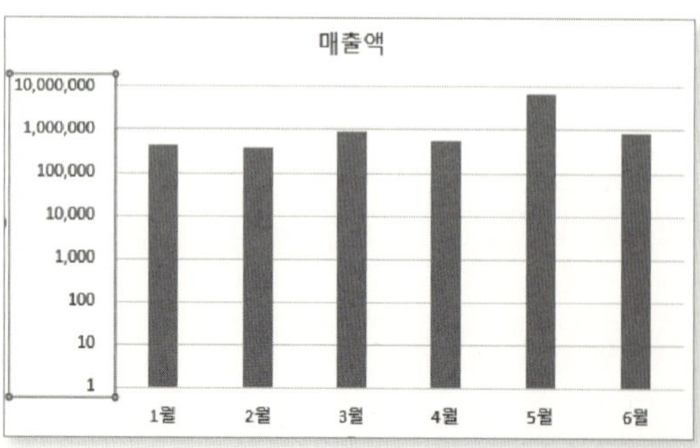


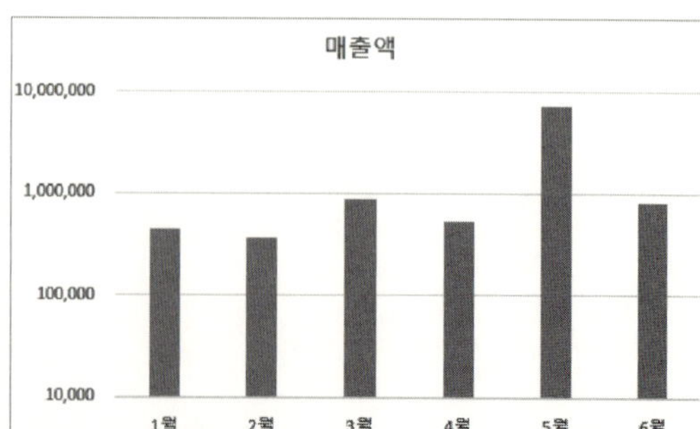

### 단계2: 데이터 레이블 추가와 막대 축약 표시

로그 눈금이 큰 의미가 있는 것은 아니므로 세로축을 선택하여 [Delete]키로 지우고 대신에 막대 부분을 클릭한 후 오른쪽 마우스 [데이터 레이블 추가] – [데이터 레이블 추가]를 클릭한다. [삽입] 탭의 [일러스트레이션] – [도형]에서 [별 및 현수막]의 마지막 [이중 물결]을 선택하고 가장 긴 막대의 위쪽 부분에 드래그하여 표시한다. 오른쪽 [도형 서식]에서 [채우기] – [단색 채우기] – [색]을 "흰색"으로 지정하고 아래 [선]에서 [선 없음]을 선택한다. 이제 가장 긴 막대가 물결 모양의 축약 형식으로 표시된다.

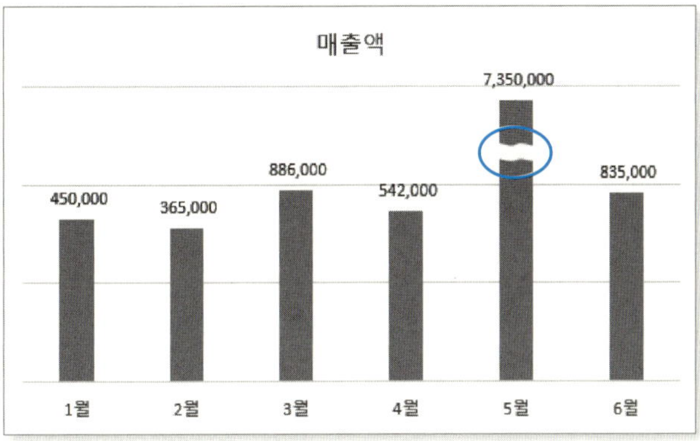

CHAPTER

# 01

회계실무 Cases

# 영업실적과 성과평가

# Case 101 ㈜우성전자의 개인별 영업실적 분석표

**현황**

㈜우성전자는 전국의 제과점과 커피숍만을 대상으로 아리랑전자㈜에서 생산하고 있는 A냉장고와 H에어컨만을 독점으로 판매하고 있는 유통전문회사이다. 취급하고 있는 제품수가 한정되어 있으므로 총 4명의 영업사원만을 두고 있으며, 각 영업사원으로 하여금 거래처 발굴 및 관리를 자체적으로 수행하도록 하고 있다. ㈜우성전자에서는 분기별로 각 영업사원의 영업실적을 집계하고, 그 실적에 따라 상여금을 차등지급하는 부분 성과급제를 도입하고 있다.

연말 현재 각 영업사원별/분기별/제품별로 판매대수를 기록한 실적표는 다음과 같다(단, 이 집계자료는 워드(한글) 파일로 작성되어 있다고 가정한다).

참고로, ㈜우성전자는 각 상품에 대해 균일가격제를 적용하고 있으며, 냉장고의 경우 대당 ₩1,000,000, 에어컨의 경우 ₩890,000의 판매가격을 적용하고 있다.

〈영업사원 개인별 판매실적 자료〉 (단위: 대수)

| | | |
|---|---|---|
| 이기자 | 1/4분기<br>2/4분기<br>3/4분기<br>4/4분기 | 냉장고: 22, 에어컨: 14<br>냉장고: 25, 에어컨: 19<br>냉장고: 36, 에어컨: 27<br>냉장고: 17, 에어컨: 11 |
| 고슬혜 | 1/4분기<br>2/4분기<br>3/4분기<br>4/4분기 | 냉장고: 14, 에어컨: 10<br>냉장고: 20, 에어컨: 12<br>냉장고: 23, 에어컨: 19<br>냉장고: 10, 에어컨: 8 |
| 한가한 | 1/4분기<br>2/4분기<br>3/4분기<br>4/4분기 | 냉장고: 26, 에어컨: 12<br>냉장고: 23, 에어컨: 24<br>냉장고: 33, 에어컨: 18<br>냉장고: 17, 에어컨: 11 |
| 설익훈 | 1/4분기<br>2/4분기<br>3/4분기<br>4/4분기 | 냉장고: 13, 에어컨: 24<br>냉장고: 15, 에어컨: 31<br>냉장고: 18, 에어컨: 33<br>냉장고: 17, 에어컨: 20 |

요구사항

1. 위의 워드파일 집계자료를 Excel로 가져와서, Excel에서 아래와 같은 요건에 맞는 형식의 영업실적표로 재구성하시오.
   - 영업실적표는 품목별/분기별/사원별 집계가 하나의 표로 요약, 표시되도록 구성한다.
   - 영업실적표는 판매대수를 기준으로 하되, 합계란은 최소의 작업으로 수행되도록 한다.
   - 영업사원은 성명 오름차순으로 정렬되도록 한다.

〈영업사원 개인별 영업실적표〉

(단위: 대수)

| | | 고슬혜 | 설익훈 | 이기자 | 한가한 | 계 |
|---|---|---|---|---|---|---|
| 냉장고 | 1/4분기 | | | | | |
| | 2/4분기 | | | | | |
| | 3/4분기 | | | | | |
| | 4/4분기 | | | | | |
| | 계 | | | | | |
| 에어컨 | 1/4분기 | | | | | |
| | 2/4분기 | | | | | |
| | 3/4분기 | | | | | |
| | 4/4분기 | | | | | |
| | 계 | | | | | |
| 분기별 총판매량 | 1/4분기 | | | | | |
| | 2/4분기 | | | | | |
| | 3/4분기 | | | | | |
| | 4/4분기 | | | | | |
| 개인별 총판매량 | | | | | | |

2. 위의 영업실적표를 기초로 하여 〈판매대수〉 대신 〈판매금액〉으로 표시하는 별도의 영업실적금액표를 작성하시오.

3. ㈜우성전자의 사장은 연말 판매장려금 ₩5,000,000을 각 영업사원의 판매금액에 비례하여 지급하고자 한다. 사장의 계획대로라면 각 영업사원에게 각각 얼마씩의 판매장려금이 지급될 것인가?

4. 사원들은 사장의 판매장려금 지급기준에 문제가 있다고 인식하고, 단순한 판매금액기준 대신에 판매금액 60%, 총판매수량 40%의 가중치를 사용하는 배부기준 수정안을 제시하고 있다. 이 수정안이 적용되는 경우, 사장의 배부기준 적용에 비해 가장 손해를 많이 보게 되는 사원은 누구인가?

## Case 101 따라하기

**상황분석**

- 이 예제는 자료가 처음부터 Excel 형식으로 입력되어 있지 않고, Excel 이외의 다른 편집기(예컨대 Word, 한글 등)를 통해 입력된 자료를 Excel sheet로 가져와서 분석을 수행하는 방법과 절차를 학습하기 위한 목적으로 구성되었다.
- 물론 다른 편집기를 통해 입력된 자료를 보고 Excel sheet에 Excel 형식으로 일일이 구분하여 재입력하는 것도 하나의 방법이긴 하다.
- 그러나 이 경우 재입력 과정에서 문자나 숫자를 잘못 입력하게 되는 경우도 있을 수 있으며, 특히 대량의 자료로 구성되어 있는 경우 모든 자료를 일일이 재입력한다는 것은 시간낭비를 초래할 가능성도 있다.

본 예에서는 본격적인 분석기능을 수행하기 전에, 다른 편집기(한글워드)에 입력되어 있는 자료를 복사하여 Excel로 가져온 후 Excel 자료 형식으로 재구성하는 절차를 먼저 수행해 보기로 한다.

**참고**

- Excel에서의 분석자료 구성은 수치 또는 수치로 변환 가능한 자료의 형태로 하나의 셀에 하나의 수치자료만 입력되도록 배열되어야 한다.
- 따라서 수치자료의 연산이 가능한 상태로 배열하기 위해서는 해당 레이블(문자)과 수치가 각각 별도의 셀에 분리되어 입력되도록 해야 한다.
- 이러한 준비를 위해 마련된 기능이 [데이터]-[텍스트나누기] 기능이다.

### 1단계 워드 파일로부터 텍스트 자료 가져오기

❶ 먼저 원시자료가 입력되어 있는 [한글] 파일을 열고, 가져오고자 하는 표의 내부를 모두 선택하여 [복사하기]를 수행한다.

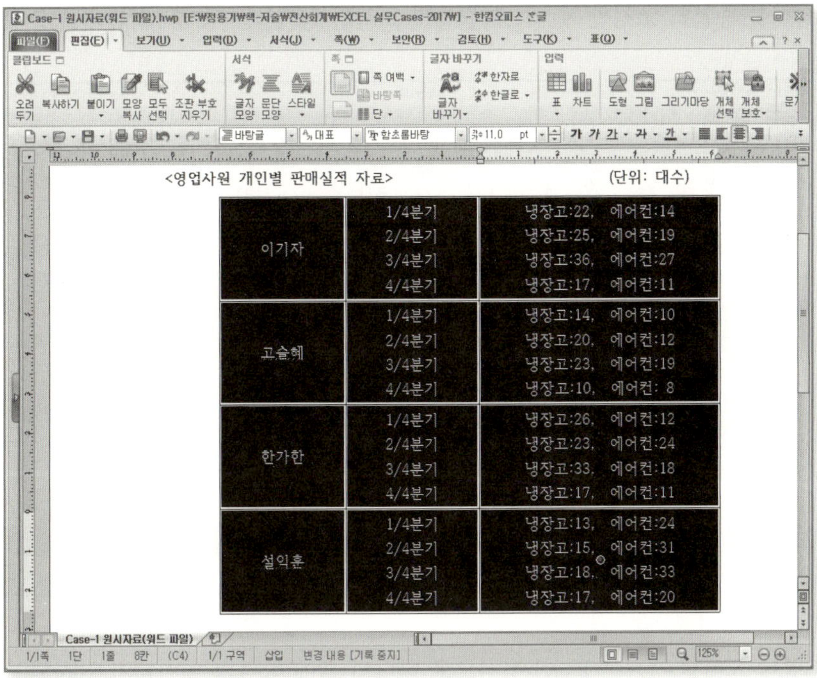

❷ Excel에서 [파일]-[새로 만들기]-[새 통합문서]를 선택하고, 열린 새 통합문서의 B2 셀을 클릭한 후 [붙여넣기]한다.

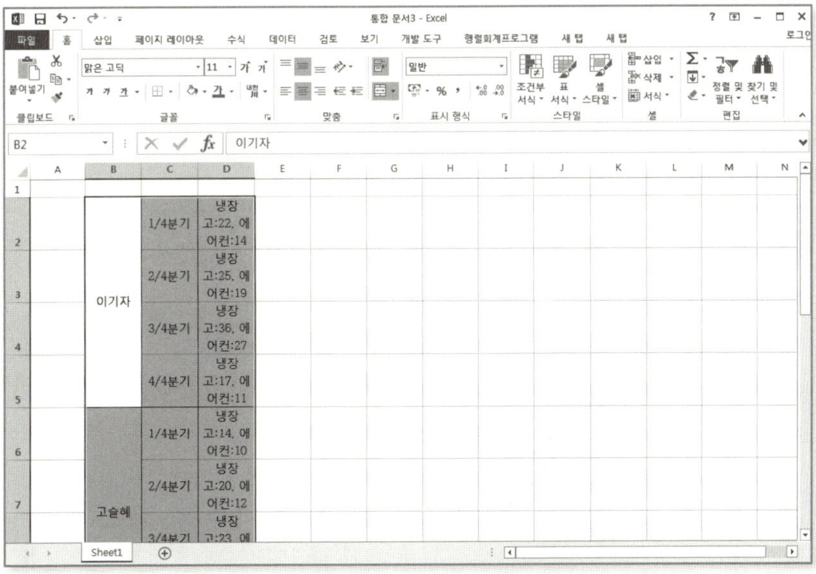

❸ D열의 너비를 충분히 조정한 후, 자료가 입력 표시된 행들(2행~17행)의 높이를 조정해 본다.

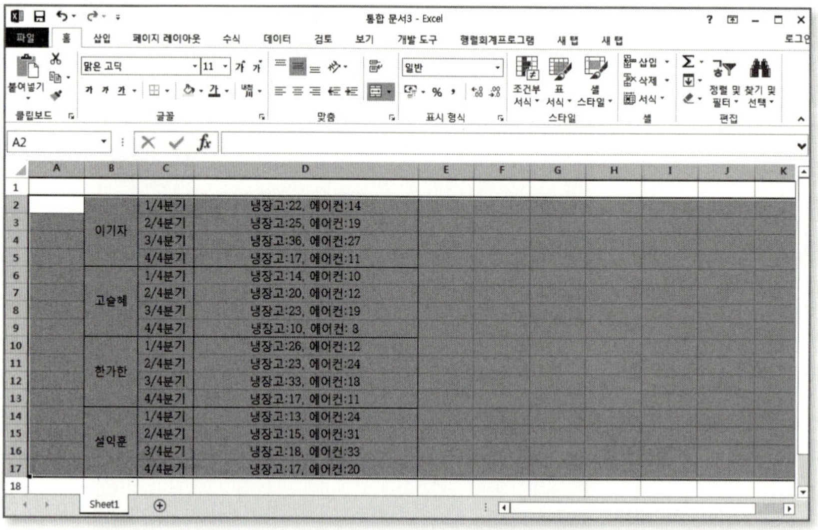

❹ B열과 C열에 표시된 자료는 Excel 형식으로 하나의 셀에 하나의 데이터가 표시되고 있지만, D열의 자료는 다른 편집기에서 입력된 대로 한 줄의 표시내용(예; '냉장고:22, 에어컨:14')이 하나의 셀에 모두 표시되고 있다. 이러한 D열의 표시내용은 ExceL 자료형식이 아니므로 해당 수치에 대한 연산기능을 수행할 수 없다. 따라서 이 D열의 자료에 대해 [텍스트나누기] 기능을 수행해야 한다.

❺ [텍스트나누기] 기능을 적용해야 할 대상 범위(D2:D17)를 선택한 후, [데이터] 탭의 [텍스트 나누기]를 선택한다. [텍스트 마법사] 대화상자에서 [구분 기호로 분리됨]을 클릭하고 [다음] 버튼을 누른다.

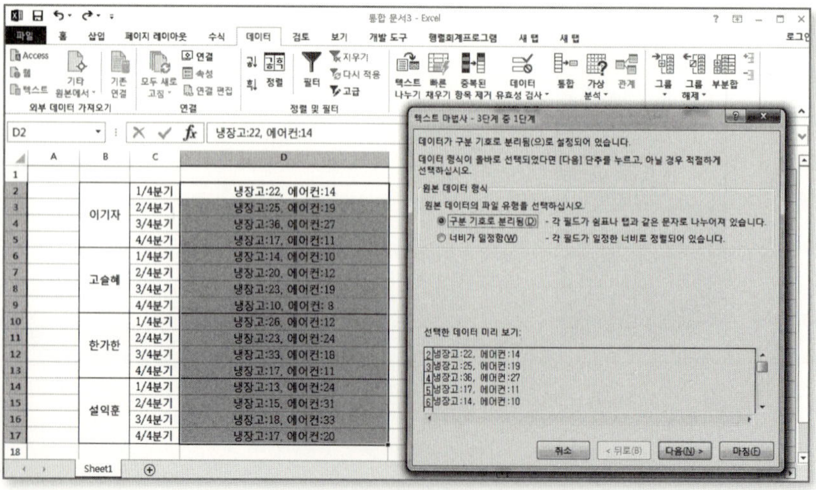

❻ [텍스트 마법사-2단계]의 [구분 기호]에서, D열의 자료 형식에 적용되고 있는 모든 기호가 포함되도록 선택한다. 즉, [쉼표]와 [공백], [기타]를 선택하고, [기타]의 난에 콜론(:)을 입력한다. 그리고 아래의 [미리보기]에서 원하는 대로 구분선이 적용되고 있는지를 확인한 후, [다음]을 선택한다.

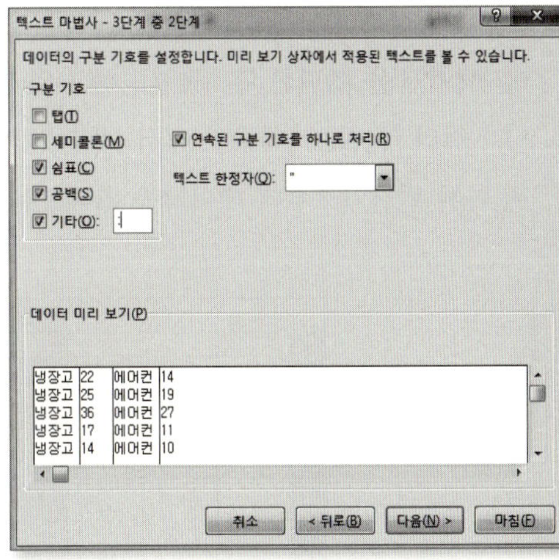


❼ [텍스트마법사-3단계]에서 [열데이터서식]으로 [일반]을 선택하고 [마침]을 누른다.

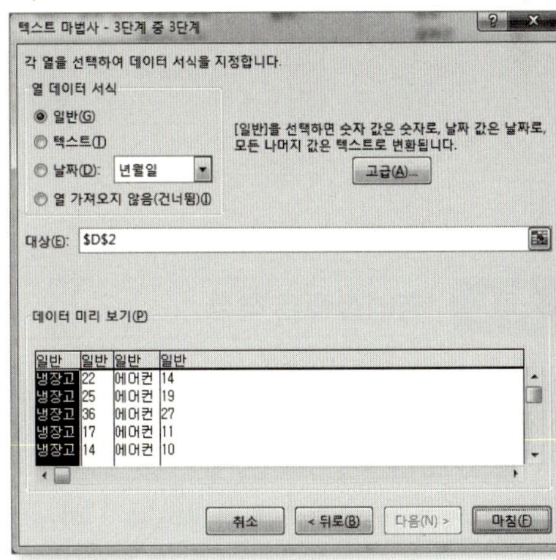


❽ 이제 이전의 Sheet에서 D열에 한꺼번에 표시되었던 데이터들이 D열과 E, F, G열로 각각 구분되어 [텍스트 나누기]가 수행되었다.

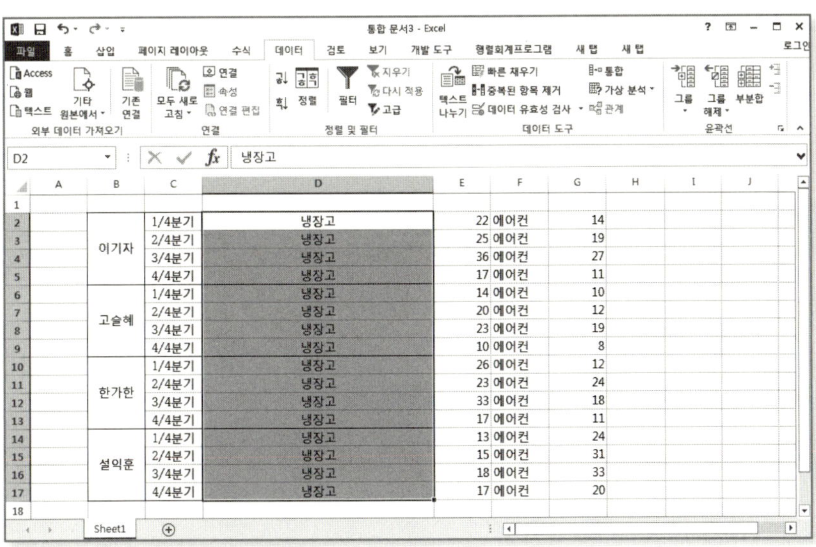

❾ E열에 냉장고 판매대수, G열에 에어컨 판매대수가 표시되고 있으니, E1 셀에 '냉장고', G1 셀에 '에어컨'을 입력한 후, 불필요한 D열과 F열을 삭제한다. 이제 D1:E17 셀 범위를 선택하고, [홈] 탭의 [글꼴]-[테두리]에서 [모든 테두리]를 선택하여 전체를 표 형식으로 정리한다. 이로써 다른 편집기로부터 데이터를 가져오는 일련의 절차가 마무리되었다.

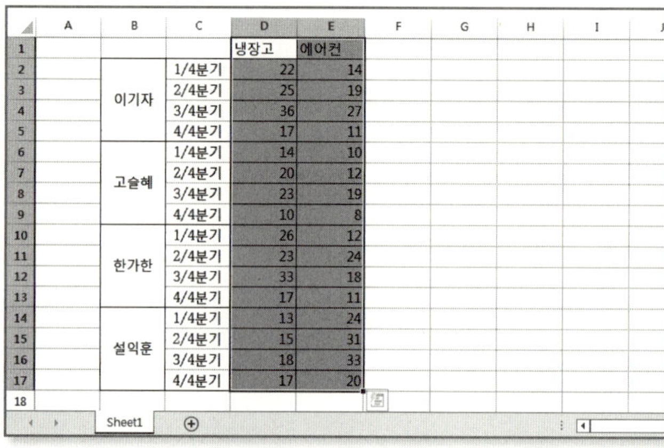

| B | C | 냉장고 | 에어컨 |
|---|---|---|---|
| 이기자 | 1/4분기 | 22 | 14 |
| | 2/4분기 | 25 | 19 |
| | 3/4분기 | 36 | 27 |
| | 4/4분기 | 17 | 11 |
| 고슬혜 | 1/4분기 | 14 | 10 |
| | 2/4분기 | 20 | 12 |
| | 3/4분기 | 23 | 19 |
| | 4/4분기 | 10 | 8 |
| 한가한 | 1/4분기 | 26 | 12 |
| | 2/4분기 | 23 | 24 |
| | 3/4분기 | 33 | 18 |
| | 4/4분기 | 17 | 11 |
| 설익훈 | 1/4분기 | 13 | 24 |
| | 2/4분기 | 15 | 31 |
| | 3/4분기 | 18 | 33 |
| | 4/4분기 | 17 | 20 |

## 2단계 영업실적표 작성

이제 [가져오기]한 자료를 토대로 하여 〈영업사원 개인별 영업실적표〉를 작성하기로 한다. 그런데 위에서 [가져오기]한 자료의 배열구조는 작성하고자 하는 〈영업실적표〉의 배열과는 다르다. 따라서 위의 표 아래쪽에 작성하고자 하는 〈영업사원 개인별 영업실적표〉 양식을 먼저 작성해둔 후, 필요한 자료를 위에서 복사, 또는 연결하여 표시하도록 한다.

❶ C20 셀에 표의 제목 〈영업사원 개인별 영업실적표〉를 입력하고, G20 셀에는 '(단위: 대수)'를 입력한다.

❷ B22:H37 셀 범위에 '영업실적표'의 양식을 입력하고, 테두리를 포함하여 표 양식으로 준비해 둔다.

| | | 냉장고 | 에어컨 |
|---|---|---|---|
| 이기자 | 1/4분기 | 22 | 14 |
| | 2/4분기 | 25 | 19 |
| | 3/4분기 | 36 | 27 |
| | 4/4분기 | 17 | 11 |
| 고슬혜 | 1/4분기 | 14 | 10 |
| | 2/4분기 | 20 | 12 |
| | 3/4분기 | 23 | 19 |
| | 4/4분기 | 10 | 8 |
| 한가한 | 1/4분기 | 26 | 12 |
| | 2/4분기 | 23 | 24 |
| | 3/4분기 | 33 | 18 |
| | 4/4분기 | 17 | 11 |
| 설익훈 | 1/4분기 | 13 | 24 |
| | 2/4분기 | 15 | 31 |
| | 3/4분기 | 18 | 33 |
| | 4/4분기 | 17 | 20 |

<영업사원 개인별 영업실적표> (단위 : 대수)

| | | 고슬혜 | 설익훈 | 이기자 | 한가한 | 계 |
|---|---|---|---|---|---|---|
| 냉장고 | 1/4분기 | | | | | |
| | 2/4분기 | | | | | |
| | 3/4분기 | | | | | |
| | 4/4분기 | | | | | |
| | 계 | | | | | |
| 에어컨 | 1/4분기 | | | | | |
| | 2/4분기 | | | | | |
| | 3/4분기 | | | | | |
| | 4/4분기 | | | | | |
| | 계 | | | | | |
| 분기별 총판매량 | 1/4분기 | | | | | |
| | 2/4분기 | | | | | |
| | 3/4분기 | | | | | |
| | 4/4분기 | | | | | |
| 개인별 총판매량 | | | | | | |

Sheet1

❸ 위쪽 표의 해당 데이터를 아래쪽 〈영업실적표〉 해당란에 옮겨 적는다. 이때 위쪽 표에서 영업사원 이름 배열이 아래쪽 표와 다르다는 점에 유의해야 한다.

❹ 옮겨 적고자 하는 자료의 구조가 표시되어야 할 영역의 자료구조와 같을 경우에, 자료를 옮겨 적는 방법에는 크게 두 가지가 있다. 그 첫 번째는 옮겨 적고자 하는 자료 영역을 선택하여 [복사하기]한 후 표시하고자 하는 영역의 첫 번째 셀에 [붙여넣기]하는 방법이다. 또 다른 방법은 표시하고자 하는 첫 번째 셀에 옮겨오고자 하는 셀 주소를 수식 형식으로 입력(예; '=E2')하여 표시하고 이를 인접 셀에도 복사하여 표시하는 방법이다. 이 중 두 번째 방법은 **'상대셀 참조'**를 이용하는 방법으로, 이 경우 원본 데이터가 변화되면 언제든 따라서 변하는 특성을 갖게 된다. 그러나 전자의 방식인 복사하여 붙여넣기 방법에서는 원본 자료가 변화하더라도 다른 영역에 복제된 데이터에는 영향을 미치지 않으므로 독립성을 갖게 된다. 따라서 옮겨 적고자 하는 자료가 다른 영역에 표시되는 자료와 어떤 연관성을 갖게 할 것인가에 따라 옮겨적기 방법을 선택하여 적용해야 한다. 다만, 여기서는 위쪽 표와 아래의 〈영업실적표〉가 직접적인 연관성을 갖게 할 필요는 굳이 없지만, 이들 방법의 차이를 비교하는 차원에서 각각의 방법을 적용해 보기로 한다.

❺ 먼저 고슬혜 사원의 냉장고 판매실적을 기록하기 위한 난(D23:D26 셀 범위)에는 위쪽 표의 D6:D9 셀 범위에 기록된 자료가 표시되어야 한다. 따라서 위의 첫 번째 방법을 사용하여, 마

우스로 위쪽 표의 D6:D9 셀 범위를 선택한 후 [복사하기]하고 이어서 아래쪽 표의 D23 셀을 선택한 후 [붙여넣기]하면 D23:D26 셀 범위에 선택자료가 모두 표시되어진다. 마찬가지로 설익훈 사원의 냉장고 판매실적(E23:E26)은 마우스로 D14:D17 셀 범위를 선택하고 복사한 후 E23 셀을 선택하고 붙여넣기 하면 된다. 이기자 사원의 경우에는 D2:D5 셀 범위를 복사하여 F23 셀에 붙여넣기 하고, 한가한 사원의 경우에는 D10:D13 셀 범위를 복사하여 G23 셀에 붙여넣기 한다.

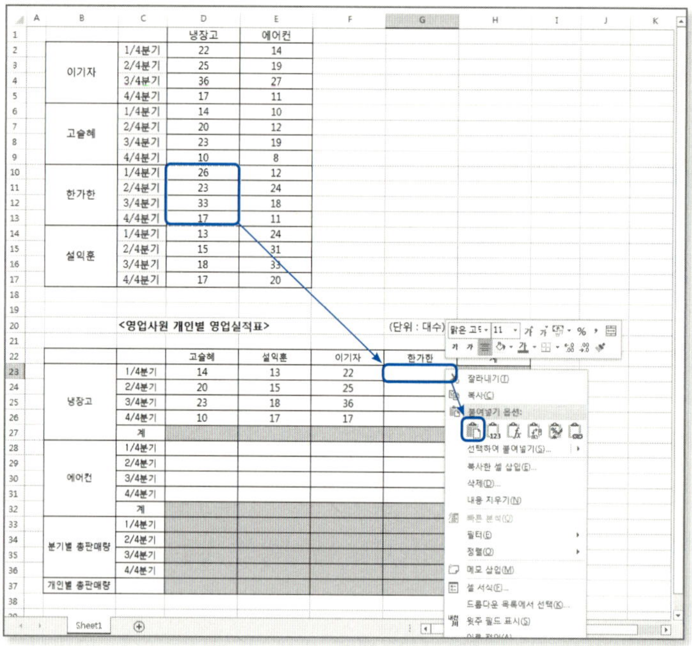

❻ 이번에는 에어컨 판매실적에 대해 위의 두 번째 방법을 적용하여 옮겨 적기로 한다. 고슬혜 사원의 1/4분기 에어컨 판매실적(D28셀)은 위쪽 표의 E6 셀의 값을 옮겨오면 되므로, D28 셀을 클릭하고 여기에 등호('=')를 입력한 후 마우스로 E6 셀을 클릭하고 Enter 키를 누르면 E6 셀과 같이 값 '10'이 표시된다(물론 D28 셀에 '=**E6**'라고 직접 입력할 수도 있다). 다시 D28 셀을 클릭하고 선택 셀의 오른쪽 하단 자동채우기 핸들(+)을 끌기하여 D31 셀까지 끌어다 놓으면 고슬혜 사원의 다른 분기 자료도 한꺼번에 표시된다. 이번에는 설익훈, 이기자, 한가한 사원의 에어컨 판매실적 자료를 한꺼번에 표시하기 위해, 먼저 E28 셀에 '=**E14**', F28 셀에 '=**E2**', G28 셀에 '=**E10**'을 각각 입력한 후, 마우스로 E28:G28 셀 범위를 선택하고 오른쪽 하단 자동채우기 핸들(+)을 끌기하여 G31 셀까지 끌어다 놓으면 E28:G31 셀 범위에의 자료가 한꺼번에 표시된다(이때 F29, F30, F31 셀을 각각 클릭해보면 F28에 입력해둔 수식 '=E2'가 각각 '=E3', '=E4', '=E5'로 변경되어 있음을 알 수 있다).

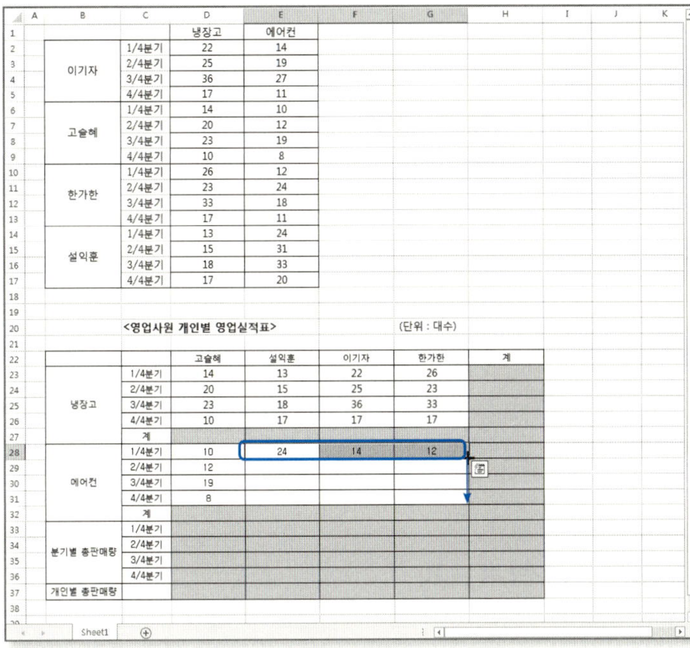

| | | 냉장고 | 에어컨 |
|---|---|---|---|
| 이기자 | 1/4분기 | 22 | 14 |
| | 2/4분기 | 25 | 19 |
| | 3/4분기 | 36 | 27 |
| | 4/4분기 | 17 | 11 |
| 고슬혜 | 1/4분기 | 14 | 10 |
| | 2/4분기 | 20 | 12 |
| | 3/4분기 | 23 | 19 |
| | 4/4분기 | 10 | 8 |
| 한가한 | 1/4분기 | 26 | 12 |
| | 2/4분기 | 23 | 24 |
| | 3/4분기 | 33 | 18 |
| | 4/4분기 | 17 | 11 |
| 설익훈 | 1/4분기 | 13 | 24 |
| | 2/4분기 | 15 | 31 |
| | 3/4분기 | 18 | 33 |
| | 4/4분기 | 17 | 20 |

<영업사원 개인별 영업실적표> (단위 : 대수)

| | | 고슬혜 | 설익훈 | 이기자 | 한가한 | 계 |
|---|---|---|---|---|---|---|
| 냉장고 | 1/4분기 | 14 | 13 | 22 | 26 | |
| | 2/4분기 | 20 | 15 | 25 | 23 | |
| | 3/4분기 | 23 | 18 | 36 | 33 | |
| | 4/4분기 | 10 | 17 | 17 | 17 | |
| | 계 | | | | | |
| 에어컨 | 1/4분기 | 10 | 24 | 14 | 12 | |
| | 2/4분기 | 12 | | | | |
| | 3/4분기 | 19 | | | | |
| | 4/4분기 | 8 | | | | |
| | 계 | | | | | |
| 분기별 총판매량 | 1/4분기 | | | | | |
| | 2/4분기 | | | | | |
| | 3/4분기 | | | | | |
| | 4/4분기 | | | | | |
| 개인별 총판매량 | | | | | | |

참고

## 상대셀 참조

수식 형태로 입력되어 있는 F28 셀을 복사하여 F29:F31 셀 영역에 붙여넣기 하면(또는 자동채우기핸들을 적용하여 표시하면), F28 셀에서 분명히 '=E2'로 입력하였던 수식이 F29 셀에서는 '=E3'으로, 그리고 F30과 F31 셀에서는 각각 '=E4'와 '=E5' 등으로 수식이 자동 변경되어 있음을 알 수 있다. 이처럼 특정 셀을 복사하여 붙여넣기 하면 그 셀의 계산구조 즉, 셀 참조방식이 동일하게 적용되도록 원래의 수식이 변경, 적용되는 것을 **'상대셀 참조'**라고 한다. 이는 엑셀에서 특정 셀을 복사하는 것은 해당 셀의 결괏값을 복사하는 것이 아니라 그 셀의 계산구조(셀참조 형식) 자체를 복제하도록 약속되어 있기 때문이다. 예컨대 F28 셀에 입력된 '=E2'는 **'현재 위치(F28)로부터 왼쪽으로 한 칸, 위쪽으로 26칸 떨어져 있는 위치(즉 E2)를 참조하여 표시하라'**는 의미이다. 따라서 이 상대참조 의미가 F29에서는 E3, F30에서는 E4를 각각 참조하여 표시하게 된다. 만일 수식이 적용된 결괏값을 복제하여 사용해야 하는 경우에는 해당 셀을 '복사' 한 후 붙여넣기 하기 위한 대상 셀에서 오른쪽 마우스 [붙여넣기 옵션]-[값]을 선택해야 한다.

참고

## 복사하려는 자료구조가 행과 열로 서로 다르게 배열되어 있는 경우

위의 옮겨 적기(복사) 사례에서는 원본 자료 배열구조와 표시하려는 위치의 자료 배열구조가 위에서 아래로 동일한 열배열 형식으로 구성되어 있어서 그대로 복사하여 붙여넣기 하면 된다. 그러나 경우에 따라서는 원본 자료구조는 열로 배열되어 있지만 표시하려는 영역의 자료구조는 행으로 구성되어 있는 경우도 있다. 예컨대 분기별 냉장고 판매실적 자료가 위/아래 열로 배열되어 있는 데이터를 왼쪽/오른쪽의 행 배열로 변경하거나 복사하여 붙여넣기 해야 하는 경우가 발생한다. 이때에는 [선택하여 붙여넣기]-[행/열 바꿈] 기능을 이용해서 쉽게 변환할 수 있다.

| | A | B | C | D | E | F | G | H |
|---|---|---|---|---|---|---|---|---|
| 1 | | | | 냉장고 | | | | |
| 2 | | | 1/4분기 | 22 | | | | |
| 3 | | | 2/4분기 | 25 | | | | |
| 4 | | | 3/4분기 | 36 | | | | |
| 5 | | | 4/4분기 | 17 | | | | |
| 6 | | | | | | | | |
| 7 | | | | | | | | |
| 8 | | | | 1/4분기 | 2/4분기 | 3/4분기 | 4/4분기 | |
| 9 | | | 냉장고 | 22 | 25 | 36 | 17 | |
| 10 | | | | | | | | |

예컨대 C1:D5 셀 범위를 복사하여, C8 셀을 클릭하고 오른쪽 마우스 [선택하여 붙여넣기]-[선택하여 붙여넣기]에서 [행/열 바꿈]을 선택하고 [확인]을 누르면 아래 C8:G9 셀처럼 행 배열 자료 형식으로 표시되게 된다. 이러한 자료 배열구조를 잘 이용하면 표 작성 및 연산기능 수행에 매우 유용하게 적용할 수 있다.

## 3단계 영업실적표의 완성-합계 표시

지금까지 작성된 〈영업실적표〉는 기초자료로만 구성된 것이며, 이를 통해 다양한 분석을 수행할 수 있도록 하기 위해서는 행/열 기준의 다양한 집계작업이 필요하다.

| | A | B | C | D | E | F | G | H | I |
|---|---|---|---|---|---|---|---|---|---|
| 19 | | | | | | | | | |
| 20 | | | <영업사원 개인별 영업실적표> | | | | (단위 : 대수) | | |
| 21 | | | | | | | | | |
| 22 | | | | 고슬혜 | 설익훈 | 이기자 | 한가한 | 계 | |
| 23 | | 냉장고 | 1/4분기 | 14 | 13 | 22 | 26 | | |
| 24 | | | 2/4분기 | 20 | 15 | 25 | 23 | | |
| 25 | | | 3/4분기 | 23 | 18 | 36 | 33 | | |
| 26 | | | 4/4분기 | 10 | 17 | 17 | 17 | | |
| 27 | | | 계 | | | | | | |
| 28 | | 에어컨 | 1/4분기 | 10 | 24 | 14 | 12 | | |
| 29 | | | 2/4분기 | 12 | 31 | 19 | 24 | | |
| 30 | | | 3/4분기 | 19 | 33 | 27 | 18 | | |
| 31 | | | 4/4분기 | 8 | 20 | 11 | 11 | | |
| 32 | | | 계 | | | | | | |
| 33 | | 분기별 총판매량 | 1/4분기 | | | | | | |
| 34 | | | 2/4분기 | | | | | | |
| 35 | | | 3/4분기 | | | | | | |
| 36 | | | 4/4분기 | | | | | | |
| 37 | | 개인별 총판매량 | | | | | | | |
| 38 | | | | | | | | | |

Sheet1

❶ 인접한 셀 영역에 대한 합계를 수행하는 방법에는 크게 3가지 방법이 있다. 가장 초보적인 방법은 기본적인 수식을 이용하는 방법으로, 등호('=')를 포함하여 합산하고자 하는 셀주소를 일일이 더하여 표시하는 방법이다. 예컨대 D27 셀에 고슬혜 사원의 연간 냉장고 판매대수를 합산하여 표시하고자 하는 경우 '**=D23+D24+D25+D26**'과 같이 합산 대상 셀들을 일일이 입력하여 합계하도록 하는 방법이다. 물론 인접 셀인 E27 셀에도 같은 합산논리(위쪽 4개의 수치

합계)가 적용되므로, 위에서와 같이 E27셀에도 '=**E23+E24+E25+E26**'이라고 입력해도 되지만, D27 셀의 수식을 복사하여 E27, F27, G27 셀에 각각 붙여넣기 하면 상대셀 참조가 적용되어 원하는 합계를 쉽게 도출할 수 있다. 그러나 Excel 왕초보자가 아닌 이상 이러한 초보적인 합산방법은 거의 사용되지 않는다.

❷ 합계를 위한 두 번째 방법은 합계 함수('=sum()')를 사용하는 방법이다. 예컨대 D27 셀에 합계를 표시하고자 하는 경우, D27 셀에 "=**sum(D23:D26)**'과 같이 입력하면 된다. 물론 인접 셀인 E27, F27, G27 셀에도 D27 셀의 합계함수를 복사하여 붙여넣기 하면 된다(자동채우기 핸들을 이용하면 더 빠르게 수행할 수 있다).

❸ 합계를 위한 세 번째 방법은 자동합계 버튼(Σ)을 이용하는 방법이다. 예컨대 D27셀에 고슬혜 사원의 연간 냉장고 판매대수 합계를 표시하고자 하는 경우, 합계를 표시하고자 하는 빈 셀(D27)까지를 포함하여 합산할 데이터 영역(D23:D27)을 마우스로 선택한 후 [홈] 탭의 [편집]-[자동합계(Σ)]를 누르기만 하면 된다. 물론 인접하는 셀 범위의 경우에도 같은 논리이므로, 이를 하나씩 수행하기보다는 D23:G27 셀 범위를 한꺼번에 선택하여 한 번의 자동합계 버튼(Σ) 누름으로 영업사원 4사람의 냉장고 판매대수 합계를 쉽게 표시할 수 있다. 물론 표의 오른쪽 분기별 합계를 구하는 경우에도 D23:H27 셀 범위를 한꺼번에 선택하여 자동합계 버튼으로 손쉽게 구할 수 있다.

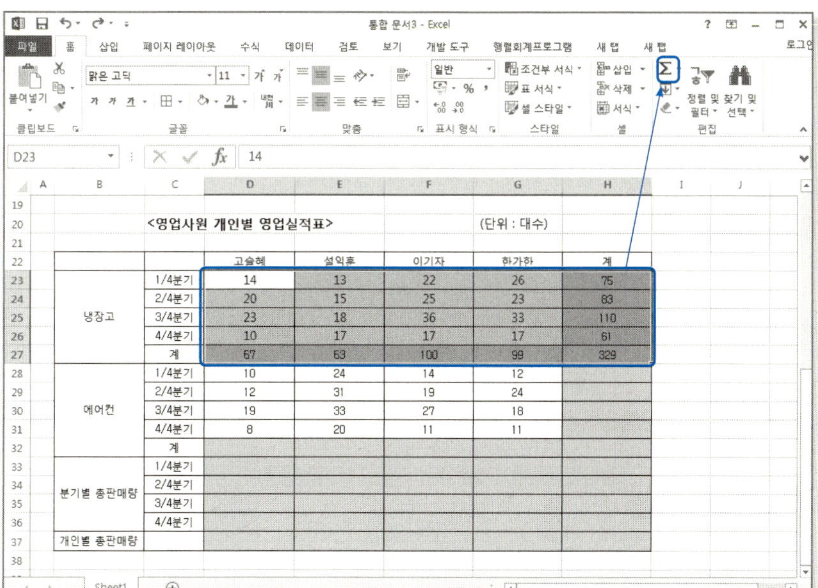


❹ 같은 방법(세 번째 방법)으로 D32:G32와 H28:H32의 합계부분도 완성한다.

**<영업사원 개인별 영업실적표>** (단위 : 대수)

| | | 고슬혜 | 설익훈 | 이기자 | 한가한 | 계 |
|---|---|---|---|---|---|---|
| 냉장고 | 1/4분기 | 14 | 13 | 22 | 26 | 75 |
| | 2/4분기 | 20 | 15 | 25 | 23 | 83 |
| | 3/4분기 | 23 | 18 | 36 | 33 | 110 |
| | 4/4분기 | 10 | 17 | 17 | 17 | 61 |
| | 계 | 67 | 63 | 100 | 99 | 329 |
| 에어컨 | 1/4분기 | 10 | 24 | 14 | 12 | 60 |
| | 2/4분기 | 12 | 31 | 19 | 24 | 86 |
| | 3/4분기 | 19 | 33 | 27 | 18 | 97 |
| | 4/4분기 | 8 | 20 | 11 | 11 | 50 |
| | 계 | 49 | 108 | 71 | 65 | 293 |
| 분기별 총판매량 | 1/4분기 | | | | | |
| | 2/4분기 | | | | | |
| | 3/4분기 | | | | | |
| | 4/4분기 | | | | | |
| 개인별 총판매량 | | | | | | |

❺ '분기별 총판매량' 중 고슬혜 사원의 '1/4분기' 판매량(D33 셀)은 D23 셀과 D28 셀을 합하여 구한다('=D23+D28). 고슬혜 사원의 2/4분기, 3/4분기, 4/4분기 총판매량(D34, D35, D36)도 같은 논리(현재 셀에서 위쪽 10번째 셀과 5번째 셀의 합계)가 적용되므로 수식을 반복하여 입력할 필요 없이 D33 셀에 입력되어 있는 수식을 자동채우기 핸들을 통해 D36 셀까지 끌어다 놓으면 된다.

❻ 오른쪽 설익훈, 이기자, 한가한 사원의 분기별 총판매량 합계를 구하는 부분도 결국 고슬혜 사원의 경우와 동일한 합산 구조이므로, 이미 수식이 입력되어 있는 D33:D36 셀 범위를 함께 선택한 후 자동채우기 핸들을 통해 G36 셀까지 끌어놓기를 하면 된다.

❼ D37:G37 셀 범위와 H33:H38 셀 범위의 합계란도 위의 ③(세 번째 합계 방법)에 의해 구한다. 이로써 필요한 합산 과정은 모두 끝났지만, 마지막으로 그동안 수행한 합산절차에 오류는 없었는지를 확인해보기 위해서 D38 셀에 수식 '=**D27+D32**'을, 그리고 H38 셀에 수식 '=**H27+H32**'을 입력하여 각각 D37 셀과 H37 셀의 값과 일치하는지의 여부를 확인하는 것이 좋다. 일치가 확인되면 D38 셀과 H38 셀의 수식은 지운다.

**<영업사원 개인별 영업실적표>** (단위 : 대수)

| | | 고슬혜 | 설익훈 | 이기자 | 한가한 | 계 |
|---|---|---|---|---|---|---|
| 냉장고 | 1/4분기 | 14 | 13 | 22 | 26 | 75 |
| | 2/4분기 | 20 | 15 | 25 | 23 | 83 |
| | 3/4분기 | 23 | 18 | 36 | 33 | 110 |
| | 4/4분기 | 10 | 17 | 17 | 17 | 61 |
| | 계 | 67 | 63 | 100 | 99 | 329 |
| 에어컨 | 1/4분기 | 10 | 24 | 14 | 12 | 60 |
| | 2/4분기 | 12 | 31 | 19 | 24 | 86 |
| | 3/4분기 | 19 | 33 | 27 | 18 | 97 |
| | 4/4분기 | 8 | 20 | 11 | 11 | 50 |
| | 계 | 49 | 108 | 71 | 65 | 293 |
| 분기별 총판매량 | 1/4분기 | 24 | 37 | 36 | 38 | **135** |
| | 2/4분기 | 32 | 46 | 44 | 47 | **169** |
| | 3/4분기 | 42 | 51 | 63 | 51 | **207** |
| | 4/4분기 | 18 | 37 | 28 | 28 | **111** |
| 개인별 총판매량 | | **116** | **171** | **171** | **164** | **622** |
| | | 116 | | | | 622 |

❽ 이로써 〈영업사원 개인별 영업실적표〉가 완성되었다.

<영업사원 개인별 영업실적표> (단위 : 대수)

| | | 고슬혜 | 설익훈 | 이기자 | 한가한 | 계 |
|---|---|---|---|---|---|---|
| 냉장고 | 1/4분기 | 14 | 13 | 22 | 26 | 75 |
| | 2/4분기 | 20 | 15 | 25 | 23 | 83 |
| | 3/4분기 | 23 | 18 | 36 | 33 | 110 |
| | 4/4분기 | 10 | 17 | 17 | 17 | 61 |
| | 계 | 67 | 63 | 100 | 99 | 329 |
| 에어컨 | 1/4분기 | 10 | 24 | 14 | 12 | 60 |
| | 2/4분기 | 12 | 31 | 19 | 24 | 86 |
| | 3/4분기 | 19 | 33 | 27 | 18 | 97 |
| | 4/4분기 | 8 | 20 | 11 | 11 | 50 |
| | 계 | 49 | 108 | 71 | 65 | 293 |
| 분기별 총판매량 | 1/4분기 | 24 | 37 | 36 | 38 | 135 |
| | 2/4분기 | 32 | 46 | 44 | 47 | 169 |
| | 3/4분기 | 42 | 51 | 63 | 51 | 207 |
| | 4/4분기 | 18 | 37 | 28 | 28 | 111 |
| 개인별 총판매량 | | 116 | 171 | 171 | 164 | 622 |

## 4단계 요구사항 2 영업실적금액표 작성-판매금액으로 표시하기

지금까지 작성한 〈영업실적표〉는 판매대수를 기준으로 한 집계표이다. 그런데 이 집계표는 영업사원별로 누가 더 많은 상품을 판매하였는지에 대한 실적분석은 가능하지만, 궁극적으로 누가 더 회사에 많은 공헌을 하였는지는 판단하기 어렵다. 예컨대 보다 비싼 제품이 부가가치가 더 높다면, 판매가격이 낮은 제품을 보다 많이 판매한 사원보다는 판매가격이 높은 제품을 더 많이 판매한 사원이 회사의 매출액이나 부가가치에 더 많은 공헌을 한 것으로 볼 수 있기 때문이다. 따라서 이와 같이 판매대수를 기준으로 한 영업실적표를 작성한 목적은 오히려 판매가격을 고려한 영업실적금액을 계산하기 위한 기초자료였다고 생각할 수 있다.

❶ 위에서 작성된 영업실적표를 보존하고 다른 위치에서 작업을 수행하기 위해 영업실적표 양식부분(B20:H37)을 복사하여 B42 셀에 붙여넣기 한다. 그리고 합계부분을 제외한 개인별 판매대수가 기록된 영역(D45:G48, D50:G53)의 자료를 선택하여 지운다. C42 셀의 표 제목도 '**〈영업사원별 영업실적금액표〉 (단위: 천원)**'으로 수정한다(이때 합계란에는 합계 수식이 기록되어 있으며, 합계 대상이 되는 셀이 모두 지워졌으므로 '0'으로 표시되고 있다).

| | A | B | C | D | E | F | G | H | I | J |
|---|---|---|---|---|---|---|---|---|---|---|
| 40 | | | | | | | | | | |
| 41 | | | | | | | | | | |
| 42 | | | <영업사원별 영업실적금액표> (단위: 천원) | | | | | | | |
| 43 | | | | | | | | | | |
| 44 | | | | 고슬혜 | 설익훈 | 이기자 | 한가한 | 계 | | |
| 45 | | 냉장고 | 1/4분기 | | | | | 0 | | |
| 46 | | | 2/4분기 | | | | | 0 | | |
| 47 | | | 3/4분기 | | | | | 0 | | |
| 48 | | | 4/4분기 | | | | | 0 | | |
| 49 | | | 계 | 0 | 0 | 0 | 0 | 0 | | |
| 50 | | 에어컨 | 1/4분기 | | | | | 0 | | |
| 51 | | | 2/4분기 | | | | | 0 | | |
| 52 | | | 3/4분기 | | | | | 0 | | |
| 53 | | | 4/4분기 | | | | | 0 | | |
| 54 | | | 계 | 0 | 0 | 0 | 0 | 0 | | |
| 55 | | 분기별 총판매량 | 1/4분기 | 0 | 0 | 0 | 0 | 0 | | |
| 56 | | | 2/4분기 | 0 | 0 | 0 | 0 | 0 | | |
| 57 | | | 3/4분기 | 0 | 0 | 0 | 0 | 0 | | |
| 58 | | | 4/4분기 | 0 | 0 | 0 | 0 | 0 | | |
| 59 | | 개인별 총판매량 | | 0 | 0 | 0 | 0 | 0 | | |
| 60 | | | | | | | | | | |

Sheet1

❷ G41:H42 셀 범위에 품목별 판매가격 정보(냉장고 판매가격 대당 ₩1,000,000, 에어컨 ₩890,000)를 기록해 둔다. 다만, 여기서 영업실적금액표의 표시단위를 '천원'으로 표시해 놓고 있으므로, 각각 1,000과 890으로 입력한다. 또한 표시내용을 고려하여 B55 셀의 '분기별 총판매량'을 '분기별 총매출액', B59 셀의 '개인별 총판매량'을 '개인별 총매출액'으로 각각 수정해 둔다.

| | A | B | C | D | E | F | G | H | I | J |
|---|---|---|---|---|---|---|---|---|---|---|
| 39 | | | | | | | | | | |
| 40 | | | | | | | 판매가격 | | | |
| 41 | | | | | | | 냉장고 | 1,000 | | |
| 42 | | | <영업사원별 영업실적금액표> (단위: 천원) | | | | 에어컨 | 890 | | |
| 43 | | | | | | | | | | |
| 44 | | | | 고슬혜 | 설익훈 | 이기자 | 한가한 | 계 | | |
| 45 | | 냉장고 | 1/4분기 | | | | | 0 | | |
| 46 | | | 2/4분기 | | | | | 0 | | |
| 47 | | | 3/4분기 | | | | | 0 | | |
| 48 | | | 4/4분기 | | | | | 0 | | |
| 49 | | | 계 | 0 | 0 | 0 | 0 | 0 | | |
| 50 | | 에어컨 | 1/4분기 | | | | | 0 | | |
| 51 | | | 2/4분기 | | | | | 0 | | |
| 52 | | | 3/4분기 | | | | | 0 | | |
| 53 | | | 4/4분기 | | | | | 0 | | |
| 54 | | | 계 | 0 | 0 | 0 | 0 | 0 | | |
| 55 | | 분기별 총매출액 | 1/4분기 | 0 | 0 | 0 | 0 | 0 | | |
| 56 | | | 2/4분기 | 0 | 0 | 0 | 0 | 0 | | |
| 57 | | | 3/4분기 | 0 | 0 | 0 | 0 | 0 | | |
| 58 | | | 4/4분기 | 0 | 0 | 0 | 0 | 0 | | |
| 59 | | 개인별 총매출액 | | 0 | 0 | 0 | 0 | 0 | | |
| 60 | | | | | | | | | | |

Sheet1

❸ 판매금액은 **'판매수량×판매가격'**으로 계산된다. 여기서 판매수량은 위의 영업실적표에서 품목별로 구분 표시되어 있는 자료를 사용하면 되고, 품목별 판매가격은 G41:H42 셀범위에 표시되어 있다. 따라서 고슬혜 사원의 1/4분기 냉장고 판매금액을 표시하기 위해 D45 셀에 **'판매수량×판매가격'**을 의미하는 수식 '**=D23×H41**'을 입력한다.

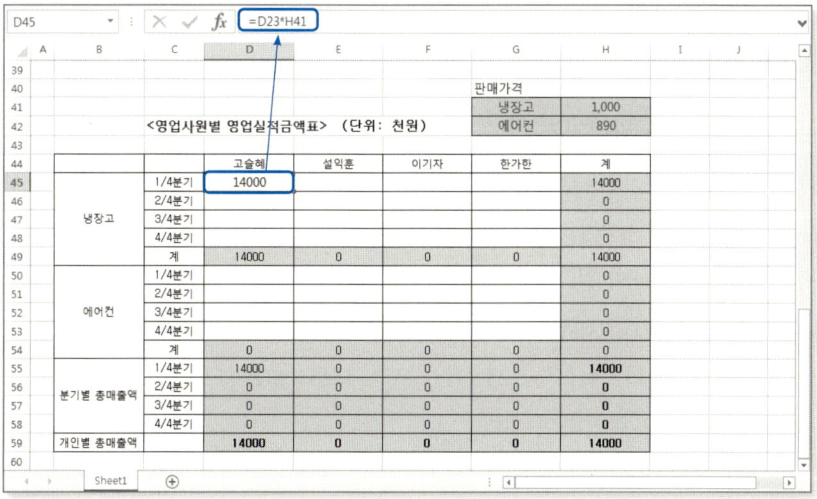
D45 =D23*H41

|  |  | 판매가격 |  |
|---|---|---|---|
|  |  | 냉장고 | 1,000 |
| <영업사원별 영업실적금액표> (단위: 천원) |  | 에어컨 | 890 |

|  |  | 고슬혜 | 설익훈 | 이기자 | 한가한 | 계 |
|---|---|---|---|---|---|---|
| 냉장고 | 1/4분기 | 14000 |  |  |  | 14000 |
|  | 2/4분기 |  |  |  |  | 0 |
|  | 3/4분기 |  |  |  |  | 0 |
|  | 4/4분기 |  |  |  |  | 0 |
|  | 계 | 14000 | 0 | 0 | 0 | 14000 |
| 에어컨 | 1/4분기 |  |  |  |  | 0 |
|  | 2/4분기 |  |  |  |  | 0 |
|  | 3/4분기 |  |  |  |  | 0 |
|  | 4/4분기 |  |  |  |  | 0 |
|  | 계 | 0 | 0 | 0 | 0 | 0 |
| 분기별 총매출액 | 1/4분기 | 14000 | 0 | 0 | 0 | 14000 |
|  | 2/4분기 | 0 | 0 | 0 | 0 | 0 |
|  | 3/4분기 | 0 | 0 | 0 | 0 | 0 |
|  | 4/4분기 | 0 | 0 | 0 | 0 | 0 |
| 개인별 총매출액 |  | 14000 | 0 | 0 | 0 | 14000 |

❹ 고슬혜 사원의 2/4분기, 3/4분기, 4/4분기 판매금액 계산에도 같은 논리가 적용될 수 있을 것이므로, 1/4분기에 적용했던 D45 셀의 수식을 자동채우기 핸들을 통해 D48 셀까지 끌기 하여 놓는다(D45 셀을 복사하여 D46:D48 셀 영역에 붙여넣기 해도 같은 결과이다).

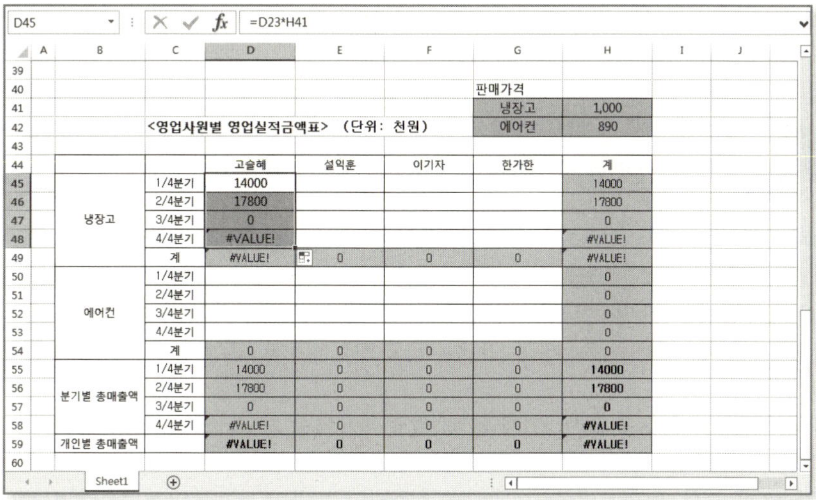
D45 =D23*H41

|  |  | 판매가격 |  |
|---|---|---|---|
|  |  | 냉장고 | 1,000 |
| <영업사원별 영업실적금액표> (단위: 천원) |  | 에어컨 | 890 |

|  |  | 고슬혜 | 설익훈 | 이기자 | 한가한 | 계 |
|---|---|---|---|---|---|---|
| 냉장고 | 1/4분기 | 14000 |  |  |  | 14000 |
|  | 2/4분기 | 17800 |  |  |  | 17800 |
|  | 3/4분기 | 0 |  |  |  | 0 |
|  | 4/4분기 | #VALUE! |  |  |  | #VALUE! |
|  | 계 | #VALUE! | 0 | 0 | 0 | #VALUE! |
| 에어컨 | 1/4분기 |  |  |  |  | 0 |
|  | 2/4분기 |  |  |  |  | 0 |
|  | 3/4분기 |  |  |  |  | 0 |
|  | 4/4분기 |  |  |  |  | 0 |
|  | 계 | 0 | 0 | 0 | 0 | 0 |
| 분기별 총매출액 | 1/4분기 | 14000 | 0 | 0 | 0 | 14000 |
|  | 2/4분기 | 17800 | 0 | 0 | 0 | 17800 |
|  | 3/4분기 | 0 | 0 | 0 | 0 | 0 |
|  | 4/4분기 | #VALUE! | 0 | 0 | 0 | #VALUE! |
| 개인별 총매출액 |  | #VALUE! | 0 | 0 | 0 | #VALUE! |

❺ 그런데 이번에는 붙여넣기 한 셀들(D46:D48)의 값이 기대와는 달리 다른 값을 표시하거나 계산불능(#VALUE!)이라는 결과를 표시하고 있다. 이를 확인해보기 위해 D47 셀을 클릭해보니 수식 '=D25*H43'으로 표시되고 있다. D25 셀(고슬혜 사원의 3/4분기 냉장고 판매대수)을 참조하는 것은 맞지만, 냉장고 판매단가를 의미하는 H41 셀을 참조하지 않고 대신 H43 셀(빈칸)을 잘못 참조하고 있으니 계산결과가 '0'으로 표시되고 있는 것이다. 특히 아래 D48 셀에서는 H41 셀 대

신 H44 셀('계')의 텍스트와 D26 셀의 수치('10')를 곱하는 형태가 되고 있으므로 계산불능(#VALUE!)이라는 결과를 표시하고 있는 것이다.

❻ 이 경우에는 '**판매수량×판매가격**'의 수식에서 '**판매수량**' 부분은 위의 〈영업실적표〉 자료를 상대참조하도록 하는 것은 맞지만, '판매가격' 부분은 참조 셀을 H41 셀에 고정시켜 두어야 할 일이다. 이와 같이 해당 수식을 다른 셀에 복사하거나 이동하더라도 상대셀 참조처럼 변화하지 않고 특정 셀만을 고정하여 참조하도록 하는 방식을 '절대셀 참조'라고 한다. 셀 참조를 '절대셀 참조' 형식으로 변경하기 위해서는 참조하는 셀주소에 '$H$41'과 같이 '$' 표시를 붙이면 된다. 따라서 이 경우 D45 셀의 수식 '=D23×H41'은 '=**D23×$H$41**'과 같이 부분적으로 절대셀 참조를 사용하는 방법으로 변경하면 된다.

참고

### 절대셀 참조

엑셀에서 특정 셀을 참조하는 형식으로 표현된 수식을 포함하고 있는 셀 내용을 다른 셀에 복제하여 사용하는 경우, 복제 대상 셀로부터의 위치 변화만큼 참조되는 셀의 위치 또한 변화되는 것이 일반적이며, 이를 '상대셀 참조'라고 부른다. 그러나 경우에 따라서는 위치가 변화된다 하더라도 원래 참조의 대상이 되었던 셀의 위치가 변동되지 않고, 해당 특정 셀이나 영역만을 계속적으로 참조하도록 고정시켜 둘 필요가 있다. 이러한 셀참조 형식을 '**절대셀 참조**'라고 한다.

'절대셀 참조'를 표현하는 방법은, 수식을 입력할 때 참조하는 대상 셀의 주소(예컨대 'H41')를 열('H')과 행('41')으로 나누어 각각을 열쇄($)로 고정시키는 방법이다. 따라서 해당 셀의 열만을 고정시키고자 하는 경우 '=$H48'과 같이 열에만 고정부호($)를 붙이고, 해당 셀의 행만을 고정시키고자 하는 경우 '=H$41'과 같이 행번호에만 고장부호($)를 붙이면 된다. 또한 행과 열 모두를 고정시키고자 하는 경우 '=$H$41'과 같이 열과 행번호 앞에 모두 고정부호($)를 붙여 사용한다. 이 때 열만을 고정시킨 경우('=$H41')에는 해당 셀을 좌우(열단위)로 복사, 이동하는 경우 참조영역이 변하지 않으나, 해당 셀을 위아래(행단위)로 복사 이동하는 경우에는 '=$H42', '=$H43', '=$H44'와 같이 참조영역이 부분적으로 따라 변하게 된다. 마찬가지로 행만을 고정시킨 경우(예컨대 '=H$41')에는 이와 반대되는 것으로 이해하면 되며, 행과 열을 모두 고정시킨 경우에는 어느 위치로 복사하여 사용하더라도 원래 참조하고자 했던 셀의 위치가 전혀 변화되지 않게 된다.

수식 입력시 '절대셀 참조'를 표시하고자 할 때 해당 셀에 '$'를 포함하여 참조셀 주소를 키보드를 통해 직접 입력하는 방법도 있지만, 보다 손쉬운 방법은 일반적인 상대셀 주소 표현방법('=H41')으로 입력한 후 기능 키 'F4'를 누를 때마다 변화하는 절대셀 참조방식('=$I$48'▶'=I$48'▶'=$I48'▶'=I48') 중에서 원하는 표현방식을 선택하여 적용하도록 하는 방법도 있다.

❼ 이제 D45 셀의 수정된 수식('=D23×$H$41')을 복사하여 D46:D48 셀범위에 붙여넣기 하면 고슬혜 사원의 나머지 분기 냉장고 판매금액도 바로 계산할 수 있게 된다.

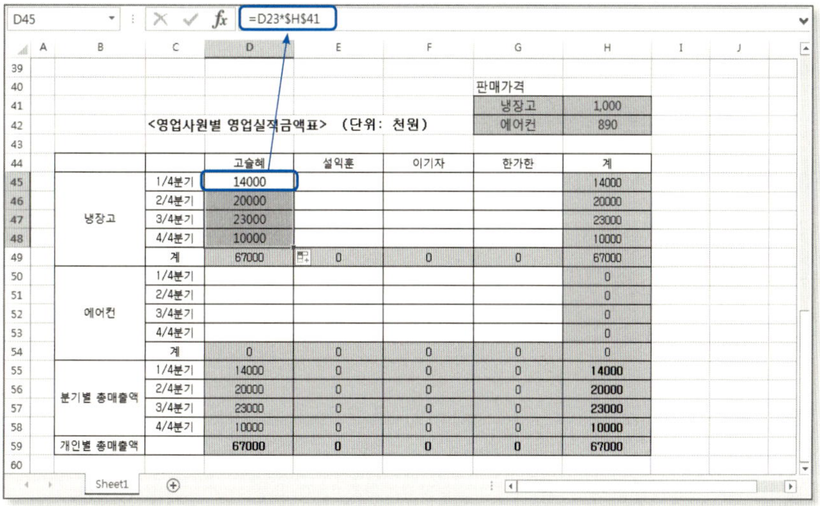
D45 =D23*$H$41

| | | | 판매가격 | |
|---|---|---|---|---|
| | | | 냉장고 | 1,000 |
| <영업사원별 영업실적금액표> (단위: 천원) | | | 에어컨 | 890 |

| | | 고슬혜 | 설익훈 | 이기자 | 한가한 | 계 |
|---|---|---|---|---|---|---|
| 냉장고 | 1/4분기 | 14000 | | | | 14000 |
| | 2/4분기 | 20000 | | | | 20000 |
| | 3/4분기 | 23000 | | | | 23000 |
| | 4/4분기 | 10000 | | | | 10000 |
| | 계 | 67000 | 0 | 0 | 0 | 67000 |
| 에어컨 | 1/4분기 | | | | | 0 |
| | 2/4분기 | | | | | 0 |
| | 3/4분기 | | | | | 0 |
| | 4/4분기 | | | | | 0 |
| | 계 | 0 | 0 | 0 | 0 | 0 |
| 분기별 총매출액 | 1/4분기 | 14000 | 0 | 0 | 0 | 14000 |
| | 2/4분기 | 20000 | 0 | 0 | 0 | 20000 |
| | 3/4분기 | 23000 | 0 | 0 | 0 | 23000 |
| | 4/4분기 | 10000 | 0 | 0 | 0 | 10000 |
| 개인별 총매출액 | | 67000 | 0 | 0 | 0 | 67000 |

❽ 설익훈, 이기자, 한가한 사원의 분기별 냉장고 판매금액의 계산에도 D45:D48 셀 영역의 절대 셀 참조 형식의 수식 논리가 동일하게 적용될 수 있다. 따라서 D45:D48 셀 영역을 선택한 후 자동채우기 핸들을 통해 G48 셀까지 끌어놓기 하여 나머지 냉장고 판매금액 계산을 완성할 수 있다.

❾ D50 셀의 고슬혜 사원 1/4분기 에어컨 판매금액의 계산에도 동일한 절대셀 참조 형식의 수식을 사용한다. 즉, D50 셀에 관련 수식 '=**D28×H42**'를 입력하고, 마우스로 수식 중 'H42' 부분을 클릭한 후 기능 키 F4를 눌러 'H42'가 '$H$42'로 변하도록 하여 Enter 키를 누르면 D50 셀의 수식은 '=D28×$H$42'과 같이 표시되고, 해당 셀에는 계산 값 '8,900'이 표시된다(D열만 고려하는 경우 '$H$42' 대신 'H$42'로 표기되어도 결과는 같지만, 이를 E, F, G열에도 복사하여 사용할 예정이므로 열과 행을 모두 고정하는 '$H$42' 형식으로 설정한다).

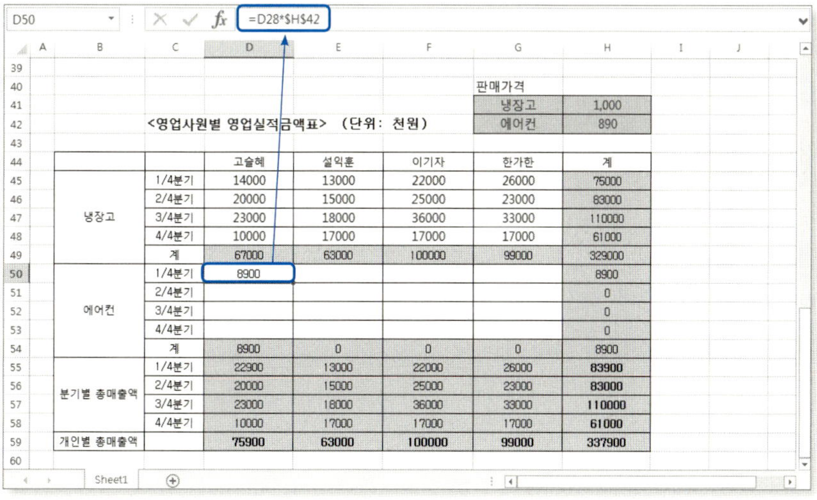
D50 =D28*$H$42

| | | | 판매가격 | |
|---|---|---|---|---|
| | | | 냉장고 | 1,000 |
| <영업사원별 영업실적금액표> (단위: 천원) | | | 에어컨 | 890 |

| | | 고슬혜 | 설익훈 | 이기자 | 한가한 | 계 |
|---|---|---|---|---|---|---|
| 냉장고 | 1/4분기 | 14000 | 13000 | 22000 | 26000 | 75000 |
| | 2/4분기 | 20000 | 15000 | 25000 | 23000 | 83000 |
| | 3/4분기 | 23000 | 18000 | 36000 | 33000 | 110000 |
| | 4/4분기 | 10000 | 17000 | 17000 | 17000 | 61000 |
| | 계 | 67000 | 63000 | 100000 | 99000 | 329000 |
| 에어컨 | 1/4분기 | 8900 | | | | 8900 |
| | 2/4분기 | | | | | 0 |
| | 3/4분기 | | | | | 0 |
| | 4/4분기 | | | | | 0 |
| | 계 | 8900 | 0 | 0 | 0 | 8900 |
| 분기별 총매출액 | 1/4분기 | 22900 | 13000 | 22000 | 26000 | 83900 |
| | 2/4분기 | 20000 | 15000 | 25000 | 23000 | 83000 |
| | 3/4분기 | 23000 | 18000 | 36000 | 33000 | 110000 |
| | 4/4분기 | 10000 | 17000 | 17000 | 17000 | 61000 |
| 개인별 총매출액 | | 75900 | 63000 | 100000 | 99000 | 337900 |

⑩ 위의 ⑦, ⑧에서와 같이, D50 셀을 선택하여 자동채우기 핸들로 D53까지, 그리고 D50:D53 셀 영역을 선택하고 자동채우기 핸들로 G53 셀까지 채워넣기 하여 나머지 표 부분의 계산을 완료한다.

⑪ 합계 부분에는 이미 앞에서 입력해 둔 합계 함수가 있으며, 새로 작성된 표에서도 동일한 합계 논리가 적용될 수 있으므로 그대로 두어도 된다. 다만, 전체적으로 표시금액에 천원 구분기호(,)가 필요할 것이므로, D45:H59 셀 영역을 선택한 후, [홈] 탭의 [표시형식]에서 [쉼표 스타일](,)을 적용한다.

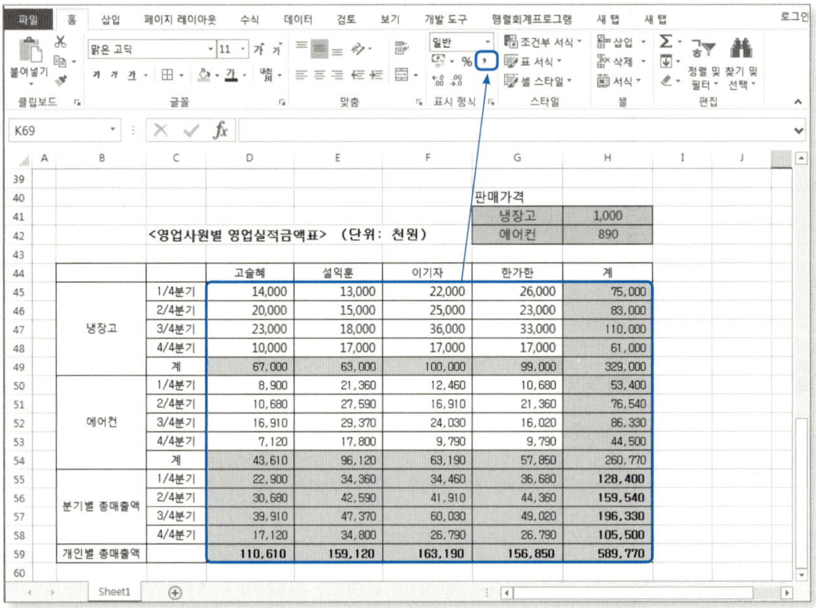

판매가격

| 냉장고 | 1,000 |
|---|---|
| 에어컨 | 890 |

<영업사원별 영업실적금액표> (단위: 천원)

| | | 고슬혜 | 설익훈 | 이기자 | 한가한 | 계 |
|---|---|---|---|---|---|---|
| 냉장고 | 1/4분기 | 14,000 | 13,000 | 22,000 | 26,000 | 75,000 |
| | 2/4분기 | 20,000 | 15,000 | 25,000 | 23,000 | 83,000 |
| | 3/4분기 | 23,000 | 18,000 | 36,000 | 33,000 | 110,000 |
| | 4/4분기 | 10,000 | 17,000 | 17,000 | 17,000 | 61,000 |
| | 계 | 67,000 | 63,000 | 100,000 | 99,000 | 329,000 |
| 에어컨 | 1/4분기 | 8,900 | 21,360 | 12,460 | 10,680 | 53,400 |
| | 2/4분기 | 10,680 | 27,590 | 16,910 | 21,360 | 76,540 |
| | 3/4분기 | 16,910 | 29,370 | 24,030 | 16,020 | 86,330 |
| | 4/4분기 | 7,120 | 17,800 | 9,790 | 9,790 | 44,500 |
| | 계 | 43,610 | 96,120 | 63,190 | 57,850 | 260,770 |
| 분기별 총매출액 | 1/4분기 | 22,900 | 34,360 | 34,460 | 36,680 | **128,400** |
| | 2/4분기 | 30,680 | 42,590 | 41,910 | 44,360 | **159,540** |
| | 3/4분기 | 39,910 | 47,370 | 60,030 | 49,020 | **196,330** |
| | 4/4분기 | 17,120 | 34,800 | 26,790 | 26,790 | **105,500** |
| 개인별 총매출액 | | **110,610** | **159,120** | **163,190** | **156,850** | **589,770** |

⑫ 이로써 〈영업사원별 영업실적금액표〉가 완성되었다.

## 5단계 요구사항 3 판매장려금 영업사원별 배부

판매장려금은 영업사원의 판매실적에 비례하여 지급하는 급여 이외의 상여금 성격의 수당이다. 비록 상여금 성격의 지급이지만 성과급제를 적용하기로 한 것이므로, 사원별로 회사에의 기여 정도에 따라 배분되어야 할 것이다. 성과, 즉 기여의 정도는 사원별 판매대수보다는 판매금액을 기준으로 평가하는 것이 보다 적절할 것이다. 이제 개인별 판매금액을 기준으로 하여 판매장려금을 배분하기 위한 계산을 수행해 본다.

❶ 위에서 작성된 〈영업사원별 영업실적금액표〉를 기준으로 계산을 수행할 것이므로, 위의 표 아래쪽 B64:H65 셀 영역에 배부표를 작성해 둔다. B65 셀에 '판매장려금 배부액'을 입력한 후, B65:C65 셀 영역을 선택하고 [홈] 탭의 [맞춤]에서 [병합하고 가운데 맞춤]을 선택한다.

❷ C62 셀에 표의 제목인 '**〈판매장려금 배부표〉**'을 입력하고, G62 셀과 G63 셀에 각각 '**판매장려금**', '**5,000,000**'을 입력해 둔다.

| | A | B | C | D | E | F | G | H |
|---|---|---|---|---|---|---|---|---|
| 40 | | | | | | | 판매가격 | |
| 41 | | | | | | | 냉장고 | 1,000 |
| 42 | | | <영업사원별 영업실적금액표> (단위: 천원) | | | | 에어컨 | 890 |
| 43 | | | | | | | | |
| 44 | | | | 고슬혜 | 설익훈 | 이기자 | 한가한 | 계 |
| 45 | | 냉장고 | 1/4분기 | 14,000 | 13,000 | 22,000 | 26,000 | 75,000 |
| 46 | | | 2/4분기 | 20,000 | 15,000 | 25,000 | 23,000 | 83,000 |
| 47 | | | 3/4분기 | 23,000 | 18,000 | 36,000 | 33,000 | 110,000 |
| 48 | | | 4/4분기 | 10,000 | 17,000 | 17,000 | 17,000 | 61,000 |
| 49 | | | 계 | 67,000 | 63,000 | 100,000 | 99,000 | 329,000 |
| 50 | | 에어컨 | 1/4분기 | 8,900 | 21,360 | 12,460 | 10,680 | 53,400 |
| 51 | | | 2/4분기 | 10,680 | 27,590 | 16,910 | 21,360 | 76,540 |
| 52 | | | 3/4분기 | 16,910 | 29,370 | 24,030 | 16,020 | 86,330 |
| 53 | | | 4/4분기 | 7,120 | 17,800 | 9,790 | 9,790 | 44,500 |
| 54 | | | 계 | 43,610 | 96,120 | 63,190 | 57,850 | 260,770 |
| 55 | | 분기별 총매출액 | 1/4분기 | 22,900 | 34,360 | 34,460 | 36,680 | **128,400** |
| 56 | | | 2/4분기 | 30,680 | 42,590 | 41,910 | 44,360 | **159,540** |
| 57 | | | 3/4분기 | 39,910 | 47,370 | 60,030 | 49,020 | **196,330** |
| 58 | | | 4/4분기 | 17,120 | 34,800 | 26,790 | 26,790 | **105,500** |
| 59 | | 개인별 총매출액 | | **110,610** | **159,120** | **163,190** | **156,850** | **589,770** |
| 60 | | | | | | | | |
| 61 | | | | | | | | |
| 62 | | | <판매장려금 배부표> | | | | 판매장려금 | 5,000,000 |
| 63 | | | | | | | | |
| 64 | | | | 고슬혜 | 설익훈 | 이기자 | 한가한 | 계 |
| 65 | | 판매장려금 배부액 | | | | | | |
| 66 | | | | | | | | |

Sheet1

❸ 판매장려금의 개인별 배부액 계산은 '**총 판매장려금×(개인별 판매총액 / 판매총액)**'의 산식으로 계산된다. 따라서 먼저 고슬혜 사원에게 배부될 판매장려금을 계산하기 위해 D65 셀에 수식 '**=$H$62×(D59/$H$59)**'를 입력한다. 이 수식에서 참조 셀(D62)을 절대셀 형식($H$62)으로 표시한 것은, 이 고슬혜의 배부액 계산식을 다른 사원들의 배부액 계산에도 동일하게 적용하기 위해, 이 수식을 복사여 사용하더라도 참조 영역에 변화가 없도록 하기 위한 것이다. 참조셀 D59는 설익훈 사원의 경우에는 E59로, 이기자 사원의 경우에는 F59로 각각 변화 적용되어야 할 것이므로 상대셀 참조 형식(D59)으로 표시한 것이며, 판매총액을 의미하는 H59 셀은 절대셀 참조형식($H$59) 또는 부분 절대셀 참조형식($H59)으로 표시해도 결과는 같게 된다. 이는 '판매장려금 배부액'이 계산되는 셀의 구조가 위의 '개인별 총매출액'이 표시되고 있는 셀의 구조와 동일한 행 구조 내에서 이루어지고 있어서 행 번호의 변화는 의미가 없기 때문이다.

❹ 고슬혜 사원에 대한 배부액 계산에 적용된 수식(D59)을 다른 사원의 경우(E59:H59)에도 동일하게 적용하기 위해 D65 셀을 클릭하고 자동채우기 핸들(+)을 통해 H65 셀까지 채워넣기 한다.

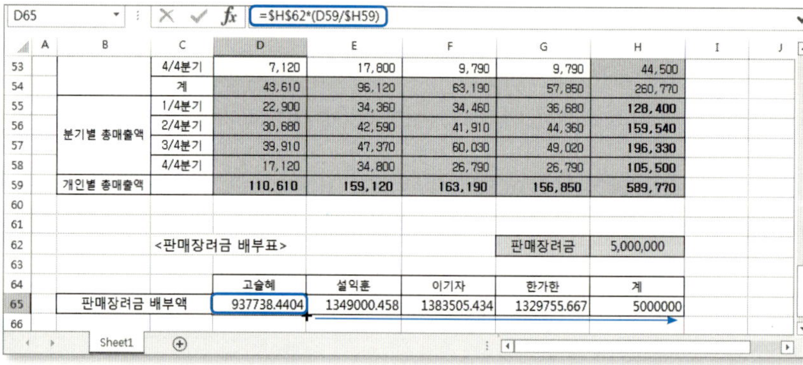


❺ 계산된 배부액을 원 단위로 표시하고 천원 구분 표시(,)를 하기 위해 G65:H65 셀 영역을 선택한 후 [홈] 탭에서 [표시형식] – [쉼표 스타일]을 클릭한다.

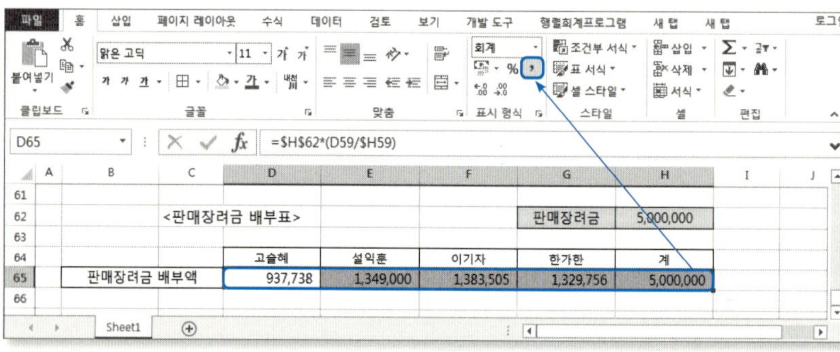


❻ 이때 H65 셀의 합계금액은 위의 H59 셀을 참조하여 계산된 것이므로 당연히 H62의 금액과 동일한 금액으로 표시되고 있다. 그런데 위 네 사람의 배부금액을 대충 합산하여 보면 마지막 자리의 합계가 맞지 않음을 알 수 있다(4,999,999). 그렇다면 배부액 계산이 맞게 이루어졌는지를 다시 확인해 보기 위해 H68 셀에 '=**sum(D65:G65)**'를 입력해 본다. 그런데 이 계산 값은 역시 H65 셀의 금액과 일치하고 있다.

❼ 이러한 현상이 발생하는 이유는, 위의 ④에서 계산된 값에서는 각각 소수점 이하의 자릿수까지 계산하여 표시되고 있지만, 위의 ⑤에서 원 단위까지만 표시되도록 하는 과정에서 화면표시만 원 미만의 금액을 반올림하는 형태로 표시되고 있기 때문이다. 즉, D65:G65 셀 범위의 숫자들은 화면상으로는 원 단위까지만 표시되고 있어도 실제로는 소수점 이하의 숫자들까지 가지고 있어서, 이들을 합계하는 경우에는 이 소수점 이하의 숫자들도 계산에 고려되고 있는 것이다.

❽ 이러한 숫자의 화면표시 문제 외에도, 배부금액을 각 사원들에게 현금으로 지급할 때 원 단위까지 세어서 지급하는 것보다는, 백원 단위로 반올림하여 지급하는 것이 실무상으로도 편리할 수 있다. 따라서 D65:G65 셀 범위의 배부액을 백 원 단위로 반올림하여 표시해보도록 한다.

❾ D65 셀을 클릭하고, 위의 수식 표시줄에서 수식 '=D69$H$62*(D59/$H59)'에 ROUND 함수를 적용하여 '**=ROUND(D69$H$62*(D59/$H59), -2)**'와 같이 수정한다. 여기서 ROUND 함수는 계산된 숫자('D69$H$62*(D59/$H59')에 대해 지정한 자릿수('-2')에서 반올림하여 백원 단위까지만 표시하기 위한 것이다. 이 수정된 수식을 적용한 결과는 D65 셀에서 '937,700'으로 표시되고 있다.

참고

## ROUND 함수

엑셀에서 표시되는 숫자데이터 또는 계산된 결과 값이 소수점까지 포함하여 길게 나타나는 경우가 있는데, 이러한 숫자데이터를 자신이 원하는 자릿수만큼으로 반올림하여 표시하고자 할 때 적용되는 함수가 ROUND 함수이다. ROUND 함수를 표시하는 일반적인 형식(구문)은 다음과 같다.

**=ROUND(number, num_digits)**

여기서 'number'는 반올림할 대상 숫자를 의미하며, 'num_digits'는 반올림하기 위한 자릿수를 의미한다. 이때 자릿수는 흔히 '소수점에서의 몇 번째 위치'를 의미하므로, 자릿수가 클수록 더 많은 숫자 형식으로 표시된다. 만일 소수점 이상의 자릿수(예: 백, 천 등)에서 반올림하고자 하는 경우에는, 소수점 이하와 반대되는 개념이므로 '-2', '-3'과 같은 형태로 표시한다.

예컨대, 반올림을 적용하기 위한 숫자가 '52634.62784'이라고 하면, 이 숫자를 소수점 3자리까지 표시하고자 하는 경우 '=round(52634.62784, 3)'으로 표시하면 결과 값은 '52634.628'로 표시되고, 이 숫자를 소수점 1자리까지만 표시하고자 하는 경우 '=round(52634.62784, 1)'로 표시하면 결과 값은 '52634.6'으로 표시된다. 만일 백원 단위로 표시하고자 하는 경우 '=round(52634.62784, -2)'와 같이 표시하면 결과 값은 '52600'으로 표시된다.

❿ 이제 수정된 D65 셀에서 자동채우기 핸들을 통해 G65 셀까지 채워넣기 한다. 이로써 각 사원의 배부액 계산이 백원 단위로 조정되었다. 이 계산에 맞게 수행되었는지 확인해 보기 위해, 먼저 H65 셀의 값을 지우고, 셀 범위 G65:H65를 선택하여 [홈] 탭의 [편집] - [합계](Σ)를 누른다. 계산된 합계금액이 H62 셀의 금액과 일치하는지를 확인한다.

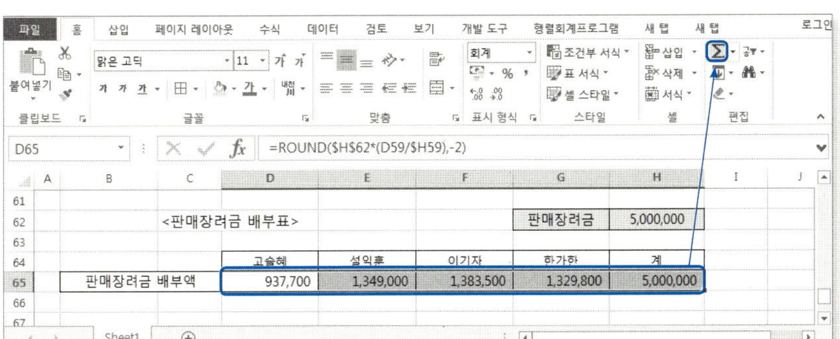

⑪ 이로써 영업사원 개인별 판매실적금액을 기준으로 한 판매장려금은 각각 '937,700', '1,349,000', '1,383,500', '1,329,800'원으로 지급될 것이다.

## 6단계 요구사항 4 가중치가 적용된 판매장려금 배부

사원들이 제시한 수정안도 설득력이 있어 보인다. 실제로 냉장고와 에어컨의 판매가격에는 차이가 있으며, 그 판매가격의 차이만큼 회사에 남는 이익도 차이가 있을 수 있기 때문이다. 그럼에도 불구하고 판매상품의 종류나 가격에 관계없이 총판매금액만을 기준으로 판매장려금을 배부하는 경우, 영업사원들은 가능한 한 판매금액이 큰 상품의 판매에만 열을 올리게 될 가능성이 있다. 따라서 이 경우 총판매금액 외에도 총판매수량이나 상품별 판매수량 등을 동시에 고려하여 일정한 가중치에 따라 판매장려금을 배부하는 방법이 그 회사의 여러 가지 상품을 골고루 판매하도록 배려하는 정책일 수도 있다. 이제 사원들이 수정안으로 제시한 '판매금액 60%, 총판매수량 40%의 가중치를 사용하는 배부기준'을 적용하여 계산해 보기로 한다.

❶ 위의 〈판매장려금 배부표〉의 아래쪽 D68 셀에 새로운 표의 제목 '**〈판매장려금 가중치 배부표〉**'를 입력하고, 적용할 가중치를 G69:H70 셀 영역에 입력해 둔다.

❷ 앞의 배부표 양식을 그대로 적용하기 위해 B64:H65 셀 영역을 복사하여 B72 셀에 붙여넣기 한다. 다만 D73:H73 셀 영역의 계산식은 의미가 없으므로 지운다.

| | A | B | C | D | E | F | G | H | I | J |
|---|---|---|---|---|---|---|---|---|---|---|
| 58 | | | 4/4분기 | 17,120 | 34,800 | 26,790 | 26,790 | 105,500 | | |
| 59 | | 개인별 총매출액 | | 110,610 | 159,120 | 163,190 | 156,850 | 589,770 | | |
| 60 | | | | | | | | | | |
| 61 | | | | | | | | | | |
| 62 | | | <판매장려금 배부표> | | | | 판매장려금 | 5,000,000 | | |
| 63 | | | | | | | | | | |
| 64 | | | | 고슬혜 | 설익훈 | 이기자 | 한가한 | 계 | | |
| 65 | | 판매장려금 배부액 | | 937,700 | 1,349,000 | 1,383,500 | 1,329,800 | 5,000,000 | | |
| 66 | | | | | | | | | | |
| 67 | | | | | | | | | | |
| 68 | | | <판매장려금 가중치 배부표> | | | | 가중치 | | | |
| 69 | | | | | | | 판매금액 | 60% | | |
| 70 | | | | | | | 판매수량 | 40% | | |
| 71 | | | | | | | | | | |
| 72 | | | | 고슬혜 | 설익훈 | 이기자 | 한가한 | 계 | | |
| 73 | | 판매장려금 배부액 | | | | | | | | |
| 74 | | | | | | | | | | |

Sheet1

❸ D73:G73 셀 영역에 가중치를 적용하는 배부액 계산식을 입력한다. 가중치를 적용하는 경우 개인별 배부액은 '**총 판매장려금 [(개인별 판매금액 구성비×판매금액 가중치)+(개인별 판매수량 구성비×판매수량 가중치)]**'로 계산될 수 있다. 따라서 고슬혜 사원에 대한 가중치 배부액 계산을 표시하기 위해 D73 셀에 수식 '**=$H$62*((D59/$H$59)*$H$69+(D37/$H$37)*$H$70)**'을 입력한다.

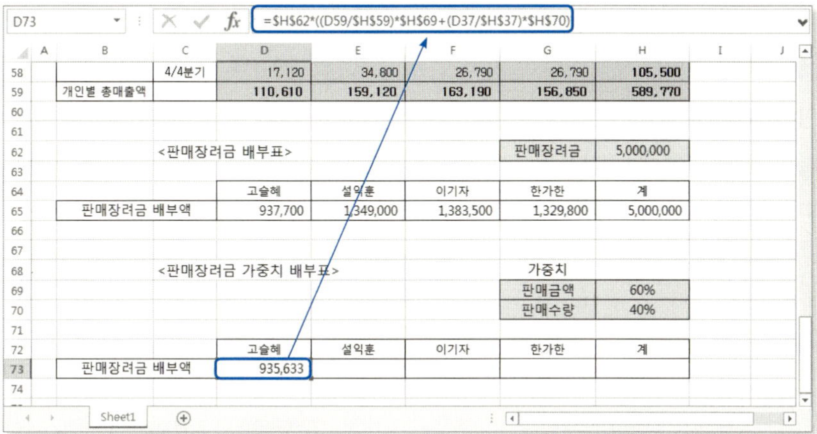


❹ D73 셀에서 자동채우기 핸들을 통해 G73 셀까지 채워넣기 한다. 그리고 D73:H73 셀 범위를 선택하고 자동합계(Σ) 버튼을 이용하여 H73 셀에 합계액을 표시한다. 이 합계액(H73)이 판매장려금 총액(H62)과도 일치하는지를 확인한다.

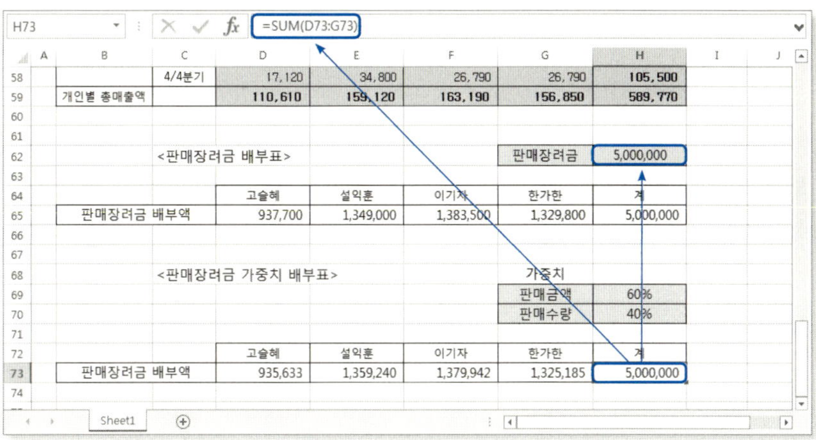


❺ 그런데 앞의 〈판매장려금 배부표〉 계산에서 ROUND 함수를 이용하여 백원 단위로 표시하는 방법을 사용하였으므로 여기서도 배부액을 백원 단위로 반올림하여 표시해보기로 한다. D73 셀을 클릭하고, 위의 수식 표시줄에서 수식 '=$H$62*((D59/$H$59)*$H$69+(D37/$H$37)*$H$70)'에 ROUND 함수를 적용하여 '**=ROUND($H$62*((D59/$H$59)*$H$69+(D37/$H$37)*$H$70), -2)**'와 같이 수정한다. 수정된 수식을 적용한 결과는 D73 셀에서 '935,600'으로 표시되고 있다.

❻ 다시 D73 셀을 선택하고 자동채우기 핸들을 이용하여 G73 셀까지 채워넣기 한다(H73 셀에는 이미 합계수식이 입력되어 있으므로 그대로 적용한다).

그런데 이번에는 각 사원에 대한 가중치 배부액의 합계(H73 셀, 4,999,900)가 판매장려금 총액(H62 셀, 5,000,000)과 정확하게 일치하지 않고 있다(차이금액 100). 위 ④의 결과에서는 분명 합계액이 5,000,000으로 일치하는 결과를 보이고 있었는데, 백원 단위로 반올림(ROUND)한 결과에서는 반올림 과정에서 절사된 금액이 상대적으로 많았기 때문인 것으로 이해된다. 여기서는 그 차이를 인위적으로 조정하지 않고 그대로 사용하기로 한다.

D73 | =ROUND($H$62*((D59/$H$59)*$H$69+(D37/$H$37)*$H$70),-2)

| | A | B | C | D | E | F | G | H | I | J |
|---|---|---|---|---|---|---|---|---|---|---|
| 58 | | | 4/4분기 | 17,120 | 34,800 | 26,790 | 26,790 | 105,500 | | |
| 59 | | 개인별 총매출액 | | 110,610 | 159,120 | 163,190 | 156,850 | 589,770 | | |
| 60 | | | | | | | | | | |
| 61 | | | | | | | | | | |
| 62 | | | <판매장려금 배부표> | | | | 판매장려금 | 5,000,000 | | |
| 63 | | | | | | | | | | |
| 64 | | | | 고슬혜 | 설익훈 | 이기자 | 한가한 | 계 | | |
| 65 | | 판매장려금 배부액 | | 937,700 | 1,349,000 | 1,383,500 | 1,329,800 | 5,000,000 | | |
| 66 | | | | | | | | | | |
| 67 | | | | | | | | | | |
| 68 | | | <판매장려금 가중치 배부표> | | | | 가중치 | | | |
| 69 | | | | | | | 판매금액 | 60% | | |
| 70 | | | | | | | 판매수량 | 40% | | |
| 71 | | | | | | | | | | |
| 72 | | | | 고슬혜 | 설익훈 | 이기자 | 한가한 | 계 | | |
| 73 | | 판매장려금 배부액 | | 935,600 | 1,359,200 | 1,379,900 | 1,325,200 | 4,999,900 | | |
| 74 | | | | | | | | | | |

❼ 이제 위의 〈5단계〉에서 판매금액만을 기준으로 한 개인별 배부금액과 〈6단계〉에서의 가중치를 적용한 배부금액 간에 누가 유리하고 누가 불리하게 되었는지를 판단해 보기로 한다. 이를 확인해 보기 위해 D75 셀에 수식 '**=D73−D65**'을 입력하고, 자동채우기 핸들을 통해 H75 셀까지 채워넣기 한다.

D75 | =D73-D65

| | A | B | C | D | E | F | G | H | I | J |
|---|---|---|---|---|---|---|---|---|---|---|
| 60 | | | | | | | | | | |
| 61 | | | | | | | | | | |
| 62 | | | <판매장려금 배부표> | | | | 판매장려금 | 5,000,000 | | |
| 63 | | | | | | | | | | |
| 64 | | | | 고슬혜 | 설익훈 | 이기자 | 한가한 | 계 | | |
| 65 | | 판매장려금 배부액 | | 937,700 | 1,349,000 | 1,383,500 | 1,329,800 | 5,000,000 | | |
| 66 | | | | | | | | | | |
| 67 | | | | | | | | | | |
| 68 | | | <판매장려금 가중치 배부표> | | | | 가중치 | | | |
| 69 | | | | | | | 판매금액 | 60% | | |
| 70 | | | | | | | 판매수량 | 40% | | |
| 71 | | | | | | | | | | |
| 72 | | | | 고슬혜 | 설익훈 | 이기자 | 한가한 | 계 | | |
| 73 | | 판매장려금 배부액 | | 935,600 | 1,359,200 | 1,379,900 | 1,325,200 | 4,999,900 | | |
| 74 | | | | | | | | | | |
| 75 | | | | -2,100 | 10,200 | -3,600 | -4,600 | -100 | | |
| 76 | | | | | | | | | | |

❽ 위의 계산 결과에 의하면, 사원들이 제시한 수정안에 따라 계산하는 경우 설익훈 사원이 배부받게 될 판매장려금이 가장 많이 증가(+10,200)하고, 한가한 사원이 가장 많이 손해(−4,600)보게 되는 것으로 나타났다. H75 셀의 차이금액(−100)은 반올림(ROUND)으로 인한 잔차이다.

# 유사 사례 101 혼자해보기 ㈜한성체인의 영업사원 실적분석

## 현황

㈜한성체인은 전국의 커피숍을 대상으로 이탈리아에서 직수입한 커피머신, 커피그라인더, 원두커피(박스) 각각 단일 품목 3종류만을 독점 공급하는 유통회사이다. 5명의 영업사원이 전국의 커피숍을 대상으로 독점 영업하여 제품을 판매하고 있으며, 회사는 이들 영업사원의 영업실적을 매주 주말에 보고받고, 이들 실적을 월별로 합계하여 실적에 따른 성과급 형태로 수당을 지급하고 있다.

㈜한성체인의 영업이사 한심해는 매주 주말에 영업실적을 파악하기 위해 각 영업사원별로 보고된 품목별 판매전표를 집계하여 워드프로세서에서 표로 정리하고 있다. 한심해 이사가 정리한 5월의 영업사원별 판매실적과 실적분석을 위한 기초자료는 다음과 같다.

〈영업사원 개인별 판매실적 자료〉 (단위: 개, 박스)

| 영업사원 | 주 | 판매실적 |
|---|---|---|
| 고득수 | 1주 | 커피머신: 13, 커피그라인더: 11, 원두커피: 22 |
| | 2주 | 커피머신: 12, 커피그라인더: 11, 원두커피: 20 |
| | 3주 | 커피머신: 8, 커피그라인더: 8, 원두커피: 13 |
| | 4주 | 커피머신: 18, 커피그라인더: 17, 원두커피: 9 |
| 기남용 | 1주 | 커피머신: 9, 커피그라인더: 8, 원두커피: 13 |
| | 2주 | 커피머신: 13, 커피그라인더: 11, 원두커피: 8 |
| | 3주 | 커피머신: 15, 커피그라인더: 9, 원두커피: 9 |
| | 4주 | 커피머신: 11, 커피그라인더: 12, 원두커피: 13 |
| 류진웅 | 1주 | 커피머신: 11, 커피그라인더: 9, 원두커피: 16 |
| | 2주 | 커피머신: 21, 커피그라인더: 17, 원두커피: 21 |
| | 3주 | 커피머신: 7, 커피그라인더: 15, 원두커피: 10 |
| | 4주 | 커피머신: 10, 커피그라인더: 9, 원두커피: 12 |
| 박시현 | 1주 | 커피머신: 21, 커피그라인더: 17, 원두커피: 16 |
| | 2주 | 커피머신: 9, 커피그라인더: 20, 원두커피: 12 |
| | 3주 | 커피머신: 12, 커피그라인더: 7, 원두커피: 9 |
| | 4주 | 커피머신: 14, 커피그라인더: 12, 원두커피: 16 |
| 한병곤 | 1주 | 커피머신: 13, 커피그라인더: 13, 원두커피: 21 |
| | 2주 | 커피머신: 6, 커피그라인더: 6, 원두커피: 16 |
| | 3주 | 커피머신: 12, 커피그라인더: 9, 원두커피: 18 |
| | 4주 | 커피머신: 11, 커피그라인더: 16, 원두커피: 20 |

〈실적분석을 위한 내부 기초자료〉

| 품목 | 커피머신 | 커피그라인더 | 원두커피 |
|---|---|---|---|
| 판매가격(개, 박스) | 2,200,000 | 1,300,000 | 200,000 |
| 구입원가(개, 박스) | 1,300,000 | 900,000 | 120,000 |
| 영업사원 판매수당(건당) | 50,000 | 60,000 | 30,000 |

요구사항

한심해 영업이사로부터 5월의 실적자료를 전달받은 박식한 부장은 다음 사항을 분석, 검토하여 보고하라는 요구를 받았다.

1. 작성된 5월 실적자료(워드)를 Excel 시트로 가져와 영업사원별, 월별, 품목별로 집계표를 작성한다.
2. 작성된 집계표를 판매금액단위로 표시한다.
3. 영업사원별로 지급받게 될 판매수당표를 작성한다.
4. 회사 전체 차원에서 5월의 손익계산서를 작성하되, 각 영업사원이 회사의 영업이익에 어느 정도의 공헌을 하였는지 분석해 본다. 단, 판매수당 이외의 비용은 없는 것으로 가정한다.
5. 이달의 영업실적이 다른 달에 비해 매우 만족할 만한 수준이어서, 한심해 이사는 영업사원들에게 규정에 의한 판매수당 이외에 특별상여금 지급을 고려하고 있다. 이를 위해 ₩20,000,000의 특별보너스 예산을 설정하고 어느 기준에 따라 배분하는 것이 좋을지 고심하고 있다.
   1) 품목에 관계없이 판매수량을 기준으로 하는 경우
   2) 품목에 관계없이 판매금액을 기준으로 하는 경우
   3) 판매금액 60%, 판매수량 40%의 가중치로 배분하는 경우

## 유사 사례 101 혼자해보기 Tips & 풀이 요약

### 1단계 [워드]에서 자료 가져오기

| B | C | D |
|---|---|---|
| 고득수 | 1주 | 커피머신:13, 커피그라인더:11, 원두커피:22 |
| | 2주 | 커피머신:12, 커피그라인더:11, 원두커피:20 |
| | 3주 | 커피머신: 8, 커피그라인더: 8, 원두커피:13 |
| | 4주 | 커피머신:18, 커피그라인더:17, 원두커피: 9 |
| 기남용 | 1주 | 커피머신: 9, 커피그라인더: 8, 원두커피:13 |
| | 2주 | 커피머신:13, 커피그라인더:11, 원두커피: 8 |
| | 3주 | 커피머신:15, 커피그라인더: 9, 원두커피: 9 |
| | 4주 | 커피머신:11, 커피그라인더:12, 원두커피:13 |
| 류진용 | 1주 | 커피머신:11, 커피그라인더: 9, 원두커피:16 |
| | 2주 | 커피머신:21, 커피그라인더:17, 원두커피:21 |
| | 3주 | 커피머신: 7, 커피그라인더:15, 원두커피:10 |
| | 4주 | 커피머신:10, 커피그라인더: 9, 원두커피:12 |
| 박시현 | 1주 | 커피머신:21, 커피그라인더:17, 원두커피:16 |
| | 2주 | 커피머신: 9, 커피그라인더:20, 원두커피:12 |
| | 3주 | 커피머신:12, 커피그라인더: 7, 원두커피: 9 |
| | 4주 | 커피머신:14, 커피그라인더:12, 원두커피:16 |
| 한병곤 | 1주 | 커피머신:13, 커피그라인더:13, 원두커피:21 |
| | 2주 | 커피머신: 6, 커피그라인더: 6, 원두커피:16 |
| | 3주 | 커피머신:12, 커피그라인더: 9, 원두커피:18 |
| | 4주 | 커피머신:11, 커피그라인더:16, 원두커피:20 |

워드자료 가져오기 | (주)한성체인 풀이

### 2단계 [요구사항] 해결

1. 영업사원별/주별/품목별 집계표

| B | C | D | E | F | G | H | I | J |
|---|---|---|---|---|---|---|---|---|
| 고득수 | 1주 | 커피머신 | 13 | 커피그라인더 | 11 | 원두커피 | 22 | 46 |
| | 2주 | 커피머신 | 12 | 커피그라인더 | 11 | 원두커피 | 20 | 43 |
| | 3주 | 커피머신 | 8 | 커피그라인더 | 8 | 원두커피 | 13 | 29 |
| | 4주 | 커피머신 | 18 | 커피그라인더 | 17 | 원두커피 | 9 | 44 |
| | | | 51 | | 47 | | 64 | 162 |
| 기남용 | 1주 | 커피머신 | 9 | 커피그라인더 | 8 | 원두커피 | 13 | 30 |
| | 2주 | 커피머신 | 13 | 커피그라인더 | 11 | 원두커피 | 8 | 32 |
| | 3주 | 커피머신 | 15 | 커피그라인더 | 9 | 원두커피 | 9 | 33 |
| | 4주 | 커피머신 | 11 | 커피그라인더 | 12 | 원두커피 | 13 | 36 |
| | | | 48 | | 40 | | 43 | 131 |
| 류진용 | 1주 | 커피머신 | 11 | 커피그라인더 | 9 | 원두커피 | 16 | 36 |
| | 2주 | 커피머신 | 21 | 커피그라인더 | 17 | 원두커피 | 21 | 59 |
| | 3주 | 커피머신 | 7 | 커피그라인더 | 15 | 원두커피 | 10 | 32 |
| | 4주 | 커피머신 | 10 | 커피그라인더 | 9 | 원두커피 | 12 | 31 |
| | | | 49 | | 50 | | 59 | 158 |
| 박시현 | 1주 | 커피머신 | 21 | 커피그라인더 | 17 | 원두커피 | 16 | 54 |
| | 2주 | 커피머신 | 9 | 커피그라인더 | 20 | 원두커피 | 12 | 41 |
| | 3주 | 커피머신 | 12 | 커피그라인더 | 7 | 원두커피 | 9 | 28 |
| | 4주 | 커피머신 | 14 | 커피그라인더 | 12 | 원두커피 | 16 | 42 |
| | | | 56 | | 56 | | 53 | 165 |
| 한병곤 | 1주 | 커피머신 | 13 | 커피그라인더 | 13 | 원두커피 | 21 | 47 |
| | 2주 | 커피머신 | 6 | 커피그라인더 | 6 | 원두커피 | 16 | 28 |
| | 3주 | 커피머신 | 12 | 커피그라인더 | 9 | 원두커피 | 18 | 39 |
| | 4주 | 커피머신 | 11 | 커피그라인더 | 16 | 원두커피 | 20 | 47 |
| | | | 42 | | 44 | | 75 | 161 |
| | | | | | | | | 777 |

워드자료 가져오기 | (주)한성체인 풀이

* <내부 기초자료>

| 품목 | 커피머신 | 커피그라인더 | 원두커피 |
|---|---|---|---|
| 판매가격(개, 박스) | 2,200,000 | 1,300,000 | 200,000 |
| 구입원가(개, 박스) | 1,300,000 | 900,000 | 120,000 |
| 영업사원 판매수당(건 | 50,000 | 60,000 | 30,000 |

2. 판매금액 단위 집계표

| | | | | | | | | |
|---|---|---|---|---|---|---|---|---|
| 고득수 | 1주 | 커피머신 | 28,600,000 | 커피그라인더 | 14,300,000 | 원두커피 | 4,400,000 | 47,300,000 |
| | 2주 | 커피머신 | 26,400,000 | 커피그라인더 | 14,300,000 | 원두커피 | 4,000,000 | 44,700,000 |
| | 3주 | 커피머신 | 17,600,000 | 커피그라인더 | 10,400,000 | 원두커피 | 2,600,000 | 30,600,000 |
| | 4주 | 커피머신 | 39,600,000 | 커피그라인더 | 22,100,000 | 원두커피 | 1,800,000 | 63,500,000 |
| | | | 112,200,000 | | 61,100,000 | | 12,800,000 | 186,100,000 |
| 기남용 | 1주 | 커피머신 | 19,800,000 | 커피그라인더 | 10,400,000 | 원두커피 | 2,600,000 | 32,800,000 |
| | 2주 | 커피머신 | 28,600,000 | 커피그라인더 | 14,300,000 | 원두커피 | 1,600,000 | 44,500,000 |
| | 3주 | 커피머신 | 33,000,000 | 커피그라인더 | 11,700,000 | 원두커피 | 1,800,000 | 46,500,000 |
| | 4주 | 커피머신 | 24,200,000 | 커피그라인더 | 15,600,000 | 원두커피 | 2,600,000 | 42,400,000 |
| | | | 105,600,000 | | 52,000,000 | | 8,600,000 | 166,200,000 |
| 류진웅 | 1주 | 커피머신 | 24,200,000 | 커피그라인더 | 11,700,000 | 원두커피 | 3,200,000 | 39,100,000 |
| | 2주 | 커피머신 | 46,200,000 | 커피그라인더 | 22,100,000 | 원두커피 | 4,200,000 | 72,500,000 |
| | 3주 | 커피머신 | 15,400,000 | 커피그라인더 | 19,500,000 | 원두커피 | 2,000,000 | 36,900,000 |
| | 4주 | 커피머신 | 22,000,000 | 커피그라인더 | 11,700,000 | 원두커피 | 2,400,000 | 36,100,000 |
| | | | 107,800,000 | | 65,000,000 | | 11,800,000 | 184,600,000 |
| 박시현 | 1주 | 커피머신 | 46,200,000 | 커피그라인더 | 22,100,000 | 원두커피 | 3,200,000 | 71,500,000 |
| | 2주 | 커피머신 | 19,800,000 | 커피그라인더 | 26,000,000 | 원두커피 | 2,400,000 | 48,200,000 |
| | 3주 | 커피머신 | 26,400,000 | 커피그라인더 | 9,100,000 | 원두커피 | 1,800,000 | 37,300,000 |
| | 4주 | 커피머신 | 30,800,000 | 커피그라인더 | 15,600,000 | 원두커피 | 3,200,000 | 49,600,000 |
| | | | 123,200,000 | | 72,800,000 | | 10,600,000 | 206,600,000 |
| 한병곤 | 1주 | 커피머신 | 28,600,000 | 커피그라인더 | 16,900,000 | 원두커피 | 4,200,000 | 49,700,000 |
| | 2주 | 커피머신 | 13,200,000 | 커피그라인더 | 7,800,000 | 원두커피 | 3,200,000 | 24,200,000 |
| | 3주 | 커피머신 | 26,400,000 | 커피그라인더 | 11,700,000 | 원두커피 | 3,600,000 | 41,700,000 |
| | 4주 | 커피머신 | 24,200,000 | 커피그라인더 | 20,800,000 | 원두커피 | 4,000,000 | 49,000,000 |
| | | | 92,400,000 | | 57,200,000 | | 15,000,000 | 164,600,000 |
| | | | | | | | | 908,100,000 |

워드자료 가져오기 | (주)한성체인 풀이

3. 영업사원별 판매수당표

| | 커피머신 | 커피그라인더 | 원두커피 | 판매수당 |
|---|---|---|---|---|
| 고득수 | 2,550,000 | 2,820,000 | 1,920,000 | 7,290,000 |
| 기남용 | 2,400,000 | 2,400,000 | 1,290,000 | 6,090,000 |
| 류진웅 | 2,450,000 | 3,000,000 | 1,770,000 | 7,220,000 |
| 박시현 | 2,800,000 | 3,360,000 | 1,590,000 | 7,750,000 |
| 한병곤 | 2,100,000 | 2,640,000 | 2,250,000 | 6,990,000 |
| 계 | 12,300,000 | 14,220,000 | 8,820,000 | 35,340,000 |

4. 5월의 손익계산서

| | 매출액 | 매출원가 | 매출총이익 | 판매수당 | 영업이익 | 공헌도 |
|---|---|---|---|---|---|---|
| 고득수 | 186,100,000 | 116,280,000 | 69,820,000 | 7,290,000 | 62,530,000 | 20.5% |
| 기남용 | 166,200,000 | 103,560,000 | 62,640,000 | 6,090,000 | 56,550,000 | 18.6% |
| 류진웅 | 184,600,000 | 115,780,000 | 68,820,000 | 7,220,000 | 61,600,000 | 20.2% |
| 박시현 | 206,600,000 | 129,560,000 | 77,040,000 | 7,750,000 | 69,290,000 | 22.8% |
| 한병곤 | 164,600,000 | 103,200,000 | 61,400,000 | 6,990,000 | 54,410,000 | 17.9% |
| 계 | 908,100,000 | 568,380,000 | 339,720,000 | 35,340,000 | 304,380,000 | 100.0% |

5. 특별보너스 배분

| | | |
|---|---|---|
| 예산: | 20,000,000 | |
| 가중치: | 60% | 40% |

| | 판매수량 기준 | 판매금액기준 | 가중치배분 |
|---|---|---|---|
| 고득수 | 4,169,884 | 4,098,668 | 4,127,154 |
| 기남용 | 3,371,943 | 3,660,390 | 3,545,011 |
| 류진웅 | 4,066,924 | 4,065,632 | 4,066,149 |
| 박시현 | 4,247,104 | 4,550,160 | 4,428,938 |
| 한병곤 | 4,144,144 | 3,625,151 | 3,832,749 |
| 계 | 20,000,000 | 20,000,000 | 20,000,000 |

워드자료 가져오기 | (주)한성체인 풀이

## Case 102 ㈜Autonara의 영업사원 개인별 성과평가

### 현황

㈜Autonara는 ㈜현대자동차에서 생산하는 자동차만을 전문으로 판매하는 판매대행회사로, 8명의 영업전담사원이 자동차 판매업무를 수행하고 있다. ㈜Autonara는 2017년 한 해 동안 각 영업사원들이 수행한 영업실적을 다각적으로 분석하여 영업전략에도 반영하고, 판매촉진을 위한 수당배분 기준으로도 활용할 계획이다. 참고로 ㈜Autonara는 영업사원들에게 기본급여 없이 판매수당만을 전액 성과급제 형식으로 지급하고 있다.

2017년도의 영업사원별/차종별 판매실적은 아래와 같으며, 분석을 위해 사용할 자동차 종류별 가격구조 및 수당 지급계획 기준표는 연초에 이미 전 영업사원들에게 공지되어 있다고 가정한다.

〈2017 영업사원별 / 차종별 판매실적〉

| | 이길래 | 한가한 | 강아지 | 오기로 | 양재기 | 김우치 | 손자비 | 박수로 |
|---|---|---|---|---|---|---|---|---|
| 아토스 | 8 | 5 | | 21 | 1 | | 11 | |
| 아반떼 | | 13 | 8 | | | 5 | 23 | 5 |
| 티뷰론 | 12 | | 3 | 2 | 4 | 4 | 9 | 3 |
| 소나타 | 3 | 15 | 5 | 6 | | 2 | | 12 |
| 그랜져 | 5 | 2 | 1 | | 8 | 5 | 1 | 4 |
| 에쿠스 | 1 | 3 | 5 | | 13 | 2 | 2 | 1 |

〈2017 차종별 판매가, 구입가, 수당 기준표〉

| 차종 | 아토스 | 아반떼 | 티뷰론 | 소나타 | 그랜져 | 에쿠스 |
|---|---|---|---|---|---|---|
| 판매가 | 4,630,000 | 8,500,000 | 10,930,000 | 14,680,000 | 23,050,000 | 66,500,000 |
| 원가(구입가) | 3,600,000 | 7,200,000 | 8,800,000 | 11,800,000 | 18,750,000 | 56,000,000 |
| 수당(건당) | 200,000 | 250,000 | 300,000 | 370,000 | 550,000 | 850,000 |

**요구사항**

위의 자료를 토대로

1. 2017년 자동차 판매실적(영업사원별/차종별)을 금액기준(판매가)으로 표시하시오.
2. 영업사원들이 받게 될 판매수당을 각각 얼마인가?
3. 회사 전체차원에서는 차종별로 각각 얼마의 영업이익을 올리고 있는가?
4. 영업사원별/차종별 판매실적을 판매대수와 판매금액를 기준으로 각각 비교차트로 표시하시오(최우수 영업사원 표시).
5. 차종별 영업이익을 3차원 백분율 파이차트로 표시해 보자.
6. 한가한 사원이 받게 될 판매수당 차트를 해당 차종 그래픽으로 표시해 보자.

# Case 102 따라하기

**상황분석**

- 이 예제는 주어진 자료를 통해 기대하는 분석표를 보다 쉽고 정확하게 작성할 수 있는 능력을 갖도록 하는데 목표가 있다. 이를 위해 먼저 요구사항에 대한 정확한 인식이 전제되어야 한다.
- 또한 분석자료를 다양한 형태의 차트를 이용하여 표시함으로써 분석 및 의사결정에 도움을 줄 수 있도록 해야 한다. 이를 위해 기본적인 차트작성 기법 외에도 상황에 적합한 차트를 선택하는 것이 관건이다.
- 참조 표 간의 연산에서는 상대셀/절대셀 참조의 적용 판단이 중요하다.

## 1단계 자동차 판매실적표-영업사원별/차종별 금액기준

❶ 먼저 제시된 자료를 제시된 기본 형태대로 입력한다.

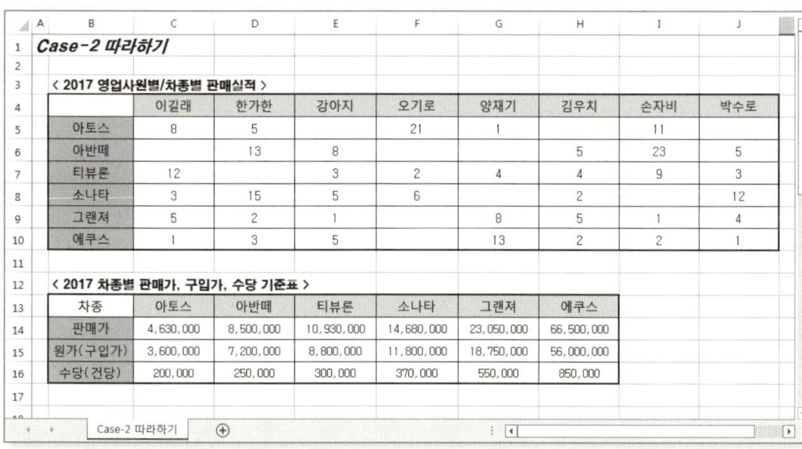

*Case-2 따라하기*

< 2017 영업사원별/차종별 판매실적 >

| | 이길래 | 한가한 | 강아지 | 오기로 | 양재기 | 김우치 | 손자비 | 박수로 |
|---|---|---|---|---|---|---|---|---|
| 아토스 | 8 | 5 | | 21 | 1 | | 11 | |
| 아반떼 | | 13 | 8 | | | 5 | 23 | 5 |
| 티뷰론 | 12 | | 3 | 2 | 4 | 4 | 9 | 3 |
| 소나타 | 3 | 15 | 5 | 6 | | 2 | | 12 |
| 그랜저 | 5 | 2 | 1 | | 8 | 5 | 1 | 4 |
| 에쿠스 | 1 | 3 | 5 | | 13 | 2 | 2 | 1 |

< 2017 차종별 판매가, 구입가, 수당 기준표 >

| 차종 | 아토스 | 아반떼 | 티뷰론 | 소나타 | 그랜저 | 에쿠스 |
|---|---|---|---|---|---|---|
| 판매가 | 4,630,000 | 8,500,000 | 10,930,000 | 14,680,000 | 23,050,000 | 66,500,000 |
| 원가(구입가) | 3,600,000 | 7,200,000 | 8,800,000 | 11,800,000 | 18,750,000 | 56,000,000 |
| 수당(건당) | 200,000 | 250,000 | 300,000 | 370,000 | 550,000 | 850,000 |

Case-2 따라하기

❷ 원하는 연산작업을 수행하기 위해 제시된 자료의 구조나 배열을 그대로 사용할 것인지, 아니면 변경할 것인지를 판단한다. 제시된 자료에서는 〈판매실적〉 자료와 〈기준표〉 자료의 공통분모는 '차종'인데, 〈판매실적〉 자료에서는 차종이 열기준으로, 그리고 〈기준표〉 자료에서는 행기준으로 배열되어 있어 연산작업이 복잡해질 수 있다. 따라서 먼저 〈판매실적〉 자료의 구조를 〈기준표〉 자료의 배열구조로 전환하는 절차가 필요하다.

❸ B3 셀에 입력되어 있는 〈판매실적〉 자료의 표제목을 복사하여 B18 셀에 붙여넣기 하고, '**〈2017 영업사원별/차종별 판매실적 – 재구성〉**'으로 변경해 둔다.

❹ 〈판매실적〉 자료가 입력되어 있는 B4:J10 셀 영역을 선택하여 복사하고, B19 셀을 클릭한 후 오른쪽 마우스 [붙여넣기 옵션] – [바꾸기](또는 [선택하여 붙여넣기] – [선택하여 붙여넣기] – [행/열 바꿈])을 선택한다. 여기서 '(행/열)바꾸기'를 선택한 것은 〈판매실적〉 자료의 배열을 〈기준표〉 자료의 배열과 같이 차종이 동일한 열구조 배열로 전환해 두는 것이 향후의 연산작업에 편리할 수 있기 때문이다.

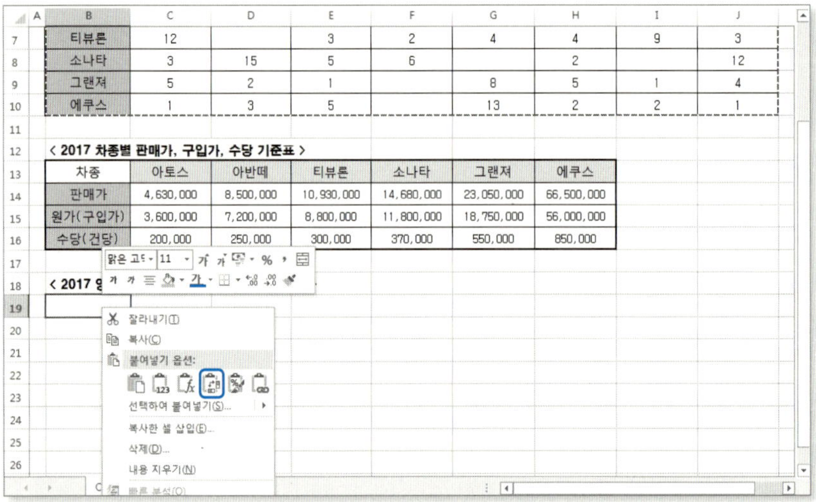

❺ 행/열이 전환된 〈판매실적 – 재구성〉 표 영역(B19:H27)을 선택하고 [홈] 탭의 [글꼴] – [테두리] – [모든 테두리]를 적용하여 표 모양을 재정리한다.

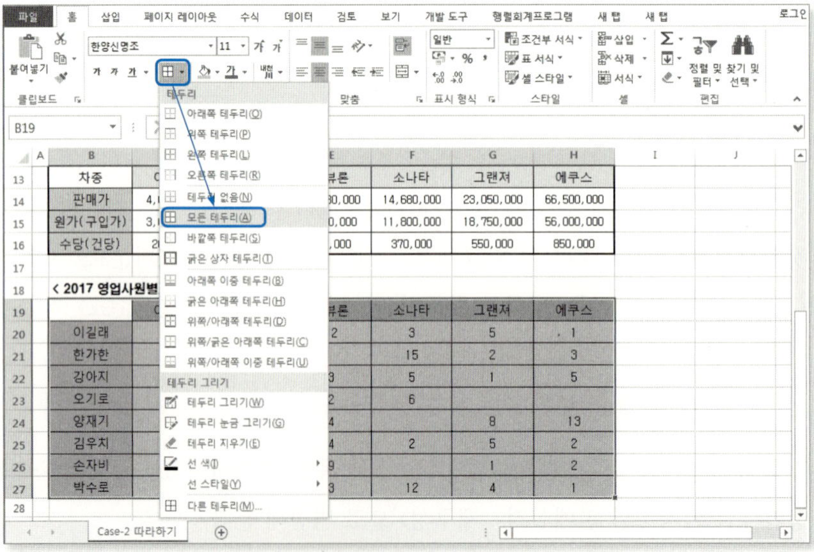

❻ 그런데 〈판매실적 - 재구성〉 표에서 '차종'은 판매가격 순으로 배열되어 있지만, 사원 이름의 배열은 특별한 기준에 의해 배열되어 있는 것 같지는 않으므로, 이 경우에는 이름 오름차순으로 재배열 해두는 것이 좋을 것이다. 따라서 B19:H27 셀 범위를 선택한 후, [데이터] 탭의 [정렬 및 필터]에서 [정렬]을 선택하고 [정렬기준]을 '(열B)'로, [정렬]을 '오름차순'으로 지정하여 [확인]을 누른다.

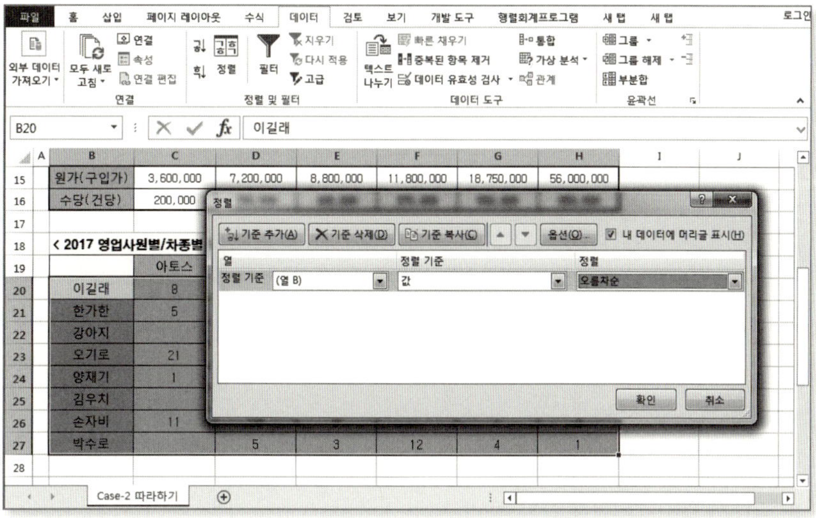

❼ 이제 〈판매실적 - 재구성〉 표에서 사원 이름이 오름차순으로 정렬되었다. 다시 B18 셀의 표 제목을 복사하여 B29 셀에 붙여넣기 한 후, '**〈2017 영업사원별/차종별 판매실적 - 금액기준〉**'으로 변경해 둔다. 그리고 B19:H27 셀 범위를 복사하여 B30 셀에 붙여넣기 한 후, 표 내부의 C31:H38 셀 범위를 선택하여 입력되어 있는 데이터를 지운다. 이는 위의 〈판매실적 - 재구성〉 표를 복제하여 사용하되 그 양식만을 가져오기 위한 것이다.

❽ 이제 판매실적금액을 계산하기 위한 준비가 다 된 셈이므로 필요한 계산식을 입력한다. 판매금액은 '판매수량×판매가'로 계산된다. 따라서 강아지 사원의 아토스 판매금액을 계산하기 위해 C31 셀에 수식 '**=C20×C$14**'를 입력한다. 여기서 판매가격 참조('C$14')를 부분 절대셀 참조형식으로 표기한 것은 이 수식('=C20×C$14')을 표 오른쪽과 아래쪽의 다른 셀에도 복사하여 동일하게 적용하기 위한 것이다. 수식을 적용한 결과는 강아지 사원의 경우 '아토스' 판매실적이 없기 때문에 '0'으로 표시되고 있다.

< 2017 영업사원별/차종별 판매실적 - 재구성 >

| | 아토스 | 아반떼 | 티뷰론 | 소나타 | 그랜져 | 에쿠스 |
|---|---|---|---|---|---|---|
| 강아지 | | 8 | 3 | 5 | 1 | 5 |
| 김우치 | | 5 | 4 | 2 | 5 | 2 |
| 박수로 | | 5 | 3 | 12 | 4 | 1 |
| 손자비 | 11 | 23 | 9 | | 1 | 2 |
| 양재기 | 1 | | 4 | | 8 | 13 |
| 오기로 | 21 | | 2 | 6 | | |
| 이길래 | 8 | | 12 | 3 | 5 | 1 |
| 한가한 | 5 | 13 | | 15 | 2 | 3 |

< 2017 영업사원별/차종별 판매실적 - 금액기준 >

| | 아토스 | 아반떼 | 티뷰론 | 소나타 | 그랜져 | 에쿠스 |
|---|---|---|---|---|---|---|
| 강아지 | 0 | | | | | |
| 김우치 | | | | | | |
| 박수로 | | | | | | |
| 손자비 | | | | | | |
| 양재기 | | | | | | |
| 오기로 | | | | | | |
| 이길래 | | | | | | |
| 한가한 | | | | | | |

❾ C31 셀을 복제하여 사용하기 위해 C31에서 자동채우기 핸들(+)을 통해 먼저 H31까지 끌기 하고, 이어서 C31:H31의 자동채우기 핸들로 H38까지 끌기 하여 표를 완성한다. 그리고 임의의 셀(예컨대 F37 셀)을 클릭하여 위의 수식입력줄에 원하는 수식 형태(예컨대 '=F26*F$14')로 상대 셀 참조와 절대셀 참조가 적용되어 올바르게 표시되고 있는지를 확인한다. 물론 〈판매실적 - 재구성〉 표에서 판매실적의 기록이 없는 경우에는 금액이 표시되지 않는다.

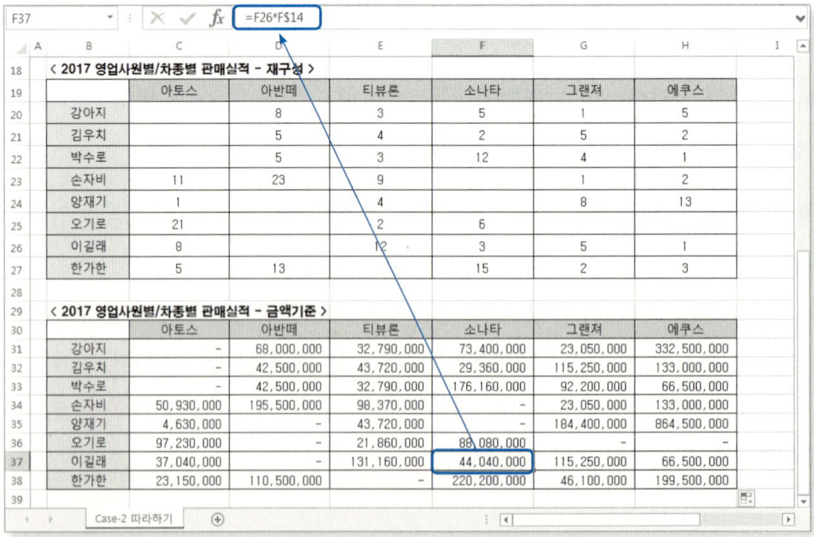


< 2017 영업사원별/차종별 판매실적 - 재구성 >

| | 아토스 | 아반떼 | 티뷰론 | 소나타 | 그랜져 | 에쿠스 |
|---|---|---|---|---|---|---|
| 강아지 | | 8 | 3 | 5 | 1 | 5 |
| 김우치 | | 5 | 4 | 2 | 5 | 2 |
| 박수로 | | 5 | 3 | 12 | 4 | 1 |
| 손자비 | 11 | 23 | 9 | | 1 | 2 |
| 양재기 | 1 | | 4 | | 8 | 13 |
| 오기로 | 21 | | 2 | 6 | | |
| 이길래 | 8 | | 12 | 3 | 5 | 1 |
| 한가한 | 5 | 13 | | 15 | 2 | 3 |

< 2017 영업사원별/차종별 판매실적 - 금액기준 >

| | 아토스 | 아반떼 | 티뷰론 | 소나타 | 그랜져 | 에쿠스 |
|---|---|---|---|---|---|---|
| 강아지 | - | 68,000,000 | 32,790,000 | 73,400,000 | 23,050,000 | 332,500,000 |
| 김우치 | - | 42,500,000 | 43,720,000 | 29,360,000 | 115,250,000 | 133,000,000 |
| 박수로 | - | 42,500,000 | 32,790,000 | 176,160,000 | 92,200,000 | 66,500,000 |
| 손자비 | 50,930,000 | 195,500,000 | 98,370,000 | - | 23,050,000 | 133,000,000 |
| 양재기 | 4,630,000 | - | 43,720,000 | - | 184,400,000 | 864,500,000 |
| 오기로 | 97,230,000 | - | 21,860,000 | 88,080,000 | - | - |
| 이길래 | 37,040,000 | - | 131,160,000 | 44,040,000 | 115,250,000 | 66,500,000 |
| 한가한 | 23,150,000 | 110,500,000 | - | 220,200,000 | 46,100,000 | 199,500,000 |

❿ 이로써 첫 번째 원하는 결과를 하나의 수식 입력과 두 번의 자동채우기 과정을 통해 손쉽게 얻은 셈이지만, 결과표에서 차종별/사원별로 각각의 합계를 표시해 둘 필요가 있다. 먼저 영업사원별로 행으로 배열된 차종별 판매금액의 합계를 계산하기 위해 I열의 합계란까지 포함하여 C31:I38 셀 범위를 마우스로 함께 선택한 후 [홈] 탭의 [편집]에서 자동합계(Σ) 버튼을 누른다. 또한 차종별로 열로 배열된 각 영업사원의 판매금액 합계를 계산하기 위해 39행의 합계란까지 포함하여 C31:I39 셀 범위를 마우스로 함께 선택한 후 [홈] 탭의 [편집]에서 자동합계(Σ) 버튼을 누른다.

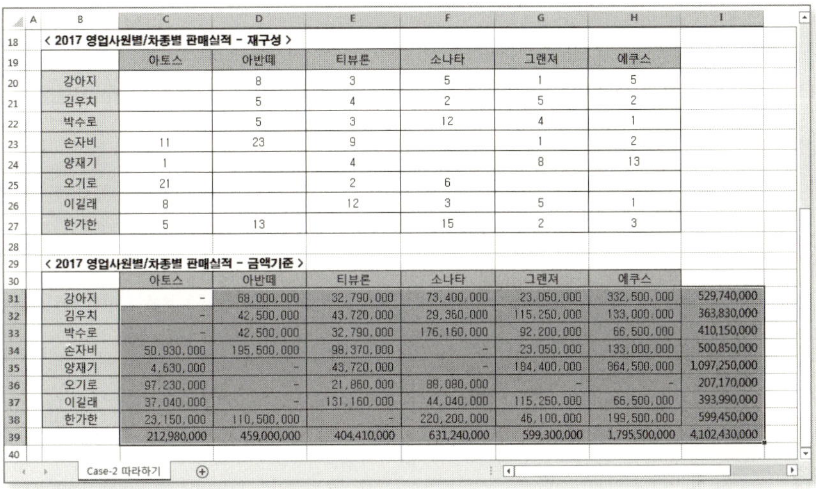

< 2017 영업사원별/차종별 판매실적 - 재구성 >

| | 아토스 | 아반떼 | 티뷰론 | 소나타 | 그랜져 | 에쿠스 |
|---|---|---|---|---|---|---|
| 강아지 | | 8 | 3 | 5 | 1 | 5 |
| 김우치 | | 5 | 4 | 2 | 5 | 2 |
| 박수로 | | 5 | 3 | 12 | 4 | 1 |
| 손자비 | 11 | 23 | 9 | | 1 | 2 |
| 양재기 | 1 | | 4 | | 8 | 13 |
| 오기로 | 21 | | 2 | 6 | | |
| 이길래 | 8 | | 12 | 3 | 5 | 1 |
| 한가한 | 5 | 13 | | 15 | 2 | 3 |

< 2017 영업사원별/차종별 판매실적 - 금액기준 >

| | 아토스 | 아반떼 | 티뷰론 | 소나타 | 그랜져 | 에쿠스 | |
|---|---|---|---|---|---|---|---|
| 강아지 | - | 68,000,000 | 32,790,000 | 73,400,000 | 23,050,000 | 332,500,000 | 529,740,000 |
| 김우치 | - | 42,500,000 | 43,720,000 | 29,360,000 | 115,250,000 | 133,000,000 | 363,830,000 |
| 박수로 | - | 42,500,000 | 32,790,000 | 176,160,000 | 92,200,000 | 66,500,000 | 410,150,000 |
| 손자비 | 50,930,000 | 195,500,000 | 98,370,000 | - | 23,050,000 | 133,000,000 | 500,850,000 |
| 양재기 | 4,630,000 | - | 43,720,000 | - | 184,400,000 | 864,500,000 | 1,097,250,000 |
| 오기로 | 97,230,000 | - | 21,860,000 | 88,080,000 | - | - | 207,170,000 |
| 이길래 | 37,040,000 | - | 131,160,000 | 44,040,000 | 115,250,000 | 66,500,000 | 393,990,000 |
| 한가한 | 23,150,000 | 110,500,000 | - | 220,200,000 | 46,100,000 | 199,500,000 | 599,450,000 |
| | 212,980,000 | 459,000,000 | 404,410,000 | 631,240,000 | 599,300,000 | 1,795,500,000 | 4,102,430,000 |

⓫ I30 셀과 B39 셀에 각각 '**합계**'라고 입력하고, B30:I39 셀 범위를 선택하여 [홈] 탭의 [글꼴]-[테두리]에서 [모든 테두리]를 선택하여 표의 양식을 정리한다. 합계란의 셀 영역을 선택하여 [홈] 탭의 [글꼴]-[채우기 색]에서 적절한 테마색을 지정함으로써 합계란의 수치들을 따로 구분표시 해 둘 필요가 있다.

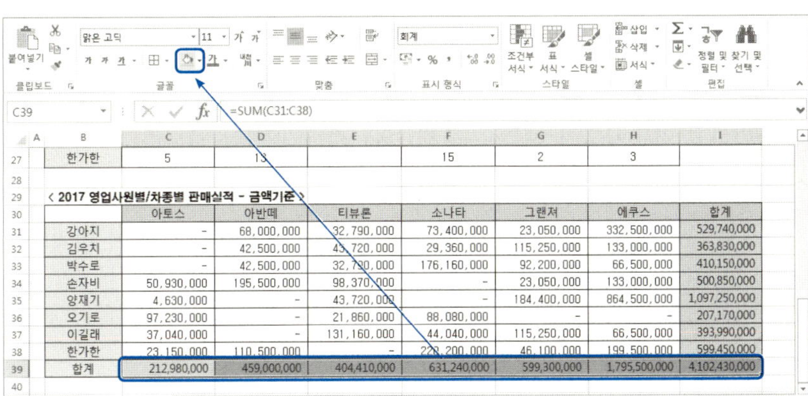

C39 =SUM(C31:C38)

< 2017 영업사원별/차종별 판매실적 - 금액기준 >

| | 아토스 | 아반떼 | 티뷰론 | 소나타 | 그랜져 | 에쿠스 | 합계 |
|---|---|---|---|---|---|---|---|
| 강아지 | - | 68,000,000 | 32,790,000 | 73,400,000 | 23,050,000 | 332,500,000 | 529,740,000 |
| 김우치 | - | 42,500,000 | 43,720,000 | 29,360,000 | 115,250,000 | 133,000,000 | 363,830,000 |
| 박수로 | - | 42,500,000 | 32,790,000 | 176,160,000 | 92,200,000 | 66,500,000 | 410,150,000 |
| 손자비 | 50,930,000 | 195,500,000 | 98,370,000 | - | 23,050,000 | 133,000,000 | 500,850,000 |
| 양재기 | 4,630,000 | - | 43,720,000 | - | 184,400,000 | 864,500,000 | 1,097,250,000 |
| 오기로 | 97,230,000 | - | 21,860,000 | 88,080,000 | - | - | 207,170,000 |
| 이길래 | 37,040,000 | - | 131,160,000 | 44,040,000 | 115,250,000 | 66,500,000 | 393,990,000 |
| 한가한 | 23,150,000 | 110,500,000 | - | 220,200,000 | 46,100,000 | 199,500,000 | 599,450,000 |
| 합계 | 212,980,000 | 459,000,000 | 404,410,000 | 631,240,000 | 599,300,000 | 1,795,500,000 | 4,102,430,000 |

## 2단계 영업사원별 판매수당 계산

각 영업사원이 자동차 판매를 통해 받게 될 판매수당은 **'차종별 판매대수×차종별 수당'** 산식에 의해 계산될 수 있다. 이 계산 역시 앞에서 사용한 〈판매실적－금액기준〉 표 양식을 그대로 사용하는 것으로 한다.

❶ 먼저 B29 셀을 선택하여 복사하고, B42 셀에 붙여넣기 한 후, 표 제목을 **'〈2017 영업사원별 판매수당 계산〉'**으로 수정한다.

❷ 앞에서 사용한 표 양식을 그대로 사용할 것이므로, 마우스로 B30:I39 셀 범위를 선택하여 복사한 후 B43 셀에 붙여넣기 한다. 그리고 표의 내부인 C44:H51 셀 범위를 선택하고 입력된 데이터를 모두 지운다(Del 키). 이때 행/열 합계 영역(C52:I52와 I44:I51)에 이미 입력되어 있는 수식은 재사용할 것이므로 지우지 않고 둔다.

| | A | B | C | D | E | F | G | H | I |
|---|---|---|---|---|---|---|---|---|---|
| 37 | | 이길래 | 37,040,000 | - | 131,160,000 | 44,040,000 | 115,250,000 | 66,500,000 | 393,990,000 |
| 38 | | 한가한 | 23,150,000 | 110,500,000 | - | 220,200,000 | 46,100,000 | 199,500,000 | 599,450,000 |
| 39 | | 합계 | 212,980,000 | 459,000,000 | 404,410,000 | 631,240,000 | 599,300,000 | 1,795,500,000 | 4,102,430,000 |
| 40 | | | | | | | | | |
| 41 | | | | | | | | | |
| 42 | | < 2017 영업사원별 판매수당 계산 > | | | | | | | |
| 43 | | | 아토스 | 아반떼 | 티뷰론 | 소나타 | 그랜저 | 에쿠스 | 합계 |
| 44 | | 강아지 | | | | | | | - |
| 45 | | 김우치 | | | | | | | - |
| 46 | | 박수로 | | | | | | | - |
| 47 | | 손자비 | | | | | | | - |
| 48 | | 양재기 | | | | | | | - |
| 49 | | 오기로 | | | | | | | - |
| 50 | | 이길래 | | | | | | | - |
| 51 | | 한가한 | | | | | | | - |
| 52 | | 합계 | - | - | - | - | - | - | - |
| 53 | | | | | | | | | |

Case-2 따라하기

❸ C44 셀에 강아지 사원이 아토스를 판매함으로써 받게 될 수당액을 계산하기 위해 수식 '**=C20*C$16**'을 입력한다. 이는 강아지 사원이 아토스를 판매한 수량(C20)과 아토스 판매 1대당 받기로 되어 있는 수당(C16)을 곱하여 계산하도록 한 것이다. 이때 이 수식을 다른 사원, 다른 차종의 경우에도 복사하여 사용하기 위해 판매대수는 상대셀, 차종별 수당은 절대셀 참조형식을 사용하고 있다.

❹ C44 셀을 클릭하고 자동채우기 핸들을 통해 H44 셀까지 채워 넣는다. 그리고 다시 C44:H44 셀 영역이 선택된 상태에서 자동채우기 핸들을 통해 H51 셀까지 끌기 하여 나머지 표 영역의 계산도 자동으로 수행되도록 한다. 이때 행과 열의 합계란은 이미 수식이 입력되어 있는 상태이므로 자동으로 계산되어 표시된다.

C44 =C20*C$16

| | A | B | C | D | E | F | G | H | I |
|---|---|---|---|---|---|---|---|---|---|
| 39 | | 합계 | 212,980,000 | 459,000,000 | 404,410,000 | 631,240,000 | 599,300,000 | 1,795,500,000 | 4,102,430,000 |
| 40 | | | | | | | | | |
| 41 | | | | | | | | | |
| 42 | | < 2017 영업사원별 판매수당 계산 > | | | | | | | |
| 43 | | | 아토스 | 아반떼 | 티뷰론 | 소나타 | 그랜저 | 에쿠스 | 합계 |
| 44 | | 강아지 | - | 2,000,000 | 900,000 | 1,850,000 | 550,000 | 4,250,000 | 9,550,000 |
| 45 | | 김우치 | - | 1,250,000 | 1,200,000 | 740,000 | 2,750,000 | 1,700,000 | 7,640,000 |
| 46 | | 박수로 | - | 1,250,000 | 900,000 | 4,440,000 | 2,200,000 | 850,000 | 9,640,000 |
| 47 | | 손자비 | 2,200,000 | 5,750,000 | 2,700,000 | - | 550,000 | 1,700,000 | 12,900,000 |
| 48 | | 양재기 | 200,000 | - | 1,200,000 | - | 4,400,000 | 11,050,000 | 16,850,000 |
| 49 | | 오기로 | 4,200,000 | - | 600,000 | 2,220,000 | - | - | 7,020,000 |
| 50 | | 이길래 | 1,600,000 | - | 3,600,000 | 1,110,000 | 2,750,000 | 850,000 | 9,910,000 |
| 51 | | 한가한 | 1,000,000 | 3,250,000 | - | 5,550,000 | 1,100,000 | 2,550,000 | 13,450,000 |
| 52 | | 합계 | 9,200,000 | 13,500,000 | 11,100,000 | 15,910,000 | 14,300,000 | 22,950,000 | 86,960,000 |
| 53 | | | | | | | | | |

Case-2 따라하기

❺ 계산 결과에 의하면, 양재기 사원이 받게 될 수당총액은 ₩16,850,000으로 가장 많으며, 오기로 사원은 가장 적은 금액인 ₩7,020,000을 받는 것으로 나타났다.

## 3단계 차종별 영업이익 계산

❶ 영업이익을 계산하기 위해서는 먼저 영업이익 개념에 대한 이해가 선행되어야 한다. 흔히 영업이익은 매출액에서 매출원가와 판매관리비를 차감한 잔액으로 정의되고 있다. 여기서 매출액은 '판매대수×판매가격'으로 위의 1.의 절차에서 이미 계산되어 있고, 매출원가는 '판매대수×구입원가'로 새롭게 계산되어져야 할 항목이다. 판매관리비는 영업활동이나 일반관리를 위해 지출한 모든 비용을 의미하지만, 여기서는 영업사원에게 지급되는 수당이 이에 포함되는 유일한 항목이다.

**참고**

### 손익계산서와 이익 구조

기업의 이익을 표시하는 데는 여러 가지 이익 개념이 사용되고 있으며, 이러한 다양한 이익 개념을 체계적으로 표시하고 있는 것이 손익계산서이다. 즉, 손익계산서는 여러 가지 이익 개념을 단계적으로 계산하는 과정을 표시하고 있는 것이다. 손익계산서의 기본 구조는 다음과 같다.

| | |
|---|---|
| | 매출액 |
| − | 매출원가 |
| | 매출총이익 |
| − | 판매관리비 |
| | 영업이익 |
| + | 영업외수익 |
| − | 영업외비용 |
| | 법인세차감전순이익 |
| − | 법인세 |
| | 당기순이익 |

즉, 매출총이익은 매출액에서 매출원가를 차감하여 계산하며, 이 매출총이익에서 판매관리비를 차감한 잔액이 곧 영업이익이다. 매출총이익이 순수하게 상품을 판매하여 얻은 이익이라고 한다면, 영업이익은 영업활동을 위해 지출된 모든 비용항목까지를 차감하여 계산되는 이익 개념이라고 할 수 있다.

❷ 따라서 영업이익을 계산하기 위한 절차를 단계적으로 수행하기 위해 필요한 항목들을 정의한 새로운 '〈2017 차종별 영업이익 계산표〉'를 다음과 같이 작성해 둔다.

| | A | B | C | D | E | F | G | H | I |
|---|---|---|---|---|---|---|---|---|---|
| 50 | | 이길래 | 1,600,000 | - | 3,600,000 | 1,110,000 | 2,750,000 | 850,000 | 9,910,000 |
| 51 | | 한가한 | 1,000,000 | 3,250,000 | - | 5,550,000 | 1,100,000 | 2,550,000 | 13,450,000 |
| 52 | | 합계 | 9,200,000 | 13,500,000 | 11,100,000 | 15,910,000 | 14,300,000 | 22,950,000 | 86,960,000 |
| 53 | | | | | | | | | |
| 54 | | | | | | | | | |
| 55 | | < 2017 차종별 영업이익 계산표 > | | | | | | | |
| 56 | | | 아토스 | 아반떼 | 티뷰론 | 소나타 | 그랜저 | 에쿠스 | 합계 |
| 57 | | 매출액 | | | | | | | |
| 58 | | 매출원가 | | | | | | | |
| 59 | | 매출총이익 | | | | | | | |
| 60 | | 판매수당 | | | | | | | |
| 61 | | 영업이익 | | | | | | | |
| 62 | | | | | | | | | |

Case-2 따라하기

❸ 매출액은 위의 〈판매실적 – 금액기준〉 표에서 이미 계산되어 있는 금액을 참조 표시 형식으로 기록한다. 즉, C57 셀에 수식 '**=C39**'를 입력하고, C57 셀의 자동채우기 핸들을 통해 I57 셀까지 채워넣기 한다. 이때 수식 '=C39'의 복사는 해당 행에서만 적용될 것이므로 '**=C$39**'와 같이 표시해도 결과는 같다.

| | A | B | C | D | E | F | G | H | I |
|---|---|---|---|---|---|---|---|---|---|
| 54 | | | | | | | | | |
| 55 | | < 2017 차종별 영업이익 계산표 > | | | | | | | |
| 56 | | | 아토스 | 아반떼 | 티뷰론 | 소나타 | 그랜저 | 에쿠스 | 합계 |
| 57 | | 매출액 | 212,980,000 | 459,000,000 | 404,410,000 | 631,240,000 | 599,300,000 | 1,795,500,000 | 4,102,430,000 |
| 58 | | 매출원가 | | | | | | | |
| 59 | | 매출총이익 | | | | | | | |
| 60 | | 판매수당 | | | | | | | |
| 61 | | 영업이익 | | | | | | | |
| 62 | | | | | | | | | |
| 63 | | | | | | | | | |

Case-2 따라하기

❹ 문제는 매출원가를 계산하는 것이다. 매출원가는 **'차종별 판매대수×구입원가'**로 계산되어야 하는데, 이때 필요한 '차종별 판매대수 합계'가 계산되어 있지 않기 때문이다. 위의 〈판매실적 – 재구성〉 표를 정리할 때 표의 아래쪽 28행에 '차종별 판매대수 합계'를 미리 계산해 놓았더라면 좋았을 것이다. 그렇다고 이제 와서 앞의 표 구성을 변경하기보다는, 함수를 적용하여 계산하는 방법을 생각해 보자.

❺ '차종별 판매대수 합계'는 '=sum(C20:C27)'로 표현할 수 있으므로, C58 셀에 수식 '**=sum(C20:C27)×C15**'와 같이 입력한다. 여기서 C15 셀은 차종별 구입원가를 참조하라는 의미이므로, 결국 C58 셀의 수식은 판매된 아토스의 매출원가 합계를 의미한다. 그리고 C58 셀의

수식을 복사하여 D58:H58 셀 범위에 붙여넣기 한다(자동채우기 핸들을 이용해도 좋다). 매출원가의 합계부분(I58)은 C58:I58 셀 영역을 함께 선택한 후 자동합계 버튼(Σ)을 통해 계산한다.

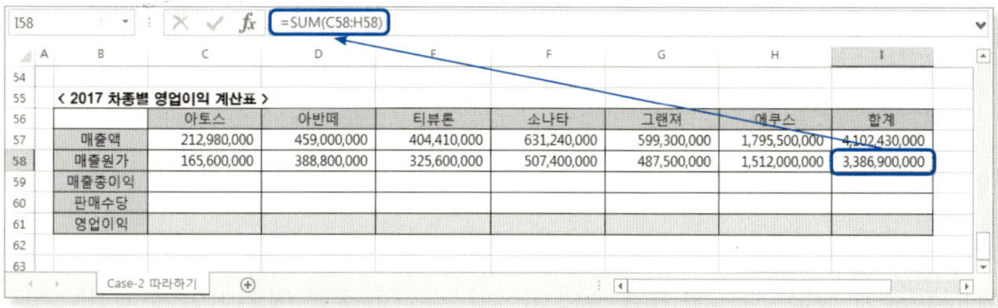


< 2017 차종별 영업이익 계산표 >

| | 아토스 | 아반떼 | 티뷰론 | 소나타 | 그랜저 | 에쿠스 | 합계 |
|---|---|---|---|---|---|---|---|
| 매출액 | 212,980,000 | 459,000,000 | 404,410,000 | 631,240,000 | 599,300,000 | 1,795,500,000 | 4,102,430,000 |
| 매출원가 | 165,600,000 | 388,800,000 | 325,600,000 | 507,400,000 | 487,500,000 | 1,512,000,000 | 3,386,900,000 |
| 매출총이익 | | | | | | | |
| 판매수당 | | | | | | | |
| 영업이익 | | | | | | | |

❻ C59 셀의 매출총이익은 매출액에서 매출원가를 차감하여 구하므로 수식 '**=C57 – C58**'을 입력한다.

❼ C60 셀의 판매수당은 이미 위의 〈판매수당 계산〉 표에 집계(C52:I52)되어 있으므로, C60 셀에 수식 '**=C52**'로 연결표시를 한다.

❽ C61 셀의 영업이익은 '매출총이익 – 판매관리비'로 정의된다. 다만, 이 예제의 경우에는 판매관리비 항목으로 판매수당만 정의되어 있으므로 **'매출총이익 – 판매수당'**으로 계산하기 위해 C61 셀에 수식 '**=C59 – C60**'으로 입력한다.

❾ 이들 세 셀(C59:C61)의 수식은 각각 참조되는 셀 범위의 배열이 차종별로 동일하므로 다른 차종의 경우에도 모두 함께 적용될 수 있다. 따라서 C59:C61 셀 영역을 선택하고 자동채우기 핸들을 통해 I61 셀까지 끌기 하여 다른 차종의 경우에도 C59:C61 셀의 수식이 동일하게 적용되도록 한다.

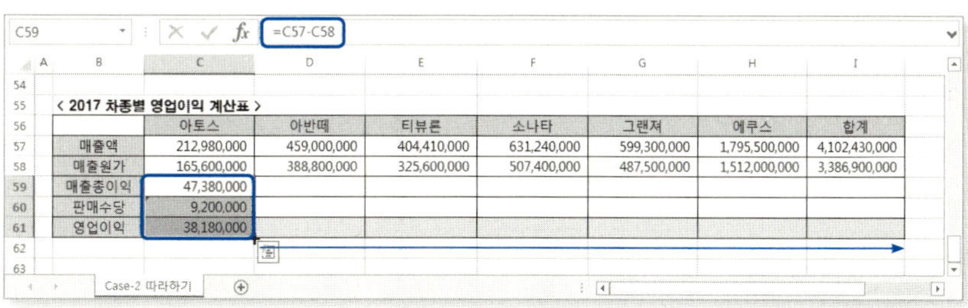


< 2017 차종별 영업이익 계산표 >

| | 아토스 | 아반떼 | 티뷰론 | 소나타 | 그랜저 | 에쿠스 | 합계 |
|---|---|---|---|---|---|---|---|
| 매출액 | 212,980,000 | 459,000,000 | 404,410,000 | 631,240,000 | 599,300,000 | 1,795,500,000 | 4,102,430,000 |
| 매출원가 | 165,600,000 | 388,800,000 | 325,600,000 | 507,400,000 | 487,500,000 | 1,512,000,000 | 3,386,900,000 |
| 매출총이익 | 47,380,000 | | | | | | |
| 판매수당 | 9,200,000 | | | | | | |
| 영업이익 | 38,180,000 | | | | | | |

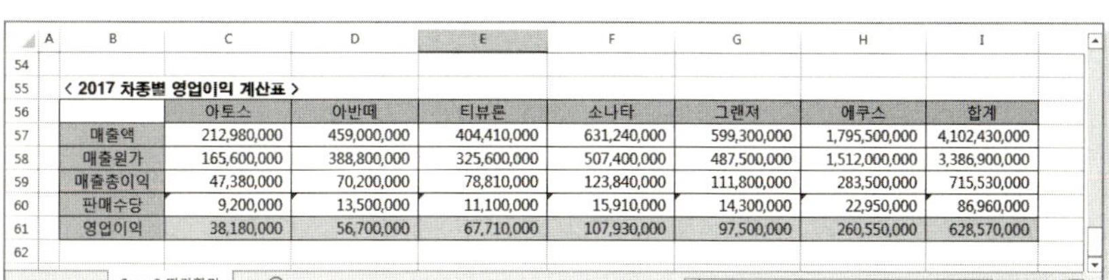


< 2017 차종별 영업이익 계산표 >

| | 아토스 | 아반떼 | 티뷰론 | 소나타 | 그랜저 | 에쿠스 | 합계 |
|---|---|---|---|---|---|---|---|
| 매출액 | 212,980,000 | 459,000,000 | 404,410,000 | 631,240,000 | 599,300,000 | 1,795,500,000 | 4,102,430,000 |
| 매출원가 | 165,600,000 | 388,800,000 | 325,600,000 | 507,400,000 | 487,500,000 | 1,512,000,000 | 3,386,900,000 |
| 매출총이익 | 47,380,000 | 70,200,000 | 78,810,000 | 123,840,000 | 111,800,000 | 283,500,000 | 715,530,000 |
| 판매수당 | 9,200,000 | 13,500,000 | 11,100,000 | 15,910,000 | 14,300,000 | 22,950,000 | 86,960,000 |
| 영업이익 | 38,180,000 | 56,700,000 | 67,710,000 | 107,930,000 | 97,500,000 | 260,550,000 | 628,570,000 |

⑩ 지금까지의 계산결과에 의하면, 영업이익 측면에서 회사 이익에 가장 큰 도움이 된 차종은 '에쿠스'로, 비록 판매대수는 가장 적지만 가장 많은 영업이익을 올리고 있다. 그러나 아반떼와 아토스의 경우에는 비록 판매대수는 가장 많은 편이지만 영업이익 측면에서는 하위수준이다. 이는 차종별로 영업이익률이 서로 다르며, 고급차종인 경우 동일한 대수를 판매하더라도 더 많은 영업이익을 올리고 있는 것으로 추정해 볼 수 있다.

⑪ 이를 확인해 보기 위해 차종별로 판매가격 대비 영업이익률의 크기를 비교해보기로 한다. 위의 〈2017 차종별 판매가, 구입가, 수당 기준표〉가 입력되어 있는 B12:H16 셀 영역을 복사하여 아래 B64 셀에 붙여넣기 한다. 그리고 B64 셀의 표 제목을 '**〈차종별 영업이익률 계산〉**'으로 수정한다.

B64 | fx | < 차종별 영업이익률 계산>

< 2017 차종별 영업이익 계산표 >

| | 아토스 | 아반떼 | 티뷰론 | 소나타 | 그랜저 | 에쿠스 | 합계 |
|---|---|---|---|---|---|---|---|
| 매출액 | 212,980,000 | 459,000,000 | 404,410,000 | 631,240,000 | 599,300,000 | 1,795,500,000 | 4,102,430,000 |
| 매출원가 | 165,600,000 | 388,800,000 | 325,600,000 | 507,400,000 | 487,500,000 | 1,512,000,000 | 3,386,900,000 |
| 매출총이익 | 47,380,000 | 70,200,000 | 78,810,000 | 123,840,000 | 111,800,000 | 283,500,000 | 715,530,000 |
| 판매수당 | 9,200,000 | 13,500,000 | 11,100,000 | 15,910,000 | 14,300,000 | 22,950,000 | 86,960,000 |
| 영업이익 | 38,180,000 | 56,700,000 | 67,710,000 | 107,930,000 | 97,500,000 | 260,550,000 | 628,570,000 |

< 차종별 영업이익률 계산>

| 차종 | 아토스 | 아반떼 | 티뷰론 | 소나타 | 그랜저 | 에쿠스 |
|---|---|---|---|---|---|---|
| 판매가 | 4,630,000 | 8,500,000 | 10,930,000 | 14,680,000 | 23,050,000 | 66,500,000 |
| 원가(구입가) | 3,600,000 | 7,200,000 | 8,800,000 | 11,800,000 | 18,750,000 | 56,000,000 |
| 수당(건당) | 200,000 | 250,000 | 300,000 | 370,000 | 550,000 | 850,000 |

Case-2 따라하기

⑫ C69 셀에 차종 아토스 1대를 판매하는 경우 얻을 수 있는 영업이익액을 계산하기 위해 수식 '=**C66－C67－C68**'을 입력한다. 그리고 C69 셀의 수식을 다른 차종에도 동일하게 적용하기 위해 C69 셀을 복사하여 D69:H69 셀 영역에 붙여넣기 한다. B69 셀에는 '**1대당 영업이익**'을 입력하고, B70 셀에는 '**1대당 영업이익률**'을 입력한다. 그리고 C70 셀에는 차종별 판매가격 대비 영업이익률을 계산하기 위해 수식 '**=C69/C66**'을 입력한다.

⑬ C70 셀의 형식을 %로 지정([홈] 탭의 [표시형식]－[%] 선택)하고, C70 셀의 자동채우기 핸들을 통해 H70 셀까지 채워넣기 한다. 그리고 B69:H70 셀 범위에 [모든 테두리]를 지정한다.

< 2017 차종별 영업이익 계산표 >

| | 아토스 | 아반떼 | 티뷰론 | 소나타 | 그랜저 | 에쿠스 | 합계 |
|---|---|---|---|---|---|---|---|
| 매출액 | 212,980,000 | 459,000,000 | 404,410,000 | 631,240,000 | 599,300,000 | 1,795,500,000 | 4,102,430,000 |
| 매출원가 | 165,600,000 | 388,800,000 | 325,600,000 | 507,400,000 | 487,500,000 | 1,512,000,000 | 3,386,900,000 |
| 매출총이익 | 47,380,000 | 70,200,000 | 78,810,000 | 123,840,000 | 111,800,000 | 283,500,000 | 715,530,000 |
| 판매수당 | 9,200,000 | 13,500,000 | 11,100,000 | 15,910,000 | 14,300,000 | 22,950,000 | 86,960,000 |
| 영업이익 | 38,180,000 | 56,700,000 | 67,710,000 | 107,930,000 | 97,500,000 | 260,550,000 | 628,570,000 |

< 차종별 영업이익률 계산>

| 차종 | 아토스 | 아반떼 | 티뷰론 | 소나타 | 그랜저 | 에쿠스 |
|---|---|---|---|---|---|---|
| 판매가 | 4,630,000 | 8,500,000 | 10,930,000 | 14,680,000 | 23,050,000 | 66,500,000 |
| 원가(구입가) | 3,600,000 | 7,200,000 | 8,800,000 | 11,800,000 | 18,750,000 | 56,000,000 |
| 수당(건당) | 200,000 | 250,000 | 300,000 | 370,000 | 550,000 | 850,000 |
| 1대당 영업이익 | 830,000 | 1,050,000 | 1,830,000 | 2,510,000 | 3,750,000 | 9,650,000 |
| 1대당 영업이익률 | 18% | 12% | 17% | 17% | 16% | 15% |

Case-2 따라하기

⑭ 분석 결과에 의하면, 차종 아반떼를 제외하고는 나머지 차종의 '1대당 영업이익률'에 큰 차이는 없으며, 오히려 아토스의 1대당 영업이익률이 비교적 높은 편에 속하는 것으로 나타났다. 더구나 차종 아토스와 아반떼의 판매대수가 절대적으로 많은 편에 속함에도 불구하고, 영업이익에의 공헌도가 낮게 나타난 것은 '1대당 영업이익률'의 차이에서 비롯된 것이라기보다는 '1대당 영업이익'의 절대금액에서 고급차종의 경우가 매우 크기 때문인 것으로 해석된다.

## 4단계 영업사원별/차종별 판매실적 비교 차트

영업사원별/차종별 판매실적은 이미 위의 〈판매실적 - 재구성〉 표나 〈판매실적 - 금액기준〉 표에서 분석되고 있다. 그럼에도 불구하고 이를 다시 차트 형식으로 표시하고자 하는 것은, 표 형식으로 분석된 자료보다는 차트 형식으로 표현된 자료가 비교나 분석업무에 보다 유용하고 효율적일 수 있기 때문이다. 특히 월별/지점별 매출액 동향이나 부서별 예산/실적 대비, 주가 추이분석, 월별/품목별 생산량 추세, 품목별 시장점유율 분석 등 각각의 수치의 구체적인 값보다는 데이터의 전체적인 내용을 개괄하여 나타내고자 하는 경우에 이러한 차트 형태의 표현이 보다 유용하다.

이제 위의 〈판매실적 - 재구성〉 표와 〈판매실적 - 금액기준〉 표를 기반으로 하여 이를 차트로 표현하는 방법을 수행해 보기로 한다.

❶ 먼저 판매대수를 기준으로 한 차트를 작성하기 위해 위의 〈판매실적 - 재구성〉 표의 해당 데이터영역(B19:H27)을 마우스로 선택한다. 이 때 X축과 Y축에 표시하고자 하는 레이블(영업사원명, 차종명)까지를 선택범위에 포함해두어야 엑셀의 차트 자동작성 기능에 의해 차트 상에 해당 레이블을 쉽게 표시할 수 있다.

❷ 선택 범위의 자료를 효과적으로 표현할 수 있는 방법은 누적 막대형 차트라고 할 수 있다. 따라서 [삽입] 탭의 [차트] - [세로막대형]에서 [3차원 세로막대형] 중 [3차원 누적 세로막대형]을 선택한다(최종 선택 전에 아래쪽에 미리보기 형태의 개괄적인 차트 형식이 그려져 표시된다).

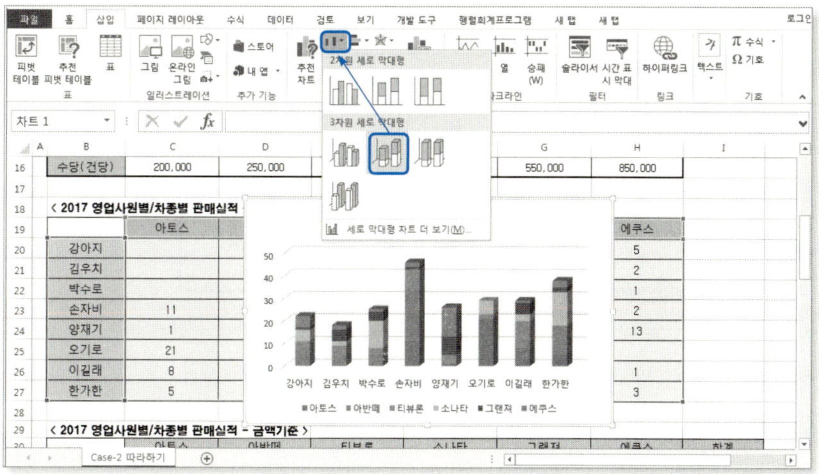

❸ 위에서 [3차원 누적 세로막대형]을 선택하면, 미리보기 차트가 표시되었던 영역에 미리보기 형식과 같은 내용의 차트가 생성된다. 이때 차트는 기본적으로 선택영역의 열 레이블(영업사원명)을 X축으로, 행 레이블(차종명)을 Y축으로 설정하여 표시된다.

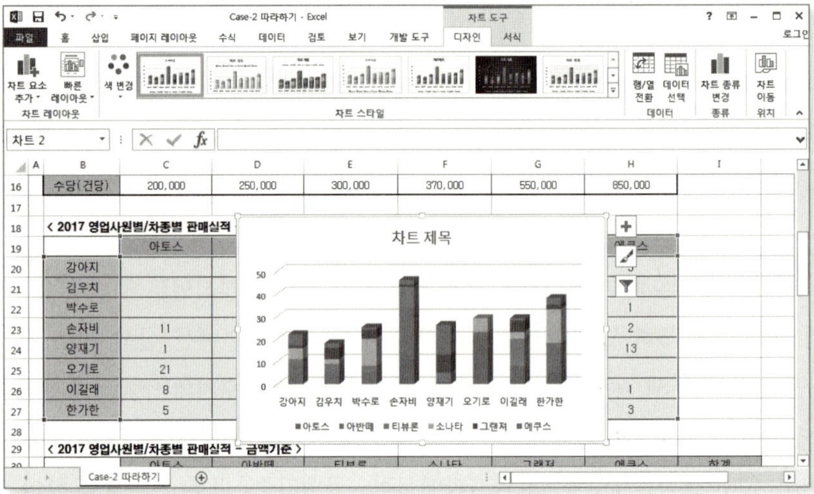

❹ 차트 생성과 동시에 탭 표시줄에 [차트 도구]-[디자인/서식] 탭이 추가로 표시되고, 이들 중 어느 하나에 마우스를 위치시키면 아래쪽에 생성된 차트의 모양이 따라서 변화된다. 생성된 차트 위에 데이터 레이블을 표시하고 범례를 차트 위쪽으로 표시하도록 하기 위해 이 중 [스타일 3]을 선택한다.

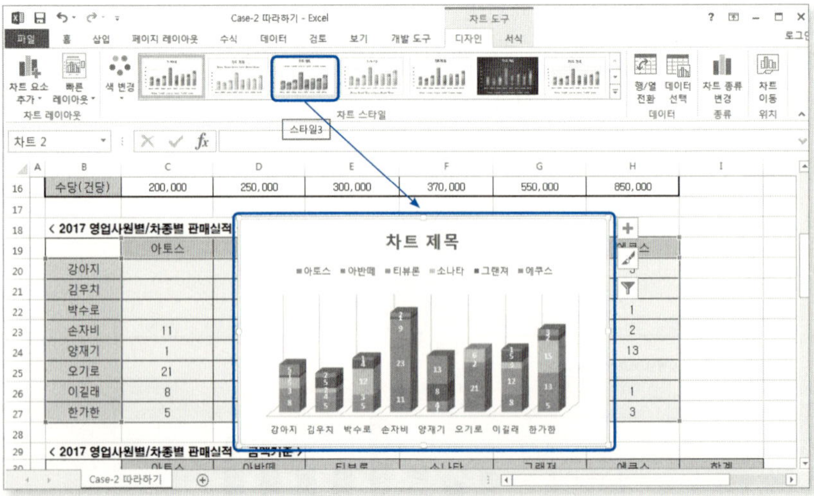

❺ 생성된 차트 위쪽의 [차트 제목] 내부를 클릭하고, 차트 제목을 **'영업사원별/차종별 판매대수 비교'**로 수정해 놓는다. [차트 제목]을 차트의 크기나 모양 등을 고려하여 적당한 크기로 조정해 둔다([홈] 탭의 [글꼴]-[글꼴크기]로 조정). 그리고 차트 전체를 선택하고 마우스로 끌기 하여 아래쪽 빈 셀 C73로부터 시작되는 셀 영역으로 이동하고 크기를 적절히 조정한다.

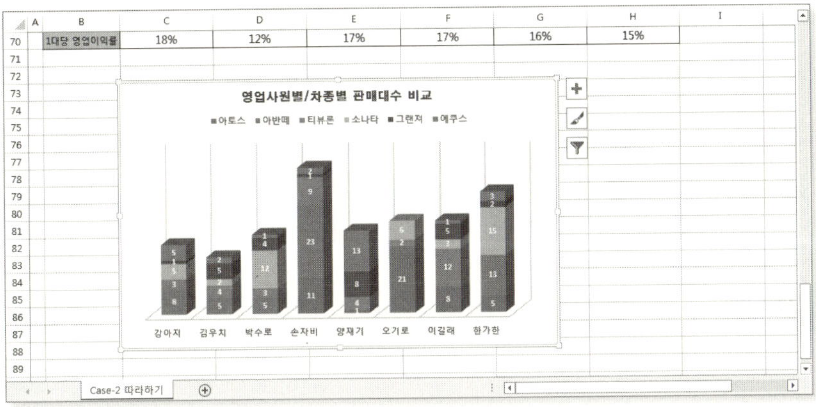

❻ 지금까지 작성된 차트는 [차트 제목]을 제외하고는 엑셀에서 기본적으로 제공하는 양식이 자동적으로 적용된 것이지만, 원하는 경우에는 차트 제목 외에도 레이블 및 범례의 위치, 배경 및 차트의 색상, 축 서식 등도 자유롭게 변경하여 표시할 수 있다.

❼ 예컨대 가로축(X축)과 세로축(Y축)을 바꾸어 표시하고자 할 때(즉, 가로축에 나열된 영업사원명 대신 차종명으로 표시하고자 할 때)는, 차트의 내부(차트영역)를 마우스로 클릭한 후 오른쪽 마우스에서 [데이터 선택]을 클릭하여 나타난 [데이터 원본 선택] 대화상자에서 [행/열 전환]을 선택한다.

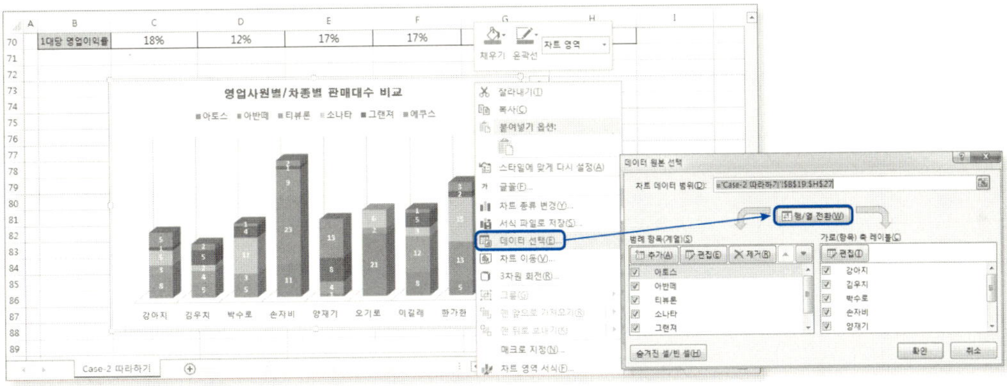

❽ 이 선택에 따라 [데이터 원본 선택] 대화상자의 [범례 항목 계열]에 표시된 레이블과 [가로 축 레이블]에 표시된 레이블이 서로 바뀌어 표시된다. 이제 [확인]을 누르면 생성된 차트의 가로축과 세로축이 서로 바뀌어 차종별 누적 판매대수를 표시하는 형식으로 변경된다.

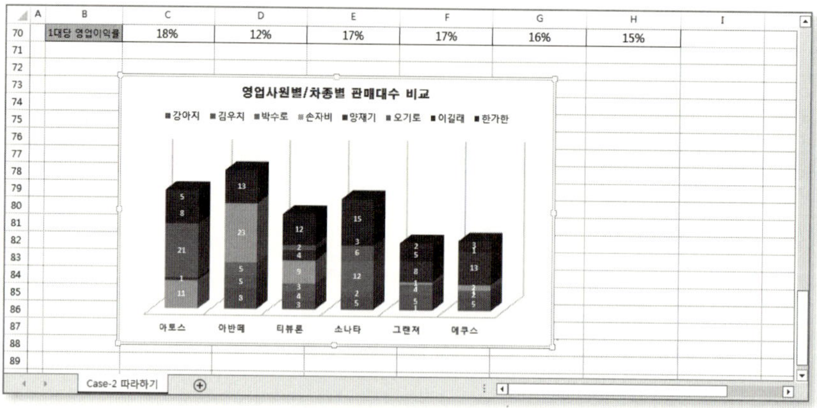


❾ 이제 변화를 확인하였으면, 다시 가로축을 영업사원명으로 정렬하기 위해 오른쪽 마우스 [데이터 선택] 후 [행/열 전환]을 클릭한다(또는 [차트 도구]의 [디자인] 탭에서 [데이터]-[행/열 전환] 탭을 선택하면 더 빠르게 전환 작업을 수행할 수 있다).

❿ 생성된 차트의 양식을 수정하고자 하는 경우에는 [차트 영역]을 클릭하고 오른쪽 마우스 [차트 영역 서식]을 선택하여 채우기, 테두리, 효과, 텍스트 등을 수정할 수 있다. 예컨대 [차트 영역 서식] 대화상자에서 먼저 [채우기]의 [단색 채우기]를 선택하고 아래 [색]에서 [연한 주황색]을 선택한다. 그리고 [테두리]에서 [실선]-[색-파랑], [두께-2pt]로 지정하고 아래 [둥근 모서리]를 선택해 본다. 그러면 차트의 배경색과 외곽선을 원하는 대로 설정할 수 있다.

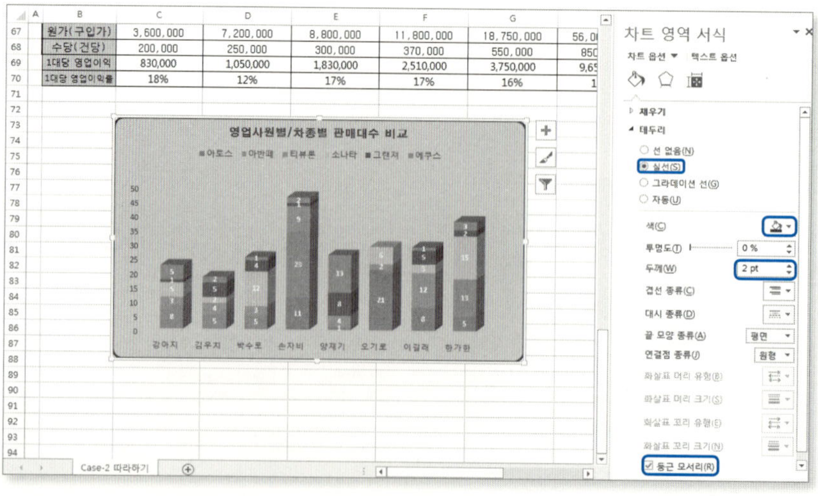

⑪ 차트를 수정하는 방법은 다양하다. 그 외에도 [차트 도구]의 [디자인] 탭이나 [서식] 탭을 활용하여 각종 차트요소를 추가하거나 레이아웃, 색상, 차트 종류 등을 빠르게 변경할 수도 있다. 예컨대 세로축에 눈금을 표시하고자 하는 경우 [차트 도구]-[디자인] 탭의 [차트 레이아웃]-[차트 요소 추가]에서 [축]-[기본 세로]를 선택하여 빠르게 표시할 수 있다.

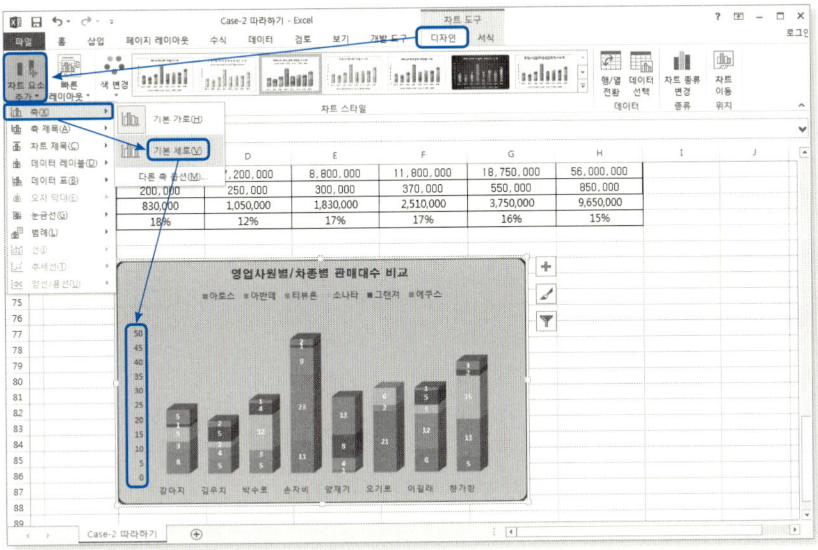

⑫ 차트의 '축 서식'을 변경하고자 하는 경우에는 오른쪽 마우스의 [축 서식]을 이용한다. 예컨대 세로축의 눈금표시를 변경하고자 하는 경우에는 차트 내부의 '세로 축'을 마우스로 선택하여 설정하고 오른쪽 마우스 [축 서식]을 클릭한다. [축 서식] 대화상자에서 [축 옵션]의 [단위]에서 [주]를 '10'으로 수정하고, [보조]를 '5'로 수정하면, 세로축의 눈금표시가 10대 단위로 수정되어 표시된다.

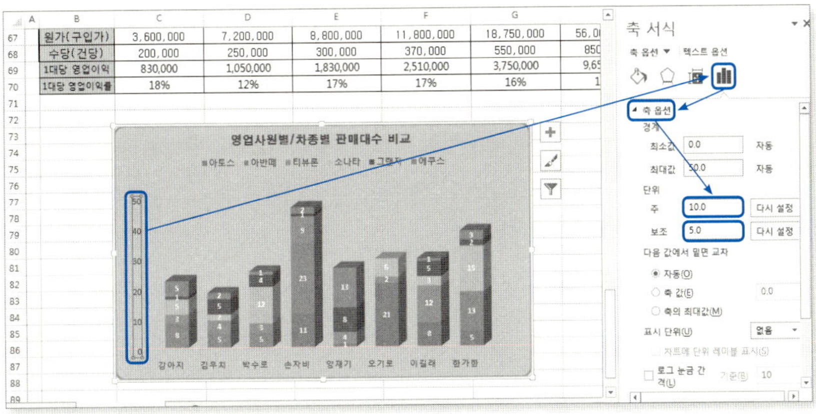

⑬ 위 ⑩의 [차트 영역 서식] – [채우기]에서는 차트 전체의 배경서식을 정하는 것이었지만, 이와는 별도로 실제로 차트가 표시되고 있는 [그림 영역]의 배경을 구분하여 표시할 수도 있다. 마우스를 차트 위에서 이동시키다 보면 [차트 영역]과 [그림 영역]이 번갈아 표시된다. 이 중 [그림 영역]을 선택하여 차트 그림의 전체 배경색을 변경시킬 수도 있다. 그보다는 차트의 [뒷면]을 선택 표시하고 오른쪽 마우스에서 [옆면 서식]을 선택하여 [채우기]에서 '단색 채우기'에 체크하고 아래 [색]에서 '밝은 파랑'을 선택하면 차트 그림의 뒷면, 옆면, 밑면의 색상을 차트 전체의 배경색과는 다른 색(밝은 파랑)으로 표시할 수 있다.

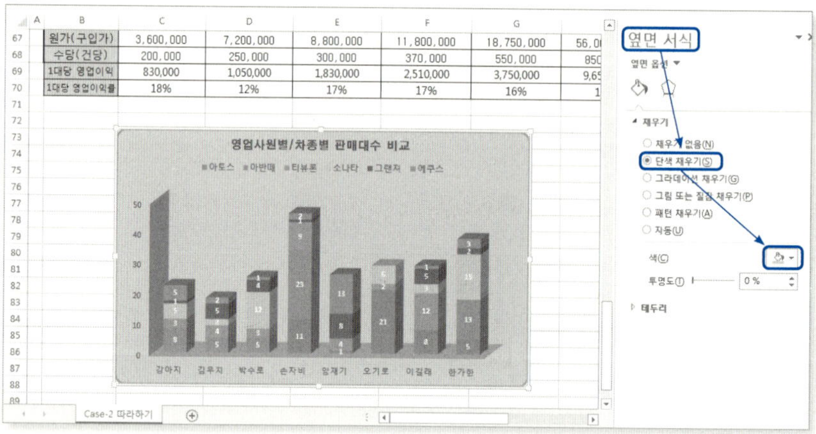


⑭ 이 때 위의 [옆면 서식] – [채우기]에서 '그라데이션 채우기'나 '그림 또는 질감 채우기'를 선택하여 다양한 배경효과를 줄 수도 있지만, 자칫 차트의 배경이 전체적으로 너무 화려하거나 복잡하여 차트가 표시하고 있는 실제 정보내용이 감춰질 수도 있으므로 조심해야 할 일이다. 이러한 측면에서 차트의 그림 위에 표시되어 있는 데이터 레이블이 너무 복잡하다고 생각되는 경우에는 [차트 도구]의 [디자인] 탭에서 [차트 요소 추가] – [데이터 레이블]을 [없음]으로 선택하여 표시된 데이터 레이블을 표시되지 않도록 설정할 수 있다.

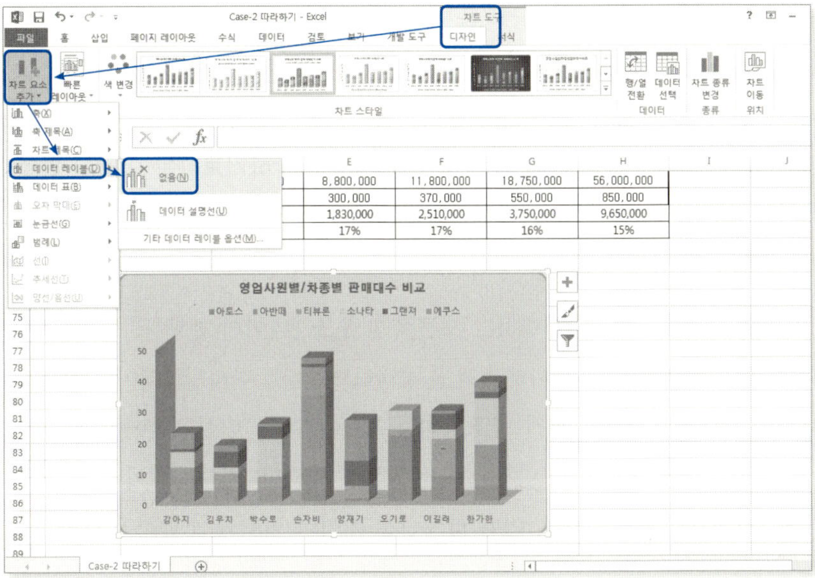

⓯ 지금까지 작성된 차트는 각 영업사원별로 차종별 판매대수를 표시한 것이라면, 거꾸로 각 차종별로 영업사원들의 판매대수를 표시해 볼 수도 있을 것이다. 이는, 앞에서 설명했던 바와 같이, [데이터]-[행/열 전환]을 통해 간단히 수행할 수 있다. 작성된 〈영업사원별/차종별 판매대수 비교〉 표를 선택하여 복사한 후 오른쪽 H73 셀 영역에 붙여넣기 한다. 동일한 형태/크기로 복제된 오른쪽 차트를 선택하고 위의 [차트 도구]-[디자인] 탭에서 [데이터]-[행/열 전환]을 선택하기만 하면, 오른쪽 차트의 세로축과 가로축이 서로 바뀌어 표시된다. 즉, 가로축에 차종명이 표시되는 차트 형태로 전환되어 표시된다. 이 두 차트를 구분하기 위해 오른쪽 차트의 제목을 '**〈차종별/영업사원별 판매대수 비교〉**'로 수정해 놓는다.

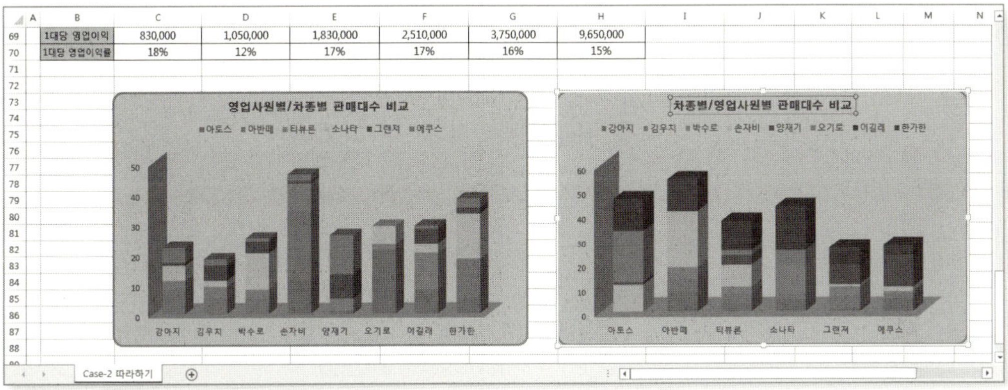

⑯ 이제 차트를 '판매대수' 대신 '판매금액'을 기준으로 표시해 보기로 하자. 이는 차종별로 판매단가가 서로 달라서 판매대수를 기준으로 표시하는 실적과 판매금액을 기준으로 표시하는 판매실적이 크게 달라질 수 있기 때문에 이를 비교하기 위한 목적에서 각각 별도로 작성하여 분석해 볼 필요가 있다. 그런데 차트의 기본 설정을 새로 시작하기보다는 이전의 판매대수를 기준으로 한 차트 설정을 그대로 적용하기 위해서 〈영업사원별/차종별 판매대수 비교〉 차트를 복사하여 아래 C90 셀 영역에 붙여넣기 한다.

⑰ 복제된 C90 셀 영역의 차트를 선택하고 오른쪽 마우스 [데이터 선택]을 클릭한다(또는 [차트 도구]-[디자인] 탭에서 [데이터]-[데이터 선택]을 클릭해도 된다). 나타난 [데이터 원본 선택] 대화상자에서 [차트 데이터 범위]의 이전 참조범위를 모두 지우고 대신 〈판매실적-금액기준〉이 입력되어 있는 B30:H38 셀 영역을 마우스로 선택하여 입력한다([차트 데이터 범위]에는 '='Case-2 따라하기'!$B$30:$H$38'로 표시된다). 이때 합계란은 데이터 범위에 포함하지 않는다.

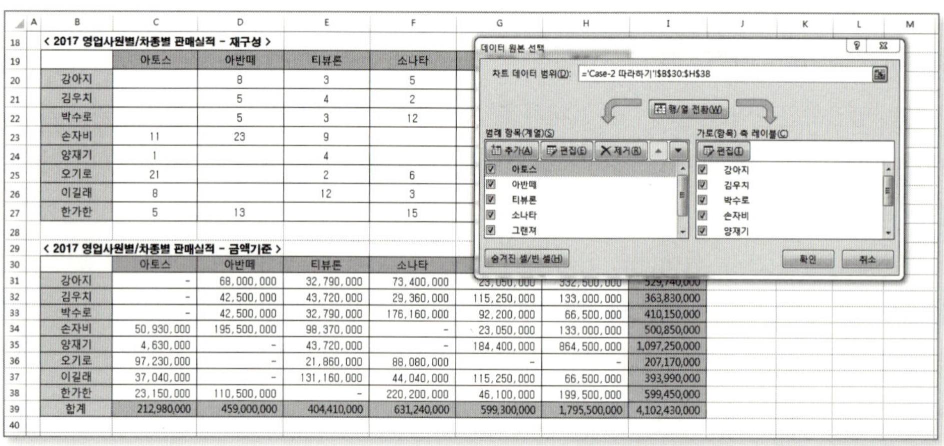


⑱ [데이터 원본 선택] 대화상자에서 [확인]을 누르면, C90 셀 영역에 복제 표시된 차트가 변경된 데이터 범위를 반영하여 새로운 차트 형식으로 표시된다. 다만 이전에 설정해두었던 축 서식이 그대로 적용되고 있으므로 [축 서식] 부분이 복잡하게 표시되고 있다.

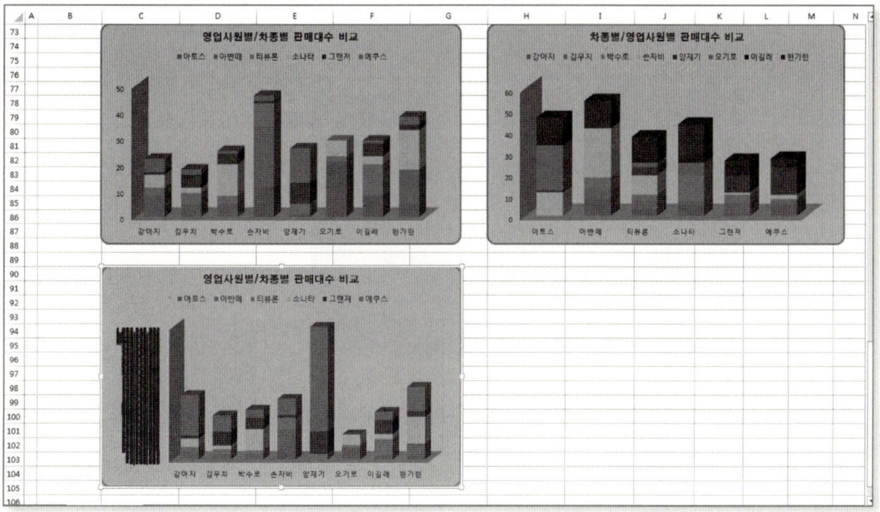

⑲ 축 서식을 새로 설정하기 위해, 새로 생성된 차트의 [세로 축] 부분을 선택한 후 오른쪽 마우스에서 [축 서식]을 클릭하고, [축 서식] 대화상자 [축 옵션]의 [표시 단위]를 '백만'으로 설정하고 [단위]에서 [주]와 [보조]를 [다시 설정]을 누른다(이는 [주]와 [보조]를 '자동'으로 설정하게 한다).

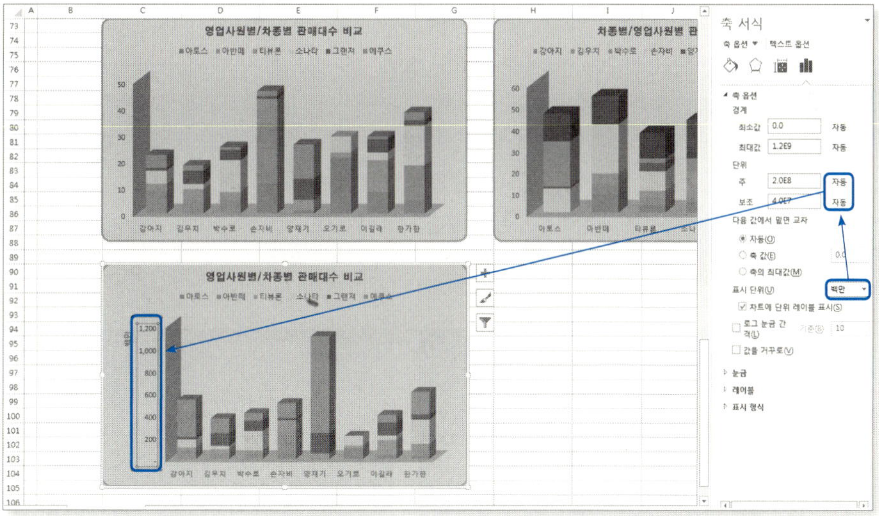

⑳ 차트의 제목을 클릭하고 '**〈영업사원별/차종별 판매금액 비교〉**'로 수정한다. 나머지 설정은 이전의 설정을 그대로 따르되, 앞의 차트와 쉽게 구분할 수 있도록 하기 위해 [차트 도구]-[디자인] 탭의 [차트 스타일]에서 '스타일 6'을 선택하여 변경한다.(차트 오른쪽 외곽의 [차트 스타일]에서 '스타일 6'을 선택할 수도 있다.)

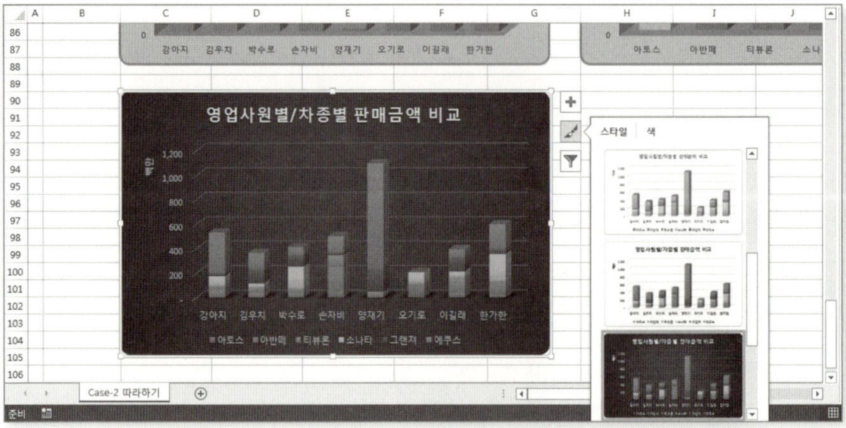

㉑ 마찬가지로 판매금액으로 표시되는 차트를 이번에는 차종별 기준으로 배열하도록 하기 위해, 위의 H73 영역으로부터 표시되고 있는 〈차종별/영업사원별 판매대수 비교〉 차트를 선택하고 복사하여 아래 H90 셀 영역에 붙여넣기 한다. 그리고 복제된 H90 셀 영역의 차트를 선택하고 오른쪽 마우스 [데이터 선택]을 클릭하여, 위 ⑰에서와 같이 [차트 데이터 범위]를 '**B30:H38**' 셀 영역으로 수정한다. 또한 위의 ⑱~⑳의 절차에 따라 축 서식을 변경하고 차트의 제목도 '**〈차종별/영업사원별 판매금액 비교〉**'로 수정해 놓는다. [차트 스타일]도 '스타일 6'으로 변경한다.

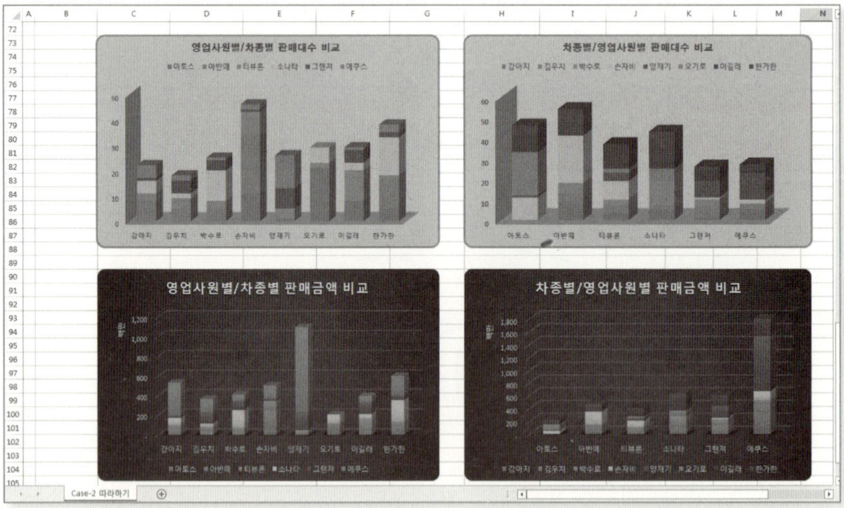

㉒ 이로써 영업사원별/차종별로 판매대수와 판매금액을 비교 표시하는 4개의 차트가 완성되었다. 이들 차트를 분석해 보면, 자동차 판매대수를 기준으로 한 경우에는 영업사원 '손자비'가 가장 많은 자동차를 판매하였고, 가장 많이 판매된 자동차는 '아반떼'인 것으로 표시되고 있다. 그러나 판매금액을 기준으로 한 경우에는 영업사원 '양재기'가 가장 높은 영업실적을 올렸고, '에쿠

스'의 판매금액이 가장 많은 것으로 나타났다. 이와 같이 판매대수를 기준으로 한 경우와 판매금액을 기준으로 한 경우의 실적분석이 다르게 나타나는 이유는, 차종별로 판매금액이 서로 달라 가중치로 작용하고 있기 때문이다. 특히 자동차 '에쿠스'의 경우 판매대수 측면에서는 가장 적게 팔린 차종에 해당하지만, 판매금액으로 보면 가장 높은 실적을 기록하고 있다. 또한 영업사원별로는 판매대수로 보면 '손자비'가 가장 많은 자동차를 판매하였지만, 판매금액으로 보면 '양재기' 사원의 실적이 가장 높게 나타나고 있다. 이는 '손자비' 사원의 경우 판매가격이 높은 자동차 판매실적이 적은 반면에, '양재기' 사원은 비싼 고급 차종의 판매가 많았기 때문이다.

㉓ 이러한 분석을 위해서도 차트에 각각의 실적을 의미하는 데이터 레이블을 표시하는 것이 보다 유용할 수도 있다. 그런데 지금까지 작성된 차트는 모두 [3차원 누적 세로막대형]으로 표시되고 있어서, 오히려 [가로막대형]으로 변경한다면 데이터 레이블을 표시하기가 더 좋을 수도 있을 것이다. 예컨대 〈영업사원별/차종별 판매대수 비교〉 차트를 [가로막대형]으로 변경하기 위해서는, 먼저 [차트 영역]을 마우스로 클릭한 후 오른쪽 마우스 [차트 종류 변경]을 선택하고 [차트 종류 변경] 대화상자의 [모든 차트]에서 [가로막대형] – [3차원 누적 가로 막대형]의 첫 번째 차트 형식을 선택한다.

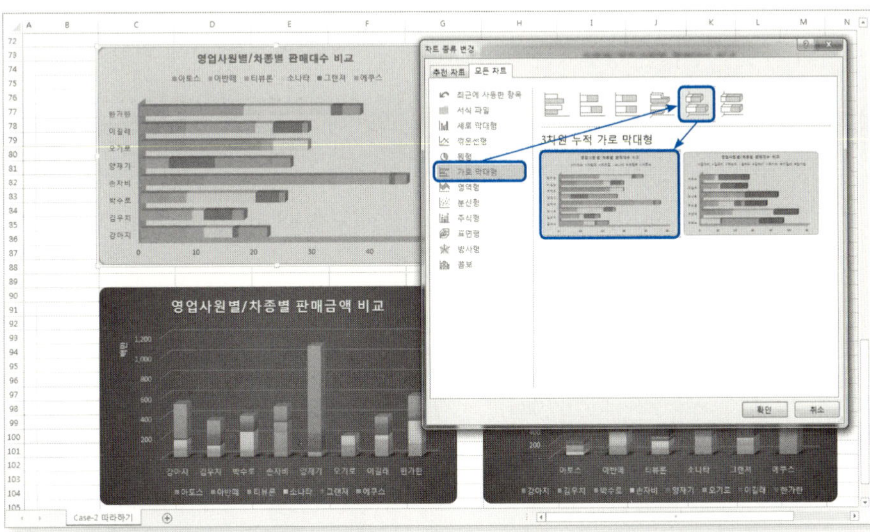


㉔ [3차원 누적 가로 막대형]으로 변경된 차트를 선택하고, [차트 도구] – [디자인] 탭의 [차트 레이아웃] – [차트 요소 추가]에서 [데이터 레이블] – [기타 데이터 레이블 옵션]을 선택하면 각 가로 막대 요소 위에 차종별 판매대수 데이터가 표시된다.

㉕ 마찬가지로 아래 〈영업사원별/차종별 판매금액 비교〉 차트의 경우에도 위의 [차트 종류 변경] 과정을 통해 [3차원 누적 가로 막대형]으로 변경하고, 데이터 레이블도 추가해 본다. 이때 필요

한 경우 [축 서식] 변경을 통해 차트의 [최댓값]이나 [주 단위] 등의 설정을 수정하여 차트의 크기를 적정하게 조정할 수 있다.

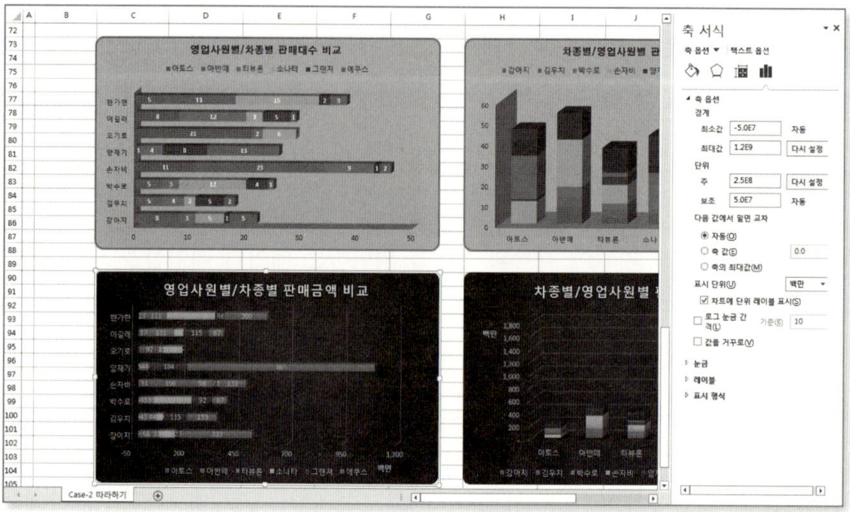

㉖ 그런데 '판매금액' 데이터 레이블을 표시한 두 번째 차트의 경우에는 차트의 각 요소 크기에 비해 표시되는 숫자의 자릿수가 많아 오히려 차트를 복잡하게 보이도록 할 수도 있으므로, 표시되는 숫자의 자릿수가 많은 경우에는 데이터 레이블의 표시를 신중하게 결정해야 한다.

㉗ 판매실적이 우수한 영업사원을 강조하여 표시하고자 하는 경우에는, 강조하고자 하는 가로막대 요소를 개별적으로 선택하여 [데이터 요소 서식]에서 [테두리]의 [실선]을 강조색으로 두껍게 표시하거나, 또는 [삽입] 탭의 [일러스트레이션] - [도형]에서 [설명선]을 추가하여 강조표시하는 등 다양한 방법을 사용할 수 있다.

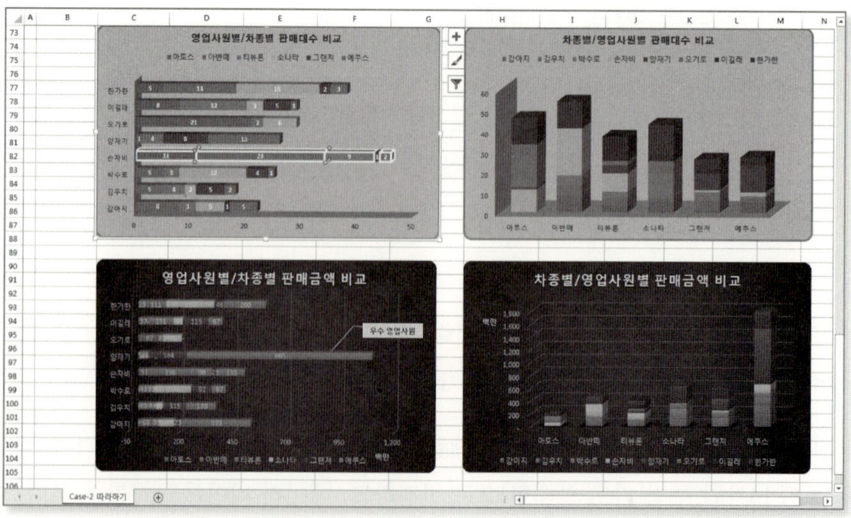

## 5단계 차종별 영업이익 3차원 파이차트

❶ 차종별 영업이익을 차트로 표시하기 위해서 이미 작성해 둔 〈2017 차종별 영업이익 계산표〉를 사용한다. 먼저 차트로 표시하기 위한 셀 영역(B56:H61)을 선택한다. 이 때 선택하고자 하는 해당범위가 연속된 위치에 존재하는 것이 아니기 때문에, 먼저 마우스로 차종을 표시하는 셀영역(B56:H56)을 선택한 후, Ctrl 키를 누른 상태에서 나머지 영업이익 영역(B61:H61)을 선택하면 된다.

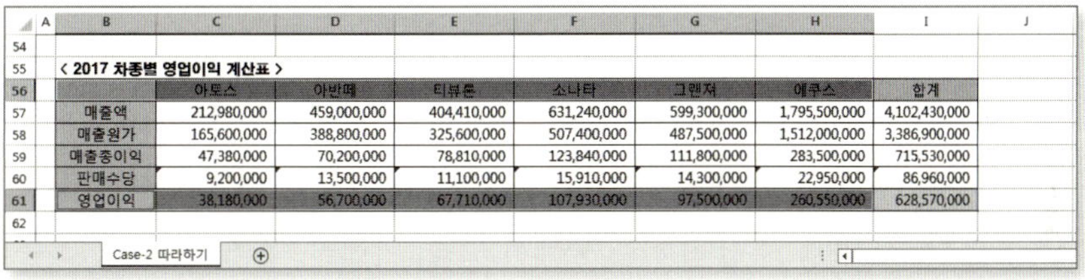

< 2017 차종별 영업이익 계산표 >

| | 아토스 | 아반떼 | 티뷰론 | 소나타 | 그랜져 | 에쿠스 | 합계 |
|---|---|---|---|---|---|---|---|
| 매출액 | 212,980,000 | 459,000,000 | 404,410,000 | 631,240,000 | 599,300,000 | 1,795,500,000 | 4,102,430,000 |
| 매출원가 | 165,600,000 | 388,800,000 | 325,600,000 | 507,400,000 | 487,500,000 | 1,512,000,000 | 3,386,900,000 |
| 매출총이익 | 47,380,000 | 70,200,000 | 78,810,000 | 123,840,000 | 111,800,000 | 283,500,000 | 715,530,000 |
| 판매수당 | 9,200,000 | 13,500,000 | 11,100,000 | 15,910,000 | 14,300,000 | 22,950,000 | 86,960,000 |
| 영업이익 | 38,180,000 | 56,700,000 | 67,710,000 | 107,930,000 | 97,500,000 | 260,550,000 | 628,570,000 |

❷ 표시 영역을 선택한 후, [삽입] 탭의 [차트]에서 [3차원 원형]을 선택한다.

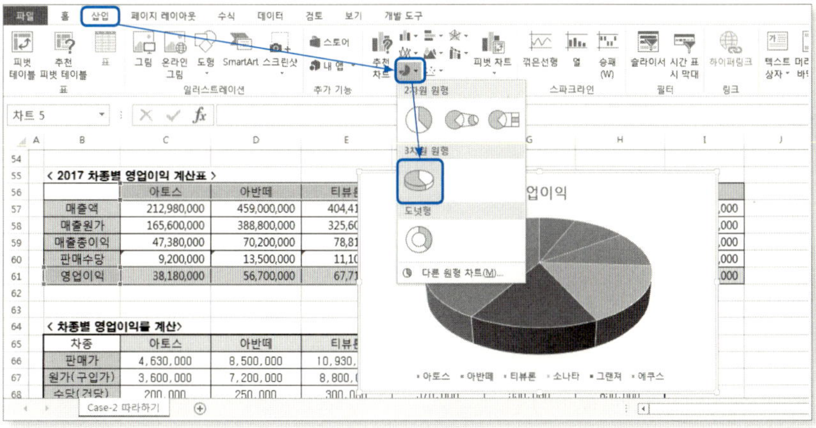


❸ 한 번의 작업으로 원하는 파이차트를 생성하긴 했지만, 보고 목적에 맞게 차트의 설정을 다양하게 변경해 보자. 먼저 자동 표시된 차트 제목 '영업이익'을 클릭하고 **'차종별 영업이익 실적 분석'**으로 수정한 후, 글꼴 종류와 폰트 크기를 적절히 조정한다. 그리고 차트를 끌기 하여 이전 차트의 아래쪽 C107 셀 영역으로 이동해 놓는다.

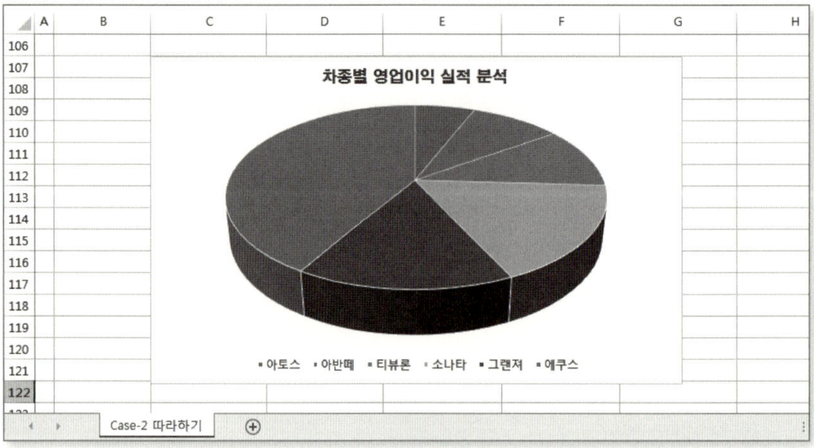


❹ 작성된 원형차트에서는 범례가 차트의 아래쪽에 표시되고 있지만, [범례 서식](범례 영역을 선택한 후 오른쪽 마우스에서 [범례 서식] 지정)을 통해서 위쪽, 아래쪽, 왼쪽, 오른쪽, 오른쪽 위 등 원하는 위치로 이동할 수 있다. 그러나 원형 차트의 경우에는 일반적으로 각 차트 조각 위에 금액이나 백분율 등의 정보를 표시하는 경우가 많으므로, 범례를 이들 정보와 함께 표시되도록 하는 것이 좋다. 이를 위해 먼저 원형차트의 내부를 클릭하고 오른쪽 마우스에서 [데이터 레이블 추가]-[데이터 레이블 추가]를 선택한다.

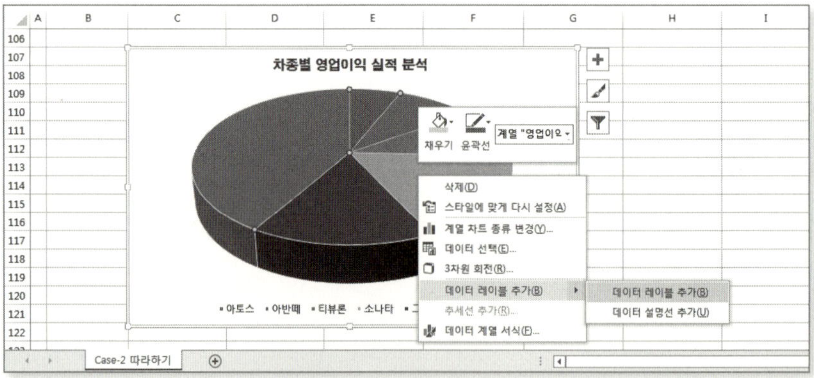


❺ 원형차트 위에 항목별로 해당 영업이익 데이터가 표시된다. 다시 원형차트 위에서 오른쪽 마우스 [데이터 레이블 서식]을 클릭하고, [데이터 레이블 서식] 대화상자의 [레이블 옵션]에서 [항목 이름]과 [백분율]이 선택되도록 하고, [레이블 위치]는 [안쪽 끝에]를 선택한다.

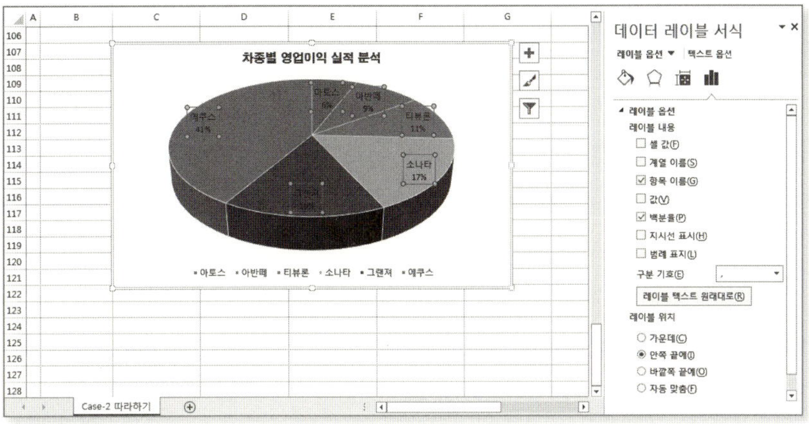


❻ 원형차트 내부에 백분율과 함께 항목이름(범례)이 표시되고 있으므로, 이제 불필요한 범례는 선택하여 삭제한다.

❼ 표시되는 항목 중 백분율이 가장 큰 '에쿠스' 차종의 경우를 돌출 표시를 통해 강조할 수 있다. 원형차트의 경우에는 각각의 파이 부분이 분리될 수 있으므로, 강조하고자 하는 에쿠스 차종 영역만이 선택되도록 한 후 바깥쪽으로 약간 끌어다 놓으면 된다.

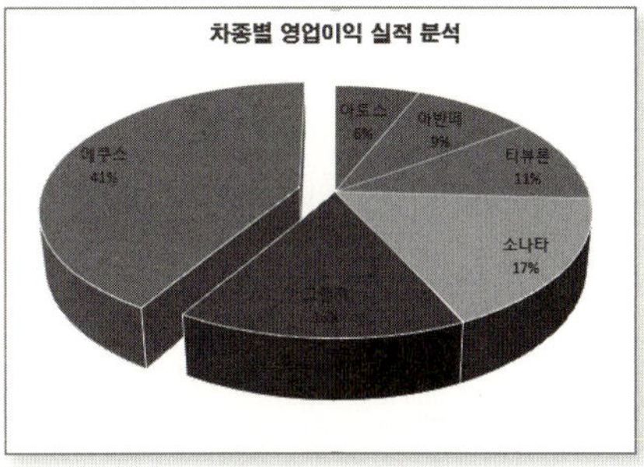


❽ 위 ⑤의 설정에서 항목 이름과 백분율을 차트의 안쪽 끝에 위치시키도록 설정하였지만, 차트 조각의 구성 등을 고려하여 레이블의 위치를 조정하거나 글꼴 및 크기 등을 조정할 수 있다. 글꼴을 [견고딕]으로, 그리고 글꼴 색을 [흰색]으로 변경해 본다.

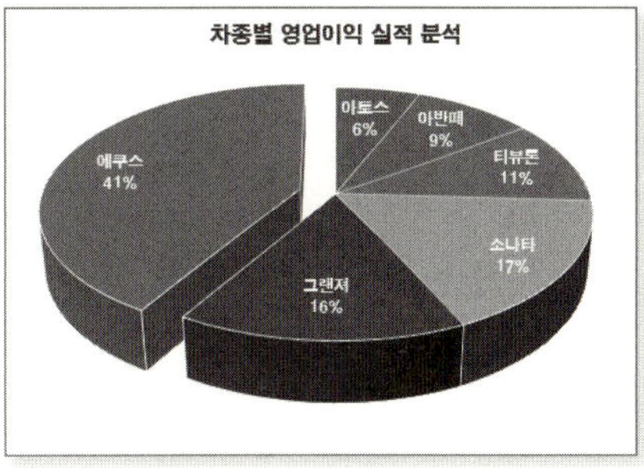


❾ 작성된 원형차트에 의하면, 영업사원들의 자동차 판매로 인해 회사의 이익에 가장 큰 보탬이 되고 있는 것은 '에쿠스'이며, 다음으로 '소나타', '그랜져' 순으로 기여도가 높게 나타나고 있다.

## 6단계 한가한 사원의 판매수당

❶ 각 영업사원이 받게 될 판매수당은 위의 〈2017 영업사원별 판매수당 계산〉 표에 정리되어 있다. 이 중 사원 '한가한'이 받게 될 판매수당만을 차트로 표시하기 위해, 먼저 B43:H43 영역을 선택한 후 Ctrl 키를 누른 상태에서 B51:H51 셀 영역을 함께 선택한다.

< 2017 영업사원별 판매수당 계산 >

| | 아토스 | 아반떼 | 티뷰론 | 소나타 | 그랜저 | 에쿠스 | 합계 |
|---|---|---|---|---|---|---|---|
| 강아지 | - | 2,000,000 | 900,000 | 1,850,000 | 550,000 | 4,250,000 | 9,550,000 |
| 김우치 | - | 1,250,000 | 1,200,000 | 740,000 | 2,750,000 | 1,700,000 | 7,640,000 |
| 박수로 | - | 1,250,000 | 900,000 | 4,440,000 | 2,200,000 | 850,000 | 9,640,000 |
| 손자비 | 2,200,000 | 5,750,000 | 2,700,000 | - | 550,000 | 1,700,000 | 12,900,000 |
| 양재기 | 200,000 | - | 1,200,000 | - | 4,400,000 | 11,050,000 | 16,850,000 |
| 오기로 | 4,200,000 | - | 600,000 | 2,220,000 | - | - | 7,020,000 |
| 이길래 | 1,600,000 | - | 3,600,000 | 1,110,000 | 2,750,000 | 850,000 | 9,910,000 |
| 한가한 | 1,000,000 | 3,250,000 | - | 5,550,000 | 1,100,000 | 2,550,000 | 13,450,000 |
| 합계 | 9,200,000 | 13,500,000 | 11,100,000 | 15,910,000 | 14,300,000 | 22,950,000 | 86,960,000 |

❷ 선택 영역을 차트로 표시하기 위해, 먼저 궁극적으로 작성해야 할 차트의 형식을 고려해 보아야 한다. 최종적으로 작성하게 될 차트는 실적 크기가 해당 차종 그래픽으로 표현될 수 있는 구조를 가져야 하므로, 꺾은선형 차트보다는 일정한 면적 단위로 표시되는 막대형 차트나 원형 차트가 보다 적절할 수 있다.

❸ 먼저 막대형 차트로 표시해보기 위해 가장 기본적인 형태의 [2차원 세로 막대형]을 선택하여 표시한다. 생성된 차트를 끌기하여 이전 차트 아래쪽 빈 셀 C124 영역에 위치시키고, 적절한 크기로 조정해 둔다.

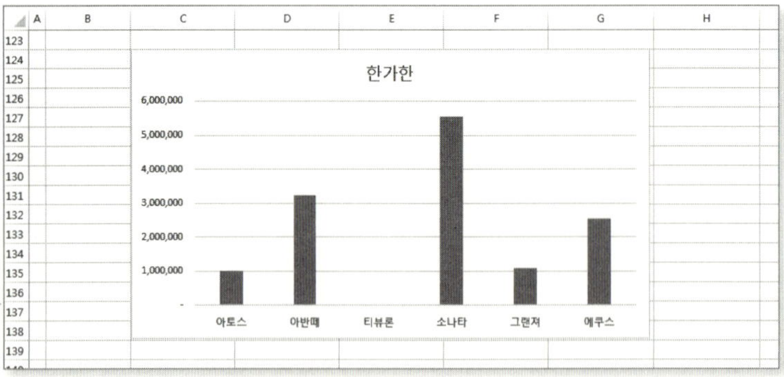


❹ 차트의 제목을 **'한가한 사원의 판매수당'**으로 변경한다. 세로 축을 선택하고 오른쪽 마우스 [축 서식]을 클릭한 후 [축 옵션]의 [표시 단위]를 **'천'**으로 설정한다. 아래 [차트에 단위 레이블 표시]에도 체크한다.

❺ 차트의 막대에 그래픽을 표시하려면 차트의 너비가 가능한 한 넓을수록 좋을 것이다. 막대 차트의 너비를 크게 하려면 데이터 계열 간의 간격 너비를 좁히면 된다. 따라서 먼저 차트의 막대표시를 선택하고 오른쪽 마우스에서 [데이터 계열 서식]을 클릭한다. [데이터 계열 서식] 대화상자의 [계열 옵션]에서 [간격 너비]를 '80%'로 낮추면 그만큼 막대의 너비가 확장되어 표시된다.

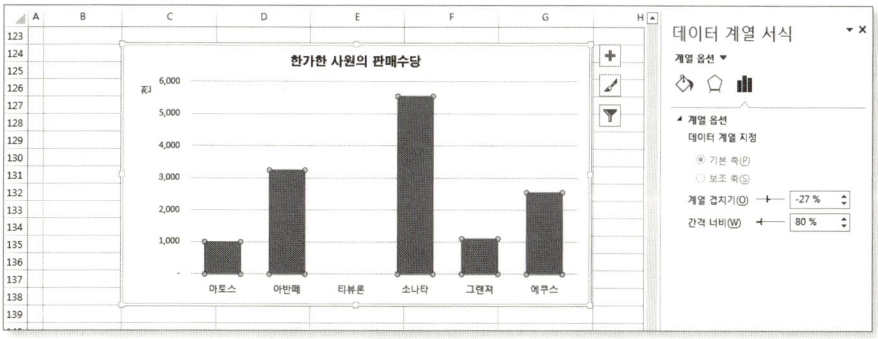


❻ 차트의 막대 높이를 통해 대충의 금액을 가늠해보거나 비교해 볼 수도 있겠지만, 막대 위에 데이터 레이블을 표시하는 것이 보다 정확할 것이다. 차트의 막대를 선택한 후 오른쪽 마우스 [데이터 레이블 추가]를 선택하면 각 막대의 위쪽에 해당 차종에 대한 각각의 판매수당 데이터가 표시된다.

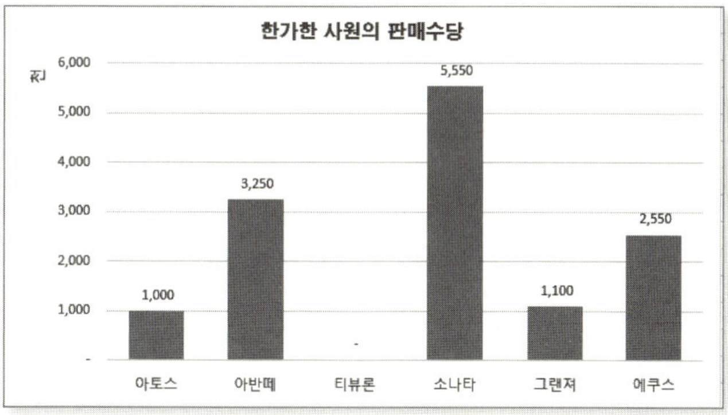


❼ 이로써 한가한 사원의 판매수당을 표시하는 기초적인 차트가 완성되었다. 이제 차트를 단순한 막대 형식에서 해당 차종을 표시하는 그래픽(또는 사진)으로 변경하여 보자. 이를 위해 먼저 해당 차종을 표시하는 그래픽 이미지들을 확보해두어야 한다.

참고

### 이미지 자료 만들기

차트에 삽입할 그래픽 이미지는 물론 전문 그래픽 툴을 사용하여 원하는 이미지 형태를 직접 제작하여 사용하는 것이 원칙이다. 다만 여기서는 교육 목적상 인터넷 검색엔진을 통해 입수할 수 있는 공개된 이미지를 가공, 편집하여 사용하는 방법을 소개한다.

예컨대 특정 검색엔진을 통해 아토스 자동차의 이미지를 선택하고 복사하여 특정 그래픽 편집기에 붙여넣기 한다(Powerpoint에서 작업할 수도 있다). 이때 선택 이미지는 가능한 한 배경색이나 배경그림이 없는, 표시하고자 하는 이미지만 부각될 수 있는 형식을 선택하는 것이 좋다. 그래픽 편집기(여기서는 Powerpoint)에서 해당 이미지의 상하좌우 빈공간이 최소화될 수 있도록 '자르기' 기능 등을 이용하여 편집한다. 이미지 외부의 빈 공간이 최소화되어야 하는 이유는, 표시된 막대 대신 해당 이미지로 채워질 것이므로 위/아래 공간이 있는 경우 막대로 표시되었던 상/하 경계가 애매해질 수 있을 뿐만 아니라, 이미지를 '쌓기'하는 경우 이미지 간 공백이 크게 표시될 수 있기 때문이다. 해당 차종 이미지 외의 빈 칸은 [그림 도구]-[서식]에서 [투명한 색 설정]을 통해 투명한 이미지로 만드는 것이 좋다.

같은 방법으로 다른 차종에 대한 이미지 자료도 만들어 둔다.

❽ 준비된 아토스 자동차의 이미지를 선택하여 복사하고, 다시 위 ⑥의 차트가 표시된 엑셀 시트로 돌아와 아토스 차종에 해당하는 막대를 선택한 후, 오른쪽 마우스를 클릭하여 [데이터 요소 서식]을 선택한다.

❾ [데이터 요소 서식] 대화상자에서 [채우기]-[그림 또는 질감 채우기]를 선택하고 [다음에서 그림 삽입]에서 [클립보드]를 선택한다.

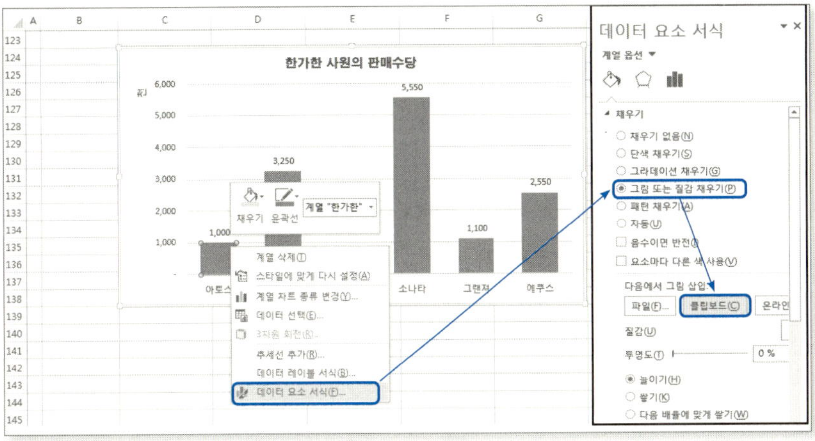

❿ 이제 아토스 차종에 대한 판매수당 그래프가 막대 대신 클립보드에 저장되었던 그래픽으로 변경되어 표시된다.

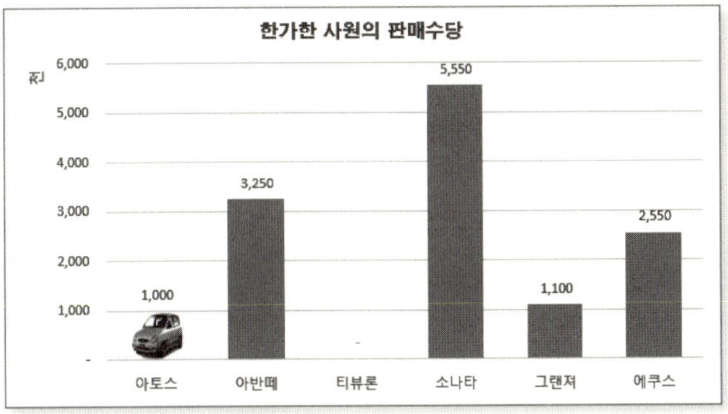


⓫ 마찬가지 방식으로 나머지 아반떼, 티뷰론, 쏘나타, 그랜져, 에쿠스 등의 차종에 대한 판매수당 막대도 해당 이미지를 복사하여 채워넣기 한다.

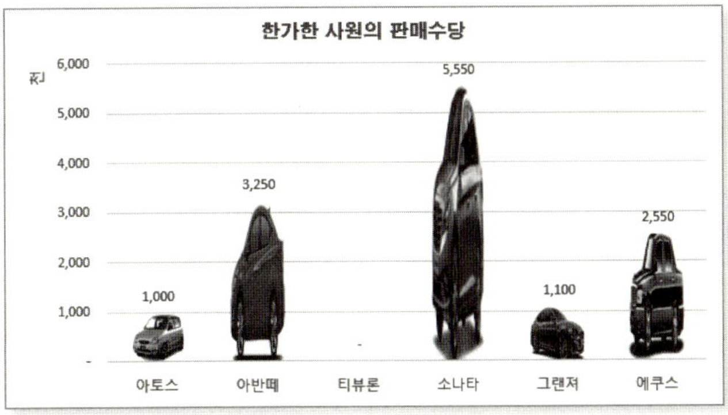

⓬ 그런데 차종별 해당 차트를 모두 해당 이미지로 변경하긴 했지만, 차종마다 실적금액 크기가 다르기 때문에 그래픽 이미지가 원래의 모습과는 달리 표시되고 있다. 따라서 막대 대신 표시되어진 이미지 표현 형식을 바꾸어 보기로 한다. 이를 위해 예컨대 아반떼 실적 이미지를 선택하고 오른쪽 마우스를 누른 후 다시 [데이터 요소 서식]을 선택한다. [데이터 요소 서식] 대화상자에서 [채우기] 아래쪽에 [늘이기]로 선택되어 있는 부분을 대신 [쌓기]로 선택해 보자. 이를 다른 차종 이미지에 대해서도 동일하게 적용해 본다.

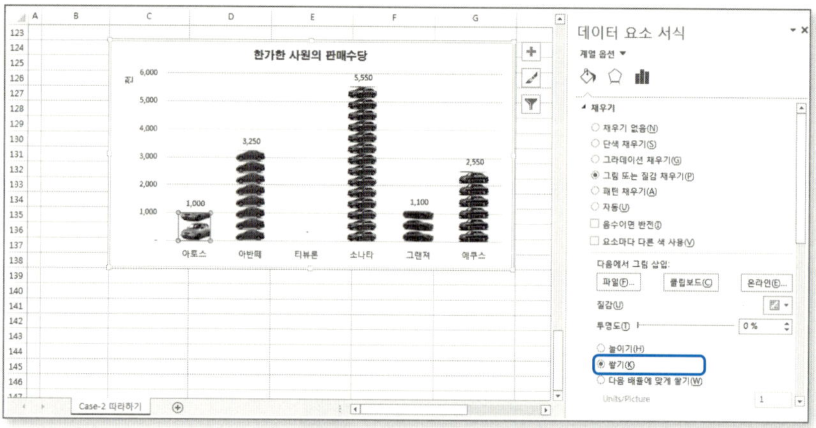


⓭ 원하는 [쌓기] 기능이 수행되어 각 차종별 이미지는 나타나고 있지만, 차종별로 쌓기의 기준치가 달리 적용되고 있어 비교하기 어렵기 때문에 이를 표준화해야 할 필요가 있어 보인다. 이를 위해 다시 이미지로 표시된 각 막대그래프(예 아반떼 이미지)를 선택하고 오른쪽 마우스에서 [데이터 요소 서식]을 선택하고 [데이터 요소 서식]의 [채우기] 옵션에서 [쌓기] 대신 [다음 배율에 맞게 쌓기]를 지정하고, 단위/그림을 '500,000'으로 입력한다. 이는 차트에서 세로 축 간격이 1,000,000원 단위로 설정되어 있어서 각 차종별 이미지의 크기를 세로 축 간격의 1/2 크기로 표준화하기 위한 것이다.

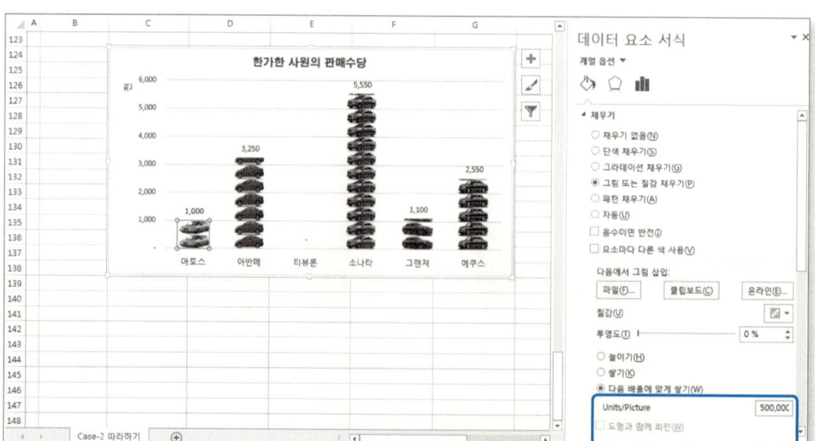

⑭ 이제 차종별로 표준화된 크기의 쌓기 기능이 완료되었다.

⑮ 지금까지는 가로 축이 차종별로 표시되는 세로 막대형 차트의 경우를 보았지만, 이를 차종별 누적 세로 막대형으로 표시해 볼 수도 있다. 이는 특정 사원(예 한가한)의 판매수당이 각 차종별로 어떻게 구성되어 있는지 그 백분율 구성을 함께 표시할 수 있는 장점이 있기 때문이다.

⑯ 다시 위 ①에서와 같이 표시하고자 하는 데이터 영역(B43:H43, B51:H51)을 선택한 후, 이번에는 [삽입] - [차트] - [세로막대형] - [3차원 세로 막대형] - [3차원 100% 기준 세로막대형]을 선택한다.

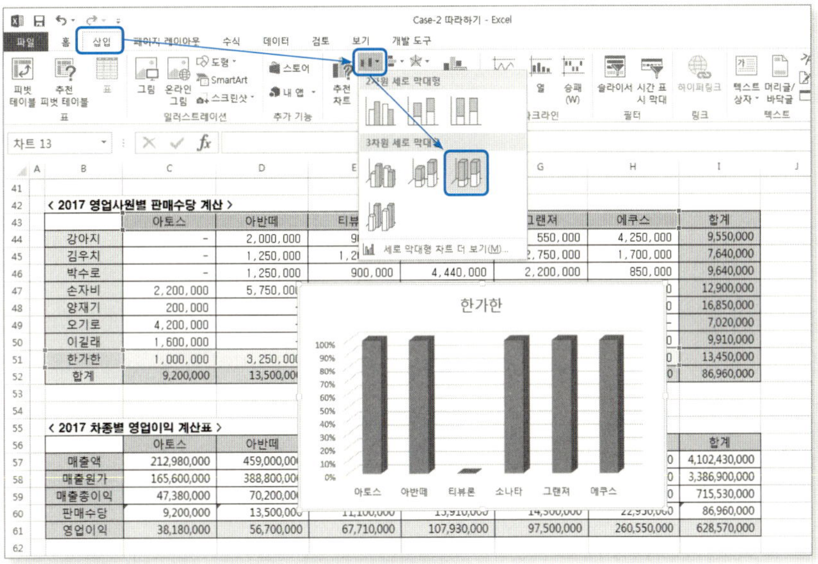

⑰ 작성된 차트 형식은 표시하고자 하는 궁극적인 형식은 아니므로, 차트의 내부를 클릭한 후 오른쪽 마우스에서 [데이터 선택] - [행/열 전환]을 통해 누적형 차트 형식으로 바꾸어 놓는다.

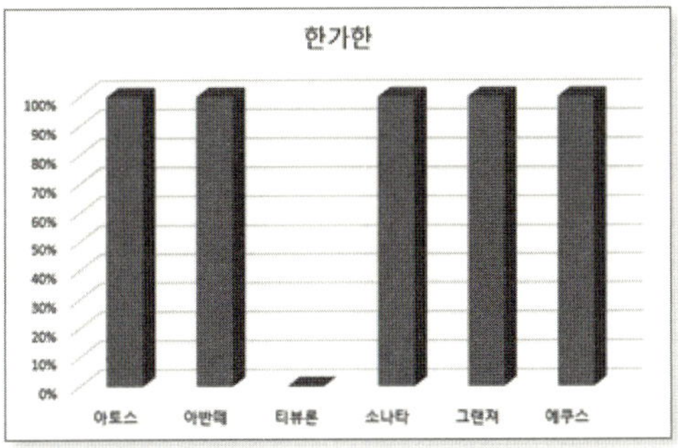


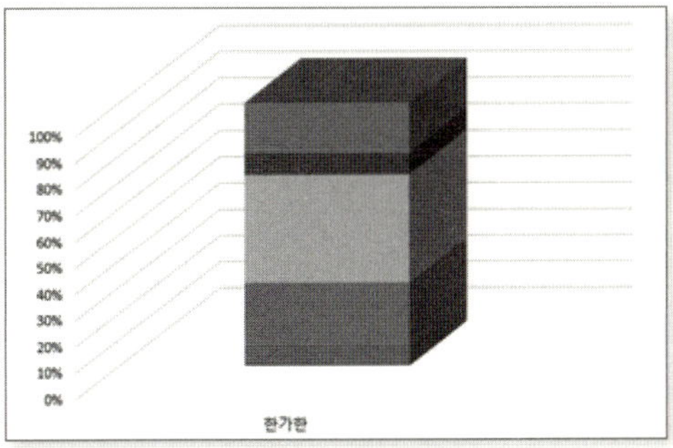

⑱ 작성된 차트에서 각 차종별 실적부분을 클릭하고 오른쪽 마우스에서 [데이터 레이블 추가]를 통해 실적치(판매수당)를 추가한다. 그리고 다시 오른쪽 마우스에서 [데이터 레이블 서식]의 레이블 옵션으로 [계열 이름]을 추가로 선택한다. 동일한 방법으로 다른 차종의 실적부분에도 데이터 레이블과 계열이름을 표시해 둔다. 표시된 데이터 레이블과 계열이름을 각 차트 부분의 오른쪽으로 옮겨 놓는다.

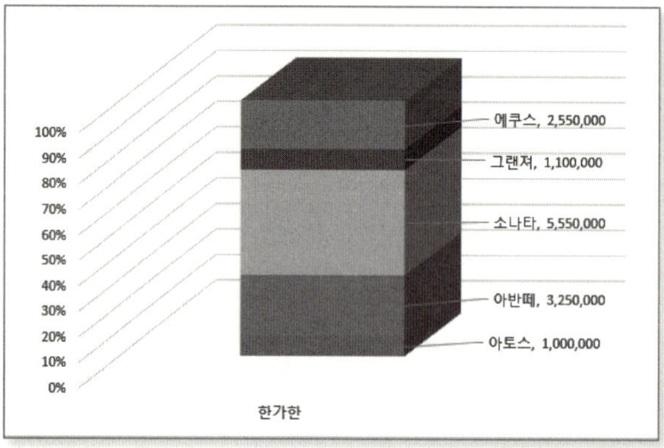


⑲ 이제 각 차종별 실적영역을 해당 차종 이미지로 대체하는 과정은 위의 ⑧~⑪의 절차와 같이 수행한다. 다만, 이 경우에는 이미지의 [쌓기] 형식을 취하지 않고 실적크기에 따라 이미지의 크기가 반영될 수 있도록 한다.

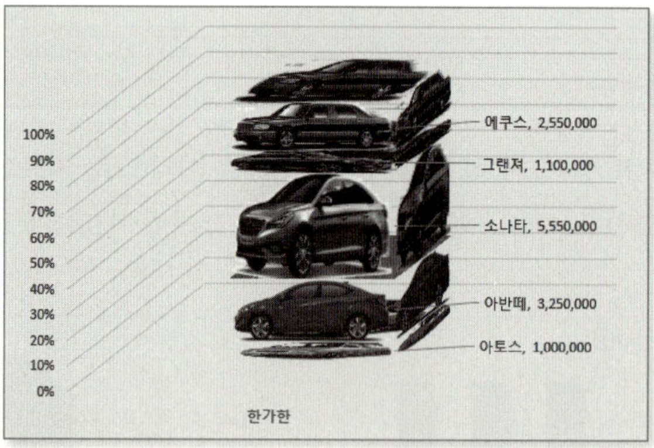


⑳ [3차원 100% 기준 세로막대형]을 이용하는 경우 이처럼 결과 차트가 복잡하게 표시될 수 있다. 이 차트를 보다 단순한 형태로 변경하고자 하는 경우, 오른쪽 마우스 [차트 종류 변경]을 통해 [세로막대형] – [100% 기준 누적 세로막대형]으로 변경하여 표시할 수 있다.

※ 막대형 차트에 해당 항목의 이미지나 그림을 반영하는 방법은 여러 가지가 있을 수 있으며, 이와 관련하여 전문적인 툴들이 출시되어 있으므로 보다 세련된 이미지로 표현하고자 하는 경우 이들 전문 툴들을 사용해 보는 것도 좋을 것이다. 다만, 각종 실적자료를 보고함에 있어 구체적인 수치정보를 중심으로 한 단순한 차트 형태의 보고서가 더 유용할 것인지, 아니면 그래픽이나 이미지 형태를 이용한 개괄적인 보고서 형식이 더 유용할 것인지를 보고목적 및 보고대상자의 선호 등을 고려하여 사전에 결정하는 것이 중요하다.

참고

### 새 Sheet에서 차트 작성하기

엑셀에서 차트 작성을 실행할 때는 대부분 차트화하고자 하는 데이터들을 표 형식으로 입력한 후, 해당 범위를 선택하여 메뉴상의 [삽입]-[차트]-[세로막대형] 등을 선택하는 방법은 크게 2가지로 나뉜다. 그 한 가지는 차트를 작성할 기본 데이터가 표시되어 있는 워크시트 상에 차트를 작성/표시하는 방법이고, 또 다른 방법은 현재의 워크시트와는 별도로 새로운 차트시트를 열어 그곳에서 차트만을 작성/편집하는 방법이다. 후자의 경우 메뉴표시줄에서 **삽입**메뉴의 **차트** 명령을 이용하여 **새로운 시트로**를 지정하여 차트를 작성하게 되며, 전자의 경우에는 역시 **삽입** 메뉴의 **차트** 명령에서 **현재 워크시트에**를 선택하거나 표준도구모음의 **차트 마법사** 도구를 사용하여 작성할 수 있다.

물론 어느 방법을 사용하든 원하는 동일한 형태의 차트를 작성할 수는 있지만, **차트 마법사** 도구를 사용하여 현재의 워크시트상에서 데이터를 직접 보면서 원하는 형태의 차트를 작성해 가는 방법이 보다 간편한 방법이며 실무에서도 흔히 이용되고 있는 방법이다.

## 유사 사례 102 혼자해보기 ㈜안심유통의 영업사원 성과배분

### 현황

㈜안심유통은 해외의 유명 전자제품 제조회사인 Auhora가 생산하는 가전제품 중 품목별로 대표적인 한 가지 종류씩만을 선별하여 수입/판매하는 전문 유통회사이다. ㈜안심유통은 수입제품의 판로에는 큰 애로가 없을 것으로 판단하고 있으며, 영업사원들에게는 월정 고정 급여 대신에 매월 품목별 판매실적에 따른 성과급 형태의 수당지급시스템을 운영하고 있다.

2018년 10월의 영업사원별/품목별 판매실적과 품목별 가격 및 수당 기준표는 다음과 같다.

〈2018년 10월 영업사원별 / 품목별 판매실적 자료〉

| | 고득수 | 김영복 | 박시현 | 오성현 | 양복완 | 최우량 |
|---|---|---|---|---|---|---|
| TV | 13 | 8 | 2 | 32 | 14 | 15 |
| 냉장고 | 4 | 15 | 24 | 6 | 33 | 2 |
| 김치냉장고 | 22 | 12 | 21 | 12 | 26 | 28 |
| 전자렌지 | 8 | 25 | 8 | 21 | 5 | 25 |
| 정수기 | 13 | 20 | 3 | 27 | 12 | 6 |

〈2018년 품목별 가격 및 수당 기준표〉

| 품목 | TV | 냉장고 | 김치냉장고 | 전자렌지 | 정수기 |
|---|---|---|---|---|---|
| 판매가 | 1,700,000 | 2,700,000 | 1,850,000 | 580,000 | 870,000 |
| 원가(구입가) | 1,200,000 | 1,800,000 | 1,060,000 | 450,000 | 670,000 |
| 수당(건당) | 100,000 | 180,000 | 120,000 | 40,000 | 80,000 |

**요구사항**

위의 자료를 토대로

1. 10월 중 영업사원별/품목별 판매실적을 금액으로 표시하시오.
2. 10월에 영업사원별로 받게 될 판매수당은 각각 얼마인가?
3. 다른 수입 및 비용 항목이 없다고 가정할 때, ㈜안심유통의 10월 품목별 영업이익은 각각 얼마인가?
4. 영업사원별/품목별 10월 판매실적을 판매금액 기준으로 비교차트로 표시하시오.
5. 10월의 품목별 영업이익을 3차원 백분율 파이차트로 표시해 보시오.
6. 오성현 사원이 받게 될 10월 품목별 판매수당을 막대형차트로 표시하되, 막대를 해당 품목의 그래픽으로 표시해 보시오.

# 유사 사례 102 혼자해보기 Tips & 풀이 요약

## 1단계 [기초자료 입력]

Case-4 혼자해보기 ㈜안심유통의 영업사원 성과배분

< 제시자료1 : 2018년 10월 영업사원별 / 품목별 판매실적 자료 >

| | 고득수 | 김영복 | 박시현 | 오성현 | 양복완 | 최우량 | 계 |
|---|---|---|---|---|---|---|---|
| TV | 13 | 8 | 2 | 32 | 14 | 15 | 84 |
| 냉장고 | 4 | 15 | 24 | 6 | 33 | 2 | 84 |
| 김치냉장고 | 22 | 12 | 21 | 12 | 26 | 28 | 121 |
| 전자렌지 | 8 | 25 | 8 | 21 | 5 | 25 | 92 |
| 정수기 | 13 | 20 | 3 | 27 | 12 | 6 | 81 |
| 계 | 60 | 80 | 58 | 98 | 90 | 76 | 462 |

< 제시자료2 : 2018년 품목별 가격 및 수당 기준표 >

| 품목 | TV | 냉장고 | 김치냉장고 | 전자렌지 | 정수기 |
|---|---|---|---|---|---|
| 판매가 | 1,700,000 | 2,700,000 | 1,850,000 | 580,000 | 870,000 |
| 원가(구입가) | 1,200,000 | 1,800,000 | 1,060,000 | 450,000 | 670,000 |
| 수당(건당) | 100,000 | 180,000 | 120,000 | 40,000 | 80,000 |

안심유통-풀이

## 2단계 [요구사항] 해결

1. 10월 영업사원/품목별 판매실적

| | 고득수 | 김영복 | 박시현 | 오성현 | 양복완 | 최우량 | 계 |
|---|---|---|---|---|---|---|---|
| TV | 22,100,000 | 13,600,000 | 3,400,000 | 54,400,000 | 23,800,000 | 25,500,000 | 142,800,000 |
| 냉장고 | 10,800,000 | 40,500,000 | 64,800,000 | 16,200,000 | 89,100,000 | 5,400,000 | 226,800,000 |
| 김치냉장고 | 40,700,000 | 22,200,000 | 38,850,000 | 22,200,000 | 48,100,000 | 51,800,000 | 223,850,000 |
| 전자렌지 | 4,640,000 | 14,500,000 | 4,640,000 | 12,180,000 | 2,900,000 | 14,500,000 | 53,360,000 |
| 정수기 | 11,310,000 | 17,400,000 | 2,610,000 | 23,490,000 | 10,440,000 | 5,220,000 | 70,470,000 |
| 계 | 89,550,000 | 108,200,000 | 114,300,000 | 128,470,000 | 174,340,000 | 102,420,000 | 717,280,000 |

2. 10월 영업사원별 판매수당

| | 고득수 | 김영복 | 박시현 | 오성현 | 양복완 | 최우량 | 계 |
|---|---|---|---|---|---|---|---|
| TV | 1,300,000 | 800,000 | 200,000 | 3,200,000 | 1,400,000 | 1,500,000 | 8,400,000 |
| 냉장고 | 720,000 | 2,700,000 | 4,320,000 | 1,080,000 | 5,940,000 | 360,000 | 15,120,000 |
| 김치냉장고 | 2,640,000 | 1,440,000 | 2,520,000 | 1,440,000 | 3,120,000 | 3,360,000 | 14,520,000 |
| 전자렌지 | 320,000 | 1,000,000 | 320,000 | 840,000 | 200,000 | 1,000,000 | 3,680,000 |
| 정수기 | 1,040,000 | 1,600,000 | 240,000 | 2,160,000 | 960,000 | 480,000 | 6,480,000 |
| 계 | 6,020,000 | 7,540,000 | 7,600,000 | 8,720,000 | 11,620,000 | 6,700,000 | 48,200,000 |

3. 10월 품목별 영업이익

| | 매출액 | 매출원가 | 매출총이익 | 판매수당 | 영업이익 |
|---|---|---|---|---|---|
| TV | 142,800,000 | 100,800,000 | 42,000,000 | 8,400,000 | **33,600,000** |
| 냉장고 | 226,800,000 | 151,200,000 | 75,600,000 | 15,120,000 | **60,480,000** |
| 김치냉장고 | 223,850,000 | 128,260,000 | 95,590,000 | 14,520,000 | **81,070,000** |
| 전자렌지 | 53,360,000 | 41,400,000 | 11,960,000 | 3,680,000 | **8,280,000** |
| 정수기 | 70,470,000 | 54,270,000 | 16,200,000 | 6,480,000 | **9,720,000** |
| 계 | 717,280,000 | 475,930,000 | 241,350,000 | 48,200,000 | **193,150,000** |

안심유통-풀이

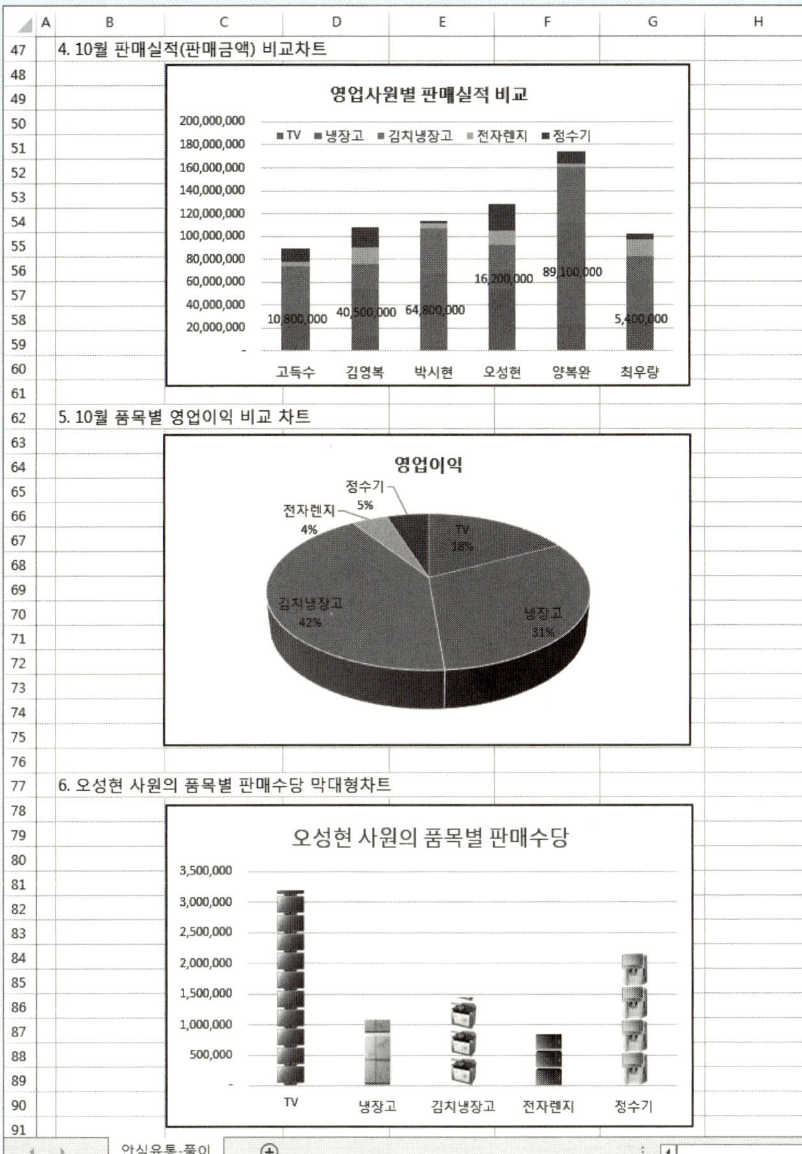
4. 10월 판매실적(판매금액) 비교차트
영업사원별 판매실적 비교
TV 냉장고 김치냉장고 전자렌지 정수기
200,000,000
180,000,000
160,000,000
140,000,000
120,000,000
100,000,000
80,000,000
60,000,000
40,000,000
20,000,000
10,800,000
40,500,000
64,800,000
16,200,000
89,100,000
5,400,000
고득수 김영복 박시현 오성현 양복완 최우량
5. 10월 품목별 영업이익 비교 차트
영업이익
정수기 5%
전자렌지 4%
TV 18%
김치냉장고 42%
냉장고 31%
6. 오성현 사원의 품목별 판매수당 막대형차트
오성현 사원의 품목별 판매수당
3,500,000
3,000,000
2,500,000
2,000,000
1,500,000
1,000,000
500,000
TV 냉장고 김치냉장고 전자렌지 정수기
안심유통-풀이

# Case 103 Allday Mart의 아르바이트 비용 계산

### 현황

Allday Mart는 시간대별로 아르바이트 사원(단기계약직)을 채용하여 교대근무로 24시간 영업을 하고 있다. 아르바이트 사원은 매주 개인의 편의시간을 고려하여 근무시간을 사전에 자율로 정하되, 평균 6시간 단위로 4교대 근무를 원칙으로 하며, 교대시간의 중복근무를 고려하여 분 단위까지 계산하여 급여를 계산하고 있다. 급여는 주야간 시간대에 관계없이 시급으로 시간당 ₩12,000을 적용하고 있으며, 기본시간(6시간)을 초과한 초과근무시간에 대해서는 시간당 ₩15,000의 시급이 적용되고, 주 단위로 집계된 근무시간을 합산하여 급여를 계산하고 온라인계좌로 입금해주고 있다.

Allday Mart의 김사장은 실제 근무한 시간을 분 단위까지 정확히 기록하여 급여를 계산해 주기 위해 포스시스템을 통해 자율적으로 출퇴근시간을 기록하도록 하고, 김사장이 이 기록을 통해 엑셀로 주 단위 지급액을 계산하여 지급명세와 함께 온라인으로 입금해주고자 한다.

〈아르바이트 사원별 10월 셋째주 근무시간표〉

| 날짜 | 요일 | 근무자 | 출근시간 | 퇴근시간 | 비고 |
|---|---|---|---|---|---|
| 10/16 | 일 | 김진우 | 5:00 | 11:00 | |
| | | 윤석민 | 11:00 | 16:00 | |
| | | 오준형 | 15:50 | 23:00 | |
| | | 이정훈 | 22:50 | 5:20 | |
| 10/17 | 월 | 김진우 | 5:10 | 10:30 | |
| | | 윤석민 | 10:30 | 19:00 | |
| | | 한승혁 | 19:00 | 5:00 | |
| 10/18 | 화 | 김진우 | 4:50 | 11:20 | |
| | | 윤석민 | 11:10 | 15:40 | |
| | | 오준형 | 15:40 | 22:00 | |
| | | 이정훈 | 22:00 | 6:10 | |

| 날짜 | 요일 | 근무자 | 출근시간 | 퇴근시간 | 비고 |
|---|---|---|---|---|---|
| 10/19 | 수 | 한승혁 | 6:00 | 15:00 | |
| | | 유동훈 | 14:50 | 22:40 | |
| | | 윤석민 | 22:30 | 6:00 | |
| 10/20 | 목 | 김진우 | 6:00 | 12:00 | |
| | | 오준형 | 12:00 | 16:00 | |
| | | 이정훈 | 15:50 | 20:00 | |
| | | 한승혁 | 22:00 | 6:00 | |
| 10/21 | 금 | 김진우 | 6:00 | 12:00 | |
| | | 윤석민 | 11:50 | 19:40 | |
| | | 유동훈 | 19:30 | 5:30 | |
| 10/22 | 토 | 이정훈 | 5:30 | 15:00 | |
| | | 윤석민 | 15:00 | 20:00 | |
| | | 김진우 | 19:50 | 5:30 | |

**요구사항**

위 근무시간표 자료를 토대로 각 아르바이트 사원에게 주 단위로 지급해야 할 급료를 계산하시오.

## Case 103 따라하기

**상황분석**

- 이 Case의 핵심은 시간 데이터를 기록하고 더하고 빼는 연산을 수행하는 것이며, 따라서 시간 데이터가 갖는 특성을 정확히 이해하여야 한다.
- 시급 급료는 '근무시간수 × 시간당급여'로 계산된다.
- 6시간 이내의 근무시간인 경우와 초과근무시간에 대한 적용 시급이 다르다.
- 하루(24시간)의 시간대를 초과한 시간 기록에 대한 표시방법에 유의한다.

### 1단계 근무시간 데이터 입력과 급여계산표 양식 작성

❶ 개인별 급여를 엑셀로 계산하기 위해서는 먼저 포스시스템에 기록된 출/퇴근시간을 엑셀 sheet에 기록한다. 여기서는 제시된 자료 형식에 따라 sheet1의 B3:G27 셀 범위에 입력하는 것으로 한다. 날짜와 요일은 [셀 병합](병합하고 가운데 맞춤)을 통해 표시한 것이며, 출퇴근시간 데이터는 "시간:분"과 같이 시간과 분을 콜론(:)으로 구분하여 입력한다.

아르바이트 사원별 10월 셋째주 근무시간표

| 날짜 | 요일 | 근무자 | 출근시간 | 퇴근시간 | 비고 |
|---|---|---|---|---|---|
| 10/16 | 일 | 김진우 | 5:00 | 10:10 | |
| | | 윤석민 | 10:00 | 16:00 | |
| | | 오준형 | 15:50 | 22:00 | |
| 10/17 | 월 | 김진우 | 5:00 | 11:00 | |
| | | 이정훈 | 10:50 | 17:50 | |
| | | 한승혁 | 17:30 | 22:00 | |
| 10/18 | 화 | 오준형 | 5:00 | 7:30 | |
| | | 윤석민 | 7:10 | 12:30 | |
| | | 한승혁 | 12:20 | 18:10 | |
| | | 이정훈 | 18:00 | 22:00 | |
| 10/19 | 수 | 김진우 | 5:00 | 10:00 | |
| | | 유동훈 | 9:50 | 15:40 | |
| | | 한승혁 | 15:30 | 22:00 | |
| 10/20 | 목 | 윤석민 | 5:00 | 11:00 | |
| | | 김진우 | 10:50 | 16:00 | |
| | | 오준형 | 15:50 | 19:00 | |
| | | 이정훈 | 19:00 | 22:00 | |
| 10/21 | 금 | 김진우 | 5:00 | 10:10 | |
| | | 이정훈 | 10:00 | 16:20 | |
| | | 한승혁 | 16:00 | 22:00 | |
| 10/22 | 토 | 김진우 | 5:00 | 9:30 | |
| | | 윤석민 | 9:10 | 15:30 | |
| | | 오준형 | 15:10 | 22:00 | |

근무시간표

❷ 주 단위 출퇴근시간을 기록하고 있는 이 시트(sheet1)는 다음 주에도 동일한 형식으로 출퇴근시간을 기록해가기 위한 원본자료로도 사용하고 또 10월 셋째주의 시간 기록을 보관해 둘 수 있

도록 하기 위해 [sheet1]의 이름을 **"10월셋째주근무시간표"**로 변경해 둔다.

❸ 원본 개념의 "10월셋째주근무시간표" 시트를 복제하여 급여계산표 양식을 따로 작성하기로 한다. [10월셋째주근무시간표] 시트의 이름부분을 클릭하고 Ctrl키를 누른 상태에서 시트 오른쪽으로 이동하여 복제 시트를 만들어 둔다. 복제된 시트 이름('10월셋째주근무시간표 (2)') 부분을 더블클릭하여 시트 이름을 **"셋째주 급여계산표"**로 변경한다.

❹ 시트의 [비고] 열 앞쪽에 급여 계산을 위한 공간을 마련하기 위해, G열부터 K열 머리글 부분을 함께 선택하고 오른쪽 마우스 [삽입]을 선택한다. 삽입된 G열부터 K열까지의 3행에 머리글 **"근무시간"**, **"초과시간"**, **"급여"**, **"초과급여"**, **"지급액"**으로 각각 입력한다.

아르바이트 사원별 10월 셋째주 근무시간표

| 날짜 | 요일 | 근무자 | 출근시간 | 퇴근시간 | 근무시간 | 초과시간 | 급여 | 초과급여 | 지급액 | 비고 |
|---|---|---|---|---|---|---|---|---|---|---|
| 10/16 | 일 | 김진우 | 5:00 | 11:00 | | | | | | |
| | | 윤석빈 | 11:00 | 16:00 | | | | | | |
| | | 오준형 | 15:50 | 23:00 | | | | | | |
| | | 이정훈 | 22:50 | 5:20 | | | | | | |
| 10/17 | 월 | 김진우 | 5:10 | 10:30 | | | | | | |
| | | 윤석빈 | 10:30 | 19:00 | | | | | | |
| | | 한승혁 | 19:00 | 5:00 | | | | | | |
| 10/18 | 화 | 김진우 | 4:50 | 11:20 | | | | | | |
| | | 윤석빈 | 11:10 | 15:40 | | | | | | |
| | | 오준형 | 15:40 | 22:00 | | | | | | |
| | | 이정훈 | 22:00 | 6:10 | | | | | | |
| 10/19 | 수 | 한승혁 | 6:00 | 15:00 | | | | | | |
| | | 유동훈 | 14:50 | 22:40 | | | | | | |
| | | 윤석빈 | 22:30 | 6:00 | | | | | | |
| 10/20 | 목 | 김진우 | 6:00 | 12:00 | | | | | | |
| | | 오준형 | 12:00 | 16:00 | | | | | | |
| | | 이정훈 | 15:50 | 20:00 | | | | | | |
| | | 한승혁 | 22:00 | 6:00 | | | | | | |
| 10/21 | 금 | 김진우 | 6:00 | 12:00 | | | | | | |
| | | 윤석빈 | 11:50 | 19:40 | | | | | | |
| | | 유동훈 | 19:30 | 5:30 | | | | | | |
| 10/22 | 토 | 이정훈 | 5:30 | 15:00 | | | | | | |
| | | 윤석빈 | 15:00 | 20:00 | | | | | | |
| | | 김진우 | 19:50 | 5:30 | | | | | | |

10월셋째주근무시간표 | 셋째주 급여계산표

## 2단계 근무시간과 급여지급액 계산

❶ 이제 급여계산을 위한 기본 양식은 작성되었으므로 급여계산표를 완성해보기로 한다. G4 셀에는 김진우 사원이 10월 16일에 실제로 근무한 시간수를 분 단위까지 계산하여 표시해야 한다. 근무시간은 [퇴근시간]에서 [출근시간]을 빼서 그 차이 시간을 계산하면 되지만, F4 셀에 [퇴근시간]으로 기록된 데이터나 E4 셀에 [출근시간]으로 기록된 데이터는 일반적인 숫자 형식이 아니라 시간 표시형식으로 기록되어 있다.

❷ 일반적인 개념으로는 셀 데이터가 숫자로 입력되어 있어야 가감승제 연산이 가능한 것이지만, 엑셀에서는 이 시간 또는 날짜 형식의 데이터까지도 연산이 가능하도록 특별한 표시방식을 채택하고 있다. 즉 각 셀에 표시된 데이터는 시간 데이터 형식이지만 엑셀 내부에서 인식하고 있는 데이터는 숫자 형식으로 되어 있기 때문에 이들 간의 연산이 가능하다. 그러나 보다 정확한 시간계산과 그 응용문제를 다루기 위해서는 엑셀에서 시간데이터를 인식하고 있는 구체적인 방법을 이해해 둘 필요가 있다.

참고

**날짜 및 시간 데이터로 계산하기**

엑셀에서 날짜와 시간은 일반숫자와 표시형식은 다르지만 숫자 형태를 띠고 있기 때문에 연산이 가능하다. 주로 날짜는 "2022-10-23"과 같이 년-월-일(yyyy-mm-dd)을 하이픈(-)이나 슬래시(/)를 사용하여 구분 표시하고, 시간은 "15:27:45"(hh:mm:ss)와 같이 시-분-초를 콜론(:)으로 구분하여 표시하고는 있지만, 엑셀 내부적으로는 이들 모두를 연산이 가능한 숫자형식으로 기억하고 있는 것이다.

하루를 "1" 즉 24시간으로 보고, 1900년 1월 1일을 "1"로 표시하며 매일 1씩 증가되는 숫자형식으로 정의하고 있다. 따라서 그로부터 44,857일째를 '2022년 10월 23일'로 표시할 수 있으며, 이로 인해 날짜 계산이 가능하다.

또 하루 즉 24시간을 "1"로 정의하고 있으므로 특정 시간도 소수점 이하의 숫자로 정의할 수 있다. 예컨대 오전 6시는 이를 24시로 나눈 0.25의 숫자로 표시되며, 30분은 이를 1,440분(24시간)으로 나눈 0.02083의 값으로 표시되므로, 오전 6시 30분은 이들을 합한 0.27083의 숫자로 표시될 수 있다. 따라서 시간도 숫자 개념으로 이해할 수 있으니 출퇴근 시간기록의 차이를 근무시간으로 계산할 수 있을 것이다.

계산된 근무시간은 언제든 숫자형식 또는 시간, 날짜 형식으로도 선택하여 표시할 수 있다. 다만 소수점 이하의 숫자로 표시되고 있는 시간의 경우에는 24시간을 1로 간주하고 있는 것이므로, 이를 급여계산 등에 적용할 때에는 소수점으로 기억되고 있는 수치에 반드시 24를 곱하여 계산하도록 해야 한다는 점이 중요하다.

❸ G4 셀의 근무시간은 "**=F4-E4**" 수식을 통해 [퇴근시간-출근시간]으로 계산한다. E4, F4 셀이 모두 시간표시 형식으로 되어 있어서 G4 셀에 계산된 결과도 시간표시 형식("6:00")으로 표시되는 것이 보통이지만, 경우에 따라서는 일반숫자 형식인 "0.25"로 표시되어질 수도 있다. 만일 시간표시 형식으로 표현된 경우에는 G4 셀에서 오른쪽 마우스 [셀서식]-[표시형식]에서 [일반]으로 선택하면 "6:00"에 해당하는 숫자표시 "0.25"로 표시형식을 바꾸어 표시할 수도 있고, 이를 다시 시간 표시형식으로 되돌려놓기 위해서는 [셀서식]-[표시형식]에서 "시간"으로 선택하고, [형식]은 "13:30" 형식을 선택한다.

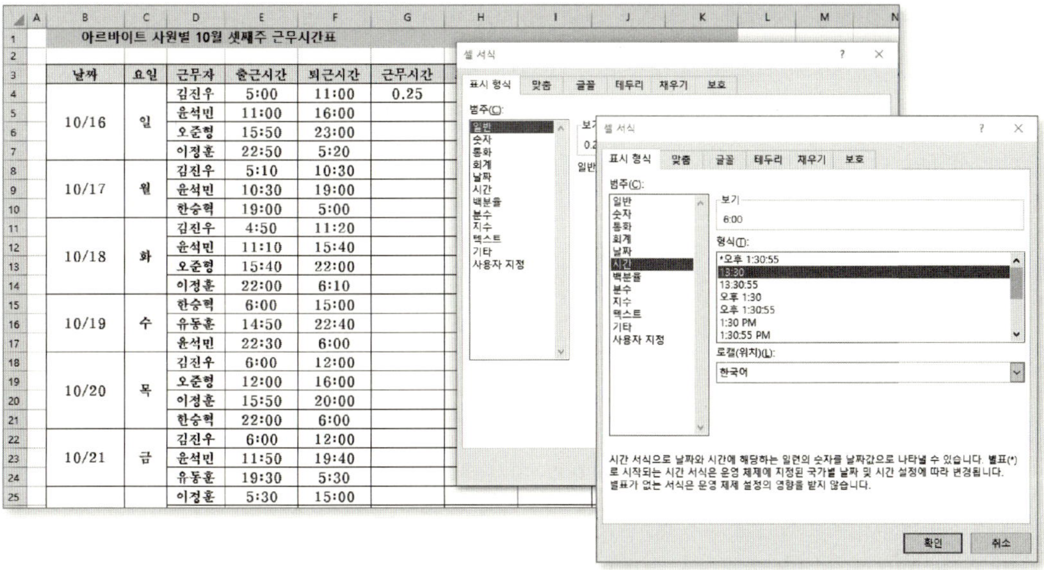


❹ G4 셀의 근무시간이 수식을 통해 "6:00"으로 계산되었으니 이 수식을 아래쪽에도 동일하게 적용할 수 있다. G4 셀에서 자동채우기핸들을 끌기하여 G27셀까지 채워넣는다. 그런데 계산된 결과는 아래 G6 셀까지는 이상이 없으나 G7 셀에서 시간표시 대신에 "#######" 형태로 표시되고 있다. 이를 일반숫자 형태로 표시해보기 위해 오른쪽 마우스 [셀서식] – [표시형식]에서 [일반]으로 선택해 보니 음의 숫자 " – 0.72917"로 계산되었음을 알 수 있다.

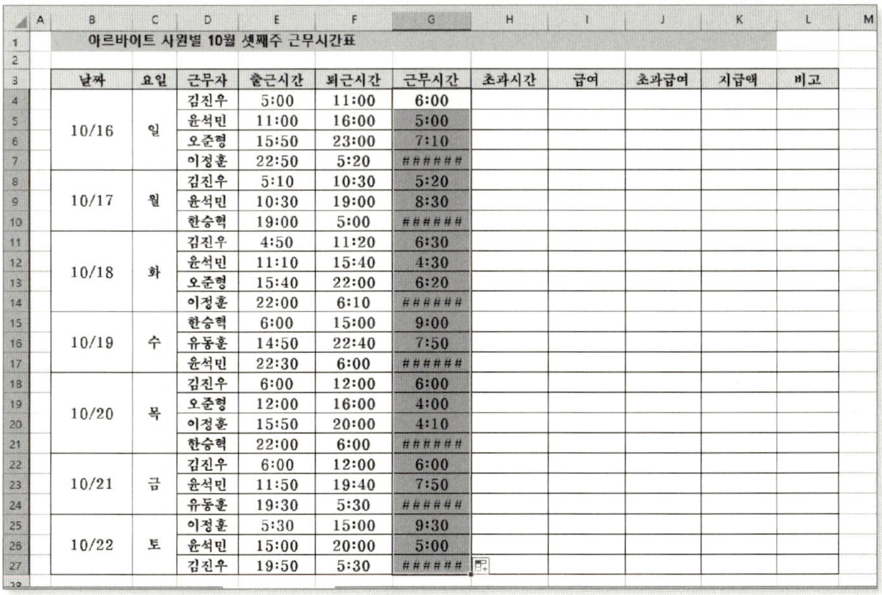

아르바이트 사원별 10월 셋째주 근무시간표

| 날짜 | 요일 | 근무자 | 출근시간 | 퇴근시간 | 근무시간 | 초과시간 | 급여 | 초과급여 | 지급액 | 비고 |
|---|---|---|---|---|---|---|---|---|---|---|
| 10/16 | 일 | 김진우 | 5:00 | 11:00 | 6:00 | | | | | |
| | | 윤석민 | 11:00 | 16:00 | 5:00 | | | | | |
| | | 오준형 | 15:50 | 23:00 | 7:10 | | | | | |
| | | 이정훈 | 22:50 | 5:20 | ###### | | | | | |
| 10/17 | 월 | 김진우 | 5:10 | 10:30 | 5:20 | | | | | |
| | | 윤석민 | 10:30 | 19:00 | 8:30 | | | | | |
| | | 한승혁 | 19:00 | 5:00 | ###### | | | | | |
| 10/18 | 화 | 김진우 | 4:50 | 11:20 | 6:30 | | | | | |
| | | 윤석민 | 11:10 | 15:40 | 4:30 | | | | | |
| | | 오준형 | 15:40 | 22:00 | 6:20 | | | | | |
| | | 이정훈 | 22:00 | 6:10 | ###### | | | | | |
| 10/19 | 수 | 한승혁 | 6:00 | 15:00 | 9:00 | | | | | |
| | | 유동훈 | 14:50 | 22:40 | 7:50 | | | | | |
| | | 윤석민 | 22:30 | 6:00 | ###### | | | | | |
| 10/20 | 목 | 김진우 | 6:00 | 12:00 | 6:00 | | | | | |
| | | 오준형 | 12:00 | 16:00 | 4:00 | | | | | |
| | | 이정훈 | 15:50 | 20:00 | 4:10 | | | | | |
| | | 한승혁 | 22:00 | 6:00 | ###### | | | | | |
| 10/21 | 금 | 김진우 | 6:00 | 12:00 | 6:00 | | | | | |
| | | 윤석민 | 11:50 | 19:40 | 7:50 | | | | | |
| | | 유동훈 | 19:30 | 5:30 | ###### | | | | | |
| 10/22 | 토 | 이정훈 | 5:30 | 15:00 | 9:30 | | | | | |
| | | 윤석민 | 15:00 | 20:00 | 5:00 | | | | | |
| | | 김진우 | 19:50 | 5:30 | ###### | | | | | |

❺ G7 셀에서 '이정훈' 사원의 경우에는 저녁 10;50부터 다음날 새벽 5:20까지 근무한 것이므로 분명 6시간 30분(6:30)으로 표시되어야 할 것인데, 음의 숫자로 계산되고 있는 것은 계산방법에 분명 오류가 있는 것이 확실하다. 이는 "5:20"의 경우 다음날 오전시간을 의미하는 것이므로, 그 전날의 시간과 비교하려면 "5:20"에 "1"(하루 24시간을 의미)을 더한 값으로 처리하도록 수식을 변경해 주어야 한다.

❻ 이는 다른 날짜의 근무시간 계산에도 동일하게 적용되도록 해야 할 것이기 때문에, G4 셀의 수식부터 다시 수정하여 입력하도록 한다. G4 셀의 수식에 IF 함수를 적용해서 수식 "**=IF(F4-E4〉0,F4-E4,(F4+1-E4))**"로 변경하여 입력하고, 마찬가지로 G4 셀에서 자동채우기핸들로 G27 셀까지 다시 채워넣기 한다. 이 수식의 의미는, '만일 퇴근시간이 출근시간보다 늦은 시간인 경우에는 [퇴근시간-출근시간] 산식으로 계산하고, 만일 퇴근시간이 출근시간보다 이른 시간인 경우에는 퇴근시간을 그 다음날 시간으로 인식하여 그 시간에 "1"을 더한 값에서 출근시간을 뺀 값으로 계산하라("F4+1-E4")는 의미이다.

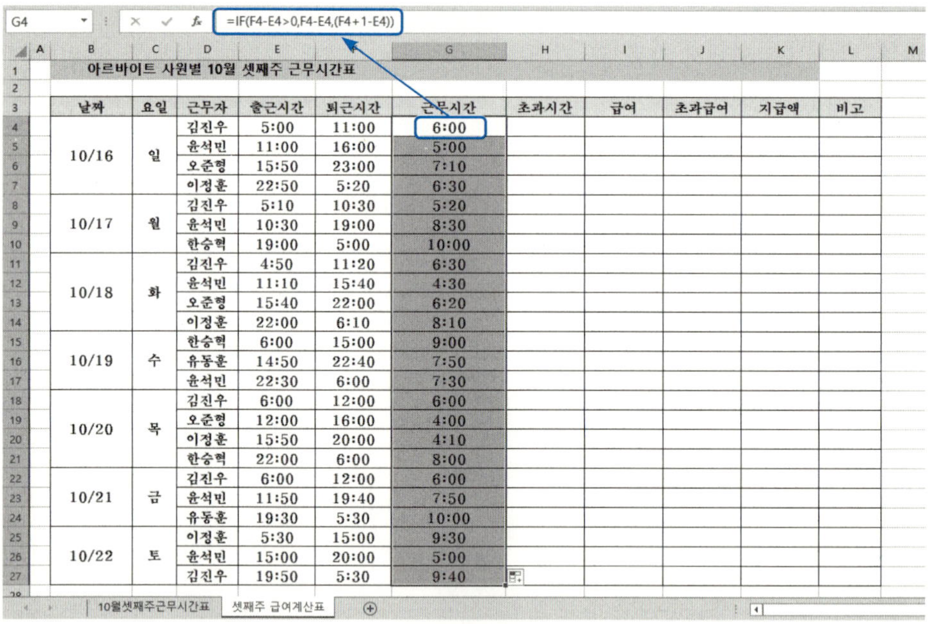


| 날짜 | 요일 | 근무자 | 출근시간 | 퇴근시간 | 근무시간 | 초과시간 | 급여 | 초과급여 | 지급액 | 비고 |
|---|---|---|---|---|---|---|---|---|---|---|
| 10/16 | 일 | 김진우 | 5:00 | 11:00 | 6:00 | | | | | |
| | | 윤석민 | 11:00 | 16:00 | 5:00 | | | | | |
| | | 오준형 | 15:50 | 23:00 | 7:10 | | | | | |
| | | 이정훈 | 22:50 | 5:20 | 6:30 | | | | | |
| 10/17 | 월 | 김진우 | 5:10 | 10:30 | 5:20 | | | | | |
| | | 윤석민 | 10:30 | 19:00 | 8:30 | | | | | |
| | | 한승혁 | 19:00 | 5:00 | 10:00 | | | | | |
| 10/18 | 화 | 김진우 | 4:50 | 11:20 | 6:30 | | | | | |
| | | 윤석민 | 11:10 | 15:40 | 4:30 | | | | | |
| | | 오준형 | 15:40 | 22:00 | 6:20 | | | | | |
| | | 이정훈 | 22:00 | 6:10 | 8:10 | | | | | |
| 10/19 | 수 | 한승혁 | 6:00 | 15:00 | 9:00 | | | | | |
| | | 유동훈 | 14:50 | 22:40 | 7:50 | | | | | |
| | | 윤석민 | 22:30 | 6:00 | 7:30 | | | | | |
| 10/20 | 목 | 김진우 | 6:00 | 12:00 | 6:00 | | | | | |
| | | 오준형 | 12:00 | 16:00 | 4:00 | | | | | |
| | | 이정훈 | 15:50 | 20:00 | 4:10 | | | | | |
| | | 한승혁 | 22:00 | 6:00 | 8:00 | | | | | |
| 10/21 | 금 | 김진우 | 6:00 | 12:00 | 6:00 | | | | | |
| | | 윤석민 | 11:50 | 19:40 | 7:50 | | | | | |
| | | 유동훈 | 19:30 | 5:30 | 10:00 | | | | | |
| 10/22 | 토 | 이정훈 | 5:30 | 15:00 | 9:30 | | | | | |
| | | 윤석민 | 15:00 | 20:00 | 5:00 | | | | | |
| | | 김진우 | 19:50 | 5:30 | 9:40 | | | | | |

❼ G7 셀이 6시간 30분으로 계산되었고, 다음날 야간근무를 한 '한승덕' 사원의 경우(G10 셀)도 10시간 근무로, 모두 제대로 계산된 값을 표시하게 되었다.

❽ 여기서 계산된 근무시간에 시급을 곱하여 급여가 계산되겠지만, 시급은 기본시간(6시간) 이내인 경우와 초과근무시간에 대한 시급이 서로 다르기 때문에, 미리 초과근무시간을 구분하여 표시해 둘 필요가 있다. H4 셀에 초과시간 계산 수식을 입력하기 전에 먼저 오른쪽 N4:O4와 N6:O7 셀 영역에 기본시간과 시급 및 초과수당 자료를 각각 입력해 둔다.

❾ H4 셀의 초과시간은 G4 셀에 계산된 근무시간과 O4 셀의 기본 6시간을 비교해서, 실제 근무시간이 6시간을 초과한 경우에만 그 초과시간을 기록하도록 해야 한다. 따라서 H4 셀에서도 IF 함수를 적용해서 수식 "**=IF(G4 – $O$4〉0,G4 – $O$4,0)**"으로 입력한다. H4 셀의 경우에는 기본시간 6시간을 초과한 경우가 아니므로 초과시간은 "0:00"으로 표시된다. H4 셀의 수식을 아래쪽에도 동일하게 적용할 수 있을 것이므로, H4 셀에서 자동채우기핸들을 끌기 하여 아래 H27 셀까지 채워넣기 한다.

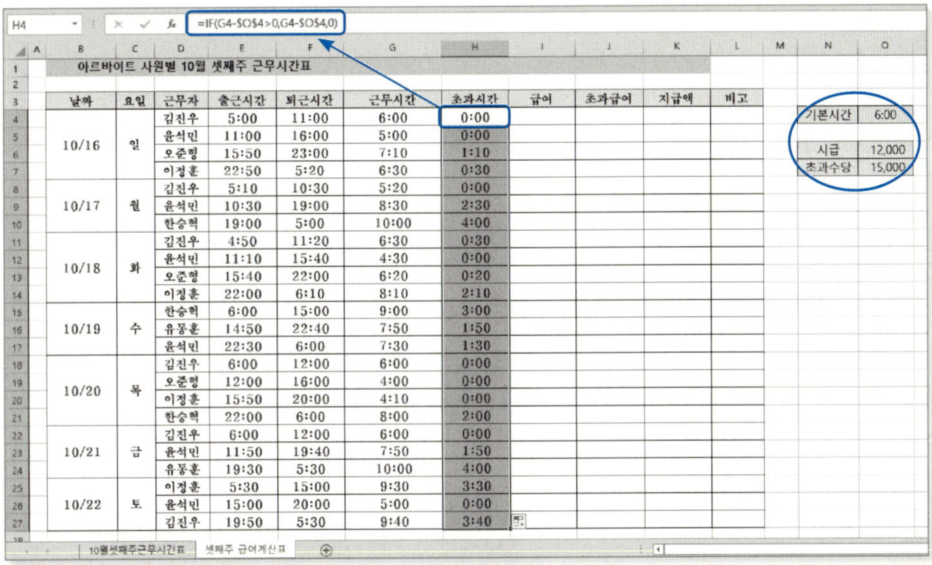


아르바이트 사원별 10월 셋째주 근무시간표

| 날짜 | 요일 | 근무자 | 출근시간 | 퇴근시간 | 근무시간 | 초과시간 | 급여 | 초과급여 | 지급액 | 비고 |
|---|---|---|---|---|---|---|---|---|---|---|
| 10/16 | 일 | 김진우 | 5:00 | 11:00 | 6:00 | 0:00 | | | | |
| | | 윤석민 | 11:00 | 16:00 | 5:00 | 0:00 | | | | |
| | | 오준형 | 15:50 | 23:00 | 7:10 | 1:10 | | | | |
| | | 이정훈 | 22:50 | 5:20 | 6:30 | 0:30 | | | | |
| 10/17 | 월 | 김진우 | 5:10 | 10:30 | 5:20 | 0:00 | | | | |
| | | 윤석민 | 10:30 | 19:00 | 8:30 | 2:30 | | | | |
| | | 한승혁 | 19:00 | 5:00 | 10:00 | 4:00 | | | | |
| 10/18 | 화 | 김진우 | 4:50 | 11:20 | 6:30 | 0:30 | | | | |
| | | 윤석민 | 11:10 | 15:40 | 4:30 | 0:00 | | | | |
| | | 오준형 | 15:40 | 22:00 | 6:20 | 0:20 | | | | |
| | | 이정훈 | 22:00 | 6:10 | 8:10 | 2:10 | | | | |
| 10/19 | 수 | 한승혁 | 6:00 | 15:00 | 9:00 | 3:00 | | | | |
| | | 유동훈 | 14:50 | 22:40 | 7:50 | 1:50 | | | | |
| | | 윤석민 | 22:30 | 6:00 | 7:30 | 1:30 | | | | |
| 10/20 | 목 | 김진우 | 6:00 | 12:00 | 6:00 | 0:00 | | | | |
| | | 오준형 | 12:00 | 16:00 | 4:00 | 0:00 | | | | |
| | | 이정훈 | 15:50 | 20:00 | 4:10 | 0:00 | | | | |
| | | 한승혁 | 22:00 | 6:00 | 8:00 | 2:00 | | | | |
| 10/21 | 금 | 김진우 | 6:00 | 12:00 | 6:00 | 0:00 | | | | |
| | | 윤석민 | 11:50 | 19:40 | 7:50 | 1:50 | | | | |
| | | 유동훈 | 19:30 | 5:30 | 10:00 | 4:00 | | | | |
| 10/22 | 토 | 이정훈 | 5:30 | 15:00 | 9:30 | 3:30 | | | | |
| | | 윤석민 | 15:00 | 20:00 | 5:00 | 0:00 | | | | |
| | | 김진우 | 19:50 | 5:30 | 9:40 | 3:40 | | | | |

|  |  |
|---|---|
| 기본시간 | 6:00 |
| 시급 | 12,000 |
| 초과수당 | 15,000 |

❿ H4, H5 셀 등 "0:00"으로 표시되는 셀들의 값은 초과근무시간이 없다(0)는 의미로, 이후 계산에 영향을 미치지 않을 것이고 보기에도 산만하므로, [파일] 탭의 [옵션] 대화상자에서 [고급]의 [이 워크시트의 표시 옵션]에서 "0값이 있는 셀에 0표시"의 선택을 해제하여 "0:00" 값이 화면에 표시되지 않도록 한다.

⓫ I4 셀의 급여는 기본 시급을 적용한 급여를 의미하는 것으로, G4 셀의 [근무시간]에 O6 셀의 [시급]을 곱하여 계산한다. 다만 이 계산은 근무시간이 기본시간인 6시간 이내인 경우에만 해당하며, 최대 6시간까지만 적용되고, 초과시간이 있는 경우에는 초과시간에 초과수당(O7)을 적용하여 J4 셀에 따로 계산하도록 해야 한다.

⓬ 다만 여기서 유의해야 할 것은, G4 셀이나 H4 셀의 시간은 비록 시간표시 형식(hh:mm)으로 표시되고 있기는 하지만, 엑셀 내부에서는 연산이 가능하도록 하기 위해 모두 소수점 이하의 일반숫자로 인식하고 있으며, 이 소수점 이하 숫자는 24시간을 "1"로 보고 해당 시간과 분 데이터를 24로 나눈 값을 1이하의 숫자 형태로 보고 있는 것이다. 따라서 화면에 표시되는 시간 데

이터는 비록 "시:분" 형태로 보이는 것이라 하더라도 이를 시간 또는 분 단위 계산에 적용하기 위해서는 이 시간 데이터에 반드시 "24"를 곱한 값으로 환산하여 적용해야 한다는 것이다.

⑬ 따라서 위 ⑪과 ⑫의 조건을 고려하여 I4 셀에는 수식 "=IF(G4<=$O$4,G4*24*$O$6,$O$4*24*$O$6)"으로 입력하고, J4 셀에는 수식 "=IF(G4>$O$4,H4*24*$O$7,0)"으로 입력하여 급여와 초과급여를 각각 계산한다.

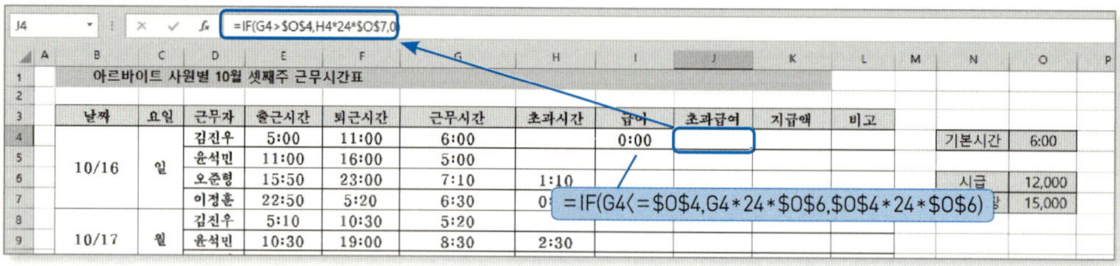


⑭ 그런데 I4와 J4 셀에 표시되는 급여와 초과급여는 시간표시 대신에 금액(일반숫자)으로 표시되어야 할 것이기 때문에, I4:J4 셀범위를 선택하고 오른쪽 마우스 [셀서식]-[표시형식]에서 [회계] 또는 [일반]으로 선택하여 표시하도록 한다. J4 셀의 경우에는 초과근무시간이 없기 때문에 초과급여가 "0"으로 계산되어 빈칸으로 표시되고 있는 것이다.

⑮ 이제 I4:J4 셀범위의 수식을 아래쪽에 동일하게 적용할 수 있으므로 자동채우기핸들을 끌기하여 J27 셀까지 채워넣기 한다. 계산된 결과에서 급여는 기본시간이 적용되는 최대시간이 6시간이므로, 72,000원[=6시간×12,000]을 초과하고 있는 금액이 있는지도 확인해보아야 한다.

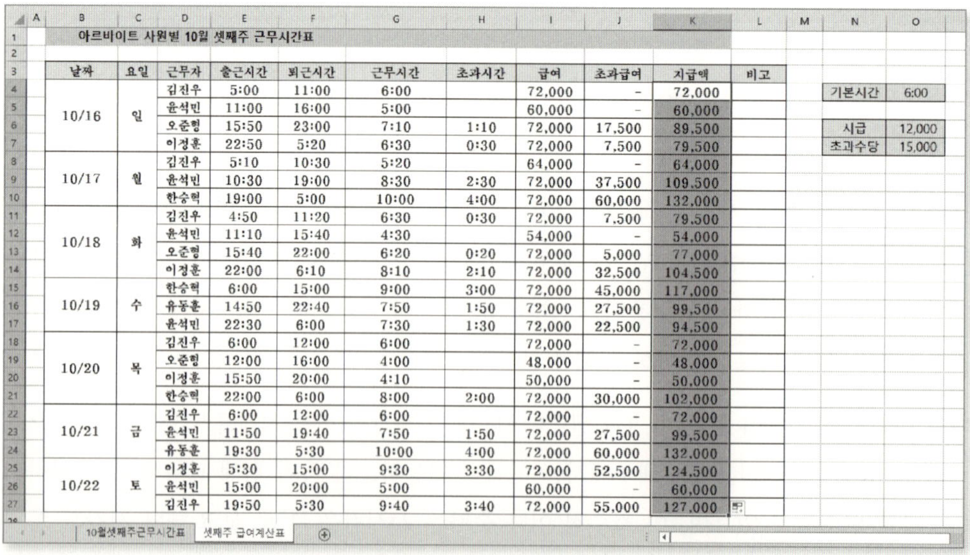

아르바이트 사원별 10월 셋째주 근무시간표

| 날짜 | 요일 | 근무자 | 출근시간 | 퇴근시간 | 근무시간 | 초과시간 | 급여 | 초과급여 | 지급액 | 비고 |
|---|---|---|---|---|---|---|---|---|---|---|
| 10/16 | 일 | 김진우 | 5:00 | 11:00 | 6:00 | | 72,000 | - | 72,000 | |
| | | 윤석민 | 11:00 | 16:00 | 5:00 | | 60,000 | - | 60,000 | |
| | | 오준형 | 15:50 | 23:00 | 7:10 | 1:10 | 72,000 | 17,500 | 89,500 | |
| | | 이정훈 | 22:50 | 5:20 | 6:30 | 0:30 | 72,000 | 7,500 | 79,500 | |
| 10/17 | 월 | 김진우 | 5:10 | 10:30 | 5:20 | | 64,000 | - | 64,000 | |
| | | 윤석민 | 10:30 | 19:00 | 8:30 | 2:30 | 72,000 | 37,500 | 109,500 | |
| | | 한승혁 | 19:00 | 5:00 | 10:00 | 4:00 | 72,000 | 60,000 | 132,000 | |
| 10/18 | 화 | 김진우 | 4:50 | 11:20 | 6:30 | 0:30 | 72,000 | 7,500 | 79,500 | |
| | | 윤석민 | 11:10 | 15:40 | 4:30 | | 54,000 | - | 54,000 | |
| | | 오준형 | 15:40 | 22:00 | 6:20 | 0:20 | 72,000 | 5,000 | 77,000 | |
| | | 이정훈 | 22:00 | 6:10 | 8:10 | 2:10 | 72,000 | 32,500 | 104,500 | |
| 10/19 | 수 | 한승혁 | 6:00 | 15:00 | 9:00 | 3:00 | 72,000 | 45,000 | 117,000 | |
| | | 유동훈 | 14:50 | 22:40 | 7:50 | 1:50 | 72,000 | 27,500 | 99,500 | |
| | | 윤석민 | 22:30 | 6:00 | 7:30 | 1:30 | 72,000 | 22,500 | 94,500 | |
| 10/20 | 목 | 김진우 | 6:00 | 12:00 | 6:00 | | 72,000 | - | 72,000 | |
| | | 오준형 | 12:00 | 16:00 | 4:00 | | 48,000 | - | 48,000 | |
| | | 이정훈 | 15:50 | 20:00 | 4:10 | | 50,000 | - | 50,000 | |
| | | 한승혁 | 22:00 | 6:00 | 8:00 | 2:00 | 72,000 | 30,000 | 102,000 | |
| 10/21 | 금 | 김진우 | 6:00 | 12:00 | 6:00 | | 72,000 | - | 72,000 | |
| | | 윤석민 | 11:50 | 19:40 | 7:50 | 1:50 | 72,000 | 27,500 | 99,500 | |
| | | 유동훈 | 19:30 | 5:30 | 10:00 | 4:00 | 72,000 | 60,000 | 132,000 | |
| 10/22 | 토 | 이정훈 | 5:30 | 15:00 | 9:30 | 3:30 | 72,000 | 52,500 | 124,500 | |
| | | 윤석민 | 15:00 | 20:00 | 5:00 | | 60,000 | - | 60,000 | |
| | | 김진우 | 19:50 | 5:30 | 9:40 | 3:40 | 72,000 | 55,000 | 127,000 | |

|  |  |
|---|---|
| 기본시간 | 6:00 |
| 시급 | 12,000 |
| 초과수당 | 15,000 |

10월셋째주근무시간표 / 셋째주 급여계산표

⑯ K4 셀에는 급여와 초과급여를 합산한 총지급액을 수식 "=I4+J4"로 입력하여 계산하고, K4 셀에서 자동채우기핸들을 통해 K27 셀까지 끌어 채워넣기 한다. 이로써 급여계산표는 완성된 셈이다.

## 3단계 개인별 주당 총지급액 명세표 작성

❶ 급여계산표는 완성되었지만, 이를 토대로 개인별로 지급되는 총지급액 명세표를 작성해보기로 한다. 급여계산표 양식을 보존하고 새 시트에서 작업하기 위해, "셋째주 급여계산표" 시트의 이름부분을 클릭하고 Ctrl키를 누른 상태에서 오른쪽으로 끌기하여 복제본을 만든다. 복제된 시트("셋째주 급여계산표 (2)")의 이름을 **"셋째주 지급명세표"**로 변경한다.

❷ N열과 O열의 기본 데이터는 계산 수식에 적용되고 있기 때문에 지워서는 안되고, 대신에 눈에 보이지 않도록 머리글 부분을 선택하여 [숨기기]를 적용해 둔다.

❸ 작성된 급여계산표는 날짜 단위, 시간 순으로 표시되고 있는데, 이를 개인별 지급명세표로 활용하려면 근무자 이름순으로 재배열해야 한다. 이러한 재배열을 위해 다양한 엑셀 기능이나 함수 등을 적용해 볼 수 있겠지만, 이 중 가장 손쉬운 방법 중의 하나가 [부분합] 기능을 이용하는 것이다. 그런데 [부분합] 기능을 적용하기 위해서는 먼저 날짜와 요일 부분을 다른 데이터와 같은 형식으로 재구성해 둘 필요가 있다. 셀병합 형식으로 정리된 모든 셀범위(B4:C27)를 함께 선택한 후 [홈]탭의 [맞춤]-[병합하고 가운데맞춤]을 다시 클릭해서 셀병합을 해제한다.

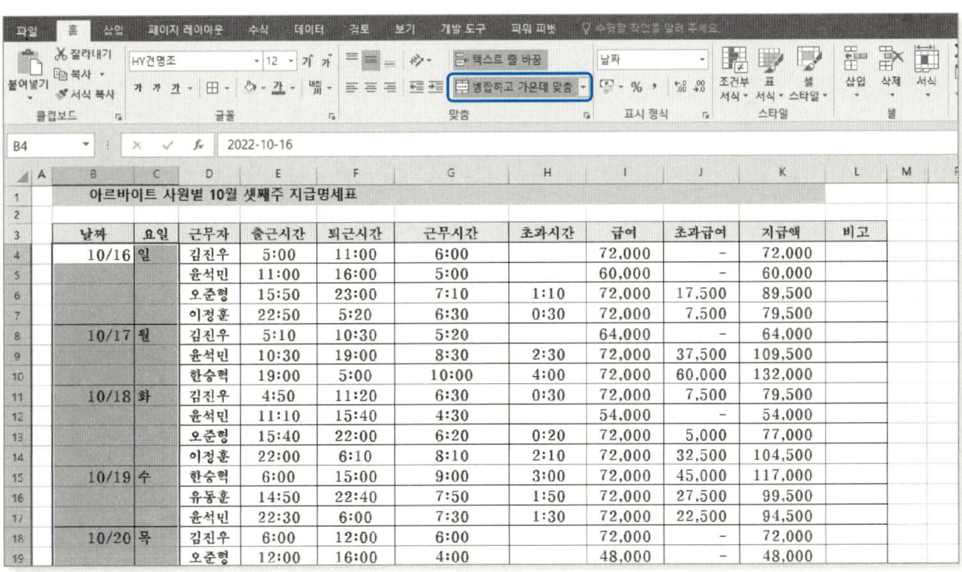

B4 2022-10-16

아르바이트 사원별 10월 셋째주 지급명세표

| 날짜 | 요일 | 근무자 | 출근시간 | 퇴근시간 | 근무시간 | 초과시간 | 급여 | 초과급여 | 지급액 | 비고 |
|---|---|---|---|---|---|---|---|---|---|---|
| 10/16 | 일 | 김진우 | 5:00 | 11:00 | 6:00 | | 72,000 | - | 72,000 | |
| | | 윤석민 | 11:00 | 16:00 | 5:00 | | 60,000 | - | 60,000 | |
| | | 오준형 | 15:50 | 23:00 | 7:10 | 1:10 | 72,000 | 17,500 | 89,500 | |
| | | 이정훈 | 22:50 | 5:20 | 6:30 | 0:30 | 72,000 | 7,500 | 79,500 | |
| 10/17 | 월 | 김진우 | 5:10 | 10:30 | 5:20 | | 64,000 | - | 64,000 | |
| | | 윤석민 | 10:30 | 19:00 | 8:30 | 2:30 | 72,000 | 37,500 | 109,500 | |
| | | 한승혁 | 19:00 | 5:00 | 10:00 | 4:00 | 72,000 | 60,000 | 132,000 | |
| 10/18 | 화 | 김진우 | 4:50 | 11:20 | 6:30 | 0:30 | 72,000 | 7,500 | 79,500 | |
| | | 윤석민 | 11:10 | 15:40 | 4:30 | | 54,000 | - | 54,000 | |
| | | 오준형 | 15:40 | 22:00 | 6:20 | 0:20 | 72,000 | 5,000 | 77,000 | |
| | | 이정훈 | 22:00 | 6:10 | 8:10 | 2:10 | 72,000 | 32,500 | 104,500 | |
| 10/19 | 수 | 한승혁 | 6:00 | 15:00 | 9:00 | 3:00 | 72,000 | 45,000 | 117,000 | |
| | | 유동훈 | 14:50 | 22:40 | 7:50 | 1:50 | 72,000 | 27,500 | 99,500 | |
| | | 윤석민 | 22:30 | 6:00 | 7:30 | 1:30 | 72,000 | 22,500 | 94,500 | |
| 10/20 | 목 | 김진우 | 6:00 | 12:00 | 6:00 | | 72,000 | - | 72,000 | |
| | | 오준형 | 12:00 | 16:00 | 4:00 | | 48,000 | - | 48,000 | |

❹ 이제 각 날짜와 요일이 표시된 부분의 아래 셀에도 동일한 날짜와 요일이 표시되도록 해야 한다. 인접한 셀영역에 데이터를 한꺼번에 입력하기 위한 가장 손쉬운 방법은 [자동채우기 핸들]을 이용하는 방법이다. 따라서 날짜가 입력되어 있는 B4 셀을 선택하고 셀의 오른쪽 아래 자동채우기핸들(+)을 끌기 하여 아래 B7셀까지 채워넣는다.

참고

**자동채우기 핸들에서 옵션단추 사용하기**

어느 하나의 셀에 데이터를 입력한 후 그 인접한 셀영역(좌우 또는 상하)에 연속해서 이와 유사한(또는 같은) 데이터로 채워넣기 하고자 하는 경우 [자동채우기 핸들]을 이용할 수 있다. 이때 인접한 셀영역에 자동으로 채워지는 데이터는 원래 입력 셀의 데이터 유형에 따라 달라진다. 입력된 셀의 데이터가 하나의 문자 또는 숫자인 경우에는 인접한 셀영역에도 동일한 데이터가 복사되어 채워지지만, 문자와 숫자가 혼합된 데이터인 경우에는 숫자부분이 하나씩 증가되면서 채워지게 된다. 만일 입력된 데이터가 요일 등 연속데이터 성격의 것인 경우에는 다음의 연속데이터로 채워지게 된다.

또 둘 이상의 입력 데이터 셀범위를 지정하여 자동채우기핸들을 적용하면 지정한 셀범위의 데이터 값 차이만큼 증가 또는 감소된 값들로 채워지게 된다. 지정한 셀범위 값들이 엑셀의 목록에 순서가 지정되어 있는 문자데이터들인 경우 목록에 지정된 순서대로 표시되며, 이때 빈 셀이 있는 경우에는 빈셀까지도 반복하여 채워지게 된다.

만일 엑셀에서 자동으로 적용되는 규칙을 따르지 않고자 하는 경우에는, 자동채우기핸들을 적용한 후 나타나는 자동채우기 옵션단추()를 클릭하여 나타나는 메뉴에서 '셀 복사', '서식만 채우기', '일 단위 채우기' 등을 선택하여 자동채우기 방법을 변경하여 적용할 수 있다. 또 〈사용자 지정 목록 편집〉 메뉴를 사용하여 [목록 항목]에 새 규칙이나 목록을 등록하여 적용할 수도 있다.

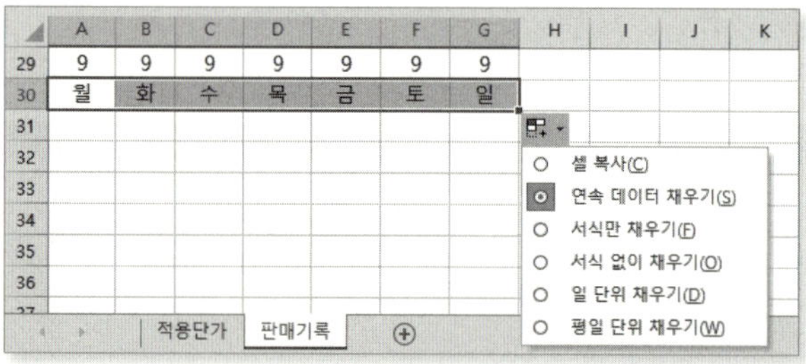


❺ 그런데 자동채우기를 통해 새로 입력된 셀범위(B5:B6)의 값들은 원하는 결과 값들과는 다른 것들이다. B4 셀의 값과 같이 '10/16'의 날짜를 계속해서 표시하고 싶은데, B5:B7 셀에는 엑셀의 자동채우기 규칙이 자동으로 적용되어 숫자 하나씩이 증가된 새로운 날짜로 채워져 있다. 물론 이러한 오류를 방지하기 위해서는 B4셀을 복사하여 아래 셀 범위(B5:B7)에 일일이 붙여넣기를 반복하는 방법도 있긴 하지만, 보다 손쉬운 자동채우기를 적용한 경우에도 원하지 않은 결과를 수정하고자 하는 경우에는, 자동채우기 후에 오른쪽 아래부분에 나타나는 [자동채우기 옵션단추]()를 클릭하여 표시되는 옵션 중에서 "셀 복사"를 선택하면 숫자가 변하지 않고 원래 셀의 값들만을 복사하여 표시하도록 변경할 수 있다.

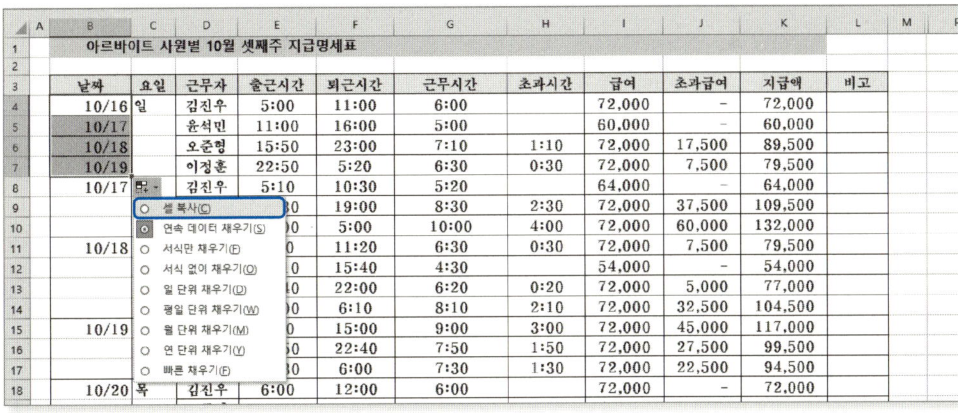


❻ 마찬가지로 C4 셀을 클릭하고 자동채우기핸들로 C7 셀까지 채워넣는다. 이번에도 자동채우기 규칙을 적용하지 않도록 할 것이므로, 오른쪽 아래에 표시된 [자동채우기 옵션단추](田)를 클릭하여 "셀 복사" 옵션을 선택해서 모두 "일"로 표시되도록 변경한다.

❼ 아래 "10/17"의 경우에는 B8:C8 셀범위을 함께 선택하여 날짜와 요일이 함께 선택되도록 한 후에 자동채우기핸들을 함께 적용한다. 이 경우에도 날짜와 요일 모두가 8행과 같이 표시되도록 수정해야 할 것이므로 적용된 자동채우기 핸들의 옵션단추(田)를 클릭하여 "셀 복사" 옵션을 선택하면 B열과 C열의 값들을 한꺼번에 변경할 수 있다.

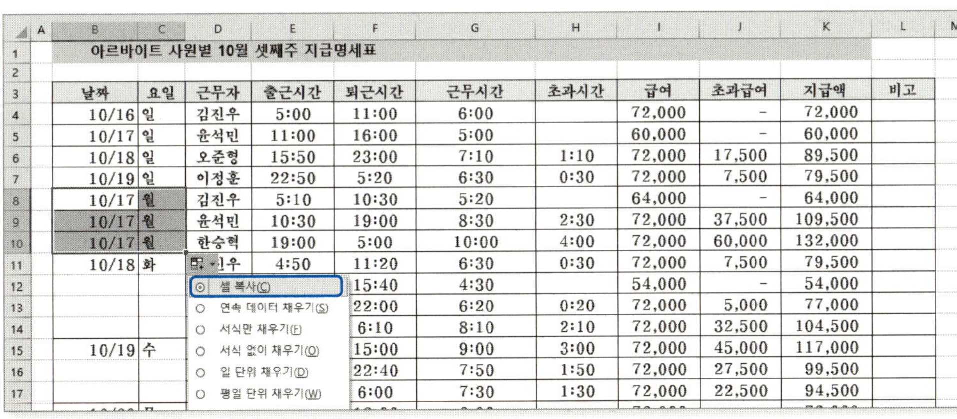


❽ 마찬가지 방법으로 B11:C11, B15:C15, B18:C18, B22:C22, B25:C25 셀범위의 경우에도 아래 빈칸 부분에 동일한 데이터로 채워지도록 자동채우기핸들과 옵션 수정을 반복하여 수행한다.

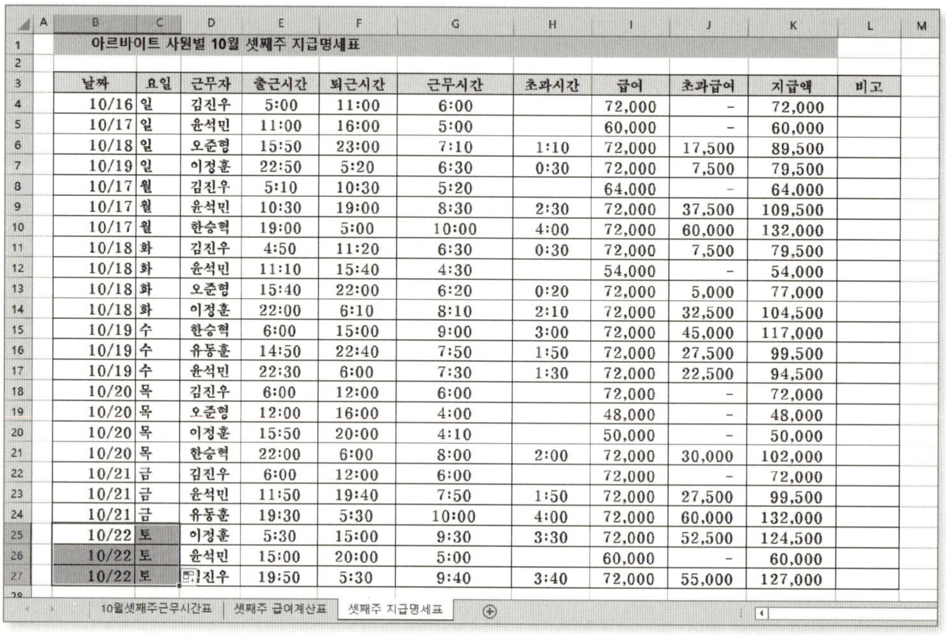

아르바이트 사원별 10월 셋째주 지급명세표

| 날짜 | 요일 | 근무자 | 출근시간 | 퇴근시간 | 근무시간 | 초과시간 | 급여 | 초과급여 | 지급액 | 비고 |
|---|---|---|---|---|---|---|---|---|---|---|
| 10/16 | 일 | 김진우 | 5:00 | 11:00 | 6:00 | | 72,000 | - | 72,000 | |
| 10/17 | 일 | 윤석민 | 11:00 | 16:00 | 5:00 | | 60,000 | - | 60,000 | |
| 10/18 | 일 | 오준형 | 15:50 | 23:00 | 7:10 | 1:10 | 72,000 | 17,500 | 89,500 | |
| 10/19 | 일 | 이정훈 | 22:50 | 5:20 | 6:30 | 0:30 | 72,000 | 7,500 | 79,500 | |
| 10/17 | 월 | 김진우 | 5:10 | 10:30 | 5:20 | | 64,000 | - | 64,000 | |
| 10/17 | 월 | 윤석민 | 10:30 | 19:00 | 8:30 | 2:30 | 72,000 | 37,500 | 109,500 | |
| 10/17 | 월 | 한승혁 | 19:00 | 5:00 | 10:00 | 4:00 | 72,000 | 60,000 | 132,000 | |
| 10/18 | 화 | 김진우 | 4:50 | 11:20 | 6:30 | 0:30 | 72,000 | 7,500 | 79,500 | |
| 10/18 | 화 | 윤석민 | 11:10 | 15:40 | 4:30 | | 54,000 | - | 54,000 | |
| 10/18 | 화 | 오준형 | 15:40 | 22:00 | 6:20 | 0:20 | 72,000 | 5,000 | 77,000 | |
| 10/18 | 화 | 이정훈 | 22:00 | 6:10 | 8:10 | 2:10 | 72,000 | 32,500 | 104,500 | |
| 10/19 | 수 | 한승혁 | 6:00 | 15:00 | 9:00 | 3:00 | 72,000 | 45,000 | 117,000 | |
| 10/19 | 수 | 유동훈 | 14:50 | 22:40 | 7:50 | 1:50 | 72,000 | 27,500 | 99,500 | |
| 10/19 | 수 | 윤석민 | 22:30 | 6:00 | 7:30 | 1:30 | 72,000 | 22,500 | 94,500 | |
| 10/20 | 목 | 김진우 | 6:00 | 12:00 | 6:00 | | 72,000 | - | 72,000 | |
| 10/20 | 목 | 오준형 | 12:00 | 16:00 | 4:00 | | 48,000 | - | 48,000 | |
| 10/20 | 목 | 이정훈 | 15:50 | 20:00 | 4:10 | | 50,000 | - | 50,000 | |
| 10/20 | 목 | 한승혁 | 22:00 | 6:00 | 8:00 | 2:00 | 72,000 | 30,000 | 102,000 | |
| 10/21 | 금 | 김진우 | 6:00 | 12:00 | 6:00 | | 72,000 | - | 72,000 | |
| 10/21 | 금 | 윤석민 | 11:50 | 19:40 | 7:50 | 1:50 | 72,000 | 27,500 | 99,500 | |
| 10/21 | 금 | 유동훈 | 19:30 | 5:30 | 10:00 | 4:00 | 72,000 | 60,000 | 132,000 | |
| 10/22 | 토 | 이정훈 | 5:30 | 15:00 | 9:30 | 3:30 | 72,000 | 52,500 | 124,500 | |
| 10/22 | 토 | 윤석민 | 15:00 | 20:00 | 5:00 | | 60,000 | - | 60,000 | |
| 10/22 | 토 | 김진우 | 19:50 | 5:30 | 9:40 | 3:40 | 72,000 | 55,000 | 127,000 | |



❾ 이제 [부분합] 기능을 적용하기 위해서는 먼저 데이터 영역을 근무자 이름순으로 정렬해 두어야 한다. 머리글을 포함한 데이터 영역(B3:L27)을 선택한 후 [데이터] 탭의 [정렬 및 필터] – [정렬]을 선택한다. [선택] 상자 오른쪽 위 [내 데이터에 머리글 표시]가 선택되도록 체크한 후, [정렬기준]에서 "근무자"로 선택하고 [정렬]은 "오름차순"으로 선택한다. 다시 [기준 추가]를 클릭하고 [다음 기준]에서 "날짜"를 [정렬]은 "오름차순"으로 선택하여 [확인]을 우른다.

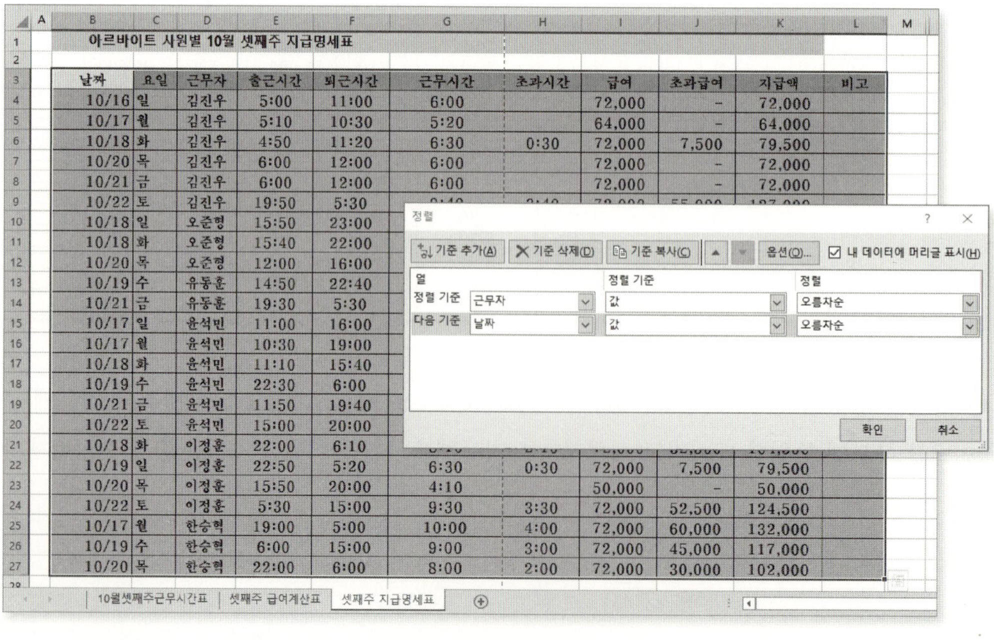

아르바이트 사원별 10월 셋째주 지급명세표

| 날짜 | 요일 | 근무자 | 출근시간 | 퇴근시간 | 근무시간 | 초과시간 | 급여 | 초과급여 | 지급액 | 비고 |
|---|---|---|---|---|---|---|---|---|---|---|
| 10/16 | 일 | 김진우 | 5:00 | 11:00 | 6:00 | | 72,000 | - | 72,000 | |
| 10/17 | 월 | 김진우 | 5:10 | 10:30 | 5:20 | | 64,000 | - | 64,000 | |
| 10/18 | 화 | 김진우 | 4:50 | 11:20 | 6:30 | 0:30 | 72,000 | 7,500 | 79,500 | |
| 10/20 | 목 | 김진우 | 6:00 | 12:00 | 6:00 | | 72,000 | - | 72,000 | |
| 10/21 | 금 | 김진우 | 6:00 | 12:00 | 6:00 | | 72,000 | - | 72,000 | |
| 10/22 | 토 | 김진우 | 19:50 | 5:30 | | | | | | |
| 10/18 | 일 | 오준형 | 15:50 | 23:00 | | | | | | |
| 10/18 | 화 | 오준형 | 15:40 | 22:00 | | | | | | |
| 10/20 | 목 | 오준형 | 12:00 | 16:00 | | | | | | |
| 10/19 | 수 | 유동훈 | 14:50 | 22:40 | | | | | | |
| 10/21 | 금 | 유동훈 | 19:30 | 5:30 | | | | | | |
| 10/17 | 일 | 윤석민 | 11:00 | 16:00 | | | | | | |
| 10/17 | 월 | 윤석민 | 10:30 | 19:00 | | | | | | |
| 10/18 | 화 | 윤석민 | 11:10 | 15:40 | | | | | | |
| 10/19 | 수 | 윤석민 | 22:30 | 6:00 | | | | | | |
| 10/21 | 금 | 윤석민 | 11:50 | 19:40 | | | | | | |
| 10/22 | 토 | 윤석민 | 15:00 | 20:00 | | | | | | |
| 10/18 | 화 | 이정훈 | 22:00 | 6:10 | | | | | | |
| 10/19 | 일 | 이정훈 | 22:50 | 5:20 | 6:30 | 0:30 | 72,000 | 7,500 | 79,500 | |
| 10/20 | 목 | 이정훈 | 15:50 | 20:00 | 4:10 | | 50,000 | - | 50,000 | |
| 10/22 | 토 | 이정훈 | 5:30 | 15:00 | 9:30 | 3:30 | 72,000 | 52,500 | 124,500 | |
| 10/17 | 월 | 한승혁 | 19:00 | 5:00 | 10:00 | 4:00 | 72,000 | 60,000 | 132,000 | |
| 10/19 | 수 | 한승혁 | 6:00 | 15:00 | 9:00 | 3:00 | 72,000 | 45,000 | 117,000 | |
| 10/20 | 목 | 한승혁 | 22:00 | 6:00 | 8:00 | 2:00 | 72,000 | 30,000 | 102,000 | |

⑩ 근무자 이름순으로 정렬된 데이터 범위(B3:L27)가 선택되어 있는지 확인하고, 이번에는 [데이터]–[윤곽선]의 [부분합]을 선택한다. [부분합] 상자에서 [그룹화할 항목]에서 "근무자"로, [사용할 함수]에서 "합계"로 선택하고 [부분합 계산 항목]에서 "근무시간", "초과시간", "급여", "초과급여", "지급액" 등이 선택되도록 체크한 후 [확인]을 누른다.

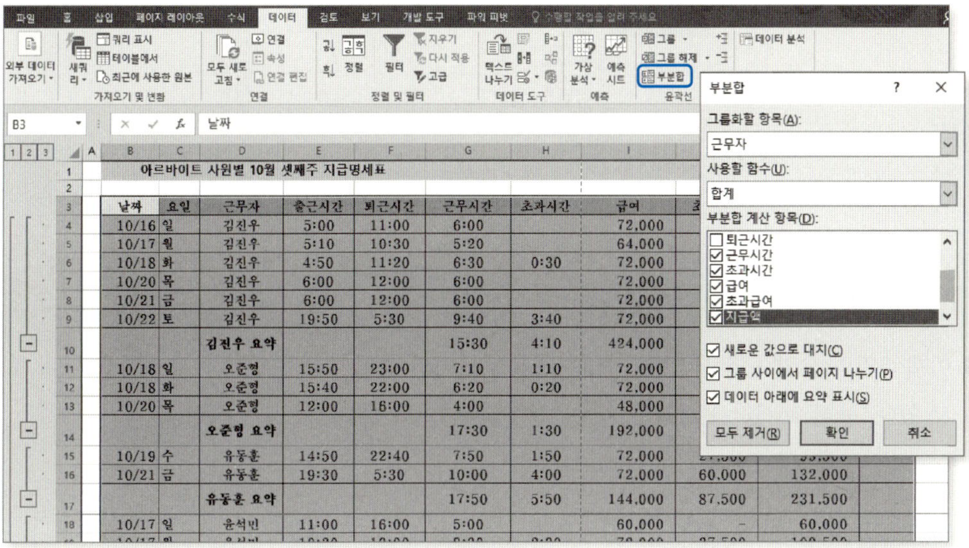


⑪ [부분합] 기능이 실행되면 원하는 바와 같이 근무자 이름순으로 1주일 간의 근무시간, 초과시간, 급여, 초과급여, 지급액 등의 합계가 이루어져 "＊＊＊요약" 행으로 표시된다. 그런데 요약 표시된 자료를 검토하다 보니 잘못 표시되고 있는 부분이 눈에 띈다. 김진우 사원과 윤석민 사원의 경우 근무시간이 분명 다른 사람보다 많은 것 같은데, 더 적은 시간으로 집계되고 있다.

⑫ 이는 엑셀에서의 시간표시 방법의 특성으로 인한 것인데, [셀서식]에서의 일반적인 시간표시는 24시간 이내의 시간으로 표시(hh:mm)되고 있는 것이어서 하루(24시간)를 초과한 시간인 경우 날짜수를 제외한 나머지 시간수만을 표시하도록 옵션으로 지정되어 있기 때문이다. 따라서 이 시간표시방법을 변경하여 수정해주어야 정확한 시간수가 표시될 것이다.

⑬ 시간표시 방법의 변경이 필요한 모든 셀영역(G10:H10, G14:H14, G17:H17, G24:H24, G29:H29, G33:H34)을 Ctrl키를 누르면서 함께 선택한 후, 오른쪽 마우스 [셀서식]에서 [표시형식]의 [범주]를 [시간] 대신에 [사용자 지정]으로 선택하고, 오른쪽 [형식]에서 "[h]:mm:ss"를 선택한다. 그리고 [형식] 아래 상자에서 뒤쪽에 표시되고 있는 ":ss"를 지우거나 또는 전체를 다시 "[hh]:mm"으로 고쳐 입력한다. 일반적인 시간표시형식(h:mm)과 비교하여 "[h]:mm" 표시형식은 시간을 24시간에 제한하지 않고 모든 시간수를 표시하도록 하는 설정이다.

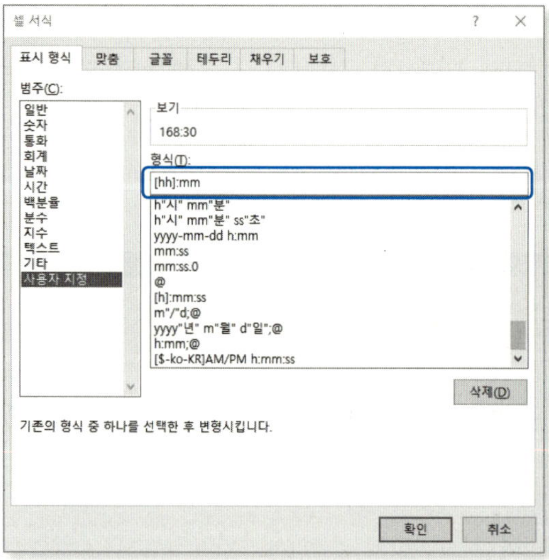


⓮ 이제 G열의 요약 근무시간수와 H34 셀의 초과시간 총합계가 변경된 기준으로 제대로 표시되고 있다. 물론 24시간을 초과하지 않은 시간 계산에는 영향을 미치지 않는다.

| | A | B | C | D | E | F | G | H | I | J | K | L | M |
|---|---|---|---|---|---|---|---|---|---|---|---|---|---|
| 13 | | 10/20 | 목 | 오준형 | 12:00 | 16:00 | 4:00 | | 48,000 | - | 48,000 | | |
| 14 | | | | 오준형 요약 | | | 17:30 | 01:30 | 192,000 | 22,500 | 214,500 | | |
| 15 | | 10/19 | 수 | 유동훈 | 14:50 | 22:40 | 7:50 | 1:50 | 72,000 | 27,500 | 99,500 | | |
| 16 | | 10/21 | 금 | 유동훈 | 19:30 | 5:30 | 10:00 | 4:00 | 72,000 | 60,000 | 132,000 | | |
| 17 | | | | 유동훈 요약 | | | 17:50 | 05:50 | 144,000 | 87,500 | 231,500 | | |
| 18 | | 10/17 | 일 | 윤석민 | 11:00 | 16:00 | 5:00 | | 60,000 | - | 60,000 | | |
| 19 | | 10/17 | 월 | 윤석민 | 10:30 | 19:00 | 8:30 | 2:30 | 72,000 | 37,500 | 109,500 | | |
| 20 | | 10/18 | 화 | 윤석민 | 11:10 | 15:40 | 4:30 | | 54,000 | - | 54,000 | | |
| 21 | | 10/19 | 수 | 윤석민 | 22:30 | 6:00 | 7:30 | 1:30 | 72,000 | 22,500 | 94,500 | | |
| 22 | | 10/21 | 금 | 윤석민 | 11:50 | 19:40 | 7:50 | 1:50 | 72,000 | 27,500 | 99,500 | | |
| 23 | | 10/22 | 토 | 윤석민 | 15:00 | 20:00 | 5:00 | | 60,000 | - | 60,000 | | |
| 24 | | | | 윤석민 요약 | | | 38:20 | 05:50 | 390,000 | 87,500 | 477,500 | | |
| 25 | | 10/18 | 화 | 이정훈 | 22:00 | 6:10 | 8:10 | 2:10 | 72,000 | 32,500 | 104,500 | | |
| 26 | | 10/19 | 일 | 이정훈 | 22:50 | 5:20 | 6:30 | 0:30 | 72,000 | 7,500 | 79,500 | | |
| 27 | | 10/20 | 목 | 이정훈 | 15:50 | 20:00 | 4:10 | | 50,000 | - | 50,000 | | |
| 28 | | 10/22 | 토 | 이정훈 | 5:30 | 15:00 | 9:30 | 3:30 | 72,000 | 52,500 | 124,500 | | |
| 29 | | | | 이정훈 요약 | | | 28:20 | 06:10 | 266,000 | 92,500 | 358,500 | | |
| 30 | | 10/17 | 월 | 한승혁 | 19:00 | 5:00 | 10:00 | 4:00 | 72,000 | 60,000 | 132,000 | | |
| 31 | | 10/19 | 수 | 한승혁 | 6:00 | 15:00 | 9:00 | 3:00 | 72,000 | 45,000 | 117,000 | | |
| 32 | | 10/20 | 목 | 한승혁 | 22:00 | 6:00 | 8:00 | 2:00 | 72,000 | 30,000 | 102,000 | | |
| 33 | | | | 한승혁 요약 | | | 27:00 | 09:00 | 216,000 | 135,000 | 351,000 | | |
| 34 | | | | 총합계 | | | 168:30 | 32:30 | 1,632,000 | 487,500 | 2,119,500 | | |
| 35 | | | | | | | | | | | | | |

10월셋째주근무시간표 | 셋째주 급여계산표 | 셋째주 지급명세표

⓯ 이제 각 사원별로 셋째주 근무시간 기록과 관련 급여내역이 정리되었으므로, 이 자료를 통해 계산된 급여를 지급하고 개인별 지급명세표로도 활용할 수 있을 것이다.

## 유사 사례 103 혼자해보기 ㈔탄소연구소의 급여 계산

### 현황

㈔탄소연구소는 기후환경과 탄소저감정책 문제들을 연구하는 기관으로, 업무수행의 성격상 탄력시간근무제도를 시행하고 있다. 모든 연구원들은 주 5일, 40시간 근무를 원칙으로 하되, 출퇴근 시간 기록장치를 사용하여 근무시간을 체크하고, 실제 근무시간에 비례하여 다음과 같은 급여지급지침을 시행한다.

- 기본 근무시간은 주 40시간으로 하되, 출퇴근 시간은 자율로 결정한다.
- 급여는 주 단위 실제 근무시간을 합산하여 지급하며, 기본 근무시간(40시간)까지는 실제 근무시간에 기본 시간급(₩12,000)을 적용하고, 초과근무시간에 대해서는 별도로 초과근무 시간급(₩14,000)을 적용한다.
- 급여는 기본 시간급을 적용하는 급여와 초과근무수당을 합산하여 주 단위로 계산하여 온라인으로 입금한다.
- 매일의 근무시간에서 1시간의 식사시간은 제외하며, 근무시간은 분 단위까지 계산하여 적용한다.

10월 첫주 출퇴근시간 기록장치에 저장된 출퇴근시간은 다음과 같다.

〈10월 첫주 출퇴근 기록〉

| 사원명 | 10월 1일 | | 10월 2일 | | 10월 3일 | | 10월 4일 | | 10월 5일 | |
|---|---|---|---|---|---|---|---|---|---|---|
| | 출근 | 퇴근 | 출근 | 퇴근 | 출근 | 퇴근 | 출근 | 퇴근 | 출근 | 퇴근 |
| 김갑수 | 13:00 | 22:00 | 13:30 | 23:00 | 13:00 | 19:00 | 13:10 | 23:30 | 10:20 | 18:30 |
| 노원길 | 08:40 | 18:00 | 08:50 | 18:00 | 08:40 | 17:20 | 08:40 | 18:40 | 08:50 | 18:00 |
| 박한성 | 07:00 | 16:00 | 07:20 | 16:20 | 07:00 | 16:40 | 07:10 | 18:00 | 07:00 | 16:00 |
| 이이정 | 08:30 | 18:00 | 09:00 | 18:00 | 08:50 | 19:20 | 09:00 | 16:40 | 08:30 | 20:00 |
| 박한나 | 09:00 | 18:00 | 09:00 | 18:20 | 09:00 | 18:00 | 09:00 | 18:00 | 09:00 | 18:00 |
| 정소라 | 14:20 | 23:00 | 14:00 | 23:00 | 13:20 | 22:40 | 14:20 | 23:00 | 13:30 | 21:30 |
| 최미남 | 13:00 | 21:00 | 13:00 | 23:00 | 13:10 | 22:20 | 13:30 | 20:30 | 09:00 | 20:00 |
| 한상옥 | 09:00 | 19:00 | 08:40 | 19:30 | 08:40 | 21:00 | 09:00 | 18:00 | 08:50 | 19:00 |
| 김일호 | 09:30 | 18:00 | 09:20 | 18:00 | 08:50 | 18:00 | 09:00 | 15:40 | 09:00 | 18:00 |

**요구 사항**

위 출퇴근시간 기록을 토대로 주 근무시간, 초과근무시간, 주 지급액 등을 계산하는 주급 계산표를 작성하시오.

# 유사 사례 103 혼자해보기 Tips & 풀이 요약

## 1단계 출퇴근시간 기록 입력 및 양식 작성

(사)탄소연구소 10월 첫주 주급 계산표

| 사원명 | 10월 1일 | | 10월 2일 | | 10월 3일 | | 10월 4일 | | 10월 5일 | | 주 근무시간 | 초과근무 | 지급 급여 |
|---|---|---|---|---|---|---|---|---|---|---|---|---|---|
| | 출근 | 퇴근 | 출근 | 퇴근 | 출근 | 퇴근 | 출근 | 퇴근 | 출근 | 퇴근 | | | |
| 김갑수 | 13:00 | 22:00 | 13:30 | 23:00 | 13:00 | 19:00 | 13:10 | 23:30 | 10:20 | 18:30 | | | |
| 노원길 | 08:40 | 18:00 | 08:50 | 18:00 | 08:40 | 17:20 | 08:40 | 18:40 | 08:50 | 18:00 | | | |
| 박한성 | 07:00 | 16:00 | 07:20 | 16:20 | 07:00 | 16:40 | 07:10 | 18:00 | 07:00 | 16:00 | | | |
| 이이정 | 08:30 | 18:00 | 09:00 | 18:00 | 08:50 | 19:20 | 09:00 | 16:40 | 08:30 | 20:00 | | | |
| 박한나 | 09:00 | 18:00 | 09:00 | 18:20 | 09:00 | 18:00 | 09:00 | 18:00 | 09:00 | 18:00 | | | |
| 정소라 | 14:20 | 23:00 | 14:00 | 23:00 | 13:20 | 22:40 | 14:20 | 23:00 | 13:30 | 21:30 | | | |
| 최미남 | 13:00 | 21:00 | 13:00 | 23:00 | 13:10 | 22:20 | 13:30 | 20:30 | 09:00 | 20:00 | | | |
| 한상옥 | 09:00 | 19:00 | 08:40 | 19:30 | 08:40 | 21:00 | 09:00 | 18:00 | 08:50 | 19:00 | | | |
| 김일호 | 09:30 | 18:00 | 09:20 | 18:00 | 08:50 | 18:00 | 09:00 | 15:40 | 09:00 | 18:00 | | | |
| (합계) | | | | | | | | | | | | | |

## 2단계 10월 첫주 주급 계산표 완성

(사)탄소연구소 10월 첫주 주급 계산표

| 사원명 | 10월 1일 | | 10월 2일 | | 10월 3일 | | 10월 4일 | | 10월 5일 | | 주 근무시간 | 초과근무 | 지급 급여 |
|---|---|---|---|---|---|---|---|---|---|---|---|---|---|
| | 출근 | 퇴근 | 출근 | 퇴근 | 출근 | 퇴근 | 출근 | 퇴근 | 출근 | 퇴근 | | | |
| 김갑수 | 13:00 | 22:00 | 13:30 | 23:00 | 13:00 | 19:00 | 13:10 | 23:30 | 10:20 | 18:30 | 38:00 | | 456,000 |
| 노원길 | 08:40 | 18:00 | 08:50 | 18:00 | 08:40 | 17:20 | 08:40 | 18:40 | 08:50 | 18:00 | 41:20 | 01:20 | 498,667 |
| 박한성 | 07:00 | 16:00 | 07:20 | 16:20 | 07:00 | 16:40 | 07:10 | 18:00 | 07:00 | 16:00 | 42:30 | 02:30 | 515,000 |
| 이이정 | 08:30 | 18:00 | 09:00 | 18:00 | 08:50 | 19:20 | 09:00 | 16:40 | 08:30 | 20:00 | 43:10 | 03:10 | 524,333 |
| 박한나 | 09:00 | 18:00 | 09:00 | 18:20 | 09:00 | 18:00 | 09:00 | 18:00 | 09:00 | 18:00 | 40:20 | 00:20 | 484,667 |
| 정소라 | 14:20 | 23:00 | 14:00 | 23:00 | 13:20 | 22:40 | 14:20 | 23:00 | 13:30 | 21:30 | 38:40 | | 464,000 |
| 최미남 | 13:00 | 21:00 | 13:00 | 23:00 | 13:10 | 22:20 | 13:30 | 20:30 | 09:00 | 20:00 | 40:10 | 00:10 | 482,333 |
| 한상옥 | 09:00 | 19:00 | 08:40 | 19:30 | 08:40 | 21:00 | 09:00 | 18:00 | 08:50 | 19:00 | 47:20 | 07:20 | 582,667 |
| 김일호 | 09:30 | 18:00 | 09:20 | 18:00 | 08:50 | 18:00 | 09:00 | 15:40 | 09:00 | 18:00 | 37:00 | | 444,000 |
| (합계) | | | | | | | | | | | | | 4,451,667 |

| 식사시간 | 1:00 |
|---|---|
| 주 기본시간 | 40:00 |
| 시간당 급여 | 12,000 |
| 조과근무수당 | 14,000 |

출퇴근시간 기록 | 탄소연구소 주급 계산

## 풀이 Tips

- 참조자료 입력: B16:C19
- 주 근무시간 계산
  - M5셀 수식:
    =SUM(D5－C5－$C$16,F5－E5－$C$16,H5－G5－$C$16,J5－I5－$C$16,L5－K5－$C$16)
    ※ 수식에 매일 식사시간 1시간을 차감하는 산식(－$C$16) 포함
  - M5;M13 셀범위의 시간표시에 24시간 이상의 시간표시방법 적용:
    [셀서식]－[표시형식]－[사용자 지정]－[형식] "[hh]:mm"으로 변경
- 초과근무시간 계산
  - N5셀 수식: =IF(M5〉$C$17,M5－$C$17,0)
    ※ 40시간을 초과하는 경우에만 초과시간을 표시
    ※ [파일]－[옵션]－[고급] 설정을 통해 '0값 표시하지 않기' 적용
- 지급 급여 계산
  - O5셀 수식 :

=IF(M5〈=$C$17,M5＊24＊$C$18,($C$17＊24＊$C$18+N5＊24＊$C$19))

※ 40시간 이내인 경우에는 기본 시급 적용(실제 근무시간에 비례)

※ 초과근무시간 있는 경우에는 기본급+초과수당으로 계산

※ 시간표시 데이터로 급여 계산시 반드시 '×24' 적용(날짜/시간데이터로 계산하기 참조)

CHAPTER

# 02

회계실무 Cases

# 장부 작성과 관리

# Case 201 ㈜모다모아의 견적서 작성

## 현황

㈜모다모아는 가전제품 중 전자사전 및 계산기류를 도소매하는 전자전문판매회사이다. ㈜모다모아에서는 지금까지는 미리 인쇄된 견적서 용지에 수기로 발행해 오던 견적서 작성 업무를 엑셀 서식을 통해 입력작업을 최소화하고, 계산상의 오류를 방지할 수 있도록 자동계산이 이루어지는 문서서식을 미리 작성해두고 거래를 할 때마다 이 서식을 활용하고자 한다.

〈취급 품목 List〉

| 품명 | 규격 | 단가 |
|---|---|---|
| 미래로PC-920 | 개 | 87,500 |
| 샤프 PW-6000 | 개 | 98,000 |
| 샤프 RD-2500 | 개 | 142,100 |
| 샤프 RD-7400 | 개 | 245,000 |
| 샤프 SD-S70 | 개 | 214,000 |
| 아인텍 EK-D8000 | 박스 | 168,900 |
| 에셈라인 SM-5050 | 박스 | 239,000 |
| 에이원프로 AP-115J | 대 | 255,000 |
| 에이원프로 AP-703J | 대 | 383,000 |
| 에이원프로 AP-88 | 대 | 129,360 |
| 에이원프로 AP-95 | 대 | 175,000 |
| 카시오 EW-K2000 | 개 | 215,000 |
| 카시오 EW-K300 | 개 | 289,100 |
| 캐논 LS-120PC | 개 | 39,800 |
| CASIO DR-8620 | 다스 | 240,000 |
| CASIO EW-K550 | 다스 | 145,000 |
| CASIO FX-350MS | 다스 | 9,600 |
| CASIO FX-5500LA | 다스 | 51,000 |
| CITIZEN SDC-868L | 개 | 14,000 |
| WIZCOM Superpen | 개 | 248,000 |

**요구 사항**

1. 아래와 같은 견적서 서식을 사용하기로 하며, 견적서를 발행할 때 입력이나 선택을 최소화할 수 있도록 관련 수식과 함수 등을 사용하여 기본 서식을 완성하시오.

〈사용할 견적서 서식〉

# 견 적 서

| | | | | | |
|---|---|---|---|---|---|
| 년 월 일 | | 공급자 | 등록번호 | 123-82-45678 | |
| 아래와 같이 견적합니다. | | | 상호 (법인명) | ㈜모다모아 | 성 명 강가래 |
| 귀중 | | | 사업장 | 광주시 북구 용봉로 77 | |
| 합계금액 | 영 원정 | | 전화번호 | (062) 999-9999 | |
| 번호 | 품명 | 규격 | 수량 | 단가 | 공급가액 |
| 1 | | | | | |
| 2 | | | | | |
| 3 | | | | | |
| 4 | | | | | |
| 5 | | | | | |
| 6 | | | | | |
| 7 | | | | | |
| 8 | | | | | |
| 9 | | | | | |
| 10 | | | | | |
| 11 | | | | | |
| 12 | | | | | |
| 13 | | | | | |
| 14 | | | | | |
| 15 | | | | | |
| 16 | | | | | |
| 17 | | | | | |
| 18 | | | | | |
| 19 | | | | | |
| 20 | | | | | |
| 비 고 | | 공 급 가 총 액 | | | ₩ - |
| | | 세 액 ( 부 가 가 치 세 ) | | | ₩ - |
| | | 합 계 금 액 | | | ₩ - |
| ※ 상기 견적금액은 예고없이 변동될 수도 있습니다. | | | | (주)모다모아 | |
| ※ 유효기간: 년 월 일 | | | | | |

2. 하나의 판매거래에 대한 예시자료를 입력하고, 견적서 인쇄에 필요한 설정을 수행하시오.

# Case 201 따라하기

**상황분석**

- 이 예제는 판매활동이 이루어질 때 견적서 작성 업무를 최소화하기 위해 가능한 많은 작업을 자동화하는데 초점이 있다. 따라서 각종 함수 및 연결 기능을 이용하여 키보드 입력보다는 마우스 선택에 의해 필요한 자료를 쉽게 입력하도록 하는 방법에 대한 사전 계획이 필요하다.
- 견적서의 기본 양식에 사전적으로 입력 표시되어야 할 내용과 표 형식을 미리 결정해 둔다.
- 엑셀 기능이나 함수로 어떤 것을 사용해야 할지 미리 결정해 둔다(셀 연결, 셀 병합, 날짜 표시형식, 유효성검사 기능, 인쇄양식 지정 등).

## 1단계 품목 List의 작성

❶ 새 Worksheet의 아래 줄 [새 시트](⊕)를 클릭하여 새 시트를 삽입하고, 삽입된 새 시트의 이름을 '**품목리스트**'로 변경해 둔다.

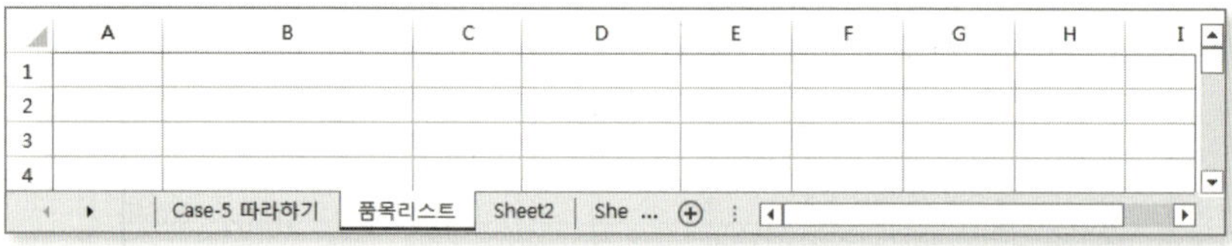


❷ [품목리스트] 시트의 B2:D22 셀 범위에 위의 '취급 품목 List' 자료를 입력해 둔다.

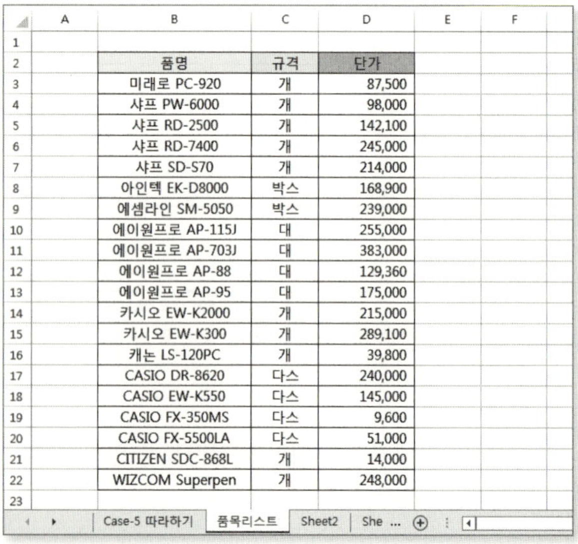

| 품명 | 규격 | 단가 |
|---|---|---|
| 미래로 PC-920 | 개 | 87,500 |
| 샤프 PW-6000 | 개 | 98,000 |
| 샤프 RD-2500 | 개 | 142,100 |
| 샤프 RD-7400 | 개 | 245,000 |
| 샤프 SD-S70 | 개 | 214,000 |
| 아인텍 EK-D8000 | 박스 | 168,900 |
| 에셈라인 SM-5050 | 박스 | 239,000 |
| 에이원프로 AP-115J | 대 | 255,000 |
| 에이원프로 AP-703J | 대 | 383,000 |
| 에이원프로 AP-88 | 대 | 129,360 |
| 에이원프로 AP-95 | 대 | 175,000 |
| 카시오 EW-K2000 | 개 | 215,000 |
| 카시오 EW-K300 | 개 | 289,100 |
| 캐논 LS-120PC | 개 | 39,800 |
| CASIO DR-8620 | 다스 | 240,000 |
| CASIO EW-K550 | 다스 | 145,000 |
| CASIO FX-350MS | 다스 | 9,600 |
| CASIO FX-5500LA | 다스 | 51,000 |
| CITIZEN SDC-868L | 개 | 14,000 |
| WIZCOM Superpen | 개 | 248,000 |

❸ [품목리스트] 시트의 B3:B22 셀 범위('품명' 레이블을 제외한 품목명이 나열되어 있는 모든 셀 영역)를 선택하고, 왼쪽 위 [이름상자]에 **'품명'**을 입력한 후 Enter 키를 누른다(이름을 입력한 후 반드시 Enter 키를 눌러야 한다). 이름상자에 '품명'을 입력한 것은 해당 범위(B3:B22)에 '품명'이라는 이름을 사전적으로 부여한 후 나중에 이 이름을 사용하고자 하는 것이며, 이는 해당범위(B3:B22)를 선택한 후 [수식] 탭의 [정의된 이름]-[이름 정의]를 클릭하여 [새 이름] 대화상자에서 [이름]에 '품명'을 입력한 것과 같다.

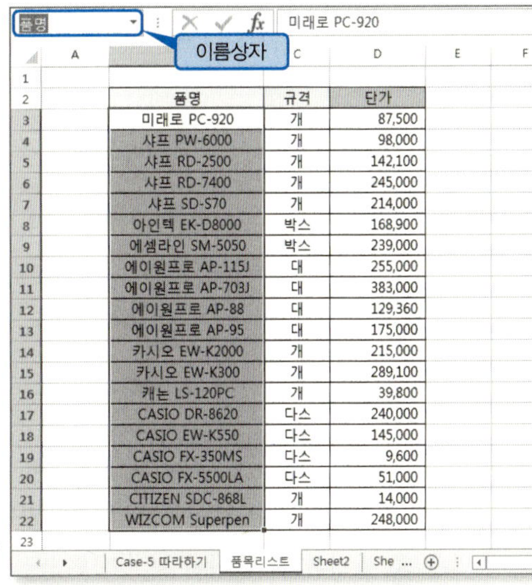


❹ 이제 B3:D22 셀 범위를 선택하고 이름상자에 이번에는 **'품목리스트'**라고 입력한 후 Enter 키를 누른다.

❺ 셀 범위에 지정된 이름이 올바로 등록되어 있는지 확인해 보기 위해 [수식] 탭의 [정의된 이름]-[이름관리자]를 클릭헤 본다. 열린 [이름 관리자] 대화상자에 이미 정의해 둔 두 개의 이름('품명', '품목리스트')이 표시된다. 이 중 하나의 이름(예컨대 '품명')을 선택하고 마우스로 더블 클릭 해보면 [이름 편집] 대화상자가 나타나는데, 여기서 정의한 [이름]과 [참조 대상]이 지정한 대로 표시되고 있는지 확인해 본다. 확인 후 [취소]를 눌러 빠져나온다.

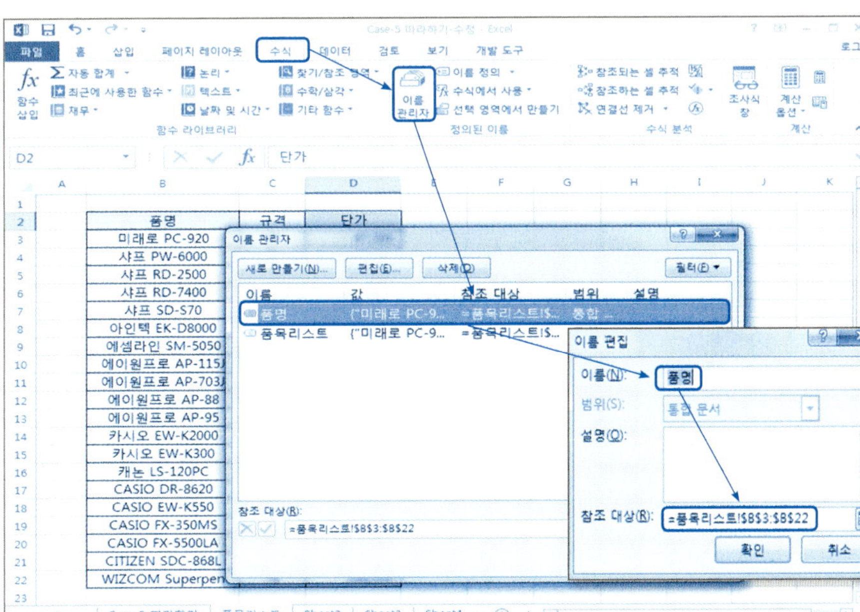

❻ 참조할 셀 영역(품목리스트)에 대한 준비가 되었으니, 이제 이 자료들을 적용할 견적서 서식을 작성한다.

## 2단계 견적서 서식의 작성

❶ 아래 시트 줄에서 새 시트를 삽입([새 시트](⊕))하고, 새 시트의 이름을 '**견적서양식**'으로 변경해 둔다.

❷ A열 전체를 선택하고, 오른쪽 마우스 [열 너비]를 '1'로 입력한다. 마찬가지 방식으로 B열부터 I열까지의 열 너비를 각각 '8', '26', '5', '3', '8', '10', '8', '8'로 설정한다.

❸ B2 셀에 '**견적서**'를 입력한 후 B2:I2 셀 범위를 선택하여 [홈] 탭의 [맞춤]에서 [병합하고 가운데 맞춤]을 선택한다. 이어서 [홈] 탭의 [글꼴]에서 '견고딕', '26'폰트, '굵게'로 지정한다.

❹ B4 셀에 견적서를 작성한 날짜(오늘 날짜)를 자동으로 표시되도록 하기 위해 함수 '=TODAY()'를 입력한다. 그리고 B4:C4 셀 범위를 선택한 후 [홈] 탭의 [맞춤]에서 [병합하고 가운데 맞춤]을 선택한다. 해당 셀이 선택된 상태에서 오른쪽 마우스 [셀 서식] - [표시형식] - [날짜]의 [형식]을 '2012년 3월 14일' 형식으로 지정하고 [확인]을 누른다.

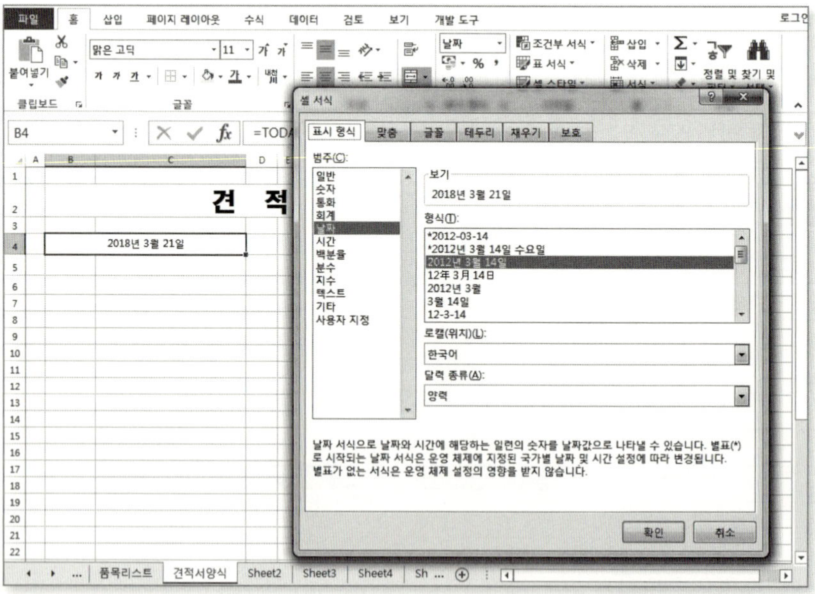

참고

## 날짜함수 TODAY()와 NOW()

엑셀에서 오늘 날짜를 표시하기 위해서는 함수 'TODAY'나 'NOW'를 이용할 수 있다. 이 중 'TODAY'는 오늘의 날짜를 날짜 서식으로 표시하며, 함수에는 인수를 지정할 필요 없이 '=TODAY()'와 같이 입력하면 된다. 이때 표시되는 결과의 기본 값은 오른 날짜를 예컨대 '2017-10-24'와 같이 연-월-일 형식으로 표시한다. 만일 이 날짜 표시를 다른 날짜 표시형식으로 변경하고자 하는 경우에는, 해당 셀을 선택하고 오른쪽 마우스 [셀 서식]에서 [표시 형식]-[날짜]의 [형식] 중에서 선택 지정하여 표시하면 된다. 한편 함수 'NOW'는 현재의 날짜와 시간까지를 포함하여 날짜와 시간 형식으로 표시하며, 이 경우에도 함수에 인수를 지정할 필요가 없이 '=NOW()'와 같이 입력한다. 이때 표시되는 결과의 기본 값은 현재의 날짜와 시간을 예컨대 '2017-10-24 14:35'와 같이 연-월-일-시-분 형식으로 표시한다. 만일 'NOW'함수의 결과 값을 다른 형식으로 지정하고자 하는 경우에는, 오른쪽 마우스 [셀 서식]을 클릭하면 [표시 형식]에서 [사용자 지정]의 [형식]에서 나열되고 있는 어떤 하나의 형식을 선택하여 사용할 수 있다. 또 결과 값 중에서 날짜만 사용하고자 하는 경우에는 [셀 서식] 대화상자의 [표시 형식]-[날짜]를 선택하여 [형식]에 표시된 날짜 중 선택하여 사용할 수도 있다.

❺ B5 셀에는 **'아래와 같이 견적합니다.'**를 입력한 후, B5:C5 셀 범위를 선택하고 [병합하고 가운데 맞춤]을 선택한다.

❻ B6 셀에는 앞으로 판매처가 결정되면 예컨대 '주식회사 미래유통 귀중'과 같은 형식으로 입력되도록 할 것인데, 아직 판매처가 결정된 것은 아니기 때문에 ' xxxxxxx 귀중'과 같이 판매처 이름을 입력할 빈 칸(x)을 20칸 정도 띄워 놓은 후 **'귀중'**만을 입력해 둔다. 마찬가지로 B6:C6 셀 범위를 선택하고 [병합하고 가운데 맞춤]을 선택한다.

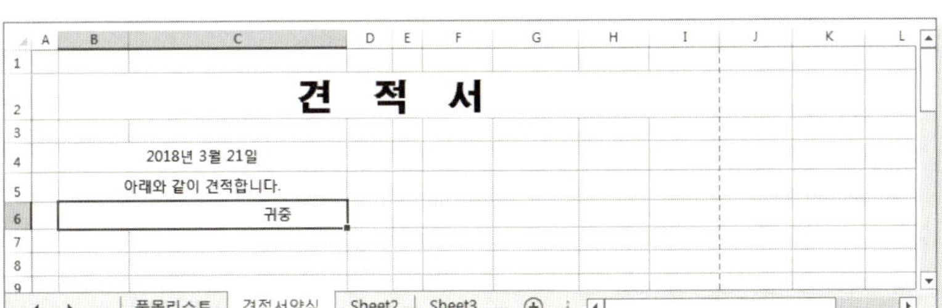


❼ B7 셀에 **'합계금액'**을 입력한 후 [맞춤]을 '가운데 맞춤'으로 설정한다. C7 셀에는 차후에 합계금액을 표시할 것이므로 우선 빈 칸으로 두고, D7 셀에 **'원정'**을 입력한다.

❽ E4 셀에 **'공급자'**를 입력하고, E4:E7 셀 영역을 선택하여 [홈] 탭에서 [맞춤]-[병합하고 가운데 맞춤]을 선택한다. 다시 E4 셀에서 오른쪽 마우스 [셀 서식]-[맞춤]-[텍스트 맞춤]-[세로]를 '가운데'로 선택하고, 오른쪽 [방향]에서 [세로 텍스트]를 선택한 후 [확인]을 누른다.

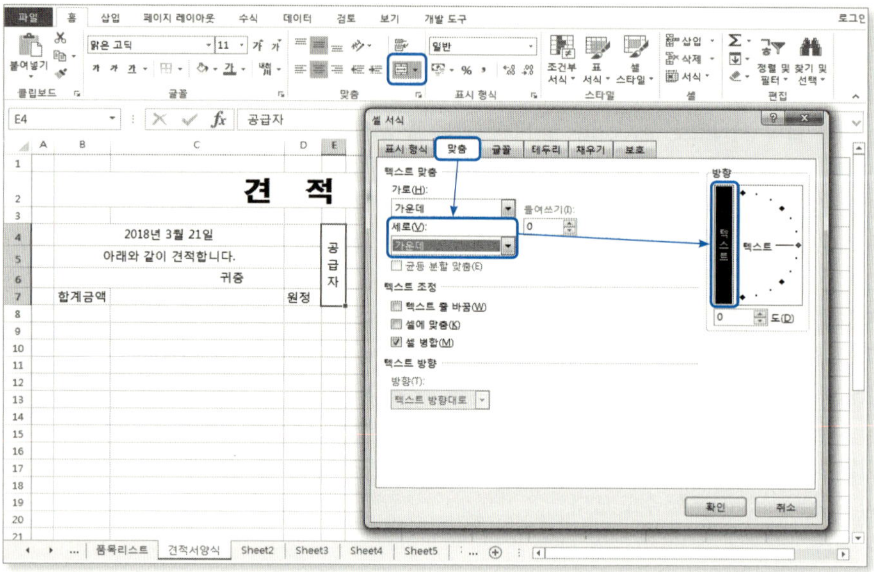

❾ F4 셀에 **'등록번호'**를 입력하고 [가운데 맞춤]을 선택한다. G4 셀에는 ㈜모다모아의 사업자 등록번호 **'123-82-45678'**을 입력한 후, G4:I4 셀 범위를 선택하여 [병합하고 가운데 맞춤]을 선택한다.

❿ F5 셀에는 **'상호(법인명)'**을 입력한다. 이때 '상호'와 '(법인명)'을 두 줄로 표시하기 위해 먼저 '상호'를 입력한 후 'Alt+Enter'로 줄바꾸기를 하고, 계속해서 '(법인명)'을 입력한다. F5 셀을 선택하여 [가운데 맞춤]으로 정렬한 후, 입력표시줄에서 '(법인명)' 부분을 선택 표시하고 [글꼴 크기]를 '9'로 조정한다. G5, H5, I5, F6, F7 셀에는 각각 **'㈜모다모아'**, **'성 명'**, **'강가래'**, **'사업장'**, **'전화번호'** 등을 입력한다.

⓫ G6:I6, G7:I7 셀 영역을 각각 선택하여 [병합하고 가운데 맞춤]을 선택한다. 병합된 G6 셀에는 사업장 주소 **'광주시 북구 용봉로 77'**, G7 셀에는 회사 전화번호 **'(062) 999-9999'**를 각각 입력한다. E4:I7 셀 범위를 선택하여 [가운데 맞춤]으로 설정하고, [홈] 탭의 [글꼴]-[테두리]에서 [모든 테두리]를 선택한 후 다시 동일 영역에 대해 [굵은 상자 테두리]를 설정한다. 병합된 B6 셀을 선택하고 [홈] 탭 [글꼴]-[테두리]에서 [아래쪽 테두리]로 설정한다.

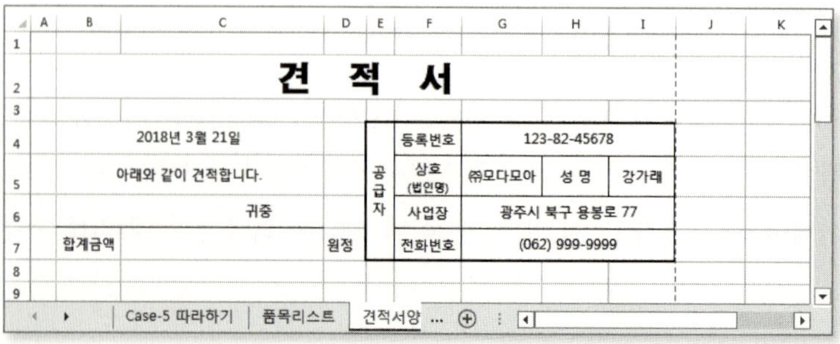

⓬ 4행부터 7행까지의 행머리부분을 선택하고 [행 높이]를 '25'로 조정해 둔다. 그리고 B8:I8 셀 영역을 선택하고 [테두리]-[모든 테두리]로 설정한다. 이 중 D8:E8, 그리고 H8:I8 셀 영역을 각각 선택하여 [홈] 탭의 [맞춤]-[셀 병합]울 각각 선택한다.

⓭ 8행의 머리글을 선택하여 [복사]하고 9행부터 31행까지의 머리글을 선택하여 [붙여넣기]한다. B8, C8, 병합된 D8, F8, G8, 병합된 H8 셀에 각각 **'번호'**, **'품명'**, **'규격'**, **'수량'**, **'단가'**, **'공급가액'**을 입력하고, B8:I8 셀 영역을 선택하여 [가운데 맞춤]으로 정렬한다. B9 셀과 B10 셀에 '1', '2'를 각각 입력한 후, 자동채우기 핸들로 B28까지 끌기 하여 B9 셀부터 B28 셀까지 1부터 20이 차례로 입력되도록 한다. B9:B28 셀 영역을 선택하여 [가운데 맞춤]으로 설정한다.

⓮ B29:C31, D29:G29, D30:G30, D31:G31 셀 영역을 각각 선택하고, 각각 [병합하고 가운데 맞춤]을 설정한다. 병합된 B29 셀에는 '비 고'를 입력하고 [셀 서식]의 [맞춤]에서 [가로]를 '일반', [세로]를 '위쪽'으로 설정한다.

⓯ 병합된 D29, D30, D31 셀에는 각각 **'공급가총액'**, **'세액(부가가치세)'**, **'합계금액'**을 입력한다. 그리고 이들이 입력된 D29:G31 셀 영역을 선택하여 오른쪽 마우스 [셀 서식]의 [맞춤]에서 [텍스트 맞춤]의 [가로]를 '균등분할(들여쓰기)'로, 그리고 [들여쓰기]를 '1'로 설정한다.

⓰ B32 셀에 '**※ 상기 견적금액은 예고없이 변동될 수도 있습니다.**'를 입력하고, B33 셀에는 '**※ 유효기간:**'을 입력한다. B32:B33 셀 범위를 선택하고 [글꼴크기]를 '9'로 설정한다. 이제 행머리글 8부터 33행까지를 선택하여 [행 높이]를 '20'으로 선택한다.

⓱ 이제 G32:I33 셀 영역에 회사 이름을 WordArt 형식으로 만들어 입력해 보자. [삽입] 탭의 [기호]-[텍스트]에서 [WordArt 삽입]을 클릭하고 [채우기-파랑, 강조1, 윤곽선]을 선택한다. '필요한 내용을 적으십시오' 부분에 '**㈜모다모아**'를 입력하고, [홈] 탭의 [글꼴]을 '동녁B', [글꼴 크기]를 '20'으로 설정한다. 크기 조절된 회사이름을 끌기 하여 G32:I33 셀 영역의 가운데 부분에 위치시킨다.

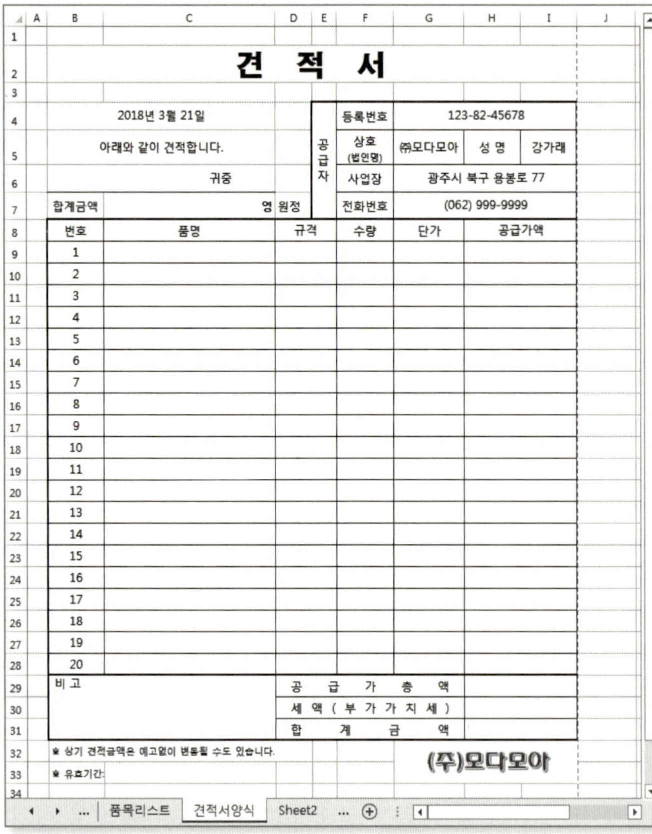


⑱ 견적 내용이 기록될 B8:I28 셀 영역을 선택하고, [홈] 탭의 [맞춤]-[가운데 맞춤]으로 설정한 후, 동일 영역에 대해 [홈] 탭 [글꼴]의 [테두리]를 [굵은 상자 테두리]로 설정한다. 이어서 B29:I31 셀 영역에 대해서도 [굵은 상자 테두리]로 설정한다.

> **참고**
>
> **엑셀에서 특수기호 입력 방법**
>
> 엑셀에서 ※, ★, ▶, ♧ 등의 특수기호를 입력하기 위해서는 [삽입] 탭의 [기호]-[기호]를 선택하여 원하는 특수기호를 골라 삽입할 수 있다. 그 외에도 입력하고자 하는 셀에 먼저 한글 'ㅁ'을 입력한 후 키보드의 [한자] 버튼을 누르면 나타나는 특수기호들 중에서 선택하여 입력할 수도 있다.

## 3단계 필요한 수식 정의

견적서를 엑셀로 자동화하고자 하는 가장 큰 이유 중의 하나는 가능한 한 키보드 입력을 최소화하려고 하는 것이다. 이를 위해서는 필요한 셀들에 미리 관련된 수식을 입력해 두어야 한다. 먼저 품목리스트 중 하나인 '미래로 PC-920' 제품을 7개 판매하는 상황을 가정하고 관련 수식을 정의해 보자.

❶ 먼저 C9 셀에 품명 **'미래로 PC-920'**을 입력해 둔다.

❷ D9 셀에는 C9 셀에 입력된 품명을 앞에서 정의해 두었던 이름 '품목리스트'('품목리스트' sheet의 B3:D22 셀 범위)에서 찾아서 해당 품목의 [규격]을 표시해주도록 관련 수식을 입력한다. 이때 사용할 수 있는 함수로 'VLOOKUP'가 있다. D9 셀에 VLOOKUP 함수를 사용한 수식 '=**VLOOKUP(C9,품목리스트,2,0)**'을 입력한다. 이 수식은 C9 셀의 품목을 이름 '품목리스트'('품목리스트' sheet의 B3:D22 셀 범위)에서 찾아서 해당 품목 행의 두 번째 값(규격)을 표시하라는 의미이다. 마지막 '0'은 품목리스트 첫째 줄에서 C9 셀과 같은 품목을 찾을 때 C9 셀의 표시내용과 정확하게 일치하는 품목을 찾으라는 옵션이다.

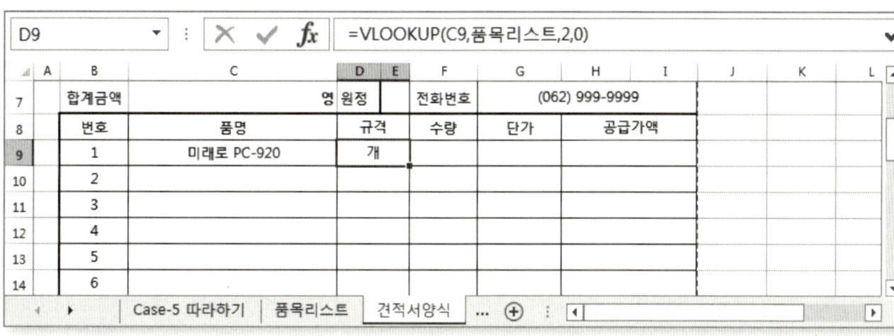


> **참고**
>
> **VLOOKUP 함수**
>
> 엑셀에서 미리 정의된 단가표나 등급표, 성적표 등에서 특정 값을 찾아 해당 영역의 특정 열(또는 행) 값을 표시하도록 하기 위해 자주 사용되는 함수로 VLOOKUP 함수와 HLOOKUP 함수가 있다. 이 중 VLOOKUP 함수는 찾고자 하는 기준 셀 영역의 값들이 위/아래 수직(Vertical) 형태로 정렬되어 있는 표 형식에 적용되는 것이며, HLOOKUP 함수는 찾고자 하는 기준 셀 영역의 값들이 좌/우 수평(Horizontal) 형태로 정렬되어 있는 표 형식에 적용되는 것이다. 이때 참조범위의 값들은 반드시 기준이 되는 첫 열(행)이 오름차순으로 정렬되어 있어야 한다.
>
> 예컨대 VLOOKUP 함수를 사용하는 기본 형식은 '=**VLOOKUP(찾으려는 값, 참조범위 또는 이름, 범위내 값을 추출할 열 번호, 일치형태 옵션)**'과 같이 표현한다. 여기서 일치형태 옵션은 찾으려는 값이 참조범위의 기준 열에서 정확하게 일치하는 것을 찾으려면 False(0)를, 비슷하게 일치하는 것을 찾으려면 True(1)로 입력한다. 만일 이 옵션을 생략하는 경우에는 True로 지정되는 것으로 간주한다.

❸ 그런데 VLOOKUP 함수를 적용하기 위해서는 참조로 하는 이름이 정의된 영역('품목리스트' sheet의 B3:D22 셀 범위)이 오름차순으로 정렬되어 있어야 한다. 따라서 '품목리스트' sheet에서 B2:D22 셀 범위를 선택하고 [데이터] 탭의 [정렬 및 필터]에서 [정렬]을 선택하고 [열]-[정렬 기준]을 '품명'으로 지정한 후 [정렬]을 '오름차순'으로 선택하여 [확인]을 누른다.

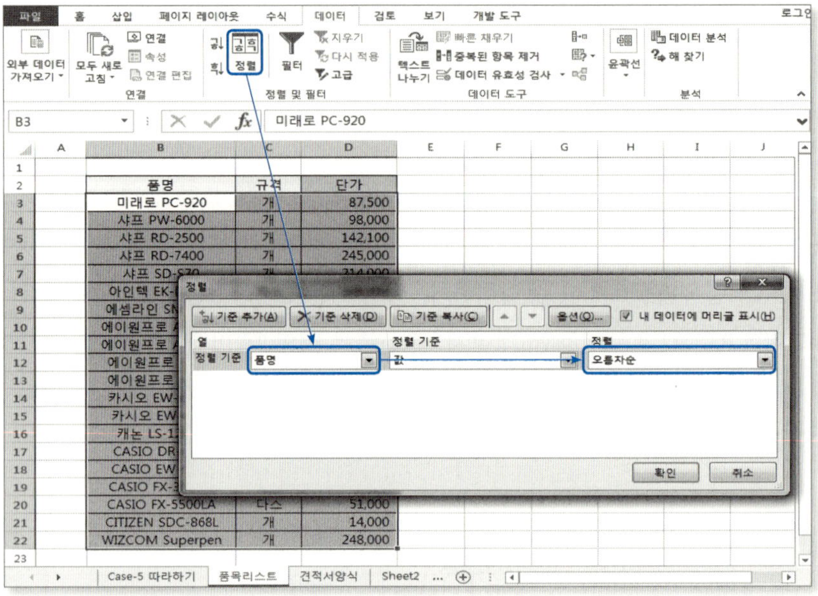

❹ 그 결과 '견적서양식' sheet의 D9 셀에 찾은 값 '개'가 표시되었다. 이제 D9 셀의 수식을 같은 논리가 적용되는 D10:D28 셀 영역에 복사해 두기 위해 D9 셀에서 자동채우기 핸들을 통해 D28 셀까지 끌어놓기 한다. 그런데 D10:D28 셀 범위에 나타난 결과는 모두 '#N/A'로 표시되고 있다. 이는 예컨대 D10 셀의 경우 C10 셀에 입력된 값을 이름 '품목리스트'에서 찾으라는 것인데, C10 셀에는 아직 아무런 값도 입력되지 않은 상태이므로 해당 수식(=VLOOKUP(C10,품목리스트,2,0))이 요청하는 연산을 할 수 없음을 표시하고 있는 것이다. 따라서 D9 셀에서 자동채우기 기능을 수행하기 전에, D9 셀의 수식에 'ISBLANK' 함수를 추가하여 '**=IF(ISBLANK(C9),"",VLOOKUP(C9,품목리스트,2,0))**'으로 수정한다. 이 수식은 만일 참조하는 앞 셀(C9)이 빈 셀이면(IF(ISBLANK(C9)) D9 셀에 빈칸("")으로 표시하고, 빈 칸이 아니면 VLOOKUP 함수를 수행하라는 의미이다. 이제 D9 셀에서 D28 셀까지 자동채우기 기능을 수행하면, C10:C28 셀 범위에 아직 값이 입력되지 않은 상태이므로 D10:D28 셀 범위에는 수식이 입력되어 있어도 빈 칸으로 표시되게 된다.

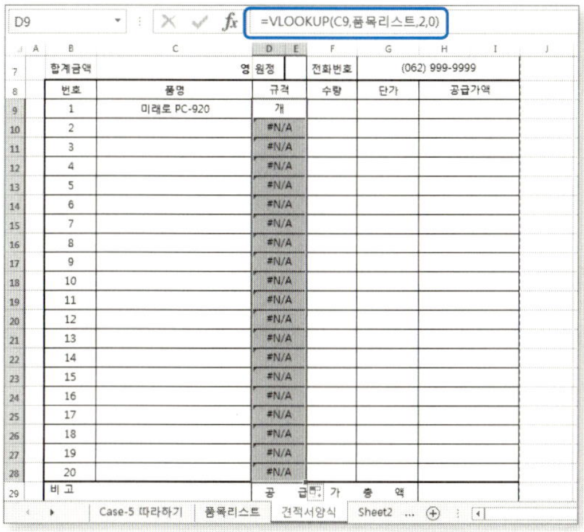


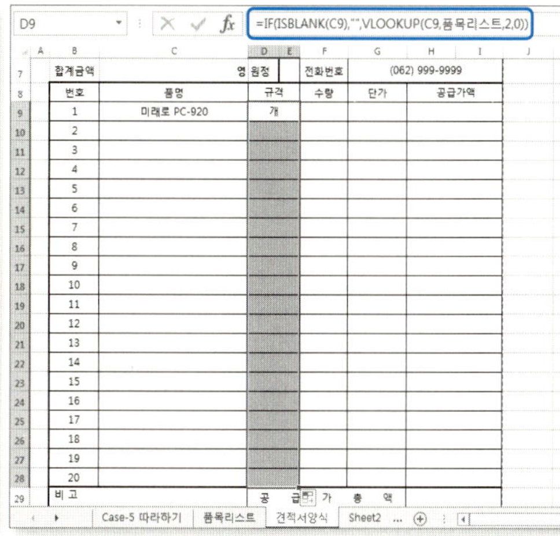


❺ F9 셀에는 판매수량을 직접 입력하는 것으로 하고, G9 셀에도 D9 셀의 경우와 마찬가지로 VLOOKUP 함수와 ISBLANK 함수를 이용하여 해당 수식 '**=IF(ISBLANK(C9),"",VLOOKUP(C9,품목리스트,3,0))**'을 입력한다. 이는 C9 셀의 값을 '품목리스트' 이름 영역에서 찾아 해당 줄의 3번째 값(즉, 단가)을 표시하라는 의미이다. 수식이 적용된 결과 G9 셀에는 '미래로 PC－920' 품목의 단가인 '87,500'이 표시되고 있다.

❻ 병합된 H9 셀에는 F9 셀의 수량과 G9 셀의 단가를 곱하여 금액을 표시하도록 하기 위해 수식 '**=IF(ISERROR(F9*G9),"",F9*G9)**'을 입력한다. 이는 해당 줄의 수량(F9)과 단가(G9)를 곱하여 H9 셀에 표시하되, 만일 그 곱이 오류이면(ISERROR)이면 빈 칸으로 표시하라는 의미이다. 즉, 수량(F9 셀)에 값이 입력되어 있지 않은 경우에는 'F9*G9'의 계산을 수행할 수 없으므로 오류(ERROR)로 표시될 것이며, 이 경우에는 아직 준비가 되어 있지 않은 것이므로 H9 셀을 빈 칸으로 두라는 의미이다. 이제 F9 셀에 판매수량 '7'을 입력해 보면 H9 셀에는 수량×단가의 결과인 '612,500'이 계산되어 표시된다.

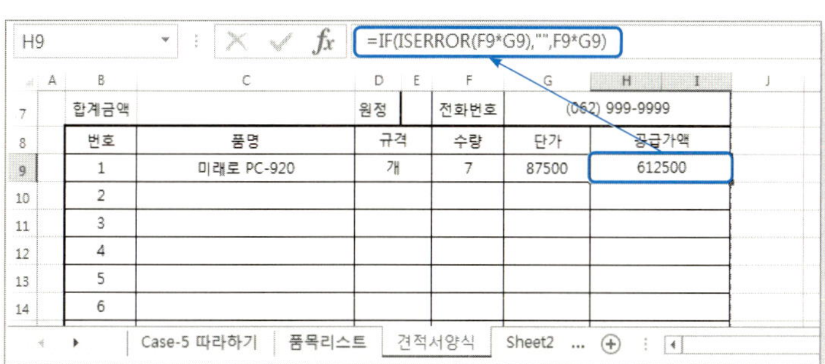

❼ 이제 G9 셀과 H9 셀에서 각각 자동채우기 핸들을 이용하여 G28 그리고 H28까지 끌어놓아 입력된 수식을 채워놓는다.

❽ H29 셀(공급가총액 금액 표시부분)에는 위에 표시된 '공급가액'을 모두 합계하여 표시하기 위해 해당 수식 '=**SUM(H9:H28)**'을 입력한다(대신 공급가총액을 표시할 H29 셀까지를 포함하여 H9:H29 셀 범위를 선택한 후 [홈] 탭의 [편집]에서 자동합계(Σ) 버튼을 눌러 표시해도 결과는 같다).

❾ H30 셀에는 부가가치세(10%)를 계산하기 위해 해당 수식 '=**H29*10%**'를 입력하고, H31 셀에는 이들을 합산하는 수식 '=**H29+H30**'을 각각 입력한다.

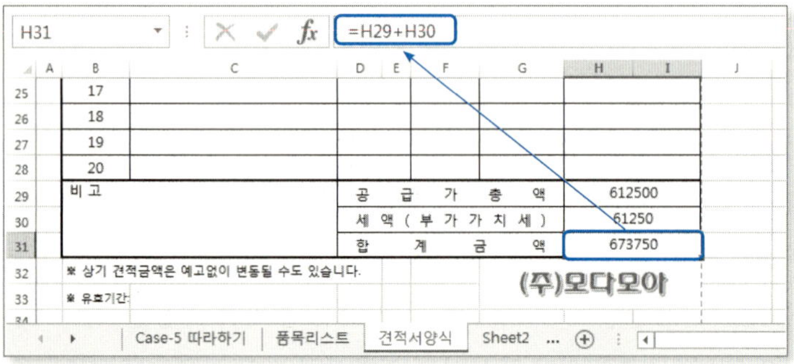


❿ H29:H31 셀 범위를 선택하여 오른쪽 마우스 [셀 서식]에서 [표시 형식]을 '회계'로 선택하여 원 표시 부호(₩)가 표시되도록 한다.

⓫ 이제 H31 셀에 견적금액이 계산되었으므로, 이를 C7 셀에도 표시하기 위해 C7 셀에 수식 '=**H31**'을 입력하고, 오른쪽 마우스 [셀 서식]에서 [표시 형식]을 [기타]로 선택한 후 오른쪽 [형식]에서 '숫자(한글)'을 클릭한다. 이는 H31 셀에 계산된 합계금액을 C7 셀에 다시 표시하되 한글로 표시하기 위한 것이다.

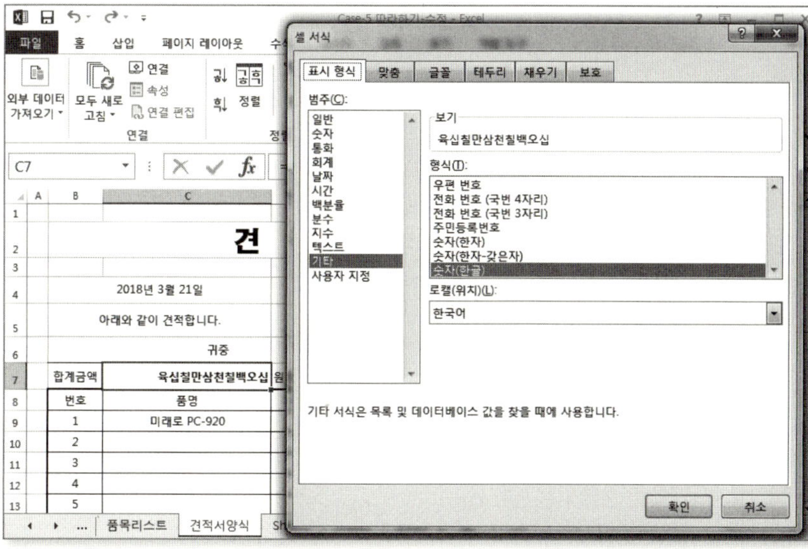

⑫ C7 셀의 금액을 강조 표시할 필요가 있으므로 [홈] 탭의 [글꼴]에서 '굵게'를 선택한다.

⑬ C33 셀에는 작성된 견적서의 유효기간을 견적서 작성시에 입력할 수 있도록 미리 셀 형식만을 지정해 두도록 한다. 유효기간을 지정하지 않을 수도 있지만, 만일 지정하는 경우에도 여러 가지 날짜 표시방법 중 어떤 형태로 입력하더라도 동일 형식으로 표시되도록 하는 것이다. C33 셀을 선택하고 오른쪽 마우스 [셀 서식]의 [표시 형식]에서 [날짜]를 클릭한 후 오른쪽 [형식]에서 '2012년 3월 14일' 형식을 지정한다. 날짜를 입력하지 않은 경우에는 빈 칸으로 표시되지만, 예컨대 '2018 – 9 – 20' 형태로 입력하더라도 C33 셀에는 '2017년 9월 20일' 형식으로 표시된다. 예시를 위해 입력한 날짜는 지운다.

⑭ 이로써 원하는 견적서 양식은 만들어진 셈이지만, 아직 판매품목(품명; C9:C28 셀 영역)은 키보드에서 직접 입력해야 하는 구조이다. 따라서 이들 품명 입력을 보다 쉽게 할 수 있도록 이번에는 [유효성 검사] 기능을 추가해 보기로 한다. 이때 앞에서 이미 이름 정의해 두었던 '품명' 이름('품목리스트' sheet의 B3:B22 셀 범위)을 사용하기로 한다.

⑮ 먼저 '견적서 양식' sheet에서 [유효성 검사] 기능을 설정할 C9:C28 셀 범위를 선택하고 [데이터] 탭의 [데이터 도구] – [데이터 유효성 검사]를 클릭하여 [데이터 유효성] 대화상자의 [설정]에서 [제한 대상]을 [목록]으로 설정하고, [원본]에 '=**품명**'으로 입력한 후 [확인]을 누른다.

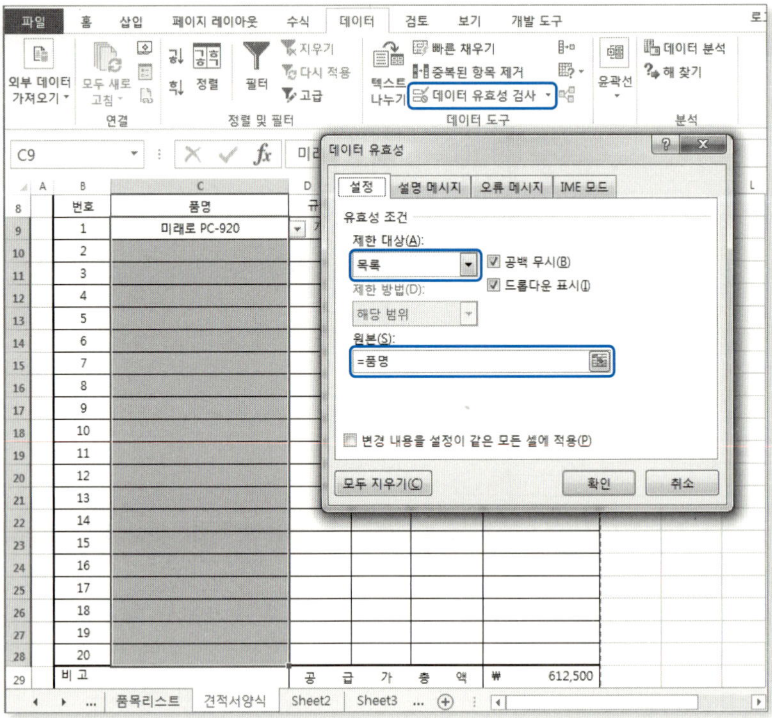

⑯ 이제 C9:C28 영역의 어느 셀을 클릭해도 [데이터 유효성] 기능이 설정되어 선택 셀 오른쪽에 유효성 검사 버튼(▼)이 표시되고, 이 버튼을 누르면 목록으로 설정한 범위의 값들이 표시되므로 이 목록 중에서 해당 품명을 선택하여 입력할 수 있다.

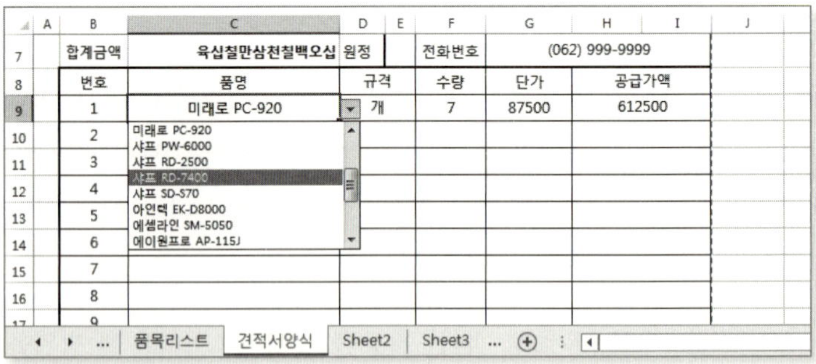

⑰ 이로써 기본적인 견적서 양식 설계는 완성된 셈이다.

## 4단계 견적서 인쇄 설정

견적서를 작성하면 대부분 곧바로 인쇄하여 배부해주도록 하는 것이 보통이므로, 그때그때 인쇄옵션을 설정하여 인쇄하는 것보다는 미리 인쇄옵션을 설정하여 저장해 두면 편리할 것이다. 따라서 인쇄와 관련된 설정을 다음과 같이 미리 정해두기로 한다.

❶ 먼저 [파일] 탭에서 [인쇄]를 클릭한다.

❷ [설정]에서 [활성 시트 인쇄]로 지정하고, [여백]을 [좁은 여백]으로 설정한다. 아래 [페이지 설정] 대화상자의 [여백]에서 [페이지 가운데 맞춤]의 '가로'와 '세로'를 모두 설정한다. 이는 선택영역이 페이지의 가운데 부분에 인쇄되도록 하고자 하는 것이다.

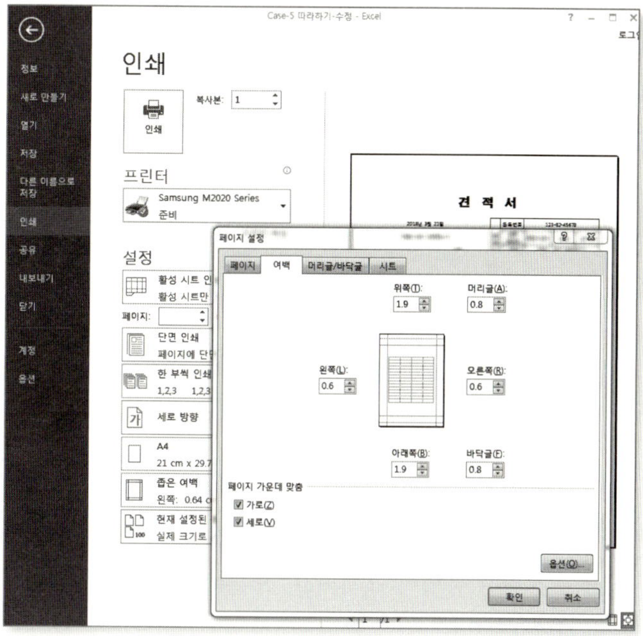

## 5단계 판매거래 예시자료 입력 및 인쇄

이제 견적서 양식이 모두 작성되었으므로, 판매거래의 예시자료를 만들어 견적서에 입력하고 인쇄하는 절차를 수행해 보기로 한다.

〈거래 예시 자료: 판매처 ㈜너나우리〉

| | 품명 | 수량 |
|---|---|---|
| 1 | 샤프 SD-S70 | 4 |
| 2 | CASIO EW-K550 | 6 |
| 3 | 에이원프로 AP-88 | 10 |
| 4 | 에셈라인 SM-5050 | 5 |
| 5 | 아인텍 EK-D8000 | 10 |
| 6 | 미래로 PC-920 | 10 |
| 7 | CASIO DR-8620 | 8 |

❶ 먼저 완성된 견적서 양식을 원형으로 보관해 두고 이를 복사하여 견적, 발행하기로 한다. 아래 sheet 이름 '견적서양식'을 클릭하고 오른쪽 마우스 [이동/복사]를 선택한 후 [다음 시트의 앞에]에서 '견적서양식' 다음 부분(Sheet2)을 클릭하고 아래 [복사본 만들기]에 체크한 후 [확인]을 누른다.

❷ 새로 생성된 '견적서양식(2)'를 클릭하고 새 이름 '**견적서 발행**'으로 수정해 놓는다.

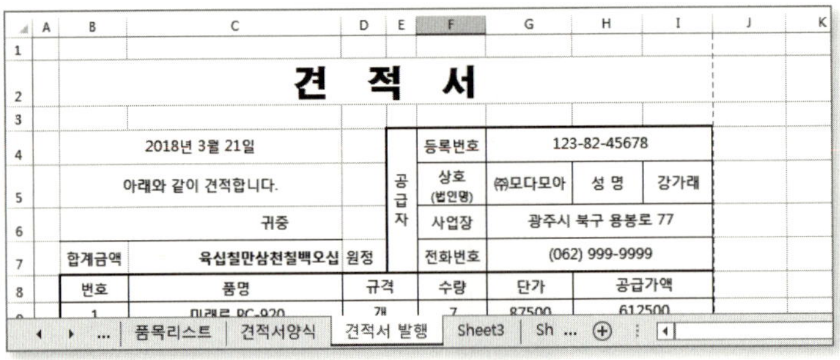


❸ [견적서 발행] sheet에서 먼저 C4 셀의 오늘 날짜를 확인하고, C6 셀을 클릭하여 견적서를 수령할 매입처 이름 '㈜**너나우리**'를 '귀중' 앞에 입력한다.

❹ 거래자료를 입력할 C9 셀을 선택하고, 셀의 오른쪽 유효성 검사 버튼(▼)을 클릭하여 나열된 품명 리스트 중에서 입력하고자 하는 첫 번째 거래품목 '샤프 SD–S70'을 클릭한다. 그러면 C9 셀에 선택한 품명이 표시되고, 오른쪽 D9, G9 셀에도 해당 규격과 단가가 자동으로 검색되어 표시된다.

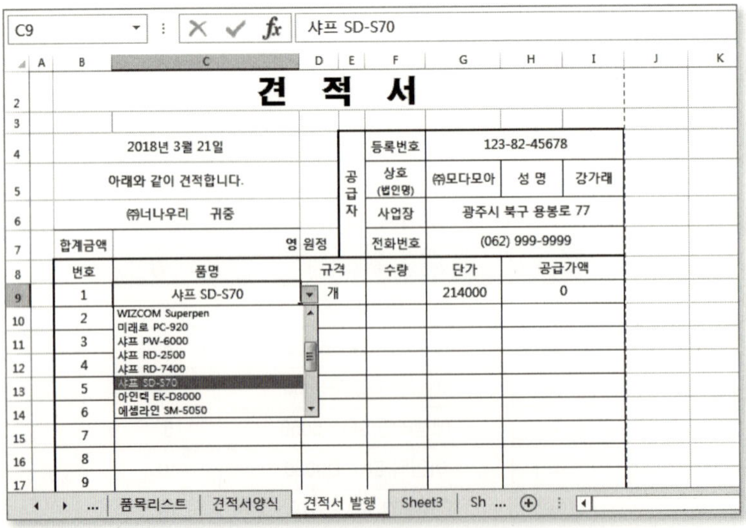

❺ 이제 F9 셀에서 거래 수량인 '4'를 입력하면, H9 셀의 '공급가액'과 아래 합계부분(H29:H31), 그리고 C7 셀의 한글 표시 합계금액까지 한꺼번에 변경 표시된다.

❻ 다음으로 C10 셀을 클릭하여 두 번째 거래인 품명 'CASIO EW－K550'을 확인하여 입력하고, F10 셀에 거래 수량 '6'을 입력한다. 이에 따라 '공급가액'(H10) 및 합계란에도 입력자료를 반영하여 자동으로 변경 표시된다.

❼ 이와 같은 방식으로 나머지 5개 품목에 대한 내용도 추가하여 차례로 입력한다. 마지막으로 C33 셀의 유효기간은 오늘날짜로부터 180일(6개월)간 유효한 것으로 가정하고, C33 셀에 '=**B4+180**'을 입력한다. C33 셀에는 오늘(2018년 3월 21일)로부터 180일 이후 시점인 '2018년 9월 17일'로 표시된다. 입력 완료한 견적서는 다음과 같이 표시된다.

❽ 견적서에 의하면 거래처인 ㈜너나우리에 청구할 금액은 '구백오십육만팔천사백육십원(₩9,568,460)'으로 집계되었다.

❾ ㈜너나우리에 대한 견적서가 완성되었으므로 이제 인쇄하여 제출하면 된다. 견적서 인쇄를 위해 [파일] 탭에서 [인쇄]를 클릭하여 나타난 [미리보기] 화면을 보고 인쇄 설정을 검토한 후 [인쇄]를 누른다. 만일 앞에서 설정해둔 인쇄양식과 다른 경우에는 인쇄 설정을 바꾸어 인쇄한다.

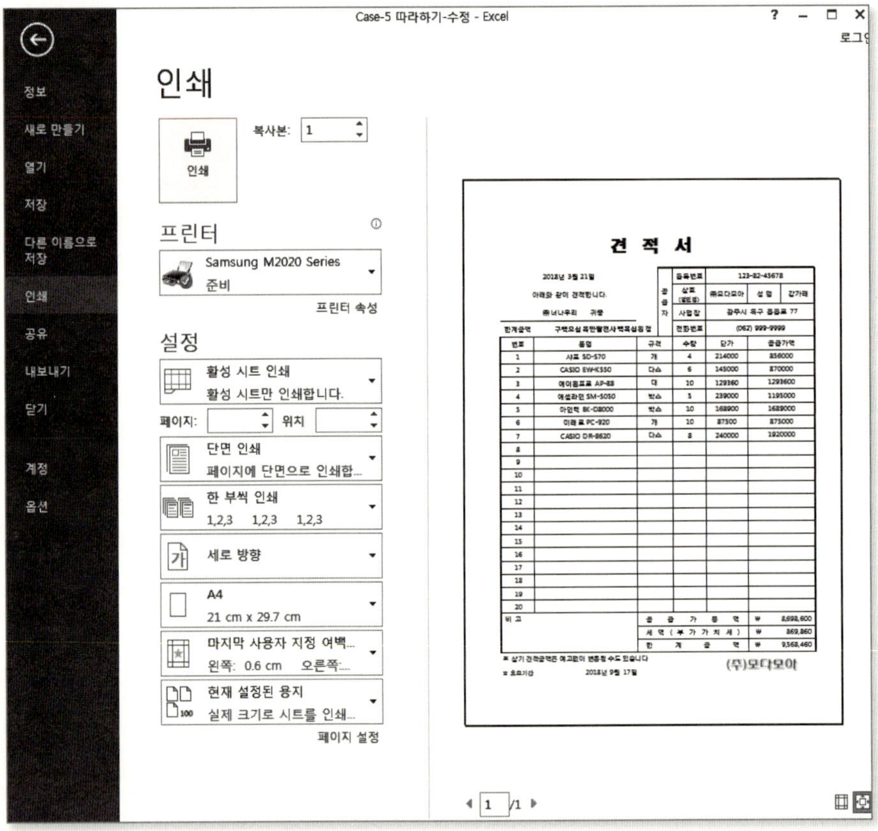

## 유사 사례 201 혼자해보기 ㈜새날중공업의 자재출고전표 작성

### 현황

㈜새날중공업의 자재창고부서 임꺽정은 해당 부서에서만 25년을 근무하고 있다. 임꺽정 사원은 지금까지 자재 수요부서에서 자재 출고를 요청해오는 경우, 미리 인쇄되어 있는 종이 자재출고전표에 기록하고, 복사본이 필요한 경우 이를 복사하여 관리하거나 제공해 오고 있다. 그런데 최근 자재창고부서에 신입사원 1명이 배정된 시점을 계기로 하여, 지금까지 종이 전표에 기록해오던 방식을 Excel 양식으로 전산화하는 방법을 고려하고 있다. 그리고 이 전산 양식의 개발을 신입사원에게 첫 임무로 배정할 생각이다.

㈜새날중공업의 자재창고부서에서 관리하고 있는 자재의 종류와 자재 수요부서(사용처) 자료는 다음과 같다.

〈자재의 종류 및 사용처 자료〉

| 부품번호 | 부품명 | 출고단가 |
|---|---|---|
| PC－001 | AMD 라이젠 5 | 220,150 |
| PC－002 | 삼성전자 DDR4 8G | 74,960 |
| PC－003 | ASRock A320M | 74,520 |
| PC－004 | GALAX GTX1060 | 265,470 |
| PC－005 | WD Green SSD | 67,090 |
| PC－006 | 3RSYS J210 | 26,000 |
| CAR－001 | 프론트판넬 | 46,000 |
| CAR－002 | 앞펜더 | 37,050 |
| CAR－003 | 뒤휠하우스 | 52,300 |
| CAR－004 | 앞문 | 85,000 |
| CAR－005 | 뒷문 | 88,000 |
| CAR－006 | 대시보드 | 27,170 |
| CAR－007 | 선바이저 | 19,300 |
| CAR－008 | 콘솔박스 | 26,400 |

| 사용처 |
|---|
| 생산1부 |
| 생산2부 |
| 생산3부 |
| 수선1부 |
| 수선2부 |
| 판매1부 |
| 판매2부 |
| 판매3부 |

〈현재 사용하고 있는 자재출고전표의 양식〉

㈜새날중공업

자재출고전표

| 출고번호 | |
|---|---|
| 출고일 | |

| 출고자 | | (인) |
|---|---|---|
| 인수자 | | (인) |

| 부품번호 | 부품명 | 출고수량 | 단가 | 금 액 | 사용처 | 비 고 |
|---|---|---|---|---|---|---|
| | | | | | | |
| | | | | | | |
| | | | | | | |
| | | | | | | |
| | | | | | | |
| | | | | | | |
| | | | | | | |
| | | | | | | |
| | | | | | | |
| | | | | | | |
| | | | | | | |
| | | | | | | |
| | | | | | | |
| | | | | | | |
| | | | | | | |
| 합계 | | | | | | |

**요구사항**

1. 귀하(홍길동)가 ㈜새날중공업의 자재창고부서 신입사원이라고 가정할 때, 회사의 요구에 따라 자재출고전표를 어떻게 설계하고 운영할 것인지, 해당 절차를 수행해 보시오.

2. 7월 21일에 수선2부의 서경덕 사원이 다음과 같은 자재요청서를 보내왔다고 가정할 때, 자재출고전표에 이를 입력하고, 관리용 부본을 인쇄하는 절차를 수행하시오.

| 부품번호 | 요청 수량 |
|---|---|
| PC-003 | 5 |
| CAR-006 | 2 |
| CAR-003 | 16 |
| CAR-004 | 4 |
| PC-005 | 2 |
| CAR-008 | 6 |

## 유사 사례 201 혼자해보기 Tips & 풀이 요약

**Tip**

- 자재출고전표에서 부품번호를 입력하면 오른쪽에 자동으로 부품명을 찾아 표시하도록 하는 함수를 적용할 수 있다(예: VLOOKUP 함수 등).
- 자재 취급자(출고자 및 사용부서 관리자)가 일정 인원으로 미리 정해져 있는 상황이라면, 출고자 및 인수자도 목록을 통해 선택하여 표시하는 방법을 생각할 수 있다.

### 1단계 기초자료 시트 입력

- 자료별 이름 정의

㈜세날중공업 자재 관련 자료

| 부품번호 | 부품명 | 출고단가 | | 사용처 | | 출고자 | | 인수자 |
|---|---|---|---|---|---|---|---|---|
| PC-001 | AMD 라이젠 5 | 220,150 | | 생산1부 | | 강하나 | | 김새벽 |
| PC-002 | 삼성전자 DDR4 8G | 74,960 | | 생산2부 | | 이영길 | | 서경덕 |
| PC-003 | ASRock A320M | 74,520 | | 생산3부 | | 홍길동 | | 오성수 |
| PC-004 | GALAX GTX1060 | 265,470 | | 수선1부 | | | | 유정석 |
| PC-005 | WD Green SSD | 67,090 | | 수선2부 | | | | 정현명 |
| PC-006 | 3RSYS J210 | 26,000 | | 판매1부 | | | | 최소린 |
| CAR-001 | 프론트판넬 | 46,000 | | 판매2부 | | | | |
| CAR-002 | 앞펜더 | 37,050 | | 판매3부 | | | | |
| CAR-003 | 뒤휠하우스 | 52,300 | | | | | | |
| CAR-004 | 앞문 | 85,000 | | | | | | |
| CAR-005 | 뒷문 | 88,000 | | | | | | |
| CAR-006 | 대시보드 | 27,170 | | | | | | |
| CAR-007 | 선바이저 | 19,300 | | | | | | |
| CAR-008 | 콘솔박스 | 26,400 | | | | | | |

기초자료 | 자재출고전표-HY-031 | Sheet5 | Sheet6 | Sheet1

### 2단계 [요구사항] 해결

- 7/21 자재출고전표 입력
  - 유효성검사 기능 사용

㈜ 세날중공업

**자재출고전표**

| 출고번호 | HY-031 | 출고자 | 홍길동 | (인) |
|---|---|---|---|---|
| 출고일 | 7월 21일 | 인수자 | 서경덕 | (인) |

| 부품번호 | 부품명 | 출고수량 | 단가 | 금 액 | 사용처 | 비 고 |
|---|---|---|---|---|---|---|
| PC-003 | ASRock A320M | 5 | 74520 | 372,600 | 수선2부 | |
| CAR-006 | 대시보드 | 2 | 27170 | 54,340 | 수선2부 | |
| CAR-003 | 뒤휠하우스 | 16 | 52300 | 836,800 | 수선2부 | |
| CAR-004 | 앞문 | 4 | 85000 | 340,000 | 수선2부 | |
| PC-005 | WD Green SSD | 2 | 67090 | 134,180 | 수선2부 | |
| CAR-008 | 콘솔박스 | 6 | 26400 | 158,400 | 수선2부 | |
| 합계 | | 35 | | 1,896,320 | | |

기초자료 | 자재출고전표-HY-031 | Sheet5 | Sheet6 | Sheet1

# Case 202 ㈜한얼체인의 매입매출장 작성

**현황**

생활용품을 도소매하는 유통업체인 ㈜한얼체인에서는 지금까지는 매입장과 매출장을 각각 별도의 장부로 기록해 왔다. 그러나 매입/매출 관련 일일 거래건수가 그리 많지 않은 상황이어서, 이를 합하여 하나의 '매입매출장' 형식으로 기록, 관리하고자 한다. 또한 '매입매출장' 작성을 엑셀 sheet로 자동화하여 가능한 한 자료 입력을 최소화하고, 자료 입력이 필요한 경우에도 가능한 한 키보드 입력 대신에 선택 적용할 수 있도록 자동화하는 방법을 생각하고 있다.

㈜한얼체인이 고려하고 있는 매입매출장 기본 서식과 매입매출 관련 기본 자료는 다음과 같다.

〈매입매출장 기본서식〉

| ㈜한얼체인 | | | | 매 입 매 출 장 | | | | | | | | | |
|---|---|---|---|---|---|---|---|---|---|---|---|---|---|
| 년 | 월 | 일 | 구분 | 거래처 | 품명 | 거래 내역 | | 매입 금액 | | | 매출 금액(판매가) | | |
| | | | | | | 수량 | 단가 | 금액 | 세액 | 합계 | 금액 | 세액 | 합계 |
| | | | | | | | | | | | | | |
| | | | | | | | | | | | | | |
| | | | | | | | | | | | | | |
| | | | | | | | | | | | | | |
| | | | | | | | | | | | | | |
| | | | | | | | | | | | | | |
| | | | | | | | | | | | | | |
| | | | | | | | | | | | | | |
| | | | | | | | | | | | | | |
| | | | | | | | | | | | | | |
| | | | | | | | | | | | | | |
| | | | | | | | | | | | | | |
| 총 계 | | | | | | | | | | | | | |

### 〈매입매출거래 기본자료〉

| [거래처] |
|---|
| 격조통신 |
| 무등세상 |
| 우리로 |
| 일등닷컴 |
| 한가지로 |
| 환상특급 |
| 너나우리 |
| 희망불빛 |

| [품명] | [매입단가] | [판매단가] |
|---|---|---|
| 공구세트 | 175,000 | 220,000 |
| 다리미 | 78,000 | 100,000 |
| 벽걸이 | 120,000 | 150,000 |
| 전화기 | 226,000 | 270,000 |
| 청소기 | 152,000 | 180,000 |
| 휴지통 | 12,000 | 18,000 |

**요구사항**

1. 매입매출장 기본 서식을 작성하고, 필요한 수식과 기능을 적용하여 입력작업을 최소화할 수 있도록 자동화된 서식으로 구성하시오.
2. 수식 등에 의해 자동으로 입력된 거래 자료가 쉽게 수정되지 않도록 보호하는 기능을 설정해 보시오.

## Case 202 따라하기

**상황분석**

- 매입매출장 양식에 입력을 최소화하기 위해서는 수식을 사용하여 미리 정의해 둘 수 있는 셀들이 어떤 것들인가를 확인해야 한다(금액, 세액, 합계, 총계 등).
- 자료 입력시에 사용할 기초자료는 별도의 시트에 준비해 두고, 향후 사용에 대비하여 미리 해당 셀 범위에 이름을 부여해 둔다.
- 매입매출장에 기초자료를 이용하여 입력할 때는 [데이터 유효성 검사] 기능을 사용하는 것이 유용하다.
- 기초자료 중에서 차후에 추가나 변경이 이루어질 수 있는 항목(거래처나 품명 등)을 고려해야 한다.
- 수식에 의해 자동 계산이 이루어지는 셀 영역에는 셀 보호 기능을 통해 임의의 숫자를 입력하거나 수정하지 못하도록 보호하는 장치가 필요하다.
- 각 셀에 수식을 미리 입력해두는 경우 빈 칸에 '0'이나 '－' 등의 표시가 나타나지 않도록 셀서식을 지정할 필요가 있다.

### 1단계 매입매출장 기본 서식 작성

❶ 새 통합문서의 [sheet1] 이름부분을 더블클릭하고 시트 이름을 **'매입매출장'**으로 변경해 놓는다.

❷ '매입매출장' sheet의 A열부터 O열까지의 머리글 부분을 각각 선택하고, 각각의 [열 너비]를 **'1'**, **'4'**, **'3'**, **'3'**, **'5'**, **'8'**, **'8'**, **'4'**, **'8'**, **'9'**, **'8'**, **'9'**, **'9'**, **'8'**, **'10'**으로 설정해 둔다. 또 행의 머리글 부분에서 1행의 [행 높이]를 **'14'**, 2행의 [행 높이]를 **'44'**로 각각 설정한다.

❸ B2 셀에 회사 이름 **'㈜한얼체인'**을 입력하고, B2:E2 셀 범위를 선택하여 [병합하고 가운데 맞춤]을 선택한다. 그리고 [글꼴]에서 [견명조], '14pt', '기울임꼴'을 선택한다. F2 셀에는 **'매 입 매 출 장'**을 입력하고, F2:O2 셀 범위를 선택하여 [병합하고 가운데 맞춤]을 선택한다. 그리고 [글꼴]에서 [견고딕], '22pt', '굵게'를 선택한다. 이제 B2:O2 셀 범위를 함께 선택하고 [글꼴]－[테두리]에서 [굵은 상자 테두리]를 선택한다.

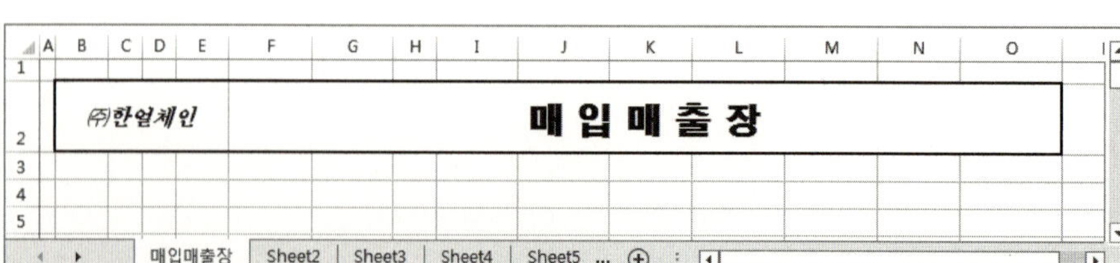

❹ B3 셀에 **'거래일시'**를 입력하고, E3, F3, J3, M3 셀에 각각 **'구분'**, **'거래내역'**, **'매입 금액'**, **'매출 금액(판매가)'**을 입력한다. 그리고 B3:D3, F3:I3, J3:L3, M3:O3 셀 범위를 각각 선택하여 각각 [병합하고 가운데 맞춤]으로 정렬한다. B4 셀부터 O4 셀까지 각각의 셀에 **'년'**, **'월'**, **'일'**, **'구분'**, **'거래처'**, **'품명'**, **'수량'**, **'단가'**, **'금액'**, **'부가세'**, **'합계'**, **'금액'**, **'부가세'**, **'합계'**를 차례로 입력한다. 이제 B4:O4 셀 범위를 선택하고 [홈] 탭의 [맞춤] – [가운데 맞춤]으로 지정한다.

❺ B3:O35 셀 범위를 선택하고 [홈] 탭에서 [글꼴] – [테두리]를 [모든 테두리]로 설정한다. B35 셀에는 **'총 계'**를 입력하고, B35:I35 셀 범위를 선택하여 [병합하고 가운데 맞춤]으로 정렬한다. 병합된 B35 셀의 [글꼴]을 [견고딕], '11pt'로 지정한다. 또 거래 자료가 입력될 B5:O34 셀 범위를 선택하고 [글꼴]을 [돋움], '10pt'로 지정한다.

❻ B5:O35 셀 범위를 선택하고 [글꼴]에서 [굵은 상자 테두리]로 설정한다. B3:O4, B3:D34, F3:I34, M3:O35, B35, J35LO35 셀 범위에도 각각 [글꼴] – [굵은 상자 테두리]로 설정한다.

## 2단계 기초자료 입력 및 이름 정의하기

❶ 새 시트를 생성하고, 시트의 이름을 '**기초자료**'로 변경한다.

❷ '기초자료' 시트의 B2 셀에 '**거래처**'를 입력하고, 아래 B3 셀부터 B10 셀까지 ㈜한얼체인의 거래처 이름을 각각 입력한다. D2, E2, F2 셀에 각각 '**[품명]**', '**[매입단가]**', '**[판매단가]**'를 입력하고, 해당 열의 아래쪽에 ㈜한얼체인이 기초자료로 제시한 품명, 매입단가, 판매단가를 각 입력한다. H2 셀에는 '**[구분]**'을 입력하고 아래 셀에 '**매입**'과 '**매출**'을 각각 입력한다. 그리고 J3:J13, L3:L14, N3:N33 셀 영역에 연, 월, 일을 표시하기 위한 숫자를 각각 입력해 둔다.

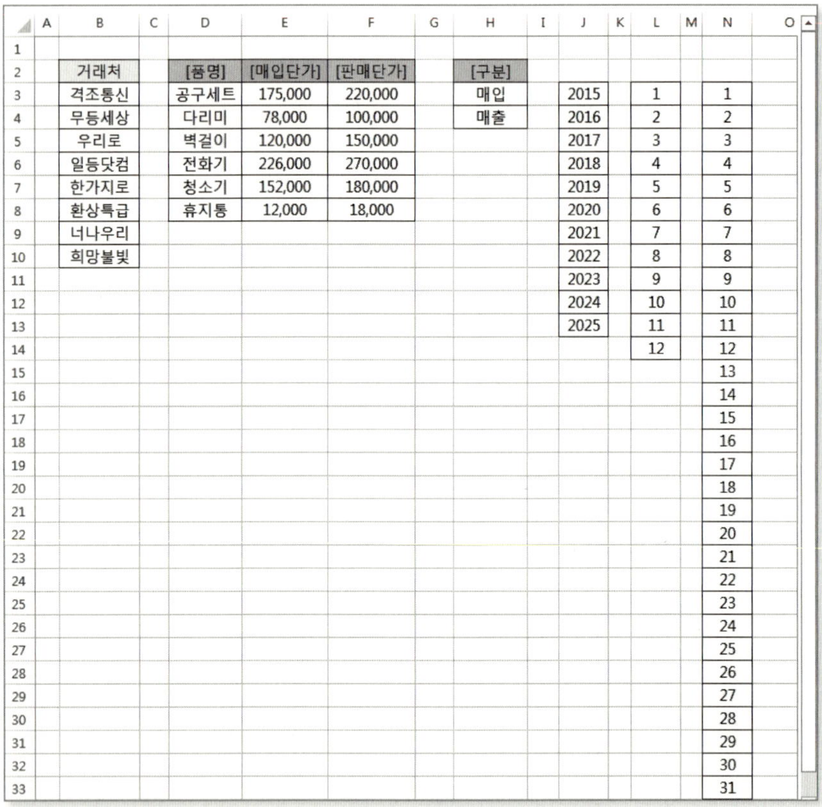

| | A | B | C | D | E | F | G | H | I | J | K | L | M | N | O |
|---|---|---|---|---|---|---|---|---|---|---|---|---|---|---|---|
| 1 | | | | | | | | | | | | | | | |
| 2 | | 거래처 | | [품명] | [매입단가] | [판매단가] | | [구분] | | | | | | | |
| 3 | | 격조통신 | | 공구세트 | 175,000 | 220,000 | | 매입 | | 2015 | | 1 | | 1 | |
| 4 | | 무등세상 | | 다리미 | 78,000 | 100,000 | | 매출 | | 2016 | | 2 | | 2 | |
| 5 | | 우리로 | | 벽걸이 | 120,000 | 150,000 | | | | 2017 | | 3 | | 3 | |
| 6 | | 일등닷컴 | | 전화기 | 226,000 | 270,000 | | | | 2018 | | 4 | | 4 | |
| 7 | | 한가지로 | | 청소기 | 152,000 | 180,000 | | | | 2019 | | 5 | | 5 | |
| 8 | | 환상특급 | | 휴지통 | 12,000 | 18,000 | | | | 2020 | | 6 | | 6 | |
| 9 | | 너나우리 | | | | | | | | 2021 | | 7 | | 7 | |
| 10 | | 희망불빛 | | | | | | | | 2022 | | 8 | | 8 | |
| 11 | | | | | | | | | | 2023 | | 9 | | 9 | |
| 12 | | | | | | | | | | 2024 | | 10 | | 10 | |
| 13 | | | | | | | | | | 2025 | | 11 | | 11 | |
| 14 | | | | | | | | | | | | 12 | | 12 | |
| 15 | | | | | | | | | | | | | | 13 | |
| 16 | | | | | | | | | | | | | | 14 | |
| 17 | | | | | | | | | | | | | | 15 | |
| 18 | | | | | | | | | | | | | | 16 | |
| 19 | | | | | | | | | | | | | | 17 | |
| 20 | | | | | | | | | | | | | | 18 | |
| 21 | | | | | | | | | | | | | | 19 | |
| 22 | | | | | | | | | | | | | | 20 | |
| 23 | | | | | | | | | | | | | | 21 | |
| 24 | | | | | | | | | | | | | | 22 | |
| 25 | | | | | | | | | | | | | | 23 | |
| 26 | | | | | | | | | | | | | | 24 | |
| 27 | | | | | | | | | | | | | | 25 | |
| 28 | | | | | | | | | | | | | | 26 | |
| 29 | | | | | | | | | | | | | | 27 | |
| 30 | | | | | | | | | | | | | | 28 | |
| 31 | | | | | | | | | | | | | | 29 | |
| 32 | | | | | | | | | | | | | | 30 | |
| 33 | | | | | | | | | | | | | | 31 | |

❸ '거래처' 자료가 입력되어 있는 B3:B10 셀 영역을 포함하여 B3:B14 셀 범위를 선택하고, [이름상자]에 '**거래처**'라고 입력한 후 Enter 키를 누른다(이때 반드시 Enter 키를 눌러야 해당 이름이 [이름관리자]에 등록되게 된다). 여기서 B10 셀의 아래쪽 빈 칸 4개까지를 이름 범위에 포함시키고 있는 이유는, 현재로서는 ㈜한얼체인에 등록되어 있는 거래처가 8개에 불과하지만, 앞으로 매입매출거래가 늘어나면서 거래처 또한 늘어나게 될 것에 대비하기 위한 것이다. 즉, 앞으로 새로운 거래처가 생기게 되면 B11 셀부터 차례로 추가해 가면 되도록 하기 위한 것이다.

❹ 마찬가지 이유와 방법으로, D3:D12 셀 범위에는 이름 **'품명'**을, E3:E12 셀 범위에는 이름 **'매입단가'**를, F3:F12 셀 범위에는 이름 **'판매단가'**를, 그리고 D3:F12 셀 범위에는 **'단가표'**를 각각 입력한다. 또한 H3:H4, J3:J13, L3:L14, N3:N33 셀 범위에는 각각 **'구분'**, **'연'**, **'월'**, **'일'**로 이름을 정의한다(구분, 연, 월, 일의 경우에는 더 확장할 가능성이 없으므로 해당 셀 영역만을 이름 정의한 것이다).

❺ 지금까지 정의한 각 셀 범위에 대한 이름 정의가 제대로 등록되어 있는지 확인해 보기 위해, [수식] 탭의 [이름관리자]를 클릭하여 [이름 관리자] 대화상자에서 각각의 이름에 설정된 [참조 대상]을 확인해 본다.

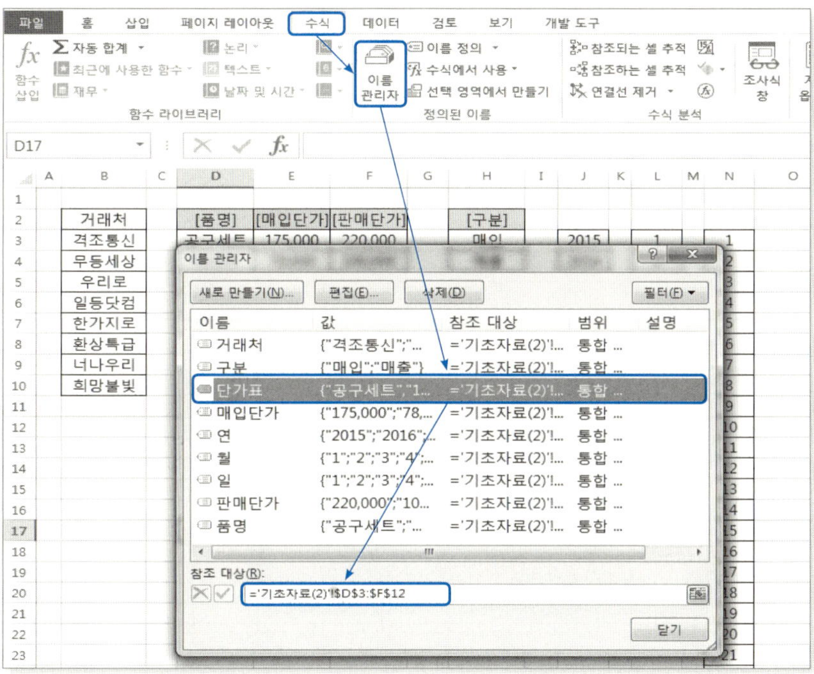

## 3단계 매입매출장의 선택 입력과 수식 정의

❶ 다시 '매입매출장' 시트로 돌아와서, B5:B34 셀 범위를 선택하고, [데이터] 탭의 [데이터 도구]-[데이터 유효성 검사]를 클릭하고, [데이터 유효성] 대화상자의 [설정]에서 [제한 대상]을 [목록]으로 지정한 후, [원본] 상자에 '=**연**'으로 입력한다. 그리고 해당 셀 영역에 목록에서 지정한 데이터 이외의 값이 입력되면 오류메시지가 표시되도록 하기 위해 [오류메시지]의 [스타일]을 [중지]를 선택하고 [제목]에 **'입력 오류!'**, [오류 메시지]에 **'목록에 없는 값입니다!'**를 입력한다. 이제 [확인]을 누른다.

❷ [데이터 유효성]이 적용된 B5:B34 셀 범위의 어느 하나의 셀을 클릭하면 셀의 오른쪽에 유효성 검사 버튼(▼)이 표시되고, 이 버튼을 누르면 목록으로 설정된 연도의 값들이 표시되므로 이 목록 중에서 해당 연도를 선택하여 입력할 수 있다.

❸ 만일 B5 셀에서 목록에 없는 임의의 값 '1989'를 키보드에서 직접 입력해보면, 설정해 둔 [오류 메시지]가 표시되어 값이 입력되지 않게 된다.

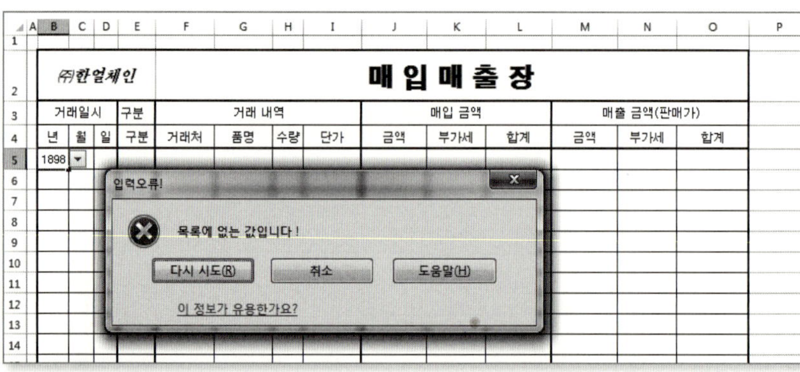


❹ 위와 마찬가지 방법으로 C5:C34, D5:D34, E5:E34, F5:F34, G5:G34 셀 범위에 대해서도 각각 [데이터 유효성] 대화상자의 [설정]에서 [제한 대상]을 [목록]으로 지정한 후, [원본] 상자에 각각 '=**월**', '=**일**', '=**구분**', '=**거래처**', '=**품명**'으로 설정한다. 물론 위 ①에서와 같이 [오류 메시지]도 함께 설정한다.

❺ [데이터 유효성] 기능이 추가로 설정된 C5:G34 셀 영역의 임의의 셀을 클릭하여 유효성 검사 버튼(▼)에서 원하는 목록이 표시되고 있는지를 확인해 본다. 다만, 이 중 '거래처' 열과 '품명' 열의 경우에는 표시되는 목록의 아래쪽에 빈 칸들이 나타나고 있는데, 이는 앞에서 설명한 바와 같이 향후 거래과정에서 추가되는 목록들을 반영하기 위해 미리 범위에 포함해 두었던 것이다.

❻ 이를 시험해보기 위해, '기초자료' 시트를 선택하고 [거래처] 목록의 아래쪽 B11 셀에 새로운 거래처 '**강빛마을**'을 추가해 본다. 그리고 다시 '매입매출장' 시트로 돌아와서 [거래처] 필드(F5:F34)의 임의의 셀을 클릭하여 목록을 살펴보면 이미 새로 추가한 '강빛마을' 거래처가 선택 가능하도록 자동 반영되고 있음을 확인할 수 있다.

❼ '수량'을 표시하는 H열에는 직접 자료를 입력하도록 할 것이다. 이제 '단가'로부터 이후 오른쪽 열에는 수식을 통해 자동 표시되록 해당 수식을 정의한다. 다만, 자동 표시되도록 설정하는 이들 수식은 앞부분(예컨대 '거래처', '품명', '수량' 등)의 데이터가 입력되지 않은 상태에서는 빈칸으로 표시되도록 설정할 필요가 있다.

❽ I5 셀('단가' 표시)에는 앞의 E5 셀에 '매입'이 입력되느냐 아니면 '매출'이 입력되느냐에 따라 단가표에서 적용되는 단가가 달라져야 한다. 즉, 매입거래인 경우에는 매입단가가 표시되어야 하고, 매출거래인 경우에는 매출단가가 표시되어야 한다. 따라서 이를 수식으로 표시하면 '=IF(E5="매입",VLOOKUP(G5,단가표,2,0),VLOOKUP(G5,단가표,3,0))'이 된다, 그러나 같은 행의 품명(G5 셀)이 아직 입력되지 않은 상황에서는 단가(I5 셀)가 표시되어서는 안되므로, 이 수식에 ISBLAK 함수를 포함하여 I5 셀에 '**=IF(ISBLANK(G5),"",IF(E5="매입",VLOOKUP(G5,단가표,2,0),VLOOKUP(G5,단가표,3,0)))**'으로 수정, 입력한다.

❾ J5 셀에는 금액을 표시하기 위한 수식을 입력한다. 금액은 '수량×단가'로 계산되기 때문에 이를 수식 '**=H5*I5**'로 표현할 수 있다. 그런데 J5 셀에는 E5 셀에서 '매입'으로 입력되는 경우에만 표시되고, 만일 '매출'로 입력된 경우에는 계산하지 않도록 설정되어야 한다(이 경우에는 나중에 M5 셀로 기록되도록 할 것이다). 이러한 의미를 반영하여 J5 셀에 입력될 수식을 '**=IF(E5='매입',H5*I5,0)**'으로 변경하여 입력한다. 이는 E5 셀에 '매입'이라고 입력된 경우에는 'H5*I5'의 계산을 수행하지만, '매입'이 아닌 경우에는 그냥 '0'으로 표시하라는 의미이다.

❿ K5 셀에는 부가가치세(10%)를 계산하는 수식을 입력한다. 부가가치세는 '**=J5*10%**'로 입력한다. 매입금액의 합계(L5 셀)는 매입금액(J5)에 부가가치세(K5)를 더한 수식 '**=J5+K5**'로 입력한다. 수식이 입력된 J5:L5 셀 범위에는 모두 결과 값 '0'으로 표시되고 있다.

⑪ M5 셀에는 E5 셀에서 '매출'로 입력된 경우에만 '수량×단가'로 계산하여 표시되도록 해야 한다. 따라서 M5 셀에 수식 '**=IF(E5="매출",H5*I5,0)**'으로 입력한다. N5 셀에는 K5 셀의 경우와 마찬가지로 매출금액에 10%의 부가가치세를 계산하는 수식 '**=M5*10%**'로 입력한다. 또 O5 셀에는 이들의 합계를 수식 '**=M5+N5**'로 입력한다. 이 경우에도 수식이 입력된 M5:O5 셀 범위가 모두 '0'으로 표시된다.

⑫ 이제 5행에 입력된 수식이 제대로 정의되어 있는지 확인해보기 위해, 다음의 가상의 거래를 입력해 본다. 거래일자와 구분 및 거래처, 품명 등의 입력은 이미 설정되어 있는 [유효성 검사] 버튼을 이용하여 입력한다.

| ◆ 2018년 8월 23일에 거래처 너나우리에서 전화기 6대를 구매하다. |
|---|

그런데 거래자료를 입력하는 도중에 [구분]에서 '매입'을 선택하여 표시하면, '매입 금액'을 표시하는 J5:L5 셀 영역에 '0' 대신 '#VALUE!' 표시로 바뀌어 나타난다. E5 셀에서 '매입' 대신 '매출'을 선택해도 결과는 마찬가지이다. 이는 관련 수식이 참조하는 셀 범위에 오류가 있어 계산을 수행하지 못하는 상태임을 표시하는 것이다.

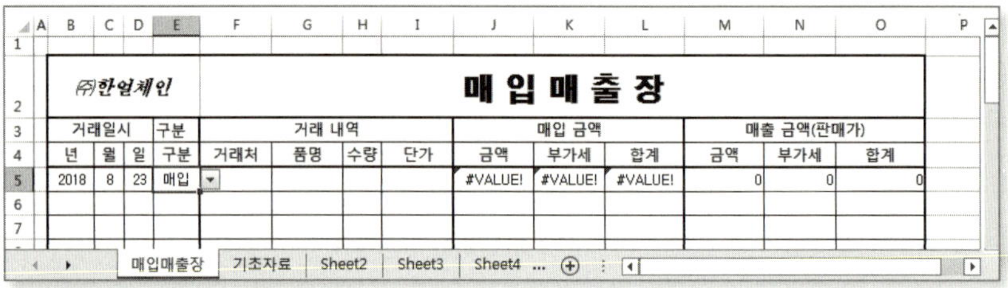
㈜한얼체인 매 입 매 출 장

| 거래일시 | | | 구분 | 거래 내역 | | | | 매입 금액 | | | 매출 금액(판매가) | | |
|---|---|---|---|---|---|---|---|---|---|---|---|---|---|
| 년 | 월 | 일 | 구분 | 거래처 | 품명 | 수량 | 단가 | 금액 | 부가세 | 합계 | 금액 | 부가세 | 합계 |
| 2018 | 8 | 23 | 매입 | | | | | #VALUE! | #VALUE! | #VALUE! | 0 | 0 | 0 |

## 참고 #VALUE! 오류

엑셀 수식의 결과에서 '#VALUE!'오류가 나타나는 경우는, 수식이 잘못 정의되어 있거나 수식에서 참조하는 셀 범위에서 연산에 적절하지 않은 값을 포함하고 있는 경우에 연산을 수행할 수 없다는 의미로 표시되는 것이다. 엑셀의 수식 연산은 숫자들 간의 연산을 의미한다. 따라서 참조하는 셀에 숫자가 아닌 다른 값(문자 등)이 포함되어 있는 경우에는 연산을 수행할 수 없기 때문이다. 예컨대 A1 셀에는 숫자 '7'이 입력되어 있고, B1 셀에는 문자 'AB'가 입력되어 있는 경우, C1 셀에 수식 '=A1+B1'을 입력하면, 이는 숫자와 문자를 합하라는 의미이므로 연산을 수행할 수 없게 되는 것이다('#VALUE!'오류 표시). 그런데 화면상으로는 분명 비어있는 셀이지만 공백을 포함하고 있는 경우에도, 이 공백을 문자로 인식하게 되면 연산이 불가능하게 된다. 만일 위의 예에서 A1 셀에는 '7'이 입력되어 있지만, B1 셀에는 수식 '=IF(A1〉10,400,"")'이 입력되어 있는 경우, C1 셀에서 이를 두 셀을 합하라고 하면, B1 셀의 값이 빈칸("")으로 표시되어지므로 결국 숫자 7과 빈칸을 합하라는 의미가 되어 연산을 수행하지 못하게 된다. 즉, 엑셀에서 빈칸("")은 '비어있는 셀'의 의미가 아니라 '공백'을 의미하는 것이며, 공백도 일종의 문자로 간주되어 진다. 따라서 수식에서 참조하는 셀에 공백을 의미하는 빈칸("")이 포함되어 있는가를 잘 살펴보아야 한다.

⑬ 그런데 입력 작업을 계속하여 '거래처'(너나우리) 다음에 '품명'(전화기)을 선택 입력하는 순간, 지금까지 표시되었던 '#VALUE!' 오류가 사라지고 대신 '0' 값으로 전환된다. 이는 '#VALUE!' 오류가 '품명' 또는 이로 인해 직접적인 영향을 받는 다른 셀('단가')을 참조하고 있으며, 이들 셀에서 연산에 적절하지 않은 자료가 포함되고 있음을 의미한다.

⑭ '#VALUE!' 오류가 처음 표시되는 J5 셀의 수식('=IF(E5="매입",H5*I5,0)')을 살펴보니 H5 셀과 I5 셀을 참조하고 있다. 그런데 H5 셀(수량)은 분명 아무런 수식도 정의해두지 않은 비어있는 셀이기 때문에, 문제는 I5 셀에 있다고 보아야 한다. I5 셀의 수식 중에서 'G5' 셀(품명)을 참조하고 있으며, 'G5' 셀이 비어있는 경우(ISBLANK) 공백("")으로 표시하도록 한 것이 문제이다. 이는 G5 셀에 품명을 입력하여 빈 셀을 채우면, I5 셀에 공백("") 대신 '전화기'의 단가(226,000)가 숫자로 표시되고, 이에 따라 J5 셀에 나타났던 '#VALUE!'오류가 사라진 것을 보면 확실하다.

⑮ 따라서 I5 셀의 수식에서 공백("") 대신 이를 '0'으로 바꾸어 새로운 수식 '**=IF(ISBLANK(G5),0, IF(E5="매입",VLOOKUP(G5,단가표,2,0),VLOOKUP(G5,단가표,3,0)))**'으로 변경한다. 그리고 E5:G5 셀 범위의 값들을 지운 후, 다시 E5 셀부터 거래자료를 순차적으로 입력해 본다. 이제 E5 셀에서 '매입'을 선택 입력하더라도 J5:L5 셀 영역에 나타났던 '#VALUE!' 오류는 다시 나타나지 않게 되었다. H5 셀에 구매수량 '6'을 입력하면, J5:L5 셀 영역에 매입 금액이 자동으로 표시된다.

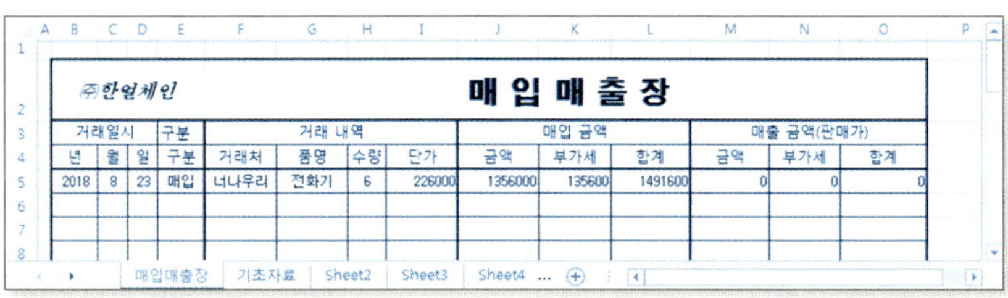

| ㈜한얼체인 | | | | 매 입 매 출 장 | | | | | | | | | |
|---|---|---|---|---|---|---|---|---|---|---|---|---|---|
| 거래일시 | | | 구분 | 거래 내역 | | | | 매입 금액 | | | 매출 금액(판매가) | | |
| 년 | 월 | 일 | 구분 | 거래처 | 품명 | 수량 | 단가 | 금액 | 부가세 | 합계 | 금액 | 부가세 | 합계 |
| 2018 | 8 | 23 | 매입 | 너나우리 | 전화기 | 6 | 226000 | 1356000 | 135600 | 1491600 | 0 | 0 | 0 |

⑯ 이제 '매출 금액'란의 수식도 제대로 작동하는지 확인해 보아야 한다. 이를 위해 5행에 입력되어 있는 매입거래 중 B5:H5 셀 영역의 자료들을 먼저 지운 후, 다음의 매출거래를 다시 입력해 보자.

◆ 2018년 9월 15일에 거래처 한가지로에 청소기 12대를 판매하다.

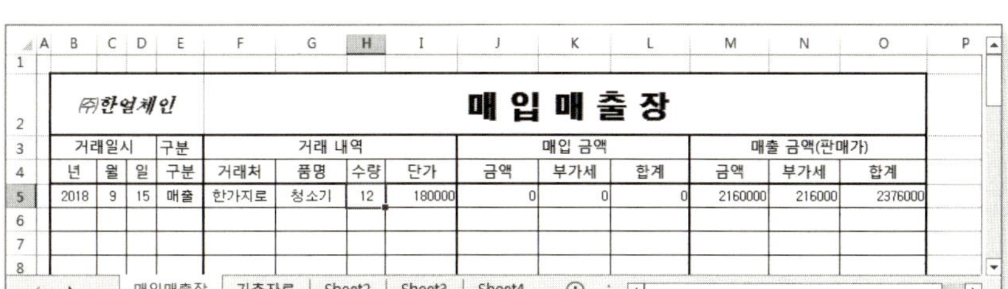

| ㈜한얼체인 | | | | 매 입 매 출 장 | | | | | | | | | |
|---|---|---|---|---|---|---|---|---|---|---|---|---|---|
| 거래일시 | | | 구분 | 거래 내역 | | | | 매입 금액 | | | 매출 금액(판매가) | | |
| 년 | 월 | 일 | 구분 | 거래처 | 품명 | 수량 | 단가 | 금액 | 부가세 | 합계 | 금액 | 부가세 | 합계 |
| 2018 | 9 | 15 | 매출 | 한가지로 | 청소기 | 12 | 180000 | 0 | 0 | 0 | 2160000 | 216000 | 2376000 |

⑰ 이번에는 위의 ⑫에서 나타났던 '#VALUE!' 오류 표시가 나타나지 않고 제대로 계산되었다.

⑱ 이제 I5:O5 셀 범위에 입력된 수식이 제대로 정의되었음을 확인하였으므로, 이를 6행 이하의 범위에도 복사하여 동일하게 적용되도록 해야 한다. 수식이 정의된 I5:O5 셀 범위를 선택하여 오른쪽 마우스 [복사]한 후, I6:I34 셀 영역을 선택하고 다시 오른쪽 마우스 [붙여넣기]를 실행한다.

⑲ J35 셀에는 합계 수식 '=**SUM(J5:J34)**'를 입력하고, 자동채우기 핸들로 O35 셀까지 끌기 하여 복사해 둔다(이 과정에서 [굵은 상자 테두리]가 지워진 부분은 다시 설정하여 복구해 둔다).

⑳ 그런데 수식이 입력되어 있는 셀들에 '0'이 표시되고 있어서 보기 좋지 않으니 이를 표시하지 않도록 설정해 둘 필요가 있다. 모든 자료 영역(B5:O35)을 선택하고, [홈] 탭의 [스타일]에서 [조건부 서식] - [새 규칙]을 선택한다. [새 서식 규칙] 대화상자의 [규칙 유형 선택]에서 [다음을 포함하는 셀만 서식 지정]을 클릭하고, 아래 [규칙 설명 편집]에서 [셀 값]을 선택한 후 [해당 범위] 대신 [=]을 선택하고 오른쪽 상자에 '0'을 입력한다. 그리고 아래 [서식]을 클릭한 후 [셀 서식] 대화상자의 [글꼴]의 [색]을 '흰색'으로 지정하고 [확인] - [확인]을 누른다(시트의 바탕색이 다른 색으로 지정되어 있는 경우에는 바탕색과 같은 색으로 선택한다).

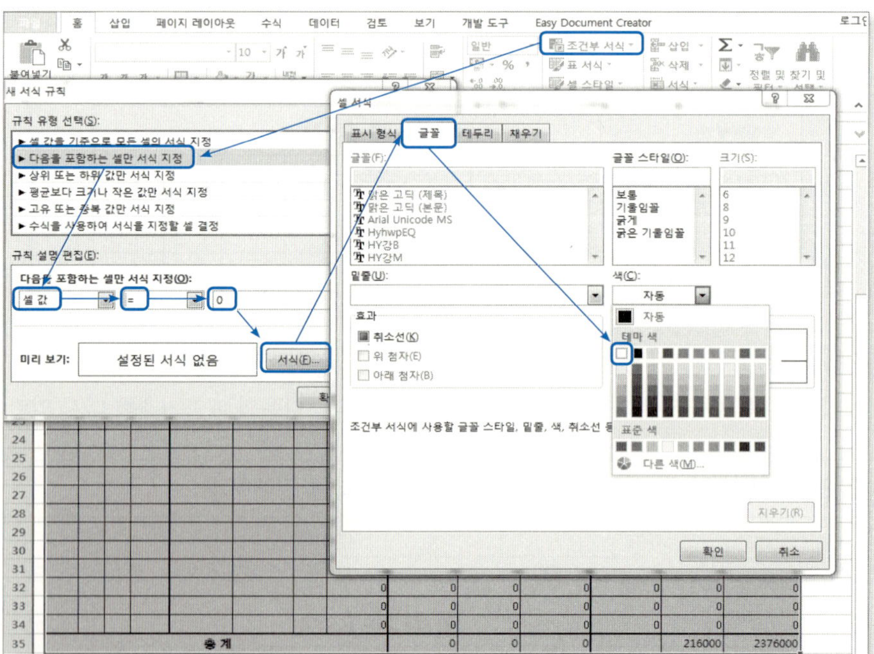

㉑ 이제 '0' 값이 눈에 보이지 않게 되었다.

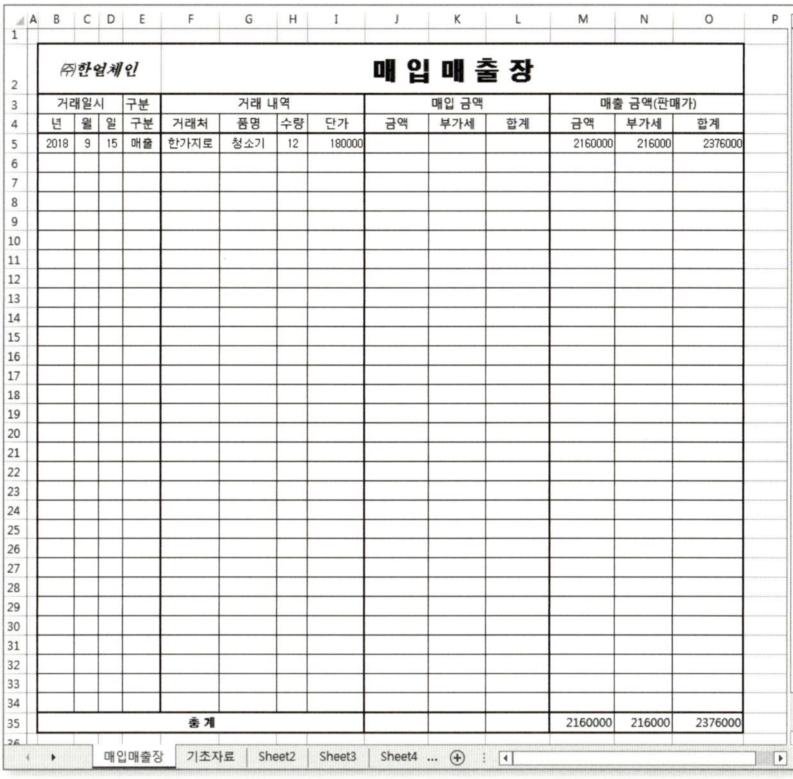


## 4단계 수식 보호하기

매입매출장 양식은 일단 완성되었다. 그런데 입력된 수식은 수정되지 않도록 보호할 필요가 있다. 특히 수식이 입력된 셀에 임의의 숫자나 문자가 입력되면 수식이 지워지거나 계산이 불가능하게 될 수도 있기 때문이다.

❶ 행/열머리글(A1 셀의 왼쪽 위)을 클릭하여 시트 전체를 선택한다. 그리고 오른쪽 마우스에서 [셀 서식]을 선택하고, [셀 서식] 대화상자의 [보호]에서 [잠금]이 해제되도록 클릭하고 [확인]을 누른다.

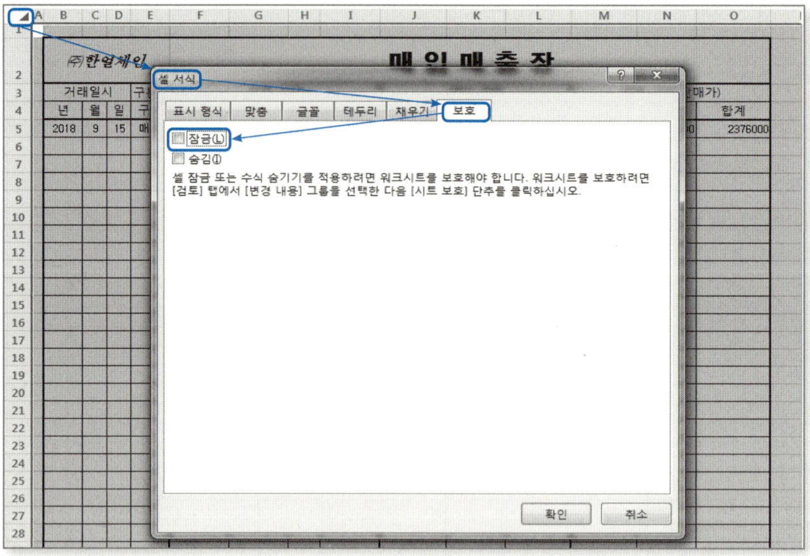

❷ 수식이 포함되어 있는 I5:O34 셀 범위를 선택하고, 오른쪽 마우스 [셀 서식]의 [보호] 탭에서 이번에는 [잠금]이 선택되도록 체크 표시하고 [확인]을 누른다. 그리고 시트의 [검토] 탭에서 [변경 내용]-[시트 보호]를 선택하고, [시트 보호] 대화상자의 [시트보호 해제 암호]에 자신이 기억하기 쉬운 암호(예컨대 '0000')를 입력한다. 아래 [워크시트에서 허용할 내용]에서 [잠기지 않은 셀 선택]만 체크되도록 조정하고 [확인]을 누른다. 다시 [암호 확인] 대화상자가 나타나면 입력했던 암호('0000')를 다시 입력하고 [확인]을 누른다.

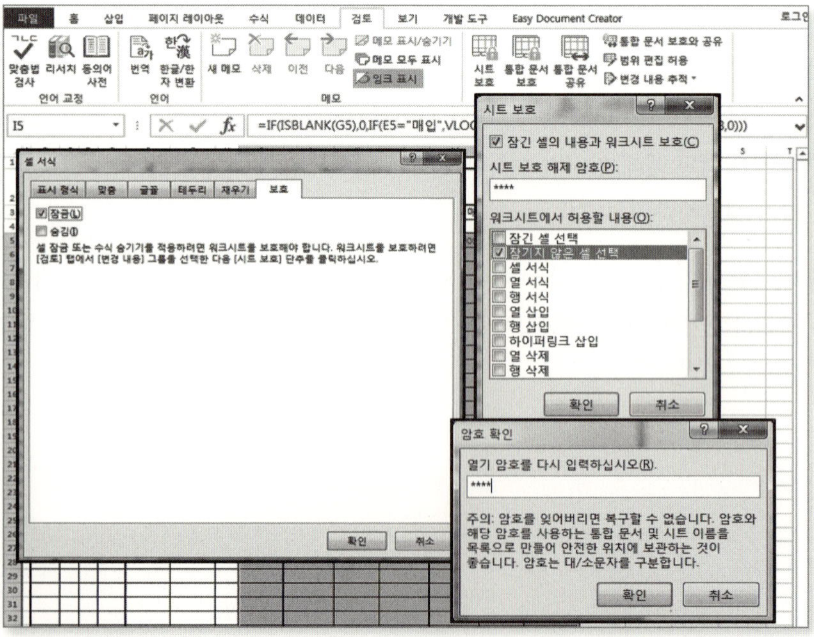

❸ 이제 시트에서 '시트 보호'가 설정된 I5:O34 셀 범위에서는 마우스로 클릭하거나 셀 내용을 수정할 수 없게 보호된다.

❹ 그런데 시트에서 [데이터 유효성 검사]를 통해서 입력하게 될 셀 영역과, 특히 키보드를 통해 입력해야 하는 '수량' 셀 영역을 셀 보호된 영역과 서로 구별될 수 있도록 색상으로 구분표시 해두는 것이 좋을 것이다. 그러나 이미 시트 전체가 보호되고 있는 상태이기 때문에, 허용된 입력 작업 외에는 다른 기능이 허용되지 않는다. 추가 작업을 진행하기 위해서는 보호된 시트를 먼저 해제하여야 한다. [검토] 탭에 [시트 보호 해제]를 선택하고, [시트 보호 해제] 대화상자에서 이전에 입력했던 암호('0000')를 입력해야 한다.

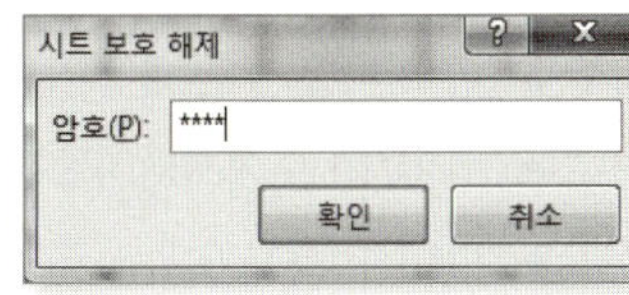


❺ 이제 시트 보호가 해제되었으므로, 먼저 수식이 입력되어 보호되어야 할 I5:O34 셀 범위를 선택하고, [홈] 탭의 [글꼴]에서 [채우기 색]으로 '옅은 주황색'을 선택 표시한다. 그리고 [데이터 유효성] 기능이 적용되어 있는 B5:G5 셀 범위를 선택하여 [홈] 탭의 [글꼴]에서 [채우기 색]으로 이번에는 '밝은 파랑색'으로 선택 표시한다. 색상이 표시되지 않은 H열만이 직접 숫자를 입력할 수 있는 부분임을 알 수 있게 된다.

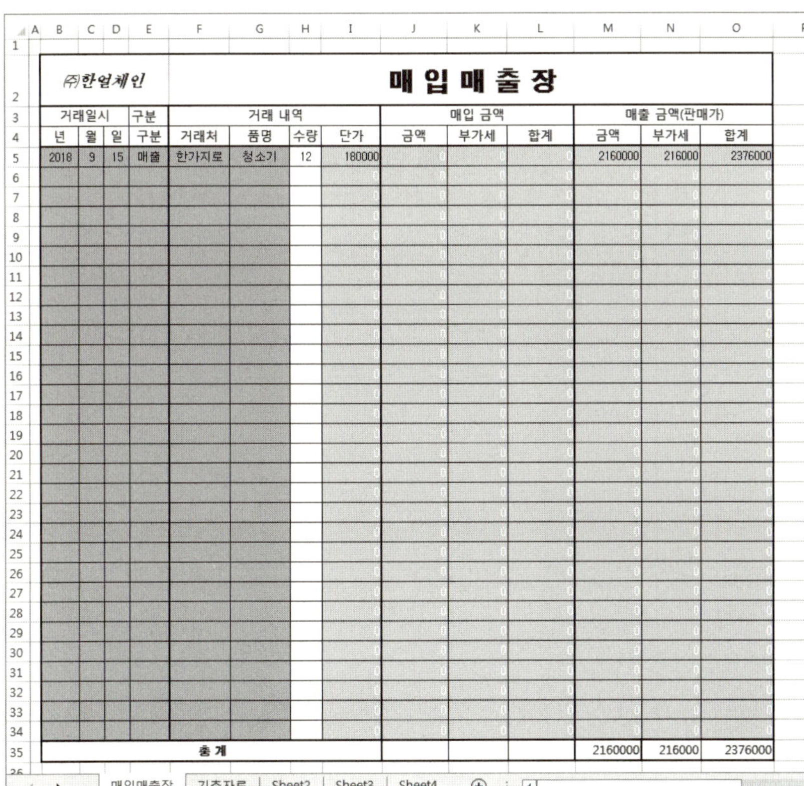

❻ 다시 [시트 보호]를 수행하기 위해서 위 ①~③의 과정을 반복한다.

❼ 시트 보호가 다시 이루어졌으므로, 입력 작업이 원하는 대로 이루어지는지를 확인하기 위해서 다음의 몇 가지 추가 거래 자료를 입력해 본다.

- 2018/9/17 거래처 일등닷컴에서 벽걸이 30개를 구매하였다.
- 2018/9/22 거래처 희망불빛에 벽걸이 22개를 판매하였다.
- 2018/9/26 거래처 격조통신에 청소기 7대를 판매하였다.
- 2018/9/30 거래처 환상특급에서 휴지통 50개를 구매하였다.
- 2018/10/5 거래처 우리끼리에 청소기 3대를 판매하였다.
- 2018/10/11 거래처 우리로에서 다리미 40개를 구매하였다.
- 2018/10/16 거래처 한가지로에서 청소기 25개를 구매하였다.

❽ [데이터 유효성 검사] 기능이 설정된 영역과 숫자를 직접 입력해야 하는 영역이 색상으로 분명히 구별되고 있어서 입력 작업이 훨씬 수월해졌다. 다만, 2018/10/5의 거래를 입력할 때는 새로운 거래처 '우리끼리'가 등록되어 있지 않으므로, 해당 거래를 입력하기 전에 먼저 [기초자료] 시트로 가서 거래처 리스트의 아래쪽에 '우리끼리'를 등록한 후 입력할 때 선택 표시되도록 해야 한다.

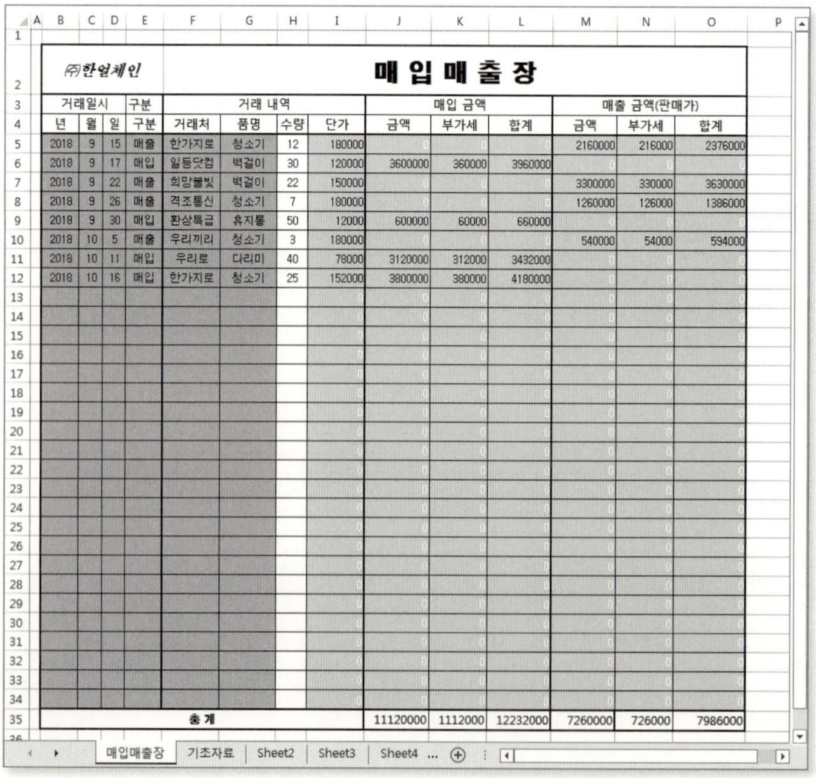

㈜한얼체인 — 매 입 매 출 장

| 거래일시 | | | 구분 | 거래 내역 | | | | 매입 금액 | | | 매출 금액(판매가) | | |
|---|---|---|---|---|---|---|---|---|---|---|---|---|---|
| 년 | 월 | 일 | 구분 | 거래처 | 품명 | 수량 | 단가 | 금액 | 부가세 | 합계 | 금액 | 부가세 | 합계 |
| 2018 | 9 | 15 | 매출 | 한가지로 | 청소기 | 12 | 180000 | 0 | 0 | 0 | 2160000 | 216000 | 2376000 |
| 2018 | 9 | 17 | 매입 | 일등닷컴 | 벽걸이 | 30 | 120000 | 3600000 | 360000 | 3960000 | 0 | 0 | 0 |
| 2018 | 9 | 22 | 매출 | 희망불빛 | 벽걸이 | 22 | 150000 | 0 | 0 | 0 | 3300000 | 330000 | 3630000 |
| 2018 | 9 | 26 | 매출 | 격조통신 | 청소기 | 7 | 180000 | 0 | 0 | 0 | 1260000 | 126000 | 1386000 |
| 2018 | 9 | 30 | 매입 | 환상특급 | 휴지통 | 50 | 12000 | 600000 | 60000 | 660000 | 0 | 0 | 0 |
| 2018 | 10 | 5 | 매출 | 우리끼리 | 청소기 | 3 | 180000 | 0 | 0 | 0 | 540000 | 54000 | 594000 |
| 2018 | 10 | 11 | 매입 | 우리로 | 다리미 | 40 | 78000 | 3120000 | 312000 | 3432000 | 0 | 0 | 0 |
| 2018 | 10 | 16 | 매입 | 한가지로 | 청소기 | 25 | 152000 | 3800000 | 380000 | 4180000 | 0 | 0 | 0 |
| 총 계 | | | | | | | | 11120000 | 1112000 | 12232000 | 7260000 | 726000 | 7986000 |

## 유사 사례 202 혼자해보기 ㈜중흥통상의 간편장부 기록

### 현황

㈜중흥통상은 중소기업에 해당하는 개인사업자로 등록되어 있어 간편장부를 작성할 수 있는 대상기업에 속한다. 간편장부를 사용하는 경우에도 흔히 국세청이 제공하는 장부형식을 따르게 되지만, ㈜중흥통상에서는 그 장부형식을 따르되 나름대로의 장부형식을 엑셀로 고안하여 기장업무에 활용하고자 한다.

㈜중흥통상이 고안하고자 하는 간편장부의 양식과 회사의 장부기입을 위한 기초자료는 다음과 같다.

〈간편장부 양식〉

간 편 장 부

㈜중흥통상

| 날짜 | 거래 내역 | | | | 수 입 | | | 비 용 | | | 고정자산 증감(매매) | | | 비고 |
|---|---|---|---|---|---|---|---|---|---|---|---|---|---|---|
| | 거래 구분 | 거래처 | 과세 여부 | 거래 금액 | 금액 | 부가세 | 합계 | 금액 | 부가세 | 합계 | 금액 | 부가세 | 합계 | |
| | | | | | | | | | | | | | | |
| | | | | | | | | | | | | | | |
| | | | | | | | | | | | | | | |
| | | | | | | | | | | | | | | |
| | | | | | | | | | | | | | | |
| | | | | | | | | | | | | | | |
| | | | | | | | | | | | | | | |
| | | | | | | | | | | | | | | |
| | | | | | | | | | | | | | | |
| | | | | | | | | | | | | | | |
| 총 계 | | | | | | | | | | | | | | |

〈거래 기록을 위한 회사 기초자료〉

| [거래구분] |
|---|
| 수입(수익) |
| 지출(비용) |
| 고정자산구입 |
| 고정자산처분 |

| [거래처] |
|---|
| 유명가구 |
| 해동통상 |
| 일성문화 |
| 고려닷컴 |
| 조선통상 |
| 여수바다 |
| 목포항구 |
| 거제무역 |
| 울산바위 |
| 종로출판 |

| [과세여부] |
|---|
| 일반과세 |
| 영세/면세 |

**요구사항**

1. ㈜중흥통상이 고안하여 사용하고자 하는 간편장부 양식을 수식에 의해 정의하여 입력을 최소화할 수 있도록 설계해 보시오.

2. 설계된 간편장부에 다음의 거래자료를 입력하여 결과를 확인해 보시오.

<table>
<tr><td colspan="2">
◆ 2018/5/15 회사에서 사용하고 있던 고정자산(40,000)을 거래처 해동통상에 처분하고 대금을 수령하였다(일반과세).<br>
◆ 2018/5/18 거래처 일성문화에 상품(600,000)을 판매하고 부가세를 포함하여 현금으로 받다(일반과세).<br>
◆ 2018/5/21 거래처 조선통상에서 상품(70,000)을 구입하고 대금을 지급하였다(영세/면세).<br>
◆ 2018/5/25 거래처 유명가구에서 고정자산(700,000)을 구입하고 대금을 지급하였다(일반과세).<br>
◆ 2018/5/28 거래처 여수바다에 상품(35,000)을 판매하고 부가세를 포함하여 현금으로 받다(일반과세).<br>
◆ 2018/5/29 거래처 일성문화에서 상품(47,000)을 구입하고 대금을 지급하다(영세/면세).<br>
◆ 2018/5/30 거래처 목포항구에서 고정자산(500,000)을 구입하고 대금을 지급하였다(일반과세).<br>
◆ 2018/5/31 거래처 일성문화에 회사에서 사용하던 비품(370,000)을 판매하고 대금을 지급하였다(일반과세).
</td></tr>
<tr><td>부가세<br>부과기준</td><td>○ 일반과세의 경우 10%의 부가세<br>○ 영세/면세의 경우에는 부가세 없음<br>○ 고정자산처분의 경우에는 부가세 없는 것을 한다.<br>○ 고정자산 매매시에는 수입 또는 지출도 함께 처리한다.</td></tr>
</table>

**참고**

**간편장부 대상자**

신규로 사업을 개시한 사업자와 지난해 수입금액(매출액)이 업종별로 일정규모 미만인 사업자이다. ▲농업, 임업, 어업, 광업, 도매업, 소매업, 부동산매매업 등은 3억 원 미만 ▲제조업, 숙박 · 음식업, 전기 · 가스 · 증기 · 수도사업, 하수 · 폐기물처리 · 원료재생 및 환경복원업, 건설업, 운수업, 출판 · 영상, 방송통신 및 정보서비스업, 금융 · 보험업은 1억 5,000만 원 미만 ▲부동산임대업, 전문 · 과학 · 기술서비스업, 사업시설관리 · 사업지원서비스업, 교육서비스업 등은 7,500만 원 미만일 경우 간편장부 대상에 해당된다.

# 유사 사례 202 혼자해보기 Tips & 풀이 요약

## 1단계 기초자료 시트 입력

| | A | B | C | D | E | F |
|---|---|---|---|---|---|---|
| 1 | | ㈜중흥통상 간편장부 작성 기초자료 | | | | |
| 2 | | | | | | |
| 3 | | [거래구분] | | [거래처] | | [과세여부] |
| 4 | | 수입(수익) | | 유명가구 | | 일반과세 |
| 5 | | 지출(비용) | | 해동통상 | | 영세/면세 |
| 6 | | 고정자산구입 | | 일성문화 | | |
| 7 | | 고정자산처분 | | 고려닷컴 | | |
| 8 | | | | 조선통상 | | |
| 9 | | | | 여수바다 | | |
| 10 | | | | 목포항구 | | |
| 11 | | | | 거제무역 | | |
| 12 | | | | 울산바위 | | |
| 13 | | | | 종로출판 | | |

기초자료 | 간편장부 | Sheet2 | Sheet3 | Sheet4 | Sheet5

- 기초자료 종류별 이름 정의: '거래구분', '거래처', '과세여부'(여유 코드 고려)

## 2단계 [요구사항] 해결

### - 5월 중 거래자료 간편장부에 입력

㈜중흥통상 **간 편 장 부**

| 날짜 | 거래 내역 | | | | 수 입 | | | 비 용 | | | 고정자산 증감(매매) | | | 비 고 |
|---|---|---|---|---|---|---|---|---|---|---|---|---|---|---|
| | 거래구분 | 거래처 | 과세여부 | 거래금액 | 금액 | 부가세 | 합계 | 금액 | 부가세 | 합계 | 금액 | 부가세 | 합계 | |
| 5/15 | 고정자산처분 | 해동통상 | 일반과세 | 40,000 | 40,000 | | 40,000 | | | | - 40,000 | | - 40,000 | |
| 5/18 | 수입(수익) | 일성문화 | 일반과세 | 600,000 | 600,000 | 60,000 | 660,000 | | | | | | | |
| 5/21 | 지출(비용) | 조선통상 | 영세/면세 | 70,000 | | | | 70,000 | | 70,000 | | | | |
| 5/25 | 고정자산구입 | 유명가구 | 일반과세 | 700,000 | | | | 700,000 | 70,000 | 770,000 | 700,000 | 70,000 | 770,000 | |
| 5/28 | 수입(수익) | 여수바다 | 일반과세 | 35,000 | 35,000 | 3,500 | 38,500 | | | | | | | |
| 5/29 | 지출(비용) | 일성문화 | 영세/면세 | 47,000 | | | | 47,000 | | 47,000 | | | | |
| 5/30 | 고정자산구입 | 목포항구 | 일반과세 | 500,000 | | | | 500,000 | 50,000 | 550,000 | 500,000 | 50,000 | 550,000 | |
| 5/31 | 고정자산처분 | 일성문화 | 일반과세 | 370,000 | 370,000 | | 370,000 | | | | - 370,000 | | - 370,000 | |
| **총 계** | | | | | 1,045,000 | 63,500 | 1,108,500 | 1,317,000 | 120,000 | 1,437,000 | 790,000 | 120,000 | 910,000 | |

기초자료 | 간편장부 | Sheet2 | Sheet3 | Sheet4 | Sheet5 | 장부서식

- 수식 입력의 예:

거래구분, 거래처, 과세여부: [유효성 검사] 사용

수입 금액: =IF(C5="수입(수익)",F5,IF(C5="고정자산처분",F5,0))

수입 부가세: =IF(G5="","",IF(C5="고정자산처분",0,IF(E5="일반과세",G5*10%,0)))

수입 합계: =IF(G5="","",G5+H5)

비용 금액: =IF(C5="지출(비용)",F5,IF(C5="고정자산구입",F5,0))

비용 부가세: =IF(J5="","",IF(E5="일반과세",J5*10%,0))

비용 금액: =IF(J5="","",J5+K5)

고장자산 금액: =IF(C5="고정자산구입",F5,IF(C5="고정자산처분",-F5,0))

고정자산 부가세: =IF(M5="","",IF(M5<0,0,IF(E5="일반과세",M5*10%,IF(E5="영세/면세",0,0))))

고정자산 합계: =IF(M5="","",M5+N5)

# Case 203 ㈜아다마다의 급여계산서 작성

현황

㈜아다마다에서는 사원들에게 매달 지급되는 급여의 개인별 명세서를 인쇄하여 배부하고자 한다. 이를 위해 먼저 급여기준과 월별 급여계산을 위한 기초자료를 등록해 두고, 이를 기초로 하여 모든 사원들에 대한 하나의 급여대장을 수식에 의해 자동 작성되도록 할 것이다. 작성된 급여대장에 의해 개인별 급여명세서에서 해당 사원의 이름을 선택하면, 그 사원에 대한 개인별 급여명세서를 인쇄할 수 있도록 하는 시스템을 만들어 사용하고자 한다.

㈜아다마다에서 급여계산에 적용하기 위해 마련한 계산 기준과 10월의 급여계산 기초자료는 다음과 같다.

⊙ 급여 및 공제액 계산 기준

- 기본급: 기본급표에 의함
- 상여금: 짝수달에 기본급의 50% 지급
- 직책수당: 직책수당표에 의함
- 특근수당: 시간외 근무시간에 따라 시간외 근무수당표 적용
- 가족수당: 부양가족 1인당 50,000원, 단 4인 초과시 4인으로 간주
- 정액급식비: 모든 사원에게 월 100,000원 지급
- 소득세: 소득세기준표에 의함
- 지방소득세: 소득세의 10%
- 국민연금: 급여합계의 4.5%
- 건강보험료: 건강보험료 기준표에 의함
- 고용보험: 급여합계의 0.45%
- 장기요양보험: 건강보험료의 6.55%
- 기타공제: 해당부서에서 공제 요청한 금액

단, 모든 공제항목 계산에서 금액은 반올림하여 10원 단위로 표시함

## ⊙ 계산기준표

[기본급표]

| | 사원 | 주임 | 대리 | 과장 | 부장 |
|---|---|---|---|---|---|
| 1 | 820,000 | 1,020,000 | 1,550,000 | 2,500,000 | 3,050,000 |
| 2 | 880,000 | 1,130,000 | 1,650,000 | 2,600,000 | 3,150,000 |
| 3 | 920,000 | 1,200,000 | 1,850,000 | 2,750,000 | 3,250,000 |
| 4 | 960,000 | 1,370,000 | 1,950,000 | 2,800,000 | 3,400,000 |
| 5 | 980,000 | 1,470,000 | 2,250,000 | 2,970,000 | 3,700,000 |

[직책수당표]

| 직위 | 사원 | 주임 | 대리 | 과장 | 부장 |
|---|---|---|---|---|---|
| 수당 | 20,000 | 80,000 | 160,000 | 270,000 | 330,000 |

[시간외 근무수당표]

| 부터 | 0 | 10 | 20 |
|---|---|---|---|
| 까지 | 9 | 19 | 이상 |
| 수당 | 4,600 | 5,300 | 5,500 |

[소득세/건강보험료 기준표] * 과세표준은 급여합계로 가정

| 과세표준 | 소득세 적용세율 | 건강보험료 적용요율 |
|---|---|---|
| 1,000,000원 미만 | 5.0% | 3.6% |
| 2,000,000원 미만 | 5.5% | 4.4% |
| 3,000,000원 미만 | 6.5% | 5.7% |
| 3,000,000원 이상 | 8.0% | 6.8% |

## ⊙ 10월 급여계산 기초자료

| 성명 | 사번 | 부서 | 직위 | 호봉 | 시간외근무 | 부양가족 | 기타공제 |
|---|---|---|---|---|---|---|---|
| 강민섭 | YGR-008 | 회계과 | 부장 | 2 | 30 | 2 | 0 |
| 강석찬 | YGR-002 | 마케팅부 | 사원 | 4 | 22 | 3 | 26,000 |
| 기남용 | YGR-013 | 회계과 | 주임 | 5 | 3 | 3 | 37,500 |
| 김진백 | YGR-005 | 기획팀 | 부장 | 3 | 12 | 0 | 46,000 |
| 김진섭 | YGR-003 | 생산1부 | 주임 | 2 | 5 | 0 | 38,000 |
| 류진웅 | YGR-011 | 생산1부 | 부장 | 3 | 7 | 1 | 45,000 |
| 박갑용 | YGR-014 | 기획팀 | 과장 | 4 | 16 | 2 | 25,000 |
| 박시현 | YGR-012 | 정보전략실 | 주임 | 2 | 5 | 1 | 0 |
| 송성렬 | YGR-020 | 정보전략실 | 부장 | 1 | 15 | 3 | 26,500 |

| 안호영 | YGR-019 | 생산1부 | 주임 | 3 | 10 | 0 | 0 |
|---|---|---|---|---|---|---|---|
| 양복완 | YGR-010 | 기획팀 | 과장 | 1 | 14 | 4 | 50,000 |
| 양장술 | YGR-018 | 마케팅부 | 대리 | 2 | 22 | 2 | 44,000 |
| 여운영 | YGR-006 | 기획팀 | 과장 | 5 | 6 | 1 | 25,000 |
| 왕순칠 | YGR-007 | 정보전략실 | 주임 | 5 | 8 | 4 | 55,000 |
| 우지원 | YGR-009 | 회계과 | 대리 | 2 | 16 | 6 | 35,000 |
| 이기찬 | YGR-017 | 회계과 | 부장 | 4 | 33 | 4 | 37,000 |
| 임시권 | YGR-016 | 마케팅부 | 대리 | 4 | 27 | 2 | 46,500 |
| 정자현 | YGR-015 | 정보전략실 | 사원 | 2 | 18 | 5 | 0 |
| 홍의표 | YGR-004 | 기획팀 | 대리 | 2 | 25 | 2 | 0 |
| 황용하 | YGR-001 | 생산1부 | 과장 | 2 | 12 | 2 | 57,000 |

**요구사항**

위 자료에 의해 급여대장과 개인별 급여명세서를 해당 양식과 수식에 의해 작성해 보시오.

# Case 203 따라하기

**상황분석**

- 먼저 급여대장 및 개인별 급여명세서의 구성과 양식을 정확히 이해하고 있어야 한다.
- 급여대장에 포함되는 항목들에 대한 정확한 계산방법을 이해하고 있어야 한다.
- 계산을 적절히 수행하기 위해 적용할 수 있는 함수나 수식들은 어떤 것들인가를 이해해 두어야 한다.
- 금액 표시에 10원 단위 이상으로 표기하는 방법을 이해해야 한다.

## 1단계 급여기준 및 기초자료 테이블 작성

급여계산은 매달 동일한 형식과 계산법에 의해 작성된다. 따라서 급여대장을 마스터파일로 해서, 급여대장의 계산을 자동화하기 위한 계산기준을 별도의 시트에 작성해 둘 필요가 있다. 또 사원들에 대한 인사자료나 공제자료 등 월별로 변동 가능성이 있는 자료를 입력하기 위한 급여기초자료 시트도 별도로 구성해 놓을 필요가 있다.

❶ 새 Worksheet의 새 시트를 선택하고, 시트의 이름을 '**급여기준**'으로 변경해 놓는다. '급여기준' 시트의 B2 셀에 '**◆ 급여 및 공제액 계산 기준**'을 입력하고, C3:G16 셀 범위에 계산기준을 요약/정리하여 표시한다. 이때 나중에 급여계산에 참조하여 사용할 금액이나 비율 정보는 별도의 셀에 구분하여 입력하고, [채우기 색]을 통해 강조 표시해 둔다.

| | A | B | C | D | E | F | G | H |
|---|---|---|---|---|---|---|---|---|
| 1 | | | | | | | | |
| 2 | | ◆ 급여 및 공제액 계산 기준 | | | | | | |
| 3 | | | • 기본급 : | 기본급표에 의함. | | | | |
| 4 | | | • 상여금 : | 짝수달에 기본급의 | 50% | | | |
| 5 | | | • 직책수당 : | 직책수당표에 의함. | | | | |
| 6 | | | • 특근수당 : | 시간외 근무시간에 따라 시간외 근무수당표 적용. | | | | |
| 7 | | | • 가족수당 : | 부양가족 1인당 | 50,000 | 단 4인 초과시 4인으로 간주 | | |
| 8 | | | • 정액급식비 : | 월 지급 | 100,000 | | | |
| 9 | | | • 소득세 : | 소득세기준표에 의함. | | | | |
| 10 | | | • 지방소득세 : | 소득세의 | 10% | | | |
| 11 | | | • 국민연금 : | 급여합계의 | 4.50% | | | |
| 12 | | | • 건강보험료 : | 건강보험료 기준표에 의함. | | | | |
| 13 | | | • 고용보험 : | 급여합계의 | 0.45% | | | |
| 14 | | | • 장기요양보험 : | 건강보험료의 | 6.55% | | | |
| 15 | | | • 기타공제 : | 해당부서에서 공제 요청한 금액 | | | | |
| 16 | | | * 단, 모든 공제항목 계산에서 금액은 반올림하여 10원 단위로 표시함. | | | | | |
| 17 | | | | | | | | |

급여기준 | Sheet2 | Sheet3 | Sheet4 | Sheet8 | ...

❷ B18, B26, B30, B35 셀에 각각 '**〈기본급표〉**', '**〈직책수당표〉**', '**〈시간외 근무수당표〉**', '**〈소득세/건강보험료 기준표〉**' 등을 입력하고, 각각의 아래에는 해당 자료를 표 형식으로 정리하여 표시한다.

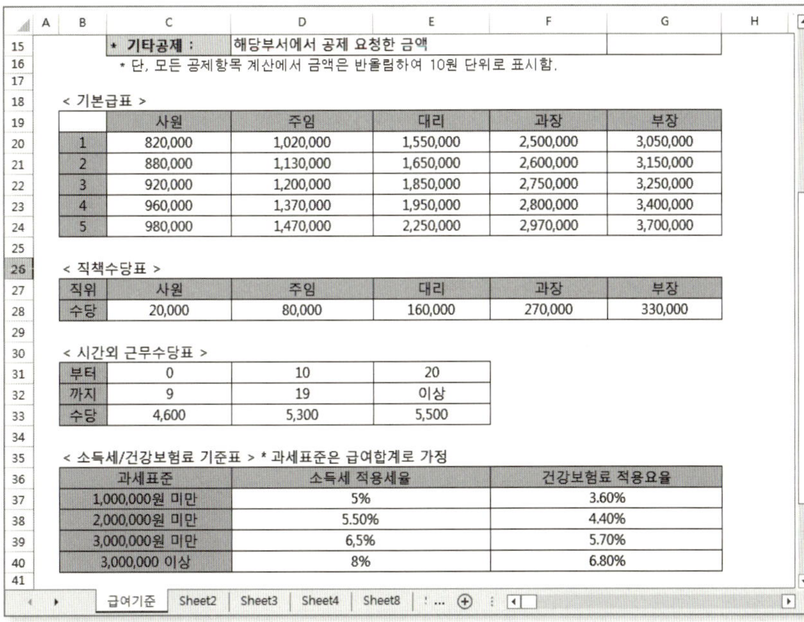

| | 기타공제 : | 해당부서에서 공제 요청한 금액 | | | |
|---|---|---|---|---|---|

* 단, 모든 공제항목 계산에서 금액은 반올림하여 10원 단위로 표시함.

< 기본급표 >

| | 사원 | 주임 | 대리 | 과장 | 부장 |
|---|---|---|---|---|---|
| 1 | 820,000 | 1,020,000 | 1,550,000 | 2,500,000 | 3,050,000 |
| 2 | 880,000 | 1,130,000 | 1,650,000 | 2,600,000 | 3,150,000 |
| 3 | 920,000 | 1,200,000 | 1,850,000 | 2,750,000 | 3,250,000 |
| 4 | 960,000 | 1,370,000 | 1,950,000 | 2,800,000 | 3,400,000 |
| 5 | 980,000 | 1,470,000 | 2,250,000 | 2,970,000 | 3,700,000 |

< 직책수당표 >

| 직위 | 사원 | 주임 | 대리 | 과장 | 부장 |
|---|---|---|---|---|---|
| 수당 | 20,000 | 80,000 | 160,000 | 270,000 | 330,000 |

< 시간외 근무수당표 >

| 부터 | 0 | 10 | 20 |
|---|---|---|---|
| 까지 | 9 | 19 | 이상 |
| 수당 | 4,600 | 5,300 | 5,500 |

< 소득세/건강보험료 기준표 > * 과세표준은 급여합계로 가정

| 과세표준 | 소득세 적용세율 | 건강보험료 적용요율 |
|---|---|---|
| 1,000,000원 미만 | 5% | 3.60% |
| 2,000,000원 미만 | 5.50% | 4.40% |
| 3,000,000원 미만 | 6.5% | 5.70% |
| 3,000,000 이상 | 8% | 6.80% |

❸ 입력한 C36:G40 셀 영역의 자료는 나중에 찾기 함수(VLOOKUP)를 적용할 기준표이므로, 이를 VLOOKUP 함수 적용 가능한 형식으로 수정하여 C43:E47 셀 영역에 다시 정리해 둔다.

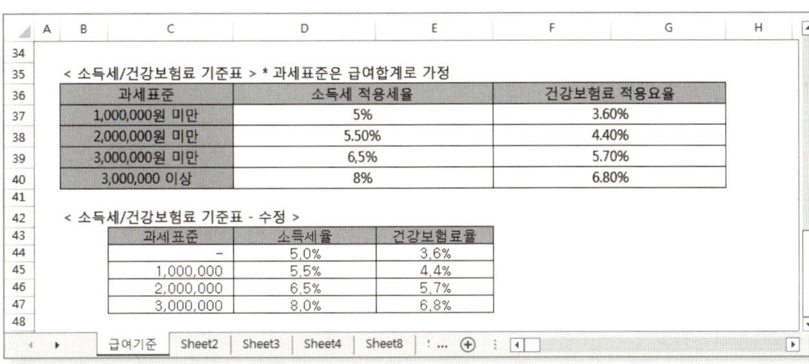

< 소득세/건강보험료 기준표 > * 과세표준은 급여합계로 가정

| 과세표준 | 소득세 적용세율 | 건강보험료 적용요율 |
|---|---|---|
| 1,000,000원 미만 | 5% | 3.60% |
| 2,000,000원 미만 | 5.50% | 4.40% |
| 3,000,000원 미만 | 6.5% | 5.70% |
| 3,000,000 이상 | 8% | 6.80% |

< 소득세/건강보험료 기준표 - 수정 >

| 과세표준 | 소득세율 | 건강보험료율 |
|---|---|---|
| - | 5.0% | 3.6% |
| 1,000,000 | 5.5% | 4.4% |
| 2,000,000 | 6.5% | 5.7% |
| 3,000,000 | 8.0% | 6.8% |

❹ 정리된 '급여기준' 시트에서, 나중에 각종 함수에서 참조영역으로 사용할 수 있는 영역들에 대해 미리 이름을 정의해 둘 필요가 있다. C19:G19 셀 범위를 선택하고 [이름 상자]에 '**직위표**'라고 입력한 후 Enter 키를 누른다. 마찬가지 방식으로 C20:G24 셀 범위에 이름 '**기본급표**', C27:G28 셀 범위에 이름 '**직책수당표**', C31:E33 셀 범위에 이름 '**시간외수당표**', 그리고 C44:E47 셀 범위에 이름 '**소득세보험료표**'로 각각 정의해 둔다.

❺ '급여기준' 시트의 오른쪽 새 시트를 선택하고 시트의 이름을 '**월별기초자료**'로 변경해 둔다.

❻ '월별기초자료' 시트의 A1 셀에 '**10**'을 입력하고, B1 셀에는 '**월 급여계산 기초자료**'를 입력한다. 이와 같이 '10월 급여계산 기초자료'로 표시될 내용에서 숫자 '10'을 분리하여 A1 셀에 따로 입력한 것은, 나중에 11월, 12월의 급여 기초자료 생성시에 이 '10'의 숫자만 변경하여 표시하고자 하는 것이며, 여기에 입력된 '10'의 숫자는 나중에 '급여대장'이나 '개인별 급여명세서' 작성시에도 이를 참조하여 표시하기 위한 것이다. A1:B1 셀 범위의 제목은 [글꼴]에서 [견고딕], '11pt'로 설정한다.

❼ A3:H23 셀 영역에는 '**10월 급여계산 기초자료**'를 입력해 둔다.

| | A | B | C | D | E | F | G | H |
|---|---|---|---|---|---|---|---|---|
| 1 | 10 | 월 급여계산 기초자료 | | | | | | |
| 2 | | | | | | | | |
| 3 | 성명 | 사번 | 부서 | 직위 | 호봉 | 시간외근무 | 부양가족 | 기타공제 |
| 4 | 강민섭 | YGR-008 | 회계과 | 부장 | 2 | 30 | 2 | 0 |
| 5 | 강석찬 | YGR-002 | 마케팅부 | 사원 | 4 | 22 | 3 | 26,000 |
| 6 | 기남용 | YGR-013 | 회계과 | 주임 | 5 | 3 | 3 | 37,500 |
| 7 | 김진백 | YGR-005 | 기획팀 | 부장 | 3 | 12 | 0 | 46,000 |
| 8 | 김진섭 | YGR-003 | 생산1부 | 주임 | 2 | 5 | 0 | 38,000 |
| 9 | 류진웅 | YGR-011 | 생산1부 | 부장 | 3 | 7 | 1 | 45,000 |
| 10 | 박갑용 | YGR-014 | 기획팀 | 과장 | 4 | 16 | 2 | 25,000 |
| 11 | 박시현 | YGR-012 | 정보전략실 | 주임 | 2 | 5 | 1 | 0 |
| 12 | 송성렬 | YGR-020 | 정보전략실 | 부장 | 1 | 15 | 3 | 26,500 |
| 13 | 안호영 | YGR-019 | 생산1부 | 주임 | 3 | 10 | 0 | 0 |
| 14 | 양복완 | YGR-010 | 기획팀 | 과장 | 1 | 14 | 4 | 50,000 |
| 15 | 양장술 | YGR-018 | 마케팅부 | 대리 | 2 | 22 | 2 | 44,000 |
| 16 | 여운영 | YGR-006 | 기획팀 | 과장 | 5 | 6 | 1 | 25,000 |
| 17 | 왕순칠 | YGR-007 | 정보전략실 | 주임 | 5 | 8 | 4 | 55,000 |
| 18 | 우지원 | YGR-009 | 회계과 | 대리 | 2 | 16 | 6 | 35,000 |
| 19 | 이기찬 | YGR-017 | 회계과 | 부장 | 4 | 33 | 4 | 37,000 |
| 20 | 임시권 | YGR-016 | 마케팅부 | 대리 | 4 | 27 | 2 | 46,500 |
| 21 | 정자현 | YGR-015 | 정보전략실 | 사원 | 2 | 18 | 5 | 0 |
| 22 | 홍의표 | YGR-004 | 기획팀 | 대리 | 2 | 25 | 2 | 0 |
| 23 | 황용하 | YGR-001 | 생산1부 | 과장 | 2 | 12 | 2 | 57,000 |
| 24 | | | | | | | | |

급여기준 | 월별기초자료 | Sheet3 | Sheet4

## 2단계 급여대장 작성

'급여대장'은 매월 사원들의 급여를 계산하는 기본 장부이다. '월별기초자료' 시트에서 월별 급여계산을 위한 기초자료가 입력되면, '급여대장'에서는 이러한 월별 변동을 반영하여 미리 정의된 수식에 의해 자동으로 사원별 급여내역이 정리되어 표시되도록 구성한다.

❶ '월별기초자료' 시트의 오른쪽 새 시트를 선택하고, 시트의 이름을 '**급여대장**'으로 변경한다.

❷ '급여대장' 시트의 A3 셀을 선택하고 수식 '=**월별기초자료!A3**'를 입력한다. 그리고 A3 셀의 자동채우기 핸들을 통해 H3 셀까지 끌기 한다. 다시 A3:H3 셀 영역을 선택하고 선택 영역의 자동채우기 핸들로 H23 셀까지 끌기 한다. 이로써 '월별기초자료' 시트에 입력된 A3:H23 셀 범

위의 자료가 '급여대장' 시트의 동일 범위에 참조표시 형태로 그대로 복제되었다. 여기서 '월별기초자료' 시트의 자료를 그냥 복사하여 붙여넣기 하지 않고 이와 같이 참조형식으로 복제한 것은, 나중에 '월별기초자료' 시트의 자료가 예컨대 11월, 12월 자료로 변경된 경우에도 그 변경된 내용을 자동으로 반영할 수 있도록 하기 위한 것이다('월별기초자료' 시트의 자료를 복사하여 '급여대장' 시트에 붙여넣기 하는 경우 이러한 변경이 자동으로 반영되지 않게 된다).

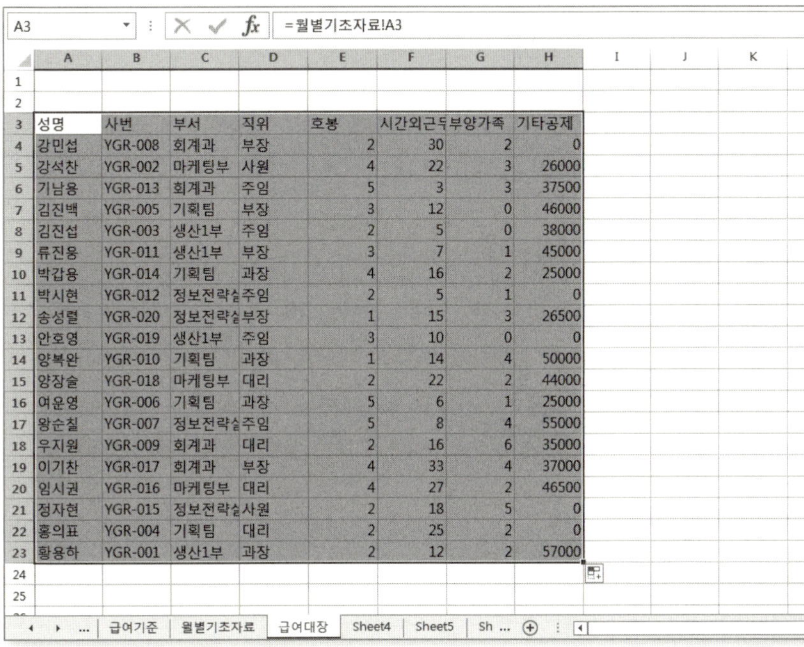

A3 =월별기초자료!A3

| 성명 | 사번 | 부서 | 직위 | 호봉 | 시간외근두 | 부양가족 | 기타공제 |
|---|---|---|---|---|---|---|---|
| 강민섭 | YGR-008 | 회계과 | 부장 | 2 | 30 | 2 | 0 |
| 강석찬 | YGR-002 | 마케팅부 | 사원 | 4 | 22 | 3 | 26000 |
| 기남용 | YGR-013 | 회계과 | 주임 | 5 | 3 | 3 | 37500 |
| 김진백 | YGR-005 | 기획팀 | 부장 | 3 | 12 | 0 | 46000 |
| 김진섭 | YGR-003 | 생산1부 | 주임 | 2 | 5 | 0 | 38000 |
| 류진웅 | YGR-011 | 생산1부 | 부장 | 3 | 7 | 1 | 45000 |
| 박갑용 | YGR-014 | 기획팀 | 과장 | 4 | 16 | 2 | 25000 |
| 박시현 | YGR-012 | 정보전략실 | 주임 | 2 | 5 | 1 | 0 |
| 송성렬 | YGR-020 | 정보전략실 | 부장 | 1 | 15 | 3 | 26500 |
| 안호영 | YGR-019 | 생산1부 | 주임 | 3 | 10 | 0 | 0 |
| 양복완 | YGR-010 | 기획팀 | 과장 | 1 | 14 | 4 | 50000 |
| 양장술 | YGR-018 | 마케팅부 | 대리 | 2 | 22 | 2 | 44000 |
| 여운영 | YGR-006 | 기획팀 | 과장 | 5 | 6 | 1 | 25000 |
| 왕순칠 | YGR-007 | 정보전략실 | 주임 | 5 | 8 | 4 | 55000 |
| 우지원 | YGR-009 | 회계과 | 대리 | 2 | 16 | 6 | 35000 |
| 이기찬 | YGR-017 | 회계과 | 부장 | 4 | 33 | 4 | 37000 |
| 임시권 | YGR-016 | 마케팅부 | 대리 | 4 | 27 | 2 | 46500 |
| 정자현 | YGR-015 | 정보전략실 | 사원 | 2 | 18 | 5 | 0 |
| 홍의표 | YGR-004 | 기획팀 | 대리 | 2 | 25 | 2 | 0 |
| 황용하 | YGR-001 | 생산1부 | 과장 | 2 | 12 | 2 | 57000 |



❸ '급여대장' 시트의 C1 셀에 '**2018년**'을 입력하고, D1 셀에는 수식 '**=월별기초자료!A1**'을 입력한다. E1 셀에는 '**월 급여 지급 내역**'을 입력한다. 자료가 입력된 C1:E1 셀 범위의 [글꼴]을 '견고딕', '12pt'로 설정한다.

❹ A열부터 H열의 [열 너비]를 아래 자료의 크기에 맞춰 적당한 너비로 조정한다. 그리고 A3:H23 셀 영역을 선택하여 [글꼴]에서 [모든 테두리]로 설정하고, [맞춤]에서 [가운데 맞춤]으로 설정한다. 그리고 A3:H3 셀 영역에는 [글꼴]에서 [채우기 색]을 '연한 녹색'으로, A4:H23 셀 범위에는 '연한 파랑'으로 설정한다. 여기서 기초자료 부분을 [채우기 색]으로 표시해 둔 것은, 기초자료 부분과 나중에 추가될 금액계산 부분을 구분하기 위한 것이다.

| | A | B | C | D | E | F | G | H | I | J | K |
|---|---|---|---|---|---|---|---|---|---|---|---|
| 1 | | | 2018년 | 10 | 월 급여 지급 내역 | | | | | | |
| 2 | | | | | | | | | | | |
| 3 | 성명 | 사번 | 부서 | 직위 | 호봉 | 시간외근무 | 부양가족 | 기타공제 | | | |
| 4 | 강민섭 | YGR-008 | 회계과 | 부장 | 2 | 30 | 2 | - | | | |
| 5 | 강석찬 | YGR-002 | 마케팅부 | 사원 | 4 | 22 | 3 | 26,000 | | | |
| 6 | 기남용 | YGR-013 | 회계과 | 주임 | 5 | 3 | 3 | 37,500 | | | |
| 7 | 김진백 | YGR-005 | 기획팀 | 부장 | 3 | 12 | 0 | 46,000 | | | |
| 8 | 김진섭 | YGR-003 | 생산1부 | 주임 | 2 | 5 | 0 | 38,000 | | | |
| 9 | 류진웅 | YGR-011 | 생산1부 | 부장 | 3 | 7 | 1 | 45,000 | | | |
| 10 | 박갑용 | YGR-014 | 기획팀 | 과장 | 4 | 16 | 2 | 25,000 | | | |
| 11 | 박시현 | YGR-012 | 정보전략실 | 주임 | 2 | 5 | 1 | - | | | |
| 12 | 송성렬 | YGR-020 | 정보전략실 | 부장 | 1 | 15 | 3 | 26,500 | | | |
| 13 | 안호영 | YGR-019 | 생산1부 | 주임 | 3 | 10 | 0 | - | | | |
| 14 | 양복완 | YGR-010 | 기획팀 | 과장 | 1 | 14 | 4 | 50,000 | | | |
| 15 | 양장술 | YGR-018 | 마케팅부 | 대리 | 2 | 22 | 2 | 44,000 | | | |
| 16 | 여운영 | YGR-006 | 기획팀 | 과장 | 5 | 6 | 1 | 25,000 | | | |
| 17 | 왕순칠 | YGR-007 | 정보전략실 | 주임 | 5 | 8 | 4 | 55,000 | | | |
| 18 | 우지원 | YGR-009 | 회계과 | 대리 | 2 | 16 | 6 | 35,000 | | | |
| 19 | 이기찬 | YGR-017 | 회계과 | 부장 | 4 | 33 | 4 | 37,000 | | | |
| 20 | 임시권 | YGR-016 | 마케팅부 | 대리 | 4 | 27 | 2 | 46,500 | | | |
| 21 | 정자현 | YGR-015 | 정보전략실 | 사원 | 2 | 18 | 5 | - | | | |
| 22 | 홍의표 | YGR-004 | 기획팀 | 대리 | 2 | 25 | 2 | - | | | |
| 23 | 황용하 | YGR-001 | 생산1부 | 과장 | 2 | 12 | 2 | 57,000 | | | |

❺ F열부터 H열까지의 머리글 부분을 함께 선택하고 오른쪽 마우스에서 [삽입]을 선택하여 머리글 [시간외근무]의 열 앞에 3개의 빈 열을 생성한다. 삽입된 새 열의 [열 너비]를 모두 '10'으로 설정한다. F3:H3 셀 범위에는 각각 **'기본급'**, **'상여금'**, **'직책수당'**을 입력한다.

❻ 삽입된 셀 영역 F4:H23을 선택하고 [글꼴] - [채우기 색]에서 [채우기 없음]으로 선택한다. 그리고 F4 셀에 기본급을 계산하기 위한 수식 '**=INDEX(기본급표,E4,MATCH(D4,직위표,0))**'을 입력한다. 이 수식은 해당 행의 사원 호봉(E4)과 직위(D4)에 따라 '급여기준' 시트의 '기본급표'에서 기본급 금액을 찾아 표시하기 위한 것이다.

참고

## INDEX 함수와 MATCH 함수

### ▶ INDEX 함수

: INDEX 함수는 지정된 표나 범위 내에서 특정 위치의 값을 찾아 표시해주는 함수이다. 사용형식은 '**=INDEX(범위,M번째 행,n번째 열)**'로, 이는 참조할 범위(흔히 표 영역) 내에서 m번째 행과 n번째 열이 교차하는 위치에 있는 값을 찾아 참조하도록 하는 함수이다. 여기서는 F1 셀에 왼쪽에 입력되어 있는 '부장' 직위의 '2'호봉인 경우의 기본급여를 '급여기준' 시트의 '기본급표'에서 찾아 표시하기 위한 것이다. 그런데 '2호봉'은 기준급표에서 2번째 행임을 알 수 있지만, '부장'은 기준표 범위의 몇 번째 위치(열)에 있는지를 확인해야 한다. 이를 확인하기 위해 Match 함수를 사용하고 있다.

### ▶ MATCH 함수

: MATCH 함수는 지정된 범위에서 특정 값이 있는 위치가 어딘지를 찾아주는 기능이다. 사용형식은 '**=MATCH(찾는값,범위,0)**'이다. 이때 주의할 점은 지정된 범위는 하나의 행 또는 열이어야 한다는 것이다. 또한 마지막 인수로 '0'을 사용한 것은 찾는 값과 정확히 일치하는 값을 찾아야 한다는 것이다. 만약 '1'로 표시하는 경우에는 '보다 작은 값 중에서 가장 가까운 값'을, '-1'로 표시하는 경우에는 보다 큰 값 중에서 가장 가까운 값을 찾는다. 단 이때 범위의 값들이 오름차순(내림차순)으로 정렬되어 있어야 한다.

❼ G4 셀에는 상여금을 계산하기 위한 수식 '=**F4*급여기준!$E$4**'를 입력한다. 그런데 '급여기준' 시트에서 상여금을 짝수 달에만 지급하는 것으로 하고 있으므로, '급여대장' 시트의 D1 셀에 표시된 월이 짝수달로 표시되어 있는지를 확인하여, 만일 짝수달이 아닌 경우에는 상여금을 지급하지 않도록 수식을 '=**IF(ISEVEN($D$1),F4*급여기준!$E$4,0)**'으로 변경해 놓는다.

참고

## ISEVEN 함수와 ISODD 함수

▶ ISEVEN 함수

: ISEVEN 함수는 찾는 셀 범위의 값이 짝수인지의 여부를 판단하는 함수이다. 만일 짝수이면 'TRUE'로 표시하고, 짝수가 아니면 'FALSE로 표시한다. 사용형식은 '=**ISEVEN(셀주소 또는 숫자)**'이다.

▶ ISODD 함수

: ISODD 함수는 찾는 셀 범위의 값이 홀수인지의 여부를 판단하는 함수이다. 만일 홀수이면 'TRUE'로 표시하고, 홀수가 아니면 'FALSE로 표시한다. 사용형식은 '=**ISODD(셀주소 또는 숫자)**'이다.

❽ H4 셀에는 직책수당을 계산하기 위한 수식 '=**HLOOKUP(D4,직책수당표,2,0)**'을 입력한다. '급여기준' 시트에서 〈직책수당표〉의 배열이 행 중심으로 되어 있기 때문에, 이 중에 D4 셀에 표시된 직책을 '급여기준' 시트의 [직책수당표] 이름 범위에서 찾아 해당 직책수당 금액을 표시하기 위해 'HLOOKUP' 함수를 사용한다.

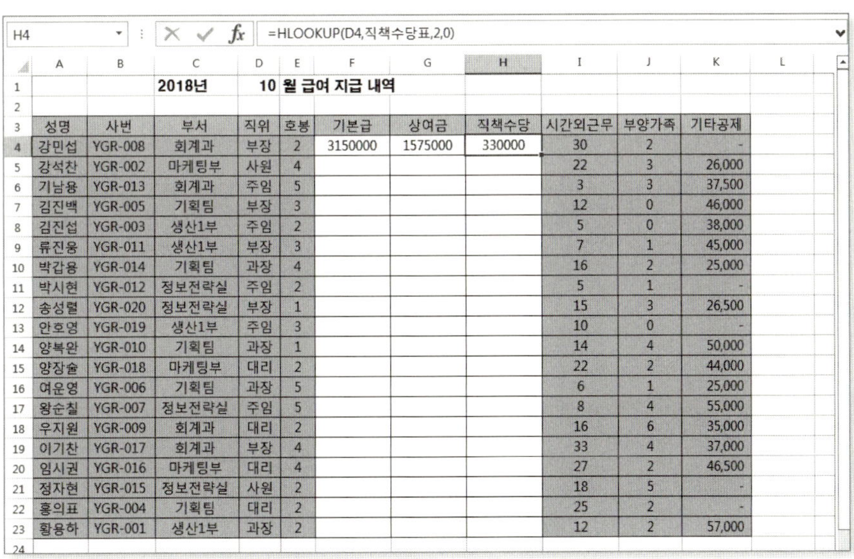
H4 =HLOOKUP(D4,직책수당표,2,0)

| | A | B | C | D | E | F | G | H | I | J | K |
|---|---|---|---|---|---|---|---|---|---|---|---|
| 1 | | | 2018년 | 10 | 월 급여 지급 내역 | | | | | | |
| 2 | | | | | | | | | | | |
| 3 | 성명 | 사번 | 부서 | 직위 | 호봉 | 기본급 | 상여금 | 직책수당 | 시간외근무 | 부양가족 | 기타공제 |
| 4 | 강민섭 | YGR-008 | 회계과 | 부장 | 2 | 3150000 | 1575000 | 330000 | 30 | 2 | - |
| 5 | 강석찬 | YGR-002 | 마케팅부 | 사원 | 4 | | | | 22 | 3 | 26,000 |
| 6 | 기남용 | YGR-013 | 회계과 | 주임 | 5 | | | | 3 | 3 | 37,500 |
| 7 | 김진백 | YGR-005 | 기획팀 | 부장 | 3 | | | | 12 | 0 | 46,000 |
| 8 | 김진섭 | YGR-003 | 생산1부 | 주임 | 2 | | | | 5 | 0 | 38,000 |
| 9 | 류진웅 | YGR-011 | 생산1부 | 부장 | 3 | | | | 7 | 1 | 45,000 |
| 10 | 박갑용 | YGR-014 | 기획팀 | 과장 | 4 | | | | 16 | 2 | 25,000 |
| 11 | 박시현 | YGR-012 | 정보전략실 | 주임 | 2 | | | | 5 | 1 | - |
| 12 | 송성렬 | YGR-020 | 정보전략실 | 부장 | 1 | | | | 15 | 3 | 26,500 |
| 13 | 안호영 | YGR-019 | 생산1부 | 주임 | 3 | | | | 10 | 0 | - |
| 14 | 양복완 | YGR-010 | 기획팀 | 과장 | 1 | | | | 14 | 4 | 50,000 |
| 15 | 양장술 | YGR-018 | 마케팅부 | 대리 | 2 | | | | 22 | 2 | 44,000 |
| 16 | 여운영 | YGR-006 | 기획팀 | 과장 | 5 | | | | 6 | 1 | 25,000 |
| 17 | 왕순칠 | YGR-007 | 정보전략실 | 주임 | 5 | | | | 8 | 4 | 55,000 |
| 18 | 우지원 | YGR-009 | 회계과 | 대리 | 2 | | | | 16 | 6 | 35,000 |
| 19 | 이기찬 | YGR-017 | 회계과 | 부장 | 4 | | | | 33 | 4 | 37,000 |
| 20 | 임시권 | YGR-016 | 마케팅부 | 대리 | 4 | | | | 27 | 2 | 46,500 |
| 21 | 정자현 | YGR-015 | 정보전략실 | 사원 | 2 | | | | 18 | 5 | - |
| 22 | 홍의표 | YGR-004 | 기획팀 | 대리 | 2 | | | | 25 | 2 | - |
| 23 | 황용하 | YGR-001 | 생산1부 | 과장 | 2 | | | | 12 | 2 | 57,000 |

❾ F4:H4 셀 범위에 입력한 수식을 아래 다른 사원들의 경우에도 동일하게 적용할 수 있으므로, F4:H4 셀 범위를 선택하고 오른쪽 자동채우기 핸들을 이용하여 H23 셀까지 끌어 기본급, 상여금, 직책수당 계산을 모두 완성한다.

❿ '특근수당'은 시간외 근무시간에 따라 계산되어야 하므로, J열을 선택하고 오른쪽 마우스에서 [삽입]을 선택하여 I열 다음에 한 열을 삽입한다. 삽입된 J열의 J3 셀에 **'특근수당'**을 입력하고, J4:J23 셀 영역을 선택하여 [홈] 탭의 [글꼴] – [채우기 색]에서 [채우기 없음]을 선택한다.

⓫ J4 셀에 특근수당을 계산하기 위한 수식 **'=I4*HLOOKUP(I4,시간외수당표,3)'**을 입력한다. 그리고 J4 셀에서 자동채우기 핸들을 이용하여 J23 셀까지 수식을 채워 완성한다.

⓬ K열과 L열 사이에 기타 수당과 공제내역을 포함해야 할 것이 많으므로, L열 앞에 10개의 새로운 열을 삽입한다. 삽입된 L4:U4 셀 영역을 선택하고 [글꼴] – [채우기 색] – [채우기 없음]으로 선택한다.

⓭ L3:N3 셀 영역의 각 셀에 **'가족수당'**, **'정액급식비'**, **'지급합계'**를 각각 입력한다. 그리고 L4 셀에는 가족수당을 계산하기 위한 수식 **'=MIN(K4,4)*급여기준!$E$7'**을 입력한다. M4 셀에는 정액급식비를 표시하기 위해 수식 **'=급여기준!$E$8'**을 입력한다. N4 셀에는 지금까지 계산된 지급액 합계를 표시하기 위해, [채우기 없음]으로 표시된 지급내역 부분을 합계하는 수식 **'=SUM(F4:H4)+J4+SUM(L4:M4)'**을 입력한다. 그리고 L4:N4 셀 영역을 선택하고 자동채우기 핸들을 통해 N23 셀까지 채워넣음으로써 지급액을 합계하는 부분까지를 모두 완성한다.

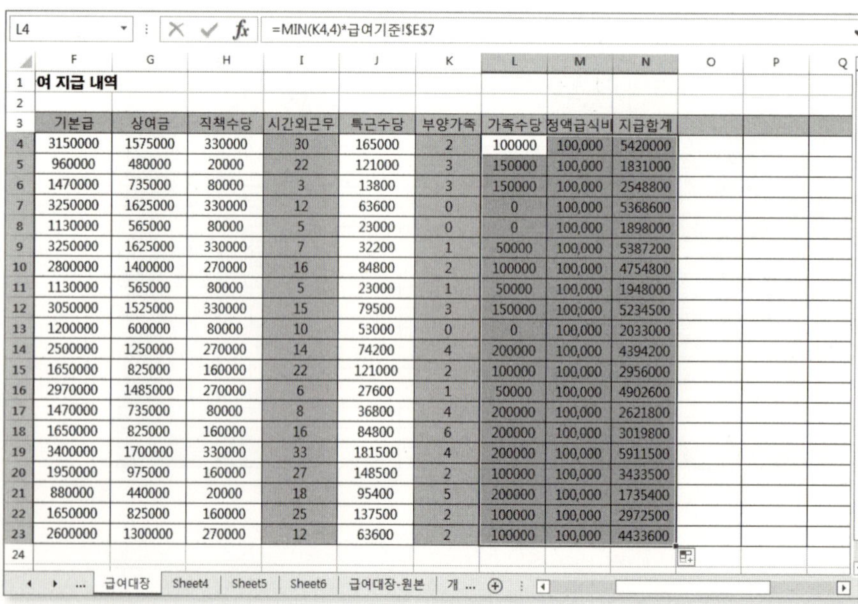


| | F | G | H | I | J | K | L | M | N | O | P | Q |
|---|---|---|---|---|---|---|---|---|---|---|---|---|
| 1 | 여 지급 내역 | | | | | | | | | | | |
| 2 | | | | | | | | | | | | |
| 3 | 기본급 | 상여금 | 직책수당 | 시간외근무 | 특근수당 | 부양가족 | 가족수당 | 정액급식비 | 지급합계 | | | |
| 4 | 3150000 | 1575000 | 330000 | 30 | 165000 | 2 | 100000 | 100,000 | 5420000 | | | |
| 5 | 960000 | 480000 | 20000 | 22 | 121000 | 3 | 150000 | 100,000 | 1831000 | | | |
| 6 | 1470000 | 735000 | 80000 | 3 | 13800 | 3 | 150000 | 100,000 | 2548800 | | | |
| 7 | 3250000 | 1625000 | 330000 | 12 | 63600 | 0 | 0 | 100,000 | 5368600 | | | |
| 8 | 1130000 | 565000 | 80000 | 5 | 23000 | 0 | 0 | 100,000 | 1898000 | | | |
| 9 | 3250000 | 1625000 | 330000 | 7 | 32200 | 1 | 50000 | 100,000 | 5387200 | | | |
| 10 | 2800000 | 1400000 | 270000 | 16 | 84800 | 2 | 100000 | 100,000 | 4754800 | | | |
| 11 | 1130000 | 565000 | 80000 | 5 | 23000 | 1 | 50000 | 100,000 | 1948000 | | | |
| 12 | 3050000 | 1525000 | 330000 | 15 | 79500 | 3 | 150000 | 100,000 | 5234500 | | | |
| 13 | 1200000 | 600000 | 80000 | 10 | 53000 | 0 | 0 | 100,000 | 2033000 | | | |
| 14 | 2500000 | 1250000 | 270000 | 14 | 74200 | 4 | 200000 | 100,000 | 4394200 | | | |
| 15 | 1650000 | 825000 | 160000 | 22 | 121000 | 2 | 100000 | 100,000 | 2956000 | | | |
| 16 | 2970000 | 1485000 | 270000 | 6 | 27600 | 1 | 50000 | 100,000 | 4902600 | | | |
| 17 | 1470000 | 735000 | 80000 | 8 | 36800 | 4 | 200000 | 100,000 | 2621800 | | | |
| 18 | 1650000 | 825000 | 160000 | 16 | 84800 | 6 | 200000 | 100,000 | 3019800 | | | |
| 19 | 3400000 | 1700000 | 330000 | 33 | 181500 | 4 | 200000 | 100,000 | 5911500 | | | |
| 20 | 1950000 | 975000 | 160000 | 27 | 148500 | 2 | 100000 | 100,000 | 3433500 | | | |
| 21 | 880000 | 440000 | 20000 | 18 | 95400 | 5 | 200000 | 100,000 | 1735400 | | | |
| 22 | 1650000 | 825000 | 160000 | 25 | 137500 | 2 | 100000 | 100,000 | 2972500 | | | |
| 23 | 2600000 | 1300000 | 270000 | 12 | 63600 | 2 | 100000 | 100,000 | 4433600 | | | |
| 24 | | | | | | | | | | | | |

⑭ O열은 앞의 지급액 부분과 뒤의 공제내역 부분을 구분하기 위해 빈칸으로 두되, O열의 [열 너비]를 '2'로 조정해 둔다. P3:U3 셀 범위의 각 셀에는 급여 공제항목인 **'소득세'**, **'지방소득세'**, **'국민연금'**, **'건강보험료'**, **'고용보험'**, **'장기요양보험'** 등을 순차적으로 입력한다.

⑮ P4 셀에는 소득세를 계산하기 위한 수식 '**=N4*VLOOKUP(N4,소득세보험료표,2)**'을 입력한다. 그런데 계산된 소득세 금액 단위를 십원 단위까지만 표시하도록 하기 위해 'ROUND' 함수를 이용하여 '**=ROUND(N4*VLOOKUP(N4,소득세보험료표,2),-1)**'으로 수정하여 입력한다. Q4 셀에는 지방소득세를 계산하기 위한 수식 '**=ROUND(P4*급여기준!$E$10,-1)**'을 입력한다. 여기서도 지방소득세 금액 단위를 십원 단위까지만 표시하도록 하기 위해 'ROUND' 함수를 사용하였다.

⑯ 마찬가지로, R4 셀에는 국민연금을 계산하기 위한 수식 '**=ROUND(N4*급여기준!$E$11,-1)**'을, S4 셀에는 건강보험료를 계산하기 위한 수식 '**=ROUND(N4*VLOOKUP(N4,소득세보험료표,3),-1)**'을, T4 셀에는 고용보험을 계산하기 위한 수식 '**=ROUND(N4*급여기준!$E$13,-1)**'을, 그리고 U4 셀에는 장기요양보험을 계산하기 위한 수식 '**=ROUND(S4*급여기준!$E$14,-1)**'을 각각 입력한다. 여기서도 각 공제금액을 십원 단위까지만 표시하도록 하기 위해 'ROUND' 함수를 사용하였다.

⑰ 주요 공제항목을 계산하기 위한 수식이 정의되었으므로, 이들 수식을 다른 사원들에게도 동일하게 적용하기 위해, P4:U4 셀 범위를 함께 선택한 후 자동채우기 핸들을 통해 U23 셀까지 채워넣기 한다.

P4 =ROUND(N4*VLOOKUP(N4,소득세보험료표,2),-1)

| | J | K | L | M | N | O | P | Q | R | S | T | U | V | W | X |
|---|---|---|---|---|---|---|---|---|---|---|---|---|---|---|---|
| 1 | | | | | | | | | | | | | | | |
| 2 | | | | | | | | | | | | | | | |
| 3 | 특근수당 | 부양가족 | 가족수당 | 정액급식비 | 지급합계 | | 소득세 | 지방소득세 | 국민연금 | 건강보험료 | 고용보험 | 장기요양보험 | 기타공제 | | |
| 4 | 165000 | 2 | 100000 | 100,000 | 5420000 | | 433600 | 43360 | 243900 | 368560 | 24390 | 24140 | - | | |
| 5 | 121000 | 3 | 150000 | 100,000 | 1831000 | | 100710 | 10070 | 82400 | 80560 | 8240 | 5280 | 26,000 | | |
| 6 | 13800 | 3 | 150000 | 100,000 | 2548800 | | 165670 | 16570 | 114700 | 145280 | 11470 | 9520 | 37,500 | | |
| 7 | 63600 | 0 | 0 | 100,000 | 5368600 | | 429490 | 42950 | 241590 | 365060 | 24160 | 23910 | 46,000 | | |
| 8 | 23000 | 0 | 0 | 100,000 | 1898000 | | 104390 | 10440 | 85410 | 83510 | 8540 | 5470 | 38,000 | | |
| 9 | 32200 | 1 | 50000 | 100,000 | 5387200 | | 430980 | 43100 | 242420 | 366330 | 24240 | 23990 | 45,000 | | |
| 10 | 84800 | 2 | 100000 | 100,000 | 4754800 | | 380380 | 38040 | 213970 | 323330 | 21400 | 21180 | 25,000 | | |
| 11 | 23000 | 1 | 50000 | 100,000 | 1948000 | | 107140 | 10710 | 87660 | 85710 | 8770 | 5610 | - | | |
| 12 | 79500 | 3 | 150000 | 100,000 | 5234500 | | 418760 | 41880 | 235550 | 355950 | 23560 | 23310 | 26,500 | | |
| 13 | 53000 | 0 | 0 | 100,000 | 2033000 | | 132150 | 13220 | 91490 | 115880 | 9150 | 7590 | - | | |
| 14 | 74200 | 4 | 200000 | 100,000 | 4394200 | | 351540 | 35150 | 197740 | 298810 | 19770 | 19570 | 50,000 | | |
| 15 | 121000 | 2 | 100000 | 100,000 | 2956000 | | 192140 | 19210 | 133020 | 168490 | 13300 | 11040 | 44,000 | | |
| 16 | 27600 | 1 | 50000 | 100,000 | 4902600 | | 392210 | 39220 | 220620 | 333380 | 22060 | 21840 | 25,000 | | |
| 17 | 36800 | 4 | 200000 | 100,000 | 2621800 | | 170420 | 17040 | 117980 | 149440 | 11800 | 9790 | 55,000 | | |
| 18 | 84800 | 6 | 200000 | 100,000 | 3019800 | | 241580 | 24160 | 135890 | 205350 | 13590 | 13450 | 35,000 | | |
| 19 | 181500 | 4 | 200000 | 100,000 | 5911500 | | 472920 | 47290 | 266020 | 401980 | 26600 | 26330 | 37,000 | | |
| 20 | 148500 | 2 | 100000 | 100,000 | 3433500 | | 274680 | 27470 | 154510 | 233480 | 15450 | 15290 | 46,500 | | |
| 21 | 95400 | 5 | 200000 | 100,000 | 1735400 | | 95450 | 9550 | 78090 | 76360 | 7810 | 5000 | - | | |
| 22 | 137500 | 2 | 100000 | 100,000 | 2972500 | | 193210 | 19320 | 133760 | 169430 | 13380 | 11100 | - | | |
| 23 | 63600 | 2 | 100000 | 100,000 | 4433600 | | 354690 | 35470 | 199510 | 301480 | 19950 | 19750 | 57,000 | | |
| 24 | | | | | | | | | | | | | | | |

... | 급여기준 | 월별기초자료 | 급여대장 | Sheet4 | Sheet5 | Sheet6 | 급여대 ...

⑱ V4 셀에는 '기타 공제' 금액이 이미 입력되어 있기 때문에 이로써 공제금액 계산을 위한 수식 정의가 완료되었다. 따라서 W 열에 이들 공제금액을 합계하기 위한 수식을 정의하기로 한다. 먼저 W3 셀에 **'공제합계'**를 입력한다. 그리고 각종 공제항목이 표시되어 있는 셀들까지를 포함하여 P4:W23 셀 범위를 함께 선택하고 [홈] 탭의 [편집]에서 [합계] 버튼(Σ)을 클릭하여 W열에 공제합계금액을 표시한다.

⑲ 이제 급여지급액 합계(N열)에서 공제액 합계(W열)를 차감하여 각 사원이 지급받게 될 '차감지급액'을 표시하기로 한다. 먼저 X열은 앞의 공제액 부분과 구분하기 위해 빈칸으로 두되, X열의 [열 너비]를 '2'로 조정해 둔다. 그리고 Y3 셀에 **'차감지급액'**으로 입력한다. Y4 셀에는 수식 '**=N4 - W4**'를 입력한다. 이제 Y4 셀의 자동채우기 핸들을 통해 Y23셀까지 채워넣기 한다. Y3:Y23 셀 범위를 선택하여 [홈] 탭의 [글꼴] - [테두리]에서 [모든 테두리]로 표시한다.

⑳ 이제 급여대장에 필요한 수식은 모두 정의되었다. 그런데 계산된 금액을 모두 천 원 단위로 표시하기 위해, 금액이 표시되어 있는 F4:Y23 셀 범위를 선택한 후 [홈] 탭의 [표시 형식]에서 [쉼표 스타일]을 클릭한다.

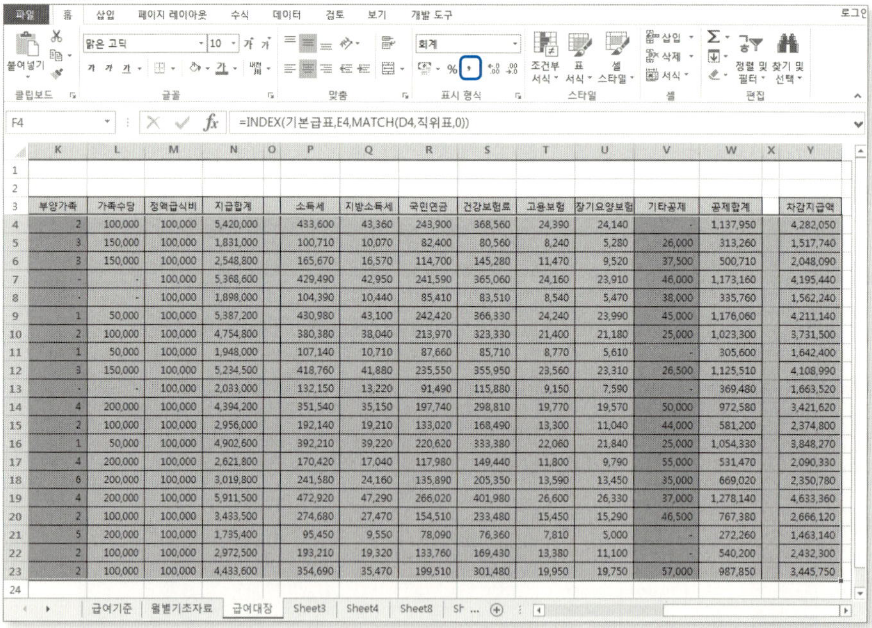


| | K | L | M | N | P | Q | R | S | T | U | V | W | Y |
|---|---|---|---|---|---|---|---|---|---|---|---|---|---|
| 3 | 부양가족 | 가족수당 | 정액급식비 | 지급합계 | 소득세 | 지방소득세 | 국민연금 | 건강보험료 | 고용보험 | 장기요양보험 | 기타공제 | 공제합계 | 차감지급액 |
| 4 | 2 | 100,000 | 100,000 | 5,420,000 | 433,600 | 43,360 | 243,900 | 368,560 | 24,390 | 24,140 | - | 1,137,950 | 4,282,050 |
| 5 | 3 | 150,000 | 100,000 | 1,831,000 | 100,710 | 10,070 | 82,400 | 80,560 | 8,240 | 5,280 | 26,000 | 313,260 | 1,517,740 |
| 6 | 3 | 150,000 | 100,000 | 2,548,800 | 165,670 | 16,570 | 114,700 | 145,280 | 11,470 | 9,520 | 37,500 | 500,710 | 2,048,090 |
| 7 | - | - | 100,000 | 5,368,600 | 429,490 | 42,950 | 241,590 | 365,060 | 24,160 | 23,910 | 46,000 | 1,173,160 | 4,195,440 |
| 8 | - | - | 100,000 | 1,898,000 | 104,390 | 10,440 | 85,410 | 83,510 | 8,540 | 5,470 | 38,000 | 335,760 | 1,562,240 |
| 9 | 1 | 50,000 | 100,000 | 5,387,200 | 430,980 | 43,100 | 242,420 | 366,330 | 24,240 | 23,990 | 45,000 | 1,176,060 | 4,211,140 |
| 10 | 2 | 100,000 | 100,000 | 4,754,800 | 380,380 | 38,040 | 213,970 | 323,330 | 21,400 | 21,180 | 25,000 | 1,023,300 | 3,731,500 |
| 11 | 1 | 50,000 | 100,000 | 1,948,000 | 107,140 | 10,710 | 87,660 | 85,710 | 8,770 | 5,610 | - | 305,600 | 1,642,400 |
| 12 | 3 | 150,000 | 100,000 | 5,234,500 | 418,760 | 41,880 | 235,550 | 355,950 | 23,560 | 23,310 | 26,500 | 1,125,510 | 4,108,990 |
| 13 | - | - | 100,000 | 2,033,000 | 132,150 | 13,220 | 91,490 | 115,880 | 9,150 | 7,590 | - | 369,480 | 1,663,520 |
| 14 | 4 | 200,000 | 100,000 | 4,394,200 | 351,540 | 35,150 | 197,740 | 298,810 | 19,770 | 19,570 | 50,000 | 972,580 | 3,421,620 |
| 15 | 2 | 100,000 | 100,000 | 2,956,000 | 192,140 | 19,210 | 133,020 | 168,490 | 13,300 | 11,040 | 44,000 | 581,200 | 2,374,800 |
| 16 | 1 | 50,000 | 100,000 | 4,902,600 | 392,210 | 39,220 | 220,620 | 333,380 | 22,060 | 21,840 | 25,000 | 1,054,330 | 3,848,270 |
| 17 | 4 | 200,000 | 100,000 | 2,621,800 | 170,420 | 17,040 | 117,980 | 149,440 | 11,800 | 9,790 | 55,000 | 531,470 | 2,090,330 |
| 18 | 6 | 200,000 | 100,000 | 3,019,800 | 241,580 | 24,160 | 135,890 | 205,350 | 13,590 | 13,450 | 35,000 | 669,020 | 2,350,780 |
| 19 | 4 | 200,000 | 100,000 | 5,911,500 | 472,920 | 47,290 | 266,020 | 401,980 | 26,600 | 26,330 | 37,000 | 1,278,140 | 4,633,360 |
| 20 | 2 | 100,000 | 100,000 | 3,433,500 | 274,680 | 27,470 | 154,510 | 233,480 | 15,450 | 15,290 | 46,500 | 767,380 | 2,666,120 |
| 21 | 5 | 200,000 | 100,000 | 1,735,400 | 95,450 | 9,550 | 78,090 | 76,360 | 7,810 | 5,000 | - | 272,260 | 1,463,140 |
| 22 | 2 | 100,000 | 100,000 | 2,972,500 | 193,210 | 19,320 | 133,760 | 169,430 | 13,380 | 11,100 | - | 540,200 | 2,432,300 |
| 23 | 2 | 100,000 | 100,000 | 4,433,600 | 354,690 | 35,470 | 199,510 | 301,480 | 19,950 | 19,750 | 57,000 | 987,850 | 3,445,750 |

㉑ 이 급여대장 자료가 개인별 급여명세서 작성의 기본자료로 활용될 것이므로, 각 열 레이블별로 미리 이름을 정의해 두도록 한다. 먼저 '성명'이 입력되어 있는 A4:A23 셀 영역을 선택한 후 [이름상자]에 **'성명1'**로 입력하고 Enter 키를 누른다. 또 B4:B23 셀 영역에 대해 **'사번1'**로 이름을 부여한다. 마찬가지 방법으로 자료가 표시되어 있는 나머지 각 열 영역에 **'부서1'**, **'직위1'**,

**'호봉1'**, **'기본급1'**, **'상여금1'**, **'직책수당1'**, **'시간외근무1'**, **'특근수당1'**, **'부양가족1'**, **'가족수당1'**, **'정액급식비1'**, **'지급합계1'**, **'소득세1'**, **'지방소득세1'**, **'국민연금1'**, **'건강보험료1'**, **'고용보험1'**, **'장기요양보험1'**, **'기타공제1'**, **'차감지급액1'** 등의 이름을 각각 부여한다.

㉒ 이름 정의가 제대로 되어 있는지 확인해 보기 위해 [수식] 탭의 [정의된 이름] – [이름 관리자]를 클릭해 보면, 지금까지 정의해 둔 이름들이 모두 표시된다.

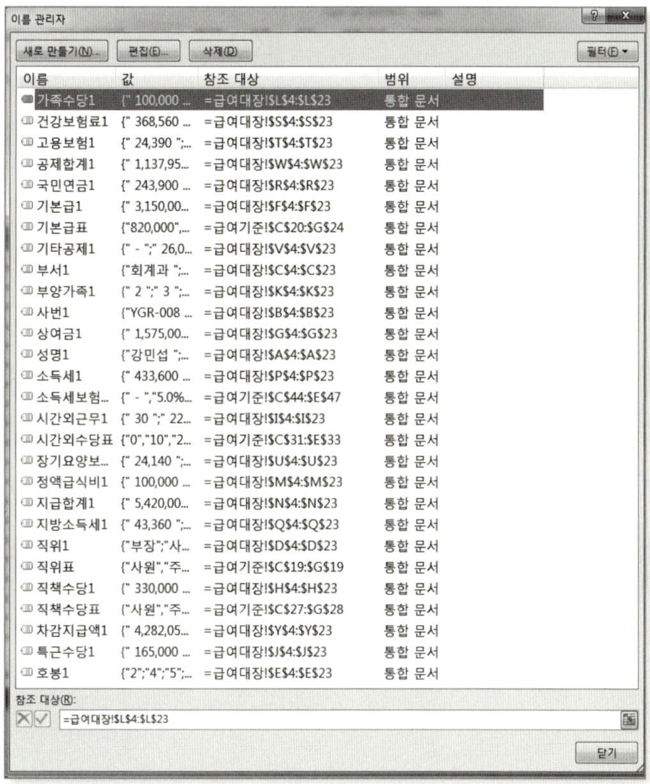


## 3단계 급여대장 보호하기

완성된 '급여대장'은 모두 수식과 함수로 정의되어 있기 때문에, 누군가 고의 또는 실수로 이들 수식이나 금액 자체를 수정, 변경할 수 없도록 해 둘 필요가 있다. 이는 '급여대장'에서 기초자료 부분(파란색 표시부분)까지도 '월별기초자료' 시트의 자료를 참조하는 형식으로 정의해 두었기 때문에, 설사 자료 변경이 필요한 경우라 하더라도 '급여대장'을 수정하지 않고 '월별기초자료' 시트나 '급여기준' 시트에서 변경해주면 되기 때문이다.

❶ '급여대장' 시트를 선택한 상태에서 시트 내의 임의의 셀을 클릭하고, 오른쪽 마우스 [셀 서식]의 [보호] 탭에서 [잠금]을 선택 해제하고 [확인]을 클릭한다.

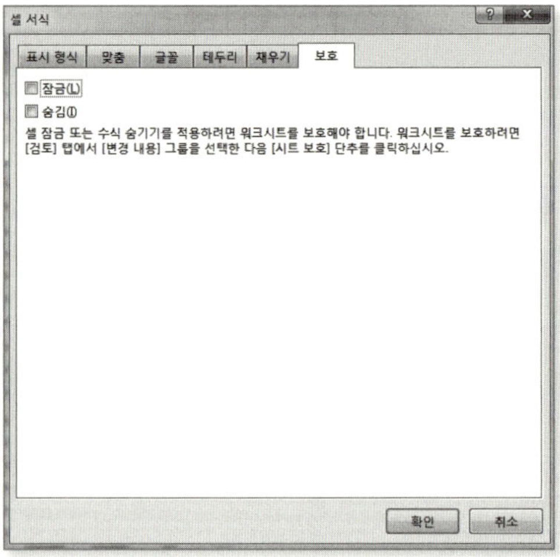


❷ [검토] 탭의 [변경 내용]에서 [시트 보호]를 클릭하고, [시트 보호] 대화상자에서 먼저 [시트 보호 해제 암호]에 자신이 사용할 암호(예; 0000)를 입력한다. 그리고 아래 [워크시트에서 허용할 내용]에서 모든 항목의 선택을 해제한다. 그리고 [확인]을 누르면 다시 [암호 확인] 대화상자가 나타나는데, 여기서 다시 앞의 암호('0000')를 입력하고 [확인]을 누른다.

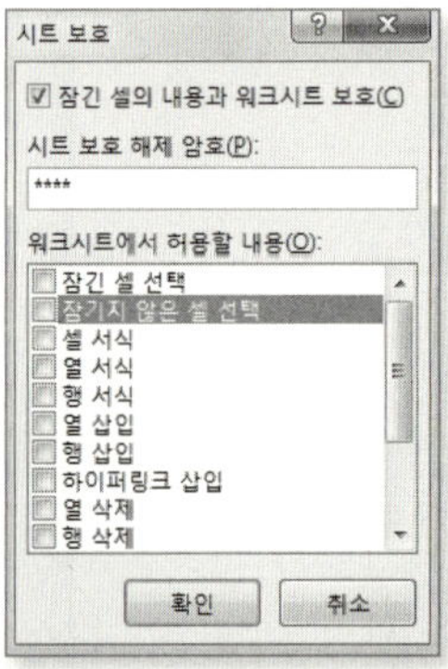


❸ 이제 '급여대장' 시트에서는 어느 셀도 마우스로 선택할 수 없도록 보호되었다(암호를 알고 있는 작성자의 경우에만 [검토] 탭에서 [변경 내용] - [시트 보호 해제]를 클릭하고 암호를 입력하여 해제할 수 있다).

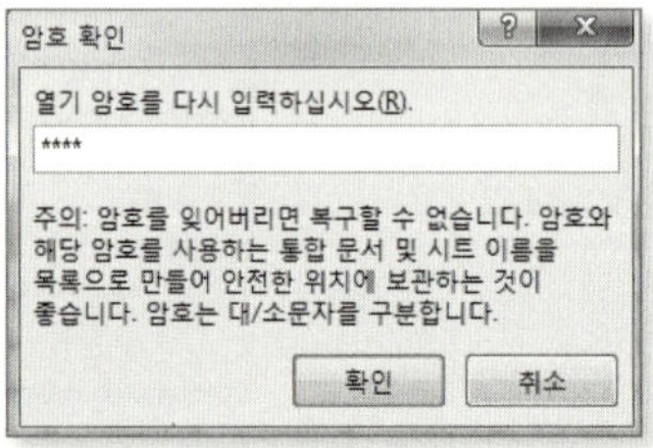


## 4단계 개인별 급여명세서 작성

완성된 '급여대장'은 회사의 급여 관리 차원에서 사용되어지는 것이며, 이 '급여대장'의 계산을 토대로 하여 각 사원들에게는 '개인별 급여명세서'를 배부하여야 한다. 그런데 사원수가 많은 회사에서는 모든 사원들의 개인별 급여명세서를 일일이 별도의 시트로 만들어 관리하기는 어려운 일이다. 따라서 여기서는 하나의 '개인별 급여명세서' 양식을 정의해두고, 해당 사원의 이름을 선택하여 표시하고 명세서를 인쇄할 수 있도록 하는 방법을 생각해 보자.

❶ '급여대장' 시트의 오른쪽 새 시트를 선택하고, 시트의 이름을 **'개인별급여명세서'**로 변경한다.

❷ 1행부터 29행의 [행 높이]를 '25'로 조정해 둔다. A열의 [열 너비]는 '4'로, 그리고 B부터 E열의

[열 너비]를 각각 '17'로 조정해 둔다.

❸ B1 셀에 '**◆ 급여 지급 대상자 :**'를 입력하고, '견고딕', '14pt', '파랑'색으로 선택한다. D1 셀에는 사원 선택표시를 위해, [개발도구] 탭의 [삽입]–[양식 컨트롤]에서 [콤보상자]를 선택하고 D1 셀의 크기에 맞춰 드래그하여 표시한다. 삽입된 콤보상자를 클릭하고 오른쪽 마우스에서 [컨트롤 서식]을 선택한 후, [컨트롤]의 [입력범위]에 '=**성명1**'을, [셀 연결]에는 '**$E$1**'을 입력하고, [목록 표시 줄 수]에는 '**10**'으로 입력하고 [확인]을 누른다.

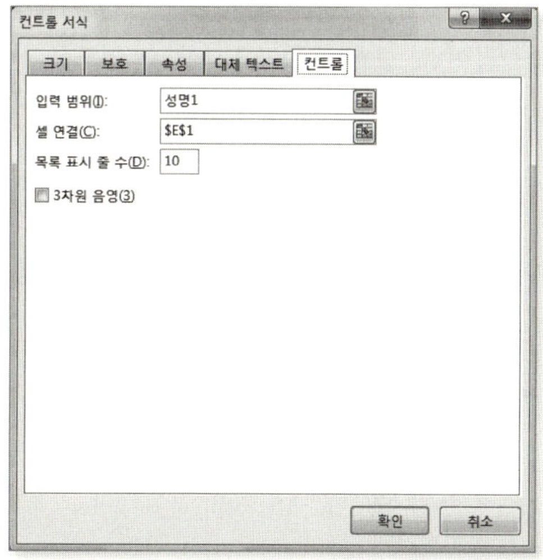


❹ [콤보상자]의 오른쪽 선택 화살표를 클릭하여, 컨트롤 서식에서 지정한 바와 같이 '성명1'로 이름 정의된 영역의 사원 이름이 10개 단위로 표시되고 있는지 확인해 본다. 이 중 한 사원을 선택하면 선택된 사원의 이름과 순서번호가 D1과 E1 셀에 각각 표시된다.

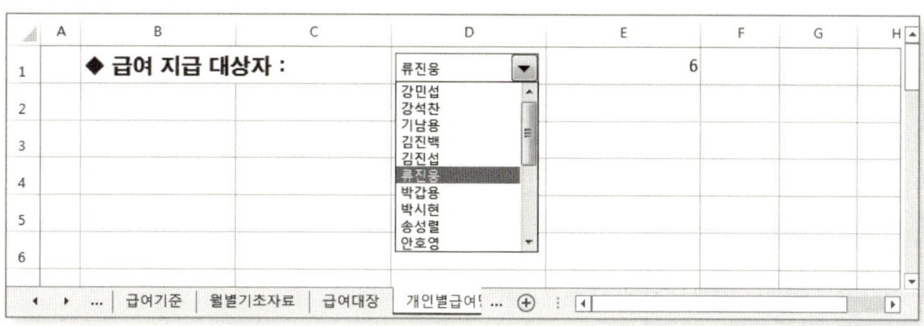


❺ B1:E1 셀 범위를 선택하고, [홈] 탭의 [글꼴]–[채우기]에서 '연한 주황색'을 선택한 후 [테두리]에서 [굵은 아래쪽 테두리]를 선택한다. 그리고 선택 숫자가 표시되고 있는 E1 셀을 선택하고 오른쪽 마우스 [셀 서식]에서 [글꼴]의 [색]을 바탕색과 같은 '연한 주황색'으로 선택하여 숫자가 눈에 보이지 않도록 설정한다. 다만, 여기에 선택 표시된 숫자는 아래에서 참조하여 사용할 것이므로, E1 셀을 선택하고 [이름상자]에 '**선택1**'을 입력한 후 Enter 키를 누른다.

❻ B4 셀에 '**개인별 급여명세서**'를 입력한다. B4:E4 셀 영역을 선택하고 [병합하고 가운데 맞춤]을 선택한다. 그리고 [글꼴]을 [견고딕], '16pt'로 설정한다. B6 셀에는 '**2018년**'을 입력하고, C6 셀에는 '=**급여대장!D1&" 월 분"**'을 입력한다. 이는 급여대장의 D1 셀에 표시되는 '월'을 '개인별 급여명세서'의 C6 셀에도 자동으로 반영하기 위한 것이다.

❼ B7 셀부터 E9 셀에는 지급대상인 사원의 정보내용을, 그리고 B11 셀부터 E25 셀에는 급여 및 공제내역을 표시할 수 있도록 항목명을 입력하여 표를 정리해 둔다. 급여자료가 표시되는 7행부터 25행의 글꼴을 '신명조', '12pt', [가운데 맞춤]으로 설정한다. 이 중 7행과 11, 12행은 '견고딕'으로 수정하고, 항목구분에 해당하는 B7:E7, B11:E12 영역과 합계영역인 B24:E25 셀 영역은 '연한 파랑색'으로 구분되도록 표시한다. 그리고 표의 외부에 테두리를 설정한다.

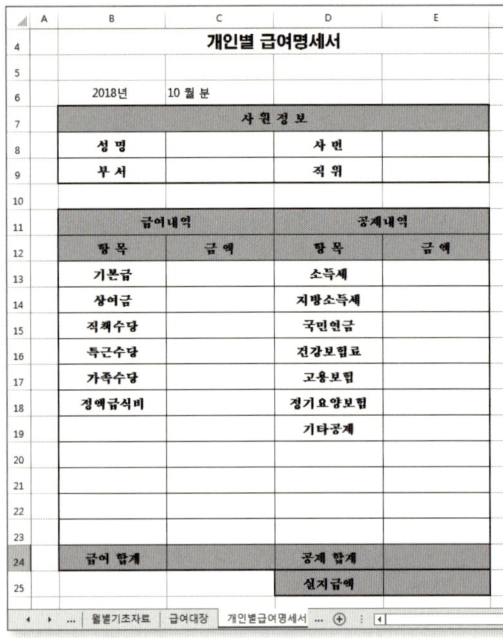


❽ 개인별 급여정보 내용이 표시되어야 할 아래의 각 셀에 해당 수식을 입력한다.

C8: =INDEX(성명1,선택1)
E8: =INDEX(사번1,선택1)
C9: =INDEX(부서1,선택1)
E9: =INDEX(직위1,선택1)
C13: =INDEX(기본급1,선택1)
E13: =INDEX(소득세1,선택1)
C14: =INDEX(상여금1,선택1)
E14: =INDEX(지방소득세1,선택1)
C15: =INDEX(직책수당1,선택1)
E15: =INDEX(국민연금1,선택1)
C16: =INDEX(특근수당1,선택1)
E16: =INDEX(건경보험료1,선택1)
C17: =INDEX(가족수당1,선택1)
E17: =INDEX(고용보험1,선택1)
C18: =INDEX(정액급식비1,선택1)
E18: =INDEX(장기요약보험1,선택1)
E19: =INDEX(기타공제1,선택1)
C24: =INDEX(지급합계1,선택1)
E24: =INDEX(공제합계1,선택1)
E25: =INDEX(차감지급액1,선택1)

❾ 이제 D1 셀의 콤보상자 선택단추를 클릭하여 다른 사원(예; 양복완)을 선택하고, 아래 사원 정보와 급여 및 공제내역 등의 자료가 선택된 사원의 해당 정보로 제대로 변경 표시되고 있는지 확인해 본다.

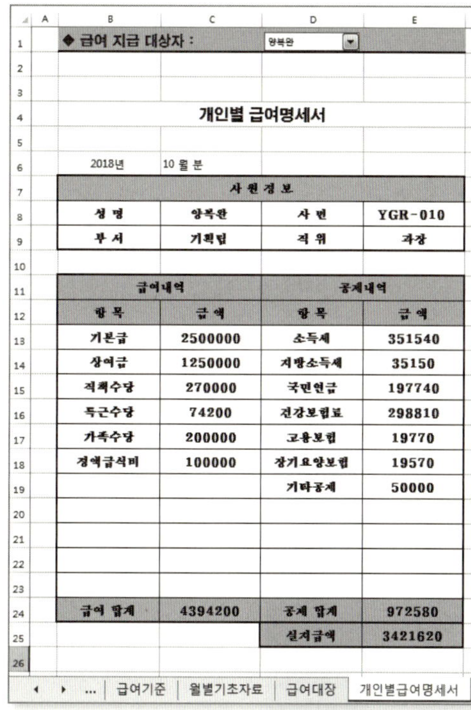

❿ D28 셀에는 회사명을 입력해 보자. [삽입] 탭의 [텍스트]–[WordArt]를 클릭한 후 [채우기 – 파랑, 강조1, 윤곽선]을 선택하고, 입력상자에 '㈜ **아다마다**'를 입력한다. 입력된 '㈜ 아다마다'의 [글꼴 크기]를 '14pt'로 조정한 후, 오른쪽 마우스 [도형 서식]을 선택하여 [텍스트 옵션]–[텍스트 채우기]에서 [단색 채우기]를 클릭하고 아래 [색]을 '파랑' 색으로 지정한다.

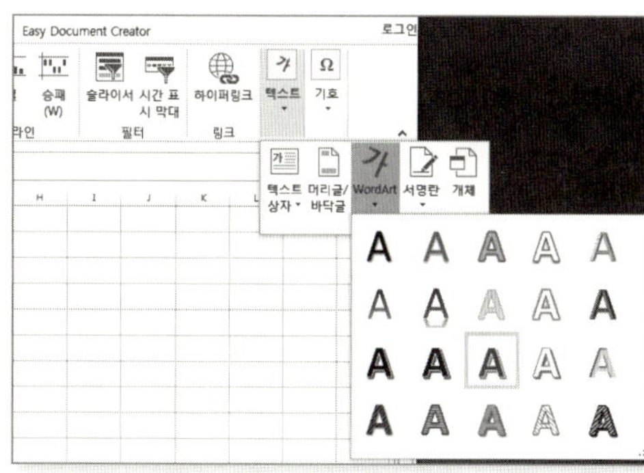

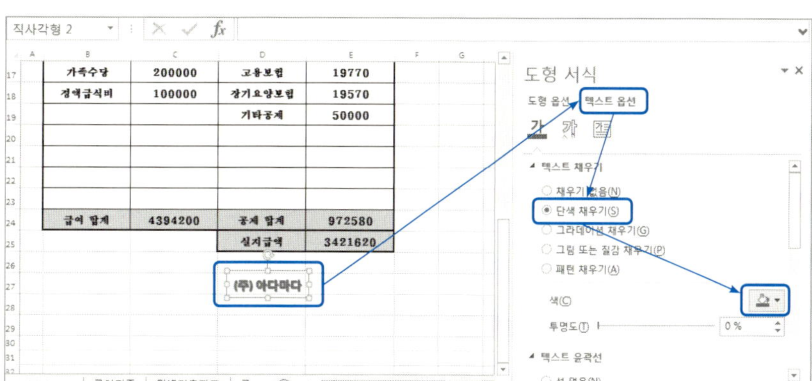

⑪ 삽입된 WordArt('㈜아다마다')를 D28 셀 영역에 위치시킨다. F열의 [열 너비]를 A열과 같은 '4'로 조정한다.

⑫ 인쇄영역(A3:F29)을 선택한 후 [홈] 탭의 [글꼴]-[테두리]에서 [굵은상자 테두리]로 선택하여 지정한다.

⑬ 이제 선택된 사원의 개인별 급여명세서를 인쇄하고자 하는 경우, 인쇄영역(A3:F29)을 선택한 후 [파일] 탭의 [인쇄]를 클릭하고 [설정]에서 [선택 영역 인쇄]를 클릭하면 오른쪽 '미리보기' 화면과 같이 인쇄할 수 있다.

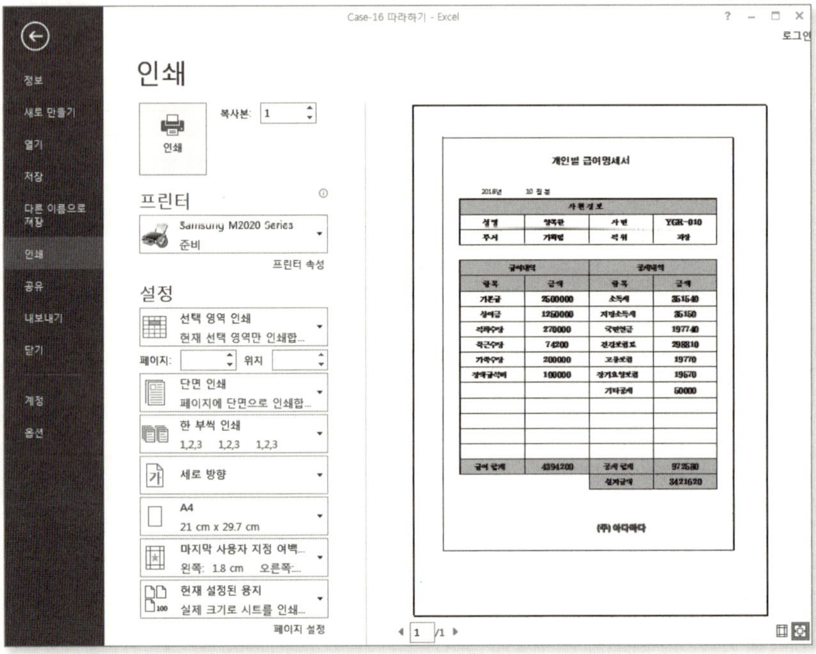

## 유사 사례 203 혼자해보기 행복어린이집 급여대장 만들기

**현황**

행복어린이집에서는 모든 교사(원장 포함)에 대한 월급을 지급하기 위해 월 급여대장을 엑셀로 자동 계산하는 표를 만들어 사용하고자 한다.

행복어린이집에 근무하는 교사들의 기본급여에 대한 8월 자료와 공제액 계산 기준은 다음과 같다.

### ⦿ 행복어린이집 8월 급여 자료

| 성명 | 직책 | 기본급 | 국민연금보수월액 |
|---|---|---|---|
| 정선지 | 원장 | 3,000,000 | 2,200,000 |
| 김선하 | 담임교사 | 2,000,000 | 1,500,000 |
| 안영은 | 담임교사 | 1,850,000 | 1,500,000 |
| 김려원 | 담임교사 | 1,820,000 | 1,500,000 |
| 김설아 | 담임교사 | 1,730,000 | 1,450,000 |
| 류소미 | 담임교사 | 1,600,000 | 1,450,000 |
| 박인성 | 담임교사 | 1,600,000 | 1,450,000 |
| 오슬현 | 담임교사 | 1,560,000 | 1,450,000 |
| 이슬비 | 보조교사 | 1,230,000 | 1,000,000 |
| 김아람 | 보조교사 | 1,200,000 | 1,000,000 |
| 김은비 | 보조교사 | 1,100,000 | 1,000,000 |
| 우영설 | 보조교사 | 1,100,000 | 1,000,000 |

### ⦿ 급여 및 공제액 계산 기준

- 국민연금 보수월액: 기본급 중 국민연금 납부액 등을 계산하기 위한 기준금액
- 제수당: 3월부터 매 3개월마다 기본급의 30% 수당 지급
- 교통비: 모든 교사에게 월 50,000원 지급
- 보육수당(직책수당): 직책에 따른 월 고정지급 수당

| 직책 | 원장 | 담임교사 | 보조교사 |
|---|---|---|---|
| 수당 | 100,000 | 80,000 | 50,000 |

- 건강보험료: 과세지급액(기본급+제 수당)의 3.06%
- 국민연금: 국민연금 보수월액의 4.5%
- 요양보험: 건강보험료의 6.55%
- 고용보험: 과세지급액의 0.65%
- 소득세: 간이세액표에 의함
- 주민세: 소득세의 10%
- 두루누리지원금: 과세지급액의 합계가 월 140만원 미만인 근로자에 대해 국민연금과 고용보험 납부액의 40%를 지급해주는 반환금
- 퇴직금: 월 지급액 합계의 1/12을 퇴직급여충당금으로 설정
- 원장의 경우에는 고용보험, 두루누리지원금, 퇴직금이 해당되지 않음

※ 모든 공제항목의 계산에서 금액은 10원 단위로 내림하여 표시함

**요구사항**

위 자료와 계산기준에 따라 행복어린이집의 급여대장과 개인별 급여명세서를 해당 양식과 수식에 의해 작성해 보시오.

# 유사 사례 203 혼자해보기 Tips & 풀이 요약

## 1단계 급여기초자료 입력

| 행복어린이집 급여 기초자료 | | | |
|---|---|---|---|
| | 2018년 | 8 | 월 |
| * 기초 급여 자료 | | | |
| 성명 | 직책 | 기본급 | 국민연금보수월액 |
| 김려원 | 담임교사 | 1,820,000 | 1,500,000 |
| 김선하 | 담임교사 | 2,000,000 | 1,500,000 |
| 김설아 | 담임교사 | 1,730,000 | 1,450,000 |
| 김아람 | 보조교사 | 1,200,000 | 1,000,000 |
| 김은비 | 보조교사 | 1,100,000 | 1,000,000 |
| 류소미 | 담임교사 | 1,600,000 | 1,450,000 |
| 박인성 | 담임교사 | 1,600,000 | 1,450,000 |
| 안영은 | 담임교사 | 1,850,000 | 1,500,000 |
| 오술현 | 담임교사 | 1,560,000 | 1,450,000 |
| 우영설 | 보조교사 | 1,100,000 | 1,000,000 |
| 이슬비 | 보조교사 | 1,230,000 | 1,000,000 |
| 정선지 | 원장 | 3,000,000 | 2,200,000 |

* 보육수당(직책수당)표

| 직책 | 담임교사 | 보조교사 | 원장 |
|---|---|---|---|
| 수당 | 80,000 | 50,000 | 100,000 |

| * 교통비 | 월 | 50,000 |
|---|---|---|

- [이름 정의]: "보수표"(B6:E17), "직책수당표"(C20:E21)

## 2단계 급여대장 작성

행복어린이집 2018년 8 월 급여대장

| | 급여내역 | | 과세 | | | 비과세 | | 합계 | 공제내역 | | | | | | | 두루누리 지원금 | 실지급액 | 확인 | 퇴직금 |
|---|---|---|---|---|---|---|---|---|---|---|---|---|---|---|---|---|---|---|---|
| 연번 | 성명 | 직책 | 기본급 | 국민연금 보수월액 | 제수당 | 교통비 | 보육수당 | 소계 | 건강보험 | 국민연금 | 요양보험 | 고용보험 | 소득세 | 주민세 | 공제총액 | | | | |
| 1 | 정선지 | 원장 | 3,000,000 | 2,200,000 | 0 | 50,000 | 100,000 | 3,150,000 | 91,800 | 99,000 | 6,010 | 0 | 84,850 | 8,480 | 290,140 | 0 | 2,859,860 | | 0 |
| 2 | 김선하 | 담임교사 | 2,000,000 | 1,500,000 | 0 | 50,000 | 80,000 | 2,130,000 | 61,200 | 67,500 | 4,000 | 13,000 | 19,520 | 1,950 | 167,170 | 0 | 1,962,830 | | 177,500 |
| 3 | 안영은 | 담임교사 | 1,850,000 | 1,500,000 | 0 | 50,000 | 80,000 | 1,980,000 | 56,610 | 67,500 | 3,700 | 12,020 | 16,150 | 1,610 | 157,590 | 0 | 1,822,410 | | 165,000 |
| 4 | 김려원 | 담임교사 | 1,820,000 | 1,500,000 | 0 | 50,000 | 80,000 | 1,950,000 | 55,690 | 67,500 | 3,640 | 11,830 | 15,530 | 1,550 | 155,740 | 0 | 1,794,260 | | 162,500 |
| 5 | 김설아 | 담임교사 | 1,730,000 | 1,450,000 | 0 | 50,000 | 80,000 | 1,860,000 | 52,930 | 65,250 | 3,460 | 11,240 | 13,670 | 1,360 | 147,910 | 0 | 1,712,090 | | 155,000 |
| 6 | 류소미 | 담임교사 | 1,600,000 | 1,450,000 | 0 | 50,000 | 80,000 | 1,730,000 | 48,960 | 65,250 | 3,200 | 10,400 | 10,980 | 1,090 | 139,880 | 0 | 1,590,120 | | 144,167 |
| 7 | 박인성 | 담임교사 | 1,600,000 | 1,450,000 | 0 | 50,000 | 80,000 | 1,730,000 | 48,960 | 65,250 | 3,200 | 10,400 | 10,980 | 1,090 | 139,880 | 0 | 1,590,120 | | 144,167 |
| 8 | 오술현 | 담임교사 | 1,560,000 | 1,450,000 | 0 | 50,000 | 80,000 | 1,690,000 | 47,730 | 65,250 | 3,120 | 10,140 | 10,160 | 1,010 | 137,410 | 0 | 1,552,590 | | 140,833 |
| 9 | 이슬비 | 보조교사 | 1,230,000 | 1,000,000 | 0 | 50,000 | 50,000 | 1,330,000 | 37,630 | 45,000 | 2,460 | 7,990 | 3,410 | 340 | 96,830 | 21,190 | 1,254,360 | | 110,833 |
| 10 | 김아람 | 보조교사 | 1,200,000 | 1,000,000 | 0 | 50,000 | 50,000 | 1,300,000 | 36,720 | 45,000 | 2,400 | 7,800 | 2,990 | 290 | 95,200 | 21,120 | 1,225,920 | | 108,333 |
| 11 | 김은비 | 보조교사 | 1,100,000 | 1,000,000 | 0 | 50,000 | 50,000 | 1,200,000 | 33,660 | 45,000 | 2,200 | 7,150 | 1,600 | 160 | 89,770 | 20,860 | 1,131,090 | | 100,000 |
| 12 | 우영설 | 보조교사 | 1,100,000 | 1,000,000 | 0 | 50,000 | 50,000 | 1,200,000 | 33,660 | 45,000 | 2,200 | 7,150 | 1,600 | 160 | 89,770 | 20,860 | 1,131,090 | | 100,000 |
| 합계 | | | 19,790,000 | 16,500,000 | 0 | 600,000 | 860,000 | 21,250,000 | 605,550 | 742,500 | 39,590 | 109,120 | 191,440 | 19,090 | 1,707,290 | 84,030 | 19,626,740 | | 1,508,333 |

- [이름 정의]: 직원, 직책, 기본급, 국민보수, 제수당, 교통비, 보육수당, 지급합계, 건강보험, 국민연금, 요양보험, 고용보험, 소득세, 주민세, 공제총액, 두루누리, 실지급액

〈주요 셀 수식 정의〉

| | |
|---|---|
| C5: | =VLOOKUP(급여대장!B5,보수표,2) |
| D5: | =VLOOKUP(급여대장!B5,보수표,3) |
| E5: | =VLOOKUP(급여대장!B5,보수표,4) |
| F5: | =IF(MOD($G$1,3)=0,D5*0.3,0) |
| G5: | =급여기초자료!$D$23 |
| H5: | =HLOOKUP(C5,직책수당표,2) |
| I5: | =SUM(D5:H5)−E5 |
| J5: | =ROUNDDOWN(($D5+$F5)*0.0306,−1) |
| K5: | =ROUNDDOWN($E5*0.045,−1) |
| L5: | =ROUNDDOWN($J5*0.0655,−1) |
| M5: | =IF(C5="원장",0,ROUNDDOWN(($D5+$F5)*0.0065,−1)) |
| N5: | =ROUNDDOWN(VLOOKUP(($D5+$F5)/1000,간이세액표!A:M,3),−1) |
| O5: | =ROUNDDOWN(N5*0.1,−1) |
| P5: | =SUM(J5:O5) |
| Q5: | =IF(C5="원장",0,IF((D5+F5)>1400000,0,ROUNDDOWN((K5+M5)*0.4,−1))) |
| R5: | =I5−P5+Q5 |
| T5: | =IF(C5="원장",0,$I5/12) |

## 3단계 개인별 급여명세서 작성

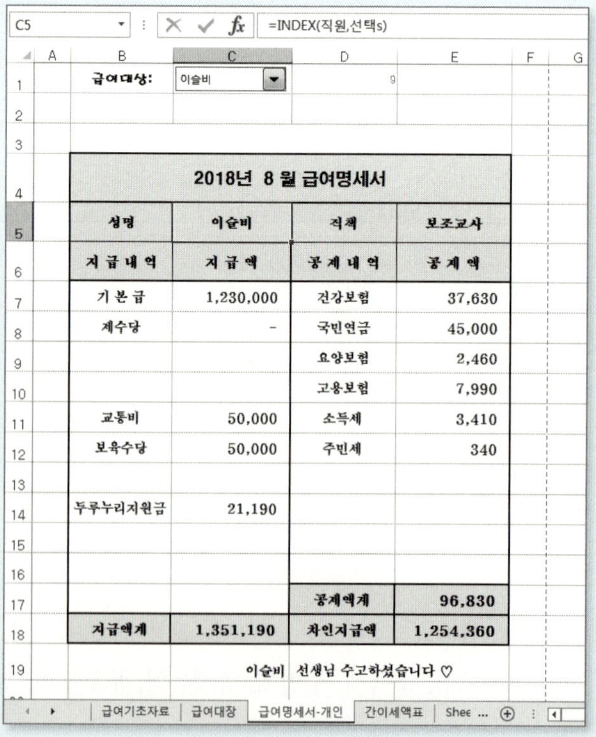

〈주요 셀 수식 정의〉

| | |
|---|---|
| C5: | [양식컨트롤]-[콤보상자] 사용 |
| B4: | =급여대장!$F$1&" "&급여대장!$G$1&" 월 급여명세서" |
| C5: | =INDEX(직원,선택s) |
| E5: | =INDEX(직책,선택s) |
| C7: | =INDEX(기본급,선택s) |
| C8: | =INDEX(특근수당,선택s) |
| C11: | =INDEX(교통비,선택s) |
| C12: | =INDEX(보육수당,선택s) |
| C14: | =INDEX(두루누리,선택s) |
| E7: | =INDEX(건강보험,선택s) |
| E8: | =INDEX(국민연금,선택s) |
| E9: | =INDEX(요양보험,선택s) |
| E10: | =INDEX(고용보험,선택s) |
| E11: | =INDEX(소득세,선택s) |
| E12: | =INDEX(주민세,선택s) |
| E17: | =SUM(E7:E16) |
| C18: | =SUM(C7:C17) |
| E18: | =C18-E17 |
| C19: | =INDEX(직원,선택s) |

※ 간이세액표

| | A | B | C | D | E | F |
|---|---|---|---|---|---|---|
| 1 | **근로소득에 대한 간이세액표** | | | | | |
| 2 | | (소득세법 제189조 관련) | | | | |
| 3 | 월급여액(천원) | | 소득세 | | | |
| 4 | [비과세 및 학자금 제외] | | | | | |
| 5 | 이상 | | | | | |
| 6 | 0 | 1,060 | 0 | | | |
| 7 | 1,060 | 1,065 | 1,040 | | | |
| 8 | 1,065 | 1,070 | 1,110 | | | |
| 9 | 1,070 | 1,075 | 1,180 | | | |
| 10 | 1,075 | 1,080 | 1,250 | | | |
| 11 | 1,080 | 1,085 | 1,320 | | | |
| 12 | 1,085 | 1,090 | 1,390 | | | |
| 13 | 1,090 | 1,095 | 1,460 | | | |
| 14 | 1,095 | 1,100 | 1,530 | | | |
| 15 | 1,100 | 1,105 | 1,600 | | | |
| 16 | 1,105 | 1,110 | 1,670 | | | |
| 17 | 1,110 | 1,115 | 1,740 | | | |
| 18 | 1,115 | 1,120 | 1,810 | | | |
| 19 | 1,120 | 1,125 | 1,880 | | | |

간이세액표 | Sheet1 | Sheet2 | Sheet3 | Sheet4

CHAPTER

# 03

회계실무 Cases

# 결산과 추정재무제표 작성

# Case 301 ㈜새롬의 결산절차 수행과 재무제표 작성

**현황**

㈜새롬의 회계부에서는 20x1년도 기말을 맞이하여 결산서 작성업무를 수행해야 한다. 이를 위해 지난 1년 동안 기록해 온 총계정원장을 임시로 마감한 계정잔액과 기말시점에 수행해야 할 결산정리사항을 다음과 같이 요약하였다.

### ⊙ 총계정원장 계정잔액

| | | | | | |
|---|---|---|---|---|---|
| 현 금 | ₩4,000 | 단기매매금융자산 | ₩8,000 | 외상매출금 | ₩120,000 |
| 대손충당금 | 2,000 | 상 품 | 6,000 | 매도가능주식 | 24,000 |
| 건 물 | 100,000 | 건물감가상각누계액 | 27,000 | 비 품 | 40,000 |
| 비품감가상각누계액 | 16,000 | 외상매입금 | 80,000 | 자 본 금 | 80,000 |
| 이익준비금 | 21,000 | 미처분이익잉여금 | 12,000 | 매도가능주식평가이익 | 4,000 |
| 매 출 | 176,000 | 임 대 료 | 8,000 | 매 입 | 112,000 |
| 종업원급여 | 6,000 | 광 고 비 | 4,000 | 이 자 비 용 | 2,000 |

### ⊙ 결산정리사항

① 현금 실제 잔액 ₩3,400(차이의 원인을 밝히지 못함)

② 외상매출금 기말잔액에 대한 대손 추정(4%)

③ 단기매매금융자산의 기말 공정가치 ₩10,000

④ 상품 기말재고액 ₩18,000

⑤ 매도가능주식의 기말 공정가치 ₩32,000

⑥ 건물에 대한 감가상각(올해 제4차년도, 정액법)

⑦ 비품에 대한 감가상각(정률법, 정률 40%)

⑧ 당기분 임대료 계산액 ₩20,000

⑨ 당기분 종업원급여 계산액 ₩8,000

⑩ 당기분 광고비 계산액 ₩2,000

⑪ 당기분 이자비용 계산액 ₩6,000

**요구사항**

위 자료를 토대로 다음 절차에 의해 정산표를 작성하고 재무제표를 완성하시오.

단계1: 총계정원장 계정잔액으로 잔액시산표를 작성한다(8칸식 정산표 양식 사용).

단계2: 결산정리사항의 수정분개를 행하고 정산표 결산정리분개란에 기록한다.

단계3: 정산표를 완성한다(정산표 상의 재무상태표와 포괄손익계산서).

단계4: 완성된 정산표를 중심으로 재무상태표와 포괄손익계산서를 각각의 양식에 따라 표시한다.

단, 이들 절차에서 가능한 한 자료의 이중 입력을 최소화하도록 관련 수식이나 함수를 이용하여 표시하고, 재무상태표는 계정식, 포괄손익계산서는 보고식으로 작성하도록 한다.

## Case 301 따라하기

**상황분석**

- 이 예제는 기업에서 결산절차를 수행하는 대표적인 상황을 가정하고 있다.
- 결산은 일반적으로 다음의 절차에 따른다.
  1. 시산표 작성
  2. 결산정리사항의 분개와 정산표에의 기록
  3. 정산표 완성
  4. 양식에 따른 재무제표 작성
  5. (필요한 경우 장부마감 수행)
- 따라서 이러한 일련의 절차를 Excel을 통해 수행하기 위해 필요한 시트의 구성과 사용해야 할 함수 또는 수식은 어떤 것들인가를 미리 생각해 본다.

### 1단계 시산표(성산표) 작성

결산의 시작을 의미하는 시산표 작성은 흔히 별도의 잔액시산표나 합계잔액시산표 형식을 사용하지만, 본 예제의 경우 결국 잔액시산표를 포함하는 정산표 작성과정을 수행해야 하므로, 미리 정산표 양식을 설계하고 여기에 잔액시산표를 정리하기로 한다.

❶ 새 Worksheet에서 새 시트를 삽입하고, 시트의 이름을 '**정산표**'로 변경한다.

❷ '정산표' 시트의 C1 셀에 '**정 산 표**'를 입력하고, C1:E1 셀 범위를 선택한 후 [병합하고 가운데 맞춤]을 설정한다. 그리고 [홈] 탭의 [글꼴]에서 '견고딕', '14pt'로 설정한다.

❸ A2 셀에는 회사 이름 '**㈜새롬**'을 입력한다. C2 셀에는 기말시점인 '**20x1. 12. 31 현재**'를 입력하고, C2:E2 셀 범위를 선택하여 [병합하고 가운데 맞춤]을 설정한다. H2 셀에 '**(단위: 원)**'을 입력하고, H2:I2 셀 범위를 선택하여 [병합하고 가운데 맞춤]을 설정한다.

❹ A3 셀에 '**계정과목**'을 입력하고, B3, D3, F3, H3 셀에 각각 '**잔액시산표**', '**결산정리분개**', '**포괄손익계산서**', '**재무상태표**'를 차례로 입력한다. B3:C3, D3:E3, F3:G3, H3:I3 셀 범위를 각각 선택하고, 각각 [병합하고 가운데 맞춤]을 설정한다. B4 셀에는 '**차변**', C4 셀에는 '**대변**'을 입력한다. 그리고 B4:C4 셀 범위를 선택하여 복사하고 D4, F4, H4 셀에 각각 붙여넣기 한다.

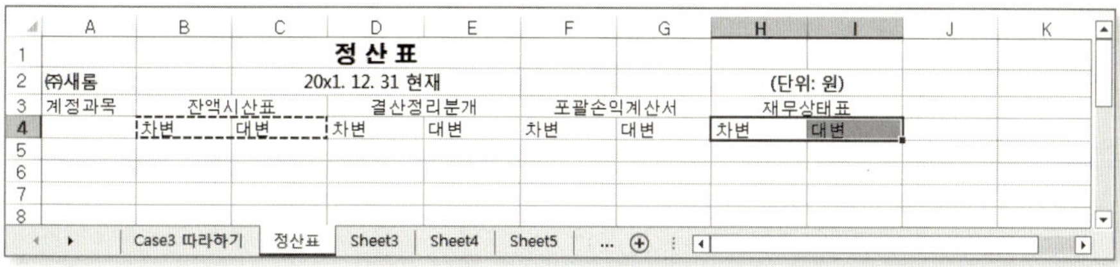


❺ A2:I2 셀 범위를 선택하고 [홈] 탭의 [글꼴]에서 '맑은 고딕'으로 설정한다.

❻ A3:I39 셀 범위를 선택하고 [홈] 탭의 [글꼴]에서 '견명조', [가운데 맞춤]으로 설정한다. 그리고 동일 셀 범위에 대해 [홈] 탭의 [글꼴]에서 [모든 테두리]를 설정하고, 이어서 [굵은 테두리]를 설정한다. 또 A3:I4, B3:C39, F3:G39 셀 범위에 대해서도 [굵은 테두리]를 설정한다.

❼ 계정과목명이 표시될 A열의 [열 너비]를 '22'로, 그리고 B열부터 I열까지의 각 열 [열 너비]를 '10'으로 설정한다.

❽ 이로써 정산표의 기본 양식은 설계되었다.

❾ 완성된 정산표 양식의 왼쪽 계정과목과 잔액시산표란에 문제에서 주어진 '총계정원장 계정잔액'을 잔액시산표 작성방법에 따라 순차적으로 입력한다. 이때 유의해야 할 것은, 해당 계정과목의 성격에 따라 금액(계정잔액)을 '차변' 또는 '대변'에 올바로 분류하여 기록해야 한다는 것이

다. 즉, 해당 계정과목이 자산 또는 비용항목이면 계정잔액이 차변란에 기록되어야 하고, 부채, 자본 또는 수익 항목인 경우에는 대변란에 기록되어야 한다. 또 감가상각누계액은 정산표에서는 대변에 기록되어야 한다. '임대료'는 비용 항목이 아닌 수익 항목이므로 반드시 계정잔액이 대변에 기록되어야 한다는 것도 잊지 말자.

⑩ 주어진 총계정원장 계정과목과 해당 계정잔액이 모두 잔액시산표란에 입력되면, 그 아래 칸(A26 셀)에 '[ **합계** ]'를 입력하고 B5:C26 셀을 선택한 후 [홈] 탭의 [편집]에서 [합계](Σ) 단추를 눌러 B26 셀과 C26 셀에 차변합계와 대변합계가 각각 표시되도록 한다. 이때 이 차변합계와 대변합계는 반드시 일치해야 한다. 이는 복식부기의 '대차평형의 원리'가 적용되고 있는지를 검증하는 절차이며, 잔액시산표를 미리 작성해보는 궁극적인 이유이기도 하다.

⑪ 차변합계와 대변합계가 표시된 B26:C26 셀 범위를 선택하고 [홈] 탭의 [글꼴]-[테두리]에서 [아래쪽 이중테두리]를 선택한다. 그리고 금액이 표시되는 B5:I39 셀 범위를 선택하고 [홈] 탭의 [표시형식]에서 [쉼표 스타일]을 클릭하여 천원 단위로 구분표시되도록 한다.

**정 산 표**

㈜새롬 　　　　20x1. 12. 31 현재 　　　　(단위: 원)

| 계정과목 | 잔액시산표 | | 결산정리분개 | | 포괄손익계산서 | | 재무상태표 | |
|---|---|---|---|---|---|---|---|---|
| | 차변 | 대변 | 차변 | 대변 | 차변 | 대변 | 차변 | 대변 |
| 현금 | 4,000 | | | | | | | |
| 단기매매금융자산 | 8,000 | | | | | | | |
| 외상매출금 | 120,000 | | | | | | | |
| 대손충당금 | | 2,000 | | | | | | |
| 상품 | 6,000 | | | | | | | |
| 매도가능주식 | 24,000 | | | | | | | |
| 건물 | 100,000 | | | | | | | |
| 건물감가상각누계액 | | 27,000 | | | | | | |
| 비품 | 40,000 | | | | | | | |
| 비품감가상각누계액 | | 16,000 | | | | | | |
| 외상매입금 | | 80,000 | | | | | | |
| 자본금 | | 80,000 | | | | | | |
| 이익준비금 | | 21,000 | | | | | | |
| 미처분이익잉여금 | | 12,000 | | | | | | |
| 매도가능주식평가이익 | | 4,000 | | | | | | |
| 매출 | | 176,000 | | | | | | |
| 임대료 | | 8,000 | | | | | | |
| 매입 | 112,000 | | | | | | | |
| 종업원급여 | 6,000 | | | | | | | |
| 광고비 | 4,000 | | | | | | | |
| 이자비용 | 2,000 | | | | | | | |
| [ 합 계 ] | 426,000 | 426,000 | | | | | | |

Case3 따라하기 　 정산표 　 Sheet3

⑫ B26 셀과 C26 셀의 차변합계와 대변합계가 일치하므로 잔액시산표는 올바로 작성되었다고 볼 수 있다.

## 2단계 결산정리사항의 분개와 정산표 결산정리분개란에의 기록

다음으로 결산정리사항 각각에 대해 필요한 수정분개를 수행하고, 이를 정산표의 [결산정리분개]란에 입력한다.

❶ 첫 번째 결산정리사항을 수정분개하면 다음과 같다.

| (결산정리사항) | ① 현금 실제 잔액 ₩3,400(차이의 원인을 밝히지 못함) |
|---|---|

⬇

| (수정분개) | (차) | 잡손실 | 600 | (대) | 현 금 | 600 |
|---|---|---|---|---|---|---|

이는 정산표 상의 현금잔액(즉, 총계정원장 현금계정 잔액)은 ₩4,000인데, 기말 현금 실사 결과 실제잔액이 ₩3,400이므로 부족액 ₩600을 '잡손실' 계정으로 처리하기 위한 것이다.

❷ 이 분개를 정산표 상의 [결산정리분개]란에 기록하기 위해, 먼저 A열에 표시된 계정과목 중에서 '잡손실' 계정이 있는지 확인해 본다. '잡손실' 계정은 총계정원장에서 사용되지 않았기 때문에 찾아볼 수 없으며, 따라서 새로 등록하기 위해 계정과목란의 아래 첫 번째 빈칸(A27 셀)에 **'잡손실'**을 입력하고 차변분개의 해당 금액 '600'을 D27 셀(결산정리분개란의 차변)에 입력한다. 그리고 상대계정과목인 대변 분개의 '현금'은 A열의 5행(A5 셀)에서 확인할 수 있으므로, 5열에 해당하는 [결산정리분개]의 대변(즉, E5 셀)에 '600'을 입력한다.

**정 산 표**

㈜새롬 20x1. 12. 31 현재 (단위: 원)

| 계정과목 | 잔액시산표 | | 결산정리분개 | | 포괄손익계산서 | | 재무상태표 | |
|---|---|---|---|---|---|---|---|---|
| | 차변 | 대변 | 차변 | 대변 | 차변 | 대변 | 차변 | 대변 |
| 현금 | 4,000 | | | 600 | | | | |
| 단기매매금융자산 | 8,000 | | | | | | | |
| 외상매출금 | 120,000 | | | | | | | |
| 대손충당금 | | 2,000 | | | | | | |
| 상품 | 6,000 | | | | | | | |
| 매도가능주식 | 24,000 | | | | | | | |
| 건물 | 100,000 | | | | | | | |
| 건물감가상각누계액 | | 27,000 | | | | | | |
| 비품 | 40,000 | | | | | | | |
| 비품감가상각누계액 | | 16,000 | | | | | | |
| 외상매입금 | | 80,000 | | | | | | |
| 자본금 | | 80,000 | | | | | | |
| 이익준비금 | | 21,000 | | | | | | |
| 미처분이익잉여금 | | 12,000 | | | | | | |
| 매도가능주식평가이익 | | 4,000 | | | | | | |
| 매출 | | 176,000 | | | | | | |
| 임대료 | | 8,000 | | | | | | |
| 매입 | 112,000 | | | | | | | |
| 종업원급여 | 6,000 | | | | | | | |
| 광고비 | 4,000 | | | | | | | |
| 이자비용 | 2,000 | | | | | | | |
| [ 합 계 ] | 426,000 | 426,000 | | | | | | |
| 잡손실 | | | 600 | | | | | |

Case3 따라하기 | 정산표 | Sheet3

❸ 이와 같은 방식으로, 나머지 결산정리사항(②~⑪)에 대해서도 각각 수정분개를 수행하고, 이를 각각 정산표의 [결산정리분개] 해당란에 기록한다.

| 〈나머지 결산정리사항 〉 |
|---|
| ② 외상매출금 기말잔액에 대한 대손 추정(4%) |
| ③ 단기매매금융자산의 기말 공정가치 ₩10,000 |
| ④ 상품 기말재고액 ₩18,000 |
| ⑤ 매도가능주식의 기말 공정가치 ₩32,000 |
| ⑥ 건물에 대한 감가상각(올해 제4차년도, 정액법) |
| ⑦ 비품에 대한 감가상각(정률법, 정률 40%) |
| ⑧ 당기분 임대료 계산액 ₩20,000 |
| ⑨ 당기분 종업원급여 계산액 ₩8,000 |
| ⑩ 당기분 광고비 계산액 ₩2,000 |
| ⑪ 당기분 이자비용 계산액 ₩6,000 |

⬇

| | (수정분개) | | | | | |
|---|---|---|---|---|---|---|
| ② | (차) | 대손상각비 | 2,800 | (대) | 대손충당금 | 2,800 |
| ③ | (차) | 단기매매금융자산 | 2,000 | (대) | 단기매매금융자산평가이익 | 2,000 |
| ④ | (차) | 매 입<br>상 품 | 6,000<br>18,000 | (대) | 상 품<br>매 입 | 6,000<br>18,000 |
| ⑤ | (차) | 매도가능주식 | 8,000 | (대) | 매도가능주식평가이익 | 8,000 |
| ⑥ | (차) | 건물감가상각비 | 9,000 | (대) | 건물감가상각누계액 | 9,000 |
| ⑦ | (차) | 비품감가상각비 | 9,600 | (대) | 비품감가상각누계액 | 9,600 |
| ⑧ | (차) | 미수임대료 | 12,000 | (대) | 임 대 료 | 12,000 |
| ⑨ | (차) | 종업원급여 | 2,000 | (대) | 미지급급여 | 2,000 |
| ⑩ | (차) | 선급광고비 | 2,000 | (대) | 광 고 비 | 2,000 |
| ⑪ | (차) | 이자비용 | 4,000 | (대) | 미지급이자 | 4,000 |

**정 산 표**

㈜새롬 20x1. 12. 31 현재 (단위: 원)

| 계정과목 | 잔액시산표 | | 결산정리분개 | | 포괄손익계산서 | | 재무상태표 | |
|---|---|---|---|---|---|---|---|---|
| | 차변 | 대변 | 차변 | 대변 | 차변 | 대변 | 차변 | 대변 |
| 현금 | 4,000 | | | 600 | | | | |
| 단기매매금융자산 | 8,000 | | 2,000 | | | | | |
| 외상매출금 | 120,000 | | | | | | | |
| 대손충당금 | | 2,000 | | 2,800 | | | | |
| 상품 | 6,000 | | 18,000 | 6,000 | | | | |
| 매도가능주식 | 24,000 | | 8,000 | | | | | |
| 건물 | 100,000 | | | | | | | |
| 건물감가상각누계액 | | 27,000 | | 9,000 | | | | |
| 비품 | 40,000 | | | | | | | |
| 비품감가상각누계액 | | 16,000 | | 9,600 | | | | |
| 외상매입금 | | 80,000 | | | | | | |
| 자본금 | | 80,000 | | | | | | |
| 이익준비금 | | 21,000 | | | | | | |
| 미처분이익잉여금 | | 12,000 | | | | | | |
| 매도가능주식평가이익 | | 4,000 | | 8,000 | | | | |
| 매출 | | 176,000 | | | | | | |
| 임대료 | | 8,000 | | 12,000 | | | | |
| 매입 | 112,000 | | 6,000 | 18,000 | | | | |
| 종업원급여 | 6,000 | | 2,000 | | | | | |
| 광고비 | 4,000 | | | 2,000 | | | | |
| 이자비용 | 2,000 | | 4,000 | | | | | |
| [ 합 계 ] | 426,000 | 426,000 | | | | | | |
| 잡손실 | | | 600 | | | | | |
| 대손상각비 | | | 2,800 | | | | | |
| 단기매매금융자산평가이익 | | | | 2,000 | | | | |
| 건물감가상각비 | | | 9,000 | | | | | |
| 비품감가상각비 | | | 9,600 | | | | | |
| 미수임대료 | | | 12,000 | | | | | |
| 미지급급여 | | | | 2,000 | | | | |
| 선급광고비 | | | 2,000 | | | | | |
| 미지급이자 | | | | 4,000 | | | | |

Case3 따라하기 | 정산표 | Sheet3 | Sheet4 | Sheet5 | Sheet6 | Sh ...

❹ 수정분개 내용을 모두 정산표 상의 [결산정리분개]란에 옮겨 적었으면, [결산정리분개]란에서도 차변의 합계와 대변의 합계가 일치하는지를 확인해 보아야 한다. 이를 위해 [결산정리분개]란에서 합계를 표시할 D36:E36 셀 범위까지를 포함하여 D5:E36 셀 범위를 선택하고 [홈] 탭의 [편집]에서 [합계](Σ) 단추를 클릭한다. 차변합계와 대변합계가 각각 표시된 D36 셀과 E36 셀의 금액이 서로 일치하는지를 확인하고, D36:E36 셀 범위를 선택하여 [홈] 탭의 [글꼴] - [테두리]에서 [아래쪽 이중테두리]를 선택한다. 그리고 A36 셀에는 '[ **합계** ]'를 입력한다.

## 3단계 정산표 완성

결산정리분개 내역을 모두 정산표에 기록하였으면, 이제 남은 절차는 정산표에서 [포괄손익계산서]와 [재무상태표] 부분을 표시하는 것이다. 그런데 이 나머지 절차는 수식에 의해 자동으로 표시되도록 설계한다.

❶ 정산표 상의 [포괄손익계산서]와 [재무상태표]란을 표시하는 원칙은 다음과 같다. 즉, 계정과목이 손익계산서 항목(비용 및 수익 항목)인 경우에는 [잔액시산표]의 금액과 [결산정리분개]의 금액을 서로 가감하여 그 잔액을 [포괄손익계산서]란의 많은 쪽 변에 기록한다. 또 계정과목이 재무상태표 항목(자산, 부채 및 자본 항목)인 경우에는 [잔액시산표]의 금액과 [결산정리분개]의 금액을 서로 가감하여 그 잔액을 [재무상태표]란의 많은 쪽 변에 기록한다. 따라서 여기서는 먼저 A열의 각 계정과목이 손익계산서 항목인지 재무상태표 항목인지를 구분할 수 있어야 한다.

❷ 이를 관련 수식으로 표시해보기로 하자. 예컨대 손익계산서 항목인 '매출' 계정의 [포괄손익계산서]란 차변(즉, F20 셀)에는 수식 '**=IF(B20+D20-C20-E20>0, B20+D20-C20-E20,"")**'으로 표시할 수 있다. 이는 '매출' 계정의 [잔액시산표]란 차변금액(B20셀)과 [결산정리분개]란의 차변금액(D20 셀)을 더하고, 여기에서 [잔액시산표]란 대변금액(C20셀)과 [결산정리분개]란의 대변금액(E20 셀)을 차감한 잔액이 0보다 크면(즉, 잔액이 차변에 나오면) 그 잔액을 [포괄손익계산서]란의 차변에 기록하고, 그렇지 않으면 빈칸("")으로 남겨둔다는 의미이다. 여기서 '매출' 계정의 경우에는 원래 대변 항목으로 계산 잔액이 당연히 대변에 남게되므로 F20 셀의 수식 표시 결과는 빈칸으로 표시되게 된다.

❸ 또한 '매출' 계정의 [포괄손익계산서]란 대변(G20 셀)에는 수식 '**=IF(C20+E20-B20-D20>0, C20+E20-B20-D20,"")**'으로 표시할 수 있다. 이는 '매출' 계정의 [잔액시산표]란 대변금액(C20셀)과 [결산정리분개]란의 대변금액(E20 셀)을 더하고, 여기에서 [잔액시산표]란 차변금액(B20셀)과 [결산정리분개]란의 차변금액(D20 셀)을 차감한 잔액이 0보다 크면(즉, 잔액이 대변에

나오면) 그 잔액을 [포괄손익계산서]란의 대변에 기록하고, 그렇지 않으면 빈칸("")으로 남겨둔다는 의미이다. 여기서 '매출' 계정의 경우에는 원래 대변 항목으로 계산 잔액이 당연히 대변에 남게되므로 G20 셀의 수식 표시 결과는 계산 잔액 ₩176,000으로 표시되게 된다.

❹ 이러한 논리는 '매출' 계정 외에도 모든 손익계산서 항목들에 동일하게 적용될 수 있다. 따라서 관련 수식이 정의된 F20:G20 셀 범위를 선택하고 복사하여, 또 다른 손익계산서 항목에 해당하는 F21:F25, 그리고 F27:F31 셀 범위에 붙여넣기 하여 모든 손익계산서 항목들에 동일하게 적용되도록 한다.

❺ 또한 재무상태표 항목인 '현금' 계정의 [재무상태표]란 차변(즉, H5 셀)에는 수식 '**=IF(B5+D5−C5−E5>0, B5+D5−C5−E5,"")**'으로 표시할 수 있다. 이는 '현금' 계정의 [잔액시산표]란 차변금액(B5 셀)과 [결산정리분개]란의 차변금액(D5 셀)을 더하고, 여기에서 [잔액시산표]란 대변금액(C5셀)과 [결산정리분개]란의 대변금액(E5 셀)을 차감한 잔액이 0보다 크면(즉, 잔액이 차변에 나오면) 그 잔액을 [재무상태표]란의 차변에 기록하고, 그렇지 않으면 빈칸("")으로 남겨둔다는 의미이다. 여기서 '현금' 계정의 경우에는 원래 차변 항목으로 계산 잔액이 당연히 차변에 남게되므로 H5 셀의 수식 표시 결과는 계산잔액인 ₩3,400이 표시되게 된다.

❻ 마찬가지로, '현금' 계정의 [재무상태표]란 대변(I5 셀)에는 수식 '**=IF(C5+E5−B5−D5>0, C5+E5−B5−D5,"")**'으로 표시할 수 있다. 이는 '현금' 계정의 [잔액시산표]란 대변금액(C5 셀)과 [결산정리분개]란의 대변금액(E5 셀)을 더하고, 여기에서 [잔액시산표]란 차변금액(B5 셀)과 [결산정리분개]란의 차변금액(D5 셀)을 차감한 잔액이 0보다 크면(즉, 잔액이 대변에 나오면) 그 잔액을 [재무상태표]란의 대변에 기록하고, 그렇지 않으면 빈칸("")으로 남겨둔다는 의미이다. 여기서 '현금' 계정의 경우에는 원래 차변 항목으로 계산 잔액이 당연히 차변에 남게되므로(즉, 계산잔액이 0보다 작게 되므로) I5 셀의 수식 표시 결과는 빈칸으로 표시되게 된다.

❼ 이러한 논리는 '현금' 계정 외에도 모든 재무상태표 항목들에 동일하게 적용될 수 있다. 따라서 관련 수식이 정의된 H5:I5 셀 범위를 선택하고 복사하여, 또 다른 재무상태표 항목에 해당하는 H6:H19, 그리고 H32:H35 셀 범위에 붙여넣기 하여 모든 재무상태표 항목들에 동일하게 적용되도록 한다.

H32 =IF(B32+D32-C32-E32>0,B32+D32-C32-E32,"")

**정 산 표**

㈜새롬 20x1. 12. 31 현재 (단위: 원)

| 계정과목 | 잔액시산표 | | 결산정리분개 | | 포괄손익계산서 | | 재무상태표 | |
|---|---|---|---|---|---|---|---|---|
| | 차변 | 대변 | 차변 | 대변 | 차변 | 대변 | 차변 | 대변 |
| 현금 | 4,000 | | | 600 | | | 3,400 | |
| 단기매매금융자산 | 8,000 | | 2,000 | | | | 10,000 | |
| 외상매출금 | 120,000 | | | | | | 120,000 | |
| 대손충당금 | | 2,000 | | 2,800 | | | | 4,800 |
| 상품 | 6,000 | | 18,000 | 6,000 | | | 18,000 | |
| 매도가능주식 | 24,000 | | 8,000 | | | | 32,000 | |
| 건물 | 100,000 | | | | | | 100,000 | |
| 건물감가상각누계액 | | 27,000 | | 9,000 | | | | 36,000 |
| 비품 | 40,000 | | | | | | 40,000 | |
| 비품감가상각누계액 | | 16,000 | | 9,600 | | | | 25,600 |
| 외상매입금 | | 80,000 | | | | | | 80,000 |
| 자본금 | | 80,000 | | | | | | 80,000 |
| 이익준비금 | | 21,000 | | | | | | 21,000 |
| 미처분이익잉여금 | | 12,000 | | | | | | 12,000 |
| 매도가능주식평가이익 | | 4,000 | | 8,000 | | | | 12,000 |
| 매출 | | 176,000 | | | | 176,000 | | |
| 임대료 | | 8,000 | | 12,000 | | 20,000 | | |
| 매입 | 112,000 | | 6,000 | 18,000 | 100,000 | | | |
| 종업원급여 | 6,000 | | 2,000 | | 8,000 | | | |
| 광고비 | 4,000 | | | 2,000 | 2,000 | | | |
| 이자비용 | 2,000 | | 4,000 | | 6,000 | | | |
| [ 합 계 ] | 426,000 | 426,000 | | | | | | |
| 잡손실 | | | 600 | | 600 | | | |
| 대손상각비 | | | 2,800 | | 2,800 | | | |
| 단기매매금융자산평가이익 | | | | 2,000 | | 2,000 | | |
| 건물감가상각비 | | | 9,000 | | 9,000 | | | |
| 비품감가상각비 | | | 9,600 | | 9,600 | | | |
| 미수임대료 | | | 12,000 | | | | 12,000 | |
| 미지급급여 | | | | 2,000 | | | | 2,000 |
| 선급광고비 | | | 2,000 | | | | 2,000 | |
| 미지급이자 | | | | 4,000 | | | | 4,000 |
| [ 합 계 ] | | | 76,000 | 76,000 | | | | |

Case3 따라하기 | 정산표 | Sheet3 | Sheet4 | Sheet5 | Sheet6 | Sh ...

❽ 이제 [포괄손익계산서]와 [재무상태표]란의 차변합계와 대변합계를 각각 표시하기 위해 F5:I36 셀 범위를 함께 선택하고 [홈] 탭의 [편집]에서 [합계](Σ) 단추를 클릭한다. 그런데 계산된 [포괄손익계산서]의 차변합계(F36 셀)와 대변합계(G36 셀)가 서로 일치하지 않음을 알 수 있다. 그 차이가 곧 당기순이익을 의미한다. 따라서 A37 셀에 **'당기순이익'**이라고 입력하고, [포괄손익계산서]의 차변합계와 대변합계 중 금액이 작은 쪽(즉, F37 셀)에 그 차이 금액을 계산하기 위한 수식 **'=G36−F36'**을 입력한다. 이로써 [포괄손익계산서]에서 당기순이익이 ₩60,000으로 계산되었다. 마찬가지로 이번에는 [재무상태표]의 차변합계와 대변합계 중 금액이 작은 쪽(즉, I37 셀)에 그 차이 금액을 계산하기 위한 수식 **'=H36−I36'**을 입력한다. 이로써 [재무상태표]에서 당기순이익이 ₩60,000으로 계산되었다. 그런데 [포괄손익계산서]에서 계산된 당기순이익(₩60,000)과 [재무상태표]에서 계산된 당기순이익(₩60,000)은 항상 일치해야 한다. 따라서 그 일치 여부를 다시 확인해 본다.

❾ A38 셀에 **'[ 합계 ]'**를 입력하고, F38 셀에는 수식 **'=sum(F36:F37)'**을 입력한다. 그리고 수식이 입력된 F38 셀에서 자동채우기 핸들을 통해 I38 셀까지 채워넣기 한다. 그러면 [포괄손익계산서]의 차변합계와 대변합계가 일치하고, [재무상태표]의 차변합계와 대변합계 역시 일치하게 된다. 이제 F38:I38 셀 범위를 선택하고 [홈] 탭의 [글꼴]−[테두리]에서 [아래쪽 이중테두리]를 선택한다.

정 산 표

㈜새롬 20x1. 12. 31 현재 (단위: 원)

| 계정과목 | 잔액시산표 | | 결산정리분개 | | 포괄손익계산서 | | 재무상태표 | |
|---|---|---|---|---|---|---|---|---|
| | 차변 | 대변 | 차변 | 대변 | 차변 | 대변 | 차변 | 대변 |
| 현금 | 4,000 | | | 600 | | | 3,400 | |
| 단기매매금융자산 | 8,000 | | 2,000 | | | | 10,000 | |
| 외상매출금 | 120,000 | | | | | | 120,000 | |
| 대손충당금 | | 2,000 | | 2,800 | | | | 4,800 |
| 상품 | 6,000 | | 18,000 | 6,000 | | | 18,000 | |
| 매도가능주식 | 24,000 | | 8,000 | | | | 32,000 | |
| 건물 | 100,000 | | | | | | 100,000 | |
| 건물감가상각누계액 | | 27,000 | | 9,000 | | | | 36,000 |
| 비품 | 40,000 | | | | | | 40,000 | |
| 비품감가상각누계액 | | 16,000 | | 9,600 | | | | 25,600 |
| 외상매입금 | | 80,000 | | | | | | 80,000 |
| 자본금 | | 80,000 | | | | | | 80,000 |
| 이익준비금 | | 21,000 | | | | | | 21,000 |
| 미처분이익잉여금 | | 12,000 | | | | | | 12,000 |
| 매도가능주식평가이익 | | 4,000 | | 8,000 | | | | 12,000 |
| 매출 | | 176,000 | | | | 176,000 | | |
| 임대료 | | 8,000 | | 12,000 | | 20,000 | | |
| 매입 | 112,000 | | 6,000 | 18,000 | 100,000 | | | |
| 종업원급여 | 6,000 | | 2,000 | | 8,000 | | | |
| 광고비 | 4,000 | | | 2,000 | 2,000 | | | |
| 이자비용 | 2,000 | | 4,000 | | 6,000 | | | |
| [ 합 계 ] | 426,000 | 426,000 | | | | | | |
| 잡손실 | | | 600 | | 600 | | | |
| 대손상각비 | | | 2,800 | | 2,800 | | | |
| 단기매매금융자산평가이익 | | | | 2,000 | | 2,000 | | |
| 건물감가상각비 | | | 9,000 | | 9,000 | | | |
| 비품감가상각비 | | | 9,600 | | 9,600 | | | |
| 미수임대료 | | | 12,000 | | | | 12,000 | |
| 미지급급여 | | | | 2,000 | | | | 2,000 |
| 선급광고비 | | | 2,000 | | | | 2,000 | |
| 미지급이자 | | | | 4,000 | | | | 4,000 |
| [ 합 계 ] | | | 76,000 | 76,000 | 138,000 | 198,000 | 337,400 | 277,400 |
| 당기순이익 | | | | | 60,000 | | | 60,000 |
| [ 합 계 ] | | | | | 198,000 | 198,000 | 337,400 | 337,400 |

Case3 따라하기 | 정산표 | Sheet3 | Sheet4 | Sheet5 | Sheet6

⑩ 이로써 나머지 정산표 작성 부분을 수식으로 정의하여 자동으로 표시되도록 하는 절차를 완성하였다.

## 4단계 손익계산서의 양식 표시

위의 정산표에서 표시된 손익계산서와 재무상태표는 관련 항목들을 서로 구분하여 각각 당기순이익을 계산하고 이를 검증해보는 수단으로서의 의미는 있지만, 보고용 손익계산서와 재무상태표로의 의미를 갖지는 못한다. 따라서 이들을 각각의 보고용 재무제표 양식에 맞추어 재배열하여 표시하는 절차를 수행하여야 한다. 여기서는 먼저 손익계산서를 작성해 본다.

참고

### 포괄손익계산서와 보고 양식

손익계산서를 작성하는 기본 목적은 해당 회계기간 중에 발생한 모든 수익과 비용을 대비시켜 당기순이익을 계산하고자 함에 있다. 이때 당기순이익은 '수익 – 비용'으로 계산되며, 당기 중에 발생하는 비용은 수익과의 관련성 정도에 따라 직접대응 또는 기간대응 형식으로 보고하게 된다. 이를 '수익·비용대응의 원칙'이라 한다. 한편 '포괄손익계산서'는 당기업적 중심의 손익계산서에 '기타포괄손익'을 가감하여 총포괄손익을 계산하는 형태로 보고된다. 여기서 '기타포괄손익'은 엄격한 의미에서 당기의 손익으로 보기는 어렵다 하더라도 궁극적으로는 기업 이익에 가감되어야 할 내용으로, 당기순이익을 계산한 이후에 이를 추가하여 보고하는 형태로 구성되어진다. 이러한 포괄손익계산서의 기본 형식은 다음과 같다.

포괄손익계산서

㈜xxx 20xx년 x월 x일부터 20xx년 x월 x일까지 (단위: 원)

| | | |
|---|---|---|
| 1. 매 출 액 | | |
| 2. 매출원가 | | |
| 기초상품재고액 | | |
| 당기상품매입액 | | |
| 기말상품재고액 | | |
| 3. 매출총이익 | | |
| 4. 판매비와 일반관리비 | | |
| 5. 영업이익 | | |
| 6. 영업외수익 | | |
| 7. 영업외비용 | | |
| 9. 법인세차감전순이익 | | |
| 10. 법인세 | | |
| 11. 당기순이익 | | |
| 12. 기타포괄손익 | | |
| 13. 총포괄손익 | | |

❶ '정산표' 시트 오른쪽에 새 시트를 삽입하고, 시트의 이름을 '**포괄손익계산서**'라고 변경한다.

❷ B1 셀에 '**포괄손익계산서**'를 입력하고, 글씨체를 '견고딕', '14pt'로 설정한다. A2 셀에는 회사 이름인 '**㈜새롬**'을 입력하고, B2 셀에는 회계기간인 '**20x1. 1. 1 ~ 12. 31**'을 입력한다. D2 셀에는 '**(단위: 원)**'을 입력한다.

❸ A3 셀에는 '**항목**'을, B3 셀에는 '**금 액**'을 각각 입력한다. 그리고 A열에는 손익계서 항목들을 표시하기 위해 [열 너비]를 '30'을 설정하고, B열부터 D열까지의 [열 너비]를 각각 '20', '3', '20'으로 설정한다.

❹ A2:D2 셀 범위를 선택하고 글꼴을 [맑은 고딕]으로 설정한다. A2셀은 [왼쪽 맞춤], B2 셀은 [가운데 맞춤], D2 셀은 [오른쪽 맞춤]으로 각각 설정한다. A3:D21 셀 범위를 선택하고 [글꼴]에서 [견명조], [테두리]를 [모든 테두리]로 설정한다. B3:D3 셀 범위를 선택하고 [병합하고 가운데 맞춤]을 설정한다. C4:D21 셀 범위를 선택하고 [홈] 탭의 [글꼴] – [테두리]에서 [다른 테두리]를 선택한 후, [셀 서식] 상자의 [테두리]에서 [스타일]을 [없음]으로 선택하고 아래쪽 가운데 선을 클릭하여 C열의 오른쪽 선 부분이 표시되지 않도록 설정한다.

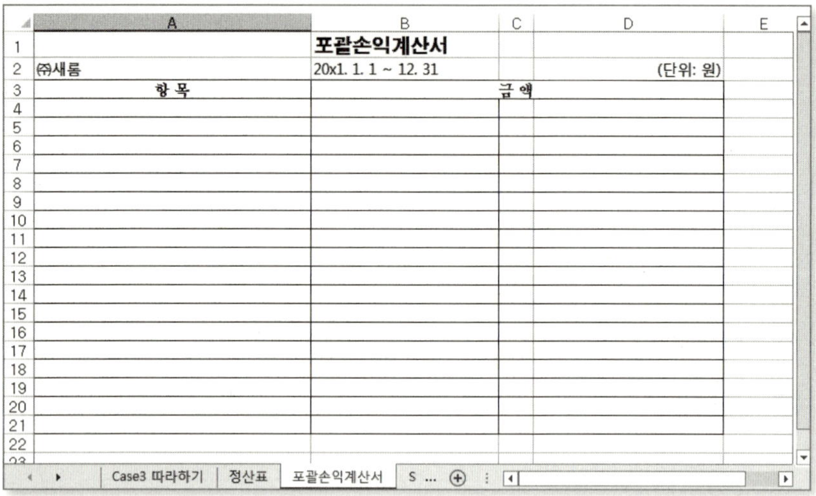


❺ A열에 포괄손익계산서의 기본 양식에 맞춰 해당 항목들을 나열한다. 이때 나열되는 항목들은 업종이나 매출 구성에 따라 다를 수 있지만, 일반적으로 상기업이나 제조기업의 경우에는 매출원가의 구성항목이 모두 표시되도록 해야 한다. 기타 수익이나 비용의 경우에는 사용되는 항목 수나 구성에 따라 요약하여 표시할 수도 있다. 여기서는 관련 수익, 비용 항목들이 많지 않기 때문에 요약형으로 표시하기로 한다. 다만, 정산표에서 사용되고 있는 수익, 비용 항목들이 누락되지 않도록 관련 항목들을 미리 확인하고 항목들을 배열하도록 한다.

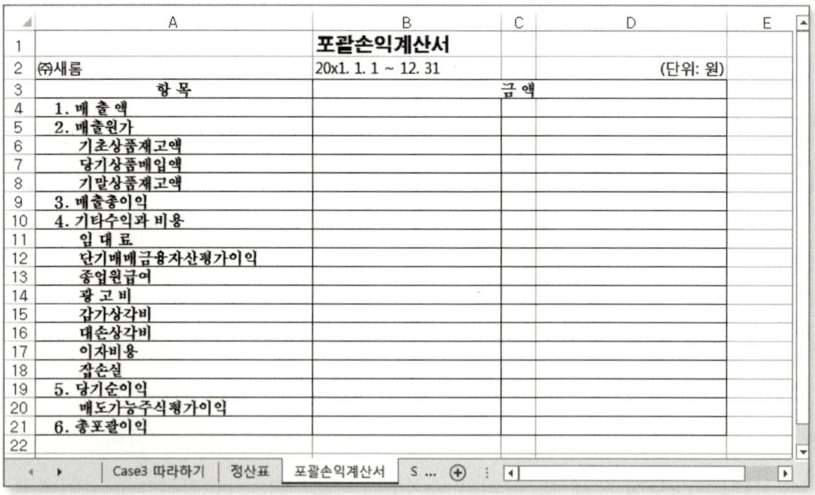


❻ 각 항목에 표시되는 금액은 직접 입력하지 않고 정산표에서 계산된 값을 참조하여 자동으로 표시되도록 수식으로 구성한다. 예컨대 '매출액'은 D4 셀에 수식 '=**정산표!G20**'으로 입력되어야 한다. 그런데 이 수식을 직접 입력하는 것보다는, D4 셀을 클릭하고 수식의 시작을 알리는 부

호 '='을 입력한 후에 마우스로 '정산표' 시트를 클릭하여 정산표 상의 [포괄손익계산서]란에서 매출액을 표시하고 있는 셀(G20 셀)을 선택하고 Enter 키를 눌러서 참조 셀이 자동으로 입력되도록 하는 방법이 입력상의 오류를 최소화할 수 있다.

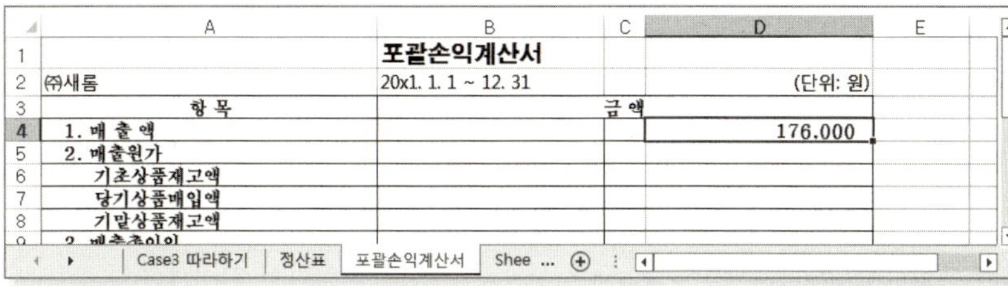


❼ '매출원가'는 '기초상품재고액+당기상품매입액－기말상품재고액'으로 계산된다. 따라서 먼저 기초상품재고액 등이 표시되도록 해야 한다. '기초상품재고액'은 총계정원장 계장잔액 중 '상품' 계정 잔액을 의미한다. 기초상품재고액이 표시될 B6 셀을 클릭하고 수식의 시작을 알리는 '='을 입력한 후, 마우스로 '정산표' 시트를 클릭하여 [잔액시산표]란의 상품계정 잔액이 표시되고 있는 B9 셀을 선택하고 Enter 키를 누른다. '포괄손익계산서' 시트의 B6 셀에는 '=**정산표!B9**'으로 입력되고, 셀에는 그 참조값인 '6,000'으로 표시된다. 마찬가지 방법으로, B7 셀에는 '당기상품매입액'을 표시하기 위해 '=**정산표!B22**'를, 그리고 B8 셀에는 '기말상품재고액'을 표시하기 위해 '=**정산표!H9**'으로 각각 입력되도록 한다. 이들 금액을 계산하여 D5 셀에 매출원가가 표시되도록 수식 '=**B6+B7－B8**'을 입력한다.

❽ 이와 같이 D5 셀에서 계산된 매출원가 금액(₩100,000)은 '정산표' 시트의 [포괄손익계산서]란의 '매입' 계정 차변에 표시되고 있는 금액과 일치하여야 하므로 반드시 이를 확인해보아야 한다. 이는 정산표에서는 '매입' 계정을 통해 매출원가가 계산되고 있으며, 이 매입계정에서도 '기초상품재고액+당기상품매입액－기말상품재고액'의 산식을 통해 정산표의 F22 셀에 매출원가를 표시하고 있기 때문이다.

❾ D9 셀에는 매출액에서 매출원가를 차감하여 매출총이익을 계산하여 표시한다. 따라서 D9 셀에 수식 '=**D4－D5**'를 입력한다.

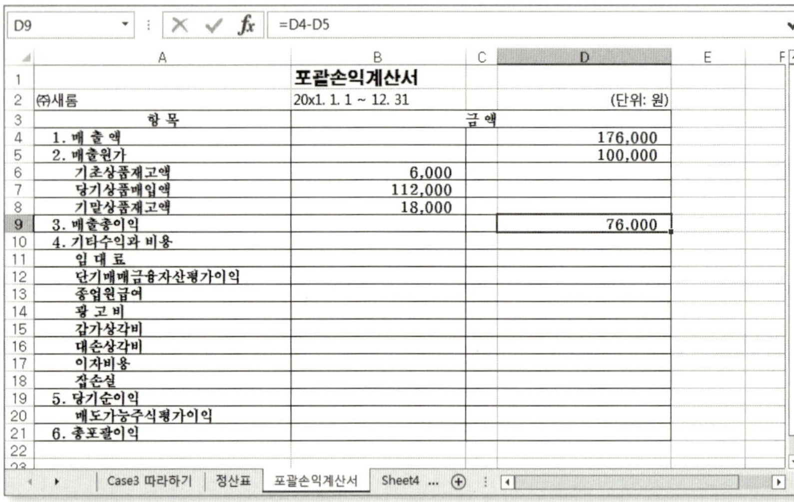

D9 =D4-D5

| | A | B | C | D |
|---|---|---|---|---|
| 1 | | 포괄손익계산서 | | |
| 2 | ㈜새롬 | 20x1. 1. 1 ~ 12. 31 | | (단위: 원) |
| 3 | 항 목 | | 금 액 | |
| 4 | 1. 매 출 액 | | | 176,000 |
| 5 | 2. 매출원가 | | | 100,000 |
| 6 | 기초상품재고액 | 6,000 | | |
| 7 | 당기상품매입액 | 112,000 | | |
| 8 | 기말상품재고액 | 18,000 | | |
| 9 | 3. 매출총이익 | | | 76,000 |
| 10 | 4. 기타수익과 비용 | | | |
| 11 | 임 대 료 | | | |
| 12 | 단기매매금융자산평가이익 | | | |
| 13 | 종업원급여 | | | |
| 14 | 광 고 비 | | | |
| 15 | 감가상각비 | | | |
| 16 | 대손상각비 | | | |
| 17 | 이자비용 | | | |
| 18 | 잡손실 | | | |
| 19 | 5. 당기순이익 | | | |
| 20 | 매도가능주식평가이익 | | | |
| 21 | 6. 총포괄이익 | | | |
| 22 | | | | |

Case3 따라하기 | 정산표 | 포괄손익계산서 | Sheet4

⑩ 흔히 매출총이익 아래쪽에는 '판매비와 일반관리비'가 표시되고, 그 아래쪽으로 영업외수익과 영업외비용을 표시하여 당기순이익이 계산되도록 해야 하지만, 이 예에서와 같이 표시되어야 할 항목 수가 많지 않은 경우에는 '기타수익과 비용'으로 한꺼번에 표시할 수 있다. 또한 이 예에서는 '법인세'를 따로 계산하지 않고 있으므로 구분 표시하지 않기로 한다.

⑪ '기타수익과 비용' 항목 중 '임대료'를 표시하기 위해 B11 셀에 수식 '**=정산표!G21**'로 입력되도록 한다(마우스를 이용하여 참조형식으로 입력). 마찬가지 방법으로 다른 '기타수익과 비용' 항목들에 대해서도 다음과 같이 입력되도록 한다.

B12: **'=정산표!G29'**

B12: **'=정산표!F23'**

B12: **'=정산표!F24'**

B12: **'=정산표!F30+정산표!F31'**

B12: **'=정산표!F28'**

B12: **'=정산표!F25'**

B12: **'=정산표!F27'**

⑫ 여기서 '감가상각비'는 정산표에서는 '건물감가상각비'와 '비품감가상각비'로 구분하여 계산되고 있지만, 보고식 포괄손익계산서에서는 이들을 합하여 하나의 '감가상각비' 계정으로 보고하고 있다.

⑬ 표시된 '기타수익과 비용' 항목들 중 '임대료'와 '단기매매금융자산평가이익'은 수익항목임을 기억해야 한다. 따라서 이들을 다른 비용항목들과 구분하여 표시하기 위해 D22 셀에 수식 '=

B11+B12'로 표시한다. 그리고 나머지 비용항목들을 합계하여 표시하기 위해 D18 셀에 수식 '=SUM(B13:B18)'과 같이 입력한다.

⑭ 이제 당기순이익을 표시하기 위해 D19 셀에 수식 '=**D9+D12-D18**'을 입력한다. 이는 '매출총이익+기타수익-기타비용'을 의미한다. 그런데 D19 셀에 계산되어 표시되고 있는 당기순이익은 '정산표' 시트의 [포괄손익계산서]란에서 계산된 당기순이익 금액('정산표' 시트의 F37 셀)과도 일치해야 하므로 반드시 이를 확인해 보아야 한다.

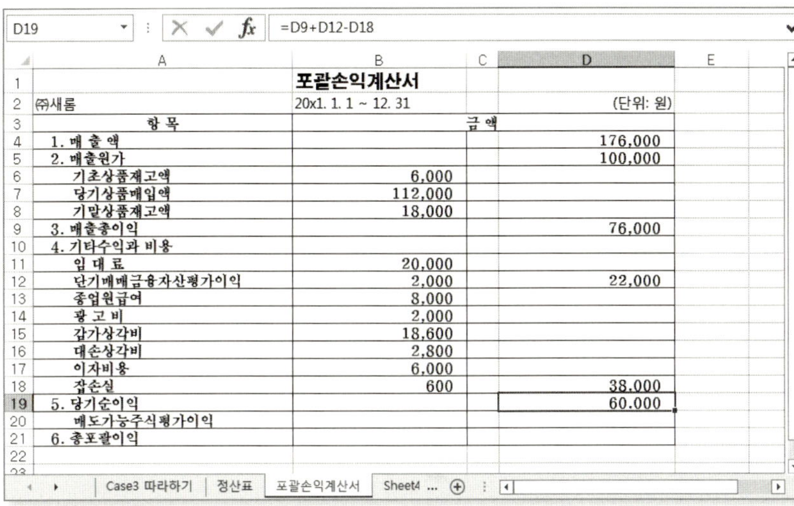

| | A | B | C | D | E |
|---|---|---|---|---|---|
| 1 | | 포괄손익계산서 | | | |
| 2 | ㈜새롬 | 20x1. 1. 1 ~ 12. 31 | | (단위: 원) | |
| 3 | 항 목 | | 금 액 | | |
| 4 | 1. 매 출 액 | | | 176,000 | |
| 5 | 2. 매출원가 | | | 100,000 | |
| 6 | 기초상품재고액 | 6,000 | | | |
| 7 | 당기상품매입액 | 112,000 | | | |
| 8 | 기말상품재고액 | 18,000 | | | |
| 9 | 3. 매출총이익 | | | 76,000 | |
| 10 | 4. 기타수익과 비용 | | | | |
| 11 | 임 대 료 | 20,000 | | | |
| 12 | 단기매매금융자산평가이익 | 2,000 | | 22,000 | |
| 13 | 종업원급여 | 8,000 | | | |
| 14 | 광 고 비 | 2,000 | | | |
| 15 | 감가상각비 | 18,600 | | | |
| 16 | 대손상각비 | 2,800 | | | |
| 17 | 이자비용 | 6,000 | | | |
| 18 | 잡손실 | 600 | | 38,000 | |
| 19 | 5. 당기순이익 | | | 60,000 | |
| 20 | 매도가능주식평가이익 | | | | |
| 21 | 6. 총포괄이익 | | | | |
| 22 | | | | | |

⑮ '매도가능주식평가이익'은 보유하고 있는 유가증권을 현재가치(기말 공정가치)로 평가한 금액과 장부금액과의 차이를 의미한다. 기업회계원칙에서는 매도가능주식의 경우 아직 처분하지는 않고 보유하고 있는 경우라 하더라도 이를 공정가치로 평가하여 그 차액을 '매도가능주식평가이익'으로 계상하도록 하고 있다. 그러나 이 이익은 실제로 실현되었다기보다는 평가이익이기 때문에 당기순이익 계산에 포함하지 않고, 이를 포괄이익으로 인식하여 '기타포괄손익' 항목으로 구분하여 표시하도록 하고 있다. 따라서 이 항목은 당기순이익 아래쪽에 표시하며, 이를 가감하여 '포괄이익'으로 보고한다. 그런데 '정산표'에서는 그 잔액이 [포괄손익계산서]란에 기록되지 않고 [재무상태표]란에 기록되고 있는 것은, '매도가능주식평가이익'과 같은 포괄손익은 재무상태표의 자본항목인 '기타포괄손익누계액'으로 분류, 기록되기 때문이다.

⑯ '매도가능주식평가이익'을 포괄손익계산서에 표시하기 위해 D20 셀에 수식 '=**정산표!E19**'로 입력한다. 그리고 D21 셀에는 당기순이익과 포괄이익을 합산하여 총포괄이익으로 보고하기 위해 수식 '=**D19+D20**'으로 입력한다.

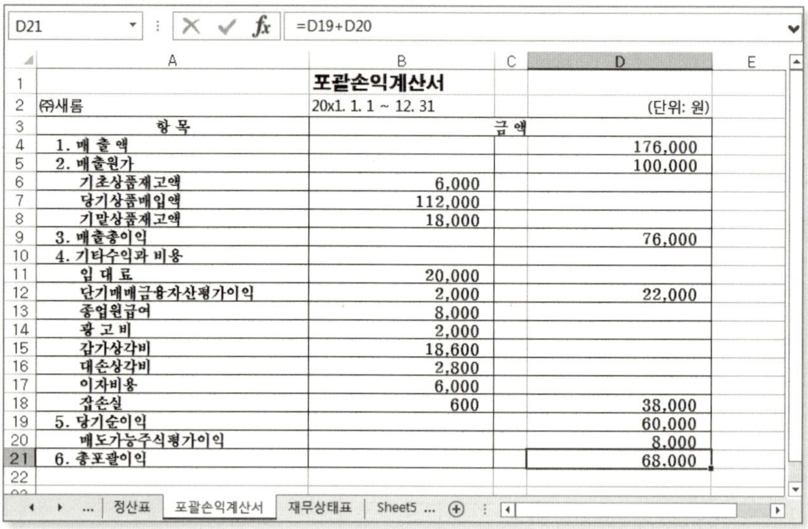
D21 =D19+D20

| | A | B | C | D |
|---|---|---|---|---|
| 1 | | 포괄손익계산서 | | |
| 2 | ㈜새롬 | 20x1. 1. 1 ~ 12. 31 | | (단위: 원) |
| 3 | 항 목 | 금 액 | | |
| 4 | 1. 매 출 액 | | | 176,000 |
| 5 | 2. 매출원가 | | | 100,000 |
| 6 | 기초상품재고액 | 6,000 | | |
| 7 | 당기상품매입액 | 112,000 | | |
| 8 | 기말상품재고액 | 18,000 | | |
| 9 | 3. 매출총이익 | | | 76,000 |
| 10 | 4. 기타수익과 비용 | | | |
| 11 | 임 대 료 | 20,000 | | |
| 12 | 단기매매금융자산평가이익 | 2,000 | | 22,000 |
| 13 | 종업원급여 | 8,000 | | |
| 14 | 광 고 비 | 2,000 | | |
| 15 | 감가상각비 | 18,600 | | |
| 16 | 대손상각비 | 2,800 | | |
| 17 | 이자비용 | 6,000 | | |
| 18 | 잡손실 | 600 | | 38,000 |
| 19 | 5. 당기순이익 | | | 60,000 |
| 20 | 매도가능증권평가이익 | | | 8,000 |
| 21 | 6. 총포괄이익 | | | 68,000 |
| 22 | | | | |

정산표 | 포괄손익계산서 | 재무상태표 | Sheet5 ...

⑰ 이제 보고용 포괄손익계산서 작성은 완료되었다. 이 포괄손익계산서는 모든 표시가 수식에 의해 정의되고 있기 때문에, 사용하는 계정과목만 변동이 없다면 정산표가 완성되면 언제든 곧바로 변화된 내용이 손익계산서에 반영되어 표시되게 된다.

## 5단계 재무상태표의 양식 표시

참고

### 재무상태표의 보고 양식

재무상태표는 기말 현재의 재산상태를 표시하는 보고서로, 재산의 현황을 자산과 부채 및 자본으로 구분하여 표시한다. 기본적인 양식은 자산항목들을 차변에 나열하고, 부채와 자본항목들을 대변에 나열하여 차변합계와 대변합계가 일치하도록 표시하는 방법을 사용한다. 이를 계정식 재무상태표라 한다.

그런데 실무상으로는 손익계산서는 물론 재무상태표의 경우에도 자산과 부채 및 자본을 모두 지난해 자료와 비교하는 형태로 함께 보고하는 비교식 재무제표로 보고하는 것이 일반적이다. 이때 좌우로 나열되는 계정과목명과 금액의 표시가 너무 많아지게 되어 현실적으로 이들을 좌우로 표시하려면 글씨가 너무 작아지게 되는 단점이 있다. 따라서 보고용 재무제표를 작성하는 경우에는 재무상태표에서 오른쪽(대변)의 부채 및 자본 항목들을 왼쪽(차변)의 자산항목 아래로 배열하여 표시하는 보고식 재무상태표를 작성하는 것이 일반적이다.

재무상태표에서 자산 및 부채항목들을 나열하여 표시하는 방법으로, 현금 등 유동성이 큰 항목들을 먼저 표시하는 유동성배열법이 일반적이기는 하나, 업종에 따라서는 금액이 비교적 큰 비유동자산을 먼저 배열하는 고정성배열법이 사용되기도 한다. 이러한 재무상태표의 기본 형식은 다음과 같다. 다만, 여기서는 원론적인 측면에서 1기간 계정식 재무상태표 작성을 가정하고 있다.

재무상태표

㈜xxx 20xx년 x월 x일 현재 (단위: 원)

| 자 산 | | | 부채와 자본 | | |
|---|---|---|---|---|---|
| 유동자산 | | | 부 채 | | |
| 현금및현금성자산 | | | 매입채무 | | |
| 단기매매금융자산 | | | 미지급비용 | | |
| 매출채권 | | | (부채합계) | | |
| 대손충당금 | | | 자 본 | | |
| 미수수익 | | | 자 본 금 | | |
| 선급비용 | | | 이익잉여금 | | |
| 상 품 | | | 이익준비금 | | |
| (유동자산 합계) | | | 미처분이익잉여금 | | |
| 비유동자산 | | | 기타포괄손익누계액 | | |
| 매도가능금융자산 | | | (자본 합계) | | |
| 건 물 | | | | | |
| 건물감가상각누계액 | | | | | |
| 비 품 | | | | | |
| 비품감가상각누계액 | | | | | |
| (비유동자산 합계) | | | | | |
| 자산합계 | | | 부채와 자본 합계 | | |

❶ '포괄손익계산서' 시트 오른쪽에 새 시트를 삽입하고, 시트의 이름을 '**재무상태표**'라고 변경한다.

❷ C1 셀에 '**재무상태표**'를 입력하고, 글씨체를 '견고딕', '14pt'로 설정한 후, C1:E1 셀 영역을 선택하고 [병합하고 가운데 맞춤]으로 설정한다. A2 셀에는 회사 이름인 '**㈜새롬**'을 입력하고, C2 셀에는 재무상태표 작성일을 '**20x1년 12월 31일 현재**'와 같이 입력하고 C2:E2 셀 범위를 선택하여 [병합하고 가운데 맞춤]으로 설정한다. H2 셀에는 '**(단위: 원)**'을 입력한다. A2:H2 셀 범위를 선택하고 글꼴을 [맑은 고딕]으로 설정한다. A2셀은 [왼쪽 맞춤], H2 셀은 [오른쪽 맞춤]으로 각각 설정한다.

❸ A3 셀에는 '**자 산**'을, E3 셀에는 '**부채와 자본**'을 각각 입력한다. A3:D3 셀 범위와 E3:H3 셀 범위에 대해 각각 [병합하고 가운데 맞춤]으로 설정한다. 그리고 A열부터 H열까지 표시할 항목의 유형에 따라 각 열의 [열 너비]를 '18', '10', '1', '10', '18', '10', '1', '10'으로 각각 설정한다.

❹ A3:H20 셀 범위를 선택하고 [글꼴]에서 [견명조]를 설정하고, [테두리]를 [모든 테두리]로 설정한다. C4:D20 셀 범위를 선택한 후 Ctrl 키를 누른 채로 G4:H4 셀 범위를 함께 선택하고, [홈] 탭의 [글꼴]-[테두리]에서 [다른 테두리]를 선택한 후, [셀 서식] 상자의 [테두리]에서 [스타일]을 [없음]으로 선택하고 아래쪽 가운데 선을 클릭하여 C열과 G열의 오른쪽 선 부분이 표시되지 않도록 설정한다. 또한 A3:D20 셀 범위와 E3:H20 셀 범위를 함께 선택한 후 [홈] 탭의 [글꼴]-[테두리]에서 [굵은상자 테두리]를 선택한다.

| | A | B | C | D | E | F | G | H |
|---|---|---|---|---|---|---|---|---|
| 1 | | | | | 재무상태표 | | | |
| 2 | ㈜새롬 | | | | 20xx년 12월 31일 현재 | | | (단위: 원) |
| 3 | 자 산 | | | | 부채와 자본 | | | |
| 4 | | | | | | | | |
| 5 | | | | | | | | |
| 6 | | | | | | | | |
| 7 | | | | | | | | |
| 8 | | | | | | | | |
| 9 | | | | | | | | |
| 10 | | | | | | | | |
| 11 | | | | | | | | |
| 12 | | | | | | | | |
| 13 | | | | | | | | |
| 14 | | | | | | | | |
| 15 | | | | | | | | |
| 16 | | | | | | | | |
| 17 | | | | | | | | |
| 18 | | | | | | | | |
| 19 | | | | | | | | |
| 20 | | | | | | | | |
| 21 | | | | | | | | |
| 22 | | | | | | | | |

◀ ▶ ... | 포괄손익계산서 | 재무상태표 | Sheet5 | Sheet6 | ... ⊕

❺ A4 셀로부터 아래로, '정산표' 시트에서 사용되고 있는 재무상태표 항목 중 자산항목들을 유동성배열법에 따라 순차적으로 그 계정과목들을 빠짐없이 입력한다. 이때 자산항목들을 크게 유동자산과 비유동자산으로 구분하여 표시한다. 보고용 재무상태표에서는 흔히 '현금' 계정 대신에 현금, 예금, 기타 현금성자산 등을 모두 포괄하여 하나의 '현금및현금성자산'으로 표기하고 있으므로 이 방법에 따른다.

❻ 또한 시산표 및 정산표에서는 '감가상각누계액', '대손충당금' 등이 대변 계정과목으로 분류되어 잔액이 대변에 표시되고 있으나, 보고용 재무상태표에서는 각각 관련 자산항목에서 차감하는 형식으로 보고하도록 규정되어 있다. 따라서 대손충당금은 매출채권 계정의 아래에 표시하되 매출채권 잔액에서 차감하여 그 잔액을 오른쪽에 표시하도록 한다. 그리고 '건물감가상각누계액'과 '비품감가상각누계액'은 각각 건물 계정과 비품 계정의 아래에 표시하되 역시 차감하여 잔액을 오른쪽에 표시하도록 한다.

❼ 자본의 경우에는 자본금, 자본잉여금, 이익잉여금, 기타포괄손익누계액 등의 순으로 표시한다.

| | A | B | C | D | E | F | G | H |
|---|---|---|---|---|---|---|---|---|
| 1 | | | | | 재무상태표 | | | |
| 2 | ㈜새롬 | | | | 20xx년 12월 31일 현재 | | | (단위: 원) |
| 3 | 자 산 | | | | 부채와 자본 | | | |
| 4 | 유동자산 | | | | 부 채 | | | |
| 5 | 현금및현금성자산 | | | | 매입채무 | | | |
| 6 | 단기매매금융자산 | | | | 미지급비용 | | | |
| 7 | 마출채권 | | | | (부채 합계) | | | |
| 8 | 대손충당금 | | | | 자 본 | | | |
| 9 | 미수수익 | | | | 자본금 | | | |
| 10 | 선급비용 | | | | 이익잉여금 | | | |
| 11 | 상 품 | | | | 이익준비금 | | | |
| 12 | (유동자산 합계) | | | | 미처분이익잉여금 | | | |
| 13 | 비유동자산 | | | | 기타포괄손익누계액 | | | |
| 14 | 매도가능금융자산 | | | | (자본 합계) | | | |
| 15 | 건 물 | | | | | | | |
| 16 | 건물감가상각누계액 | | | | | | | |
| 17 | 비 품 | | | | | | | |
| 18 | 비품감가상각누계액 | | | | | | | |
| 19 | (비유동자산 합계) | | | | | | | |
| 20 | 자산 합계 | | | | 부채와 자본 합계 | | | |
| 21 | | | | | | | | |
| 22 | | | | | | | | |

◀ ▶ ... | 포괄손익계산서 | 재무상태표 | Sheet5 | Sheet6 | ... ⊕

❽ 각 항목에 표시되는 금액은 직접 입력하지 않고 정산표의 [재무상태표]란에서 계산된 값을 참조하여 자동으로 표시되도록 수식으로 구성한다. 예컨대 '현금및현금성자산'은 D5 셀에 수식 '=**정산표!H5**'로 입력되어야 한다. 수식을 입력하는 방법은 앞의 포괄손익계산서에서의 입력 방법과 같이 마우스를 통해 참조대상 셀을 클릭하여 입력하도록 하는 것이 오류를 줄일 수 있다. 만일 정산표에서 현금 외에 기타 현금성자산 항목이 별도로 사용되고 있는 경우에는 '현금및현금성자산'에 모두 합산하여 하나의 금액으로 표시한다. 단기매매금융자산의 경우에도 D6 셀에 수식 '=**정산표!H6**'으로 입력한다.

❾ 매출채권은 흔히 외상매출금과 받을어음을 모두 포괄하는 계정이름으로, 여기에서는 받을어음 계정이 사용되고 있지 않으므로 외상매출금만을 표시한다. 매출채권은 관련 대손충당금 계정을 차감하는 형식으로 표시해야하므로, 먼저 B7 셀에 수식 '=**정산표!H7**'로 입력하고, B8 셀에는 수식 '=**정산표!I8**'로 입력하되, 오른쪽 D7 셀에 수식 '=**B7-B8**'로 입력하여 차감 잔액(장부가액)을 표시한다. 그리고 차감 형식임을 표시하기 위해 B8 셀을 선택하고 [홈] 탭의 [글꼴]-[테두리]에서 [굵은 아래쪽 테두리]로 표시하여 서로 구분될 수 있도록 한다.

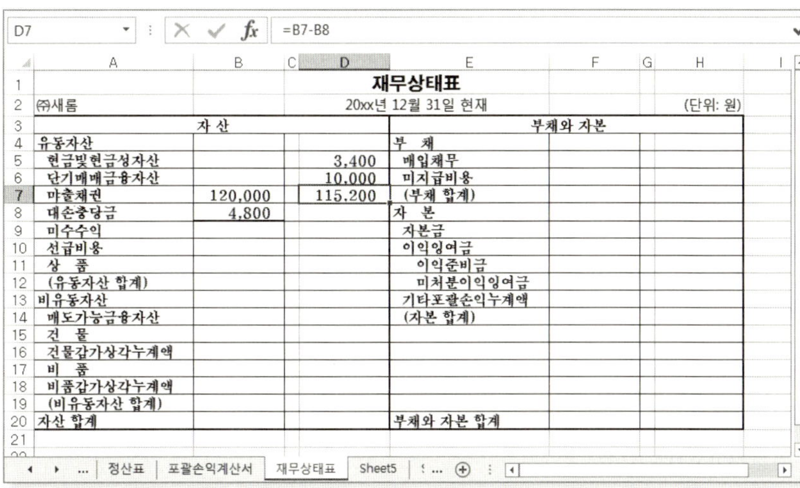


❿ 다른 유동자산 항목들의 경우에는 다음과 같이 수식으로 입력한다.

D9: '=**정산표!H32**'

D10: '=**정산표!H34**'

D11: '=**정산표!H9**'

⓫ D12 셀에는 위의 유동자산 계정 금액을 모두 합하여 계산하기 위해 함수를 사용하여 '=**SUM(D5:D11)**'로 입력한다. 그리고 D12 셀의 금액을 다른 셀의 금액과 구분하여 표시하기 위해 D11 셀과 D12 셀에서 각각 [테두리]를 [굵은 아래쪽 테두리]로 설정한다.

⓬ D14 셀에는 수식 '=**정산표!H10**'으로 입력한다. 건물 계정은 건물감가상각누계액을 차감하는 형식으로 표시해야 하므로, 먼저 B15 셀에 수식 '=**정산표!H11**'로 입력하고 B16 셀에는 수식 '=**정산표!I12**'로 입력한 후, D15 셀에 수식 '=**B15-B16**'을 입력하여 차감잔액(장부금액)으로 표시한다. 비품 계정의 경우에도 마찬가지이다.

B17: '=**정산표!H13**'

B18: '=**정산표!I14**'

D17: '=**B17-B18**'

D19: '=**SUM(D14:D17)**'

⓭ D20 셀에는 위의 유동자산 합계와 비유동자산 합계를 더하여 자산합계를 표시한다.

D20: '=**D12+D19**'

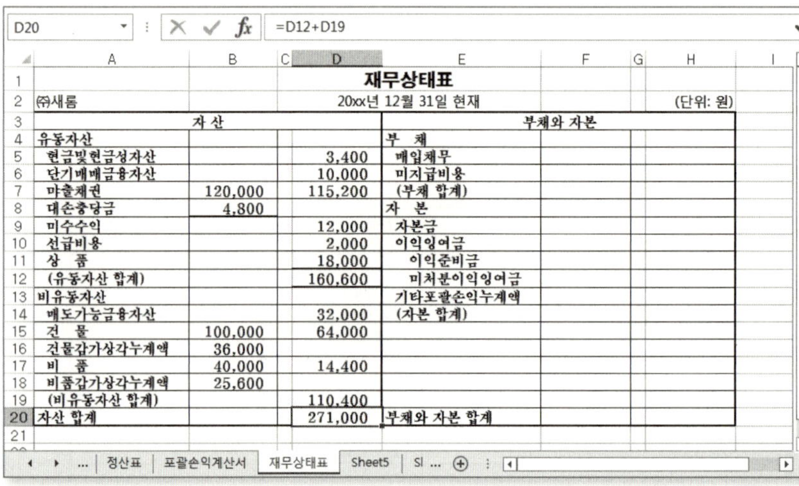
D20 | =D12+D19

| | A | B | C | D | E | F | G | H |
|---|---|---|---|---|---|---|---|---|
| 1 | | | | 재무상태표 | | | | |
| 2 | ㈜새롬 | | | 20xx년 12월 31일 현재 | | | | (단위: 원) |
| 3 | 자 산 | | | | 부채와 자본 | | | |
| 4 | 유동자산 | | | | 부 채 | | | |
| 5 | 현금및현금성자산 | | | 3,400 | 매입채무 | | | |
| 6 | 단기매매금융자산 | | | 10,000 | 미지급비용 | | | |
| 7 | 매출채권 | 120,000 | | 115,200 | (부채 합계) | | | |
| 8 | 대손충당금 | 4,800 | | | 자 본 | | | |
| 9 | 미수수익 | | | 12,000 | 자본금 | | | |
| 10 | 선급비용 | | | 2,000 | 이익잉여금 | | | |
| 11 | 상 품 | | | 18,000 | 이익준비금 | | | |
| 12 | (유동자산 합계) | | | 160,600 | 미처분이익잉여금 | | | |
| 13 | 비유동자산 | | | | 기타포괄손익누계액 | | | |
| 14 | 매도가능금융자산 | | | 32,000 | (자본 합계) | | | |
| 15 | 건 물 | 100,000 | | 64,000 | | | | |
| 16 | 건물감가상각누계액 | 36,000 | | | | | | |
| 17 | 비 품 | 40,000 | | 14,400 | | | | |
| 18 | 비품감가상각누계액 | 25,600 | | | | | | |
| 19 | (비유동자산 합계) | | | 110,400 | | | | |
| 20 | 자산 합계 | | | 271,000 | 부채와 자본 합계 | | | |
| 21 | | | | | | | | |



⓮ 대변의 부채와 자본계정 역시 다음의 참조형식 수식으로 입력한다.

H5: '=**정산표!I15**'

H6: '=**정산표!I33+정산표!I35**'

H7: '=**SUM(H5:H6)**'

H9: '=**정산표!I16**'

F11: '=**정산표!I17**'

F12: '=**정산표!I18+정산표!I37**'

H10: '=**F11+F12**'

H13: '=**정산표!I19**'

H14: '=**SUM(H9:H13)**'

H20: '=**H7+F14**'

⑮ 위의 F12 셀에서 수식 '=정산표!I18+정산표!I37'로 표시한 것은, 보고용 재무상태표에서 미처분이익잉여금은 전기이월이익잉여금(정산표!I18)과 당기순이익(정산표!I37)을 합계하여 표시하도록 하고 있기 때문이다. 즉, 재무상태표에서는 '당기순이익'을 별도로 표시하지 않고 미처분이익잉여금에 포함하여 표시하도록 하는 것이다. 또 자본항목에 '기타포괄손익누계액'으로 표시된 것은 정산표에서 기타포괄손익에 해당하는 '매도가능주식평가이익'을 표시하기 위한 것이다.

H20 =H7+H14

| | A | B | D | E | F | H |
|---|---|---|---|---|---|---|
| 1 | | | 재무상태표 | | | |
| 2 | ㈜새롬 | | 20xx년 12월 31일 현재 | | | (단위: 원) |
| 3 | 자 산 | | | 부채와 자본 | | |
| 4 | 유동자산 | | | 부 채 | | |
| 5 | 현금및현금성자산 | | 3,400 | 매입채무 | | 80,000 |
| 6 | 단기매매금융자산 | | 10,000 | 미지급비용 | | 6,000 |
| 7 | 매출채권 | 120,000 | 115,200 | (부채 합계) | | 86,000 |
| 8 | 대손충당금 | 4,800 | | 자 본 | | |
| 9 | 미수수익 | | 12,000 | 자본금 | | 80,000 |
| 10 | 선급비용 | | 2,000 | 이익잉여금 | | 93,000 |
| 11 | 상 품 | | 18,000 | 이익준비금 | 21,000 | |
| 12 | (유동자산 합계) | | 160,600 | 미처분이익잉여금 | 72,000 | |
| 13 | 비유동자산 | | | 기타포괄손익누계액 | | 12,000 |
| 14 | 매도가능금융자산 | | 32,000 | (자본 합계) | | 185,000 |
| 15 | 건 물 | 100,000 | 64,000 | | | |
| 16 | 건물감가상각누계액 | 36,000 | | | | |
| 17 | 비 품 | 40,000 | 14,400 | | | |
| 18 | 비품감가상각누계액 | 25,600 | | | | |
| 19 | (비유동자산 합계) | | 110,400 | | | |
| 20 | 자산 합계 | | 271,000 | 부채와 자본 합계 | | 271,000 |
| 21 | | | | | | |

정산표 | 포괄손익계산서 | 재무상태표 | Sheet5 | Sh ...

⑯ 마지막으로 재무상태표에서 '자산 합계'(D20 셀)와 '부채와 자본 합계'(H20 셀)가 서로 일치하는지를 확인해야 한다. 이로써 보고용 재무상태표가 완성되었다. 이 재무상태표 역시 모든 표시가 수식에 의해 정의되고 있기 때문에, 사용하는 계정과목만 변동이 없다면 정산표가 완성되었을 때 언제든 곧바로 변화된 내용이 재무상태표에 자동으로 반영되어 표시되게 된다.

## 유사 사례 301 혼자해보기 ㈜청암의 결산과 재무제표 작성

**현황**

㈜청암은 20x8년도 결산을 수행하기 위해 12월 31일 현재의 총계정원장 기록을 정리하여 다음과 같은 잔액시산표를 작성하였다. 그리고 결산일 현재 수정이 필요한 기말정리사항을 다음과 같이 정리하였다.

**⦿ 잔액시산표**

| 계정과목 | 차변 | 대변 |
|---|---|---|
| 현금 | 13,000 | |
| 매출채권 | 56,000 | |
| 상품 | 5,700 | |
| 소모품 | 4,000 | |
| 선급보험료 | 2,400 | |
| 단기대여금 | 3,500 | |
| 건물 | 78,000 | |
| 매입채무 | | 38,200 |
| 자본금 | | 101,000 |
| 매출 | | 88,000 |
| 매입 | 52,000 | |
| 종업원급여 | 8,400 | |
| 판매관리비 | 4,200 | |
| 합계 | 227,200 | 227,200 |

**⦿ 결산정리사항**

① 기말의 상품 실지재고조사액은 ₩7,600이다.

② 기말 소모품 실지재고조사액은 ₩1,500으로 조사되었다.

③ 선급보험료는 7월 1일부터 시작되는 1년분 자동차보험료를 선납한 것이다.

④ 올해 1월초에 구입한 건물의 내용연수는 10년이며, 정액법에 의해 매년 균등액을 감가상각한다(잔존가치는 없는 것으로 한다).

⑤ 매출채권 기말잔액에 대해 3%의 대손상각을 하기로 한다. 단, 결산시점 현재의 대손충당금계정 잔액은 없다.

⑥ 종업원 급여는 일부 사원에 대한 내년 1월 급여 ₩800이 선지급된 것이다.

**요구사항**

1. 위의 결산정리사항에 대한 수정분개를 행하시오.
2. 결산정리분개를 반영하여 8칸식 정산표를 작성하시오.
3. 정산표를 통해 재무상태표와 손익계산서를 각각의 양식에 따라 작성하시오.

# 유사 사례 301 혼자해보기 Tips & 풀이 요약

## 1단계 제시된 잔액시간표 자료의 정산표 입력

**정 산 표**

㈜청암 20x8. 12. 31 (단위: 원)

| 계정과목 | 잔액시산표 | | 결산정리분개 | | 포괄손익계산서 | | 재무상태표 | |
|---|---|---|---|---|---|---|---|---|
| | 차변 | 대변 | 차변 | 대변 | 차변 | 대변 | 차변 | 대변 |
| 현금 | 13,000 | | | | | | | |
| 매출채권 | 56,000 | | | | | | | |
| 상품 | 5,700 | | | | | | | |
| 소모품 | 4,000 | | | | | | | |
| 선급보험료 | 2,400 | | | | | | | |
| 단기대여금 | 3,500 | | | | | | | |
| 건물 | 78,000 | | | | | | | |
| 매입채무 | | 38,200 | | | | | | |
| 자본금 | | 101,000 | | | | | | |
| 매출 | | 88,000 | | | | | | |
| 매입 | 52,000 | | | | | | | |
| 종업원급여 | 8,400 | | | | | | | |
| 판매관리비 | 4,200 | | | | | | | |
| [ 합 계 ] | 227,200 | 227,200 | | | | | | |

시산표 | 결산분개 | 정산표 | 포괄손익계산서 | 재무상태표

## 2단계 [요구사항] 해결

### 1. 결산정리분개

1. 결산정리분개

| | | | | | | |
|---|---|---|---|---|---|---|
| 1 | (차) | 매입 | 5700 | (대) | 상품 | 5700 |
| | | 상품 | 7600 | | 매입 | 7600 |
| 2 | (차) | 소모품비 | 2500 | (대) | 소모품 | 2500 |
| 3 | (차) | 보험료 | 1200 | (대) | 선급보험료 | 1200 |
| 4 | (차) | 감가상각비 | 7800 | (대) | 건물감가상각누계액 | 7800 |
| 5 | (차) | 대손상각비 | 1680 | (대) | 대손충당금 | 1680 |
| 6 | (차) | 선급비용 | 800 | (대) | 종업원급여 | 800 |

시산표 | 결산분개 | 정산표 | 포괄손익계산서 | 재무상태표

### 2. 정산표 작성

**정 산 표**

㈜새롬 20x1. 12. 31 (단위: 원)

| 계정과목 | 잔액시산표 | | 결산정리분개 | | 포괄손익계산서 | | 재무상태표 | |
|---|---|---|---|---|---|---|---|---|
| | 차변 | 대변 | 차변 | 대변 | 차변 | 대변 | 차변 | 대변 |
| 현금 | 13,000 | | | | | | 13,000 | |
| 매출채권 | 56,000 | | | | | | 56,000 | |
| 상품 | 5,700 | | 7,600 | 5,700 | | | 7,600 | |
| 소모품 | 4,000 | | | 2,500 | | | 1,500 | |
| 선급보험료 | 2,400 | | | 1,200 | | | 1,200 | |
| 단기대여금 | 3,500 | | | | | | 3,500 | |
| 건물 | 78,000 | | | | | | 78,000 | |
| 매입채무 | | 38,200 | | | | | | 38,200 |
| 자본금 | | 101,000 | | | | | | 101,000 |
| 매출 | | 88,000 | | | | 88,000 | | |
| 매입 | 52,000 | | 5,700 | 7,600 | 50,100 | | | |
| 종업원급여 | 8,400 | | | 800 | 7,600 | | | |
| 판매관리비 | 4,200 | | | | 4,200 | | | |
| [ 합 계 ] | 227,200 | 227,200 | | | | | | |
| 소모품비 | | | 2,500 | | 2,500 | | | |
| 보험료 | | | 1,200 | | 1,200 | | | |
| 감가상각비 | | | 7,800 | | 7,800 | | | |
| 건물감가상각누계액 | | | | 7,800 | | | | 7,800 |
| 대손상각비 | | | 1,680 | | 1,680 | | | |
| 대손충당금 | | | | 1,680 | | | | 1,680 |
| 선급비용 | | | 800 | | | | 800 | |
| [ 합 계 ] | | | 27,280 | 27,280 | 75,080 | 88,000 | 161,600 | 148,680 |
| 당기순이익 | | | | | 12,920 | | | 12,920 |
| [ 합 계 ] | | | | | 88,000 | 88,000 | 161,600 | 161,600 |

시산표 | 결산분개 | 정산표 | 포괄손익계산서 | 재무상태표

## 3. 손익계산서 작성

**포괄손익계산서**

20x8년 1월 1일 부터 20x8년 12월 31일 까지

㈜청암 (단위: 원)

| 항 목 | 금 액 | |
|---|---|---|
| 1. 매 출 액 | | 88,000 |
| 2. 매출원가 | | 50,100 |
| 기초상품재고액 | 5,700 | |
| 당기상품매입액 | 52,000 | |
| 기말상품재고액 | 7,600 | |
| 3. 매출총이익 | | 37,900 |
| 4. 기타수익과 비용 | | 24,980 |
| 종업원급여 | 7,600 | |
| 판매관리비 | 4,200 | |
| 소모품비 | 2,500 | |
| 보험료 | 1,200 | |
| 감가상각비 | 7,800 | |
| 대손상각비 | 1,680 | |
| 5. 당기순이익 | | 12,920 |
| 기타포괄손익 | | - |
| 6. 총포괄이익 | | 12,920 |

시산표 | 결산분개 | 정산표 | 포괄손익계산서 | 재무상태표 | Sł ...

## 4. 재무상태표 작성

**재무상태표**

20x8년 12월 31일 현재

㈜청암 (단위: 원)

| 자 산 | | | 부채와 자본 | |
|---|---|---|---|---|
| 유동자산 | | | 부 채 | |
| 현금및현금성자산 | | 13,000 | 매입채무 | 38,200 |
| 매출채권 | 56,000 | 54,320 | (부채 합계) | 38,200 |
| 대손충당금 | 1,680 | | | |
| 소모품 | | 1,500 | 자 본 | |
| 선급비용 | | 800 | 자본금 | 101,000 |
| 선급보험료 | | 1,200 | 이익잉여금 | 12,920 |
| 상 품 | | 7,600 | (자본 합계) | 113,920 |
| 단기대여금 | | 3,500 | | |
| (유동자산 합계) | | 81,920 | | |
| 비유동자산 | | | | |
| 건 물 | 78,000 | 70,200 | | |
| 건물감가상각누계액 | 7,800 | | | |
| (비유동자산 합계) | | 70,200 | | |
| 자산 합계 | | 152,120 | 부채와 자본 합계 | 152,120 |

시산표 | 결산분개 | 정산표 | 포괄손익계산서 | 재무상태표 | Sł ...

# Case 302 ㈜남화엔지니어링의 재무제표 양식 표시

### 현황

㈜남화엔지니어링에서는 올해 정기 승진계획을 마련하고, 이 중 경리부서에 1명의 과장 승진을 배정하였다. 경리부서에서 이번 승진 대상에 해당하는 사원은 입사 5년차인 동기 사원 8명이다. 올해 승진계획과 관련하여 회사 대표이사는 선발과정에 정실이 개입되지 않도록 최대한 객관적인 방법을 강구하라는 지침을 하달한 바 있다.

이와 관련하여 회사의 차일헌 전무이사는, 경리과장은 무엇보다도 회사의 재무제표를 정확히 이해하고 또 작성할 수 있는 능력을 가진 사람이 선발되어야 한다는 원칙을 정하고, 승진 대상자들로 하여금 회사의 재무제표를 재구성하여 작성하는 문제를 승진시험에 부과하기로 하였다. 이를 위해 과거 2개년의 실제 재무제표를 선택하여 그 구성항목(계정과목)들을 임의로 재배열한 자료를 제시하고, 이 자료를 토대로 재무제표 양식에 맞는 재무상태표와 손익계산서를 작성해보도록 하였다.

연결재무제표를 작성하는 ㈜남화엔지니어링의 제54기 결산일은 2012년 12월 31일이며, 회계기간은 1년(2012년 1월 1일부터 12월 31일)이다. 아래 자료는 ㈜남화엔지니어링의 과거 실제 연결재무상태표와 연결손익계산서의 항목들을 무작위로 재구성해 놓은 자료이다.

**〈㈜남화엔지니어링의 연결재무상태표와 손익계산서 관련 자료〉**

재무상태표와 손익계산서 구성항목

㈜남화엔지니어링 (단위: 원)

| | 제 24 기 | 제 23 기 |
|---|---:|---:|
| 유형자산 | 3,723,461,907 | 3,532,529,745 |
| 재고자산 | 150,404,000 | 130,961,366 |
| 장기차입금 | 220,000,000 | 570,000,000 |
| 납입자본 | 12,998,896,500 | 4,370,000,000 |
| 단기차입금 | 668,467,300 | 1,745,797,840 |
| 현금및현금성자산 | 10,648,374,535 | 9,767,563,134 |
| 당기법인세자산 | 10,439,115 | 29,844,060 |
| 기타비유동부채 | 128,485,495 | 49,472,960 |
| 매출원가 | 77,792,542,939 | 73,054,631,469 |

| 매출 | 87,324,062,477 | 86,272,898,896 |
|---|---|---|
| 기타비용 | 324,571,682 | 3,865,617,491 |
| 기타유동부채 | 2,515,229,084 | 4,015,771,386 |
| 소수주주지분 | 4,653,763,184 | 4,336,976,487 |
| 단기금융상품 | 28,500,000,000 | 18,500,000,000 |
| 매출채권 및 기타유동채권 | 19,209,229,020 | 22,639,694,868 |
| 금융수익 | 1,512,500,729 | 1,206,805,727 |
| 금융원가 | 30,579,795 | 231,155,862 |
| 이연법인세부채 | 5,877,986,174 | 5,381,969,555 |
| 기타비유동금융자산 | 8,178,705,038 | 6,377,775,309 |
| 장기매출채권 및 기타채권 | 825,057,672 | 548,175,646 |
| 기타자본구성요소 | 821,121,780 | 652,941,745 |
| 이익잉여금(결손금) | 93,046,566,282 | 86,762,554,112 |
| 판매비와관리비 | 4,414,029,880 | 4,433,697,446 |
| 지분법적용 투자지분 | 42,584,834,663 | 39,854,553,023 |
| 투자부동산 | 18,699,996,947 | 19,166,669,266 |
| 무형자산 | 23,466,000 | 40,961,000 |
| 매입채무 | 7,006,334,348 | 6,029,452,449 |
| 기타수익 | 741,519,772 | 709,673,527 |
| 초과청구공사 | 41,211,872 | 1,607,462,996 |
| 기타포괄손익 | 185,298,924 | −293,796,519 |
| 당기법인세부채 | 1,787,505,178 | 1,670,919,276 |
| 관계기업투자수익 | 3,442,518,694 | 3,568,434,148 |
| 법인세비용 | 3,219,697,398 | 2,686,873,933 |
| 장기매입채무 및 기타채무 | 3,503,000,000 | 3,395,408,611 |

**요구 사항**

1. 위의 재무제표 구성항목 자료를 토대로 연결재무제표 작성기준과 양식에 따라 연결재무상태표와 연결포괄손익계산서로 각각 구분하여 표시하시오.

2. 재구성된 ㈜남화엔지니어링의 연결재무제표 금액표시 단위를 백만원 단위로 수정하여 표시하시오.

3. 주요 계정과목 금액을 비교 차트 형태로 표시해 보시오.
   [재무상태표]: 유동자산, 비유동자산, 유동부채, 비유동부채, 지배주주지분, 소수주주지분
   [손익계산서]: 매출액, 매출총이익, 영업이익, 법인세차감전순이익, 당기순이익, 포괄순손익

## Case 302 따라하기

**상황분석**

- 제시된 연결재무제표 구성항목 자료는 이전의 과거 시점에 이미 연결재무상태표와 연결손익계산서로 작성되었던 자료를 임의의 순서대로 재배치해 놓은 자료이다. 따라서 이 예제에서의 문제의 핵심은 나열된 각 계정과목들이 각각 재무상태표와 손익계산서의 어디에 해당하는지를 분류해 내는 것이며, 이들 분류 내에서도 어떤 순서로 배열하는 것이 각각의 재무제표 양식에 적합한 것인가 하는 문제이다.
- 재무상태표 항목 중에서도 각 항목의 성격에 따라 자산항목은 유동자산과 비유동자산으로, 부채항목 역시 유동부채와 비유동부채로 구분하고, 자본항목도 성격에 따라 차례로 나열하는 기준을 이해해야 한다. 또한 이 예제의 경우에는 연결재무상태표를 작성해야 하므로 개별재무상태표에는 없는 소수주주지분 등의 표기에 유의해야 한다.
- 손익계산서는 손익의 성격에 따라 구분 표시하는 방법을 이해해야 하며, 연결(포괄)손익계산서를 작성할 때 기타포괄손익 등의 표시에 유의해야 한다.

### 1단계 재무제표 구성항목의 분류와 배열

❶ 먼저 Case에서 주어진 재무제표 구성항목들의 자료를 새 시트에 입력한다. 새 Worksheet에서 새 시트를 삽입하고, 시트의 이름을 **'재무제표구성항목'**으로 변경한다.

❷ '재무제표구성항목' 시트의 B2 셀에 **'재무상태표와 손익계산서 구성항목'**을 입력하고, B2:D2 셀 범위를 선택한 후 [병합하고 가운데 맞춤]을 설정한다. 그리고 [홈] 탭의 [글꼴]에서 '견고딕', '12pt'로 설정한다.

❸ Case 자료의 표시와 같이, B3 셀에는 회사 이름 **'㈜남화엔지니어링'**을 입력하고(왼쪽 정렬), D3 셀에는 **'(단위: 원)'**을 입력한다(오른쪽 정렬).

❹ B4 셀로부터 D38 셀에 이르기까지, Case의 자료대로 제24기 및 제23기의 계정과목과 해당 금액들을 차례로 입력한다. 자료에서 보는 바와 같이, 재무제표에 표시될 금액들은 당기(제24기)와 전기(제23기)의 금액을 비교하는 형태로 표시하도록 되어 있으며, 계정과목 열(B열)에 가까운 열(C열)은 당기(제24기)의 금액을, 그리고 그 오른쪽(D열)에 전기(제23기)의 금액을 표시하는 것이 원칙이다.

❺ 자료가 입력된 셀들을 포함하여 B4:D41 셀 범위를 선택하고, [홈] 탭의 [글꼴]에서 '맑은 고딕', '11pt'로 설정한다. A열부터 D열까지의 [열 너비]를 입력 내용을 고려하여 각각 '3', '25', '17', '17'로 설정해둔다.

**재무상태표와 손익계산서 구성항목**

㈜남화엔지니어링 (단위 : 원)

| | 제 24 기 | 제 23 기 |
|---|---|---|
| 유형자산 | 3,723,461,907 | 3,532,529,745 |
| 재고자산 | 150,404,000 | 130,961,366 |
| 장기차입금 | 220,000,000 | 570,000,000 |
| 납입자본 | 12,998,896,500 | 4,370,000,000 |
| 단기차입금 | 668,467,300 | 1,745,797,840 |
| 현금및현금성자산 | 10,648,374,535 | 9,767,563,134 |
| 당기법인세자산 | 10,439,115 | 29,844,060 |
| 기타비유동부채 | 128,485,495 | 49,472,960 |
| 매출원가 | 77,792,542,939 | 73,054,631,469 |
| 매출 | 87,324,062,477 | 86,272,898,896 |
| 기타비용 | 324,571,682 | 3,865,617,491 |
| 기타유동부채 | 2,515,229,084 | 4,015,771,386 |
| 소수주주지분 | 4,653,763,184 | 4,336,976,487 |
| 단기금융상품 | 28,349,596,000 | 18,500,000,000 |
| 매출채권 및 기타유동채권 | 19,209,229,020 | 22,639,694,868 |
| 금융수익 | 1,512,500,729 | 1,206,805,727 |
| 금융원가 | 30,579,795 | 231,155,862 |
| 이연법인세부채 | 5,657,986,174 | 5,381,969,555 |
| 기타비유동금융자산 | 8,178,705,038 | 6,377,775,309 |
| 장기매출채권 및 기타채권 | 825,057,672 | 548,175,646 |
| 기타자본구성요소 | 821,121,780 | 652,941,745 |
| 이익잉여금(결손금) | 93,046,566,282 | 86,762,554,112 |
| 판매비와관리비 | 4,414,029,880 | 4,433,697,446 |
| 지분법적용 투자지분 | 42,561,369,663 | 39,854,553,023 |
| 투자부동산 | 18,699,996,947 | 19,166,669,266 |
| 무형자산 | 23,466,000 | 40,961,000 |
| 매입채무 | 6,337,867,048 | 6,029,452,449 |
| 기타수익 | 741,519,772 | 709,673,527 |
| 초과청구공사 | 41,211,872 | 1,607,462,996 |
| 기타포괄손익 | 185,298,924 | - 293,796,519 |
| 당기법인세부채 | 1,787,505,178 | 1,670,919,276 |
| 관계기업투자수익 | 3,442,518,694 | 3,568,434,148 |
| 법인세비용 | 3,219,697,398 | 2,686,873,933 |
| 장기매입채무 및 기타채무 | 3,503,000,000 | 3,395,408,611 |

Case4 따라하기 | 재무제표구성항목 | Sheet3 ...

❻ Case에서 제시된 자료의 입력이 끝났으므로, 이제 입력된 구성항목들을 재무상태표 항목과 손익계산서 항목으로 분류하기로 한다.

## 가. 재무상태표 항목의 구분과 양식에 따른 표시

❶ 입력된 '재무제표구성항목' 시트를 보존한 채로 별도의 시트에서 재무상태표 항목만을 재분류하여 표시하기 위해 현재의 시트를 복사하여 사용하기로 한다. '재무제표구성항목' 시트의 아래쪽 시트이름 부분을 클릭하고 오른쪽 마우스 [이동/복사]를 선택한 후, [이동/복사] 대화상자에서 먼저 아래 [복사본 만들기]에 체크 표시한 뒤, [다음 시트의 앞에]에서 '재무제표구성항목' 아래쪽(sheet3)을 클릭한다.

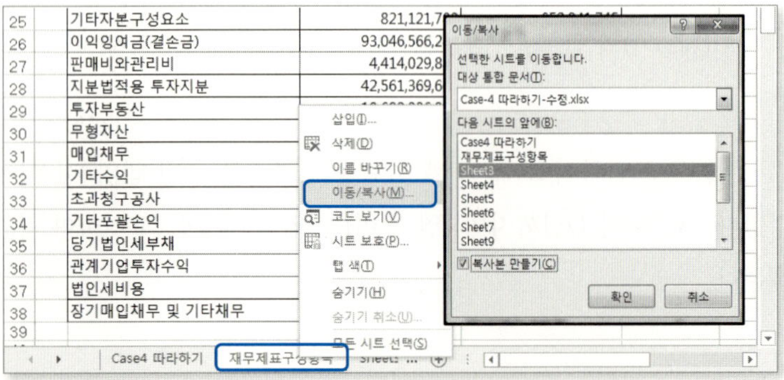

❷ 그리고 [이동/복사] 대화상자에서 [확인]을 누르면 '재무제표구성항목' 시트의 오른쪽에 복사본 시트 '재무제표구성항목 (2)'가 생성된다. 생성된 '재무제표구성항목 (2)' 시트의 이름을 더블클릭하여 시트 이름을 **'연결재무상태표'**로 변경한다.

❸ 이름 변경된 '연결재무상태표' 시트에서, 먼저 B2 셀의 '재무상태표와 손익계산서 구성항목'을 **'연결 재무상태표'**로 변경한다.

❹ 이제 B열에 표시되어 있는 계정과목 중에서 재무상태표에 해당하는 계정만을 남기고 나머지 계정(손익계산서 해당 계정)은 삭제한다. 이러한 절차를 수행하기 위해서는 각 항목이 재무상태표 해당 계정인지 손익계산서 해당 계정인지를 정확히 이해하고 있어야 한다.

❺ 재무제표구성항목으로 표시된 계정과목들을 재무상태표 관련 항목과 손익계산서 관련 항목으로 구분해 보면 다음과 같다.

| 재무상태표 관련 항목 | 손익계산서 관련 항목 |
|---|---|
| 유형자산 | 매출원가 |
| 재고자산 | 매출 |
| 장기차입금 | 기타비용 |
| 납입자본 | 금융수익 |
| 단기차입금 | 금융원가 |
| 현금및현금성자산 | 판매비와관리비 |
| 당기법인세자산 | 기타수익 |
| 기타비유동부채 | 기타포괄손익 |
| 기타유동부채 | 관계기업투자수익 |
| 소수주주지분 | 법인세비용 |
| 단기금융상품 | |
| 매출채권 및 기타유동채권 | |
| 이연법인세부채 | |
| 기타비유동금융자산 | |
| 장기매출채권 및 기타채권 | |
| 기타자본구성요소 | |
| 이익잉여금(결손금) | |
| 지분법적용 투자지분 | |
| 투자부동산 | |
| 무형자산 | |
| 매입채무 | |
| 초과청구공사 | |
| 당기법인세부채 | |
| 장기매입채무 및 기타채무 | |

❻ 따라서 손익계산서 관련 항목들이 표시되어 있는 행들을 함께 선택하기 위해 Ctrl 키를 누른 채로 행번호 13, 14, 15, 20, 21, 27, 32, 34, 36, 37 행을 연속하여 선택한 후, 오른쪽 마우스에서 [삭제]를 선택한다. 이제 선택된 행들이 삭제되고 재무상태표 관련 항목들만이 남게 된다.

**연결 재무상태표**

㈜남화엔지니어링 (단위 : 원)

| | 제 24 기 | 제 23 기 |
|---|---|---|
| 유형자산 | 3,723,461,907 | 3,532,529,745 |
| 재고자산 | 150,404,000 | 130,961,366 |
| 장기차입금 | 220,000,000 | 570,000,000 |
| 납입자본 | 12,998,896,500 | 4,370,000,000 |
| 단기차입금 | 668,467,300 | 1,745,797,840 |
| 현금및현금성자산 | 10,648,374,535 | 9,767,563,134 |
| 당기법인세자산 | 10,439,115 | 29,844,060 |
| 기타비유동부채 | 128,485,495 | 49,472,960 |
| 기타유동부채 | 2,515,229,084 | 4,015,771,386 |
| 소수주주지분 | 4,653,763,184 | 4,336,976,487 |
| 단기금융상품 | 28,349,596,000 | 18,500,000,000 |
| 매출채권 및 기타유동채권 | 19,209,229,020 | 22,639,694,868 |
| 이연법인세부채 | 5,657,986,174 | 5,381,969,555 |
| 기타비유동금융자산 | 8,178,705,038 | 6,377,775,309 |
| 장기매출채권 및 기타채권 | 825,057,672 | 548,175,646 |
| 기타자본구성요소 | 821,121,780 | 652,941,745 |
| 이익잉여금(결손금) | 93,046,566,282 | 86,762,554,112 |
| 지분법적용 투자지분 | 42,561,369,663 | 39,854,553,023 |
| 투자부동산 | 18,699,996,947 | 19,166,669,266 |
| 무형자산 | 23,466,000 | 40,961,000 |
| 매입채무 | 6,337,867,048 | 6,029,452,449 |
| 초과청구공사 | 41,211,872 | 1,607,462,996 |
| 당기법인세부채 | 1,787,505,178 | 1,670,919,276 |
| 장기매입채무 및 기타채무 | 3,503,000,000 | 3,395,408,611 |

재무제표구성항목 | 연결재무상태표 | Sheet3

❼ 이제 남은 재무상태표 관련 항목들을 재무상태표 양식 구성에 따라 재배열한다. 흔히 재무상태표는 유동성배열법에 따라 유동성이 큰 항목을 먼저 표시하고 유동성이 낮은 항목들을 아래에 표시한다. 또한 자산, 부채 항목들은 이들 항목의 유동성 정도에 따라 유동자산과 비유동자산, 유동부채와 비유동부채로 각각 구분하여 표시하고 있다. 또한 연결재무상태표를 작성하는 경우에는 자본을 '지배기업의 소유주에게 귀속되는 자본'과 '소수주주지분'으로 구분하여 표시한다. 따라서 이러한 구분을 위해서는 먼저 각 계정과목의 성격과 유동성 정도 등을 정확히 이해하고 있어야 한다.

참고

### 보고식 재무상태표의 대분류 표시방법

실무상으로 기말의 재무상태표는 당기와 전기의 재무상태를 비교하는 형식으로 표시하며, 표시되는 금액의 자릿수도 많은 편이기 때문에, 일반적으로 계정식 보고서보다는 보고식 보고서의 형식을 취하게 된다. 즉, 자산항목들을 먼저 배열하고 아래쪽에 부채와 자본 항목들을 배열하는 방식이다. 이때 자산과 부채 항목들의 표시는 유동성배열법을 적용하며, 표시하는 항목들이 많은 경우에는 유동자산과 비유동자산, 유동부채와 비유동부채로 각각 구분하여 정리한다. 이러한 대분류를 기준으로 연결재무상태표의 기본 형식을 표시하면 다음과 같다.

### 연결 재무상태표

제xx기말 20xx년 x월 x일 현재
제xx기말 20xx년 x월 x일 현재

㈜xxxx (단위: 원)

| | 제 xx 기 | 제 xx 기 |
|---|---|---|
| 자 산 | | |
| 유동자산 | | |
| … | | |
| 비유동자산 | | |
| … | | |
| 자산총계 | | |
| 부 채 | | |
| 유동부채 | | |
| … | | |
| 비유동부채 | | |
| … | | |
| 부채총계 | | |
| 자 본 | | |
| 지배기업의 소유주에게 귀속되는 자본 | | |
| … | | |
| 소수주주지분 | | |
| 자본총계 | | |
| 부채와자본총계 | | |

❽ 분류된 재무상태표 항목들을 자산과 부채, 자본으로 구분하고, 각각의 항목들을 유동성배열법에 따라 정렬해보면 다음과 같다.

| 자 산 | 부 채 |
|---|---|
| **유동자산** | **유동부채** |
| 현금및현금성자산 | 매입채무 |
| 단기금융상품 | 단기차입금 |
| 매출채권 및 기타유동채권 | 초과청구공사 |
| 당기법인세자산 | 기타유동부채 |
| 재고자산 | 당기법인세부채 |
| **비유동자산** | **비유동부채** |
| 기타비유동금융자산 | 장기매입채무 및 기타채무 |
| 장기매출채권 및 기타채권 | 장기차입금 |
| 지분법적용 투자지분 | 기타비유동부채 |
| 유형자산 | 이연법인세부채 |
| 투자부동산 | |
| 무형자산 | **자 본** |
| | **지배기업의 소유주에게 귀속되는 자본** |
| | 납입자본 |
| | 이익잉여금(결손금) |
| | 기타자본구성요소 |
| | **소수주주지분** |

⑨ 이러한 배열기준에 따라 '연결재무상태표' 시트의 자료들을 재배열해보자. 먼저 연결재무상태표 작성일을 표시하기 위해 3행과 4행의 행머리글 부분을 선택하고 오른쪽 마우스에서 [삽입]을 클릭하여 3행의 위쪽에 두 행을 늘려 표시한다. 그리고 삽입된 3행의 B3 셀에 **'제24기 말 20xx년 12월 31일 현재'**를 입력한다('맑은고딕', '10pt'). B3:D3 셀 범위를 선택하여 [병합하고 가운데 맞춤]을 선택한다. 마찬가지로 B4 셀에 **'제23기 말 20xx년 12월 31일 현재'**를 입력하고, B4:D4 셀 범위를 선택하여 [병합하고 가운데 맞춤]을 선택한다.

| | A | B | C | D | E |
|---|---|---|---|---|---|
| 1 | | | | | |
| 2 | | 연결 재무상태표 | | | |
| 3 | | 제24기 말 20xx년 12월 31일 현재 | | | |
| 4 | | 제23기 말 20xx년 12월 31일 현재 | | | |
| 5 | | ㈜남화엔지니어링 | | (단위 : 원) | |
| 6 | | | 제 24 기 | 제 23 기 | |
| 7 | | 유형자산 | 3,723,461,907 | 3,532,529,745 | |
| 8 | | 재고자산 | 150,404,000 | 130,961,366 | |
| 9 | | 장기차입금 | 220,000,000 | 570,000,000 | |
| 10 | | 납입자본 | 12,998,896,500 | 4,370,000,000 | |
| 11 | | 단기차입금 | 668,467,300 | 1,745,797,840 | |
| 12 | | 현금및현금성자산 | 10,648,374,535 | 9,767,563,134 | |
| 13 | | 당기법인세자산 | 10,439,115 | 29,844,060 | |
| 14 | | 기타비유동부채 | 128,485,495 | 49,472,960 | |
| 15 | | 기타유동부채 | 2,515,229,084 | 4,015,771,386 | |
| 16 | | 소수주주지분 | 4,653,763,184 | 4,336,976,487 | |
| 17 | | 단기금융상품 | 28,349,596,000 | 18,500,000,000 | |
| 18 | | 매출채권 및 기타유동채권 | 19,209,229,020 | 22,639,694,868 | |
| 19 | | 이연법인세부채 | 5,657,986,174 | 5,381,969,555 | |
| 20 | | 기타비유동금융자산 | 8,178,705,038 | 6,377,775,309 | |
| 21 | | 장기매출채권 및 기타채권 | 825,057,672 | 548,175,646 | |
| 22 | | 기타자본구성요소 | 821,121,780 | 652,941,745 | |
| 23 | | 이익잉여금(결손금) | 93,046,566,282 | 86,762,554,112 | |
| 24 | | 지분법적용 투자지분 | 42,561,369,663 | 39,854,553,023 | |
| 25 | | 투자부동산 | 18,699,996,947 | 19,166,669,266 | |
| 26 | | 무형자산 | 23,466,000 | 40,961,000 | |
| 27 | | 매입채무 | 6,337,867,048 | 6,029,452,449 | |
| 28 | | 초과청구공사 | 41,211,872 | 1,607,462,996 | |
| 29 | | 당기법인세부채 | 1,787,505,178 | 1,670,919,276 | |
| 30 | | 장기매입채무 및 기타채무 | 3,503,000,000 | 3,395,408,611 | |
| 31 | | | | | |

재무제표구성항목 | 연결재무상태표 | Sheet3

⑩ 이제 7행부터 30행에 표시된 계정과목들을 위 ⑧의 배열순서에 따라 재배열한다. 이때 각 계정과목의 오른쪽에 해당 금액들이 표시되어 있으므로, 이들 금액과 함께 이동시키기 위해 행 자체를 선택하여 끌기하는 방법으로 이동 배치하는 것이 좋다. 먼저 7행부터 24행까지의 행머리 부분을 클릭하고 오른쪽 마우스에서 [삽입]을 선택하여 빈 행들을 준비해 놓는다. 삽입된 빈 셀 B7에는 **'자 산'**을 입력하고, B8 셀에는 **'유동자산'**을 입력한다. 그리고 맨 먼저 표시되어야 할 '현금및현금성자산'이 표시되어 있는 30행의 행머리글을 선택하고 끌기하여 9행에 위치시킨다. 마찬가지 방법으로, 다음에 배열될 35행의 '단기금융상품'의 행머리를 선택하여 끌기하여 위의 10행으로 이동해 놓는다. 이때 주의할 것은 계정과목과 관련된 오른쪽 해당 금액까지도 항상 함께 이동해야 한다는 것이다.

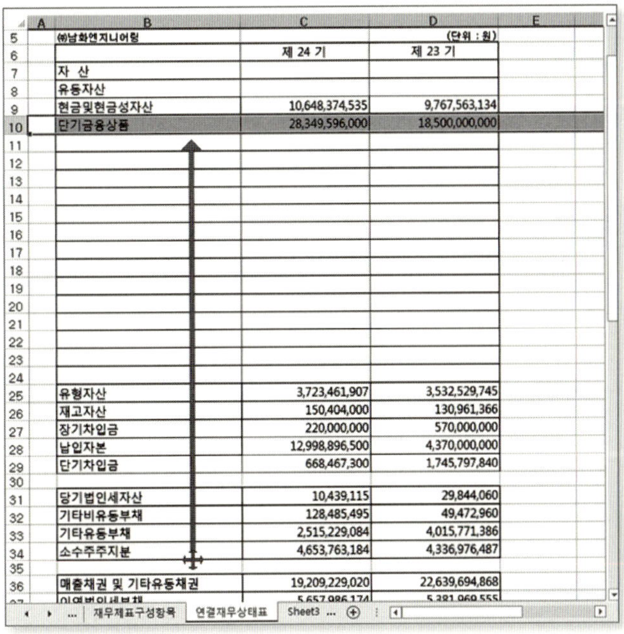

| | A | B | C | D | E |
|---|---|---|---|---|---|
| 5 | | ㈜남화엔지니어링 | | (단위 : 원) | |
| 6 | | | 제 24 기 | 제 23 기 | |
| 7 | | 자 산 | | | |
| 8 | | 유동자산 | | | |
| 9 | | 현금및현금성자산 | 10,648,374,535 | 9,767,563,134 | |
| 10 | | 단기금융상품 | 28,349,596,000 | 18,500,000,000 | |
| 11 | | | | | |
| 12 | | | | | |
| 13 | | | | | |
| 14 | | | | | |
| 15 | | | | | |
| 16 | | | | | |
| 17 | | | | | |
| 18 | | | | | |
| 19 | | | | | |
| 20 | | | | | |
| 21 | | | | | |
| 22 | | | | | |
| 23 | | | | | |
| 24 | | | | | |
| 25 | | 유형자산 | 3,723,461,907 | 3,532,529,745 | |
| 26 | | 재고자산 | 150,404,000 | 130,961,366 | |
| 27 | | 장기차입금 | 220,000,000 | 570,000,000 | |
| 28 | | 납입자본 | 12,998,896,500 | 4,370,000,000 | |
| 29 | | 단기차입금 | 668,467,300 | 1,745,797,840 | |
| 30 | | | | | |
| 31 | | 당기법인세자산 | 10,439,115 | 29,844,060 | |
| 32 | | 기타비유동부채 | 128,485,495 | 49,472,960 | |
| 33 | | 기타유동부채 | 2,515,229,084 | 4,015,771,386 | |
| 34 | | 소수주주지분 | 4,653,763,184 | 4,336,976,487 | |
| 35 | | | | | |
| 36 | | 매출채권 및 기타유동채권 | 19,209,229,020 | 22,639,694,868 | |



⓫ 이러한 방식으로 행 자체를 끌기하거나 필요한 대분류 항목을 입력함으로써 위 ⑧의 배열순서에 따라 정리해보면 다음과 같다.

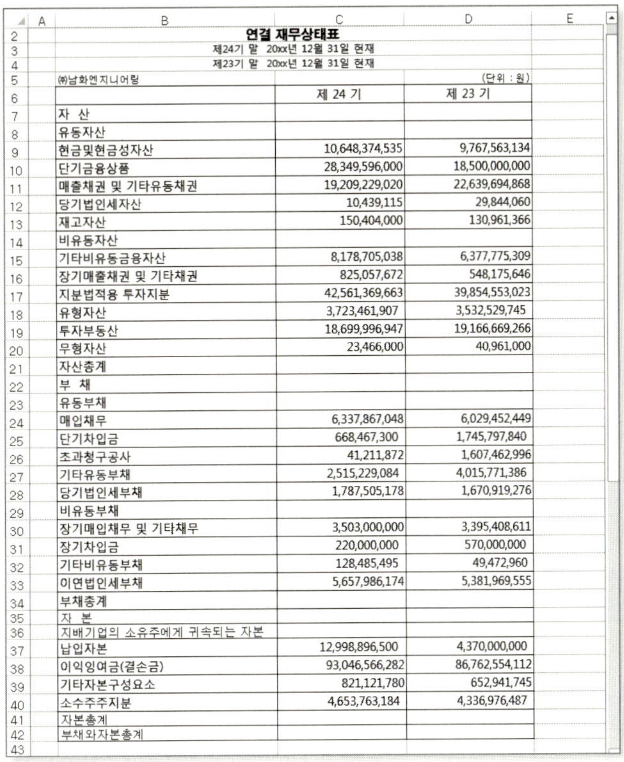

**연결 재무상태표**

제24기 말 20xx년 12월 31일 현재
제23기 말 20xx년 12월 31일 현재

| | A | B | C | D | E |
|---|---|---|---|---|---|
| 5 | | ㈜남화엔지니어링 | | (단위 : 원) | |
| 6 | | | 제 24 기 | 제 23 기 | |
| 7 | | 자 산 | | | |
| 8 | | 유동자산 | | | |
| 9 | | 현금및현금성자산 | 10,648,374,535 | 9,767,563,134 | |
| 10 | | 단기금융상품 | 28,349,596,000 | 18,500,000,000 | |
| 11 | | 매출채권 및 기타유동채권 | 19,209,229,020 | 22,639,694,868 | |
| 12 | | 당기법인세자산 | 10,439,115 | 29,844,060 | |
| 13 | | 재고자산 | 150,404,000 | 130,961,366 | |
| 14 | | 비유동자산 | | | |
| 15 | | 기타비유동금융자산 | 8,178,705,038 | 6,377,775,309 | |
| 16 | | 장기매출채권 및 기타채권 | 825,057,672 | 548,175,646 | |
| 17 | | 지분법적용 투자지분 | 42,561,369,663 | 39,854,553,023 | |
| 18 | | 유형자산 | 3,723,461,907 | 3,532,529,745 | |
| 19 | | 투자부동산 | 18,699,996,947 | 19,166,669,266 | |
| 20 | | 무형자산 | 23,466,000 | 40,961,000 | |
| 21 | | 자산총계 | | | |
| 22 | | 부 채 | | | |
| 23 | | 유동부채 | | | |
| 24 | | 매입채무 | 6,337,867,048 | 6,029,452,449 | |
| 25 | | 단기차입금 | 668,467,300 | 1,745,797,840 | |
| 26 | | 초과청구공사 | 41,211,872 | 1,607,462,996 | |
| 27 | | 기타유동부채 | 2,515,229,084 | 4,015,771,386 | |
| 28 | | 당기법인세부채 | 1,787,505,178 | 1,670,919,276 | |
| 29 | | 비유동부채 | | | |
| 30 | | 장기매입채무 및 기타채무 | 3,503,000,000 | 3,395,408,611 | |
| 31 | | 장기차입금 | 220,000,000 | 570,000,000 | |
| 32 | | 기타비유동부채 | 128,485,495 | 49,472,960 | |
| 33 | | 이연법인세부채 | 5,657,986,174 | 5,381,969,555 | |
| 34 | | 부채총계 | | | |
| 35 | | 자 본 | | | |
| 36 | | 지배기업의 소유주에게 귀속되는 자본 | | | |
| 37 | | 납입자본 | 12,998,896,500 | 4,370,000,000 | |
| 38 | | 이익잉여금(결손금) | 93,046,566,282 | 86,762,554,112 | |
| 39 | | 기타자본구성요소 | 821,121,780 | 652,941,745 | |
| 40 | | 소수주주지분 | 4,653,763,184 | 4,336,976,487 | |
| 41 | | 자본총계 | | | |
| 42 | | 부채와자본총계 | | | |
| 43 | | | | | |

⓬ 이제 재무상태표 항목들이 유동성배열법에 따라 유동자산과 비유동자산, 유동부채와 비유동부채로 구분되고, 자본의 경우에도 지배기업 소유주 자본과 소수주주지분으로 분류되었으므로, 이들 분류에 따라 계정과목 표시를 계층화하기로 한다. 즉, 자산, 부채, 자본 등의 대분류 표시는 그대로 두되, 유동자산, 비유동자산, 유동부채, 비유동부채, 지배기업 소유주 자본, 소수주주지분 등의 중분류 표시는 계정과목 앞에 두 칸의 빈칸을 삽입한다. 그리고 소분류에 해당하는 각각의 계정과목들은 계정과목 앞에 4칸의 빈칸을 삽입하여 계층적으로 표시한다. 또한 이들 대분류, 중분류에 해당하는 항목과 총계 부분은 구분표시를 위해 굵은 글씨체로 변경한다.

| | A | B | C | D | E |
|---|---|---|---|---|---|
| 2 | | **연결 재무상태표** | | | |
| 3 | | 제24기 말 20xx년 12월 31일 현재 | | | |
| 4 | | 제23기 말 20xx년 12월 31일 현재 | | | |
| 5 | | ㈜남화엔지니어링 | | (단위 : 원) | |
| 6 | | | 제 24 기 | 제 23 기 | |
| 7 | | **자 산** | | | |
| 8 | | **유동자산** | | | |
| 9 | | 현금및현금성자산 | 10,648,374,535 | 9,767,563,134 | |
| 10 | | 단기금융상품 | 28,349,596,000 | 18,500,000,000 | |
| 11 | | 매출채권 및 기타유동채권 | 19,209,229,020 | 22,639,694,868 | |
| 12 | | 당기법인세자산 | 10,439,115 | 29,844,060 | |
| 13 | | 재고자산 | 150,404,000 | 130,961,366 | |
| 14 | | **비유동자산** | | | |
| 15 | | 기타비유동금융자산 | 8,178,705,038 | 6,377,775,309 | |
| 16 | | 장기매출채권 및 기타채권 | 825,057,672 | 548,175,646 | |
| 17 | | 지분법적용 투자지분 | 42,561,369,663 | 39,854,553,023 | |
| 18 | | 유형자산 | 3,723,461,907 | 3,532,529,745 | |
| 19 | | 투자부동산 | 18,699,996,947 | 19,166,669,266 | |
| 20 | | 무형자산 | 23,466,000 | 40,961,000 | |
| 21 | | **자산총계** | | | |
| 22 | | **부 채** | | | |
| 23 | | **유동부채** | | | |
| 24 | | 매입채무 | 6,337,867,048 | 6,029,452,449 | |
| 25 | | 단기차입금 | 668,467,300 | 1,745,797,840 | |
| 26 | | 초과청구공사 | 41,211,872 | 1,607,462,996 | |
| 27 | | 기타유동부채 | 2,515,229,084 | 4,015,771,386 | |
| 28 | | 당기법인세부채 | 1,787,505,178 | 1,670,919,276 | |
| 29 | | **비유동부채** | | | |
| 30 | | 장기매입채무 및 기타채무 | 3,503,000,000 | 3,395,408,611 | |
| 31 | | 장기차입금 | 220,000,000 | 570,000,000 | |
| 32 | | 기타비유동부채 | 128,485,495 | 49,472,960 | |
| 33 | | 이연법인세부채 | 5,657,986,174 | 5,381,969,555 | |
| 34 | | **부채총계** | | | |
| 35 | | **자 본** | | | |
| 36 | | **지배기업의 소유주에게 귀속되는 자본** | | | |
| 37 | | 납입자본 | 12,998,896,500 | 4,370,000,000 | |
| 38 | | 이익잉여금(결손금) | 93,046,566,282 | 86,762,554,112 | |
| 39 | | 기타자본구성요소 | 821,121,780 | 652,941,745 | |
| 40 | | **소수주주지분** | 4,653,763,184 | 4,336,976,487 | |
| 41 | | **자본총계** | | | |
| 42 | | **부채와자본총계** | | | |
| 43 | | | | | |

Case4 따라하기 | 재무제표구성항목 | 연결재무상 ...

⓭ 굵은 글씨체로 표시한 중분류 항목과 총계 부분에 대한 합계금액을 계산하여 표시한다. 예컨대 제24기의 유동자산 합계금액을 표시하기 위해 C8 셀에 수식 '=SUM(C9:C13)'을 입력한다. 제23기의 유동자산 합계(D8 셀) 부분도 동일한 논리에 따라 합계하여야 하므로, C8 셀의 수식을 그대로 적용하기 위해 C8 셀에서 자동채우기 핸들을 끌기하여 D8 셀을 채워 넣는다. C8 셀과 D8 셀도 합계부분이므로 굵은 글씨체로 변경한다.

⑭ 마찬가지로 C14 셀에는 수식 '=SUM(C15:C20)'을, D14 셀에는 수식 '=SUM(D15:D20)'을 입력하고, 굵은 글씨체로 변경한다. 자산총계를 표시하는 C21 셀에는 유동자산 합계와 비유동자산 합계를 더하여 표시하기 위해 수식 '=C8+C14'를 입력한다. D21 셀에는 C21 셀을 자동채우기 핸들로 끌기 하여 표시하고('=D8+D14'), C21:D21 셀에도 굵은 글씨체를 적용한다.

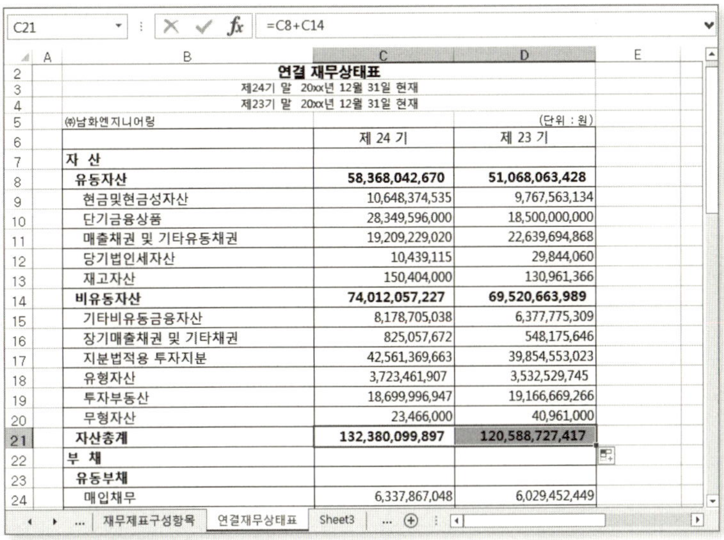
C21 =C8+C14

| | 연결 재무상태표 | | |
|---|---|---|---|
| | 제24기 말 20xx년 12월 31일 현재 | | |
| | 제23기 말 20xx년 12월 31일 현재 | | |
| | ㈜남화엔지니어링 | | (단위 : 원) |
| | | 제 24 기 | 제 23 기 |
| 7 | **자 산** | | |
| 8 | **유동자산** | **58,368,042,670** | **51,068,063,428** |
| 9 | 현금및현금성자산 | 10,648,374,535 | 9,767,563,134 |
| 10 | 단기금융상품 | 28,349,596,000 | 18,500,000,000 |
| 11 | 매출채권 및 기타유동채권 | 19,209,229,020 | 22,639,694,868 |
| 12 | 당기법인세자산 | 10,439,115 | 29,844,060 |
| 13 | 재고자산 | 150,404,000 | 130,961,366 |
| 14 | **비유동자산** | **74,012,057,227** | **69,520,663,989** |
| 15 | 기타비유동금융자산 | 8,178,705,038 | 6,377,775,309 |
| 16 | 장기매출채권 및 기타채권 | 825,057,672 | 548,175,646 |
| 17 | 지분법적용 투자지분 | 42,561,369,663 | 39,854,553,023 |
| 18 | 유형자산 | 3,723,461,907 | 3,532,529,745 |
| 19 | 투자부동산 | 18,699,996,947 | 19,166,669,266 |
| 20 | 무형자산 | 23,466,000 | 40,961,000 |
| 21 | **자산총계** | **132,380,099,897** | **120,588,727,417** |
| 22 | **부 채** | | |
| 23 | **유동부채** | | |
| 24 | 매입채무 | 6,337,867,048 | 6,029,452,449 |

재무제표구성항목 | 연결재무상태표 | Sheet3

⑮ 대분류 표시인 22행은 비워두고, 유동부채의 합계를 표시하는 C23 셀에는 수식 '=SUM(C24:C28)'을, 비유동부채의 합계를 표시하는 C29 셀에는 수식 '=SUM(C30:C33)'을, 그리고 부채총계를 표시하는 C34 셀에는 수식 '=C23+C29'을 각각 입력하고 굵은 글씨체로 변경한다.

⑯ 마찬가지로 대분류인 35행은 비워두고, 지배기업의 소유주에게 귀속되는 자본 합계를 구하기 위해 C36 셀에 수식 '=SUM(C37:C39)'을 입력한다. 중분류에 해당하는 '소수주주지분'은 하위 항목이 없으므로 C40 셀과 D40셀을 굵은 글씨체로 변경한다. C41 셀에는 자본총계를 표시하기 위한 수식 '=C36+C40'을 입력하고, C42 셀에는 부채총계와 자본총계를 합산하여 표시하는 수식 '=C34+C41'을 입력한다. 이들 각각의 셀에도 굵은 글씨체 형식으로 변경한다.

⑰ 같은 방식으로 23기의 부채와 자본 관련 중분류 합계를 표시한다. 다만 이때에는 일일이 해당 수식을 새로 입력하기 보다는, 표시하고자 하는 D23, D29, D34, D36, D41, D42 셀의 바로 왼쪽 셀(즉, 24기의 합계 부분)을 클릭한 후 자동채우기 핸들로 끌기하여 간단히 입력할 수 있다.

⑱ 이로써 연결재무상태표에 필요한 합계부분의 입력을 마쳤다. 그런데 여기에서 반드시 확인해야 할 것은, 재무상태표 등식에 따라서 '자산총계'와 '부채와자본총계'의 합계액이 서로 일치하는지를 확인하는 일이다. 제24기의 경우 자산총계(132,380,099,897)와 부채와자본총계

(132,380,099,897) 금액이 서로 일치하며, 제23기의 경우에도 자산총계(120,588,727,417)와 부채와자본총계(120,588,727,417) 금액이 서로 정확하게 일치하고 있다. 만일 이들 합계가 서로 일치하지 않는 경우, 재무상태표의 작성과정 어디에선가 오류가 존재함을 의미하는 것이므로, 마지막 단계에서 이를 반드시 확인해야 한다.

**연결 재무상태표**

제24기 말 20xx년 12월 31일 현재

제23기 말 20xx년 12월 31일 현재

㈜남화엔지니어링 (단위 : 원)

| | 제 24 기 | 제 23 기 |
|---|---|---|
| **자 산** | | |
| **유동자산** | **58,368,042,670** | **51,068,063,428** |
| 현금및현금성자산 | 10,648,374,535 | 9,767,563,134 |
| 단기금융상품 | 28,349,596,000 | 18,500,000,000 |
| 매출채권 및 기타유동채권 | 19,209,229,020 | 22,639,694,868 |
| 당기법인세자산 | 10,439,115 | 29,844,060 |
| 재고자산 | 150,404,000 | 130,961,366 |
| **비유동자산** | **74,012,057,227** | **69,520,663,989** |
| 기타비유동금융자산 | 8,178,705,038 | 6,377,775,309 |
| 장기매출채권 및 기타채권 | 825,057,672 | 548,175,646 |
| 지분법적용 투자지분 | 42,561,369,663 | 39,854,553,023 |
| 유형자산 | 3,723,461,907 | 3,532,529,745 |
| 투자부동산 | 18,699,996,947 | 19,166,669,266 |
| 무형자산 | 23,466,000 | 40,961,000 |
| **자산총계** | **132,380,099,897** | **120,588,727,417** |
| **부 채** | | |
| **유동부채** | **11,350,280,482** | **15,069,403,947** |
| 매입채무 | 6,337,867,048 | 6,029,452,449 |
| 단기차입금 | 668,467,300 | 1,745,797,840 |
| 초과청구공사 | 41,211,872 | 1,607,462,996 |
| 기타유동부채 | 2,515,229,084 | 4,015,771,386 |
| 당기법인세부채 | 1,787,505,178 | 1,670,919,276 |
| **비유동부채** | **9,509,471,669** | **9,396,851,126** |
| 장기매입채무 및 기타채무 | 3,503,000,000 | 3,395,408,611 |
| 장기차입금 | 220,000,000 | 570,000,000 |
| 기타비유동부채 | 128,485,495 | 49,472,960 |
| 이연법인세부채 | 5,657,986,174 | 5,381,969,555 |
| **부채총계** | **20,859,752,151** | **24,466,255,073** |
| **자 본** | | |
| **지배기업의 소유주에게 귀속되는 자본** | **106,866,584,562** | **91,785,495,857** |
| 납입자본 | 12,998,896,500 | 4,370,000,000 |
| 이익잉여금(결손금) | 93,046,566,282 | 86,762,554,112 |
| 기타자본구성요소 | 821,121,780 | 652,941,745 |
| **소수주주지분** | **4,653,763,184** | **4,336,976,487** |
| **자본총계** | **111,520,347,746** | **96,122,472,344** |
| **부채와자본총계** | **132,380,099,897** | **120,588,727,417** |

재무제표구성항목 | 연결재무상태표 | Sheet3

⓳ 이제 작성하고자 하는 연결 재무상태표는 완성되었다.

## 나. (포괄)손익계산서 항목의 구분과 양식에 따른 표시

❶ 위 가. ①에서와 마찬가지로, Case에서 주어진 '재무제표구성항목' 시트를 보존한 채로 별도의 시트에서 (포괄)손익계산서 항목만을 재분류하여 표시하기 위해 '재무제표구성항목' 시트를 복사하여 사용한다. '재무제표구성항목' 시트의 아래쪽 시트이름 부분을 클릭하고 오른쪽 마우스 [이동/복사]를 선택한 후, [이동/복사] 대화상자의 아래쪽 [복사본 만들기]에 체크 표시한 뒤,

[다음 시트의 앞에]에서 '연결재무상태표' 아래쪽(sheet3)을 클릭한다.

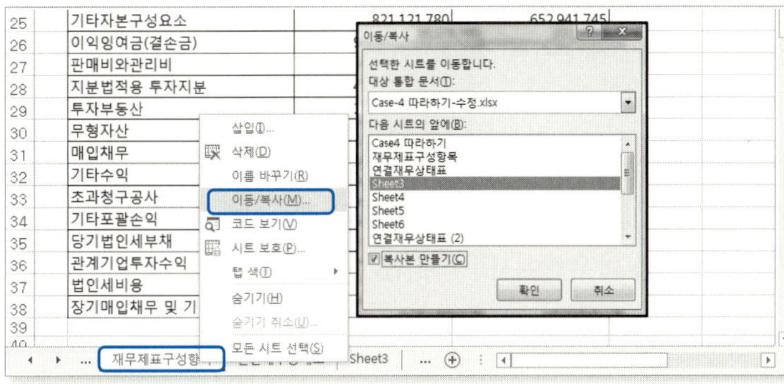


❷ [이동/복사] 대화상자에서 [확인]을 누르면 '연결재무상태표' 시트의 오른쪽에 복사본 시트 '재무제표구성항목 (2)'가 다시 생성된다. 생성된 '재무제표구성항목 (2)' 시트의 이름을 더블클릭하여 시트 이름을 **'포괄손익계산서'**로 변경한다.

❸ 이름 변경된 '포괄손익계산서' 시트에서, 먼저 3행과 4행의 머리글 부분을 함께 선택한 후 오른쪽 마우스에서 [삽입]을 선택하여 3행과 4행에 빈칸을 삽입해 둔다. 그리고 앞에서 작성해 둔 '연결재무상태표' 시트를 클릭하고, B2:D5 셀 영역을 선택하고 복사하여, '포괄손익계산서' 시트의 B2 셀에 붙여넣기 한다. 이는 '연결 재무상태표'의 위 머리글 부분의 서식을 복사하여 사용하고자 하는 것이다.

❹ '포괄손익계산서' 시트의 B2 셀을 클릭하고, 표시되어 있는 '연결 재무상태표'를 **'포괄 손익계산서'**로 변경해 놓는다. 그리고 B3 셀을 손익계산서 기간표시 원칙에 따라 **'제24기 20xx년 1월 1일부터 20xx년 12월 31일 까지'**로 변경한다. 또한 B4 셀에서도 **'제23기 20xx년 1월 1일부터 20xx년 12월 31일 까지'**로 변경해 놓는다. 여기서 유의할 것은, 앞의 재무상태표에서는 기간표시를 '제24기 말 20xx년 12월 31일 현재'와 같이 결산일 현재의 날짜를 기록하는데 반해, 손익계산서에서는 기간표시를 '제24기 20xx년 1월 1일부터 20xx년 12월 31일까지'와 같이 주로 1년의 회계기간을 구체적으로 표시해주어야 한다는 것이다. 물론 반기보고서나 분기보고서를 작성하는 경우에는 이 기간표시를 해당 반기나 분기의 날짜표시로 기록하면 된다.

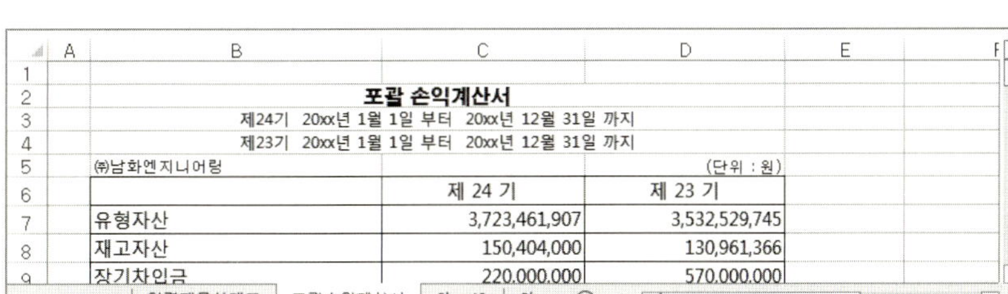

❺ 또 한 가지, 이러한 기간표시는 먼저 가까운 회계기간(여기서는 제24기)을 먼저 표시하고, 그 아래쪽에 과거의 회계기간(여기서는 제23기)을 표시하는 것이 원칙이다.

❻ 이제 B열에 표시되어 있는 계정과목 중에서 손익계산서에 해당하는 계정만을 남기고 나머지 계정(재무상태표 해당 계정)은 삭제한다. 나열되어 있는 계정과목 중 재무상태표에 해당하는 계정들은 이미 위의 가.에서 연결재무상태표로 정리하는데 사용되었다. 따라서 위의 가. ⑤에서의 구분에 따라 손익계산서 해당 항목들만을 남기고 재무상태표 해당 항목들은 각각 해당 행의 머리글을 선택하여 오른쪽 마우스에서 [삭제]를 행하여 하나씩 지운다. 이러한 절차에 따라 정리된 손익계산서 관련 항목은 다음과 같은 10개 항목이다.

**포괄 손익계산서**

제24기 20xx년 1월 1일 부터 20xx년 12월 31일 까지

제23기 20xx년 1월 1일 부터 20xx년 12월 31일 까지

㈜남화엔지니어링 (단위 : 원)

| | 제 24 기 | 제 23 기 |
|---|---:|---:|
| 매출원가 | 77,792,542,939 | 73,054,631,469 |
| 매출 | 87,324,062,477 | 86,272,898,896 |
| 기타비용 | 324,571,682 | 3,865,617,491 |
| 금융수익 | 1,512,500,729 | 1,206,805,727 |
| 금융원가 | 30,579,795 | 231,155,862 |
| 판매비와관리비 | 4,414,029,880 | 4,433,697,446 |
| 기타수익 | 741,519,772 | 709,673,527 |
| 기타포괄손익 | 185,298,924 | - 293,796,519 |
| 관계기업투자수익 | 3,442,518,694 | 3,568,434,148 |
| 법인세비용 | 3,219,697,398 | 2,686,873,933 |

연결재무상태표 | 포괄손익계산서 | Sheet3

❼ 다음 단계는 이들 10개 항목들을 손익계산서 표시양식에 따라 구분하여 재배열하는 것이다. 손익계산서는 궁극적으로 당기순이익을 계산하고자 하는 표이지만, 이익에도 여러 가지 종류의 이익으로 구분할 수 있으므로, 흔히 손익계산서를 작성할 때 이들 이익 개념에 따라 일정한 형식으로 구분하여 표시하도록 하고 있다.

**참고**

### (포괄)손익계산서 표시 양식

손익계산서는 당해 기간 중에 발생한 수익과 이에 대응하는 비용을 표시하여 경영성적(이익)을 계산하는 표이다. 그런데 이익 개념도 용도에 따라 다양한 이익 개념이 존재하므로, 이들 이익 개념의 구분에 따라 해당 항목들을 구분하여 체계적으로 보고하기 위한 양식이 필요하다.

제조업을 가정하는 경우, 흔히 손익계산서는 매출액으로부터 시작하여 매출액에 직접 대응되는 매출원가를 표시하고 그 차이를 매출총이익이라 한다. 매출총이익은 말하자면 그 기업 상품의 경쟁력 정도를 의미한다. 매출총이익에서 당해 기간 중 발생한 판매비와 일반관리비 항목들을 뺀 나머지를 영업이익이라 하며, 이는 그 기업의 영업능력을 평가하는 기준이 된다. 영업이익에서 영업외수익을 더하고 영업외비용을 뺀 나머지를 법인세차감전순이익이라 하며, 이는 과세표준이 된다. 법인세차감전순이익에서 법인세비용을 차감한 잔액이 당기순이익이다.

기타포괄손익은 기업의 주요 활동이 아닌 기타 부문에 의한 손익으로 주주와의 자본거래를 제외한 자본변동을 의미하며, 매도가능금융자산평가손익, 지분법자본변동, 유형자산재평가손익 등이 이에 해당한다. 기타포괄손익 개념은 국제회계기준(IFRS)이 적용되면서 손익계산서에 추가된 항목으로, 당기순이익에 기타포괄손익을 포함한 모든 이익을 총포괄이익이라고 한다.

이러한 구분에 따라 포괄손익계산서의 기본 형식을 표시하면 다음과 같다.

포괄 손익계산서

제xx기 20xx년 x월 x일부터 20xx년 x월 x일 까지

제xx기 20xx년 x월 x일부터 20xx년 x월 x일 까지

㈜xxxx (단위: 원)

| | 제 xx 기 | 제 xx 기 |
|---|---|---|
| **매출액** | | |
| **매출원가** | | |
| 기초상품재고액 | | |
| 당기매입액 | | |
| 기말상품재고액 | | |
| **매출총이익** | | |
| 판매비와 일반관리비 | | |
| … | | |
| **영업이익** | | |
| 영업외수익 | | |
| … | | |
| 영업외비용 | | |
| … | | |
| **법인세차감전순이익** | | |
| 법인세비용 | | |
| **당기순이익** | | |
| 기타포괄손익 | | |
| … | | |
| **총포괄손익** | | |

**8** 이들 표시형식에 따라 포괄손익계산서 항목들을 재배열해보면 다음과 같다. 여기서는 기초(기말)상품재고액과 당기상품매입액에 관련된 자료가 없으므로 매출원가로 직접 표시하기로 한다. 해당 항목들을 위 아래로 이동하는 방법은, 위의 재무상태표의 경우와 같이, 행단위로 행머리글을 끌기하여 배열하는 것이 좋다.

**포괄 손익계산서**

제24기 20xx년 1월 1일 부터 20xx년 12월 31일 까지

제23기 20xx년 1월 1일 부터 20xx년 12월 31일 까지

㈜남화엔지니어링 (단위 : 원)

| | 제 24 기 | 제 23 기 |
|---|---|---|
| 매출액 | 87,324,062,477 | 86,272,898,896 |
| 매출원가 | 77,792,542,939 | 73,054,631,469 |
| **매출총이익** | | |
| 판매비와관리비 | 4,414,029,880 | 4,433,697,446 |
| **영업이익(손실)** | | |
| 기타수익 | 741,519,772 | 709,673,527 |
| 기타비용 | 324,571,682 | 3,865,617,491 |
| 금융수익 | 1,512,500,729 | 1,206,805,727 |
| 금융원가 | 30,579,795 | 231,155,862 |
| 관계기업투자수익 | 3,442,518,694 | 3,568,434,148 |
| **법인세차감전순이익** | | |
| 법인세비용 | 3,219,697,398 | 2,686,873,933 |
| **당기순이익(손실)** | | |
| 기타포괄손익 | 185,298,924 | -293,796,519 |
| **총포괄손익** | | |

연결재무상태표 | 포괄손익계산서 | She ...

❾ 작성된 포괄손익계산서에서 각각의 이익 개념을 수식에 의해 계산한다. 먼저 제24기의 매출총이익을 계산하기 위해 C9 셀에 수식 '=**C7**−**C8**'을 입력한다. 그리고 C11 셀의 영업이익은 수식 '=**C9**−**C10**'에 의해 계산한다. C17 셀의 법인세차감전순이익은 수식 '=**C11**+**C12**−**C13**+**C14**−**C15**+**C16**'으로 구한다. 즉 영업이익에 영업외수익에 해당하는 항목(기타수익, 금융수익, 관계기업투자수익)은 더하고 영업외비용에 해당하는 항목(기타비용, 금융원가)은 차감하여 계산한다. C19 셀의 당기순이익은 수식 '=**C17**−**C18**'에 의해 계산하며, C21 셀의 총포괄손익은 수식 '=**C19**+**C20**'에 의해 구한다.

❿ 제23기의 각종 이익 개념에도 동일한 수식이 적용되어야 하므로, 다시 해당 수식을 일일이 입력하기 보다는 제24기의 수식을 자동채우기 핸들을 끌기 하여 채워넣음으로써 완성한다.

⓫ 포괄손익계산서에서 각종 이익 개념의 구분표시가 필요하므로, 이익 개념이 표시되어 있는 영역(B9:D9, B11:D11, B17:D17, B19:D19, B21:D21)을 Ctrl 키를 누른 상태에서 차례로 선택한 후, [홈] 탭의 [글꼴]에서 '굵게'를 선택하여 강조 표시한다.

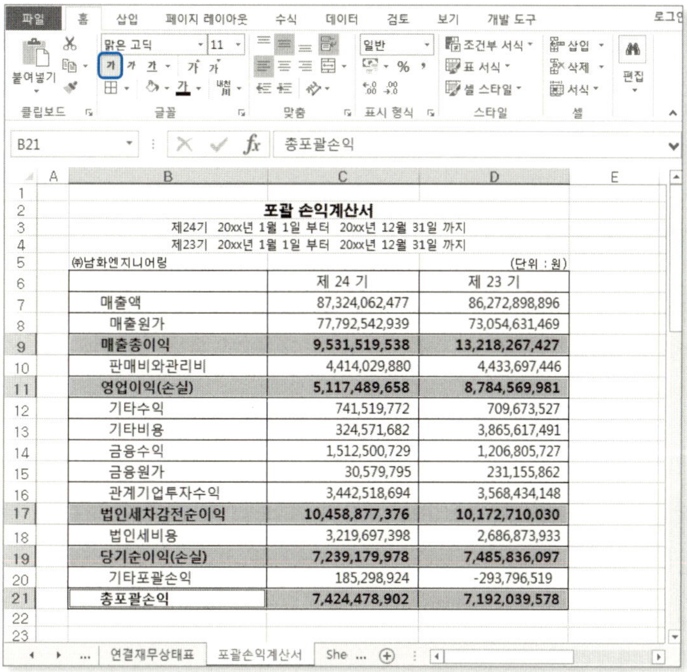

포괄 손익계산서

제24기 20xx년 1월 1일 부터 20xx년 12월 31일 까지

제23기 20xx년 1월 1일 부터 20xx년 12월 31일 까지

㈜남화엔지니어링 (단위 : 원)

| | 제 24 기 | 제 23 기 |
|---|---|---|
| 매출액 | 87,324,062,477 | 86,272,898,896 |
| 매출원가 | 77,792,542,939 | 73,054,631,469 |
| **매출총이익** | **9,531,519,538** | **13,218,267,427** |
| 판매비와관리비 | 4,414,029,880 | 4,433,697,446 |
| **영업이익(손실)** | **5,117,489,658** | **8,784,569,981** |
| 기타수익 | 741,519,772 | 709,673,527 |
| 기타비용 | 324,571,682 | 3,865,617,491 |
| 금융수익 | 1,512,500,729 | 1,206,805,727 |
| 금융원가 | 30,579,795 | 231,155,862 |
| 관계기업투자수익 | 3,442,518,694 | 3,568,434,148 |
| **법인세차감전순이익** | **10,458,877,376** | **10,172,710,030** |
| 법인세비용 | 3,219,697,398 | 2,686,873,933 |
| **당기순이익(손실)** | **7,239,179,978** | **7,485,836,097** |
| 기타포괄손익 | 185,298,924 | -293,796,519 |
| **총포괄손익** | **7,424,478,902** | **7,192,039,578** |

⓬ 이로써 포괄손익계산서의 양식에 따른 작성절차가 완료되었다.

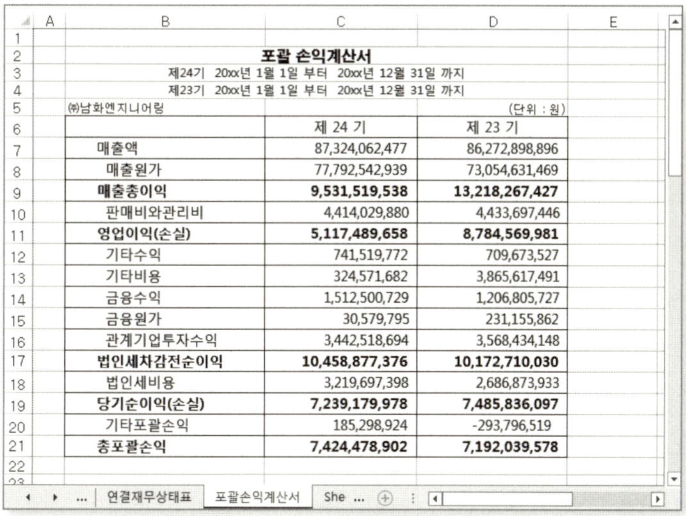

포괄 손익계산서

제24기 20xx년 1월 1일 부터 20xx년 12월 31일 까지

제23기 20xx년 1월 1일 부터 20xx년 12월 31일 까지

㈜남화엔지니어링 (단위 : 원)

| | 제 24 기 | 제 23 기 |
|---|---|---|
| 매출액 | 87,324,062,477 | 86,272,898,896 |
| 매출원가 | 77,792,542,939 | 73,054,631,469 |
| **매출총이익** | **9,531,519,538** | **13,218,267,427** |
| 판매비와관리비 | 4,414,029,880 | 4,433,697,446 |
| **영업이익(손실)** | **5,117,489,658** | **8,784,569,981** |
| 기타수익 | 741,519,772 | 709,673,527 |
| 기타비용 | 324,571,682 | 3,865,617,491 |
| 금융수익 | 1,512,500,729 | 1,206,805,727 |
| 금융원가 | 30,579,795 | 231,155,862 |
| 관계기업투자수익 | 3,442,518,694 | 3,568,434,148 |
| **법인세차감전순이익** | **10,458,877,376** | **10,172,710,030** |
| 법인세비용 | 3,219,697,398 | 2,686,873,933 |
| **당기순이익(손실)** | **7,239,179,978** | **7,485,836,097** |
| 기타포괄손익 | 185,298,924 | -293,796,519 |
| **총포괄손익** | **7,424,478,902** | **7,192,039,578** |

⓭ 포괄손익계산서에서 계산된 당기순이익(C19 셀)이 정확히 계산되었는지를 확인해 보기 위해서는 일반적으로 재무상태표의 이익잉여금 주기(注記) 표시를 참조하게 된다. 이는 손익계산서에서 계산된 당기순이익이 재무상태표의 이익잉여금에 가산되며, 이익잉여금란에서는 이를 주기(注記) 형태로 표시하도록 하고 있기 때문이다. 그러나 본 예제의 경우에는 이익잉여금란에 별도의 주기(注記) 표시가 없기 때문에 이를 직접 확인해보기는 어렵다.

## 2단계 재무제표의 금액표시 단위 변경하기

위에서 작성된 재무제표(연결재무상태표와 포괄손익계산서)는 금액 표시단위가 '원' 단위로 되어 있기 때문에 우선 자릿수가 많아 쉽게 읽어보기 어려운 형태이다. 더구나 이 재무제표 자료를 이용한 각종 비교 및 분석업무에도 사실상 상위 자릿수가 관건이며, 하위 자릿수들은 실질적인 영향 관계가 없는 것이 보통이다.

따라서 대부분의 경우에 재무제표를 요약 형식으로 보고하는 경우에는 단위 표시를 '천원' 또는 '백만원' 단위로 축약하여 표시하는 경우가 많다. 이러한 축약 표시는 차트 작성 등에도 매우 편리하다.

❶ 먼저 작성된 연결재무상태표 양식을 복사하여 사용하기로 한다. [연결재무상태표] 시트의 시트 이름부분을 클릭하고 오른쪽 마우스 [이동/복사]를 클릭한 후, [이동/복사] 대화상자에서 아래쪽 [복사본 만들기]를 체크 표시하고 [다음 시트의 앞에]에서 '포괄손익계산서'의 다음(Sheet3)을 선택하고 [확인]을 누른다. 복제된 [연결재무상태표 (3)] 시트를 선택하고, 시트의 이름을 '**요약재무제표**'로 변경한다.

❷ 이번에는 작성되어 있는 [포괄손익계산서] 시트를 선택하고, 시트 내의 모든 자료가 포함될 수 있도록 A1:E22 셀 범위를 선택하여 오른쪽 마우스에서 [복사]를 선택한다. 그리고 [요약재무제표] 시트로 돌아와서 A46 셀에 붙여넣기 한다.

❸ 이로써 [연결재무상태표]와 [포괄손익계산서]가 [요약재무제표] 시트 내에 함께 표시되게 되었다. 그런데 [요약재무제표]에 표시된 연결재무상태표와 포괄손익계산서의 금액들은 [연결재무상태표] 시트와 [포괄손익계산서] 시트의 자료를 그대로 복사해 왔을 뿐, 서로 연결되었다기보다는 독립적인 수치를 의미한다. 예컨대 [연결재무상태표] 시트의 제24기 현금 금액이 변경되더라도 [요약재무제표] 시트의 현금 계정 잔액은 변경되지 않는다. 그런 경우는 거의 일어나지 않긴 하겠지만, [연결재무상태표] 시트나 [포괄손익계산서] 시트의 해당 금액에 변경이 이루어지면, 같은 금액을 의미하는 [요약재무제표] 시트의 해당 금액도 따라 변경되도록 연결관계로 설정할 필요가 있다.

❹ 이를 표시하기 위해 [요약재무제표] 시트의 C8 셀을 선택하고 현재의 금액 대신 수식 '=**연결재무상태표!C8**'으로 입력한다. 그 결과는 이전과 동일하지만, 이제는 셀 연결이 되어 있어 [연결재무상태표] 시트의 유동자산 합계(C8 셀)가 변경되면 [요약재무제표] 시트의 관련 셀(C8 셀)도 함께 따라 변경되는 연결구조로 표시된 것이다. 이제 [요약재무제표] 시트의 C8 셀의 자동채우기 핸들로 D8 셀로 끌어 복사한다. 그리고 C8:D8 셀 범위를 함께 선택하고 그 자동채우기 핸들로 연결재무상태표의 마지막 셀인 D42 셀까지 끌기하여 채워 넣는다. 이로써 [요약재무제

표] 시트 내의 모든 연결재무상태표 항목들의 값이 [연결재무상태표] 시트의 값들과 연결 표시되는 구조로 변경되었다.

❺ [요약재무제표] 시트의 포괄손익계산서에 대해서도 동일한 셀 연결 구조로 변경한다. 예컨대 C52 셀의 제24기 매출액은 수식 '=**포괄손익계산서!C7**'으로 변경한다. 이때 수식을 직접 입력하기보다는 C52 셀에서 먼저 '='을 입력한 후 마우스로 [포괄손익계산서] 시트의 매출액 표시부분(즉, C7셀)을 클릭하고 Enter 키를 누르면 같은 수식이 입력된다. 마찬가지로 C52 셀을 복사하여 D52 셀에 붙여넣기 한 후, C52:D52 셀 범위를 함께 선택하여 자동채우기 핸들로 아래 D66 셀까지 채워넣기 하여 변경을 완성한다. 이제 [요약재무제표] 시트의 포괄손익계산서 자료도 [포괄손익계산서] 시트의 해당 위치 금액과 서로 연동되는 형태(셀 참조)로 변경되었다.

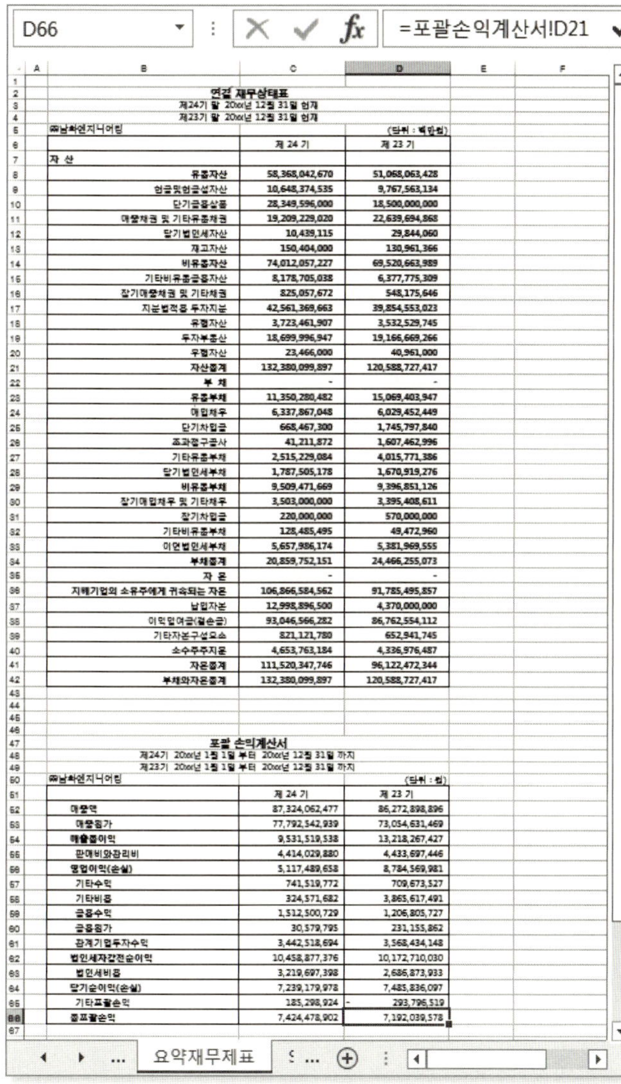


연결 재무상태표
제24기 말 20xx년 12월 31일 현재
제23기 말 20xx년 12월 31일 현재
㈜남화엔지니어링 (단위 : 백만원)

| | 제 24 기 | 제 23 기 |
|---|---|---|
| 자 산 | | |
| 유동자산 | 58,368,042,670 | 51,068,063,428 |
| 현금및현금성자산 | 10,648,374,535 | 9,767,563,134 |
| 단기금융상품 | 28,349,596,000 | 18,500,000,000 |
| 매출채권 및 기타유동채권 | 19,209,229,020 | 22,639,694,868 |
| 당기법인세자산 | 10,439,115 | 29,844,060 |
| 재고자산 | 150,404,000 | 130,961,366 |
| 비유동자산 | 74,012,057,227 | 69,520,663,989 |
| 기타비유동금융자산 | 8,178,705,038 | 6,377,775,309 |
| 장기매출채권 및 기타채권 | 825,057,672 | 548,175,646 |
| 지분법적용 투자지분 | 42,561,369,663 | 39,854,553,023 |
| 유형자산 | 3,723,461,907 | 3,532,529,745 |
| 투자부동산 | 18,699,996,947 | 19,166,669,266 |
| 무형자산 | 23,466,000 | 40,961,000 |
| 자산총계 | 132,380,099,897 | 120,588,727,417 |
| 부 채 | - | - |
| 유동부채 | 11,350,280,482 | 15,069,403,947 |
| 매입채무 | 6,337,867,048 | 6,029,452,449 |
| 단기차입금 | 668,467,300 | 1,745,797,840 |
| 초과청구공사 | 41,211,872 | 1,607,462,996 |
| 기타유동부채 | 2,515,229,084 | 4,015,771,386 |
| 당기법인세부채 | 1,787,505,178 | 1,670,919,276 |
| 비유동부채 | 9,509,471,669 | 9,396,851,126 |
| 장기매입채무 및 기타채무 | 3,503,000,000 | 3,395,408,611 |
| 장기차입금 | 220,000,000 | 570,000,000 |
| 기타비유동부채 | 128,485,495 | 49,472,960 |
| 이연법인세부채 | 5,657,986,174 | 5,381,969,555 |
| 부채총계 | 20,859,752,151 | 24,466,255,073 |
| 자 본 | - | - |
| 지배기업의 소유주에게 귀속되는 자본 | 106,866,584,562 | 91,785,495,857 |
| 납입자본 | 12,998,896,500 | 4,370,000,000 |
| 이익잉여금(결손금) | 93,046,566,282 | 86,762,554,112 |
| 기타자본구성요소 | 821,121,780 | 652,941,745 |
| 소수주주지분 | 4,653,763,184 | 4,336,976,487 |
| 자본총계 | 111,520,347,746 | 96,122,472,344 |
| 부채와자본총계 | 132,380,099,897 | 120,588,727,417 |

포괄 손익계산서
제24기 20xx년 1월 1일 부터 20xx년 12월 31일 까지
제23기 20xx년 1월 1일 부터 20xx년 12월 31일 까지
㈜남화엔지니어링 (단위 : 원)

| | 제 24 기 | 제 23 기 |
|---|---|---|
| 매출액 | 87,324,062,477 | 86,272,898,896 |
| 매출원가 | 77,792,542,939 | 73,054,631,469 |
| 매출총이익 | 9,531,519,538 | 13,218,267,427 |
| 판매비와관리비 | 4,414,029,880 | 4,433,697,446 |
| 영업이익(손실) | 5,117,489,658 | 8,784,569,981 |
| 기타수익 | 741,519,772 | 709,673,527 |
| 기타비용 | 324,571,682 | 3,865,617,491 |
| 금융수익 | 1,512,500,729 | 1,206,805,727 |
| 금융원가 | 30,579,795 | 231,155,862 |
| 관계기업투자수익 | 3,442,518,694 | 3,568,434,148 |
| 법인세차감전순이익 | 10,458,877,376 | 10,172,710,030 |
| 법인세비용 | 3,219,697,398 | 2,686,873,933 |
| 당기순이익(손실) | 7,239,179,978 | 7,485,836,097 |
| 기타포괄손익 | 185,298,924 | - 293,796,519 |
| 총포괄손익 | 7,424,478,902 | 7,192,039,578 |

❻ 이제 [요약재무제표]의 각 계정 금액들을 백만원 단위로 표시해보자. 특정 셀의 금액을 백만원 단위로 표시하고자 하는 경우 해당 셀을 백만원으로 나누어 표시하라고 명령하면 된다. 예컨대 C8 셀에는 이미 '=연결재무상태표!C8'으로 표시되어 있으므로 이를 '=**연결재무상태표!C8'/1000000**'으로 수정하면 될 일이다. 그런데 이때 고려해야 할 사항은 백만원 단위로 끊어 표시할 때 그 아랫자리에서 반올림할 것인지 내림할 것인지를 선택해야 한다. 이때 사용할 수 있는 함수가 'INT' 함수나 'ROUND' 함수인데, 반올림하는 것이 일반적이므로 여기서는 ROUND 함수를 사용하기로 한다. 따라서 C8 셀의 수식('=연결재무상태표!C8')에 ROUND 함수와 백만원으로

나누는 것을 추가하여 수식 '**=ROUND(연결재무상태표!C8/1000000,0)**'으로 변경한다.

참고

### INT 함수와 ROUND 함수

엑셀에서 특정 금액을 또 다른 숫자로 나눈 결괏값을 표시할 때 소숫점 이하 숫자가 나오는 경우가 있다. 그러나 회계에서는 일반적으로 금액은 소수점 이하 자릿수는 의미가 없기 때문에 금액을 정수만으로 표시하는 경우가 많다. 이때 소수점 이하 자릿수를 생략하는 방법으로 INT 함수와 ROUND 함수를 사용할 수 있다.

#### INT 함수

INT는 Integer의 줄임말로 '정수'라는 뜻이다. 여기서 정수는 소수를 포함하지 않는 음수 또는 양수를 의미하므로, INT 함수는 소수를 정수로 변환하는 기능을 수행한다. [표시형식: =**INT(number)**] 이때 INT 함수는 소수점 아래를 버리고 가장 가까운 정수로 내림하여 표시한다. 예컨대 5.3을 5로, -5.3을 -6으로 변환하는 것이 INT 함수이다.

#### ROUND 함수

ROUND 함수는 반올림 함수로, 반올림할 대상 또는 셀을 선택하여 지정한 자릿수로 반올림할 수 있다. [표시형식: =**ROUND(Number,Num_digits)**]

여기서 Number는 반올림할 숫자 또는 셀주소를 의미하며, Num_digits는 반올림할 자릿수를 지정한다. 예컨대 Num_digits에 '1'을 입력하면 소수점 둘째 자릿수에서 반올림하여 소수점 첫째 자리까지를 표시하고, '2'를 입력하면 소수점 둘째 자리까지를 표시한다. 따라서 소수점 첫째 자리에서 반올림하여 정수만을 표시하고자 하는 경우 Num_digits에 '0'을 입력하면 된다.

❼ 그런데 경우에 따라서는 백만원 단위로 표시했던 금액을 천원 단위, 또는 원 단위로 수정 또는 변경해야 할 필요가 있을 수도 있다. 이 경우에는 그때마다 '/1000000'으로 입력해둔 숫자를 '/1000' 또는 '/1' 등으로 모두 수정해주어야 하는데, 이보다는 처음부터 나눌 금액단위를 다른 셀에 미리 입력해두고 나눗셈을 표시할 때 해당 셀을 참조하는 형식으로 표시하는 것이 수정 또는 변경에 더 수월할 수 있다. 따라서 재무제표를 표시하고 있는 난 이외의 장소(예컨대 F1 셀)에 '**표시단위:**'를 입력하고 그 오른쪽에 '**100000**'을 입력해 둔다. 그리고 이들 자료가 눈에 보이지 않도록 F1:G1 셀 범위를 선택하여 글꼴색을 바탕색과 같은 흰색으로 지정해 놓는다. 따라서 시트 상에서는 눈에 보이지 않지만 실제로는 F1,과 G1 셀에 자료가 들어 있는 것이다.

❽ 이제 C8 셀의 수식('=ROUND(연결재무상태표!C8/1000000,0)')을 '**=ROUND(연결재무상태표!C8/$G$1,0)**'으로 수정해 놓는다. 이때 참조셀 G1은 여러 곳에 복사해서 사용할 것에 대비하여 절대셀주소 형식($G$1)으로 표시하는 것이 중요하다. 또 ROUND 함수의 마지막 상수 '0'은 백만원으로 나눈 값 중 원단위까지만 표시하라는 의미이다. 이러한 수식 변경의 결과도 이전의 계산결과와 같게 된다.

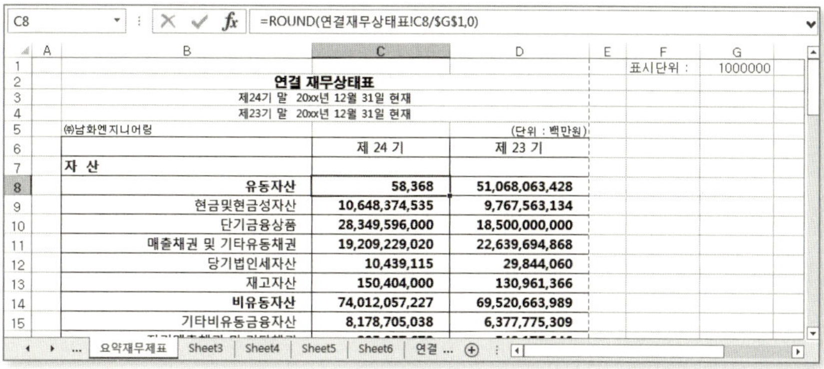

C8 | =ROUND(연결재무상태표!C8/$G$1,0)

| | A | B | C | D | E | F | G |
|---|---|---|---|---|---|---|---|
| 1 | | | | | | 표시단위 : | 1000000 |
| 2 | | 연결 재무상태표 | | | | | |
| 3 | | 제24기 말 20xx년 12월 31일 현재 | | | | | |
| 4 | | 제23기 말 20xx년 12월 31일 현재 | | | | | |
| 5 | | ㈜남화엔지니어링 | | (단위 : 백만원) | | | |
| 6 | | | 제 24 기 | 제 23 기 | | | |
| 7 | | 자 산 | | | | | |
| 8 | | 유동자산 | 58,368 | 51,068,063,428 | | | |
| 9 | | 현금및현금성자산 | 10,648,374,535 | 9,767,563,134 | | | |
| 10 | | 단기금융상품 | 28,349,596,000 | 18,500,000,000 | | | |
| 11 | | 매출채권 및 기타유동채권 | 19,209,229,020 | 22,639,694,868 | | | |
| 12 | | 당기법인세자산 | 10,439,115 | 29,844,060 | | | |
| 13 | | 재고자산 | 150,404,000 | 130,961,366 | | | |
| 14 | | 비유동자산 | 74,012,057,227 | 69,520,663,989 | | | |
| 15 | | 기타비유동금융자산 | 8,178,705,038 | 6,377,775,309 | | | |

요약재무제표 | Sheet3 | Sheet4 | Sheet5 | Sheet6 | 연결 ...

❾ C8 셀에서 자동채우기 핸들로 D8까지 끌기하고, 다시 C8:D8 셀 영역의 자동채우기 핸들로 D42 셀까지 끌기하여 재무상태표를 한꺼번에 백만원 단위로 변경할 수 있다. 다만, 불필요한 C22:D22, C35:D35 셀 영역의 표시는 지운다.

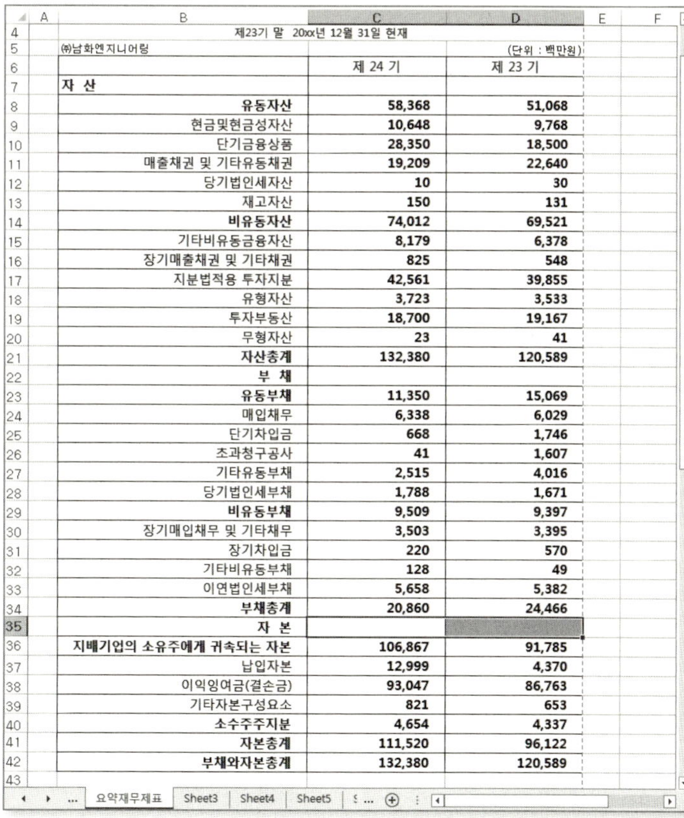

| | A | B | C | D | E | F |
|---|---|---|---|---|---|---|
| 4 | | 제23기 말 20xx년 12월 31일 현재 | | | | |
| 5 | | ㈜남화엔지니어링 | | (단위 : 백만원) | | |
| 6 | | | 제 24 기 | 제 23 기 | | |
| 7 | | 자 산 | | | | |
| 8 | | 유동자산 | 58,368 | 51,068 | | |
| 9 | | 현금및현금성자산 | 10,648 | 9,768 | | |
| 10 | | 단기금융상품 | 28,350 | 18,500 | | |
| 11 | | 매출채권 및 기타유동채권 | 19,209 | 22,640 | | |
| 12 | | 당기법인세자산 | 10 | 30 | | |
| 13 | | 재고자산 | 150 | 131 | | |
| 14 | | 비유동자산 | 74,012 | 69,521 | | |
| 15 | | 기타비유동금융자산 | 8,179 | 6,378 | | |
| 16 | | 장기매출채권 및 기타채권 | 825 | 548 | | |
| 17 | | 지분법적용 투자지분 | 42,561 | 39,855 | | |
| 18 | | 유형자산 | 3,723 | 3,533 | | |
| 19 | | 투자부동산 | 18,700 | 19,167 | | |
| 20 | | 무형자산 | 23 | 41 | | |
| 21 | | 자산총계 | 132,380 | 120,589 | | |
| 22 | | 부 채 | | | | |
| 23 | | 유동부채 | 11,350 | 15,069 | | |
| 24 | | 매입채무 | 6,338 | 6,029 | | |
| 25 | | 단기차입금 | 668 | 1,746 | | |
| 26 | | 초과청구공사 | 41 | 1,607 | | |
| 27 | | 기타유동부채 | 2,515 | 4,016 | | |
| 28 | | 당기법인세부채 | 1,788 | 1,671 | | |
| 29 | | 비유동부채 | 9,509 | 9,397 | | |
| 30 | | 장기매입채무 및 기타채무 | 3,503 | 3,395 | | |
| 31 | | 장기차입금 | 220 | 570 | | |
| 32 | | 기타비유동부채 | 128 | 49 | | |
| 33 | | 이연법인세부채 | 5,658 | 5,382 | | |
| 34 | | 부채총계 | 20,860 | 24,466 | | |
| 35 | | 자 본 | | | | |
| 36 | | 지배기업의 소유주에게 귀속되는 자본 | 106,867 | 91,785 | | |
| 37 | | 납입자본 | 12,999 | 4,370 | | |
| 38 | | 이익잉여금(결손금) | 93,047 | 86,763 | | |
| 39 | | 기타자본구성요소 | 821 | 653 | | |
| 40 | | 소수주주지분 | 4,654 | 4,337 | | |
| 41 | | 자본총계 | 111,520 | 96,122 | | |
| 42 | | 부채와자본총계 | 132,380 | 120,589 | | |
| 43 | | | | | | |

요약재무제표 | Sheet3 | Sheet4 | Sheet5 | S ...

❿ C8 셀의 셀 형식 때문에 함께 굵은 글씨체로 변경된 셀 영역(C9:D13, C15:D20, C24:D28, C30:D33, C37:D39)을 각각 선택하여 굵은 글씨체를 취소하여 표시한다.

⑪ 아래 포괄손익계산서에 대해서도 먼저 C52 셀의 수식('=포괄손익계산서!C7')을 위의 C8 셀과 유사하게 수식 '**=ROUND(포괄손익계산서!C7/$G$1,0)**'으로 변경한다. 그리고 C52 셀의 자동채우기 핸들로 D52 셀까지 끌기 한 후, C52:D52 셀 범위의 자동채우기 핸들을 다시 D66 셀까지 끌기하여 포괄손익계산서를 한꺼번에 백만원 단위로 변경한다.

⑫ 포괄손익계산서의 경우에는 C52 셀의 셀 형식이 함께 적용되어 있기 때문에, 굵은 글씨체로 표기해야 할 영역(C54:D54, C56:D56, C62:D62, C64:D64, C66:D66)을 각각 선택하여 굵은 글씨체로 변경해 놓는다.

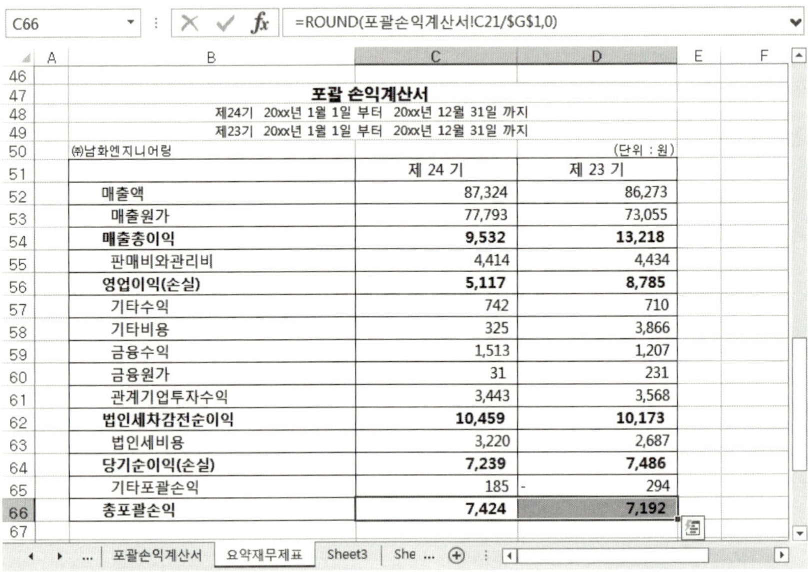


**포괄 손익계산서**

제24기 20xx년 1월 1일 부터 20xx년 12월 31일 까지
제23기 20xx년 1월 1일 부터 20xx년 12월 31일 까지

㈜남화엔지니어링 (단위 : 원)

| | 제 24 기 | 제 23 기 |
|---|---|---|
| 매출액 | 87,324 | 86,273 |
| 매출원가 | 77,793 | 73,055 |
| **매출총이익** | **9,532** | **13,218** |
| 판매비와관리비 | 4,414 | 4,434 |
| **영업이익(손실)** | **5,117** | **8,785** |
| 기타수익 | 742 | 710 |
| 기타비용 | 325 | 3,866 |
| 금융수익 | 1,513 | 1,207 |
| 금융원가 | 31 | 231 |
| 관계기업투자수익 | 3,443 | 3,568 |
| **법인세차감전순이익** | **10,459** | **10,173** |
| 법인세비용 | 3,220 | 2,687 |
| **당기순이익(손실)** | **7,239** | **7,486** |
| 기타포괄손익 | 185 | - 294 |
| **총포괄손익** | **7,424** | **7,192** |

⑬ 이제 연결재무상태표와 포괄손익계산의 금액 단위가 백만원으로 변경되었으므로 D5 셀과 D50 셀에 표시된 '단위: 원)'을 '**(단위: 백만원)**'으로 바꾸어 놓는다.

⑭ 이로써 원 단위로 표시되었던 ㈜남화엔지니어링의 재무제표는 [요약재무제표] 시트에서는 모두 백만원 단위로 조정되어 표시되고 있다. 만일 이 백만원 단위를 천원 단위 표시로 변경하고자 하는 경우에는, G1 셀에 입력하고 숨겨두었던 '1,000,000' 숫자를 '**1,000**'으로 변경하기만 하면, [요약재무제표] 시트 내의 모든 금액이 천원 단위로 한꺼번에 자동 변경되어 표시된다. 이에 따라 D5 셀과 D50 셀에 표시된 '단위: 백만원)'을 '**(단위: 천원)**'으로 바꾸어 놓기만 하면 된다.

표시단위 : 1000

**연결 재무상태표**

제24기 말 20xx년 12월 31일 현재

제23기 말 20xx년 12월 31일 현재

㈜남화엔지니어링 (단위 : 천원)

| | 제 24 기 | 제 23 기 |
|---|---|---|
| **자 산** | | |
| **유동자산** | **58,368,043** | **51,068,063** |
| 현금및현금성자산 | 10,648,375 | 9,767,563 |
| 단기금융상품 | 28,349,596 | 18,500,000 |
| 매출채권 및 기타유동채권 | 19,209,229 | 22,639,695 |
| 당기법인세자산 | 10,439 | 29,844 |
| 재고자산 | 150,404 | 130,961 |
| **비유동자산** | **74,012,057** | **69,520,664** |
| 기타비유동금융자산 | 8,178,705 | 6,377,775 |
| 장기매출채권 및 기타채권 | 825,058 | 548,176 |
| 지분법적용 투자지분 | 42,561,370 | 39,854,553 |
| 유형자산 | 3,723,462 | 3,532,530 |
| 투자부동산 | 18,699,997 | 19,166,669 |
| 무형자산 | 23,466 | 40,961 |
| **자산총계** | **132,380,100** | **120,588,727** |
| **부 채** | | |
| **유동부채** | **11,350,280** | **15,069,404** |
| 매입채무 | 6,337,867 | 6,029,452 |
| 단기차입금 | 668,467 | 1,745,798 |
| 초과청구공사 | 41,212 | 1,607,463 |
| 기타유동부채 | 2,515,229 | 4,015,771 |

포괄손익계산서 | 요약재무제표 | Sheet3 | Sheet4 | Shee ...

## 3단계 주요 계정과목 비교 차트 표시하기

위에서 재무제표의 금액 단위를 원단위에서 백만원 단위로 변경 표시한 것도 기간간 또는 항목간 금액 비교를 보다 쉽게 할 수 있도록 하기 위한 하나의 방법이었다. 그러나 이러한 금액 비교나 추세분석을 위해서는 차트를 작성하여 표시하는 방법이 보다 유용할 수 있다. 다만, 표현하고자 하는 내용이나 성격 또는 금액편차 등에 따라 보다 적절한 차트 형식이 존재할 수 있으므로, 이를 적절히 선택하는 것 또한 매우 중요하다.

❶ 먼저 금액 단위 표시가 간단한 것이 축 서식의 표기 등에 유리할 수 있으므로, 천원 단위로 변경해 놓았던 [요약재무제표]의 시트 금액 단위를 다시 백만원 단위로 변경해 놓는다(G1 셀의 금액을 1,000,000으로 변경).

❷ 먼저 연결재무상태표 항목들 간의 비교를 위해, 마우스로 B6:D6 셀 범위를 선택한 후에 Ctrl 키를 누른 상태에서 비교할 항목들이 들어 있는 B8:D8, B14:D14, B23:D23, B29:D29, B36:D36, B40:D40 등의 셀 범위를 차례로 선택한다.

❸ 그리고 [삽입] 탭의 [차트]에서 [추천 차트]를 선택해 본다. [추천 차트]는 현재 워크시트에서 선택된 데이터의 특징을 고려하여 엑셀에서 추천해주는 차트의 종류들이 표시되고 있으므로, 이들 추천 차트 중에서 선택하는 것이 더 수월할 수 있다. 추천된 차트 중에서도 맨 먼저 표시되고 있는 차트 형식이 가장 적합하다고 판단되는 것이다. 특히 워크시트에서 선택된 데이터 중에서 여러 항목의 값을 비교하고자 하거나, '지배기업의 소유주에게 귀속되는 자본'과 같이

항목 텍스트가 긴 경우에는 [묶은 가로 막대형] 차트를 선택하는 것이 적절하다고 추천된다. 따라서 추천된 차트 중 [묶은 가로 막대형] 차트를 선택하면 곧바로 선택된 데이터를 추천 차트로 구성하여 표시해 준다.

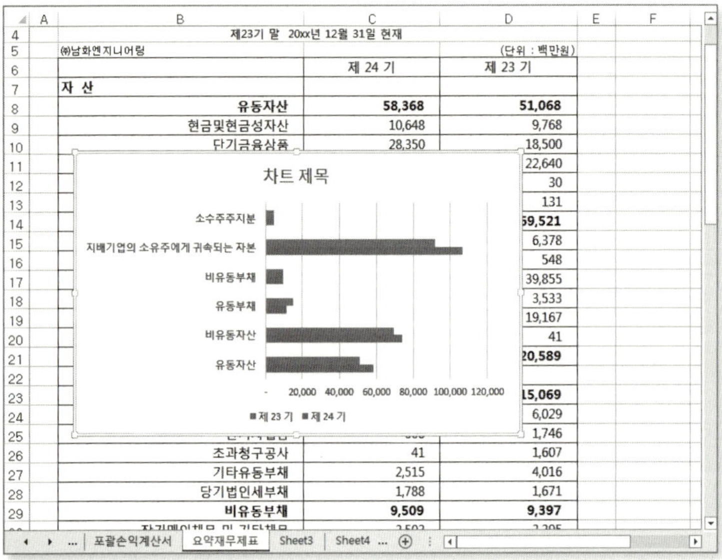

❹ 표시된 차트에서 먼저 [차트 제목]을 '**재무상태표 주요 항목 비교**'로 변경한다. 그리고 차트 내의 왼쪽 세로축의 항목 배열이 워크시트에서 선택한 데이터와 반대로 표시되고 있으므로 이를 원래의 순서대로 변경하여 표시해보기로 한다. 이를 위해 세로축을 선택하고 더블클릭하여 오른쪽에 나타난 [축 서식] 대화상자에서 [축 옵션]의 [항목을 거꾸로]에 체크표시를 해본다. 그러면 세로축이 원래 데이터를 선택했던 순서대로 '유동자산' 항목이 위로부터 표시되어진다. 다만 이 경우에는 제24기 데이터가 제23기 데이터의 위쪽에 표시되는 형태로 바뀌어져 있으므로 차트를 읽기가 더 불편할 수도 있다. 오히려 다시 [항목을 거꾸로]의 체크 표시를 취소하여 처음 표시되었던 차트와 같이 비록 세로축 항목은 거꾸로 표시되더라도 위쪽 차트에 제23기의 데이터가, 그리고 아래쪽에 제24기의 최근 데이터가 표시되도록 하는 것이 더나을 수도 있다.

❺ 이제 포괄손익계산서 항목들 간의 비교를 위해, 마우스로 B51:D51 셀 범위를 선택한 후에 Ctrl 키를 누른 상태에서 비교할 항목들이 들어 있는 B52:D52, B54:D54, B56:D56, B62:D62, B64:D64, B66:D66 등의 셀 범위를 차례로 선택한다.

❻ 그리고 마찬가지로 [삽입] 탭의 [차트]에서 [추천 차트]를 선택해 본다. 나타난 [차트 삽입] 대화상자에서는 엑셀이 추천하는 몇 가지 추천 차트가 표시되는데, 이 중 맨 먼저 추천되고 있는 [묶은 세로 막대형] 차트를 선택해 본다.

❼ 자동 표시된 추천 차트의 제목을 '**포괄손익계산서 주요 항목 비교**'로 변경한다.

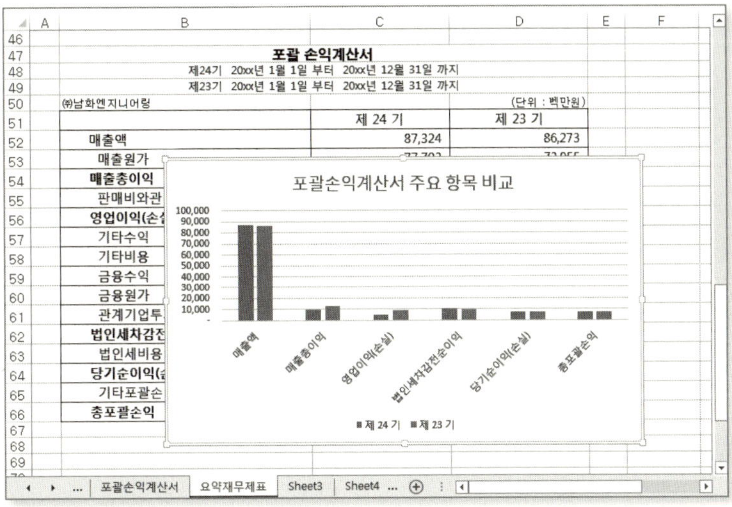

❽ 표시된 차트의 차트 영역을 보다 크게 표시하기 위해, 먼저 아래에 표시된 범례를 클릭하고 차트 위쪽으로 이동해 놓는다. 그리고 아래 가로축을 클릭하고, 나타난 [축 옵션] 대화상자의 [텍스트 옵션]-[텍스트 상자]에서 [텍스트 방향]을 [가로]로 설정해 본다. 그러면 가로축 공간에 비해 표시해야 할 항목(계정과목)이 많기 때문에 이를 모두 표시하지 못하고 중간의 항목들이 생략되어 표시되게 된다. 이 경우에는 다시 가로축을 선택하고 [홈] 탭의 [글꼴]에서 글씨 크기를 점차로 줄여나가면 모든 항목들이 가로쓰기 형태로 표시되어진다.

❾ 이제 차트영역을 클릭하고, 아래쪽 차트 크기조절 바를 아래로 당겨서 차트 높이를 키워 전체적으로 차트가 더 크게 보이도록 표시한다.

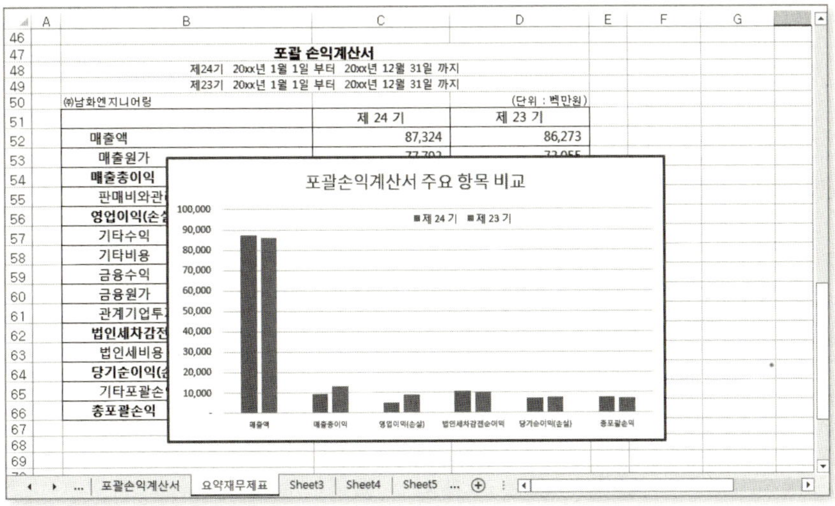

⑩ 그런데 작성된 차트는 입력되어 있는 자료의 순서에 따라 제24기 자료가 왼쪽에, 제23기 자료가 오른쪽에 표시되고 있어 일반적인 표시순서와 달라 읽기가 불편해 보인다. 이를 제23기, 제24기 순서로 표시를 변경하려면 어떻게 하는 것이 좋을까? 물론 [요약재무제표] 시트의 원본에서 C51:C66 셀 범위와 D51:D66 셀 범위를 서로 바꾸어 놓은 후에 차트를 작성하면 문제가 해결될 수도 있지만, 이는 원본 형식을 변경하는 것이어서 다른 방법을 찾아보는 것이 좋을 것 같다.

⑪ 작성된 '포괄손익계산서 주요 항목 비교' 차트의 [그림 영역]을 선택한 후에 오른쪽 마우스에서 [데이터 선택]을 클릭한다. 나타난 [데이터 원본 선택] 대화상자의 [범례 항목(계열)]에서, 먼저 위에 표시된 [제 24 기] 항목을 선택하고 위의 [편집]을 클릭하여 [계열 편집] 상자의 아래쪽에 표시된 [계열 값] 상자 내의 값을 마우스로 모두 선택하고 오른쪽 마우스에서 [복사]를 선택한다. 그리고 [취소]를 클릭한 후에, 다시 나타난 [데이터 원본 선택] 대화상자의 [범례 항목(계열)]에서 이번에는 [추가]를 클릭한다.

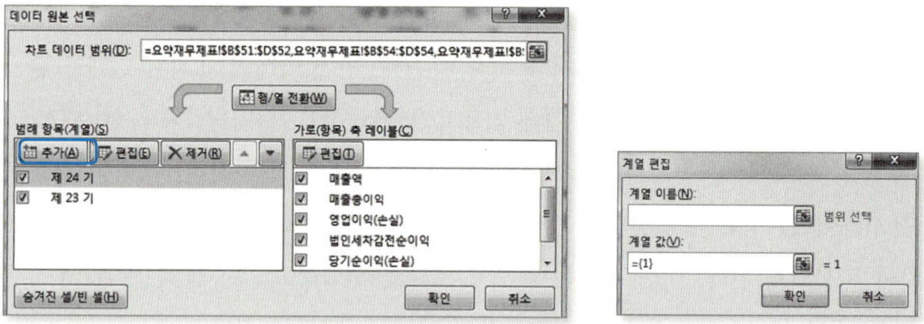


⑫ 나타난 [계열 편집] 대화상자에서 [계열 이름]에 새로 '**제24기**'를 입력한다(이는 공란을 포함하는 '제 24 기'와는 다른 이름으로 인식된다). 그리고 아래 [계열 값]에 표시되어 있는 자료를 지우고 대신 오른쪽 마우스에서 [붙여넣기]를 선택하여 이전에 복사해두었던 계열 값 범위가 입력되도록 한다. [확인]을 누르고, 다시 되돌아간 [데이터 원본 선택] 대화상자의 [범례 항목(계열)]에서 이번에는 맨 위의 '제 24 기'를 클릭하여 선택 해제한다. 그리고 [확인]을 누르면 이전에 작성해두었던 차트가 제23기와 제24기의 자료가 순서가 뒤바뀌어 표시되어진다.

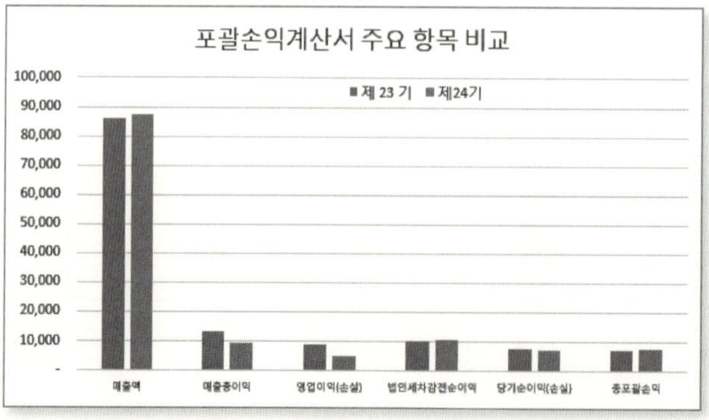

⑬ 이제 차트가 원하는 순서로 재배열되었다. 이번에는 작성된 차트의 각 막대에 금액을 표시해보기로 한다. 차트 내 [그림 영역]에서 먼저 왼쪽 제23기에 해당하는 막대를 클릭하여 제23기의 모든 막대가 선택되도록 한 후, 오른쪽 마우스에서 [데이터 레이블 추가] – [데이터 레이블 추가]를 선택한다. 다시 오른쪽 제24기 자료에 해당하는 막대를 선택하여 제24기 막대가 모두 선택되도록 한 후, 오른쪽 마우스에서 [데이터 레이블 추가] – [데이터 레이블 추가]를 선택한다. 이로써 각 막대의 위쪽에 해당 금액들이 표시되고 있다. 금액 레이블이 서로 중첩되어 표시될 수 있으므로 제23기의 금액 레이블을 위쪽으로, 그리고 제24기의 금액 레이블이 아래쪽으로 표시되도록 통일하여 표시 위치를 조정해 놓는다.

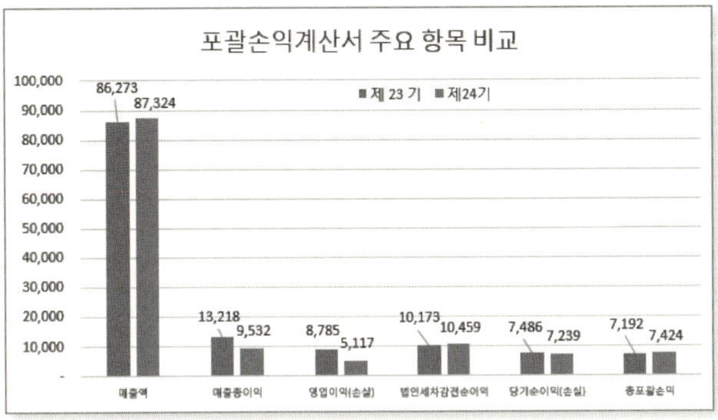


⑭ 만일 금액 표시단위를 백만원으로 변경해 놓지 않았더라면 각 막대의 레이블 표시가 너무 많은 숫자로 표시되어 더 복잡하게 보였을 것이다. 그러나 원 단위로 표시된 경우라 하더라도 [세로축]의 [축 서식]에서 [표시 단위]를 '백만'으로 선택하여 숫자 크기를 축소 표시하는 방법도 가능하다.

## 유사 사례 302 혼자해보기 ㈜남화엔지니어링의 재무제표 분석

### 현황

㈜남화엔지니어링의 최 이사는 경리과 신입사원에게 이번에는 그 2단계로, 앞의 [Case 302]를 통해 완성된 재무제표를 기초로 하여 ㈜남화엔지니어링의 재무분석을 수행하여 보고하도록 요청하였다.

### 요구사항

1. 위의 [Case 302]를 통해 완성된 재무제표를 이용하여 다음의 주요 재무비율을 수식에 의해 계산하여 표로 정리하시오.

〈주요 재무비율〉

| 구분 | 재무비율 |
|---|---|
| 유동성분석 | 유동비율 |
| | 당좌비율 |
| 레버리지분석 | 부채비율 |
| | 자기자본비율 |
| | 이자보상비율 |
| 안정성분석 | 고정비율 |
| | 고정장기적합률 |
| 수익성분석 | 매출액순이익률 |
| | 총자산순이익률 |
| | 자기자본이익률 |
| 활동성분석 | 총자산회전율 |
| | 재고자산회전율 |
| | 매출채권회전율 |
| 성장성분석 | 매출액증가율 |
| | 매출원가증가율 |
| | 순이익증가율 |

2. 이들 각 재무비율(성장성분석 제외)의 변화 추세를 꺾은선그래프로 표시해 보시오.

## 유사 사례 302 혼자해보기 Tips & 풀이 요약

Tip
- 각 분석에 사용되는 재무비율의 공식(계산식)을 먼저 이해해야 한다.
- 계산 결과를 토대로 비율을 읽고 해석할 수 있는 능력이 필요하다.

### 1단계 [주요 재무비율 계산식]

| | 재무비율 | 계산식 |
|---|---|---|
| 유동성분석 | 유동비율 | =유동자산 / 유동부채 |
| | 당좌비율 | =(유동자산 – 재고자산) / 유동부채 |
| 레버리지분석 | 부채비율 | =총부채 / 총자산 |
| | 자기자본비율 | =총자본 / 총자산 |
| | 이자보상비율 | =영업이익 / 이자비용 |
| 안정성분석 | 고정비율 | =고정자산(비유동자산) / 자기자본 |
| | 고정장기적합률 | =고정자산(비유동자산) / (고정부채+자기자본) |
| 수익성분석 | 매출액순이익률 | =당기순이익 / 매출액 |
| | 총자산순이익률 | =당기순이익 / 평균 총자산 |
| | 자기자본이익률 | =당기순이익 / 평균 자기자본 |
| 활동성분석 | 총자산회전율 | =매출액 / 총자산 |
| | 재고자산회전율 | =매출액 / 재고자산 |
| | 매출채권회전율 | =매출액 / 평균 매출채권 |
| 성장성분석 | 매출액증가율 | =(당기매출액 – 전기매출액) / 전기매출액 |
| | 매출원가증가율 | =(당기매출원가 – 전기매출원가) / 전기매출원가 |
| | 순이익증가율 | =(당기순이익 – 전기순이익) / 전기순이익 |

## 2단계 [요구사항] 해결

### 1. 주요 재무비율 계산

1. 주요 재무비율 계산

| | 재무비율 | 계산식 | 24기 | 23기 |
|---|---|---|---|---|
| 유동성분석 | 유동비율 | = 유동자산 / 유동부채 | 514.26% | 338.89% |
| | 당좌비율 | = (유동자산-재고자산) / 유동부채 | 512.93% | 338.03% |
| 레버리지분석 | 부채비율 | = 총부채 / 총자산 | 15.76% | 20.29% |
| | 자기자본비율 | = 총자본 / 총자산 | 84.24% | 79.71% |
| | 이자보상비율 | = 영업이익 / 이자비용 | 16506.45% | 3803.03% |
| 안정성분석 | 고정비율 | = 고정자산(비유동자산) / 자기자본 | 66.37% | 72.33% |
| | 고정장기적합률 | = 고정자산(비유동자산) / (고정부채+자기자본) | 61.15% | 65.88% |
| 수익성분석 | 매출액순이익률 | = 당기순이익 / 매출액 | 8.29% | 8.68% |
| | 총자산순이익률 | = 당기순이익 / 총자산 | 5.47% | 6.21% |
| | 자기자본이익률 | = 당기순이익 / 자기자본 | 6.49% | 7.79% |
| 활동성분석 | 총자산회전율 | = 매출액 / 총자산 | 0.66 | 0.72 |
| | 재고자산회전율 | = 매출액 / 재고자산 | 582.16 | 658.57 |
| | 매출채권회전율 | = 매출액 / 매출채권 | 4.55 | 3.81 |
| 성장성분석 | 매출액증가율 | = (당기매출액-전기매출액) / 전기매출액 | 1.22% | |
| | 매출원가증가율 | = (당기매출원가-전기매출원가) / 전기매출원가 | 6.49% | |
| | 순이익증가율 | = (당기순이익-전기순이익) / 전기순이익 | -3.30% | |

포괄손익계산서 | 요약재무제표 | 재무제표분석 | Sheet4 | Sheet ...

### 2. 변화 추세 그래프

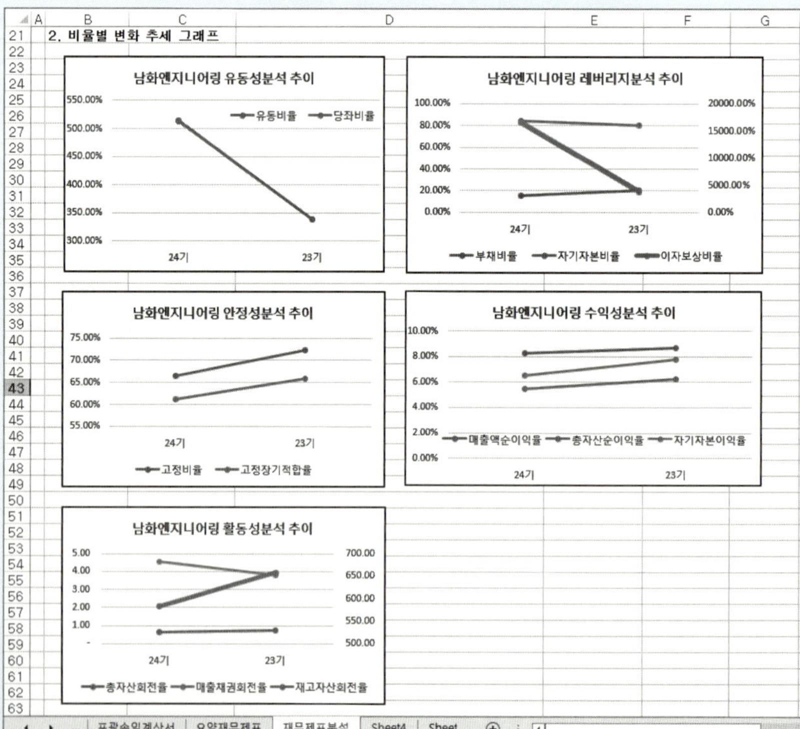

# 보 론 추정재무제표 작성 방법

## 1. 추정재무제표는 왜 만드는가?

- 추정재무제표를 통해 미래의 현금흐름과 위험을 예측함으로써 기업가치나 주식가치 등을 평가하는데 사용된다.
- 미래의 이익과 현금흐름의 창출가능성 및 부채상환능력 등을 예측해 볼 수 있으므로, 이를 통해 기업의 미래 신용도를 평가해 볼 수 있다.
- 기업의 전략적 의사결정에서 타당성을 평가하는 수단으로 활용할 수 있다. 예컨대 신제품 도입, 사업부문의 처분 등 주요 전략적 의사결정에 미치는 재무적 결과를 예측하거나 수익, 비용, 현금흐름, 재무구조, 위험 등 회사에 미칠 영향 등을 분석할 수 있다.
- 추정재무제표는 사업계획서 작성의 핵심적인 부분으로, 회사의 비전과 주요 사업계획의 방향을 설명하는 IR 행사 등에 필수적인 자료이다.

## 2. 추정재무제표 작성 시 유의사항

추정재무제표를 작성할 때 미래 경영환경에 대한 전제가 잘못되거나 해당 기업과 업종에 대한 동향의 이해가 부족하면 추정재무제표의 유용성이 떨어지거나 내적 일관성이 결여될 수 있다.

## 3. 추정재무제표의 작성 절차

| 1단계 | 2단계 | 3단계 | 4단계 | 5단계 | 6단계 |
|---|---|---|---|---|---|
| 매출액<br>추정 | 매출원가<br>판매비<br>관리비<br>추정 | 소요자산<br>추정 | 부채/<br>자본조달<br>추정 | 금융비용<br>금융수익<br>법인세<br>유보이익<br>추정 | 추정재무<br>제표 작성<br><br>추정현금<br>흐름표<br>작성 |

- 추정재무제표 작성은 일반적으로 매출액(영업수식)의 추정으로부터 시작된다.
- 추정된 매출액으로부터 매출원가와 판매관리비를 추정한다.
- 금융수익과 금융비용을 추정하기 위해서는 먼저 해당 기업의 소요자산과 부채 및 자본의 자금조달에 대한 추정이 먼저 이루어져야 한다.
- 추정된 소요자산과 부채/자본조달 계획에 따라 금융비용과 금융수익, 법인세 등을 추정한다.
- 추정 결과에 따라 추정손익계산서와 추정재무제표 및 추정현금흐름표를 작성한다.

## 4. 주요 항목의 추정방법

### (1) 매출액의 추정

#### (가) 매출액 추정시 고려해야 할 사항

- 과거의 판매량, 과거의 잠재수요에 대한 미충족량, 일반적인 경제상황, 산업의 경제상황, 시장점유율, 산업의 경쟁정도, 판매가격정책, 판매량의 장기적 추세, 판매량의 계절적 변화 등

#### (나) 매출액 추정방법

##### A. 주관적 판단에 의한 추정

- 이는 경제, 산업, 기업에 대한 일반화된 과거 경험에 근거하여 주관적으로 매출액을 예측하는 방법이다. 흔히 유사한 경제적 상황을 기준으로 역사적 판단에 의해 추정하며, 시장조사나 델파이법을 사용하기도 하고 개인의 추측에 의해 결정하기도 함.
- 이 방법은 흔히 제품과 시장에 대한 통찰력과 전문적인 지식에 따라 좌우되는 경향이 크며, 따라서 인위적이고 비과학적인 방법으로 평가되고 있다.

##### B. 평균성장률을 이용한 추정

- 이는 과거 매출액의 평균증가율을 계산하여 금년의 매출액에 평균증가율을 곱하여 내년의 추정매출액을 계산하는 방법이다.
  - ▶ 추정매출액 = 금년매출액 × (1 + 평균증가율)

##### C. 시장점유율을 이용한 추정

- 이는 해당 기업의 시장판매 점유율이 비교적 안정적이고 높은 기업일 경우에 적용되는 방법이다. 흔히 해당 제품의 업계 전체 연간 매출액을 추정하고, 추정된 업계전체 매출액에 해당 기업의 점유율을 곱하여 매출액을 추정하는 방법이다.
  - ▶ 추정판매량 = 업계전체 예상판매량 × 해당기업의 점유율
  - ▶ 추정매출액 = 추정판매량 × 예상 판매단가

#### D. 회귀분석을 이용한 추정

- 이는 해당 기업의 매출과 경제변수와의 관련성을 중심으로 하는 회귀식을 도출하고, 이를 이용하여 미래의 매출액을 추정하는 방법이다.
  - ▸ 추정 매출액 = $\alpha + \beta$(경제변수)
- 이때 어떤 경제변수가 기업의 매출과 가장 밀접한 관련이 있는지를 잘 판단해야 한다. 독립변수를 선택할 때는 흔히 상관계수가 높거나 회귀식의 결정계수($R^2$)가 높은 것을 선택한다. 또한 동종업계가 어떤 경제지표를 많이 사용하고 있는지를 참고하여 선정하는 것이 좋다.

### (2) 매출원가 및 판매관리비의 추정

상기업 또는 유통기업의 경우, 매출원가는 흔히 '기초상품재고액 + 당기매입액 - 기말상품재고액'의 산식에 의해 계산할 수 있지만, 제조업의 경우에는 제품제조원가가 재료비, 노무비, 경비 등으로 구성되어 있으므로 이들 각각을 별도로 추정해야 한다.

#### A. 재료비의 추정

- 재료비는 일반적으로 변동비 성격이 강하기 때문에 매출액 또는 매출수량에 대한 일정비율로 추정한다.

#### B. 노무비의 추정

- 제조원가 중의 노무비, 판매관리비 중의 인건비 등은 고정비 성격이 강하기 때문에 과거의 1인당 평균 인건비와 향후 인력채용계획 및 인건비 상승률 등을 고려하여 추정한다.

#### C. 경비 및 제조간접비의 추정

- 제조경비와 판매관리비 중의 인건비 제외 항목에 대해서는 변동비와 고정비를 구분하여 추정한다.
- 이때 변동비는 추정 매출액에 대한 일정비율로 추정하며, 고정비는 각 항목의 성격에 따라 적합한 방법을 적용하여 추정한다.
  - ▸ 감가상각비: 설비투자예상액을 고려하여 '유형자산의 연평균 금액 × 과거의 평균상각률'로 추정한다.
  - ▸ 임차료, 보험료, 세금과공과 등: 과거의 실적치에 평균 상승률을 고려하여 추정한다.
  - ▸ 연구개발비: 과거 실적치로부터 연구개발계획을 고려하여 추정한다.
  - ▸ 기타 변동비: '추정 매출액 × 과거 평균 변동비율'로 추정한다.

## (3) 자산, 부채, 자본의 추정

### A. 현금 및 현금성자산

- 흔히 1회전 운전자본 금액 정도를 현금으로 보유하는 경우도 있긴 하지만, 일반적으로 매출액의 일정비율만큼 현금을 보유하는 것으로 가정하여 추정한다.
  - ▸ 추정 현금 및 현금성자산＝추정매출액×(현금및현금성자산/과거평균매출액)

### B. 매출채권

- 일반적으로 과거 매출채권 회전율의 역수를 추정매출액에 곱하여 매출채권을 추정한다. 다만, 기업이 미래에 매출채권에 대한 정책을 변경할 예정인 경우에는 그러한 정책을 반영해야 한다.
  - ▸ 추정매출채권＝추정매출액×과거 매출채권 회전율의 역수

### C. 재고자산

- 일반적으로 과거 재고자산 회전율의 역수를 추정 매출액에 곱하여 재고자산을 추정한다. 다만, 기업이 미래에 재고자산에 대한 정책을 변경할 예정인 경우에는 이를 반영하여야 한다.
  - ▸ 추정재고자산＝추정매출액(또는 추정매출원가)×과거 재고자산회전율의 역수

### D. 기타유동자산

- 별도의 기준이 없는 경우 기타유동자산의 매출액에 대한 과거의 평균 비율로 추정한다.
  - ▸ 추정 기타유동자산＝추정매출액×과거 평균 매출액에 대한 비율

### E. 투자자산

- 미래의 투자계획을 참조하여 추정한다. 다만, 기업의 투자계획을 알 수 없는 경우에는 전년도 수준의 투자자산이 유지되는 것으로 추정하든지, 아니면 매출액의 증가율만큼 증가하는 것으로 추정한다.
  - ▸ 추정 투자자산＝투자자산 잔액×(1＋매출액증가율)

### F. 유형자산

- 미래의 시설투자계획이나 유형자산 처분계획 등을 참조하여 추정한다. 다만, 시설투자계획은 기업의 추정 매출액과의 관련성을 고려해야 한다. 이때 추정매출액이 현재의 시설로 이루어질 수 있는 것인지 아니면 새로운 시설투자가 있어야 가능한 것인지의 여부를 검토해 보아야 한다.
  - ▸ 추정 유형자산＝전년도 잔액＋추가투자예상액－처분예상액－추정감가상각비

### G. 매입채무

- 일반적으로 과거 매입채무 회전율의 역수를 추정 매출액에 곱하여 매입채무를 추정한다. 다만, 기업이 미래에 매입채무에 대한 정책을 변경할 예정인 경우에는 이를 반영하여야 한다.
  - ▸ 추정매입채무 = 추정매출액(또는 추정매출원가) × 과거 매입채무 회전율의 역수

### H. 미지급비용

- 미지급비용은 흔히 매출원가 또는 판매관리비에 대한 미지급액을 의미하는 경우가 많다. 따라서 미지급비용은 매출원가와 판매관리비에 대한 일정률로 추정하거나, 또는 과거 평균매출액에 대한 일정률로 추정하기도 한다.
  - ▸ 추정 미지급비용 = 추정매출액(또는 추정매출원가, 추정 판매관리비) × 과거 미지급비용의 평균 매출액비율(또는 매출원가나 판매관리비에 대한 평균비율)

### I. 단기차입금

- 일반적으로 단기차입금에 대한 추정은 모든 부채 항목들에 대한 추정을 마친 후 마지막으로 수행한다. 이는 단기차입금 항목이 추정재무상태표의 차변과 대변을 일치시키는 항목 즉, 플러그(plug) 항목이기 때문이다. 즉, 단기차입금이 추정되어야 이자비용을 추정할 수 있으며, 이자비용이 추정되어야 세전이익이나 법인세비용, 당기순이익, 당기법인세부채, 유보이익 등을 차례로 추정할 수 있기 때문이다. 이러한 플러그 항목의 추정을 위해서는 방정식을 세워서 계산하거나 엑셀의 수식과 참조기능을 사용하여 계산할 수도 있다.

### J. 당기 법인세부채

- 당기 법인세부채는 법인세비용의 일정비율만큼이 기말에 미지급되는 것을 의미하므로, 보통 과거의 미지급비율을 추정법인세에 곱하여 추정한다. 따라서 법인세비용이 추정된 후 단기차입금의 추정과 동시에 추정이 이루어진다.
  - ▸ 추정 당기법인세부채 = 추정법인세비용 × 과거 평균 당기법인세부채의 법인세비용에 대한 비율

### K. 기타유동부채

- 별도의 기준이 없는 경우 기타유동부채의 매출액에 대한 과거의 평균 비율로 추정한다.
  - ▸ 추정 기타유동부채 = 추정매출액 × 과거 평균 매출액에 대한 비율

### L. 유동성장기부채

- 이는 재무제표의 주석사항에서 장기차입금이나 사채의 차기 상환 예정액을 확인하여 추정한다.
  - ▸ 추정 유동성장기부채 = 차기 상환예정액

#### M. 충당부채

- 충당부채는 과거의 전입 또는 지급 자료를 참조하여 추정한다. 예컨대 퇴직충당부채의 경우에는 지난해에 인건비의 얼마만큼이 충당부채로 전입되고 또 퇴직금으로 지급되었는지에 대한 근거자료를 기초로 추정한다.
  - ▶ 추정충당부채＝전년도 잔액＋예상추가전입액－예상지급액

#### N. 장기차입금과 사채

- 기업의 시설투자계획에 따른 장기차입금이나 사채의 조달계획을 참조하여 추정한다. 만일 특별한 계획이 없는 경우에는 장기차입금이나 사채 중 유동성부채로 대체되는 것을 제외하고는 변동이 없는 것으로 추정한다.

#### O. 자본

- 기업의 시설투자계획이나 증자계획 등을 참조하여 추정한다. 특별한 증자계획이 없는 경우에는 변동이 없는 것으로 추정한다.

### (4) 기타수익과 비용의 추정

#### A. 기타수익과 금융수익

- 영업외수익 항목은 보통 매출액의 일정비율로 추정하거나 과거 수입액의 평균치로 추정한다. 이 중 금융수익(이자수익)은 추정현금과 장단기 금융상품의 일정비율로 추정하거나 매출액의 일정비율로 추정한다. 기타의 잡수익 등은 추정에서 제외하는 것이 보통이지만, 지난해의 수입액과 동일한 것으로 추정하기도 한다.
  - ▶ 추정금융수익＝추정매출액×과거 매출액에 대한 평균비율

#### B. 기타비용과 금융비용

- 영업외비용 항목은 보통 과거 지출액의 평균치로 추정하지만, 이 중 금융비용(이자비용)은 장단기차입금과 사채의 평균 잔액에 해당 이자율을 곱하여 추정한다.
  - ▶ 추정금융비용＝추정 장단기차입금 및 사채×해당 이자율

#### C. 법인세비용

- 법인세는 손익계산서의 법인세차감전순이익에 해당 기업에 적용되는 법인세율을 곱하여 산정한다. 흔히 법인세 계산에는 법인세법 상의 누진세율이 적용되는 것이 보통이지만, 과거의 평균 법인세율(＝법인세/법인세차감전순이익)을 계산하여 간단하게 추정하는 방법이 사용되기도 한다.
  - ▶ 추정법인세비용＝법인세차감전순이익×적용 법인세율(또는 과거 평균 법인세율)

# Case 303 ㈜완도의 추정손익계산서 작성 및 민감도분석

**현황**

㈜완도에서는 2017년도의 영업실적자료와 최근 3년간의 주요 지표를 토대로 향후 5개년(2018~2022)에 대한 손익상황을 추정하여 의사결정에 전략적으로 활용하고자 한다. 2017년도 주요 손익자료와 지난 3개년 간의 평균손익지표는 다음과 같다.

**㈜완도의 2017년도 손익관련 자료** (단위: 천원)

- ◇ 매출액 : 52,400
- ◇ 영업외수익 : 4,950
- ◇ 영업외비용 : 5,750

**최근 3개년 간 주요지표의 평균치**

- ◇ 연평균 매출액 성장률 : 5%
- ◇ 매출원가율 : 60%
- ◇ 일반관리비/매출액률 : 12%
- ◇ 법인세율 : 30%

**가정 1** 주요 지표의 평균치는 미래 기간에도 동일 비율을 유지할 것으로 가정

**가정 2** 영업외수익과 비용은 미래 기간에도 동일 금액을 유지할 것으로 가정

**요구사항**

1. 위의 자료를 토대로 향후 5개년간의 추정손익계산서를 작성하시오.
2. 위의 완성된 추정손익계산서에서 매출액 성장률과 원가율을 각각 6.5%, 70%로 조정했을 경우에 2021년도 당기순이익은 얼마인가?

3. 완성된 추정손익계산서에서 매출액성장률이 각각 3.5%, 4.0%, 4.5%, …… 7.0%일 때 2020년의 당기순이익의 변화내용을 표로 정리하여 보자.

4. 완성된 추정손익계산서에서 원가율이 각각 40%, 45%, 50%, …… 80%일 때 2022년의 영업이익의 변화내용을 표로 정리하여 보자.

5. 완성된 추정손익계산서에서 매출액성장률은 각각 4.0%, 5.0%, ……. 11.0%이고, 매출원가율은 각각 40%, 45%, 50%,……. 80%일 때 2021년의 당기순이익의 변화내용을 표로 정리하여 보자.

6. 위의 추정손익계산서 작성은 미래의 많은 불확실한 상황중의 어느 하나의 상황에 대한 가정일 뿐이고, 현실적으로는 이들 각 변수들의 변화가능성은 여러가지로 예측해 볼 수 있다. 이 중 다음과 같은 4가지 상황변화 가능성을 고려하여 시나리오 해법으로 각 상황에 대해 2020년과 2022년의 경상이익을 예측해 보시오.

**상황 1** 경기호황일 경우(최상의 경우): 매출액성장률은 9%까지 가능하며, 매출원가율은 55%로 내려갈 수 있고, 일반관리비율은 10%, 영업외비용은 4,000(천원)까지 내려갈 수 있는 상황으로 가정

**상황 2** 경기불황일 경우(최악의 경우): 매출액성장률은 3%로 내려가고, 매출원가율은 70%까지 상승하며, 일반관리비율은 15%, 영업외비용은 6,500(천원)으로 상승하게 되는 상황 가정

**상황 3** 경기약호황일 경우(약간 호전되는 경우): 매출액성장률은 약간 올라 6%가 가능하며, 매출원가율은 58%로 내려갈 수 있고, 일반관리비율은 현재와 동일하나 영업외비용은 5,000(천원)으로 조정되는 상황을 가정

**상황 4** 경기약불황일 경우(약간 침체되는 경우): 매출액성장률은 4.5%로 하락하고, 매출원가율은 현재와 동일하며, 일반관리비율은 13%로 상승하며 영업외비용은 6,200(천원)으로 약간 상승하는 상황을 가정

7. 완성된 추정손익계산서에서 다른 변수값은 동일하다고 가정할 때, 2022년의 당기순이익액이 ₩17,000,000이 되도록 하기 위해서는 매출액성장률을 얼마로 설정하여야 할 것인가?

8. 2017년부터 2022년까지의 매출액, 매출원가, 영업이익, 순이익의 동향을 추세그래프로 작성해 보시오.

## Case 303 따라하기

**상황분석**

- 추정손익계산서를 작성하기 위해서는 기준연도의 손익계산서가 가능한 한 많은 수식에 의해 정리되어 있어야 한다. 여기서는 기준연도가 2017년이므로 먼저 2017년의 손익계산서를 수식에 의해 정의해 둔다.
- 기준이 되는 지표들은 가능한 한 별도의 셀에 입력해두고, 추정손익계산서의 수식에서 이를 참조하는 형식으로 정의되도록 해야 한다.

손익계산서는 정형화된 계산구조로 이루어져 있으며, 이를 엑셀 수식으로 쉽게 표시할 수 있다. 따라서 먼저 기준이 되는 연도의 손익계산서를 가능한 한 많은 수식에 의해 정의할수록 다양한 변화에 따른 분석을 수행해 볼 수 있다. 기준연도의 손익계산서를 작성하기 전에 먼저 손익계산서 표현에 사용될 수 있는 기초자료를 별도의 셀 영역에 입력해 두고 이를 참조하는 형식으로 표시하는 것이 좋다.

### 0단계 기초자료의 정리

❶ 새 Worksheet에서 새 시트를 선택하고 시트 이름을 '**추정손익계산서**'로 변경한다.

❷ A열의 [열 너비]를 '4', B열의 [열 너비]를 '22', 그리고 C열~L열의 [열 너비]를 각각 '10'으로 조정해 둔다. B2 셀에 '**◆ 2017년도 손익 관련 자료**'를 입력하고, 아래 B3:C5 셀 범위에 2017년의 매출액, 영업외수익, 영업외비용 등의 자료를 입력한다. 여기서 참조되는 기초자료들을 별도의 셀 영역에 정의해 둔 것은, 차후에 이들 기초자료 정보만 변경하면 '추정손익계산서' 시트의 정보에도 자동 반영될 수 있도록 하기 위한 것이다. B3:C5 셀 범위에 [글꼴] - [테두리] - [모든 테두리]를 설정하고, D4와 D5 셀에는 '(미래 기간 동일 금액 가정)'을 표시해 둔다.

❸ B7 셀에는 '**◆ 최근 3개년간 주요 지표의 평균치**'를 입력하고, D7 셀에 '**(미래 기간 동일 비율 유지 가정)**'을 표시해 둔다. 아래 B8:C11 셀 범위에는 주요 지표의 이름과 비율을 각각 독립된 셀로 입력해 둔다. B8:C11 셀 범위에도 [글꼴] - [테두리] - [모든 테두리]를 설정한다.

| | A | B | C | D | E | F | G |
|---|---|---|---|---|---|---|---|
| 1 | | | | | | | |
| 2 | | ◆ 2017년도 손익 관련 자료 | | | | | |
| 3 | | 매출액 : | 52,400 | | | | |
| 4 | | 영업외수익 : | 4,950 | (미래 기간 동일 금액 가정) | | | |
| 5 | | 영업외비용 : | 5,750 | (미래 기간 동일 금액 가정) | | | |
| 6 | | | | | | | |
| 7 | | ◆ 최근 3개년간 주요 지표의 평균치 | | (미래 기간 동일 비율 유지 가정) | | | |
| 8 | | 년평균 매출액 성장율: | 5% | | | | |
| 9 | | 매출원가율: | 60% | | | | |
| 10 | | 일반관리비/매출액율 : | 12% | | | | |
| 11 | | 법인세율 : | 30% | | | | |
| 12 | | | | | | | |

추정손익계산서 | Sheet3 | Sheet4 | Sheet5 | ...

## 1단계 추정손익계산서 작성

❶ '추정손익계산서' 시트의 C14 셀에 '**추정손익계산서(기준연도 2017년)**'를 입력한다. C14:F14 셀 범위를 선택하고 [병합하고 가운데 맞춤]을 설정하고, [글꼴]을 '견고딕', '12pt'로 조정한다.

❷ B17:B26 셀 범위에 손익계산서 주요 항목을 나열하여 입력한다. C16 셀에는 기준연도인 '**2017**'을 입력하고 D16:H16 셀 영역에 추정 연도인 '**2018~2022**'를 순서대로 입력한다(자동채우기 핸들 이용).

> **참고**
>
> ### 손익계산서의 구성
>
> 손익계산서는 수익 항목과 비용 항목을 '수익 – 비용 대응의 원리'에 따라 대조표시하여 궁극적으로 '당기순이익'을 계산하기 위한 구조이다. 수익의 주요 항목인 '매출액'으로부터 시작하여 매출액에 직접 대응 관계에 있는 '매출원가'를 차감하여 '매출총이익'을 계산하고, '매출총이익'에서 '판매비와일반관리비'를 차감하여 '영업이익'을 계산한다. '영업이익'에서 '영업외수익'을 더하고 '영업외비용'을 차감하여 '법인세차감전순이익'을 계산한다. 이 법인세차감전순이익에 일정 비율의 법인세율을 곱한 '법인세'를 차감한 잔액이 곧 '당기순이익'이다. 따라서 이들 항목 간의 구성은 다음 표와 같이 정리해 볼 수 있다.
>
> 매출액<br>
> – 매출원가<br>
> = 매출총이익<br>
> – 판매비와일반관리비<br>
> = 영업이익<br>
> \+ 영업외수익<br>
> – 영업외비용<br>
> = 법인세차감전순이익<br>
> – 법인세<br>
> = 당기순이익

❸ 데이터가 채워질 B16:H26 셀 영역을 선택하고 [테두리]-[모든 테두리]로 설정한 후, [맞춤]-[가운데 맞춤]으로 설정한다.

❹ C17 셀에는 2017년의 매출액을 위의 기초자료 영역에서 참조하여 표시하기 위해 수식 '**=$C$3**'으로 입력한다.

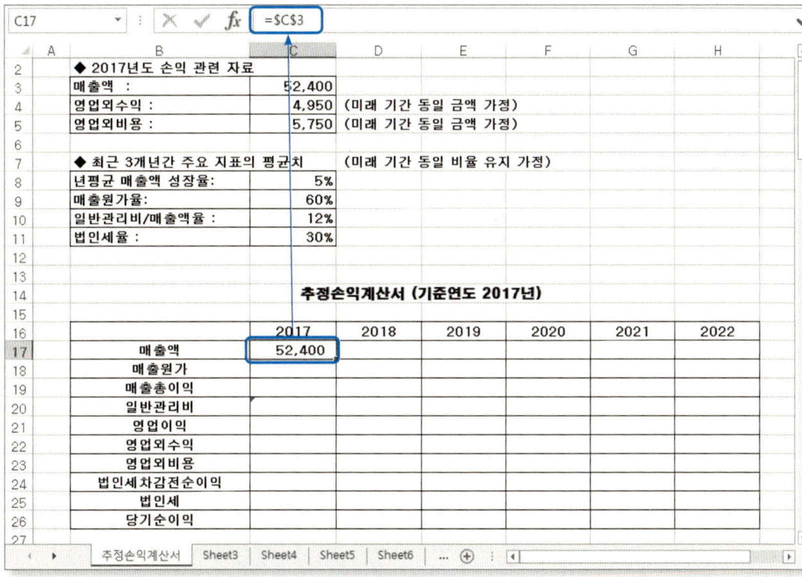

C17 | =$C$3

| | B | C | D |
|---|---|---|---|
| 2 | ◆ 2017년도 손익 관련 자료 | | |
| 3 | 매출액 : | 52,400 | |
| 4 | 영업외수익 : | 4,950 | (미래 기간 동일 금액 가정) |
| 5 | 영업외비용 : | 5,750 | (미래 기간 동일 금액 가정) |
| 7 | ◆ 최근 3개년간 주요 지표의 평균치 | | (미래 기간 동일 비율 유지 가정) |
| 8 | 년평균 매출액 성장률: | 5% | |
| 9 | 매출원가율: | 60% | |
| 10 | 일반관리비/매출액율 : | 12% | |
| 11 | 법인세율 : | 30% | |

추정손익계산서 (기준연도 2017년)

| | 2017 | 2018 | 2019 | 2020 | 2021 | 2022 |
|---|---|---|---|---|---|---|
| 매출액 | 52,400 | | | | | |
| 매출원가 | | | | | | |
| 매출총이익 | | | | | | |
| 일반관리비 | | | | | | |
| 영업이익 | | | | | | |
| 영업외수익 | | | | | | |
| 영업외비용 | | | | | | |
| 법인세차감전순이익 | | | | | | |
| 법인세 | | | | | | |
| 당기순이익 | | | | | | |

추정손익계산서 | Sheet3 | Sheet4 | Sheet5 | Sheet6

❺ '매출액' 아래쪽 손익계산서 각 항목은 손익계산서의 구성 원리에 따라 다음의 각 수식을 차례로 입력하여 완성한다. 이때 위쪽 기초자료를 참조하는 경우에는 미리 절대셀주소 형식으로 표현해 두어야 나중에 해당 수식을 복사하여 사용할 수 있다.

C18: =C17*$C$9

C19: =C17－C18

C20: =C17*$C$10

C21: =C19－C20

C22: =$C$4

C23: =$C$5

C24: =C21+C22－C23

C25: =C24*$C$11

C26: =C24－C25

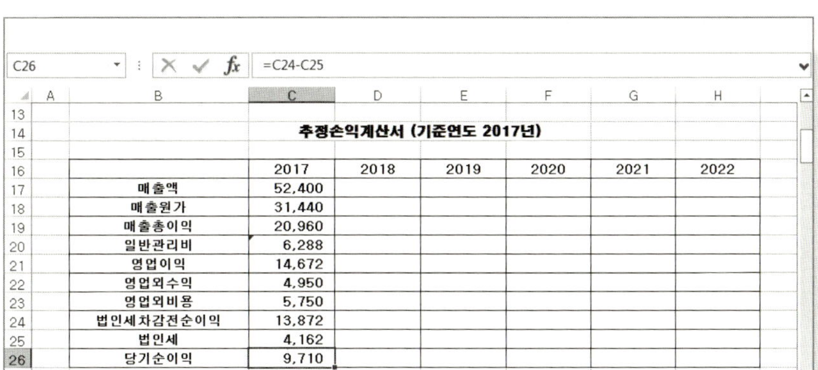

C26 | =C24-C25

추정손익계산서 (기준연도 2017년)

| | 2017 | 2018 | 2019 | 2020 | 2021 | 2022 |
|---|---|---|---|---|---|---|
| 매출액 | 52,400 | | | | | |
| 매출원가 | 31,440 | | | | | |
| 매출총이익 | 20,960 | | | | | |
| 일반관리비 | 6,288 | | | | | |
| 영업이익 | 14,672 | | | | | |
| 영업외수익 | 4,950 | | | | | |
| 영업외비용 | 5,750 | | | | | |
| 법인세차감전순이익 | 13,872 | | | | | |
| 법인세 | 4,162 | | | | | |
| 당기순이익 | 9,710 | | | | | |

❻ 이로써 기준연도인 2017년 손익계산서는 수식에 의해 작성되었다. 이제 이 2017년의 손익계산서를 기반으로 향후 5개년(2018~2022)의 추정손익계산서를 작성해 보자.

❼ D17 셀의 2018년 매출액 추정치는 '2017년 매출액×(1+매출액성장률)' 산식에 의해 표시할 수 있다. 따라서 D17 셀에 이를 표시하기 위한 수식 '**=C17*(1+$C$8)**'을 입력한다. 이 수식에서 참조하는 C8 셀(연평균매출액성장률이 입력되어 있는 셀)을 절대참조 형식($C$8)으로 표시하고 있기 때문에, 이제 D17 셀의 수식을 2019~2022년의 매출액을 추정하는 데에도 동일하게 적용할 수 있다. 따라서 D17 셀에서 자동채우기 핸들을 통해 H17 셀까지 끌기하여 채워 넣는다.

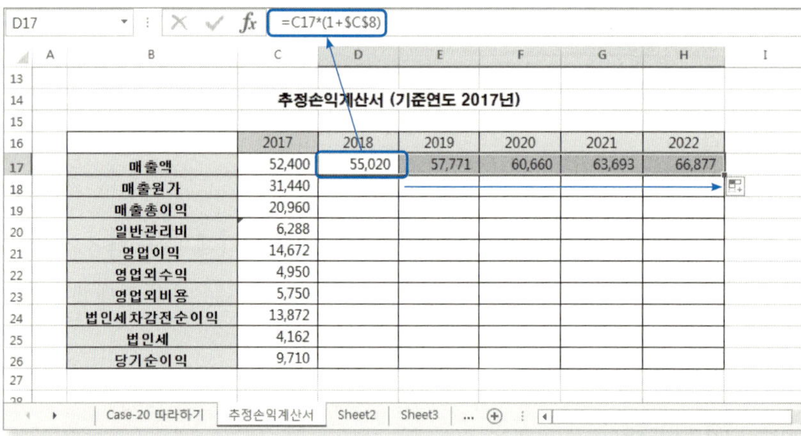


**추정손익계산서 (기준연도 2017년)**

| | 2017 | 2018 | 2019 | 2020 | 2021 | 2022 |
|---|---|---|---|---|---|---|
| 매출액 | 52,400 | 55,020 | 57,771 | 60,660 | 63,693 | 66,877 |
| 매출원가 | 31,440 | | | | | |
| 매출총이익 | 20,960 | | | | | |
| 일반관리비 | 6,288 | | | | | |
| 영업이익 | 14,672 | | | | | |
| 영업외수익 | 4,950 | | | | | |
| 영업외비용 | 5,750 | | | | | |
| 법인세차감전순이익 | 13,872 | | | | | |
| 법인세 | 4,162 | | | | | |
| 당기순이익 | 9,710 | | | | | |

❽ 2017년 매출액 아래 C18:C26 셀 범위의 수식들은 모두 필요한 절대셀, 상대셀 참조형식을 취하고 있으므로, C18:C26 셀 범위를 선택한 후 자동채우기 핸들로 H26 셀까지 끌기 하여 나머지 계산을 한꺼번에 완료할 수 있다. 계산 결과가 표시된 C17:H26 셀 영역을 선택한 후 [홈] 탭의 [표시 형식]-[쉼표 스타일]로 지정한다.

**추정손익계산서 (기준연도 2017년)**

| | 2017 | 2018 | 2019 | 2020 | 2021 | 2022 |
|---|---|---|---|---|---|---|
| 매출액 | 52,400 | 55,020 | 57,771 | 60,660 | 63,693 | 66,877 |
| 매출원가 | 31,440 | 33,012 | 34,663 | 36,396 | 38,216 | 40,126 |
| 매출총이익 | 20,960 | 22,008 | 23,108 | 24,264 | 25,477 | 26,751 |
| 일반관리비 | 6,288 | 6,602 | 6,933 | 7,279 | 7,643 | 8,025 |
| 영업이익 | 14,672 | 15,406 | 16,176 | 16,985 | 17,834 | 18,726 |
| 영업외수익 | 4,950 | 4,950 | 4,950 | 4,950 | 4,950 | 4,950 |
| 영업외비용 | 5,750 | 5,750 | 5,750 | 5,750 | 5,750 | 5,750 |
| 법인세차감전순이익 | 13,872 | 14,606 | 15,376 | 16,185 | 17,034 | 17,926 |
| 법인세 | 4,162 | 4,382 | 4,613 | 4,855 | 5,110 | 5,378 |
| 당기순이익 | 9,710 | 10,224 | 10,763 | 11,329 | 11,924 | 12,548 |

❾ 이로써 2017년의 기초자료를 토대로 한 향후 5개년 간의 추정손익계산서는 완성되었다. 이 추정 결과에 따르면, 2017년의 주요 지표가 지속적으로 적용되는 경우 2022년의 매출액은 ₩66,877이 되고, 당기순이익은 ₩12,548이 될 것으로 예상된다.

## 2단계 What-If 분석 1: 매출액성장률과 원가율의 변경 추정

추정손익계산서를 작성하는 가장 큰 이유 중의 하나는 'What-If 분석'을 손쉽게 수행할 수 있다는 것이다. 여기서 **'What-If 분석'**이란, 흔히 'What-If 시뮬레이션' 또는 '조건-결과 분석'이라고도 하는데, 특정 조건을 변화시켰을 때 계산 결과가 어떻게 달라지는지를 검증하는 시뮬레이션 방법을 말한다. 즉 어떤 분석 틀이 일련의 수식과 이들 수식의 관계에 의해 정의되어 있을 때, 그중 어느 한 가지 변수 또는 변수들 간의 관계 조건을 변화시켜 가면서 그로 인한 다른 변수들의 값의 변화를 관찰하고 이에 따라 의사결정을 수행하는 것을 의미한다.

㈜완도의 추정손익계산서 역시 몇 가지 조건과 이들 조건 간의 관계를 일련의 수식에 의해 정의하고 있으므로, 이러한 'What-If 분석'을 수행하기에 안성맞춤인 셈이다.

㈜완도의 추정손익계산서에서는 '연평균매출액성장률'을 '5%'로 가정하고 있으며, '매출원가율'은 '60%'인 것으로 가정하고 있다. 그런데 이러한 조건을 각각 '6.5%', '70%'인 경우로 변경한다면, 이전의 계산결과와는 달리 2021년의 당기순이익은 얼마로 바뀌게 될 것인가를 예측해보기로 한다.

❶ 변경 조건 중 '매출액성장률' 자료(C8 셀)는 추정손익계산서에서 C17:H17 셀 범위의 수식에 모두 사용되어 전년도 매출액으로부터 차기의 매출액을 추정하는 계산과정에 이용되고 있다. 따라서 이러한 조건 변경을 이들 각 수식에 반영하려면 각 수식에 적용되고 있는 조건들을 일일이 수정해 주어야 한다. 이러한 변동 가능성을 예측하여 본 예에서는 '매출액성장률' 자료를 직접 수식에 표현하지 않고 추정손익계산서 표의 위쪽에 별도의 셀 범위에 따로 표시하고 있기 때문에, 만일 '매출액성장률' 자료를 변경하려고 하면 참조 셀인 C8 셀의 비율만 수정해주면 된다.

❷ 마찬가지로, '매출원가율' 자료 역시 별도의 C9 셀에 따로 입력되어 있으므로, 추정손익계산서 표에서 C18:H18 셀 영역의 수식을 일일이 수정하지 않고, 이들이 참조하고 있는 C9 셀에 입력되어 있는 수치만 변경하면 원하는 결괏값을 확인할 수 있다.

❸ 따라서 C8 셀의 값을 '5%' 대신 **'6.5%'**로 변경하고, C9 셀의 값을 '60%' 대신 **'70%'**로 변경하여 입력해 보면, 추정손익계산서 표에서 2021년 당기순이익이 '₩11,924'에서 '₩7,934'으로 자동 변경되어 표시되고 있음을 확인할 수 있다.

| | A | B | C | D | E | F | G | H |
|---|---|---|---|---|---|---|---|---|
| 7 | | ◆ 최근 3개년간 주요 지표의 평균치 | | (미래 기간 동일 비율 유지 가정) | | | | |
| 8 | | 년평균 매출액 성장율: | 6.5% | | | | | |
| 9 | | 매출원가율: | 70% | | | | | |
| 10 | | 일반관리비/매출액율 : | 12% | | | | | |
| 11 | | 법인세율 : | 30% | | | | | |
| 12 | | | | | | | | |
| 13 | | | | | | | | |
| 14 | | | 추정손익계산서 (기준연도 2017년) | | | | | |
| 15 | | | | | | | | |
| 16 | | | 2017 | 2018 | 2019 | 2020 | 2021 | 2022 |
| 17 | | 매출액 | 52,400 | 55,806 | 59,433 | 63,297 | 67,411 | 71,793 |
| 18 | | 매출원가 | 36,680 | 39,064 | 41,603 | 44,308 | 47,188 | 50,255 |
| 19 | | 매출총이익 | 15,720 | 16,742 | 17,830 | 18,989 | 20,223 | 21,538 |
| 20 | | 일반관리비 | 6,288 | 6,697 | 7,132 | 7,596 | 8,089 | 8,615 |
| 21 | | 영업이익 | 9,432 | 10,045 | 10,698 | 11,393 | 12,134 | 12,923 |
| 22 | | 영업외수익 | 4,950 | 4,950 | 4,950 | 4,950 | 4,950 | 4,950 |
| 23 | | 영업외비용 | 5,750 | 5,750 | 5,750 | 5,750 | 5,750 | 5,750 |
| 24 | | 법인세차감전순이익 | 8,632 | 9,245 | 9,898 | 10,593 | 11,334 | 12,123 |
| 25 | | 법인세 | 2,590 | 2,774 | 2,969 | 3,178 | 3,400 | 3,637 |
| 26 | | 당기순이익 | 6,042 | 6,472 | 6,929 | 7,415 | 7,934 | 8,486 |
| 27 | | | | | | | | |

추정손익계산서 | Sheet3 | Sheet4 | Sheet5 | Sheet6 | ...

❹ 이와 같이 조건 변경(매출액성장률과 매출원가율)에 따라 이 조건에 영향을 받는 다른 셀 값이나 결과가 어떻게 변화되는가를 살펴보는 것을 'What - If 분석'이라고 할 수 있다.

## 3단계 What-If 분석 2: [데이터 표] 이용

위와 같은 조건 변화는 매우 단순한 형태의 조건 변화에 해당한다. 예컨대, 위에서는 특정 조건(매출액성장률)이 다른 하나의 조건으로 변화되고, 또 다른 조건이 또 다른 하나의 조건으로 변화되는 경우를 가정한 것이다. 그러나 경우에 따라서는 조건이 다양한 형태로 변화될 때, 이들 각 조건 변화에 따른 다양한 결과 값들을 한꺼번에 확인하고자 하는 경우가 발생할 수 있다.

예컨대 경기상황에 따라 매출액성장률이 당초의 5% 조건에서 '3.5%인 경우', '4%인 경우', '4.5%인 경우', '5%인 경우',... 와 같이 다양한 조건 변화에 따라 결괏값인 2020년의 당기순이익이 각각 어떻게 변화되는지를 확인해 보려면, 해당 조건이 입력되어 있는 C8 셀에 하나씩 일일이 입력하여 그때마다 결괏값인 추정손익계산서 표의 F26 셀의 변화 내용을 일일이 확인해야 하는 불편이 있다.

이러한 불편함을 해소하기 위해 이용할 수 있는 방법이 [데이터 표] 기능이다. [데이터 표] 기능은 일련의 조건 변화를 행 또는 열 단위로 미리 입력해 두고, 행 또는 열 단위의 각 조건 변화에 따라 해당 결과 셀의 값 변화를 하나의 표 형식으로 표시해 주는 기능이다. 물론 시트의 행/열 구조상 조건 값의 변화는 행 또는 열로 각각 하나의 조건만을 변화시키거나, 또는 행과 열에 서로 다른 조건 변화를 제시하는 2조건 [데이터 표] 형태로 작성할 수 있다. 즉, [데이터 표]에서 변화 조건의 수는 최대 2개인 셈이다.

❶ 변경하고자 하는 일련의 조건(매출액성장률)을 추정손익계산서 표의 아래 C30:J30 셀 영역에 '3.5%, 4.0%, 4.5%, ..., 7.0%'와 같이 입력한다. 그리고 B31 셀에는 확인하고자 하는 결과 셀(2020년의 당기순이익)을 참조하는 형식으로 수식 '=F26'을 입력한다. 이제 [데이터 표]를 표시하고자 하는 B30:J31 셀 영역을 선택한 후 [데이터] 탭의 [데이터 도구] – [가상분석]에서 [데이터 표]를 선택한다. 나타난 [데이터 표] 대화상자에서 [행 입력 셀]을 선택한 후 마우스로 C8 셀을 클릭하고 [확인]을 누른다.

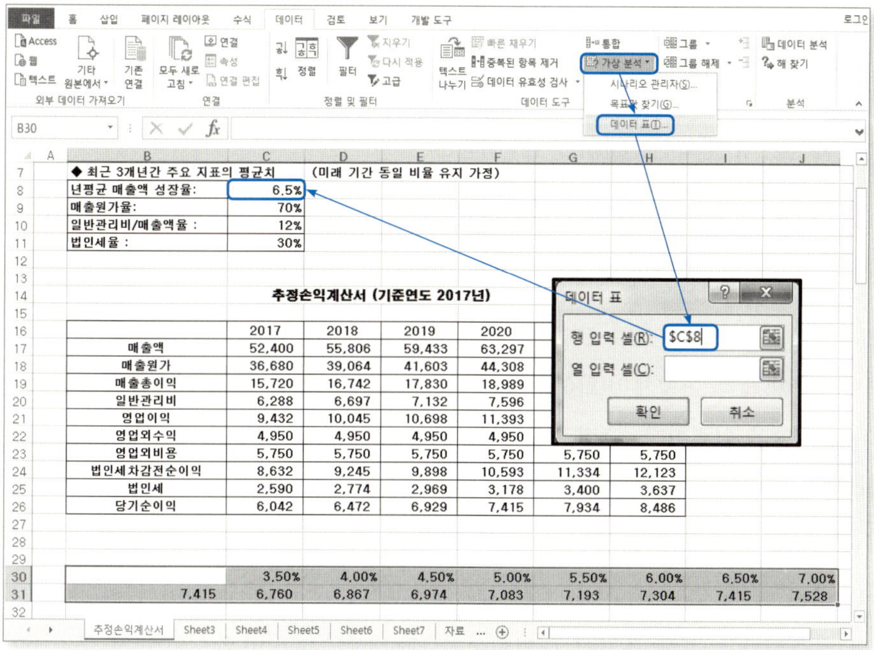

❷ 여기서 [행 입력 셀]에 '$C$8'을 입력한 것은, 변경 조건들이 C30:J30 셀 영역에 행 단위로 입력되어 있으며, 이들 변경 조건들을 C8 셀(연평균매출액성장률 지표)에 각각 대입한 결과 변화를 보고자 하기 때문이다(만일 조건 범위를 C30:J30 셀 영역 대신 C30:C37 셀 영역과 같이 열 단위로 입력해 둔 경우에는 [행 입력 셀] 대신 [열 입력 셀]에 '$C$8'을 입력하면 된다. 물론 이때 참조 셀은 D29 셀에 입력한다).

❸ [데이터 표]의 결과 값(C31:J31)은 B31 셀에 참조형식으로 표시해 둔 셀주소('=F26')에서의 변화 결과를 나열하여 표시하게 된다. 작성된 [데이터 표]가 제대로 된 것인지를 확인해 보려면, 현재 C8 셀에 입력되어 있는 수치와 같은 수치를 조건 범위인 C30:J30 셀 영역에서 찾아, 아래에 표시된 결과 값(7,415)이 참조 셀인 B31 셀의 값(7,415)과 같은지를 확인해보면 된다.

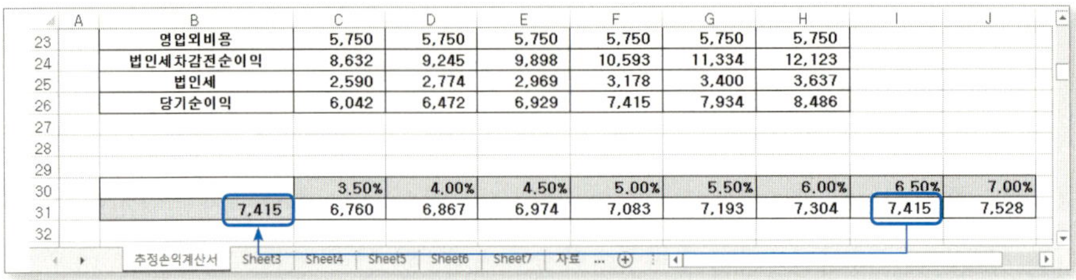


❹ [데이터 표]의 결과에 의하면, 매출액성장률이 3.5%인 경우에는 2020년의 당기순이익은 ₩6,760이 될 것이며, 4.0%인 경우에는 ₩6,867, 그리고 7.0%인 경우에는 ₩7,528이 될 것으로 추정된다.

## 4단계 What-If 분석 3: [데이터 표] 이용

이번에는 매출액성장률 대신 매출원가율이 다양한 형태로 변화하는 상황을 가정해보자. 그리고 이러한 조건 변화를 행 단위 대신 열 단위로 입력하여 분석해 보자.

❶ 매출원가율이 70% 대신 40%, 45%, 50%, …, 80%로 각각 변화하는 상황을 가정할 때 2022년의 영업이익이 각각 어떻게 변화하는지를 살펴보자. C35:C43 셀 범위에 40%부터 80%까지 매출원가 변화율을 입력한다. 그리고 D34 셀에는 변화하는 결과 값을 관찰할 대상 셀인 H21 셀을 참조하는 형식의 수식 '=**H21**'로 입력한다.

❷ [데이터 표]를 표시할 셀 범위 C34:D43을 선택하고, [데이터] 탭의 [데이터 도구]-[가상 분석]-[데이터 표]를 클릭한다. [데이터 표] 대화상자에서 이번에는 [열 입력 셀]을 클릭하고, 각각의 매출원가율 변화 조건이 대입되어질 대상 셀(C9)을 마우스로 직접 클릭하거나 직접 '**$C$9**'과 같이 입력한 후 [확인]을 누른다.

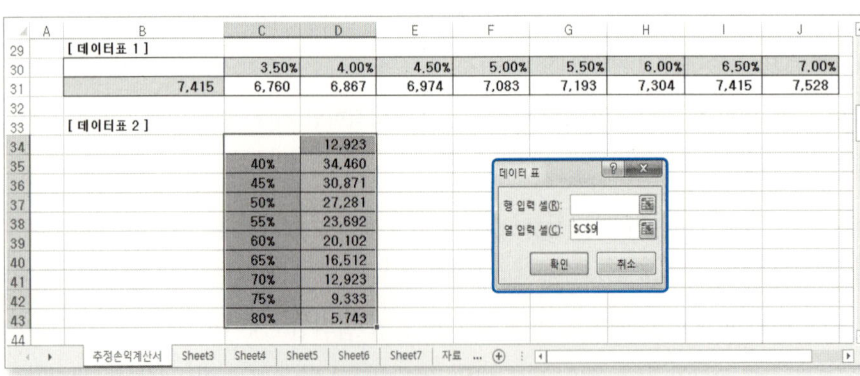

❸ 표시된 [데이터 표]에서, 현재 조건 입력 셀(C9)에 표시되어 있는 매출원가율(70%)과 같은 조건(70%)인 [데이터 표] 상의 금액(₩12,923)이 참조 셀인 D34 셀의 값과 같은지를 확인해 본다. 만일 같다면 이 두 번째 [데이터 표]도 정상적으로 작성된 것으로 볼 수 있다.

## 5단계 What-If 분석 4: [데이터 표] 이용

위의 두 가지 [데이터 표]는 추정손익계산서의 기초자료 중 각각 한 가지 조건만을 변경하는 경우에 결과 값의 변화를 살펴본 것이다. 만일 두 가지 조건, 예컨대 매출액성장률과 매출원가율을 동시에 변경시키는 경우에는 [데이터 표]를 어떻게 작성할 수 있을까?

❶ 예컨대 완성된 추정손익계산서에서 매출액성장률은 각각 4.0%, 5.0%, ....... 11.0%이고, 매출원가율은 각각 40%, 45%, 50%, ....... 80%일 때 2021년의 당기순이익의 변화 결과를 [데이터 표]로 작성해 보자.

❷ C46 셀부터 J46 셀까지 매출액성장률 변화(4%, 5%, ..., 11%)를 입력하고, B47 셀부터 B55 셀까지 매출원가율 변화(40%, 45%, ..., 80%)를 각각 입력한다. 그리고 B46 셀에는 변화 결과를 확인하고자 하는 2021년의 당기순이익(G26) 셀을 참조형식으로 '**=G26**'을 입력한다.

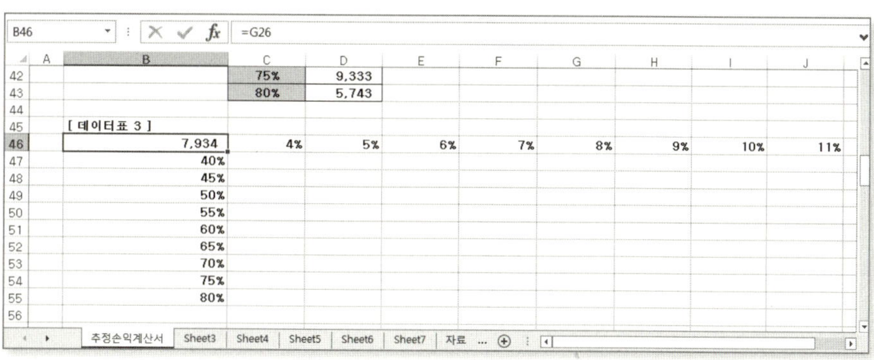


❸ [데이터 표]를 작성하고자 하는 B46:J55 셀 범위를 선택한 후, [데이터] 탭의 [데이터 도구]-[가상 분석]-[데이터 표]를 클릭한다. [데이터 표] 대화상자의 [행 입력 셀]에는 행 단위로 표시된 매출액성장률 조건 변화가 대입될 '**$C$8**'을 입력하고, [열 입력 셀]에는 열 단위로 입력되어 있는 매출원가율 조건 변화가 대입될 '**$C$9**'을 각각 입력한 후 [확인]을 누른다.

❹ 작성된 [데이터 표]에서 결과 셀(C47:J55)을 선택하여 [홈] 탭의 [표시 형식]을 [쉼표 스타일]로 조정한다. 그리고 B46:J55 셀 범위를 선택하여 [모든 테두리]로 설정한다.

|  | A | B | C | D | E | F | G | H | I | J |
|---|---|---|---|---|---|---|---|---|---|---|
| 44 |  |  |  |  |  |  |  |  |  |  |
| 45 |  | [ 데이터표 3 ] |  |  |  |  |  |  |  |  |
| 46 |  | 7,934 | 4% | 5% | 6% | 7% | 8% | 9% | 10% | 11% |
| 47 |  | 40% | 20,037 | 20,841 | 21,668 | 22,518 | 23,393 | 24,293 | 25,218 | 26,168 |
| 48 |  | 45% | 17,891 | 18,611 | 19,352 | 20,114 | 20,898 | 21,704 | 22,532 | 23,384 |
| 49 |  | 50% | 15,746 | 16,382 | 17,037 | 17,710 | 18,403 | 19,115 | 19,847 | 20,599 |
| 50 |  | 55% | 13,600 | 14,153 | 14,722 | 15,306 | 15,908 | 16,526 | 17,162 | 17,815 |
| 51 |  | 60% | 11,455 | 11,924 | 12,406 | 12,902 | 13,413 | 13,938 | 14,477 | 15,031 |
| 52 |  | 65% | 9,309 | 9,694 | 10,091 | 10,498 | 10,918 | 11,349 | 11,792 | 12,247 |
| 53 |  | 70% | 7,164 | 7,465 | 7,775 | 8,094 | 8,422 | 8,760 | 9,107 | 9,463 |
| 54 |  | 75% | 5,018 | 5,236 | 5,460 | 5,690 | 5,927 | 6,171 | 6,421 | 6,679 |
| 55 |  | 80% | 2,873 | 3,007 | 3,145 | 3,286 | 3,432 | 3,582 | 3,736 | 3,895 |
| 56 |  |  |  |  |  |  |  |  |  |  |

추정손익계산서 | Sheet3 | Sheet4 | Sheet5 | Sheet6 | Sheet7 | 자료 | ...

❺ 마찬가지로, [데이터 표]가 제대로 작성된 것인지를 확인해 보기 위해, 현재 C8 셀과 C9 셀에 표시되어 있는 매출액성장률(6.5%)과 매출원가율(70%)에 해당하는 [데이터 표] 상의 셀 값을 참조 셀(B46)과 비교해 본다. 그런데 이 [데이터 표]에서는 매출액성장률을 1% 단위로 변화시키고 있으므로, B46 셀의 값이 매출원가율은 70%이면서 매출액성장률이 6%와 7%인 경우의 사이 값에 해당하는지를 비교하여 판단해볼 수 있다( ₩7,775 〈B46셀값 〈₩8,094 ).

## 6단계 What-If 분석 5: [시나리오 해법]

지금까지는 What-If 분석에서 하나 또는 두 개의 조건이 변화되는 경우의 예를 살펴보았지만, 여러 가지 조건이 동시에 변화되는 상황에서는 변화 결과를 어떻게 추정해 볼 수 있을까?

실무상으로도 여러 가지 조건들의 상황변화를 가정하여 결과를 예측해야 하는 상황들이 존재한다. 예컨대 미래의 경기가 매우 호황일 경우, 매우 불황일 경우, 약간 호황일 경우, 약간 불황일 경우 각각의 조건들의 변화를 예상하고 그에 따른 결과를 예상하여 판단해야 할 경우도 있다. 또 향후의 경기변동 여하에 따라 신제품 출시시점을 결정하거나 판매가격을 결정해야 하는 문제도 복잡한 예측과 추정이 필요하다.

이러한 경우에 적용할 수 있는 방법이 시나리오 해법이다. 특히 추정손익계산서와 같이 일련의 수식과 다양한 조건들로 구성된 표의 경우에는 엑셀의 [시나리오 관리자]를 이용하여 각각의 상황에 따른 결과를 예측해 볼 수 있다.

❶ 먼저 작성된 추정손익계산서를 맨 처음 상태로 되돌려놓기 위해, C8, C9 셀의 값을 각각 **'5%'**, **'60%'**로 변경하여 입력한다.

❷ [데이터] 탭의 [데이터 도구] – [가상 분석] – [시나리오 관리자]를 선택한다.

❸ [시나리오 관리자] 대화상자의 [시나리오]에서 [추가]를 클릭하면 [시나리오 추가] 대화상자가 열린다. 먼저 [시나리오 이름]에 **'호황'**을 입력하고, [변경 셀]을 클릭한 후 **'$C$8:$C$10,$C$5'**을 입력한다(즉, 연평균매출액성장률, 매출원가율, 일반관리비매출액률, 영업외비용 등의 항목을 변경하여 조건을 설정하고자 하는 것이다).

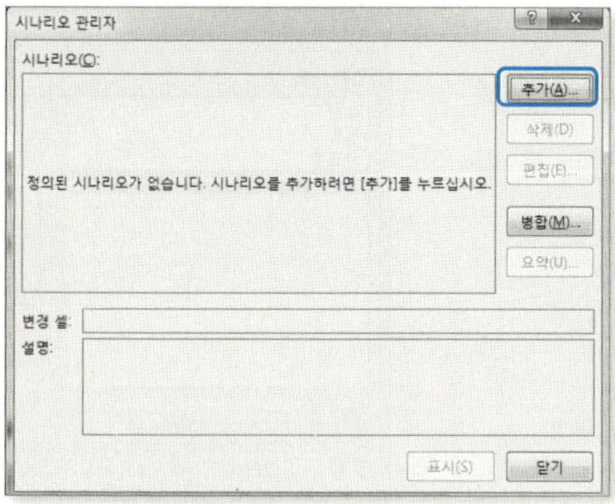


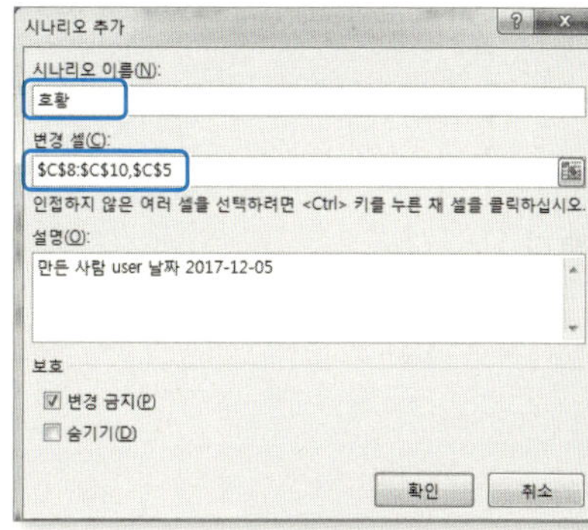


❹ [확인]을 누르면 [시나리오 값] 대화상자가 표시되고, 첫 번째 입력란($C$8)으로부터 차례로 '9%', '55%', '10%', '4000'을 각각 입력한다. 여기서 [추가] 버튼을 누르거나, [확인] 버튼을 누른 후 다시 [시나리오 관리자] 대화상자에서 [추가] 버튼을 누른다.

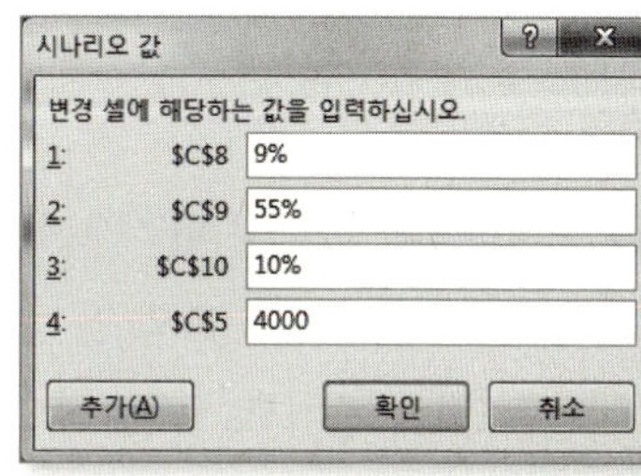


❺ 다시 나타난 [시나리오 추가] 대화상자에서 [시나리오 이름]에 이번에는 **'불황'**을 입력하고 [확인]을 누른다([변경 셀]은 이전의 변경 셀과 같게 유지하기 위해 수정하지 않고 그대로 둔다). 다시 나타난 [시나리오 값] 대화상자에서, 첫 번째 입력란($C$8)으로부터 차례로 '3%', '70%', '15%', '6500'을 각각 입력한다. 그리고 [추가] 버튼을 클릭한다.

❻ 다시 [시나리오 추가] 대화상자에서 [시나리오 이름]에 이번에는 **'약호황'**을 입력하고 [확인]을 누른다. 다시 나타난 [시나리오 값] 대화상자에서, 첫 번째 입력란($C$8)으로부터 차례로 '6%', '58%', '12%', '5000'을 각각 입력한다. 그리고 [추가] 버튼을 클릭한다.

❼ 또 [시나리오 추가] 대화상자가 나타나면 이번엔 [시나리오 이름]에 **'약불황'**을 입력하고 [확인]을 누른다. 다시 나타난 [시나리오 값] 대화상자에서, 첫 번째 입력란($C$8)으로부터 차례로 '4.5%', '60%', '13%', '6200'을 각각 입력한다.

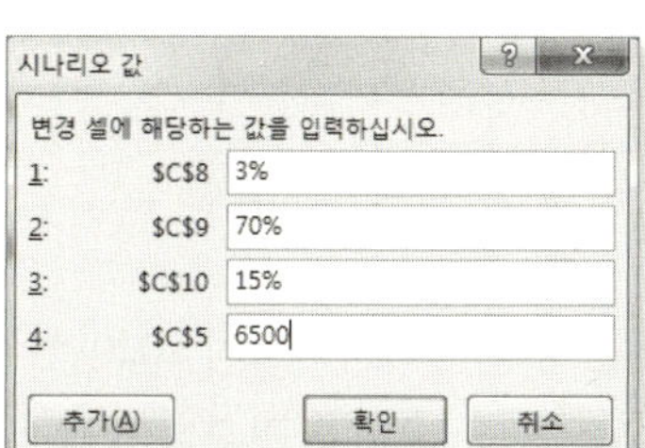


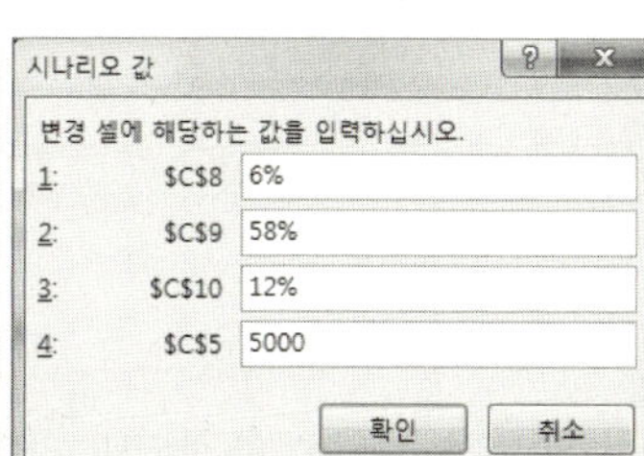


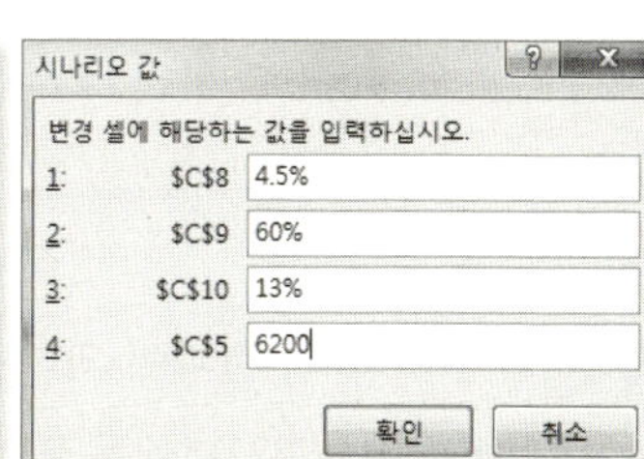

❽ 이제 4가지 시나리오를 모두 정의하였으므로 [확인] 버튼을 클릭하여 [시나리오 관리자] 대화상자에서 지금까지 입력한 시나리오 이름들이 모두 표시되고 있는지 확인해 본다.

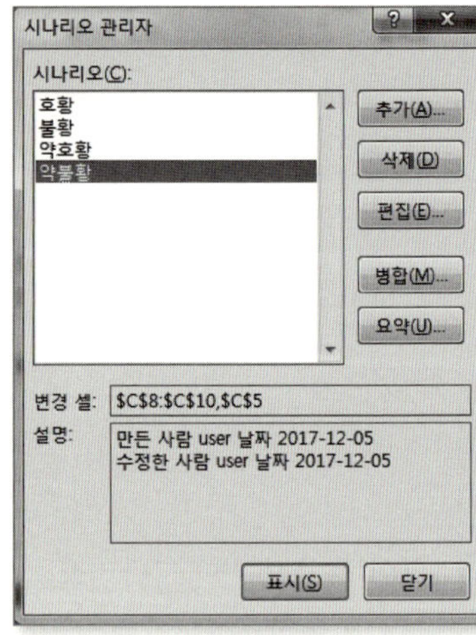


❾ 설정하고자 하는 시나리오가 모두 정의되었으므로 [시나리오 관리자] 대화상자에서 [요약]을 클릭한다. [시나리오 요약] 대화상자에서 [보고서 종류]로 [시나리오 요약]을 선택한다. 그리고 [결과 셀]을 클릭한 후 마우스로 F26 셀(2020년의 당기순이익)을 선택하고 ','를 입력한 후 다시 H26 셀(2022년의 당기순이익)을 선택한다. [결과 셀]에는 '=$F$26,$H$26'으로 표시된다.

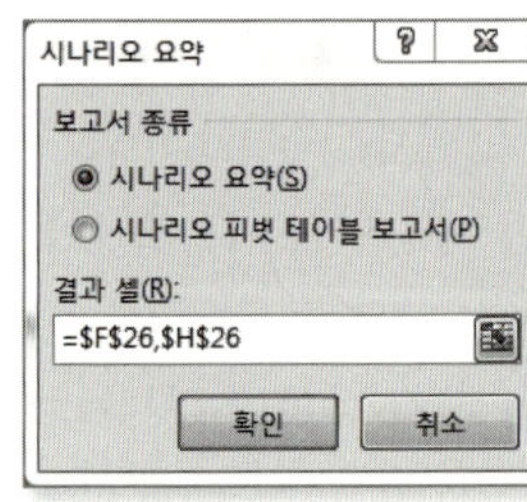


❿ [확인]을 누르면 '시나리오 요약'이라는 새로운 시트가 생성되고, 위에서 설정한 4가지 상황의 각 조건과 함께 [결과 셀]로 지정한 셀들의 변화된 값을 표시해 준다.

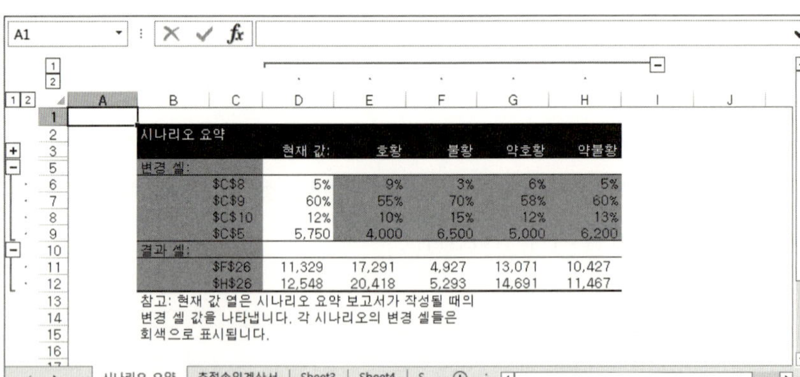


⓫ [시나리오 요약] 결과에 의하면, 미래의 경기가 '호황'으로 진행될 경우 당기순이익이 2020년에는 ₩17,291, 2022년에는 ₩20,418이 될 것으로 추정되며, '약호황'으로 진행될 경우에는 당기순이익이 2020년에는 ₩13,071, 2022년에는 ₩14,691이 될 것으로 예상된다.

⑫ 위의 ⑨에서 [보고서 종류]로 [시나리오 피벗테이블 보고서]를 선택하면 [시나리오 요약] 대신에 이를 피벗테이블 형식의 보고서로 새 시트를 작성하여 표시해 준다.

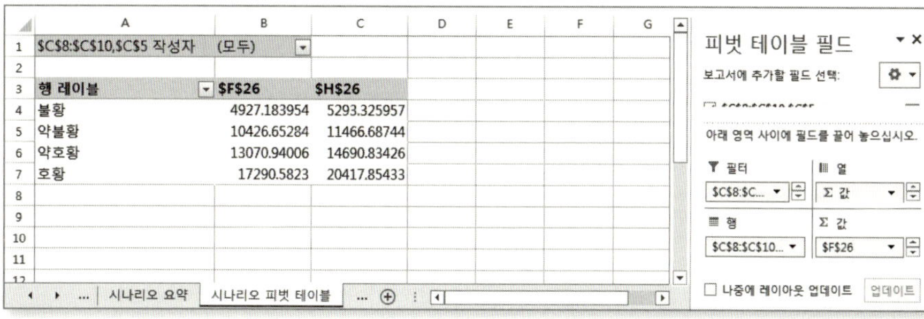


## 7단계 What-If 분석 6: [목표값 찾기]

지금까지는 추정손익계산서를 통한 What-If 분석에서 기초자료 중의 하나 또는 그 이상의 조건이 변경될 경우 결과 값이 어떻게 변화되는가를 살펴보았다. 그런데 [목표값 찾기] 기능을 이용하면, 결과 값이 특정 값으로 표시되기 위해서는 어떤 조건이 어떻게 변화되어야 하는지를 찾아낼 수도 있다.

예컨대 추정손익계산서에서 2022년의 당기순이익이 ₩18,000이 되도록 하기 위해서는 연평균매출액성장률을 어느 정도로 높여야 할까?

❶ '추정손익계산서' 시트에서 먼저 기초자료를 맨 처음 상태로 되돌려놓는다(C5:5,750, C8:5%, C9:60%, C10:12%). 그리고 [데이터] 탭의 [데이터 도구]-[가상 분석]-[목표값 찾기]를 선택한다.

❷ [목표값 찾기] 대화상자에서, 목표로 하는 당기순이익이 H26 셀에 표시되어 있으므로, [수식 셀]에 '**$H$26**'을 입력한다. [찾는 값]에는 목표치가 ₩18,000이므로 '**18000**'을 입력하고, [값을 바꿀 셀]에는 '연평균매출액성장률' 자료가 표시되고 있는 C8 셀을 선택한다.

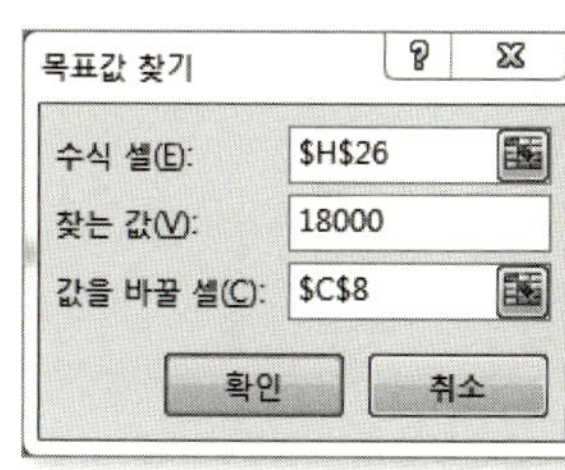


❸ 그리고 [확인]을 누르면, 계산과정을 거쳐 [값을 바꿀 셀]로 지정한 C8 셀의 값을 찾아 표시해 준다. 즉, 목표로 하는 2022년의 당기순이익이 ₩18,000이 되도록 하려면, 다른 조건은 동일하다고 가정하는 경우, '연평균매출액성장률'이 12.6%가 되어야 한다는 것을 의미한다.

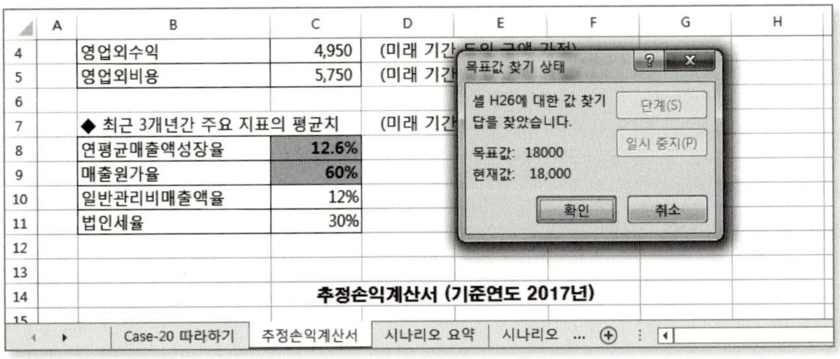

| | A | B | C | D | E | F | G | H |
|---|---|---|---|---|---|---|---|---|
| 4 | | 영업외수익 | 4,950 | (미래 기간 | | | | |
| 5 | | 영업외비용 | 5,750 | (미래 기간 | | | | |
| 6 | | | | | | | | |
| 7 | | ◆ 최근 3개년간 주요 지표의 평균치 | | (미래 기간 | | | | |
| 8 | | 연평균매출액성장율 | 12.6% | | | | | |
| 9 | | 매출원가율 | 60% | | | | | |
| 10 | | 일반관리비매출액율 | 12% | | | | | |
| 11 | | 법인세율 | 30% | | | | | |
| 12 | | | | | | | | |
| 13 | | | | | | | | |
| 14 | | | 추정손익계산서 (기준연도 2017년) | | | | | |



❹ [값을 바꿀 셀]을 자동으로 변경하였으므로, 아래 추정손익계산서도 자동 계산되어 목표로 하는 2022년의 당기순이익이 ₩18,000으로 나타나고 있다.

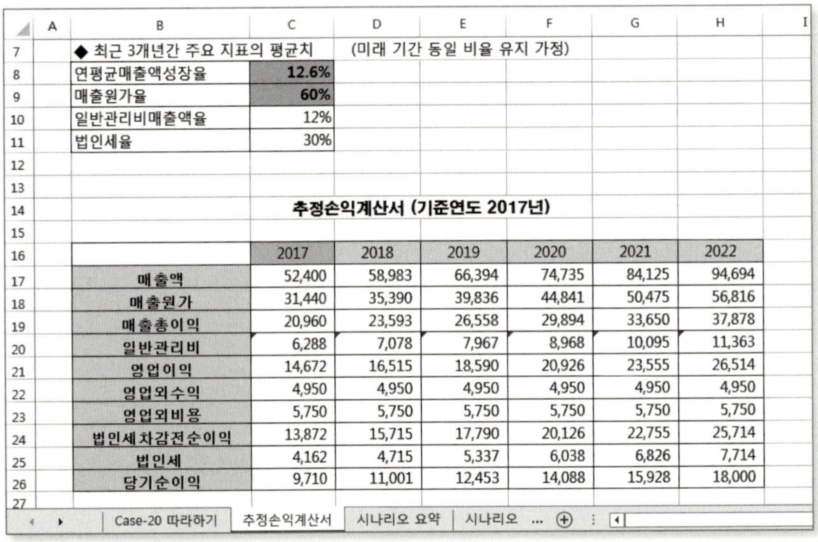

| | A | B | C | D | E | F | G | H |
|---|---|---|---|---|---|---|---|---|
| 7 | | ◆ 최근 3개년간 주요 지표의 평균치 | | (미래 기간 동일 비율 유지 가정) | | | | |
| 8 | | 연평균매출액성장율 | 12.6% | | | | | |
| 9 | | 매출원가율 | 60% | | | | | |
| 10 | | 일반관리비매출액율 | 12% | | | | | |
| 11 | | 법인세율 | 30% | | | | | |
| 12 | | | | | | | | |
| 13 | | | | | | | | |
| 14 | | | 추정손익계산서 (기준연도 2017년) | | | | | |
| 15 | | | | | | | | |
| 16 | | | 2017 | 2018 | 2019 | 2020 | 2021 | 2022 |
| 17 | | 매출액 | 52,400 | 58,983 | 66,394 | 74,735 | 84,125 | 94,694 |
| 18 | | 매출원가 | 31,440 | 35,390 | 39,836 | 44,841 | 50,475 | 56,816 |
| 19 | | 매출총이익 | 20,960 | 23,593 | 26,558 | 29,894 | 33,650 | 37,878 |
| 20 | | 일반관리비 | 6,288 | 7,078 | 7,967 | 8,968 | 10,095 | 11,363 |
| 21 | | 영업이익 | 14,672 | 16,515 | 18,590 | 20,926 | 23,555 | 26,514 |
| 22 | | 영업외수익 | 4,950 | 4,950 | 4,950 | 4,950 | 4,950 | 4,950 |
| 23 | | 영업외비용 | 5,750 | 5,750 | 5,750 | 5,750 | 5,750 | 5,750 |
| 24 | | 법인세차감전순이익 | 13,872 | 15,715 | 17,790 | 20,126 | 22,755 | 25,714 |
| 25 | | 법인세 | 4,162 | 4,715 | 5,337 | 6,038 | 6,826 | 7,714 |
| 26 | | 당기순이익 | 9,710 | 11,001 | 12,453 | 14,088 | 15,928 | 18,000 |

## 유사 사례 303-1 혼자해보기 ㈜춘양의 추정손익계산서 작성 및 민감도분석

**현황**

㈜춘양은 다음과 같은 과거의 평균 실적자료들을 기초로 내년의 분기별 추정손익계산서를 작성하고자 한다.

⊙ 과거의 실적자료에 의한 기초자료

- 제품판매 관련 계절적 영향요인 지수
  1/4분기: 0.75　　2/4분기: 1.15
  3/4분기: 1.28　　4/4분기: 1.05
- 판매단가: ₩5,000(내년에도 가격변동 없음)
- 매출액 대비 매출원가율: 65%
- 매출액 대비 관리비율 : 12%
- 법인세율 : 23%
- 제품판매수량: 해당분기의 광고비와 계절적 요인에 의해 결정되며, 이를 계산하는 공식은 다음과 같이 표시할 수 있다.
  **※ 판매수량 = 계절적 요인지수 × 50 × (광고비 × 6)/50,000**
- 내년의 급여와 광고비는 매 분기에 각각 ₩920,000과 ₩1,200,000으로 동일하다고 가정한다.

**요구사항**

1. 이상의 자료를 기초로 내년의 분기별 추정손익계산서를 완성하시오.
2. 위의 완성된 추정손익계산서에서 광고비가 ₩1,200,000이 아니라 ₩1,000,000, ₩1,100,000, ₩1,200,000, ₩1,300,000, ₩1,400,000, ₩1,500,000일 경우에 각각 연간 당기순이익액은 어떻게 달라질 것인가를 표로 표시해 보시오. 〈민감도분석 1: 데이터-표 기능〉

3. 위의 완성된 추정손익계산서에서 광고비를 ₩900,000, ₩1,000,000, ₩1,100,000, ₩1,200,000, ₩1,300,000, ₩1,400,000, ₩1,500,000으로 각각 설정하고, 동시에 제품판매단가를 ₩4,400, ₩4,600, ₩4,800, ₩5,000, ₩5,200, ₩5,400, ₩5,600, ₩5,800으로 각각 설정할 경우 연간 당기순이익액은 어떻게 달라지는지를 표로 나타내보시오. 〈민감도분석 2: 데이터 - 표 기능〉

4. 위의 완성된 추정손익계산서에서 다른 변수값은 동일하다고 가정할 때, 연간 당기순이익액이 ₩13,000,000이 되도록 하기 위해서는 판매단가를 얼마로 책정하여야 할 것인가? 〈목표값 찾기〉

5. 위의 추정손익계산서 작성은 미래의 많은 불확실한 상황 중의 어느 하나의 상황에 대한 가정일 뿐이고, 현실적으로는 이들 각 변수들의 변화가능성은 여러 가지로 예측해 볼 수 있다. 이 중 다음과 같은 4가지 상황변화 가능성을 고려하여 시나리오 해법으로 각 상황을 분석해 보시오. 〈시나리오분석〉

**상황 1** 경기호황일 경우(최상의 경우): 매출원가(또는 구매단가)는 오르지 않고 매출가격은 최대 ₩6,000까지 올릴 수 있어 매출원가율은 자연히 52%로 낮아지게 되며, 급여도 오르지 않고 경기호황과 자금사정 호전으로 광고비도 분기별 ₩1,800,000까지 올릴 수 있는 상황으로 가정

**상황 2** 경기불황일 경우(최악의 경우): 매출원가(또는 구매단가)는 계속 오르지만 경기가 좋지 않아 매출가격을 ₩4,500으로까지 낮춰 판매해야 하므로 매출원가율은 평균 74% 정도이며, 임금협상결과는 급여인상으로 귀결되어 매 분기 ₩1,000,000으로 지출이 증가하게 되었고, 따라서 자금사정 악화로 광고비는 매분기 ₩900,000을 초과할 수 없게 된 상황으로 가정

**상황 3** 경기약호황일 경우(약간 호전되는 경우): 매출원가(또는 구매단가)가 다소 상승 하긴 하였으나 경기호전으로 매출가격을 ₩5,500으로 올릴 수 있어 매출원가율은 오히려 58%로 낮아졌으며, 급여인상요인이 없어 대신에 광고비를 분기당 ₩1,400,000까지 지출할 수 있는 상황으로 가정

**상황 4** 경기약불황일 경우(약간 침체되는 경우): 매출원가(또는 구매단가)는 상승하였으나 경기불황으로 매출가격을 전혀 올릴 수 없는 상황이 되어 매출원가율이 68%에 이르며, 급여까지 매 분기당 ₩960,000으로 조정되어 광고비예산을 전혀 늘릴 수 없게 된 상황으로 가정

# 유사 사례 303-1 혼자해보기 Tips & 풀이 요약

## 1단계 기초자료의 입력

| | A | B | C | D | E | F | G |
|---|---|---|---|---|---|---|---|
| 1 | | ㈜춘양 추정손익계산서 작성 | | | | | |
| 2 | | | | | | | |
| 3 | | <기초자료> | | | | | |
| 4 | | 판매단가 | 5,000 | | | | |
| 5 | | 매출원가율 | 68% | | | | |
| 6 | | 관리비율 | 12% | | | | |
| 7 | | 법인세율 | 23% | | | | |
| 8 | | 급여 | 960,000 | | | | |
| 9 | | 광고비 | 1,200,000 | | | | |
| 10 | | 계절영향지수 | 1/4분기 | 2/4분기 | 3/4분기 | 4/4분기 | |
| 11 | | | 0.75 | 1.15 | 1.28 | 1.05 | |
| 12 | | | | | | | |

(주)춘양 추정손익계산서 | Sheet2 | Sheet3 | Sheet5 | Sheet6 ...

## 2단계 추정손익계산서 작성

| | A | B | C | D | E | F | G |
|---|---|---|---|---|---|---|---|
| 14 | | <추정손익계산서 작성> | | | | | |
| 15 | | | | 분기별 추정손익계산서 | | | |
| 16 | | 기간 | 1/4분기 | 2/4분기 | 3/4분기 | 4/4분기 | 합계 |
| 17 | | 판매수량 | 5,400 | 8,280 | 9,216 | 7,560 | 30,456 |
| 18 | | | | | | | |
| 19 | | 매출액 | 27,000,000 | 41,400,000 | 46,080,000 | 37,800,000 | 152,280,000 |
| 20 | | 매출원가 | 18,360,000 | 28,152,000 | 31,334,400 | 25,704,000 | 103,550,400 |
| 21 | | 매출총이익 | 8,640,000 | 13,248,000 | 14,745,600 | 12,096,000 | 48,729,600 |
| 22 | | 관리비 | 3,240,000 | 4,968,000 | 5,529,600 | 4,536,000 | 18,273,600 |
| 23 | | 급 여 | 960,000 | 960,000 | 960,000 | 960,000 | 3,840,000 |
| 24 | | 광고비 | 1,200,000 | 1,200,000 | 1,200,000 | 1,200,000 | 4,800,000 |
| 25 | | 영업이익 | 3,240,000 | 6,120,000 | 7,056,000 | 5,400,000 | 21,816,000 |
| 26 | | 법인세 | 745,200 | 1,407,600 | 1,622,880 | 1,242,000 | 5,017,680 |
| 27 | | 당기순이익 | 2,494,800 | 4,712,400 | 5,433,120 | 4,158,000 | 16,798,320 |
| 28 | | 이익률 | 9.24% | 11.38% | 11.79% | 11.00% | 11.03% |
| 29 | | | | | | | |

(주)춘양 추정손익계산서 | Sheet2 | Sheet3 | Shee ...

### [주요 셀 수식 정의]

| | |
|---|---|
| C17 | =C11*50*($C$9*6)/50000 |
| C19 | =C17*$C$4 |
| C20 | =C19*$C$5 |
| C21 | =C19−C20 |
| C22 | =C19*$C$6 |
| C23 | =$C$8 |

| | |
|---|---|
| C24 | =$C$9 |
| C25 | =C21−C22−C23−C24 |
| C26 | =C25*$C$7 |
| C27 | =C25−C26 |
| C28 | =C27/C19 |
| G17 | =SUM(C17:F17) |

## 3단계 민감도분석 1, 2

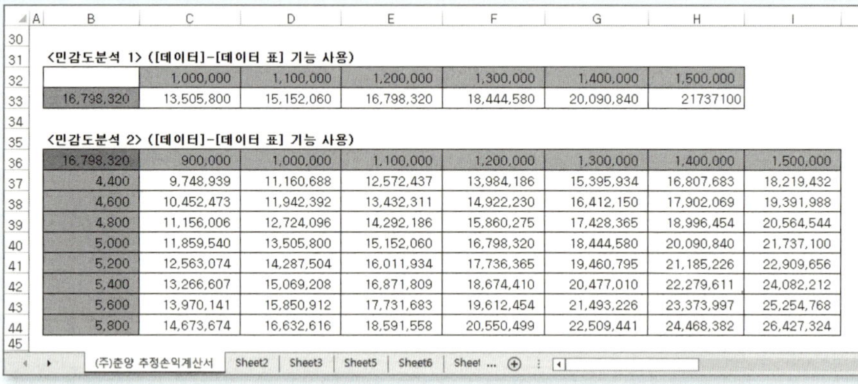

<민감도분석 1> ([데이터]-[데이터 표] 기능 사용)

| | 1,000,000 | 1,100,000 | 1,200,000 | 1,300,000 | 1,400,000 | 1,500,000 |
|---|---|---|---|---|---|---|
| 16,798,320 | 13,505,800 | 15,152,060 | 16,798,320 | 18,444,580 | 20,090,840 | 21737100 |

<민감도분석 2> ([데이터]-[데이터 표] 기능 사용)

| 16,798,320 | 900,000 | 1,000,000 | 1,100,000 | 1,200,000 | 1,300,000 | 1,400,000 | 1,500,000 |
|---|---|---|---|---|---|---|---|
| 4,400 | 9,748,939 | 11,160,688 | 12,572,437 | 13,984,186 | 15,395,934 | 16,807,683 | 18,219,432 |
| 4,600 | 10,452,473 | 11,942,392 | 13,432,311 | 14,922,230 | 16,412,150 | 17,902,069 | 19,391,988 |
| 4,800 | 11,156,006 | 12,724,096 | 14,292,186 | 15,860,275 | 17,428,365 | 18,996,454 | 20,564,544 |
| 5,000 | 11,859,540 | 13,505,800 | 15,152,060 | 16,798,320 | 18,444,580 | 20,090,840 | 21,737,100 |
| 5,200 | 12,563,074 | 14,287,504 | 16,011,934 | 17,736,365 | 19,460,795 | 21,185,226 | 22,909,656 |
| 5,400 | 13,266,607 | 15,069,208 | 16,871,809 | 18,674,410 | 20,477,010 | 22,279,611 | 24,082,212 |
| 5,600 | 13,970,141 | 15,850,912 | 17,731,683 | 19,612,454 | 21,493,226 | 23,373,997 | 25,254,768 |
| 5,800 | 14,673,674 | 16,632,616 | 18,591,558 | 20,550,499 | 22,509,441 | 24,468,382 | 26,427,324 |



## 4단계 목표값 찾기

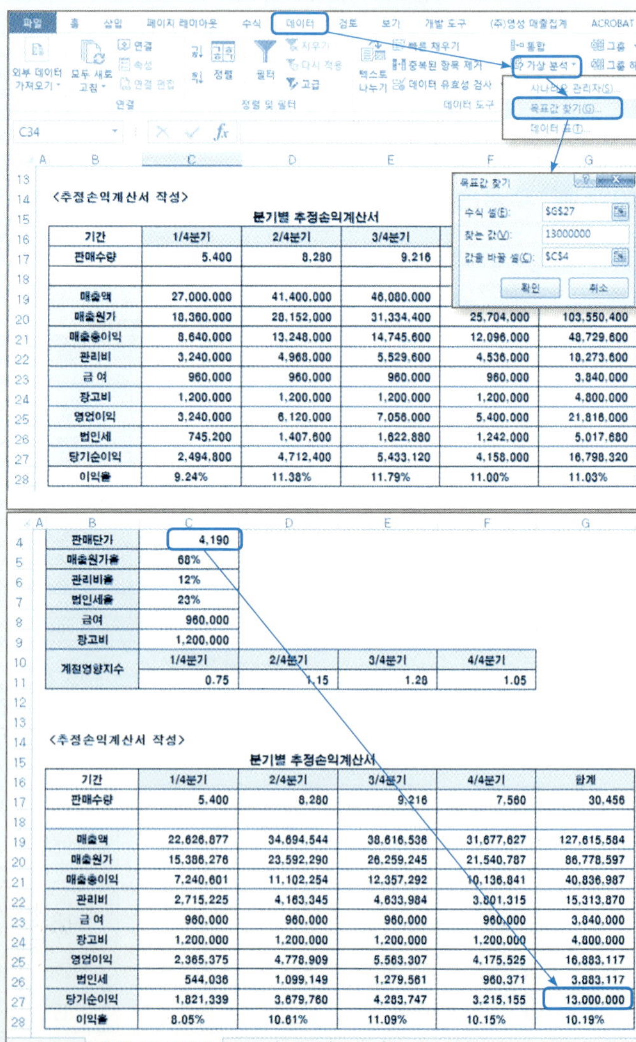


<추정손익계산서 작성>

분기별 추정손익계산서

| 기간 | 1/4분기 | 2/4분기 | 3/4분기 | | |
|---|---|---|---|---|---|
| 판매수량 | 5,400 | 8,280 | 9,216 | | |
| | | | | | |
| 매출액 | 27,000,000 | 41,400,000 | 46,080,000 | | |
| 매출원가 | 18,360,000 | 28,152,000 | 31,334,400 | 25,704,000 | 103,550,400 |
| 매출총이익 | 8,640,000 | 13,248,000 | 14,745,600 | 12,096,000 | 48,729,600 |
| 관리비 | 3,240,000 | 4,968,000 | 5,529,600 | 4,536,000 | 18,273,600 |
| 급 여 | 960,000 | 960,000 | 960,000 | 960,000 | 3,840,000 |
| 광고비 | 1,200,000 | 1,200,000 | 1,200,000 | 1,200,000 | 4,800,000 |
| 영업이익 | 3,240,000 | 6,120,000 | 7,056,000 | 5,400,000 | 21,816,000 |
| 법인세 | 745,200 | 1,407,600 | 1,622,880 | 1,242,000 | 5,017,680 |
| 당기순이익 | 2,494,800 | 4,712,400 | 5,433,120 | 4,158,000 | 16,798,320 |
| 이익율 | 9.24% | 11.38% | 11.79% | 11.00% | 11.03% |

| 판매단가 | 4,190 | | | |
|---|---|---|---|---|
| 매출원가율 | 68% | | | |
| 관리비율 | 12% | | | |
| 법인세율 | 23% | | | |
| 급여 | 960,000 | | | |
| 광고비 | 1,200,000 | | | |
| 계절영향지수 | 1/4분기 | 2/4분기 | 3/4분기 | 4/4분기 |
| | 0.75 | 1.15 | 1.28 | 1.05 |

<추정손익계산서 작성>

분기별 추정손익계산서

| 기간 | 1/4분기 | 2/4분기 | 3/4분기 | 4/4분기 | 합계 |
|---|---|---|---|---|---|
| 판매수량 | 5,400 | 8,280 | 9,216 | 7,560 | 30,456 |
| | | | | | |
| 매출액 | 22,626,877 | 34,694,544 | 38,616,536 | 31,677,627 | 127,615,584 |
| 매출원가 | 15,386,276 | 23,592,290 | 26,259,245 | 21,540,787 | 86,778,597 |
| 매출총이익 | 7,240,601 | 11,102,254 | 12,357,292 | 10,136,841 | 40,836,987 |
| 관리비 | 2,715,225 | 4,163,345 | 4,633,984 | 3,801,315 | 15,313,870 |
| 급 여 | 960,000 | 960,000 | 960,000 | 960,000 | 3,840,000 |
| 광고비 | 1,200,000 | 1,200,000 | 1,200,000 | 1,200,000 | 4,800,000 |
| 영업이익 | 2,365,375 | 4,778,909 | 5,563,307 | 4,175,525 | 16,883,117 |
| 법인세 | 544,036 | 1,099,149 | 1,279,561 | 960,371 | 3,883,117 |
| 당기순이익 | 1,821,339 | 3,679,760 | 4,283,747 | 3,215,155 | 13,000,000 |
| 이익율 | 8.05% | 10.61% | 11.09% | 10.15% | 10.19% |

## 5단계 시나리오분석

[데이터] - [데이터도구] - [가상분석] - [시나리오관리자]

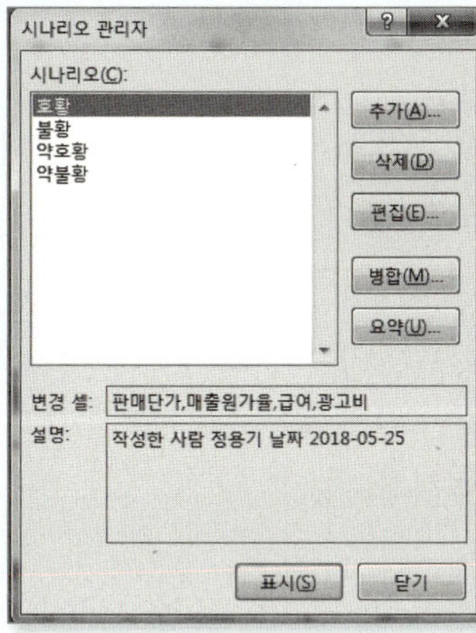


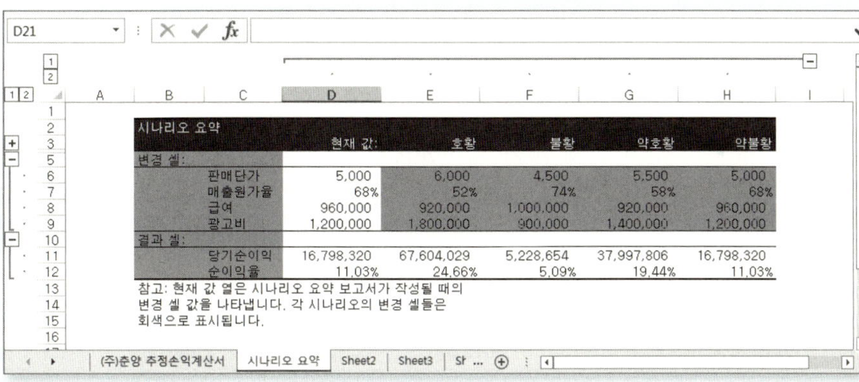

| 시나리오 요약 | 현재 값: | 호황 | 불황 | 약호황 | 약불황 |
|---|---|---|---|---|---|
| 변경 셀: | | | | | |
| 판매단가 | 5,000 | 6,000 | 4,500 | 5,500 | 5,000 |
| 매출원가율 | 68% | 52% | 74% | 58% | 68% |
| 급여 | 960,000 | 920,000 | 1,000,000 | 920,000 | 960,000 |
| 광고비 | 1,200,000 | 1,800,000 | 900,000 | 1,400,000 | 1,200,000 |
| 결과 셀: | | | | | |
| 당기순이익 | 16,798,320 | 67,604,029 | 5,228,654 | 37,997,806 | 16,798,320 |
| 순이익율 | 11.03% | 24.66% | 5.09% | 19.44% | 11.03% |

참고: 현재 값 열은 시나리오 요약 보고서가 작성될 때의 변경 셀 값을 나타냅니다. 각 시나리오의 변경 셀들은 회색으로 표시됩니다.

## 유사 사례 303-2 혼자해보기 ㈜빠른자동차의 추정재무제표 작성

**현황**

㈜빠른자동차는 금융기관에 대출 요청을 위한 구비서류의 하나로 향후 5년에 걸친 추정재무제표를 작성하여 제출하도록 요구받았다. 추정재무제표로는 추정재무상태표와 추정손익계산서를 작성해야 한다. ㈜빠른자동차에서는 지금까지는 추정재무제표가 필요할 때마다 전문 회계기간에 작성을 요청해왔지만, 이번부터는 회사에서 이를 직접 작성해보기로 하였다. 이를 위해 먼저 지난 4년간의 기업 실제 재무제표 자료를 준비하고, 추정재무제표를 작성하는데 적용할 원칙을 다음과 같이 확정하였다.

### ⊙ 과거 4개년의 실제 재무상태표

㈜빠른자동차 재무상태표

제 67 기 2015.12.31 현재
제 68 기 2016.12.31 현재
제 69 기 2017.12.31 현재
제 70 기 2018.12.31 현재

(단위: 백만원)

| | 제 67 기 | 제 68 기 | 제 69 기 | 제 70 기 |
|---|---|---|---|---|
| 자산 | | | | |
| 유동자산 | 9,763,671 | 11,075,187 | 11,139,430 | 13,472,386 |
| 현금및현금성자산 | 1,615,879 | 2,304,169 | 1,903,309 | 2,311,264 |
| 단기금융상품 | 1,298,268 | 1,630,000 | 2,367,230 | 4,035,379 |
| 매출채권 | 2,278,562 | 2,178,699 | 1,801,731 | 2,072,818 |
| 미수금 | 748,366 | 432,453 | 562,767 | 468,210 |
| 선급금 | 45,947 | 54,493 | 67,542 | 30,571 |
| 선급법인세 | 699 | 14,675 | 5,444 | 52,401 |
| 재고자산 | 3,581,101 | 4,302,865 | 4,222,950 | 4,331,367 |
| 기타유동자산 | 194,849 | 157,833 | 208,457 | 170,376 |
| 비유동자산 | 16,511,473 | 19,179,992 | 21,258,884 | 22,709,654 |
| 장기금융상품 | 4,013 | 21,033 | 58,990 | 294,377 |
| 장기매도가능금융자산 | 475,382 | 1,229,673 | 1,606,358 | 1,237,107 |
| 장기성매출채권 | 7,597 | 2,322 | 2,675 | 1,662 |
| 관계회사투자 | 5,558,788 | 6,809,391 | 7,876,179 | 9,197,720 |
| 유형자산 | 8,563,541 | 9,184,385 | 9,721,198 | 9,777,005 |

| | | | | |
|---|---|---|---|---|
| 투자부동산 | 56,763 | 56,100 | 51,434 | 50,254 |
| 무형자산 | 1,361,579 | 1,517,277 | 1,524,001 | 1,715,739 |
| 보증금 | 193,328 | 173,156 | 166,463 | 162,190 |
| 이연법인세자산 | 250,756 | 61,905 | 123,622 | 171,023 |
| 기타비유동자산 | 39,726 | 124,750 | 127,964 | 102,577 |
| 자산총계 | 26,275,144 | 30,255,179 | 32,398,314 | 36,182,040 |
| 부채 | | | | |
| 유동부채 | 11,627,539 | 11,421,924 | 10,000,239 | 10,806,238 |
| 매입채무 | 4,774,977 | 4,825,992 | 4,998,445 | 5,192,589 |
| 단기차입금 | 2,156,534 | 1,588,410 | 1,109,825 | 876,376 |
| 미지급금 | 1,971,381 | 1,744,387 | 1,713,988 | 1,763,692 |
| 선수금 | 160,965 | 148,243 | 240,015 | 179,600 |
| 미지급비용 | 439,283 | 799,220 | 921,097 | 1,119,919 |
| 미지급법인세 | 182,353 | 244,515 | 144,767 | 259,772 |
| 유동성장기부채 | 1,428,676 | 1,509,886 | 289,412 | 758,648 |
| 충당부채 | 481,903 | 502,985 | 531,838 | 617,969 |
| 기타유동부채 | 31,467 | 58,286 | 50,852 | 37,673 |
| 비유동부채 | 4,399,488 | 5,323,545 | 5,550,013 | 5,121,007 |
| 사채 | 1,412,639 | 1,696,312 | 1,520,811 | 1,081,778 |
| 장기차입금 | 1,342,808 | 783,898 | 934,160 | 604,968 |
| 장기선수금 | 118,775 | 128,950 | 41,447 | 43,086 |
| 순확정급여부채 | 64,735 | 274,600 | 21,451 | 171,914 |
| 장기종업원급여충당부채 | 171,723 | 199,587 | 224,864 | 214,238 |
| 장기충당부채 | 805,506 | 1,172,176 | 1,302,510 | 1,422,824 |
| 이연법인세부채 | 461,245 | 1,024,275 | 1,380,163 | 1,484,205 |
| 기타비유동부채 | 22,057 | 43,747 | 124,607 | 97,994 |
| 부채총계 | 16,027,027 | 16,745,469 | 15,550,252 | 15,927,245 |
| 자본 | | | | |
| 지배회사소유주지분 | 9,983,238 | 13,509,721 | 16,848,062 | 20,254,795 |
| 보통주자본금 | 2,101,772 | 2,132,452 | 2,139,317 | 2,139,317 |
| 주식발행초과금 | 1,546,603 | 1,557,966 | 1,560,650 | 1,560,650 |
| 이익잉여금 | 6,113,182 | 9,224,715 | 12,663,024 | 16,301,812 |
| 기타포괄손익누계액 | 70,351 | 443,254 | 334,031 | 101,976 |
| 기타자본항목 | 151,330 | 151,334 | 151,040 | 151,040 |
| 비지배지분 | 264,879 | −11 | | |
| 자본총계 | 10,248,117 | 13,509,710 | 16,848,062 | 20,254,795 |
| 부채와자본총계 | 26,275,144 | 30,255,179 | 32,398,314 | 36,182,040 |

## ⦿ 과거 4개년의 실제 손익계산서

㈜빠른자동차 손익계산서

제 67 기 2015.1.1 – 2015.12.31
제 68 기 2016.1.1 – 2016.12.31
제 69 기 2017.1.1 – 2017.12.31
제 70 기 2018.1.1 – 2018.12.31

(단위: 백만원)

| | 제 67 기 | 제 68 기 | 제 69 기 | 제 70 기 |
|---|---|---|---|---|
| 매출액 | 35,826,955 | 43,190,942 | 47,242,933 | 47,597,897 |
| 매출원가 | 27,905,367 | 33,138,961 | 36,536,005 | 37,511,941 |
| 매출총이익 | 7,921,588 | 10,051,981 | 10,706,928 | 10,085,956 |
| 판매비와관리비 | 5,551,736 | 6,552,893 | 7,184,677 | 6,908,856 |
| 판매비 | 3,715,920 | 4,451,317 | 4,845,860 | 4,411,711 |
| 관리비 | 1,835,816 | 2,101,576 | 2,338,817 | 2,497,145 |
| 영업이익 | 2,369,852 | 3,499,088 | 3,522,251 | 3,177,100 |
| 관계회사투자손익 | 981,661 | 1,336,618 | 1,414,080 | 1,319,585 |
| 금융손익 | −148,642 | −140,114 | 191,650 | 315,833 |
| 금융수익 | 197,551 | 180,102 | 402,795 | 455,275 |
| 금융비용 | 346,193 | 320,216 | 211,145 | 139,442 |
| 기타손익 | 120,176 | 26,058 | 36,075 | 16,058 |
| 기타수익 | 420,545 | 457,378 | 417,339 | 377,188 |
| 기타비용 | 300,369 | 431,320 | 381,264 | 361,130 |
| 법인세비용차감전순이익 | 3,323,047 | 4,721,650 | 5,164,056 | 4,828,576 |
| 법인세비용 | 624,717 | 1,202,414 | 1,299,352 | 1,011,517 |
| 당기 순이익 | 2,698,330 | 3,519,236 | 3,864,704 | 3,817,059 |

## ⦿ 향후 5개년 추정재무상태표 작성 기준

(1) 각 년도의 B/S 항목별 구성비 계산(기준: 해당년도 자산총액)

(2) 각 항목별 구성비의 가중평균(가중치: 최근 순으로 10:4:2:1)

(3) 자산총액의 년간 증가율 계산(=(당년도자산총액 – 전년도자산총액)/전년도자산총액)

(4) 자산총액 증가율에 대한 가중평균 계산(가중치: 최근 순으로 10:4:2)

(5) 가중평균 자산증가율을 사용하여 추정 첫해 자산총액 계산

(6) 추정 첫해 B/S항목들을 2)의 가중평균 구성비로 재구성(위 5)의 추정 자산총액을 기준으로)

(7) 이후 4개년의 자산총액 추정(위 (5)의 자산총액 기준, (4)의 가중평균 증가율 적용)

(8) 나머지 추정연도 구성항목 (5)와 (2) 적용하여 재구성 – 완성

### ⊙ 향후 5개년 추정손익계산서 작성 기준

(1) 연평균매출액증가율계산:(가중치: 최근순으로 10:5:2)

(2) 매출원가율: 최근 2개년 매출원가율의 가중평균(가중치: 최근 순으로 10:4)

(3) 일반관리비/매출액률 계산: 4개년 비율의 가중평균(가중치: 최근 순으로 10:4:2:1)

(4) 기타 수익 및 비용: 마지막 연도의 금액을 향후 계속해서 적용

(5) 법인세율: 최근 3개년 동안 실제 법인세율의 가중평균(가중치: 10:4:2)

(6) 최근 연도 이후 5개년 추정 손익계산서 완성

### 요구사항

1. 위의 작성기준에 따라 향후 5개년의 추정재무상태표와 추정손익계산서를 각각 작성해 보시오.

2. 위의 1.에서 작성된 추정재무상태표와 추정손익계산서에 대해 각각 다음의 추이분석을 수행해 보시오.
   - 4개년 실제 재무상태표와 5개년 추정 재무상태표의 주요항목 추이
     (유동자산, 비유동자산, 자산총계, 유동부채, 비유동부채, 지배회사소유지분, 자본총계)
   - 4개년 실제 손익계산서와 5개년 추정 손익계산서의 주요항목 추이
     (매출액, 매출원가, 영업이익, 법인세차감전순이익, 당기순이익)–(이중축 꺾은선 차트 사용)

3. 위의 1.에서 작성된 추정재무상태표와 추정손익계산서에 대해 각각 다음의 민감도분석을 수행해 보시오(비율구간은 자율적으로 적절히 설정한다).
   - 추정재무상태표: 데이터표1—자산증가율: 8%~15%, 5년 후 자산총액
   - 추정손익계산서: 데이터표2—매출액증가율과 원가율 변화

4. 추정손익계산서에 대해 시나리오분석을 수행하시오.
   - 호황, 약호황, 불황, 약불황으로 구분하되, 각 상황요인은 자유롭게 설정

5. ㈜빠른자동차의 미래 성과 예측
   - 추정재무상태표와 추정손익계산서 분석 결과를 통해 해당기업의 향후 경영성과를 예측해 보시오(500자 내외로 예측 의견 기술).

## 유사 사례 303-2 혼자해보기 Tips & 풀이 요약

### 1단계 추정재무상태표 작성

〈재무상태표 구성비 계산〉

| | A | B | C | D | E | F | G | H | I | J | K | L |
|---|---|---|---|---|---|---|---|---|---|---|---|---|
| 1 | | ㈜빠른자동차 추정재무상태표 작성 | | | | | | | | | | |
| 2 | | | | | | | | | (단위: 백만원) | | | |
| 3 | | | 제 67 기 | | 제 68 기 | | 제 69 기 | | 제 70 기 | | | 가중치 |
| 4 | | 자산 | | | | | | | | | | |
| 5 | | 유동자산 | 9,763,671 | 37.2% | 11,075,187 | 36.6% | 11,139,430 | 34.4% | 13,472,386 | 37.2% | | 36.5% |
| 6 | | 현금및현금성자산 | 1,615,879 | 6.1% | 2,304,169 | 7.6% | 1,903,309 | 5.9% | 2,311,264 | 6.4% | | 6.4% |
| 7 | | 단기금융상품 | 1,298,268 | 4.9% | 1,630,000 | 5.4% | 2,367,230 | 7.3% | 4,035,379 | 11.2% | | 9.2% |
| 8 | | 매출채권 | 2,278,562 | 8.7% | 2,178,699 | 7.2% | 1,801,731 | 5.6% | 2,072,818 | 5.7% | | 6.0% |
| 9 | | 미수금 | 748,366 | 2.8% | 432,453 | 1.4% | 562,767 | 1.7% | 468,210 | 1.3% | | 1.5% |
| 10 | | 선급금 | 45,947 | 0.2% | 54,493 | 0.2% | 67,542 | 0.2% | 30,571 | 0.1% | | 0.1% |
| 11 | | 선급법인세 | 699 | 0.0% | 14,675 | 0.0% | 5,444 | 0.0% | 52,401 | 0.1% | | 0.1% |
| 12 | | 재고자산 | 3,581,101 | 13.6% | 4,302,865 | 14.2% | 4,222,950 | 13.0% | 4,331,367 | 12.0% | | 12.6% |
| 13 | | 기타유동자산 | 194,849 | 0.7% | 157,833 | 0.5% | 208,457 | 0.6% | 170,376 | 0.5% | | 0.5% |
| 14 | | 비유동자산 | 16,511,473 | 62.8% | 19,179,992 | 63.4% | 21,258,884 | 65.6% | 22,709,654 | 62.8% | | 63.5% |
| 15 | | 장기금융상품 | 4,013 | 0.0% | 21,033 | 0.1% | 58,990 | 0.2% | 294,377 | 0.8% | | 0.5% |
| 16 | | 장기매도가능금융자산 | 475,382 | 1.8% | 1,229,673 | 4.1% | 1,606,358 | 5.0% | 1,237,107 | 3.4% | | 3.8% |
| 17 | | 장기성매출채권 | 7,597 | 0.0% | 2,322 | 0.0% | 2,675 | 0.0% | 1,662 | 0.0% | | 0.0% |
| 18 | | 관계회사투자 | 5,558,788 | 21.2% | 6,809,391 | 22.5% | 7,876,179 | 24.3% | 9,197,720 | 25.4% | | 24.6% |
| 19 | | 유형자산 | 8,563,541 | 32.6% | 9,184,385 | 30.4% | 9,721,198 | 30.0% | 9,777,005 | 27.0% | | 28.4% |
| 20 | | 투자부동산 | 56,763 | 0.2% | 56,100 | 0.2% | 51,434 | 0.2% | 50,254 | 0.1% | | 0.2% |
| 21 | | 무형자산 | 1,361,579 | 5.2% | 1,517,277 | 5.0% | 1,524,001 | 4.7% | 1,715,739 | 4.7% | | 4.8% |
| 22 | | 보증금 | 193,328 | 0.7% | 173,156 | 0.6% | 166,463 | 0.5% | 162,190 | 0.4% | | 0.5% |
| 23 | | 이연법인세자산 | 250,756 | 1.0% | 61,905 | 0.2% | 123,622 | 0.4% | 171,023 | 0.5% | | 0.4% |
| 24 | | 기타비유동자산 | 39,726 | 0.2% | 124,750 | 0.4% | 127,964 | 0.4% | 102,577 | 0.3% | | 0.3% |
| 25 | | **자산총계** | **26,275,144** | **100%** | **30,255,179** | **100%** | **32,398,314** | **100%** | **36,182,040** | **100%** | | 100% |
| 26 | | 부채 | | | | | | | | | | |
| 27 | | 유동부채 | 11,627,539 | 44.3% | 11,421,924 | 37.8% | 10,000,239 | 30.9% | 10,806,238 | 29.9% | | 31.9% |
| 28 | | 매입채무 | 4,774,977 | 18.2% | 4,825,992 | 16.0% | 4,998,445 | 15.4% | 5,192,589 | 14.4% | | 15.0% |
| 29 | | 단기차입금 | 2,156,534 | 8.2% | 1,588,410 | 5.3% | 1,109,825 | 3.4% | 876,376 | 2.4% | | 3.3% |
| 30 | | 미지급금 | 1,971,381 | 7.5% | 1,744,387 | 5.8% | 1,713,988 | 5.3% | 1,763,692 | 4.9% | | 5.2% |
| 31 | | 선수금 | 160,965 | 0.6% | 148,243 | 0.5% | 240,015 | 0.7% | 179,600 | 0.5% | | 0.6% |
| 32 | | 미지급비용 | 439,283 | 1.7% | 799,220 | 2.6% | 921,097 | 2.8% | 1,119,919 | 3.1% | | 2.9% |
| 33 | | 미지급법인세 | 182,353 | 0.7% | 244,515 | 0.8% | 144,767 | 0.4% | 259,772 | 0.7% | | 0.7% |
| 34 | | 유동성장기부채 | 1,428,676 | 5.4% | 1,509,886 | 5.0% | 289,412 | 0.9% | 758,648 | 2.1% | | 2.4% |
| 35 | | 충당부채 | 481,903 | 1.8% | 502,985 | 1.7% | 531,838 | 1.6% | 617,969 | 1.7% | | 1.7% |
| 36 | | 기타유동부채 | 31,467 | 0.1% | 58,286 | 0.2% | 50,852 | 0.2% | 37,673 | 0.1% | | 0.1% |
| 37 | | 비유동부채 | 4,399,488 | 16.7% | 5,323,545 | 17.6% | 5,550,013 | 17.1% | 5,121,007 | 14.2% | | 15.4% |
| 38 | | 사채 | 1,412,639 | 5.4% | 1,696,312 | 5.6% | 1,520,811 | 4.7% | 1,081,778 | 3.0% | | 3.8% |
| 39 | | 장기차입금 | 1,342,808 | 5.1% | 783,898 | 2.6% | 934,160 | 2.9% | 604,968 | 1.7% | | 2.3% |
| 40 | | 장기선수금 | 118,775 | 0.5% | 128,950 | 0.4% | 41,447 | 0.1% | 43,086 | 0.1% | | 0.2% |
| 41 | | 순확정급여부채 | 64,735 | 0.2% | 274,600 | 0.9% | 21,451 | 0.1% | 171,914 | 0.5% | | 0.4% |
| 42 | | 장기종업원급여충당부채 | 171,723 | 0.7% | 199,587 | 0.7% | 224,864 | 0.7% | 214,238 | 0.6% | | 0.6% |
| 43 | | 장기충당부채 | 805,506 | 3.1% | 1,172,176 | 3.9% | 1,302,510 | 4.0% | 1,422,824 | 3.9% | | 3.9% |
| 44 | | 이연법인세부채 | 461,245 | 1.8% | 1,024,275 | 3.4% | 1,380,163 | 4.3% | 1,484,205 | 4.1% | | 3.9% |
| 45 | | 기타비유동부채 | 22,057 | 0.1% | 43,747 | 0.1% | 124,607 | 0.4% | 97,994 | 0.3% | | 0.3% |
| 46 | | 부채총계 | 16,027,027 | 61.0% | 16,745,469 | 55.3% | 15,550,252 | 48.0% | 15,927,245 | 44.0% | | 47.3% |
| 47 | | 자본 | | | | | | | | | | |
| 48 | | 지배회사소유주지분 | 9,983,238 | 38.0% | 13,509,721 | 44.7% | 16,848,062 | 52.0% | 20,254,795 | 56.0% | | 52.7% |
| 49 | | 보통주자본금 | 2,101,772 | 8.0% | 2,132,452 | 7.0% | 2,139,317 | 6.6% | 2,139,317 | 5.9% | | 6.3% |
| 50 | | 주식발행초과금 | 1,546,603 | 5.9% | 1,557,966 | 5.1% | 1,560,650 | 4.8% | 1,560,650 | 4.3% | | 4.6% |
| 51 | | 이익잉여금 | 6,113,182 | 23.3% | 9,224,715 | 30.5% | 12,663,024 | 39.1% | 16,301,812 | 45.1% | | 40.7% |
| 52 | | 기타포괄손익누계액 | 70,351 | 0.3% | 443,254 | 1.5% | 334,031 | 1.0% | 101,976 | 0.3% | | 0.6% |
| 53 | | 기타자본항목 | 151,330 | 0.6% | 151,334 | 0.5% | 151,040 | 0.5% | 151,040 | 0.4% | | 0.4% |
| 54 | | 비지배지분 | 264,879 | 1.0% | -11 | 0.0% | | 0.0% | | 0.0% | | 0.1% |
| 55 | | 자본총계 | 10,248,117 | 39.0% | 13,509,710 | 44.7% | 16,848,062 | 52.0% | 20,254,795 | 56.0% | | 52.7% |
| 56 | | 부채와자본총계 | 26,275,144 | **100%** | 30,255,179 | **100%** | 32,398,314 | **100%** | 36,182,040 | **100%** | | 100% |
| 57 | | | | | | | | | | | | |
| 58 | | **〈총자산증가율〉** | | | 15.1% | | 7.1% | | 11.7% | (가중치) | | 11.0% |
| 59 | | | | | | | | | | | | |

## 〈구성비와 증가율 사용 추정재무상태표 작성〉

| | A | B | K | L | M | N | O | P | Q | R | S |
|---|---|---|---|---|---|---|---|---|---|---|---|
| 1 | | | | | | | | | | | |
| 2 | | | | | | | | | | | |
| 3 | | | | 가중치 | | **71기 추정** | **72기** | **73기** | **74기** | **75기** | |
| 4 | | 자산 | | | | | | | | | |
| 5 | | 유동자산 | | 36.5% | | 14,648,490 | 16,254,486 | 18,036,556 | 20,014,004 | 22,208,251 | |
| 6 | | 현금및현금성자산 | | 6.4% | | 2,568,561 | 2,850,166 | 3,162,646 | 3,509,385 | 3,894,138 | |
| 7 | | 단기금융상품 | | 9.2% | | 3,695,410 | 4,100,558 | 4,550,126 | 5,048,981 | 5,602,529 | |
| 8 | | 매출채권 | | 6.0% | | 2,423,278 | 2,688,956 | 2,983,761 | 3,310,887 | 3,673,878 | |
| 9 | | 미수금 | | 1.5% | | 604,486 | 670,759 | 744,298 | 825,900 | 916,448 | |
| 10 | | 선급금 | | 0.1% | | 52,286 | 58,018 | 64,379 | 71,437 | 79,269 | |
| 11 | | 선급법인세 | | 0.1% | | 38,145 | 42,327 | 46,967 | 52,117 | 57,830 | |
| 12 | | 재고자산 | | 12.6% | | 5,052,178 | 5,606,077 | 6,220,702 | 6,902,713 | 7,659,496 | |
| 13 | | 기타유동자산 | | 0.5% | | 214,146 | 237,624 | 263,676 | 292,584 | 324,662 | |
| 14 | | 비유동자산 | | 63.5% | | 25,500,389 | 28,296,139 | 31,398,402 | 34,840,784 | 38,660,574 | |
| 15 | | 장기금융상품 | | 0.5% | | 212,993 | 236,344 | 262,256 | 291,008 | 322,913 | |
| 16 | | 장기매도가능금융자산 | | 3.8% | | 1,510,583 | 1,676,197 | 1,859,968 | 2,063,886 | 2,290,162 | |
| 17 | | 장기성매출채권 | | 0.0% | | 2,910 | 3,229 | 3,583 | 3,976 | 4,412 | |
| 18 | | 관계회사투자 | | 24.6% | | 9,862,873 | 10,944,195 | 12,144,068 | 13,475,490 | 14,952,883 | |
| 19 | | 유형자산 | | 28.4% | | 11,419,822 | 12,671,841 | 14,061,126 | 15,602,725 | 17,313,339 | |
| 20 | | 투자부동산 | | 0.2% | | 61,660 | 68,420 | 75,921 | 84,245 | 93,481 | |
| 21 | | 무형자산 | | 4.8% | | 1,923,540 | 2,134,428 | 2,368,438 | 2,628,103 | 2,916,236 | |
| 22 | | 보증금 | | 0.5% | | 198,813 | 220,610 | 244,797 | 271,636 | 301,417 | |
| 23 | | 이연법인세자산 | | 0.4% | | 179,881 | 199,602 | 221,485 | 245,768 | 272,713 | |
| 24 | | 기타비유동자산 | | 0.3% | | 127,313 | 141,271 | 156,760 | 173,946 | 193,017 | |
| 25 | | **자산총계** | | 100% | | 40,148,879 | 44,550,624 | 49,434,958 | 54,854,788 | 60,868,825 | |
| 26 | | 부채 | | | | | | | | | |
| 27 | | 유동부채 | | 31.9% | | 12,797,718 | 14,200,803 | 15,757,716 | 17,485,323 | 19,402,336 | |
| 28 | | 매입채무 | | 15.0% | | 6,029,422 | 6,690,461 | 7,423,973 | 8,237,905 | 9,141,072 | |
| 29 | | 단기차입금 | | 3.3% | | 1,337,457 | 1,484,090 | 1,646,799 | 1,827,347 | 2,027,689 | |
| 30 | | 미지급금 | | 5.2% | | 2,100,504 | 2,330,794 | 2,586,332 | 2,869,886 | 3,184,528 | |
| 31 | | 선수금 | | 0.6% | | 224,826 | 249,474 | 276,826 | 307,176 | 340,853 | |
| 32 | | 미지급비용 | | 2.9% | | 1,163,835 | 1,291,432 | 1,433,019 | 1,590,129 | 1,764,464 | |
| 33 | | 미지급법인세 | | 0.7% | | 266,336 | 295,535 | 327,937 | 363,890 | 403,785 | |
| 34 | | 유동성장기부채 | | 2.4% | | 943,713 | 1,047,178 | 1,161,986 | 1,289,380 | 1,430,742 | |
| 35 | | 충당부채 | | 1.7% | | 680,280 | 754,863 | 837,623 | 929,456 | 1,031,358 | |
| 36 | | 기타유동부채 | | 0.1% | | 51,346 | 56,975 | 63,221 | 70,153 | 77,844 | |
| 37 | | 비유동부채 | | 15.4% | | 6,187,453 | 6,865,818 | 7,618,556 | 8,453,821 | 9,380,660 | |
| 38 | | 사채 | | 3.8% | | 1,541,347 | 1,710,333 | 1,897,847 | 2,105,918 | 2,336,802 | |
| 39 | | 장기차입금 | | 2.3% | | 910,341 | 1,010,147 | 1,120,895 | 1,243,785 | 1,380,148 | |
| 40 | | 장기선수금 | | 0.2% | | 71,016 | 78,802 | 87,441 | 97,028 | 107,666 | |
| 41 | | 순확정급여부채 | | 0.4% | | 167,156 | 185,483 | 205,818 | 228,383 | 253,422 | |
| 42 | | 장기종업원급여충당부채 | | 0.6% | | 252,000 | 279,628 | 310,285 | 344,303 | 382,051 | |
| 43 | | 장기충당부채 | | 3.9% | | 1,563,905 | 1,735,365 | 1,925,623 | 2,136,739 | 2,371,002 | |
| 44 | | 이연법인세부채 | | 3.9% | | 1,572,579 | 1,744,990 | 1,936,303 | 2,148,590 | 2,384,152 | |
| 45 | | 기타비유동부채 | | 0.3% | | 109,109 | 121,071 | 134,345 | 149,074 | 165,418 | |
| 46 | | 부채총계 | | 47.3% | | 18,985,171 | 21,066,621 | 23,376,272 | 25,939,144 | 28,782,997 | |
| 47 | | 자본 | | | | | - | - | - | - | |
| 48 | | 지배회사소유주지분 | | 52.7% | | 21,139,901 | 23,457,587 | 26,029,373 | 28,883,118 | 32,049,735 | |
| 49 | | 보통주자본금 | | 6.3% | | 2,542,008 | 2,820,702 | 3,129,952 | 3,473,106 | 3,853,882 | |
| 50 | | 주식발행초과금 | | 4.6% | | 1,855,978 | 2,059,460 | 2,285,250 | 2,535,794 | 2,813,808 | |
| 51 | | 이익잉여금 | | 40.7% | | 16,322,575 | 18,112,110 | 20,097,841 | 22,301,280 | 24,746,293 | |
| 52 | | 기타포괄손익누계액 | | 0.6% | | 239,484 | 265,740 | 294,874 | 327,203 | 363,076 | |
| 53 | | 기타자본항목 | | 0.4% | | 179,857 | 199,575 | 221,456 | 245,735 | 272,677 | |
| 54 | | 비지배지분 | | 0.1% | | 23,807 | 26,417 | 29,313 | 32,526 | 36,093 | |
| 55 | | 자본총계 | | 52.7% | | 21,163,708 | 23,484,003 | 26,058,686 | 28,915,645 | 32,085,828 | |
| 56 | | 부채와자본총계 | | 100% | | 40,148,879 | 44,550,624 | 49,434,958 | 54,854,788 | 60,868,825 | |
| 57 | | | | | | | | | | | |
| 58 | | **<총자산증가율>** | | 11.0% | | | | | | | |
| 59 | | | | | | | | | | | |

## 〈손익계산서 관계 비율 계산〉

**㈜빠른자동차 추정손익계산서 작성**

| | 제 67 기 | 제 68 기 | 제 69 기 | 제 70 기 |
|---|---|---|---|---|
| 매출액 | 35,826,955 | 43,190,942 | 47,242,933 | 47,597,897 |
| 매출원가 | 27,905,367 | 33,138,961 | 36,536,005 | 37,511,941 |
| 매출총이익 | 7,921,588 | 10,051,981 | 10,706,928 | 10,085,956 |
| 판매비와관리비 | 5,551,736 | 6,552,893 | 7,184,677 | 6,908,856 |
| 판매비 | 3,715,920 | 4,451,317 | 4,845,860 | 4,411,711 |
| 관리비 | 1,835,816 | 2,101,576 | 2,338,817 | 2,497,145 |
| 영업이익 | 2,369,852 | 3,499,088 | 3,522,251 | 3,177,100 |
| 관계회사투자손익 | 981,661 | 1,336,618 | 1,414,080 | 1,319,585 |
| 금융손익 | - 148,642 | - 140,114 | 191,650 | 315,833 |
| 금융수익 | 197,551 | 180,102 | 402,795 | 455,275 |
| 금융비용 | 346,193 | 320,216 | 211,145 | 139,442 |
| 기타손익 | 120,176 | 26,058 | 36,075 | 16,058 |
| 기타수익 | 420,545 | 457,378 | 417,339 | 377,188 |
| 기타비용 | 300,369 | 431,320 | 381,264 | 361,130 |
| 차감전순이익 | 3,323,047 | 4,721,650 | 5,164,056 | 4,828,576 |
| 법인세비용 | 624,717 | 1,202,414 | 1,299,352 | 1,011,517 |
| 당기 순이익 | 2,698,330 | 3,519,236 | 3,864,704 | 3,817,059 |

| | 제 67 기 | 제 68 기 | 제 69 기 | 제 70 기 | 가중치계산 |
|---|---|---|---|---|---|
| **연평균매출액증가율** | | 20.6% | 9.4% | 0.8% | 5.6% |
| **매출원가율** | | | 77.3% | 78.8% | 78.4% |
| **판매관리비율** | 15.5% | 15.2% | 15.2% | 14.5% | 14.8% |
| | 10.4% | 10.3% | 10.3% | 9.3% | 9.7% |
| | 5.1% | 4.9% | 5.0% | 5.2% | 5.1% |
| 관계회사투자손익 | | | | | 1,319,585 |
| 금융손익 | | | | | 315,833 |
| 금융수익 | | | | | 455,275 |
| 금융비용 | | | | | 139,442 |
| 기타손익 | | | | | 16,058 |
| 기타수익 | | | | | 377,188 |
| 기타비용 | | | | | 361,130 |
| **법인세율** | | 25.5% | 25.2% | 20.9% | 22.6% |

## 〈추정손익계산서 작성〉

**㈜빠른자동차 추정손익계산서 작성**

| | 67기 | 68기 | 69기 | 70기 | 71기 | 72기 | 73기 | 74기 | 75기 |
|---|---|---|---|---|---|---|---|---|---|
| 매출액 | 35,826,955 | 43,190,942 | 47,242,933 | 47,597,897 | **50,272,622** | **53,097,651** | 56,081,430 | 59,232,880 | 62,561,423 |
| 매출원가 | 27,905,367 | 33,138,961 | 36,536,005 | 37,311,535 | **39,408,227** | 41,622,740 | 43,961,695 | 46,432,087 | 49,041,300 |
| 매출총이익 | 7,921,588 | 10,051,981 | 10,706,928 | 10,286,362 | 10,864,395 | 11,474,911 | 12,119,734 | 12,800,793 | 13,520,123 |
| 판매비와관리비 | 5,551,736 | 6,552,893 | 7,184,677 | 7,050,705 | **7,446,913** | 7,865,387 | 8,307,376 | 8,774,202 | 9,267,261 |
| 판매비 | 3,715,920 | 4,451,317 | 4,845,860 | 4,611,411 | **4,870,545** | 5,144,241 | 5,433,318 | 5,738,639 | 6,061,117 |
| 관리비 | 1,835,816 | 2,101,576 | 2,338,817 | 2,439,294 | **2,576,368** | 2,721,145 | 2,874,058 | 3,035,563 | 3,206,144 |
| 영업이익 | 2,369,852 | 3,499,088 | 3,522,251 | 3,235,657 | **3,417,482** | 3,609,524 | 3,812,359 | 4,026,591 | 4,252,862 |
| 관계회사투자손익 | 981,661 | 1,336,618 | 1,414,080 | 1,319,585 | 1,319,585 | 1,319,585 | 1,319,585 | 1,319,585 | 1,319,585 |
| 금융손익 | -148642 | -140,114 | 191,650 | 315,833 | 315,833 | 315,833 | 315,833 | 315,833 | 315,833 |
| 금융수익 | 197,551 | 180,102 | 402,795 | 455,275 | 455,275 | 455,275 | 455,275 | 455,275 | 455,275 |
| 금융비용 | 346,193 | 320,216 | 211,145 | 139,442 | 139,442 | 139,442 | 139,442 | 139,442 | 139,442 |
| 기타손익 | 120,176 | 26,058 | 36,075 | 16,058 | 16,058 | 16,058 | 16,058 | 16,058 | 16,058 |
| 기타수익 | 420,545 | 457,378 | 417,339 | 377,188 | 377,188 | 377,188 | 377,188 | 377,188 | 377,188 |
| 기타비용 | 300,369 | 431,320 | 381,264 | 361,130 | 361,130 | 361,130 | 361,130 | 361,130 | 361,130 |
| 차감전순이익 | 3,323,047 | 4,721,650 | 5,164,056 | 4,887,133 | **5,068,958** | 5,261,000 | 5,463,835 | 5,678,067 | 5,904,338 |
| 법인세비용 | 624,717 | 1,202,414 | 1,299,352 | 1,102,853 | **1,143,884** | 1,187,222 | 1,232,994 | 1,281,339 | 1,332,400 |
| 당기 순이익 | 2,698,330 | 3,519,236 | 3,864,704 | 3,784,280 | **3,925,073** | 4,073,779 | 4,230,841 | 4,396,728 | 4,571,938 |

## 2단계 추이분석 차트

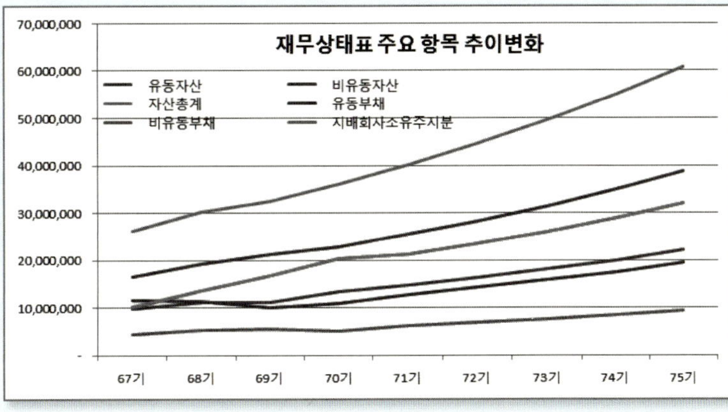


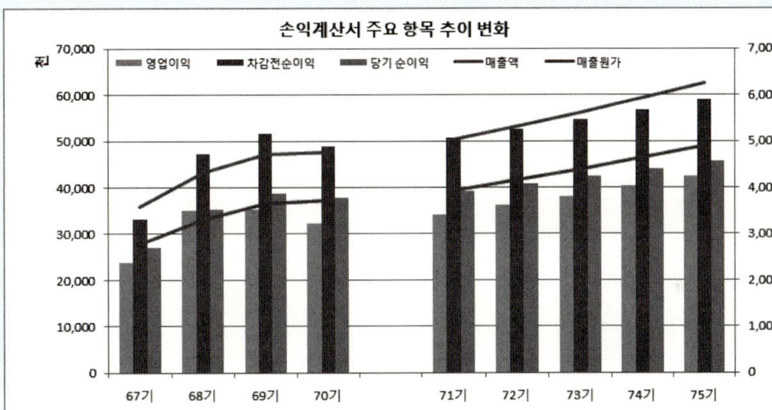


## 3단계 민감도분석

| | A | B | C | D | E | F | G | H | I | J |
|---|---|---|---|---|---|---|---|---|---|---|
| 116 | | | | | | | | | | |
| 117 | | <민감도분석 1> | 자산증가율 변화에 따른 자산총액 변화 추이 | | | | | | | |
| 118 | | | | | | | | | | |
| 119 | | | 8% | 9% | 10% | 11% | 12% | 13% | 14% | 15% |
| 120 | | 60,868,825 | 53,163,287 | 55,670,553 | 58,271,537 | 60,968,842 | 63,765,117 | 66,663,063 | 69,665,427 | 72,775,006 |
| 121 | | | | | | | | | | |

(주)빠른자동차 재무제표 | 추정 재무상태표 | 추정 손익계산서

<민감도분석1> 매출액증가율 변화

| | 4.6% | 4.8% | 5.0% | 5.2% | 5.4% | 5.6% | 5.8% | 6.0% | 6.2% | 6.4% |
|---|---|---|---|---|---|---|---|---|---|---|
| 4,571,938 | 4416052.47 | 4446160.28 | 4476498.79 | 4507069.34 | 4537873.24 | 4568911.85 | 4600186.49 | 4631698.5 | 4663449.24 | 4695440.06 |

<민감도분석2> 매출액증가율, 원가율 변화

| 4,571,938 | 4.6% | 4.8% | 5.0% | 5.2% | 5.4% | 5.6% | 5.8% | 6.0% | 6.2% | 6.4% |
|---|---|---|---|---|---|---|---|---|---|---|
| 70.0% | 8,287,627 | 8,354,890 | 8,422,668 | 8,490,965 | 8,559,783 | 8,629,125 | 8,698,995 | 8,769,394 | 8,840,328 | 8,911,797 |
| 71.0% | 7,826,124 | 7,888,957 | 7,952,273 | 8,016,072 | 8,080,359 | 8,145,135 | 8,210,404 | 8,276,168 | 8,342,431 | 8,409,194 |
| 72.0% | 7,364,620 | 7,423,025 | 7,481,877 | 7,541,179 | 7,600,934 | 7,661,145 | 7,721,813 | 7,782,942 | 7,844,534 | 7,906,591 |
| 73.0% | 6,903,116 | 6,957,092 | 7,011,481 | 7,066,287 | 7,121,510 | 7,177,155 | 7,233,222 | 7,289,716 | 7,346,637 | 7,403,988 |
| 74.0% | 6,441,612 | 6,491,159 | 6,541,085 | 6,591,394 | 6,642,086 | 6,693,165 | 6,744,632 | 6,796,489 | 6,848,740 | 6,901,385 |
| 75.0% | 5,980,108 | 6,025,226 | 6,070,690 | 6,116,501 | 6,162,662 | 6,209,175 | 6,256,041 | 6,303,263 | 6,350,843 | 6,398,782 |
| 76.0% | 5,518,604 | 5,559,293 | 5,600,294 | 5,641,608 | 5,683,238 | 5,725,184 | 5,767,450 | 5,810,037 | 5,852,946 | 5,896,180 |
| 77.0% | 5,057,101 | 5,093,360 | 5,129,898 | 5,166,715 | 5,203,814 | 5,241,194 | 5,278,859 | 5,316,810 | 5,355,049 | 5,393,577 |
| 78.0% | 4,595,597 | 4,627,428 | 4,659,502 | 4,691,823 | 4,724,389 | 4,757,204 | 4,790,269 | 4,823,584 | 4,857,152 | 4,890,974 |
| 79.0% | 4,134,093 | 4,161,495 | 4,189,107 | 4,216,930 | 4,244,965 | 4,273,214 | 4,301,678 | 4,330,358 | 4,359,255 | 4,388,371 |
| 80.0% | 3,672,589 | 3,695,562 | 3,718,711 | 3,742,037 | 3,765,541 | 3,789,224 | 3,813,087 | 3,837,132 | 3,861,358 | 3,885,768 |
| 81.0% | 3,211,085 | 3,229,629 | 3,248,315 | 3,267,144 | 3,286,117 | 3,305,234 | 3,324,497 | 3,343,905 | 3,363,461 | 3,383,165 |
| 82.0% | 2,749,582 | 2,763,696 | 2,777,920 | 2,792,251 | 2,806,693 | 2,821,244 | 2,835,906 | 2,850,679 | 2,865,564 | 2,880,562 |
| 83.0% | 2,288,078 | 2,297,764 | 2,307,524 | 2,317,359 | 2,327,268 | 2,337,254 | 2,347,315 | 2,357,453 | 2,367,667 | 2,377,959 |
| 84.0% | 1,826,574 | 1,831,831 | 1,837,128 | 1,842,466 | 1,847,844 | 1,853,264 | 1,858,724 | 1,864,227 | 1,869,770 | 1,875,356 |
| 85.0% | 1,365,070 | 1,365,898 | 1,366,732 | 1,367,573 | 1,368,420 | 1,369,274 | 1,370,134 | 1,371,000 | 1,371,873 | 1,372,753 |

(주)빠른자동차 재무제표 | 추정 재무상태표 | 추정 손익계산서

## 4단계 시나리오분석

시나리오 요약

| | 현재 값: | 호황 | 약호황 | 약불황 | 불황 |
|---|---|---|---|---|---|
| 변경 셀: | | | | | |
| 매출액증가율 | 5.6% | 7.0% | 6.2% | 5.2% | 4.5% |
| 매출원가율 | 78.4% | 70.0% | 74.0% | 80.0% | 82.0% |
| 판매관리비율 | 14.8% | 12.0% | 14.0% | 16.0% | 18.0% |
| 금융수익 | 455,275 | 500,000 | 480,000 | 430,000 | 400,000 |
| 금융비용 | 139,442 | 120,000 | 130,000 | 150,000 | 170,000 |
| 결과 셀: | | | | | |
| 영업이익 | 4,252,862 | 12,016,532 | 7,715,989 | 2,453,163 | - |
| 당기순이익 | 4,571,938 | 10,583,623 | 7,253,560 | 3,178,367 | 1,278,796 |

참고: 현재 값 열은 시나리오 요약 보고서가 작성될 때의
변경 셀 값을 나타냅니다. 각 시나리오의 변경 셀들은
회색으로 표시됩니다.

(주)빠른자동차 재무제표 | 추정 재무상태표 | 시나리오 요약 | 추정 손익계산서

## 5단계 미래 성과 예측

전반적인 성장기업으로 평가할 수 있음.

CHAPTER

# 04

회계실무 Cases

# 추세분석과 재무보고

# Case 401 ㈜미래로의 판매 추세 예측

## 현황

㈜미래로는 지난 20여 년 간 중소형 가전기계를 제작하여 전국의 제과점과 커피숍을 상대로 판매해 오고 있다. 최근 2년 동안은 다른 제품은 생산하지 않고 제과점용 제빵기계인 테크오븐과 전자동 커피머신인 카페이데아 제품 생산에만 치중해 왔다. 그런데 이 업계에서도 최근 경쟁기업과 유사제품들이 많이 생겨나면서 체계적인 경영을 하지 않으면 업계에서 밀려날 수도 있다는 불안감을 느끼고 있다. 이에 ㈜미래로 정직한 사장은 최근 2개년 간의 제품 판매실적을 분석하여 추세를 예측하고, 향후의 제품 생산과 영업전략 수립에 활용해 보고자 한다.

㈜미래로의 지난 2년 간 제품별/월별 판매량 자료는 다음과 같다.

〈㈜미래로 제품별/월별 판매량 자료〉

(단위: 개)

| 월별 | 데크오븐 | 카페이데아 |
|---|---|---|
| 2017-01 | 483 | 614 |
| 2017-02 | 462 | 624 |
| 2017-03 | 457 | 626 |
| 2017-04 | 483 | 538 |
| 2017-05 | 495 | 520 |
| 2017-06 | 545 | 483 |
| 2017-07 | 516 | 553 |
| 2017-08 | 483 | 525 |
| 2017-09 | 548 | 553 |
| 2017-10 | 527 | 527 |
| 2017-11 | 570 | 473 |
| 2017-12 | 533 | 455 |

| 월별 | 데크오븐 | 카페이데아 |
|---|---|---|
| 2018-01 | 623 | 462 |
| 2018-02 | 664 | 525 |
| 2018-03 | 598 | 538 |
| 2018-04 | 625 | 478 |
| 2018-05 | 668 | 427 |
| 2018-06 | 684 | 466 |
| 2018-07 | 697 | 524 |
| 2018-08 | 638 | 427 |
| 2018-09 | 724 | 418 |
| 2018-10 | 737 | 404 |
| 2018-11 | 690 | 415 |
| 2018-12 | 684 | 435 |

**요구사항**

위의 자료를 토대로 하여 제품별 판매량에 대한 2개년 추세분석을 수행하고, 6개월 후에 각 제품의 판매량이 어떻게 변화할지를 예측해 보시오.

## Case 401 따라하기

**상황분석**

- 추세분석은 꺾은선형 차트를 이용하면 차트에 추세선을 표시하여 방향을 쉽게 예측할 수 있다.
- 또한 추세선에서 예측구간을 설정하여 미래 일정 기간의 예측치를 표시할 수도 있다.

❶ 새 Worksheet에서 새 시트를 선택하고 시트 이름을 '**미래로 판매자료**'로 변경한다.

❷ '미래로 판매자료' 시트에 제품별/월별 판매자료를 다음과 같이 입력해 둔다. 이때 '월별'란에는 '2017 – 1 – 1', '2017 – 2 – 1'과 같이 '일' 자료까지를 포함하여 입력하되, 해당 셀의 '셀 서식'을 [표시형식] – [사용자지정]에서 'yyyy – mm'으로 선택하면 해당 월까지만 표시할 수 있다. 그리고 자동합계(Σ) 기능을 이용하여 오른쪽에 '합계'도 표시해 둔다.

㈜미래로 제품별/월별 판매자료

| 월별 | 데크오븐 | 카페이데아 | 합계 |
|---|---|---|---|
| 2017-01 | 483 | 614 | 1,097 |
| 2017-02 | 462 | 624 | 1,086 |
| 2017-03 | 457 | 626 | 1,083 |
| 2017-04 | 483 | 538 | 1,021 |
| 2017-05 | 495 | 520 | 1,015 |
| 2017-06 | 545 | 483 | 1,028 |
| 2017-07 | 516 | 553 | 1,069 |
| 2017-08 | 483 | 525 | 1,008 |
| 2017-09 | 548 | 553 | 1,101 |
| 2017-10 | 527 | 527 | 1,054 |
| 2017-11 | 570 | 473 | 1,043 |
| 2017-12 | 533 | 455 | 988 |
| 2018-01 | 623 | 462 | 1,085 |
| 2018-02 | 664 | 525 | 1,189 |
| 2018-03 | 598 | 538 | 1,136 |
| 2018-04 | 625 | 478 | 1,103 |
| 2018-05 | 668 | 427 | 1,095 |
| 2018-06 | 684 | 466 | 1,150 |
| 2018-07 | 697 | 524 | 1,221 |
| 2018-08 | 638 | 427 | 1,065 |
| 2018-09 | 724 | 418 | 1,142 |
| 2018-10 | 737 | 404 | 1,141 |
| 2018-11 | 690 | 415 | 1,105 |
| 2018-12 | 684 | 435 | 1,119 |

미래로 판매자료 | Shee ...

❸ 원본자료를 보관하는 의미에서 이 '미래로 판매자료' 시트를 오른쪽 시트에 복사하여 사용하기로 한다. 이때 Ctrl 키를 누른 상태에서 마우스로 시트의 이름부분을 클릭하고 시트 오른쪽으로 끌기 하면 복사본 시트('미래로 판매자료 (2)')가 만들어지긴 하지만, 이 경우에는 두 개의 시트 간에 연동이 이루어지지 않게 된다. 따라서 이 방법을 사용하지 않고, 참조셀 형태로 자료를 복제하기로 한다.

❹ '미래로 판매자료' 시트의 오른쪽 새 시트를 클릭하고, 시트의 이름을 **'추세분석'**으로 변경한다. '추세분석' 시트의 B3 셀을 선택하고 '=**'미래로 판매자료'**!B3'로 입력한다(또는 '='을 입력한 후 마우스로 '미래로 판매자료' 시트의 B3 셀을 클릭하여 입력해도 된다). 그리고 B3 셀에서 자동채우기 핸들로 D3까지 끌기 하고, 또 D27 셀까지 끌기 하여 참조셀 표시를 완성한다(여기서 '합계'란(E열)의 표시를 생략한 것은 추세분석에서 합계자료를 표시하지 않기 때문이다).

❺ 그런데 '추세분석' 시트의 B열에 표시된 '월별' 자료는 앞의 '미래로 판매자료' 시트에 입력했던 것과는 다르게 날짜 표시형식 대신에 모두 숫자로 표시되고 있다. 이는 엑셀에서는 날짜도 일종의 숫자로 인식하고 있으며, 2017년 1월 1일을 해당 숫자인 '42736'으로 표시하고 있는 것이다. 이를 다시 '년-월' 형식으로 표시하기 위해 B4:B27 셀 범위를 선택하고, 오른쪽 마우스 [셀 서식]-[표시형식]-[사용자지정]에서 'yyyy-mm'으로 선택하여 표시한다.

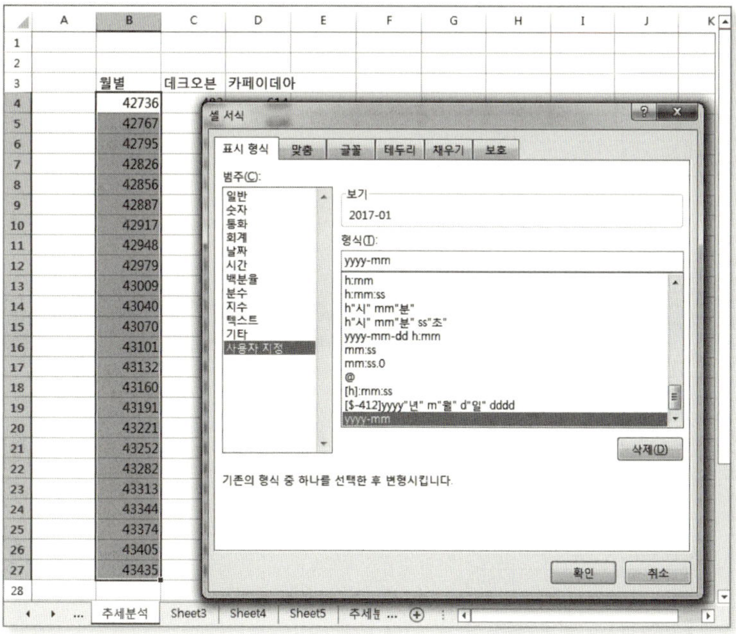

**참고** **날짜의 숫자표시**

엑셀에서는 날짜와 시간까지도 모두 숫자로 인식하고 있다. 엑셀에서는 1900년 1월 1일을 '1'로 정의하고, 하루가 경과할 때마다 1을 추가한 숫자로 대비한다. 따라서 1900년 1월 13일은 숫자 '13'에 해당한다. B4 셀에서는 분명 '2017년 1월 1일'로 입력했지만, 이를 참조하고 있는 '추세분석'시트의 B4 셀에서는 엑셀의 인식대로 숫자 '42736'으로 표시하고 있는 것이다. 즉, 2017년 1월 1일은 1900년 1월 1일부터 42736번째 날이라는 의미이다. 또한 하루 24시간도 '1'의 하위 소숫자릿수로 표시한다. 예컨대 2017년 1월 1일 오후 2:30은 '42736.60417'과 같이 표시된다. 이를 다시 날짜 표시 형식으로 바꾸기 위해서는 [셀 서식]에서 필요한 형식(yyyy-mm-dd, yyyy-mm 또는 mm/dd 등)으로 지정하기만 하면 된다. 엑셀에서 날짜를 인식하는 이러한 특성으로 인해 특정 기간 동안의 이자계산도 가능한 것이다.

❻ 이제 B3:D27 셀 영역을 선택하고 [홈] 탭의 [글꼴]-[테두리]에서 '모든 테두리'로 설정하고, [맞춤]에서 '가운데 맞춤'으로 지정한다. 이와 같이 '미래로 판매자료' 시트를 굳이 '추세분석' 시트에서 다시 참조셀 형식으로 가져온 것은, 향후 '미래로 판매자료' 시트의 자료를 새로운 자료로 변경하기만 하면, 동일한 추세분석 절차 없이도 기존에 표시된 추세분석 차트에서 자동으로 변경된 내용이 반영될 수 있도록 하기 위한 것이다.

❼ 이 판매자료를 차트로 표시하기 위해 B3:D27 셀 범위를 선택하고 [삽입] 탭의 [차트]에서 [2차원 꺾은선형]의 [표식이 있는 꺾은선형]을 선택한다.

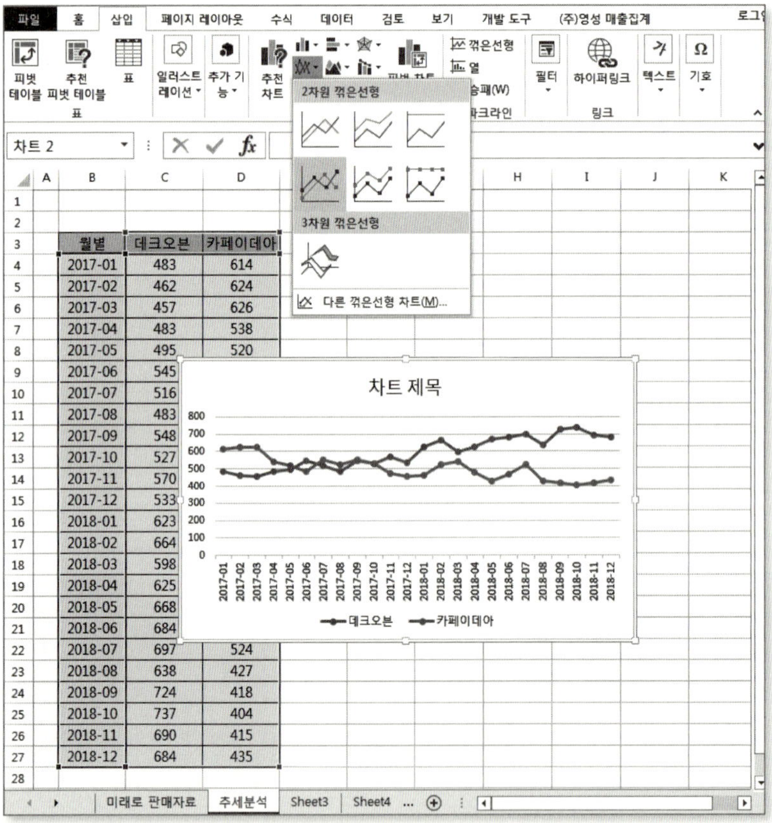

❽ 꺾은선형 차트가 삽입되면 차트를 끌기하여 적절한 위치로 이동하고 차트 크기를 조절하여 표시한다. 그리고 차트 제목을 '㈜**미래로 판매량 예측**'으로 변경한다.

❾ 표시된 차트의 가로축 날짜 표시가 너무 복잡하므로 2개월 단위로 표시하고, 날짜 표시형식도 단순화 해보기로 한다. 날짜가 표시되어 있는 가로축을 마우스로 클릭하여 선택하고, 오른쪽 마우스 [축 서식]에서 [축 옵션]의 [단위]-[주]에 표시된 '1'을 '2'로 수정한다. 그리고 아래

쪽 [표시형식]에서 [범주]를 '사용자지정'으로, [형식]을 'yy－mm'으로 선택한다. 이제 가로축의 표시가 훨씬 단순해졌다.

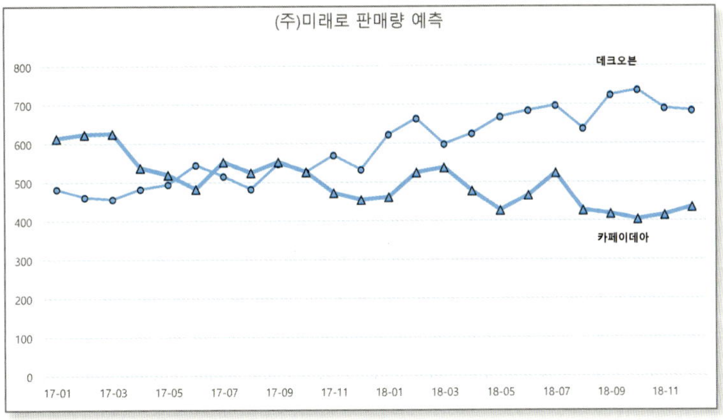


⑩ 그런데 판매량 데이터가 모두 400에서 800 사이의 값들이어서 차트의 아래쪽 공간이 많을 뿐만 아니라, 눈금 자체도 100 단위로 표시되어 있어서 표식 위치의 값들을 비교적 정확하게 가늠해 보는데 불편하다. 따라서 세로축의 표시를 조정하여 이 문제를 해결하기로 한다.

⑪ 차트의 세로축 숫자부분을 클릭하고, 오른쪽 마우스 [축 서식]을 클릭한다. [축 서식]의 [최댓값]은 **'850'**으로, [최솟값]은 **'300'**으로 수정한다. 이로써 차트의 아래 공간이 축소되고, 더불어 세로축 간격도 이전에 '100'에서 '50' 단위로 자동 조정된다. 만일 '50' 단위로 조정되어 있지 않다면 다시 [축 서식]에서 [축 옵션]의 [단위]에서 [주]를 **'50'**으로 설정하면 된다.

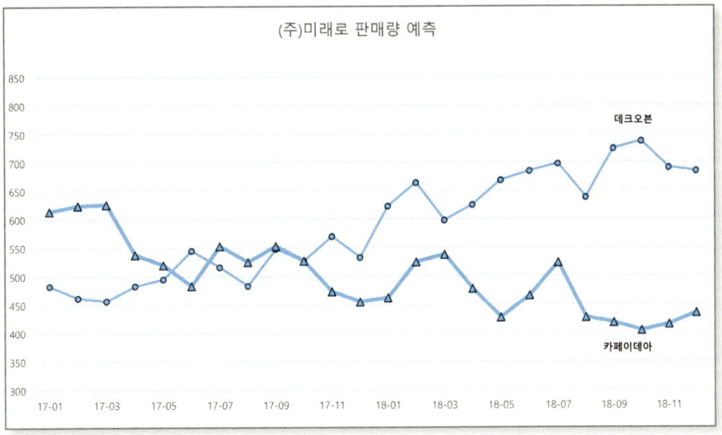

⑫ 차트의 '데코오븐' 상품 판매량 데이터 계열을 마우스로 클릭하고, 오른쪽 마우스에서 [추세선 추가]를 선택한다. 이때 먼저 차트에 자동으로 선형 추세선이 표시되면서 [추세선 서식] 대화상자가 나타난다. [추세선 서식]의 [추세선 옵션]에서 자동으로 표시된 [선형]은 그대로 두고, 아래 [예측]의 [앞으로]를 '0.0' 대신 '6.0' 구간으로 변경한다. 그리고 아래 [수식을 차트에 표시]와 [R-제곱 값을 차트에 표시]에 체크하여 선택한다.

⑬ 이제 [추세선 서식] 대화상자를 닫으면, 차트에 직선형 추세선이 표시되고 추세선 위쪽으로 수식과 R-제곱 값이 표시되어 있다. 또 [예측]에서 '앞으로 6구간'을 선택하였으므로 차트의 오른쪽에 6개월 가량의 빈칸도 삽입되어 있다. 여기서 '앞으로 6구간'은 미래 6개월까지의 예측값을 표시한다는 의미이다. 만일 미래 1년을 예측하고자 하는 경우에는 '6' 대신 '12'로 입력하면 된다.

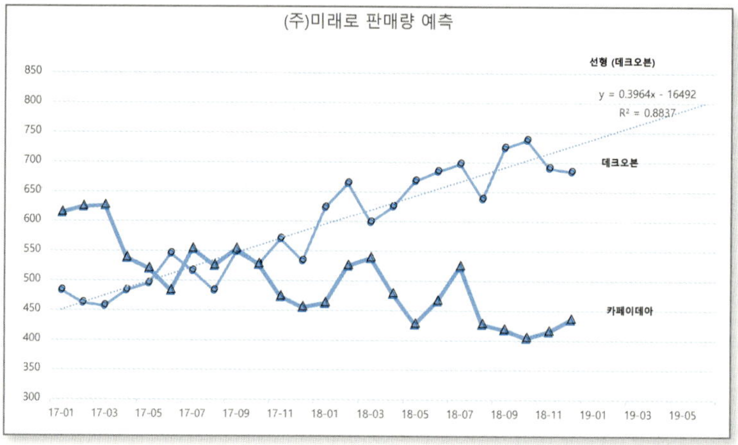


⑭ 표시된 추세선에 의하면, 향후 6개월 후 즉 2019년 6월에는 '데코오븐' 상품의 판매량이 '800'이 될 것으로 예측하고 있다. 그리고 이 예측의 정확성은 R-제곱값이 '0.8837'로 매우 높은 정확도로 예측되고 있음을 표시하고 있다.

⑮ 이제 차트의 또 다른 꺾은선인 '카페이데아' 상품 판매량 데이터 계열을 마우스로 클릭하고, 마찬가지 방법으로 오른쪽 마우스에서 [추세선 추가]를 선택한다. [추세선 서식] 대화상자의 [추세선 옵션]에서 역시 자동 표시된 [선형]은 그대로 두고, 아래 [예측]의 [앞으로]를 '0.0' 대신 '6.0' 구간으로 변경한 후, [수식을 차트에 표시]와 [R-제곱 값을 차트에 표시]에 체크하여 선택한다.

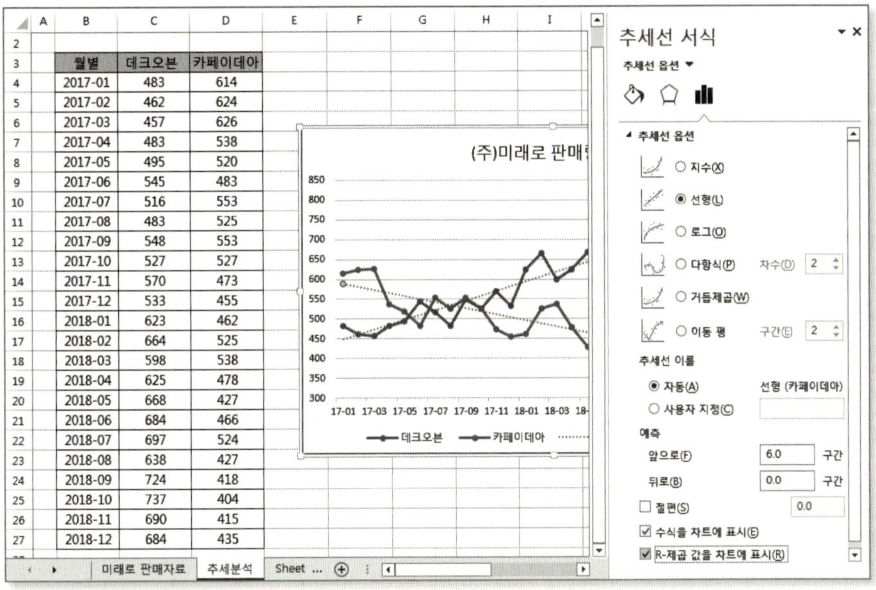

⑯ [추세선 서식] 대화상자를 닫으면 '카페이데아' 상품의 꺾은선 차트에 직선형 추세선이 표시되고, 추세선 끝 부분에 수식과 R-제곱 값이 표시된다. 마찬가지로 추세선은 6개월 이후의 예측값까지를 표시하고 있다.

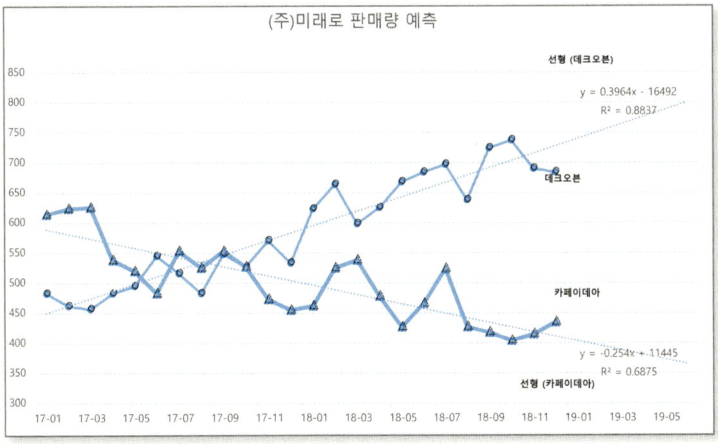


⑰ 추세선이 표시하고 있는 예측값에 의하면, '카페이데아' 상품의 경우에는 6개월 후 판매량이 '360'까지도 떨어질 수 있는 것으로 예측되고 있다. 다만, 이 예측치는 앞의 '데코오븐' 상품의 예측에 비해 상대적으로 낮은 정확도(R-제곱 값 0.6875)로 예측되고 있다.

참고

**추세선의 수식과 R-제곱 값의 의미**

추세선에 표시되는 수식에서 'x' 앞의 숫자는 해당 추세선의 기울기를 의미한다. 이 기울기가 양(+)의 숫자이면 점차 증가하는 추세임을 표시하고, 또 기울기가 크면 클수록 가파르게 증가하는 경향을 표시한다. 반대로 '카페이데아' 상품의 추세선 수식에서와 같이 기울기가 음(−)인 경우에는 점차 감소하는 경향에 있음을 의미한다.

추세선에 표시된 R−제곱값은 이러한 추세선의 정확도를 나타내는 계수인데, R−제곱값은 0부터 1까지로 표시되고, 1에 가까울수록 표시된 추세선의 정확도가 높다는 것을 의미한다. 따라서 추세선은 R−제곱값이 일정 비율 이상으로 높은 경우에 보다 정확하게 예측된다고 할 수 있다.

⑱ 이러한 예측은 비교적 장기간(이 경우에는 24개월)의 전반적인 추세를 직선 형태로 가정하여 표시한 것이다. 따라서 '데코오븐' 상품의 경우에는 최근 2개월의 판매량이 크게 감소했음에도 불구하고, 전반적인 추세에서 증가 경향을 보이고 있어서, 이를 감안한다면 6개월 후에는 '800'까지 증가할 것으로 예측하고 있는 것이다. 이에 반해 '카페이데아' 상품의 경우에는 최근 2개월의 판매량이 다시 회복되는 경향을 보이고 있음에도 불구하고, 지난 24개월의 전반적인 추세에서 감소하는 경향을 보이고 있으로 이러한 추세를 반영하여 6개월 후에는 '360'까지도 떨어질 수 있을 것으로 예측하고 있다.

⑲ 따라서 이제 추세선을 '선형'이 아닌 다른 방법으로도 설정하여 비교해 볼 필요도 있을 것이다. 이전에 작성해 놓은 차트와 비교해 보기 위해, 먼저 차트 자체를 복사하여 아래쪽에 나란히 표시해 놓는다. 그리고 아래쪽에 복사된 차트에서 '데코오븐' 상품과 '카페이데아' 상품의 꺾은선에 표시된 추세선을 각각 선택하고 Delete키를 눌러 지운다. 아래쪽 차트는 다시 위의 ⑪에서의 차트와 같은 형식으로 바뀌어 있다.

⑳ 다시 차트의 '데코오븐' 상품 판매량 데이터 계열을 마우스로 클릭하고, 오른쪽 마우스에서 [추세선 추가]를 선택한다. [추세선 서식] 대화상자의 [추세선 옵션]에서 이번에는 [선형] 대신 [다항식]을 선택하고, 옆의 [차수]를 '2'로 설정한다. 아래 [예측]에서는 이전과 마찬가지로 [앞으로]를 '6.0' 구간으로 설정하고, [수식을 차트에 표시]와 [R−제곱 값을 차트에 표시]에 체크하여 선택한다.

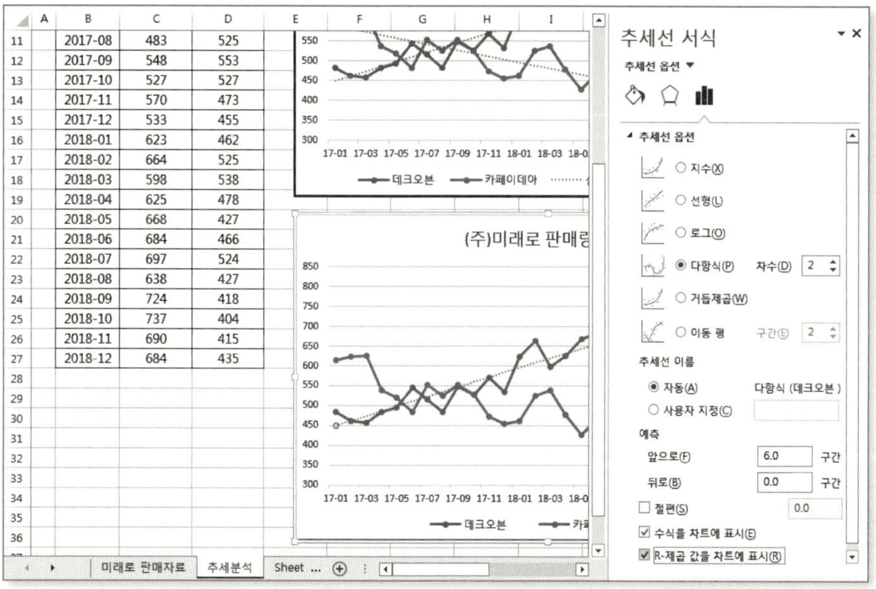

㉑ [추세선 서식] 대화상자를 닫으면 '데코오븐' 상품의 꺾은선 차트에 다항식 추세선이 표시되고, 추세선 끝 부분에 수식과 R－제곱 값이 표시된다. 다항식 추세선의 경우에도 위의 선형 추세선과 매우 유사하게 추정하고 있으며, R－제곱값도 거의 같게 표시된다.

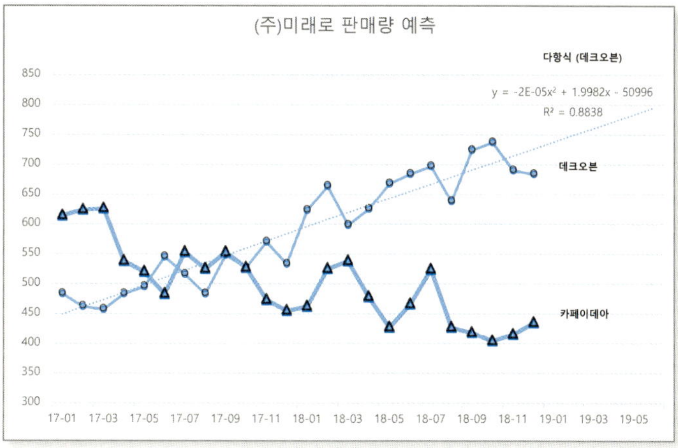


㉒ 다항식 추세선이 표시되어 있는 상태에서 다시 '데코오븐' 상품 판매량 데이터 계열을 마우스로 클릭하고, 오른쪽 마우스에서 [추세선 추가]를 선택한다. [추세선 서식] 대화상자의 [추세선 옵션]에서 이번에는 [지수]를 선택하고 예측구간과 나머지 표시설정을 앞과 같게 선택한다. 이제 또 하나의 추세선(지수 선택)이 표시되는데, 이번에는 좀 더 높은 증가추세를 보이는 추세선으로 표시하고 있다. R－제곱값도 조금 높아졌다.

㉓ 이제 차트의 '카페이데아' 상품 판매량 데이터 계열을 마우스로 클릭하고, 위의 '데코오븐' 상품의 경우와 같은 절차로 [다항식] 및 [지수] 추세선을 각각 추가해 본다. 이때 다른 설정은 모두 같게 한다.

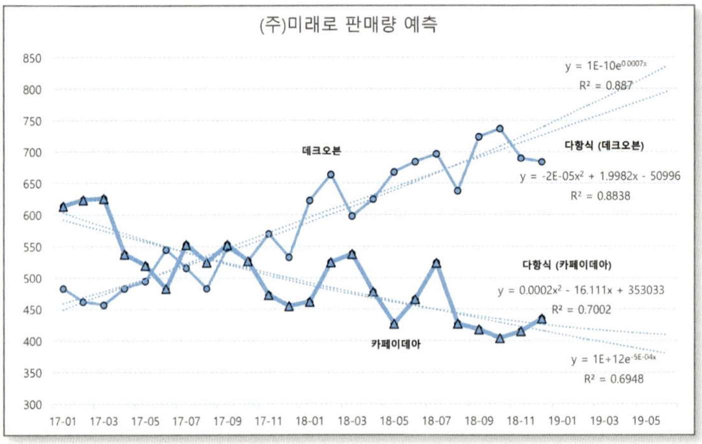


㉔ 그런데 '카페이데아' 상품의 추세선의 경우에는 '데코오븐' 상품의 경우와는 달리 [다항식] 추세선이 [지수] 추세선에 비해 보다 낮은 기울기로 감소하는 경향을 예측하고 있으며 R－제곱값도 조금 높게 나타나고 있다.

㉕ 이와 같이 어떤 유형의 추세선을 선택하느냐에 따라 다소 다른 예측치를 보여주고 있지만, 전체적으로는 큰 흐름에는 차이가 많지 않음을 알 수 있다. 이들 여러 가지 방법 중에서는 R－제곱값이 높은 추세예측방법을 선택하는 것이 추천되고 있다.

**참고**

### 어떤 추세선 종류를 선택하는 것이 좋을까?

엑셀에서는 [지수], [선형], [로그], [다항식], [거듭제곱], [이동평균]의 6가지 종류 추세선 형식 중에서 선택할 수 있도록 하고 있다. 이 중 어떤 추세선을 선택하는 것이 좋을까 하는 판단은 결국 표시하고자 하는 데이터의 장기적인 동향을 살펴보고, 이와 어울리는 추세선 종류를 선택하도록 해야 한다. 이들 6가지 추세선은 각각 다음의 경우에 적용하는 것이 이상적이다.

- 지수 추세선: 지수방정식에 의해 추세선이 만들어지므로 데이터가 음수이거나 0의 값을 갖는 경우에는 사용할 수 없다. 데이터 값의 증가율이나 감소율이 아주 높을 때보다 유용하다.
- 선형 추세선: 데이터 값이 일정 형태로 증가 또는 감소하는 경향을 보이는 경우에 적용이 유용하다.
- 로그 추세선: 증가 또는 감소 추세가 둔화되고 있다고 판단되는 데이터에 적용이 유용하다.
- 다항식 추세선: 데이터가 곡선 형태로 증가하는 경향을 보이는 경우에 적용이 유용하다. 다항식 차수는 보통 2를 쓰지만, 정확도는 떨어지더라도 보다 과감한 예측을 해보고자 하는 경우에는 3 또는 4를 쓸 수도 있다.

- 거듭제곱 추세선: 로그 추세선과 유사한 특성을 갖는다. 따라서 로그 추세선과 비교하여 정확도가 높게 표시되는 방법을 선택하는 것이 좋다.
- 이동평균 추세선: 데이터값과 평균선과의 평균값으로 계산하며, 데이터의 추세나 변동상황을 완만하게 표시해주는 특징이 있다.

## 유사 사례 401-1 혼자해보기 ㈜파라의 자동차 판매 피벗분석

**현황**

국내 자동차판매 대행회사인 ㈜파라는 2000년도에 전국 주요 4개도시(서울, 부산, 대구, 광주)의 지점을 통해 판매된 자동차판매 현황자료를 분석하여 2001년도의 판매계획에 활용하고자 한다. 이를 위해 자동차판매 현황자료 중 자동차 생산회사, 판매지역, 구매자의 직업, 성별 자료 등을 아래와 같이 정리해 보았다.

〈2001년도 자동차판매현황〉

| 생산회사 | 판매지역 | 직업 | 성별 |
|---|---|---|---|
| 현명자동차 | 서울 | 공무원 | 남자 |
| 현명자동차 | 대구 | 사업가 | 여자 |
| 현명자동차 | 서울 | 사업가 | 남자 |
| 대복자동차 | 서울 | 회사원 | 남자 |
| 대복자동차 | 광주 | 공무원 | 여자 |
| 삼도자동차 | 광주 | 회사원 | 여자 |
| 삼도자동차 | 부산 | 공무원 | 남자 |
| 현명자동차 | 부산 | 공무원 | 남자 |
| 대복자동차 | 대구 | 회사원 | 여자 |
| 현명자동차 | 광주 | 회사원 | 남자 |
| 현명자동차 | 서울 | 공무원 | 남자 |
| 삼도자동차 | 서울 | 사업가 | 남자 |
| 현명자동차 | 대구 | 사업가 | 여자 |
| 대복자동차 | 서울 | 회사원 | 남자 |
| 현명자동차 | 대구 | 공무원 | 남자 |
| 현명자동차 | 광주 | 회사원 | 남자 |
| 대복자동차 | 서울 | 교사 | 여자 |
| 삼도자동차 | 서울 | 사업가 | 남자 |
| 삼도자동차 | 광주 | 사업가 | 남자 |
| 현명자동차 | 광주 | 공무원 | 남자 |
| 쌍광자동차 | 부산 | 교사 | 남자 |
| 현명자동차 | 부산 | 회사원 | 남자 |
| 쌍광자동차 | 대구 | 교사 | 남자 |
| 대복자동차 | 부산 | 교사 | 여자 |
| 대복자동차 | 광주 | 공무원 | 남자 |
| 현명자동차 | 부산 | 학생 | 남자 |
| 현명자동차 | 부산 | 회사원 | 남자 |
| 대복자동차 | 광주 | 교사 | 여자 |
| 현명자동차 | 대구 | 공무원 | 남자 |
| 현명자동차 | 광주 | 교사 | 남자 |
| 현명자동차 | 부산 | 공무원 | 남자 |
| 대복자동차 | 서울 | 교사 | 여자 |
| 현명자동차 | 부산 | 공무원 | 남자 |
| 삼도자동차 | 대구 | 공무원 | 남자 |
| 대복자동차 | 부산 | 교사 | 남자 |
| 삼도자동차 | 광주 | 사업가 | 남자 |
| 대복자동차 | 서울 | 공무원 | 남자 |
| 대복자동차 | 서울 | 사업가 | 남자 |
| 삼도자동차 | 서울 | 교사 | 여자 |
| 삼도자동차 | 서울 | 사업가 | 여자 |
| 쌍광자동차 | 대구 | 교사 | 남자 |
| 현명자동차 | 광주 | 사업가 | 남자 |
| 현명자동차 | 대구 | 회사원 | 남자 |
| 현명자동차 | 서울 | 교사 | 남자 |
| 쌍광자동차 | 서울 | 공무원 | 남자 |
| 삼도자동차 | 서울 | 사업가 | 남자 |
| 삼도자동차 | 부산 | 회사원 | 남자 |
| 현명자동차 | 광주 | 회사원 | 남자 |
| 삼도자동차 | 서울 | 사업가 | 여자 |
| 대복자동차 | 서울 | 공무원 | 남자 |
| 현명자동차 | 서울 | 교사 | 남자 |
| 현명자동차 | 서울 | 교사 | 남자 |

| 생산회사 | 판매지역 | 직업 | 성별 |
|---|---|---|---|
| 현명자동차 | 사울 | 학생 | 여자 |
| 쌍광자동차 | 서울 | 사업가 | 남자 |
| 대복자동차 | 서울 | 공무원 | 여자 |
| 현명자동차 | 광주 | 공무원 | 남자 |
| 삼도자동차 | 광주 | 사업가 | 남자 |
| 삼도자동차 | 부산 | 공무원 | 남자 |
| 현명자동차 | 서울 | 공무원 | 남자 |
| 대복자동차 | 서울 | 사업가 | 남자 |
| 대복자동차 | 서울 | 공무원 | 여자 |
| 쌍광자동차 | 부산 | 사업가 | 남자 |
| 현명자동차 | 광주 | 사업가 | 남자 |
| 삼도자동차 | 부산 | 회사원 | 남자 |
| 삼도자동차 | 광주 | 사업가 | 남자 |
| 현명자동차 | 광주 | 사업가 | 남자 |
| 현명자동차 | 대구 | 공무원 | 남자 |
| 쌍광자동차 | 부산 | 공무원 | 남자 |
| 삼도자동차 | 부산 | 사업가 | 남자 |
| 현명자동차 | 대구 | 사업가 | 남자 |
| 쌍광자동차 | 서울 | 교사 | 남자 |
| 삼도자동차 | 대구 | 사업가 | 남자 |
| 현명자동차 | 대구 | 회사원 | 여자 |
| 대복자동차 | 대구 | 사업가 | 남자 |
| 쌍광자동차 | 부산 | 공무원 | 남자 |
| 삼도자동차 | 서울 | 교사 | 남자 |
| 삼도자동차 | 부산 | 교사 | 남자 |
| 현명자동차 | 대구 | 공무원 | 남자 |
| 삼도자동차 | 부산 | 사업가 | 남자 |
| 현명자동차 | 부산 | 공무원 | 남자 |
| 삼도자동차 | 대구 | 회사원 | 여자 |
| 쌍광자동차 | 광주 | 공무원 | 남자 |
| 현명자동차 | 부산 | 공무원 | 남자 |
| 대복자동차 | 부산 | 교사 | 남자 |
| 쌍광자동차 | 서울 | 교사 | 남자 |
| 삼도자동차 | 서울 | 사업가 | 여자 |
| 쌍광자동차 | 서울 | 학생 | 남자 |
| 현명자동차 | 대구 | 회사원 | 여자 |
| 대복자동차 | 서울 | 공무원 | 남자 |
| 현명자동차 | 부산 | 사업가 | 남자 |
| 현명자동차 | 대구 | 공무원 | 남자 |

| 생산회사 | 판매지역 | 직업 | 성별 |
|---|---|---|---|
| 삼도자동차 | 대구 | 회사원 | 남자 |
| 삼도자동차 | 서울 | 공무원 | 남자 |
| 쌍광자동차 | 광주 | 교사 | 남자 |
| 현명자동차 | 부산 | 학생 | 남자 |
| 대복자동차 | 서울 | 학생 | 여자 |
| 현명자동차 | 광주 | 공무원 | 남자 |
| 대복자동차 | 부산 | 공무원 | 남자 |
| 현명자동차 | 대구 | 공무원 | 남자 |
| 삼도자동차 | 부산 | 사업가 | 남자 |
| 쌍광자동차 | 서울 | 공무원 | 남자 |
| 쌍광자동차 | 부산 | 교사 | 남자 |
| 현명자동차 | 광주 | 공무원 | 여자 |
| 대복자동차 | 광주 | 교사 | 남자 |
| 현명자동차 | 서울 | 회사원 | 남자 |
| 현명자동차 | 서울 | 회사원 | 남자 |
| 삼도자동차 | 서울 | 사업가 | 남자 |
| 삼도자동차 | 서울 | 사업가 | 여자 |
| 삼도자동차 | 대구 | 사업가 | 여자 |
| 쌍광자동차 | 부산 | 학생 | 남자 |
| 쌍광자동차 | 서울 | 학생 | 여자 |
| 현명자동차 | 부산 | 회사원 | 남자 |
| 대복자동차 | 대구 | 공무원 | 남자 |
| 대복자동차 | 부산 | 회사원 | 남자 |
| 대복자동차 | 서울 | 공무원 | 남자 |
| 삼도자동차 | 서울 | 사업가 | 남자 |
| 현명자동차 | 서울 | 사업가 | 남자 |
| 대복자동차 | 서울 | 공무원 | 남자 |
| 쌍광자동차 | 광주 | 회사원 | 남자 |
| 쌍광자동차 | 부산 | 교사 | 남자 |
| 대복자동차 | 서울 | 회사원 | 남자 |
| 현명자동차 | 대구 | 회사원 | 남자 |
| 쌍광자동차 | 부산 | 교사 | 남자 |
| 삼도자동차 | 부산 | 공무원 | 남자 |
| 현명자동차 | 대구 | 교사 | 남자 |
| 현명자동차 | 부산 | 공무원 | 남자 |
| 현명자동차 | 서울 | 교사 | 여자 |
| 대복자동차 | 부산 | 회사원 | 여자 |
| 현명자동차 | 대구 | 교사 | 남자 |
| 현명자동차 | 서울 | 회사원 | 남자 |

**요구사항**

위 자료를 토대로 다음의 분석을 수행하시오.

1. 생산회사별 자동차판매빈도
2. 지역별/생산회사별 자동차판매빈도
3. 직업별/생산회사별 자동차판매빈도
4. 성별/생산회사별 자동차판매빈도
5. 위 1.의 피벗테이블을 백분율로 표시하기
6. 위 1.~5.의 피벗테이블을 피벗챠트로 표시하기
7. 위 2.의 피벗테이블에서 각 지역별로 현명자동차 판매대수에 대한 다른 자동차의 상대적인 판매빈도를 백분율로 표시

## 유사 사례 401-1 혼자해보기 Tips & 풀이 요약

### 1단계 생산회사별 판매빈도(피벗테이블)

| 개수:성별 | |
|---|---|
| 생산회사 | 합계 |
| 대복자동차 | 98 |
| 삼도자동차 | 88 |
| 쌍광자동차 | 70 |
| 현명자동차 | 136 |
| 총 합계 | 392 |

요구1 | 요구2 | 요구3 | 요구4 | 요구5 | 요구6 | Sh

### 2단계 지역별/생산회사별 판매빈도(피벗테이블)

| 개수:성별 | 판매지역 | | | | |
|---|---|---|---|---|---|
| 생산회사 | 광주 | 대구 | 부산 | 서울 | 총 합계 |
| 대복자동차 | 18 | 14 | 22 | 44 | 98 |
| 삼도자동차 | 13 | 15 | 20 | 40 | 88 |
| 쌍광자동차 | 13 | 16 | 20 | 21 | 70 |
| 현명자동차 | 28 | 44 | 30 | 34 | 136 |
| 총 합계 | 72 | 89 | 92 | 139 | 392 |

요구1 | 요구2 | 요구3 | 요구4 | 요구5 | 요구6 | Sheet6

### 3단계 직업별/생산회사별 판매빈도(피벗테이블)

| 개수:성별 | 직업 | | | | | |
|---|---|---|---|---|---|---|
| 생산회사 | 공무원 | 교사 | 사업가 | 학생 | 회사원 | 총 합계 |
| 대복자동차 | 24 | 14 | 16 | 10 | 34 | 98 |
| 삼도자동차 | 7 | 8 | 60 | 4 | 9 | 88 |
| 쌍광자동차 | 17 | 10 | 16 | 8 | 19 | 70 |
| 현명자동차 | 47 | 18 | 17 | 12 | 42 | 136 |
| 총 합계 | 95 | 50 | 109 | 34 | 104 | 392 |

요구1 | 요구2 | 요구3 | 요구4 | 요구5 | 요구6 | Sheet6

### 4단계 성별/생산회사별 판매빈도(피벗테이블)

| 개수:직업 | 성별 | | |
|---|---|---|---|
| 생산회사 | 남자 | 여자 | 총 합계 |
| 대복자동차 | 72 | 26 | 98 |
| 삼도자동차 | 70 | 18 | 88 |
| 쌍광자동차 | 62 | 8 | 70 |
| 현명자동차 | 111 | 25 | 136 |
| 총 합계 | 315 | 77 | 392 |

요구1 | 요구2 | 요구3 | 요구4 | 요구5 | 요구6 | She

## 5단계 백분율 표시

| 개수:판매지역 | |
|---|---|
| 생산회사 | 합계 |
| 대복자동차 | 25.00% |
| 삼도자동차 | 22.45% |
| 쌍광자동차 | 17.86% |
| 현명자동차 | 34.69% |
| 총 합계 | 100.00% |

## 6단계 피벗차트 표시

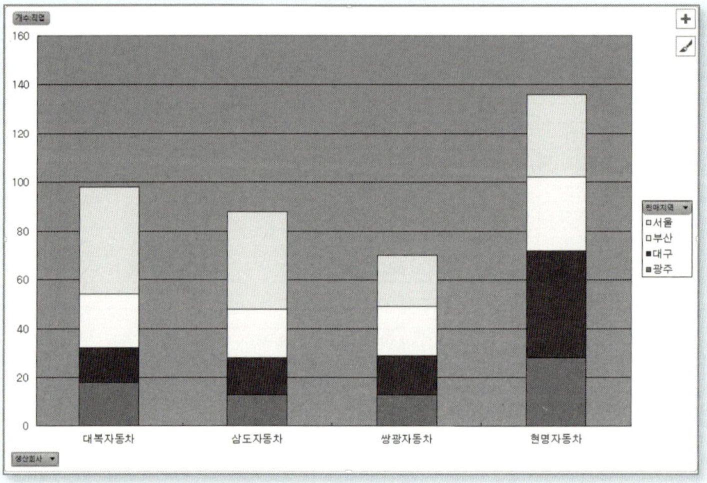


## 7단계 상대적 판매빈도 백분율 표시

| 개수:직업 | 판매지역 | | | | |
|---|---|---|---|---|---|
| 생산회사 | 광주 | 대구 | 부산 | 서울 | 총 합계 |
| 대복자동차 | 64.29% | 31.82% | 73.33% | 129.41% | 72.06% |
| 삼도자동차 | 46.43% | 34.09% | 66.67% | 117.65% | 64.71% |
| 쌍광자동차 | 46.43% | 36.36% | 66.67% | 61.76% | 51.47% |
| 현명자동차 | 100.00% | 100.00% | 100.00% | 100.00% | 100.00% |
| 총 합계 | | | | | |

## 유사 사례 401-2 혼자해보기 ㈜러블리의 수입자동차 판매 피벗분석

### 현황

수입차 전문 판매회사인 ㈜러블리는 지난 1년 동안의 수입차 판매실적자료를 통해 내년 영업전략에 활용하기 위한 분석을 수행하고자 한다.

지난 1년 동안의 수입차 판매현황은 다음과 같다.

〈수입차 판매현황〉

| 수입차종 | 영업소 | 색상 | 규격 | 구매자 성별 | 판매금액 | 현금 | 할부 |
|---|---|---|---|---|---|---|---|
| 쉐브레 | 경기 | 은색 | 경차 | 여성 | 18,000,000 | 8,000,000 | 10,000,000 |
| 쉐브레 | 서울 | 검은색 | 중형 | 남성 | 35,000,000 | 20,000,000 | 15,000,000 |
| 아우디 | 경기 | 검은색 | 고급 | 여성 | 54,000,000 | 30,000,000 | 24,000,000 |
| BMW | 충청 | 흰색 | 경차 | 여성 | 18,000,000 | 10,000,000 | 8,000,000 |
| BMW | 전라 | 은색 | 중형 | 남성 | 23,000,000 | 10,000,000 | 13,000,000 |
| 도요다 | 전라 | 흰색 | 중형 | 남성 | 35,000,000 | 13,000,000 | 22,000,000 |
| 도요다 | 경상 | 은색 | 경차 | 여성 | 18,000,000 | 5,000,000 | 13,000,000 |
| 쉐브레 | 경상 | 은색 | 경차 | 여성 | 18,000,000 | 5,000,000 | 13,000,000 |
| BMW | 서울 | 흰색 | 경차 | 남성 | 18,000,000 | 10,000,000 | 8,000,000 |
| 아우디 | 전라 | 흰색 | 고급 | 여성 | 41,000,000 | 20,000,000 | 21,000,000 |
| 쉐브레 | 충청 | 은색 | 고급 | 여성 | 54,000,000 | 20,000,000 | 34,000,000 |
| 도요다 | 경기 | 검은색 | 중형 | 여성 | 23,000,000 | 12,000,000 | 11,000,000 |
| 쉐브레 | 서울 | 검은색 | 중형 | 남성 | 23,000,000 | 9,000,000 | 14,000,000 |
| BMW | 경기 | 흰색 | 중형 | 여성 | 35,000,000 | 15,000,000 | 20,000,000 |
| 아우디 | 서울 | 은색 | 고급 | 여성 | 41,000,000 | 20,000,000 | 21,000,000 |
| 쉐브레 | 전라 | 흰색 | 고급 | 여성 | 41,000,000 | 13,000,000 | 28,000,000 |
| BMW | 경기 | 고동색 | 고급 | 남성 | 54,000,000 | 24,000,000 | 30,000,000 |
| 도요다 | 경기 | 검은색 | 경차 | 여성 | 18,000,000 | 10,000,000 | 8,000,000 |
| 아우디 | 전라 | 검은색 | 중형 | 여성 | 23,000,000 | 10,000,000 | 13,000,000 |
| 쉐브레 | 전라 | 은색 | 경차 | 여성 | 18,000,000 | 7,000,000 | 11,000,000 |
| 도요다 | 충청 | 고동색 | 중형 | 여성 | 35,000,000 | 15,000,000 | 20,000,000 |
| 쉐브레 | 경상 | 흰색 | 고급 | 여성 | 54,000,000 | 24,000,000 | 30,000,000 |
| 도요다 | 서울 | 고동색 | 고급 | 여성 | 41,000,000 | 21,000,000 | 20,000,000 |
| BMW | 경상 | 고동색 | 경차 | 남성 | 18,000,000 | 6,000,000 | 12,000,000 |
| BMW | 충청 | 은색 | 고급 | 여성 | 41,000,000 | 21,000,000 | 20,000,000 |
| 쉐브레 | 경상 | 빨간색 | 중형 | 여성 | 23,000,000 | 10,000,000 | 13,000,000 |
| 아우디 | 경기 | 빨간색 | 중형 | 남성 | 35,000,000 | 15,000,000 | 20,000,000 |
| 도요다 | 경기 | 검은색 | 고급 | 여성 | 54,000,000 | 24,000,000 | 30,000,000 |
| BMW | 경기 | 은색 | 경차 | 남성 | 18,000,000 | 8,000,000 | 10,000,000 |
| 쉐브레 | 전라 | 은색 | 중형 | 여성 | 35,000,000 | 15,000,000 | 20,000,000 |
| 도요다 | 전라 | 검은색 | 중형 | 여성 | 23,000,000 | 10,000,000 | 13,000,000 |
| 아우디 | 경상 | 은색 | 경차 | 여성 | 18,000,000 | 5,000,000 | 13,000,000 |

| 수입차종 | 영업소 | 색상 | 규격 | 구매자 성별 | 판매금액 | 현금 | 할부 |
|---|---|---|---|---|---|---|---|
| 쉐브레 | 경상 | 흰색 | 경차 | 여성 | 18,000,000 | 8,000,000 | 10,000,000 |
| BMW | 충청 | 고동색 | 경차 | 남성 | 18,000,000 | 10,000,000 | 8,000,000 |
| 아우디 | 충청 | 은색 | 고급 | 여성 | 41,000,000 | 10,000,000 | 31,000,000 |
| 쉐브레 | 전라 | 고동색 | 고급 | 여성 | 54,000,000 | 10,000,000 | 44,000,000 |
| 쉐브레 | 경상 | 은색 | 고급 | 여성 | 54,000,000 | 24,000,000 | 30,000,000 |
| 아우디 | 경기 | 고동색 | 중형 | 남성 | 35,000,000 | 12,000,000 | 23,000,000 |
| 쉐브레 | 경상 | 은색 | 중형 | 여성 | 23,000,000 | 9,000,000 | 14,000,000 |
| 도요다 | 서울 | 은색 | 중형 | 여성 | 23,000,000 | 15,000,000 | 8,000,000 |
| BMW | 경상 | 고동색 | 고급 | 여성 | 41,000,000 | 21,000,000 | 20,000,000 |
| 도요다 | 전라 | 검은색 | 고급 | 여성 | 54,000,000 | 24,000,000 | 30,000,000 |
| BMW | 경기 | 은색 | 중형 | 여성 | 35,000,000 | 12,000,000 | 23,000,000 |
| BMW | 경기 | 검은색 | 중형 | 여성 | 35,000,000 | 12,000,000 | 23,000,000 |
| 도요다 | 경기 | 고동색 | 경차 | 남성 | 18,000,000 | 5,000,000 | 13,000,000 |
| 도요다 | 충청 | 검은색 | 중형 | 남성 | 35,000,000 | 5,000,000 | 30,000,000 |
| 도요다 | 서울 | 고동색 | 고급 | 여성 | 41,000,000 | 11,000,000 | 30,000,000 |
| 아우디 | 전라 | 검은색 | 고급 | 여성 | 54,000,000 | 14,000,000 | 40,000,000 |
| 쉐브레 | 서울 | 흰색 | 고급 | 여성 | 41,000,000 | 11,000,000 | 30,000,000 |
| 쉐브레 | 충청 | 고동색 | 중형 | 여성 | 23,000,000 | 10,000,000 | 13,000,000 |
| 아우디 | 충청 | 은색 | 경차 | 여성 | 18,000,000 | 10,000,000 | 8,000,000 |
| 도요다 | 경기 | 검은색 | 경차 | 여성 | 18,000,000 | 5,000,000 | 13,000,000 |
| 도요다 | 경상 | 흰색 | 중형 | 여성 | 23,000,000 | 13,000,000 | 10,000,000 |
| 쉐브레 | 전라 | 흰색 | 고급 | 여성 | 54,000,000 | 14,000,000 | 40,000,000 |
| 도요다 | 경기 | 검은색 | 고급 | 남성 | 54,000,000 | 22,000,000 | 32,000,000 |
| 아우디 | 경기 | 은색 | 중형 | 여성 | 35,000,000 | 15,000,000 | 20,000,000 |
| 쉐브레 | 경기 | 고동색 | 고급 | 여성 | 41,000,000 | 21,000,000 | 20,000,000 |
| 쉐브레 | 경기 | 고동색 | 고급 | 여성 | 54,000,000 | 40,000,000 | 14,000,000 |
| 도요다 | 서울 | 흰색 | 중형 | 여성 | 23,000,000 | 10,000,000 | 13,000,000 |
| 도요다 | 경기 | 은색 | 경차 | 여성 | 18,000,000 | 10,000,000 | 8,000,000 |
| 아우디 | 전라 | 고동색 | 경차 | 여성 | 18,000,000 | 5,000,000 | 13,000,000 |
| 쉐브레 | 경상 | 빨간색 | 경차 | 여성 | 18,000,000 | 7,000,000 | 11,000,000 |
| BMW | 경기 | 빨간색 | 중형 | 남성 | 35,000,000 | 13,000,000 | 22,000,000 |
| 쉐브레 | 충청 | 은색 | 중형 | 여성 | 35,000,000 | 10,000,000 | 25,000,000 |
| 아우디 | 경기 | 은색 | 고급 | 여성 | 54,000,000 | 20,000,000 | 34,000,000 |
| 아우디 | 경기 | 검은색 | 고급 | 여성 | 54,000,000 | 40,000,000 | 14,000,000 |
| BMW | 충청 | 은색 | 고급 | 남성 | 41,000,000 | 15,000,000 | 26,000,000 |
| BMW | 경상 | 검은색 | 경차 | 여성 | 18,000,000 | 12,000,000 | 6,000,000 |
| 도요다 | 전라 | 검은색 | 중형 | 여성 | 23,000,000 | 13,000,000 | 10,000,000 |
| 쉐브레 | 경상 | 흰색 | 중형 | 여성 | 35,000,000 | 10,000,000 | 25,000,000 |
| 아우디 | 전라 | 검은색 | 고급 | 여성 | 41,000,000 | 15,000,000 | 26,000,000 |
| 도요다 | 전라 | 검은색 | 고급 | 여성 | 54,000,000 | 24,000,000 | 30,000,000 |
| 쉐브레 | 서울 | 은색 | 중형 | 여성 | 35,000,000 | 25,000,000 | 10,000,000 |
| 쉐브레 | 충청 | 은색 | 경차 | 여성 | 18,000,000 | 10,000,000 | 8,000,000 |
| 도요다 | 경상 | 검은색 | 중형 | 여성 | 35,000,000 | 15,000,000 | 20,000,000 |
| 도요다 | 경기 | 검은색 | 중형 | 여성 | 23,000,000 | 13,000,000 | 10,000,000 |
| 쉐브레 | 서울 | 검은색 | 고급 | 여성 | 54,000,000 | 22,000,000 | 32,000,000 |

| 수입차종 | 영업소 | 색상 | 규격 | 구매자 성별 | 판매금액 | 현금 | 할부 |
|---|---|---|---|---|---|---|---|
| 아우디 | 경기 | 고동색 | 고급 | 남성 | 54,000,000 | 34,000,000 | 20,000,000 |
| 도요다 | 서울 | 검은색 | 중형 | 남성 | 35,000,000 | 17,000,000 | 18,000,000 |
| 쉐브레 | 서울 | 흰색 | 고급 | 남성 | 41,000,000 | 11,000,000 | 30,000,000 |
| 아우디 | 충청 | 검은색 | 고급 | 여성 | 54,000,000 | 24,000,000 | 30,000,000 |
| 도요다 | 경상 | 은색 | 고급 | 여성 | 41,000,000 | 21,000,000 | 20,000,000 |
| 도요다 | 경기 | 고동색 | 중형 | 여성 | 35,000,000 | 10,000,000 | 25,000,000 |
| 아우디 | 경상 | 고동색 | 중형 | 여성 | 35,000,000 | 10,000,000 | 25,000,000 |
| 쉐브레 | 서울 | 은색 | 경차 | 여성 | 18,000,000 | 10,000,000 | 8,000,000 |
| BMW | 전라 | 흰색 | 경차 | 남성 | 18,000,000 | 9,000,000 | 9,000,000 |
| 도요다 | 충청 | 검은색 | 경차 | 남성 | 18,000,000 | 5,000,000 | 13,000,000 |
| 쉐브레 | 경상 | 은색 | 고급 | 여성 | 41,000,000 | 15,000,000 | 26,000,000 |
| 도요다 | 서울 | 흰색 | 중형 | 남성 | 35,000,000 | 15,000,000 | 20,000,000 |
| 도요다 | 전라 | 은색 | 고급 | 여성 | 54,000,000 | 20,000,000 | 34,000,000 |
| 쉐브레 | 경상 | 은색 | 고급 | 여성 | 54,000,000 | 20,000,000 | 34,000,000 |
| BMW | 경상 | 고동색 | 중형 | 여성 | 23,000,000 | 11,000,000 | 12,000,000 |
| 도요다 | 경기 | 고동색 | 중형 | 여성 | 23,000,000 | 8,000,000 | 15,000,000 |
| 도요다 | 경기 | 검은색 | 중형 | 남성 | 35,000,000 | 15,000,000 | 20,000,000 |
| 아우디 | 경기 | 빨간색 | 중형 | 여성 | 35,000,000 | 22,000,000 | 13,000,000 |
| 쉐브레 | 서울 | 흰색 | 고급 | 남성 | 41,000,000 | 21,000,000 | 20,000,000 |
| BMW | 경기 | 은색 | 고급 | 여성 | 41,000,000 | 11,000,000 | 30,000,000 |
| 쉐브레 | 경상 | 검은색 | 고급 | 여성 | 41,000,000 | 15,000,000 | 26,000,000 |
| 아우디 | 서울 | 은색 | 고급 | 여성 | 54,000,000 | 24,000,000 | 30,000,000 |
| BMW | 충청 | 은색 | 고급 | 여성 | 54,000,000 | 15,000,000 | 39,000,000 |
| 쉐브레 | 충청 | 은색 | 중형 | 남성 | 23,000,000 | 10,000,000 | 13,000,000 |
| 아우디 | 경상 | 검은색 | 중형 | 남성 | 35,000,000 | 15,000,000 | 20,000,000 |
| 도요다 | 경기 | 은색 | 고급 | 남성 | 54,000,000 | 14,000,000 | 40,000,000 |
| 도요다 | 경상 | 고동색 | 경차 | 여성 | 18,000,000 | 9,000,000 | 9,000,000 |
| 쉐브레 | 전라 | 은색 | 중형 | 남성 | 23,000,000 | 13,000,000 | 10,000,000 |
| 아우디 | 전라 | 고동색 | 경차 | 여성 | 18,000,000 | 8,000,000 | 10,000,000 |
| 쉐브레 | 경기 | 흰색 | 경차 | 여성 | 18,000,000 | 8,000,000 | 10,000,000 |
| 쉐브레 | 경기 | 흰색 | 경차 | 여성 | 18,000,000 | 12,000,000 | 6,000,000 |
| 아우디 | 경기 | 검은색 | 고급 | 여성 | 41,000,000 | 31,000,000 | 10,000,000 |
| 도요다 | 경기 | 검은색 | 고급 | 여성 | 54,000,000 | 24,000,000 | 30,000,000 |
| 도요다 | 충청 | 검은색 | 고급 | 여성 | 54,000,000 | 15,000,000 | 39,000,000 |
| 도요다 | 경상 | 빨간색 | 중형 | 여성 | 35,000,000 | 15,000,000 | 20,000,000 |
| 아우디 | 경기 | 빨간색 | 중형 | 남성 | 23,000,000 | 13,000,000 | 10,000,000 |
| 쉐브레 | 경상 | 흰색 | 중형 | 여성 | 23,000,000 | 7,000,000 | 16,000,000 |
| BMW | 서울 | 은색 | 고급 | 여성 | 41,000,000 | 8,000,000 | 33,000,000 |
| BMW | 경상 | 흰색 | 고급 | 여성 | 41,000,000 | 15,000,000 | 26,000,000 |
| 아우디 | 충청 | 은색 | 중형 | 여성 | 35,000,000 | 15,000,000 | 20,000,000 |
| 도요다 | 경기 | 검은색 | 고급 | 여성 | 54,000,000 | 20,000,000 | 34,000,000 |
| 도요다 | 경기 | 검은색 | 중형 | 여성 | 35,000,000 | 20,000,000 | 15,000,000 |
| BMW | 경기 | 은색 | 경차 | 여성 | 18,000,000 | 6,000,000 | 12,000,000 |
| 아우디 | 전라 | 흰색 | 중형 | 여성 | 23,000,000 | 11,000,000 | 12,000,000 |
| 도요다 | 경상 | 고동색 | 고급 | 남성 | 41,000,000 | 11,000,000 | 30,000,000 |

| 수입차종 | 영업소 | 색상 | 규격 | 구매자 성별 | 판매금액 | 현금 | 할부 |
|---|---|---|---|---|---|---|---|
| BMW | 경기 | 흰색 | 고급 | 남성 | 54,000,000 | 20,000,000 | 34,000,000 |
| 쉐브레 | 서울 | 흰색 | 중형 | 남성 | 35,000,000 | 20,000,000 | 15,000,000 |
| 도요다 | 충청 | 고동색 | 고급 | 여성 | 54,000,000 | 34,000,000 | 20,000,000 |
| 도요다 | 경상 | 은색 | 중형 | 여성 | 35,000,000 | 35,000,000 | – |
| 쉐브레 | 서울 | 고동색 | 경차 | 여성 | 18,000,000 | 8,000,000 | 10,000,000 |
| 쉐브레 | 경상 | 은색 | 고급 | 여성 | 41,000,000 | 41,000,000 | – |
| 아우디 | 경기 | 고동색 | 중형 | 남성 | 23,000,000 | 11,000,000 | 12,000,000 |
| BMW | 경상 | 흰색 | 중형 | 여성 | 35,000,000 | 18,000,000 | 17,000,000 |
| 쉐브레 | 서울 | 고동색 | 고급 | 여성 | 41,000,000 | 21,000,000 | 20,000,000 |
| 쉐브레 | 경기 | 흰색 | 고급 | 여성 | 41,000,000 | 31,000,000 | 10,000,000 |
| 쉐브레 | 충청 | 은색 | 고급 | 여성 | 54,000,000 | 34,000,000 | 20,000,000 |
| 쉐브레 | 충청 | 고동색 | 고급 | 남성 | 54,000,000 | 25,000,000 | 29,000,000 |
| BMW | 서울 | 검은색 | 고급 | 남성 | 54,000,000 | 14,000,000 | 40,000,000 |
| BMW | 경상 | 은색 | 중형 | 남성 | 35,000,000 | 18,000,000 | 17,000,000 |
| 아우디 | 서울 | 검은색 | 중형 | 여성 | 35,000,000 | 10,000,000 | 25,000,000 |
| 도요다 | 경기 | 은색 | 고급 | 여성 | 41,000,000 | 11,000,000 | 30,000,000 |
| 도요다 | 전라 | 검은색 | 고급 | 여성 | 54,000,000 | 14,000,000 | 40,000,000 |
| 쉐브레 | 서울 | 은색 | 고급 | 남성 | 41,000,000 | 20,000,000 | 21,000,000 |
| 도요다 | 경기 | 고동색 | 경차 | 여성 | 18,000,000 | 6,000,000 | 12,000,000 |
| 쉐브레 | 전라 | 흰색 | 경차 | 여성 | 18,000,000 | 12,000,000 | 6,000,000 |
| 쉐브레 | 충청 | 흰색 | 중형 | 여성 | 23,000,000 | 13,000,000 | 10,000,000 |
| 도요다 | 전라 | 검은색 | 경차 | 여성 | 18,000,000 | 10,000,000 | 8,000,000 |
| 도요다 | 경기 | 고동색 | 중형 | 여성 | 35,000,000 | 15,000,000 | 20,000,000 |
| 아우디 | 서울 | 흰색 | 중형 | 여성 | 35,000,000 | 10,000,000 | 25,000,000 |
| BMW | 경기 | 고동색 | 고급 | 여성 | 41,000,000 | 21,000,000 | 20,000,000 |
| 쉐브레 | 서울 | 검은색 | 고급 | 여성 | 54,000,000 | 24,000,000 | 30,000,000 |
| 도요다 | 전라 | 흰색 | 고급 | 여성 | 54,000,000 | 15,000,000 | 39,000,000 |
| 도요다 | 경기 | 검은색 | 중형 | 여성 | 35,000,000 | 10,000,000 | 25,000,000 |
| BMW | 충청 | 은색 | 경차 | 남성 | 18,000,000 | 10,000,000 | 8,000,000 |
| 도요다 | 전라 | 흰색 | 중형 | 남성 | 23,000,000 | 7,000,000 | 16,000,000 |
| 아우디 | 경기 | 은색 | 고급 | 남성 | 41,000,000 | 24,000,000 | 17,000,000 |
| 도요다 | 충청 | 검은색 | 중형 | 여성 | 35,000,000 | 15,000,000 | 20,000,000 |
| 쉐브레 | 전라 | 은색 | 경차 | 여성 | 18,000,000 | 12,000,000 | 6,000,000 |
| 쉐브레 | 전라 | 은색 | 고급 | 여성 | 41,000,000 | 11,000,000 | 30,000,000 |
| 아우디 | 전라 | 고동색 | 고급 | 여성 | 54,000,000 | 13,000,000 | 41,000,000 |
| 도요다 | 서울 | 검은색 | 고급 | 남성 | 54,000,000 | 25,000,000 | 29,000,000 |
| 도요다 | 서울 | 은색 | 고급 | 여성 | 41,000,000 | 21,000,000 | 20,000,000 |
| 도요다 | 경기 | 고동색 | 중형 | 여성 | 35,000,000 | – | 35,000,000 |
| 쉐브레 | 경기 | 검은색 | 중형 | 남성 | 35,000,000 | 15,000,000 | 20,000,000 |
| 아우디 | 경상 | 고동색 | 고급 | 여성 | 41,000,000 | 16,000,000 | 25,000,000 |
| BMW | 전라 | 고동색 | 중형 | 여성 | 23,000,000 | 13,000,000 | 10,000,000 |
| 쉐브레 | 서울 | 검은색 | 중형 | 여성 | 23,000,000 | 23,000,000 | – |
| 쉐브레 | 서울 | 빨간색 | 고급 | 여성 | 54,000,000 | 24,000,000 | 30,000,000 |
| 도요다 | 충청 | 검은색 | 고급 | 남성 | 41,000,000 | 31,000,000 | 10,000,000 |
| BMW | 경상 | 은색 | 중형 | 남성 | 35,000,000 | 10,000,000 | 25,000,000 |

| 수입차종 | 영업소 | 색상 | 규격 | 구매자 성별 | 판매금액 | 현금 | 할부 |
|---|---|---|---|---|---|---|---|
| 쉐브레 | 경기 | 고동색 | 경차 | 남성 | 18,000,000 | 10,000,000 | 8,000,000 |
| 도요다 | 서울 | 은색 | 고급 | 여성 | 54,000,000 | 24,000,000 | 30,000,000 |
| 도요다 | 경기 | 빨간색 | 고급 | 남성 | 54,000,000 | 34,000,000 | 20,000,000 |
| 아우디 | 경기 | 검은색 | 고급 | 남성 | 41,000,000 | 10,000,000 | 31,000,000 |
| 도요다 | 서울 | 은색 | 중형 | 여성 | 35,000,000 | 15,000,000 | 20,000,000 |
| 쉐브레 | 전라 | 은색 | 중형 | 여성 | 23,000,000 | 16,000,000 | 7,000,000 |
| 쉐브레 | 경상 | 검은색 | 중형 | 여성 | 23,000,000 | 10,000,000 | 13,000,000 |
| 아우디 | 충청 | 흰색 | 중형 | 여성 | 35,000,000 | 15,000,000 | 20,000,000 |
| 아우디 | 서울 | 은색 | 고급 | 여성 | 41,000,000 | 11,000,000 | 30,000,000 |
| 도요다 | 전라 | 빨간색 | 경차 | 여성 | 18,000,000 | 18,000,000 | - |
| 도요다 | 서울 | 검은색 | 중형 | 여성 | 35,000,000 | 15,000,000 | 20,000,000 |
| 쉐브레 | 경기 | 빨간색 | 중형 | 여성 | 35,000,000 | 8,000,000 | 27,000,000 |
| 도요다 | 경기 | 은색 | 고급 | 남성 | 54,000,000 | 14,000,000 | 40,000,000 |
| 도요다 | 전라 | 검은색 | 고급 | 여성 | 41,000,000 | 31,000,000 | 10,000,000 |
| 도요다 | 서울 | 고동색 | 고급 | 여성 | 41,000,000 | 21,000,000 | 20,000,000 |
| 쉐브레 | 경기 | 은색 | 중형 | 여성 | 35,000,000 | 18,000,000 | 17,000,000 |
| 아우디 | 충청 | 은색 | 중형 | 남성 | 23,000,000 | 13,000,000 | 10,000,000 |
| 도요다 | 충청 | 흰색 | 중형 | 남성 | 35,000,000 | 10,000,000 | 25,000,000 |
| BMW | 경상 | 흰색 | 고급 | 남성 | 41,000,000 | 41,000,000 | - |
| BMW | 서울 | 은색 | 경차 | 남성 | 18,000,000 | 8,000,000 | 10,000,000 |
| 도요다 | 경기 | 고동색 | 경차 | 여성 | 18,000,000 | 8,000,000 | 10,000,000 |
| 아우디 | 전라 | 은색 | 경차 | 여성 | 18,000,000 | 13,000,000 | 5,000,000 |
| 쉐브레 | 경상 | 흰색 | 중형 | 여성 | 23,000,000 | - | 23,000,000 |
| BMW | 전라 | 고동색 | 중형 | 여성 | 23,000,000 | 23,000,000 | - |
| 쉐브레 | 전라 | 고동색 | 중형 | 여성 | 35,000,000 | 14,000,000 | 21,000,000 |
| 아우디 | 경기 | 은색 | 고급 | 남성 | 54,000,000 | 14,000,000 | 40,000,000 |
| 아우디 | 경상 | 은색 | 고급 | 여성 | 41,000,000 | 10,000,000 | 31,000,000 |
| 도요다 | 충청 | 검은색 | 중형 | 여성 | 35,000,000 | 25,000,000 | 10,000,000 |
| 쉐브레 | 경상 | 검은색 | 경차 | 여성 | 18,000,000 | 10,000,000 | 8,000,000 |
| 도요다 | 경기 | 은색 | 고급 | 남성 | 54,000,000 | 30,000,000 | 24,000,000 |
| 쉐브레 | 서울 | 고동색 | 중형 | 여성 | 23,000,000 | 10,000,000 | 13,000,000 |
| 쉐브레 | 전라 | 은색 | 중형 | 남성 | 35,000,000 | 20,000,000 | 15,000,000 |
| 아우디 | 경상 | 검은색 | 고급 | 여성 | 41,000,000 | 21,000,000 | 20,000,000 |
| 아우디 | 서울 | 빨간색 | 고급 | 여성 | 41,000,000 | - | 41,000,000 |
| 도요다 | 전라 | 검은색 | 고급 | 여성 | 54,000,000 | 34,000,000 | 20,000,000 |
| 도요다 | 경상 | 검은색 | 중형 | 여성 | 35,000,000 | 15,000,000 | 20,000,000 |
| 도요다 | 서울 | 빨간색 | 중형 | 남성 | 23,000,000 | 10,000,000 | 13,000,000 |
| BMW | 전라 | 검은색 | 고급 | 여성 | 41,000,000 | 21,000,000 | 20,000,000 |
| BMW | 전라 | 고동색 | 고급 | 여성 | 54,000,000 | 24,000,000 | 30,000,000 |
| BMW | 전라 | 검은색 | 중형 | 여성 | 35,000,000 | 27,000,000 | 8,000,000 |
| 도요다 | 경상 | 흰색 | 경차 | 여성 | 18,000,000 | 8,000,000 | 10,000,000 |
| BMW | 서울 | 검은색 | 중형 | 여성 | 35,000,000 | 10,000,000 | 25,000,000 |
| 도요다 | 서울 | 흰색 | 고급 | 여성 | 41,000,000 | 31,000,000 | 10,000,000 |
| 도요다 | 경상 | 흰색 | 고급 | 여성 | 41,000,000 | 21,000,000 | 20,000,000 |
| 아우디 | 서울 | 검은색 | 중형 | 여성 | 23,000,000 | 10,000,000 | 13,000,000 |

| 수입차종 | 영업소 | 색상 | 규격 | 구매자 성별 | 판매금액 | 현금 | 할부 |
|---|---|---|---|---|---|---|---|
| 아우디 | 충청 | 검은색 | 중형 | 남성 | 23,000,000 | 13,000,000 | 10,000,000 |
| BMW | 경기 | 빨간색 | 중형 | 남성 | 35,000,000 | 15,000,000 | 20,000,000 |
| BMW | 경기 | 흰색 | 중형 | 여성 | 23,000,000 | 8,000,000 | 15,000,000 |
| 도요다 | 서울 | 빨간색 | 고급 | 여성 | 54,000,000 | 24,000,000 | 30,000,000 |
| 도요다 | 경상 | 흰색 | 고급 | 남성 | 41,000,000 | 31,000,000 | 10,000,000 |
| 쉐브레 | 경기 | 은색 | 중형 | 남성 | 35,000,000 | 35,000,000 | – |
| 도요다 | 경기 | 흰색 | 경차 | 여성 | 18,000,000 | 18,000,000 | – |
| 쉐브레 | 경기 | 흰색 | 고급 | 남성 | 41,000,000 | 20,000,000 | 21,000,000 |
| 아우디 | 전라 | 빨간색 | 고급 | 여성 | 54,000,000 | 20,000,000 | 34,000,000 |
| BMW | 경기 | 검은색 | 고급 | 여성 | 54,000,000 | 30,000,000 | 24,000,000 |
| 도요다 | 경기 | 검은색 | 중형 | 여성 | 35,000,000 | 12,000,000 | 23,000,000 |
| 도요다 | 충청 | 검은색 | 중형 | 여성 | 35,000,000 | 15,000,000 | 20,000,000 |
| 쉐브레 | 충청 | 검은색 | 중형 | 여성 | 23,000,000 | 23,000,000 | – |
| 쉐브레 | 경상 | 고동색 | 고급 | 여성 | 41,000,000 | 11,000,000 | 30,000,000 |
| BMW | 서울 | 검은색 | 중형 | 남성 | 23,000,000 | 13,000,000 | 10,000,000 |
| 쉐브레 | 서울 | 흰색 | 고급 | 남성 | 54,000,000 | 24,000,000 | 30,000,000 |
| 쉐브레 | 경상 | 흰색 | 고급 | 여성 | 54,000,000 | 15,000,000 | 39,000,000 |
| 아우디 | 경상 | 고동색 | 고급 | 여성 | 54,000,000 | 18,000,000 | 36,000,000 |
| BMW | 충청 | 은색 | 고급 | 남성 | 41,000,000 | 21,000,000 | 20,000,000 |
| BMW | 경기 | 흰색 | 고급 | 남성 | 41,000,000 | 11,000,000 | 30,000,000 |
| 도요다 | 경상 | 은색 | 중형 | 여성 | 35,000,000 | 15,000,000 | 20,000,000 |
| 쉐브레 | 서울 | 은색 | 중형 | 여성 | 23,000,000 | 5,000,000 | 18,000,000 |
| 쉐브레 | 경기 | 흰색 | 경차 | 여성 | 18,000,000 | 5,000,000 | 13,000,000 |
| 도요다 | 서울 | 검은색 | 고급 | 여성 | 54,000,000 | 34,000,000 | 20,000,000 |
| BMW | 경기 | 고동색 | 고급 | 여성 | 41,000,000 | 31,000,000 | 10,000,000 |
| 아우디 | 경기 | 빨간색 | 중형 | 남성 | 35,000,000 | 20,000,000 | 15,000,000 |
| 아우디 | 서울 | 흰색 | 중형 | 여성 | 35,000,000 | 12,000,000 | 23,000,000 |
| 도요다 | 경상 | 검은색 | 중형 | 여성 | 35,000,000 | 18,000,000 | 17,000,000 |
| 쉐브레 | 서울 | 흰색 | 고급 | 남성 | 41,000,000 | 21,000,000 | 20,000,000 |
| BMW | 충청 | 흰색 | 고급 | 여성 | 41,000,000 | 15,000,000 | 26,000,000 |
| BMW | 경기 | 검은색 | 고급 | 남성 | 54,000,000 | 24,000,000 | 30,000,000 |
| BMW | 경기 | 흰색 | 고급 | 남성 | 54,000,000 | 34,000,000 | 20,000,000 |
| 도요다 | 충청 | 검은색 | 중형 | 여성 | 23,000,000 | 13,000,000 | 10,000,000 |
| 도요다 | 서울 | 은색 | 중형 | 여성 | 23,000,000 | 7,000,000 | 16,000,000 |
| 도요다 | 경기 | 흰색 | 중형 | 여성 | 35,000,000 | 15,000,000 | 20,000,000 |
| 도요다 | 경기 | 검은색 | 고급 | 남성 | 41,000,000 | 21,000,000 | 20,000,000 |
| 아우디 | 경기 | 검은색 | 고급 | 여성 | 54,000,000 | 24,000,000 | 30,000,000 |
| 아우디 | 경기 | 검은색 | 중형 | 남성 | 23,000,000 | – | 23,000,000 |
| 아우디 | 경상 | 검은색 | 중형 | 여성 | 35,000,000 | 15,000,000 | 20,000,000 |
| 도요다 | 경기 | 흰색 | 중형 | 남성 | 35,000,000 | 13,000,000 | 22,000,000 |
| 쉐브레 | 경상 | 빨간색 | 중형 | 여성 | 35,000,000 | 30,000,000 | 5,000,000 |
| 쉐브레 | 경상 | 은색 | 경차 | 여성 | 18,000,000 | 10,000,000 | 8,000,000 |
| BMW | 경상 | 은색 | 경차 | 여성 | 35,000,000 | 20,000,000 | 15,000,000 |
| 쉐브레 | 경기 | 은색 | 경차 | 남성 | 18,000,000 | 8,000,000 | 10,000,000 |
| 아우디 | 경상 | 빨간색 | 중형 | 여성 | 18,000,000 | 5,000,000 | 13,000,000 |

| 수입차종 | 영업소 | 색상 | 규격 | 구매자 성별 | 판매금액 | 현금 | 할부 |
|---|---|---|---|---|---|---|---|
| BMW | 충청 | 빨간색 | 고급 | 여성 | 41,000,000 | 25,000,000 | 16,000,000 |
| 쉐브레 | 서울 | 고동색 | 고급 | 남성 | 54,000,000 | 22,000,000 | 32,000,000 |
| 도요다 | 서울 | 검은색 | 중형 | 여성 | 35,000,000 | 15,000,000 | 20,000,000 |
| 도요다 | 경상 | 검은색 | 중형 | 여성 | 23,000,000 | 7,000,000 | 16,000,000 |
| 쉐브레 | 서울 | 은색 | 경차 | 여성 | 18,000,000 | 5,000,000 | 13,000,000 |
| 도요다 | 경기 | 검은색 | 경차 | 남성 | 18,000,000 | 5,000,000 | 13,000,000 |
| 도요다 | 충청 | 흰색 | 경차 | 여성 | 18,000,000 | 10,000,000 | 8,000,000 |
| 도요다 | 서울 | 검은색 | 고급 | 여성 | 54,000,000 | 24,000,000 | 30,000,000 |
| 쉐브레 | 서울 | 은색 | 고급 | 남성 | 41,000,000 | 31,000,000 | 10,000,000 |
| 아우디 | 경상 | 검은색 | 중형 | 여성 | 35,000,000 | 25,000,000 | 10,000,000 |
| BMW | 경기 | 은색 | 중형 | 여성 | 35,000,000 | 10,000,000 | 25,000,000 |
| 도요다 | 서울 | 흰색 | 고급 | 여성 | 54,000,000 | 17,000,000 | 37,000,000 |
| 도요다 | 서울 | 흰색 | 중형 | 여성 | 23,000,000 | 23,000,000 | – |
| 도요다 | 경기 | 검은색 | 고급 | 여성 | 41,000,000 | 41,000,000 | – |
| 도요다 | 경상 | 빨간색 | 경차 | 여성 | 18,000,000 | 8,000,000 | 10,000,000 |
| BMW | 충청 | 고동색 | 중형 | 남성 | 35,000,000 | 25,000,000 | 10,000,000 |
| 아우디 | 충청 | 흰색 | 고급 | 남성 | 54,000,000 | 24,000,000 | 30,000,000 |
| BMW | 경기 | 흰색 | 고급 | 여성 | 54,000,000 | 40,000,000 | 14,000,000 |
| 도요다 | 경상 | 검은색 | 고급 | 여성 | 41,000,000 | 21,000,000 | 20,000,000 |
| BMW | 경기 | 빨간색 | 중형 | 남성 | 23,000,000 | 8,000,000 | 15,000,000 |
| 도요다 | 경기 | 검은색 | 중형 | 남성 | 23,000,000 | 8,000,000 | 15,000,000 |
| BMW | 경기 | 은색 | 중형 | 남성 | 35,000,000 | 15,000,000 | 20,000,000 |
| 도요다 | 경기 | 검은색 | 고급 | 남성 | 54,000,000 | 14,000,000 | 40,000,000 |
| BMW | 서울 | 흰색 | 고급 | 남성 | 54,000,000 | 34,000,000 | 20,000,000 |
| BMW | 경기 | 은색 | 경차 | 여성 | 18,000,000 | 12,000,000 | 6,000,000 |
| 쉐브레 | 전라 | 흰색 | 고급 | 여성 | 41,000,000 | 15,000,000 | 26,000,000 |
| BMW | 전라 | 은색 | 고급 | 여성 | 41,000,000 | 30,000,000 | 11,000,000 |
| 도요다 | 경상 | 검은색 | 중형 | 여성 | 23,000,000 | 13,000,000 | 10,000,000 |
| 쉐브레 | 경상 | 고동색 | 고급 | 남성 | 54,000,000 | 14,000,000 | 40,000,000 |
| 아우디 | 충청 | 은색 | 중형 | 남성 | 35,000,000 | 22,000,000 | 13,000,000 |
| 아우디 | 서울 | 고동색 | 중형 | 남성 | 35,000,000 | 15,000,000 | 20,000,000 |
| 아우디 | 경기 | 검은색 | 고급 | 여성 | 54,000,000 | 34,000,000 | 20,000,000 |
| 아우디 | 경기 | 고동색 | 고급 | 여성 | 41,000,000 | 21,000,000 | 20,000,000 |
| 쉐브레 | 충청 | 흰색 | 고급 | 여성 | 41,000,000 | 30,000,000 | 11,000,000 |
| 도요다 | 경기 | 흰색 | 경차 | 여성 | 18,000,000 | 5,000,000 | 13,000,000 |
| 도요다 | 전라 | 검은색 | 중형 | 여성 | 23,000,000 | 13,000,000 | 10,000,000 |
| 도요다 | 전라 | 검은색 | 고급 | 여성 | 54,000,000 | 22,000,000 | 32,000,000 |
| 도요다 | 경기 | 빨간색 | 고급 | 남성 | 54,000,000 | 30,000,000 | 24,000,000 |
| 도요다 | 경상 | 은색 | 중형 | 여성 | 35,000,000 | 35,000,000 | – |
| 아우디 | 서울 | 흰색 | 중형 | 남성 | 35,000,000 | 12,000,000 | 23,000,000 |
| 도요다 | 충청 | 검은색 | 중형 | 남성 | 35,000,000 | 22,000,000 | 13,000,000 |
| 도요다 | 충청 | 검은색 | 고급 | 여성 | 41,000,000 | 18,000,000 | 23,000,000 |
| 쉐브레 | 경기 | 은색 | 고급 | 여성 | 41,000,000 | 13,000,000 | 28,000,000 |
| 도요다 | 서울 | 흰색 | 고급 | 남성 | 41,000,000 | 31,000,000 | 10,000,000 |
| BMW | 경기 | 흰색 | 고급 | 남성 | 54,000,000 | 20,000,000 | 34,000,000 |

| 수입차종 | 영업소 | 색상 | 규격 | 구매자 성별 | 판매금액 | 현금 | 할부 |
|---|---|---|---|---|---|---|---|
| 도요다 | 서울 | 검은색 | 고급 | 여성 | 54,000,000 | 30,000,000 | 24,000,000 |
| BMW | 전라 | 검은색 | 경차 | 여성 | 18,000,000 | 8,000,000 | 10,000,000 |
| 쉐브레 | 경기 | 빨간색 | 경차 | 여성 | 18,000,000 | 5,000,000 | 13,000,000 |
| BMW | 서울 | 흰색 | 중형 | 남성 | 23,000,000 | 13,000,000 | 10,000,000 |
| 아우디 | 경기 | 은색 | 경차 | 남성 | 18,000,000 | 10,000,000 | 8,000,000 |
| 쉐브레 | 경기 | 은색 | 경차 | 여성 | 18,000,000 | 10,000,000 | 8,000,000 |
| 쉐브레 | 충청 | 빨간색 | 경차 | 여성 | 18,000,000 | 5,000,000 | 13,000,000 |
| BMW | 경기 | 흰색 | 중형 | 여성 | 35,000,000 | 15,000,000 | 20,000,000 |
| 도요다 | 경상 | 검은색 | 중형 | 여성 | 35,000,000 | 25,000,000 | 10,000,000 |
| 아우디 | 서울 | 흰색 | 고급 | 남성 | 54,000,000 | 34,000,000 | 20,000,000 |
| 아우디 | 서울 | 은색 | 고급 | 남성 | 41,000,000 | 21,000,000 | 20,000,000 |
| 쉐브레 | 서울 | 빨간색 | 중형 | 여성 | 23,000,000 | – | 23,000,000 |
| 쉐브레 | 경상 | 검은색 | 고급 | 여성 | 54,000,000 | 34,000,000 | 20,000,000 |
| 쉐브레 | 경기 | 흰색 | 고급 | 남성 | 54,000,000 | 44,000,000 | 10,000,000 |
| 도요다 | 서울 | 검은색 | 중형 | 여성 | 23,000,000 | 13,000,000 | 10,000,000 |
| 도요다 | 서울 | 검은색 | 경차 | 여성 | 18,000,000 | 18,000,000 | – |
| 쉐브레 | 전라 | 고동색 | 중형 | 여성 | 35,000,000 | 20,000,000 | 15,000,000 |
| 도요다 | 경상 | 흰색 | 고급 | 여성 | 41,000,000 | 31,000,000 | 10,000,000 |
| 아우디 | 경상 | 은색 | 고급 | 여성 | 41,000,000 | 25,000,000 | 16,000,000 |
| BMW | 경상 | 은색 | 경차 | 여성 | 18,000,000 | 12,000,000 | 6,000,000 |
| 도요다 | 경상 | 검은색 | 중형 | 여성 | 23,000,000 | 13,000,000 | 10,000,000 |
| 도요다 | 전라 | 흰색 | 중형 | 여성 | 35,000,000 | 10,000,000 | 25,000,000 |
| 아우디 | 전라 | 흰색 | 중형 | 여성 | 35,000,000 | 25,000,000 | 10,000,000 |
| 아우디 | 충청 | 검은색 | 중형 | 남성 | 35,000,000 | 15,000,000 | 20,000,000 |
| BMW | 경기 | 흰색 | 고급 | 남성 | 54,000,000 | 20,000,000 | 34,000,000 |
| BMW | 경상 | 빨간색 | 고급 | 남성 | 41,000,000 | 20,000,000 | 21,000,000 |
| BMW | 전라 | 흰색 | 중형 | 여성 | 23,000,000 | 15,000,000 | 8,000,000 |
| 도요다 | 서울 | 검은색 | 경차 | 남성 | 18,000,000 | 12,000,000 | 6,000,000 |
| 쉐브레 | 경기 | 은색 | 고급 | 여성 | 54,000,000 | 24,000,000 | 30,000,000 |
| 도요다 | 경기 | 은색 | 중형 | 여성 | 35,000,000 | 15,000,000 | 20,000,000 |
| 아우디 | 전라 | 흰색 | 고급 | 여성 | 41,000,000 | 31,000,000 | 10,000,000 |
| 쉐브레 | 충청 | 은색 | 고급 | 여성 | 54,000,000 | 20,000,000 | 34,000,000 |
| 쉐브레 | 경상 | 흰색 | 경차 | 여성 | 18,000,000 | 8,000,000 | 10,000,000 |
| BMW | 경기 | 빨간색 | 고급 | 여성 | 54,000,000 | – | 54,000,000 |
| 도요다 | 충청 | 검은색 | 중형 | 여성 | 23,000,000 | – | 23,000,000 |
| 쉐브레 | 전라 | 은색 | 중형 | 여성 | 23,000,000 | 12,000,000 | 11,000,000 |
| 쉐브레 | 경상 | 흰색 | 중형 | 여성 | 35,000,000 | 15,000,000 | 20,000,000 |
| 아우디 | 서울 | 은색 | 고급 | 여성 | 41,000,000 | 11,000,000 | 30,000,000 |
| 아우디 | 경기 | 은색 | 고급 | 여성 | 54,000,000 | 34,000,000 | 20,000,000 |
| 도요다 | 서울 | 검은색 | 경차 | 여성 | 18,000,000 | 7,000,000 | 11,000,000 |
| 쉐브레 | 경기 | 흰색 | 경차 | 남성 | 18,000,000 | 11,000,000 | 7,000,000 |
| 쉐브레 | 전라 | 흰색 | 중형 | 남성 | 35,000,000 | 25,000,000 | 10,000,000 |
| 도요다 | 서울 | 검은색 | 고급 | 여성 | 41,000,000 | 24,000,000 | 17,000,000 |
| BMW | 서울 | 검은색 | 중형 | 여성 | 35,000,000 | 25,000,000 | 10,000,000 |
| 아우디 | 경기 | 흰색 | 중형 | 남성 | 23,000,000 | 11,000,000 | 12,000,000 |

| 수입차종 | 영업소 | 색상 | 규격 | 구매자 성별 | 판매금액 | 현금 | 할부 |
|---|---|---|---|---|---|---|---|
| 쉐브레 | 서울 | 흰색 | 중형 | 남성 | 23,000,000 | 7,000,000 | 16,000,000 |
| 쉐브레 | 전라 | 흰색 | 고급 | 여성 | 54,000,000 | 44,000,000 | 10,000,000 |
| BMW | 경상 | 흰색 | 고급 | 여성 | 54,000,000 | 24,000,000 | 30,000,000 |
| 아우디 | 충청 | 검은색 | 고급 | 여성 | 54,000,000 | 35,000,000 | 19,000,000 |
| 도요다 | 충청 | 검은색 | 고급 | 남성 | 41,000,000 | 21,000,000 | 20,000,000 |
| 쉐브레 | 충청 | 은색 | 중형 | 남성 | 23,000,000 | 23,000,000 | - |
| BMW | 경기 | 빨간색 | 중형 | 남성 | 35,000,000 | 15,000,000 | 20,000,000 |
| BMW | 경기 | 흰색 | 중형 | 여성 | 23,000,000 | 10,000,000 | 13,000,000 |
| BMW | 전라 | 흰색 | 경차 | 여성 | 18,000,000 | 10,000,000 | 8,000,000 |
| 도요다 | 경상 | 빨간색 | 고급 | 여성 | 54,000,000 | 30,000,000 | 24,000,000 |
| 쉐브레 | 경상 | 흰색 | 고급 | 여성 | 54,000,000 | 25,000,000 | 29,000,000 |
| 아우디 | 서울 | 빨간색 | 중형 | 여성 | 35,000,000 | 18,000,000 | 17,000,000 |
| 아우디 | 경기 | 흰색 | 중형 | 남성 | 35,000,000 | 13,000,000 | 22,000,000 |
| BMW | 전라 | 흰색 | 중형 | 여성 | 23,000,000 | 10,000,000 | 13,000,000 |
| 도요다 | 경상 | 은색 | 경차 | 여성 | 18,000,000 | 10,000,000 | 8,000,000 |
| BMW | 전라 | 흰색 | 고급 | 여성 | 41,000,000 | 31,000,000 | 10,000,000 |
| BMW | 경상 | 흰색 | 경차 | 여성 | 18,000,000 | 18,000,000 | - |
| BMW | 경기 | 흰색 | 경차 | 남성 | 18,000,000 | - | 18,000,000 |
| 도요다 | 충청 | 흰색 | 고급 | 여성 | 54,000,000 | 34,000,000 | 20,000,000 |
| 쉐브레 | 전라 | 흰색 | 중형 | 여성 | 35,000,000 | 25,000,000 | 10,000,000 |
| 아우디 | 전라 | 검은색 | 고급 | 여성 | 41,000,000 | 21,000,000 | 20,000,000 |
| 쉐브레 | 경상 | 검은색 | 고급 | 남성 | 41,000,000 | 10,000,000 | 31,000,000 |
| BMW | 충청 | 흰색 | 중형 | 남성 | 35,000,000 | 10,000,000 | 25,000,000 |
| BMW | 서울 | 흰색 | 중형 | 여성 | 23,000,000 | 23,000,000 | - |
| BMW | 경상 | 흰색 | 경차 | 여성 | 18,000,000 | 8,000,000 | 10,000,000 |
| 도요다 | 전라 | 흰색 | 중형 | 여성 | 35,000,000 | 15,000,000 | 20,000,000 |
| 도요다 | 경기 | 흰색 | 고급 | 남성 | 54,000,000 | 24,000,000 | 30,000,000 |
| BMW | 경상 | 흰색 | 경차 | 여성 | 18,000,000 | 10,000,000 | 8,000,000 |
| 도요다 | 경상 | 흰색 | 고급 | 여성 | 54,000,000 | 34,000,000 | 20,000,000 |
| BMW | 경기 | 흰색 | 중형 | 여성 | 35,000,000 | 30,000,000 | 5,000,000 |
| 아우디 | 서울 | 검은색 | 중형 | 여성 | 35,000,000 | 15,000,000 | 20,000,000 |
| 아우디 | 전라 | 흰색 | 경차 | 여성 | 18,000,000 | 5,000,000 | 13,000,000 |
| BMW | 전라 | 흰색 | 고급 | 남성 | 41,000,000 | 31,000,000 | 10,000,000 |
| 도요다 | 충청 | 검은색 | 고급 | 여성 | 54,000,000 | 33,000,000 | 21,000,000 |
| 쉐브레 | 충청 | 검은색 | 중형 | 여성 | 35,000,000 | 23,000,000 | 12,000,000 |
| 쉐브레 | 충청 | 흰색 | 경차 | 여성 | 18,000,000 | 18,000,000 | - |
| BMW | 경기 | 빨간색 | 고급 | 여성 | 41,000,000 | 31,000,000 | 10,000,000 |
| 아우디 | 서울 | 흰색 | 중형 | 남성 | 23,000,000 | 23,000,000 | - |
| 도요다 | 전라 | 빨간색 | 경차 | 여성 | 18,000,000 | 10,000,000 | 8,000,000 |
| 쉐브레 | 전라 | 은색 | 중형 | 여성 | 35,000,000 | 20,000,000 | 15,000,000 |
| 도요다 | 경기 | 검은색 | 고급 | 여성 | 41,000,000 | 21,000,000 | 20,000,000 |
| 도요다 | 경기 | 검은색 | 고급 | 남성 | 54,000,000 | 34,000,000 | 20,000,000 |
| 아우디 | 경기 | 검은색 | 중형 | 남성 | 23,000,000 | 13,000,000 | 10,000,000 |

**요구사항**

위의 실적자료를 토대로 다음의 분석을 수행하시오.

1. 차종별/영업소별 매출액 분석
2. 차종별/색상별 판매대수 분석
3. 자동차 크기(규격)별/성별 매출액 분석
4. 구매자 성별 자동차 크기(규격) 분석
5. 영업소별/성별 할부금액 분석
6. 차종별/구매자성별 현금납부액 분석
7. 색상별/성별 판매대수 분석
8. 영업소별/성별/자동차규격별 매출액 분석
9. 차종별/색상별 매출액 피벗차트 분석
10. 색상별/규격별 현금납부액 피벗차트 분석

## 유사 사례 401-2 혼자해보기 Tips & 풀이 요약

### 예시 8. 영업소별/성별/자동차규격별 매출액 분석

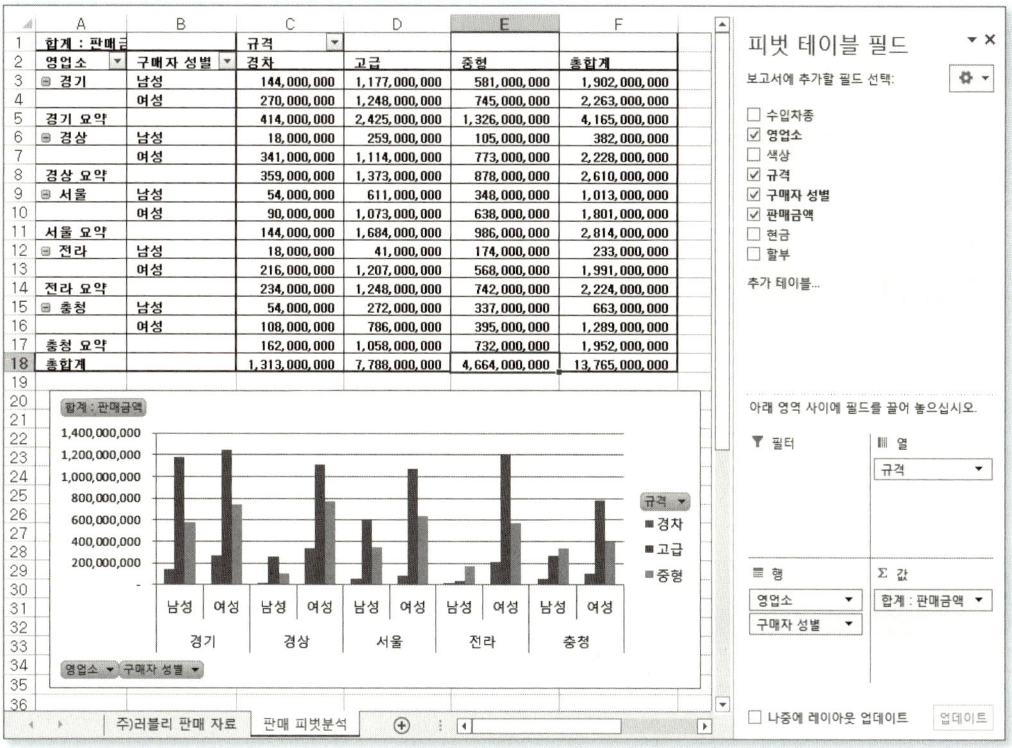

| 합계 : 판매금 | | 규격 | | | |
|---|---|---|---|---|---|
| 영업소 | 구매자 성별 | 경차 | 고급 | 중형 | 총합계 |
| ⊟ 경기 | 남성 | 144,000,000 | 1,177,000,000 | 581,000,000 | 1,902,000,000 |
| | 여성 | 270,000,000 | 1,248,000,000 | 745,000,000 | 2,263,000,000 |
| 경기 요약 | | 414,000,000 | 2,425,000,000 | 1,326,000,000 | 4,165,000,000 |
| ⊟ 경상 | 남성 | 18,000,000 | 259,000,000 | 105,000,000 | 382,000,000 |
| | 여성 | 341,000,000 | 1,114,000,000 | 773,000,000 | 2,228,000,000 |
| 경상 요약 | | 359,000,000 | 1,373,000,000 | 878,000,000 | 2,610,000,000 |
| ⊟ 서울 | 남성 | 54,000,000 | 611,000,000 | 348,000,000 | 1,013,000,000 |
| | 여성 | 90,000,000 | 1,073,000,000 | 638,000,000 | 1,801,000,000 |
| 서울 요약 | | 144,000,000 | 1,684,000,000 | 986,000,000 | 2,814,000,000 |
| ⊟ 전라 | 남성 | 18,000,000 | 41,000,000 | 174,000,000 | 233,000,000 |
| | 여성 | 216,000,000 | 1,207,000,000 | 568,000,000 | 1,991,000,000 |
| 전라 요약 | | 234,000,000 | 1,248,000,000 | 742,000,000 | 2,224,000,000 |
| ⊟ 충청 | 남성 | 54,000,000 | 272,000,000 | 337,000,000 | 663,000,000 |
| | 여성 | 108,000,000 | 786,000,000 | 395,000,000 | 1,289,000,000 |
| 충청 요약 | | 162,000,000 | 1,058,000,000 | 732,000,000 | 1,952,000,000 |
| 총합계 | | 1,313,000,000 | 7,788,000,000 | 4,664,000,000 | 13,765,000,000 |



※ 다른 피벗테이블 분석의 경우 오른쪽의 필드 선택을 변경하여 표시함.

# Case 402 인천상사의 영업소별 동적 매출차트 작성

## 현황

인천상사는 전자제품 유통업체로서 전국의 3개 권역 영업소(동부, 중부, 북부영업소)를 개설하여 운영하고 있다. 본사에서는 이들 영업소의 분기별/제품별 매출실적을 제출받아 영업소별 매출차트를 작성하고자 한다. 그런데 매출차트는 영업소별로 따로 작성하기보다는 하나의 매출차트를 작성하고, 영업소를 선택하면 해당 영업소의 데이터가 동적으로 연결되어 하나의 차트로 데이터 참조범위를 바꿔가면서 데이터를 표현하는 방법을 사용하고자 한다.

영업소별 매출 현황은 다음과 같으며, 이들 영업소별 자료는 각각 별도의 시트에 기록되어 있다.

### ⊙ 영업소별 매출 현황

〈동부영업소〉

| 제품 | 1사분기 | 2사분기 | 3사분기 | 4사분기 | 합 계 |
|---|---|---|---|---|---|
| 휴대폰 | 4,346 | 3,370 | 4,070 | 4,267 | |
| 냉장고 | 2,092 | 2,995 | 3,560 | 3,459 | |
| 컴퓨터 | 2,607 | 4,392 | 4,676 | 2,594 | |
| TV | 4,610 | 2,128 | 3,922 | 3,628 | |
| 비디오 | 4,193 | 4,120 | 3,223 | 1,874 | |
| 청소기 | 4,713 | 4,573 | 3,290 | 4,266 | |

〈중부영업소〉

| 제품 | 1사분기 | 2사분기 | 3사분기 | 4사분기 | 합 계 |
|---|---|---|---|---|---|
| 휴대폰 | 6,344 | 5,234 | 6,024 | 6,533 | |
| 냉장고 | 3,362 | 2,635 | 2,745 | 3,374 | |
| 컴퓨터 | 1,367 | 2,167 | 2,352 | 1,866 | |
| TV | 3,578 | 2,734 | 3,073 | 2,766 | |
| 비디오 | 3,274 | 2,844 | 3,754 | 1,934 | |
| 청소기 | 3,864 | 2,748 | 3,384 | 2,934 | |

〈북부영업소〉

| 제품 | 1사분기 | 2사분기 | 3사분기 | 4사분기 | 합 계 |
|---|---|---|---|---|---|
| 휴대폰 | 2,755 | 3,755 | 5,277 | 3,756 | |
| 냉장고 | 4,478 | 3,734 | 4,266 | 5,834 | |
| 컴퓨터 | 4,037 | 5,274 | 3,745 | 4,233 | |
| TV | 2,635 | 2,056 | 2,638 | 1,946 | |
| 비디오 | 4,733 | 3,374 | 3,275 | 4,356 | |
| 청소기 | 4,277 | 4,175 | 3,375 | 3,744 | |

**요구사항**

영업소별 매출 현황 자료와는 별도의 시트('매출차트' 시트)에 동적 매출차트를 작성하고, 특정 영업소를 선택하면 해당 영업소의 매출자료가 표시되고 동시에 매출차트도 따라 변화될 수 있도록 표시해 보시오(차트에 제품별 합계 금액을 함께 표시하되, 이중축 차트로 구성한다).

## Case 402 따라하기

**상황분석**

- 3개의 Sheet에 각 영업소의 매출현황표를 기록하되, 표의 위치나 구성이 모두 동일해야 변경 참조가 쉬워진다.
- 차트로 표시할 영업소 이름을 선택하여 적용할 수 있는 방법이 필요하다(데이터 유효성 검사).
- 차트를 구성할 때 참조범위를 가변적으로 변경할 수 있는 함수를 사용한다.
- 합계 부분을 함께 표시하기 위해서는 이중축 차트 구성을 고려해야 한다.

### 1단계 각 영업소별 매출현황표 sheet 작성

❶ 새 sheet를 선택하고, sheet의 이름을 **'동부영업소'**로 바꾸어 놓는다. '동부영업소' sheet의 B5 셀에 표의 제목인 **'동부영업소 매출 현황'**을 입력하고, B5:G5 셀 범위를 선택하여 [병합하고 가운데 맞춤]으로 설정한다. 그리고 [글꼴]에서 [맑은 고딕] – [14pt] – [굵게]로 선택한다.

❷ B7:F13 셀 범위에 동부영업소 매출 현황 자료를 입력한다. G7 셀에는 **'합계'**를 입력하고 G8:G13 셀 범위에 각 제품의 매출 합계를 표시한다(C8:G13 셀 범위 선택 후 자동합계 버튼(Σ) 이용).

❸ 자료가 입력된 B7:G13 셀 범위를 선택하고 [홈] 탭의 [글꼴] – [테두리]를 [모든 테두리]로 선택한다. 다시 열 레이블이 입력된 범위(B7:G7)를 선택하고, [홈] 탭의 [글꼴] – [채우기 색]에서 '밝은 파랑'을 선택한다. 숫자가 입력되어 있는 C8:G13 셀 범위를 선택하고 [홈] 탭의 [표시 형식]에서 [쉼표 스타일]을 선택한다. 숫자의 표시에 따라 [열 너비]를 적절히 조정한다.

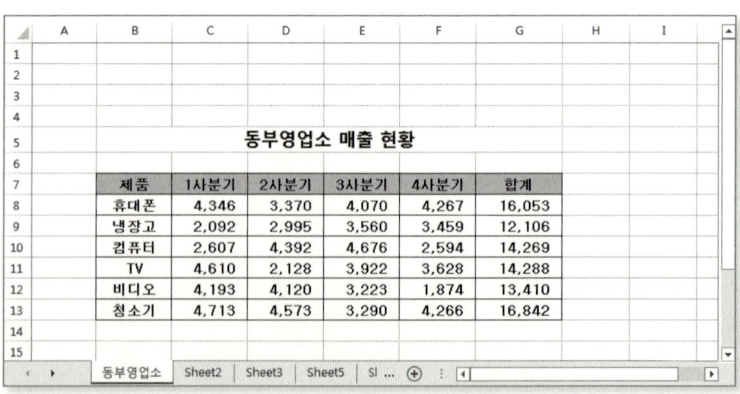

동부영업소 매출 현황

| 제품 | 1사분기 | 2사분기 | 3사분기 | 4사분기 | 합계 |
|---|---|---|---|---|---|
| 휴대폰 | 4,346 | 3,370 | 4,070 | 4,267 | 16,053 |
| 냉장고 | 2,092 | 2,995 | 3,560 | 3,459 | 12,106 |
| 컴퓨터 | 2,607 | 4,392 | 4,676 | 2,594 | 14,269 |
| TV | 4,610 | 2,128 | 3,922 | 3,628 | 14,288 |
| 비디오 | 4,193 | 4,120 | 3,223 | 1,874 | 13,410 |
| 청소기 | 4,713 | 4,573 | 3,290 | 4,266 | 16,842 |

❹ 작성된 '동부영업소' sheet와 동일한 구성 및 위치로 표시되도록 하기 위해, '동부영업소' sheet를 복제하여 sheet 오른쪽에 추가해 놓는다. 이때 '동부영업소' 시트명을 클릭하고 Ctrl 키를 누른 상태에서 마우스로 오른쪽으로 끌어다 놓으면 간단하게 시트를 복제할 수 있다. 복제된 시트('동부영업소 (2)'와 '동부영업소 (3)')의 이름을 각각 **'중부영업소'**와 **'북부영업소'**로 변경한 후, 각 시트의 제목부분(B5 셀)과 데이터 영역(C8:F13)에 해당 영업소의 이름과 데이터로 변경하여 입력한다. G8:G13 셀 영역의 합계부분은 이미 관련 수식이 포함되어 있으므로 자동으로 재계산되어 표시된다.

**중부영업소 매출 현황**

| 제품 | 1사분기 | 2사분기 | 3사분기 | 4사분기 | 합계 |
|---|---|---|---|---|---|
| 휴대폰 | 6,344 | 5,234 | 6,024 | 6,533 | 24,135 |
| 냉장고 | 3,362 | 2,635 | 2,745 | 3,374 | 12,116 |
| 컴퓨터 | 1,367 | 2,167 | 2,352 | 1,866 | 7,752 |
| TV | 3,578 | 2,734 | 3,073 | 2,766 | 12,151 |
| 비디오 | 3,274 | 2,844 | 3,754 | 1,934 | 11,806 |
| 청소기 | 3,864 | 2,748 | 3,384 | 2,934 | 12,930 |

동부영업소 | 중부영업소 | 북부영업소 | Shee ...

**북부영업소 매출 현황**

| 제품 | 1사분기 | 2사분기 | 3사분기 | 4사분기 | 합계 |
|---|---|---|---|---|---|
| 휴대폰 | 2,755 | 3,755 | 5,277 | 3,756 | 15,543 |
| 냉장고 | 4,478 | 3,734 | 4,266 | 5,834 | 18,312 |
| 컴퓨터 | 4,037 | 5,274 | 3,745 | 4,233 | 17,289 |
| TV | 2,635 | 2,056 | 2,638 | 1,946 | 9,275 |
| 비디오 | 4,733 | 3,374 | 3,275 | 4,356 | 15,738 |
| 청소기 | 4,277 | 4,175 | 3,375 | 3,744 | 15,571 |

동부영업소 | 중부영업소 | 북부영업소 | Shee ...

❺ '동부영업소' 시트의 B7:G13 셀 범위를 선택하고, [수식] 탭의 [정의된 이름]-[이름 정의]를 클릭하여 [새 이름] 대화상자에서 [이름]에 **'동부영업소'**를 입력한다. 이때 선택범위에는 이미 마우스로 선택해두었던 범위가 표시되어 있으므로 [확인]을 누른다(A열 위쪽의 [이름상자]에 '동부영업소' 이름을 직접 입력해도 결과는 같다. 이때 반드시 Enter 키 누름). 마찬가지로 '중부영업소' 시트와 '북부영업소' 시트에서도 동일한 범위에 대해 각각 **'중부영업소'**, **'북부영업소'**로 이름을 정의한다. 이름이 제대로 정의되어 있는지 확인해 보기 위해 [수식] 탭의 [정의된 이름]-[이름관리자]를 클릭해 보면 정의된 이름과 해당 범위가 표시된다.

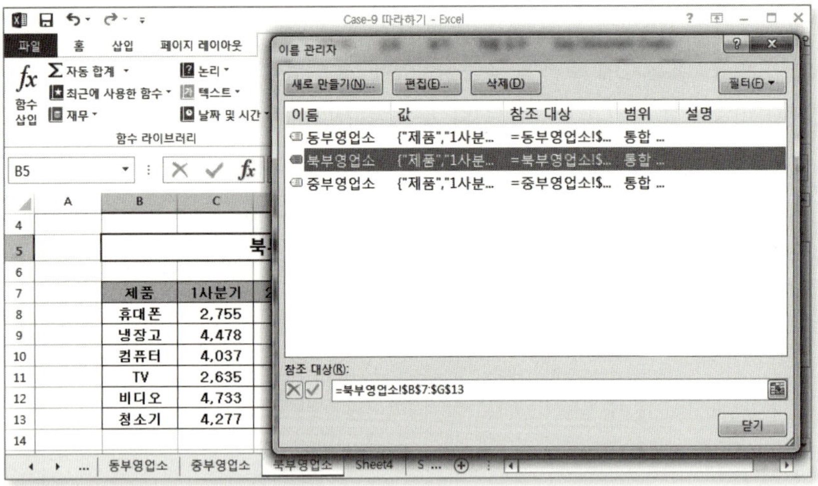

❻ 이제 '북부영업소' 시트의 오른쪽에 새 시트를 삽입하고, 시트의 이름을 **'매출차트'**로 변경한다. '매출차트' 시트의 B1 셀에 제목 **'영업소 선택 동적 매출차트'**를 입력하고, B1:G1 셀 범위를 선택하여 [홈] 탭에서 [병합하고 가운데 맞춤], [글꼴]에서 [14pt]–[굵게]로 표시한다.

❼ B3 셀에 **'영업소 선택'**을 입력하고, B3:C3 셀 범위를 선택하여 [병합하고 가운데 맞춤]을 선택한 후, [홈] 탭의 [글꼴]–[채우기 색]을 '진한 파랑'으로 선택한다. [글꼴 색]은 '흰색'으로 지정하고 [굵게]로 설정한다.

❽ D3 셀에서 [데이터] 탭의 [데이터 도구]–[데이터 유효성 검사]를 클릭하고, [데이터 유효성] 대화상자에서 [제한 대상]을 '목록'으로 지정한 후, [원본] 상자에 **'동부영업소,중부영업소,북부영업소'**를 빈 칸 없이 입력하여 [확인]을 누른다.

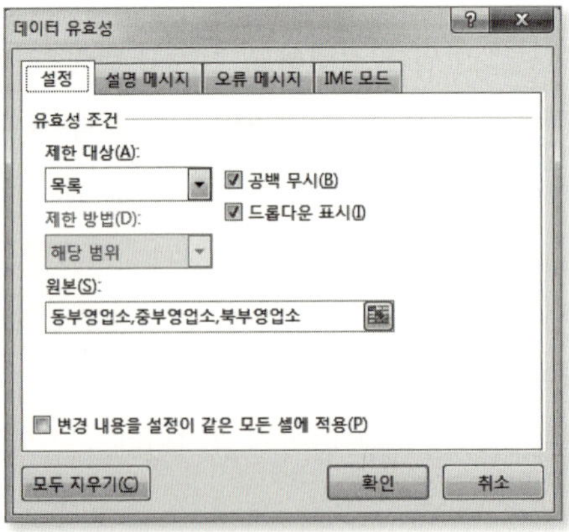

❾ [데이터 유효성 검사]가 적용된 D3 셀을 클릭하고, 셀의 오른쪽에 표시되는 선택버튼을 클릭하여 목록에 입력한 영업소 이름들이 제대로 표시되는지를 확인한 후, 그중 '동부영업소'를 선택 표시한다.

❿ B5 셀에 '=**"차트로 표시할 "&D3&" 매출실적"**'을 입력한다. 그리고 B5:E5 셀 범위를 선택하여 [병합하고 가운데 맞춤]을 클릭하고, [글꼴 크기]를 '12pt', '굵게'로 표시한다.

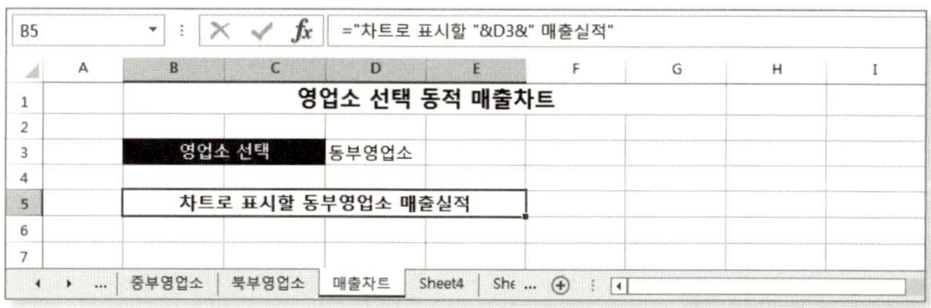


⓫ B7:G13 셀 범위를 선택하고 '=**indirect($D$3)**'를 입력한 후 Ctrl 키를 누른 상태에서 Enter 키를 동시에 누른다. 그러면 선택된 B7:G13 셀 범위에 동일한 수식 '=indirect($D$3)'이 한꺼번에 표시된다.

> **참고**
>
> **Ctrl + Enter 키**
>
> 선택된 일련의 셀 범위에 동일한 내용을 한꺼번에 입력하고자 하는 경우에는 단축키 'Ctrl+Enter 키'를 사용할 수 있다. 즉, 동일한 내용을 입력하고자 하는 셀 범위를 마우스로 선택한 후(연속 또는 불연속 셀 범위 가능), '대한민국'을 입력하고 Ctrl 키를 누르면서 동시에 Enter 키를 누르면 선택한 셀 범위에 모두 '대한민국'이 똑같이 입력되어 표시된다.

⓬ 여기서 indirect 함수는 인수로 표시된 해당 셀 주소의 내용을 반환해주는 함수이다. 예컨대, C8 셀에 표시된 함수 '=indirect($D$3)'에서 '$D$3'은 '동부영업소'를 의미하는 것이므로, 결국 앞에서 '동부영업소'로 이름 정의한 셀 참조영역에서 현재의 셀 주소(C8)와 같은 주소('동부영업소' 이름 영역의 C8 셀)에 입력되어 있는 값을 표시하게 된다. 따라서 비록 B7:G13 셀 범위에 동일한 내용의 수식('=indirect($D$3)')이 입력되어 있다 하더라도 참조가 되는 영역('동부영업소' 이름 영역)에 입력되어 있는 내용이 서로 다르므로, B7:G13 셀 범위에도 각기 다른 결괏값이 표시되어지는 것이다.

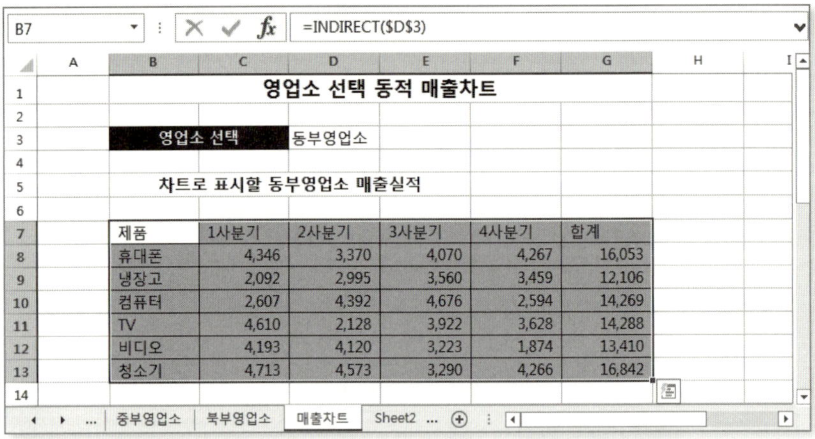


⓭ 선택된 범위(B7:G13)에 대해 [홈] 탭의 [맞춤]에서 [가운데 맞춤]으로 선택하고, [표시 형식]에서 [쉼표 스타일], 그리고 [글꼴]의 [테두리]에서 [모든 테두리]를 지정한다. B7:G7 셀 범위에는 앞의 각 영업소에서와 같이 [글꼴]-[채우기 색]에서 '밝은 파랑'을 선택한다.

⓮ 이제 D3 셀의 오른쪽 데이터 유효성 버튼을 눌러서 '**중부영업소**'로 변경하여 보면, B5 셀의 내용과 B7:G13 셀 범위의 내용이 모두 '중부영업소'와 관련된 내용으로 바뀌어 표시되어진다. 마찬가지로 '북부영업소'를 선택하면 모두 북부영업소의 자료로 바뀌게 된다. 이는 각 셀이 'indirect' 함수의 참조에 따라 변화하기 때문이다.

⓯ 다시 B7:G13 셀 범위를 선택하고, [삽입] 탭에서 [차트]-[세로막대형 차트]를 선택하여 그중 [묶은 세로 막대형]을 선택한다.

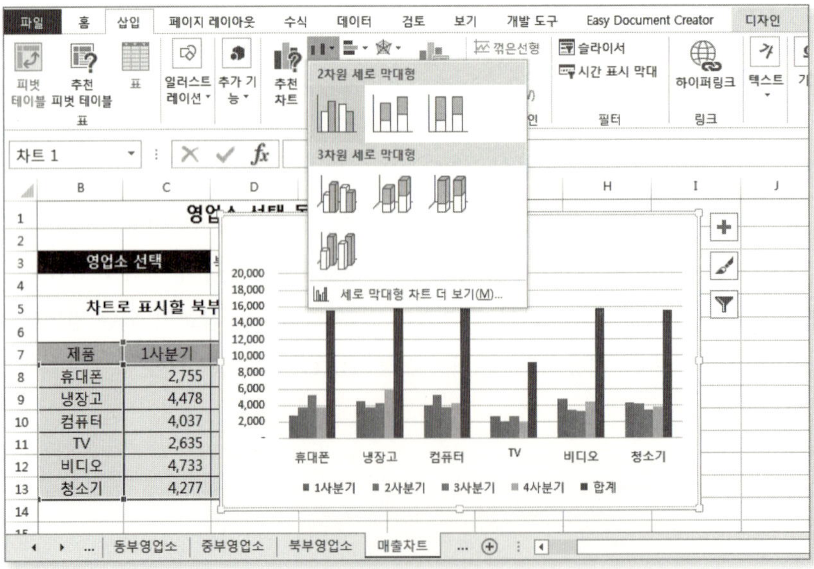

⑯ 생성된 차트를 표 아래쪽으로 이동하고 크기를 조절하여 표시한다. 차트 제목은 불필요하므로 지운다.

⑰ 표시된 차트에는 각 분기별 자료 외에도 합계금액이 함께 표시되고 있어서 이를 구분하여 표시할 필요가 있다. 이러한 경우에는 '이중 축 차트' 형태를 사용할 수 있다. 차트 내부에서 '합계' 데이터계열 막대를 선택하고, 오른쪽 마우스에서 [계열 차트 종류 변경]을 선택한다. [차트 종류 변경] 대화상자에서 [콤보]를 선택하고, 이 중 [묶은 세로 막대형 – 꺾은선형, 보조축]을 선택한다. 이는 상대적으로 금액이 큰 '합계' 부분을 분기별 실적과 구분하여 꺾은선 형으로 표시하고, 보조축을 통해 눈금 구분도 달리하고자 하는 것이다. 선택 후 아래쪽에 표시되는 미리보기 차트에서 보조축 사용이 잘못된 것(4사분기 실적)이 있는 경우에는 아래에서 보조축 사용을 선택 해제하고 [묶은 세로 막대형]으로 변경한 후 [확인]을 누른다.

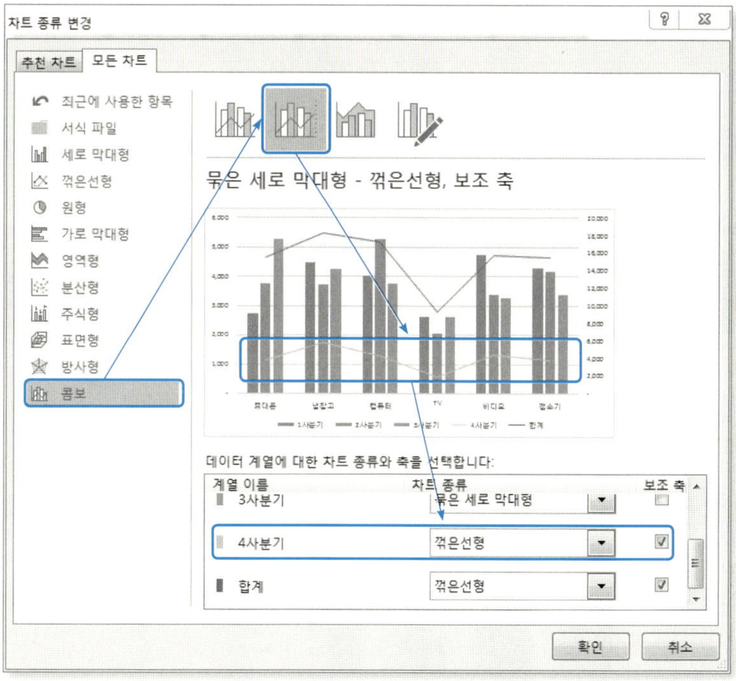


⑱ 이제 '합계' 데이터계열만 꺾은선형으로 표시되고 보조축을 사용하게 됨에 따라, 분기별 막대 표시가 확대되어 표시되고 있다. 다시 D3 셀의 '영업소 선택'에서 **'동부영업소'**, **'중부영업소'**, **'북부영업소'**를 번갈아 선택해 보면, 선택에 따라 실적표가 바뀌고 이에 따라 차트도 변경되어 표시되어진다.

⑲ 그런데 특이한 것은 영업소 선택에 따라 Y축과 보조축의 표시 기준이 달라지고 있음을 볼 수 있다. 이는 엑셀 차트가 표시하는 실적 크기에 따라 차트에 꽉 찬 형태로 표시하기 위해 자동으로 눈금 기준을 변경하여 표시하고 있는 것이다. 이는 차트 모양으로는 더 좋을지 모르지만, 이러한 동적 차트를 구성하는 목적이 영업소 간의 비교가 주된 목적일 수 있으므로 각 축은 표준화된 기준을 적용하는 것이 더 좋을 것이다.

⑳ 따라서 다시 '영업소 선택'을 번갈아가면서 수행하여 Y축의 최댓값과 보조축의 최댓값이 어느 정도인지를 판단하여 기준을 정한다. Y축의 최댓값은 '7,000', 보조축의 최댓값은 '25,000'으로 보여진다. 그러나 '합계'를 표시하는 꺾은선형을 가능한 한 막대형 차트 위쪽에 표시될 수 있도록 하기 위해 Y축의 최댓값을 좀 더 높여 **'10,000'**으로 설정하기로 한다.

㉑ 이제 차트의 '세로 축'을 클릭하고 오른쪽 마우스에서 [축 서식]을 선택한다. [축 서식]의 [축 옵션]에서 '자동'으로 표시되어 있는 최댓값 '7,000'을 **'10,000'**으로 수정해 놓는다.

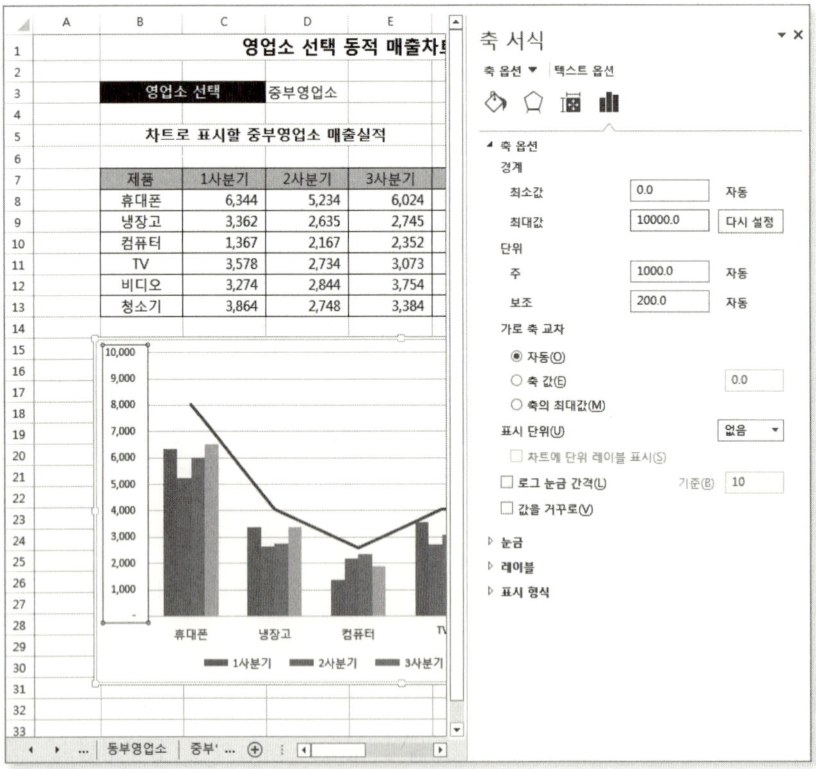


㉒ 그리고 이번에는 '보조 세로 축'을 클릭하고, 오른쪽 마우스 [축 서식]을 선택하여 [축 옵션]의 최댓값을 **'25,000'**으로 변경하여 설정한다. 그 결과 막대형 차트는 전체적으로 작게 표시되게 되었지만, 합계를 표시하는 꺾은선형 차트가 항상 막대형 차트의 위쪽에 표시되어 구분의 의

미가 강해지게 되었다. 이처럼 각 축의 최댓값을 인위적으로 변경해 놓으면, 표시 금액에 따라 축의 눈금이 자동으로 변경되어지는 것을 막을 수 있다.

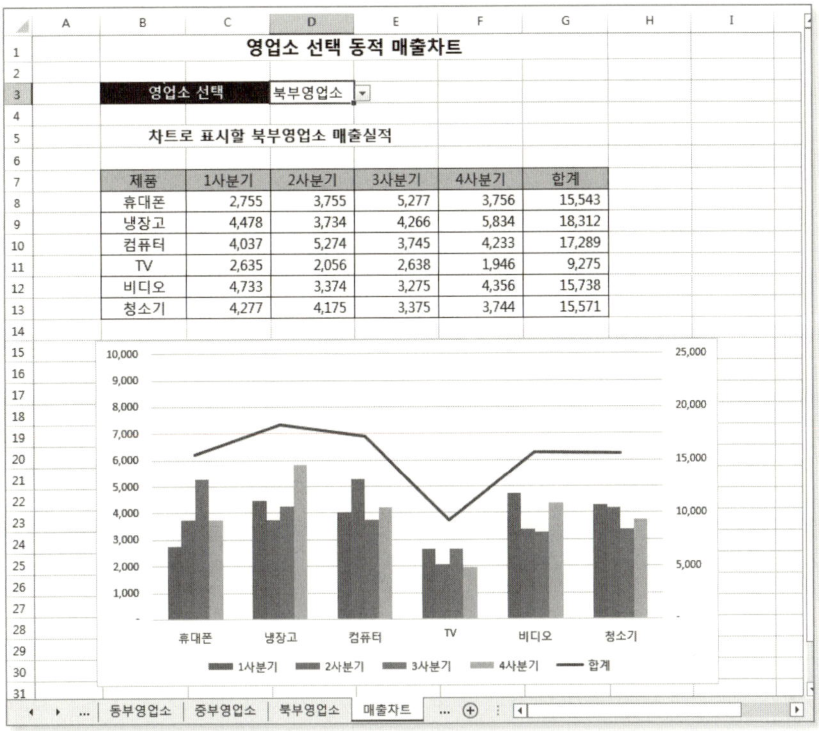

영업소 선택 동적 매출차트

영업소 선택 | 북부영업소

차트로 표시할 북부영업소 매출실적

| 제품 | 1사분기 | 2사분기 | 3사분기 | 4사분기 | 합계 |
|---|---|---|---|---|---|
| 휴대폰 | 2,755 | 3,755 | 5,277 | 3,756 | 15,543 |
| 냉장고 | 4,478 | 3,734 | 4,266 | 5,834 | 18,312 |
| 컴퓨터 | 4,037 | 5,274 | 3,745 | 4,233 | 17,289 |
| TV | 2,635 | 2,056 | 2,638 | 1,946 | 9,275 |
| 비디오 | 4,733 | 3,374 | 3,275 | 4,356 | 15,738 |
| 청소기 | 4,277 | 4,175 | 3,375 | 3,744 | 15,571 |



㉓ 완성된 차트에서 이번에는 [범례]의 위치를 차트의 위쪽으로 이동시켜보자. [범례]를 선택하여 표시한 후, 상단 빈 칸 영역으로 끌어다 놓는다. 그리고 차트의 [그림 영역]을 클릭하고, 이전에 [범례]가 있었던 공간까지 끌어 그림 영역을 확대하여 표시한다.

㉔ 이번에는 차트의 합계부분인 꺾은선을 두껍게 표시하고 데이터 레이블도 추가해보기로 한다. 차트의 꺾은선 부분을 클릭하여 선택하고, 오른쪽 마우스 [데이터 계열 서식]을 선택한다. [계열 옵션]에서 [선]을 [실선]으로 선택하고 [선]을 '빨강', [두께]를 '4pt'로 지정하고 맨 아래 [완만한 선]을 선택하고 창을 [닫기]한다. 다시 꺾은선 차트를 선택하고 오른쪽 마우스 [데이터 레이블 추가]-[데이터 레이블 추가]를 선택한다. 다시 꺾은선 차트를 선택하고 오른쪽 마우스에서 이번에는 [데이터 레이블 서식]을 클릭하여 [레이블 옵션]에서 [레이블 위치]를 '위쪽'으로 선택하고, [표시 형식]의 [범주]를 '숫자'로 변경한다.

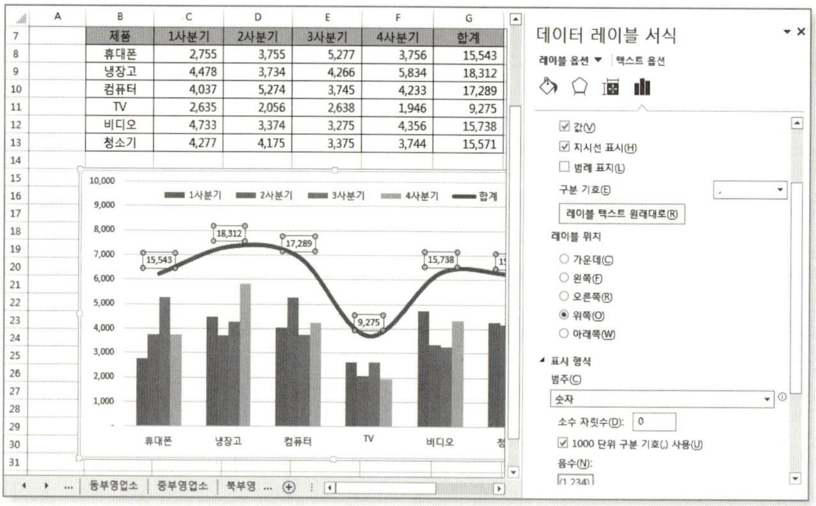

㉕ 이번에는 차트의 배경과 테두리를 설정해 본다. 차트에서 [차트 영역]을 클릭하고 오른쪽 마우스에서 [차트 영역 서식]을 선택한 후, [채우기]에서 '그림 또는 질감 채우기'를 선택하고, 아래 [질감]에서 '편지지'를 클릭한다. 이때 배경이 되는 질감으로 너무 어두운 색상을 선택하지 않는 것이 좋다. 아래쪽 [테두리]에서 [실선]을 선택하고, [색]을 '파랑'으로, [두께]를 '2pt'로, 그리고 맨 아래쪽 [둥근 모서리]를 선택한다.

㉖ 이번에는 차트 내부의 그림영역 배경을 설정해 본다. [차트 영역] 안쪽의 [그림 영역]에 마우스를 위치시키고, 오른쪽 마우스에서 [그림 영역 서식]을 클릭하여 [채우기] – [그라데이션 채우기]를 선택하고, [그라데이션 미리 설정]에서 [밝은 그라데이션 – 강조1](옅은 하늘색)을, 그리고

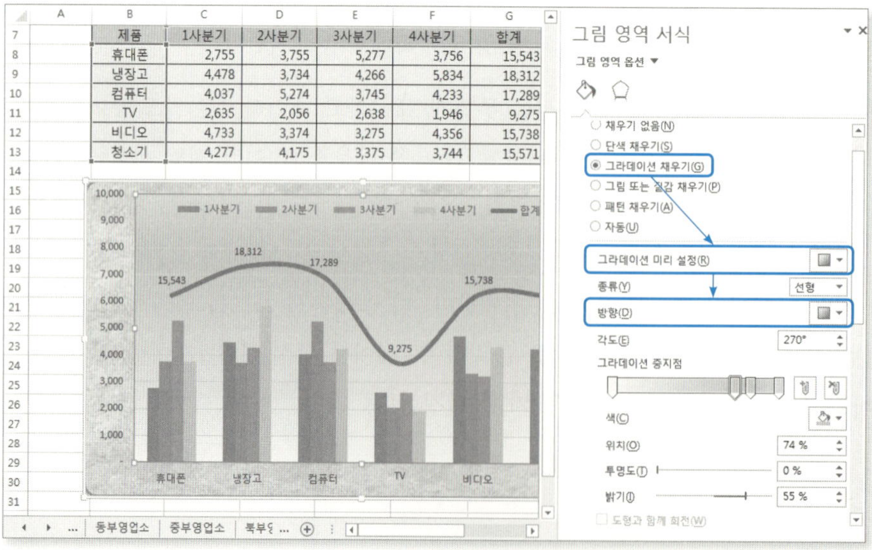

[방향]에서 '선형 위쪽'을 선택 표시한다. 이는 차트 영역의 배경과 다른 색상의 그림영역 배경을 설정하여 구분 표시하고자 한 것이다. 그림 영역 역시 너무 진한 색상을 선택하지 않는 것이 좋다.

㉗ 이제 설정이 끝났으므로, D3 셀의 [영업소 선택]에서 '동부영업소', '중부영업소', '북부영업소'를 번갈아 선택하면서 완성된 매출실적 표와 차트의 동적 표시가 원하는 방향으로 변경되는지 확인해 본다.

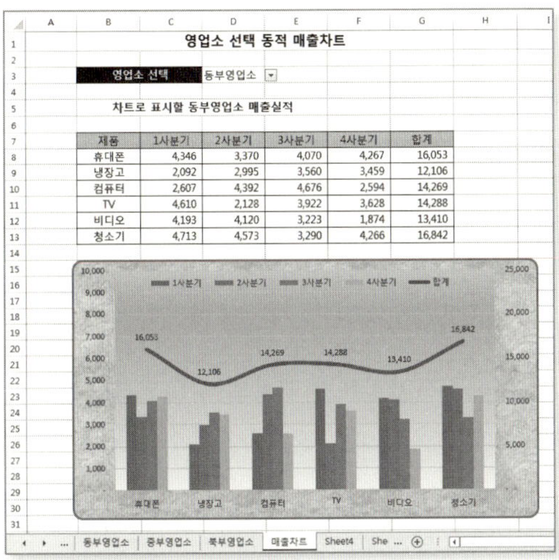
영업소 선택 동적 매출차트

영업소 선택 | 동부영업소

차트로 표시할 동부영업소 매출실적

| 제품 | 1사분기 | 2사분기 | 3사분기 | 4사분기 | 합계 |
|---|---|---|---|---|---|
| 휴대폰 | 4,346 | 3,370 | 4,070 | 4,267 | 16,053 |
| 냉장고 | 2,092 | 2,995 | 3,560 | 3,459 | 12,106 |
| 컴퓨터 | 2,607 | 4,392 | 4,676 | 2,594 | 14,269 |
| TV | 4,610 | 2,128 | 3,922 | 3,628 | 14,288 |
| 비디오 | 4,193 | 4,120 | 3,223 | 1,874 | 13,410 |
| 청소기 | 4,713 | 4,573 | 3,290 | 4,266 | 16,842 |

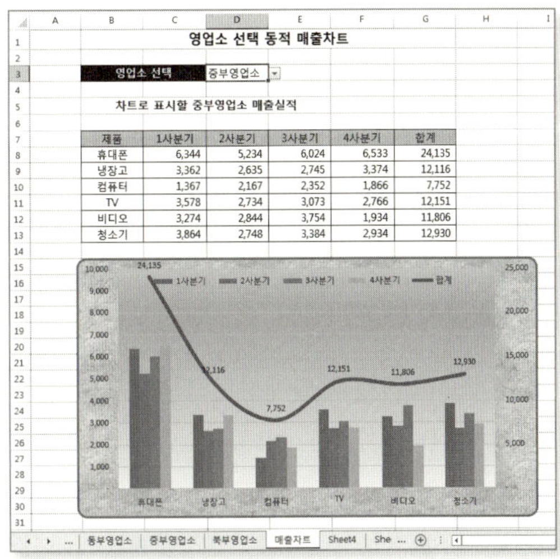
영업소 선택 동적 매출차트

영업소 선택 | 중부영업소

차트로 표시할 중부영업소 매출실적

| 제품 | 1사분기 | 2사분기 | 3사분기 | 4사분기 | 합계 |
|---|---|---|---|---|---|
| 휴대폰 | 6,344 | 5,234 | 6,024 | 6,533 | 24,135 |
| 냉장고 | 3,362 | 2,635 | 2,745 | 3,374 | 12,116 |
| 컴퓨터 | 1,367 | 2,167 | 2,352 | 1,866 | 7,752 |
| TV | 3,578 | 2,734 | 3,073 | 2,766 | 12,151 |
| 비디오 | 3,274 | 2,844 | 3,754 | 1,934 | 11,806 |
| 청소기 | 3,864 | 2,748 | 3,384 | 2,934 | 12,930 |

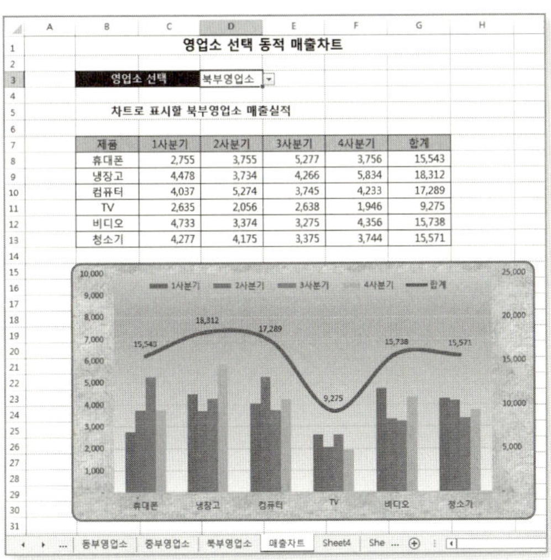
영업소 선택 동적 매출차트

영업소 선택 | 북부영업소

차트로 표시할 북부영업소 매출실적

| 제품 | 1사분기 | 2사분기 | 3사분기 | 4사분기 | 합계 |
|---|---|---|---|---|---|
| 휴대폰 | 2,755 | 3,755 | 5,277 | 3,756 | 15,543 |
| 냉장고 | 4,478 | 3,734 | 4,266 | 5,834 | 18,312 |
| 컴퓨터 | 4,037 | 5,274 | 3,745 | 4,233 | 17,289 |
| TV | 2,635 | 2,056 | 2,638 | 1,946 | 9,275 |
| 비디오 | 4,733 | 3,374 | 3,275 | 4,356 | 15,738 |
| 청소기 | 4,277 | 4,175 | 3,375 | 3,744 | 15,571 |

## 유사 사례 402 혼자해보기 ㈔경영전략연구소 프로젝트 추진일정표

**현황**

㈔경영전략연구소에서는 향후 수행예정인 새로운 프로젝트의 일정계획표를 간트차트 형식으로 작성하고자 한다. 프로젝트 수행일정표는 해당 프로젝트의 예상 수행과정을 단계별로 구분하고 이들 각 단계별로 시작일, 종료일 및 소요일을 표시하되 이를 차트 형태로 단순화하여 나타내고자 하는 것이다.

**요구사항**

수행하고자 하는 개발예정지 교통영향평가 프로젝트의 추진일정표가 다음과 같다고 할 때, 추진일정표를 간트차트 형태로 요약하여 표시해 보시오(간트차트에는 소요기간만을 표시함).

〈개발예정지 교통영향평가 추진일정표〉

| 제목 | 책임자 | 개시일 | 기간 | 종료일 |
|---|---|---|---|---|
| 1. 기초자료조사 | 강시작 | 2004-09-05 | 6 | 2004-09-10 |
| 2. 유형별 설문지 작성 | 박항상 | 2004-09-09 | 5 | 2004-09-13 |
| 3. 집단별 설문작업 수행 | 오실행 | 2004-09-14 | 15 | 2004-09-28 |
| 4. 교통량 실사 | 윤이상 | 2004-09-21 | 8 | 2004-09-28 |
| 5. 설문/실사결과분석 | 최인간 | 2004-09-28 | 5 | 2004-10-02 |
| 6. 보고서 작성 | 박항상 | 2004-09-30 | 8 | 2004-10-07 |
| 7. 공청회/세미나 개최 | 정상종 | 2004-10-06 | 3 | 2004-10-08 |

## 유사 사례 402 혼자해보기 Tips & 풀이 요약

**Tip**

- 모든 날짜는 숫자로 표시할 수 있다. 따라서 추진일정표상의 날짜를 숫자로 간주하여 차트로 표현할 수 있다.
  (1900년 1월 1일을 '1'로, 하루 경과할수록 '1'씩 증가하는 패턴)
  ⇒ 시작일인 2004-09-05일은 [셀서식]-[표시형식-[일반]으로 선택해 보면 '38235'로, 마지막 종료일인 2004-10-08일은 '38268'로 표시된다.
- 따라서 [추진일정표]상의 제목, 개시일, 기간 자료만을 사용하여 [누적 가로막대형 차트]로 표시할 수 있다.
- 다만, 작성된 차트의 축서식에서 가로축의 최솟값을 시작일인 '38235'로, 최댓값을 종료일인 '38268'로 설정하고, [개시일]에 해당하는 차트 부분의 계열서식을 [채우기없음]으로 선택한다.
- 차트에 남은 [기간] 막대 위에 [데이터 레이블 추가]를 선택한다.

## 1단계 추진일정표 입력 및 날짜 확인

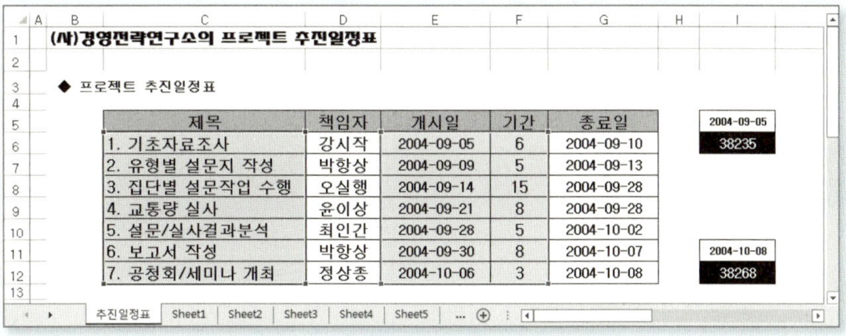

(사)경영전략연구소의 프로젝트 추진일정표

◆ 프로젝트 추진일정표

| 제목 | 책임자 | 개시일 | 기간 | 종료일 |
|---|---|---|---|---|
| 1. 기초자료조사 | 강시작 | 2004-09-05 | 6 | 2004-09-10 |
| 2. 유형별 설문지 작성 | 박항상 | 2004-09-09 | 5 | 2004-09-13 |
| 3. 집단별 설문작업 수행 | 오실행 | 2004-09-14 | 15 | 2004-09-28 |
| 4. 교통량 실사 | 윤이상 | 2004-09-21 | 8 | 2004-09-28 |
| 5. 설문/실사결과분석 | 최인간 | 2004-09-28 | 5 | 2004-10-02 |
| 6. 보고서 작성 | 박항상 | 2004-09-30 | 8 | 2004-10-07 |
| 7. 공청회/세미나 개최 | 정상종 | 2004-10-06 | 3 | 2004-10-08 |



- [셀서식]-[표시형식]-[일반]으로 날짜의 숫자 형식 표현 확인
- 차트는 [가로막대형]-[누적 가로막대형] 사용
- [제목], [개시일], [기간] 자료 선택하여 차트 표시

## 2단계 [요구사항] 해결

- 간트차트 형식의 추진일정표 작성(완성 차트의 예)

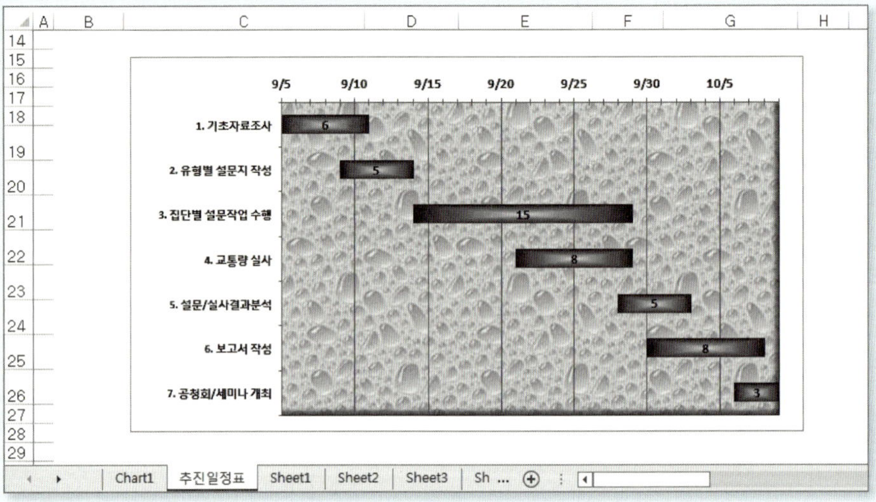

# Case 403 Buy24 Mart의 동적 기간별 실적차트

## 현황

Buy24 마트에서는 연중무휴, 24시간 영업을 하고 있다. Buy24 마트의 사장은 2018년 한 해 동안의 일별 매출실적 자료를 표로 정리하고, 원하는 시점부터 원하는 기간까지 자유롭게 선택하여 해당 기간 동안의 실적 추이를 하나의 차트로 표시하여 다양한 분석을 수행해보고자 한다.

### ⊙ Buy24 마트의 2018년 일별 매출실적 자료

| 날짜 | 실적 | 날짜 | 실적 | 날짜 | 실적 | 날짜 | 실적 | 날짜 | 실적 | 날짜 | 실적 |
|---|---|---|---|---|---|---|---|---|---|---|---|
| 1/1 | 4,733 | 2/1 | 3,384 | 3/1 | 4,542 | 4/1 | 3,390 | 5/1 | 2,837 | 6/1 | 4,027 |
| 1/2 | 4,532 | 2/2 | 3,854 | 3/2 | 3,530 | 4/2 | 2,830 | 5/2 | 2,836 | 6/2 | 3,200 |
| 1/3 | 3,644 | 2/3 | 5,038 | 3/3 | 4,330 | 4/3 | 2,783 | 5/3 | 3,726 | 6/3 | 1,837 |
| 1/4 | 3,643 | 2/4 | 4,850 | 3/4 | 4,840 | 4/4 | 3,028 | 5/4 | 3,838 | 6/4 | 3,288 |
| 1/5 | 4,016 | 2/5 | 4,855 | 3/5 | 3,380 | 4/5 | 4,560 | 5/5 | 2,762 | 6/5 | 3,372 |
| 1/6 | 4,788 | 2/6 | 3,650 | 3/6 | 4,140 | 4/6 | 4,028 | 5/6 | 3,320 | 6/6 | 4,329 |
| 1/7 | 2,932 | 2/7 | 2,565 | 3/7 | 3,880 | 4/7 | 4,410 | 5/7 | 2,184 | 6/7 | 3,204 |
| 1/8 | 3,367 | 2/8 | 2,453 | 3/8 | 4,200 | 4/8 | 3,378 | 5/8 | 2,283 | 6/8 | 2,056 |
| 1/9 | 1,738 | 2/9 | 2,254 | 3/9 | 3,205 | 4/9 | 2,873 | 5/9 | 4,028 | 6/9 | 3,406 |
| 1/10 | 4,372 | 2/10 | 5,493 | 3/10 | 5,447 | 4/10 | 4,028 | 5/10 | 3,324 | 6/10 | 4,222 |
| 1/11 | 3,665 | 2/11 | 5,485 | 3/11 | 5,290 | 4/11 | 2,685 | 5/11 | 3,838 | 6/11 | 4,625 |
| 1/12 | 3,372 | 2/12 | 3,833 | 3/12 | 3,633 | 4/12 | 1,844 | 5/12 | 2,882 | 6/12 | 2,270 |
| 1/13 | 4,027 | 2/13 | 2,834 | 3/13 | 2,776 | 4/13 | 1,790 | 5/13 | 3,382 | 6/13 | 3,320 |
| 1/14 | 4,388 | 2/14 | 4,035 | 3/14 | 3,628 | 4/14 | 1,935 | 5/14 | 3,240 | 6/14 | 1,775 |
| 1/15 | 4,477 | 2/15 | 2,844 | 3/15 | 3,862 | 4/15 | 2,275 | 5/15 | 3,380 | 6/15 | 3,772 |
| 1/16 | 2,256 | 2/16 | 2,810 | 3/16 | 1,863 | 4/16 | 3,463 | 5/16 | 3,920 | 6/16 | 3,745 |
| 1/17 | 3,027 | 2/17 | 1,720 | 3/17 | 4,822 | 4/17 | 4,425 | 5/17 | 1,830 | 6/17 | 2,773 |
| 1/18 | 4,620 | 2/18 | 1,563 | 3/18 | 5,633 | 4/18 | 3,372 | 5/18 | 1,565 | 6/18 | 4,774 |
| 1/19 | 2,637 | 2/19 | 2,837 | 3/19 | 3,860 | 4/19 | 1,836 | 5/19 | 3,720 | 6/19 | 4,580 |
| 1/20 | 4,244 | 2/20 | 3,302 | 3/20 | 4,720 | 4/20 | 3,390 | 5/20 | 3,280 | 6/20 | 3,360 |
| 1/21 | 4,374 | 2/21 | 3,500 | 3/21 | 2,736 | 4/21 | 4,028 | 5/21 | 3,386 | 6/21 | 3,200 |
| 1/22 | 2,777 | 2/22 | 3,028 | 3/22 | 3,283 | 4/22 | 3,375 | 5/22 | 2,683 | 6/22 | 2,745 |
| 1/23 | 3,027 | 2/23 | 3,056 | 3/23 | 1,837 | 4/23 | 2,770 | 5/23 | 2,304 | 6/23 | 1,845 |
| 1/24 | 3,374 | 2/24 | 4,838 | 3/24 | 1,583 | 4/24 | 3,280 | 5/24 | 1,777 | 6/24 | 1,556 |
| 1/25 | 1,744 | 2/25 | 4,038 | 3/25 | 4,302 | 4/25 | 2,018 | 5/25 | 1,738 | 6/25 | 2,703 |
| 1/26 | 1,930 | 2/26 | 3,845 | 3/26 | 3,088 | 4/26 | 3,730 | 5/26 | 3,280 | 6/26 | 3,603 |
| 1/27 | 4,028 | 2/27 | 3,820 | 3/27 | 3,400 | 4/27 | 2,832 | 5/27 | 3,380 | 6/27 | 3,388 |
| 1/28 | 4,382 | 2/28 | 3,270 | 3/28 | 3,120 | 4/28 | 4,126 | 5/28 | 3,027 | 6/28 | 3,420 |
| 1/29 | 3,266 | | | 3/29 | 4,200 | 4/29 | 3,835 | 5/29 | 2,274 | 6/29 | 2,864 |
| 1/30 | 2,480 | | | 3/30 | 3,890 | 4/30 | 3,345 | 5/30 | 2,888 | 6/30 | 3,804 |
| 1/31 | 1,937 | | | 3/31 | 1,820 | | | 5/31 | 2,839 | | |

| 날짜 | 실적 |
|---|---|
| 7/1 | 3,792 |
| 7/2 | 4,339 |
| 7/3 | 2,835 |
| 7/4 | 2,285 |
| 7/5 | 3,875 |
| 7/6 | 4,205 |
| 7/7 | 2,277 |
| 7/8 | 1,865 |
| 7/9 | 4,430 |
| 7/10 | 2,865 |
| 7/11 | 2,245 |
| 7/12 | 2,740 |
| 7/13 | 3,047 |
| 7/14 | 4,205 |
| 7/15 | 3,388 |
| 7/16 | 1,755 |
| 7/17 | 2,836 |
| 7/18 | 3,320 |
| 7/19 | 4,530 |
| 7/20 | 2,777 |
| 7/21 | 3,207 |
| 7/22 | 2,284 |
| 7/23 | 4,037 |
| 7/24 | 3,388 |
| 7/25 | 2,833 |
| 7/26 | 3,320 |
| 7/27 | 4,333 |
| 7/28 | 3,830 |
| 7/29 | 4,122 |
| 7/30 | 3,830 |
| 7/31 | 2,830 |

| 날짜 | 실적 |
|---|---|
| 8/1 | 4,220 |
| 8/2 | 2,765 |
| 8/3 | 3,044 |
| 8/4 | 2,409 |
| 8/5 | 3,755 |
| 8/6 | 2,777 |
| 8/7 | 3,886 |
| 8/8 | 2,288 |
| 8/9 | 4,220 |
| 8/10 | 3,289 |
| 8/11 | 1,886 |
| 8/12 | 2,883 |
| 8/13 | 4,220 |
| 8/14 | 4,655 |
| 8/15 | 2,867 |
| 8/16 | 3,339 |
| 8/17 | 2,727 |
| 8/18 | 2,760 |
| 8/19 | 3,329 |
| 8/20 | 4,120 |
| 8/21 | 3,372 |
| 8/22 | 2,739 |
| 8/23 | 4,403 |
| 8/24 | 3,980 |
| 8/25 | 3,680 |
| 8/26 | 4,140 |
| 8/27 | 3,890 |
| 8/28 | 3,966 |
| 8/29 | 4,205 |
| 8/30 | 2,257 |
| 8/31 | 2,175 |

| 날짜 | 실적 |
|---|---|
| 9/1 | 3,745 |
| 9/2 | 3,505 |
| 9/3 | 2,287 |
| 9/4 | 2,020 |
| 9/5 | 3,770 |
| 9/6 | 2,980 |
| 9/7 | 4,220 |
| 9/8 | 2,280 |
| 9/9 | 3,888 |
| 9/10 | 3,277 |
| 9/11 | 2,888 |
| 9/12 | 4,210 |
| 9/13 | 4,200 |
| 9/14 | 3,375 |
| 9/15 | 3,775 |
| 9/16 | 3,207 |
| 9/17 | 3,667 |
| 9/18 | 4,388 |
| 9/19 | 4,520 |
| 9/20 | 2,765 |
| 9/21 | 2,550 |
| 9/22 | 3,228 |
| 9/23 | 3,540 |
| 9/24 | 1,850 |
| 9/25 | 3,555 |
| 9/26 | 3,835 |
| 9/27 | 2,305 |
| 9/28 | 2,837 |
| 9/29 | 1,888 |
| 9/30 | 1,690 |

| 날짜 | 실적 |
|---|---|
| 10/1 | 3,350 |
| 10/2 | 3,835 |
| 10/3 | 3,765 |
| 10/4 | 1,590 |
| 10/5 | 3,380 |
| 10/6 | 4,480 |
| 10/7 | 3,290 |
| 10/8 | 3,330 |
| 10/9 | 3,640 |
| 10/10 | 3,666 |
| 10/11 | 1,780 |
| 10/12 | 3,320 |
| 10/13 | 3,103 |
| 10/14 | 2,777 |
| 10/15 | 4,288 |
| 10/16 | 2,766 |
| 10/17 | 3,288 |
| 10/18 | 2,644 |
| 10/19 | 3,277 |
| 10/20 | 4,288 |
| 10/21 | 4,473 |
| 10/22 | 2,837 |
| 10/23 | 3,337 |
| 10/24 | 3,270 |
| 10/25 | 2,145 |
| 10/26 | 3,890 |
| 10/27 | 3,845 |
| 10/28 | 4,207 |
| 10/29 | 2,273 |
| 10/30 | 3,399 |
| 10/31 | 3,825 |

| 날짜 | 실적 |
|---|---|
| 11/1 | 4,530 |
| 11/2 | 4,205 |
| 11/3 | 3,084 |
| 11/4 | 3,370 |
| 11/5 | 3,820 |
| 11/6 | 2,290 |
| 11/7 | 2,285 |
| 11/8 | 3,336 |
| 11/9 | 3,637 |
| 11/10 | 4,230 |
| 11/11 | 2,828 |
| 11/12 | 3,283 |
| 11/13 | 4,229 |
| 11/14 | 4,483 |
| 11/15 | 2,883 |
| 11/16 | 2,265 |
| 11/17 | 3,545 |
| 11/18 | 3,382 |
| 11/19 | 2,447 |
| 11/20 | 3,166 |
| 11/21 | 3,222 |
| 11/22 | 4,033 |
| 11/23 | 2,550 |
| 11/24 | 4,220 |
| 11/25 | 4,422 |
| 11/26 | 2,728 |
| 11/27 | 2,864 |
| 11/28 | 3,382 |
| 11/29 | 2,828 |
| 11/30 | 3,277 |

| 날짜 | 실적 |
|---|---|
| 12/1 | 4,474 |
| 12/2 | 4,285 |
| 12/3 | 3,888 |
| 12/4 | 3,840 |
| 12/5 | 3,390 |
| 12/6 | 4,200 |
| 12/7 | 2,285 |
| 12/8 | 3,388 |
| 12/9 | 2,277 |
| 12/10 | 3,737 |
| 12/11 | 2,048 |
| 12/12 | 2,077 |
| 12/13 | 3,205 |
| 12/14 | 3,384 |
| 12/15 | 3,580 |
| 12/16 | 3,884 |
| 12/17 | 2,389 |
| 12/18 | 2,678 |
| 12/19 | 4,027 |
| 12/20 | 4,406 |
| 12/21 | 4,220 |
| 12/22 | 2,280 |
| 12/23 | 2,936 |
| 12/24 | 3,320 |
| 12/25 | 3,745 |
| 12/26 | 3,888 |
| 12/27 | 1,830 |
| 12/28 | 1,667 |
| 12/29 | 2,038 |
| 12/30 | 4,277 |
| 12/31 | 3,888 |

**요구사항**

Buy24 마트의 사장이 원하는 동적차트를 작성해 보시오.

## Case 403 따라하기

**상황분석**

- 먼저 원하는 시점과 원하는 기간을 자유롭게 선택할 수 있는 방법을 모색해야 한다. 이를 위해서는 [개발도구]-[양식컨트롤]에서의 [스트롤막대]를 사용할 수 있을 것이다.
- 원하는 시점과 기간을 선택할 수 있도록 하기 위해서는 날짜 및 실적 자료를 일련의 순서를 갖는 하나의 표로 정리하여야 한다.
- 실적 추이를 분석하고자 하므로 차트는 꺾은선형 차트를 선택한다.
- 차트에서는 위의 원하는 시점과 기간의 선택 자료를 반영하여 차트로 표시할 수 있도록 동적인 범위 구성이 가능하도록 설정되어야 할 것이다.

### 1단계 실적자료와 기본 차트 작성

분석을 제대로 수행하기 위해서는 먼저 분석의 기초가 되는 자료가 목적에 따라 잘 정리되어 있어야 한다는 것이 전제조건이다. 여기에서 원하는 분석은 일련의 자료배열에서 특정 시점을 지정하고 그 시점으로부터 일련의 범위에 해당하는 자료를 차트로 표시해야 한다. 따라서 실적자료는 날짜의 오름차순으로 정렬되도록 하는 것이 바람직하다.

❶ 새 Worksheet의 Sheet1을 선택하고, 시트의 이름을 '**Buy24마트 실적자료**'로 변경한다.

❷ 'Buy24마트 실적자료' 시트의 B1과 C2 셀에 각각 '**날짜**', '**실적**'을 입력하고, 아래쪽에 하나의 표 형식으로 날짜와 실적이 표시되도록 입력, 배열한다.

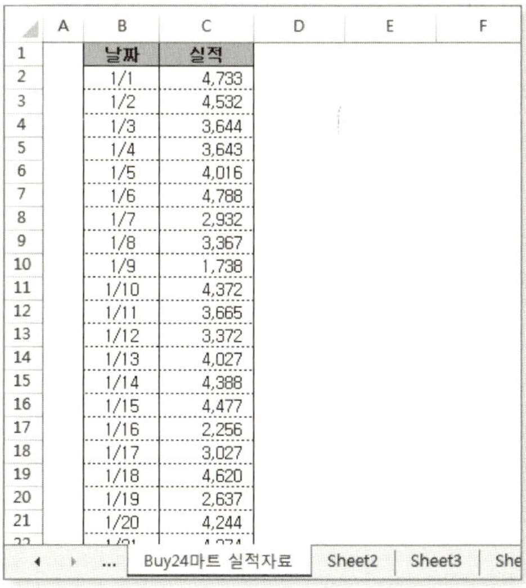

| 날짜 | 실적 |
|---|---|
| 1/1 | 4,733 |
| 1/2 | 4,532 |
| 1/3 | 3,644 |
| 1/4 | 3,643 |
| 1/5 | 4,016 |
| 1/6 | 4,788 |
| 1/7 | 2,932 |
| 1/8 | 3,367 |
| 1/9 | 1,738 |
| 1/10 | 4,372 |
| 1/11 | 3,665 |
| 1/12 | 3,372 |
| 1/13 | 4,027 |
| 1/14 | 4,388 |
| 1/15 | 4,477 |
| 1/16 | 2,256 |
| 1/17 | 3,027 |
| 1/18 | 4,620 |
| 1/19 | 2,637 |
| 1/20 | 4,244 |

❸ 'Buy24마트 실적자료' 시트를 복제하여 사용하기 위해, 'Buy24마트 실적자료' 시트의 이름부분을 클릭한 후 Ctrl 키를 누른 상태에서 왼쪽 마우스를 눌러 오른쪽으로 끌기하여 놓으면 복제된 시트('Buy24마트 실적자료 (2)')가 표시된다(또는 'Buy24마트 실적자료' 시트 이름 위에서 오른쪽 마우스 [이동/복사]를 선택하고, 아래쪽 [복사본 만들기]를 체크한 후, 위의 [다음 시트의 앞에]에서 'Buy24마트 실적자료' 시트 다음 부분(sheet2)를 클릭하여 [확인]을 눌러도 된다). 복제된 시트('Buy24마트 실적자료 (2)')의 이름을 **'동적실적차트'**로 변경한다.

❹ '동적실적차트'의 E1 셀에 **'Buy24 마트의 동적 기간별 실적차트'**를 입력하고, E1:J1 셀 범위를 [병합하고 가운데 맞춤]으로 설정한다. 그리고 [글꼴]을 [견고딕], '14pt'로 설정한다.

❺ 먼저 작성할 동적차트의 예비차트를 작성해 둔다. 이를 위해 임의의 실적 자료(B2:C8)를 범위 선택한 후, [삽입]-[차트]-[꺾은선형 차트 삽입]에서 [2차원 꺾은선형]을 선택한다. 그리고 작성된 차트를 끌기 하여 E12:L30 셀 영역에 걸쳐 표시되도록 이동, 확대해 둔다.

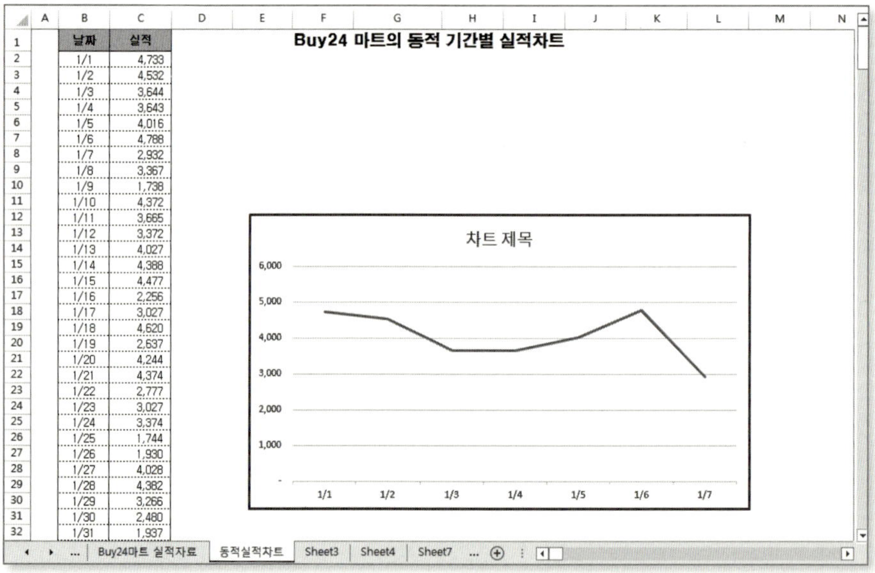


## 2단계 동적 차트로의 변경을 위한 준비

❶ 먼저 E4 셀에 '☞ **실적차트를 표시할 자료(시작일과 기간)를 선택하시오…**'를 입력한다. 그리고 E6 셀에 **'시작일 :'**, E8 셀에는 **'기 간 :'**을 각각 입력한다. E4:F8 셀 영역을 선택하고 [글꼴]을 [견명조], '12pt'로 설정한다. E6 셀과 E8 셀을 함께 선택한 후, [글꼴]-[채우기 색]을 '황록색'으로, [테두리]를 '굵은 상자 테두리'로 설정한다.

❷ 메뉴 바에서 [개발도구]를 클릭한다(만일 메뉴 바에 [개발도구]가 표시되어 있지 않은 경우에는, [파일] 탭의 [옵션] - [리본 사용자 지정]에서 오른쪽 [리본 메뉴 사용자 지정]에서 [개발도구]에 체크 표시하여 [확인]을 누르면 메뉴 바에 [개발도구]가 표시된다). [개발도구] 탭에서 [컨트롤] - [삽입]을 클릭하고, 그중 [양식 컨트롤]에서 [스크롤 막대(양식 컨트롤)]을 클릭한 후, F6:G6 셀 범위에 스크롤 막대를 확대하여 표시한다. 이제 그려진 스크롤막대 위에 커서를 두고 오른쪽 마우스에서 [컨트롤 서식]을 선택한 후, [컨트롤 서식] 상자의 [컨트롤]에서 [최솟값]을 '1', [최댓값]을 '365', [증분 변경]을 '1', [페이지 변경]을 '10'으로 입력하고, [셀 연결]에 'K6'을 입력하여 [확인]을 누른다.

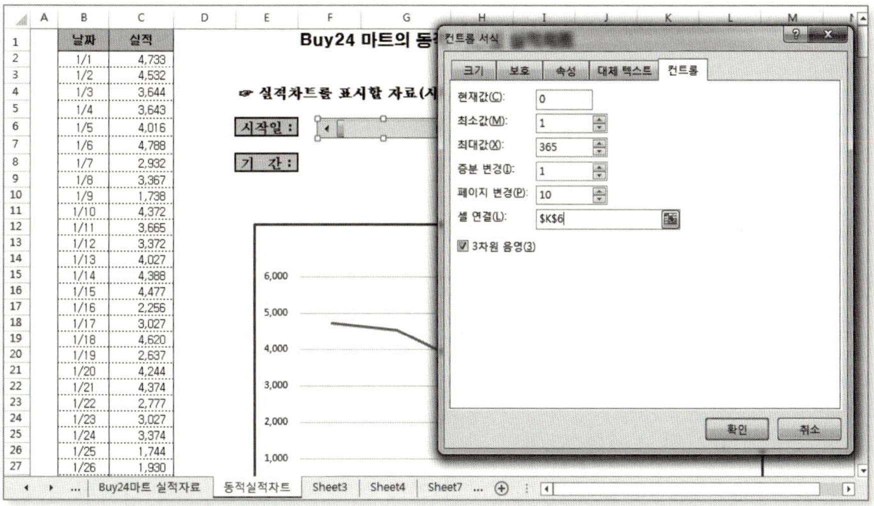


❸ F6:G6 셀 영역에 표시된 스크롤 막대의 왼쪽/오른쪽 화살표를 클릭해가면서 K6 셀에 숫자가 따라 변동되는지 확인해 본다. 이때 K6 셀에 표시되는 숫자는 [컨트롤 서식]에서 설정한 대로 1부터 365 사이의 숫자가 1씩 증가 또는 감소하며 표시된다. 이번에는 스크롤 막대의 양쪽 화살표 안쪽 영역을 클릭하면서 K6 셀의 변화를 살펴본다. [컨트롤 서식]의 [페이지 변경]에서 '10'으로 설정해 두었기 때문에 이번에는 K6 셀의 숫자가 10씩 증가 또는 감소하여 표시된다.

❹ K6 셀에 선택, 입력된 숫자는 자료의 A열(날짜) 중에서 특정 날짜를 실적차트 작성의 시작일로 선언하기 위해 선택된 숫자이다. 이를 날짜 형식으로 표현하기 위해서 H6 셀에 '=DATE(2018,1,1)+K6-1'을 입력하고, 다시 오른쪽 마우스 [셀 서식]에서 [표시 형식] - [사용자 지정]을 클릭한 후, 오른쪽 [형식] 바로 아래 칸에 '**m월 d일 부터**'를 직접 입력하고 [확인]을 누른다. 이제 H6 셀에는 예컨대 '2월 4일 부터'와 같이 K6 셀에서 선택된 숫자의 날짜 표시 상태로 바뀌어 표시된다. H6:I6 셀 영역을 선택하고 [홈] 탭에서 [병합하고 가운데 맞춤]으로, 그리고 [글꼴]의 [테두리]를 [굵은 상자 테두리]로 설정해 둔다.

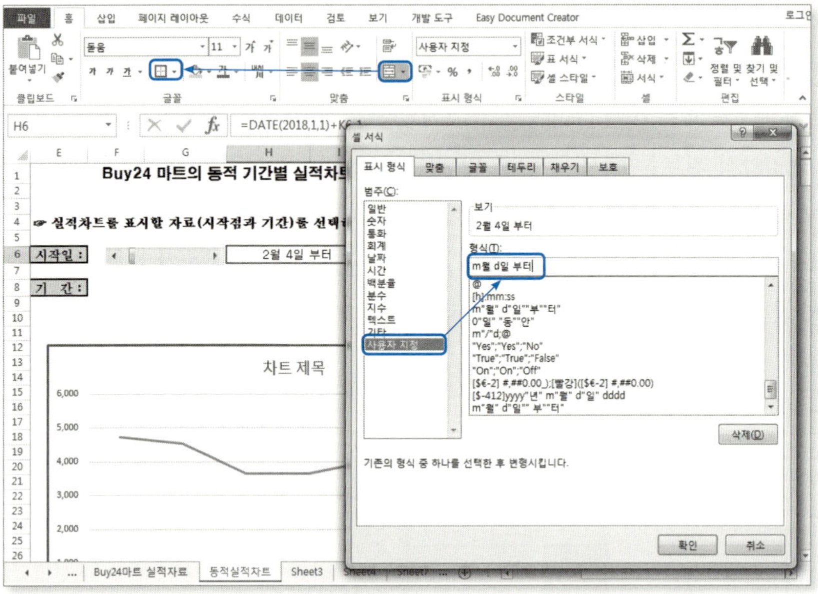

❺ 다시 위의 ②에서와 같이 F8:G8 셀 범위에도 또 하나의 [스크롤 막대(양식 컨트롤)]를 삽입한 후, 표시된 스크롤막대 위에서 오른쪽 마우스 [컨트롤 서식]을 선택한 후, [컨트롤 서식] 상자의 [컨트롤]에서 [최솟값]을 '5', [최댓값]을 '365', [증분 변경]을 '1', [페이지 변경]을 '10'으로 입력하고, [셀 연결]에 **'K8'**을 입력하여 [확인]을 누른다.

❻ F8:G8 셀 영역에 표시된 스크롤 막대의 왼쪽/오른쪽 화살표와 화살표 안쪽의 빈 공간을 클릭해가면서 K8 셀에 숫자가 따라 변동되는지 확인해 본다. K8 셀에 선택, 입력된 숫자는 H6 셀에 표시된 시작일로부터 며칠 동안의 자료를 표시할 것인가를 결정하는 숫자이다. 이를 레이블 형태로 표시하기 위해 H8 셀에 **'=K8'**을 입력하고, H8 셀에서 오른쪽 마우스 [셀 서식]을 선택하여 [표시 형식]에서 [사용자 지정]을 클릭한 후, 오른쪽 [형식] 바로 아래 칸에 **'0일 동안'**을 직접 입력하고 [확인]을 누른다. 이제 H8 셀에는 K8 셀의 숫자를 반영하여 예컨대 '5일 동안'과 같이 레이블로 표시된다. H8:I8 셀 영역 역시 [병합하고 가운데 맞춤]으로, 그리고 [글꼴]의 [테두리]를 [굵은 상자 테두리]로 설정해 둔다.

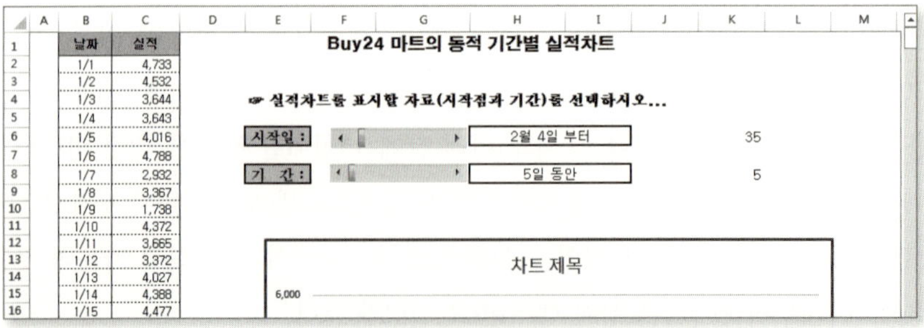

❼ 작성된 두 개의 스크롤 막대(양식컨트롤)의 화살표 부분을 클릭해가면서 K6, K8, H6, H8 셀 영역의 표시 변화를 확인해 본다. 스크롤 막대는 제대로 작동되지만, 이러한 선택이 아래의 차트에 자동으로 반영될 수 있도록 해야 한다.

## 3단계 동적 차트로의 변경

❶ [수식] 탭의 [정의된 이름]-[이름 정의]를 클릭하고, [새 이름] 상자에서 [이름]에 '**표시기간**'을 입력하고 [참조 대상]에 수식 '**=offset($B$1,$K$6,0,$K$8,1)**'을 입력한다. 이 수식은 첫 번째 스크롤 막대에 의해 선택된 날짜(H6 셀)로부터 두 번째 스크롤 막대에 의해 선택된 기간까지의 차트 X축 범위를 자동으로 설정하기 위한 것이다.

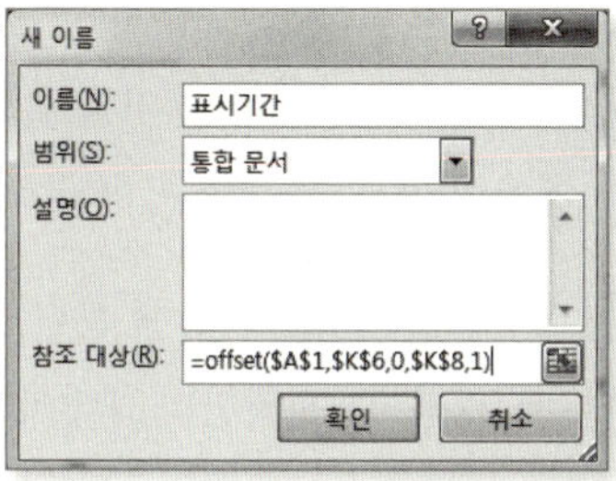


❷ 다시 [수식] 탭의 [정의된 이름]-[이름 정의]를 클릭하고, [새 이름] 상자에서 [이름]에 '**표시실적**'을 입력하고 [참조 대상]에 수식 '**=offset(표시기간,0,1)**'을 입력한다. 이 수식은 앞의 이름 '표시기간'에서 선택된 범위와 동일한 기간의 실적자료를 바로 오른쪽 열에서 취하기 위한 수식이다. 이 '표시실적'은 Y축 자료로 사용될 것이다.

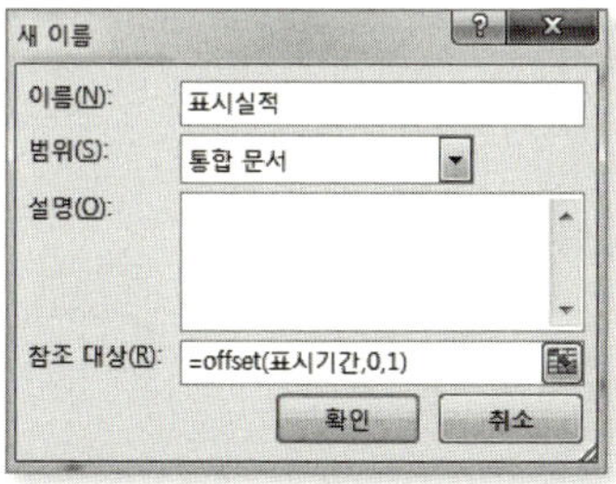


❸ 이제 이름정의한 '표시기간'과 '표시실적'이 제대로 표시되고 있는지를 확인해 본다. 먼저 '시작일' 스크롤 막대에서 '**13**'을, 그리고 '기간' 스크롤 막대에서 '**8**'을 선택해 본다. 즉 차트에 1월 13일부터 8일간의 실적자료를 차트로 표시하겠다는 의미이다. 그리고 A1 셀 위쪽의 [이름상자]를 클릭하고 '**표시기간**'을 입력한 후 Enter 키를 눌러서 H6, H8 셀에 표시된 시작일과 기간에 해당하는 셀들이 선택 표시되는지 확인해 본다.

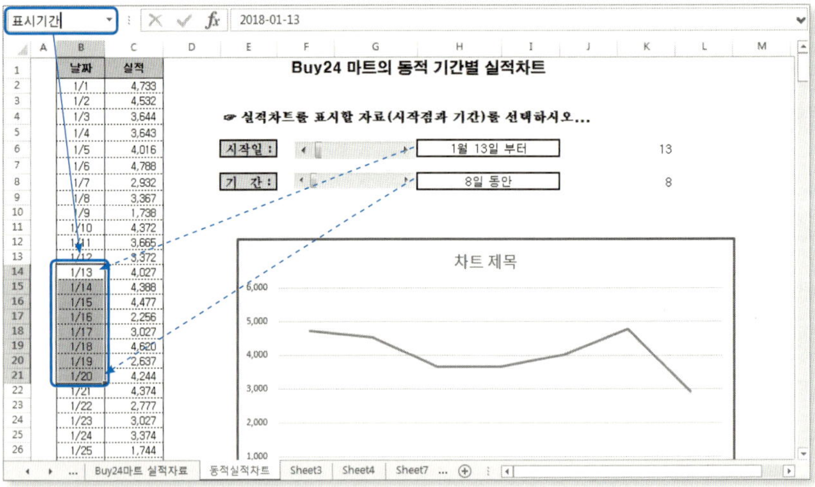

❹ 이번에는 [이름상자]에 '**표시실적**'을 입력한 후 Enter 키를 눌러서, 앞의 '표시기간'에서 선택 표시된 셀 범위의 바로 오른쪽 셀 영역이 선택 표시되고 있는지를 확인한다.

❺ 이제 정의된 이름들을 사용하여 차트의 설정을 변경해 본다. 먼저 차트의 내부(차트 영역)를 클릭하고 오른쪽 마우스에서 [데이터 선택]을 선택한다. [데이터 원본 선택] 상자에서 '범례항목(계열)'에 표시된 '계열1'을 클릭하고 [편집]을 눌러서 [계열 값]을 '**=동적실적차트!표시실적**'으로 변경한 후 [확인]을 누른다. 다시 [데이터 원본 선택] 상자에서 이번에는 오른쪽 '가로(항목) 축 레이블'에서 [편집]을 클릭하고 [축 레이블] 상자에서 [축 레이블 범위]를 '**=동적실적차트!표시기간**'으로 변경한 후 [확인] - [확인]을 누른다.

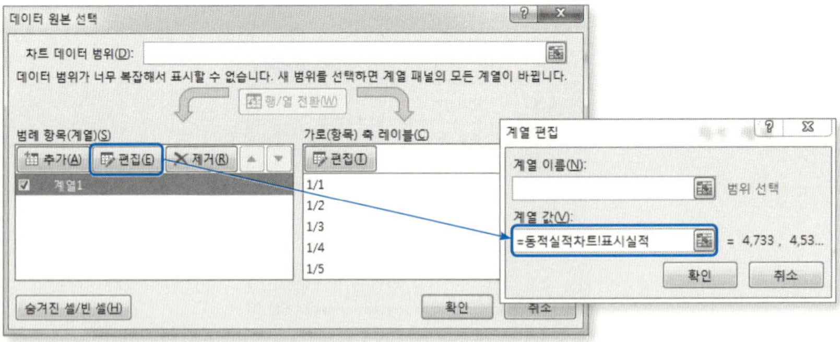

❻ 차트의 변경된 설정이 제대로 기능을 수행하는지 확인해 보기 위해, F6 셀과 F8 셀의 스크롤 막대를 조정하여 시작일을 '**1월 18일부터**'로, 기간을 '**30일 동안**'으로 변경해 가면서 아래 차트가 자동으로 변경 표시되는지 확인해 본다. 이때 선택된 기간과 실적 범위가 왼쪽 B열과 C열에서도 변경되어 선택 표시되고 있음을 알 수 있다.

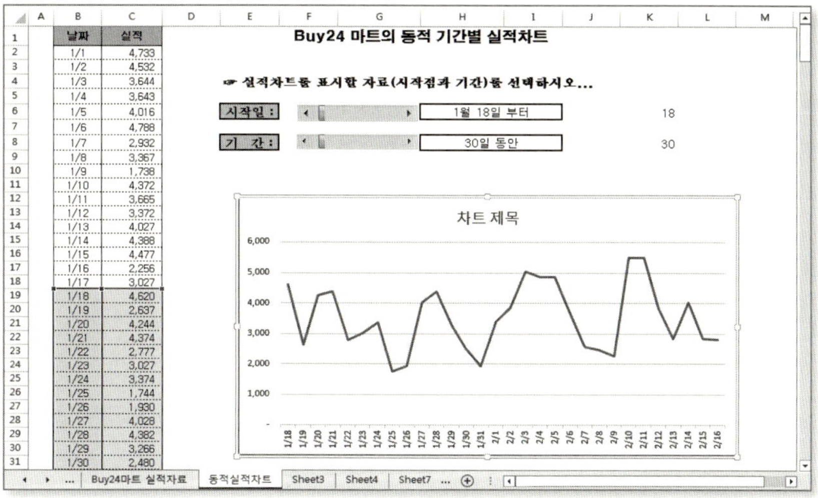

❼ 동적차트가 완성되었으므로, 이번에는 차트의 각종 서식을 변경해 두기로 한다. 먼저 가로축의 날짜 표시가 너무 복잡하므로, X축(가로축)을 선택하여 오른쪽 마우스 [축 서식]의 [축 옵션]에서 [단위]의 [주]를 '5'로 변경한다. 그리고 아래 [표시 형식]에서 [범주]를 '날짜'로, [형식]을 '3/14'로 선택하고 [닫기]한다.

❽ [차트 제목]을 클릭하여 '**BUY24 마트의 동적 매출차트**'로 변경한다. 그리고 차트의 꺾은선을 클릭하고 오른쪽 마우스 [데이터 계열 서식]을 선택한 후, [선]의 [색]을 '빨강', [두께]를 '3.5pt'로 조정한다.

❾ 다시 [차트 영역]을 클릭하고, 오른쪽 마우스 [차트 영역 서식]의 [채우기]에서 [그라데이션 채우기]를 선택한 후 [그라데이션 미리 설정]에서 [밝은 그라데이션]으로 선택한다. 아래 [테두리]에서 [실선]을 선택하고 [색]을 '파랑', [두께]를 '3pt'로 설정한다.

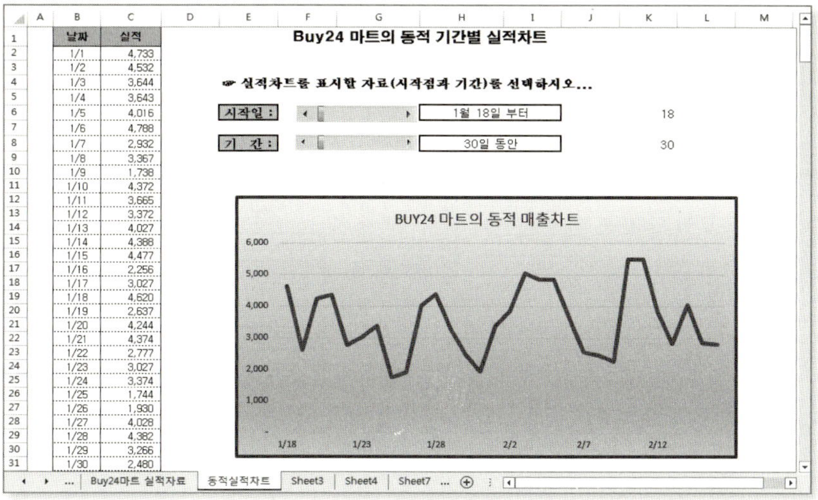

## 4단계 불필요한 부분 숨기기

이것으로 원하는 동적매출차트는 완성되었지만, 굳이 화면에 표시되지 않아도 되는 부분은 숨겨두기로 한다. 현재 시트에 표시되고 있는 모든 자료는 동적 매출차트의 구성에 필요한 자료들이므로 지워져서는 안되며, 따라서 [숨기기] 기능을 사용해야 한다.

❶ 먼저 B열과 C열의 자료는 스크롤 막대 선택에 따라 선택 범위가 잘 적용되고 있는가를 확인하기 위한 차원에서 표시해두었던 것이다. 더구나 해당 원본 자료는 'BUY24마트 실적자료' sheet에 따로 보관되어 있다. 따라서 B열과 C열의 자료를 굳이 표시하여 화면을 복잡하게 보일 필요는 없을 것이다. 이와 같이 특정 영역의 자료를 지우지는 않고 단지 화면에 표시하는 것만을 숨기고자 할 때 [숨기기] 기능을 사용할 수 있다.

❷ 숨기고자 하는 B 열과 C 열의 열머리글 부분을 함께 선택한 후, 오른쪽 마우스에서 [숨기기]를 선택한다. 그 결과 B 열과 C 열이 숨겨져 화면에서 사라지지만, 동시에 차트의 그림도 보이지 않게 된다. 이는 일반적으로 차트에서는 숨겨진 영역의 자료를 화면에 표시하지 않도록 설정되어 있기 때문이다.

❸ 이와 같이 참조되는 자료가 숨겨져서 차트에 그림이 표시되지 않을 때에는 차트의 설정을 변경해 주면 다시 표시할 수 있다. 그림의 표시가 사라진 차트의 그림 영역을 클릭하고, 오른쪽 마우스에서 [데이터 선택]을 선택한다. [데이터 원본 선택] 대화상자에서 왼쪽 아래 [숨겨진 셀/빈 셀]을 클릭하고, [숨겨진 셀/빈 셀 설정]에서 아래 [숨겨진 행 및 열에 데이터 표시]를 체크하여 활성화하고 [확인]을 누른다.

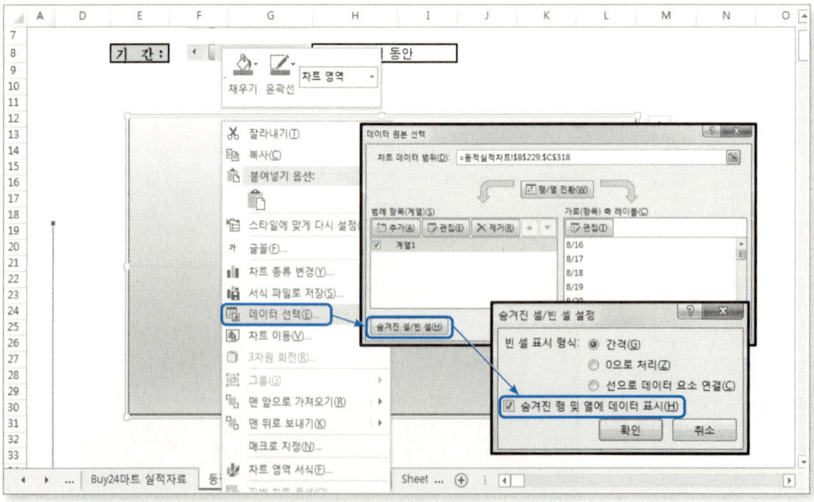

❹ 다시 [데이터 원본 선택] 상자에서 [확인]을 누르면 B, C 열에 대한 [숨기기] 기능이 수행된 상태에서 차트에 그림이 표시되게 된다. 이때 B, C열은 감추어져 보이지 않고, 그만큼 차트의 위치가 왼쪽으로 이동하여 표시된다.

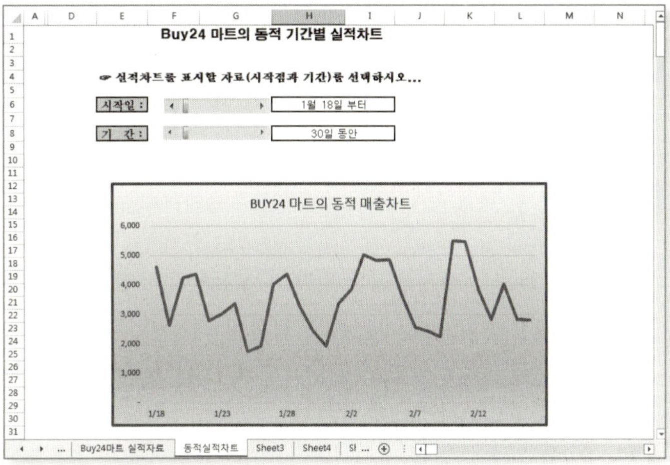


❺ 만일 감추어진 B, C 열의 자료를 다시 화면에 보이게 하고자 하는 경우에는, B, C 열이 감추어진 왼쪽과 오른쪽 열(즉, A열과 D열)을 함께 선택한 후, 오른쪽 마우스 [숨기기 취소]를 실행하면 된다(이를 실행한 경우에는 다시 [숨기기]를 실행해 둔다).

❻ 반드시 필요한 자료이긴 하지만, K6, K8 셀의 숫자 역시 각각 H6, H8 셀에 다른 형식으로 표현되고 있으므로, 이를 [숨기기]하여 표시하지 않기로 한다. K6:K8 셀 범위를 선택한 후 [글꼴]의 [글꼴 색]을 바탕색과 같은 '흰색'으로 지정하여 감추기 한다. 이는 엄격한 의미에서 [숨기기] 기능이라기보다는, 시트의 일부분만을 잠정적으로 눈에 보이지 않도록 하기 위한 간편법에 해당한다.

❼ 이제 '시작일'을 **'8월 16일부터'**, 그리고 '기간'을 **'90일 동안'**으로 변경하여 동적차트의 변화를 살펴본다.

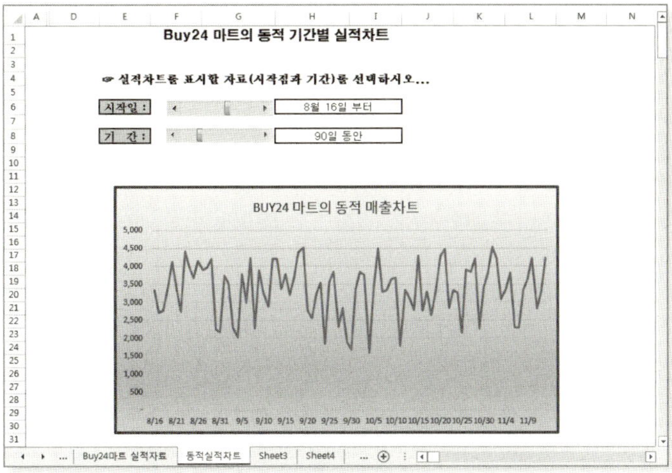

## 유사 사례 **403-1** 혼자해보기 ㈜아리랑25의 동적 기간별 판매실적차트

### 현황

㈜아리랑25는 전자제품만을 판매하는 유통회사이다. 장한걸 사장은 회사의 지난 6년 동안의 상품 판매량과 매출액 자료를 분석하여 계절별 수요에 대처하고자 이들 실적자료의 월별 추세를 분석해보고자 한다. 이 회사에서 매월 영업실적으로 기록해 온 상품 판매수량과 판매금액 자료는 다음과 같다.

〈㈜아리랑25의 지난 6년간 월별 판매량과 매출액 자료〉

| 년/월 | 판매량 | 매출액 |
|---|---|---|
| 13–01 | 465 | 72,350 |
| 13–02 | 402 | 67,455 |
| 13–03 | 322 | 52,540 |
| 13–04 | 375 | 60,020 |
| 13–05 | 276 | 47,530 |
| 13–06 | 298 | 52,650 |
| 13–07 | 227 | 44,364 |
| 13–08 | 216 | 42,550 |
| 13–09 | 348 | 67,340 |
| 13–10 | 380 | 69,443 |
| 13–11 | 348 | 63,560 |
| 13–12 | 384 | 65,040 |
| 14–01 | 427 | 72,640 |
| 14–02 | 388 | 68,000 |
| 14–03 | 310 | 52,310 |
| 14–04 | 366 | 58,840 |
| 14–05 | 262 | 47,435 |
| 14–06 | 320 | 57,430 |
| 14–07 | 243 | 48,850 |
| 14–08 | 220 | 42,504 |
| 14–09 | 325 | 54,540 |
| 14–10 | 396 | 63,040 |
| 14–11 | 426 | 64,330 |
| 14–12 | 435 | 62,337 |

| 년/월 | 판매량 | 매출액 |
|---|---|---|
| 15–01 | 424 | 66,435 |
| 15–02 | 410 | 60,235 |
| 15–03 | 332 | 49,556 |
| 15–04 | 342 | 52,030 |
| 15–05 | 264 | 44,735 |
| 15–06 | 294 | 49,943 |
| 15–07 | 235 | 42,556 |
| 15–08 | 217 | 40,250 |
| 15–09 | 310 | 55,365 |
| 15–10 | 336 | 57,335 |
| 15–11 | 363 | 58,835 |
| 15–12 | 325 | 43,270 |
| 16–01 | 416 | 65,470 |
| 16–02 | 423 | 60,600 |
| 16–03 | 410 | 57,445 |
| 16–04 | 366 | 48,845 |
| 16–05 | 246 | 38,460 |
| 16–06 | 320 | 56,555 |
| 16–07 | 227 | 42,644 |
| 16–08 | 220 | 41,560 |
| 16–09 | 370 | 65,048 |
| 16–10 | 428 | 71,227 |
| 16–11 | 475 | 77,345 |
| 16–12 | 434 | 73,345 |

| 년/월 | 판매량 | 매출액 |
|---|---|---|
| 17–01 | 412 | 67,845 |
| 17–02 | 338 | 53,740 |
| 17–03 | 362 | 60,345 |
| 17–04 | 268 | 45,033 |
| 17–05 | 274 | 47,335 |
| 17–06 | 320 | 54,305 |
| 17–07 | 280 | 43,650 |
| 17–08 | 253 | 42,115 |
| 17–09 | 386 | 67,403 |
| 17–10 | 335 | 46,576 |
| 17–11 | 327 | 48,365 |
| 17–12 | 385 | 53,046 |
| 18–01 | 383 | 52,665 |
| 18–02 | 388 | 75,380 |
| 18–03 | 337 | 53,656 |
| 18–04 | 325 | 52,300 |
| 18–05 | 247 | 43,578 |
| 18–06 | 310 | 53,670 |
| 18–07 | 286 | 57,433 |
| 18–08 | 237 | 38,550 |
| 18–09 | 285 | 46,504 |
| 18–10 | 447 | 71,547 |
| 18–11 | 384 | 66,345 |
| 18–12 | 465 | 76,245 |

**요구 사항**

㈜아리랑25의 장한걸 사장이 조회 시작시점과 조회기간을 자유로이 선택하여 해당 기간의 판매량과 매출액 추이를 동적 차트로 확인해 볼 수 있도록 설계해 보시오.

## 유사 사례 403-1 혼자해보기 Tips & 풀이 요약

**Tip**

- 실적자료는 기준(월별)에 따라 하나의 표 형식으로 오름차순으로 정렬되어 있어야 한다.
- 원하는 [시작일]과 [기간] 자료를 [양식컨트롤]의 [스크롤막대]를 사용하여 선택할 수 있도록 한다(다른 선택 방법도 고려 가능).
- 작성할 차트의 기간을 동적으로 표시하기 위해 [OFFSET] 함수를 사용할 수 있다.
- 선택한 자료의 '차트기간', '차트판매량', '차트매출액' 등을 각각 이름 정의하여 해당 이름으로 차트를 작성한다(offset 함수 사용).
- 필요하지만 화면에 표시할 필요가 없는 영역은 [숨기기] 기능을 적용한다.

### 1단계 제시 자료(월별 판매자료)를 하나의 표로 재구성(월별 순)

| | A | B | C | D | E |
|---|---|---|---|---|---|
| 1 | | 월별 | 판매량 | 매출액 | |
| 2 | | 13-01 | 465 | 72,350 | |
| 3 | | 13-02 | 402 | 67,455 | |
| 4 | | 13-03 | 322 | 52,540 | |
| 5 | | 13-04 | 375 | 60,020 | |
| 6 | | 13-05 | 276 | 47,530 | |
| 7 | | 13-06 | 298 | 52,650 | |
| 8 | | 13-07 | 227 | 44,364 | |
| 9 | | 13-08 | 216 | 42,550 | |
| 10 | | 13-09 | 348 | 67,340 | |
| 11 | | 13-10 | 380 | 69,443 | |
| 12 | | 13-11 | 348 | 63,560 | |
| 13 | | 13-12 | 384 | 65,040 | |
| 14 | | 14-01 | 427 | 72,640 | |
| 15 | | 14-02 | 388 | 68,000 | |
| 16 | | 14-03 | 310 | 52,310 | |
| 17 | | 14-04 | 366 | 58,840 | |
| 18 | | 14-05 | 262 | 47,435 | |
| 19 | | 14-06 | 320 | 57,430 | |
| 20 | | 14-07 | 243 | 48,850 | |
| 21 | | 14-08 | 220 | 42,504 | |
| 22 | | 14-09 | 325 | 54,540 | |
| 23 | | 14-10 | 396 | 63,040 | |
| 24 | | 14-11 | 426 | 64,330 | |
| 25 | | 14-12 | 435 | 62,337 | |
| 26 | | 15-01 | 424 | 66,435 | |
| 27 | | 15-02 | 410 | 60,235 | |
| 28 | | 15-03 | 332 | 49,556 | |
| 29 | | 15-04 | 342 | 52,030 | |
| 30 | | 15-05 | 264 | 44,735 | |
| 31 | | 15-06 | 294 | 49,943 | |
| 32 | | 15-07 | 235 | 42,556 | |
| 33 | | 15-08 | 217 | 40,250 | |

제시자료 | 아리랑25판매자료

## 2단계 [요구사항] 해결

- 동적 실적차트 작성

• 양식컨트롤(스크롤막대)로 시작시점, 기간 등 선택
• 년-월의 행 선택으로부터 해당 연-월을 표시하기 위해 'edate' 함수 적용
• 선택된 시작일과 기간 자료를 통해 차트기간, 차트판매량, 차트매출액의 표시 범위를 이름 정의하여 사용(offset 함수 사용)
• 계열값, 축레이블 등에도 정의된 이름 사용
• 필요하지만 굳이 표시할 필요 없는 셀들은 [감추기] 기능 적용

- 작성된 동적 실적차트(예시)

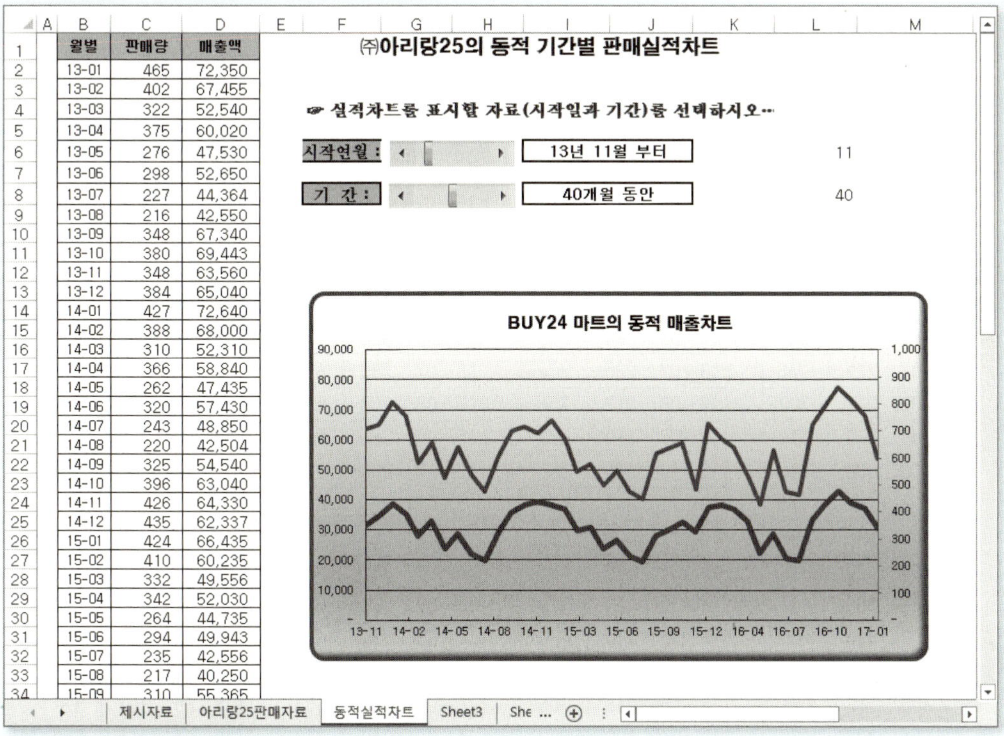

| 월별 | 판매량 | 매출액 |
|---|---|---|
| 13-01 | 465 | 72,350 |
| 13-02 | 402 | 67,455 |
| 13-03 | 322 | 52,540 |
| 13-04 | 375 | 60,020 |
| 13-05 | 276 | 47,530 |
| 13-06 | 298 | 52,650 |
| 13-07 | 227 | 44,364 |
| 13-08 | 216 | 42,550 |
| 13-09 | 348 | 67,340 |
| 13-10 | 380 | 69,443 |
| 13-11 | 348 | 63,560 |
| 13-12 | 384 | 65,040 |
| 14-01 | 427 | 72,640 |
| 14-02 | 388 | 68,000 |
| 14-03 | 310 | 52,310 |
| 14-04 | 366 | 58,840 |
| 14-05 | 262 | 47,435 |
| 14-06 | 320 | 57,430 |
| 14-07 | 243 | 48,850 |
| 14-08 | 220 | 42,504 |
| 14-09 | 325 | 54,540 |
| 14-10 | 396 | 63,040 |
| 14-11 | 426 | 64,330 |
| 14-12 | 435 | 62,337 |
| 15-01 | 424 | 66,435 |
| 15-02 | 410 | 60,235 |
| 15-03 | 332 | 49,556 |
| 15-04 | 342 | 52,030 |
| 15-05 | 264 | 44,735 |
| 15-06 | 294 | 49,943 |
| 15-07 | 235 | 42,556 |
| 15-08 | 217 | 40,250 |
| 15-09 | 310 | 55,365 |

## 유사 사례 403-2 혼자해보기 영진물산의 상품별 판매추세 동적차트

### 현황

영진물산은 단 2가지 상품만을 수입하여 독점 판매하고 있는 유통회사로, 지난 2011년 1월에 창업하여 올해로 9년째를 맞고 있다. 회사에서 판매하고 있는 두 가지 상품은 계절적 수요가 서로 다른 상품으로, 연중 판매실적의 평균화를 도모하고자 하는데 의미가 있다. 그런데 최근 이러한 경향에 문제가 있는 것으로 보고, 지난 8년간의 월별 취급상품의 판매추세를 다각도로 분석해보고자 한다. 영진물산의 이기세 사장은 이러한 월별/상품별 판매추세를 동적 차트로 만들어 제시하도록 요구하고 있다.

영진물산의 지난 8년간 상품별/월별 판매량 자료는 다음과 같다.

〈영진물산의 지난 8년간 월별/상품별 판매 자료〉

| 년월 | A상품 | B상품 |
|---|---|---|
| 11-01 | 465 | 324 |
| 11-02 | 402 | 385 |
| 11-03 | 445 | 386 |
| 11-04 | 375 | 560 |
| 11-05 | 276 | 530 |
| 11-06 | 298 | 650 |
| 11-07 | 227 | 760 |
| 11-08 | 216 | 780 |
| 11-09 | 348 | 574 |
| 11-10 | 380 | 634 |
| 11-11 | 348 | 565 |
| 11-12 | 384 | 430 |
| 12-01 | 427 | 377 |
| 12-02 | 388 | 437 |
| 12-03 | 410 | 460 |
| 12-04 | 366 | 453 |
| 12-05 | 262 | 576 |
| 12-06 | 320 | 677 |
| 12-07 | 243 | 746 |
| 12-08 | 220 | 750 |
| 12-09 | 325 | 670 |
| 12-10 | 396 | 548 |
| 12-11 | 426 | 464 |
| 12-12 | 435 | 433 |

| 년월 | A상품 | B상품 |
|---|---|---|
| 13-01 | 424 | 446 |
| 13-02 | 410 | 547 |
| 13-03 | 332 | 557 |
| 13-04 | 342 | 495 |
| 13-05 | 264 | 655 |
| 13-06 | 294 | 693 |
| 13-07 | 235 | 744 |
| 13-08 | 217 | 756 |
| 13-09 | 310 | 650 |
| 13-10 | 336 | 655 |
| 13-11 | 363 | 535 |
| 13-12 | 425 | 436 |
| 14-01 | 416 | 455 |
| 14-02 | 423 | 445 |
| 14-03 | 410 | 430 |
| 14-04 | 366 | 466 |
| 14-05 | 246 | 705 |
| 14-06 | 320 | 578 |
| 14-07 | 227 | 689 |
| 14-08 | 220 | 660 |
| 14-09 | 370 | 626 |
| 14-10 | 428 | 720 |
| 14-11 | 475 | 658 |
| 14-12 | 434 | 465 |

| 년월 | A상품 | B상품 |
|---|---|---|
| 15-01 | 454 | 388 |
| 15-02 | 438 | 383 |
| 15-03 | 362 | 477 |
| 15-04 | 394 | 445 |
| 15-05 | 377 | 537 |
| 15-06 | 320 | 550 |
| 15-07 | 280 | 677 |
| 15-08 | 253 | 535 |
| 15-09 | 386 | 440 |
| 15-10 | 335 | 388 |
| 15-11 | 374 | 366 |
| 15-12 | 385 | 437 |
| 16-01 | 383 | 430 |
| 16-02 | 388 | 546 |
| 16-03 | 337 | 466 |
| 16-04 | 388 | 378 |
| 16-05 | 336 | 455 |
| 16-06 | 310 | 750 |
| 16-07 | 330 | 467 |
| 16-08 | 237 | 546 |
| 16-09 | 285 | 455 |
| 16-10 | 447 | 343 |
| 16-11 | 384 | 454 |
| 16-12 | 465 | 422 |

| 년월 | A상품 | B상품 |
|---|---|---|
| 17-01 | 424 | 402 |
| 17-02 | 426 | 400 |
| 17-03 | 394 | 432 |
| 17-04 | 346 | 520 |
| 17-05 | 310 | 633 |
| 17-06 | 367 | 455 |
| 17-07 | 256 | 663 |
| 17-08 | 227 | 683 |
| 17-09 | 326 | 588 |
| 17-10 | 405 | 711 |
| 17-11 | 486 | 688 |
| 17-12 | 423 | 525 |
| 18-01 | 388 | 500 |
| 18-02 | 416 | 344 |
| 18-03 | 426 | 338 |
| 18-04 | 436 | 336 |
| 18-05 | 343 | 527 |
| 18-06 | 366 | 563 |
| 18-07 | 303 | 688 |
| 18-08 | 246 | 646 |
| 18-09 | 377 | 425 |
| 18-10 | 365 | 445 |
| 18-11 | 288 | 463 |
| 18-12 | 385 | 437 |

요구사항

영진물산의 이기세 사장이 원하는 동적 실적차트를 작성해 보시오.

## 유사 사례 403-2 혼자해보기 Tips & 풀이 요약

**Tip**

- 먼저 기초적인 실적자료가 오름차순의 하나의 표 형태로 정리되었는지 확인한다. 필요한 경우 합계란을 마련해 둔다.
- 동적차트는 예비 차트를 작성한 후에 이를 수정하는 방식으로 완성하는 것이 좋다.
- 날짜가 엑셀 내에서는 숫자로 인식되므로, 날짜를 숫자와 마찬가지로 다루되 표시는 간단한 날짜 형식을 취하도록 한다.
- 선택된 '차트기간'에 해당하는 'A상품', 'B상품', '합계' 등의 범위에도 이름을 정의하여 사용한다(offset 함수 적용).
- 예비차트의 계열값, 가로축 레이블 등을 정의된 이름으로 수정하여 동적차트로 표시한다.

### 1단계 제시 자료(월별 판매자료)를 하나의 표로 재구성(월별 순)

| | B | C | D | E |
|---|---|---|---|---|
| 1 | 년월 | A상품 | B상품 | 합계 |
| 2 | 11-01 | 465 | 324 | 789 |
| 3 | 11-02 | 402 | 385 | 787 |
| 4 | 11-03 | 445 | 386 | 831 |
| 5 | 11-04 | 375 | 560 | 935 |
| 6 | 11-05 | 276 | 530 | 806 |
| 7 | 11-06 | 298 | 650 | 948 |
| 8 | 11-07 | 227 | 760 | 987 |
| 9 | 11-08 | 216 | 780 | 996 |
| 10 | 11-09 | 348 | 574 | 922 |
| 11 | 11-10 | 380 | 634 | 1,014 |
| 12 | 11-11 | 348 | 565 | 913 |
| 13 | 11-12 | 384 | 430 | 814 |
| 14 | 12-01 | 427 | 377 | 804 |
| 15 | 12-02 | 388 | 437 | 825 |
| 16 | 12-03 | 410 | 460 | 870 |
| 17 | 12-04 | 366 | 453 | 819 |
| 18 | 12-05 | 262 | 576 | 838 |
| 19 | 12-06 | 320 | 677 | 997 |
| 20 | 12-07 | 243 | 746 | 989 |
| 21 | 12-08 | 220 | 750 | 970 |
| 22 | 12-09 | 325 | 670 | 995 |
| 23 | 12-10 | 396 | 548 | 944 |
| 24 | 12-11 | 426 | 464 | 890 |
| 25 | 12-12 | 435 | 433 | 868 |
| 26 | 13-01 | 424 | 446 | 870 |
| 27 | 13-02 | 410 | 547 | 957 |
| 28 | 13-03 | 332 | 557 | 889 |
| 29 | 13-04 | 342 | 495 | 837 |
| 30 | 13-05 | 264 | 655 | 919 |
| 31 | 13-06 | 294 | 693 | 987 |
| 32 | 13-07 | 235 | 744 | 979 |
| 33 | 13-08 | 217 | 756 | 973 |
| 34 | 13-09 | 310 | 650 | 960 |
| 35 | 13-10 | 336 | 655 | 991 |

제시자료 | 영진물산판매자료 | 동적실적차...

## 2단계 동적 실적차트의 구성

- 시작일과 기간 선택 위해 [양식커트롤]의 [스크롤막대] 사용
- 시작일을 표시하는 I6 셀에 edate 함수 적용('=EDATE(40544,M6-1)')
- 기간 표시에는 [셀서식]-[표시형식]-[사용자 지정]에서 따로 정의하여 사용
- 선택된 자료로부터 '차트기간', 'A상품', 'B상품', '합계' 등의 표시영역을 OFFSET 함수를 사용하여 이름 정의하여 사용
- 계열값, 가로축 레이블 등에 정의된 이름 적용
- 표시하지 않아도 될 영역에는 [감추기] 기능 적용

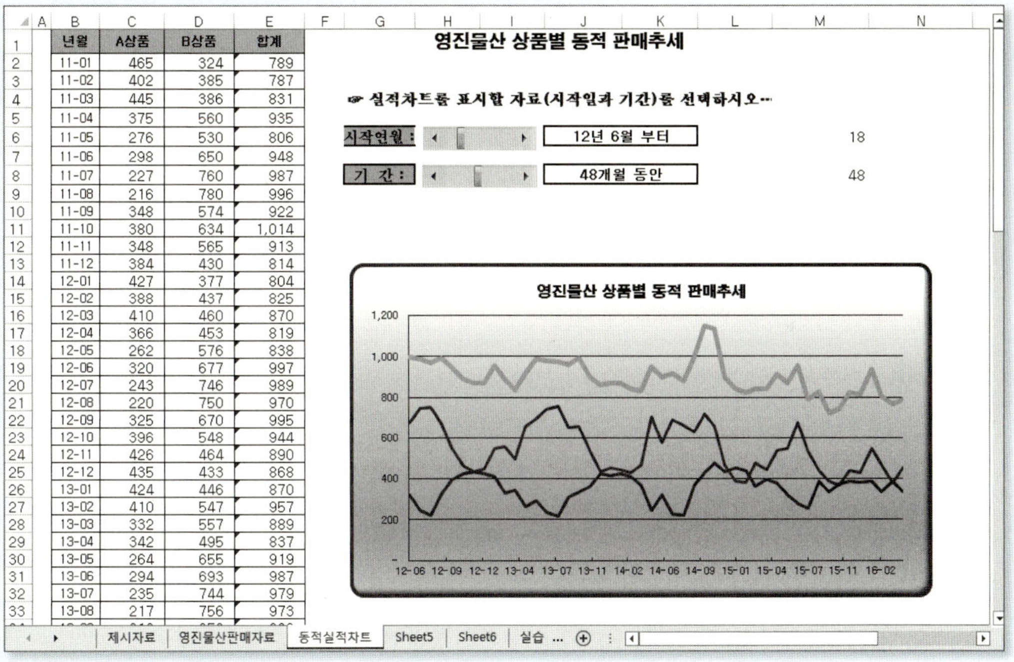


- 차트 작성 후 판매자료에 숨기기 적용

CHAPTER

# 05

회계실무 Cases

# 분석업무의 자동화

# Case 501 ㈜너나우리의 대출금 상환 계획

**현황**

㈜너나우리는 다음 달 만기가 도래하는 차입금의 차환을 위한 자금확보 목적으로 행복은행으로부터 단기운영자금 ₩50,000,000을 새로 차입하고자 한다. 다만 이번에는 다음 만기시의 상환 일시금 확보의 어려움을 해소하고자 하는 차원에서 다양한 대출금 상환방법을 검토하여 최적의 상환조건으로 대출을 결정하려고 한다.

단기운영자금 조달 목적이므로 대출기간은 12개월로 하고 이 경우 대출이자율은 6%로 정해져 있다고 가정한다. 검토하고 있는 상환 방법은 매월 이자를 지급하되 만기에 원금을 일시상환하는 방안과 매월 원금을 균등상환하는 방안, 매월 원리금을 균등상환하는 방안 등 3가지 방법을 고려하고 있다. 대출 예정일은 2022년 5월 1일이며, 다음 달 같은 날짜부터 상환방법에 따라 지급이 이루어지는 것으로 계획하고 있다.

**요구사항**

위 3가지 상환계획 각각의 경우에 매월 지출금액을 확인하기 위한 상환계획표를 작성해 보시오.

## Case 501 따라하기

**상황분석**

- 매월 지급액은 "원금+이자"로 계산된다.
- 원금 상환방법에 따라 대출금 이자계산방법이 다름을 이해해야 한다.
- 원리금 균등상환의 경우 매월 지급액을 계산하기 위해 PPMT 함수와 IPMT 함수 등을 사용할 수 있다.

### 1단계 상환계획표 기본 양식의 작성

상환방법 간의 비교나 계산을 쉽게 하기 위해서 먼저 기초자료와 상환계획표 양식을 작성해 둔다. 또한 원금, 이자율 등 기본사항에 대해서는 미리 해당 셀에 이름을 부여해두고 사용하는 것이 좋다.

❶ 새 Worksheet에서 시트의 이름을 '**상환계획표**'로 변경해 둔다.

❷ A1 셀에 제목으로 "**대출금 상환방법에 따른 상환계획표**"를 입력하고, A1:G1 셀범위를 선택하여 [병합하고 가운데 맞춤]으로 설정한다.

❸ D2:G3 셀범위에 대출 관련 기초자료들을 정리해 둔다. 이 기초자료들은 앞으로 계산 수식에 자주 사용될 것이므로 해당 숫자 또는 날짜 셀 범위에 각각의 이름을 부여해 둔다. 각각의 이름을 [이름상자]에 입력하고 반드시 Enter키를 눌러야 한다.
E2: "**대출금**", E3: "**기간**", G2: "**대출일**", G3: "**이자율**"

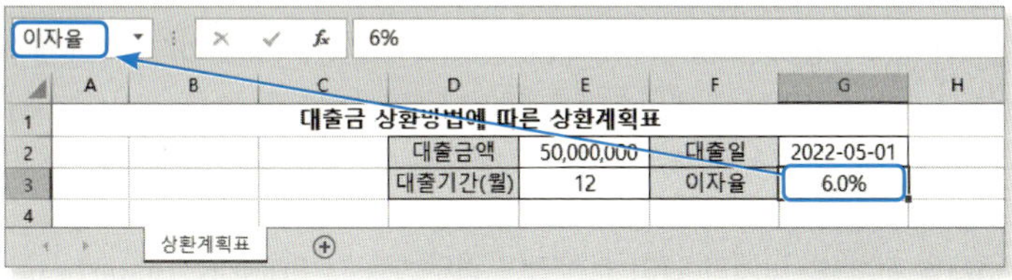


❹ A5:G5 셀범위에 상환계획표의 머리글로 "**회차**", "**상환일**", "**상환금**", "**상환원금**", "**이자**", "**상환원금 누계**", "**잔금**" 등을 각각 입력하고, A6:A17 셀범위에는 대출기간에 해당하는 12개월 회차를 입력한 후, A5:G17 셀범위에 [홈] 탭의 [글꼴]-[테두리]-[모든 테두리]로 설정한다.

❺ 상환계획표 머리글에 해당하는 A5:G5 셀범위에는 [홈] 탭의 [글꼴]-[채우기 색]에서 옅은 파랑색으로 설정하고 [가운데 맞춤]으로 정렬한다.

| | A | B | C | D | E | F | G | H |
|---|---|---|---|---|---|---|---|---|
| 1 | | | | 대출금 상환방법에 따른 상환계획표 | | | | |
| 2 | | | | 대출금액 | 50,000,000 | 대출일 | 2022-05-01 | |
| 3 | | | | 대출기간(월) | 12 | 이자율 | 6.0% | |
| 4 | | | | | | | | |
| 5 | 회차 | 상환일 | 상환금 | 상환원금 | 이자 | 상환원금누계 | 잔금 | |
| 6 | 1 | | | | | | | |
| 7 | 2 | | | | | | | |
| 8 | 3 | | | | | | | |
| 9 | 4 | | | | | | | |
| 10 | 5 | | | | | | | |
| 11 | 6 | | | | | | | |
| 12 | 7 | | | | | | | |
| 13 | 8 | | | | | | | |
| 14 | 9 | | | | | | | |
| 15 | 10 | | | | | | | |
| 16 | 11 | | | | | | | |
| 17 | 12 | | | | | | | |

상환계획표

## 2단계 상환방법-1: 만기 원금 일시상환시 상환계획표

대출 만기에 원금을 일시 상환하는 경우에는 상환계획표의 일부 항목을 표시할 필요가 없을 수도 있지만, 다른 상환방법과의 비교 차원에서 동일한 표 양식을 적용하는 것으로 한다.

❶ A4 셀에 "**1. 만기 원금 일시상환의 경우**"로 입력한다.

❷ 먼저 B열의 [상환일]을 표시하도록 한다. [상환일]은 G2 셀(이름: 대출일)을 기준으로 각 셀에 입력될 날짜를 직접 계산하여 하나씩 입력할 수도 있겠지만 입력오류가 발생할 수도 있으므로 날짜를 표시하는 여러 함수 중 "EDATE" 함수를 적용하기로 한다. B6 셀에 "**=EDATE(대출일,A6)**"로 입력한다.

> 참고
>
> **EDATE 함수의 사용**
>
> EDATE 함수는 "**=EDATE(start_date,months)**"형식으로 시작일(start_date)과 경과 개월수(months)를 인수로 지정하면 지정한 날짜(시작일)에서 개월수만큼 전이나 후의 날짜를 계산하여 해당 날짜의 일련번호 형태로 표시해준다. 개월수를 음수(−)로 지정하면 이전의 날짜를 표시해 주며, 일련번호 형태의 표시값은 [셀서식]−[날짜]−[형식] 지정을 통해 날짜 형식으로 표시할 수 있다.
>
> 만약 대출일로부터 n개월 전/후의 마지막 날이 상환일인 경우에는 "**=EOMONTH(start−date,months)**" 함수를 사용한다.

❸ EDATE 함수로 입력한 B6 셀에는 숫자 형식으로 표시되고 있는데, 이를 날짜 형식으로 표시하기 위해서, B6 셀을 클릭하고 오른쪽 마우스 [셀 서식]−[표시형식]−[날짜]의 [형식]에서 "**2012−3−14**"를 선택하고 [확인]을 누른다.

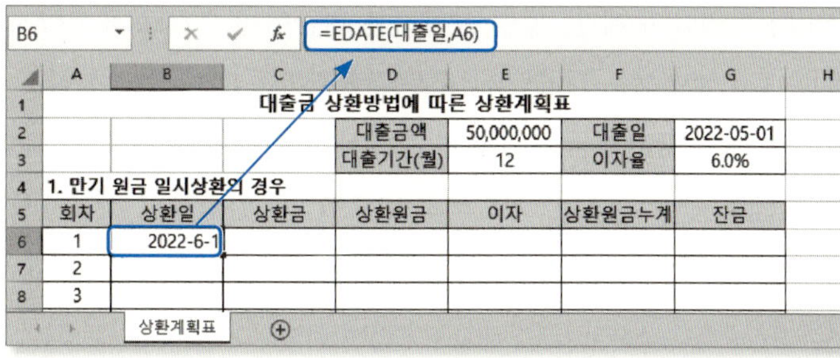


❹ B6 셀에서 자동채우기핸들로 B17 셀까지 끌기하여 나머지 상환일을 표시한다.

❺ 만기에 원금을 일시상환하는 방식이므로 [상환원금]란의 D6:D16 범위에는 '0'으로 입력하고, 마지막 회차인 D17 셀에는 대출금액을 참조하는 형식으로 "=E2" 또는 "=**대출금**"으로 입력한다.

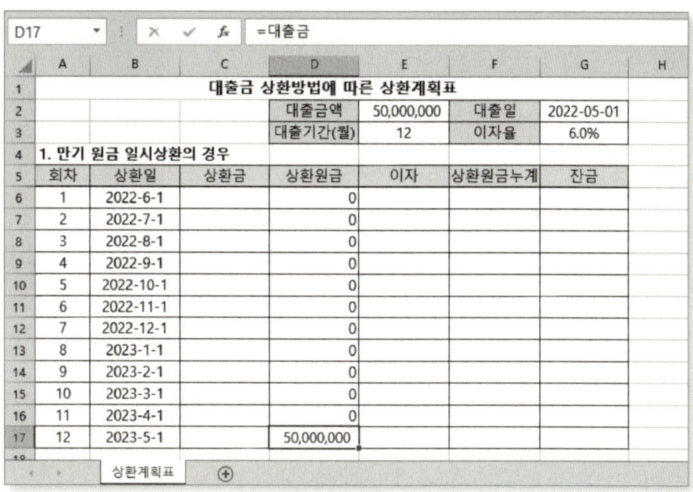


❻ 만기 원금 일시상환 방식은 만기 월 이전에는 원금 상환부분이 없기 때문에 매월 대출금의 잔금은 동일하다. 따라서 상환기간 동안 매월 지급해야 할 이자금액도 동일하다. E6 셀에 수식 "=**대출금*(이자율/기간)**"으로 입력하고, E6 셀의 자동채우기핸들로 E17 셀까지 끌기하여 수식을 복사한다.

❼ C6 셀의 [상환금]은 이자와 상환원금을 합해서 매월 지급해야 할 금액을 의미하므로 "=**D6+E6**" 또는 "=**SUM(D6:E6)**"로 입력한다. C6 셀에서도 자동채우기핸들로 C17 셀까지 드래그하여 수식을 복사한다.

❽ F6:F17 셀범위의 [상환원금 누계]는 매월 상환하는 원금이 없으므로 표시하지 않는다. G6:G17 셀범위의 [잔금]은 G6 셀에서는 대출 원금(E2)을 참조하는 형태로 기록하고 이하에서는 이전 달의 잔금에서 해당 월의 상환원금을 차감하는 형태로 기록하기 위해서, G6 셀에는 수식 "=**E2 - D6**"로, G7 셀에는 수식 "=**G6 - D7**"으로 입력하고 G7 셀에서 자동채우기핸들로 G17 셀까지 드래그하여 복사한다. 마지막 G17 셀은 D17 셀에서 원금을 일시에 상환한 후이므로 "0"으로 표시될 것이다.

G7 | =G6-D7

| | A | B | C | D | E | F | G |
|---|---|---|---|---|---|---|---|
| 1 | 대출금 상환방법에 따른 상환계획표 | | | | | | |
| 2 | | | | 대출금액 | 50,000,000 | 대출일 | 2022-05-01 |
| 3 | | | | 대출기간(월) | 12 | 이자율 | 6.0% |
| 4 | 1. 만기 원금 일시상환의 경우 | | | | | | |
| 5 | 회차 | 상환일 | 상환금 | 상환원금 | 이자 | 상환원금누계 | 잔금 |
| 6 | 1 | 2022-6-1 | 250,000 | 0 | 250,000 | | 50,000,000 |
| 7 | 2 | 2022-7-1 | 250,000 | 0 | 250,000 | | 50,000,000 |
| 8 | 3 | 2022-8-1 | 250,000 | 0 | 250,000 | | 50,000,000 |
| 9 | 4 | 2022-9-1 | 250,000 | 0 | 250,000 | | 50,000,000 |
| 10 | 5 | 2022-10-1 | 250,000 | 0 | 250,000 | | 50,000,000 |
| 11 | 6 | 2022-11-1 | 250,000 | 0 | 250,000 | | 50,000,000 |
| 12 | 7 | 2022-12-1 | 250,000 | 0 | 250,000 | | 50,000,000 |
| 13 | 8 | 2023-1-1 | 250,000 | 0 | 250,000 | | 50,000,000 |
| 14 | 9 | 2023-2-1 | 250,000 | 0 | 250,000 | | 50,000,000 |
| 15 | 10 | 2023-3-1 | 250,000 | 0 | 250,000 | | 50,000,000 |
| 16 | 11 | 2023-4-1 | 250,000 | 0 | 250,000 | | 50,000,000 |
| 17 | 12 | 2023-5-1 | 50,250,000 | 50,000,000 | 250,000 | | - |

상환계획표

❾ 이 상환계획표 결과에 의하면, 향후 11개월 동안은 계산된 이자(₩250,000)만 지급하면 되므로 상대적으로 자금 부담은 없는 편이지만, 결국 마지막 12개월 째에는 원금과 이자를 포함하여 ₩50,250,000을 한꺼번에 지급해야 하는 부담이 남는 셈이다.

## 3단계 상환방법-2: 매월 원금 균등상환시 상환계획표

❶ 위 [상환방법 - 1]에서 적용한 상환계획표 양식을 동일하게 적용하기 위해서 A4:G17 셀범위를 선택하여 복사하고 아래 A19 셀에 붙여넣기 한다. 그리고 A19 셀은 "**2. 원금 균등상환의 경우**"로 변경하고, C21:G32 셀영역은 선택하여 [Delete]한다.

❷ 이 방법은 원금(대출금액)을 매월 같은 금액씩 지급하여 12개월이 지나면 원금이 '0'이 되도록 하는 것이므로, D21 셀에는 수식 "=**대출금/기간**"(즉 '=E2/E3')으로 입력한다. 나머지 상환일에도 같은 수식이 적용될 것이므로 D21 셀에서 자동채우기핸들로 D32 셀까지 드래그하여 복사한다.

D21 | =대출금/기간

| | A | B | C | D | E | F | G | H |
|---|---|---|---|---|---|---|---|---|
| 19 | 2. 원금 균등상환의 경우 | | | | | | | |
| 20 | 회차 | 상환일 | 상환금 | 상환원금 | 이자 | 상환원금누계 | 잔금 | |
| 21 | 1 | 2022-6-1 | | 4,166,667 | | | | |
| 22 | 2 | 2022-7-1 | | 4,166,667 | | | | |
| 23 | 3 | 2022-8-1 | | 4,166,667 | | | | |
| 24 | 4 | 2022-9-1 | | 4,166,667 | | | | |
| 25 | 5 | 2022-10-1 | | 4,166,667 | | | | |
| 26 | 6 | 2022-11-1 | | 4,166,667 | | | | |
| 27 | 7 | 2022-12-1 | | 4,166,667 | | | | |
| 28 | 8 | 2023-1-1 | | 4,166,667 | | | | |
| 29 | 9 | 2023-2-1 | | 4,166,667 | | | | |
| 30 | 10 | 2023-3-1 | | 4,166,667 | | | | |
| 31 | 11 | 2023-4-1 | | 4,166,667 | | | | |
| 32 | 12 | 2023-5-1 | | 4,166,667 | | | | |
| 33 | | | | | | | | |

상환계획표

❸ D열에서 지급되는 상환원금이 매월 누적되는 금액을 F열에 표시하기 위해서 F21 셀에는 수식 "=**D21**"로 입력하고 F22 셀에는 수식 "=**F21+D22**"로 입력한 후, F22 셀에서 자동채우기핸들로 F32 셀까지 드래그하여 복사한다. 마지막 회차인 F32 셀에서는 지금까지의 상환원금누계가 대출금액(E2)과 같게 표시되어야 한다.

❹ G열의 [잔금]은 대출금액(E2)에서 이번 달까지 지급한 상환원금누계(F열)를 차감한 금액으로 계산될 것이므로 G21 셀에 수식 "=**대출금-F21**"로 입력하고, G21 셀에서 자동채우기핸들로 G32 셀까지 드래그하여 복사한다. 이 수식이 올바로 적용된 경우에는 마지막 회차의 [잔금](G32셀)이 '0'으로 표시되어질 것이다.

G21 | =대출금-F21

| | A | B | C | D | E | F | G | H |
|---|---|---|---|---|---|---|---|---|
| 19 | 2. 원금 균등상환의 경우 | | | | | | | |
| 20 | 회차 | 상환일 | 상환금 | 상환원금 | 이자 | 상환원금누계 | 잔금 | |
| 21 | 1 | 2022-6-1 | | 4,166,667 | | 4,166,667 | 45,833,333 | |
| 22 | 2 | 2022-7-1 | | 4,166,667 | | 8,333,333 | 41,666,667 | |
| 23 | 3 | 2022-8-1 | | 4,166,667 | | 12,500,000 | 37,500,000 | |
| 24 | 4 | 2022-9-1 | | 4,166,667 | | 16,666,667 | 33,333,333 | |
| 25 | 5 | 2022-10-1 | | 4,166,667 | | 20,833,333 | 29,166,667 | |
| 26 | 6 | 2022-11-1 | | 4,166,667 | | 25,000,000 | 25,000,000 | |
| 27 | 7 | 2022-12-1 | | 4,166,667 | | 29,166,667 | 20,833,333 | |
| 28 | 8 | 2023-1-1 | | 4,166,667 | | 33,333,333 | 16,666,667 | |
| 29 | 9 | 2023-2-1 | | 4,166,667 | | 37,500,000 | 12,500,000 | |
| 30 | 10 | 2023-3-1 | | 4,166,667 | | 41,666,667 | 8,333,333 | |
| 31 | 11 | 2023-4-1 | | 4,166,667 | | 45,833,333 | 4,166,667 | |
| 32 | 12 | 2023-5-1 | | 4,166,667 | | 50,000,000 | - | |
| 33 | | | | | | | | |

상환계획표

❺ E열의 [이자]는 이전 회차의 대출금 잔금에 월이자율을 곱하여 계산하므로, E21 셀에는 수식 "=**대출금*(이자율/기간)**"으로, E22 셀에는 수식 "=**G21*(이자율/기간)**"으로 입력한다. E22 셀에서 자동채우기핸들로 E32 셀까지 드래그하여 복사한다.

❻ 이제 매월의 상환원금과 이자가 계산되었으므로 이 둘을 합하여 C열의 [상환금]을 계산한다. C21 셀에 수식 "**=D21+E21**"(또는 'SUM(D21:E21))로 입력하고, C21 셀에서 자동채우기핸들로 C32 셀까지 수식을 복사한다.

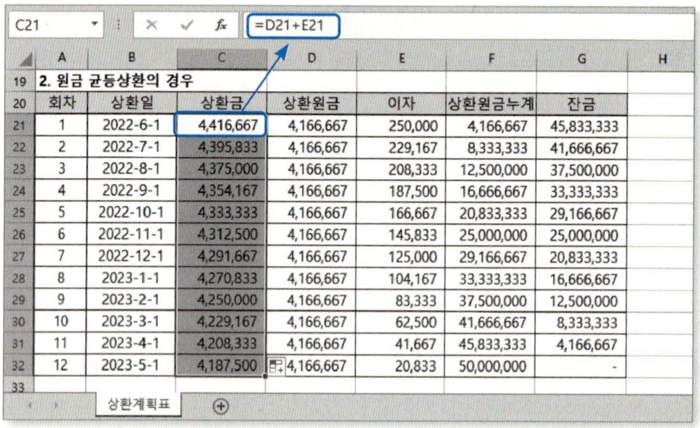


| 회차 | 상환일 | 상환금 | 상환원금 | 이자 | 상환원금누계 | 잔금 |
|---|---|---|---|---|---|---|
| 1 | 2022-6-1 | 4,416,667 | 4,166,667 | 250,000 | 4,166,667 | 45,833,333 |
| 2 | 2022-7-1 | 4,395,833 | 4,166,667 | 229,167 | 8,333,333 | 41,666,667 |
| 3 | 2022-8-1 | 4,375,000 | 4,166,667 | 208,333 | 12,500,000 | 37,500,000 |
| 4 | 2022-9-1 | 4,354,167 | 4,166,667 | 187,500 | 16,666,667 | 33,333,333 |
| 5 | 2022-10-1 | 4,333,333 | 4,166,667 | 166,667 | 20,833,333 | 29,166,667 |
| 6 | 2022-11-1 | 4,312,500 | 4,166,667 | 145,833 | 25,000,000 | 25,000,000 |
| 7 | 2022-12-1 | 4,291,667 | 4,166,667 | 125,000 | 29,166,667 | 20,833,333 |
| 8 | 2023-1-1 | 4,270,833 | 4,166,667 | 104,167 | 33,333,333 | 16,666,667 |
| 9 | 2023-2-1 | 4,250,000 | 4,166,667 | 83,333 | 37,500,000 | 12,500,000 |
| 10 | 2023-3-1 | 4,229,167 | 4,166,667 | 62,500 | 41,666,667 | 8,333,333 |
| 11 | 2023-4-1 | 4,208,333 | 4,166,667 | 41,667 | 45,833,333 | 4,166,667 |
| 12 | 2023-5-1 | 4,187,500 | 4,166,667 | 20,833 | 50,000,000 | - |

❼ 이 상환계획표 결과에 의하면, 매월 원금의 일부 상환금과 이자를 합하여 4백만원 이상의 금액을 지급해야 하지만, 회차가 거듭될수록 대출잔금이 조금씩 줄어들기 때문에 그만큼 이자가 적어져서 상환금은 매월 조금씩 적어지게 된다. 물론 월 4백만원 이상을 상환해야 하는 부담은 조금 있지만 12개월이 지나고 나면 대출금까지도 모두 없어지기 때문에 마지막 달의 자금부담은 없는 것이다.

## 3단계 상환방법-3: 매월 원리금 균등상환시 상환계획표

❶ 마찬가지로 앞의 상환계획표 양식을 동일하게 적용하기 위해서 A19:G32 셀범위를 선택하여 복사하고 아래 A34 셀에 붙여넣기 한다. 그리고 A34 셀은 "**3. 원리금 균등상환의 경우**"로 변경하고, C36:G47 셀영역은 선택하여 [Delete]한다.

❷ 앞의 '원금 균등상환' 방식은 매월 갚아나가는 원금부분은 매번 같지만 이자계산액이 매월 다르기 때문에 월 총지급액은 서로 다를 수밖에 없다. 그러나 '원리금 균등상환' 방식은 매월 총지급액을 일정한 금액으로 같게 하되 대출기간이 모두 경과되면 원금과 이자 모두 상환이 끝나는 것으로 하는 방식이다. 이 방식을 사용하면 매월 균등하게 지급하는 상환금액에는 원금상환부분과 이자부분이 포함된 것인데, 이자는 그 성격상 대출잔금이 많은 초반에는 많은 이자가 계산되고 뒤로 갈수록 적어지는 것이므로, 상대적으로 원금상환부분은 초반에는 적고 뒤로 갈수록 커지는 구조로 되어 있다. 그러나 매월 지급해야 하는 총지급액이 일정하기 때문에 실무의 편의상 많이 사용되고 있는 방법이다.

❸ [원리금 균등상환] 방법은 원금과 이자를 포함하여 매월 지급하게 될 금액이 일정하도록 해야 하기 때문에, 먼저 C열의 [상환금]을 계산해 보도록 한다. 원리금 균등상환방식의 월 지급액(상환금)을 계산하는 데에는 엑셀 재무함수 중 PMT함수를 적용한다.

참고

**대출금 상환액 계산에 적용하는 함수**

**1. PMT함수: [월 균등 상환금 계산]**

일정한 이자율이 적용되는 대출상품의 경우에 원금과 이자를 포함한 매월 일정금액의 상환액을 계산한다.

- 구문 표현: =**PMT(rate,nper,pv,fv,type)**
  - ▸ rate(이자율): 납부기간 동안의 고정 이자율(흔히 월 이자율)
  - ▸ per(현재의 납부기간): 총 납부횟수 중 현재의 횟수
  - ▸ nper(총 납부횟수): 대출상환금의 총 지급기간수
  - ▸ pv(대출금): 대출금 총액
  - ▸ fv(만기잔액): 만기 후 남는 잔액. 생략시 0으로 지정됨
  - ▸ type(상환시점): 상환금을 지급하는 시점으로 1은 상환주기의 초를, 0 또는 생략시에는 상환주기의 말을 의미

**2. PPMT함수: [월 균등 상환금 중 원금부분 계산]**

일정한 이자율이 적용되는 대출상품의 경우에 매월의 균등 상환금 중 원금부분의 상환액을 계산한다.

- 구문 표현: =**PPMT(rate,per,nper,pv,fv,type)**

**3. IPMT함수: [월 균등 상환금 중 이자부분 계산]**

일정한 이자율이 적용되는 대출상품의 경우에 매월 균등 상환금 중 이자부분 지급액을 계산한다.

- 구문 표현: =**IPMT(rate,per,nper,pv,fv,type)**

❹ C36 셀을 선택하고 수식 "= - **PMT(이자율/12,기간,대출금,0)**"을 입력한다. PMT함수는 재무함수이며, 재무함수의 특성상 돈을 받는 경우에는 값이 양수(+)로 표시되지만, 거꾸로 돈을 지불하는 경우에는 음수(-)로 표시되므로 PMT함수를 적용한 값은 모두 음수(-)로 표시된다. 따라서 보기에 편하도록 값을 양수로 표시하기 위해서 PMT함수 앞에 마이너스(-) 기호를 붙여서 표현한다.

❺ 값이 표시된 C36 셀에서 자동채우기핸들을 사용하여 C47 셀까지 수식을 복사한다. C36:C47 셀범위에 표시된 값은 모두 같다. 이는 해당 기간 동안 매월 같은 금액을 납부하게 됨을 의미하는 것이다.

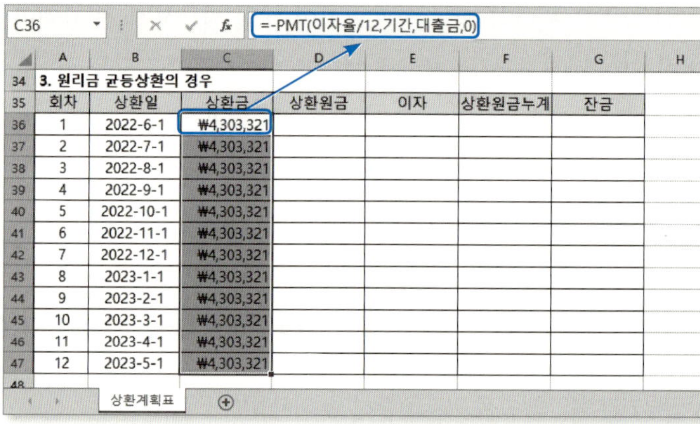


| | A | B | C | D | E | F | G |
|---|---|---|---|---|---|---|---|
| 34 | 3. 원리금 균등상환의 경우 | | | | | | |
| 35 | 회차 | 상환일 | 상환금 | 상환원금 | 이자 | 상환원금누계 | 잔금 |
| 36 | 1 | 2022-6-1 | ₩4,303,321 | | | | |
| 37 | 2 | 2022-7-1 | ₩4,303,321 | | | | |
| 38 | 3 | 2022-8-1 | ₩4,303,321 | | | | |
| 39 | 4 | 2022-9-1 | ₩4,303,321 | | | | |
| 40 | 5 | 2022-10-1 | ₩4,303,321 | | | | |
| 41 | 6 | 2022-11-1 | ₩4,303,321 | | | | |
| 42 | 7 | 2022-12-1 | ₩4,303,321 | | | | |
| 43 | 8 | 2023-1-1 | ₩4,303,321 | | | | |
| 44 | 9 | 2023-2-1 | ₩4,303,321 | | | | |
| 45 | 10 | 2023-3-1 | ₩4,303,321 | | | | |
| 46 | 11 | 2023-4-1 | ₩4,303,321 | | | | |
| 47 | 12 | 2023-5-1 | ₩4,303,321 | | | | |

❻ 이제 매월 균등상환해야 할 원리금 금액을 계산하였으니, 이 상환금 중 원금 상환부분은 얼마이고 또 이자부분은 얼마인지를 구분해 보기로 한다. 왜냐하면 앞의 [상환방법 – 2]에서는 상환원금 부분이 매월 일정했지만, 여기서는 매월 상환금 총액이 일정한 대신에 이자와 상환원금 부분이 달라질 수 있으니 이러한 동향을 이해하기 위한 것이다. D36 셀에서는 상환금 중 상환원금 부분을 따로 계산하기 위해 PPMT함수를 사용하여 수식 "= – **PPMT(이자율/12,A36,기간,대출금,0)**"으로 입력한다. 여기서 인수 "A36"은 현재의 상환회차를 상대참조 형식의 셀주소로 표시한 것이며, 마찬가지로 PPMT함수 앞에도 마이너스(–) 기호를 붙여서 양수로 표시한다.

❼ D36 셀에서 자동채우기핸들로 D47 셀까지 드래그하여 복사한다. 결괏값은 초반의 금액보다 회차가 거듭될수록 금액이 커지고 있음을 알 수 있다. 즉 원리금 균등상환방식의 경우에는 초반부에는 원금 상환부분이 상대적으로 적고 뒤로 갈수록 커진다는 것을 알 수 있다.

❼ E36 셀에는 매월 일정한 상환금 중에서 이자 지급부분이 얼마인지를 계산하기 위해 이번에는 IPMT함수를 적용하여 수식 "= – **IPMT(이자율/12,A36,기간,대출금,0)**"으로 입력한다. 마찬가지로 IPMT 함수 앞에도 마이너스(–) 기호를 붙여서 표시하며, 결괏값은 회차가 진행될수록 이자부분이 적은 비중을 차지하게 됨을 알 수 있다.

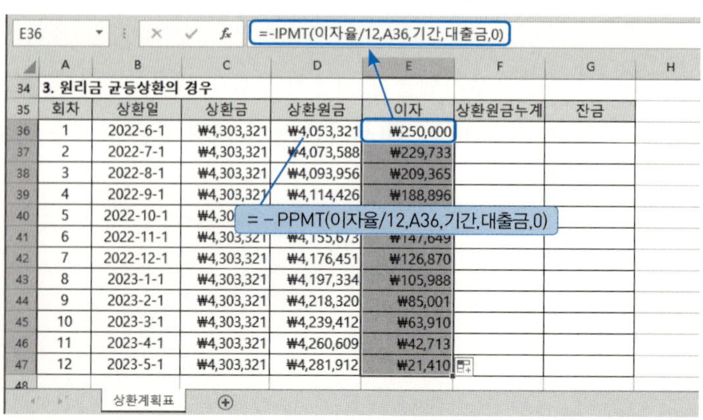


| | A | B | C | D | E | F | G |
|---|---|---|---|---|---|---|---|
| 34 | 3. 원리금 균등상환의 경우 | | | | | | |
| 35 | 회차 | 상환일 | 상환금 | 상환원금 | 이자 | 상환원금누계 | 잔금 |
| 36 | 1 | 2022-6-1 | ₩4,303,321 | ₩4,053,321 | ₩250,000 | | |
| 37 | 2 | 2022-7-1 | ₩4,303,321 | ₩4,073,588 | ₩229,733 | | |
| 38 | 3 | 2022-8-1 | ₩4,303,321 | ₩4,093,956 | ₩209,365 | | |
| 39 | 4 | 2022-9-1 | ₩4,303,321 | ₩4,114,426 | ₩188,896 | | |
| 40 | 5 | 2022-10-1 | ₩4,30[illegible] | [illegible] | [illegible] | | |
| 41 | 6 | 2022-11-1 | ₩4,303,321 | ₩4,155,673 | ₩147,649 | | |
| 42 | 7 | 2022-12-1 | ₩4,303,321 | ₩4,176,451 | ₩126,870 | | |
| 43 | 8 | 2023-1-1 | ₩4,303,321 | ₩4,197,334 | ₩105,988 | | |
| 44 | 9 | 2023-2-1 | ₩4,303,321 | ₩4,218,320 | ₩85,001 | | |
| 45 | 10 | 2023-3-1 | ₩4,303,321 | ₩4,239,412 | ₩63,910 | | |
| 46 | 11 | 2023-4-1 | ₩4,303,321 | ₩4,260,609 | ₩42,713 | | |
| 47 | 12 | 2023-5-1 | ₩4,303,321 | ₩4,281,912 | ₩21,410 | | |

❽ 그런데 이론적으로 C열의 상환금은 D열의 상환원금과 E열의 이자를 합한 금액과 같아야 할 것이다. 그런데 여기서는 각 열의 값을 서로 다른 함수를 적용하여 따로 계산한 것이기 때문에, 실제로 계산된 값이 서로 일치하는 것인지를 확인해 볼 필요가 있다. 이를 위해 임시로 I36 셀에 수식 "**=D36+E36**"으로 입력하고 이를 자동채우기핸들로 I47 셀까지 복사하여 값으로 표시한 후에, 각 셀 값이 동일 행의 C열의 값(상황금)과 같은지 확인해 본다. 표시된 모든 값이 동일하며 C열의 값과도 같음을 확인하였으면, I열에 임시로 표시한 값들(I36:I47)을 선택하여 지우기로 한다.

❾ F열의 [상환원금누계]는 매회 상환할 때마다 대출금 중에서 원금이 얼마나 감소되고 있는지를 보여주기 위한 것이고, G열의 [잔금]은 매회 상환금을 지급한 후에 아직도 남아 있는 대출금이 어느 정도인가를 표시하기 위한 것이다. F36 셀에는 수식 "**=D36**"으로, F37 셀에는 수식 "**=F36+D37**"으로 입력하고, F37 셀에서 자동채우기핸들로 아래 F47셀까지 복사한다. 또 G36 셀에는 수식 "**=대출금-F36**"으로 입력하고 F36 셀에서 자동채우기핸들로 아래 G47 셀까지 복사되도록 한다.

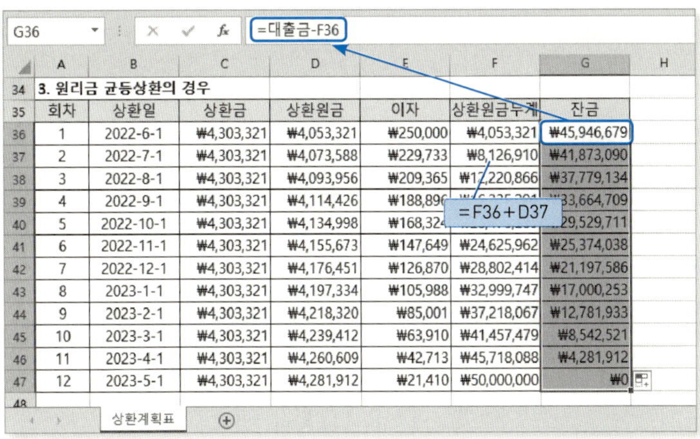

| | A | B | C | D | E | F | G | H |
|---|---|---|---|---|---|---|---|---|
| 34 | 3. 원리금 균등상환의 경우 | | | | | | | |
| 35 | 회차 | 상환일 | 상환금 | 상환원금 | 이자 | 상환원금누계 | 잔금 | |
| 36 | 1 | 2022-6-1 | ₩4,303,321 | ₩4,053,321 | ₩250,000 | ₩4,053,321 | ₩45,946,679 | |
| 37 | 2 | 2022-7-1 | ₩4,303,321 | ₩4,073,588 | ₩229,733 | ₩8,126,910 | ₩41,873,090 | |
| 38 | 3 | 2022-8-1 | ₩4,303,321 | ₩4,093,956 | ₩209,365 | ₩12,220,866 | ₩37,779,134 | |
| 39 | 4 | 2022-9-1 | ₩4,303,321 | ₩4,114,426 | ₩188,89[illegible] | [illegible] | [illegible]33,664,709 | |
| 40 | 5 | 2022-10-1 | ₩4,303,321 | ₩4,134,998 | ₩168,32[illegible] | [illegible] | [illegible]29,529,711 | |
| 41 | 6 | 2022-11-1 | ₩4,303,321 | ₩4,155,673 | ₩147,649 | ₩24,625,962 | ₩25,374,038 | |
| 42 | 7 | 2022-12-1 | ₩4,303,321 | ₩4,176,451 | ₩126,870 | ₩28,802,414 | ₩21,197,586 | |
| 43 | 8 | 2023-1-1 | ₩4,303,321 | ₩4,197,334 | ₩105,988 | ₩32,999,747 | ₩17,000,253 | |
| 44 | 9 | 2023-2-1 | ₩4,303,321 | ₩4,218,320 | ₩85,001 | ₩37,218,067 | ₩12,781,933 | |
| 45 | 10 | 2023-3-1 | ₩4,303,321 | ₩4,239,412 | ₩63,910 | ₩41,457,479 | ₩8,542,521 | |
| 46 | 11 | 2023-4-1 | ₩4,303,321 | ₩4,260,609 | ₩42,713 | ₩45,718,088 | ₩4,281,912 | |
| 47 | 12 | 2023-5-1 | ₩4,303,321 | ₩4,281,912 | ₩21,410 | ₩50,000,000 | ₩0 | |



❿ 모든 상환 회차가 끝난 F47 셀의 값은 차입금 원금(E2)과 같게 될 것이고, 이때 G47 셀에 표시되는 잔금은 '0'이 될 것이다. 이를 확인하였으면 상환계획표가 잘 작성된 것으로 볼 수 있다.

⓫ 이 [원리금 균등상환] 계획표의 계산 결과에 의하면, 상환 초반부의 원금상환 부분은 상대적으로 적고, 대신에 이자부분의 비율이 큰 것으로 보이는데, 이는 초반부의 대출금 잔액이 클 수밖에 없기 때문이다. 그럼에도 불구하고 이 방법의 경우에는 지급되는 상환금이 매월 같은 금액으로 정해져 있기 때문에, 일단 월 균등상환금만 정확히 계산된다면 차입자의 입장이나 대출기관의 입장에서도 관리하기 편한 방법이고, 따라서 실무에서도 이 방법이 보편적으로 적용되고 있다.

# Case 502 ㈜ALLSUV의 자동차 할부금 자동계산

## 현황

㈜ALLSUV는 국내 자동차 중에서도 레저용 SUV 신차만을 전문으로 판매하고 있는 회사이다. ㈜ALLSUV는 다양한 할인조건과 할부지원책을 제시하고, 영업사원들로 하여금 더 나은 서비스로 판매고를 올릴 수 있도록 지원하고 있다. 특히 구매자들이 신차 구입시에 각종 조건에 따라 월 할부금 납부액의 결정에 애로사항을 이야기하고 있는 점을 고려하여, 가격 결정으로부터 할부금 납부액의 산정에 이르기까지 전 과정을 고객이 직접 해당 조건들을 선택하여 스스로 계산해 볼 수 있는 자동계산시스템을 만들어 사용해 보고자 한다. 또한 일정 기간 후에 고객이 할부금 잔액을 한꺼번에 지불하고자 하는 경우, 해당 금액이 얼마인지를 객관적 자료에 의해 설명해 줄 수 있도록 하고자 한다.

다만 ㈜ALLSUV는 차종별로 단일 사양의 자동차만을 판매하고 있으며, 계약금은 반드시 현금으로 납부하고, 나머지 금액은 모두 할부로 하되, 할부이자율은 연 12%를 적용하고, 할부기간은 3년 이내에서 고객이 6개월 단위로 선택할 수 있도록 한다고 가정한다.

### ⊙ SUV 차종별 판매가격

| 차종 | 판매가격 |
|---|---|
| 티볼리 | 26,000,000 |
| 투싼 | 31,400,000 |
| 스포티지 | 31,000,000 |
| 싼타페 | 40,300,000 |
| 쏘렌토 | 37,000,000 |

| 차종 | 판매가격 |
|---|---|
| QM6 | 35,000,000 |
| 모하비 | 49,000,000 |
| 맥스크루즈 | 44,200,000 |
| 렉스턴 | 45,500,000 |

### ⊙ 신차 구매시 적용되는 할인조건

- KK신용카드 지불 할인: 1.5%
- 현금 계약금 납부율 50% 이상 할인: 2.2%
- 동일회사 차량 보유 할인: 1%
- 판매자 할인: 2% 이내

**요구사항**

위의 조건에 따라 ㈜ALLSUV가 쉽게 적용할 수 있는 고객용 할부금 자동계산시스템을 만들어 보시오.

## Case 502 따라하기

**상황분석**

- 고객이 판매 및 할인, 할부 조건을 쉽게 선택하여 입력할 수 있도록 해야 한다(양식 컨트롤을 사용하는 방안).
- 월 할부금은 할부기간의 선택에 따라 자동으로 계산되도록 한다.
- 할부를 선택했을 때, 일정 시점이 지나서 일시불로 전환하여 상환하고자 하는 경우 이를 정확히 계산하는 표를 제시할 수 있어야 한다.
- 각각의 계산을 자동화하는데 적절한 함수를 사용하여야 한다.

### 1단계 자동차 가격표 작성

함수나 수식으로 연결되는 표를 작성하기 위해서는 조건 또는 기본정보에 해당하는 자료를 별도의 시트에 기록해두는 것이 좋다. 이는 나중에 기본정보에 변화가 생겼을 때 해당 시트의 자료만 변경해주면 작성되어 있는 표를 변경할 필요가 없기 때문이다.

❶ 새 Worksheet에서 하나의 시트를 선택하고, 시트의 이름을 '**자동차가격표**'로 변경해 둔다.

❷ B2 셀에 '**〈SUV 차종별 판매가격〉**'을 입력하고, 아래 B3:C12 셀 영역에 차종별 판매가격표 자료를 입력한다. B15 셀에는 '**〈신차 구매시 적용되는 할인조건〉**'을 입력하고, 할인조건을 표시한다. 이때 할인율 관련 숫자는 나중에 수식에 참조하기 위해 별도의 셀에 표시하는 것이 중요하다.

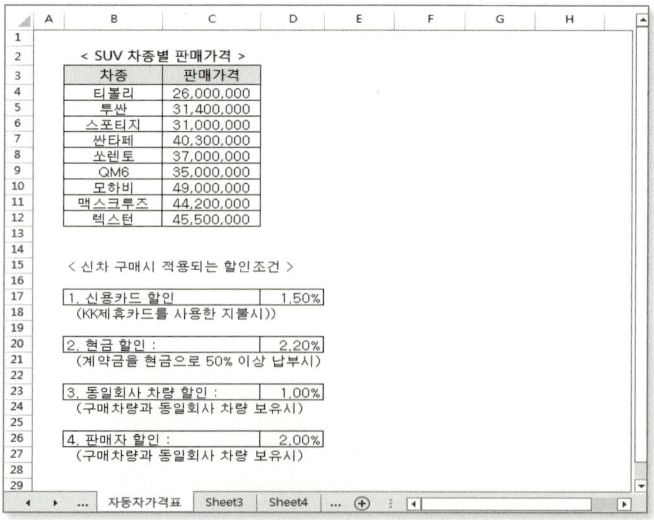

❸ B4:B12 셀 범위를 선택하고 [이름상자]에 **'차종'**을, C4:C12 셀 범위를 선택하고 [이름상자]에 **'판매가'**를 각각 입력하여 이름을 정의해 둔다(이름 정의 방법은 [수식] 탭 [정의된 이름]-[이름 정의]를 사용할 수도 있다).

## 2단계 할부금 계산표 작성

❶ 새로운 시트(Sheet2)를 선택하고, 시트의 이름을 **'할부금계산표'**로 변경한다. '할부금계산표' 시트의 B1 셀에 제목 **'신차 구매 할부금 계산표'**를 입력하고, [글꼴]-[견고딕]-[13pt]로 조정하고 B1:D1 셀 범위에 [병합하고 가운데 맞춤]을 설정한다.

❷ A ~ G 열의 [열 너비]를 각각 '3', '25', '20', '15', '6', '4', '31'로 설정한다. 그리고 1행~16행의 [행 높이]를 모두 '22'로 설정한다. 이 중 6~9 행과 12 행의 [행 높이]는 '35'로 재조정한다.

❸ B3 셀부터 아래쪽으로 B16 셀까지 각각 **'차종 선택'**, **'판매 가격'**, **'〈선택 할인〉'**, **'1. 제휴카드 할인'**, **'2. 현금 할인'**, **'3. 동일회사 차량 할인'**, **'4. 판매자 할인'**, **'할인금액 합계'**, **'순 판매가격'**, **'현금(계약금) 납부액'**, **'할부 금액'**, **'할부 이자율'**, **'할부 기간'**, **'월 할부금 납부액'**을 각각 입력한다.

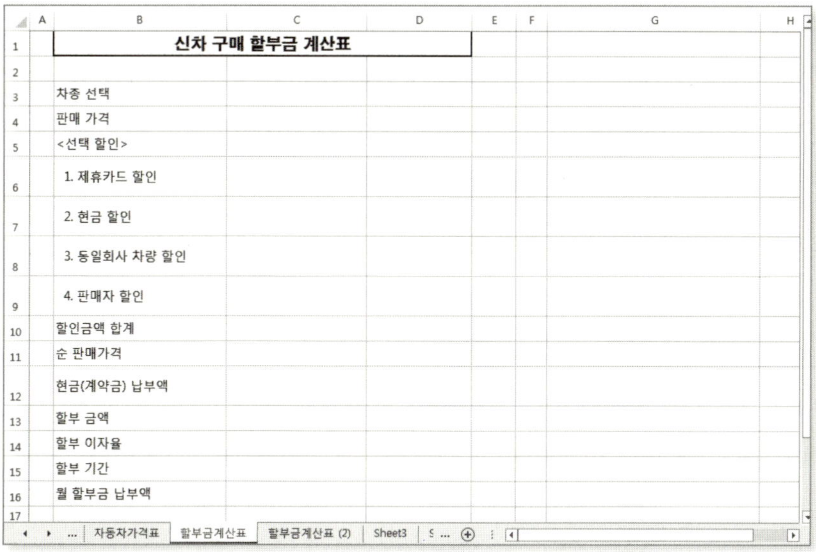


❹ [개발도구] 탭에서 [컨트롤]-[삽입]을 클릭하고 [양식 컨트롤]에서 [콤보상자]를 클릭하여 마우스로 C3 셀 크기에 맞게 크기 조정하여 표시한다. 표시된 콤보상자의 내부에서 오른쪽 마우스 [컨트롤 서식]을 선택하고, [컨트롤 서식] 상자의 [컨트롤]에서 [입력 범위]에 **'차종'**, [셀 연결]에 **'$F$3'**를 입력하고, [목록 표시 줄 수]를 '9'로 변경한다. 여기서 [목록 표시 줄 수]를 '9'로

지정한 것은, 현재 이 회사에 판매하고 있는 모든 차종(9종)을 콤보상자에서 볼 수 있도록 하기 위한 것이다. [확인]을 누르고, 콤보상자의 오른쪽 선택 화살표를 클릭하여 '자동차가격표' sheet에 입력되어 있는 차종들이 모두 표시되어 나타나는지를 확인한다.

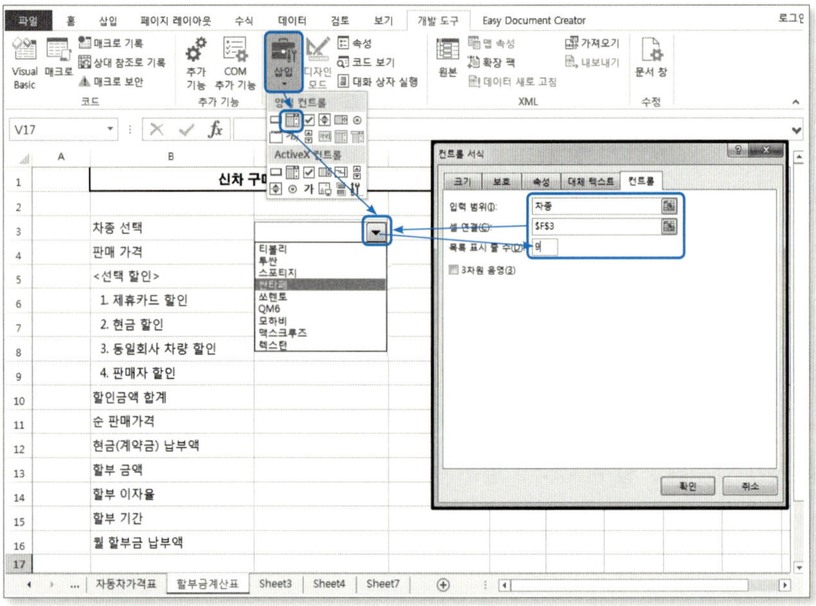


❺ 콤보상자의 오른쪽 선택 화살표를 클릭하여 표시된 차종 중 '싼타페'를 선택해 본다. 그러면 F3 셀에 숫자 '4'가 표시된다. 이는 이름 부여한 '차종' 리스트에서 '싼타페'가 4번째 차종이며, 이 4번째 차종이 선택되었음을 표시하는 것이다.

❻ 이제 선택된 차종명을 고객이 쉽게 이해할 수 있도록 D3 셀에 레이블로 표시해 보자. D3 셀에 함수 '**=index(차종,$F$3)**'을 입력한다. 그리고 D3:F16 셀 영역을 선택하여 [홈] 탭의 [맞춤]에서 [가운데 맞춤]을 선택하여 표시한다.

❼ 이제 구매하고자 하는 차종이 선택되었으므로, D4 셀에 해당 차종의 판매가격을 찾아 표시하기로 한다. 판매가격 역시 이름영역 '판매가'에서 찾아야 하므로 INDEX 함수를 사용하여, D4 셀에 '**=index(판매가,$F$3)**'를 입력한다. D4 셀에는 차종 '싼타페'의 가격 '40,300,000'이 표시된다.

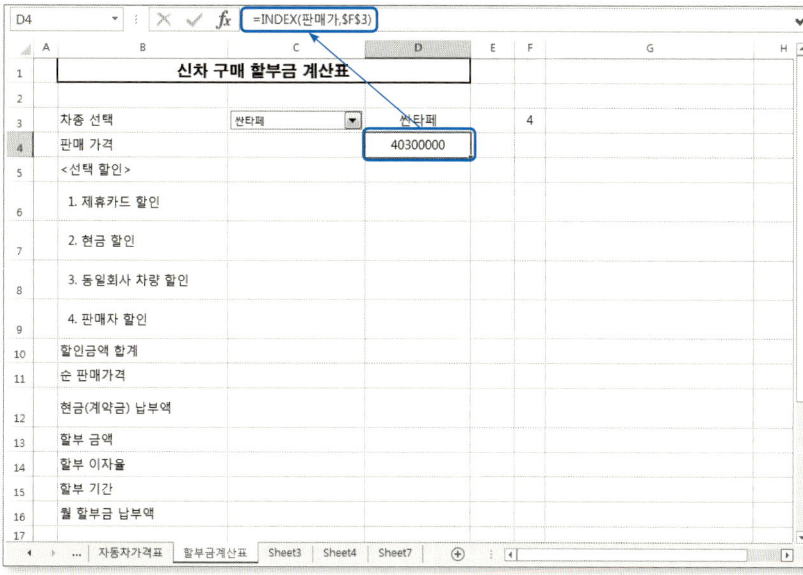


참고

## INDEX 함수

INDEX 함수는 '찾기 함수'로, 참조 범위에서 특정 위치의 값을 찾아서 표시해주는 기능을 수행한다. INDEX 함수의 기본 표현형식은 '=INDEX(범위,n번째 행,n번째 열)'이다. 여기서 '범위'는 찾고자 하는 자료가 들어 있는 셀 범위, 또는 이름영역이며, 특정 위치의 값은 'n번째 행,n번째 열' 대신에 행과 열을 표시하는 셀주소(예컨대 'E4') 형식으로 입력해도 된다. 따라서 4번째 위치라는 정보를 포함하고 있는 E$ 셀 값을 이름 영역 '차종'에서 찾기 위해 '=INDEX(차종,$E$3)'으로 함수를 표시하면, 결괏값은 4번째 차종인 '싼타페'를 표시해 준다.

❽ 〈선택 할인〉으로 '제휴카드 할인'을 적용할 수 있는가의 여부를 표시하기 위해 [양식 컨트롤]의 [옵션 단추]를 사용할 수 있다. [개발 도구] 탭의 [컨트롤] – [삽입]에서 [양식 컨트롤]의 [옵션 단추]를 클릭하고, C6 셀의 왼쪽에 최소의 크기로 드래그하여 표시하고, 컨트롤 텍스트를 '사용'으로 변경한다. 작성된 [옵션 단추]에서 오른쪽 마우스 [컨트롤 서식]을 클릭하고, [컨트롤 서식] 상자의 [컨트롤]에서 [셀 연결]에 **'$F$6'**를 입력한다.

❾ 작성된 옵션 단추를 복제하여 사용하기 위해, '사용' 옵션단추를 클릭한 상태에서 Ctrl 키를 누르고 오른쪽으로 드래그하여 복제된 또 하나의 '사용' 옵션단추를 생성한다. 이때 두 개의 옵션 단추는 서로 중첩되지 않도록 배열하여야 한다. 오른쪽에 복제된 '사용' 옵션단추의 컨트롤 텍스트를 '사용않음'으로 변경한다.

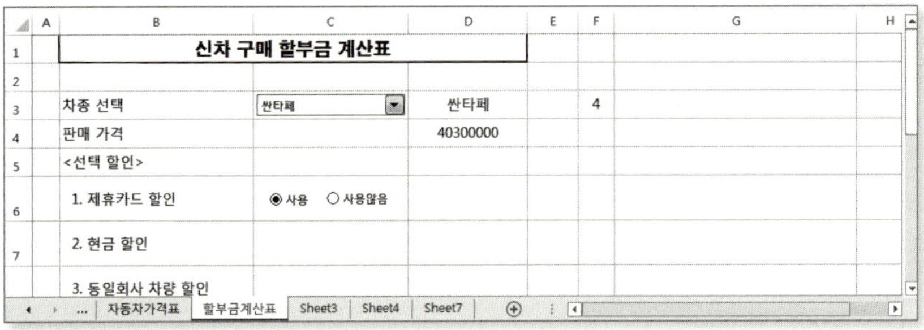

⑩ 작성된 옵션단추의 높이를 같게 하기 위해, Ctrl 키를 누른 상태에서 두 개의 컨트롤을 차례로 클릭하여 모두 선택하고, [그리기 도구]의 [서식] 탭에서 [정렬]그룹의 [개체 맞춤]을 클릭한 후 [위쪽 맞춤]을 선택한다.

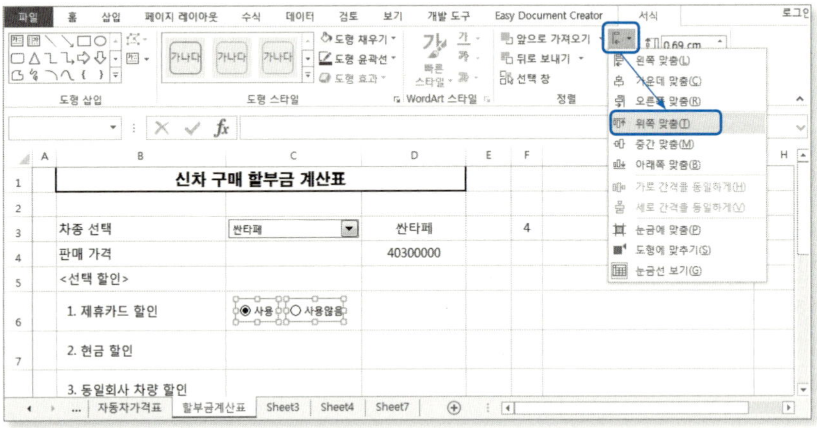

⑪ 두 개의 옵션단추가 모두 선택된 상태에서, 이를 모두 그룹화하기 위해 [개발 도구] 탭의 [컨트롤] 그룹에서 [삽입]을 클릭하고 [양식 컨트롤]에서 [그룹 상자]를 클릭한다. 이제 마우스로 선택된 두 개의 옵션단추가 완전히 포함되도록 드래그하여 그룹상자를 그리고, 그룹상자의 왼쪽 위에 있는 텍스트를 지운다.

⑫ 그룹상자와 두 개의 옵션단추를 하나의 그룹으로 묶기 위해 Ctrl 키를 누른 상태에서 차례로 클릭하여 모두 선택하고, [그리기 도구]의 [서식] 탭에서 [정렬]그룹의 [개체 그룹화]에서 [그룹]을 선택한다. 이제 3개의 양식 컨트롤은 하나의 그룹으로 묶여졌다.

⑬ 그룹화된 옵션단추 중 '사용'과 '사용않음' 단추를 번갈아 선택하면서 F6 셀에 '1'과 '2'가 차례로 표시되는지 확인해 본다.

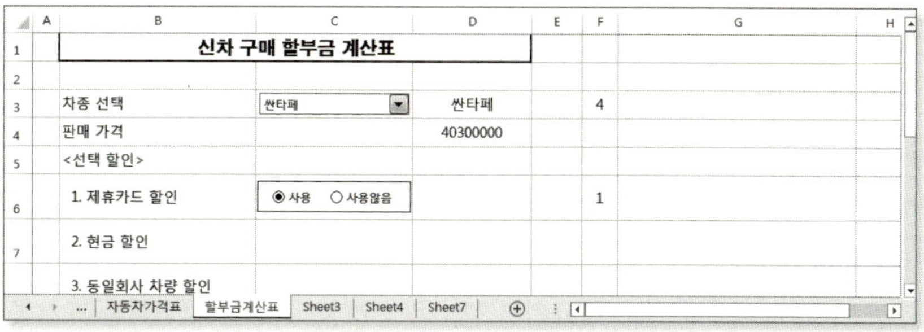

⑭ C7:C9 셀 영역에도 같은 형식의 옵션단추가 사용되어야 하므로 C6 셀의 그룹화된 옵션단추를 복제하여 사용하기로 한다. Ctrl 키를 누른 상태에서 그룹화된 옵션단추 그룹을 C7 셀로 드래그하여 표시한다. 마찬가지 방법으로 C8, C9 셀에도 옵션단추 그룹을 복제해 둔다. 이때 그룹화된 옵션단추 그룹의 상/하/좌/우 경계가 해당 셀의 크기를 벗어나지 않도록 크기나 위치를 조정하여 표시한다.

⑮ C7 셀의 그룹 옵션단추에서 '사용' 옵션단추를 오른쪽 마우스로 클릭하고 컨트롤 텍스트를 '적용'으로 변경한다. 그리고 다시 오른쪽 마우스 [컨트롤 서식]을 클릭하고 [컨트롤]에서 [셀 연결]에 '**$F$7**'을 입력하고 [확인]을 누른다. 이번에는 그룹 옵션단추의 오른쪽 텍스트 '사용않음'을 '적용않음'으로 변경한다. 변경 후 '적용' 옵션단추와 '적용않음' 옵션단추를 번갈아 선택하면서 F7 셀에 '1'과 '2'가 번갈이 표시되는지 확인해 본다.

⑯ 마찬가지로, C8 셀의 그룹 옵션단추에서 왼쪽 옵션단추의 텍스트를 '보유', 오른쪽 옵션단추의 텍스트를 '없음'으로 변경하고, '보유' 옵션단추에서 오른쪽 마우스 [컨트롤 서식]을 클릭하여 [컨트롤]의 [셀 연결]에 **$F$8**'을 입력하고 [확인]을 누른다. 또 C9 셀의 그룹 옵션단추에서 왼쪽 옵션단추의 텍스트를 '적용', 오른쪽 옵션단추의 텍스트를 '해당없음'으로 변경하고, '적용' 옵션단추에서 오른쪽 마우스 [컨트롤 서식]을 클릭하여 [컨트롤]의 [셀 연결]에 $F$9'을 입력하고 [확인]을 누른다. 이제 C8 셀의 그룹 옵션단추와 C9 셀의 그룹 옵션단추에서 왼쪽 옵션단추와

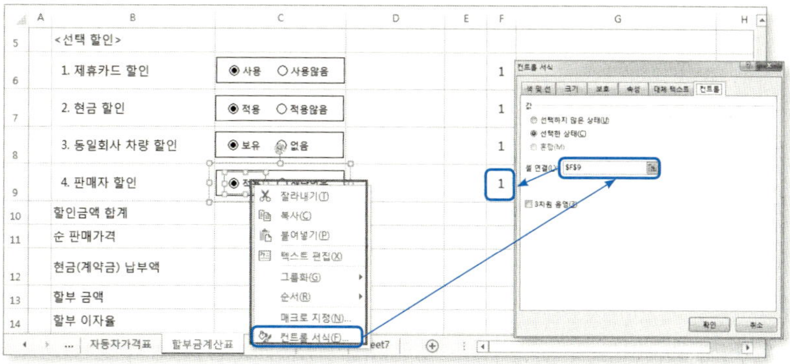

오른쪽 옵션단추를 번갈아 선택하면서 F8과 F9 셀에 각각 '1'과 '2'로 선택 표시되어지는지 확인한다.

⑰ 이제 옵션단추 선택의 결과를 D열에 금액으로 연결하여 표시해 보자. D6 셀에 수식 '**=IF(F6=1,$D$4*자동차가격표!$D$17,0)**'을 입력한다. 이 수식은 만일 자동차 구매대금 지불시 고객이 제휴카드를 사용하여 지급하는 경우(즉, [제휴카드 할인]을 '사용'하여 F6 셀에 '1'로 표시되는 경우) '자동차가격표' sheet의 D17 셀에서 규정된 할인율(1.5%)을 적용한 할인액을 표시하고, 아닌 경우에는 '0'으로 표시하라는 의미이다.

⑱ 나머지 할인액 계산에도 동일한 형식의 수식을 사용할 수 있다. 따라서 먼저 D6 셀의 수식을 복사하여 D7:D9 셀 영역에 붙여넣기 하고 이를 수정하여 사용한다. D7 셀의 수식은 '**=IF(F7=1,$D$4*자동차가격표!$D$20,0)**'으로 수정한다. 그리고 D8 셀의 수식은 '**=IF(F8=1,$D$4*자동차가격표!$D$23,0)**'으로, D9 셀의 수식은 '**=IF(F9=1,$D$4*자동차가격표!$D$26,0)**'으로 각각 수정한다. 이러한 수정 후 C6:C9 셀 영역의 각 옵션단추를 클릭해 가면서, 옵션단추 선택에 따라 D^:D9 셀 영역의 할인액 계산이 제대로 표시되어지는지 확인해 본다.

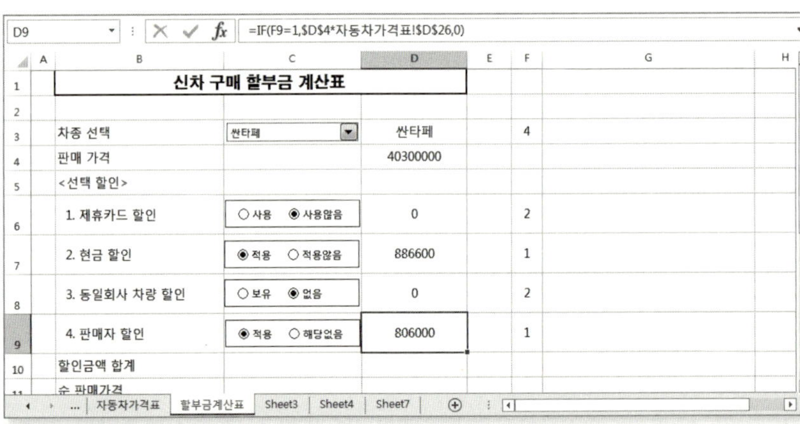


⑲ D10 셀에는 D6:D9 셀 영역에 표시된 할인금액들을 모두 합계하여 표시한다. 따라서 D10 셀에 수식 '**=SUM(D6:D9)**'을 입력한다. 그리고 D11 셀에는 D4 셀의 판매금액에서 D10 셀의 할인금액 합계를 차감하여 고객이 실제로 납부해야 할 금액(순 판매가격)을 표시한다. 이를 위해 D11 셀에 수식 '**=D4-D10**'을 입력한다.

⑳ D12 셀에는 고객이 지불해야 할 자동차 대금(D11) 중에서 선금(계약금)으로 얼마의 금액을 지불할 것인가를 결정하여 표시하도록 해야 한다. 고객이 선금으로 결정할 수 있는 금액은 다양하므로, 이러한 선택에 적용가능한 양식 옵션을 스크롤 막대 형식으로 C12 셀에 표시하기로 한다. [개발 도구] 탭의 [컨트롤]-[삽입]을 클릭하고, [양식 컨트롤]에서 [스크롤 막대]를 선택한

후 C12 셀 영역 내에 드래그하여 표시한다. 표시된 스크롤 막대를 클릭하고 오른쪽 마우스 [컨트롤 서식]을 선택한다. [컨트롤 서식] 상자의 [컨트롤]에서 최솟값, 최댓값, 증분 변경, 페이지 변경이 각각 0, 100, 1, 10으로 설정되어 있는지 확인하고, 셀 연결에 '$F$12'를 입력한다. 이는 고객이 순 판매가격 중 선금(현금)으로 납부하는 금액이 얼마인지를 백분율로 선택하여 표시하기 위한 것이며, 선택 결과는 F12 셀에 표시된다.

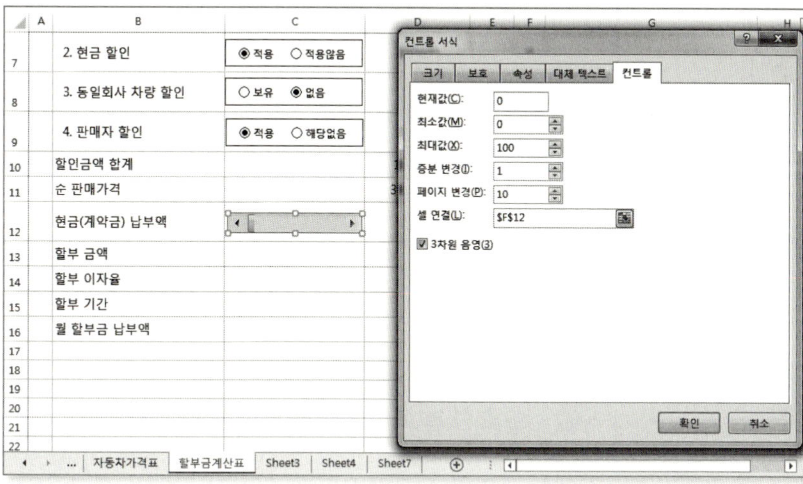


㉑ C12 셀의 스크롤 막대 좌/우 화살표를 클릭해가면서 F12 셀에 표시되는 숫자를 살펴보면, 0부터 100까지의 숫자로 표시되고 있음을 알 수 있다. 먼저 F12 셀에 표시되는 숫자를 백분율로 고쳐서 E12 셀에 표시하기 위해, E12 셀에 수식 '=**F12/100**'을 입력하고, [홈] 탭의 [표시형식]에서 [백분율 스타일](%)을 선택한다. 그리고 이 백분율을 D12 셀에 금액으로 표시하기 위해, D12 셀에 수식 '=**D11*E12**'를 입력한다.

㉒ 그런데 '자동차가격표' sheet의 [할인조건-2]에 따른다면, E12 셀의 현금(계약금) 납부율이 50% 미만인 경우에는 D7 셀에서 '현금 할인'을 적용받을 수 없기 때문에, D12 셀에서 가능 여부를 검토하여 오류메시지를 표시할 수 있도록 수식을 변경해야 한다. 따라서 D12 셀의 수식을 '=**IF(AND(F7=1,F12<50),"입력 오류",D11*E12)**'로 변경하여 입력한다. 그리고 G12 셀에는 D12 셀에서 '입력 오류'로 표시된 경우 그 이유를 설명해주기 위해, 수식 '=**IF(D12="입력 오류","현금할인을 적용받으려면 계약금 납부율이 50% 이상이어야 합니다!","")**'를 입력한다. 그리고 G12 셀에서 오른쪽 마우스 [셀 서식]을 클릭하고, [셀 서식] 상자의 [맞춤]-[텍스트 조정]에서 [텍스트 줄 바꿈]을 선택하도록 체크하고, [글꼴]에서 [색]을 '진한 빨강'으로 선택하여 [확인]을 누른다.

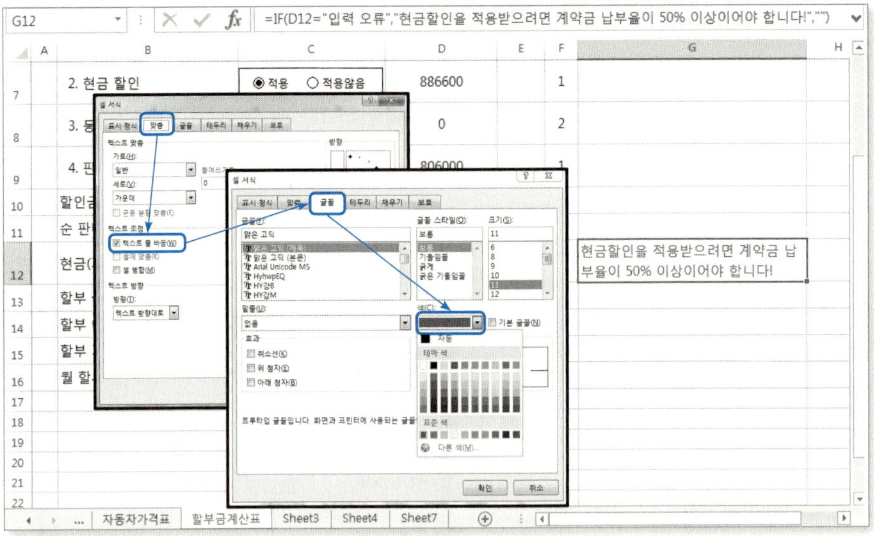

㉓ 이제 C12 셀의 스크롤 막대 좌/우 화살표를 클릭해가면서, E12 셀이 50% 이하로 표시되는 경우 D12 셀에 '입력 오류'가 표시되면서 동시에 G12 셀에도 해당 오류메시지가 나타나는지 확인해 본다. 또 50%가 넘는 경우에는 '입력 오류'와 오류메시지가 표시되지 않는지도 확인해 본다.

㉔ D13 셀에는 순 판매가격(D11)에서 계약금 납부액(D12)을 차감한 잔액을 할부금액으로 표시하기 위해 수식 '**=D11－D12**'을 입력한다. 그리고 C14 셀에는 할부 선택시에 일률적으로 적용되는 연 이자율을 표시하기 위해 '12%'를 입력해 둔다.

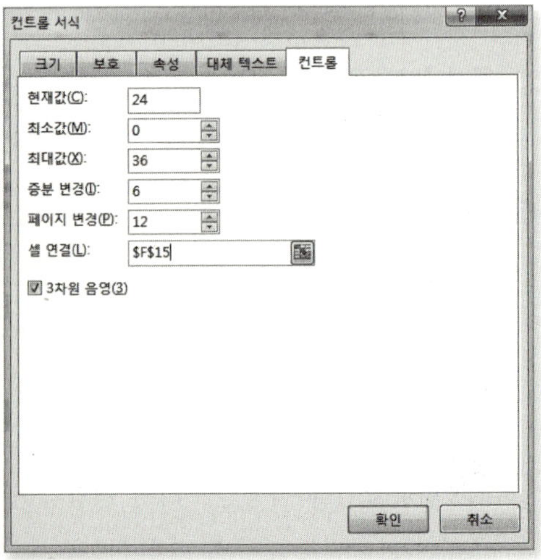

㉕ '할부 기간'은 36개월 이내에서 6개월 단위로 고객이 선택하도록 해야 한다. [개발 도구] 탭의 [컨트롤]－[삽입]에서 [양식 콘트롤]의 [스크롤 막대]를 선택하고, 마우스로 C15 셀 크기에 맞춰 드래그하여 표시한다. 표시된 스크롤 막대 위에서 오른쪽 마우스 [컨트롤 서식]을 선택하고, [컨트롤 서식]의 [컨트롤]에서 [현재값]을 '24', [최솟값] '0', [최댓값] '36', [증분 변경] '6', [페이지 변경] '12', [셀 연결]에 '**$F$15**'로 입력하고 [확인]을 누른다. 이제 F15 셀에 기본값으로 24가 표시되고, 스크롤 막대 선택에 따라 값이 6씩 증가 또는 감소하여 표시된다. F15 셀에 선택된 숫자를 텍스트 형식으로 표현하기 위해, D15 셀에 수식 '**=F15&"개월"**'을 입력한다.

㉖ D16 셀에는 '할부금액'(D13)을 '할부이자율'(C14)로 '할부기간'에 걸쳐 매달 일정 금액을 납부하는 경우 얼마의 금액이어야 하는지를 표시하고자 한다. 이를 위해 D16 셀에 수식 '=－PMT(C14/12,F15,D13)'을 입력한다.

> **참고**
>
> **PMT 함수**
>
> PMT 함수는 대출금에 대해 일정 기간 동안 일정한 금액의 원리금 상환액을 계산해주는 함수이다. 즉, 대출금을 일정한 이자율로 정해진 기간(월)에 걸쳐 원리금을 함께 상환하고자 하는 경우, 매월 동일한 금액을 얼마만큼 납부해야 하는지를 계산할 때 사용된다. PMT 함수의 기본 표현형식은 '=PMT(이자율,상환기간,대출금액)'이다. 여기서 '상환기간'이 월로 정해지면 '이자율' 역시 월 이자율로 표시한다. 일반적으로 PMT 함수의 결괏값은 음수(－)로 표시된다. 이는 대출금을 양수(+)로 입력하기 때문에 이를 상환하는 값은 음수(－)로 표시하고 있는 것이다. 따라서 PMT 함수의 결괏값을 양수(+)로 표시하고자 하는 경우 PMT 함수 앞에 '－'기호를 붙여 사용한다.

㉗ 이로써 '신차 구매 할부금 계산표'의 기본골격은 완성되었다. 그런데 F 열에 표시된 값들은 계산에 반드시 필요한 값들이긴 하지만 굳이 보여줄 필요가 없으므로, F 열 전체에 [숨기기] 기능을 적용한다(또는 F 열 숫자들의 [글꼴 색]을 '바탕색'(흰색)으로 지정하여 보이지 않게 할 수도 있다). D 열의 숫자들은 천 원 단위로 구분표시하기 위해 [홈] 탭의 [표시형식]에서 [쉼표 스타일(,)]을 적용한다.

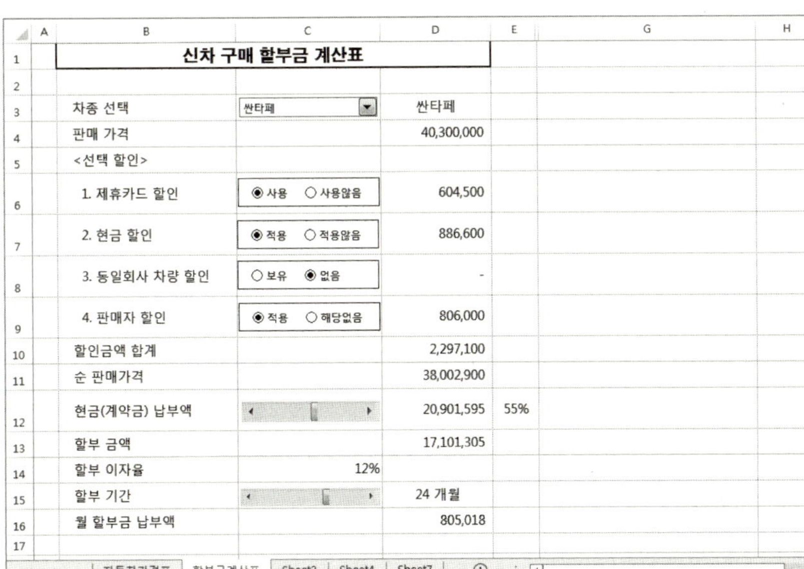

㉘ 그런데 D12 셀에 표시된 '현금(계약금) 납부액'이 원단위 금액까지 표시되고 있지만, 실제로 원 단위 금액까지 계산하여 지급하기는 불편할 수 있으므로, 이를 천 원 단위까지 반올림하여 표시해 보자. 이를 위해서는 'ROUND' 함수를 사용할 수 있으며, 따라서 D12 셀의 수식에 ROUND 함수를 포함하여 '**=IF(AND(F7=1,F12<50),"입력 오류",ROUND(D11*E12,-3))**'으로 변경한다.

> **참고**
> ## ROUND 함수
> ROUND 함수는 숫자를 지정한 자릿수로 반올림하여 표시하는데 사용된다. ROUND 함수의 기본 표현형식은 '**=ROUND(숫자,자릿수)**'이다. 여기서 '숫자'는 반올림하려는 수를 의미하며, '자릿수'는 반올림하여 표시하려는 소수점 아래의 자릿수를 의미한다. 따라서 ROUND 함수는 기본적으로 소수점 이하의 자릿수를 관리하려는 목적에 사용되고 있지만, 소수점 위의 자릿수, 예컨대 천 원 단위로 표시하고자 하는 경우에는 자릿수를 '-3'과 같이 음수(-)로 지정하여 표시할 수 있다.

㉙ 이제 표의 주된 부분을 강조 표시하기 위해 B3:D16 셀 범위를 선택하고 [글꼴]을 '견고딕'으로 설정하고, [채우기 색]을 '밝은 주황'으로 선택하여 표시한다. 다만, 고객이 직접 선택해야 할 항목(B3, B6, B7, B8, B9, B12, B15)의 텍스트는 [글꼴 색]을 '진한 파랑'으로 선택하고, 오른쪽 금액부분에서는 고객이 반드시 알아야 할 주요 금액부분(D4, D10, D11, D13, D16)의 숫자를 [글꼴 색] '진한 빨강'으로 표시해 둔다.

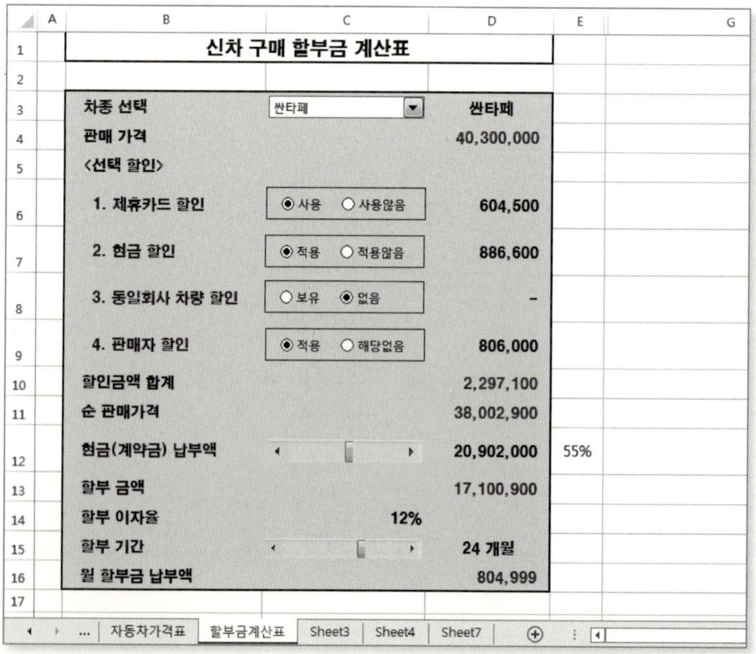

## 3단계 기간별 대출금 상환표 작성

위의 할부금 계산표를 통해서 고객이 알고자 하는 할인액, 순 판매가격, 월 할부금액 등의 정보는 보여줄 수 있게 되었지만, 흔히 고객들이 알고자 하는 또 다른 정보는 '월 할부금 납부액' 중 이자와 원금이 어느 정도 차지하고 있는지, 그리고 할부기간 중에도 여유자금이 생기면 나머지 할부금액을 일시에 상환하고 싶은데 얼마의 금액을 상환해야 할지 등에 관한 것이다.

이러한 경우를 대비해서 별도의 '기간별 대출금(할부금) 상환표'를 작성하여 보여주는 것도 고객의 신뢰를 제고하는 하나의 방법일 수 있다. 여기서는 할부기간을 24개월인 것으로 가정하여 대출금 상환표를 작성해 보기로 한다.

❶ '할부금계산표' sheet의 오른쪽 새 시트를 선택하고, 시트의 이름을 '**대출금상환표**'로 변경해 둔다.

❷ B1 셀에 '**기간별 대출금(할부금) 상환표**'를 입력한다. B1:G1 셀 범위를 선택하고 [병합하고 가운데 맞춤]을 설정한다. [글꼴]은 '견고딕', [글꼴 크기]는 '14pt'로 변경한다.

❸ B4:G4 셀 범위의 각 셀에 '**기간**', '**원금 월초잔액**', '**월 정기지급액**', '**이자부분**', '**원금상환분**', '**원금 월말잔액**'을 각각 입력한다. E3 셀에는 '**월 정기지급액 중**'을 입력하고 E3:F3 셀 영역을 선택하여 [병합하고 가운데 맞춤]을 설정한다. 그리고 A열과 B열의 [열 너비]는 '5', C열~G열의 [열 너비]는 모두 '15'로 설정한다.

❹ B5 셀부터 B28 셀까지 1부터 24까지의 기간을 입력한다(B5 셀과 B6 셀에 각각 1과 2를 입력한 후 B5:B6 셀의 자동채우기 핸들을 이용하여 B28 셀까지 드래그하여 입력하는 방법이 보다 간편하다).

❺ 첫째달의 '원금 월초잔액'은 순 판매가격 중 계약금(선금)으로 납부하는 금액을 제외한 '할부 금액'을 의미하는 것이므로, C5 셀에는 '**=할부금계산표!$D$13**'을 입력한다. '월 정기지급액'은 매월 지급하는 할부금 납부액을 의미하므로, D5 셀에는 수식 '**=할부금계산표!$D$16**'을 입력한다.

❻ '이자부분'은 '원금 월초잔액'에 '월 이자율'을 곱하여 계산하므로, E5 셀에는 수식 '**=C5*할부금계산표!$C$14/12**'를 입력한다. 이자율을 '할부금계산표!$C$14/12'로 표시한 것은 '할부금계산표'의 C14 셀에 표시된 이자율이 연 이자율을 의미하므로 이를 월 이자율로 나누어 계산하기 위한 것이다. 그리고 C5, D5, E5 셀의 수식에서 해당 금액을 직접 입력하지 않고 셀주소를 참조하는 형식으로 입력하는 것은, 후에 할부기간을 제외한 나머지 선택사항이 변하여 각각의 계산금액이 달라지더라도 자동으로 이를 반영하여 표시하도록 하기 위한 것이다.

❼ '원금상환분'은 해당 월의 정기지급액(D5) 중에서 이자부분을 제외하고 원금이 줄어들게 되는 부분을 의미한다. 따라서 F5 셀에는 수식 '=**D5 – E5**'를 입력한다. '월 정기지급액=이자부분+원금상환부분'으로 구성되어 있다. 여기서 '이자부분'은 '원금 월초잔액'에 '월 이자율'을 곱하여 계산되는데, 원금 원초잔액이 매달 감소하는 경우 이 이자부분도 때라 감소하기 때문에, 매달 동일 금액으로 지급하는 '월 정기지급액' 중 '원금상환부분'은 기간이 경과될수록 증가된 금액으로 표시되어질 것이다.

❽ '원금 월말잔액'은 '원금 월초잔액'에서 해당 월의 '원금상환분'을 뺀 나머지를 의미하므로, G5 셀에는 수식 '=**C5 – F5**'를 입력한다.

❾ 두 번째 달의 '원금 월초잔액'(C6 셀)은 첫 번째 달의 '원금 월말잔액'과 같은 것이므로, C6 셀에는 수식 '=**G5**'를 입력한다. 이제 C6 셀에 입력된 수식은 C7부터 C28까지의 각 셀에도 동일한 참조형태로 적용될 수 있는 것이므로, C6 셀에서 자동채우기 핸들을 통해 C28 셀까지 끌기하여 채워넣는다.

❿ 한편 D5:G5 영역의 각 셀에 입력된 수식도 아래쪽에 똑같이 적용될 수 있으므로, D5:G5 셀 범위를 함께 선택한 후 자동채우기 핸들로 G28 셀까지 채워넣기 함으로써 나머지 수식도 모두 완성한다. 이때 B5 셀과 E5 셀에서 각 참조 셀을 '$D$16'이나 '$C$14'와 같이 절대셀 형식으로 정의해 두었던 것은, 여기에서 나머지 셀에도 같은 수식을 복사하여 동일한 참조셀이 적용되도록 미리 설정해 두었던 것이다.

⓫ 이러한 채워넣기를 완성하면 마지막 셀인 G28 셀의 금액이 '0'으로 표시된다. 이는 고객이 선택한 할부기간 24개월의 월 정기지급액 납부 24회가 끝나면 원금 잔액이 '0'이 되어 더 이상 납부할 필요가 없다는 것을 의미한다.

⓬ 이제 B4:G28 셀 범위를 선택하여 [모든 테두리]를 설정한다. E3:F3 셀 범위에도 [모든 테두리]를 설정한다.

**기간별 대출금(할부금) 상환표**

| | | | 월 정기지급액 중 | | |
|---|---|---|---|---|---|
| 기간 | 원금월초잔액 | 월 정기지급액 | 이자부분 | 원금상환분 | 원금월말잔액 |
| 1 | 17,100,900 | 804,999 | 171,009 | 633,990 | 16,466,910 |
| 2 | 16,466,910 | 804,999 | 164,669 | 640,330 | 15,826,581 |
| 3 | 15,826,581 | 804,999 | 158,266 | 646,733 | 15,179,848 |
| 4 | 15,179,848 | 804,999 | 151,798 | 653,200 | 14,526,647 |
| 5 | 14,526,647 | 804,999 | 145,266 | 659,732 | 13,866,915 |
| 6 | 13,866,915 | 804,999 | 138,669 | 666,330 | 13,200,586 |
| 7 | 13,200,586 | 804,999 | 132,006 | 672,993 | 12,527,593 |
| 8 | 12,527,593 | 804,999 | 125,276 | 679,723 | 11,847,870 |
| 9 | 11,847,870 | 804,999 | 118,479 | 686,520 | 11,161,350 |
| 10 | 11,161,350 | 804,999 | 111,613 | 693,385 | 10,467,965 |
| 11 | 10,467,965 | 804,999 | 104,680 | 700,319 | 9,767,645 |
| 12 | 9,767,645 | 804,999 | 97,676 | 707,322 | 9,060,323 |
| 13 | 9,060,323 | 804,999 | 90,603 | 714,396 | 8,345,928 |
| 14 | 8,345,928 | 804,999 | 83,459 | 721,539 | 7,624,388 |
| 15 | 7,624,388 | 804,999 | 76,244 | 728,755 | 6,895,633 |
| 16 | 6,895,633 | 804,999 | 68,956 | 736,042 | 6,159,591 |
| 17 | 6,159,591 | 804,999 | 61,596 | 743,403 | 5,416,188 |
| 18 | 5,416,188 | 804,999 | 54,162 | 750,837 | 4,665,351 |
| 19 | 4,665,351 | 804,999 | 46,654 | 758,345 | 3,907,006 |
| 20 | 3,907,006 | 804,999 | 39,070 | 765,929 | 3,141,077 |
| 21 | 3,141,077 | 804,999 | 31,411 | 773,588 | 2,367,489 |
| 22 | 2,367,489 | 804,999 | 23,675 | 781,324 | 1,586,166 |
| 23 | 1,586,166 | 804,999 | 15,862 | 789,137 | 797,028 |
| 24 | 797,028 | 804,999 | 7,970 | 797,028 | 0 |

자동차가격표 | 할부금계산표 | 대출금상환표 | Sheet4 | Shee ...

⓭ 완성된 대출금 상환표는 여러 가지 의미를 갖는다. 매월 동일한 정기지급액을 납부하는 경우, 매달 갚아져 나가는 원금부분은 어떻게 변해가는지, 시간이 갈수록 이자부담은 어떻게 줄어들고 있는지 등을 한눈에 볼 수 있다. 또한 고객이 매월 정기지급액을 납부해 가는 도중에, 예컨대 10번의 월 할부금액을 납부한 후에 여유자금이 생겨서 나머지 대출금(할부금) 전액을 한꺼번에 갚아야겠다고 생각한다면 얼마의 금액을 지불하는 것이 타당할지 등의 정보를 얻을 수 있다.

⓮ '대출금 상환표'에 의하면, 예컨대 고객이 10번의 할부금을 납부한 후에 남은 모든 대출금을 한꺼번에 모두 갚고자 하는 경우, 기간 10의 '원금 월말잔액'인 '10,467,965'원을 납부하면 될 것이다.

**기간별 대출금(할부금) 상환표**

| 기간 | 원금월초잔액 | 월 정기지급액 | 월 정기지급액 중<br>이자부분 | <br>원금상환분 | 원금월말잔액 |
|---|---|---|---|---|---|
| 1 | 17,100,900 | 804,999 | 171,009 | 633,990 | 16,466,910 |
| 2 | 16,466,910 | 804,999 | 164,669 | 640,330 | 15,826,581 |
| 3 | 15,826,581 | 804,999 | 158,266 | 646,733 | 15,179,848 |
| 4 | 15,179,848 | 804,999 | 151,798 | 653,200 | 14,526,647 |
| 5 | 14,526,647 | 804,999 | 145,266 | 659,732 | 13,866,915 |
| 6 | 13,866,915 | 804,999 | 138,669 | 666,330 | 13,200,586 |
| 7 | 13,200,586 | 804,999 | 132,006 | 672,993 | 12,527,593 |
| 8 | 12,527,593 | 804,999 | 125,276 | 679,723 | 11,847,870 |
| 9 | 11,847,870 | 804,999 | 118,479 | 686,520 | 11,161,350 |
| 10 | 11,161,350 | 804,999 | 111,613 | 693,385 | 10,467,965 |
| 11 | 10,467,965 | 804,999 | 104,680 | 700,319 | 9,767,645 |
| 12 | 9,767,645 | 804,999 | 97,676 | 707,322 | 9,060,323 |
| 13 | 9,060,323 | 804,999 | 90,603 | 714,396 | 8,345,928 |
| 14 | 8,345,928 | 804,999 | 83,459 | 721,539 | 7,624,388 |
| 15 | 7,624,388 | 804,999 | 76,244 | 728,755 | 6,895,633 |
| 16 | 6,895,633 | 804,999 | 68,956 | 736,042 | 6,159,591 |
| 17 | 6,159,591 | 804,999 | 61,596 | 743,403 | 5,416,188 |
| 18 | 5,416,188 | 804,999 | 54,162 | 750,837 | 4,665,351 |
| 19 | 4,665,351 | 804,999 | 46,654 | 758,345 | 3,907,006 |
| 20 | 3,907,006 | 804,999 | 39,070 | 765,929 | 3,141,077 |
| 21 | 3,141,077 | 804,999 | 31,411 | 773,588 | 2,367,489 |
| 22 | 2,367,489 | 804,999 | 23,675 | 781,324 | 1,586,166 |
| 23 | 1,586,166 | 804,999 | 15,862 | 789,137 | 797,028 |
| 24 | 797,028 | 804,999 | 7,970 | 797,028 | 0 |

자동차가격표 | 할부금계산표 | 대출금상환표 | Sheet4 | Shee ...

⑮ 그런데 이 '대출금 상환표'를 보면, 고객이 매월 지급해야 하는 정기지급액(₩804,999)이 원단위까지 계산되어 있어 실제 지급이나 계산에 번거로움이 있을 수 있다. 따라서 이를 천 원 단위로 반올림하여 계산되도록 하면, 이 대출금 상환표는 어떻게 재조정될까?

⑯ 할부금 계산표의 D16 셀에서는 원 단위까지 계산되더라도, 이를 참조하는 대출금 상환표에서는 천 원 단위로 반올림하여 표시되도록 하기 위해, '대출금 상환표' sheet의 D5 셀의 수식 '=할부금계산표!$D$16'을 ROUND 함수를 적용하여 '**=ROUND(할부금계산표!$D$16, -3)**'으로 변경하여 입력한다.

⑰ 그러면 D5 셀의 계산금액이 이전의 '804,999'에서 '805,000'으로 변경되어 표시된다. 이는 고객이 매달 납부할 금액을 '804,999' 대신 '805,000' 납부하도록 재조정하는 것이다. 이제 D5 셀에서 자동채우기 핸들을 통해 D28 셀까지 끌기 하여 채워 넣는다. 그런데 변경된 표에서 마지막 셀(G28)이 '0'으로 표시되지 않고 양수(+) 또는 음수(-)의 숫자가 표시되어 나타나고 있다. 이는 D열의 계산을 ROUND 함수를 통해 천 원 단위로 표시한데 따른 반올림 차이 때문에 발생하는 현상이다. 따라서 G28 셀이 '0'이 되도록 마지막 월 지급액(D28)만을 조정해 두기로 한다. D28 셀의 수식 '=ROUND(할부금계산표!$D$16, -3)'을 새로운 수식 '**=C28*할부금계산표!$C$14/12+대출금상환표!G27**'으로 변경한다.

D28 =C28*할부금계산표!$C$14/12+대출금상환표!G27

**기간별 대출금(할부금) 상환표**

| 기간 | 원금월초잔액 | 월 정기지급액 | 월 정기지급액 중 이자부분 | 월 정기지급액 중 원금상환분 | 원금월말잔액 |
|---|---|---|---|---|---|
| 1 | 17,100,900 | 805,000 | 171,009 | 633,991 | 16,466,909 |
| 2 | 16,466,909 | 805,000 | 164,669 | 640,331 | 15,826,578 |
| 3 | 15,826,578 | 805,000 | 158,266 | 646,734 | 15,179,844 |
| 4 | 15,179,844 | 805,000 | 151,798 | 653,202 | 14,526,642 |
| 5 | 14,526,642 | 805,000 | 145,266 | 659,734 | 13,866,909 |
| 6 | 13,866,909 | 805,000 | 138,669 | 666,331 | 13,200,578 |
| 7 | 13,200,578 | 805,000 | 132,006 | 672,994 | 12,527,584 |
| 8 | 12,527,584 | 805,000 | 125,276 | 679,724 | 11,847,859 |
| 9 | 11,847,859 | 805,000 | 118,479 | 686,521 | 11,161,338 |
| 10 | 11,161,338 | 805,000 | 111,613 | 693,387 | 10,467,951 |
| 11 | 10,467,951 | 805,000 | 104,680 | 700,320 | 9,767,631 |
| 12 | 9,767,631 | 805,000 | 97,676 | 707,324 | 9,060,307 |
| 13 | 9,060,307 | 805,000 | 90,603 | 714,397 | 8,345,910 |
| 14 | 8,345,910 | 805,000 | 83,459 | 721,541 | 7,624,369 |
| 15 | 7,624,369 | 805,000 | 76,244 | 728,756 | 6,895,613 |
| 16 | 6,895,613 | 805,000 | 68,956 | 736,044 | 6,159,569 |
| 17 | 6,159,569 | 805,000 | 61,596 | 743,404 | 5,416,165 |
| 18 | 5,416,165 | 805,000 | 54,162 | 750,838 | 4,665,327 |
| 19 | 4,665,327 | 805,000 | 46,653 | 758,347 | 3,906,980 |
| 20 | 3,906,980 | 805,000 | 39,070 | 765,930 | 3,141,050 |
| 21 | 3,141,050 | 805,000 | 31,410 | 773,590 | 2,367,460 |
| 22 | 2,367,460 | 805,000 | 23,675 | 781,325 | 1,586,135 |
| 23 | 1,586,135 | 805,000 | 15,861 | 789,139 | 796,996 |
| 24 | 796,996 | 804,966 | 7,970 | 796,996 | - |

자동차가격표 | 할부금계산표 | 대출금상환표 | Sheet4 | Shee ...

⑱ 이러한 재계산 결과는, 고객이 매달 '₩804,999'을 지급하는 대신 '₩805,000'을 지급하되, 맨 마지막 지급시에만 이와는 조금 다른 금액 '₩804,966'만을 납부하면 되도록 간소화한 것이다.

⑲ 이러한 조정이 할부금계산표의 다른 선택사항을 변경한 경우에도 동일하게 적용되어지는지를 살펴보기로 한다. 예컨대 '할부금계산표' 시트에서 [차종]을 'QM6'로, [제휴카드 할인]을 '사용 않음'으로, 그리고 [현금(계약금) 납부액]을 '60%'로 변경해 본다. 이때 D16 셀에 계산된 '월 할부금 납부액'은 '₩631,349'이지만, '대출금상환표' 시트의 D5:D27 셀 영역에 표시되는 실제 '월 정기지급액'은 '₩631,000'이며, 다만 마지막 달에 지급해야 할 금액(D28)은 '₩640,425'으로 재조정되었다. 물론 마지막 달의 '원금월말잔액'(G28)은 '0'으로 표시되고 있음을 확인할 수 있다.

D28 =C28*할부금계산표!$C$14/12+대출금상환표!G27

**기간별 대출금(할부금) 상환표**

| 기간 | 원금월초잔액 | 월 정기지급액 | 월 정기지급액 중 이자부분 | 월 정기지급액 중 원금상환분 | 원금월말잔액 |
|---|---|---|---|---|---|
| 1 | 13,412,000 | 631,000 | 134,120 | 496,880 | 12,915,120 |
| 2 | 12,915,120 | 631,000 | 129,151 | 501,849 | 12,413,271 |
| 3 | 12,413,271 | 631,000 | 124,133 | 506,867 | 11,906,404 |
| 4 | 11,906,404 | 631,000 | 119,064 | 511,936 | 11,394,468 |
| 5 | 11,394,468 | 631,000 | 113,945 | 517,055 | 10,877,413 |
| 6 | 10,877,413 | 631,000 | 108,774 | 522,226 | 10,355,187 |
| 7 | 10,355,187 | 631,000 | 103,552 | 527,448 | 9,827,739 |
| 8 | 9,827,739 | 631,000 | 98,277 | 532,723 | 9,295,016 |
| 9 | 9,295,016 | 631,000 | 92,950 | 538,050 | 8,756,966 |
| 10 | 8,756,966 | 631,000 | 87,570 | 543,430 | 8,213,536 |
| 11 | 8,213,536 | 631,000 | 82,135 | 548,865 | 7,664,671 |
| 12 | 7,664,671 | 631,000 | 76,647 | 554,353 | 7,110,318 |
| 13 | 7,110,318 | 631,000 | 71,103 | 559,897 | 6,550,421 |
| 14 | 6,550,421 | 631,000 | 65,504 | 565,496 | 5,984,925 |
| 15 | 5,984,925 | 631,000 | 59,849 | 571,151 | 5,413,775 |
| 16 | 5,413,775 | 631,000 | 54,138 | 576,862 | 4,836,912 |
| 17 | 4,836,912 | 631,000 | 48,369 | 582,631 | 4,254,281 |
| 18 | 4,254,281 | 631,000 | 42,543 | 588,457 | 3,665,824 |
| 19 | 3,665,824 | 631,000 | 36,658 | 594,342 | 3,071,482 |
| 20 | 3,071,482 | 631,000 | 30,715 | 600,285 | 2,471,197 |
| 21 | 2,471,197 | 631,000 | 24,712 | 606,288 | 1,864,909 |
| 22 | 1,864,909 | 631,000 | 18,649 | 612,351 | 1,252,558 |
| 23 | 1,252,558 | 631,000 | 12,526 | 618,474 | 634,084 |
| 24 | 634,084 | 640,425 | 6,341 | 634,084 | - |

자동차가격표 | 할부금계산표 | 대출금상환표 | Sheet4 | Shee ...

## 유사 사례 502-1 혼자해보기 ㈜AnyCar의 자동차 할부금 계산

**현황**

㈜AnyCar는 자동차 판매회사로, 취급 차종과 각각의 판매가격은 아래 표와 같다.

㈜AnyCar에서는 고객들이 할부를 원하는 경우에 고객들이 직접 할부율과 할부기간을 결정하고, 매월 납부해야 할 할부 월 정기지급액을 확인해 볼 수 있도록 하는 [할부금조견표]를 만들어 사용하고자 한다.

차종별 판매가격과 작성하고자 하는 [할부금조견표] 양식은 다음과 같다.

### ⊙ 차종별 판매가격

(단위: 천원)

| 차종 | 아반떼 | 소나타 | SM5 | 싼타페 | 그랜져 | 봉고 | 옵티마 |
|---|---|---|---|---|---|---|---|
| 판매가격 | 11,000 | 15,000 | 16,500 | 22,000 | 35,500 | 8,000 | 17,000 |

### ⊙ [할부금조견표] 양식

[할부금조견표]

| [항 목] | [선택] | [선택결과 표시] |
|---|---|---|
| 차종 선택 | | |
| 판매가격 | | |
| 계약금(현금) 납부율 | | |
| 계약금(현금) 납부액 | | |
| 할부금(은행융자금) | | |
| 할부이자율(년) | | |
| 할부기간(월) | | |
| 할부금 월 정기지급액 | | |

요구사항

1. 위 [할부금조견표]를 양식컨트롤 등을 이용하여 작성해 보시오.
2. 홍길동 씨는 ㈜AnyCar의 자동차 할부금 자동계산표를 통해 [차종: 싼타페, 계약금: 50%, 이자율: 연12%, 기간: 36개월]의 조건으로 자동차를 할부로 구입하는 계약을 체결했었는데, 월 할부금을 납부하기 시작한 지 15개월 후에 여유자금이 생겨서 남은 할부금(대출금)의 원금 잔액을 한꺼번에 지급하여 청산하기로 하였다. 이때 지급해야 할 남은 할부금(대출금) 잔액은 얼마인지를 설명해 줄 수 있는 "기간별 대출금상환표"를 작성해 보시오(단, 월 정기지급액은 천원 단위로 표시한다).

## 유사 사례 502-1 혼자해보기 Tips & 풀이 요약

**Tip**

- 차종 선택에 따른 판매가격 확인을 위해 VLOOKUP 함수 또는 HLOOKUP 함수 외에도 INDEX 함수를 사용할 수 있으며, 이는 차종 선택 결괏값에 따라 달라질 수 있다(여기서는 INDEX 함수를 사용해 본다).
- [할부금조견표]는 구매 고객들에게 보여주거나 고객들이 직접 입력해 보도록 할 것이므로, 먼저 고객들이 이해하기 쉬운 형식으로 구성한다.
- 조건 선택시에는 다양한 조건들을 반영하기 위해 양식컨트롤을 사용하여 표시해 본다(콤보상자와 스크롤막대).
- 월 할부금을 산출하는 데에는 PMT 함수를 사용할 수 있다.
- [기간별 대출금 상환표] 작성시에는 [월 정기지급액]을 [천원] 단위로 표시하기 위해 ROUND 함수를 사용해 본다. 이 경우 마지막 달의 지급액은 소량의 금액조정이 필요하다.

### 1단계 자동차 구매와 할부금조견표 작성

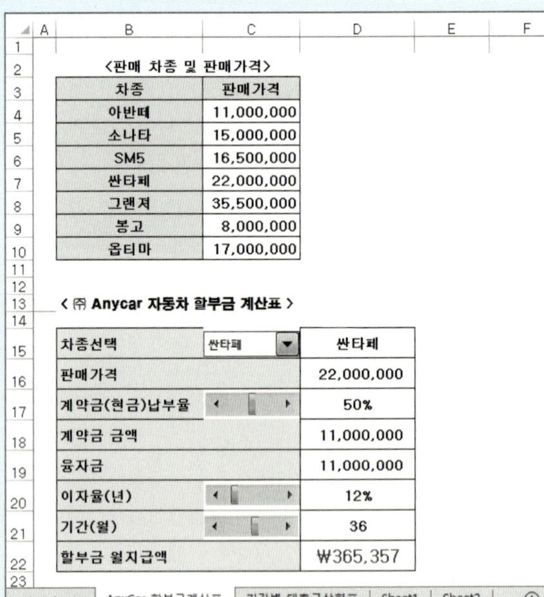


- 차종 선택에 콤보상자 사용
- 계약금 납부율, 이자율, 할부기간 등의 선택에는 스크롤막대 적용
- 월 할부금 지급액 계산에는 PMT 함수 적용

## 2단계 기간별 대출금상환표 작성

**기간별 대출금 상환표**

| 기간 | 원금월초잔액 | 월 정기지급액 | 월 정기지급액 중 이자부분 | 월 정기지급액 중 원금상환분 | 원금월말잔액 |
|---|---|---|---|---|---|
| 1 | 11,000,000 | ₩365,000 | 110,000 | 255,000 | 10,745,000 |
| 2 | 10,745,000 | ₩365,000 | 107,450 | 257,550 | 10,487,450 |
| 3 | 10,487,450 | ₩365,000 | 104,875 | 260,126 | 10,227,325 |
| 4 | 10,227,325 | ₩365,000 | 102,273 | 262,727 | 9,964,598 |
| 5 | 9,964,598 | ₩365,000 | 99,646 | 265,354 | 9,699,244 |
| 6 | 9,699,244 | ₩365,000 | 96,992 | 268,008 | 9,431,236 |
| 7 | 9,431,236 | ₩365,000 | 94,312 | 270,688 | 9,160,549 |
| 8 | 9,160,549 | ₩365,000 | 91,605 | 273,395 | 8,887,154 |
| 9 | 8,887,154 | ₩365,000 | 88,872 | 276,128 | 8,611,026 |
| 10 | 8,611,026 | ₩365,000 | 86,110 | 278,890 | 8,332,136 |
| 11 | 8,332,136 | ₩365,000 | 83,321 | 281,679 | 8,050,457 |
| 12 | 8,050,457 | ₩365,000 | 80,505 | 284,495 | 7,765,962 |
| 13 | 7,765,962 | ₩365,000 | 77,660 | 287,340 | 7,478,621 |
| 14 | 7,478,621 | ₩365,000 | 74,786 | 290,214 | 7,188,408 |
| 15 | 7,188,408 | ₩365,000 | 71,884 | 293,116 | **6,895,292** |
| 16 | 6,895,292 | ₩365,000 | 68,953 | 296,047 | 6,599,245 |
| 17 | 6,599,245 | ₩365,000 | 65,992 | 299,008 | 6,300,237 |
| 18 | 6,300,237 | ₩365,000 | 63,002 | 301,998 | 5,998,239 |
| 19 | 5,998,239 | ₩365,000 | 59,982 | 305,018 | 5,693,222 |
| 20 | 5,693,222 | ₩365,000 | 56,932 | 308,068 | 5,385,154 |
| 21 | 5,385,154 | ₩365,000 | 53,852 | 311,148 | 5,074,006 |
| 22 | 5,074,006 | ₩365,000 | 50,740 | 314,260 | 4,759,746 |
| 23 | 4,759,746 | ₩365,000 | 47,597 | 317,403 | 4,442,343 |
| 24 | 4,442,343 | ₩365,000 | 44,423 | 320,577 | 4,121,766 |
| 25 | 4,121,766 | ₩365,000 | 41,218 | 323,782 | 3,797,984 |
| 26 | 3,797,984 | ₩365,000 | 37,980 | 327,020 | 3,470,964 |
| 27 | 3,470,964 | ₩365,000 | 34,710 | 330,290 | 3,140,674 |
| 28 | 3,140,674 | ₩365,000 | 31,407 | 333,593 | 2,807,080 |
| 29 | 2,807,080 | ₩365,000 | 28,071 | 336,929 | 2,470,151 |
| 30 | 2,470,151 | ₩365,000 | 24,702 | 340,298 | 2,129,853 |
| 31 | 2,129,853 | ₩365,000 | 21,299 | 343,701 | 1,786,151 |
| 32 | 1,786,151 | ₩365,000 | 17,862 | 347,138 | 1,439,013 |
| 33 | 1,439,013 | ₩365,000 | 14,390 | 350,610 | 1,088,403 |
| 34 | 1,088,403 | ₩365,000 | 10,884 | 354,116 | 734,287 |
| 35 | 734,287 | ₩365,000 | 7,343 | 357,657 | 376,630 |
| 36 | 376,630 | **₩380,396** | 3,766 | 376,630 | 0 |

AnyCar 할부금계산표 | 기간별 대출금상환표 | Sheet1 | Sheet2

• 15개월 납부 후 한꺼번에 완납하고자 하는 경우 ₩6,895,292 납입

## 유사 사례 502-2 혼자해보기 얼라리부동산의 오피스텔 분양 할부금 계산

### 현황

얼라리부동산은 신축 오피스텔을 분양 판매하는 전문 분양대행회사이다. 최근 상무지구, 첨단지구, 수완지구에 동시에 신축되는 ㈜사랑채의 신축아파트를 분양하는 업무를 도급받았다. 오피스텔 분양과 관련된 지구별/평형별 분양단가는 ㈜사랑채와 이미 협의된 바 있으며, 최근 관련 분양조건에 대해 합의하고 본격적인 분양 준비를 서두르고 있다.

얼라리부동산은 분양업무를 쉽게 하기 위해서, 오피스텔 분양을 신청하러 오는 고객들에게 청약 및 대금 납부와 관련된 [분양가액 계산표] 양식을 미리 만들어 두고 고객이 직접 분양조건을 선택하도록 하고자 한다.

#### ⊙ 오피스텔 분양가격표

(평당 가격, 단위: 천원)

| 평형 | 상무지구 | 첨단지구 | 수완지구 |
|---|---|---|---|
| 12평형 | 2,000 | 1,500 | 3,000 |
| 15평형 | 2,200 | 1,700 | 3,300 |
| 19평형 | 2,500 | 1,900 | 3,600 |
| 25평형 | 2,800 | 2,200 | 4,000 |
| 31평형 | 3,300 | 2,500 | 4,200 |
| 40평형 | 3,800 | 2,800 | 4,500 |
| 49평형 | 4,500 | 3,200 | 4,900 |

#### ⊙ 분양 조건

1. 한 사람이 동시에 같은 지역, 같은 평수를 4세대까지 분양 신청할 수 있도록 하고, 이 경우 신청 오피스텔 세대수에 따라 서로 다른 할인율을 적용하기로 한다.

| 신청세대수 | 1세대 | 2세대 | 3세대 | 4세대 |
|---|---|---|---|---|
| 할인율 | 0% | 7% | 12% | 18% |

2. 분양 신청자에게 은행 대출을 신청해주되, 은행 대출한도를 분양금액의 80% 이내로 한정한다(즉, 청약금 현금지급액이 순분양대금 합계액의 20% 이상이 되어야 한다).
3. 은행 대출은 분양 오피스텔을 담보로 하되, 대출금은 향후 매월 일정액의 원리금을 정기적으로 납부하는 할부금 형식으로 한다.

4. 은행대출 할부금 이자율은 년 12%로 하되, 대출기간은 12개월에서 60개월까지 6개월 단위로 선택하여 결정하도록 한다.
5. 오피스텔 분양의 경우 납부해야 하는 취득세는 순분양금액 총계에 따라 일률적으로 누진세제가 적용된다. 취득세에 적용되는 세율구조는 다음과 같다.

| 순분양금액 | 기본세금 | 초과세율 | 설 명 |
|---|---|---|---|
| 7천만원 이하 | 0 | 4.5% | 7천만원 이하의 경우 순분양가격에 4.5% |
| 7천만원 이상 | 4,000,000 | 6.5% | 7천만원부터 1억4천만원 사이에는 기본세금 4백만원과 7천만원 초과금액에 대해 6.5% 추가 |
| 1억4천만원 이상 | 9,000,000 | 8.0% | 1억4천만원부터 2억5천만원 사이에는 기본세금 9백만원과 1억4천만원 초과금액에 대해 8.0% 추가 |
| 2억5천만원 이상 | 15,000,000 | 10.0% | 2억5천만원 이상인 경우 기본세금 1천5백만원과 2억5천만원 초과금액에 대해 10.0% 추가 |

**요구사항**

1. 위 자료와 조건을 토대로 다음의 분양가액계산표를 작성하시오.

[분양가액 계산표]

| [항 목] | [선택] | [선택결과] |
|---|---|---|
| 오피스텔분양지구선택 ▷ | | |
| 신청평형선택 ▷ | | 평형 |
| 세대당 분양금액 | | |
| 분양신청세대수선택 ▷ | | 세대 |
| 총 분양신청 금액 | | |
| 다세대 신청 할인율 | | % |
| 순분양금액 총계 | | |
| 분양액 중 현금납부율(액) ▷ | | |
| 담보대출액(할부금) | | |
| 담보대출 할부이자율(고정) | | 12% |
| 대출(할부)기간선택 ▷ | | 개월 |
| 월할부금 정기납부액 | | |
| 납부할취득세 개산액 | | |

( ▷ 표시의 경우 선택막대(양식컨트롤)를 사용하도록 함 )

2. 할부를 선택하는 경우, 대출금에 대한 정기지급 월 할부금액을 설명해주기 위해 다음과 같은 [기간별 대출금상환표]를 작성해 보시오(단, 위 1의 선택이 [상무지구], [25평형], [2세대], [현금납부율 60%], [대출기간 48개월]인 경우를 표시함. 월 정기지급액은 천원 단위로 표시한다).

[기간별 대출금 상환표]

| 기간 | 원금 월초잔액 | 월 정기지급액 | 월 정기지급액 중 | | 원금 월말잔액 |
|---|---|---|---|---|---|
| | | | 이자부분 | 원금 상환부분 | |
| 1 | | | | | |
| 2 | | | | | |
| ⋮ | | | | | |
| 48 | | | | | |

3. 위의 [기간별 대출금상환표]를 적용하는 경우, 월 할부금액 납부 시작 24개월 후에 대출금 원금 잔액을 일시에 지급하여 청산하고자 하는 경우 남은 원금을 얼마로 계산하여 지급해야 할까?

4. 위 2.의 [기간별 대출금상환표]에서 기간별로 월정기지급액, 이자부분, 원금상환부분, 원금 월말잔액이 하나의 차트에 표시되도록 꺾은선추세그래프로 표시하시오(단, 원금월말잔액은 이중축 막대그래프로 표시하고, 범례 대신 도형 – 설명선으로 항목 이름을 표시하시오).

# 유사 사례 502-2 혼자해보기 Tips & 풀이 요약

## 1단계 분양가액계산표 작성

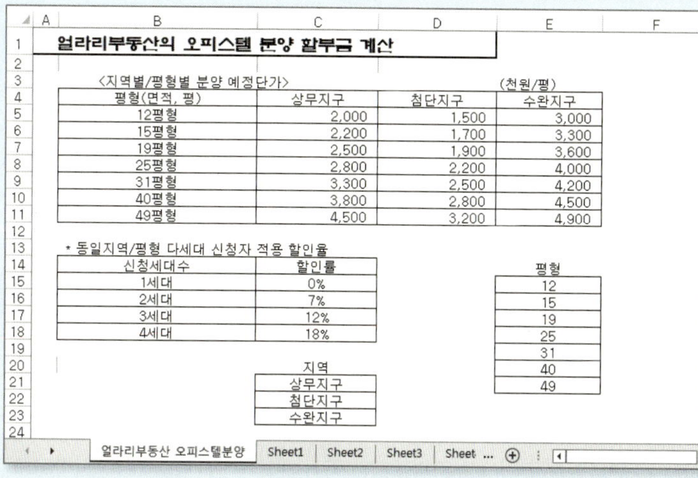

얼라리부동산의 오피스텔 분양 할부금 계산

<지역별/평형별 분양 예정단가> (천원/평)

| 평형(면적, 평) | 상무지구 | 첨단지구 | 수완지구 |
|---|---|---|---|
| 12평형 | 2,000 | 1,500 | 3,000 |
| 15평형 | 2,200 | 1,700 | 3,300 |
| 19평형 | 2,500 | 1,900 | 3,600 |
| 25평형 | 2,800 | 2,200 | 4,000 |
| 31평형 | 3,300 | 2,500 | 4,200 |
| 40평형 | 3,800 | 2,800 | 4,500 |
| 49평형 | 4,500 | 3,200 | 4,900 |

* 동일지역/평형 다세대 신청자 적용 할인율

| 신청세대수 | 할인률 |
|---|---|
| 1세대 | 0% |
| 2세대 | 7% |
| 3세대 | 12% |
| 4세대 | 18% |

| 평형 |
|---|
| 12 |
| 15 |
| 19 |
| 25 |
| 31 |
| 40 |
| 49 |

| 지역 |
|---|
| 상무지구 |
| 첨단지구 |
| 수완지구 |

얼라리부동산 오피스텔분양 | Sheet1 | Sheet2 | Sheet3 | Sheet ...

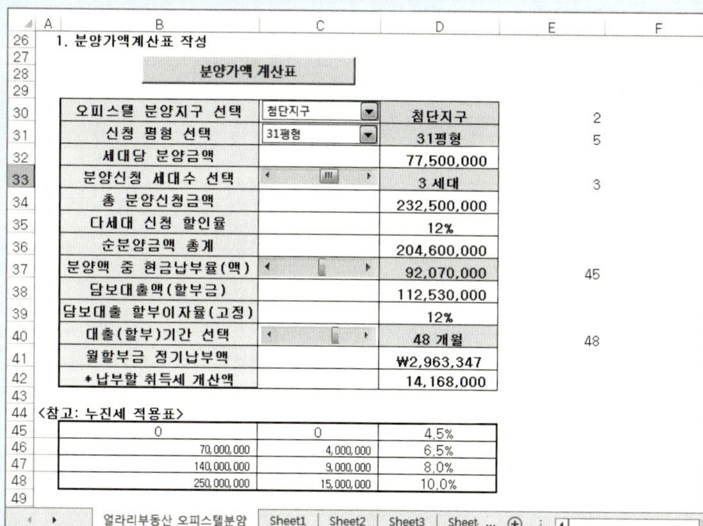

1. 분양가액계산표 작성

분양가액 계산표

| 항목 | 선택 | 결과 | |
|---|---|---|---|
| 오피스텔 분양지구 선택 | 첨단지구 | 첨단지구 | 2 |
| 신청 평형 선택 | 31평형 | 31평형 | 5 |
| 세대당 분양금액 | | 77,500,000 | |
| 분양신청 세대수 선택 | | 3 세대 | 3 |
| 총 분양신청금액 | | 232,500,000 | |
| 다세대 신청 할인율 | | 12% | |
| 순분양금액 총계 | | 204,600,000 | |
| 분양액 중 현금납부율(액) | | 92,070,000 | 45 |
| 담보대출액(할부금) | | 112,530,000 | |
| 담보대출 할부이자율(고정) | | 12% | |
| 대출(할부)기간 선택 | | 48 개월 | 48 |
| 월할부금 정기납부액 | | ₩2,963,347 | |
| *납부할 취득세 개산액 | | 14,168,000 | |

<참고: 누진세 적용표>

| | | |
|---|---|---|
| 0 | 0 | 4.5% |
| 70,000,000 | 4,000,000 | 6.5% |
| 140,000,000 | 9,000,000 | 8.0% |
| 250,000,000 | 15,000,000 | 10.0% |

얼라리부동산 오피스텔분양 | Sheet1 | Sheet2 | Sheet3 | Sheet ...

### [〈분양가액계산표〉 주요 함수 및 수식]

=INDEX(C21:C23,E30)

=INDEX(B5:B11,E31)

=INDEX(C5:E11,E31,E30)*INDEX(E15:E21,E31)*1000

=E33&" 세대"

=D32*E33

=INDEX(C15:C18,E33)

=ROUND(D34*(1-D35),-3)

=ROUND(D36*E37/100,-3)

=D36-D37

=E40&" 개월"

=-PMT(D39/12,E40,D38)

=VLOOKUP($D$36,$B$45:$D$48,2)+($D$36-VLOOKUP($D$36,$B$45:$D$48,1))*
VLOOKUP($D$36,$B$45:$D$48,3)

## 2단계 기간별 대출금 상환표

**2. 기간별 대출금 상환표**

| 기간 | 원금월초잔액 | 월 정기지급액 | 월 정기지급액 중 이자부분 | 월 정기지급액 중 원금상환분 | 원금월말잔액 |
|---|---|---|---|---|---|
| 1 | 112,530,000 | ₩2,963,000 | 1,125,300 | 1,837,700 | 110,692,300 |
| 2 | 110,692,300 | ₩2,963,000 | 1,106,923 | 1,856,077 | 108,836,223 |
| 3 | 108,836,223 | ₩2,963,000 | 1,088,362 | 1,874,638 | 106,961,585 |
| 4 | 106,961,585 | ₩2,963,000 | 1,069,616 | 1,893,384 | 105,068,201 |
| 5 | 105,068,201 | ₩2,963,000 | 1,050,682 | 1,912,318 | 103,155,883 |
| 6 | 103,155,883 | ₩2,963,000 | 1,031,559 | 1,931,441 | 101,224,442 |
| 7 | 101,224,442 | ₩2,963,000 | 1,012,244 | 1,950,756 | 99,273,686 |
| 8 | 99,273,686 | ₩2,963,000 | 992,737 | 1,970,263 | 97,303,423 |
| 9 | 97,303,423 | ₩2,963,000 | 973,034 | 1,989,966 | 95,313,457 |
| 10 | 95,313,457 | ₩2,963,000 | 953,135 | 2,009,865 | 93,303,592 |
| 11 | 93,303,592 | ₩2,963,000 | 933,036 | 2,029,964 | 91,273,628 |
| 12 | 91,273,628 | ₩2,963,000 | 912,736 | 2,050,264 | 89,223,364 |
| 13 | 89,223,364 | ₩2,963,000 | 892,234 | 2,070,766 | 87,152,598 |
| 14 | 87,152,598 | ₩2,963,000 | 871,526 | 2,091,474 | 85,061,124 |
| 15 | 85,061,124 | ₩2,963,000 | 850,611 | 2,112,389 | 82,948,735 |
| 16 | 82,948,735 | ₩2,963,000 | 829,487 | 2,133,513 | 80,815,222 |
| 17 | 80,815,222 | ₩2,963,000 | 808,152 | 2,154,848 | 78,660,375 |
| 18 | 78,660,375 | ₩2,963,000 | 786,604 | 2,176,396 | 76,483,978 |
| 19 | 76,483,978 | ₩2,963,000 | 764,840 | 2,198,160 | 74,285,818 |
| 20 | 74,285,818 | ₩2,963,000 | 742,858 | 2,220,142 | 72,065,676 |
| 21 | 72,065,676 | ₩2,963,000 | 720,657 | 2,242,343 | 69,823,333 |
| 22 | 69,823,333 | ₩2,963,000 | 698,233 | 2,264,767 | 67,558,566 |
| 23 | 67,558,566 | ₩2,963,000 | 675,586 | 2,287,414 | 65,271,152 |
| 24 | 65,271,152 | ₩2,963,000 | 652,712 | 2,310,288 | 62,960,864 |
| 25 | 62,960,864 | ₩2,963,000 | 629,609 | 2,333,391 | 60,627,472 |
| 26 | 60,627,472 | ₩2,963,000 | 606,275 | 2,356,725 | 58,270,747 |
| 27 | 58,270,747 | ₩2,963,000 | 582,707 | 2,380,293 | 55,890,454 |
| 28 | 55,890,454 | ₩2,963,000 | 558,905 | 2,404,095 | 53,486,359 |
| 29 | 53,486,359 | ₩2,963,000 | 534,864 | 2,428,136 | 51,058,223 |
| 30 | 51,058,223 | ₩2,963,000 | 510,582 | 2,452,418 | 48,605,805 |
| 31 | 48,605,805 | ₩2,963,000 | 486,058 | 2,476,942 | 46,128,863 |
| 32 | 46,128,863 | ₩2,963,000 | 461,289 | 2,501,711 | 43,627,152 |
| 33 | 43,627,152 | ₩2,963,000 | 436,272 | 2,526,728 | 41,100,423 |
| 34 | 41,100,423 | ₩2,963,000 | 411,004 | 2,551,996 | 38,548,427 |
| 35 | 38,548,427 | ₩2,963,000 | 385,484 | 2,577,516 | 35,970,912 |
| 36 | 35,970,912 | ₩2,963,000 | 359,709 | 2,603,291 | 33,367,621 |
| 37 | 33,367,621 | ₩2,963,000 | 333,676 | 2,629,324 | 30,738,297 |
| 38 | 30,738,297 | ₩2,963,000 | 307,383 | 2,655,617 | 28,082,680 |
| 39 | 28,082,680 | ₩2,963,000 | 280,827 | 2,682,173 | 25,400,507 |
| 40 | 25,400,507 | ₩2,963,000 | 254,005 | 2,708,995 | 22,691,512 |
| 41 | 22,691,512 | ₩2,963,000 | 226,915 | 2,736,085 | 19,955,427 |
| 42 | 19,955,427 | ₩2,963,000 | 199,554 | 2,763,446 | 17,191,981 |
| 43 | 17,191,981 | ₩2,963,000 | 171,920 | 2,791,080 | 14,400,901 |
| 44 | 14,400,901 | ₩2,963,000 | 144,009 | 2,818,991 | 11,581,910 |
| 45 | 11,581,910 | ₩2,963,000 | 115,819 | 2,847,181 | 8,734,729 |
| 46 | 8,734,729 | ₩2,963,000 | 87,347 | 2,875,653 | 5,859,076 |
| 47 | 5,859,076 | ₩2,963,000 | 58,591 | 2,904,409 | 2,954,667 |
| 48 | 2,954,667 | ₩2,984,214 | 29,547 | 2,954,667 | - |

얼라리부동산 오피스텔분양 | Sheet1 | Sheet2 | Sheet3 | Sheet ...

[〈대출금상환표〉 주요 함수 및 수식]

=D38

=ROUND($D$41, -3)

=B53*$D$39/12

=C53-D53

=B53-E53

=F53

=B100+B100*$D$39/12

## 3단계 24개월 후 청산금액

₩62,960,864

## 2단계 기간별 대출금 상환표 차트

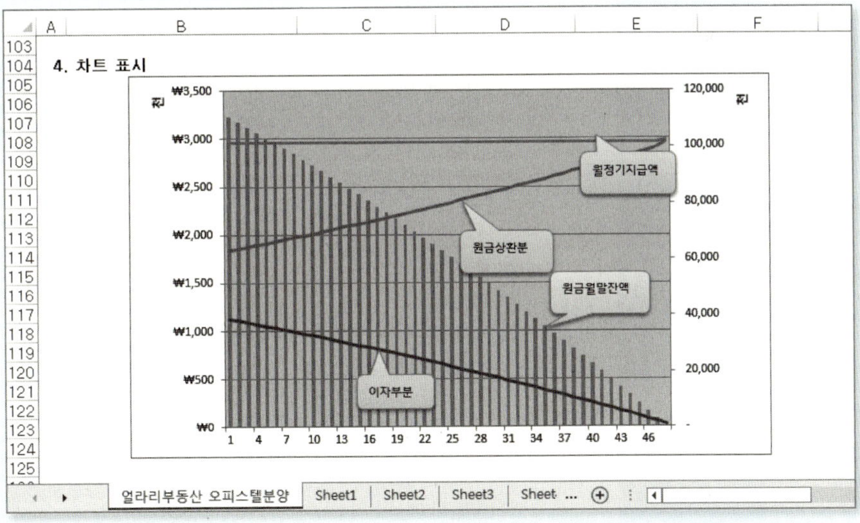

# Case 503 ㈜한성의 투자안 평가

## 현황

㈜한성은 사업확장적립금의 일부(4억8천만원 이내)를 활용하여 투자할 대안을 분석하고 있다. 투자할 대상 프로젝트로 고려되고 있는 안은 3가지이며, 이들 각각의 프로젝트에 소요되는 예산(초기투자액)과 향후 5년 동안 매년 회수될 수 있을 것으로 판단되는 수익의 내용은 각각 다음과 같다. 단, 초기투자액과 회수수익은 각각 연말기준으로 평가하는 것으로 가정한다.

### ⊙ 투자안 프로젝트별 자금흐름

| | | |
|---|---|---|
| Project 1 | ( 초기 총투자액 ) : | ( 480,000,000 ) |
| | 첫해 예상수익 : | 57,000,000 |
| | 두 번째 해 예상수익 : | 89,000,000 |
| | 세 번째 해 예상수익 : | 180,000,000 |
| | 네 번째 해 예상수익 : | 220,000,000 |
| | 다섯 번째 해 예상수익 : | 136,000,000 |

| | | |
|---|---|---|
| Project 2 | ( 초기 총투자액 ) : | ( 470,000,000 ) |
| | 첫해 예상수익 : | 40,000,000 |
| | 두 번째 해 예상수익 : | 100,000,000 |
| | 세 번째 해 예상수익 : | 280,000,000 |
| | 네 번째 해 예상수익 : | 200,000,000 |
| | 다섯 번째 해 예상수익 : | 50,000,000 |

| | | |
|---|---|---|
| Project 3 | ( 초기 총투자액 ) : | ( 480,000,000 ) |
| | 첫해 예상수익 : | 140,000,000 |
| | 두 번째 해 예상수익 : | 210,000,000 |
| | 세 번째 해 예상수익 : | 170,000,000 |
| | 네 번째 해 예상수익 : | 80,000,000 |
| | 다섯 번째 해 예상수익 : | 60,000,000 |

**요구사항**

㈜한성이 고려하고 있는 각각의 투자안에 대하여 순현재가치법(NPV)과 내부수익률법(IRR)을 각각 사용하여 투자 우선순위를 결정해 보시오.

1) 이자율을 6.5%라고 가정할 때
2) 이자율을 4.5%라고 가정할 때
3) 이자율을 2.5%라고 가정할 때

## Case 503 따라하기

**상황분석**

- 투자안을 평가하는데 어떤 함수를 활용하는 것이 가능하며 또 적절할 것인지를 고려한다.
- 사용할 함수의 정확한 적용방법을 이해해야 한다.
- 각 투자안의 평가 결과를 읽고 해석하는 능력을 갖는다.

### 1단계 투자안 평가방법에 대한 이해

흔히 투자안의 가치평가에 적용될 수 있는 방법은 크게 회계적이익률법, 회수기간법, 현금흐름할인법(순현재가치법, 내부수익률법, 수익성지표법) 3가지로 구분되고 있다. 이 중 처음 두 가지는 화폐의 시간가치를 고려하지 않는 방법이고, 현금흐름할인법은 화폐의 시간가치를 고려하는 방법이다. 가장 많이 쓰이고 중요한 방법은 현금흐름할인법으로, 이는 어떤 투자안에 의해 창출되는 현금흐름(현금유입과 현금유출)을 바탕으로 투자안의 가치를 평가하는 방법이다. 현금흐름할인법에는 순현재가치법, 내부수익률법, 수익성지표법 등의 세가지가 있다.

#### ▸ 순현재가치법(NPV; Net Present Value)

이는 모든 예상되는 현금유입의 현재가치에서 모든 현금유출의 현재가치를 차감하여 순현재가치를 계산한다.

$$NPV=\sum_{t=0}^{\infty}\left\{\frac{CI_t}{(1+r)^t}-\frac{CO_t}{(1+r)^t}\right\}$$

여기서 CI는 현금유입을, CO는 현금유출을 의미한다. 즉, 미래의 모든 현금유입의 현재가치에서 미래의 모든 현금유출의 현재가치를 뺀 값이 곧 순현재가치(NPV)이다. 판단기준은 NPV가 0보다 크면 투자안을 채택하고, 0보다 작으면 투자안을 기각한다. 그런데 똑같은 현금흐름이 발생하는 경우라 하더라도 할인율이 높아지면 미래 현금의 현재가치가 줄어들기 때문에 NPV는 작아진다. 즉 이자율이 높은 경우에는 미래 현금유입이 더 많아져야 함을 의미한다.

엑셀에서 NPV 함수를 적용할 경우에는 '**=NPV(할인율,미래현금유입)–초기투자액**'의 형태로 입력한다.

### ▶ 내부수익률법(IRR; Internal Rate of Returns)

이는 투자안으로부터 실현되는 미래 기대현금유입의 현재가치와 투자액에 해당하는 현금유출의 현재가치를 같게 만드는 할인율(즉, 투자안의 NPV가 0이 되는 할인율)을 구해서 시장에서 평가된 회사의 자본비용보다 크면 투자안을 채택하는 방법이다. 즉, 투자안으로부터 올릴 수 있는 수익률이 자본조달에 소요되는 금융비용보다 크면 투자할 수 있는 것으로 판단한다.

내부수익률(IRR)은 NPV=0인 경우의 할인율로, 다음의 수식에 의해 계산한다.

$$\sum_{t=1}^{T} \frac{CI}{(1+IRR)^t} = \sum_{t=1}^{T} \frac{CO}{(1+IRR)^t}$$

즉, 현금유입의 현재가치 합계와 현금유출의 현재가치 합계가 같게 되는 할인율이 곧 내부수익률이다. 엑셀에서 IRR 함수를 적용하는 경우에는 '=**IRR(현금유출과 미래현금유입,추정할인율)**' 형식으로 입력되지만, 이 경우 사실상 추정할인율은 의미가 없으므로 이를 생략하고 입력해도 된다.

### ▶ 수익성지표(PI; Profitability Index)

이는 미래 현금흐름의 순현재가치(NPV)를 초기투자액으로 나눈 것으로, 현재가치지수법이라고도 한다.

$$\text{수익성지표} = \frac{\text{미래 현금흐름의 } NPV}{\text{초기투자액}}$$

판단기준은 PI가 1보다 큰 경우 즉, 미래 현금흐름의 현재가치 합계가 투자액보다 크면 투자안을 채택하는 의사결정을 한다. IRR법과 같이 PI도 투자규모를 고려하지 못한다는 단점이 있긴 하지만, 여러 개의 프로젝트를 동시에 평가하는 경우에는 PI법이 유용할 수 있다.

## 2단계 NPV와 IRR법을 적용한 투자안 평가

❶ 먼저 각각의 프로젝트에 소요되는 예산(초기투자액)과 미래 기간에 회수될 수 있을 것으로 판단되는 수익(현금유입)의 내용을 투자안별로 정리하여 입력한다. 이때 초기투자액은 현금유출을 의미하므로 음수(-)로 입력한다.

| | Project 1 | Project 2 | Project 3 |
|---|---|---|---|
| 초기투자액 | -480,000,000 | -470,000,000 | -480,000,000 |
| 1 | 57,000,000 | 40,000,000 | 140,000,000 |
| 2 | 89,000,000 | 100,000,000 | 210,000,000 |
| 3 | 180,000,000 | 280,000,000 | 170,000,000 |
| 4 | 220,000,000 | 200,000,000 | 80,000,000 |
| 5 | 136,000,000 | 50,000,000 | 60,000,000 |

투자안평가

❷ 각 Project별 현금유입액의 합계를 구하여 C9:E9 셀 범위에 표시해본다. 현금유입액 합계에서는 Project 1이 가장 많은 현금이 유입되는 것으로 표시되지만, 이는 시간가치를 고려하지 않은 것이므로 평가의 의미는 없다.

❸ 아래쪽에 시간가치 계산에 적용할 추정 할인율을 표시한다. 추정 할인율을 별도의 표로 정리해 두는 것은, 향후 각각의 함수를 적용한 계산결과를 평가할 때 이 할인율표를 수정하여 또 다른 대안을 찾고자 할 때 변경이 유리할 수 있기 때문이다.

| | Project 1 | Project 2 | Project 3 |
|---|---|---|---|
| 초기투자액 | -480,000,000 | -470,000,000 | -480,000,000 |
| 1 | 57,000,000 | 40,000,000 | 140,000,000 |
| 2 | 89,000,000 | 100,000,000 | 210,000,000 |
| 3 | 180,000,000 | 280,000,000 | 170,000,000 |
| 4 | 220,000,000 | 200,000,000 | 80,000,000 |
| 5 | 136,000,000 | 50,000,000 | 60,000,000 |
| 현금유입합계 | 682,000,000 | 670,000,000 | 660,000,000 |

| 할인율 : | |
|---|---|
| | 6.5% |
| | 4.5% |
| | 2.5% |

투자안평가

❹ B17 셀에 **'NPV와 IRR에 의한 투자안 평가'**로 입력하고, D18:F18 셀 범위에는 각각 **'Project 1'**, **'Project 2'**, **'Project 3'**을 입력한다. B19 셀에는 '**=C12 & " 인 경우"**'로 입력한다. B19 셀과 같이 입력한 것은, 향후 C12 셀의 할인율 추정치를 변경해 볼 경우 B19 셀에서도 자동적으로 변경되도록 표시하기 위한 것이다. C19, C20 셀에 각각 'NPV'와 'IRR'을 입력하고 표로 정리한다.

| 할인율 : | |
|---|---|
| | 6.5% |
| | 4.5% |
| | 2.5% |

NPV와 IRR에 의한 투자안 평가

| | | Project 1 | Project 2 | Project 3 |
|---|---|---|---|---|
| 0.065 인 경우 | NPV | | | |
| | IRR | | | |

투자안평가 | Sheet2 | Sheet3 | Sheet4 | Sheet5 ...

❺ 이제 B19:F20 셀 영역을 선택하여 복사한 후, 아래 B22와 B25 셀에 각각 붙여넣기 한다. 그리고 B22 셀의 수식을 '**=C13 & " 인 경우"**'로, 그리고 B25 셀의 수식을 '**=C14 & " 인 경우"**'로 각각 변경한다.

❻ D19 셀에 할인율 6.5%인 경우의 'Project 1'에 대한 NPV를 구하기 위해 수식 '**=NPV($C$12, C$4:C$8)+C$3**'을 입력한다. 이와 같이 절대셀 주소 형식을 취한 것은 이 수식을 오른쪽의 'Project 2'와 'Project 3'에도 복사하여 사용하기 위한 것이다. NPV 함수를 사용할 경우에는 NPV 인수에 초기투자액 금액을 제외한 미래 현금유입액만을 포함하고, NPV를 구한 후 여기에서 '초기투자액'을 차감하여 표시한다는 점에 유의해야 한다. 그런데 NPV 함수 뒤에 '+C$3'와 같이 더하는 형식으로 수식을 정의한 것은 C3 셀, 즉 Project 1의 초기투자액이 음수(-)로 기록되어 있기 때문이다.

❼ D20 셀에는 할인율 6.5%인 경우의 'Project 1'에 대한 IRR을 구하기 위해 수식 '**=IRR(C$3:C$8, $C$12)**'으로 입력한다. IRR 함수를 사용할 경우 유의할 점은, IRR 함수에서는 음수(-)로 표시되어 있는 '초기투자액' 까지를 함께 인수 범위로 포함해야 한다는 것이다. 즉, '초기투자액'에 해당하는 C3 셀이 IRR 함수의 인수 범위에 포함되고 있다.

❽ 이제 수식이 정의된 D19:D20 셀 범위를 함께 선택하고 자동채우기 핸들로 F20 셀까지 끌기 하여 표를 완성한다.

❾ 같은 방식으로 D22 셀과 D23 셀에 할인율 4.5%인 경우의 'Project 1'에 대한 NPV와 IRR을 구하기 위해, 각 셀에 수식 '**=NPV($C$13,C$4:C$8)+C$3**'과 수식 '**=IRR(C$3:C$8,$C$13)**'을 각각 입력한다. 그리고 D22:D23 셀 범위를 선택하고 자동채우기 핸들로 F23 셀까지 채워넣기 한다.

❿ D25 셀과 D26 셀에 할인율 2.5%인 경우의 'Project 1'에 대한 NPV와 IRR을 구하기 위해, 각 셀에 수식 '**=NPV($C$14,C$4:C$8)+C$3**'과 수식 '**=IRR(C$3:C$8,$C$14)**'를 각각 입력한다. 그리고 D25:D26 셀 범위를 선택하고 자동채우기 핸들로 F26 셀까지 채워넣기 한다.

| | A | B | C | D | E | F | G |
|---|---|---|---|---|---|---|---|
| 12 | | | 6.5% | | | | |
| 13 | | 할인율 : | 4.5% | | | | |
| 14 | | | 2.5% | | | | |
| 15 | | | | | | | |
| 16 | | | | | | | |
| 17 | | NPV와 IRR에 의한 투자안 평가 | | | | | |
| 18 | | | | | | | |
| 19 | | 0.065 인 경우 | NPV | ₩71,276,513 | ₩79,481,019 | ₩83,316,892 | |
| 20 | | | IRR | 11.06% | 12.02% | 13.77% | |
| 21 | | | | | | | |
| 22 | | 0.045 인 경우 | NPV | ₩107,395,647 | ₩113,048,377 | ₩110,476,975 | |
| 23 | | | IRR | 11.06% | 12.02% | 13.77% | |
| 24 | | | | | | | |
| 25 | | 0.025 인 경우 | NPV | ₩146,982,456 | ₩149,596,508 | ₩139,835,598 | |
| 26 | | | IRR | 11.06% | 12.02% | 13.77% | |
| 27 | | | | | | | |

Sheet4 | Sheet5 | Sheet6 | 투자안평가 (2)

⑪ 이제 할인율이 각각 6.5%, 4.5%, 2.5%인 경우의 NPV와 IRR을 각각 구했다. 할인율 6.5%인 경우 NPV로 계산된 결과에서는 'Project 3'이 가장 높은 NPV를 보이고 있으므로 'Project 3'이 선택될 것이다. IRR인 경우에도 역시 'Project 3'의 IRR이 가장 높다. 그런데 할인율 4.5%인 경우와 2.5%인 경우에는 모두 NPV로 계산된 결과에서는 'Project 2'가, 그리고 IRR로 계산된 결과에서는 'Project 3'이 각각 채택되는 것으로 나타났다.

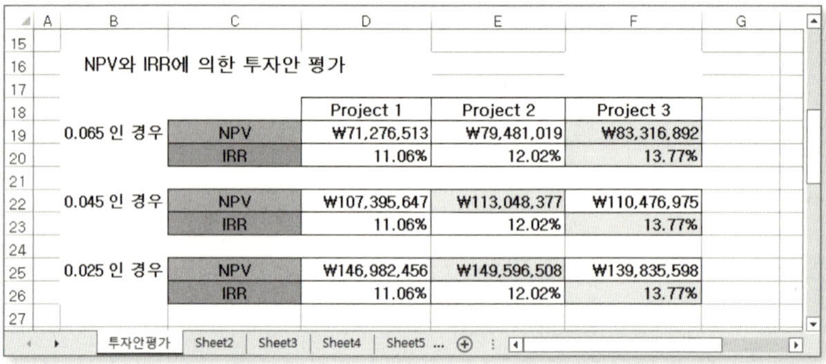

NPV와 IRR에 의한 투자안 평가

| | | Project 1 | Project 2 | Project 3 |
|---|---|---|---|---|
| 0.065 인 경우 | NPV | ₩71,276,513 | ₩79,481,019 | ₩83,316,892 |
| | IRR | 11.06% | 12.02% | 13.77% |
| 0.045 인 경우 | NPV | ₩107,395,647 | ₩113,048,377 | ₩110,476,975 |
| | IRR | 11.06% | 12.02% | 13.77% |
| 0.025 인 경우 | NPV | ₩146,982,456 | ₩149,596,508 | ₩139,835,598 |
| | IRR | 11.06% | 12.02% | 13.77% |



⑫ 여기서 흥미로운 것은, IRR의 경우 추정할인율 크기에 관계없이 각 프로젝트의 현금흐름에 따라 IRR이 각각 같게 계산된다는 것이다. 즉, IRR을 계산하는 경우에는 추정할인율이 인수로 고려되지 않고 있음을 의미한다. 따라서 예컨대 D20 셀의 경우 수식 '=IRR(C$3:C$8,$C$12)' 대신에 할인율을 생략하고 수식 '=**IRR(C$3:C$8)**'로 입력해도 같은 결과로 계산되어진다. 또한 IRR 계산에서는 할인율에 관계없이 항상 'Project 3'이 선택되는 결과이다.

⑬ 이에 반해 NPV 분석에서는 할인율이 높은 6.5% 상황에서는 'Project 3'이 선택되지만, 상대적으로 할인율이 낮은 4.5%, 2.5% 상황에서는 'Project 2'를 선택하게 된다. 즉, NPV 분석에서는 할인율 크기에 따라 프로젝트 선택이 달라질 수도 있음을 알 수 있다. 특히 각 프로젝트의 현금흐름을 비교해보면, 다른 프로젝트에 비해 'Project 3'의 경우 초기 연도에 보다 높은 현금유입이 이루어지고 있음을 알 수 있다. 따라서 NPV 분석을 수행하는 경우 초기의 현금유입이 큰 프로젝트가 선택될 가능성이 높다. 이는 IRR에 비해 NPV가 화폐의 시간가치를 더 많이 고려하는 방법이라는 의미이다. 실무상으로도 IRR에 비해 NPV 분석이 더 자주 쓰이고 있다.

## 유사 사례 503-1 혼자해보기 ㈜한천의 영업소별 판매 통계

### 현황

㈜한천은 헛개나무 추출 음료를 생산, 판매하는 회사로, 제품 홍보 및 판매를 위해 3개 영업소를 개설하여 각 영업소에 30명씩의 영업사원을 배치하여 활동하게 하고 있다. ㈜한천의 배한천 사장은 2/4분기의 활동실적(판매실적)을 모아 분석하여 향후의 활동계획과 영업사원에 대한 성과금 지급의 기초로 활용하고자 한다.

〈영업소별 사원 판매 현황〉

| 사원 | 서석 | 용봉 | 중흥 |
|---|---|---|---|
| 1 | 26 | 33 | 37 |
| 2 | 36 | 42 | 51 |
| 3 | 52 | 49 | 39 |
| 4 | 44 | 63 | 28 |
| 5 | 54 | 66 | 42 |
| 6 | 33 | 38 | 48 |
| 7 | 36 | 47 | 50 |
| 8 | 52 | 56 | 41 |
| 9 | 51 | 37 | 62 |
| 10 | 52 | 31 | 42 |
| 11 | 45 | 37 | 58 |
| 12 | 62 | 52 | 62 |
| 13 | 44 | 27 | 53 |
| 14 | 65 | 45 | 67 |
| 15 | 47 | 49 | 52 |

| 사원 | 서석 | 용봉 | 중흥 |
|---|---|---|---|
| 16 | 51 | 47 | 57 |
| 17 | 37 | 47 | 51 |
| 18 | 53 | 55 | 62 |
| 19 | 47 | 38 | 52 |
| 20 | 51 | 36 | 44 |
| 21 | 63 | 51 | 76 |
| 22 | 58 | 28 | 63 |
| 23 | 41 | 40 | 32 |
| 24 | 58 | 38 | 48 |
| 25 | 57 | 58 | 51 |
| 26 | 62 | 37 | 36 |
| 27 | 52 | 68 | 48 |
| 28 | 63 | 68 | 55 |
| 29 | 47 | 41 | 61 |
| 30 | 37 | 47 | 35 |

### 요구사항

엑셀의 통계함수를 사용하여 다음의 분석을 수행하시오.

1. 영업소별 판매 자료에 대한 기술통계(기술통계법 사용)

2. 영업소별 판매자료를 도수분포표로 표시하기

3. 영업소별 실적 차이 검정(T－Test, F－Test, 분산분석)

## 유사 사례 503-1 혼자해보기 Tips & 풀이 요약

### 1단계 영업소별 판매 자료에 대한 기술통계(기술통계법 사용)

- [데이터] - [데이터 분석] - [기술통계법] 이용

1. 기술통계량

| 서석 | | 용봉 | | 중흥 | |
|---|---|---|---|---|---|
| 평균 | 49.2 | 평균 | 45.7 | 평균 | 50.1 |
| 표준 오차 | 1.8108 | 표준 오차 | 2.0773 | 표준 오차 | 2.0400 |
| 중앙값 | 51 | 중앙값 | 46 | 중앙값 | 51 |
| 최빈값 | 52 | 최빈값 | 47 | 최빈값 | 51 |
| 표준 편차 | 9.9183 | 표준 편차 | 11.3780 | 표준 편차 | 11.1737 |
| 분산 | 98.3724 | 분산 | 129.4586 | 분산 | 124.8517 |
| 첨도 | -0.3775 | 첨도 | -0.4780 | 첨도 | -0.2370 |
| 왜도 | -0.3940 | 왜도 | 0.4528 | 왜도 | 0.0800 |
| 범위 | 39 | 범위 | 41 | 범위 | 48 |
| 최소값 | 26 | 최소값 | 27 | 최소값 | 28 |
| 최대값 | 65 | 최대값 | 68 | 최대값 | 76 |
| 합 | 1476 | 합 | 1371 | 합 | 1503 |
| 관측수 | 30 | 관측수 | 30 | 관측수 | 30 |

한천 판매자료 | 한천 판매 통계분석

### 2단계 영업소별 판매자료를 도수분포표로 표시하기

- [데이터] - [데이터 분석] - [히스토그램] 이용

2. 영업소별 도수분포표 (히스토그램)

| 0 |
|---|
| 10 |
| 20 |
| 30 |
| 40 |
| 50 |
| 60 |
| 70 |
| 80 |
| 90 |
| 100 |

| 계급 | 빈도수 |
|---|---|
| 0 | 0 |
| 10 | 0 |
| 20 | 0 |
| 30 | 1 |
| 40 | 5 |
| 50 | 7 |
| 60 | 12 |
| 70 | 5 |
| 80 | 0 |
| 90 | 0 |
| 100 | 0 |
| 기타 | 0 |

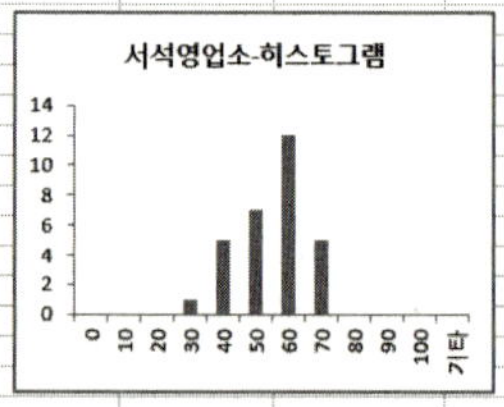


| 계급 | 빈도수 |
|---|---|
| 0 | 0 |
| 10 | 0 |
| 20 | 0 |
| 30 | 2 |
| 40 | 10 |
| 50 | 9 |
| 60 | 5 |
| 70 | 4 |
| 80 | 0 |
| 90 | 0 |
| 100 | 0 |
| 기타 | 0 |

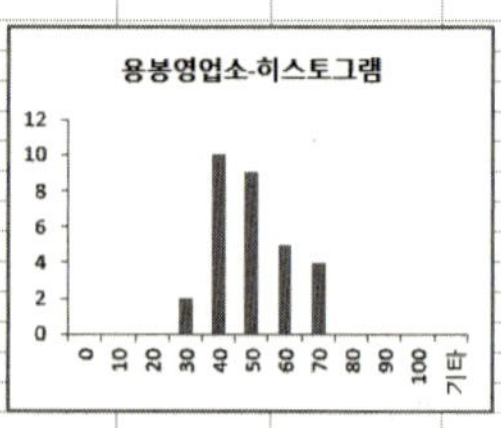


| 계급 | 빈도수 |
|---|---|
| 0 | 0 |
| 10 | 0 |
| 20 | 0 |
| 30 | 1 |
| 40 | 5 |
| 50 | 8 |
| 60 | 9 |
| 70 | 6 |
| 80 | 1 |
| 90 | 0 |
| 100 | 0 |
| 기타 | 0 |

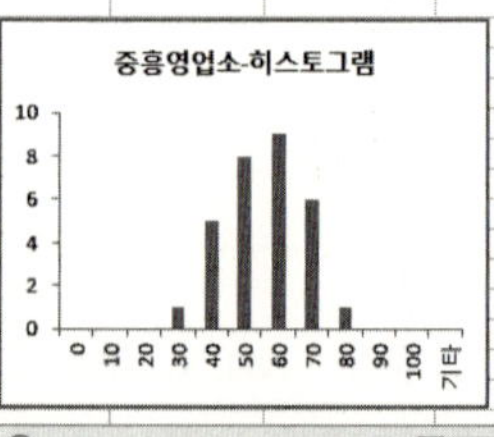


한천 판매자료 | 한천 판매 통계분석

## 3단계 영업소별 실적 차이 검정

- [데이터] – [데이터 분석] – [t – 검정]/[F – 검정]/[분산분석] 이용

3-1. 영업소별 실적차이 검정 - T-Test (t-검정 : 이분산 가정 두 집단)

| | 변수 1 | 변수 2 | | 변수 1 | 변수 2 | | 변수 1 | 변수 2 |
|---|---|---|---|---|---|---|---|---|
| 평균 | 49.2 | 45.7 | 평균 | 49.2 | 50.1 | 평균 | 45.7 | 50.1 |
| 분산 | 98.37241379 | 129.45862 | 분산 | 98.37241 | 124.8517 | 분산 | 129.4586 | 124.8517 |
| 관측수 | 30 | 30 | 관측수 | 30 | 30 | 관측수 | 30 | 30 |
| 가설 평균차 | 0 | | 가설 평균차 | 0 | | 가설 평균차 | 0 | |
| 자유도 | 57 | | 자유도 | 57 | | 자유도 | 58 | |
| t 통계량 | 1.270054129 | | t 통계량 | -0.32994 | | t 통계량 | -1.511233 | |
| P(T<=t) 단측 검정 | 0.104612793 | | P(T<=t) 단측 검정 | 0.371328 | | P(T<=t) 단측 검정 | 0.068079 | |
| t 기각치 단측 검정 | 1.672028888 | | t 기각치 단측 검정 | 1.672029 | | t 기각치 단측 검정 | 1.671553 | |
| P(T<=t) 양측 검정 | 0.209225585 | | P(T<=t) 양측 검정 | 0.742656 | | P(T<=t) 양측 검정 | 0.136159 | |
| t 기각치 양측 검정 | 2.002465459 | | t 기각치 양측 검정 | 2.002465 | | t 기각치 양측 검정 | 2.001717 | |

3-2. 영업소별 실적차이 검정 - F-Test (F-검정 : 분산에 대한 두 집단)

| | 변수 1 | 변수 2 | | 변수 1 | 변수 2 | | 변수 1 | 변수 2 |
|---|---|---|---|---|---|---|---|---|
| 평균 | 49.2 | 45.7 | 평균 | 49.2 | 50.1 | 평균 | 45.7 | 50.1 |
| 분산 | 98.37241379 | 129.45862 | 분산 | 98.37241 | 124.8517 | 분산 | 129.4586 | 124.8517 |
| 관측수 | 30 | 30 | 관측수 | 30 | 30 | 관측수 | 30 | 30 |
| 자유도 | 29 | 29 | 자유도 | 29 | 29 | 자유도 | 29 | 29 |
| F 비 | 0.759875343 | | F 비 | 0.787914 | | F 비 | 1.036899 | |
| P(F<=f) 단측 검정 | 0.232113744 | | P(F<=f) 단측 검정 | 0.262529 | | P(F<=f) 단측 검정 | 0.461473 | |
| F 기각치: 단측 검정 | 0.537399965 | | F 기각치: 단측 검정 | 0.5374 | | F 기각치: 단측 검정 | 1.860811 | |

3-3. 영업소별 실적차이 검정 - 분산분석 (일원배치법)

요약표

| 인자의 수준 | 관측수 | 합 | 평균 | 분산 |
|---|---|---|---|---|
| 서석 | 30 | 1476 | 49 | 98.37241379 |
| 용봉 | 30 | 1371 | 46 | 129.4586207 |
| 중흥 | 30 | 1503 | 50 | 124.8517241 |

분산 분석

| 변동의 요인 | 제곱합 | 자유도 | 곱 평 | F 비 | P-값 | F 기각치 |
|---|---|---|---|---|---|---|
| 처리 | 324.2 | 2 | 162 | 1.378859579 | 0.257314 | 3.101296 |
| 잔차 | 10227.8 | 87 | 118 | | | |
| 계 | 10552 | 89 | | | | |

## 유사 사례 503-2 혼자해보기 ㈜PNK사의 광고비와 매출액 관계 분석

### 현황

㈜PNK사는 지난 1년간 동충하초 관련 제품의 홍보를 위해 매월 일정금액 이상의 광고비를 지출해왔다. 그런데 과연 광고비 지출이 제품 매출액에 크게 도움이 되는지의 여부를 판단하여 내년의 광고비 예산 책정에 활용하고자 한다.

㈜PNK사의 1년간 월별 광고비 및 매출실적은 다음과 같다.

〈㈜PNK사의 월별 광고비 및 매출액 관계〉

(단위: 천원)

| 월 | 광고비 | 매출액 |
|---|---|---|
| 1월 | 4,500 | 81,750 |
| 2월 | 3,000 | 43,500 |
| 3월 | 5,250 | 91,500 |
| 4월 | 4,800 | 93,000 |
| 5월 | 6,000 | 105,000 |
| 6월 | 5,550 | 73,500 |
| 7월 | 2,400 | 30,000 |
| 8월 | 5,100 | 87,000 |
| 9월 | 3,450 | 63,750 |
| 10월 | 3,150 | 55,500 |
| 11월 | 5,400 | 97,500 |
| 12월 | 3,450 | 60,000 |

**요구사항**

위의 자료를 토대로 다음의 통계분석을 수행하시오.

1. 자료에 대한 기술통계
2. 도수분포표(광고비, 매출액)
3. 광고비와 매출액 간의 상관분석
4. 광고비와 매출액 간의 관계 회귀분석
5. 위 회귀분석에 따라 광고비와 매출액 간의 관계를 회귀식으로 표현
6. 위 분석에 따라 내년 1월에 광고비를 ₩7,000,000과 ₩9,000,000으로 각각 올리면 매출액은 얼마나 될까?

## 유사 사례 503-2 혼자해보기 Tips & 풀이 요약

### 1단계 PNK사 광고비-매출액 관계 자료의 기술통계

- [데이터] – [데이터 분석] – [기술통계법] 이용

**1. 기술통계**

| 광고비 | | 매출액 | |
|---|---|---|---|
| 평균 | 4337.5 | 평균 | 73500 |
| 표준 오차 | 343.1761739 | 표준 오차 | 6694.85046 |
| 중앙값 | 4650 | 중앙값 | 77625 |
| 최빈값 | 3450 | 최빈값 | #N/A |
| 표준 편차 | 1188.797138 | 표준 편차 | 23191.6423 |
| 분산 | 1413238.636 | 분산 | 537852273 |
| 첨도 | -1.455456294 | 첨도 | -0.6879642 |
| 왜도 | -0.250325754 | 왜도 | -0.5001089 |
| 범위 | 3600 | 범위 | 75000 |
| 최소값 | 2400 | 최소값 | 30000 |
| 최대값 | 6000 | 최대값 | 105000 |
| 합 | 52050 | 합 | 882000 |
| 관측수 | 12 | 관측수 | 12 |

### 2단계 광고비, 매출액의 도수분포표(히스토그램)

- [데이터] – [데이터 분석] – [히스토그램] 이용

**2. 도수분포표**

| 계급 | 빈도수 |
|---|---|
| 2000 | 0 |
| 2500 | 1 |
| 3000 | 1 |
| 3500 | 3 |
| 4000 | 0 |
| 4500 | 1 |
| 5000 | 1 |
| 5500 | 3 |
| 6000 | 2 |
| 기타 | 0 |
| | 12 |

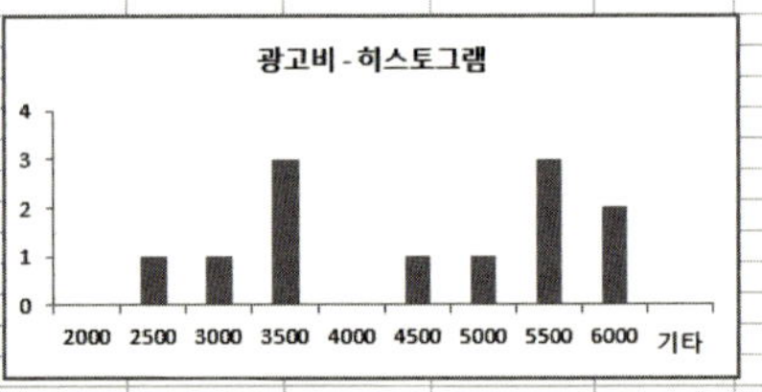


| 계급 | 빈도수 |
|---|---|
| 30000 | 1 |
| 40000 | 0 |
| 50000 | 1 |
| 60000 | 2 |
| 70000 | 1 |
| 80000 | 1 |
| 90000 | 2 |
| 100000 | 3 |
| 110000 | 1 |
| 기타 | 0 |
| | 12 |

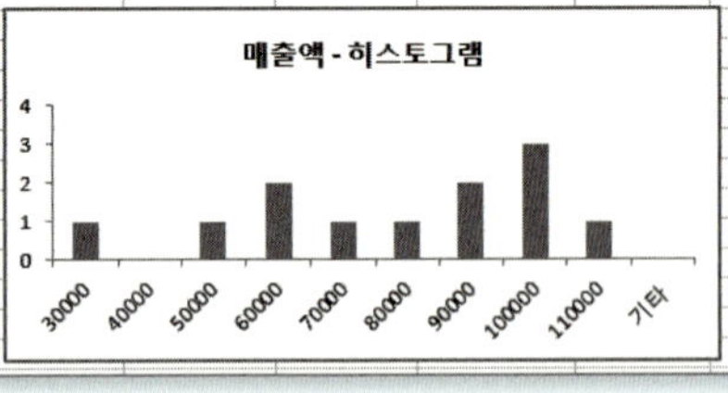


### 3단계 광고비-매출액 간의 상관분석

- [데이터] – [데이터 분석] – [상관분석] 이용

**3. 상관분석**

| | 광고비 | 매출액 |
|---|---|---|
| 광고비 | 1 | |
| 매출액 | 0.927757073 | 1 |

## 4단계 광고비-매출액 간의 관계 회귀분석

- [데이터] – [데이터 분석] – [회귀분석] 이용

**4. 회귀분석**

| 회귀분석 통계량 | |
|---|---|
| 다중 상관계수 | 0.927757073 |
| 결정계수 | 0.860733186 |
| 조정된 결정계수 | 0.846806505 |
| 표준 오차 | 9077.195023 |
| 관측수 | 12 |

분산 분석

| | 자유도 | 제곱합 | 제곱 평균 | F 비 | 유의한 F |
|---|---|---|---|---|---|
| 회귀 | 1 | 5092420305 | 5092420305 | 61.804615 | 1.3715E-05 |
| 잔차 | 10 | 823954694.8 | 82395469.5 | | |
| 계 | 11 | 5916375000 | | | |

| | 계수 | 표준 오차 | t 통계량 | P-값 | 하위 95% | 상위 95% | 하위 95.0% | 상위 95.0% |
|---|---|---|---|---|---|---|---|---|
| Y 절편 | -5005.035581 | 10323.97298 | -0.4847974 | 0.6382639 | -28008.2809 | 17998.21 | -28008.28 | 17998.21 |
| 광고비 | 18.09914365 | 2.302223977 | 7.86159115 | 1.372E-05 | 12.969469 | 23.228818 | 12.969469 | 23.228818 |

| 잔차 출력 | | | | 확률 출력 | |
|---|---|---|---|---|---|
| 관측수 | 예측치 매출액 | 잔차 | | 백분율 | 매출액 |
| 1 | 76441.11084 | 5308.889157 | | 4.1666667 | 30000 |
| 2 | 49292.39537 | -5792.39537 | | 12.5 | 43500 |
| 3 | 90015.46858 | 1484.53142 | | 20.833333 | 55500 |
| 4 | 81870.85394 | 11129.14606 | | 29.166667 | 60000 |
| 5 | 103589.8263 | 1410.173682 | | 37.5 | 63750 |
| 6 | 95445.21168 | -21945.2117 | | 45.833333 | 73500 |
| 7 | 38432.90918 | -8432.90918 | | 54.166667 | 81750 |
| 8 | 87300.59703 | -300.597033 | | 62.5 | 87000 |
| 9 | 57437.01001 | 6312.989989 | | 70.833333 | 91500 |
| 10 | 52007.26692 | 3492.733084 | | 79.166667 | 93000 |
| 11 | 92730.34013 | 4769.659872 | | 87.5 | 97500 |
| 12 | 57437.01001 | 2562.989989 | | 95.833333 | 105000 |

(주)PNK사 기초자료 | (주)PNK사 회귀분석

## 5단계 회귀식 표현

- 위 회귀분석표의 광고비 계수와 Y절편 이용

  매출액=18.09914365 * 광고비 – 5005.035581

## 6단계 매출액 예측

**6. 광고비 변경에 따른 매출액 예측 (회귀식 이용)**

| 광고비 | 4,500 | 6,000 | 7,000 | 9,000 |
|---|---|---|---|---|
| 매출액 | 76,441 | 103,590 | 121,689 | 157,887 |

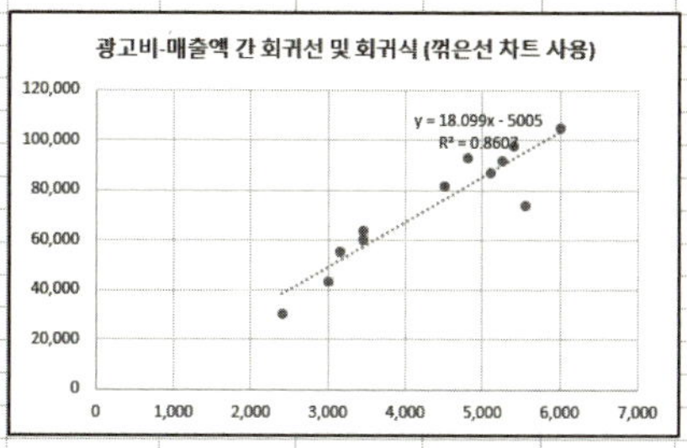


(주)PNK사 기초자료 | (주)PNK사 회귀분석

# Case 504 ㈜일성의 법인세 계산

**현황**

㈜일성은 영세중소기업(법인)으로서 올해에는 작년보다 영업실적이 크게 호전되었다. 올해의 영업실적을 기초로 손익계산서를 작성하고, 이를 통해 세무서에 납부해야 할 법인세가 어느 정도 되는지 계산해 보고자 한다.

**자료 1** ㈜일성의 올해 손익관련자료

| 매출액 | 96,000,000 |
|---|---|
| 매출원가 | 52,800,000 |
| 판매관리비 | 7,000,000 |
| 영업외수익 | 3,000,000 |
| 영업외비용 | 2,000,000 |

**자료 2** 법인세 적용세율(영세법인의 경우)

법인세차감전순이익이

- 10,000,000원 미만인 경우: 세금 면제.
- 30,000,000원 미만인 경우: 10,000,000원 초과부분에 대해 15% 세율 적용
- 50,000,000원 미만인 경우: 30,000,000원에 대해 기본세율 10% 적용 (3,000,000원)+30,000,000원 초과부분에 대해 25%의 세율 적용
- 50,000,000원 이상인 경우: 50,000,000원에 대해 기본세율 16% 적용 (8,000,000원)+50,000,000원 초과부분에 대해 30% 세율 적용

요구사항

위 자료에 의해

1. ㈜일성이 납부해야 할 법인세 금액을 IF함수를 사용하여 계산하시오.

2. ㈜일성이 납부해야 할 법인세 금액을 VLOOKUP함수를 사용하여 계산하시오.

참고 위 〈자료 2〉의 경우 세율구조도표

| 10,000,000 | 0 | 15% |
|---|---|---|
| 30,000,000 | 3,000,000 | 25% |
| 50,000,000 | 8,000,000 | 30% |

## Case 504 따라하기

**상황분석**

- 법인세를 계산하기 위해서는 먼저 손익계산서 양식에 따라 법인세차감전순이익 금액이 확정되어야 하며, 법인세차감전순이익에 법인세율을 곱하여 법인세를 계산하게 된다.
- 법인세 계산에는 흔히 누진세제가 적용되며, 누진세 세율구조는 법인세차감전순이익의 크기에 따라 서로 다른 세율이 적용되게 되므로, 이러한 복잡한 세율구조를 이해하고 하나의 표 형태로 정리해둘 필요가 있다.
- 복잡한 누진세구조를 자동계산 수식으로 표현하는 데에는 기본적으로 IF함수를 이용할 수도 있지만, 누진세 세율구조도표를 미리 작성해두면 VLOOKUP함수나 HLOOKUP 함수 등을 적용하여 쉽게 자동화할 수도 있다. VOOKUP함수를 적용할 것인가 HLOOKUP 함수를 적용할 것인가의 선택에 따라 세율구조도표의 배열이 달라지기 때문에 미리 적용하고자 하는 함수를 결정해두어야 한다.

### 1단계 누진세제 적용 구조도표 작성

이 Case의 핵심은 누진세제를 적용하는 법인세를 계산하고자 할 때 IF함수나 VLOOKUP 함수를 적용하여 자동계산되도록 하는 것이다. 그런데 이를 위해서는 먼저 누진세제 관련 사항들을 사용하고자 하는 함수 형식에 적용하기 쉽도록 미리 관련 내용을 하나의 표 형식으로 정리해 둘 필요가 있다.

❶ 새 sheet의 시트이름 부분을 클릭하고 오른쪽 마우스 [이름바꾸기]를 통해 "**기초자료**"로 변경해 놓는다.

❷ [기초자료] 시트의 B2 셀에 "**〈법인세 적용세율〉(누진세율 적용)**"으로 입력하고, Case에서 제시하고 있는 〈자료 2〉의 누진세 적용 설명 내용을 B3:B9 셀범위에 입력해 둔다. 이는 나중에 관련 함수를 적용하면서 누진세제가 제대로 적용되고 있는지 대조해보기 위한 참고자료로 삼기 위한 것이다. B11 셀에는 "**〈세율구조도표〉**"로 입력하고, 아래 C12:E14 셀범위에 Case의 〈요구사항〉에서 〈참고〉로 제시하고 있는 〈세율구조도표〉를 표 형식으로 입력해 둔다.

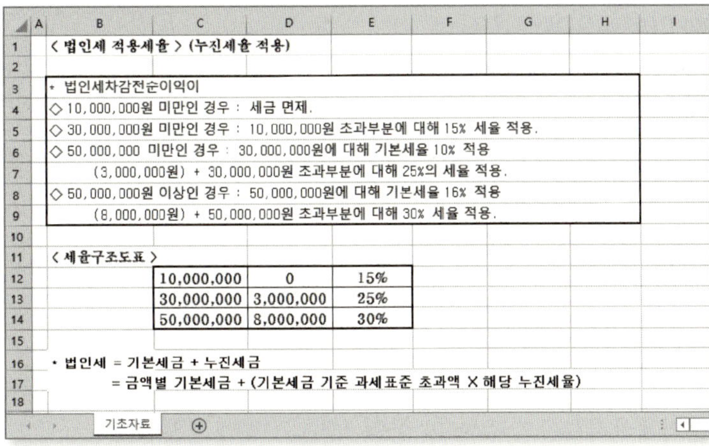

| | A | B | C | D | E | F | G | H | I |
|---|---|---|---|---|---|---|---|---|---|
| 1 | | 〈 법인세 적용세율 〉 (누진세율 적용) | | | | | | | |
| 2 | | | | | | | | | |
| 3 | | • 법인세차감전순이익이 | | | | | | | |
| 4 | | ◇ 10,000,000원 미만인 경우 : 세금 면제. | | | | | | | |
| 5 | | ◇ 30,000,000원 미만인 경우 : 10,000,000원 초과부분에 대해 15% 세율 적용. | | | | | | | |
| 6 | | ◇ 50,000,000 미만인 경우 : 30,000,000원에 대해 기본세율 10% 적용 | | | | | | | |
| 7 | | (3,000,000원) + 30,000,000원 초과부분에 대해 25%의 세율 적용. | | | | | | | |
| 8 | | ◇ 50,000,000원 이상인 경우 : 50,000,000원에 대해 기본세율 16% 적용 | | | | | | | |
| 9 | | (8,000,000원) + 50,000,000원 초과부분에 대해 30% 세율 적용. | | | | | | | |
| 10 | | | | | | | | | |
| 11 | | 〈 세율구조도표 〉 | | | | | | | |
| 12 | | | 10,000,000 | 0 | 15% | | | | |
| 13 | | | 30,000,000 | 3,000,000 | 25% | | | | |
| 14 | | | 50,000,000 | 8,000,000 | 30% | | | | |
| 15 | | | | | | | | | |
| 16 | | • 법인세 = 기본세금 + 누진세금 | | | | | | | |
| 17 | | = 금액별 기본세금 + (기본세금 기준 과세표준 초과액 X 해당 누진세율) | | | | | | | |
| 18 | | | | | | | | | |



❸ 이 세율구조도표는 위의 〈법인세 적용세율〉 부분에서 글 형태로 설명하고 있는 내용을 하나의 표 형식으로 정리해 둔 것이다. 즉 첫 번째 열(C12:C14)은 법인세차감전순이익의 기준금액을 표시해 놓은 것이고, 두 번째 열(D12:D14)은 왼쪽 첫 번째 열의 범주에 있는 경우에 적용할 기본세금을, 그리고 세 번째 열(E12:E14)은 C열의 기준금액 범주에 있을 때 당해 회사의 법인세차감전순이익이 해당 기준금액을 초과한 금액에 대해 적용할 누진세율을 표시하고 있는 것이다.

❹ 이 표의 적용방법을 미리 조금 더 구체적으로 이해해 둘 필요가 있다. 예컨대 만약 회사의 법인세차감전순이익 금액이 ₩23,000,000으로 계산된 경우라면, 12행의 기준금액(₩10,000,000)보다는 크지만 다음 행인 13행의 기준금액(₩30,000,000)보다는 크기 때문에, 다시 12행으로 돌아와서 12행의 세율구조를 적용하게 된다. 즉 이 회사의 경우에는 D12 셀의 기본세금(0)에, 실제 법인세차감전순이익(₩23,000,000)에서 C12셀의 기준금액(₩10,000,000)을 차감한 잔액(₩13,000,000)에 E12셀의 누진세율(15%)을 적용하여 계산된 금액(₩1,95,000)을 더하여 계산하게 된다는 의미이다(즉 0+1,950,000=1,950,000).

❺ 마찬가지로, 이번에는 예컨대 법인세차감전순이익이 ₩44,000,000으로 계산된 경우라면, 이 금액은 C열의 기준금액에서 13행(₩30,000,000) 금액보다는 크고 14행(₩50,000,000) 보다는 작기 때문에 13행의 세율구조를 적용하게 되는 것이다. 따라서 이 경우에는 D13 셀의 기본세금(₩3,000,000)에, 실제 법인세차감전순이익(₩44,000,000)에서 C13셀의 기준금액(₩30,000,000)을 차감한 잔액(₩14,000,000)에 E13셀의 누진세율(25%)을 적용하여 계산된 금액(₩3,500,000)을 더하여 법인세를 ₩6,500,000으로 계산하게 된다(즉 3,000,000+3,500,000=6,500,000).

❻ 이와 같은 세율구조도표 적용방법을 정확히 이해하고 있어야 나중에 관련 함수의 정확한 적용내용(수식)이나 그 결과의 정확성 여부를 판단할 수 있게 될 것이다.

## 2단계 양식에 따른 손익계산서 작성

이 〈세율구조도표〉는 결국 손익계산서에서 법인세를 계산하는 부분에서 적용될 것이므로, 먼저 ㈜일성의 손익 관련 자료를 토대로 손익계산서를 손익계산서 양식에 따라 표로 작성하는 절차를 수행해야 한다.

❶ [기초자료] 시트 오른쪽에 새 sheet를 삽입하고, 시트의 이름을 "**㈜일성 법인세계산**"으로 변경한다.

❷ [㈜일성 법인세계산] 시트의 B1 셀에 표의 제목 "**㈜일성 손익계산서**"로 입력하고, 아래 B3:C13 셀범위에 손익계산서 양식에 따라 표로 작성해 둔다.

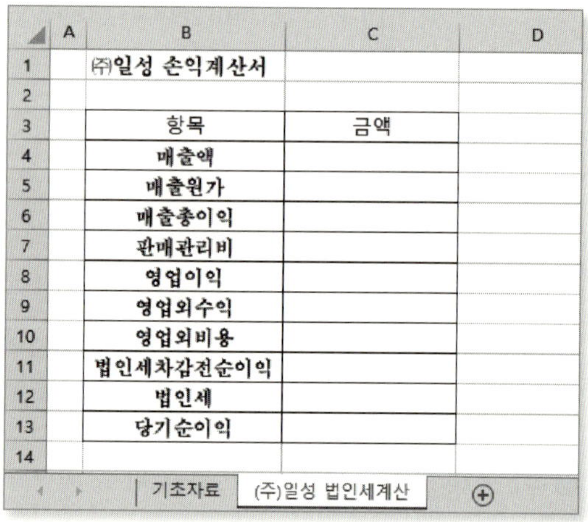


❸ Case에서 주어진 〈자료 1〉의 손익관련자료를 이 손익계산서 해당 셀에 각각 입력하고, 계산이 필요한 셀에는 해당 수식으로 입력하여 표시한다. 예컨대 C6 셀에서는 매출총이익을 계산하기 위해 "매출액 – 매출원가"를 의미하는 수식 '=C4 – C5'로 입력하고, C8 셀에서는 영업이익을 계산하기 위해 "매출총이익 – 판매관리비"를 의미하는 수식 '=C6 – C7'을, 그리고 C11 셀에는 법인세차감전순이익을 "영업이익 + 영업외수익 – 영업외비용"으로 계산하기 위한 관련 수식 '+C8+C9 – C10'으로 각각 입력한다.

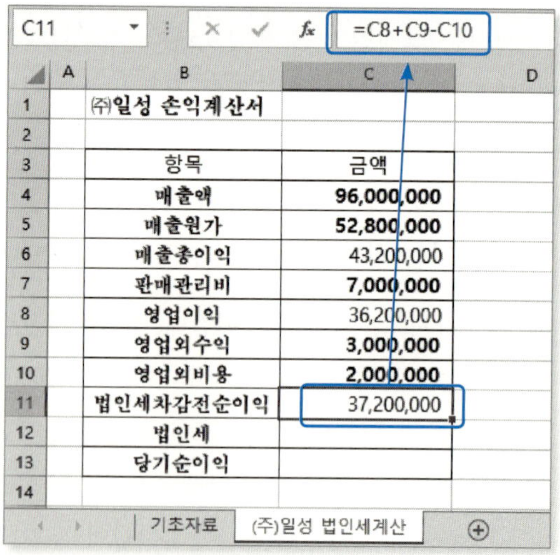


❹ 이제 C12 셀에 법인세 금액을 계산해야 그 아래의 당기순이익을 계산하여 손익계산서를 양식대로 완성할 수 있다. 물론 여기에서 계산된 법인세차감전순이익(₩37,200,000)을 앞의 [기초자

료] 시트에 설명된 자료나 구조도표에 적용하여 간단한 수식만을 사용해서도 법인세 금액을 쉽게 계산해 낼 수도 있을 것이다. 그러나 이 사례에서 요구하는 바는 IF함수나 VLOOKUP함수를 적용해서 법인세 계산을 자동계산하는 형태로 입력하도록 하는 것이다. 이와 같이 법인세 계산부분에 함수를 적용해두면, 만일 매출액이나 매출원가, 판매관리비 등의 기초자료에서 오류가 발견되어 이를 수정하는 경우에도 법인세 금액만큼은 그러한 변동을 자동으로 적용하여 새 법인세 금액을 곧바로 표시해 줄 수 있게 될 것이다.

### 1) If함수를 사용한 법인세 계산

❶ 먼저 이 법인세 계산부분에 가장 기본적인 함수인 IF함수를 적용하여 자동계산되도록 표시해 보기로 한다. IF함수의 기본 표현방식은 '**=IF(조건, 참값, 거짓값)**' 형식으로 되어 있다. 그런데 이 단순한 IF함수 하나만을 적용해서는, [기초자료] 부분에서 설명하고 있는 다단계에 걸친 복잡한 구조의 누진세율 적용과정을 모두 표시하기는 어렵다. 그러나 IF문은 IF함수의 인수 안에 또다른 IF함수를 중복 사용(예컨대 '**=IF(조건, 참값, IF(조건, 참값. IF(조건, 참값, 거짓값)))**' 형태 등) 하는 것이 가능하므로, 인수 표현이 조금은 복잡해지는 측면은 있지만, 여러 개의 IF함수를 중복 사용하면 아무리 복잡한 계산구조를 갖고 있더라도 일련의 수식으로 표현할 수도 있다.

❷ 따라서 IF함수를 적용하기 전에, 〈세율구조도표〉를 사용하기 위한 기본 논리를 IF문 형식으로 글로 표현해 보자. 만약(IF) C11셀의 금액이 천만원 미만이면 법인세는 면제("0")이고, 또 만약(IF) 천만원 이상 3천만원 미만인 경우라면 기본세금 없이 C11셀 금액에서 천만원을 뺀 금액에 15% 세율을 곱한 금액으로 계산하면 되고, 또 만약(IF) 3천만원 이상 5천만원 미만인 경우라면 기본세금 3백만원에 C11셀 금액에서 3천만원을 뺀 금액에 25% 세율을 곱한 금액을 더하여 계산하면 되고, 또 만약(IF) 5천만원 이상인 경우라면 기본세금 8백만원에 C11셀 금액에서 5천만원을 뺀 금액에 30% 세율을 곱한 금액을 더하여 계산하면 되는 것이다.

글로 표현한 이러한 설명을 IF함수 표현형식으로 정리해서 '**=IF(C11〈10000000,0,IF(C11〈30000000,(C11 - 10000000)*15%,IF(C11〈50000000,3000000 + (C11 - 30000000)*25%,8000000 + (C11 - 50000000)*30%)))**'과 같이 C12셀에 입력하면 된다.

❸ 다만 이 IF문에서 참조하고 있는 각 금액들은 이미 [기초자료] sheet에 입력되어 있는 자료들이므로, 이를 참조하는 형식으로 다시 수정해 보면 '**=IF(C11〈기초자료!C12,0,IF(C11〈기초자료!C13,(C11 - 기초자료!C12)*15%,IF(C11〈기초자료!C14,기초자료!D13 + (C11 - 기초자료!C13)*25%,기초자료!D14 + (C11 - 기초자료!C14)*30%)))**'와 같이 변경될 수 있다.

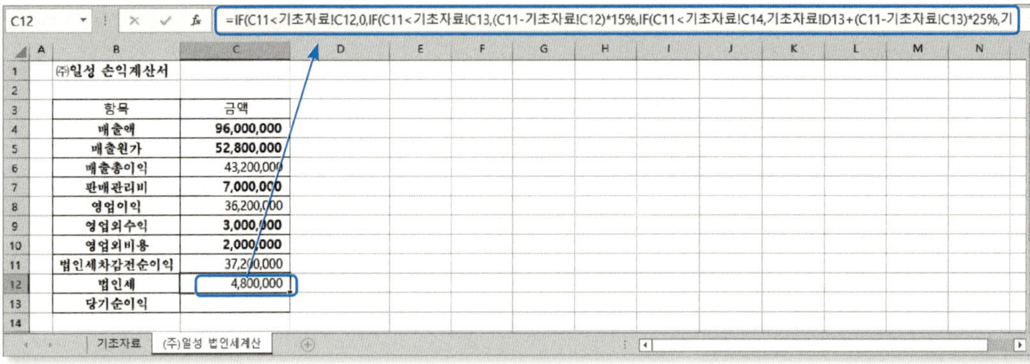


❹ 이와 같이 IF함수를 적용한 결과로 계산된 법인세 금액은 “₩4,800,000”으로 표시되고 있다. 아래 C13 셀의 당기순이익은 수식 ‘=**C11**－**C12**’로 입력하여 구한다.

❺ 여기서 만약 매출원가에 오류가 있는 것으로 발견되어 매출원가 금액을 ₩63,000,000으로 변경하여 입력하면, 법인세도 자동 재계산되어 “₩2,550,000”으로 변경되어 표시됨을 알 수 있다. 매출원가는 다시 원래값(₩52,800,000)으로 변경해 놓기로 한다.

❻ 이와 같이 IF함수 문을 사용하면 아무리 복잡한 계산구조를 갖고 있는 경우라 하더라도 표현하지 못할 수식은 없다. 그렇더라도 수식 표현이 상대적으로 길어져서 복잡해 보이는 것은 IF함수 수식 적용의 한 가지 단점인 것은 사실이다.

### 2) VLOOKUP함수를 사용한 법인세 계산

❶ 그렇다면 같은 법인세를 계산하기 위해서 수식이 조금은 복잡한 IF함수를 사용하는 대신에 더 간단한 방법은 없을까? 물론 VLOOKUP함수가 그 하나의 대용이 될 수 있으며, 사실 [기초자료] sheet에서 〈세율구조도표〉를 작성해 놓았던 것도 이 VLOOKUP함수 적용을 고려한 것이었다.

참고

**VLOOKUP 함수와 HLOOKUP 함수**

엑셀의 일정 범위 내에서 지정한 값을 찾고자 할 때 사용할 수 있는 함수로 VLOOKUP함수와 HLOOKUP 함수가 있다. VLOOKUP은 Vertical Lookup을 줄여서 쓴 것이며, 따라서 VLOOKUP 함수는 일정 범주 내의 기준값 배열에서 위 아래 수직으로 비교해 가면서 조건에 맞는 값을 찾아내기 위한 함수이다. 이에 반해 HLOOKUP은 Horizontal Lookup의 준말로, 따라서 HLOOKUP 함수는 일정 범주 내의 기준값 배열에서 왼쪽부터 오른쪽으로 수평으로 비교해 가면서 조건에 맞는 값을 찾아가는 함수이다. 따라서 VLOOKUP 함수이든 HLOOKUP함수이든 이를 적용하기 위해서는 값을 찾을 데이터 범위를 그 기준값을 중심으로 위 아래, 또는 왼쪽 오른쪽으로 반드시 오름차순으로 정렬되어 있어야 한다.

VLOOKUP함수의 표현 방법은 다음과 같다.

### VLOOKUP(찾을값,데이터범위,찾을열위치,(일치여부지정))

- 찾을값: VLOOKUP함수를 적용해서 찾고자 하는 값으로, 특정 수치나 레이블 또는 조건식으로 표시할 수도 있다.
- 데이터범위: 찾고자 하는 데이터 범위. 흔히 표 형식의 배열로 표시
- 찾을열위치: 여러 열의 배열로 표시된 데이터범위에서 가져올 값이 있는 열의 위치 지정
- (일치여부지정): 찾을값과 정확히 일치하는 값을 찾고자 하는 경우 False로, 근사값을 찾아도 되는 경우에는 True로 입력. 입력을 생략할 수도 있으며 이 경우 False로 인식

이 사례의 경우, 예컨대 법인세차감전순이익 금액이 ₩37,200,000이므로 이 금액일 경우에 적용해야 하는 법인세율을 찾고자 한다면 "=VLOOKUP(C11,기초자료!C12:E14,3,True)"와 같이 표현하면 된다. 즉 '찾을값'은 그 금액이 표시되어 있는 C11 셀을 지정한 것이고, '데이터범위'는 다른 sheet, 즉 [기초자료] 시트의 C12:E14 셀범위를 참조하라는 의미이며, '찾을열위치'는 이 데이터범위 중에서 찾고자 하는 데이터(법인세율)가 3번째 열에 표시되어 있으므로 '3'으로 지정한 것이다. 'True'는 입력을 생략해도 되는데, 이는 찾을값(C11)을 데이터범위(기초자료!C12:E14)의 기준열(C12:C14)에서 찾아갈 때 반드시 일치하는 금액이 아니라 근사값으로 찾아가도록 지정하는 것이다. 만일 이 경우에 True 대신 False로 입력하는 경우에는 기준열(C12:C14)에 찾을값(₩37,200,000)과 정확히 일치하는 데이터가 없는 상황이기 때 때문에 결과는 "#N/A"로 표시되게 된다.

HLOOKUP함수를 적용하고자 하는 경우에는 데이터범위의 기준셀(C11:C14)을 열기준 대신에 행기준으로 배열된 데이터범위를 사용해야 하며, 함수식의 표현방법은 VLOOKUP함수의 경우와 같다.

❷ VLOOKUP 함수를 적용하기에 앞서, 먼저 VLOOKUP 함수가 참조해야 할 데이터범위에 이름을 부여하고 그 이름을 함수에 적용하기로 한다. 이는 참조해야 할 데이터범위가 다른 sheet(기초자료 시트)에 입력되어 있는 관계로 이를 참조하도록 일일이 관련 시트명까지를 함수의 인수에 표시하는 것은 조금 불편할 수 있기 때문이다. 따라서 먼저 [기초자료] sheet를 선택하고, 〈세율구조도표〉가 표시되어 있는 C12:E14 셀범위를 선택한 후 열머리글 위쪽의 [이름상자]에 **'세율표'**로 이름을 입력한다.

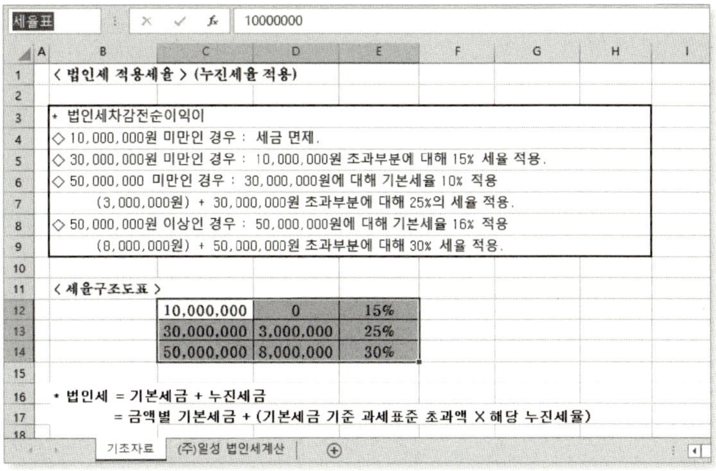

❸ 다시 "㈜일성 법인세계산" sheet로 돌아와서, C12셀에 IF함수로 계산된 법인세 수식 오른쪽 D12셀에 이번에는 VLOOKUP 함수를 적용한 법인세 금액을 계산하고 C12 셀의 결과와 비교해 보기로 한다. D12셀을 선택하고, 열머리글 위쪽의 [함수 삽입] 아이콘을 클릭한 후 [함수마법사]에서 "VLOOKUP" 함수를 찾아 선택한다.

❹ VLOOKUP 함수의 [함수 인수] 대화상자에서 [Lookup_value](찾을값)란에 찾고자 하는 금액이 들어 있는 "C11" 셀을 마우스로 선택하여 입력하고, [Table – array](데이터범위)란에는 앞서 이름을 정의해 둔 '**세율표**'로 입력한다. [Col_index_num](찾을열위치)란에는 먼저 "기본세금"을 찾아보기 위해서 '2'로 입력한다. 이는 "세율표" 데이터범위에서 기본세금이 두 번째 열에 입력되어 있기 때문에, 기준열(첫 열)에서 찾을값의 근사치를 찾게 되면 해당 행의 두 번째 열 값을 표시해주도록 지정하는 것이다. 또 우리는 정확히 일치하는 값이 아닌 근사치를 찾아가는 것이기 때문에 [Range_lookup](일치여부지정)란은 입력을 생략하기로 한다.

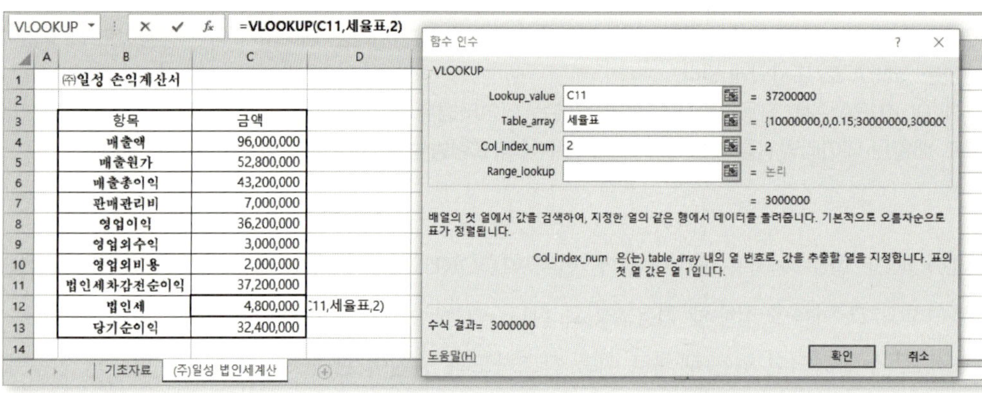


❺ [함수 인수] 대화상자에서 모든 인수의 입력이 끝난 상태에서 sheet의 수식입력줄을 보면, 우리가 대화상자를 통해 입력했던 내용이 VLOOKUP 함수 형태의 수식으로 표현되고 있음을 볼 수 있고, 또 그 수식의 결과는 [함수 인수] 대화상자의 인수 아래쪽에 "= 3000000"으로 표시되고 있음을 알 수 있다.

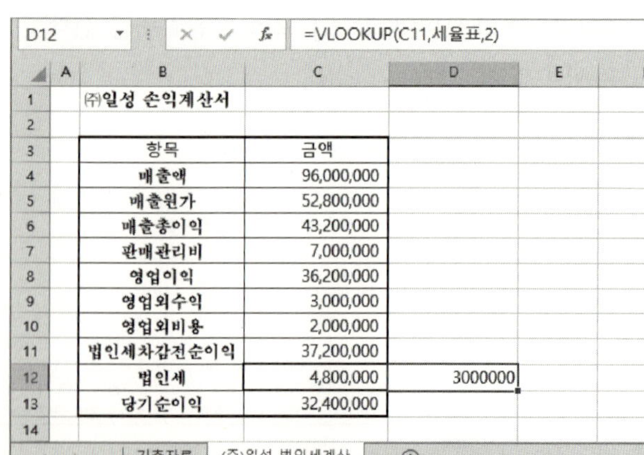

❻ 이제 [함수 인수] 대화상자에서 [확인]을 누르면 그 결괏값(3000000)이 D12셀에 표시되고 있다. 그러나 표시된 이 금액은 법인세차감전순이익(₩37,200,000)에 적용될 "기본세금"만을 표시하고 있는 것이며, 우리가 계산하고자 하는 법인세는 [기초자료] sheet의 맨 아래쪽에 표시되어 있는 바와 같이 "금액별 기본세금+(기본세금 기준 과세표준 초과액×해당 누진세율)" 산식으로 계산되는 것이므로, D12셀에 입력되어 있는 수식을 확장/보완해야 한다.

❼ 현재 D12셀에 입력되어 있는 함수식(=VLOOKUP(C11,세율표,2))은 위 ❻의 법인세 계산 산식에서 앞부분("금액별 기본세금")만을 표시하고 있는 것이기 때문에, 이제 이 VLOOKUP 함수식을 참조하여 "기본세금기준 과세표준 초과액"과 "해당 누진세율"을 각각 따로 찾아서 연결하는 수식으로 표현할 수 있을 것이다. 이 기본세금을 찾는 VLOOKUP 함수식에서 맨 뒤쪽 인수 "2" 대신에 "1"로 입력한 수식이 "기본세금기준 과세표준 초과액"을 찾아내는 수식이 될 것이고, 또 "2" 대신에 "3"을 입력한 수식이 "해당 누진세율"이 얼마인지를 찾아내는 함수식이 될 것이다. 따라서 다시 D12 셀을 선택하고 위쪽 수식입력줄에서 이미 표시되어 있는 함수식 뒤쪽에 나머지 부분을 추가하여 수식 '**=VLOOKUP(C11,세율표,2)+(C11-VLOOKUP(C11,세율표,1))*VLOOKUP(C11,세율표,3)**'으로 수정하여 입력한다.

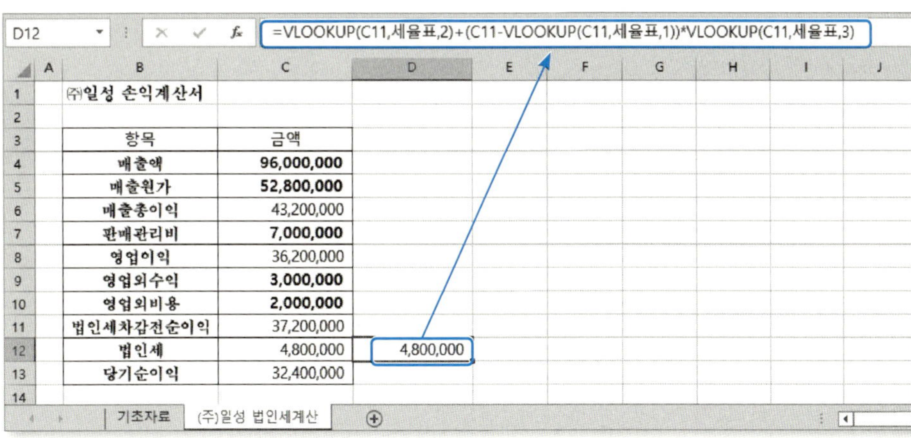


| | A | B | C | D |
|---|---|---|---|---|
| 1 | | ㈜일성 손익계산서 | | |
| 2 | | | | |
| 3 | | 항목 | 금액 | |
| 4 | | 매출액 | 96,000,000 | |
| 5 | | 매출원가 | 52,800,000 | |
| 6 | | 매출총이익 | 43,200,000 | |
| 7 | | 판매관리비 | 7,000,000 | |
| 8 | | 영업이익 | 36,200,000 | |
| 9 | | 영업외수익 | 3,000,000 | |
| 10 | | 영업외비용 | 2,000,000 | |
| 11 | | 법인세차감전순이익 | 37,200,000 | |
| 12 | | 법인세 | 4,800,000 | 4,800,000 |
| 13 | | 당기순이익 | 32,400,000 | |
| 14 | | | | |

❽ D12 셀에 VLOOKUP 함수를 적용하여 계산한 법인세 금액도 C12 셀에서 IF 함수를 적용하여 계산한 금액과 일치함을 알 수 있다.

❾ 이제 두 가지 함수(IF, VLOOKUP)를 각각 적용하여 계산하는 함수식 표현을 비교해보자.

▶ IF함수 표현:

'=IF(C11〈기초자료!C12,0,IF(C11〈기초자료!C13,(C11-기초자료!C12)*15%,IF(C11〈기초자료!C14,기초자료!D13+(C11-기초자료!C13)*25%,기초자료!D14+(C11-기초자료!C14)*30%)))'

▶ VLOOKUP함수 표현:

'=VLOOKUP(C11,세율표,2)+(C11-VLOOKUP(C11,세율표,1))*VLOOKUP(C11,세율표,3)'

IF함수 표현수식에 비해 VLOOKUP함수 표현수식이 비교적 간단한 편이다. 그러나 이 두 함수는 기본적으로 표현하는 방법이 다른 만큼 나름의 장단점을 가지고 있기 때문에 그 장점을 살리는 방향으로 적용하는 것이 바람직하다. 예컨대 IF함수의 경우에는 함수 내의 인수에 또 다른 IF함수를 이중, 삼중으로 중첩하여 사용하거나 또는 다른 함수(Match, Index 함수 등)을 함께 사용하여 표현할 수도 있으며, 따라서 IF함수문을 통해 표현하지 못할 수식은 거의 없을 정도여서 그 적용범위가 매우 넓은 편이다. 다만 이 경우 수식표현이 조금은 길어져서 복잡해보이는 단점은 있다. 이에 반해 VLOOKUP함수(또는 HLOOKUP함수)는 표현하는 구조는 하나이며 그 중의 하나의 인수를 변경하며 적용하면 되기 때문에 표현방법은 비교적 쉬운 편이다. 다만 VLOOKUP함수나 HLOOKUP함수를 적용하기 위해서는 데이터범위를 별도의 표 형식으로 정리해 두고 이 표를 기준값(키값)을 중심으로 오름차순으로 정리해두는 사전 준비가 필요하다. 특히 수많은 사원들의 급여계산표에서 특정인 또는 특정 조건에 부합하는 값을 찾아내거나, 수많은 매입매출거래에서 특정 조건에 부합하는 거래나 그 금액 등을 찾아내는 데에는 VLOOKUP함수가 적격이다.

## 유사 사례 504 혼자해보기 ㈜영영의 차입금 이자지급액 계산

**현황**

㈜영영은 최근 현금 유동성이 악화되어 상당기간 차입금의 이자를 제때에 지급하지 못해 왔다. 각 금융기관에 특별 요청을 한바, 오늘까지 그동안의 미지급이자를 처리해 줄 경우, 그동안 밀렸던 이자부분의 30%를 감해주겠다는 약속을 받았다.

**요구사항**

다음의 각 경우에 일할계산으로 그동안 밀렸던 이자금액과 실제로 지급해야 할 금액(탕감액 공제 후)을 계산하시오.

다만, 편의상 계산은 2017년 8월 25일에 행하는 것으로 한다.

| 금융기관 | 차입금잔액 | 계약이자율(연) | 마지막 이자지급일 |
|---|---|---|---|
| 광주은행 | 68,000,000 | 10.5% | 2002 - 01 - 05 |
| 우리은행 | 136,000,000 | 12.0% | 2000 - 08 - 15 |
| 국민은행 | 86,000,000 | 11.5% | 2001 - 04 - 04 |
| 계 | 290,000,000 | | |

## 유사 사례 504 혼자해보기 Tips & 풀이 요약

- 날짜(시간 포함)는 해당 숫자 형식으로 표시할 수 있으므로, 날짜간 연산이 가능함.
- 계산일을 오늘로 하는 경우 '=NOW()' 또는 '=TODAY()' 함수를 사용할 수 있지만, 여기서는 편의상 특정일(2017.8.25.)을 계산일로 가정함.
- 2017/8/25의 숫자 표시: [셀서식] – [표시형식] – [일반]으로 확인: '42972'

### ⊙ 이자 계산식: 차입금×하루 이자율×기간(일)

| | A | B | C | D | E | F | G | H |
|---|---|---|---|---|---|---|---|---|
| 1 | | | | | | | | |
| 2 | | ㈜영영의 차입금 이자 계산표 | | | 계산일자 : | 2017-8-25 | | |
| 3 | | | | | | | | |
| 4 | | 금융기관 | 차입금잔액 | 계약이자율 | 마지막 이자지급일 | 미지급이자(연체이자) | 탕감예상액 | 실제 지급이자 |
| 5 | | 광주은행 | 68,000,000 | 10.5% | 2016-01-05 | 11,697,863 | 3,509,359 | 8,188,504 |
| 6 | | 우리은행 | 136,000,000 | 12.0% | 2014-08-15 | 49,451,836 | 14,835,551 | 34,616,285 |
| 7 | | 국민은행 | 86,000,000 | 11.5% | 2015-04-04 | 23,681,808 | 7,104,542 | 16,577,266 |
| 8 | | 계 | 290,000,000 | | | 84,831,507 | 25,449,452 | 59,382,055 |
| 9 | | | | | | | | |

(주)영영 차입금 자료 | (주)영영 이자 관련 계산

# Case 505 ㈜대창식품의 고정자산 감가상각

**현황**

㈜대창식품은 각종 반찬류를 가공생산하여 시내 주요 반찬가게에 당일 배송하는 기업이다. ㈜대창식품은 제품의 빠른 배송을 위해 개업일(2022년 1월 3일)에 취득원가가 ₩37,000,000인 화물트럭을 구입하여 사용해오고 있다. 화물트럭의 내용연수는 5년으로 추정되며, 5년 후 트럭의 잔존가치는 ₩2,000,000이 될 것으로 예측하고 있다. 한편 이 화물트럭의 주행가능거리는 300,000Km로 추산하고 있다.

**요구사항**

1. ㈜대창식품이 다음의 각 감가상각방법을 적용했을 때 매년 말 계상해야 할 감가상각비와 감가상각누계액, 그리고 장부가액을 표로 정리하여 비교해 보시오.
   1) 정액법
   2) 정률법(상각률은 35.91%로 적용한다)
   3) 생산량비례법(실제주행거리는 2022년부터 매년 각각 45,000km, 90,000km, 60,000km, 75,000km, 30,000km인 것으로 가정한다.)
2. 각 감가상각방법에 의해 계산된 연간 감가상각비와 감가상각누계액을 차트로 표시하여 비교해 보시오.

## Case 505 따라하기

**상황분석**

- 각 감가상각방법 간의 차이와 그 계산식을 정확히 이해하여야 한다.
- 각 감가상각방법 적용하기 위해 Excel에서 사용할 수 있는 함수는 어떤 것이며, 각각의 해당 인수들을 정확히 이해한다.
- 계산된 감가상각비와 감가상각누계액을 어떤 차트 형태로 표시하는 것이 좋을지 결정한다.

### 1단계 감가상각방법에 대한 이해

감가상각(depreciation)이란 기업이 업무수행을 위해 장기간에 걸쳐 사용하는 유형자산(고정자산)에 대해 그 사용에 따른 가치감소분을 매년 일정한 방법으로 추정하여 기간비용으로 배분하는 절차라고 할 수 있다.

매년의 감가상각비를 추정하는 방법은 흔히 정액법, 체감잔액법(정률법, 연수합계법 등), 생산량비례법 등으로 구분할 수 있다. 이 중 우리나라 회계기준에서는 해당 자산의 소멸형태 등을 반영하여 정액법, 정률법, 생산량비례법 중에서 어느 하나를 선택하여 적용하되, 한번 선택한 방법은 계속해서 적용하도록 하고 있다.

#### ▶ 정액법(straight–line method)

이는 유형자산의 내용연수 동안 각 연도에 동일한 감가상각액을 인식하는 방법이다. 매년 계산되는 감가상각비가 같기 때문에 계산이 쉽긴 하지만, 실제 물리적/경제적 가치감소를 정확히 반영하기는 어렵다는 한계점도 있다.

| 정액법 감가상각비 = (취득원가 – 잔존가치) / 내용연수 |
|---|

#### ▶ 체감잔액법(decling–balance method, 가속상각법)

이는 감가상각 초기에 많은 상각금액을 비용으로 처리하고 기간이 경과됨에 따라 감가상각 금액이 감소하는 방법으로, 정률법, 연수합계법 등이 이에 해당한다. 초기에 많은 금액을 비용처리할 수 있다는 점에서, 진부화 속도가 큰 전자, 기계장치 등에 주로 많이 적용되고 있다.

- 정률법(fixed percentage method)은 기초장부가액에 일정한 상각률을 곱하여 감가상각비를 계산하는 방법이다.

$$\text{정률법 감가상각비} = (\text{취득원가} - \text{전기말 감가상각누계액}) \times \text{감가상각률}$$

$$\text{감가상각률} = 1 - \sqrt[n]{\frac{\text{잔존가치}}{\text{취득원가}}}$$

- 연수합계법(sum-of-the year's digits method)은 잔여내용연수를 연수합계로 나누어 계산된 상각률을 바탕으로 감가상각액을 산정하는 방법이다.

$$\text{연수합계법 감가상각비} = (\text{취득원가} - \text{잔존가치}) \times (\text{잔존내용연수} \ / \ \text{연수합계})$$

### ▶ 생산량비례법(units-of-activity method, 활동단위법)

이는 유형자산의 총예상생산량 대비 당기생산량에 근거하여 감가상각비를 계산하는 방법이다. 수익획득에 대한 공헌도에 비례하여 비용을 반영하는 방법으로, 총 생산량이나 소비가능기간 등을 합리적으로 추적할 수 있는 유형자산이나 광업권 등의 무형자산에 주로 적용되고 있다.

$$\text{생산량비례법 감가상각비} = (\text{취득원가} - \text{잔존가치}) \ / \ (\text{당기생산량} \ / \ \text{총예상생산량})$$

## 2단계 ㈜대창식품의 감가상각비 계산

### 1) 정액법을 적용하는 경우

❶ 먼저 감가상각 대상자산에 대한 기초자료를 입력해 둔다. 이때 계산을 위한 수식에 적용될 수치 자료부분에 대해서는 관련 단위기호(원, km 등)를 포함하지 않고 숫자만 따로 입력하도록 한다.

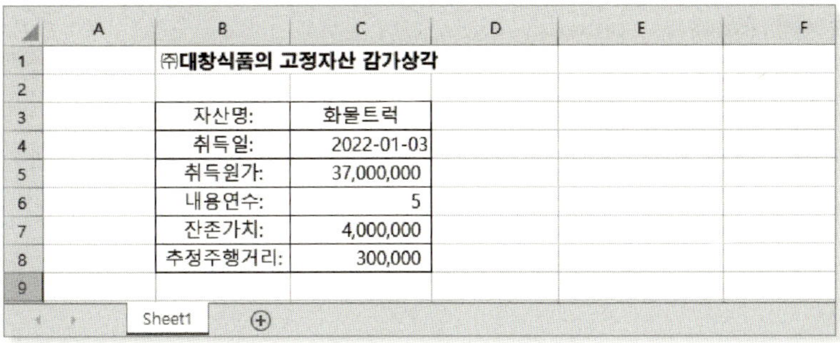

| | A | B | C | D | E | F |
|---|---|---|---|---|---|---|
| 1 | | ㈜대창식품의 고정자산 감가상각 | | | | |
| 2 | | | | | | |
| 3 | | 자산명: | 화물트럭 | | | |
| 4 | | 취득일: | 2022-01-03 | | | |
| 5 | | 취득원가: | 37,000,000 | | | |
| 6 | | 내용연수: | 5 | | | |
| 7 | | 잔존가치: | 4,000,000 | | | |
| 8 | | 추정주행거리: | 300,000 | | | |
| 9 | | | | | | |

Sheet1

❷ 감가상각방법으로 정액법을 적용하기 위한 계산표를 작성해 둔다. 정액법을 통해 감가상각비를 계산하는 수식은 '(취득원가 – 잔존가치) / 내용연수'로, 이들 자료는 모두 이미 기초자료 부분에 입력되어 있어서 이들 자료를 참조하는 형태로 곧바로 감가상각비를 계산할 수도 있지만, 이 계산과정을 보다 체계적으로 보여주기 위해서, 그리고 다른 감가상각방법과의 비교 목적을 위해서도 하나의 표준화된 계산표를 작성하도록 한다.

❸ 정액법의 계산식에서 '(취득원가 – 잔존가치)'를 '감가대상금액'이라 하고, '1/내용연수'를 '감가상각률'이라고 할 수 있으므로, 이를 다음과 같은 표 형식으로 작성한다.

| | A | B | C | D | E | F | G | H |
|---|---|---|---|---|---|---|---|---|
| 1 | | ㈜대창식품의 고정자산 감가상각 | | | | | | |
| 2 | | | | | | | | |
| 3 | | 자산명: | 화물트럭 | | | | | |
| 4 | | 취득일: | 2022-01-03 | | | | | |
| 5 | | 취득원가: | 37,000,000 | | | | | |
| 6 | | 내용연수: | 5 | | | | | |
| 7 | | 잔존가치: | 4,000,000 | | | | | |
| 8 | | 추정주행거리: | 300,000 | | | | | |
| 9 | | | | | | | | |
| 10 | [정액법] | | | | | | | |
| 11 | | | 계산 | | | 기말 | | |
| 12 | | 연도 | 감가대상금액 | x 감가상각률 | = 연간감가상각비 | 감가상각누계액 | 장부가액 | |
| 13 | | 2022 | | | | | | |
| 14 | | 2023 | | | | | | |
| 15 | | 2024 | | | | | | |
| 16 | | 2025 | | | | | | |
| 17 | | 2026 | | | | | | |
| 18 | | (합계) | | | | | | |
| 19 | | | | | | | | |

Sheet1

❹ C13 셀에는 정액법 계산의 기준이 되는 '감가상각대상금액'을 표시하는데, 이는 '(취득원가 – 잔존가치)'로 표시하며, 이를 참조셀 형식의 수식으로 표현하기 위해 수식 '**=C5 – C7**'으로 입력한다. 그런데 정액법에서는 다음해인 2023년부터 2026년까지의 감가대상금액(C14~C17)의 경우에도 같은 참조형식의 수식이 적용되어야 하기 때문에, 미리 C13 셀의 수식을 절대셀참조 형식으로 변환해 놓을 필요가 있다. 이를 위해 수식이 입력되어 있는 C13 셀을 선택하고, 위쪽 수식입력줄에서 수식의 'C5'와 'C7'을 각각 클릭하고 F4 키를 각각 눌러 절대셀 표시 '**=$C$5 – $C$7**' 형식으로 변경해 놓는다('=C$5 – C$7'과 같이 표현해도 결과는 같다).

❺ 이제 C13 셀이 절대셀 참조 형식으로 정의되었으므로, C13 셀의 오른쪽 아래 모서리 자동채우기핸들을 드래그하여 C17 셀까지 채워넣기 하면 C13 셀부터 C17 셀까지 같은 금액 '33,000,000'으로 표시된다.

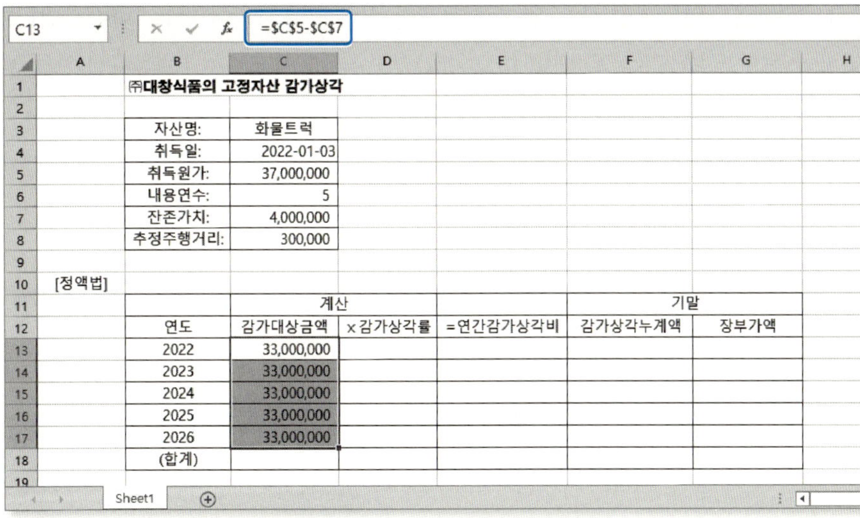


| | B | C | D | E | F | G |
|---|---|---|---|---|---|---|
| 1 | ㈜대창식품의 고정자산 감가상각 | | | | | |
| 3 | 자산명: | 화물트럭 | | | | |
| 4 | 취득일: | 2022-01-03 | | | | |
| 5 | 취득원가: | 37,000,000 | | | | |
| 6 | 내용연수: | 5 | | | | |
| 7 | 잔존가치: | 4,000,000 | | | | |
| 8 | 추정주행거리: | 300,000 | | | | |
| 10 [정액법] | | | | | | |
| 11 | | 계산 | | | 기말 | |
| 12 | 연도 | 감가대상금액 | x감가상각률 | =연간감가상각비 | 감가상각누계액 | 장부가액 |
| 13 | 2022 | 33,000,000 | | | | |
| 14 | 2023 | 33,000,000 | | | | |
| 15 | 2024 | 33,000,000 | | | | |
| 16 | 2025 | 33,000,000 | | | | |
| 17 | 2026 | 33,000,000 | | | | |
| 18 | (합계) | | | | | |

❻ D13 셀에는 정액법 감가상각률을 표시하기 위해 수식 '=1/$C$6'로 입력한다. C13 셀의 표시 결과를 '%' 형태로 변경하기 위해 [홈] 탭의 [표시형식]에서 '%'(백분율스타일)를 클릭한다. 물론 정액법 계산구조상 그 아래쪽 D14~D17에도 동일한 감가상각률이 적용되어야 할 것이므로, D13 셀에서 자동채우기핸들을 이용하여 D17셀까지 채워넣는다.

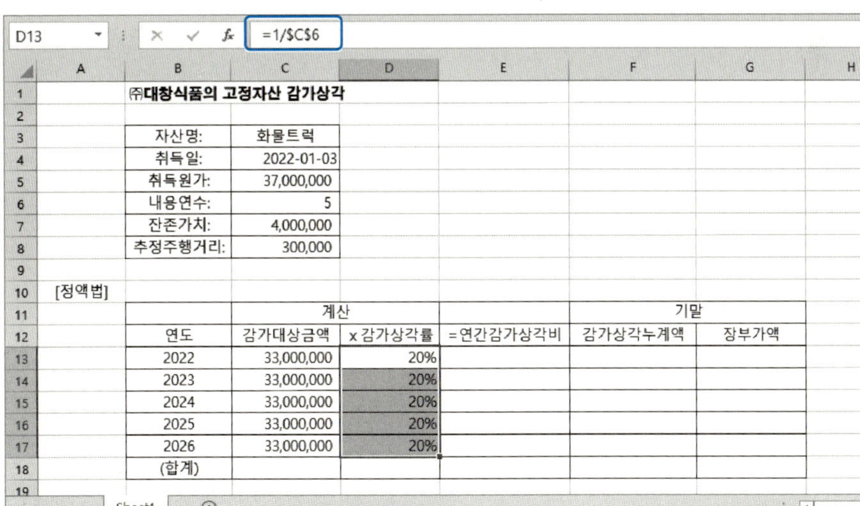


| | B | C | D | E | F | G |
|---|---|---|---|---|---|---|
| 1 | ㈜대창식품의 고정자산 감가상각 | | | | | |
| 3 | 자산명: | 화물트럭 | | | | |
| 4 | 취득일: | 2022-01-03 | | | | |
| 5 | 취득원가: | 37,000,000 | | | | |
| 6 | 내용연수: | 5 | | | | |
| 7 | 잔존가치: | 4,000,000 | | | | |
| 8 | 추정주행거리: | 300,000 | | | | |
| 10 [정액법] | | | | | | |
| 11 | | 계산 | | | 기말 | |
| 12 | 연도 | 감가대상금액 | x감가상각률 | =연간감가상각비 | 감가상각누계액 | 장부가액 |
| 13 | 2022 | 33,000,000 | 20% | | | |
| 14 | 2023 | 33,000,000 | 20% | | | |
| 15 | 2024 | 33,000,000 | 20% | | | |
| 16 | 2025 | 33,000,000 | 20% | | | |
| 17 | 2026 | 33,000,000 | 20% | | | |
| 18 | (합계) | | | | | |

❼ 연간감가상각비 계산금액을 표시하는 F13 셀에는 위에서 표시해둔 수치들을 이용하여 정액법 계산식에 따라 수식 '=C13*D13'으로 입력해도 되지만, 여기서는 엑셀의 함수를 적용하는 방법을 실습해보기 위해서 엑셀에 포함되어 있는 재무함수 중 정액법을 의미하는 'SLN'(Straight－Line) 함수를 적용해보기로 한다.

❽ F13 셀을 클릭하고, 열머리글 부분 위 수식입력줄 왼쪽에 표시되어 있는 [함수삽입] 아이콘($f_x$)을 클릭하거나 또는 엑셀 [수식] 탭의 [함수삽입] 아이콘을 클릭하여 [함수마법사]를 표시한다. [함수마법사] 대화상자의 [함수검색]란에 **'감가상각'**으로 입력하고 [검색]을 클릭하면, 아래 [함수 선택] 부분에 엑셀에 정의되어 있는 함수 중 감가상각에 적용할 수 있는 모든 감가상각 관련 함수들이 표시되는데, 이 중 "SLN" 함수가 정액법을 적용하기 위한 함수이다.

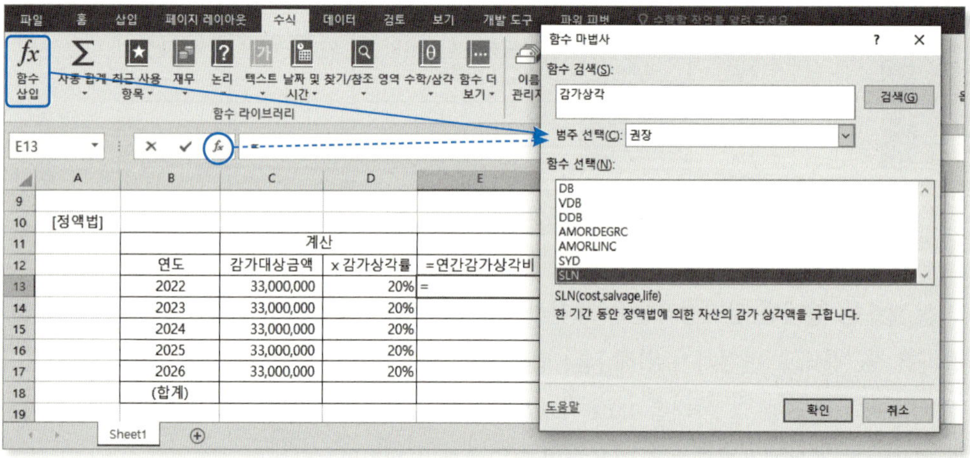

❾ SLN 함수를 선택하고 [확인]을 누르면, SLN의 [함수 인수] 대화상자에서 함수를 적용하기 위한 각 인수들에 대한 설명이 표시되는데, 먼저 [Cost]난에는 상각대상자산의 취득원가를 입력해야 하므로 [Cost] 입력란을 클릭한 후에 sheet에서 취득원가가 입력되어 있는 "C5" 셀을 클릭하고 또 F4키를 눌러서 절대셀 형식($C$5)으로 변환해 놓는다. 마찬가지로 [Salvage]난에는 잔존가치가 입력되어야 하므로 sheet상의 C7 셀을 클릭한 후 F4키를 누른다. 마지막으로 [Life]난에는 내용연수가 입력되도록 하기 위해 sheet의 C6 셀을 선택하고 F4키를 눌러 역시 절대셀주소 형식으로 변환해 놓는다.

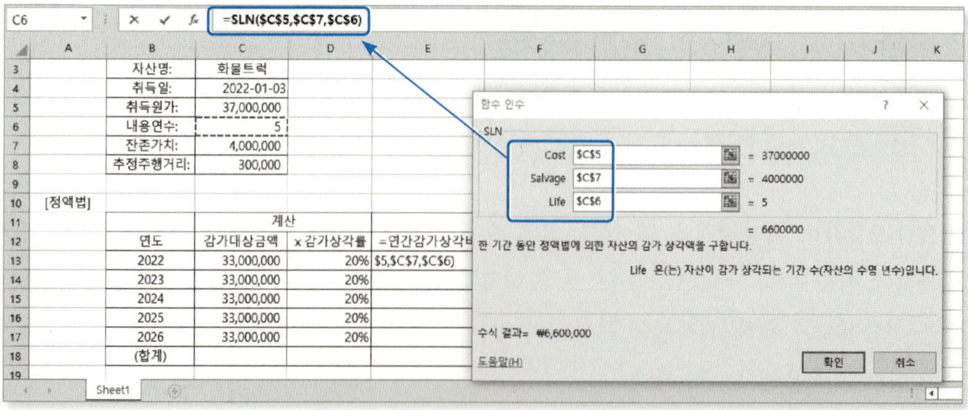

⑩ 이때 [함수 인수] 대화상자에서 각 인수에 선택된 자료들은 동시에 열머리글 위쪽의 수식입력줄에도 그대로 함수식 형식으로 표시되어 나타난다. 즉 적용하고자 하는 함수명과 해당 함수에 들어갈 인수들을 미리 알고 있는 경우에는, 굳이 [함수마법사]와 [함수 인수] 대화상자를 사용하지 않고도 곧바로 해당 함수형식을 "=SLN($C$5,$C$7,$C$6)"과 같이 수식입력줄에 직접 입력하여 표시할 수도 있다는 의미이다. 실무상 자주 사용하는 함수의 경우에는 이와 같이 해당 수식을 수식입력줄에 곧바로 입력하는 방식이 더 빠를 수도 있다.

⑪ [함수 인수] 대화상자에서 모든 인수의 입력이 끝나 [확인] 버튼을 누르면, 함수를 입력하고자 했던 E13 셀에 2022년도의 감가상각비가 "₩6,600,000"으로 계산되어 표시된다. 그 아래 E14~E17 셀에도 동일한 함수식이 적용되어야 할 것이고, 이를 위해서 [함수 인수] 대화상자에서 참조셀을 입력할 때 이미 절대셀 형식으로 입력해 놓았던 것이므로, E13 셀에서 자동채우기핸들을 이용하여 E17 셀까지 끌어놓아 채우기 하면 된다.

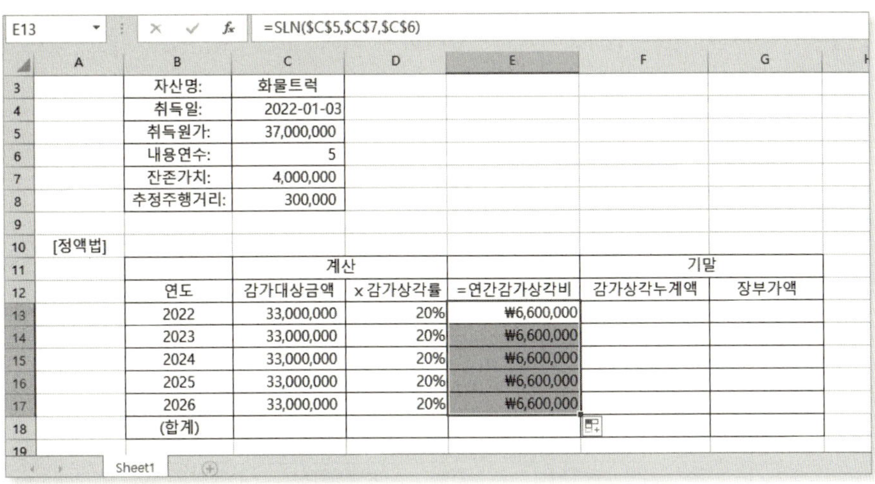

E13 =SLN($C$5,$C$7,$C$6)

| | A | B | C | D | E | F | G |
|---|---|---|---|---|---|---|---|
| 3 | | 자산명: | 화물트럭 | | | | |
| 4 | | 취득일: | 2022-01-03 | | | | |
| 5 | | 취득원가: | 37,000,000 | | | | |
| 6 | | 내용연수: | 5 | | | | |
| 7 | | 잔존가치: | 4,000,000 | | | | |
| 8 | | 추정주행거리: | 300,000 | | | | |
| 9 | | | | | | | |
| 10 | [정액법] | | | | | | |
| 11 | | | 계산 | | | 기말 | |
| 12 | | 연도 | 감가대상금액 | x 감가상각률 | =연간감가상각비 | 감가상각누계액 | 장부가액 |
| 13 | | 2022 | 33,000,000 | 20% | ₩6,600,000 | | |
| 14 | | 2023 | 33,000,000 | 20% | ₩6,600,000 | | |
| 15 | | 2024 | 33,000,000 | 20% | ₩6,600,000 | | |
| 16 | | 2025 | 33,000,000 | 20% | ₩6,600,000 | | |
| 17 | | 2026 | 33,000,000 | 20% | ₩6,600,000 | | |
| 18 | | (합계) | | | | | |

⑫ 아래 E18 셀에는 연간감가상각비의 합계를 표시하기 위해, 함수식 '=SUM(E13:E17)'을 직접 입력하거나, 또는 마우스로 E13:E18 셀범위를 선택하고 [홈] 탭의 자동합계(Σ) 버튼을 눌러서 E18셀에 합계금액을 표시할 수 있다.

⑬ 첫 해의 감가상각누계액을 표시하는 F13 셀에는 '=E13'으로 입력하고, F14 셀에는 두 번째 해의 감가상각누계액으로, 이전 해 기말의 감가상각누계액과 당해연도의 감가상각비를 더하여 표시하도록 하기 위해 수식 '=F13+E14'로 입력한다. 단 이때의 수식에서는 절대셀 형식을 적용할 필요가 없다.

F14 =F13+E14

| | A | B | C | D | E | F | G |
|---|---|---|---|---|---|---|---|
| 3 | | 자산명: | 화물트럭 | | | | |
| 4 | | 취득일: | 2022-01-03 | | | | |
| 5 | | 취득원가: | 37,000,000 | | | | |
| 6 | | 내용연수: | 5 | | | | |
| 7 | | 잔존가치: | 4,000,000 | | | | |
| 8 | | 추정주행거리: | 300,000 | | | | |
| 9 | | | | | | | |
| 10 | [정액법] | | | | | | |
| 11 | | | 계산 | | | 기말 | |
| 12 | | 연도 | 감가대상금액 | x 감가상각률 | = 연간감가상각비 | 감가상각누계액 | 장부가액 |
| 13 | | 2022 | 33,000,000 | 20% | ₩6,600,000 | ₩6,600,000 | |
| 14 | | 2023 | 33,000,000 | 20% | ₩6,600,000 | ₩13,200,000 | |
| 15 | | 2024 | 33,000,000 | 20% | ₩6,600,000 | | |
| 16 | | 2025 | 33,000,000 | 20% | ₩6,600,000 | | |
| 17 | | 2026 | 33,000,000 | 20% | ₩6,600,000 | | |
| 18 | | (합계) | | | ₩33,000,000 | | |

⑭ F14 셀의 수식은 그 아래쪽에도 동일하게 적용될 수 있으므로, F14 셀에서 자동채우기핸들을 통해 F17 셀까지 채워넣기 한다. 채워넣기 한 마지막 감가상각연도(2026년)의 감가상각누계액은 E18셀에 계산되어 있는 '(합계)' 금액과 일치하게 되어 있으므로, 이 두 셀의 값이 동일한지 확인해 보아야 한다.

F17 =F16+E17

| | A | B | C | D | E | F | G |
|---|---|---|---|---|---|---|---|
| 3 | | 자산명: | 화물트럭 | | | | |
| 4 | | 취득일: | 2022-01-03 | | | | |
| 5 | | 취득원가: | 37,000,000 | | | | |
| 6 | | 내용연수: | 5 | | | | |
| 7 | | 잔존가치: | 4,000,000 | | | | |
| 8 | | 추정주행거리: | 300,000 | | | | |
| 9 | | | | | | | |
| 10 | [정액법] | | | | | | |
| 11 | | | 계산 | | | 기말 | |
| 12 | | 연도 | 감가대상금액 | x 감가상각률 | = 연간감가상각비 | 감가상각누계액 | 장부가액 |
| 13 | | 2022 | 33,000,000 | 20% | ₩6,600,000 | ₩6,600,000 | |
| 14 | | 2023 | 33,000,000 | 20% | ₩6,600,000 | ₩13,200,000 | |
| 15 | | 2024 | 33,000,000 | 20% | ₩6,600,000 | ₩19,800,000 | |
| 16 | | 2025 | 33,000,000 | 20% | ₩6,600,000 | ₩26,400,000 | |
| 17 | | 2026 | 33,000,000 | 20% | ₩6,600,000 | ₩33,000,000 | |
| 18 | | (합계) | | | ₩33,000,000 | | |

⑮ G13 셀의 '장부가액'은 '=취득원가 – 감가상각누계액'의 산식으로 계산된다. 따라서 G13셀에 수식 '**=$C$5 – F13**'으로 입력한다. 여기서 취득원가를 의미하는 C5 셀은 절대셀형식으로 표시하되 감가상각누계액을 표시하는 F13셀은 절대셀 형식이 아닌 상대셀 형식이 적용되도록 해야, 이 수식을 아래부분 G14:G17 셀범위에도 동일하게 적용되도록 할 수 있다. 최종 표시결과에서 5년 동안의 감가상각을 수행한 후인 마지막 2026년의 장부가액은 잔존가치만 남아야 하므로, G17 셀의 장부가액이 C7 셀에 입력되어 있는 잔존가치 금액과 일치하는 경우, 계산과정

에 오류가 없는 것으로 볼 수 있다.

G17 | =$C$5-F17

| | A | B | C | D | E | F | G |
|---|---|---|---|---|---|---|---|
| 3 | | 자산명: | 화물트럭 | | | | |
| 4 | | 취득일: | 2022-01-03 | | | | |
| 5 | | 취득원가: | 37,000,000 | | | | |
| 6 | | 내용연수: | 5 | | | | |
| 7 | | 잔존가치: | 4,000,000 | | | | |
| 8 | | 추정주행거리: | 300,000 | | | | |
| 9 | | | | | | | |
| 10 | [정액법] | | | | | | |
| 11 | | | 계산 | | | 기말 | |
| 12 | | 연도 | 감가대상금액 | x 감가상각률 | =연간감가상각비 | 감가상각누계액 | 장부가액 |
| 13 | | 2022 | 33,000,000 | 20% | ₩6,600,000 | ₩6,600,000 | 30,400,000 |
| 14 | | 2023 | 33,000,000 | 20% | ₩6,600,000 | ₩13,200,000 | 23,800,000 |
| 15 | | 2024 | 33,000,000 | 20% | ₩6,600,000 | ₩19,800,000 | 17,200,000 |
| 16 | | 2025 | 33,000,000 | 20% | ₩6,600,000 | ₩26,400,000 | 10,600,000 |
| 17 | | 2026 | 33,000,000 | 20% | ₩6,600,000 | ₩33,000,000 | 4,000,000 |
| 18 | | (합계) | | | ₩33,000,000 | | |

Sheet1

⑯ 이로써 정액법을 적용하는 경우의 감가상각 관련 계산표는 완성되었다.

## 2) 정률법을 적용하는 경우

❶ 정률법을 적용하는 경우에도 앞의 정액법을 적용하는 경우와 비교해보기 위해서 동일한 계산표 형식을 적용하기로 한다. 정액법 계산이 적용된 B11:G18 셀 범위를 선택하여 복사한 후 B21 셀에 붙여넣기 한다. 계산자료가 입력되어 있는 C23:G27 셀범위를 선택하여 Delete키로 내용을 모두 지우고, C22 셀의 '감가대상금액'은 정률법 계산식의 기초가 되는 **'기초장부가액'**으로 변경하여 입력한다.

C22 | 기초장부가액

| | A | B | C | D | E | F | G |
|---|---|---|---|---|---|---|---|
| 10 | [정액법] | | | | | | |
| 11 | | | 계산 | | | 기말 | |
| 12 | | 연도 | 감가대상금액 | x 감가상각률 | =연간감가상각비 | 감가상각누계액 | 장부가액 |
| 13 | | 2022 | 33,000,000 | 20% | ₩6,600,000 | ₩6,600,000 | 30,400,000 |
| 14 | | 2023 | 33,000,000 | 20% | ₩6,600,000 | ₩13,200,000 | 23,800,000 |
| 15 | | 2024 | 33,000,000 | 20% | ₩6,600,000 | ₩19,800,000 | 17,200,000 |
| 16 | | 2025 | 33,000,000 | 20% | ₩6,600,000 | ₩26,400,000 | 10,600,000 |
| 17 | | 2026 | 33,000,000 | 20% | ₩6,600,000 | ₩33,000,000 | 4,000,000 |
| 18 | | (합계) | | | ₩33,000,000 | | |
| 19 | | | | | | | |
| 20 | [정률법] | | | | | | |
| 21 | | | 계산 | | | 기말 | |
| 22 | | 연도 | 기초장부가액 | x 감가상각률 | =연간감가상각비 | 감가상각누계액 | 장부가액 |
| 23 | | 2022 | | | | | |
| 24 | | 2023 | | | | | |
| 25 | | 2024 | | | | | |
| 26 | | 2025 | | | | | |
| 27 | | 2026 | | | | | |
| 28 | | (합계) | | | ₩0 | | |

Sheet1

❷ 이는 정률법을 통한 감가상각 계산식이 '=(취득원가 - 감가상각누계액)×상각률'로 정의되며, 여기에서 '(취득원가 - 감가상각누계액)'은 곧 장부가액을 의미하는 것이므로 정률법 상각표를 "장부가액×상각률=감가상각비"의 산식 형태로 표시하기 위한 것이다. 다만 정률법을 적용하는 경우 상각률은 "$1 - \sqrt[n]{\frac{잔존가치}{취득원가}}$"의 산식에 의해 계산되는 것이지만, 직접 계산을 수행하는 자체가 복잡한 관계로, 정률법을 적용하는 경우에는 대부분 이미 계산된 상각률(정률)을 제시해주는 것이 보통이고, 이 사례의 경우에도 미리 계산되어 제시된 상각률 35.91%를 그대로 적용하기로 한다.

❸ C23 셀에 표시되어야 할 '기초장부가액'은 맨 처음 감가상각을 수행하는 연도이기 때문에 감가상각누계액 자료가 없으므로 취득가액만을 표시하도록 하기 위해 C23 셀에 수식 '=**$C$5**'로 입력한다.

❹ D23 셀에는 정률법에 적용하는 상각률을 계산하여 표시하도록 해야 하는데, 이 정률법 상각률은 이미 35.91%로 제시되어 있으므로 이 상각율을 적용하도록 한다. 이때 해당 상각률(35.91%)을 D23셀에 직접 입력해도 상관없긴 하지만, 엑셀의 참조기능을 보다 효과적으로 적용하도록 하기 위해서는 맨 위쪽의 기초자료 영역에 이를 기록해두고 참조하도록 하는 것이 더 나을 수도 있다. 따라서 먼저 B9셀에 '**정률법상각률**'로 입력하고 C9셀에 '**35.91%**'를 입력해 둔다. 이제 D23셀에는 '=**$C$9**'과 같이 절대셀참조 형식으로 입력하되, 표시형식이 소숫점 2자릿수로 표시되고 있지 않는 경우에는 [홈]탭의 [표시형식]에서 %(백분율스타일)와 [자릿수늘림] 아이콘을 이용하여 소숫점 2자리로 표시되도록 조정한다.

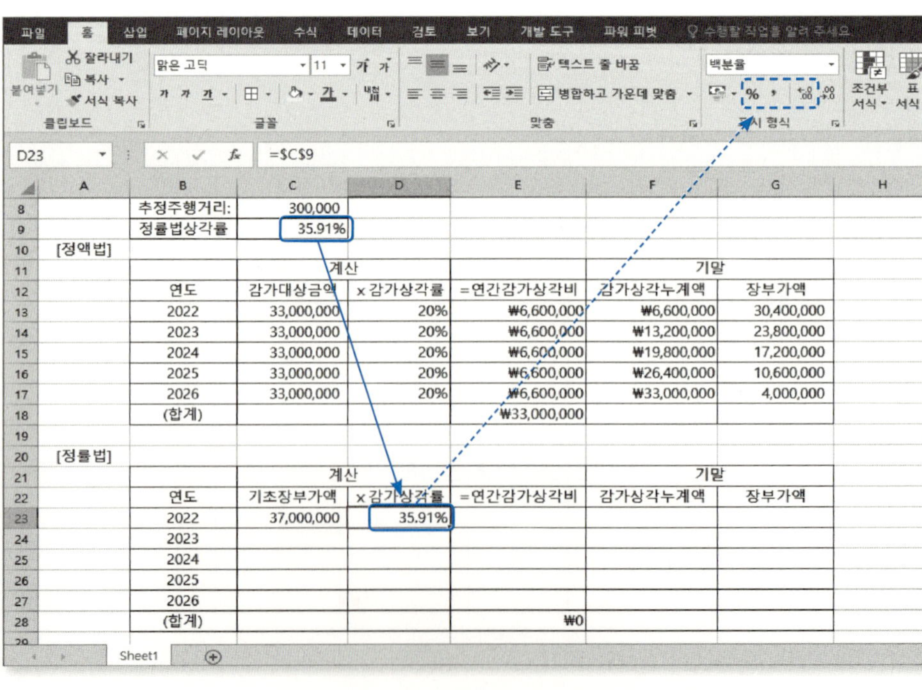

❺ E23 셀에는 정률법 감가상각비 계산금액을 표시하기 위해서 수식 '=**C23*D23**'으로 입력한다. 이때 참조되는 C23 셀의 값(기초장부가액)은 매년 변동될 수 있는 금액이며, D23 셀은 이미 참조영역이 변동되지 않도록 절대셀 참조형식으로 설정해두었던 것이기 때문에, E23 셀에 입력되는 수식에서는 절대셀참조 형식을 적용할 필요는 없다.

❻ F23 셀에는 첫해의 감가상각누계액을 표시하기 위해 수식 '=**E23**'으로 입력한다. 여기서는 상각 첫해인 관계로 이전의 감가상각누계액 자료가 없기 때문에 당해연도에 계산된 감가상각비만을 그대로 감가상각누계액으로 표시하도록 하는 것이다. 그리고G23 셀에는 수식 '=**C23－E23**'으로 입력하여, 기초장부가액에서 당해연도에 새로 계산된 감가상각비 금액만큼을 차감하여 새로운 장부가액을 계산하도록 한다. 다만 '장부가액'은 '(취득원가－감가상각누계액)'을 의미하는 것이므로, G23 셀에 위의 수식 대신에 '=**$C$5－F23**'으로 입력할 수도 있을 것이다. 두 수식의 결과는 동일하다.

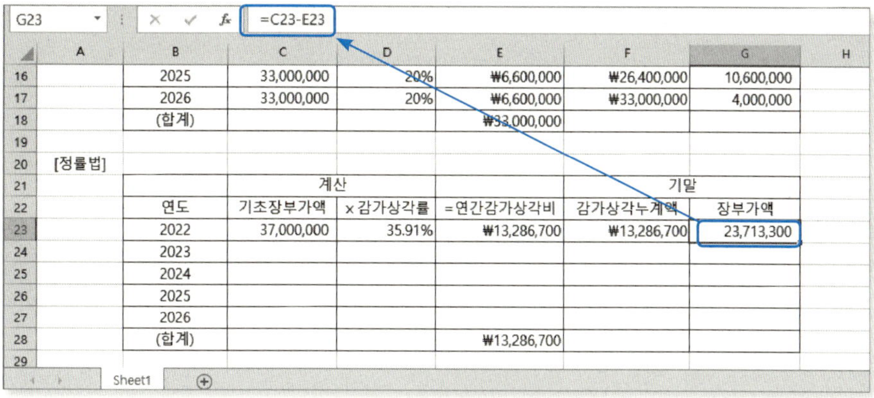

G23 =C23-E23

| | A | B | C | D | E | F | G | H |
|---|---|---|---|---|---|---|---|---|
| 16 | | 2025 | 33,000,000 | 20% | ₩6,600,000 | ₩26,400,000 | 10,600,000 | |
| 17 | | 2026 | 33,000,000 | 20% | ₩6,600,000 | ₩33,000,000 | 4,000,000 | |
| 18 | | (합계) | | | ₩33,000,000 | | | |
| 19 | | | | | | | | |
| 20 | [정률법] | | | | | | | |
| 21 | | | 계산 | | | 기말 | | |
| 22 | | 연도 | 기초장부가액 | x 감가상각률 | = 연간감가상각비 | 감가상각누계액 | 장부가액 | |
| 23 | | 2022 | 37,000,000 | 35.91% | ₩13,286,700 | ₩13,286,700 | 23,713,300 | |
| 24 | | 2023 | | | | | | |
| 25 | | 2024 | | | | | | |
| 26 | | 2025 | | | | | | |
| 27 | | 2026 | | | | | | |
| 28 | | (합계) | | | ₩13,286,700 | | | |
| 29 | | | | | | | | |

Sheet1

❼ 전년도 말의 새로운 장부가액이 다음해의 기초장부가액이 되는 것이므로, C24 셀에는 전년도 말의 장부가액을 참조하는 형식으로 표시하기 위해 수식 '=**G23**'으로 입력한다. 또 F24 셀의 감가상각누계액은 '전년도 감가상각누계액＋당년도 감가상각비'로 계산될 것이므로, F24 셀에는 수식 '=**F23＋E24**'로 입력한다.

❽ 이제 C24, D23, E23, F24, G23 셀의 수식이 그 아래쪽에도 동일하게 적용될 수 있으므로, 각 셀을 차례로 선택하고 각각 자동채우기핸들을 이용하여 아래 27행까지 채워넣기 하여 표를 완성할 수 있다.

G23 =C23-E23

| | A | B | C | D | E | F | G | H |
|---|---|---|---|---|---|---|---|---|
| 16 | | 2025 | 33,000,000 | 20% | ₩6,600,000 | ₩26,400,000 | 10,600,000 | |
| 17 | | 2026 | 33,000,000 | 20% | ₩6,600,000 | ₩33,000,000 | 4,000,000 | |
| 18 | | (합계) | | | ₩33,000,000 | | | |
| 19 | | | | | | | | |
| 20 | [정률법] | | | | | | | |
| 21 | | | 계산 | | | 기말 | | |
| 22 | | 연도 | 기초장부가액 | x 감가상각률 | =연간감가상각비 | 감가상각누계액 | 장부가액 | |
| 23 | | 2022 | 37,000,000 | 35.91% | ₩13,286,700 | ₩13,286,700 | 23,713,300 | |
| 24 | | 2023 | 23,713,300 | 35.91% | ₩8,515,446 | ₩21,802,146 | 15,197,854 | |
| 25 | | 2024 | 15,197,854 | 35.91% | ₩5,457,549 | ₩27,259,695 | 9,740,305 | |
| 26 | | 2025 | 9,740,305 | 35.91% | ₩3,497,743 | ₩30,757,439 | 6,242,561 | |
| 27 | | 2026 | 6,242,561 | 35.91% | ₩2,241,704 | ₩32,999,143 | 4,000,857 | |
| 28 | | (합계) | | | ₩32,999,143 | | | |
| 29 | | | | | | | | |

Sheet1

❾ 정률법을 적용하는 경우의 감가상각비 계산표가 완성되긴 했지만, 한 가지 아쉬운 부분은, 정액법 상각표의 경우와 같이, 감가상각 내용연수가 모두 종료된 시점(2026년)의 장부가액(4,000,857)이 기초자료부분에 기록되어 있는 잔존가치 금액(4,000,000)과 정확히 일치하지 않고 있다는 것이다. 물론 이러한 차이의 원인은 정률법 계산에 적용되고 있는 상각률(35.91%) 때문이다. 원래 정률법에서 규정하고 있는 상각률 계산식(상각률$=1-\sqrt[n]{\frac{잔존가치}{취득원가}}$)에 의해 정확히 계산된 수치는 소숫점 이하 여러 자릿수를 갖는 수치였겠지만, 실제 계산에 보다 쉽게 적용하도록 하기 위해서 소숫점 두 자릿수인 '35.91%'로 간소화하여 적용하도록 하고 있기 때문에, 이 두 수치 간의 미세한 차이가 결국 이러한 금액차이로 나타나고 있는 것이다. 따라서 실무의 편의상 보통 G27 셀의 장부금액(4,000,857)을 잔존가치 금액(4,000,000)과 일치시키도록 하기 위해서, 마지막 해(2026년)에 계산되는 정률법 감가상각비(2,241,704)에 그 차이분(857)을 반영하도록 부분수정하여 정리하는 방법을 사용하기도 한다.

❿ 이를 위해 임시방편적인 방법으로 E27 셀에 계산된 금액에, G27 셀이 잔존가치와 차이가 나는 금액만큼을 단순히 더하는 금액으로 직접 재입력하여 처리할 수도 있겠지만, 이왕이면 이러한 관계를 경우에 따른 수식으로 정리하여 입력해두면, 만약 이 표를 다른 감가상각 계산에 사용하는 경우에도 따로 계산해야 하는 불편을 감소시킬 수 있을 것이다. 따라서 E27 셀의 수식을 IF함수를 적용하는 형태로 변경하여 입력해 보기로 한다. G27 셀의 금액(마지막 장부가액)과 잔존가치 금액과의 차이는, 결국 G26셀에 계산된 금액에서 잔존가치를 뺀 금액(6,242,561 - 4,000,000)과 E27 셀에 계산되는 마지막 감가상각비 금액과의 차이를 의미하는 것이므로, 만일 전자가 후자보다 큰 경우에는 그 차액을 E27 셀에 계산되는 감가상각비에 더하여 표시하도록 하고, 만일 반대인 경우에는 차감하여 표시하도록 하는 수식으로 변경하여 입력하면 될 것이다. 이러한 논리를 수식으로 표시하기 위해서, E27 셀의 수식을 다음의 IF문을 적용하는 수식으로 변경해 본다.

E27: =IF((G26－C7)〉(C27∗D27),(C27∗D27)＋((G26－C7)－(C27∗D27)),(C27∗D27)
－((C27∗D27)－(G26－C7)))

⑪ 이와 같이 E27 셀의 수식을 변경한 결과, 비록 E27 셀에 계산되는 금액은 이전과 다소 변화가 있지만, 그로 인해서 정률법 감가상각비 계산표에서도 G27 셀과 F27 셀의 금액이 모두 앞의 정액법 감가상각비 계산표에서의 금액과 정확히 일치하는 금액으로 조정되었다.

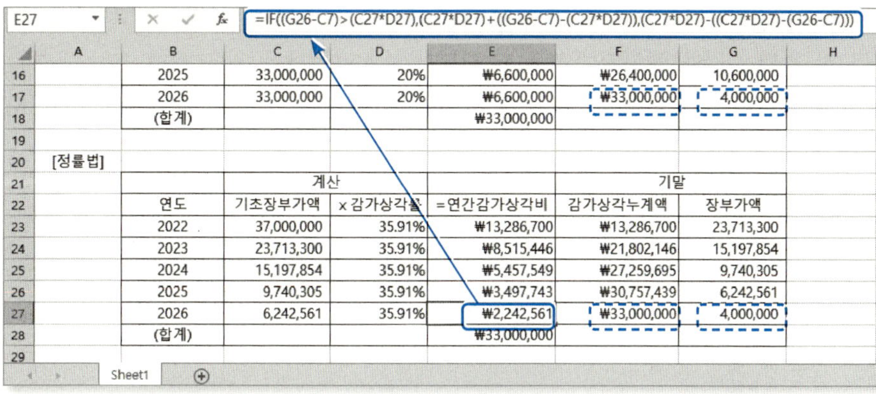

E27 | =IF((G26-C7)>(C27*D27),(C27*D27)+((G26-C7)-(C27*D27)),(C27*D27)-((C27*D27)-(G26-C7)))

| | A | B | C | D | E | F | G | H |
|---|---|---|---|---|---|---|---|---|
| 16 | | 2025 | 33,000,000 | 20% | ₩6,600,000 | ₩26,400,000 | 10,600,000 | |
| 17 | | 2026 | 33,000,000 | 20% | ₩6,600,000 | ₩33,000,000 | 4,000,000 | |
| 18 | | (합계) | | | ₩33,000,000 | | | |
| 19 | | | | | | | | |
| 20 | [정률법] | | | | | | | |
| 21 | | | 계산 | | | 기말 | | |
| 22 | | 연도 | 기초장부가액 | x 감가상각률 | =연간감가상각비 | 감가상각누계액 | 장부가액 | |
| 23 | | 2022 | 37,000,000 | 35.91% | ₩13,286,700 | ₩13,286,700 | 23,713,300 | |
| 24 | | 2023 | 23,713,300 | 35.91% | ₩8,515,446 | ₩21,802,146 | 15,197,854 | |
| 25 | | 2024 | 15,197,854 | 35.91% | ₩5,457,549 | ₩27,259,695 | 9,740,305 | |
| 26 | | 2025 | 9,740,305 | 35.91% | ₩3,497,743 | ₩30,757,439 | 6,242,561 | |
| 27 | | 2026 | 6,242,561 | 35.91% | ₩2,242,561 | ₩33,000,000 | 4,000,000 | |
| 28 | | (합계) | | | ₩33,000,000 | | | |
| 29 | | | | | | | | |

Sheet1

⑫ 다만 우리는 위 ⑤에서 정률법 감가상각비를 계산할 때 관련 수식(기초장부가액×상각률) 입력을 통해 계산했지만, 앞의 정액법 감가상각비 계산에서는 수식 대신에 엑셀에 내장되어 있는 함수(SLN)를 적용했었으므로, 정률법의 경우에도 수식 대신에 함수를 적용하여 계산되는 값과 비교해볼 필요도 있을 것이다.

⑬ 함수 적용결과를 계산표의 오른쪽에 표시하여 이미 수식을 통해 계산된 E22:E28 셀 범위의 계산결과와 비교해보기 위해서, 먼저 I21셀에 **'함수적용'**, I22 셀에 **'연간감가상가비'**로 입력해 놓고, I23 셀을 클릭한 후, 열머리글 위쪽의 [함수삽입] 아이콘($f_x$)을 클릭하거나 또는 엑셀 [수식] 탭의 [함수삽입] 아이콘을 클릭하여 [함수마법사]를 표시한다. [함수마법사] 대화상자의 [함수검색]란에서 "감가상각"으로 입력하여 검색되는 함수들 중에서 DB, VDB, DDB 등의 함수가 이중체감법(가속상각법)에 해당하는 함수들이지만, 이 중 DB함수가 정률법을 적용하는 함수이므로 "DB"를 선택하고 [확인]을 누른다.

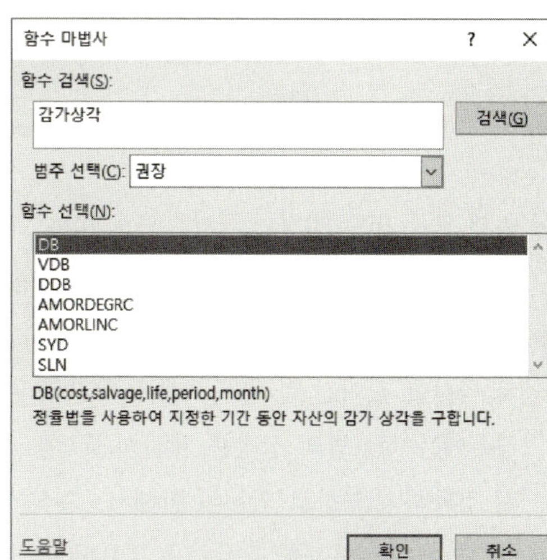

⑭ 이어 나타나는 [함수 인수] 대화상자에서 [Cost]난에는 '취득원가'를 대입시키기 위해서 sheet 상의 기초자료들 중 C5 셀을 클릭하고 F4키를 눌러서 절대셀참조 형식으로 변경해 둔다. 여기서 절대셀 형식을 취하는 이유는 다음에 이 함수식을 아래쪽 셀영역에도 복사하여 사용하기 위한 사전준비인 셈이다. 다음으로 [Salvage]난에는 잔존가치 자료가 대입되어야 할 것이므로 sheet상의 C7 셀을 클릭하고 역시 F4키로 절대셀 참조형식으로 변경해 놓는다. 다음 [Life] 셀에는 내용연수가 대입될 것이므로 sheet 상의 C6 셀을 클릭하여 절대셀 형식으로 입력하고, [Period]난에는 전체 내용연수 중 현재 몇 번째 회계연도에 해당하느냐를 입력하는 곳이므로, 현재 그 첫 번째 기간을 표시하는 '1'로 입력한다. [Month]난은 최초 해당 자산을 취득한 시점이 언제인가에 따라서 첫해에 감가상각에 반영해야 할 개월수를 입력하는 부분인데, 이는 기중 취득 자산의 경우에 감가상각비를 월할계산하여 반영하기 위한 것이다. 이 예에서는 따로 취득일자를 명시하고 있지 않기 때문에 1월초에 취득한 것으로 간주하고, 따라서 첫해에도 1년분을 모두 반영하도록 하기 위해서 이 [Month]난은 기록하지 않도록 한다.

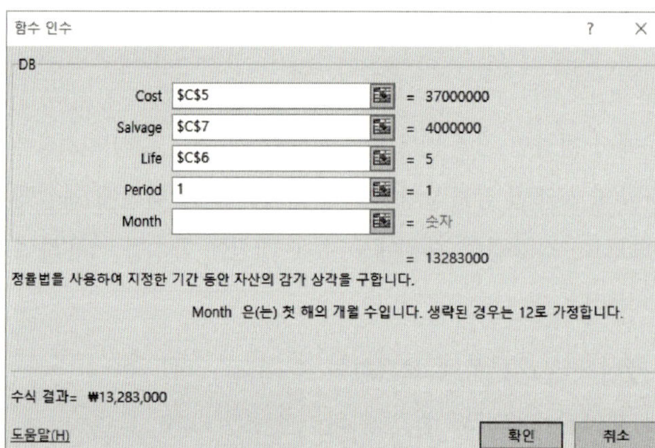


⑮ 이제 모든 인수 지정이 끝났으므로 [함수 인수] 대화상자에서 [확인]을 누르면, 지금까지 선택한 결과가 위의 [수식입력줄]에 함수표현형식으로 표시되고, I23 셀에는 그 계산결괏값이 표시된다. DB함수를 적용한 계산값(₩13,283,000)은 E23셀에서 수식을 적용한 계산값(₩13,286,700)과 근사한 값이긴 하지만 그래도 약간의 금액차이가 나타나게 되는데, 이는 함수를 사용하는 경우에는 정률법의 상각률 계산식(상각률$=1-\sqrt[n]{\frac{\text{잔존가치}}{\text{취득원가}}}$)에 따른 결과를 소숫점 여러 자리까지 정확히 반영하고 있는데 반해서, 수식에 의한 계산에서 적용했던 상각률(35.91%)은 소숫점 세자리에서 반올림한 근사치를 적용하고 있기 때문에 나타나는 차이라고 할 수 있다.

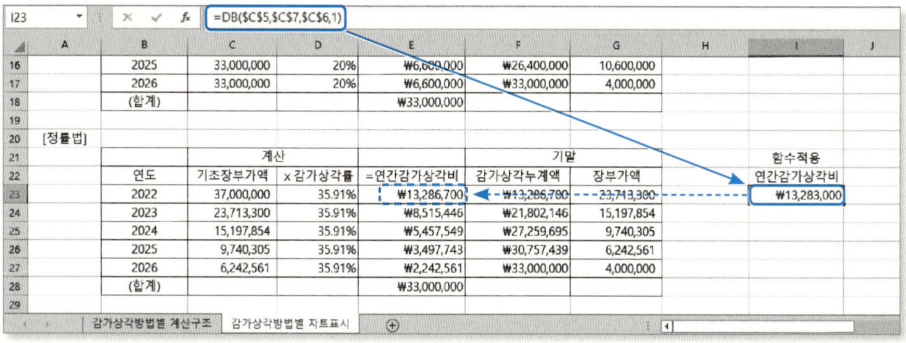
I23 | =DB($C$5,$C$7,$C$6,1)

| | A | B | C | D | E | F | G | H | I |
|---|---|---|---|---|---|---|---|---|---|
| 16 | | 2025 | 33,000,000 | 20% | ₩6,600,000 | ₩26,400,000 | 10,600,000 | | |
| 17 | | 2026 | 33,000,000 | 20% | ₩6,600,000 | ₩33,000,000 | 4,000,000 | | |
| 18 | | (합계) | | | ₩33,000,000 | | | | |
| 19 | | | | | | | | | |
| 20 | [정률법] | | | | | | | | |
| 21 | | | 계산 | | | 기말 | | | 함수적용 |
| 22 | | 연도 | 기초장부가액 | x 감가상각률 | =연간감가상각비 | 감가상각누계액 | 장부가액 | | 연간감가상각비 |
| 23 | | 2022 | 37,000,000 | 35.91% | ₩13,286,700 | ₩13,286,700 | 23,713,300 | | ₩13,283,000 |
| 24 | | 2023 | 23,713,300 | 35.91% | ₩8,515,446 | ₩21,802,146 | 15,197,854 | | |
| 25 | | 2024 | 15,197,854 | 35.91% | ₩5,457,549 | ₩27,259,695 | 9,740,305 | | |
| 26 | | 2025 | 9,740,305 | 35.91% | ₩3,497,743 | ₩30,757,439 | 6,242,561 | | |
| 27 | | 2026 | 6,242,561 | 35.91% | ₩2,242,561 | ₩33,000,000 | 4,000,000 | | |
| 28 | | (합계) | | | ₩33,000,000 | | | | |
| 29 | | | | | | | | | |

감가상각방법별 계산구조 | 감가상각방법별 차트표시

⑯ 이제 완성된 함수식을 아래쪽에도 반영하기 위해 I23 셀에서 자동채우기핸들을 통해 I27셀까지 채워넣는다. 그런데 아래쪽에 복사된 셀들에서도 같은 값들만이 표시되고 있으므로 필요한 부분(즉 [Period]의 적용연도 부분)만 변경해주면 될 것이다. I24 셀을 클릭하고 열머리글 위쪽의 [수식입력줄]에 표시된 수식에서 맨 뒤쪽 '1'을 '2'로 수정해주기만 하면 된다. 마찬가지 방법으로 I25, I26,I27 셀의 경우에도 각각 '3', '4', '5'로 수정해 준다.

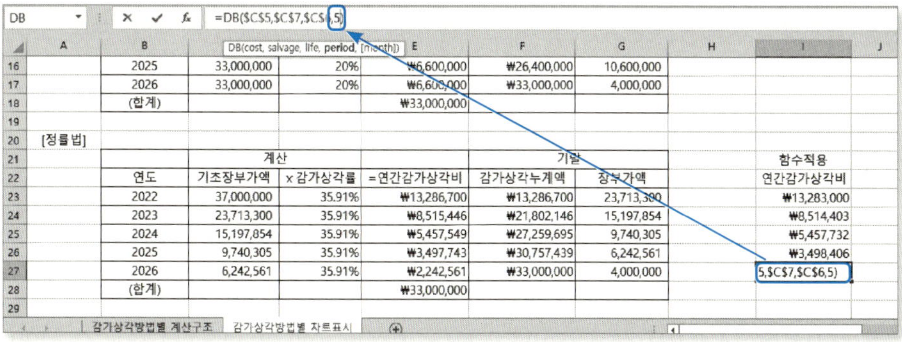
DB | =DB($C$5,$C$7,$C$6,5)

DB(cost, salvage, life, period, [month])

| | A | B | C | D | E | F | G | H | I |
|---|---|---|---|---|---|---|---|---|---|
| 16 | | 2025 | 33,000,000 | 20% | ₩6,600,000 | ₩26,400,000 | 10,600,000 | | |
| 17 | | 2026 | 33,000,000 | 20% | ₩6,600,000 | ₩33,000,000 | 4,000,000 | | |
| 18 | | (합계) | | | ₩33,000,000 | | | | |
| 19 | | | | | | | | | |
| 20 | [정률법] | | | | | | | | |
| 21 | | | 계산 | | | 기말 | | | 함수적용 |
| 22 | | 연도 | 기초장부가액 | x 감가상각률 | =연간감가상각비 | 감가상각누계액 | 장부가액 | | 연간감가상각비 |
| 23 | | 2022 | 37,000,000 | 35.91% | ₩13,286,700 | ₩13,286,700 | 23,713,300 | | ₩13,283,000 |
| 24 | | 2023 | 23,713,300 | 35.91% | ₩8,515,446 | ₩21,802,146 | 15,197,854 | | ₩8,514,403 |
| 25 | | 2024 | 15,197,854 | 35.91% | ₩5,457,549 | ₩27,259,695 | 9,740,305 | | ₩5,457,732 |
| 26 | | 2025 | 9,740,305 | 35.91% | ₩3,497,743 | ₩30,757,439 | 6,242,561 | | ₩3,498,406 |
| 27 | | 2026 | 6,242,561 | 35.91% | ₩2,242,561 | ₩33,000,000 | 4,000,000 | | 5,$C$7,$C$6,5) |
| 28 | | (합계) | | | ₩33,000,000 | | | | |
| 29 | | | | | | | | | |

감가상각방법별 계산구조 | 감가상각방법별 차트표시

⑰ 계산된 감가상각비들을 합산해보기 위해 I23:I28 셀범위를 선택하고 [자동합계] 아이콘(Σ)을 클릭한다. 표시된 각 연도의 감가상각비 금액은 수식 입력의 경우(E23:E27)와 함수 입력의 경우(I23:I27)에 모두 조금씩 차이가 있기는 하지만 전체적으로 근사한 값으로 계산되고 있어서, 어떤 방법을 사용하든 간에 큰 차이는 없는 것으로 볼 수 있다. 다만 위의 ⑩에서 마지막 연도의 장부가액을 잔존가치 금액과 일치시키도록 하기 위해서 마지막 연도의 감가상각비 계산금액을 일부 조정해 주었던 것처럼, 이 함수 적용의 경우에도 그러한 조정이 필요하다면 I27셀의 수식을 조금 변경해서 '=DB($C$5,$C$7,$C$6,5)+((C5-C7)-SUM(I23:I26)-DB($C$5,$C$7,$C$6,5))'과 같이 수정하여 총 감가상각비 금액을 맞추어 놓을 수도 있을 것이다.

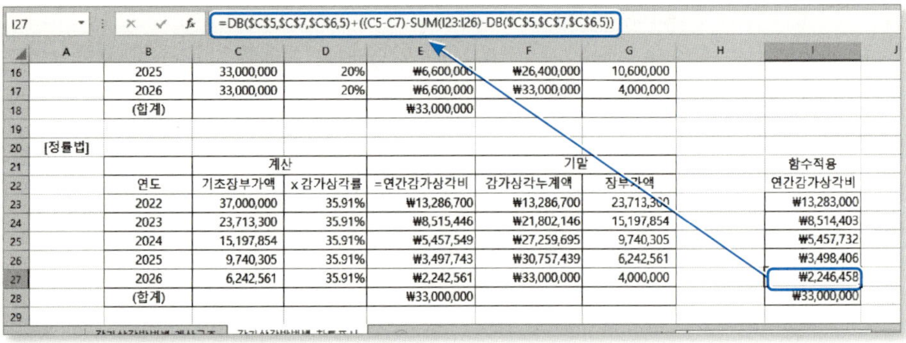

I27 =DB($C$5,$C$7,$C$6,5)+((C5-C7)-SUM(I23:I26)-DB($C$5,$C$7,$C$6,5))

| | A | B | C | D | E | F | G | H | I |
|---|---|---|---|---|---|---|---|---|---|
| 16 | | 2025 | 33,000,000 | 20% | ₩6,600,000 | ₩26,400,000 | 10,600,000 | | |
| 17 | | 2026 | 33,000,000 | 20% | ₩6,600,000 | ₩33,000,000 | 4,000,000 | | |
| 18 | | (합계) | | | ₩33,000,000 | | | | |
| 19 | | | | | | | | | |
| 20 | [정률법] | | | | | | | | |
| 21 | | | 계산 | | | 기말 | | | 함수적용 |
| 22 | | 연도 | 기초장부가액 | x 감가상각률 | =연간감가상각비 | 감가상각누계액 | 장부가액 | | 연간감가상각비 |
| 23 | | 2022 | 37,000,000 | 35.91% | ₩13,286,700 | ₩13,286,700 | 23,713,300 | | ₩13,283,000 |
| 24 | | 2023 | 23,713,300 | 35.91% | ₩8,515,446 | ₩21,802,146 | 15,197,854 | | ₩8,514,403 |
| 25 | | 2024 | 15,197,854 | 35.91% | ₩5,457,549 | ₩27,259,695 | 9,740,305 | | ₩5,457,732 |
| 26 | | 2025 | 9,740,305 | 35.91% | ₩3,497,743 | ₩30,757,439 | 6,242,561 | | ₩3,498,406 |
| 27 | | 2026 | 6,242,561 | 35.91% | ₩2,242,561 | ₩33,000,000 | 4,000,000 | | ₩2,246,458 |
| 28 | | (합계) | | | ₩33,000,000 | | | | ₩33,000,000 |
| 29 | | | | | | | | | |

## 3) 생산량비례법을 적용하는 경우

❶ 감가상각방법으로 생산량비례법을 적용할 때는 정액법이나 정률법을 적용하는 경우와는 조금 다르다. 정액법이나 정률법의 경우에는 해당 자산의 실제 물리적인 가치감소를 반영한다기보다는 매년 일정한 상각률을 정하여 추정금액을 비용으로 계상하고 있지만, 생산량비례법에서는 실제로 사용함으로써 실제가치가 감소한 만큼을 비용으로 계상하는 방법이다. 따라서 이 방법을 적용하기 위해서는 전체 사용가능 능력 중에서 매년 얼마만큼을 사용 또는 소비했는지에 대한 자료가 필요하다. 문제에서는 화물트럭의 총 주행가능거리를 300,000km로 보고 있고, 2022년부터 매년 45,000km, 90,000km, 60,000km, 75,000km, 30,000km만큼 주행한 것으로 가정하고 있으므로 이 비율을 적용하여 계산하도로 한다.

❷ 먼저 A30 셀에 '**[생산량비례법]**'으로 입력해 두고, 생산량비례법의 경우에도 위의 정액법, 정률법의 경우와 상호 비교할 수 있도록 하기 위해 B21:G28 셀 범위의 정률법 감가상각비 계산표 부분을 복사하여, 아래 B31 셀에 붙여넣기 한다. 붙여넣기 한 표 내부의 C33:G37 셀영역은 다시 계산하도록 해야 할 것이므로 범위를 선택하여 지운다.

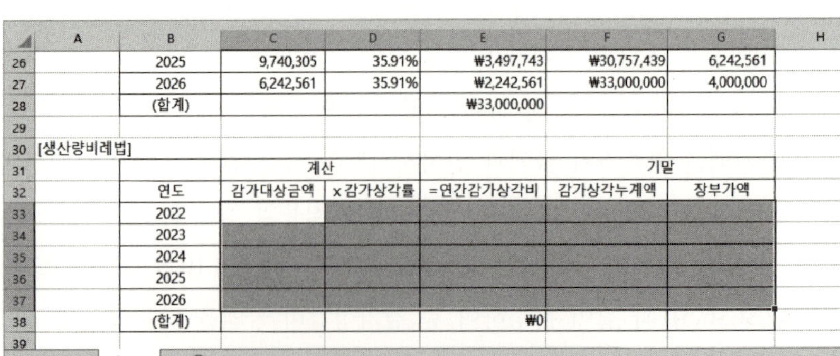

| | A | B | C | D | E | F | G | H |
|---|---|---|---|---|---|---|---|---|
| 26 | | 2025 | 9,740,305 | 35.91% | ₩3,497,743 | ₩30,757,439 | 6,242,561 | |
| 27 | | 2026 | 6,242,561 | 35.91% | ₩2,242,561 | ₩33,000,000 | 4,000,000 | |
| 28 | | (합계) | | | ₩33,000,000 | | | |
| 29 | | | | | | | | |
| 30 | [생산량비례법] | | | | | | | |
| 31 | | | 계산 | | | 기말 | | |
| 32 | | 연도 | 감가대상금액 | x 감가상각률 | =연간감가상각비 | 감가상각누계액 | 장부가액 | |
| 33 | | 2022 | | | | | | |
| 34 | | 2023 | | | | | | |
| 35 | | 2024 | | | | | | |
| 36 | | 2025 | | | | | | |
| 37 | | 2026 | | | | | | |
| 38 | | (합계) | | | ₩0 | | | |
| 39 | | | | | | | | |

Sheet1

❸ 생산량비례법에서의 감가상각비는 "(취득원가 – 잔존가치) × 당기소비량/총예상소비량"으로 계산되므로, '(취득원가 – 잔존가치)'를 감가대상금액으로 표시하기 위해 C32 셀은 그대로 두고, D32 셀을 '**당해주행거리**'로 변경하여 입력한다.

❹ C32 셀에 감가대상금액을 표시하기 위해 수식 '**=$C$5 – $C$7**'으로 입력하고, 같은 수식이 아래 셀범위에도 동일하게 적용되도록 하기 위해 자동채우기핸들로 C37셀까지 끌어서 채워넣는다.

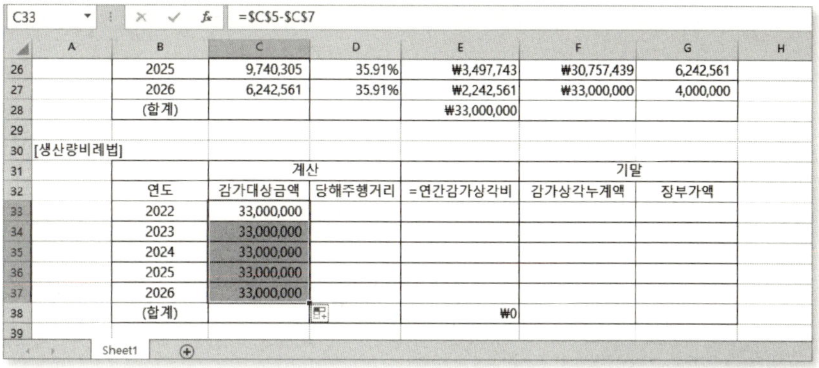

C33 | =$C$5-$C$7

| | A | B | C | D | E | F | G | H |
|---|---|---|---|---|---|---|---|---|
| 26 | | 2025 | 9,740,305 | 35.91% | ₩3,497,743 | ₩30,757,439 | 6,242,561 | |
| 27 | | 2026 | 6,242,561 | 35.91% | ₩2,242,561 | ₩33,000,000 | 4,000,000 | |
| 28 | | (합계) | | | ₩33,000,000 | | | |
| 29 | | | | | | | | |
| 30 | [생산량비례법] | | | | | | | |
| 31 | | | 계산 | | | 기말 | | |
| 32 | | 연도 | 감가대상금액 | 당해주행거리 | =연간감가상각비 | 감가상각누계액 | 장부가액 | |
| 33 | | 2022 | 33,000,000 | | | | | |
| 34 | | 2023 | 33,000,000 | | | | | |
| 35 | | 2024 | 33,000,000 | | | | | |
| 36 | | 2025 | 33,000,000 | | | | | |
| 37 | | 2026 | 33,000,000 | | | | | |
| 38 | | (합계) | | | ₩0 | | | |
| 39 | | | | | | | | |

❺ D33:D37 셀범위에는 문제에서 제시된 각 연도의 주행거리 자료들을 입력한다(45,000, 90,000, 60,000, 75,000, 30,000). 단위는 km이지만 연산을 위해 숫자만 입력하도록 한다.

❻ E33 셀에는 생산량비례법에 의한 감가상각비(=감가대상금액 * 당해주행거리/총추정주행거리)를 계산하기 위해 수식 '**=C33 × D33/$C$8**'로 입력한다. 이 수식에서 위쪽 기초자료부분의 총추정주행거리를 참조하는 '$C$8'부분을 절대셀 형식으로 지정하였으므로, 아래쪽에도 동일한 수식이 입력되도록 하기 위해 자동채우기핸들을 통해 E37 셀까지 끌어 채워넣는다.

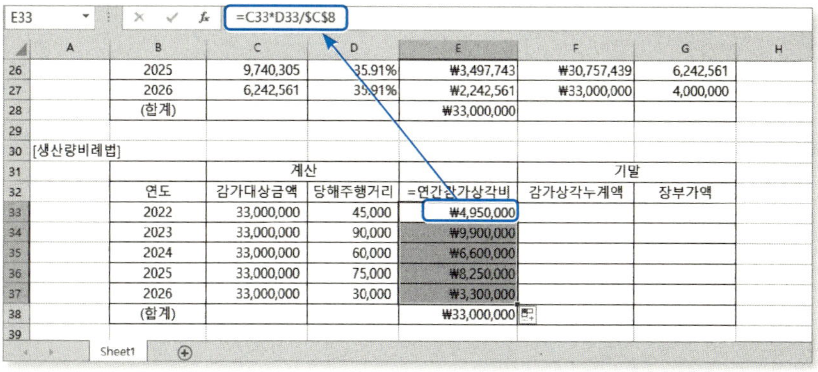

E33 | =C33*D33/$C$8

| | A | B | C | D | E | F | G | H |
|---|---|---|---|---|---|---|---|---|
| 26 | | 2025 | 9,740,305 | 35.91% | ₩3,497,743 | ₩30,757,439 | 6,242,561 | |
| 27 | | 2026 | 6,242,561 | 35.91% | ₩2,242,561 | ₩33,000,000 | 4,000,000 | |
| 28 | | (합계) | | | ₩33,000,000 | | | |
| 29 | | | | | | | | |
| 30 | [생산량비례법] | | | | | | | |
| 31 | | | 계산 | | | 기말 | | |
| 32 | | 연도 | 감가대상금액 | 당해주행거리 | =연간감가상각비 | 감가상각누계액 | 장부가액 | |
| 33 | | 2022 | 33,000,000 | 45,000 | ₩4,950,000 | | | |
| 34 | | 2023 | 33,000,000 | 90,000 | ₩9,900,000 | | | |
| 35 | | 2024 | 33,000,000 | 60,000 | ₩6,600,000 | | | |
| 36 | | 2025 | 33,000,000 | 75,000 | ₩8,250,000 | | | |
| 37 | | 2026 | 33,000,000 | 30,000 | ₩3,300,000 | | | |
| 38 | | (합계) | | | ₩33,000,000 | | | |
| 39 | | | | | | | | |

❼ F33 셀에 기록할 첫해(2022년)의 감가상각누계액은 이전 연도의 누계액 자료가 없으므로 당해 연도 감가상각비만을 고려하도록 수식 '**=E33**'으로 입력한다. 그러나 다음해(2023년)부터는 '전년도 감가상각누계액+당해연도 감가상각비 계산액'으로 표시해야 하기 때문에, F34 셀에는 수식 '**=F33+E34**'로 입력하고, F34 셀에서 자동채우기핸들로 F37셀까지 끌어서 나머지 수식을 완성한다.

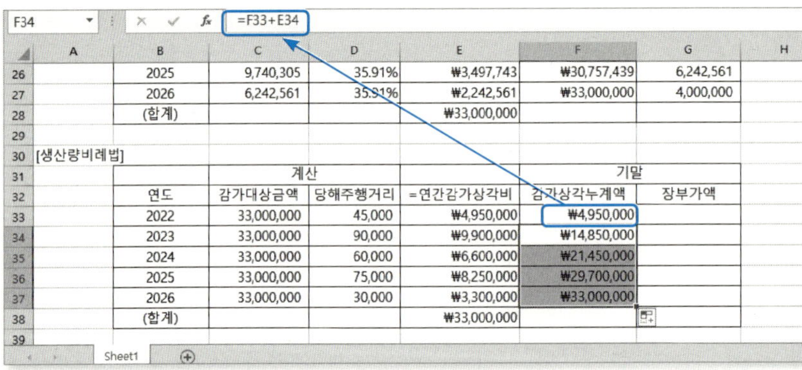

F34 | =F33+E34

| | A | B | C | D | E | F | G | H |
|---|---|---|---|---|---|---|---|---|
| 26 | | 2025 | 9,740,305 | 35.91% | ₩3,497,743 | ₩30,757,439 | 6,242,561 | |
| 27 | | 2026 | 6,242,561 | 35.91% | ₩2,242,561 | ₩33,000,000 | 4,000,000 | |
| 28 | | (합계) | | | ₩33,000,000 | | | |
| 29 | | | | | | | | |
| 30 | [생산량비례법] | | | | | | | |
| 31 | | | 계산 | | | 기말 | | |
| 32 | | 연도 | 감가대상금액 | 당해주행거리 | =연간감가상각비 | 감가상각누계액 | 장부가액 | |
| 33 | | 2022 | 33,000,000 | 45,000 | ₩4,950,000 | ₩4,950,000 | | |
| 34 | | 2023 | 33,000,000 | 90,000 | ₩9,900,000 | ₩14,850,000 | | |
| 35 | | 2024 | 33,000,000 | 60,000 | ₩6,600,000 | ₩21,450,000 | | |
| 36 | | 2025 | 33,000,000 | 75,000 | ₩8,250,000 | ₩29,700,000 | | |
| 37 | | 2026 | 33,000,000 | 30,000 | ₩3,300,000 | ₩33,000,000 | | |
| 38 | | (합계) | | | ₩33,000,000 | | | |
| 39 | | | | | | | | |

Sheet1

❽ G33 셀의 [장부가액]은 '취득원가－감가상각누계액'으로 계산하기 위해서 수식 '**=$C$5－F33**'으로 입력하고, 이 수식을 아래쪽에도 동일하게 적용하도록 하기 위해 자동채우기핸들로 G37셀까지 끌어 나머지 계산을 완성한다. 이때 해당 자산에 대한 모든 감가상각이 끝난 마지막 해(2026년)의 기말의 장부가액(G37셀)은 기초자료부분에 기록되어 있는 잔존가치(C7셀) 금액과 같아야 하고, 또 연간감가상각비의 합계액(E34셀) 역시 C33 셀에 표시되어 있는 감가대상금액과 같아야 하기 때문에, 이들 금액이 서로 일치하고 있는지도 확인해 보아야 한다.

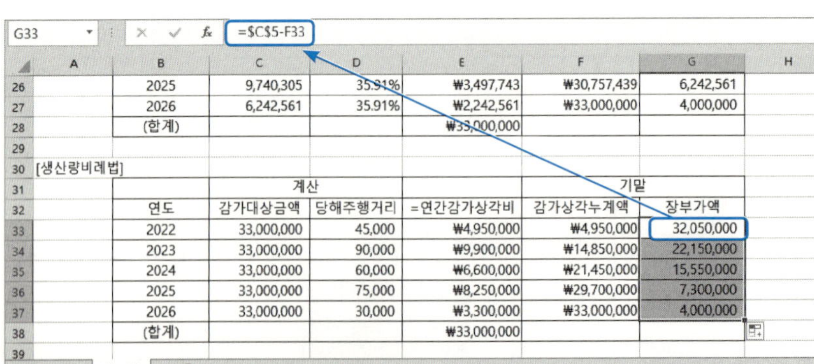

G33 | =$C$5-F33

| | A | B | C | D | E | F | G | H |
|---|---|---|---|---|---|---|---|---|
| 26 | | 2025 | 9,740,305 | 35.91% | ₩3,497,743 | ₩30,757,439 | 6,242,561 | |
| 27 | | 2026 | 6,242,561 | 35.91% | ₩2,242,561 | ₩33,000,000 | 4,000,000 | |
| 28 | | (합계) | | | ₩33,000,000 | | | |
| 29 | | | | | | | | |
| 30 | [생산량비례법] | | | | | | | |
| 31 | | | 계산 | | | 기말 | | |
| 32 | | 연도 | 감가대상금액 | 당해주행거리 | =연간감가상각비 | 감가상각누계액 | 장부가액 | |
| 33 | | 2022 | 33,000,000 | 45,000 | ₩4,950,000 | ₩4,950,000 | 32,050,000 | |
| 34 | | 2023 | 33,000,000 | 90,000 | ₩9,900,000 | ₩14,850,000 | 22,150,000 | |
| 35 | | 2024 | 33,000,000 | 60,000 | ₩6,600,000 | ₩21,450,000 | 15,550,000 | |
| 36 | | 2025 | 33,000,000 | 75,000 | ₩8,250,000 | ₩29,700,000 | 7,300,000 | |
| 37 | | 2026 | 33,000,000 | 30,000 | ₩3,300,000 | ₩33,000,000 | 4,000,000 | |
| 38 | | (합계) | | | ₩33,000,000 | | | |
| 39 | | | | | | | | |

Sheet1

❾ 아쉽게도 엑셀의 내장함수에서는 생산량비례법을 적용할 수 있는 함수를 따로 정의해두고 있지 않기 때문에, 이 생산량비례법을 적용하고자 하는 경우에는 위와 같이 직접 관련 수식을 통해 직접 계산할 수밖에 없다.

## 2단계 감가상각방법 간의 차트 비교

지금까지 각 감가상각방법별로 계산된 감가상각비 계산표를 전체적으로 비교해 보면, 어느 방법에 의하건 내용연수가 경과된 마지막 해의 장부가액은 기초자료에서 주어진(초기에 추정된) 잔존가치 금액(₩4,000,000)과 같게 표시되고 있으며, 따라서 내용연수 기간 중에 비용(감가상각비)으로 처리되는 총금액은 ₩33,000,000으로 같은 금액임을 알 수 있다.

결국 이들 감가상각방법 간의 차이는, 내용연수 기간 중에 비용(감가상각비)으로 처리해야 할 총금액(₩33,000,000)은 동일하지만, 구체적으로 이를 매년 얼마씩의 감가상각비로 비용처리해 나갈 것인가의 배분방법의 차이로 이해할 수 있다.

이 중 정액법을 통해서 계산된 감가상각비(E13:E17)는 매년 같은 금액(₩6,600,000)을 표시하고 있는데 반해서, 정률법 감가상각비(E23:E27)는 초반(2022년)에는 많은 금액(₩13,286,700)이 계상되지만 점차 줄어들어 마지막 해에는 아주 적은 금액만 계상하도록 계산되고 있음을 알 수 있다. 다만 생산량비례법을 적용하는 경우에는 매년 실제주행거리가 달라질 수 있기 때문에 이들 방법과 직접적인 비교는 어려울 수 있다.

물론 어떤 특정 유형자산에 어떤 감가상각방법을 적용할 것인가 하는 문제는, 해당 유형자산의 가치감소 형태에 따라서, 그리고 이러한 감가상각방법의 특성차이를 반영해서, 유형자산 개별적으로 선택 적용할 수 있도록 하고 있다. 따라서 먼저 이들 감가상각방법들의 특성차이와 계산구조를 정확히 이해하고 있을 필요가 있다. 이를 위해 각 방법의 계산표 내용 중 연간감가상각비와 감가상각누계액 자료를 중심으로 차트 형식으로 표시하여 비교해 보기로 한다.

### 1) 정액법 차트

❶ 현재의 계산표를 보존하고 별도의 시트에서 차트를 생성해 보기로 한다. 현재 시트의 아래쪽 시트이름부분을 더블클릭하고, 시트이름을 '**감가상각방법별 계산구조**'로 바꾸어 입력한다. 그리고 Ctrl 키를 누른 상태에서 마우스로 시트이름부분을 클릭하여 오른쪽으로 끌어다 놓음으로써 "감가상각방법별 계산구조 (2)"라는 복제본 시트를 생성한다. 생성된 새 시트의 이름을 '**감가상각방법별 차트표시**'로 변경한다.

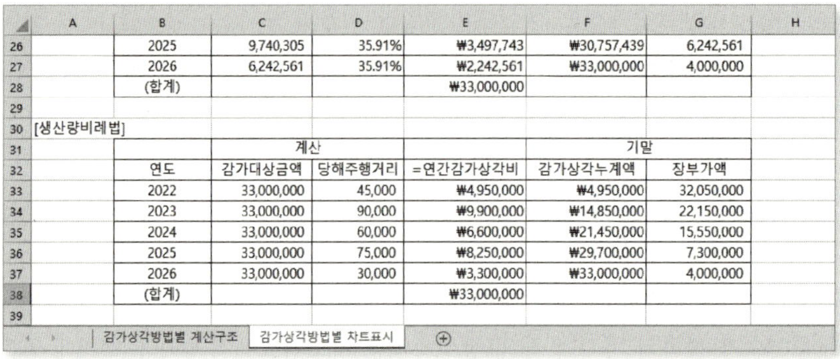

| | A | B | C | D | E | F | G | H |
|---|---|---|---|---|---|---|---|---|
| 26 | | 2025 | 9,740,305 | 35.91% | ₩3,497,743 | ₩30,757,439 | 6,242,561 | |
| 27 | | 2026 | 6,242,561 | 35.91% | ₩2,242,561 | ₩33,000,000 | 4,000,000 | |
| 28 | | (합계) | | | ₩33,000,000 | | | |
| 29 | | | | | | | | |
| 30 | [생산량비례법] | | | | | | | |
| 31 | | | 계산 | | | 기말 | | |
| 32 | | 연도 | 감가대상금액 | 당해주행거리 | =연간감가상각비 | 감가상각누계액 | 장부가액 | |
| 33 | | 2022 | 33,000,000 | 45,000 | ₩4,950,000 | ₩4,950,000 | 32,050,000 | |
| 34 | | 2023 | 33,000,000 | 90,000 | ₩9,900,000 | ₩14,850,000 | 22,150,000 | |
| 35 | | 2024 | 33,000,000 | 60,000 | ₩6,600,000 | ₩21,450,000 | 15,550,000 | |
| 36 | | 2025 | 33,000,000 | 75,000 | ₩8,250,000 | ₩29,700,000 | 7,300,000 | |
| 37 | | 2026 | 33,000,000 | 30,000 | ₩3,300,000 | ₩33,000,000 | 4,000,000 | |
| 38 | | (합계) | | | ₩33,000,000 | | | |
| 39 | | | | | | | | |

감가상각방법별 계산구조 | 감가상각방법별 차트표시

❷ 이제 복제된 시트('감가상각방법별 차트표시')에서 정액법 계산표 아래쪽에 관련 차트를 생성하여 표시하기 위한 빈칸영역을 마련하기 위해서, 왼쪽 행머리글 부분 19행부터 29행까지를 선택하고 오른쪽 마우스에서 [삽입]을 선택한다.

❸ 새로 마련된 빈칸 영역에 차트를 표시하기 위해서, 먼저 차트로 표시하고자 하는 셀범위(E12:F17)를 마우스로 선택한 후, [삽입] 탭에서 [차트] – [꺾은선형 차트삽입] – [꺾은선형]을 선택한다.

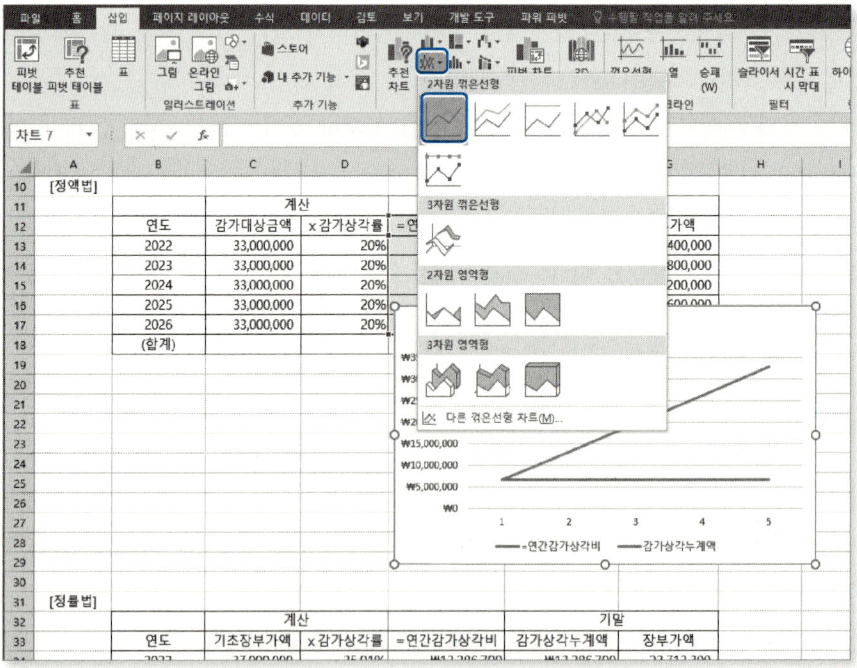


❹ 자동생성된 꺾은선형 차트를 정액법 계산표 아래쪽 빈칸부분으로 이동하고 적당한 크기로 조정하여 위치시킨다. 아직은 원하는 차트형태가 아니므로, 마우스로 차트 내부를 클릭한 후 오

른쪽 마우스에서 [데이터 선택]을 클릭하여 [데이터 원본선택] 대화상자를 표시한다.

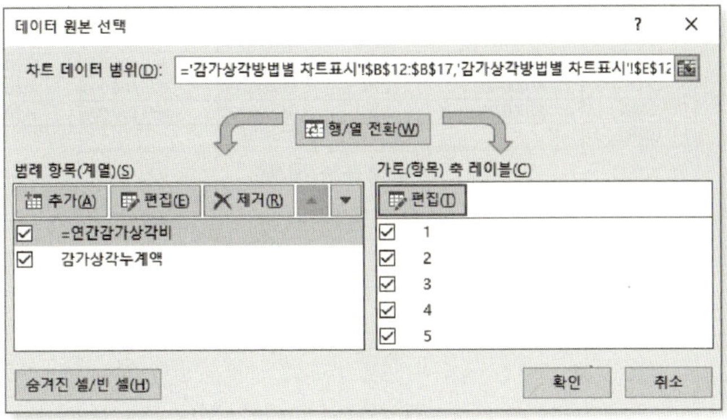


❺ [데이터 원본선택] 대화상자에서 왼쪽의 [범례항목]은 차트에 표시하고자 하는 내용(연간감가상각비와 감가상각누계액)을 제대로 표시하고 있지만, 오른쪽 [가로축 레이블]에는 감가상각 연도를 표시하도록 변경해야 한다. 따라서 [가로축 레이블] 아래 [편집]을 클릭하고 [축 레이블 범위] 상자를 클릭한 후에 시트에서 연도가 표시된 위치범위(B13:B17)를 선택하여 [축 레이블 범위]에 표시되도록 한 후 [확인]을 누른다. 그러면 시트에 자동생성된 차트에서도 가로축에 연도자료가 올바르게 표시되고 있음을 알 수 있다.

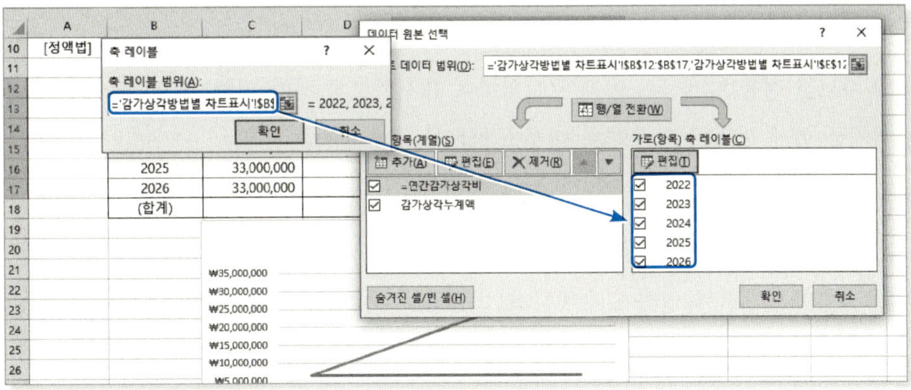


❻ 이를 적용하기 위해 [데이터 원본 선택] 대화상자에서 [확인]을 누르고, 자동생성된 차트에서 [차트 제목] 부분을 클릭하여 제목을 '**정액법 감가상각비 차트**'로 변경한다. 다시 차트를 선택하고 [서식] 탭에서 [도형 윤곽선]을 [진한 파랑색], [두께]를 "1pt"로 변경한다.

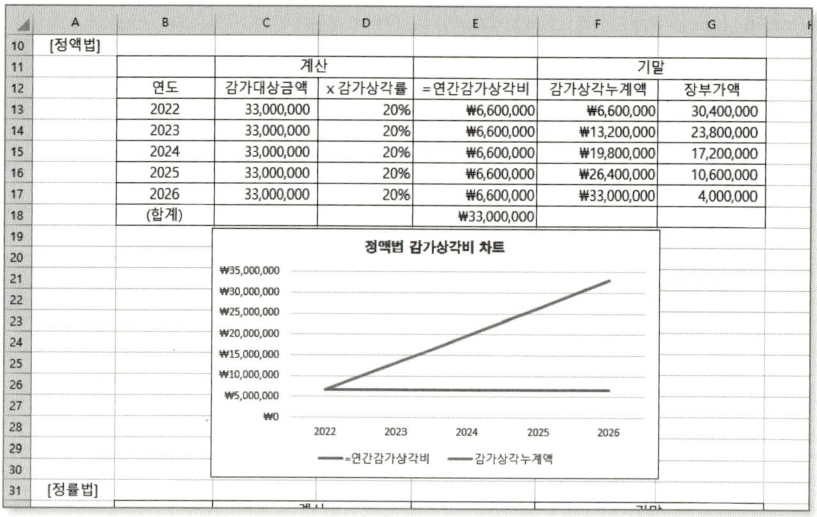

| | A | B | C | D | E | F | G |
|---|---|---|---|---|---|---|---|
| 10 | [정액법] | | | | | | |
| 11 | | | 계산 | | | 기말 | |
| 12 | | 연도 | 감가대상금액 | x 감가상각률 | =연간감가상각비 | 감가상각누계액 | 장부가액 |
| 13 | | 2022 | 33,000,000 | 20% | ₩6,600,000 | ₩6,600,000 | 30,400,000 |
| 14 | | 2023 | 33,000,000 | 20% | ₩6,600,000 | ₩13,200,000 | 23,800,000 |
| 15 | | 2024 | 33,000,000 | 20% | ₩6,600,000 | ₩19,800,000 | 17,200,000 |
| 16 | | 2025 | 33,000,000 | 20% | ₩6,600,000 | ₩26,400,000 | 10,600,000 |
| 17 | | 2026 | 33,000,000 | 20% | ₩6,600,000 | ₩33,000,000 | 4,000,000 |
| 18 | | (합계) | | | ₩33,000,000 | | |
| 31 | [정률법] | | | | | | |



❼ 이제 우리가 표시하고자 하는 정액법 감가상각비 관련 차트가 완성되었다. 이 차트에서 표시되고 있는 바와 같이, 정액법을 통해 계산된 감가상각비는 매년 일정액(₩6,600,000) 같은 금액으로 표시되어 높이가 일정한 가로 직선형태로 표시되고 있음을 알 수 있다. 따라서 매년의 일정한 감가상각비를 누적하여 표시하는 감가상각누계액 차트는 우상향 직선 형태로 표시되고 있다.

## 2) 정률법 차트

❶ 정률법 차트를 정률법 계산표 아래에 삽입하여 표시하도록 하기 위해, 왼쪽 행머리글 40행부터 50행까지를 함께 선택한 후 오른쪽 마우스 [삽입]을 클릭한다.

❷ 마찬가지 방법으로, 차트로 표시하고자 하는 정률법 계산표의 E33:G38 셀범위를 선택하고 [삽입] 탭에서 [차트] - [꺾은선형 차트삽입] - [꺾은선형]을 선택한다. 위의 정액법 차트 작성 설명에서 ④~⑥의 단계를 동일하게 수행하되, 차트 제목은 '**정률법 감가상각비 차트**'로 변경한다.

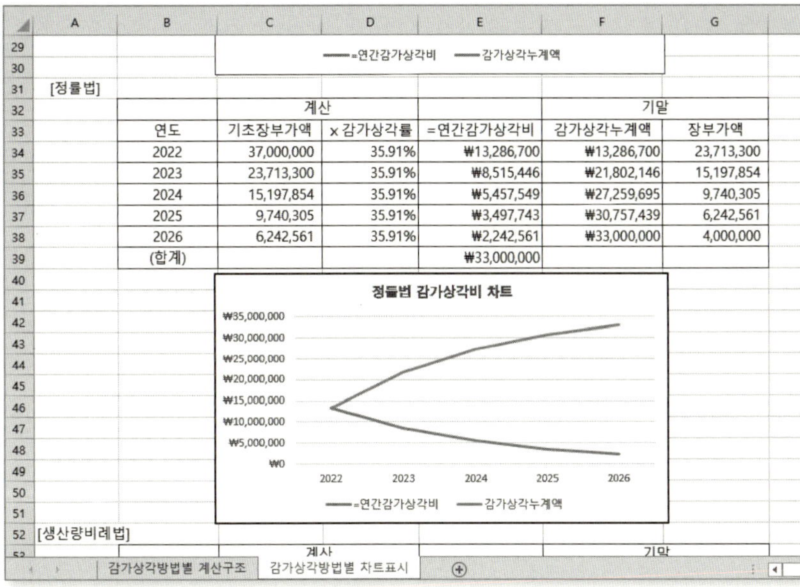

[정률법]

| 연도 | 계산 기초장부가액 | x 감가상각률 | =연간감가상각비 | 기말 감가상각누계액 | 장부가액 |
|---|---|---|---|---|---|
| 2022 | 37,000,000 | 35.91% | ₩13,286,700 | ₩13,286,700 | 23,713,300 |
| 2023 | 23,713,300 | 35.91% | ₩8,515,446 | ₩21,802,146 | 15,197,854 |
| 2024 | 15,197,854 | 35.91% | ₩5,457,549 | ₩27,259,695 | 9,740,305 |
| 2025 | 9,740,305 | 35.91% | ₩3,497,743 | ₩30,757,439 | 6,242,561 |
| 2026 | 6,242,561 | 35.91% | ₩2,242,561 | ₩33,000,000 | 4,000,000 |
| (합계) | | | ₩33,000,000 | | |



❸ 완성된 정률법 감가상각비 차트에 의하면, 정액법의 경우와는 달리, 매년 계상되는 감가상각비는 처음에는 많은 금액이 계상되지만 나중으로 갈수록 보다 적은 금액이 계상되어 전체적으로 우하방 곡선 형태를 이루고 있음을 알 수 있다. 따라서 이들 감가상각비를 누적하여 표시하는 감가상각누계액 차트는 직선 형태가 아니라 우상향 곡선 형태로 표시되고 있어서, 정액법 감가상각비 차트와는 대조를 보이고 있음을 알 수 있다.

### 3) 생산량비례법 차트

❶ 마찬가지 방법으로, 생산량비례법에 의한 감가상각비 차트를 계산표 아래쪽에 표시한 결과를 다음과 같다.

❷ 생산량비례법에 따른 감가상각비 차트를 보면, 정액법이나 정률법의 경우와는 달리 어떤 일정한 규칙이나 형태를 발견하기는 어렵다. 이는 일정한 방법에 의해서 추정하여 계산하는 감가상각비가 아니라, 실제로 해당 유형자산을 사용한 만큼 그에 비례하여 감가상각비를 계산해내는 구조이기 때문에, 매년 실제로 사용하는 비율 자체가 차트의 모양을 결정하게 되는 것이라고 할 수 있다.

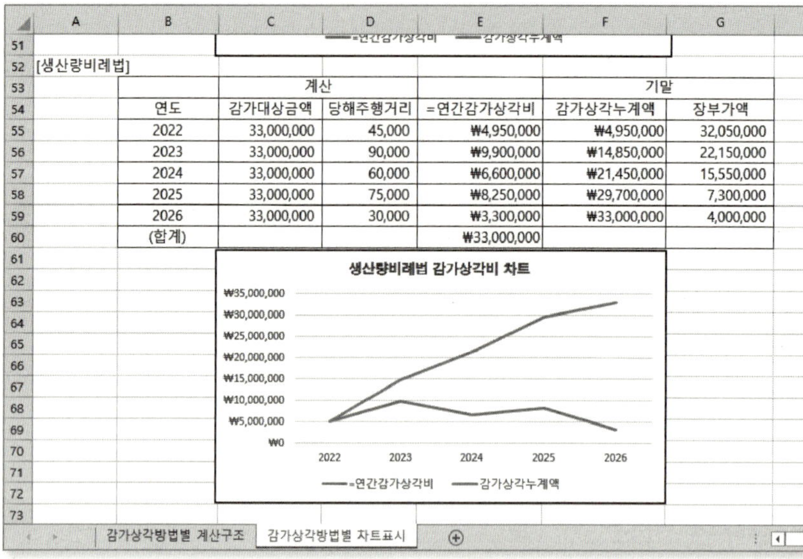

[생산량비례법]

| 연도 | 계산 | | =연간감가상각비 | 기말 | |
|---|---|---|---|---|---|
| | 감가대상금액 | 당해주행거리 | | 감가상각누계액 | 장부가액 |
| 2022 | 33,000,000 | 45,000 | ₩4,950,000 | ₩4,950,000 | 32,050,000 |
| 2023 | 33,000,000 | 90,000 | ₩9,900,000 | ₩14,850,000 | 22,150,000 |
| 2024 | 33,000,000 | 60,000 | ₩6,600,000 | ₩21,450,000 | 15,550,000 |
| 2025 | 33,000,000 | 75,000 | ₩8,250,000 | ₩29,700,000 | 7,300,000 |
| 2026 | 33,000,000 | 30,000 | ₩3,300,000 | ₩33,000,000 | 4,000,000 |
| (합계) | | | ₩33,000,000 | | |



## 4) 감가상각방법 비교 차트

지금까지는 각 감가상각방법별로 계산된 계산표에서 각각의 감가상각비의 흐름을 각각 별도의 차트로 작성해 보았다. 그러나 서로 다른 계산표에서 작성된 감가상각비 내역을 하나의 차트로 표시하여 그 추세를 직접 비교해보는 것도 필요하다.

물론 비교차트를 만들기 위해서 필요한 내용만 간추려서 별도의 비교표를 만들어두고 이를 토대로 차트를 만드는 것이 비교적 손쉬운 방법이긴 하다. 그러나 여기서는 3가지 방법별로 서로 같은 형식의 계산표를 따로 작성해두고 있기 때문에 비교차트 작성을 위해 굳이 새로운 표를 작성하는 수고를 들일 필요는 없다.

이제 서로 다른 표에 계산된 자료를 이용하여 하나의 비교차트를 작성하는 방법을 수행해 보기로 하자.

❶ 먼저 각 계산표에서 하나의 비교차트에 표시하고자 하는 셀 영역을 결정한다. 가로축에 연도표시(B12:B17)가 필요할 것이고, 차트의 세로축에 표시될 내용은 정액법 감가상각비(E12:E17), 정률법 감가상각비(E33:E38), 생산량비례법 감가상각비(E53:E59) 등이다.

❷ 시트상의 정액법 계산표 부분을 화면에 표시하고, 먼저 연도표시 부분(B12:B17)을 마우스로 선택한 후 Ctrl 키를 누른 상태에서 다시 E12:E17 셀 범위를 선택하고, 계속해서 Ctrl키를 누른 상태에서 E33:E38, E54:E59 셀범위를 함께 선택한다. 즉 Ctrl키를 누른 상태에서 서로 떨어져 있는 네 영역을 한꺼번에 선택하는 것이다.

❸ 이와 같이 선택된 상태에서 [삽입] 탭의 [차트] - [꺾은선형 차트삽입] - [꺾은선형]을 선택하면 시트상에 비교차트가 자동으로 생성되어 표시된다.

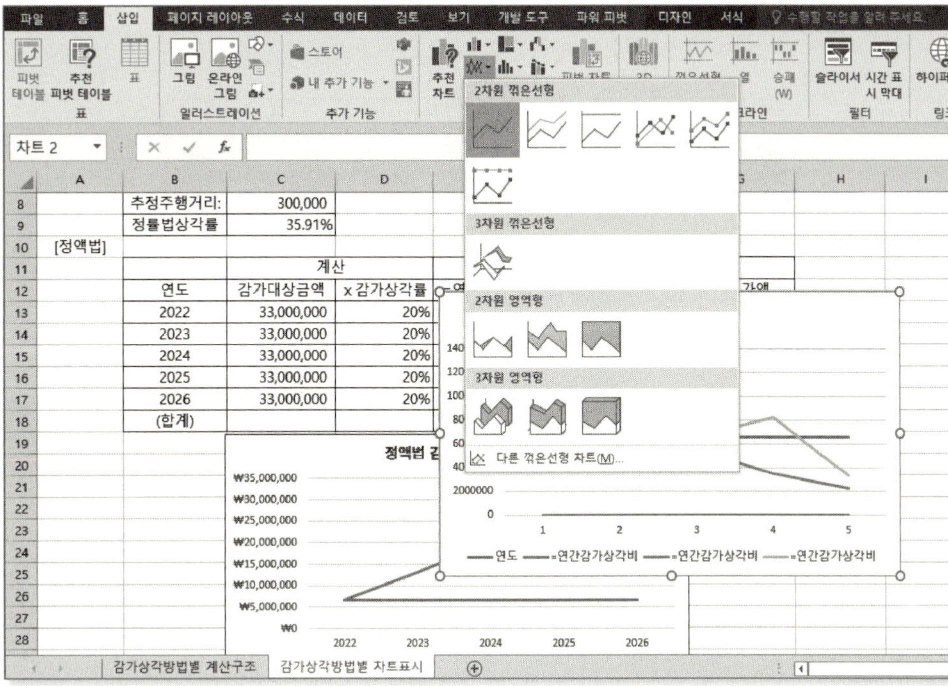


❹ 이때 자동으로 생성된 차트는, 기본 모양은 의도한 내용을 모두 포함하고 있는 것처럼 보이지만, 가로축에 표시되어야 할 '연도' 부분이 세로축에 포함되어 표시되고 있어서 이를 변경해주는 절차가 필요하다.

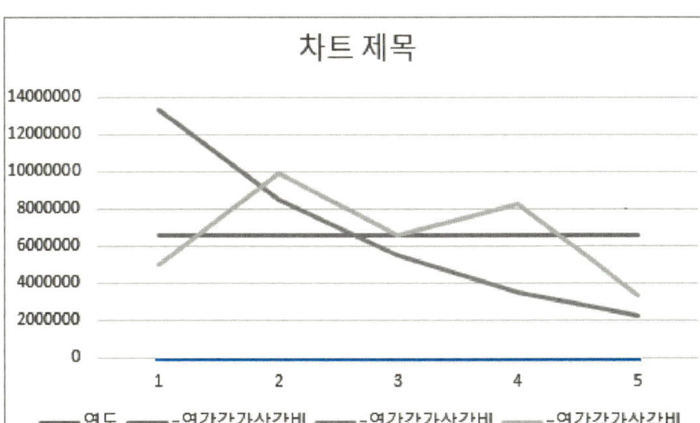

❺ 먼저 자동 생성된 차트에서 [차트 제목] 부분을 클릭하여 '**감가상각방법별 상각비 비교 차트**'로 수정해 놓는다. 그리고 차트 내부를 한번 클릭한 후 오른쪽 마우스에서 [데이터 선택] 메뉴를 선택하고, 표시된 [데이터 원본선택] 대화상자에서 원하지 않은 선택이 이루어진 부분이 어떤 곳인지 살펴보도록 한다.

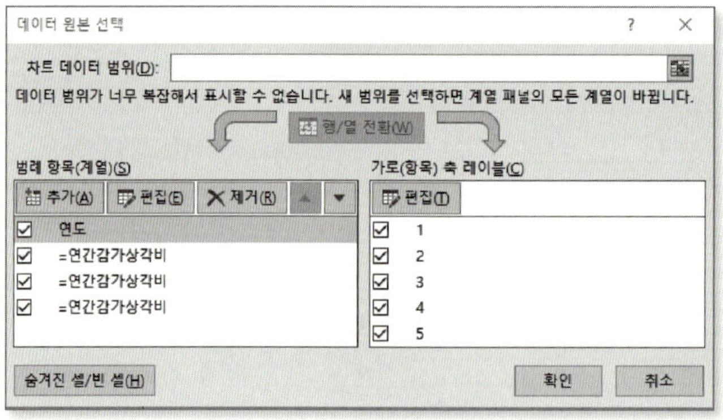


❻ [데이터 원본선택] 대화상자의 왼쪽 아래 [범례항목] 부분에서는 오른쪽 가로축에 표시되어 있어야 할 '연도' 항목이 잘못 표시되어 있고, 또 다른 항목들도 동일한 이름으로 표시되어 있어서 이를 수정해 주어야 한다. 먼저 [범례항목]에 포함된 "연도" 부분을 클릭하고 [제거] 버튼을 눌러서 삭제한다. 그리고 첫 번째 "연간감가상각비" 항목을 선택하고 이번에는 [편집] 버튼을 클릭해서 [계열 편집] 대화상자가 나타나면 [계열이름]란에 표시되어 있는 내용을 지우고 대신에 '**정액법**'으로 수정해 놓는다. 아래 [계열 값] 부분은 앞서 선택해두었던 범위를 표시하고 있기 때문에 그대로 둔다. 마찬가지로 두 번째 "연간감가상각비" 항목을 선택하고 [편집] 버튼을 클릭해서 [계열 편집] 대화상자의 [계열이름]란의 표시내용을 지우고 대신에 '**정률법**'으로 수정해 놓는다. 역시 세 번째 "연간감가상각비" 항목은 같은 방식으로 '**생산량비례법**'으로 수정한다.

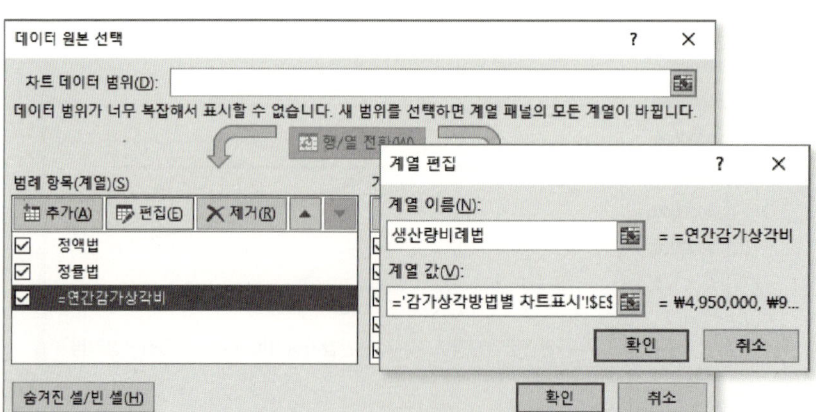

❼ 이제 왼편의 [범례 항목] 부분은 차트로 표시하고자 하는 내용으로 변경되었다. 오른쪽 [가로축 레이블] 부분에는 "연도" 항목들이 표시되도록 수정되어야 할 것이다. [가로축 레이블] 아래 [편집] 버튼을 클릭하고 [축 레이블] 대화상자가 표시되면 [축 레이블 범위]란에서 해당 부분에 표시되어야 할 시트상의 셀범위(B13:B17)를 마우스로 선택하여 입력되도록 하고 [확인]을 누른다. 이때 B13:B17 셀범위 대신 B33:B38 셀범위를 선택해도 결국 동일한 내용을 표시하고 있는 부분이기 때문에 관계없다.

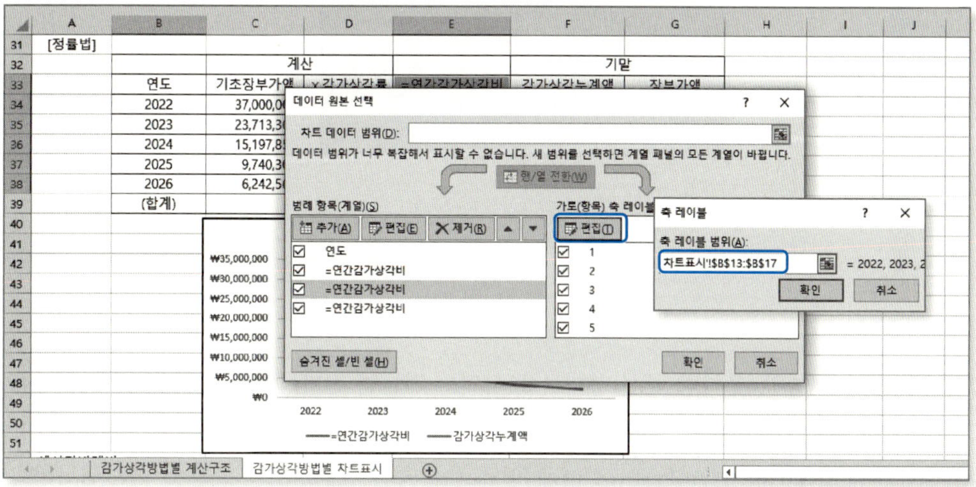


❽ 이제 [가로축 레이블]난에 우리가 표시하고자 하는 연도 자료들이 표시되었으므로 [데이터 원본선택] 대화상자에서 [확인]을 누르면 변경내용들이 비교차트에 표시되어 나타난다. 변경된 비교차트를 시트의 아래쪽 C76:F88 셀범위 영역으로 끌어다 놓고, A75 셀에는 '**[감가상각방법별 상각비 비교 차트]**'를 입력한다.

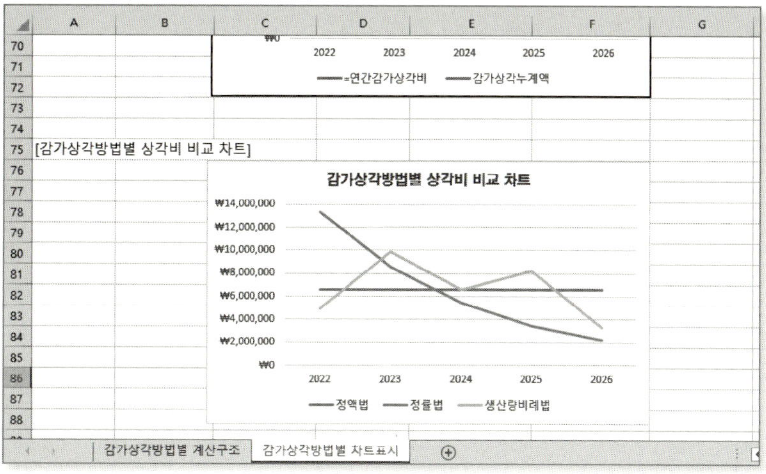

❾ 이 비교차트를 앞의 다른 차트들과 차별화하여 표시하고자 하는 경우에는, 차트 내부를 클릭했을 때 차트의 오른쪽에 표시되는 [차트 스타일] 버튼을 누른 후 [스타일]에 예시되는 스타일 중에서 예컨대 [스타일6]이나 [스타일9] 등을 적용하여 차트의 스타일을 변경해 볼 수도 있다.

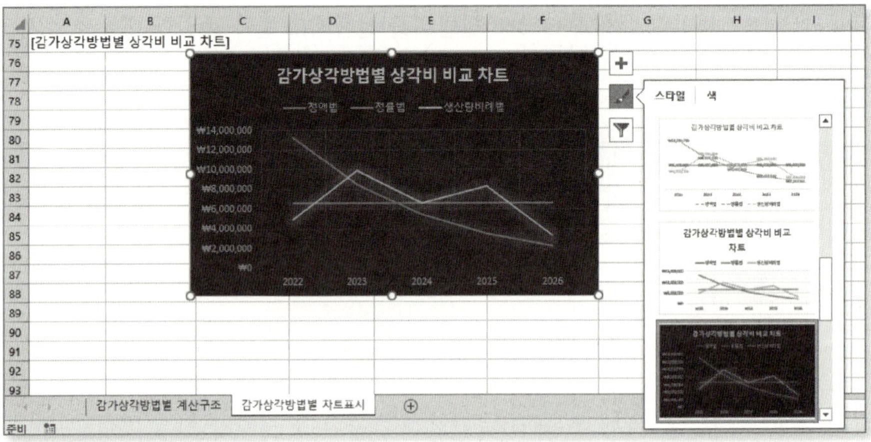


❿ 이 비교차트를 보면, 우하방 곡선 형태로 표시되는 정률법 감가상각비의 흐름과 일정금액의 직선 형태로 표시되는 정액법 감가상각비의 흐름 간의 차이를 확실히 이해할 수 있다. 또 정률법 감가상각비는 정액법 감가상각비에 비해 초반에는 거의 2배 수준으로 높게 계상되지만, 후반에는 정액법 감가상각비보다 아주 적은 금액으로 계상되는 구조를 가지고 있음을 알 수 있다. 이러한 차이는 모든 정액법, 정률법 비교에서 확연히 구분되는 차이이고, 다만 생산량비례법의 경우에는 현재는 M자 구조를 보이고 있지만, 이는 해당 회사의 실제 사용량에 따라 크게 달라질 수 있는 구조이기 때문에, 어떤 일정한 모양으로 형상화하여 설명하기는 어렵다.

# Case 506 ㈜유노야의 기중취득자산 감가상각

**현황**

㈜유노야는 소형 드릴머신을 제작하여 대기업에 납품하는 제조회사이다. 공장건물은 임대하여 사용하고 있으며, 회사 자산대장에 등록되어 매년 감가상각을 수행해야 하는 자산의 목록은 다음과 같다.

| 자산유형 | 건물 | 비품 | 기계장치 | 차량운반구 | 소프트웨어 |
|---|---|---|---|---|---|
| 자산코드 | 20-115 | 20-126 | 20-162 | 20-177 | 20-181 |
| 자산명 | 본사건물 | 부품보관장 | DN머신 | 승용자동차 | MAX |
| 취득원가 | 200,000,000 | 15,000,000 | 15,000,000 | 50,000,000 | 30,000,000 |
| 취득일 | 2018.1.2 | 2020.4.1 | 2020.1.4 | 2019.7.1 | 2021.1.3 |
| 상각방법 | 정액법 | 정액법 | 정률법 | 정률법 | 연수합계법 |
| 내용연수 | 10 | 5 | 5 | 5 | 5 |
| 잔존가치 | 10% | 10% | 15% | 10% | 0 |
| 관리부서 | 본사관리부 | 본사공장 | 본사공장 | 본사관리부 | 본사공장 |

**요구사항**

1. 각각의 보유자산에 대해 2022년 말 기준으로 당기의 감가상각비와 감가상각누계액을 계산하시오.
2. 2022년 말 각 자산의 감가상각비가 총 감가상각비에서 차지하는 비중을 차트로 표시해 보시오.

## Case 506 따라하기

**상황분석**

- 감가상각비 계산은 엑셀에 내장되어 있는 감가상각 관련 함수를 이용하도록 한다. 특히 정률법 적용의 경우에 별도의 상각률이 주어져 있지 않는 경우에는 상각률을 자동계산해주는 내장함수를 이용하는 것이 좋다..
- 당해연도의 감가상각비 외에 감가상각누계액을 표시해야 하므로 연도별 감가상각 계산표를 작성하는 것이 좋다. 더구나 정률법 적용의 경우 전년도 말의 감가상각누계액 자료가 제시되어 있지 않으므로 취득연도부터의 감가상각 계산표 작성이 필요하다.
- 기중 취득 자산이 포함되어 있으므로 월할계산 방식으로 계산을 수행하도록 한다.
- 차트는 전체 감가상각비 중 그 비율을 표시하기 위해 원형차트를 사용하기로 한다.

### 1단계 2022년 말 감가상각비와 감가상각누계액 계산

❶ 먼저 주어진 자산목록의 내용을 기초자료로 사용하기 위해서 새 sheet의 B4:G12 셀범위에 기록해 둔다.

Case-202 ㈜유노아의 연말 감가상각 - 기중취득의 경우

| 자산유형 | 건물 | 비품 | 기계장치 | 차량운반구 | 소프트웨어 |
|---|---|---|---|---|---|
| 자산코드 | 20-115 | 20-126 | 20-162 | 20-177 | 20-181 |
| 자산명 | 본사건물 | 부품보관장 | DN머신 | 승용자동차 | MAX |
| 취득원가 | 200,000,000 | 15,000,000 | 15,000,000 | 50,000,000 | 30,000,000 |
| 취득일 | 2018.1.2 | 2020.4.1 | 2020.1.4 | 2019.7.1 | 2021.1.3 |
| 상각방법 | 정액법 | 정액법 | 정률법 | 정률법 | 연수합계법 |
| 내용연수 | 10 | 5 | 5 | 5 | 5 |
| 잔존가치 | 10% | 10% | 15% | 10% | 0 |
| 관리부서 | 본사관리부 | 본사공장 | 본사공장 | 본사관리부 | 본사공장 |

(주)유노아 감가상각

❷ 감가상각비와 감가상각누계액을 계산하여 표시해야 하는데, 이 경우에는 상각을 수행해야 할 자산의 종류가 많으므로 계산표를 미리 작성해 두고 이 계산표에서 작업을 수행하도록 한다. 먼저 A14셀에 제목 '**1. 자산 종류별 2022년 말 감가상각비 계산**'으로 입력한 후, B15:G17 셀범위에 다음의 계산표 양식으로 작성해 둔다.

| | A | B | C | D | E | F | G | H |
|---|---|---|---|---|---|---|---|---|
| 11 | | 잔존가치 | 10% | 10% | 15% | 10% | 0 | |
| 12 | | 관리부서 | 본사관리부 | 본사공장 | 본사공장 | 본사관리부 | 본사공장 | |
| 13 | | | | | | | | |
| 14 | 1. 자산 종류별 2022년 말 감가상각비 계산 | | | | | | | |
| 15 | | 자산유형 | 건물 | 비품 | 기계장치 | 차량운반구 | 소프트웨어 | |
| 16 | | 감가상각비 | | | | | | |
| 17 | | 감가상각누계액 | | | | | | |
| 18 | | | | | | | | |

(주)유노야 감가상각

❸ C16 셀에 표시할 2022년도 건물의 감가상각비는 '정액법'을 적용하는 것이므로, C16 셀을 클릭한 후 열머리글 위쪽의 [함수 삽입] 아이콘()을 클릭하여 [함수 마법사] 대화상자에서 감가상각 함수 중 정액법 함수인 "SLN" 함수를 선택하여 [확인]을 누른다.

❹ SLN함수의 [함수 인수] 대화상자에서 [Cost]난에 시트상의 취득원가가 기록되어 있는 C7 셀을 클릭하여 입력되도록 한다. 이 경우에는 SLN함수를 오른쪽 열의 D16 셀에도 복사하여 사용할 가능성이 있으므로, "C7"이 입력된 [Cost]난에서 F4키를 두 번 눌러서 **'C$7'**으로 변경되도록 한다. [Salvage]난에는 시트상의 잔존가치 비율이 기록되어 있는 C11 셀의 내용을 반영하도록 하기 위해, (취득원가×잔존가치비율)로 표시되도록 **'C$7*C$11'**과 같이 입력한다. [Life]난에는 **'C$10'**과 같이 입력하여 C10셀에 기록되어 있는 건물 내용연수를 참조하도록 한다.

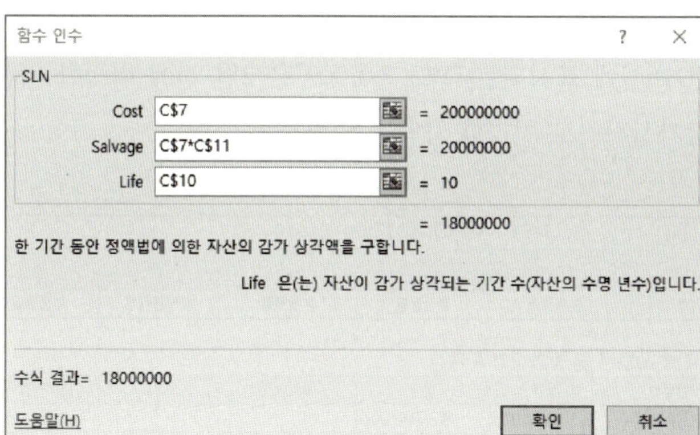


❺ 이와 같이 요구되는 모든 함수인수들을 입력하면, 함수인수 입력란 아래쪽에 그 결괏값이 미리 "= 18000000"과 같이 표시되고 있음을 알 수 있다 이제 [함수 인수] 대화상자에서 [확인]을 누르면 그 결괏값이 C18 셀에 입력되어지게 되는데, 이 금액이 조금 전 [함수 인수] 대화상자에서 미리 보여주었던 금액과 일치하는지 확인해 볼 필요가 있다. C16셀에 표시된 ₩18,000,000은 건물을 취득한 시점인 2018년 이후로 10년 동안 매년 동일한 금액이 감가상각비로 계상되어지는 금액으로, 2022년 말에도 이 금액이 감가상각비로 비용처리될 금액을 의미한다.

❻ 이제 C17셀에 2022년 말의 감가상각누계액을 계산해 보자. 건물의 경우 정액법을 적용하고 있고, 매년 C16 셀의 금액만큼이 감가상각비로 계산되어지며, 2022년은 취득시점(2018년) 이후 5년째에 해당하기 때문에 수식 '**=C16*5**'와 같이 입력하면 될 것이다.

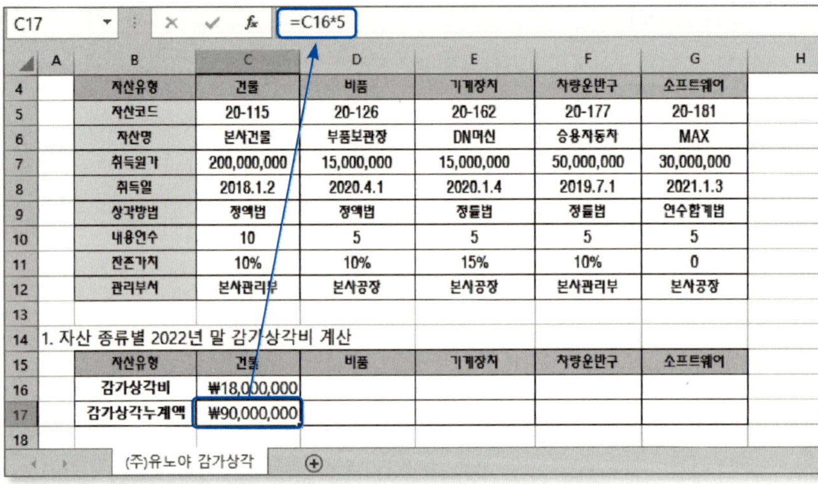
C17 | =C16*5

| | A | B | C | D | E | F | G | H |
|---|---|---|---|---|---|---|---|---|
| 4 | | 자산유형 | 건물 | 비품 | 기계장치 | 차량운반구 | 소프트웨어 | |
| 5 | | 자산코드 | 20-115 | 20-126 | 20-162 | 20-177 | 20-181 | |
| 6 | | 자산명 | 본사건물 | 부품보관장 | DN머신 | 승용자동차 | MAX | |
| 7 | | 취득원가 | 200,000,000 | 15,000,000 | 15,000,000 | 50,000,000 | 30,000,000 | |
| 8 | | 취득일 | 2018.1.2 | 2020.4.1 | 2020.1.4 | 2019.7.1 | 2021.1.3 | |
| 9 | | 상각방법 | 정액법 | 정액법 | 정률법 | 정률법 | 연수합계법 | |
| 10 | | 내용연수 | 10 | 5 | 5 | 5 | 5 | |
| 11 | | 잔존가치 | 10% | 10% | 15% | 10% | 0 | |
| 12 | | 관리부서 | 본사관리부 | 본사공장 | 본사공장 | 본사관리부 | 본사공장 | |
| 13 | | | | | | | | |
| 14 | 1. 자산 종류별 2022년 말 감가상각비 계산 | | | | | | | |
| 15 | | 자산유형 | 건물 | 비품 | 기계장치 | 차량운반구 | 소프트웨어 | |
| 16 | | 감가상각비 | ₩18,000,000 | | | | | |
| 17 | | 감가상각누계액 | ₩90,000,000 | | | | | |
| 18 | | | | | | | | |

(주)유노야 감가상각

❼ 이제 D16셀의 비품 감가상각비의 경우에도 건물과 같은 정액법을 적용하고 있으며, 각 기초자료가 같은 행에 입력되어 있는 구조이기 때문에, C16셀의 함수 서식을 그대로 복사하여 적용할 수 있다. 따라서 C16셀에서 자동채우기핸들로 D16셀로 끌기 하여 D16셀의 수식을 완성할 수 있다. 그 결과 D16셀에 표시되는 "₩2,700,000"은 2년 전에 취득한 비품에 대해 2022년 말에 한 해 동안의 감가상각비로 처리할 금액을 의미하는 것이다.

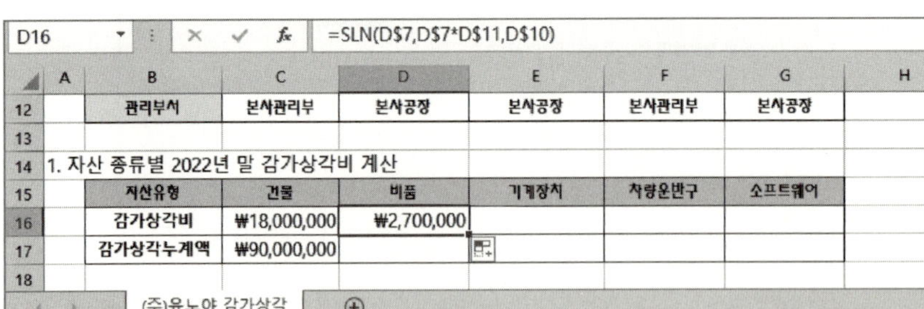
D16 | =SLN(D$7,D$7*D$11,D$10)

| | A | B | C | D | E | F | G | H |
|---|---|---|---|---|---|---|---|---|
| 12 | | 관리부서 | 본사관리부 | 본사공장 | 본사공장 | 본사관리부 | 본사공장 | |
| 13 | | | | | | | | |
| 14 | 1. 자산 종류별 2022년 말 감가상각비 계산 | | | | | | | |
| 15 | | 자산유형 | 건물 | 비품 | 기계장치 | 차량운반구 | 소프트웨어 | |
| 16 | | 감가상각비 | ₩18,000,000 | ₩2,700,000 | | | | |
| 17 | | 감가상각누계액 | ₩90,000,000 | | | | | |
| 18 | | | | | | | | |

(주)유노야 감가상각

❽ D17셀에 표시할 감가상각누계액도 C17셀의 건물 감가상각누계액과 같은 방법으로 계산할 수 있다. 다만, 비품의 경우에는 그 취득시점이 건물의 경우와는 달리 기중취득(4월1일)의 경우에 해당하기 때문에, 취득 첫해인 2020년에는 연간 감가상각비 계산액(₩2,700,000)의 9/12만큼만 월할계산하여 반영되도록 해야 할 것이다. 따라서 D17셀에는 수식 '**=D16*(9/12)+D16*2**'와 같이 입력한다.

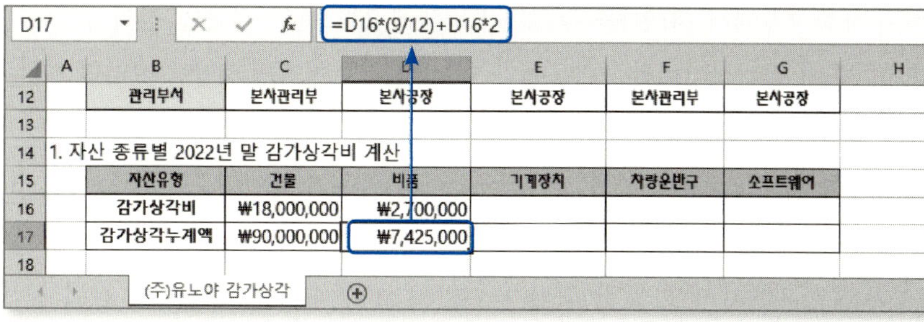


❾ D17셀에 계산된 금액(₩7,425,000)은 2020년에 월할계산된 감가상각비(₩2,025,000)와 2021년 및 2022년의 감가상각비(₩2,700,000 * 2)를 합산한 금액이다.

❿ 이제 E16셀의 2022년 기계장치 감가상각비를 계산해보자. 기계장치의 경우에는 정률법을 적용하도록 하고 있으므로, E16셀을 클릭하고 이어서 [함수 삽입] 아이콘($f_x$)을 클릭하여 [함수 마법사] 대화상자에서 감가상각 함수 중 정률법 함수인 “DB” 함수를 선택하여 [확인]을 누른다.

⓫ DB함수의 [함수 인수] 대화상자에서 [Cost]난에 시트상의 E7 셀을 클릭하여 입력하고, 같은 정률법을 사용하고 있는 오른쪽 ‘차량운반구’에도 적용할 가능성을 고려하여, F4키를 두 번 눌러 **‘E$7’**과 같이 수정해 놓는다. [Salvage]난에는 잔존가치를 표시하기 위해서 **‘E$7 × E$11’**과 같이 입력하고, [Life]난에는 **‘E$10’**으로, [Period]난에는 감가상각비를 계산하고자 하는 2022년이 취득시점(2020.1.4.)으로부터 3년째에 해당하는 해이기 때문에 **‘3’**으로 입력한다. [Month]난은 취득 첫 해에 몇 개월분을 계상하도록 할 것인가를 표시하는 부분인데, 기계장치의 경우에는 1월 초에 취득한 경우이므로 “12”로 입력해야 하겠지만, 입력하지 않는 경우에는 12개월 모두 반영하는 것으로 간주하기 때문에 굳이 입력하지 않아도 된다.

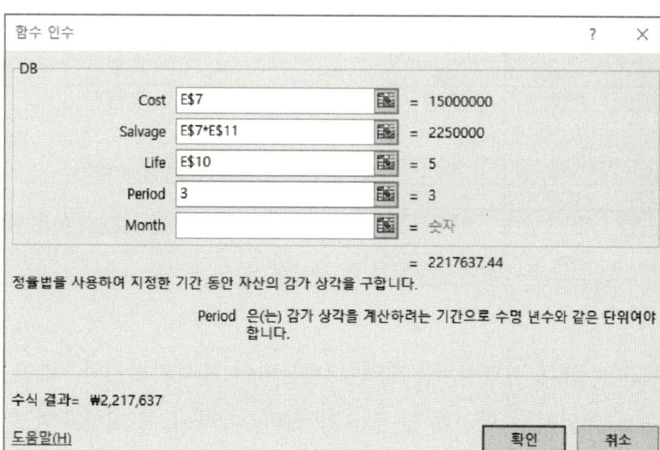

⑫ [함수 인수] 대화상자에서 [확인]을 누르면 E16셀에 2022년의 정률법 감가상각비가 계산되어 표시된다. 물론 이 감가상각비는 '(취득원가 – 감가상각누계액) * 상각률'이라고 하는 정률법 상각법을 매년 적용하고 그중 3번째 해에 해당하는 2022년의 감가상각비를 계산한 것이다. DB 함수 대화상자를 통해 입력된 E16 셀 관련 함수식은 위쪽 수식입력줄에 '=DB(E$7,E$7 * E$11, E$10,3)'과 같이 표현되고 있다. 즉 DB함수의 표현방법을 미리 알고 있는 경우에는 [함수 삽입] 대화상자를 이용하지 않고 해당 셀에 '**=DB(E$7,E$7*E$11,E$10,3)**'과 같이 직접 입력하여 계산할 수도 있음을 의미한다.

⑬ E17셀에는 취득시점(2020년초) 이후로 올해(2022년) 감가상각비까지를 합산한 금액을 2022년의 감가상각누계액으로 표시해야 한다. 여기서는 지난 3개년 동안의 감가상각비 계산금액을 합산하여 하나의 금액으로 표시해야 하기 때문에, [함수 삽입] 대화상자를 이용하는 것보다는, 위 ⑫에서 확인된 함수 수식표현을 이용하여 하나의 수식으로 정의해보기로 한다. 즉 E16셀에 입력된 2022년 감가상각비를 계산하는 수식이 '=DB(E$7,E$7 * E$11,E$10,3)'로 표현되고 있으므로 이 수식의 맨 뒷부분 숫자 '3' 대신에 '1'과 '2'로 입력하면 2020년, 2021년의 감가상각비를 각각 계산할 수 있을 것이다. 따라서 E17 셀에는 수식 '**=DB(E$7,E$7*E$11,E$10,1) + DB(E$7,E$7*E$11,E$10,2) + DB(E$7,E$7*E$11,E$10,3)**'과 같이 직접 입력하여 계산하도록 한다.

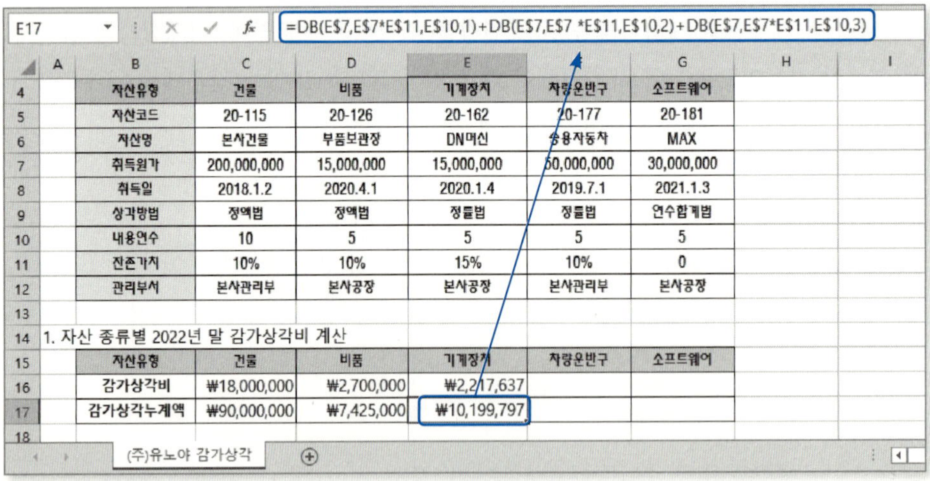


⑭ 이제 E17셀에 2022년 말의 감가상각누계액이 계산되어 표시되었지만, 과연 이 누계액이 제대로 계산된 정확한 금액인지를 확인해 볼 필요가 있다. 따라서 이 계산표의 오른쪽 K15:M20 셀 범위에 새로운 표 양식을 작성한다.

| | E | F | G | K | L | M |
|---|---|---|---|---|---|---|
| 7 | 15,000,000 | 50,000,000 | 30,000,000 | | | |
| 8 | 2020.1.4 | 2019.7.1 | 2021.1.3 | | | |
| 9 | 정률법 | 정률법 | 연수합계법 | | | |
| 10 | 5 | 5 | 5 | | | |
| 11 | 15% | 10% | 0 | | | |
| 12 | 본사공장 | 본사관리부 | 본사공장 | | | |
| 13 | | | | | | |
| 14 | | | | | | |
| 15 | 기계장치 | 차량운반구 | 소프트웨어 | | 감가상각비 | 감가상각누계액 |
| 16 | ₩2,217,637 | | | 2020년 | | |
| 17 | ₩10,199,797 | | | 2021년 | | |
| 18 | | | | 2022년 | | |
| 19 | | | | 2023년 | | |
| 20 | | | | 2024년 | | |

(주)유노야 감가상각

⓯ L16:M20 셀범위에 기계장치의 정률법 감가상각비와 감가상각누계액을 계산하기 위한 수식을 다음과 같이 각각 입력한다.

L16: =DB(E$7,E$7*E$11,E$10,1)

L17: =DB(E$7,E$7*E$11,E$10,2)

L18: =DB(E$7,E$7*E$11,E$10,3)

L19: =DB(E$7,E$7*E$11,E$10,4)

L20: =DB(E$7,E$7*E$11,E$10,5)

M16: =L16

M17: =M16+L17

M18: =M17+L18

M19: =M18+L19

M20: =M19+L20

M20 =M19+L20

| | E | F | G | K | L | M |
|---|---|---|---|---|---|---|
| 12 | 본사공장 | 본사관리부 | 본사공장 | | | |
| 13 | | | | | | |
| 14 | | | | | | |
| 15 | 기계장치 | 차량운반구 | 소프트웨어 | | 감가상각비 | 감가상각누계액 |
| 16 | ₩2,217,637 | | | 2020년 | ₩4,740,000 | ₩4,740,000 |
| 17 | ₩10,199,797 | | | 2021년 | ₩3,242,160 | ₩7,982,160 |
| 18 | | | | 2022년 | ₩2,217,637 | ₩10,199,797 |
| 19 | | | | 2023년 | ₩1,516,864 | ₩11,716,661 |
| 20 | | | | 2024년 | ₩1,037,535 | ₩12,754,196 |
| 21 | | | | | | |

(주)유노야 감가상각

⑯ 계산된 결과 중 M18셀에 표시된 2022년의 감가상각누계액(₩10,199,797)이 이전에 계산해 둔 E17셀의 결괏값(₩10,199,797)과 같음을 알 수 있다. 이는 E17셀에서 3개의 DB함수 결합 형태로 표시해보았던 수식에 오류가 없다는 것을 확인시켜주는 것이다. 또 L16:L20 셀범위에 표시된 연도별 감가상각비가 처음에는 보다 많은 금액으로, 그리고 뒤로 갈수록 적은 금액으로 계산되고 있는 것은, 정률법 산식의 의미대로 계산되고 있음을 확인할 수 있다.

⑰ 이제 다시 앞의 계산표로 돌아와서, F16 셀의 차량운반구 감가상각비를 계산해 보자. 차량운반구의 경우에도 앞의 기계장치의 경우와 같이 정률법을 적용하는 감가상각인데, 다만 차량운반구의 경우에는 기중취득(7월1일)이라고 하는 점이 다르다. 그러나 정률법 함수(DB)를 적용하는 기본 방법은 동일하다. 따라서 이번에도 F16셀을 클릭한 후 [함수 삽입] 아이콘()을 클릭하여 [함수 마법사]에서 "DB" 함수를 선택한다.

⑱ DB함수의 [함수 인수] 대화상자에서 [Cost], [Salvage], [Life] 등의 난에는 각각 **'F7'**, **'F7*F11'**, **'F10'** 등으로 입력하고, [Period]난에도 2022년이 4번째 해에 해당하기 때문에 **'4'**로 입력한다. 다만 앞서 기계장치의 경우에는 연초에 취득한 경우여서 월할계산하더라도 12개월을 모두 반영하도록 하기 위해 [Month]난의 입력을 생략했었던 것이지만, 이 차량운반구의 경우에는 기중취득으로 취득 첫해인 2019년에는 6개월분만 반영되도록 해야 하므로 이번에는 [Month]난에 6개월을 의미하는 **'6'**으로 입력한다. 이러한 입력내용은 시트상의 수식입력줄에 함수식 형태로 표시('=DB(F7,F7*F11,F10,4,6)')되고 있다.

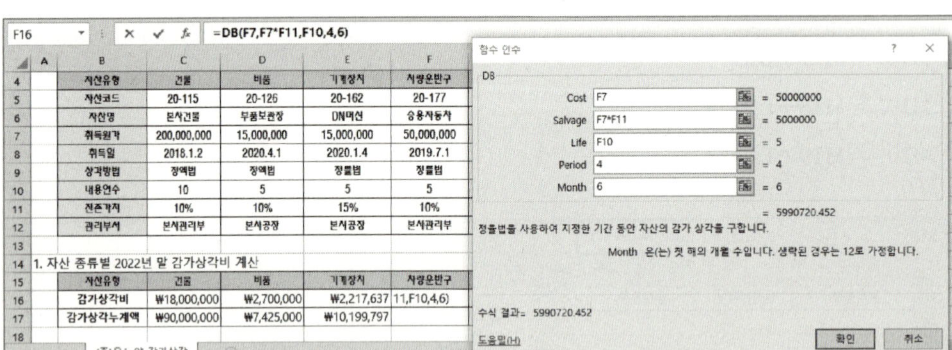


⑲ [확인]을 눌러서 계산값을 F16셀에 표시한다. 이제 위 ⑱에서 차량운반구 정률법 감가상각비 계산 함수식('=DB(F7,F7*F11,F10,4,6)')을 확인한 바 있으므로, 이를 이용하여 F17셀에 2022년의 감가상각누계액을 계산하기 위한 다음의 수식을 입력한다.

F17: **=DB(F7,F7*F11,F10,1,6)+DB(F7,F7*F11,F10,2,6)+DB(F7,F7*F11,F10,3,6)**

**+DB(F7,F7*F11,F10,4,6)**

F17 =DB(F7,F7*F11,F10,1,6)+DB(F7,F7*F11,F10,2,6)+DB(F7,F7*F11,F10,3,6)+DB(F7,F7*F11,F10,4,6)

| 자산유형 | 건물 | 비품 | 기계장치 | 차량운반구 | 소프트웨어 |
|---|---|---|---|---|---|
| 자산코드 | 20-115 | 20-126 | 20-162 | 20-177 | 20-181 |
| 자산명 | 본사건물 | 부품보관장 | DN머신 | 승용자동차 | MAX |
| 취득원가 | 200,000,000 | 15,000,000 | 15,000,000 | 50,000,000 | 30,000,000 |
| 취득일 | 2018.1.2 | 2020.4.1 | 2020.1.4 | 2019.7.1 | 2021.1.3 |
| 상각방법 | 정액법 | 정액법 | 정률법 | 정률법 | 연수합계법 |
| 내용연수 | 10 | 5 | 5 | 5 | 5 |
| 잔존가치 | 10% | 10% | 15% | 10% | 0 |
| 관리부서 | 본사관리부 | 본사공장 | 본사공장 | 본사관리부 | 본사공장 |

1. 자산 종류별 2022년 말 감가상각비 계산

| 자산유형 | 건물 | 비품 | 기계장치 | 차량운반구 | 소프트웨어 |
|---|---|---|---|---|---|
| 감가상각비 | ₩18,000,000 | ₩2,700,000 | ₩2,217,637 | ₩5,990,720 | |
| 감가상각누계액 | ₩90,000,000 | ₩7,425,000 | ₩10,199,797 | 39,755,706 | |

| K |
|---|
| 2020년 |
| 2021년 |
| 2022년 |

(주)유노야 감가상각

⑳ F17셀에 표시된 금액은 취득시점인 2019년부터 2022년까지 4개년 간의 감가상각비를 누계한 금액이므로, 매년 얼마씩의 감가상각비가 계산되어 누적된 것인지를 따로 확인해 볼 필요가 있다. 따라서 다시 오른쪽 K22:M28 셀범위에 별도의 상각표 양식을 작성해 둔다. 여기서 차량운반구의 내용연수는 분명 5년인데, 2024년까지 6개년으로 표를 작성한 것은, 취득시점인 2019년에 6개월분만을 반영하기 때문에 나머지 6개월분을 제6년차인 2024년에 마저 반영하도록 해야 총 5년(60개월)으로 계산되기 때문이다.

| | B | C | D | E | F |
|---|---|---|---|---|---|
| 16 | 감가상각비 | ₩18,000,000 | ₩2,700,000 | ₩2,217,637 | ₩5,990,720 |
| 17 | 감가상각누계액 | ₩90,000,000 | ₩7,425,000 | ₩10,199,797 | 39,755,706 |

| K | L | M |
|---|---|---|
| 2020년 | ₩4,740,000 | ₩4,740,000 |
| 2021년 | ₩3,242,160 | ₩7,982,160 |
| 2022년 | ₩2,217,637 | ₩10,199,797 |
| 2023년 | ₩1,516,864 | ₩11,716,661 |
| 2024년 | ₩1,037,535 | ₩12,754,196 |

| | 감가상각비 | 감가상각누계액 |
|---|---|---|
| 2019년 | | |
| 2020년 | | |
| 2021년 | | |
| 2022년 | | |
| 2023년 | | |
| 2024년 | | |

(주)유노야 감가상각

㉑ L23셀에 취득 첫 해의 감가상각비를 계산하기 위해서 위의 함수 수식을 참조하여 '=**DB(F7,F7*F11,F10,1,6)**'로 입력한다. 아래쪽 셀에는 이 함수수식에서 '1'을 2, 3, 4, 5, 6으로 각각 변경한 함수수식을 입력한다. 그리고 M23:M28 셀범위에는 이들 감가상각비를 누계하여 표시하도록 관련 수식을 입력하여 완성한다(위 ⑮ 수식 참조).

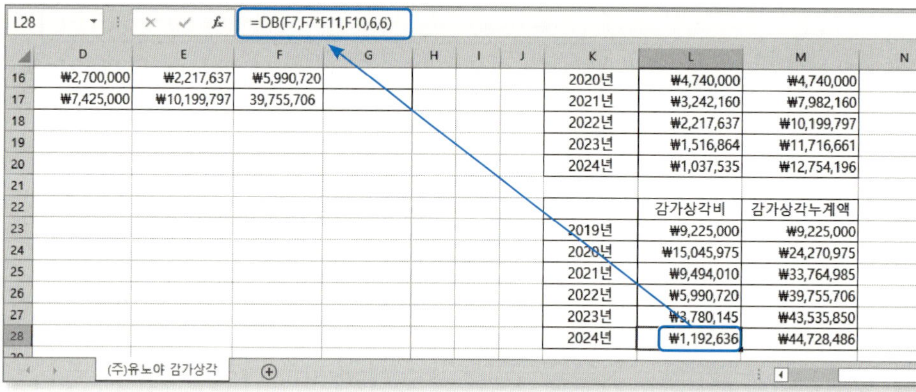


㉒ 차량운반구 감가상각비의 경우에도 정률법을 적용하고 있으므로 당연히 상각 첫해에 가장 많은 감가상각비가 계상되어야 할 일이지만, L23 셀에 계산된 감가상각비가 다음해인 L24 셀의 금액보다 오히려 적게 표시되고 있는 것은, 취득 첫해인 2019년의 경우 6개월분만 월할계산되어 표시되고 있기 때문이다. 마지막 해인 2024년의 감가상각비도 역시 6개월분이다. 이제 M26 셀에 표시된 네 번째 해(2022년)의 감가상각누계액이 앞서 F17 셀에서 복합함수식으로 계산해 보았던 감가상각누계액과 일치하고 있으므로, F17 셀에서 적용했던 DB함수식에 오류가 없는 것으로 확인할 수 있다.

㉓ 이제 마지막으로 소프트웨어 자산에 대한 감가상각비를 계산해 보자. 물론 소프트웨어는 유형자산이 아닌 무형자산에 해당하는 것이므로 '감가상각'이라기보다는 '상각'으로 표현하는 것이 보다 정확하겠지만, 엑셀의 내장함수를 함께 적용해본다는 의미에서 같은 표에 포함시키고 있는 것이다. 소프트웨어의 2022년 상각비를 계산하기 위해서 먼저 G16셀을 클릭하고 [함수 삽입] 아이콘을 클릭한 후, [함수마법사]의 [함수 선택]에서 연수합계법을 의미하는 "SYD" 함수를 선택한다. SYD [함수 인수] 대화상자의 [Cost]난에서는 시트상의 취득원가가 입력되어 있는 'G7'셀을 클릭하여 입력하고, [Salvage]난에는 잔존가치가 없는 것으로 되어 있기 때문에 '0'을, [Life]난에는 'G10'을, 그리고 [Per]난에는 현재 취득시점(2021년)으로부터 몇 번째 해에 해당하는가를 표시하기 위해 '2'로 각각 입력한다.

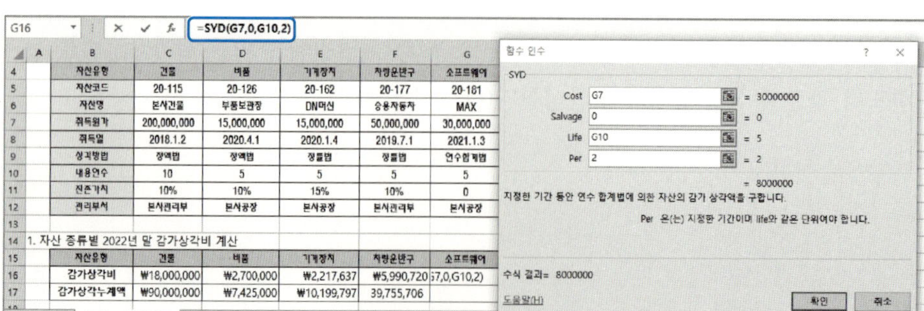

㉔ [확인]을 누르면 G16 셀에 2022년의 **연수합계법** 상각비가 계산되어 표시된다. 흔히 무형자산의 경우에는 상각누계액을 따로 표시하지 않고 상각비를 취득원가에서 직접 차감하여 새로운 장부가액으로 표시하는 경우가 많지만, 여기서는 지금까지 상각처리한 누적금액을 함께 표시하도록 하기 위해, G17 셀에 상각누계액을 계산해두기로 한다. 따라서 위 ㉓에서 확인한 연수합계법 함수수식('=SYD(G7,0,G10,2)')을 참조해서 G17 셀에 수식 '**=SYD(G7,0,G10,1)+SYD(G7,0,G10,2)**'로 입력한다.

G17 | =SYD(G7,0,G10,1)+SYD(G7,0,G10,2)

| | A | B | C | D | E | F | G | H |
|---|---|---|---|---|---|---|---|---|
| 4 | | 자산유형 | 건물 | 비품 | 기계장치 | 차량운반구 | 소프트웨어 | |
| 5 | | 자산코드 | 20-115 | 20-126 | 20-162 | 20-177 | 20-181 | |
| 6 | | 자산명 | 본사건물 | 부품보관장 | DN머신 | 승용자동차 | MAX | |
| 7 | | 취득원가 | 200,000,000 | 15,000,000 | 15,000,000 | 50,000,000 | 30,000,000 | |
| 8 | | 취득일 | 2018.1.2 | 2020.4.1 | 2020.1.4 | 2019.7.1 | 2021.1.3 | |
| 9 | | 상각방법 | 정액법 | 정액법 | 정률법 | 정률법 | 연수합계법 | |
| 10 | | 내용연수 | 10 | 5 | 5 | 5 | 5 | |
| 11 | | 잔존가치 | 10% | 10% | 15% | 10% | 0 | |
| 12 | | 관리부서 | 본사관리부 | 본사공장 | 본사공장 | 본사관리부 | 본사공장 | |
| 13 | | | | | | | | |
| 14 | 1. 자산 종류별 2022년 말 감가상각비 계산 | | | | | | | |
| 15 | | 자산유형 | 건물 | 비품 | 기계장치 | 차량운반구 | 소프트웨어 | |
| 16 | | 감가상각비 | ₩18,000,000 | ₩2,700,000 | ₩2,217,637 | ₩5,990,720 | ₩8,000,000 | |
| 17 | | 감가상각누계액 | ₩90,000,000 | ₩7,425,000 | ₩10,199,797 | 39,755,706 | ₩18,000,000 | |

(주)유노야 감가상각

㉕ G17 셀의 누계액은 연수합계법에 의한 첫해 상각비(₩30,000,000＊5/15 =10,000,000)와 두 번째 해의 상각비(G16셀, ₩8,000,000)를 합하여 계산되고 있음을 알 수 있다.

㉖ 이와 같이 유형자산(또는 무형자산)의 감가상각비 계산은 관련 계산식을 일반 수식 형태로 직접 입력하여 계산할 수도 있지만, 엑셀에 내장되어 있는 감가상각 함수들을 적용하여 계산하면 더 편리할 수 있다. 더구나 해당 함수식 표현을 미리 알고 있는 경우에는 굳이 [함수마법사] 대화상자를 통하지 않고서도 간단한 수식 형태로 입력하여 계산하도록 할 수 있으므로, 감가상각 관련 실무를 자주 수행하게 되는 경우에는 함수식 표현을 익혀둘 필요도 있을 것이다.

## 2단계 2022년 감가상각비의 비율 차트

2022년 감가상각비로 계산된 각 자산의 상각금액은 모두 2022년의 비용으로 계상되어 당기순이익에 영향을 미치게 된다. 물론 위의 상각표 16행에 표시된 감가상각비 금액을 통해 그 영향 정도의 크기를 대략 확인해 볼 수도 있지만, 크기 또는 영향의 정도를 함께 비교해보기 위해서는 데이터 자체보다는 오히려 차트 형식으로 표현하는 것이 더 나을 수 있다. 차트 형태로 표현하고자 할 때 가장 대표적인 방법은 역시 막대형 차트이지만, 표현하고자 하는 데이터의 성격이나 목적에 따라서 원형 차트를 이용할 수도 있을 것이다. 여기서는 이 두 가지 방법으로 차트를 작성해보기로 한다.

❶ 먼저 차트로 표시하고자 하는 데이터 범위를 관련 항목명까지 포함하여 B15:G16으로 설정하고, [삽입] 탭의 [차트]에서 [추천차트]를 클릭해 본다.

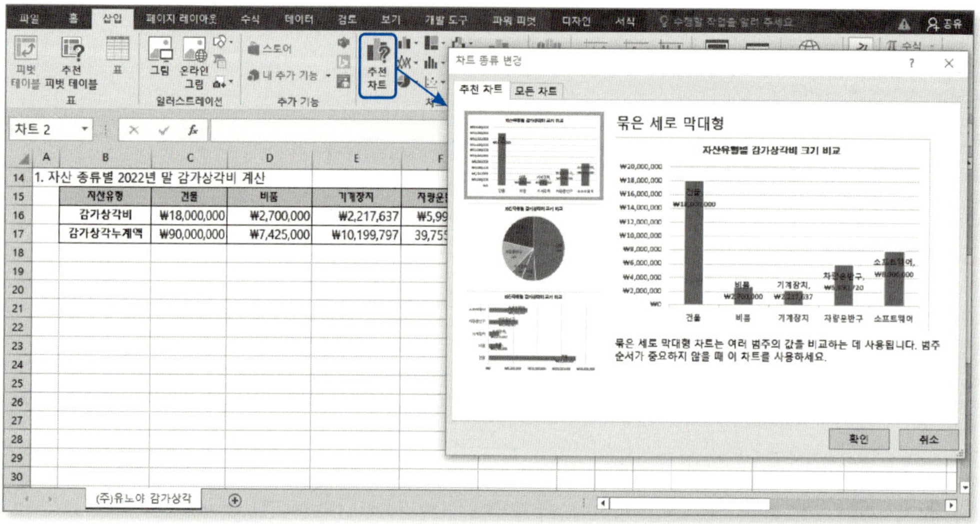

❷ 추천차트에서는 세로막대형 차트와 원형 차트, 그리고 가로막대형 차트가 추천되고 있다. 결국 선택된 자료내용과 관련해서는 막대형 차트와 원형 차트가 최선이라는 의미이다. 이 중 먼저 세로막대형 차트를 선택하고 [확인]을 누른다. 표시된 막대형 차트에서 제목 "감가상각비"를 '**자산유형별 감가상각비 크기 비교1**'로 변경한다.

❸ 차트의 막대를 선택하고 오른쪽 마우스 [데이터 레이블 추가] – [데이터 레이블 추가]를 클릭해 보면 막대 위쪽에 해당 막대의 값이 표시된다.

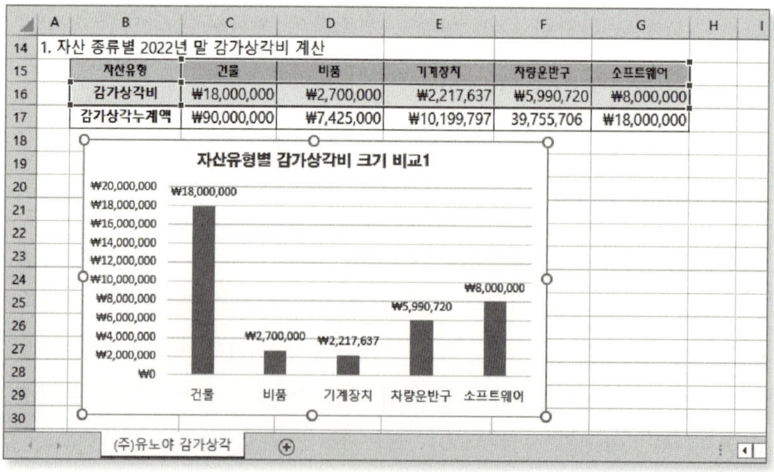

❹ 전체적으로 차트의 모양은 갖추어진 것으로 볼 수 있지만, 세로축의 금액단위가 너무 크다고 판단되는 경우 [축서식]을 통해서 천원 단위 또는 백만원 단위로 조정해 볼 수 있다. 그러나 궁극적으로 표시해보고자 하는 것은 각 감가상각비 금액이 전체 감가상각비 중에서 차지하는 비율이라고 한다면, 막대차트에서는 이러한 상대적인 비율크기를 표시해주지는 못한다.

❺ 따라서 이번에는 앞의 [추천 차트]에서 [원형차트]를 선택해 본다.

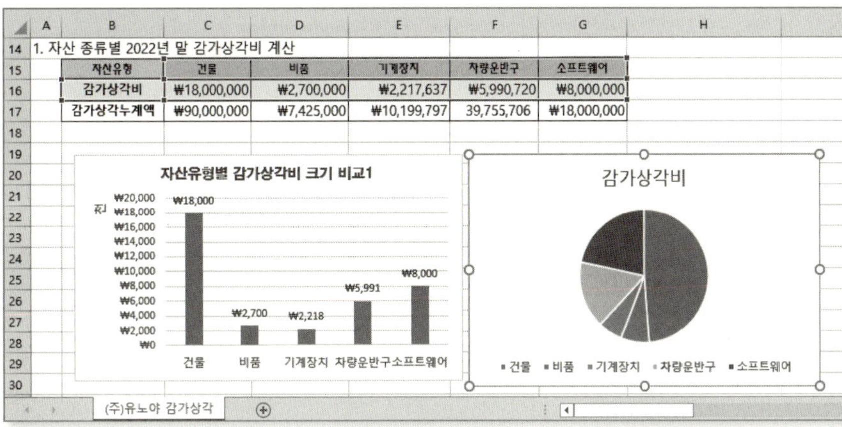


❻ 원형 차트에서도 역시 차트제목을 '**자산유형별 감가상각비 크기 비교2**'로 변경한 후, 원형차트의 내부를 클릭하여 선택되도록 하고 오른쪽 마우스 [데이터 레이블 추가] – [데이터 레이블 추가]를 클릭하여 차트 항목마다 금액이 표시되도록 한다.

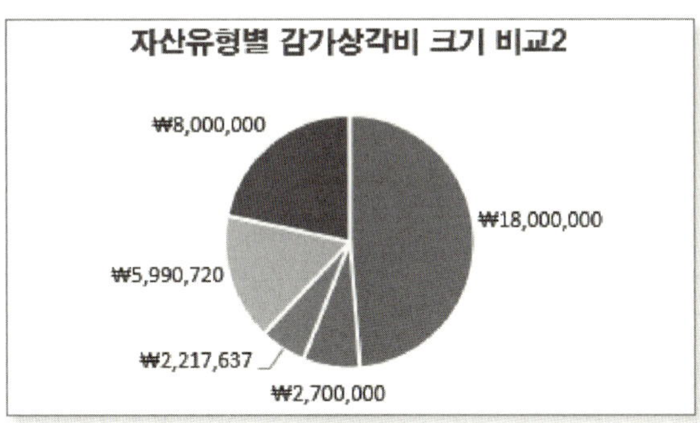


❼ 표시하고자 하는 데이터의 형식이 금액이 아닌 비율이라고 한다면, 다시 오른쪽 마우스를 클릭하여 이번에는 [데이터 레이블 서식]을 선택한다. 원형차트의 경우는 막대형차트의 레이블서식과 약간 차이가 있어서 [백분율]을 선택 표시할 수 있다. 따라서 [레이블 옵션]에서 [항목이름]과 [지시선표시] 그리고 [백분율]을 선택하고 이미 선택되어 있는 [값]의 선택을 해제한다. 그리고 아래 [레이블 위치]에서는 "안쪽 끝에"를 선택하여 레이블들이 모두 원형차트 내부에 표시되도록 한다.

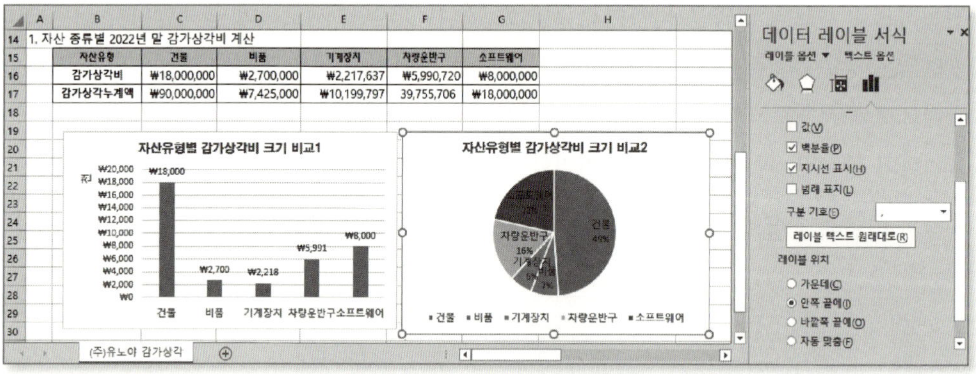

❽ 그런데 표시된 차트에서는 데이터 항목들이 데이터 레이블과 범례부분에 이중으로 표시되고 있으므로, 차트의 범례 부분을 선택하여 지우면 그만큼 차트의 크기가 확대되어 표시된다.

❾ 표현하고자 하는 차트 모양은 완성되었지만, 조금 단순한 형태이므로 원형차트 전체를 선택한 상태에서 오른쪽 마우스의 [차트 종류변경]을 클릭하고, [모든 차트] 에서 [원형]을 선택하여 이 중 [3차원 원형]이나 [도넛형]으로 변경할 수도 있다.

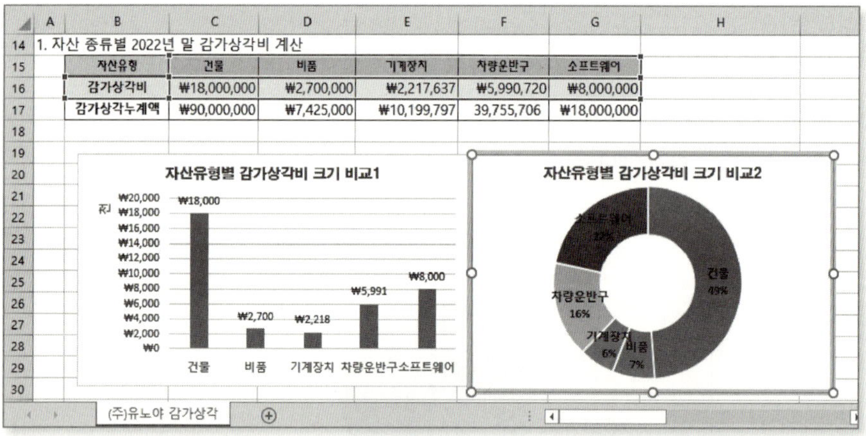

❿ 두 가지 차트 형태 모두 자산유형별 감가상각비의 크기를 비교할 수 있는 형태이긴 하지만, 차트를 작성하는 목적이 무엇인가에 따라서, 특히 항목간 구성비, 즉 백분율 형태로 표시하고자 하는 경우에는 원형차트로 작성하는 것이 보다 목적에 적합한 방법일 수 있다.

# Case 507 ㈜마시따의 사업타당성분석(손익분기점 분석)

**현황**

㈜마시따는 신규브랜드로 돈가스전문점을 창업하여 오픈하려고 한다. 개업준비과정에서 분석 및 예측된 수익, 비용 구조는 다음과 같다.

1. 가게는 아파트 상가를 임차한다고 할 때 매월 임차료는 ₩2,500,000 정도이다.
2. 돈가스의 평균 식자재 원가는 35%이며, 종업원 2인 기준으로 월 ₩4,000,000원의 급여 외에도 4대보험(10%)과 퇴직금여충당금(10%) 지출이 예상된다.
3. 그 외에도 수도광열비 ₩1,000,000, 통신비, ₩150,000, 광고선전비 ₩400,000, 은행차입금이자 ₩600,000, 보험료 ₩80,000 등이 매월 고정적으로 지출될 수 있다.
4. 카드수수료는 2%로 예상하고, 온라인 주문에 따른 택배비 3%, 포장 및 소모품비로 2%의 추가지출이 예상된다. 물론 부가가치세(10%)도 고려해야 한다.
5. 상권조사, 입지조사를 통해서 나온 월 예상매출액은 약 ₩22,000,000 정도 될 것으로 보고 있다.
6. 창업 관련 투자금액은 2억원이며, 연간 기대수익률은 15%이다.

**요구사항**

위 자료에 의해 ㈜마시따가 오픈하고자 하는 돈가스전문점의 사업타당성을 다음의 내용을 포함하여 분석해보고 신규브랜드 상점 오픈 여부를 결정하시오.

1. 손익분기점 분석
2. 월/일 최소판매수량 예측(객단가는 ₩12,000으로 가정)
3. 손익분기점 차트
4. 기대수익률을 고려한 사업타당성 진단

# Case 507 따라하기

**상황분석**

- 손익분기점 분석은 '고정비/(1 – 변동비율)'산식에 의해 계산되므로, 먼저 이 회사의 원가 자료를 고정비와 변동비로 구분하는 절차가 필요하다.
- 월 최소판매수량은 손익분기점에 도달하기 위해 달성해야 할 월 매출수량을 의미한다.
- 손익분기점을 차트로 표시하기 위해서는 월 고정비, 변동비와 판매수량 자료가 필요하다.
- 사업타당성을 분석하기 위해서는 목표이익(기대영업이익)을 고려한 손익분기점 재계산이 필요하다.

## 1단계 손익분기점분석

**참고**

### 사업타당성분석과 손익분기점분석

사업타당성분석이란 계획하고 있는 신규 사업이 투하자본에 대한 투자자의 요구수익률을 확보할 가능성이 있느냐의 여부를 분석하는 것이다. 따라서 신규사업의 타당성을 분석할 때는 투자사업과 관련된 경제적, 물리적, 법적 측면 등 제반 여건을 모두 고려해야 하지만, 이들은 결국 경제적 타당분석의 문제로 귀착되어진다.

경제적 타당성분석에서 핵심이 되고 있는 것이 손익분기점분석이다. 여기서 손익분기점(이란 총매출액선과 총비용선이 교차하는 점을 의미한다. 즉 매출액이 어느 일정액 이하가 되면 손실이 발생하게 되고, 그 이상이면 이익이 발생하게 되는데, 손실과 이익의 분기점이 되는 매출액을 손익분기점이라고 한다. 이러한 손익분기점은 흔히 도표법이나 공헌이익법을 통해서 산출하게 되는데, 이때 원가 – 조업도 – 이익 간의 관계를 구체적으로 나타낼 수 있어야 정확한 손익분기점을 산출해낼 수 있다.

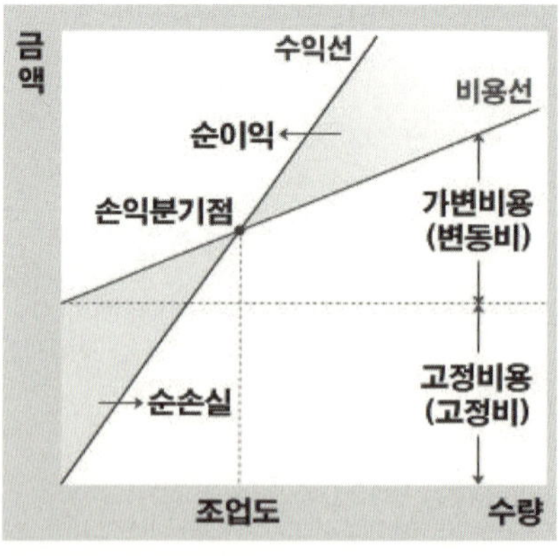


손익분기점을 산출하는데 이용되는 공식은 다음과 같다.

$$손익분기점매출액 = 구정비/(1 - \frac{변동비}{매출액})$$

이는 곧 '손익분기점 매출액=고정비 / (1 – 변동비율)'로 표시할 수도 있다. 이때 '(1 – 변동비율)'을 공헌이익률이라고도 한다. 다만 특정 목표이익률이나 기대수익률을 고려하고 있는 경우에는 이를 고정비에 포함하는 형태로 '(고정비+목표이익) / (1 – 변동비율)'로 계산할 수 있다.

❶ Excel의 새 sheet 이름부분을 선택하고 시트이름을 **'손익분기점분석'**으로 변경해 놓는다

❷ 손익분기점분석을 위해서는 먼저 회사의 각종 원가항목들을 고정비와 변동비로 구분하여 정리하는 절차가 필요하다. 따라서 문제에서 주어진 각종 원가자료들을 고정비와 변동비로 각각 구분하여 A2:D14 셀범위에 입력해 놓는다.

| | A | B | C | D | E | F |
|---|---|---|---|---|---|---|
| 1 | | | | | | |
| 2 | 원가 구조 | | | | | |
| 3 | 월 고정비 | | 변동비율 | | | |
| 4 | 임차료 | 2,500,000 | 식자재비 | 35% | | |
| 5 | 급여 | 4,000,000 | 운송료(택배) | 3% | | |
| 6 | 4대보험 | 400,000 | 포장소모품비 | 2.0% | | |
| 7 | 퇴직금 | 400,000 | 부가세 | 10% | | |
| 8 | 수도광열비 | 1,000,000 | 카드수수료 | 2.0% | | |
| 9 | 통신비 | 150,000 | 판매수수료 | | | |
| 10 | 광고선전비 | 400,000 | | | | |
| 11 | 지급이자 | 600,000 | | | | |
| 12 | 보험료 | 80,000 | | | | |
| 13 | | | | | | |
| 14 | (계) | 9,530,000 | | 52% | | |
| 15 | | | | | | |

손익분기점분석

❸ [원가구조] 표에서 왼쪽의 고정비는 매월 고정적으로 지출되어야 하는 비용들로, 확정 또는 예상비용이 존재하므로 실 금액으로 입력한다. 오른쪽의 변동비는 조업도에 따라서, 즉 매출액 크기에 비례하여 증감하는 항목들로, 매출액에 대한 구성비율로 표시한 것이다. 파란색 바탕으로 표시된 금액 또는 비율 표시부분은 분석자가 직접 입력하도록 하는 부분이고, 아래 '(계)' 부분은 자동합계가 표시되도록 B14 셀에는 '=SUM(B4:B13)'로, D14 셀에는 '=SUM(D4:D13)'으로 각각 입력해 둔다. 이로써 ㈜마시따가 계획하고 있는 사업의 월 고정비 지출은 ₩9,530,000이고 변동비율은 '52%'로 집계되고 있음을 알 수 있다.

❹ [원가구조] 표의 오른쪽에서 손익분기점 관련 분석을 수행하기 위해서 F2:G9 셀범위에 다음의 양식을 설정해 둔다.

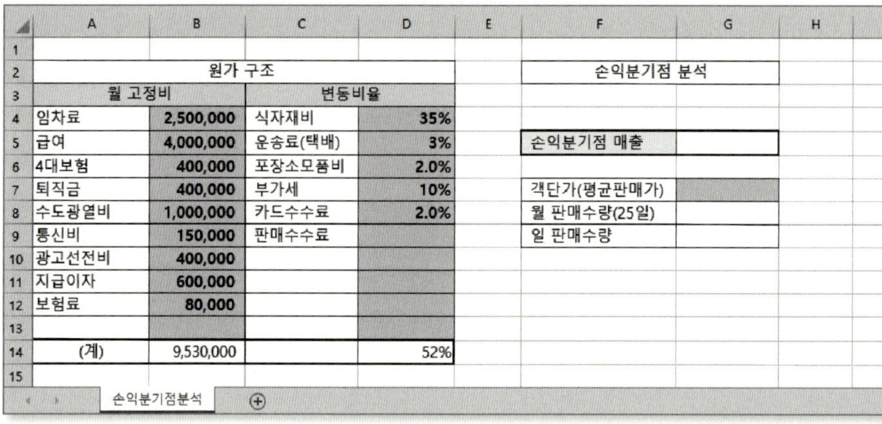

| | A | B | C | D | E | F | G |
|---|---|---|---|---|---|---|---|
| 1 | | | | | | | |
| 2 | 원가 구조 | | | | | 손익분기점 분석 | |
| 3 | 월 고정비 | | 변동비율 | | | | |
| 4 | 임차료 | 2,500,000 | 식자재비 | 35% | | | |
| 5 | 급여 | 4,000,000 | 운송료(택배) | 3% | | 손익분기점 매출 | |
| 6 | 4대보험 | 400,000 | 포장소모품비 | 2.0% | | | |
| 7 | 퇴직금 | 400,000 | 부가세 | 10% | | 객단가(평균판매가) | |
| 8 | 수도광열비 | 1,000,000 | 카드수수료 | 2.0% | | 월 판매수량(25일) | |
| 9 | 통신비 | 150,000 | 판매수수료 | | | 일 판매수량 | |
| 10 | 광고선전비 | 400,000 | | | | | |
| 11 | 지급이자 | 600,000 | | | | | |
| 12 | 보험료 | 80,000 | | | | | |
| 13 | | | | | | | |
| 14 | (계) | 9,530,000 | | 52% | | | |
| 15 | | | | | | | |



❺ 먼저 G5 셀에 손익분기점 매출액을 계산하여 표시하기 위해서, 손익분기점 산출수식 '고정비/(1－변동비율)'에 해당하는 수식 '=**B14/(1－D14)**'을 입력한다. 그 결과 G5셀에 손익분기점 매출액 "₩19,854,167"을 쉽게 산출할 수 있다. 여기서 손익분기점 매출액 산정에 사용된 고정비가 '월' 단위 금액이므로, G5 셀에 표시되는 손익분기점 매출액도 당연히 월 매출액을 의미한다. 즉 ㈜마시따가 신규사업을 오픈하여 손해도 이익도 안보는 상태(손익분기점)가 되기 위해서는 최소한 월 매출액이 "₩19,854,167"이 되어야 한다는 의미이다.

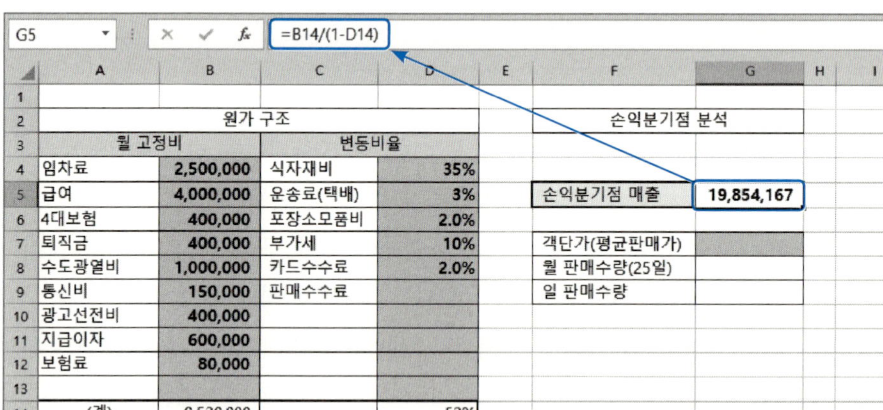



| | A | B | C | D | E | F | G |
|---|---|---|---|---|---|---|---|
| 1 | | | | | | | |
| 2 | 원가 구조 | | | | | 손익분기점 분석 | |
| 3 | 월 고정비 | | 변동비율 | | | | |
| 4 | 임차료 | 2,500,000 | 식자재비 | 35% | | | |
| 5 | 급여 | 4,000,000 | 운송료(택배) | 3% | | 손익분기점 매출 | 19,854,167 |
| 6 | 4대보험 | 400,000 | 포장소모품비 | 2.0% | | | |
| 7 | 퇴직금 | 400,000 | 부가세 | 10% | | 객단가(평균판매가) | |
| 8 | 수도광열비 | 1,000,000 | 카드수수료 | 2.0% | | 월 판매수량(25일) | |
| 9 | 통신비 | 150,000 | 판매수수료 | | | 일 판매수량 | |
| 10 | 광고선전비 | 400,000 | | | | | |
| 11 | 지급이자 | 600,000 | | | | | |
| 12 | 보험료 | 80,000 | | | | | |
| 13 | | | | | | | |
| 14 | (계) | 9,530,000 | | 52% | | | |

## 2단계 월/일 최소판매수량 예측

❶ 그렇다면 손익분기점만큼의 월 매출액을 올리기 위해서는 한 달에 또는 하루에 몇 건(명)의 매출을 올려야 할까? 문제에서 객단가(고객 1인당 평균매입액)를 ₩12,000으로 알려주었으므로 먼저 이 금액을 G7 셀에 입력해 둔다.

❷ 이제 고객 1인당 평균판매가(G7셀)와 손익분기점 매출액(G5 셀)을 알고 있으니 월 최소고객수를 산정할 수 있다. G8 셀에 수식 '**=G5/G7**'으로 입력한다. 또 월 25일 영업을 가정하고 있으므로 G9 셀에는 수식 '**=G8/25**'로 입력한다. 그 결과 이 회사가 이익도 손해도 아닌 상태가 되기 위해서는 월 누적 고객수(월 판매수량)는 1,655명은 되어야 하고, 이를 일 평균으로 환산하였을 때 매일 최소 67명의 고객은 있어야 하는 것으로 분석된다.

G9 | =G8/25

| | A | B | C | D | E | F | G |
|---|---|---|---|---|---|---|---|
| 2 | 원가 구조 | | | | | 손익분기점 분석 | |
| 3 | 월 고정비 | | 변동비율 | | | | |
| 4 | 임차료 | 2,500,000 | 식자재비 | 35% | | | |
| 5 | 급여 | 4,000,000 | 운송료(택배) | 3% | | 손익분기점 매출 | 19,854,167 |
| 6 | 4대보험 | 400,000 | 포장소모품비 | 2.0% | | | |
| 7 | 퇴직금 | 400,000 | 부가세 | 10% | | 객단가(평균판매가) | ₩ 12,000 |
| 8 | 수도광열비 | 1,000,000 | 카드수수료 | 2.0% | | 월 판매수량(25일) | 1,655 |
| 9 | 통신비 | 150,000 | 판매수수료 | | | 일 판매수량 | 66.2 |
| 10 | 광고선전비 | 400,000 | | | | | |
| 11 | 지급이자 | 600,000 | | | | | |
| 12 | 보험료 | 80,000 | | | | | |
| 13 | | | | | | | |
| 14 | (계) | 9,530,000 | | 52% | | | |

손익분기점분석

## 3단계 손익분기점 차트

❶ 이제 이러한 손익분기점(BEP) 산출내역을 보다 쉽게 이해할 수 있도록 하기 위해 손익분기점 차트를 작성해 보자. 시트의 [원가구조] 표 아래쪽 A18:F26 셀범위에 다음의 양식을 작성해두고, 판매수량란에는 0부터 500씩 증가하는 순차 수열로 입력해 놓는다.

| | A | B | C | D | E | F |
|---|---|---|---|---|---|---|
| 13 | | | | | | |
| 14 | (계) | 9,530,000 | | 52% | | |
| 15 | | | | | | |
| 16 | | | | | | |
| 17 | | | | | | |
| 18 | 판매수량 | 매출액 | 고정비 | 변동비 | 총원가 | 이익(손실) |
| 19 | - | | | | | |
| 20 | 500 | | | | | |
| 21 | 1,000 | | | | | |
| 22 | 1,500 | | | | | |
| 23 | 2,000 | | | | | |
| 24 | 2,500 | | | | | |
| 25 | 3,000 | | | | | |
| 26 | 3,500 | | | | | |

손익분기점분석

❷ B19 셀에는 수식 '=**A19*$G$7**'으로 입력하여 매출액을 계산하고, C19 셀의 고정비는 '=**$B$14**'로, D19 셀의 변동비는 '=**B19*$D$14**', E19 셀의 총원가는 '=**C19+D19**'로, 그리고 F19 셀의 이익(또는 손실)은 '=**B19−E19**'로 각각 입력한다. B19:F19 셀범위의 수식은 아래쪽 판매수량에도 동일하게 적용할 수 있으며, 이를 위해 미리 필요한 절대셀참조 형식으로 표시해 두었던 것이ek. 따라서 B19:F19 셀범위를 선택하고 오른쪽 자동채우기핸들을 끌어서 F26 셀까지 채워넣기 한다.

B19 =A19*$G$7

| | A | B | C | D | E | F | G |
|---|---|---|---|---|---|---|---|
| 13 | | | | | | | |
| 14 | (계) | 9,530,000 | | 52% | | | |
| 15 | | | | | | | |
| 16 | | | | | | | |
| 17 | | | | | | | |
| 18 | 판매수량 | 매출액 | 고정비 | 변동비 | 총원가 | 이익(손실) | |
| 19 | - | 0 | 9,530,000 | 0 | 9,530,000 | - 9,530,000 | |
| 20 | 500 | 6,000,000 | 9,530,000 | 3,120,000 | 12,650,000 | - 6,650,000 | |
| 21 | 1,000 | 12,000,000 | 9,530,000 | 6,240,000 | 15,770,000 | - 3,770,000 | |
| 22 | 1,500 | 18,000,000 | 9,530,000 | 9,360,000 | 18,890,000 | - 890,000 | |
| 23 | 2,000 | 24,000,000 | 9,530,000 | 12,480,000 | 22,010,000 | 1,990,000 | |
| 24 | 2,500 | 30,000,000 | 9,530,000 | 15,600,000 | 25,130,000 | 4,870,000 | |
| 25 | 3,000 | 36,000,000 | 9,530,000 | 18,720,000 | 28,250,000 | 7,750,000 | |
| 26 | 3,500 | 42,000,000 | 9,530,000 | 21,840,000 | 31,370,000 | 10,630,000 | |
| 27 | | | | | | | |

손익분기점분석

❸ 이제 완성된 표를 중심으로 손익분기점 차트를 작성해보기로 한다. 손익분기점 차트에 표시할 데이터는 판매수량, 매출액, 고정비, 총원가 등의 자료이므로, 먼저 sheet에 표시된 표 전체(A18:F26)를 선택한 후 [삽입] 탭의 [차트]-[꺾은선형 차트 삽입]에서 [표식이 있는 꺾은선형]을 선택한다.

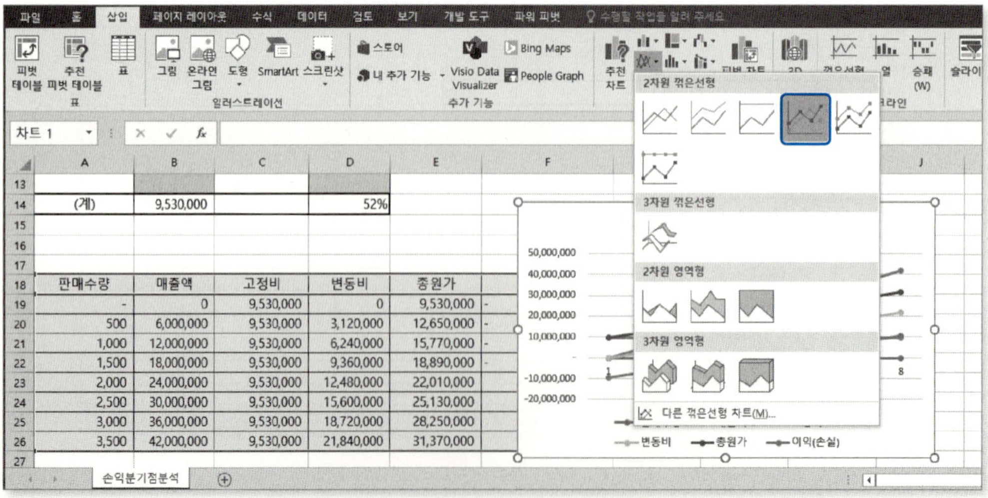

❹ 자동으로 표시된 차트는 아직 우리가 표현하고자 하는 차트는 아니므로, 먼저 차트의 내부에서 오른쪽 마우스 [데이터 선택]을 클릭하여 [데이터 원본 선택] 대화상자를 표시한다. [데이터 원본 선택] 대화상자의 왼쪽 아래 [범례항목]에 표시되어 있는 항목 중에서 먼저 "판매수량" 항목을 선택하고 [제거] 단추를 클릭하여 제거한다. "변동비", "이익(손실)" 항목도 필요한 자료가 아니므로 마찬가지 방법으로 각각 선택하여 제거한다. 이제 [범례항목]란에는 "매출액", "고정비", "총원가" 항목만 남아있게 된다.

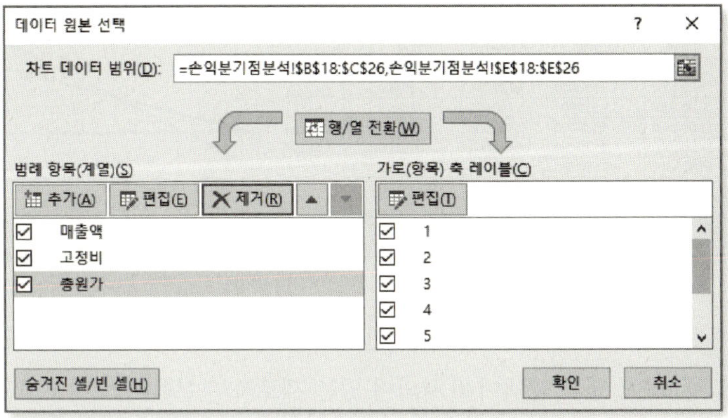


❺ 이번에는 [데이터 원본 선택] 대화상자의 오른쪽 아래 [가로축 레이블]에 현재의 순차 숫자 대신에 "판매수량"이 표시되도록 수정해야 한다. [가로축 레이블] 아래 [편집] 단추를 클릭하고 [축 레이블] 대화상자의 [축 레이블 범위]에서 sheet상에 "판매수량"들이 나열되어 있는 A19:A26 셀 범위를 마우스로 선택하여 표시하고 [확인]을 누르면 A열에 표시되어 있는 판매수량들이 [가로축 레이블]로 표시되어 나타난다.

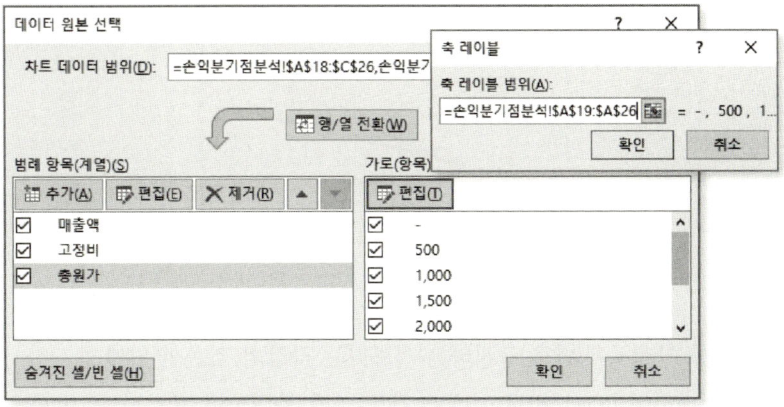

❻ 이제 가로축에는 "판매수량"으로, 세로축(범례항목)에는 "매출액", "고정비", "총원가"로 표시하기 위한 변경절차가 이루어졌으므로 [데이터 원본 선택] 대화상자에서 [확인]을 누르면 우리가 작성하고자 의도했던 차트가 표시되어진다. 표시된 차트에서 [차트 제목] 부분을 클릭하여 '**손익분기점 차트**'로 수정해 둔다.

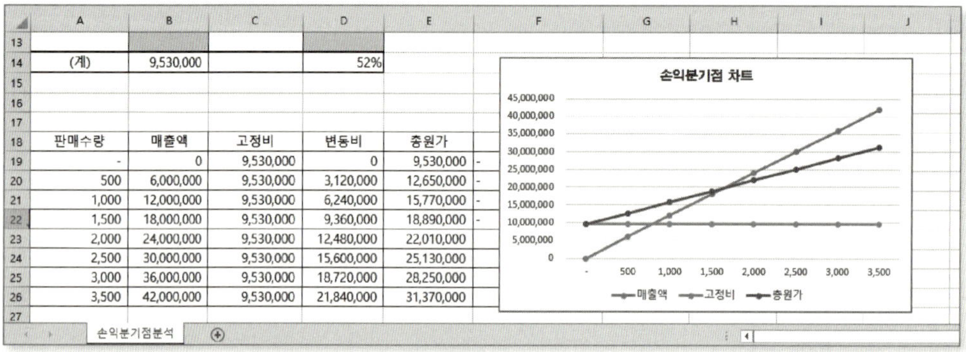

| | A | B | C | D | E |
|---|---|---|---|---|---|
| 14 | (계) | 9,530,000 | | 52% | |
| 18 | 판매수량 | 매출액 | 고정비 | 변동비 | 총원가 |
| 19 | - | 0 | 9,530,000 | 0 | 9,530,000 |
| 20 | 500 | 6,000,000 | 9,530,000 | 3,120,000 | 12,650,000 |
| 21 | 1,000 | 12,000,000 | 9,530,000 | 6,240,000 | 15,770,000 |
| 22 | 1,500 | 18,000,000 | 9,530,000 | 9,360,000 | 18,890,000 |
| 23 | 2,000 | 24,000,000 | 9,530,000 | 12,480,000 | 22,010,000 |
| 24 | 2,500 | 30,000,000 | 9,530,000 | 15,600,000 | 25,130,000 |
| 25 | 3,000 | 36,000,000 | 9,530,000 | 18,720,000 | 28,250,000 |
| 26 | 3,500 | 42,000,000 | 9,530,000 | 21,840,000 | 31,370,000 |



❼ 손익분기점 차트의 기본 형식은 완성되었지만, 좀 더 보기 쉽도록 표시하기 위해 몇 가지 설정만 변경해보도록 하자. 먼저 금액이 표시되어 있는 세로축 부분을 선택하고 오른쪽 마우스에서 [주 눈금선 서식]을 클릭하기만 한다. 마찬가지로 이번에는 "판매금액"이 표시된 가로축 부분을 선택하고 오른쪽 마우스에서 [주 눈금선 서식]을 클릭하기만 한다. 이로써 가로/세로 눈금선이 희미하게나마 표시되어 꺾은선들이 교차하는 부분을 좀 더 쉽게 알아볼 수 있게 되었다. 다시 가로축 부분을 클릭하고 오른쪽 마우스에서 이번에는 [축서식]을 클릭하고 [축 서식] 상자에서 [축 위치]를 [눈금]으로 선택한다.

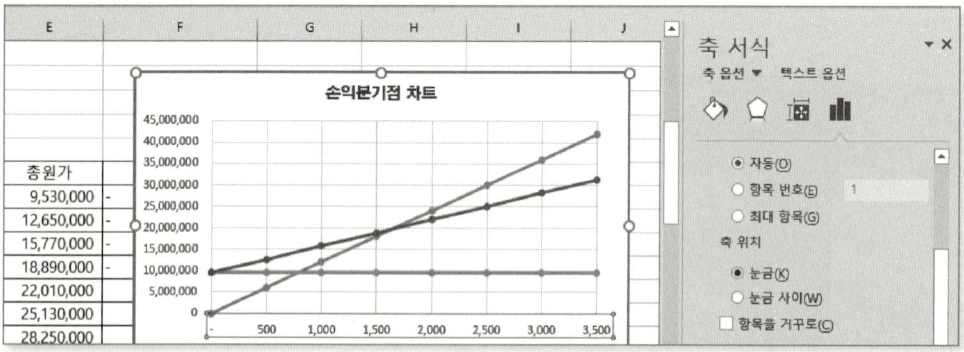



❽ 차트의 범례를 아래쪽에 따로 표시하는 것보다는 각각의 꺾은선 위에 표시하기 위해 차트 아래쪽 범례를 선택하여 Delete키로 지우면 차트 크기 확대되어 표시된다. 이제 [삽입] 탭에서 [텍스트]-[텍스트상자]-[가로 텍스트상자]를 클릭하고 '**고정비**'로 입력한 후 [고정비] 꺾은선 위

에 배치한다. 마찬가지로 **'총원가'**, **'매출액'**을 입력한 텍스트상자를 각 꺾은선 위 또는 아래에 배치시킨다.

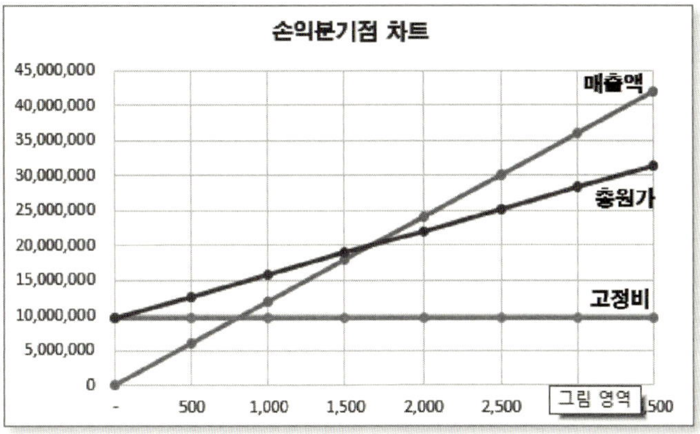


❾ 다시 [삽입] 탭의 [일러스트레이션]-[도형]에서 [설명선]의 [설명선1]을 선택하여 차트상의 교차점에 표시하고 **'손익분기점'**으로 입력하여 적절한 위치에 배치시킨다. 또 [도형]에서 [선](파선)을 선택하여 손익분기점 부분의 가로축/세로축과의 연결표시부분을 강조하여 표시한다.

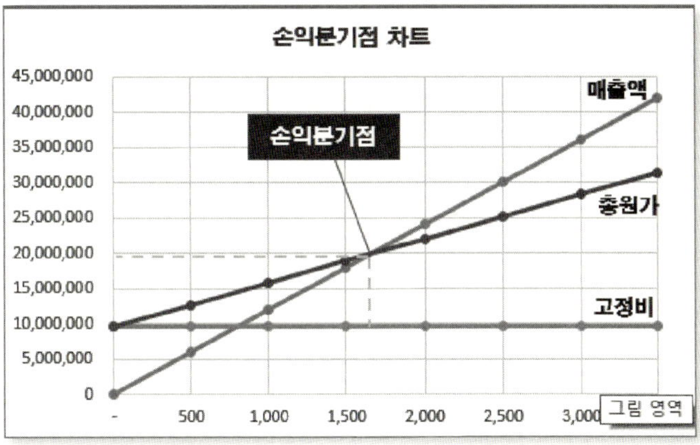


❿ 이로써 손익분기점 차트 작성이 완성되었다.

## 4단계 기대수익률을 고려한 사업타당성 진단

❶ 지금까지는 ㈜마시따가 돈가스전문점을 새로 오픈했을 때 매출액을 어느 정도 올려야 손해도 이익도 없는 상태(손익분기점)가 되는지를 검토하였다. 그러나 이 손익분기점 매출액(₩19,854,167)은 적어도 월 매출액이 이 금액 이상이 되어야 손해가 없다는 것을 알려주는 것일

뿐이고, 어느 정도의 매출액이 되어야 사업에 타당성이 있는지를 말해주는 것은 아니다. 더구나 ㈜마시따의 경우에는 창업을 위해 2억원을 투자하고 있으며 이에 대한 연간 기대수익률을 15%로 보고 있는 만큼, 이를 목표이익으로 고려하는 새로운 손익분기점을 계산해야 한다.

❷ 이러한 계산과정을 표시하기 위해 sheet의 A30:B43 셀범위에 다음의 표를 먼저 작성해 둔다.

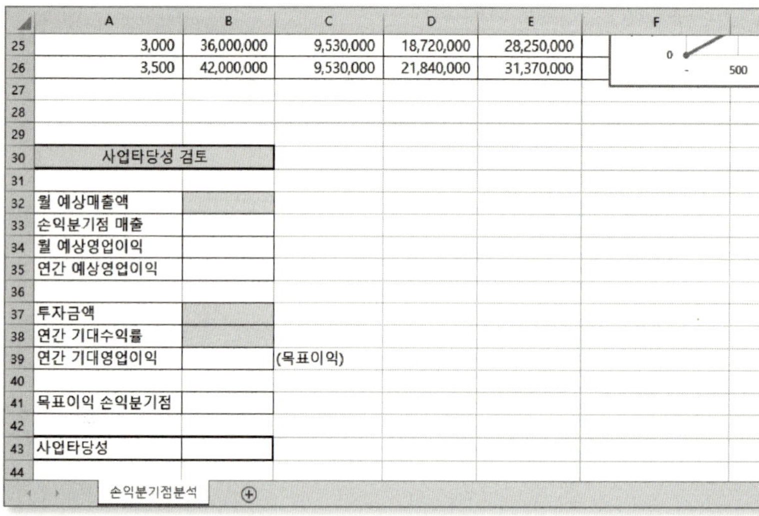


❸ 이 회사의 경우 월 예상매출액(B32)과 투자금액(B37) 및 연간 기대수익률(B38)은 각각 ₩22,000,000, ₩200,000,000, 15%로 예상하고 있으므로, 이를 각각 B32, B37, B38 셀에 입력해 둔다.

❹ B33 셀의 손익분기점매출은 이미 계산되어 있는 G5 셀을 참조하여 표시하면 되므로 수식 '=**G5**'로 입력한다. 따라서 B34 셀은 '=**B32**–**B33**'으로 계산할 수 있다. 즉 손익분기점 분석에 따

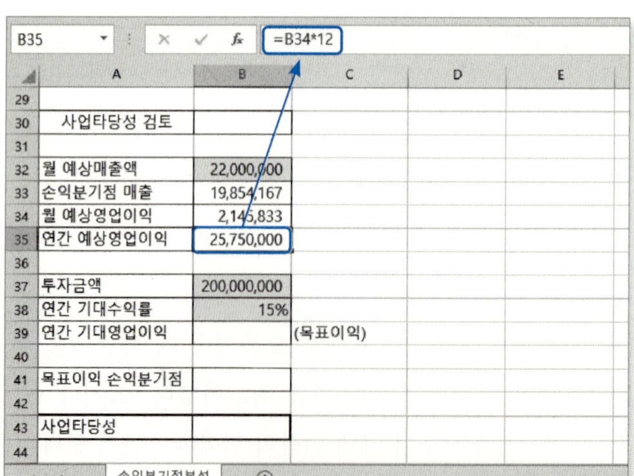

른 월 손익분기점 매출액은 ₩19,854,167인데, 예상하고 있는 월매출액은 ₩22,000,000이므로 매월 예상되는 영업이익은 ₩2,145,833 인 것으로 볼 수 있다. 그런데 이와 비교해야 할 목표이익(기대영업이익)이 연간 금액이기 때문에 이를 12개월로 곱하여 B35 셀에 '=B34*12'로 입력한다. 그 결과는 ₩25,750,000으로 계산되는데, 이는 월 매출액을 ₩22,000,000으로 예상하는 경우 연간 ₩25,750,000만큼의 영업이익을 거둘 수 있음을 의미한다.

❺ 한편 투자금액 2억원에 대한 연간 기대수익률이 15%이므로 B39 셀에 표시해야 할 연간 기대영업이익은 '**=B37*B38**'로 입력하여 ₩30,000,000으로 계산됨을 알 수 있다. 즉 투자수익률 15%를 고려한 연간 기대이익(목표이익)은 ₩30,000,000인데, ㈜마시따가 예상하고 있는 월 예상매출액을 기준으로 하는 연간 예상영업이익은 ₩25,750,000에 불과하므로 목표이익을 달성하기는 어렵다는 판단이다.

❻ 그렇다면 현재 분석되고 있는 월 손익분기점 매출액은 ₩19,854,167인데, 여기에 목표이익(기대영업이익)을 고려한다면 월 손익분기점 매출액은 과연 얼마가 되어야 할까? 목표이익을 고려한 손익분기점은 "**(고정비+목표이익)/(1-변동비율)**"로 계산하는 것이므로, B41 셀에 수식 '**=(B14+B39/12)/(1-D14)**'로 입력한다. 여기서 'B39/12'로 입력한 것은, B39 셀의 금액이 연간 목표이익이기 때문에 월단위 손익분기점으로 계산하기 위한 것이다.

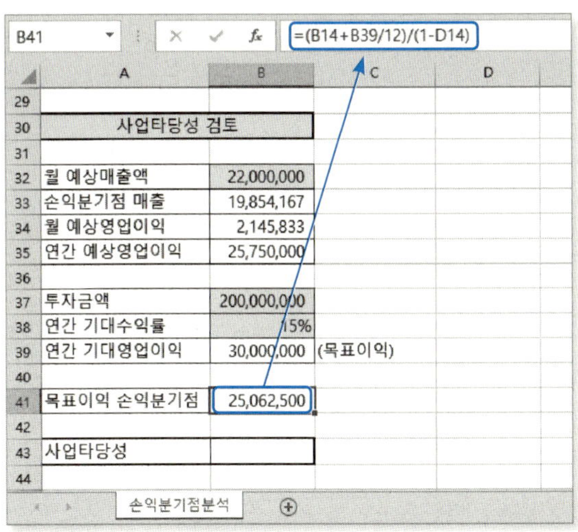


| | A | B | C |
|---|---|---|---|
| 29 | | | |
| 30 | 사업타당성 검토 | | |
| 31 | | | |
| 32 | 월 예상매출액 | 22,000,000 | |
| 33 | 손익분기점 매출 | 19,854,167 | |
| 34 | 월 예상영업이익 | 2,145,833 | |
| 35 | 연간 예상영업이익 | 25,750,000 | |
| 36 | | | |
| 37 | 투자금액 | 200,000,000 | |
| 38 | 연간 기대수익률 | 15% | |
| 39 | 연간 기대영업이익 | 30,000,000 | (목표이익) |
| 40 | | | |
| 41 | 목표이익 손익분기점 | 25,062,500 | |
| 42 | | | |
| 43 | 사업타당성 | | |
| 44 | | | |

❼ 계산 결과 목표이익을 고려한 경우의 손익분기점 매출액은 월 ₩25,062,500으로 나타났다. 이는 ㈜마시따가 예상하고 있는 월 예상매출액(₩22,000,000)보다 더 높은 금액으로, 월 예상매출액이 ₩22,000,000보다 더 많은 ₩25,062,500 이상의 매출액을 예상할 수 있어야 사업타당성을 갖는 것으로 판단할 수 있을 것이다. 따라서 현재의 판단으로는 사업타당성은 부족한 것으로 결론지을 수밖에 없다.

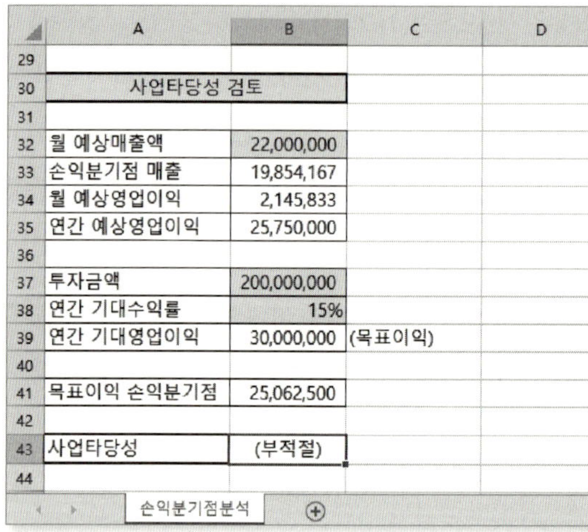

| | A | B | C | D |
|---|---|---|---|---|
| 29 | | | | |
| 30 | 사업타당성 검토 | | | |
| 31 | | | | |
| 32 | 월 예상매출액 | 22,000,000 | | |
| 33 | 손익분기점 매출 | 19,854,167 | | |
| 34 | 월 예상영업이익 | 2,145,833 | | |
| 35 | 연간 예상영업이익 | 25,750,000 | | |
| 36 | | | | |
| 37 | 투자금액 | 200,000,000 | | |
| 38 | 연간 기대수익률 | 15% | | |
| 39 | 연간 기대영업이익 | 30,000,000 | (목표이익) | |
| 40 | | | | |
| 41 | 목표이익 손익분기점 | 25,062,500 | | |
| 42 | | | | |
| 43 | 사업타당성 | (부적절) | | |
| 44 | | | | |



❽ 이와 같이 현재 주어진 자료에 의할 경우 사업타당성이 없는 것으로 결론지을 수밖에 없는 일이긴 하지만, 그렇다면 만일 현재의 사업에 타당성이 있는 것으로 변경하고자 하는 경우에는 어떤 예측값들에 대한 변경을 통해서 가능할까? 이러한 추가분석에 적용할 수 있는 방법으로 엑셀의 [목표값 찾기] 기능을 수행해 보기로 하자.

❾ 먼저 연간 예상영업이익을 연간 기대영업이익과 같게 하고자 한다면 월 예상매출액을 얼마가 될 것으로 수정하면 가능해질까? 이를 위해 [데이터] 탭의 [예측]－[가상분석]에서 [목표값 찾기]를 실행해 본다.

❿ [목표값 찾기] 대화상자에서 [수식 셀]에 B35셀(연간 예상영업이익)을 선택하고 아래 [찾는 값]에 B39 셀의 연간 기대영업이익액 같은 '30,000,000'으로 입력한다. [값을 바꿀 셀]에는 월 예상매출액이 표시되어 있는 B32셀로 지정한다.

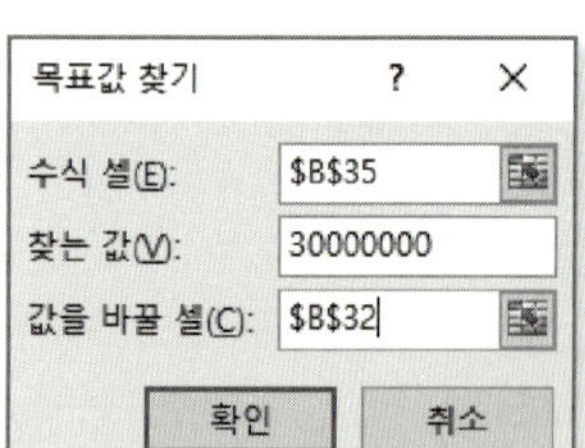


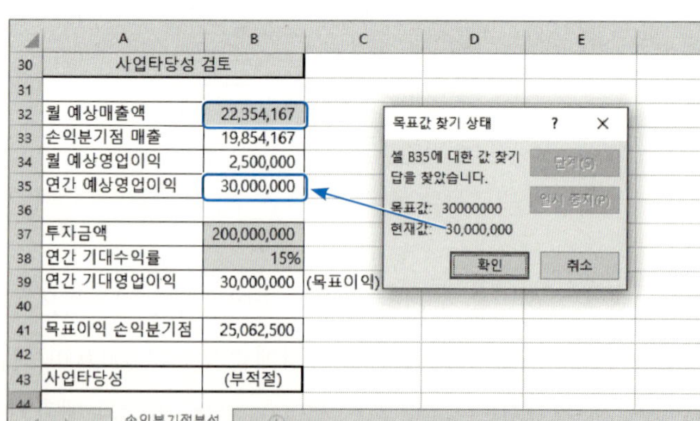

| | A | B | C | D | E |
|---|---|---|---|---|---|
| 30 | 사업타당성 검토 | | | | |
| 31 | | | | | |
| 32 | 월 예상매출액 | 22,354,167 | | | |
| 33 | 손익분기점 매출 | 19,854,167 | | | |
| 34 | 월 예상영업이익 | 2,500,000 | | | |
| 35 | 연간 예상영업이익 | 30,000,000 | | | |
| 36 | | | | | |
| 37 | 투자금액 | 200,000,000 | | | |
| 38 | 연간 기대수익률 | 15% | | | |
| 39 | 연간 기대영업이익 | 30,000,000 | (목표이익) | | |
| 40 | | | | | |
| 41 | 목표이익 손익분기점 | 25,062,500 | | | |
| 42 | | | | | |
| 43 | 사업타당성 | (부적절) | | | |

⑪ [확인]을 누르면 B35 셀의 연간 예상영업이익 금액이 목표값(30,000,000)으로 변경되면서 B32 셀의 월 예상매출액이 ₩22,000,000에서 ₩22,354,167로 변경되어 있음을 알 수 있다. 즉 처음에 예상하고 있던 월 매출액 규모를 조금 더 늘려잡아 ₩22,355,000 정도만 된다고 예상하게 되면 연간 예산영업이익이 연간 기대영업이익보다 많아지게 되어 이때는 사업타당성이 있는 것으로 판단할 수 있게 된다는 의미이다.

⑫ 또 다른 목표값 찾기로, 이번에는 연간 기대영업이익을 연간 예상영업이익과 같은 금액으로 만들기 위해서는 연간 기대수익률을 얼마로 낮춰 잡아야 할까? 이를 위해 다시 월 예상매출액을 원래 금액(₩22,000,000)으로 되돌려 놓은 후, [데이터] 탭의 [예측]-[가상분석]에서 [목표값 찾기]를 다시 실행한다.

⑬ [목표값 찾기] 대화상자에서 이번에는 [수식 셀]에 B39셀(연간 기대영업이익)을 선택하고 아래 [찾는 값]에 B35 셀의 연간 예상영업이익액 같은 **'25,750,000'**으로 입력한다. [값을 바꿀 셀]에는 연간 기대수익률이 표시되어 있는 B38 셀을 지정해 본다.

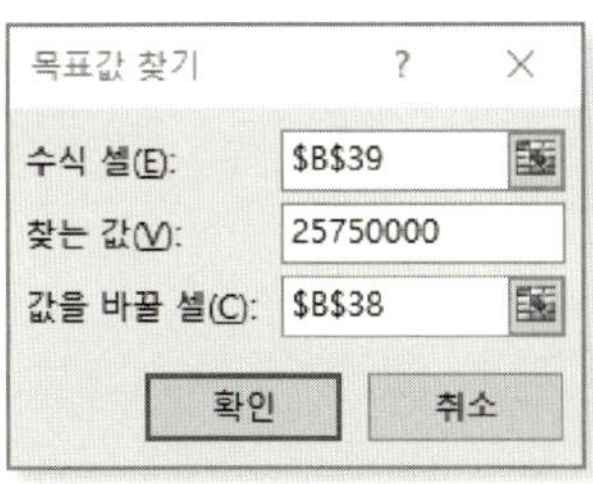


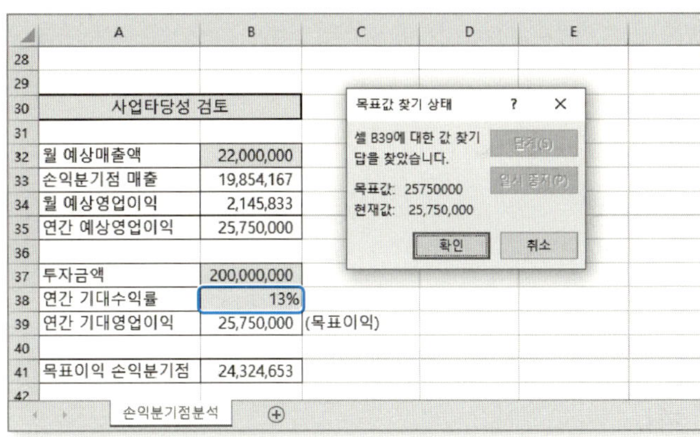


⑭ 이번에는 B38 셀의 입력값이 이전의 15%에서 13%로 변경되어 있음을 알 수 있다. 즉 투자금액 2억원에 대한 기대수익률을 15%에서 13%(12.9%) 정도로만 낮추어 잡는다면 이 사업의 경우에도 사업타당성은 있는 것으로 결론지을 수 있음을 의미한다.

⑮ 물론 그 외에도 고정비 지출이나 변동비율 자체를 감소시키는 방향으로 노력할 수 있다면, 그 자체가 손익분기점 매출액 크기를 작게 하여 그만큼 사업타당성분석에는 유리하게 작용할 수도 있을 것이다. 또 이러한 분석에는 엑셀의 [시나리오 관리자] 기능을 이용해 볼 수도 있을 것인데, 이를 위해서는 우리의 분석에서 수식 연결을 다소 변경해야 할 필요가 있을 것이다.

CHAPTER

# 06

회계실무 Cases

# 업무 자동수행 Macro

# Case 601 ㈜영성의 매출집계표 자동매크로 작성

## 현황

㈜영성은 의료용 비염세척기를 전국의 병원과 약국에 판매하는 회사이다. 영업점은 서울/경기지역을 담당하는 서울지점과 충청, 전라권을 담당하는 서부지점, 강원, 경상권을 담당하는 동부지점으로 구성되어 있다. 본사에서는 매월 각 지점에서 보고해오는 사원별 판매수량과 판매금액 정보를 합산하여 3개월 단위의 매출집계표를 작성해오고 있다.

그런데 매월 각 지점에서 보고해오는 판매실적표 형식이 동일하기 때문에, 이를 합산하여 매출집계표를 작성하는 과정을 그때마다 수작업으로 수행하기보다는 자동화하여 간편하게 작업할 수 있는 방법을 고민하고 있다.

각 지점에서 보고하는 4월 판매자료와 본사에서 1, 2, 3월의 자료를 모아 작성한 매출집계표 형식은 아래와 같다.

〈sheet 1: 서울지점 4월 판매자료〉

(금액단위: 만원)

| | 사원1 | 사원2 | 사원3 | 사원4 | 사원5 | 사원6 | | | 합계 |
|---|---|---|---|---|---|---|---|---|---|
| 수량 | 36 | 42 | 46 | 41 | 38 | 42 | | | 245 |
| 금액 | 4,400 | 3,900 | 5,200 | 4,400 | 3,200 | 3,900 | | | 25,000 |

〈sheet 2: 서부지점 4월 판매자료〉

(금액단위: 만원)

| | 사원1 | 사원2 | 사원3 | 사원4 | 사원5 | | | | 합계 |
|---|---|---|---|---|---|---|---|---|---|
| 수량 | 48 | 42 | 48 | 37 | 27 | | | | 202 |
| 금액 | 5,600 | 4,800 | 5,800 | 4,100 | 3,300 | | | | 23,600 |

〈sheet 3: 동부지점 4월 판매자료〉

(금액단위: 만원)

| | 사원1 | 사원2 | 사원3 | 사원4 | 사원5 | 사원6 | 사원7 | | 합계 |
|---|---|---|---|---|---|---|---|---|---|
| 수량 | 52 | 29 | 38 | 46 | 53 | 25 | 37 | | 280 |
| 금액 | 6,200 | 3,300 | 3,800 | 4,400 | 4,900 | 2,900 | 3,500 | | 29,000 |

〈sheet 4: 본사 매출집계표(3개월 단위)〉

| | 1월 | 2월 | 3월 |
|---|---|---|---|
| 수량 | 585 | 464 | 423 |
| 금액 | 60,500 | 48,800 | 48,100 |

| 3개월 합계 | 3개월 평균 |
|---|---|
| 1,472 | 491 |
| 157,400 | 52,467 |

**요구사항**

1. 본사의 매출집계표 작성을 자동화하는 절차를 자동매크로에 의해 수행하고, 매크로 기록 내용을 설명해 보시오.

2. 작성된 매크로를 매출집계표 시트에 매크로 버튼으로 만들어두고, 5월, 6월, … 자료를 각각 입력한 후 매크로버튼에 의해 자동 수행하는 절차를 작성해보시오.

※ 다만, 각 지점의 영업사원 구성과 각 시트의 합계 표시란은 변동이 없는 것으로 가정한다.

## Case 601 따라하기

**상황분석**

- Macro는 엑셀에서의 반복적인 작업을 자동화하는데 필수적인 도구이다. 특히 엑셀 매크로는 간단한 프로그램을 작성하여 사용하는데 매우 유용한 도구이므로, 매크로 사용법을 잘 익혀두면 반복적으로 수행해야 하는 업무를 보다 손쉽게 처리할 수 있다.
- 본 예제는 매크로를 사용하여 다양한 프로그래밍에 적용하기 전에, 먼저 자동 작성 매크로를 실행하여 만들어진 매크로 코드를 분석하고 이해함으로써, 향후 매크로 코드를 자유롭게 활용할 수 있도록 기본 표현을 익히도록 하는데 주 목적이 있다.
- 매크로를 자유자재로 사용하기 위해서는, 먼저 관련 문법(Visual Basic 문법)을 학습한 후 적용해 가는 것이 원칙이나, 여기서는 키보드나 마우스 작동 과정을 매크로 코드로 자동 기록하도록 한 후 해당 코드를 이해함으로써, 거꾸로 매크로 문법을 익혀가는 방법을 취하고자 하는 것이다.

참고

**매크로(Macro)**

매크로(macro)는 자주 사용하는 여러 개의 명령어를 묶어서 하나의 키 입력으로 수행할 수 있도록 만든 것이다. 일련의 명령어를 반복하여 자주 사용할 때, 여러 번 해야 하는 일을 간단하게 수행하도록 할 때, 문서 내의 같은 문자열을 한꺼번에 변경하고자 할 때도 사용된다.

즉, 매크로는 일련의 작업을 수행하기 위해 조작자가 매번 명령을 입력하지 않고 특정한 매크로 기능을 가진 키를 눌러줌으로써 자동적으로 일이 수행되게 한다. 어셈블리어나 MS-Word, 엑셀 등의 응용프로그램에서도 매크로 기록 기능을 가지고 있어 사용자가 쉽게 매크로를 작성하여 사용할 수 있다.

엑셀 매크로는 엑셀 사용자의 편의성을 높이기 위해 개발되었지만, 엑셀 외의 다양한 프로그래밍 툴들에도 널리 사용되면서, 수강신청, 공연 예약 등에도 유용하게 이용되고 있지만, 티켓 집단예약, 야구장 및 리조트 예약, 게임등급올리기, 주식 빠른매매 등에 악용되기도 한다.

엑셀에서 매크로는 흔히 Visual Basic Editor를 이용하여 Macro Code를 등록하여 사용하지만, 간단한 반복작업의 경우에는 자동 매크로기록(또는 키보드/마우스 매크로 프로그램) 기능을 통해 작성하고 매크로 버튼에 등록하여 사용하기도 한다.

### 1단계 기초자료 및 집계표 양식의 준비

매크로 기능은 기본적으로 동일 장소에서 동일한 작업이 반복되는 것을 전제로 하므로, 지점별 판매자료 시트를 구성할 때 특히 '합계' 영역이 같은 셀 영역에 표시되도록 하는 것이 좋다. 또한 지점별 자료 표현형식이 '매출집계표'에서도 동일 형식으로 표현될 수 있도록 설계하는 것이 중요하다.

❶ 새 Worksheet의 새 시트를 선택하고, 시트의 이름을 '**서울지점**'으로 변경해 놓는다.

❷ '서울지점' 시트의 C2 셀에 **'4월 판매자료'**를 입력하고, F2 셀에는 '[**서울지점**]'을 입력한다. B4:K6 샐 범위를 선택하고 [홈] 탭의 [글꼴] – [테두리] – [모든 테두리]를 선택한다. B5 셀과 B6 셀에 각각 **'수량'**, **'금액'**을 입력하고, C4:H6 셀 범위에 각각 사원명(사원1...사원6)과 해당 사원의 판매수량, 판매금액 정보를 입력한다. '서울지점'의 경우에는 6명의 사원이 있는 것으로 가정한다. K4 셀에는 **'합계'**를 입력하고, C5:K6 셀 범위를 선택하여 자동합계 버튼(Σ)을 눌러 K열에 각각의 합계가 표시되도록 한다. B4:K6 셀 범위를 [가운데 맞춤]으로 정렬한다.

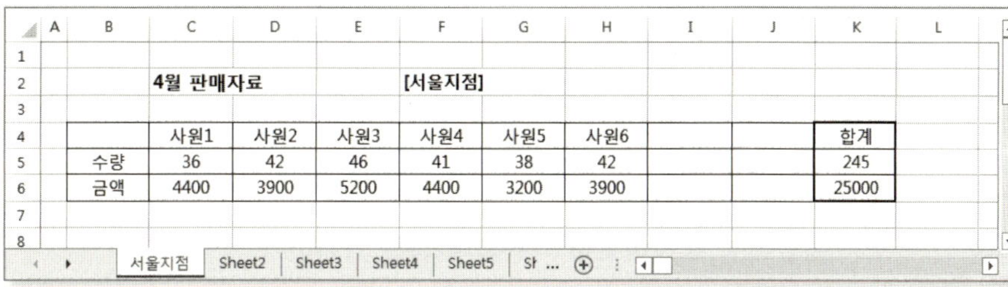


❸ '서울지점' 시트의 판매자료 입력 양식을 다른 지점에도 동일하게 적용하기로 한다. Ctrl 키를 누른상태에서 마우스로 '서울지점' 시트의 시트 이름부분을 클릭하여 '서울지점' 시트 오른쪽으로 이동하면 '서울지점(2)' 시트로 복제하여 표시된다.

❹ 복제된 '서울지점(2)' 시트의 이름을 **'서부지점'**으로 변경하고, '서부지점' 시트의 F3 셀에서도 '서울지점'을 **'서부지점'**으로 변경해 놓는다. '서부지점'의 경우에는 사원이 5명이므로, H4:H6 셀 영역의 자료는 지우고, C5:G6 셀 영역에 서부지역 사원들의 판매자료를 입력한다. '합계' 부분에는 이미 수식이 입력되어 있으므로 자동 표시된다.

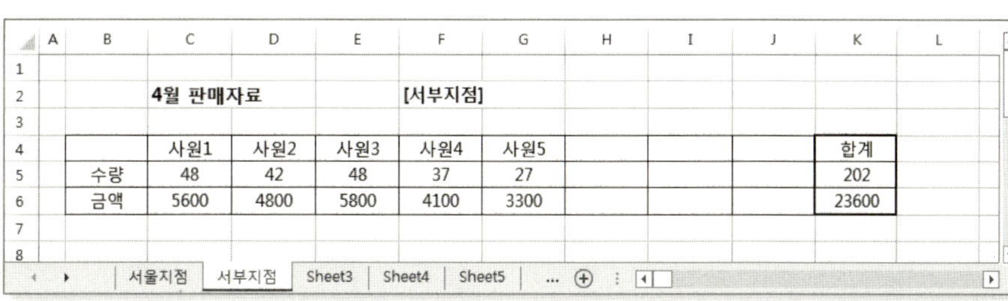


❺ 마찬가지 방법으로, '서부지점' 시트를 복제하여 오른쪽에 '동부지점' 시트를 생성한다. '동부지점' 시트의 F2 셀을 **'동부지점'**으로 변경하고, C4:I6 셀 영역에 7명 사원의 판매자료를 입력한다. 여기서도 '합계' 부분은 자동 변경 표시된다.

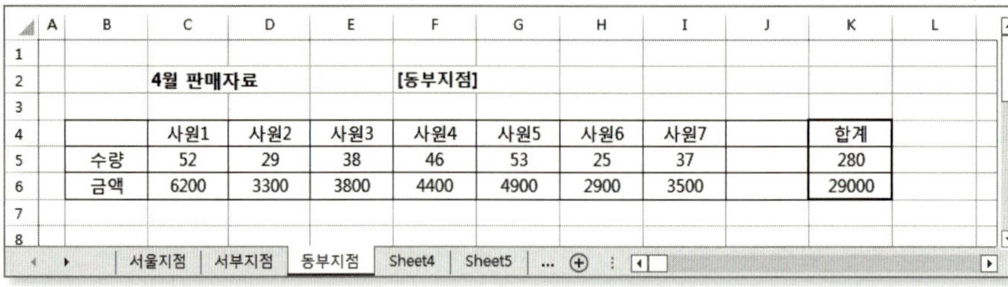

| | B | C | D | E | F | G | H | I | J | K |
|---|---|---|---|---|---|---|---|---|---|---|
| 2 | | 4월 판매자료 | | | [동부지점] | | | | | |
| 4 | | 사원1 | 사원2 | 사원3 | 사원4 | 사원5 | 사원6 | 사원7 | | 합계 |
| 5 | 수량 | 52 | 29 | 38 | 46 | 53 | 25 | 37 | | 280 |
| 6 | 금액 | 6200 | 3300 | 3800 | 4400 | 4900 | 2900 | 3500 | | 29000 |

서울지점 | 서부지점 | 동부지점 | Sheet4 | Sheet5

❻ 이제 오른쪽 새 시트를 선택하고, 시트 이름을 **'매출집계표'**로 변경한다. '매출집계표' 시트의 C2 셀에는 **'본사 매출집계표(3개월 단위)'**를 입력한다. B5, B6 셀에 각각 **'수량'**과 **'금액'**을 입력하고, C4:E6 셀 영역에는 이미 앞의 3개월(1월, 2월, 3월) 판매자료가 합계되어 표시되고 있다고 가정하여 해당 자료를 각각 입력한다. F열의 [열 너비]를 '2'로 축소하여 표시하고, G4, H4 셀에는 각각 **'3개월 합계'**, **'3개월 평균'**을 입력한다. G5:H6 셀에는 각각 C5:E5, C6:E6 셀 영역의 자료들을 합계 또는 평균하여 표시하도록 다음의 수식을 입력한다.

G5: =SUM($C$5:$E$5)

G6: =SUM($C$6:$E$6)

G5: =AVERAGE($C$5:$E$5)

G5: =AVERAGE($C$6:$E$6)

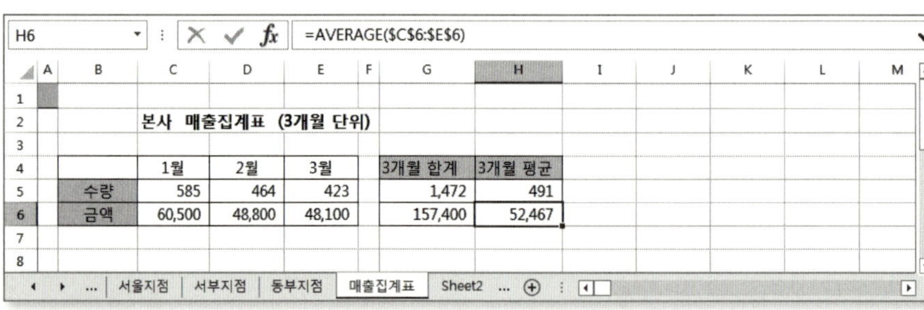

H6 =AVERAGE($C$6:$E$6)

| | B | C | D | E | F | G | H |
|---|---|---|---|---|---|---|---|
| 2 | | 본사 매출집계표 (3개월 단위) | | | | | |
| 4 | | 1월 | 2월 | 3월 | | 3개월 합계 | 3개월 평균 |
| 5 | 수량 | 585 | 464 | 423 | | 1,472 | 491 |
| 6 | 금액 | 60,500 | 48,800 | 48,100 | | 157,400 | 52,467 |

... 서울지점 | 서부지점 | 동부지점 | 매출집계표 | Sheet2

❼ 이로써 각 지점에서 매월 사원들의 판매자료를 입력하게 될 지점별 양식과 본사의 매출집계표 기본 양식을 완성하였다. 다만, 각 지점에서는 매월 판매자료를 보고할 때 C2 셀과 C5:I5 셀의 해당 자료만 변경하여 입력하는 것으로 한다.

## 2단계 자동매크로 작성

자동 매크로를 작성하게 될 기본 과정은, '매출집계표' 시트에서 '1월~3월'로 표시되어 있는 집계 자료를 다음 달(4월) 각 지점의 판매자료를 가져오면서 **'2월~4월'**로 변경하여 표시되도록 하고, 이에 따라 G열과 H열의 합계 및 평균이 자동으로 변경 표시되도록 하는 것이다. 이때 G열과 H열의 합계 및 평균은 앞의 3개월 단위 월별 자료가 변경되더라도 항상 동일 위치의 자료를 참조하여 합계 및 평균을 표시하도록 하기 위해 미리 절대셀주소 형식으로 표시해 놓은 것이다.

이러한 일련의 절차를 엑셀 자동매크로 기능을 이용하여 매크로 코드로 기록하는 절차는, 매크로 기록 과정에 수행되는 모든 마우스나 키보드의 움직임이 모두 매크로 코드로 기록되기 때문에, 기록 과정에서 불필요한 마우스 동작이나 키보드 입력이 이루어지지 않도록 절차를 최소화하는 노력이 필요하다.

❶ '매출집계표' 시트에서, [개발도구] 탭의 [코드] – [매크로 기록]을 클릭한다. [매크로 기록] 대화상자의 [매크로 이름]에 **'매출집계'**로 입력하고, [바로 가기 키]에 **'k'**를 입력한다. 아래 [설명]에는 **'㈜영성 자동 매출집계'**를 입력한다. [확인]을 누르기 전에 주의할 것은, 여기서 [확인]을 누르면 이후에 [매크로 기록 중지] 명령을 실행하기 이전까지의 모든 마우스, 키보드의 움직임이 매크로 코드로 등록되어진다는 것이다. 매크로 기록을 위해 [확인] 버튼을 누른다.

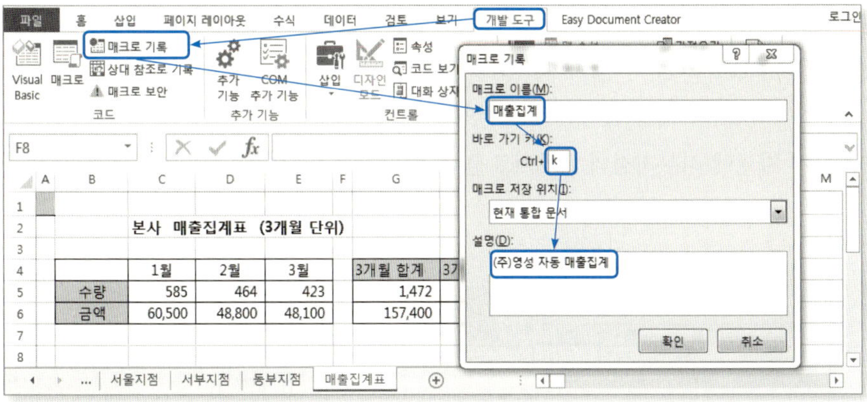


❷ '매출집계표' 시트의 D4:E6 셀 범위를 선택하여 오른쪽 마우스 [복사]를 한 후, C4 셀을 선택하고 오른쪽 마우스 [붙여넣기 옵션] – [값]을 선택한다. 이는 E열에 새로운 4월 자료를 가져와서 표시하기 위해 E열 자리를 비워놓고, 대신 이전 2개월(2월과 3월) 자료를 한 칸씩 앞으로 이동해 놓기 위한 것이다. 이제 원래 3월 자료가 표시되어 있던 E4:E6 셀 범위를 선택하여 Delete 키를 눌러서 이전 마지막 달(3얼) 자료를 지운다.

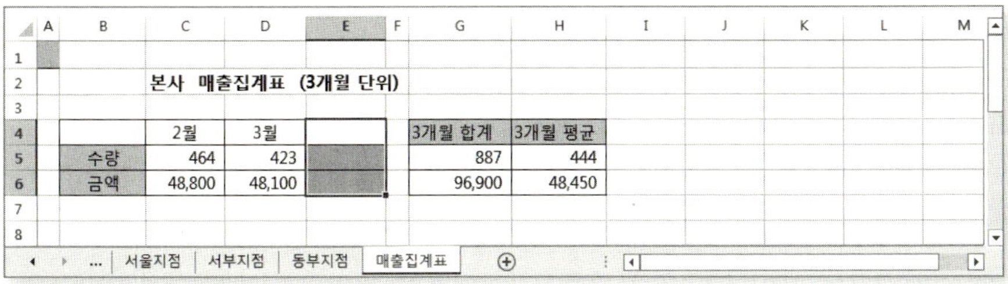


❸ C4:D4 셀 범위를 선택하고 자동채우기 핸들로 E4 셀까지 끌기 하여 E4 셀에 '4월'을 채워넣기 한다.

❹ '서울지점' 시트를 선택하고, 서울지점의 4월 판매자료 합계가 표시되어 있는 K5:K6 셀 범위를 선택하여 [복사]한다. 그리고 '매출집계표' 시트로 돌아와서 E5 셀을 선택하고 [붙여넣기 옵션]에서 [값]을 선택한다. 이로써 E4:E5 셀에 '서울지점'의 판매자료 합계가 표시되었다.

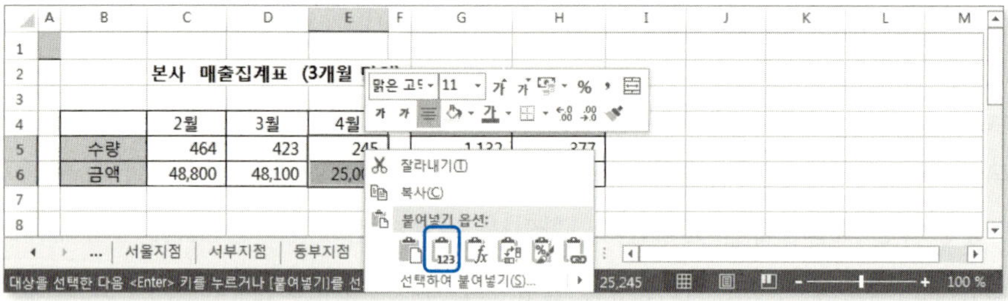

❺ 이제 '서부지점' 시트를 선택하고, 합계가 표시되어 있는 K5:K6 셀 범위를 선택하여 [복사]한다. 그리고 '매출집계표' 시트로 돌아와서 E5 셀을 선택하고 오른쪽 마우스 [선택하여 붙여넣기]-[선택하여 붙여넣기]를 클릭하고 [선택하여 붙여넣기] 대화상자의 [붙여넣기]에서 [값]을 클릭하고, 아래 [연산]에서 [더하기]를 클릭한 후 [확인] 버튼을 누른다. 이는 해당 셀에 이전에 표시된 서울지점의 합계 자료에 서부지점의 합계자료를 가져와 서로 더하여 표시하려고 하는 것이다.

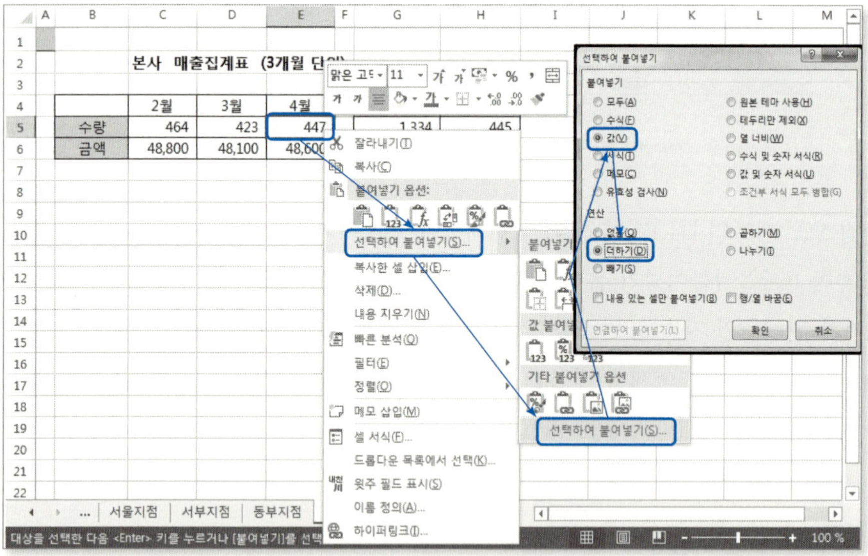

❻ 다시 '동부지점' 시트를 선택하고, 합계가 표시되어 있는 K5:K6 셀 범위를 선택하여 [복사]한다. 그리고 '매출집계표' 시트로 돌아와서 다시 E5 셀을 선택하고 오른쪽 마우스 [선택하여 붙여넣기]-[선택하여 붙여넣기]를 클릭하고 [선택하여 붙여넣기] 대화상자의 [붙여넣기]에서 [값]을 클릭하고, 아래 [연산]에서 [더하기]를 클릭한 후 [확인] 버튼을 누른다. 이로써 E5 셀과

E6 셀에는 '서울지점' 시트와 '서부지점', '동부지점' 시트에 각각 기록되어 있는 지점별 판매자료의 합계가 함께 더해져서 하나의 합계수치로 표시되게 되었다. G열과 H열의 합계 및 평균자료는 이미 입력되어 있는 절대셀주소 합계 수식에 의해 자동으로 갱신되어 표시된다.

❼ 월별 매출집계의 표 부분이 이들 집계과정에서 변경되어 있을 수 있으므로, B4:E6 셀 범위를 선택하고 [홈] 탭의 [글꼴] – [테두리]에서 [모든 테두리]로 설정한다. 표의 오른쪽 J4 셀을 클릭한다.

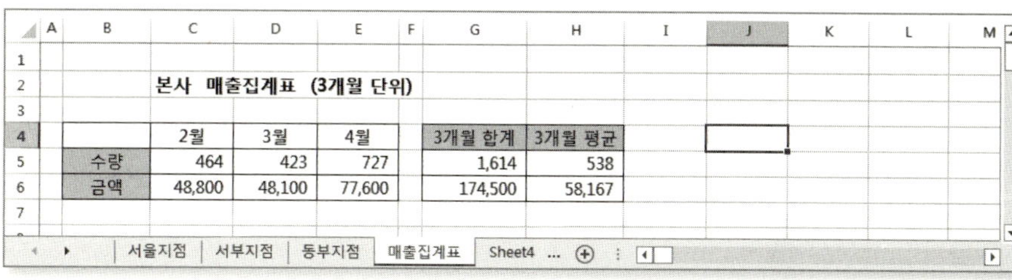


❽ 이로써 수행해야 할 일련의 작업이 마무리되었으므로 매크로 기록을 중단하기 위해 [개발도구] 탭의 [코드]에서 [기록 중지] 버튼을 클릭한다.

❾ 지금까지 '자동 매크로 기록' 기능에 의해 자동으로 기록된 '매출집계' 매크로의 코드가 어떻게 표시되고 있는지 확인해보기 위해, [개발도구] 탭의 [코드]에서 [Visual Basic]을 클릭한다. 새로 나타난 'Visual Basic Editor'의 [프로젝트 – VBAProject]에서 [모듈]을 더블클릭하고, 아래에 나타난 [Module1]을 더블클릭하면 오른쪽 상자에 지금까지 자동매크로기록 기능에 의해 입력된 코드들이 표시된다.

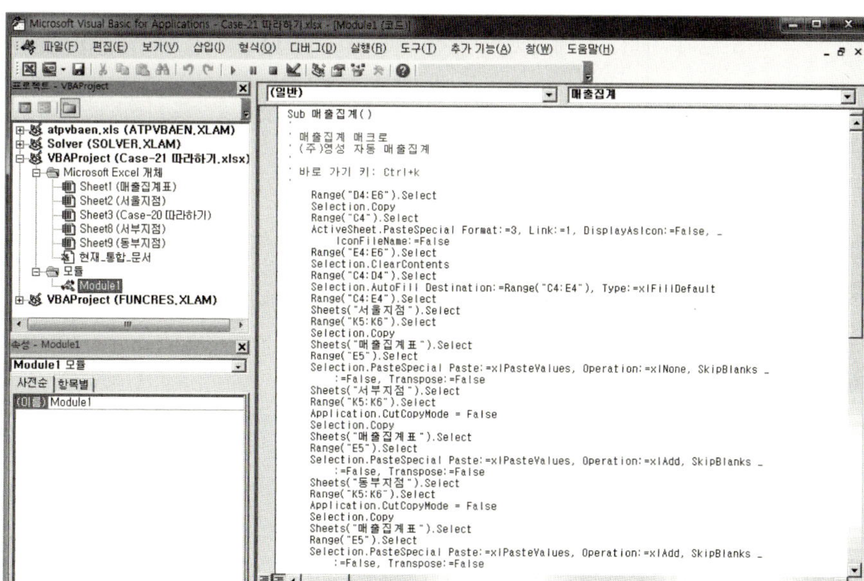

## 자동 기록된 매크로 코드를 통해 코드 사용법 익히기

위에서 자동매크로를 통해 Visual Basic Editor에 기록된 코드들을 하나씩 살펴봄으로써, 엑셀에서 수행하고자 하는 기능들이 Macro Code로 어떻게 표현되는지를 거꾸로 이해해 보기로 한다.

### (가) 매크로 시작부분

| 코드 | |
|---|---|
| Sub 매출집계() | ⓐ |
| ' | |
| ' 매출집계 매크로 | ⓑ |
| ' ㈜영성 자동 매출집계 | ⓒ |
| ' | |
| ' 바로 가기 키: Ctrl+k | ⓓ |

**설명**

ⓐ: 매크로의 이름 정의 부분

※ 모든 매크로는 'Sub'로 시작해서 'End Sub'로 끝난다. 따라서 'Sub'와 'End Sub' 사이에 정의된 모든 코드는 하나의 매크로 이름으로 실행되어진다. 매크로 이름은 'Sub 매출집계()'와 같이 'Sub' 다음에 기록되고, 매크로 이름 다음에는 반드시 빈 괄호('()')를 표시한다.

ⓑ: 설명 부분

※ '⸌' 표시는 해당 줄이 설명 또는 참조문에 해당하며, 이 줄은 실행되지 않음을 의미한다. 즉, 비망기록으로 표시하고자 하는 코드나 설명문이 있는 경우 해당 줄의 앞에 '⸌' 표시를 붙인다. 따라서 'Sub' 아래쪽에 '·' 표시를 포함하고 있는(빈 칸을 포함한) 5개의 코드는 실행을 위한 코드가 아니고, 매크로에 대한 기본 정보를 제공하기 위한 설명문이다.

ⓒ: 매크로기록 대화상자에서 [설명]란에 입력해두었던 내용을 표시하는 부분(비실행코드)

ⓓ: 매크로기록 대화상자에서 [바로 가기 키]난에 입력해두었던 내용을 표시하는 부분(비실행코드)

※ [바로 가기 키]로 Ctrl+k를 등록해 두었으므로 해당 워크시트의 어디에서든 Ctrl 키와 'k'를 동시에 누르면 '매출집계' 매크로를 실행할 수 있다.

### (나) 복사하여 붙여넣기

| 코드 | |
|---|---|
| Range("D4:E6").Select | ⓐ |
| Selection.Copy | ⓑ |
| Range("C4").Select | ⓒ |
| ActiveSheet.PasteSpecial Format:=3, Link:=1, DisplayAsIcon:=False, IconFileName:=False | ⓓ |

**설명**

ⓐ: 셀 범위 D4:E6를 선택한다.

※ 특정 셀 또는 영역을 지정할 때는 'Range' 개체를 사용한다. Range 개체에 지정할 범위는 하나의 셀 또는 영역이 될 수 있으며, 반드시 따옴표("") 안에 셀주소를 표시한다. 'Select' 개체는 지정한 범위를 선택함을 의미한다.

ⓑ: 선택된 셀 범위를 [복사]할 때는 'Selection.Copy' 코드를 사용한다.

ⓒ: 특정 셀을 선택할 때에도 'Range(셀주소).Select' 문을 사용한다.

ⓓ: [붙여넣기 옵션]-[값] 명령을 실행한다.

※ 'ActiveSheet' 개체는 현재 선택된 시트에서 작업이 이루어짐을 의미한다. 만일 현재 선택된 셀을 지정하는 경우에는 'ActiveCell', 현재 선택된 통합문서를 지정하는 경우에는 'ActiveWorkbook'으로 표시한다.

※ PasteSpecial 개체는 [선택하여 붙여넣기]를 실행하기 위한 명령으로, 클립보드에 복사된 내용 중 값 또는 수식만 복사하는 경우나 특정 셀 값을 간단한 연산을 통해 붙여넣는 작업을 할 때도 사용된다. 클립보드에 복사된 내용을 단순히 [붙여넣기]하는 경우에는 'Paste' 명령을 사용한다. PasteSpecial 개체에 사용된 메서드 'Format=3, Link=1'은 기존에 자료가 있는 영역에 복사된 자료를 붙여넣기 할 때 사용되는 코드이다. 여기서 'False'로 표시된 코드(DisplayAsIcon:=False, IconFileName:=False)는 해당 메서드가 선택되지 않았음을 의미한다.

※ 코드의 오른쪽 끝 부분에 아랫줄 대시('_')가 표시된 경우에는 그 다음 줄의 코드와 연속됨을 의미한다. 따라서 이 코드를 직접 입력할 경우에는 아랫줄 대시('_')를 무시하고 그 다음 줄에 표시된 코드를 연속하여 입력한다.

### (다) 셀 지우기와 자동채우기 기능

| 코드 | |
|---|---|
| Range("E4:E6").Select | ⓐ |
| Selection.ClearContents | ⓑ |
| Range("C4:D4").Select | ⓒ |
| Selection.AutoFill Destination:=Range("C4:E4"), Type:=xlFillDefault | ⓓ |
| Range("C4:E4").Select | ⓔ |

**설명**

ⓐ: 셀 영역(E4:E6)을 선택한다.

ⓑ: 선택 영역의 내용을 지운다.

※ 셀 또는 범위를 삭제할 때는 'Clear'와 'Delete' 메서드를 사용할 수 있다. 'Clear' 메서드

는 셀의 구성원을 지우는데 사용하며, 'Delete' 메서드는 셀 자체를 삭제할 때 사용한다. 여기서는 실제로 키보드에서 Delete 키를 사용했지만 셀의 내용을 지우는 기능이므로 'Clear' 메서드로 표시되고 있다. Clear 메서드는 지우려는 대상에 따라 ClearContents, ClearFormats, ClearOutline 등으로 표현한다.

ⓒ: 셀 영역(C4:D4)을 선택한다.

ⓓ: 선택 영역에서 '자동채우기(AutoFill)' 기능을 수행한다. 자동채우기는 선택영역(C4:D4)의 자료구성 원리에 따라 채우기 기본값(Type:=xlDefault)으로 대상 셀 범위(Destination:=Range("C4:E4"))에 채워진다.

ⓔ: 채워넣기 한 셀 영역(C4:E4)을 선택하여 표시한다.

### (라) 다른 시트의 자료 복사하여 붙여넣기-'서울지점' 시트

```
Sheets("서울지점").Select                                                        ⓐ
Range("K5:K6").Select                                                            ⓑ
Selection.Copy                                                                   ⓒ
Sheets("매출집계표").Select                                                      ⓓ
Range("E5").Select                                                               ⓔ
Selection.PasteSpecial Paste:=xlPasteValues, Operation:=xlNone, SkipBlanks _     ⓕ
      :=False, Transpose:=False
```

**설명**

ⓐ: '서울지점' 시트를 선택한다.

ⓑ: 서울지점의 합계가 표시되어 있는 K5:K6 셀 영역을 선택한다.

ⓒ: '복사'(Copy)한다.

ⓓ: '매출집계표' 시트를 선택한다.

ⓔ: E5 셀을 선택한다.

ⓕ: [붙여넣기 옵션]-[값] 명령을 실행한다.

※ PasteSpecial(선택하여 붙여넣기) 명령은 클립보드에 복사된 내용 중 일부만 원하는 위치에 붙여넣기 할 때 사용되는데, 값 또는 서식만 복사하거나 연산을 통해 붙여넣을 수도 있다. [선택하여 붙여넣기] 대화상자의 구성을 살펴보면, PasteSpecial 메서드에는 크게 네 개의 매개변수가 사용되고 있음을 알 수 있다.

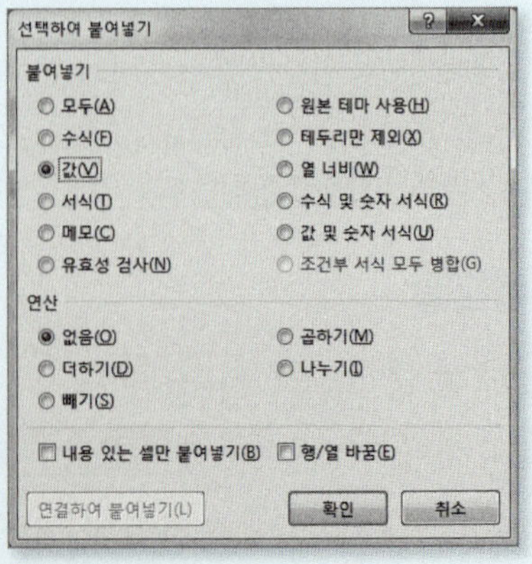

〈PasteSpecial의 매개변수〉

| 기능 | 코드 |
|---|---|
| 붙여넣기 | Paste |
| 연산 | Operation |
| 내용 있는 셀만 붙여넣기 | SkipBlanks |
| 행/열 바꿈 | Transpose |

〈Paste 주요 옵션의 내장 상수〉

| 기능 | 내장 상수 |
|---|---|
| 모두 | xlPasteAll |
| 값 | xlPasteValues |
| 서식 | xlPasteFormats |
| 수식 | xlPasteFormulas |
| 유효성검사 | xlPasteValidation |

〈Operation 옵션의 내장 상수〉

| 기능 | 내장 상수 |
|---|---|
| 더하기 | xlAdd |
| 나누기 | xlDevide |
| 곱하기 | xlMultiply |
| 빼기 | xlSubtract |
| 없음 | xlNone |

여기서는 [선택하여 붙여넣기]에서 [붙여넣기] 옵션의 [값]을 선택하는 명령이므로 'Paste:=xlPasteValues'를 사용하고 있으며, [연산] 기능은 선택하지 않았기 때문에 'Operation:=xlNone'으로, 그리고 [내용있는 셀만 붙여넣기]나 [행/열 바꿈]도 역시 선택하지 않았기 때문에 각각 'SkipBalanks:=False', 'Transpose:=False'로 표시하고 있다.

※ 코드의 오른쪽 끝 아랫줄 대시('_')는 그 다음 줄의 코드와 연결되는 코드임을 표시하는 것이다.

### (마) 다른 시트의 자료 복사하여 붙여넣기-'서부지점'과 '동부지점'

```
Sheets("서부지점").Select                                                    ⓐ
Range("K5:K6").Select                                                        ⓑ
Application.CutCopyMode=False                                                ⓒ
Selection.Copy                                                               ⓓ
Sheets("매출집계표").Select                                                  ⓔ
Range("E5").Select                                                           ⓕ
Selection.PasteSpecial Paste:=xlPasteValues, Operation:=xlAdd, SkipBlanks _  ⓖ
     :=False, Transpose:=False
Sheets("동부지점").Select                                                    ⓗ
Range("K5:K6").Select                                                        ⓘ
Application.CutCopyMode=False                                                ⓙ
Selection.Copy                                                               ⓚ
Sheets("매출집계표").Select                                                  ⓛ
Range("E5").Select                                                           ⓜ
Selection.PasteSpecial Paste:=xlPasteValues, Operation:=xlAdd, SkipBlanks _  ⓝ
     :=False, Transpose:=False
```

**설명**

ⓐ~ⓖ: '서부지점' 시트의 합계 자료를 복사해 와서 붙여넣기 하는 코드(위의 '서울지점'의 경우와 동일)

※ 다만 ⓖ에서 PasteSpecial의 [연산] 옵션으로 'Operation:=xlAdd'를 사용하고 있는 것만 다른데, 이는 해당 셀에 이미 입력되어 있는 값(서울지점의 합계)에 새로 복사해온 '서부지점'의 합계액을 더하여 표시하기 위한 것이다.

※ ⓒ의 'Application.CutCopyMode=False' 코드는 이전의 [복사] 모드를 해제하는 명령이다. 이 코드를 사용하지 않으면 코드 명령이 정상적으로 동작해도 이전에 [복사]해둔 범위가 계속 선택되어 깜박이고 있기 때문에, 새로 선택된 범위(서부지점의 "K5:K6")를 복사하기 전에 이전의 복사범위를 해제하고자 하는 것이다.

ⓗ~ⓝ: '동부지점' 시트의 합계 자료를 복사해 와서 붙여넣기 하는 코드(위의 '서부지점'의 경우와 동일)

(바) 선택 셀 범위에 [모든 테두리] 설정하기

```
    Range("B4:E6").Select                                   ⓐ
    Application.CutCopyMode=False                           ⓑ
    Selection.Borders(xlDiagonalDown).LineStyle=xlNone      ⓒ
    Selection.Borders(xlDiagonalUp).LineStyle=xlNone        ⓓ
    With Selection.Borders(xlEdgeLeft)                      ⓔ
        .LineStyle=xlContinuous                             ⓕ
        .ColorIndex=0                                       ⓖ
        .TintAndShade=0                                     ⓗ
        .Weight=xlThin                                      ⓘ
    End With                                                ⓙ
    With Selection.Borders(xlEdgeTop)                       ⓚ
        .LineStyle=xlContinuous
        .ColorIndex=0
        .TintAndShade=0
        .Weight=xlThin
    End With
    With Selection.Borders(xlEdgeBottom)                    ⓛ
        .LineStyle=xlContinuous
        .ColorIndex=0
        .TintAndShade=0
        .Weight=xlThin
    End With
    With Selection.Borders(xlEdgeRight)                     ⓜ
        .LineStyle=xlContinuous
        .ColorIndex=0
        .TintAndShade=0
        .Weight=xlThin
    End With
    With Selection.Borders(xlInsideVertical)                ⓝ
        .LineStyle=xlContinuous
        .ColorIndex=0
        .TintAndShade=0
        .Weight=xlThin
    End With
    With Selection.Borders(xlInsideHorizontal)              ⓞ
        .LineStyle=xlContinuous
        .ColorIndex=0
        .TintAndShade=0
        .Weight=xlThin
    End With
    Range("J4").Select                                      ⓟ
End Sub                                                     ⓠ
```

**설명**

ⓐ: 셀 영역(B4:E6)을 선택한다.

ⓑ: 이전의 [복사] 모드를 해제한다.

ⓒ~ⓓ: 선택 범위의 기존 테두리 설정을 지우는 명령이다(LineStyle=xlNone).

※ 참고로, Borders(테두리)의 속성을 표시하는 내장 상수는 다음과 같다.

| 테두리 위치 | 내장 상수 |
|---|---|
| 위쪽 테두리 | xlEdgeTop |
| 아래쪽 테두리 | xlEdgeBottom |
| 왼쪽 테두리 | xlEdgeLeft |
| 오른쪽 테두리 | xlEdgeRight |

| 테두리 위치 | 내장 상수 |
|---|---|
| 왼쪽 상단-오른쪽 하단 사선 | xlDiagonalDown |
| 왼쪽 하단-오른쪽 상단 사선 | xlDiagonalUp |
| 범위 내 모든 가로테두리 | xlInsideHorizontal |
| 범위 내 모든 세로테두리 | xlInsideVertical |

따라서 ⓒ, ⓓ 코드는 테두리 설정을 하기 전에 기존에 설정되어 있을지도 모르는 사선 테두리 설정을 해제해 두려는 것이다.

ⓔ~ⓙ: 선택범위에 왼쪽 테두리를 설정하는 명령

※ With 문은 동일한 개체에 대해서 여러 개의 명령을 적용해야 할 때, 각 명령 적용시마다 해당 개체를 호출하는 대신에, With 문으로 한 번 호출한 후에 여러 개의 명령을 순차적으로 적용하기 위한 것이다. 'End With' 문이 나오기 전까지 'With' 문에서 설정한 개체가 계속 적용된다.

따라서 위의 ⓔ~ⓙ 코드는 선택영역의 왼쪽 테두리(Borders(xlEdgeLeft)를 개체로 선언해두고 ⓕ로부터 End With 문이 나오기 이전인 ⓘ에 이르기까지의 설정을 계속해서 해당 개체에 적용하기 위한 것이다. 즉, 왼쪽테두리를 가는(Weight=xlThin) 실선(LineStyle=xlContinuous)으로 표시하도록 한다. 색상표시(ColorIndex)나 셀 밝기(TintAndShade)는 적용하지 않는다.

ⓚ: 선택범위에 위쪽 테두리를 설정하는 명령(위 왼쪽테두리 설정 방법과 동일)

ⓛ: 선택범위에 아래쪽 테두리를 설정하는 명령(위 왼쪽테두리 설정 방법과 동일)

ⓜ: 선택범위에 오른쪽 테두리를 설정하는 명령(위 왼쪽테두리 설정 방법과 동일)

ⓝ: 범위 내 모든 세로테두리를 설정하는 명령(위의 왼쪽테두리 설정 방법과 동일)

ⓞ: 범위 내 모든 가로테두리를 설정하는 명령(위의 왼쪽테두리 설정 방법과 동일)

ⓟ: J4 셀을 선택한다(위의 테두리 설정을 확인해 보기 위해 선택범위 밖의 임의의 셀(J4)을 선택하도록 한 것이며, 선택의 의미는 없다).

ⓠ: 'Sub'로 시작했던 '매출집계' 매크로 프로시저를 종료한다. 즉, 모든 매크로 프로시저는 'Sub'로 시작하여 'End Sub'로 끝난다. 만일 '매출집계' 매크로를 실행하면 이 'End Sub'문이 나오기 이전까지의 모든 코드들이 연속적으로 실행된다.

## 3단계 매크로 코드와 통합문서 저장하기

위의 자동 매크로 코드는 엑셀 워크시트와는 별도의 Microsoft Visual Basic Editor에 기록되어 있다. 그런데 이 매크로 코드는 독립적으로 사용된다기보다는 항상 해당 워크시트와 연계되어 사용되는 것이므로, 워크시트를 저장할 때 이 매크로 코드도 함께 저장되도록 해야 한다. 즉, 매크로 코드를 따로 저장하지 않고, 매크로 코드를 사용하는 엑셀 워크시트를 저장할 때 파일 형식을 'EXCEL 매크로 사용 통합문서'로 지정하고 저장하면 Visual Basic Editor에 기록되어 있는 매크로까지도 통합문서에 함께 저장된다. 만일 파일 형식을 'EXCEL 매크로 사용 통합문서'로 지정하지 않고 기본 파일 형식인 'EXCEL 통합문서'로 저장하면 매크로가 저장되지 않고 삭제되므로 주의해야 한다.

❶ 매크로 코드가 표시된 Visual Basic Editor를 닫고 엑셀 워크시트로 돌아간다. 이때 Visual Basic Editor의 [파일] 탭에서 [닫고 Microsoft Excel(으)로 돌아가기]를 실행해도 되지만, Visual Basic Editor의 닫기(☒) 버튼을 클릭할 수도 있다. Visual Basic Editor 창을 바로 닫기 하여도 언제든 엑셀시트의 [개발도구]-[Visual Basic]을 실행하면 Visual Basic Editor를 통해 다시 매크로 코드를 확인할 수 있다.

❷ 엑셀 워크시트의 [파일] 탭에서 [다른 이름으로 저장하기]를 선택하고 파일 경로를 지정한 후 [다른 이름으로 저장] 대화상자에서 [파일 형식]을 'EXCEL 매크로 사용 통합문서'로 지정하고 [파일 이름]을 입력한 후 [저장]을 클릭한다.

❸ 'EXCEL 매크로 사용 통합문서'로 저장한 파일은 확장자 'xlsm'으로 저장된다.

## 4단계 기록된 매크로 실행하기

자동매크로를 통해 기록된 매크로를 실행하여 원하는 기능이 제대로 수행되는지 살펴보기로 한다. 이를 위해 먼저 각 지점 시트에서 다음 달인 5월의 판매자료를 각각 입력해 둔다. 매크로를 실행할 때에는 명령단추에 등록하여 사용해 보기로 한다.

❶ 워크시트에서 '서울지점' 시트를 선택하고, 먼저 C2 셀의 '4월 판매자료'를 **'5월 판매자료'**로 변경한다. 그리고 각 사원들의 5월 판매실적을 각각 다음과 같이 변경 입력한다(합계 영역은 자동 표시된다).

| | A | B | C | D | E | F | G | H | I | J | K | L | M |
|---|---|---|---|---|---|---|---|---|---|---|---|---|---|
| 1 | | | | | | | | | | | | | |
| 2 | | | 5월 판매자료 | | | [서울지점] | | | | | | | |
| 3 | | | | | | | | | | | | | |
| 4 | | | 사원1 | 사원2 | 사원3 | 사원4 | 사원5 | 사원6 | | | 합계 | | |
| 5 | | 수량 | 32 | 48 | 39 | 53 | 23 | 40 | | | 235 | | |
| 6 | | 금액 | 4000 | 4600 | 4100 | 5600 | 2100 | 3700 | | | 24100 | | |
| 7 | | | | | | | | | | | | | |

서울지점 | 서부지점 | 동부지점 | 매출집계표

❷ 마찬가지로, '서부지점'과 '동부지점' 시트에서도 C2 셀과 각 사원의 판매자료를 각각 다음과 같이 변경 입력한다.

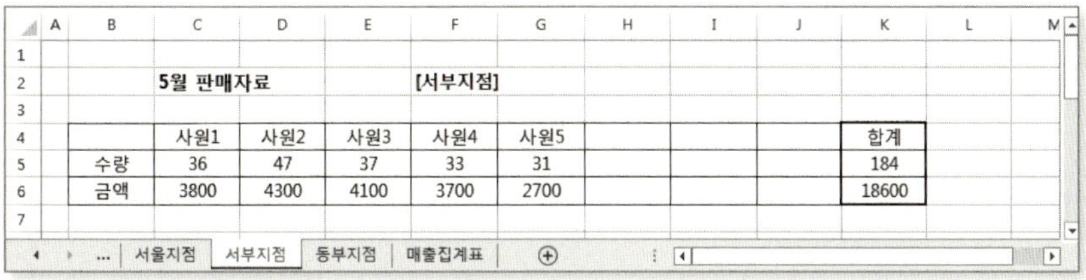

| | 5월 판매자료 | | | [서부지점] | | | | | |
|---|---|---|---|---|---|---|---|---|---|
| | 사원1 | 사원2 | 사원3 | 사원4 | 사원5 | | | | 합계 |
| 수량 | 36 | 47 | 37 | 33 | 31 | | | | 184 |
| 금액 | 3800 | 4300 | 4100 | 3700 | 2700 | | | | 18600 |

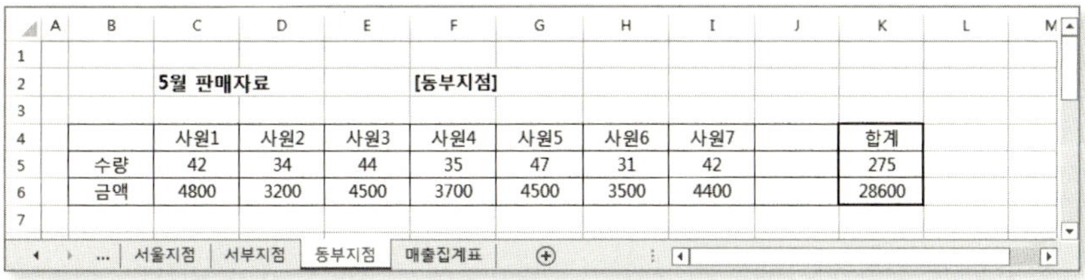

| | 5월 판매자료 | | | [동부지점] | | | | | |
|---|---|---|---|---|---|---|---|---|---|
| | 사원1 | 사원2 | 사원3 | 사원4 | 사원5 | 사원6 | 사원7 | | 합계 |
| 수량 | 42 | 34 | 44 | 35 | 47 | 31 | 42 | | 275 |
| 금액 | 4800 | 3200 | 4500 | 3700 | 4500 | 3500 | 4400 | | 28600 |

❸ 이제 '매출집계표' 시트를 선택하고, [개발도구] 탭의 [컨트롤]-[삽입]-[양식컨트롤]에서 [단추]를 클릭한 후 마우스로 H1 셀에 셀 크기에 맞춰 단추를 드래그하여 표시한다.

❹ 나타난 [매크로 지정] 대화상자의 [매크로 이름]에서 이미 등록되어 있는 '매출집계' 매크로를 클릭하여 선택하고 [확인]을 누른다.

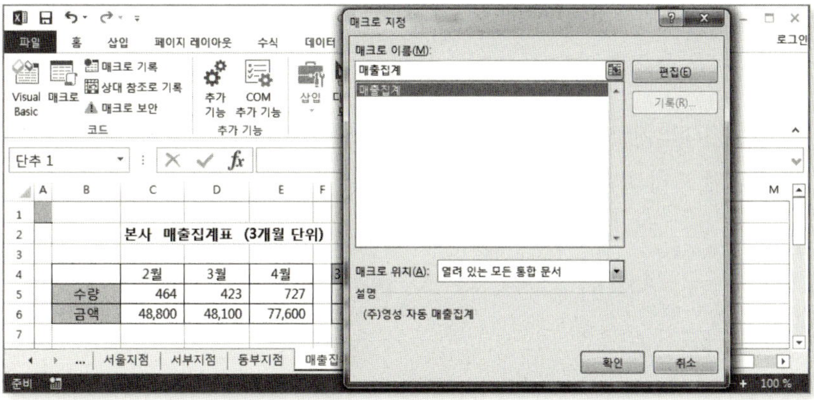


❺ 생성된 [단추1]의 내부를 클릭하여 단추이름 '단추1'을 **'매출집계'**로 수정한다. 마우스로 임의의 다른 셀을 클릭했다가 다시 '매출집계' 단추를 클릭하면, 등록된 매크로가 실행되어 각 지점 시트의 5월 자료가 '매출집계표' 시트에 설정된 형식으로 집계되어 표시된다. 이때 주의할 것은, '매출집계' 매크로 단추를 실수로 두 번 클릭하게 되면 6월의 자료가 아직 등록되지 않은 상태에서 5월의 판매자료가 매출집계표에 6월의 실적으로 다시 정리되어 집계되게 되므로 한 번만 클릭하도록 유의해야 한다.

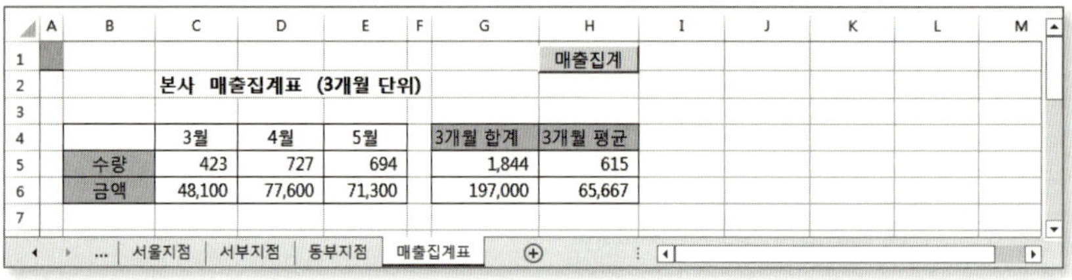

## 5단계 매크로를 다양한 방법으로 등록하여 사용하기

작성된 매크로는 위에서와 같이 [양식컨트롤]의 [단추]에 등록하여 사용하는 방법이 보편적이지만, 그 외에도 다양한 매크로 실행방법들이 있다.

### (1) 바로 가기 키(단축 키)를 이용하는 방법

자동매크로를 처음 시작할 때 [매크로 기록] 대화상자에서 [바로 가기 키]로 Ctrl+k를 입력해둔 바가 있다. 이 [바로 가기 키]를 사용해도 매크로 단추에 매크로를 등록하여 클릭한 것과 동일한 기능이 수행된다.

### (2) 일반 도형에 매크로 등록하여 사용하는 방법

매크로는 엑셀에서 사용되는 일반 도형에 등록하여 사용할 수도 있다. [양식컨트롤]의 [단추]는 직사각형 모양의 하나로 정해져 있지만, 엑셀에서 사용가능한 도형의 종류는 다양하기 때문에 조금은 특색 있는 매크로 단추를 만들어 사용해 볼 수 있다.

❶ [삽입] 탭의 [일러스트레이션]-[도형]에서 [순서도]의 [순서도: 천공테이프]를 클릭하고, 마우스로 J2 셀 범위에 드래그하여 표시한다.

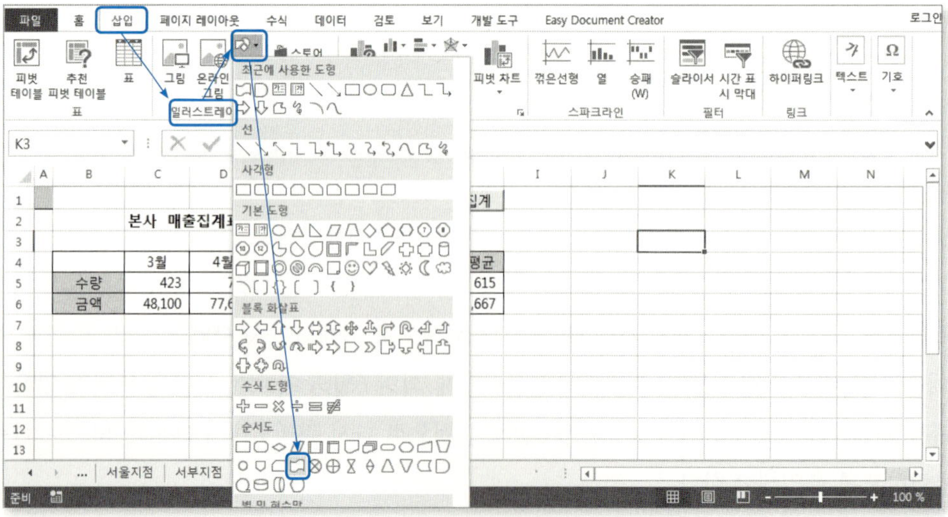

❷ 표시된 순서도 그림을 선택한 상태에서 그림 내부에 '**매출집계**'를 입력한다. 그리고 오른쪽 마우스 [도형 서식]을 선택하고 [도형 옵션]의 [크기 및 속성]-[텍스트상자]에서 [세로 맞춤]을 '정가운데'로 설정하고, 왼쪽/오른쪽/위쪽/아래쪽 여백을 모두 '0'으로 설정한다. 글씨 크기를 조절하여 도형에 맞춰 표시되도록 한다.

❸ [순서도] 도형이 선택된 상태에서 오른쪽 마우스 [매크로 지정]을 클릭한다. [매크로 지정] 대화상자가 표시되면, 앞의 [양식 컨트롤]-[단추]의 경우에서 매크로를 지정했던 바와 같이, [매크로 이름]에서 '매출집계' 매크로를 선택하고 [확인]을 누른다.

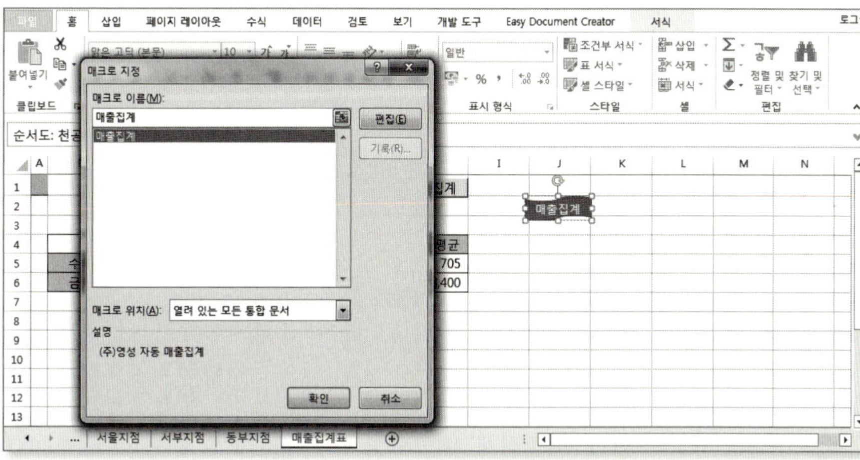


❹ 이제 [순서도] 도형에 매크로가 연결되었으므로 [매출집계] 순서도 도형을 클릭하면 '매출집계' 매크로가 실행되어 표시된다. 그런데 실제로는 각 지점의 6월 판매자료를 변경하여 입력한 상태가 아니기 때문에 '6월'로 표시되긴 하지만 자료 내용은 5월의 자료가 다시 표시되고 있다.

### (3) [빠른 실행도구 모음]에 매크로 등록하기

[빠른 실행도구 모음]은 엑셀 메뉴에 들어 있는 기능들 중에서 자주 사용하는 일부 명령을 골라서 엑셀 기본 탭 위쪽에 표시해 두고 사용할 수 있도록 하는 것이다. 여기에 특정 매크로를 등록해 두면 현재의 탭 사용 위치와 관계없이 워크시트의 맨 위에 항상 표시되어 있기 때문에 언제든 빠르게 해당 명령을 실행할 수 있는 장점이 있다.

❶ 워크시트의 맨 위쪽에 있는 [빠른 실행도구모음 사용자 지정] 버튼을 클릭하고 이 중 [기타 명령]을 선택한다(또는 [파일] 탭의 [옵션]에서 [빠른 실행 도구모음]을 클릭해도 같은 결과이다).

❷ [Excel 옵션] 대화상자의 [명령 선택] 콤보상자를 클릭하여 이 중 [매크로]를 선택한다. 아래쪽에 나열된 매크로들 중에서 '매출집계' 매크로를 선택하고 가운데 부분의 [추가]를 클릭하면, 선택한 '매출집계' 매크로가 오른쪽에 추가되어 표시된다.

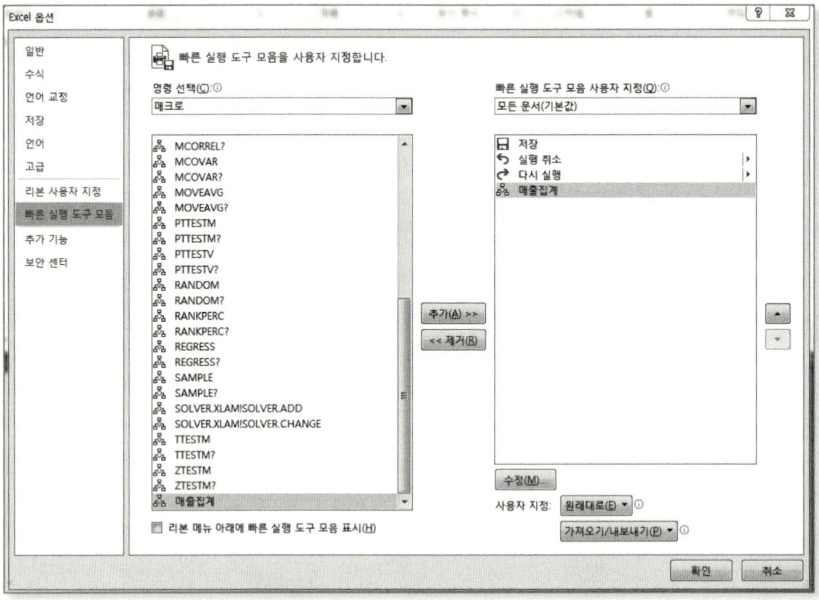

❸ 추가된 '매출집계' 매크로가 선택된 상태에서 아래쪽 [수정]을 클릭한다. [단추 수정] 대화상자가 나타나면 [기호]에서 '매출집계'의 의미를 표시할 수 있는 적당한 기호를 선택하고 [확인]을 누르면 '매출집계' 매크로의 기호가 선택된 기호로 변경되어 표시된다.

❹ 이제 [Excel 옵션] 대화상자에서 [확인]을 누르면 워크시트의 맨 위쪽 [빠른 실행도구 모음]에 선택한 기호가 추가되어 표시된다. 추가된 빠른 실행도구를 클릭하면 '매출집계' 매크로를 실행할 수 있다.

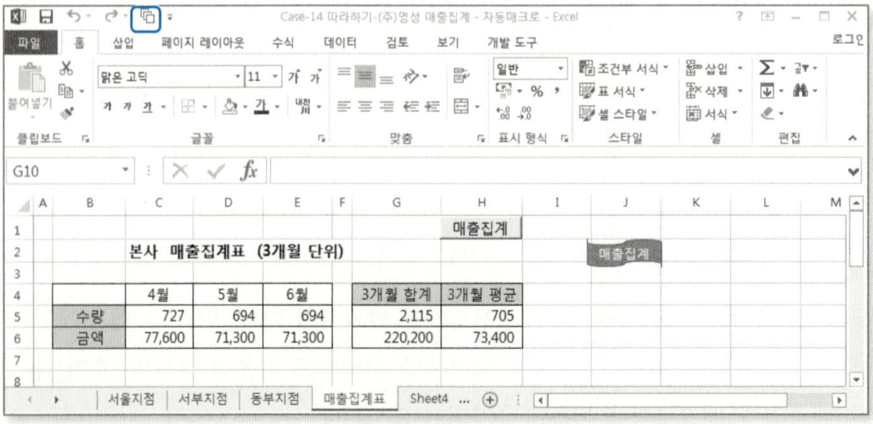

❺ [빠른 실행 도구 모음]에 등록된 매크로가 많아지거나 불필요하다고 판단되는 경우에는 제거하는 것이 좋다. 등록된 매크로를 제거하기 위해서는 제거할 매크로 아이콘을 오른쪽 마우스로 선택하여 [빠른 도구모음에서 제거]를 클릭하여 쉽게 없앨 수 있다(또는 [파일]-[옵션]의 [빠른 실행 도구모음]에서 지우고자 하는 매크로를 선택하여 가운데 [제거] 버튼을 클릭할 수도 있다).

### (4) 메뉴 리본에 매크로 등록하기

엑셀의 기본 탭이나 그룹의 아이콘에도 매크로를 등록하여 함께 사용할 수 있다. 등록하려는 매크로가 기존의 탭이나 그룹에 속하기 어려운 경우에는 새로운 탭을 만들어 추가할 수도 있다. 여기서는 '매출집계' 매크로가 기존의 탭이나 그룹에 포함시키기 어려운 상황이므로 별도의 탭으로 추가하는 방법을 수행해 보기로 한다.

❶ [파일] 탭의 [옵션]을 클릭하고, [Excel 옵션] 대화상자에서 [리본 사용자지정]을 선택한다. [명령 선택] 콤보상자에서 [매크로]를 선택하고, 아래에 표시되는 매크로 중 '매출집계' 매크로를 클릭한다.

❷ 오른쪽 [리본 메뉴 사용자 지정]에서 [기본 탭]을 선택하고, 아래 [기본 탭] 중 마지막 탭(배경제거)을 선택한 후 아래 [새 탭]을 클릭한다. 그러면 [배경제거] 위쪽에 [새 탭(사용자 지정)]과 [새 그룹(사용자 지정)]이 생성된다.

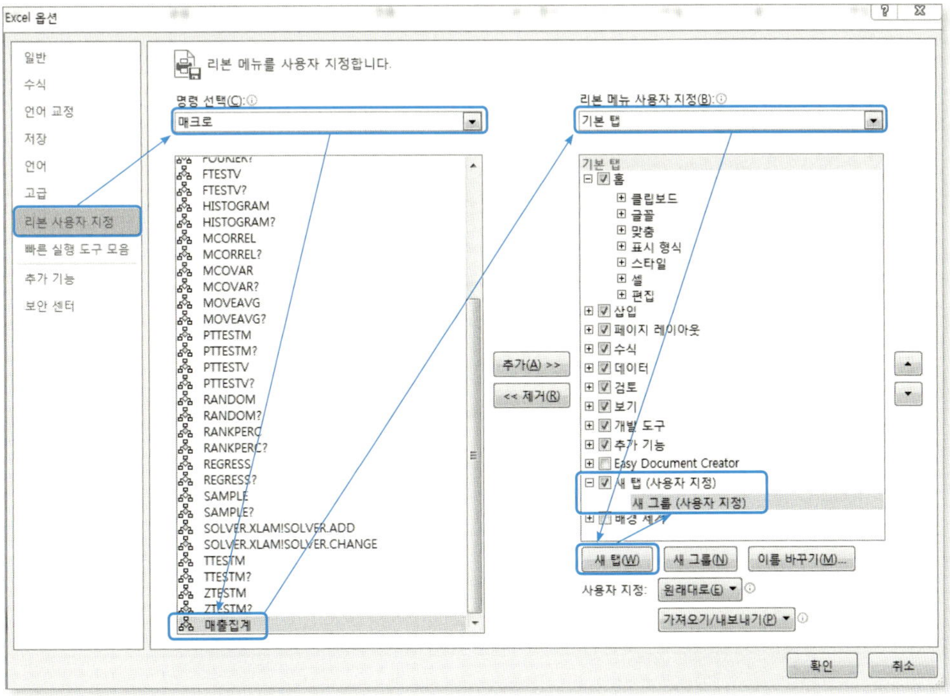

❸ 생성된 [새탭(사용자지정)]을 선택하고 아래 [이름 바꾸기]를 클릭한다. [이름 바꾸기] 대화상자에서 [표시이름]에 '㈜영성 매출집계'를 입력하고 [확인]을 누른다.

❹ 다음으로 아래 [새 그룹(사용자 지정)]을 선택한 후 [이름 바꾸기]를 클릭한다. [이름 바꾸기] 대화상자의 [기호]에서 적절한 기호를 선택하고 아래 [표시 이름]에 '매출집계'를 입력한 후 [확인]을 누른다.

❺ 변경된 '매출집계' 탭을 선택하고, 왼쪽 매크로 상자에서 앞서 선택해 둔 '매출집계' 매크로가 선택 표시되어 있는 것을 다시 확인한 후 가운데 [추가] 버튼을 클릭한다. 그러면 [매출집계] 그룹 아래에 '매출집계' 매크로가 새로 등록되어진다. 생성된 '매출집계' 매크로가 선택된 상태에서 아래 [이름 바꾸기]를 클릭하여 적절한 기호를 선택한 후 [확인]을 누른다. 이제 '매출집계' 매크로의 기호가 선택된 기호로 바뀌어 표시된다.

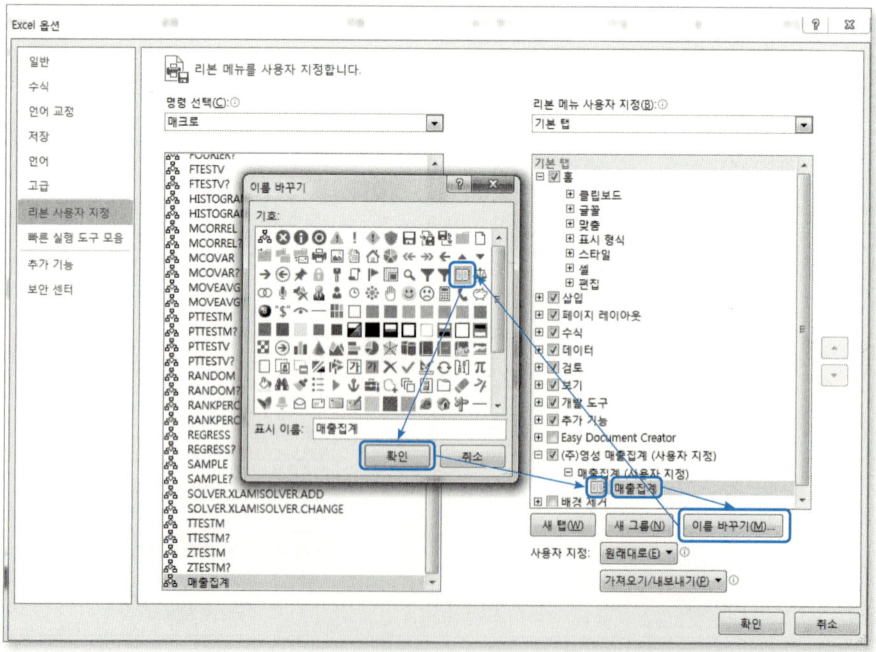

❻ 이제 [확인]을 클릭하여 [Excel 옵션] 대화상자를 닫으면 엑셀 워크시트의 위쪽에 새 탭("㈜영성 매출집계")이 표시된다. 새로 추가된 [㈜영성 매출집계] 탭을 클릭해보면 [매출집계] 그룹에 [매출집계] 매크로가 아이콘으로 등록되어 표시된다. 이 [매출집계] 아이콘을 클릭하면 '매출집계' 매크로를 바로 실행할 수 있다.

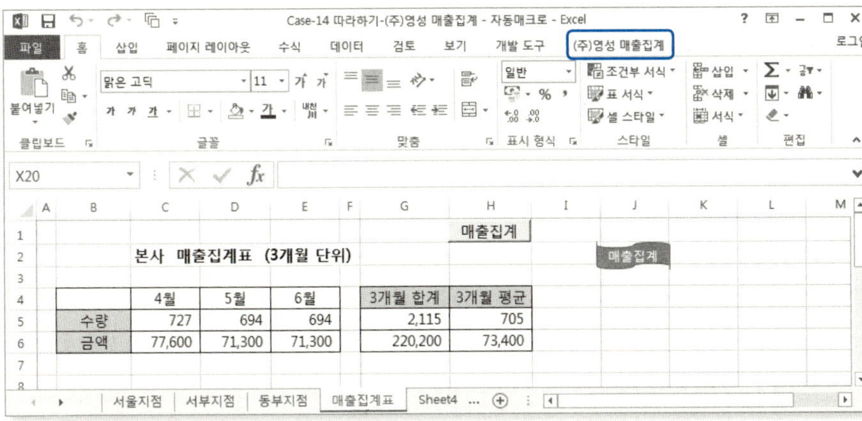


❼ 리본에 추가 등록된 [㈜영성 매출집계] 탭을 삭제하고자 하는 경우에는, [파일] 탭의 [옵션]을 클릭하고 [Excel 옵션] 대화상자에서 [리본 사용자 지정]을 선택한 후, 오른쪽 [리본 메뉴 사용자 지정]에서 [㈜영성 매출집계(사용자 지정)]을 클릭하고 가운데 [제거] 버튼을 선택한다. 그러면 추가되었던 새 리본이 없어지고 원래 상태로 되돌아간다.

❽ [Excel 옵션] 대화상자에서 [확인]을 누르고 엑셀 워크시트로 돌아와 보면, 리본에 추가되었던 [㈜영성 매출집계] 리본이 제거되었음을 확인할 수 있다.

## 유사 사례 601 혼자해보기 ㈜해피청과 일일판매 자동집계 매크로

### 현황

㈜해피청과는 365 열린가게를 운영하고 있는 청과상회이다. 매일매일 판매되는 과일을 종류별로 기록하고, 또 월단위로 집계 표시하는 표를 만들어 사용하고자 한다. 그런데 '일일판매' 시트에는 그날그날의 판매자료를 일일이 입력해야 하지만, 입력된 일일자료를 집계하는 일은 자동으로 수행되도록 하고자 한다. 일단 집계표에 옮겨 적은 '일일판매' 시트의 자료는 옮겨 적음과 동시에 지워서 다음 날의 판매자료를 입력할 수 있도록 빈칸으로 준비해 두었으면 한다. '일별 판매수량'은 일자별로 판매되는 과일의 판매수량만을 기록하고, '월간 집계' 시트는 과일별로 판매수량과 금액을 누적 형식으로 집계하고, 해당기간 동안의 일평균 판매금액 자료도 표시하고자 한다.

㈜해피청과에서 사용하고 있는 판매자료 기록 관련 기본 양식은 다음과 같다.

#### ⊙ sheet 1: 일일판매

해피청과　　일일 판매자료 집계

| 6 | 월 | | 일 | 판매자료 |
|---|---|---|---|---|

| | 사과 | 배 | 오렌지 | 수박 | 딸기 | 포도 | 감 | | 합계 |
|---|---|---|---|---|---|---|---|---|---|
| 수량 | | | | | | | | | |
| 금액 | | | | | | | | | |

| 판매가 | 2,000 | 2,400 | 1,200 | 4,500 | 1,350 | 2,750 | 780 |
|---|---|---|---|---|---|---|---|

#### ⊙ sheet 2: 일별 판매수량

해피청과　　일별/상품별 판매수량 집계

| 날짜 | 사과 | 배 | 오렌지 | 수박 | 딸기 | 포도 | 감 | | 합계 |
|---|---|---|---|---|---|---|---|---|---|
| | | | | | | | | | |
| | | | | | | | | | |
| | | | | | | | | | |
| | | | | | | | | | |
| | | | | | | | | | |

### ⦿ sheet 3: 월간 집계

해피청과

월간 판매자료 집계

| | 월 | 1 | 일부터 | | 일까지 |
|---|---|---|---|---|---|

| | 사과 | 배 | 오렌지 | 수박 | 딸기 | 포도 | 감 | | 합계 |
|---|---|---|---|---|---|---|---|---|---|
| 수량 | | | | | | | | | |
| 금액 | | | | | | | | | |

| 일평균 | | | | | | | |
|---|---|---|---|---|---|---|---|

**요구사항**

1. 위의 시트 설계를 기초로, 매일 '일일판매' 시트에 자료가 입력되면 일과 이후 이를 한꺼번에 집계 표시하고 '일일판매' 시트를 다시 기록 준비상태로 표시하도록 하는 자동화 절차를 자동매크로 기록방법에 의해 매크로를 기록해 보시오.

2. 완성된 매크로를 매크로 단추에 표시하고, 최소 5일 동안의 예시 거래자료를 입력하여 매크로의 완성도를 체크해 보시오.

※ 다만, 각 과일의 판매가격은 일정 기간 고정되어 있는 것으로 가정하고, 기타 수식에 의해 정의될 수 있는 셀들은 수식에 의해 미리 정의해두고, 입력을 최소화할 수 있는 방법으로 설계한다.

## 유사 사례 601 혼자해보기 Tips & 풀이 요약

### 1단계 일일판매자료 입력 시트

| | 해피청과 | | 일일 판매자료 집계 | | | | | | |
|---|---|---|---|---|---|---|---|---|---|
| | | 6 | 월 | 13 | 일 | 판매자료 | | | |
| | | 사과 | 배 | 오렌지 | 수박 | 딸기 | 포도 | 감 | 합계 |
| | 수량 | 32 | 23 | 32 | 23 | 32 | 23 | 32 | 197 |
| | 금액 | 64,000 | 55,200 | 38,400 | 103,500 | 43,200 | 63,250 | 24,960 | 392,510 |
| | 판매가 | 2,000 | 2,400 | 1,200 | 4,500 | 1,350 | 2,750 | 780 | |

▶ 노란색 셀만 입력합니다.

청과집계

일일판매 | 일별 판매수량 | 월간 집계 | Sheet5 | S ...

### 2단계 일별/상품별 판매수량 집계 시트

해피청과 **일별/상품별 판매수량 집계**

| 날짜 | 사과 | 배 | 오렌지 | 수박 | 딸기 | 포도 | 감 | 합계 |
|---|---|---|---|---|---|---|---|---|
| 1 | 34 | 56 | 23 | 12 | 63 | 23 | 26 | 237 |
| 2 | 11 | 21 | 14 | 22 | 7 | 11 | 7 | 93 |
| 3 | 5 | 8 | 11 | 22 | 30 | 22 | 34 | 132 |
| 4 | 11 | 8 | 2 | 6 | 4 | 8 | 5 | 44 |
| 5 | 33 | 22 | 44 | 11 | 22 | 33 | 44 | 209 |
| 6 | 37 | 26 | 39 | 16 | 20 | 38 | 34 | 210 |
| 7 | 33 | 33 | 33 | 33 | 33 | 33 | 33 | 231 |
| 8 | 22 | 22 | 22 | 22 | 22 | 22 | 22 | 154 |
| 9 | 33 | 33 | 33 | 33 | 33 | 33 | 33 | 231 |
| 10 | 44 | 44 | 44 | 44 | 44 | 44 | 44 | 308 |
| 11 | 55 | 55 | 55 | 55 | 55 | 55 | 55 | 385 |
| 12 | 11 | 11 | 11 | 11 | 11 | 11 | 11 | 77 |
| 13 | 32 | 23 | 32 | 23 | 32 | 23 | 32 | 197 |

일일판매 | 일별 판매수량 | 월간 집계 | Sheet5 | S ...

## 3단계 월간 판매자료 집계 시트

| | A | B | C | D | E | F | G | H | I | J | K |
|---|---|---|---|---|---|---|---|---|---|---|---|
| 1 | | 해피청과 | | | 월간 판매자료 집계 | | | | | | |
| 2 | | | | | | | | | | | |
| 3 | | | 6 | 월 | 1 | 일 부터 | 13 | 일 까지 | | | |
| 4 | | | | | | | | | | | |
| 5 | | | 사과 | 배 | 오렌지 | 수박 | 딸기 | 포도 | 감 | | 합계 |
| 6 | | 수량 | 305 | 295 | 307 | 261 | 273 | 297 | 332 | | 2,070 |
| 7 | | 금액 | 610,000 | 708,000 | 368,400 | 1,174,500 | 368,550 | 816,750 | 258,960 | | 4,305,160 |
| 8 | | | | | | | | | | | |
| 9 | | | | | | | | | | | |
| 10 | | 일평균 | 46,923 | 54,462 | 28,338 | 90,346 | 28,350 | 62,827 | 19,920 | | |
| 11 | | | | | | | | | | | |

일일판매 | 일별 판매수량 | 월간 집계 | Sheet5 | S ...

## 4단계 Macro Code

```
Sub 해피청과5()
    Sheets("일별 판매수량").Select
    Rows("6:6").Select
    Selection.Insert Shift: =xlDown, CopyOrigin: =xlFormatFromLeftOrAbove
    Sheets("일일판매").Select
    Range("E3").Select
    Selection.Copy
    Sheets("일별 판매수량").Select
    Range("B6").Select
    ActiveSheet.Paste
    Sheets("월간 집계").Select
    Range("G3").Select
    ActiveSheet.Paste
    Sheets("일일판매").Select
    Range("C6:K6").Select
    Application.CutCopyMode=False
    Selection.Copy
    Sheets("일별 판매수량").Select
    Range("C6").Select
    Selection.PasteSpecial Paste: =xlPasteValues, Operation: =xlNone, SkipBlanks _
        : =False, Transpose: =False
    Range("B5:K36").Select
    Application.CutCopyMode=False
    ActiveWorkbook.Worksheets("일별 판매수량").Sort.SortFields.Clear
    ActiveWorkbook.Worksheets("일별 판매수량").Sort.SortFields.Add Key: =Range("B6:B36") _
        , SortOn: =xlSortOnValues, Order: =xlAscending, DataOption: =xlSortNormal
    With ActiveWorkbook.Worksheets("일별 판매수량").Sort
        .SetRange Range("B5:K36")
        .Header=xlYes
        .MatchCase=False
        .Orientation=xlTopToBottom
        .SortMethod=xlPinYin
        .Apply
    End With
    Selection.Borders(xlDiagonalDown).LineStyle=xlNone
```

```
    Selection.Borders(xlDiagonalUp).LineStyle=xlNone
    With Selection.Borders(xlEdgeLeft)
        .LineStyle=xlContinuous
        .ColorIndex=0
        .TintAndShade=0
        .Weight=xlThin
    End With
    With Selection.Borders(xlEdgeTop)
        .LineStyle=xlContinuous
        .ColorIndex=0
        .TintAndShade=0
        .Weight=xlThin
    End With
    With Selection.Borders(xlEdgeBottom)
        .LineStyle=xlContinuous
        .ColorIndex=0
        .TintAndShade=0
        .Weight=xlThin
    End With
    With Selection.Borders(xlEdgeRight)
        .LineStyle=xlContinuous
        .ColorIndex=0
        .TintAndShade=0
        .Weight=xlThin
    End With
    With Selection.Borders(xlInsideVertical)
        .LineStyle=xlContinuous
        .ColorIndex=0
        .TintAndShade=0
        .Weight=xlThin
    End With
    With Selection.Borders(xlInsideHorizontal)
        .LineStyle=xlContinuous
        .ColorIndex=0
        .TintAndShade=0
        .Weight=xlThin
    End With
    Sheets("일일판매").Select
    Range("C6:K6").Select
    Selection.Copy
    Sheets("월간 집계").Select
    Range("C6").Select
    Selection.PasteSpecial Paste: =xlPasteAll, Operation: =xlAdd, SkipBlanks: =_
        False, Transpose: =False
End Sub
```

# Case 602 ㈜우리유통의 매출장부 작성 및 관리

**현황**

㈜우리유통은 편의점이나 소형마트 등에 과자류를 판매하는 도매회사이다. 판매관리자는 지금까지 매출거래기록을 수기로 관리해 왔으나, 이를 EXCEL 시트에서 입력 대화상자를 통해 쉽게 입력하는 방법을 고려하고 있다. ㈜우리유통의 거래 관련 기초자료와 사용하고자 하는 매출장부의 양식은 다음과 같다.

⊙ 취급 상품과 거래처 및 판매단가표

| 상품명 | 거래처 | 단 가 |
|---|---|---|
| 건빵 | 나라 | 50 |
| 공주 | 농심 | 100 |
| 나란히 | 동산 | 135 |
| 너랑나랑 | 라인 | 150 |
| 빼빼로 | 만진 | 200 |
| 새우깡 | 안성 | 230 |
| 웨하스 | 예진 | 250 |
| 짱구 | 우리들 | 270 |
| 콘칩 | 해정 | 320 |
| 콤비 | | 420 |
| | | 450 |

⊙ 사용하고자 하는 매출장부 양식

㈜우리유통 매출장부

| | | | | 월매출합계 | | | |
|---|---|---|---|---|---|---|---|
| 월 | 일 | 상품명 | 거래처 | 수 량 | 단 가 | 금 액 | 적 요 |
| | | | | | | | |
| | | | | | | | |
| | | | | | | | |
| | | | | | | | |
| | | | | | | | |
| | | | | | | | |
| | | | | | | | |
| | | | | | | | |
| | | | | | | | |

**요구사항**

㈜우리유통이 사용하고자 하는 매출장부 기록시스템을 입력화면과 함께 자동화하는 매크로 프로그램을 작성해 보시오.

## Case 602 따라하기

**상황분석**

- 가장 단순한 형태의 장부와 수행과정을 고려한다(Prototype).
- 어떤 순서로 작업을 진행해야 좋을지를 결정한다.
  - 먼저 최종 결과로 표시될 매출장부의 양식을 결정(별도의 시트)
  - 매출장부에 입력되어질 자료의 기초정보를 표시하는 시트 작성
  - 입력화면(대화상자) 구성
  - 입력화면에 입력된 자료를 매출장부에 연결하여 표시하기 위한 매크로 작성
  - 자료입력 및 매크로 실행 검토
- 작성할 매크로의 수준을 결정한다
  - 너무 어렵지 않은 매크로 코드를 사용하는 것이 좋다.
- 검토를 위한 가상의 거래사례 작성 및 입력

※ 회계프로그램을 설계할 때는 흔히 작업순서의 역순으로 설계한다. 즉 결과적으로 작성, 표시될 매출장부의 형식과 내용을 먼저 결정하고, 해당 양식에 표시되어질 자료가 어떤 것들인가를 파악하여 기초자료를 구성하게 된다. 그리고 이들 기초자료를 이용하여 입력화면상에 어떻게 선택하도록 구성할 것인지를 결정한다(입력화면 설계). 입력화면을 통해 선택, 입력된 자료를 결과적인 매출장부의 해당 난과 연결하여 표시되도록 하는 것은 매크로 코드를 이용하게 된다.

이제 이러한 순서에 따라 매출장부에 자료를 입력하기 위한 프로그램을 설계해보기로 한다.

### 1단계 매출장부의 양식 설계

❶ 새 Worksheet의 새 시트를 선택하고, 시트의 이름을 **'매출장부'**로 변경해 놓는다.

❷ '매출장부' 시트의 D1 셀에 **'매 출 장 부'**를 입력하고, D1:H1 셀 범위를 선택하여 [병합하고 가운데 맞춤'을 설정한다. 그리고 [홈] 탭의 [글꼴]에서 '견고딕', '14pt'로 설정한다.

❸ B2 셀에 **'㈜우리유통'**을 입력한다. B2:D2 셀 범위를 선택하여 [병합하고 가운데 맞춤]을 설정하고, 다시 [맞춤]에서 [왼쪽 맞춤]으로 설정한다.

❹ B4 셀로부터 I4 셀까지 각 셀에 **'월'**, **'일'**, **'상품명'**, **'거래처'**, **'수량'**, **'단가'**, **'금액'**, **'적요'**를 각각 입력한다.

❺ A열로부터 I열까지의 각 [열 너비]를 '4,', '4', '10', '10', '5', '10', '14', '40'으로 각각 설정한다. 그리고 B4:I40 셀 범위를 선택하여 [홈] 탭의 [글꼴]에서 [모든 테두리]를 설정하고, [맞춤]에서

[가운데 맞춤]으로 설정한다. 다시 B4:I4 셀 범위를 선택하여 [홈] 탭의 [글꼴]-[채우기 색]에서 '연한 파랑색'을 설정한다.

❻ '매출장부'의 기본 양식은 작성된 셈이지만, 금액의 합계를 어디에 표시해야 할지 그 위치를 정할 필요가 있다. 흔히 금액의 합계는 금액란 아래쪽에 표시되도록 하는 것이 일반적이다. 그러나 합계란을 예컨대 H41 셀과 같이 금액란의 아래쪽에 미리 특정 위치를 결정해두는 경우에는, 만일 입력 거래건수가 36개를 초과하는 경우에는 H41 셀에 합계를 정상적으로 표시할 수 없게 되는 경우도 생긴다. 이러한 문제의 해결방법의 하나로, 예컨대 H10 셀 정도에 합계란을 마련해두고 하나의 거래 입력을 실행할 때마다 H10 셀 위쪽에 하나의 행 전체를 삽입해나가도록 절차를 구성하는 방법을 생각해 볼 수 있다. 이 방법이 번잡하다고 생각되는 경우에는 금액란의 위쪽(예컨대 H3 셀)에 합계란을 설정해두고 수식으로 표현해두면, 아래쪽에 아무리 많은 거래자료가 입력되더라도 신경 쓸 필요가 없을 것이다. 여기서는 우선 후자의 방법으로 설계해 보기로 한다.

❼ F3 셀에 **'합계금액'**으로 입력하고 F3:G3 셀을 함께 선택하여 [병합하고 가운데 맞춤]으로 설정한다. 그리고 H3 셀에는 수식 **'=sum(H5:H1000)'**으로 입력하여 거래자료가 1,000여 개 입력되더라도 수식을 변경할 필요 없도록 설정해 둔다. F3:H3 셀 범위를 선택하고 [홈] 탭의 [글꼴]-[테두리]에서 [모든 테두리]로 표시한다.

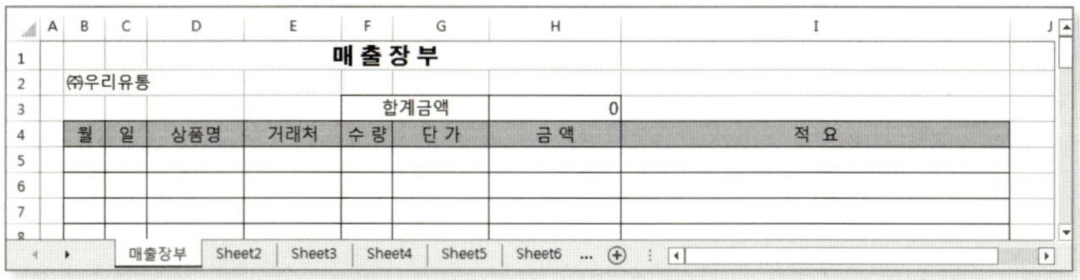


❽ 매출장부에 거래가 기록되는 5행부터는 향후 입력상자에서 선택되는 자료가 매크로에 의해 자동으로 기록되도록 할 것이므로 수식 등을 입력하지 않고 그대로 둔다. 이로써 매출장부의 양식 설계는 이루어진 셈이다.

## 2단계 기초자료 시트의 준비

❶ '매출장부' 시트의 오른쪽에 새 시트를 삽입하고, 시트의 이름을 '**기초자료**'로 변경해 놓는다.

❷ '기초자료' 시트의 B1 셀에 '**㈜우리유통 판매거래 기초자료**'를 입력하고, [홈] 탭의 [글꼴]에서 [굵게], '12pt'로 설정한다.

❸ B3 셀에 '**상품명**', D3 셀에 '**거래처**', F3 셀에 '**단가**'를 각각 입력한다. 그리고 문제에서 주어진 '1) 취급 상품과 거래처 및 판매단가표'의 자료들을 아래쪽에 나열하여 입력한다. 또 거래일자를 선택하여 표시할 수 있도록 G3 셀과 H3 셀에 각각 '**월**', '**일**'을 입력하고, 아래쪽에 월, 일에 해당하는 숫자들을 나열하여 표시해둔다.

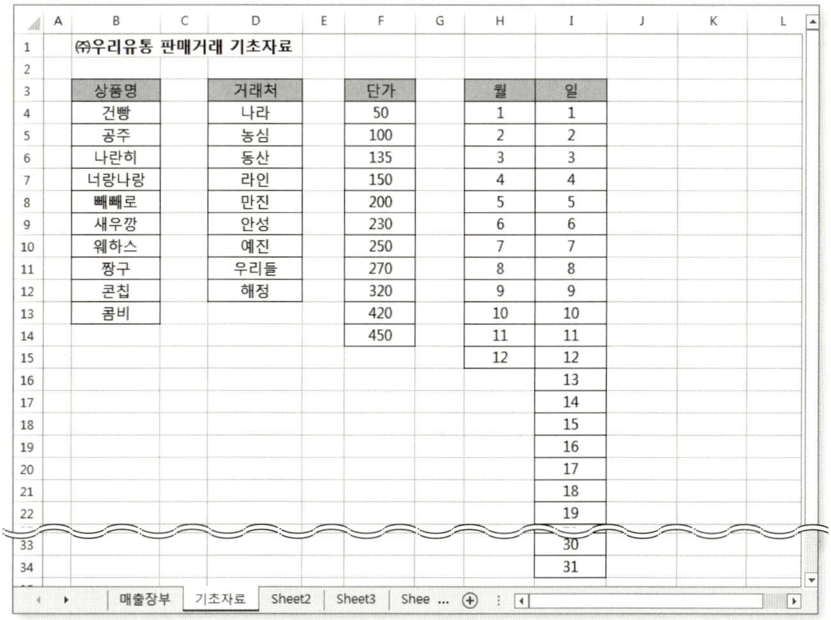

❹ 기초자료의 각 항목들을 이름으로 정의해두고, 향후 이 이름을 이용하여 표시하도록 하기로 한다. B4:B16 셀 범위를 선택하고 [이름상자]에 **'상품명'**을 입력한 후 Enter 키를 누른다(또는 B4:B16 셀 범위를 선택하고 [수식] 탭의 [정의된 이름]에서 [이름정의]를 클릭하고 [새 이름] 상자에서 [이름]에 '상품명'을 입력하고 [확인]을 눌러도 결과는 같다). 여기서 실제 자료는 B4:B13 셀까지만 입력되어 있는데 선택범위를 G4:B16으로 지정한 것은, 향후 거래를 수행하는 중에 상품명이 추가될 수 있으므로 이를 미리 고려하는 의미에서 빈칸 3칸까지를 범위에 포함시켜 둔 것이다.

❺ 같은 방식으로 D4:D15 셀 범위에 대해 이름 **'거래처'**를, F4:D17 셀 범위에 대해 이름 **'단가'**를, H4:H15 셀 범위에 대해 이름 **'월'**을, I4:I34 셀 범위에 대해 이름 **'일'**로 각각 정의해 둔다. 여기서 물론 '월'과 '일'의 경우 항목을 추가할 필요가 없기 때문에 자료가 입력되어 있는 셀 범위만을 지정하고 있다.

❻ 정의된 이름들이 제대로 표시되고 있는지 확인해보기 위해, [수식] 탭의 [정의된 이름]에서 [이름관리자]를 클릭해 본다.

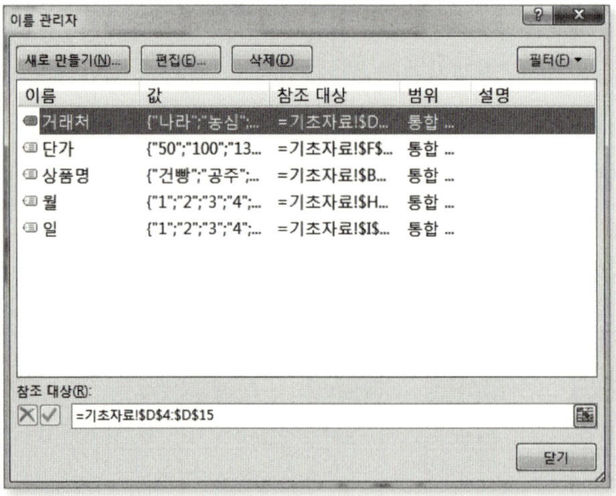


❼ 정의한 5개의 이름과 관련 셀 범위(참조대상)가 모두 맞는지 확인해 본다. [닫기]를 누른다.

## 3단계 입력화면의 설계: 사용자 정의 폼 사용

Excel에서 자료의 입력화면을 설계하기 위해 흔히 사용되는 방법이 [사용자 정의 폼]을 이용하는 방법이다.

❶ 현재의 worksheet에서 메뉴의 [개발도구]-[Visual Basic]을 선택하면 Visual Baisc 편집기 새 창이 열린다.

참고

**[개발도구] 탭이 표시되어 있지 않을 때**

엑셀 기본 메뉴에는 [개발도구] 탭이 표시되어 있지 않은 경우가 많다. 이는 [개발도구] 내의 하위메뉴들이 대부분 엑셀 매크로 이용과 관련되어 있는 것들인데, 매크로를 이용하지 않는 경우에는 거의 사용되지 않기 때문에 메뉴에 표시되지 않고 있는 것이다. 이를 사용할 수 있도록 활성화하려면 다음의 절차를 수행한다.

※ [파일] 탭의 [옵션]을 클릭하고, [Excel 옵션] 대화상자에서 [리본 사용자 지정]을 선택한 후 오른쪽 [리본 메뉴 사용자 지정]에서 [개발도구] 탭을 클릭하여 선택표시한다. 그리고 [확인]을 누르면 Excel 메뉴에 [개발도구] 탭이 활성화되어 표시된다.

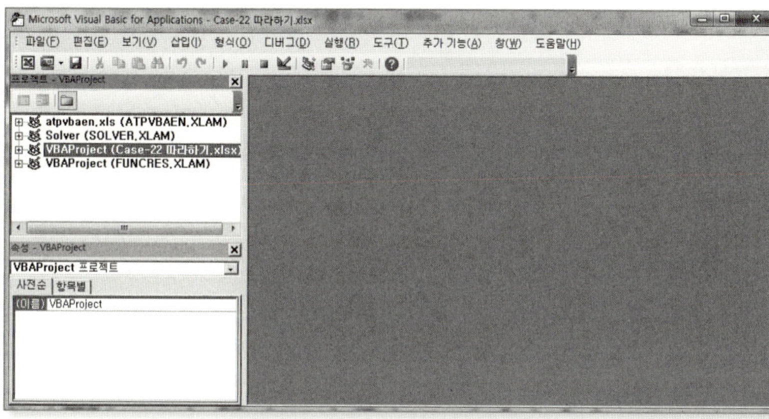


❷ Visual Baisc 편집기의 [삽입] 탭에서 [사용자 정의 폼]을 선택하면, 왼쪽 [프로젝트] 창에 [폼]-[UserForm1] 메뉴가 생성되고 오른쪽 창에 'UserForm1' 새 폼이 생성된다. 선택 표시된 'UserForm1' 화면의 오른쪽 아래 모서리를 마우스로 끌기 하여 적당한 크기로 확대한다. 여기서 조정한 크기가, 이후에 Macro를 통해 입력 기능을 실행했을 때 입력화면으로 표시될 크기이므로, 이 폼에 입력하도록 설계할 기초자료들의 구성을 고려하여 너무 크거나 작지 않게 조정해 둘 필요가 있다.

❸ Visual Baisc 편집기의 왼쪽 아래 [속성] 창에서 [(이름)] 오른쪽 상자에 **'frm매출거래입력'**으로, [Caption] 오른쪽 상자에 **'매출장부 거래입력'**으로 입력하고, [Font]의 오른쪽 상자 끝의 선택버튼을 눌러서 [글꼴]은 '견명조', [크기]는 '11'로 각각 설정한다. 여기서 'frm매출거래입력'은 이 폼의 이름을 의미하는 것으로 위쪽 [프로젝트] 창의 [폼]에 해당 이름이 수정되어 표시되고 있으며, [Caption]에 입력된 레이블은 오른쪽 폼의 윗줄에 표시되는 폼의 이름부분을 의미한다. 이 폼에서 설정한 [Font]는 이 폼 전체에 적용되게 된다.

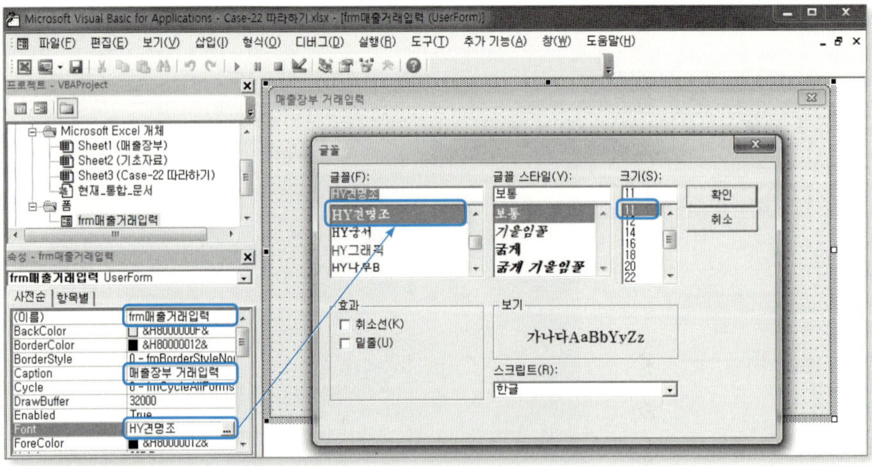

참고

### 폼의 속성

[속성] 부분은 사용자의 정의 폼 전체에 영향을 미치는 주요 속성을 결정하는 곳으로, 여기에서 지정된 속성값은 사용하고 있는 폼 전체에 영향을 미치게 된다.

(이름): 개체를 지칭하는 이름. 작성하려는 개체의 내용을 연상할 수 있는 이름으로 부여하되, 폼을 지칭하는 경우에는 이름 앞에 'frm'을 붙여 사용한다.

BackColor: 사용자 정의 폼의 배경색을 지정하고자 할 때 사용.

Caption: 개체에 표시될 이름표. 폼의 제목 표시줄에 나타내고자 하는 메시지를 등록하는 곳이다(예; 매출장부 거래입력).

Font: 사용자 정의 폼에서 전체적으로 사용할 글꼴과 크기를 지정하는 곳.

ForeColor: 사용자 정의 폼에서 사용할 글자의 색상을 미리 정의하는 곳.

Picture: 사용자 정의 폼에 배경 그림을 삽입하고자 할 때 사용.

❹ 마우스로 오른쪽 폼의 내부를 클릭하게 되면 [도구 상자]가 팝업 형식으로 나타나게 된다. 이 [도구상자]에서 [레이블(A)]을 선택한 후 폼의 위쪽 중앙에 적당한 크기로 드래그하여 표시한다. 그리고 [속성] 창에서 [AutoSize]는 **'True'**로, [Caption]은 **'㈜우리유통 매출거래 입력'**으로, [Font]에서 [글꼴]은 **'견고딕'**, [크기]는 **'16'**으로, 그리고 [ForeColor]에서 **'반전'**으로 각각 설정

한다. 폼에서 입력된 글자가 모두 표시되도록 크기를 조정하고, 폼의 위쪽 좌우 가운데 부분으로 배치한다.

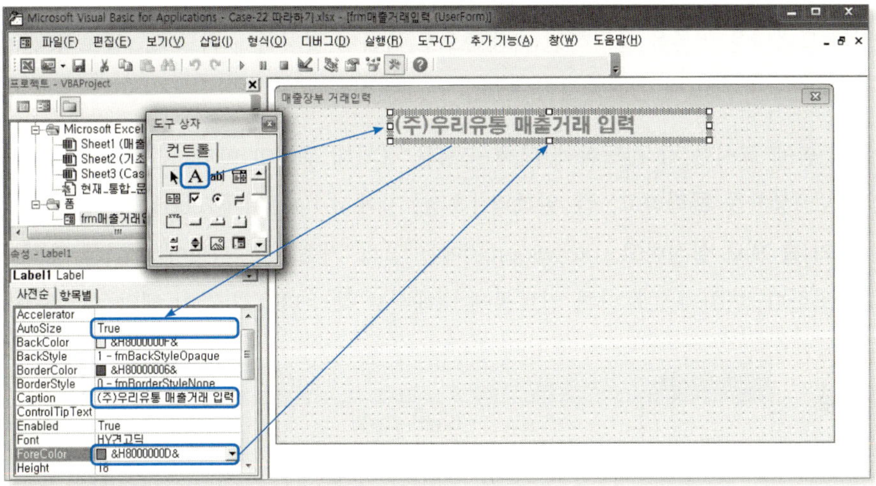

❺ 다시 [도구상자]에서 [레이블(A)]을 선택하고, 오른쪽 폼 내부에 **'거래일자'**, **'월'**, **'일'**, **'상품명'**, **'거래처'**, **'수량'**, **'단가'**, **'적 요'** 등의 레이블을 각각 만든다. 이 때 각 레이블은 [속성] 창의 [Caption]에 입력하거나, 또는 폼에 표시된 'Label2' 부분을 클릭하여 직접 입력해도 [속성] 창의 [Caption]에 그대로 반영된다. 입력된 레이블들은 관련 기초자료를 표시할 수 있을 정도의 적절한 간격으로 배치한다(배치는 추후 다시 재조정할 수 있다).

❻ 이제 각 레이블 아래에 해당 항목을 선택하는 컨트롤을 입력한다. 예컨대 '월' 레이블 아래에는 '기초자료' 시트에서 정의해 둔 월 자료 숫자들을 스크롤 형태로 조회하여 선택할 수 있도록 [콤보상자]를 이용할 수 있다. 이를 위해 [도구 상자]에서 [콤보상자]를 클릭하고, 레이블

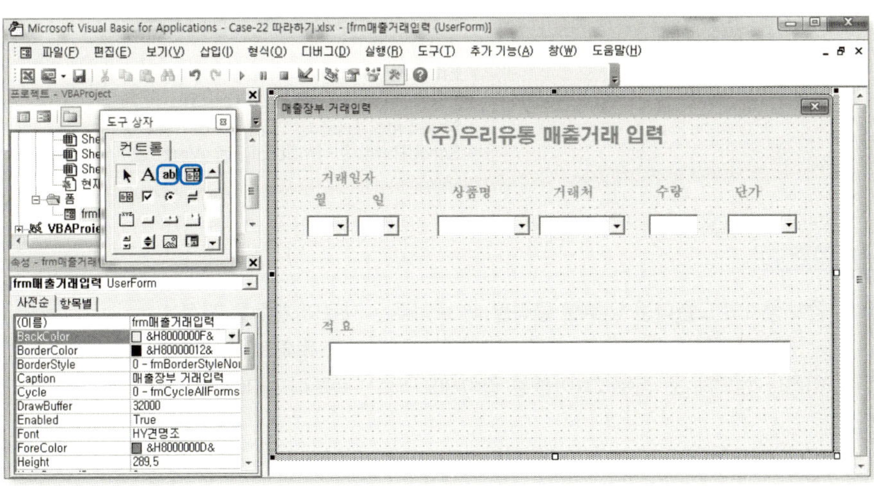

'월' 아래에 적절한 크기로 표시한다. '상품명', '거래처', '단가' 레이블 아래에도 마찬가지로 [콤보상자]를 표시한다. 다만, 숫자나 문자를 직접 입력해야 하는 '수량'과 '적요' 레이블 아래에는 [도구상자]의 [텍스트상자(ab)]를 표시한다. 이 때 [콤보상자]는 기본적으로 하나의 자료만 표시하다가 드롭다운 버튼을 클릭하면 아래쪽으로 목록이 펼쳐지게 되므로, [콤보상자] 아래쪽에 여유 공간을 남겨두고 배치하는 것이 좋다.

❼ 지금까지 폼에 표시한 각 컨트롤에 대해 속성을 정의해 두어야 한다. 먼저 '월' 레이블 아래에 표시된 콤보상자를 클릭하고, 폼 왼쪽의 [속성] 창에서 [(이름)]에 **'cbo월'**로 입력하며, [Font]에서 [크기]를 **'9'**로 설정하고, [RowSource]에는 앞서 '기초자료' 시트에서 이름 정의해 두었던 **'월'**을 입력한다. 마찬가지로 다른 컨트롤에 대해서도 각각 다음과 같이 해당 속성을 설정한다.

| 컨트롤 이름 | 컨트롤 종류 | 속 성 |
|---|---|---|
| 일 | 콤보상자 | • (이름): cbo일<br>• Font: [글꼴] HY견명조, [크기] '9'<br>• RowSource: 일 |
| 상품명 | 콤보상자 | • (이름): cbo상품명<br>• Font: [글꼴] HY견명조, [크기] '9'<br>• ListRows: 9<br>• RowSource: 상품명<br>• Style: 2-fmStyleDropDownList |
| 거래처 | 콤보상자 | • (이름): cbo거래처<br>• Font: [글꼴] HY견명조, [크기] '9'<br>• ListRows: 9<br>• RowSource: 거래처<br>• Style: 2-fmStyleDropDownList |
| 수량 | 텍스트상자 | • (이름): txt수량<br>• Font: [글꼴] HY견명조, [크기] '9' |
| 단가 | 콤보상자 | • (이름): cbo단가<br>• Font: [글꼴] HY견명조, [크기] '9'<br>• ListRows: 9<br>• RowSource: 단가<br>• Style: 2-fmStyleDropDownList |
| 적요 | 텍스트상자 | • (이름): txt적요<br>• EnterKeyBehavior: True<br>• Font: [글꼴] HY견명조, [크기] '9'<br>• MultiLine: True<br>• ScrollBars: 2-fmScrollBarsVertical |

참고

**콤보 상자의 속성**

RistRows: 콤보상자의 드롭다운 단추를 클릭할 때 보여주는 자료의 개수를 지정.

RowSource: 콤보상자의 드롭다운 단추를 클릭했을 때 보여줄 목록의 범위를 지정한다. 미리 특정 셀 범위에 이름을 정의해 둔 경우 그 이름을 입력해도 되고, 목록이 들어 있는 셀 주소를 직접 입력해도 된다.

Style: 컨트롤 값을 선택하거나 설정하는 방법을 결정하는 곳.
0 – fmStyleDropDownCombo를 선택하는 경우 목록에서 항목을 선택할 수도 있고 컨트롤에 직접 입력할 수 있다. 2 – fmStyleDropDownList를 선택하면 컨트롤에서 제시되는 목록에서만 선택하도록 설정된다.

참고

**텍스트 상자의 속성**

EnterKeyBehavior: '적요'란에서 많은 글자를 여러 줄 입력하게 되는 경우, EnterKeyBehavior를 'True'로 설정해 두면 텍스트상자에 입력하다가 Enter 키를 눌러서 줄바꿈이 되어 여러 줄로 입력할 수 있다. 이 때 **MultiLine**을 'True'로 설정하고, **ScrollBars** 속성도 세로 줄 스크롤 바(2 – fmScroll-BarsVertical)를 함께 선택한다.

❽ 이제 [도구상자]에서 [명령단추]를 선택하고 폼의 오른쪽 하단에 두 개의 명령단추를 표시한다. 첫 번째 명령단추(입력)와 두 번째 명령단추(취소)에 각각 다음과 같이 속성을 설정한다.

| 컨트롤 이름 | 컨트롤 종류 | 속 성 |
|---|---|---|
| 입력 | 명령단추 | • (이름): cmd입력<br>• Caption: 입력 |
| 취소 | 명령단추 | • (이름): cmd취소<br>• Caption: 취소 |

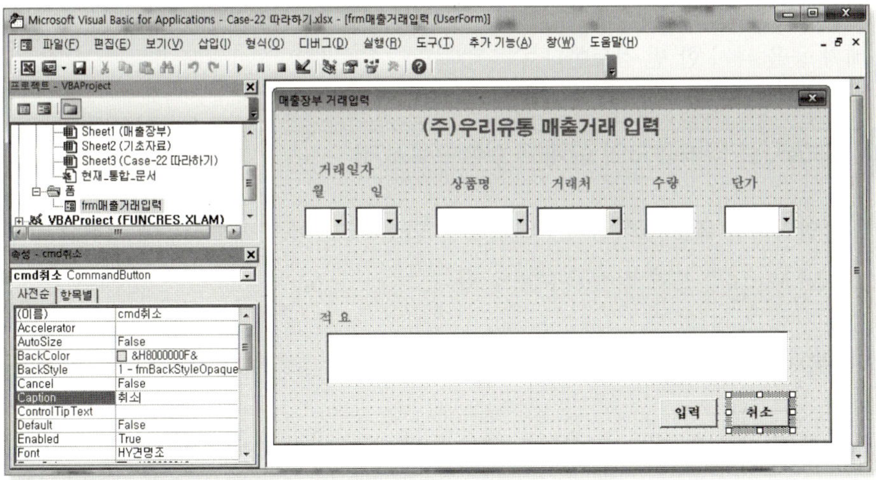

❾ 지금까지 작성한 'frm매출거래입력' 폼의 각 컨트롤에 입력순서를 지정해 두는 것이 좋다. 입력순서를 지정해두면 Tab을 눌러 다음 선택항목으로 쉽게 이동할 수 있다. 이를 위해 폼의 빈 공간을 오른쪽 마우스로 클릭하여 [탭 순서]를 선택한다.

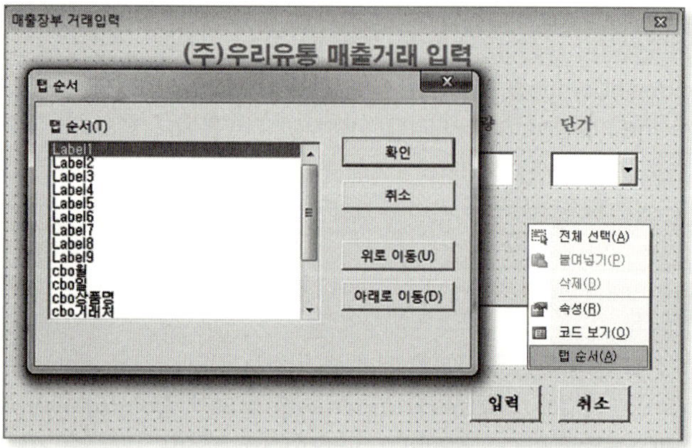

⑩ [탭 순서] 대화상자에서 아직 이름이 부여되지 않은 'Label1', … 'Label9' 등에는 탭 이동을 지정할 필요가 없으므로, 이들을 함께 선택하여 [아래로 이동]을 계속 눌러 맨 아래쪽으로 이동시킨다. 이름이 부여된 나머지 컨트롤들은 'cbo월', 'cbo일', 'cbo상품명', 'cbo거래처', 'txt수량', 'cbo단가', 'txt적요', 'cmd입력', 'cmd취소' 등으로 순서로 배열되도록 조정한다. [확인]을 누른다.

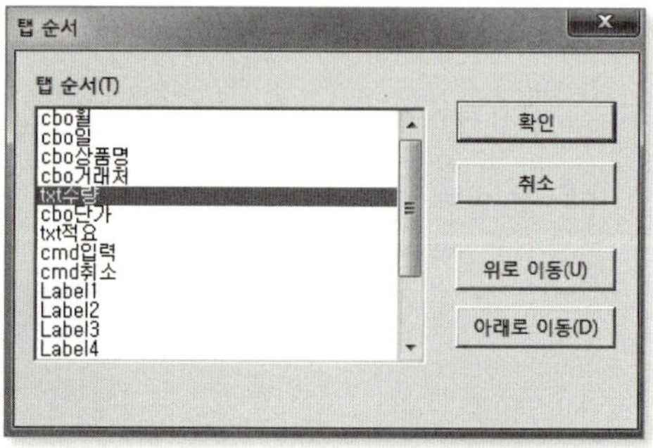

⑪ 이제 입력화면의 폼(frm매출거래입력)은 완성되었다. 마지막으로 폼의 전체적인 크기나 각 컨트롤의 배치 등을 다시 한 번 검토한다.

## 4단계 매출자료 입력절차의 설계(폼 실행 프로시저)

이제 설계된 입력화면 폼을 실행하여 거래자료를 입력하고, 이를 매출장부에 기록하는 일련의 프로시저를 Excel Macro를 통해 작성해 보기로 한다.

### 1) 입력화면을 표시하는 프로시저 설계

❶ 현재 'frm매출거래입력' 폼이 표시되고 있는 VBA 편집기 창에서 [삽입] 탭의 [모듈]을 선택한다. 그러면 왼쪽 [프로젝트] 창에 [모듈]-[Module1]이 새로 생성되고, 오른쪽 창도 사용자 정의 폼에서 모듈 창으로 바뀌게 된다.

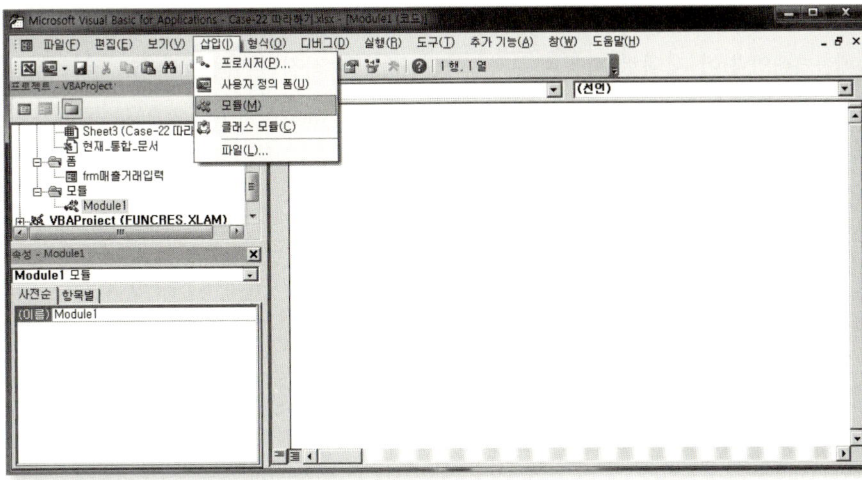


❷ 오른쪽 모듈 창에 'frm매출거래입력' 폼을 화면에 표시하기 위한 다음의 Code를 입력한다.

| Sub 매출거래입력( )<br>    frm매출거래입력.Show<br>End Sub | ① |
|---|---|

**참고**

- 모든 Macro는 'Sub'로 시작하고 End Sub로 끝난다.
- 'Sub' 뒤에는 매크로 이름('매출거래입력')을 표시하고, 이름 뒤에는 반드시 '()'를 표시한다.
- 이름() 뒤에서 Enter 키를 누르면 아래쪽에 자동으로 'End Sub'가 자동으로 나타나며, 이 Sub와 End Sub 사이에 매크로 실행을 위한 코드를 입력한다.
- 'End Sub'는 현재의 매크로가 종료됨을 의미한다.

**코드 설명**

①: 'frm매출거래입력' 폼을 열어서 화면에 표시한다.

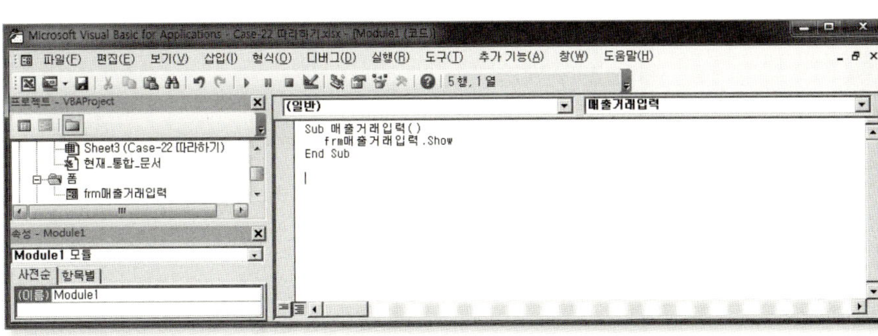

❸ 아직 필요한 프로시저(매크로 코드)가 모두 입력된 것은 아니지만, 지금까지 설계한 입력화면 폼(frm매출거래입력)이 제대로 작동하는지, 화면 구성은 적절한지 등을 미리 검토해 보기로 한다. 먼저 열려 있는 VBA 편집기의 [파일] 탭에서 [닫고 Microsoft Excel(으)로 돌아가기]를 선택한다.

❹ 엑셀 Worksheet에서 새 시트를 삽입(또는 선택)하고, 시트 이름을 '**시작메뉴**'로 변경한다. 그리고 '시작메뉴' 시트에서 [개발도구] 탭의 [컨트롤]-[삽입]-[양식 컨트롤]에서 [단추(양식컨트롤)]를 클릭하고, '시작메뉴' 시트의 위쪽 임의의 셀에 적절한 크기로 드래그하여 표시한다.

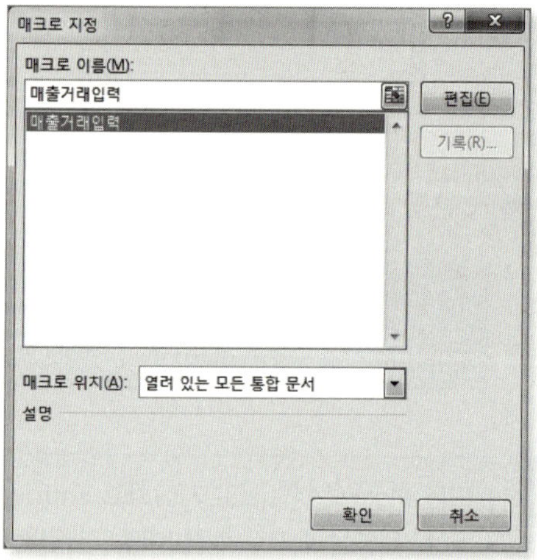


❺ 나타난 [매크로 지정] 대화상자에서 [매크로 이름]에 나열된 매크로 중 앞서 Macro 모듈 이름으로 입력하였던 '매출거래입력'을 선택하고 [확인] 단추를 누른다. 이로써 작성된 Macro 모듈이 명령단추에 연결되어, 앞으로는 이 단추만 누르면 '매출거래입력'으로 정의된 매크로가 자동으로 수행되게 된다.

❻ 명령단추의 내부를 오른쪽 마우스로 클릭하고, 단추 이름을 '**매출거래입력**'으로 변경한다. 그리고 단추 외의 다른 장소를 클릭했다가, 다시 마우스를 '매출거래입력' 단추 위로 위치시키면 마우스 모양이 매크로 실행커서(👆) 형태로 변하고, 이때 왼쪽 마우스를 클릭하면 매크로가 실행되어 '매출장부 거래입력' 폼이 팝업으로 나타난다.

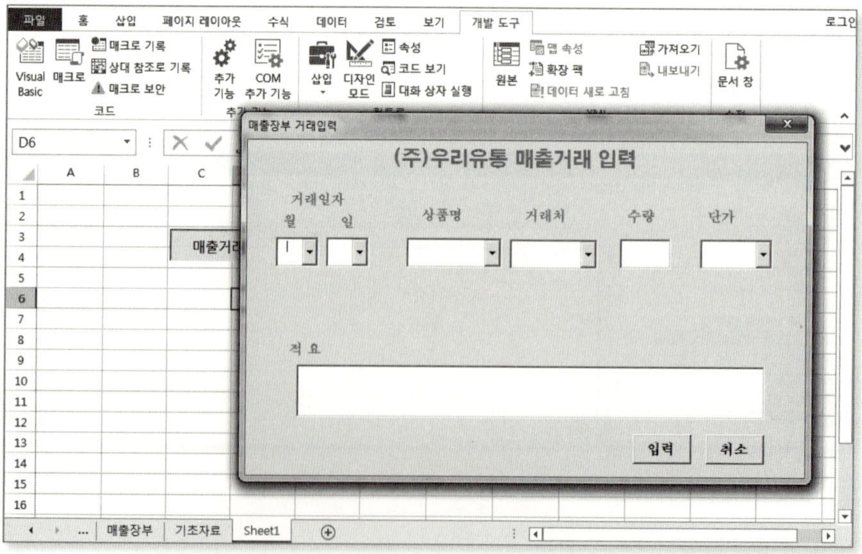

❼ 실행된 [매출장부 거래입력] 대화상자에서 레이블 '월' 아래에 표시된 컨트롤의 오른쪽 선택화살표를 클릭하여 이름 '월'로 정의해두었던 자료(1, …, 12)가 제대로 표시되는지 확인한다. 마찬가지로 다른 컨트롤에 대해서도 각각 원하는 표시내용이 적절히 표시되고 있는지 확인해 본다. 다만, '수량'과 '적요' 컨트롤은 직접 숫자나 문자를 입력하는 방식으로 설계되었으므로 컨트롤 내부에 커서가 표시되는지만 확인하면 된다. 또한 '상품명', '거래처', '단가' 등의 컨트롤에 나열되는 자료의 맨 아래쪽에는, 이름 부여 당시의 의도대로, 3칸씩의 빈칸이 표시되고 있는지도 확인해 본다. [확인] 및 [취소] 단추는 아직 프로시저가 정의되지 않았으므로 작동하지 않는다.

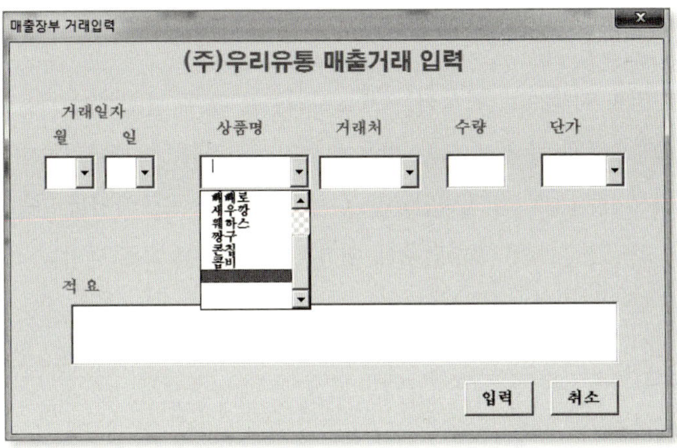


❽ 시험절차가 이루어졌으므로 [매출장부 거래입력] 대화상자의 오른쪽 위 [닫기] 버튼을 클릭하여 입력화면을 닫는다.

### 2) 입력자료의 장부기록을 위한 프로시저 설계

확인 절차를 위해 중단했던 매크로 코드 입력절차를 계속해서 진행하기로 한다. 지금부터 입력되는 프로시저는 확인된 입력화면을 통해 선택된 항목들을 '매출장부' 시트의 해당 셀에 입력하여 표시하도록 하는 절차이다.

❶ Worksheet에서 다시 [개발도구] 탭의 [Visual Basic] 탭을 클릭하면, 이전에 작업하였던 모듈 화면이 표시된다. 이제 왼쪽 [프로젝트] 창에서 [폼] - [frm매출거래입력]을 더블클릭하여 오른쪽 창에 이전에 작성하였던 [매출장부 거래입력] 폼이 나타나도록 한다.

❷ 오른쪽 폼의 빈 칸 부분을 마우스로 더블클릭하면 각 컨트롤에 대한 이벤트 프로시저를 작성할 수 있는 화면이 표시된다.

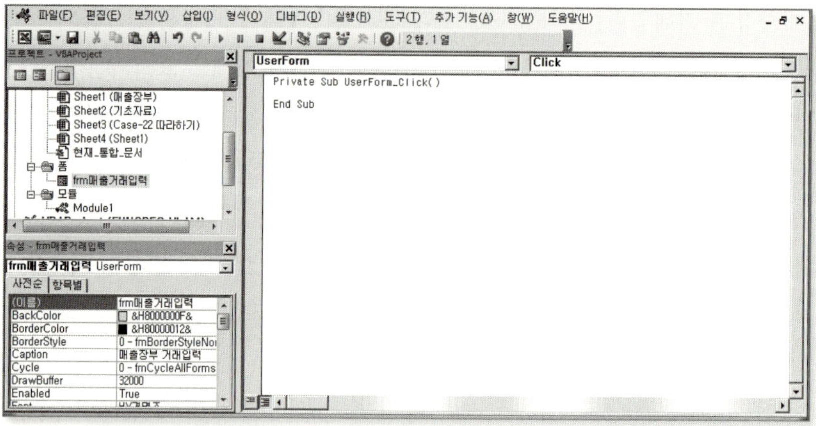

❸ 프로시저 창에서 먼저 자동으로 표시되는 프로시저들을 모두 선택하여 지운다.

그리고 다시 왼쪽 [프로젝트] 창의 [폼] – [frm매출거래입력]을 더블클릭하여 앞서 설계한 폼 화면을 표시한다. 여기서 먼저 [취소] 명령단추를 실행하기 위한 프로시저를 만들기 위해, [취소] 단추를 더블클릭한다. 그러면 [취소] 명령단추에 대한 Click 이벤트 프로시저를 작성할 수 있는 기본 코드가 표시된다.

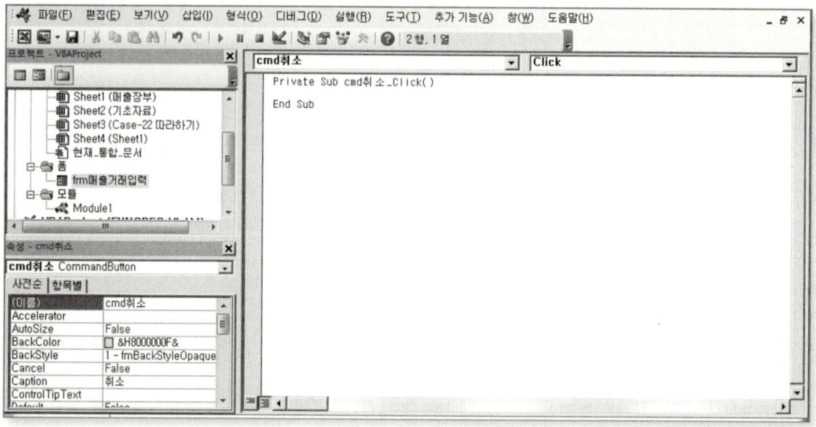

❹ [취소] 명령단추를 클릭했을 때 실행되도록 하는 매크로 코드(Unload Me)를 제시된 기본 코드 내에 입력한다.

| Private Sub cmd취소_Click()<br>    Unload Me<br>End Sub | ① |
|---|---|

**코드 설명**

①: 현재 실행되고 있는 사용자 정의 폼(Me)을 닫는다. 'Unload 폼이름' 형태를 사용할 수도 있다.

참고

## Private 문과 Public 문

흔히 하나의 프로시저 내에서 선언된 변수는 해당 프로시저가 끝나면 변수에 할당된 메모리도 사라지게 된다. 이와 같이 해당 프로시저 내에서만 사용할 수 있는 변수를 지역변수라고 하고, Private 문이 이에 해당한다(Dim으로 선언된 변수도 동일하다). 그러나 상황에 따라서는 다른 모듈이나 프로시저에서도 같은 변수를 공유해서 사용할 필요가 있는데, 이때 사용하는 것이 Public 문이다. 따라서 Private 또는 Public 문은 프로시저 밖의 코드 창 상단 선언부에 표시하여 사용한다.

참고

## Me의 의미

폼에 이벤트 프로시저를 작성할 때 각 컨트롤의 이름이 매우 중요하다. 그런데 이미 정의해 둔 이름을 모두 기억하기도 어려우며 긴 이름을 모두 입력하는 것이 불편할 수도 있으므로, 프로시저를 작성할 때 현재의 폼을 의미하는 'Me'를 대신 사용하면 편리하다. 'Me'를 입력한 후 마침표(.)를 입력하면 폼에 삽입된 컨트롤, 속성, 메서드 등을 선택할 수 있는 목록이 나타난다.

❺ 이번에는 [입력] 명령단추에서 실행되어야 할 프로시저를 작성해 보자. [입력] 명령단추가 실행해야 할 프로시저는 폼에 선택 또는 입력되는 자료를 매출장부에 기록하는 절차를 포함하므로 다소 복잡하다. 먼저 왼쪽 [프로젝트] 창의 [폼]-[frm매출거래입력]을 더블클릭하고, 오른쪽 창에 표시된 '매출장부 거래입력' 폼에서 [입력] 단추를 더블클릭하면, 앞의 [취소] 프로시저 위에 새로운 [입력] 프로시저의 기본 코드가 자동으로 표시된다.

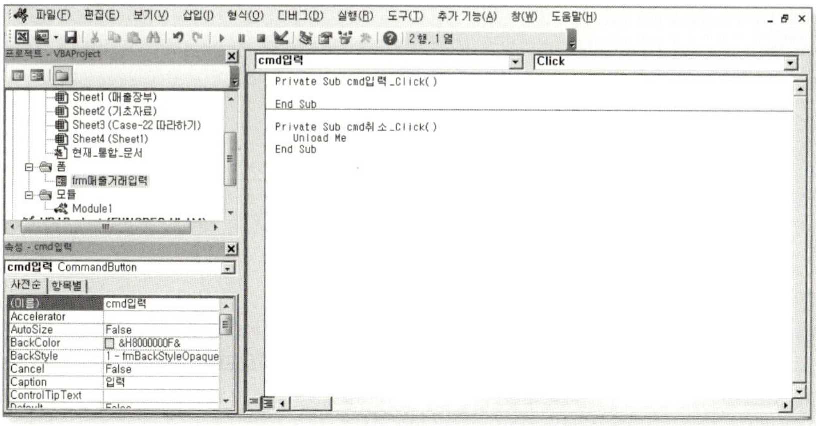

❻ 생성된 'cmd입력_Click()' 프로시저의 기본 코드 내에 입력자료를 매출장부에 표시하기 위한 다음의 Code를 직접 입력한다.

```
Private Sub cmd입력_Click()
    Dim iSale As Integer                                          ①

    With Worksheets("매출장부")                                    ②
        iSale=.Range("B4").CurrentRegion.Rows.Count+1             ③
        .Cells(iSale, 2).Value=Me.cbo월.Column(0)                 ④
        .Cells(iSale, 3).Value=Me.cbo일.Column(0)                 ⑤
        .Cells(iSale, 4).Value=Me.cbo상품명.Column(0)             ⑥
        .Cells(iSale, 5).Value=Me.cbo거래처.Column(0)             ⑦
        .Cells(iSale, 6).Value=Val(Me.txt수량)                    ⑧
        .Cells(iSale, 7).Value=Me.cbo단가.Column(0)               ⑨
        .Cells(iSale, 8).FormulaR1C1="=RC[-2]*RC[-1]"             ⑩
        .Cells(iSale, 9).Value=Me.txt적요                         ⑪
    End With                                                      ⑫
    Unload Me                                                     ⑬

End Sub
```

**코드 설명**

①: Dim 문은 프로시저에서 사용할 변수를 선언할 때 사용된다. Dim은 보통 프로시저 제목 아래에 기술하며, [Dim 변수명 As 데이터형식]으로 표시된다. 여기서는 iSale 변수를 정수로 선언한다는 의미이다.

②: With 문은 폼에 있는 각 컨트롤의 값을 '매출장부'시트에 대입하기 위한 반복문이다. With와 End With 사이에 있는 모든 문에 'Worksheets("매출장부")'코드가 반복되어야 하므로 이를 모두 With 문으로 묶은 것이다.

③: iSale 변수에 입력할 행 번호를 저장한다. '매출장부'시트의 B4 셀에서 데이터가 입력되어 있는 마지막 셀까지의 행 수를 센(CurrentRegion.Rows. Count) 다음, 여기에 1을 더하여 그 다음에 입력할 행번호를 계산한다. 예컨대 B4 셀로부터 아래로 두 줄까지 데이터가 입력되어 있다면 B4를 포함하여 6행에 1을 더하여 7행이 다음 데이터를 입력할 행이 된다.

④: [iSale 행의 B열(2)] 셀에 거래일자-월을 입력한다. column(0)은 Combo상자의 0번 열 값에 선택 값이 표시되어 있다는 의미이다.

⑤: [iSale 행의 C열(3)] 셀에 거래일자-일을 입력한다.

⑥: [iSale 행의 D열(4)] 셀에 상품명을 입력한다.

⑦: [iSale 행의 E열(5)] 셀에 거래처를 입력한다.

⑧: [iSale 행의 F열(6)] 셀에 수량을 입력한다. 텍스트 상자에서 셀로 반환되는 모든 값은 문자로 인식되므로, 이를 Val 함수를 이용하여 숫자로 변환한다.

⑨: [iSale 행의 G열(7)] 셀에 단가를 입력한다.

⑩: [iSale 행의 H열(8)] 셀에 금액(=수량×단가)을 계산하여 입력한다.'수량'은 현재의 셀에서 2열 왼쪽에 있으므로 'RC[-2]'로 표시하며, 단가는 현재의 셀에서 1열 왼쪽에 있으므로 'RC[-1]'으로 표시한다.

⑪: [iSale 행의 I열(9)] 셀에 적요를 문자 형태로 입력한다.

⑫: ②에서 선언한 With 반복문을 종료한다.

⑬: 현재 실행되고 있는 사용자 정의 폼을 닫는다.

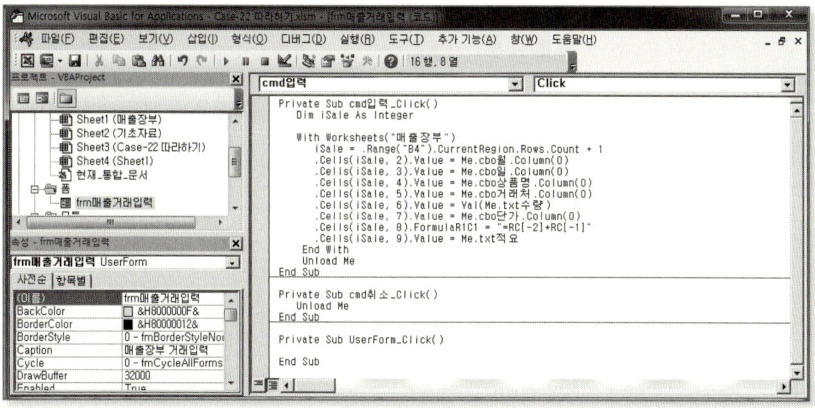

❼ 폼의 입력자료를 분개장에 표시하기 위한 'cmd입력_Click()' 프로시저가 등록되었으므로 이를 테스트해 보기로 한다. 현재 편집 중인 VBA 편집기의 [파일] 탭에서 [닫고 Microsoft Excel(으)로 돌아가기]를 선택한다. 되돌아 온 Worksheet에서 '시작메뉴' 시트를 선택하고, 앞서 만들어 둔 [매출거래입력] 명령단추를 클릭하여 실행해 본다.

❽ 팝업 표시된 [매출장부 거래입력] 입력상자에서 각 컨트롤의 선택화살표를 클릭하고 다음의 가상 매출거래를 입력해 본다.

| 가상거래 1 | 3월15일 빼빼로 33개를 단가 ₩230에 거래처 안성에 판매하다. |
|---|---|

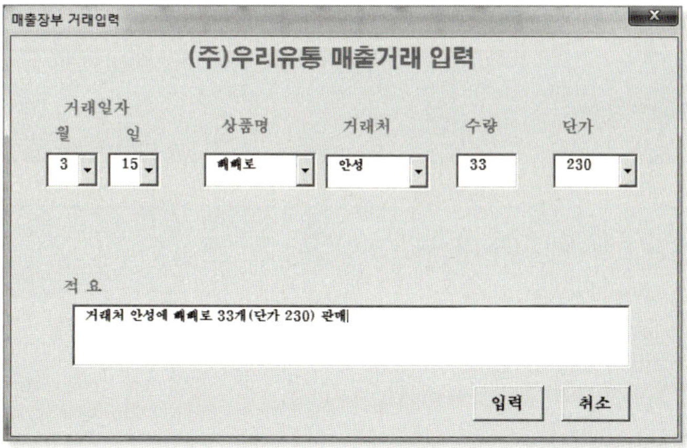

❾ 각 컨트롤에 선택하여 표시하고 [확인] 명령단추를 누르면, '매출장부' 시트의 해당 셀들에 거래자료가 분류되어 표시된다.

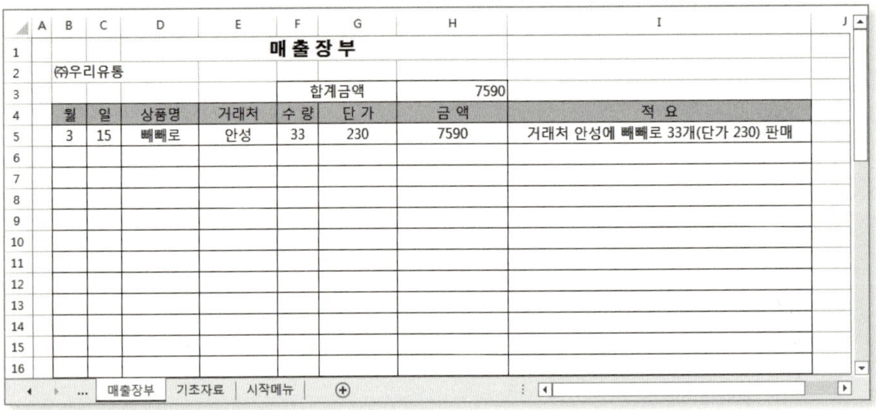

| 월 | 일 | 상품명 | 거래처 | 수 량 | 단 가 | 금 액 | 적 요 |
|---|---|---|---|---|---|---|---|
| 3 | 15 | 빼빼로 | 안성 | 33 | 230 | 7590 | 거래처 안성에 빼빼로 33개(단가 230) 판매 |



⑩ 이제 원하는 입력 프로시저가 제대로 수행되고 있음을 확인하였다. 그런데 앞의 입력상자에서 [확인]을 누르니 입력상자는 사라지고, 입력 내용이 올바르게 표시되고 있는지를 확인하기 위해서는 추가적으로 '매출장부' 시트를 선택하여 살펴보아야 하는 불편함이 있다. 더구나 입력상자에 하나의 거래자료를 입력하고 나서 또다른 입력절차를 수행할 것인지의 여부를 선택할 수 있도록 하면 좋을 것 같다. 이러한 프로시저의 진행은 모듈에 표시된 '매출거래입력' 매크로로부터 이루어지므로, 이 모듈을 수정하여 위의 요구사항을 반영해 보기로 한다.

⑪ Worksheet에서 [개발 도구] 탭의 [Visual Basic]을 선택하고, VB편집기 왼쪽의 [프로젝트] 창에서 [모듈]의 [Module1]을 더블클릭한다. 그리고 이전에 입력되어 있던 '행렬거래입력' Macro Code에 다음의 추가 Code를 삽입하여 입력한다.

```
Sub 매출거래입력()
    frm매출거래입력.Show
End Sub
```

⬇

```
Sub 매출거래입력()
    계속여부=vbYes                                                        ①
    Do While 계속여부=vbYes                                                ②
      frm매출거래입력.Show
    계속여부=MsgBox("입력작업을 계속하시겠습니까?", vbYes, "계속여부선택")   ③
    Loop                                                                  ④
    Sheets("매출장부").Select                                              ⑤
End Sub
```

**코드 설명**

①: 계속 여부를 묻는 질문의 답(vbYes)을 '계속여부' 변수에 대입한다.
②: Do While로 시작되는 반복문은 뒤에 나오는 조건이 만족하는 동안(계속여부가 vbYes인 경우) 아래의 실행문을 Loop 문이 나오는 곳까지 계속해서 실행하도록 하는 순환작업이다. 만일 조건이 False(즉 vbNo)인 경우에는 Loop 문 아래로 빠져 나온다.

③: 폼을 실행하고 난 후, 입력작업을 계속할 것인지를 묻는 메시지상자를 표시하고, 메시지상자에서의 선택결과를 vbYes에 저장한다.
④: Loop는 Do 문의 종료를 의미하는 것으로, Loop 문을 만났을 때 조건이 True인 경우에는 다시 Do 문으로 되돌리지만, False인 경우에는 Loop 아래로 빠져나오도록 한다.
⑤: 입력작업을 계속하지 않기로 하면 곧바로 입력결과를 확인하기 위해 '매출장부'sheet를 선택하여 표시하도록 한다.

⑫ 위 Macro Code 수정 결과가 제대로 작동하는지 살펴보기 위해 2개의 가상 거래를 연속하여 입력해 보기로 한다. 먼저 VBA 편집기의 [파일] 탭에서 [닫고 Microsoft Excel(으)로 돌아가기]를 선택한 후, Worksheet의 '시작메뉴' 시트에서 다시 [매출거래입력] 명령단추를 클릭한다. 그리고 [매출장부 거래입력] 입력상자에 다음 2개의 가상 매출거래를 입력해 본다.

| 가상거래 2 | 5월5일 거래처 예진에 웨하스 18개를 단가 ₩150에 판매하다. |
|---|---|
| **가상거래 3** | 5월18일 거래처 우리들에 건빵 400개를 단가 ₩100에 판매하다. |

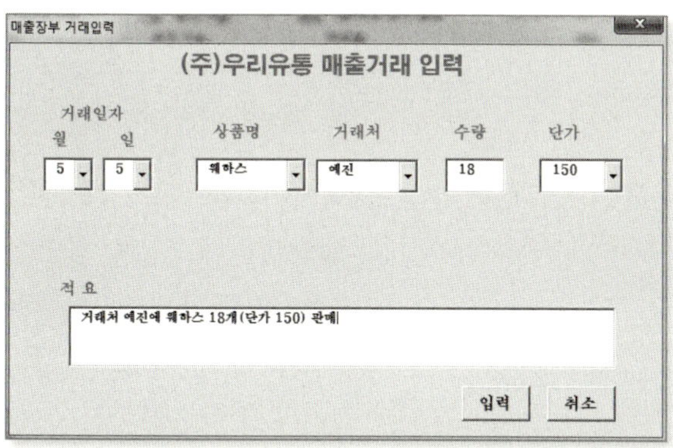


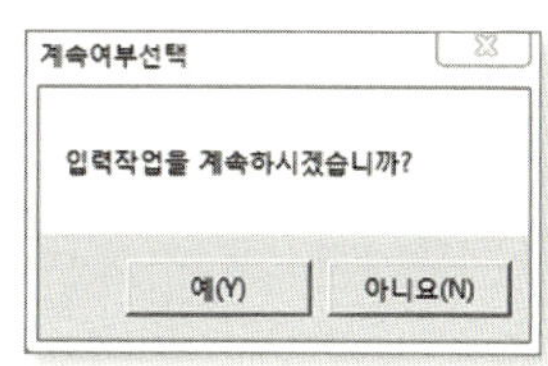


⑬ 첫 번째 거래(가상거래2)를 입력하고 [확인]을 누르면 오른쪽 그림과 같이 계속여부를 선택하도록 하는 메시지박스가 표시된다. 여기서 [예(Y)]을 선택하면 다시 [매출거래입력] 입력상자가 표시되어 다음 거래를 입력할 수 있는 준비상태가 된다. 두 번째 거래(가상거래3)를 입력하고,

**매 출 장 부**

㈜우리유통

| | | | | 합계금액 | | 50290 | |
|---|---|---|---|---|---|---|---|
| 월 | 일 | 상품명 | 거래처 | 수 량 | 단 가 | 금 액 | 적 요 |
| 3 | 15 | 빼빼로 | 안성 | 33 | 230 | 7590 | 거래처 안성에 빼빼로 33개(단가 230) 판매 |
| 5 | 5 | 웨하스 | 예진 | 18 | 150 | 2700 | 거래처 예진에 웨하스 18개(단가 150) 판매 |
| 5 | 18 | 건빵 | 우리들 | 400 | 100 | 40000 | 거래처 우리들에 건빵 400개(단가 100) 판매하다. |

매출장부 | 기초자료 | 시작메뉴

이제 입력작업을 끝내고자 하는 경우에는 [계속여부선택] 상자에서 [아니오(N)]를 선택한다. 그러면 프로시저의 절차에 따라 입력작업을 끝내고, 입력결과를 확인할 수 있도록 '매출장부' 시트를 화면에 표시해 준다.

⑭ 이로써 입력상자를 통한 매출거래 입력 프로시저는 완성되었다. 그런데 지금까지 작성된 Worksheet와 VBA 편집기 내용을 저장해 두어야 하는데, 저장할 때 단순한 [Excel 통합문서]로 저장하면 지금까지 작성한 매크로 코드를 모두 잃게 된다. 따라서 [파일] 탭의 [다른 이름으로 저장]을 선택하고 폴더를 정한 후 반드시 [파일형식]을 [Excel 매크로 사용 통합문서]로 지정하여 저장하여야 통합문서에 매크로 코드를 함께 저장할 수 있다.

# Case 603 ㈜해당의 상품매매거래장 기록과 재고관리

## 현황

㈜해당은 전국의 가구 소매점에 고급 가구만을 전문으로 유통하는 유통회사이다. 거래 상품은 침대와 식탁만을 취급하고 있다. ㈜해당은 상품(가구) 매입, 매출과 관련하여 매입, 매출 기록은 물론 상품별 재고관리까지도 엑셀 프로그램을 사용하여 한꺼번에 관리하는 프로그램을 만들어 사용하고자 한다(다만, 프로그램의 개발 편의상 상품은 침대, 소파 각 2종씩만 취급하고 있는 것으로 가정하고, 상품의 단가 관리는 이동평균법을 사용하는 것으로 가정한다).

### ◉ ㈜해당의 매입매출 기초자료

| 거래구분 | 거래처 | 상품명 | 결제방법 | 비고 |
|---|---|---|---|---|
| 매입 | 소라가구 | 침대 데이베드형SS | 현금 | 현금 매출 |
| 매출 | 일등가구 | 침대 평상형 GD | 외상 | 외상 매출 |
| | 프라하가구 | 소파 샤무드4S | 신용카드 | 카드 매출 |
| | 한남가구 | 소파 카우치형LK | | 매출 환입 |
| | 대우가구 | | | 현금 매입 |
| | 우리들 | | | 외상 매입 |
| | 행복침대 | | | 카드 매입 |
| | 아늑한 | | | 매입 환출 |
| | 보람찬 | | | 매입에누리 |
| | 나우리 | | | 매출에누리 |
| | 대덕가구 | | | |
| | 영천소파 | | | |
| | HK가구 | | | |
| | SDB가구 | | | |
| | 가산가구 | | | |
| | 누리가구 | | | |
| | 다모아가구 | | | |
| | 이루리 | | | |

**요구사항**

㈜해당이 사용하고자 하는 상품매매거래장과 상품별 재고관리대장 기록을 위한 양식과 필요한 프로시저를 설계해 보시오.

## Case 603 따라하기

**상황분석**

- 매입/매출거래는 일단 매입매출대장에 거래일자순으로 기록되고, 상품종류에 따라 별도의 상품재고장에 재고관리가 이루어지도록 한다.
- 본 예제의 경우에는 재고관리가 주된 관리요소이다.
- 상품매매거래는 입력화면 폼을 통해 입력되도록 한다. 다만, 입력될 단가는 매입시에는 매입단가를 기록하되, 매출시에는 판매단가가 기록되도록 한다.
- 상품별 재고관리대장에서는 매입시와 매출시에 해당 상품의 원가를 확인하여 기록하되, 매출시의 판매단가는 이동평균법을 적용하도록 한다.
- 이 예제를 확장하여 대금 결제방법에 따라 현금출납장과 외상관리대장, 카드매매대장 등에 추가적으로 분기하여 기록하거나 거래처별로 외상관리대장을 기록하여 관리하는 방법으로 확장해 볼 수도 있다.

※ 흔히 재고관리는 매입매출거래가 빈번한 유통회사 등에서는 필수적인 관리요소이다. 특히 취급하는 상품 종류가 많은 경우에는 각 상품종류별로 별도의 상품재고장을 기록, 관리해야 하기 때문에 복잡한 장부 구성이 이루어질 수밖에 없지만, 이 예제에서는 프로그램의 복잡성을 피하기 위해 각 품목별로 2가지 종류만을 가정하고 있다. 이는 상품 종류를 확장하는 경우에도 동일한 방법론을 사용할 수 있기 때문에 우선 간편한 설계를 가정하고 있는 것이다.

다만, 본 예에서는 재고자산의 원가관리방법으로 이동평균법을 가정하고 있지만, 이와 관련하여 선입선출법, 후입선출법, 이동평균법, 총평균법 등의 각 방법으로 원가관리하는 방법에 대해서도 함께 생각해 보아야 한다.

### 1단계 기초자료의 정리

❶ 새 Worksheet의 새 시트를 선택하고, 시트의 이름을 '**기초자료**'로 변경해 놓는다.

❷ '기초자료' 시트의 D1 셀에 제목 '**㈜해당의 매입매출 기초자료**'를 입력한다. 그리고 B3 셀로부터 하나씩 열을 띄워 ㈜해당의 매입매출 기초자료를 입력한다.

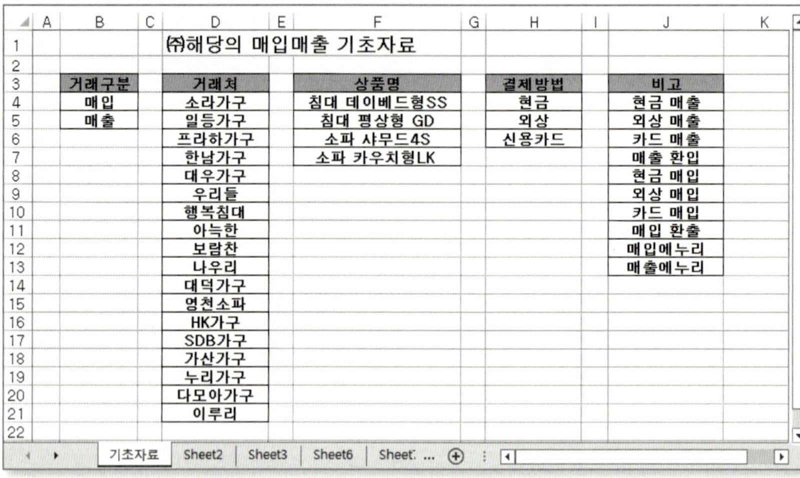


❸ 각 기초자료 이름부분(3행)을 제외한 데이터들에 대해 각 열의 이름으로 이름을 정의한다. 예컨대 B4:B5 셀 범위를 선택하고 [이름 상자]에 **'거래구분'**을 입력한 후 Enter 키를 누른다. 마찬가지 방법으로 D4:D24, F4:F10, H4:H6, J4:J16 셀 범위에 대해 각각 **'거래처'**, **'상품명'**, **'결제방법'**, **'비고'** 등의 이름을 정의한다. 여기서 '거래처', '상품명', '비고'의 경우에 아래쪽 3개의 빈 셀까지 이름 범위에 포함한 것은, 실제로 거래자료를 입력해가면서 거래처, 상품명, 비고 등의 자료가 새롭게 추가될 수 있는 가능성을 미리 고려해두고자 한 것이다.

❹ [수식] 탭의 [정의된 이름] – [이름관리자]를 클릭하여 [이름 관리자] 상자에 정의해 둔 5개 이름들이 제대로 등록되어 있는지 확인하고 [닫기]한다.

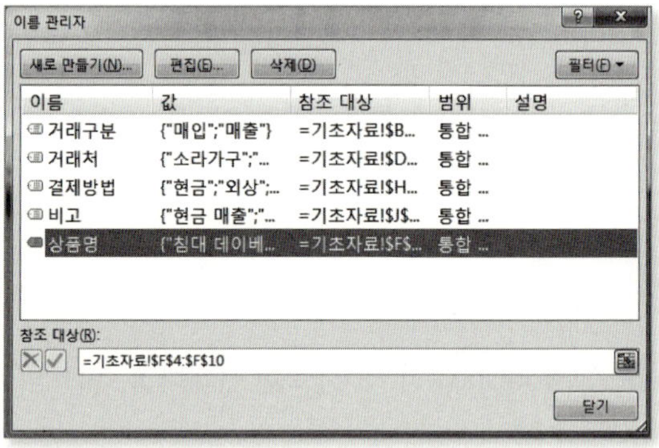


## 2단계 상품매매거래장 설계

❶ '기초자료' 시트 오른쪽에 새 시트를 삽입하고, 시트의 이름을 **'상품매매거래장'**으로 변경해 놓는다.

❷ '상품매매거래장' 시트의 C1 셀에 제목 **'㈜해당 상품매매거래장'**을 입력하고, C1:F1 셀 범위를 선택하여 [병합하고 가운데 맞춤]으로 설정한다. [홈] 탭의 [글꼴]에서 '견고딕', '14pt'로 설정한다.

❸ A4 셀로부터 오른쪽으로 **'거래일자', '전표번호', '거래구분', '거래처명', '상품명', '수량', '단가/판매가', '금액', '결제방법', '비고'** 등의 열 이름을 입력한다. A4:J40 셀 범위를 선택하고, [홈] 탭의 [글꼴]을 '맑은고딕', '10pt'로 설정하고, [맞춤]을 [가운데 맞춤]으로 설정한다. 그리고 선택된 범위에 대해 [홈] 탭의 [글꼴]에서 [테두리]를 [모든 테두리]로 설정한다.

❹ 각 열의 이름부분(A4:J4) 셀 범위를 선택하고 [채우기 색]을 [옅은 파랑색]으로 설정한다. 그리고 A~K열까지 각 열의 [열 너비]를 8, 8, 8, 10, 16, 6, 10, 12, 10, 10으로 각각 설정한다.

## 3단계 거래자료 입력화면(사용자 정의 폼) 설계

❶ 현재의 worksheet에서 메뉴의 [개발도구]－[Visual Basic]을 선택하면 Visual Baisc 편집기 새 창이 열린다.

❷ Visual Baisc 편집기의 [삽입] 탭에서 [사용자 정의 폼]을 선택하면, 왼쪽 [프로젝트] 창에 [폼]－[UserForm1] 메뉴가 생성되고 오른쪽 창에 'UserForm1' 새 폼이 생성된다.

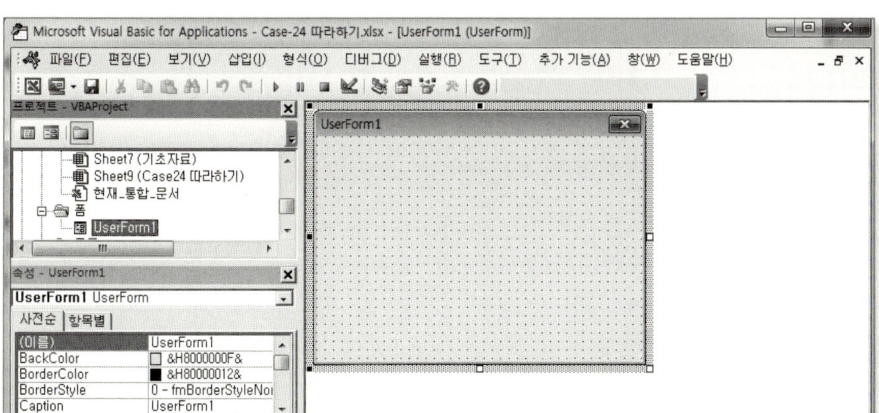

❸ 'UserForm1' 상자의 오른쪽 아래 모서리를 마우스로 끌기 하여 적당한 크기로 확대한다.

❹ Visual Baisc 편집기의 왼쪽 아래 [속성] 창에서 [(이름)] 오른쪽 상자에 '**frm상품매매거래입력화면**'으로, [Caption] 오른쪽 상자에 '**상품매매 거래입력**'으로 입력하고, [Font]의 오른쪽 상자 끝의 선택버튼을 눌러서 [글꼴]은 '견고딕', [크기]는 '11'로 각각 설정한다. 이는 폼의 이름을 'frm상품매매거래입력화면'으로, 폼 위에 표시되는 레이블을 '상품매매 거래입력'으로, 그리고 폼에 삽입될 글꼴을 견고딕, 11pt로 설정하기 위한 것이다.

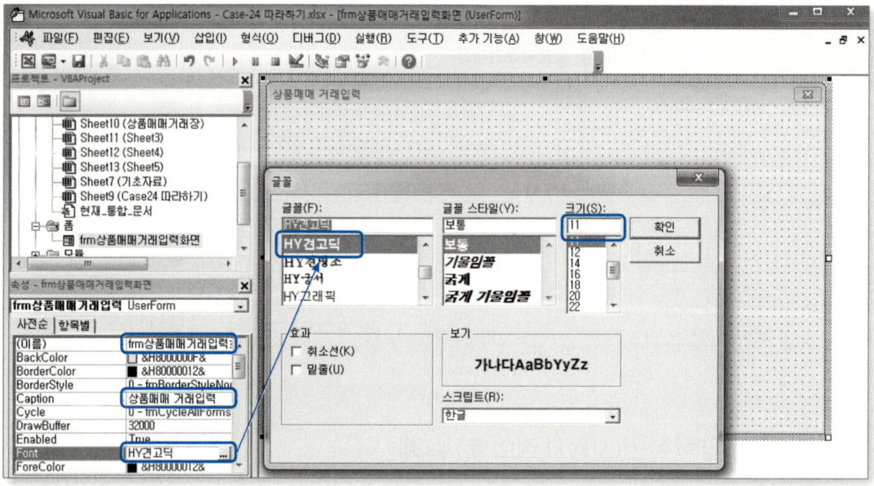

❺ [상품매매 거래입력] 폼 내부의 위쪽에 제목을 표시하기 위해, 먼저. 폼의 내부를 마우스로 클릭하면 [도구 상자]가 팝업 표시된다. [도구상자]에서 [레이블(A)]을 선택하고, 폼의 위쪽 가운데에 적당한 크기로 드래그하여 표시한다. 삽입된 'Label1'이 선택된 상태에서, 왼쪽 [속성] 창

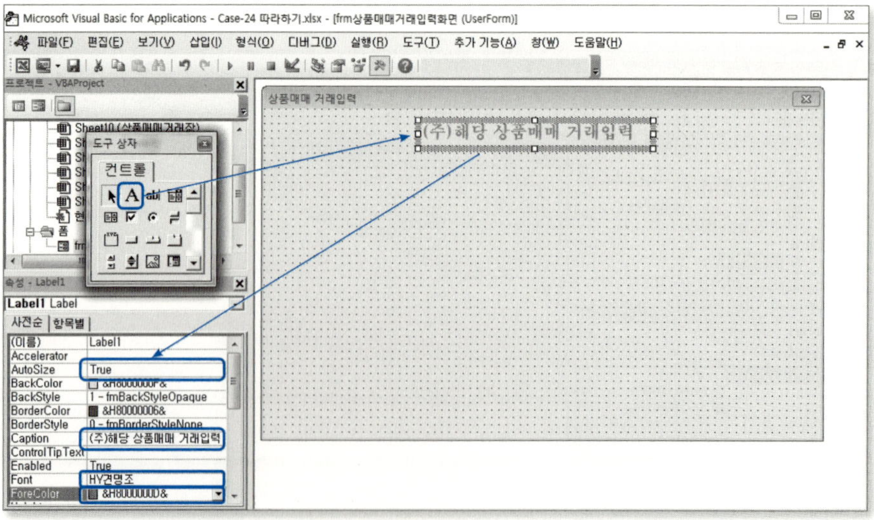

의 [AutoSize]를 'True'로, [Caption]은 '**㈜각화 매입매출 거래입력**'으로, [Font]에서 [글꼴]은 '견명조', [크기]는 '14'로, 그리고 [ForeColor]에서 '반전'으로 각각 설정한다. 이제 오른쪽 제목이 모두 한 줄로 표시되도록 크기를 조정하고, 폼의 위쪽 좌우 가운데 부분으로 배치한다.

❻ 다시 [도구상자]에서 [레이블(A)]을 선택하고, 오른쪽 폼 내부의 왼쪽에 드래그하여 표시한다. 삽입된 'Label2' 레이블이 선택된 상태에서 왼쪽 [속성] 창에서 [Caption]에 '**거래일자**'로 입력한다. 그러면 오른쪽 'Label2'가 '거래일자'로 변경되어 표시된다. 이제 '거래일자' 레이블을 복사하여 붙여넣기를 8번 반복한다(폼에 표시할 레이블 개수만큼).

❼ 붙여넣기 한 레이블('거래일자')을 하나씩 선택하여 왼쪽 [속성] 창의 [Caption]에 '**전표번호**', '**거래구분**', '**거래처명**', '**상품명**', '**수량**', '**단가/판매가**', '**결제방법**', '**비고**' 등으로 각각 입력하여 레이블 이름들을 수정해 놓는다. 수정된 레이블들을 레이블 아래에 표시될 항목들의 글자수(기초자료 시트 참조)를 고려하여 적절한 간격으로 폼 내부에 배열한다.

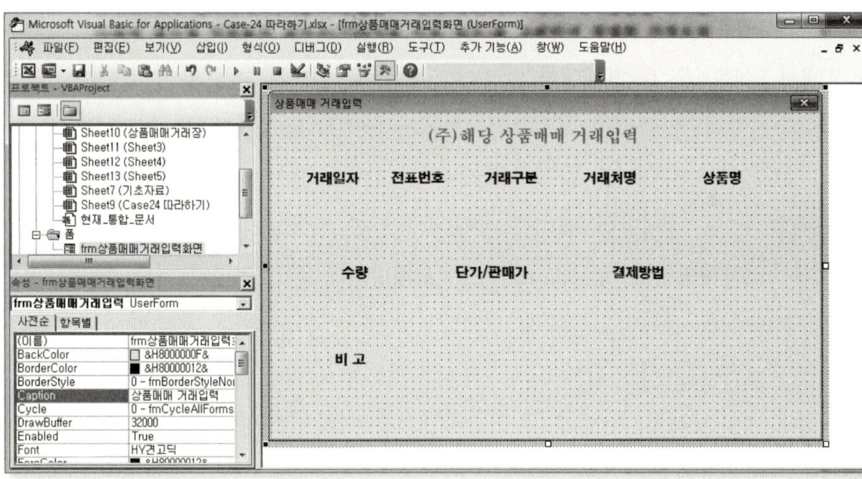


❽ 각 레이블 아래에 해당 항목을 선택하는 컨트롤을 삽입한다. '거래일자'와 '전표번호' 레이블 아래에는 날짜와 전표번호를 직접 입력하도록 하기 위해, [도구 상자]에서 [텍스트 상자]를 클릭하고 각각 '거래일자', '전표번호' 레이블 아래에 드래그하여 표시한다.

❾ '거래구분'과 '결제방법' 레이블 아래에는 각각 옵션 선택 컨트롤을 표시하기 위해 [프레임]과 [옵션단추]를 사용한다. 먼저 [도구상자]에서 [프레임] 컨트롤을 클릭하고 '거래구분' 레이블 아래에 표시한 후, 다시 [도구상자]에서 [옵션단추]를 클릭하여 [Frame1] 틀 내에 삽입 표시한다. 삽입된 [옵션단추]를 복사하여 그 아래쪽에 붙여넣기 하여 추가한다. '결제방법' 레이블 아래에는 [도구상자]의 [프레임]을 선택하여 표시하고, [Frame2] 내부에 [도구상자]의 [옵션단추]를 위/아래로 3개 연속하여 표시한다.

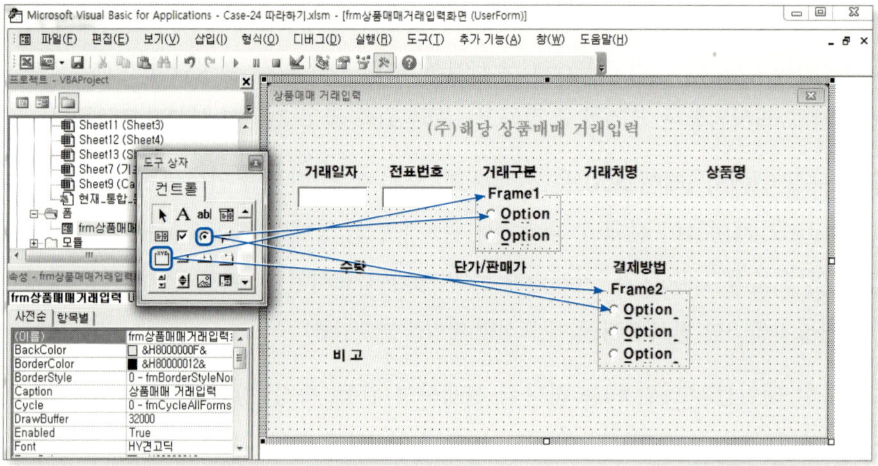

⑩ '거래일자' 아래에 삽입된 [텍스트상자]를 클릭하고, 왼쪽 [속성] 창의 [(이름)]에 **'txt거래일자'**로 입력한다. '전표번호' 아래에 삽입된 [텍스트상자]를 클릭하고, 왼쪽 [속성] 창의 [(이름)]에 **'txt전표번호'**로 입력한다. 그리고 '거래구분' 레이블 아래에 표시한 [Frame1]을 클릭하고, 왼쪽 [속성] 창에서 [(이름)]을 **'fra거래구분'**으로, [Caption]을 **'거래구분'**으로 입력한다. 또 프레임 내부의 위쪽 [옵션단추]를 클릭하고, [속성] 창에서 [(이름)]을 **'opt매입'**, [Caption]을 **'매입'**으로 입력한다. 아래쪽 [옵션단추]를 클릭하고, [속성] 창에서 [(이름)]을 **'opt매출'**, [Caption]을 **'매출'**으로 입력한다. 또 '결제방법' 레이블 아래에 표시한 [Frame2]를 클릭하고, 왼쪽 [속성] 창에서 [(이름)]을 **'fra결제방법'**으로, [Caption]을 **'결제방법'**으로 입력한다. '결제방법' 프레임 내부의 위쪽 [옵션단추]를 클릭하고, [속성] 창에서 [(이름)]을 **'opt현금'**, [Caption]을 **'현금'**으로 입력한다. 가운데 [옵션단추]를 클릭하고, [속성] 창에서 [(이름)]을 **'opt외상'**, [Caption]을 **'외상'**으로 입력하고, 맨 .아래쪽 세 번째 [옵션단추]의 경우에는 [속성] 창에서 [(이름)]을 **'opt신용카드'**, [Caption]을 **'신용카드'**로 입력한다.

| 컨트롤 이름 | 컨트롤 종류 | 속 성 | |
|---|---|---|---|
| 거래일자 | 텍스트상자 | • (이름): txt거래일자 | |
| 전표번호 | 텍스트상자 | • (이름): txt전표번호 | |
| 거래구분 | Frame1 | • (이름): fra거래구분 | • Caption: 거래구분 |
| | 옵션단추1 | • (이름): opt매입 | • Caption: 매입 |
| | 옵션단추2 | • (이름): opt매출 | • Caption: 매출 |
| 결제방법 | Frame2 | • (이름): fra결제방법 | • Caption: 결제방법 |
| | 옵션단추1 | • (이름): opt현금 | • Caption: 현금 |
| | 옵션단추2 | • (이름): opt외상 | • Caption: 외상 |
| | 옵션단추3 | • (이름): opt신용카드 | • Caption: 신용카드 |

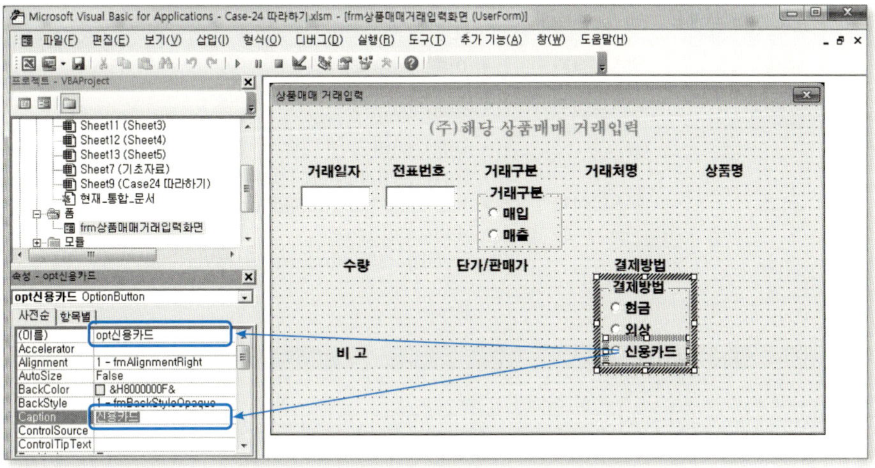

⑪ [프레임] '거래구분'과 [프레임] '결제방법'의 프레임 이름(Caption)이 위의 레이블 이름과 중복되기 때문에, 레이블 '거래구분'과 '결제방법'을 지우고 각 [프레임] 이름이 이전 해당 레이블 위치에 오도록 [프레임] 자체를 끌어 조정한다. 필요한 경우 [프레임] 크기나 [옵션단추] 위치도 알맞게 조정한다.

⑫ '거래처명', '상품명' 레이블 아래에는 [도구상자]에서 [콤보상자] 컨트롤을 클릭하여 각각 삽입한다. 다만, '상품명' 컨트롤의 경우 표시되어질 상품명 글자수가 많은 것을 고려하여 컨트롤의 너비를 크게 표시할 필요가 있다. 삽입된 각 [콤보상자] 컨트롤에 대해 [속성] 창에서 각각 다음과 같이 설정한다.

| 컨트롤 이름 | 컨트롤 종류 | 속 성 |
|---|---|---|
| 거래처명 | 콤보상자 | • (이름): cbo거래처명<br>• ListRows: 8<br>• RowSource: 거래처<br>• Style: 2 – fmStyleDropDownList |
| 상품명 | 콤보상자 | • (이름): cbo상품명<br>• ListRows: 8<br>• RowSource: 상품명<br>• Style: 2 – fmStyleDropDownList |

⑬ '수량', '단가/판매가', '비고' 레이블 아래에는 각각 [텍스트상자] 컨트롤을 표시하고, 각 컨트롤에 대해 [속성] 창에서 각각 다음과 같이 설정한다. 다만, '비고' 컨트롤은 '기초자료' 시트에 나열된 요약형 적요 내용 외에도 추가로 상세한 거래정보를 포함한 적요를 직접 입력할 수 있도록 충분한 공간을 확보한다.

| 컨트롤 이름 | 컨트롤 종류 | 속 성 |
|---|---|---|
| 수량 | 텍스트상자 | • (이름): txt수량 |
| 단가/판매가 | 텍스트상자 | • (이름): txt단가 |
| 비고 | 텍스트상자 | • (이름): txt비고<br>• EnterKeyBehavior: True<br>• IMEMode: 10 – fmIMEModeHangul<br>• MultiLine: True<br>• ScrollBars: 2 – fmScrollBarsVertical |

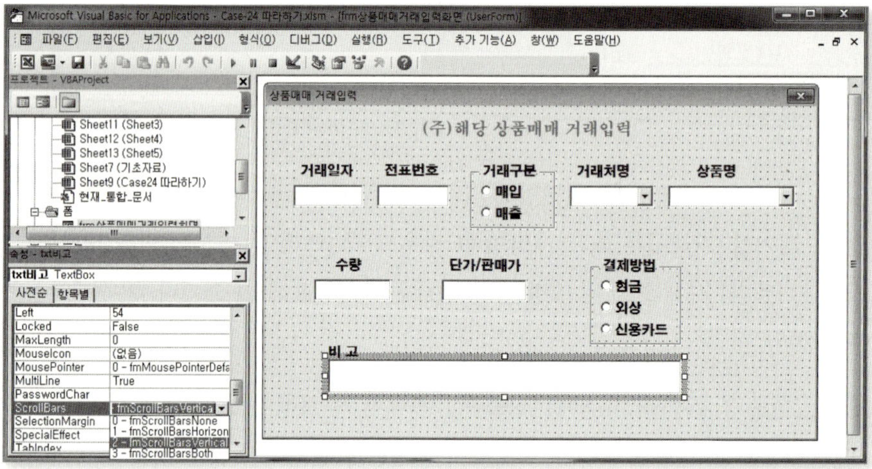

참고

**IMEMode: '10-fmIMEModeHangul'**

▷Text 컨트롤에 자동으로 한글 자판 상태로 설정하기

[적요] 상자와 같은 Text 컨트롤에 적요 내용을 한글로 입력하는 경우가 많은데, Text 컨트롤에 자료를 입력할 때 무심코 영문으로 입력되는 경우 지우고 한글 키보드로 변환한 후 다시 입력해야 하는 경우가 많다. 이러한 불편을 해소하기 위해 Text 컨트롤을 설계할 때 [속성] 창에서 [IMEMode]를 '10 – fmIMEModeHangul'로 지정하면 이 컨트롤에 커서가 이동했을 때 자동으로 자판 상태가 한글이 되어 곧바로 한글을 입력할 수 있게 된다.

⑭ 이번에는 [도구상자]에서 [명령단추]를 선택하고 폼의 오른쪽 하단에 두 개의 명령단추를 표시한다. 첫 번째 명령단추(입력)와 두 번째 명령단추(취소)에 각각 다음과 같이 속성을 설정한다.

| 컨트롤 이름 | 컨트롤 종류 | 속 성 |
|---|---|---|
| 입력 | 명령단추 | • (이름): cmd입력<br>• Caption: 입력 |
| 취소 | 명령단추 | • (이름): cmd취소<br>• Caption: 취소 |

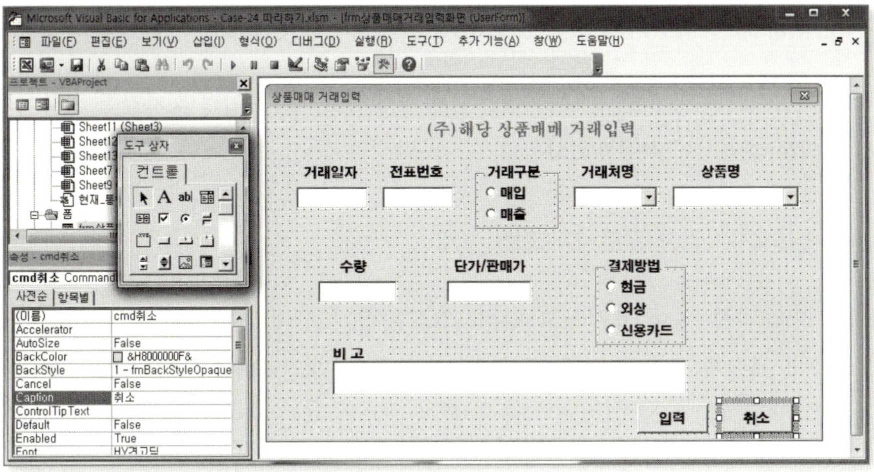

⑮ 이것으로 기본적인 입력화면의 설계는 완성되었다. 그런데 이 입력화면을 실행하여 자료를 선택 입력할 때 [TAB] 키를 통해 다음 입력부분으로 쉽게 이동할 수 있도록 하기 위해서는 각 컨트롤 간 [TAB]키 이동순서를 미리 지정해 두는 것이 좋다. 이를 위해 설계된 폼의 빈 공간을 오른쪽 마우스로 클릭하고 [탭 순서]를 선택한다.

⑯ [탭 순서] 대화상자에서 컨트롤 이름이 아닌 단순한 레이블들('Label1', …, 'Label11')은 탭 이동을 지정할 필요가 없으므로, 이들을 함께 선택하고 오른쪽 [아래로 이동]을 계속 눌러 맨 아래쪽으로 이동시킨다. 그리고 나머지 컨트롤 이름들은 폼에 표시된 구성순서에 따라 '거래일자', '전표번호', '거래구분', '거래처명', '상품명', '수량', '단가', '결제방법', '비고', '입력', '취소'의 순서로 배열하고 [확인]을 누른다.

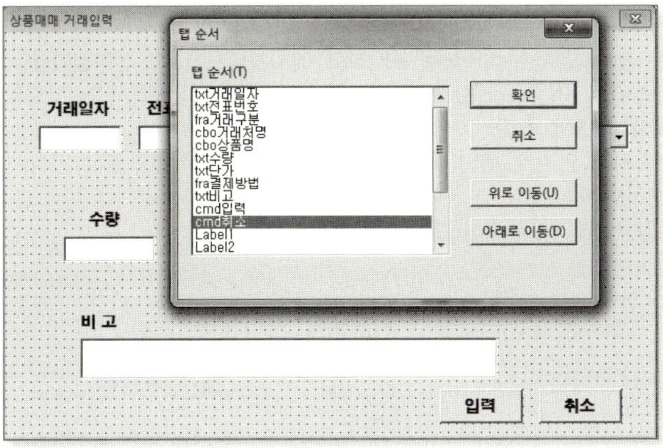

⑰ 이제 [상품매매 거래입력] 폼이 완성되었다. 마지막으로 폼의 전체적인 구성이나 각 컨트롤의 배치 등을 검토하여 필요한 경우 크기나 위치 등을 다시 조정해 둔다.

## 4단계 상품매매거래장 기록을 위한 프로시저 설계

앞에서 설계한 입력화면 폼(frm상품매매거래입력)을 실행하고, 폼에 입력된 자료를 상품매매거래장에 기록하기 위한 프로시저를 설계한다.

### 1) 입력 폼을 실행하기 위한 프로시저(모듈) 설계

❶ '상품매매 거래입력' 폼이 표시되고 있는 VBA 편집기 창에서 [삽입] 탭의 [모듈]을 선택한다. 오른쪽에 새롭게 표시된 모듈 창에 'frm상품매매거래입력화면' 폼을 호출하기 위한 다음의 Code를 입력한다. 이때 연속된 거래의 입력 여부를 판단하기 위한 계속여부 프로시저(Do While ~ Loop)도 함께 표시한다.

```
Sub 상품매매거래입력()                                                                    ①
    계속여부=vbYes                                                                        ②
    Do While 계속여부=vbYes                                                               ③
        frm상품매매거래입력화면.Show                                                      ④
    계속여부=MsgBox("계속해서 또 다른 거래를 입력하시겠습니까?", vbYesNo,"계속여부선택")   ⑤
    Loop                                                                                  ⑥
    Sheets("상품매매거래장").Select                                                       ⑦
End Sub                                                                                   ⑧
```

**코드 설명**

①: 매크로 모듈의 이름을 '상품매매거래입력'으로 정의한다.
②: 계속 여부를 묻는 질문의 답(vbYes)을 '계속여부' 변수에 대입한다.
③: 'Do While ~ Loop 반복문을 통해 조건('계속여부'의 선택결과)이 Yes이면 아래 Loop 문이 나올 때까지 다음의 실행문을 계속해서 실행한다. 만일 조건이 False(즉 vbNo)인 경우에는 Loop 문 아래로 빠져 나온다.
④: 'frm상품매매거래입력화면' 폼을 실행하여 화면에 표시한다.
⑤: 계속여부를 묻는 메시지상자(MsgBox)를 표시하고, 메시지상자에서의 선택결과를 vbYesNo에 저장한다.
⑥: Do While ~문의 종료 지점(Loop)으로, 조건(계속여부)이 True이면 다시 Do 문으로 되돌리고, False이면 Loop 아래로 빠져나오도록 한다.
⑦: 입력작업을 계속하지 않기로 하면(vbNo인 경우) 곧바로 입력결과를 확인하기 위해 '상품매매거래장'sheet를 선택하여 표시한다.
⑧: Sub로 시작된 '상품매매거래입력'매크로를 종료한다.

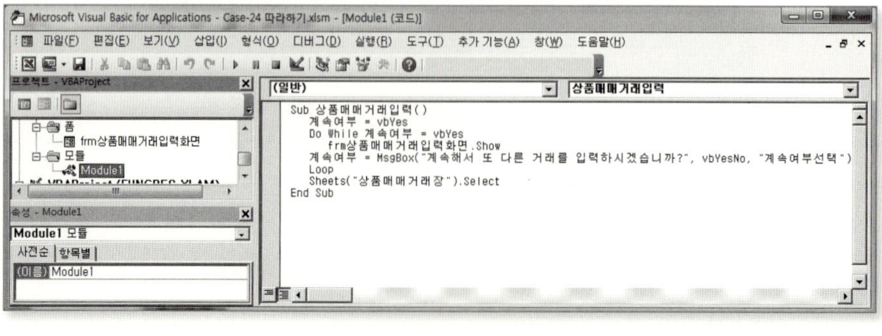

❷ 일단 지금까지 설계한 모듈('상품매매거래입력' 매크로)과 입력 폼('frm상품매매거래입력화면')이 계획대로 작동하는지 미리 검토해 볼 필요가 있다. 이는 특히 입력 폼이 정확히 정의되어 있는지를 사전에 점검하여, 만일 오류가 나타나면 미리 수정하는 절차를 수행하기 위한 것이다. 이를 위해 먼저 현재 열려 있는 VBA 편집기의 [파일] 탭에서 [닫고 Microsoft Excel(으)로 돌아가기]를 선택한다.

❸ 되돌아 온 엑셀 Worksheet에서 '상품매매거래장' 시트 다음에 새 시트를 삽입하고, 시트 이름을 '**시작메뉴**'로 변경한다. 그리고 '시작메뉴' 시트에서 [개발도구] 탭의 [컨트롤]-[삽입]-[양식 컨트롤]-[단추(양식컨트롤)]를 클릭하고, '시작메뉴' 시트의 B3:C4 셀 범위에 걸쳐 드래그하여 표시한다.

❹ 이때 자동으로 나타난 [매크로 지정] 대화상자에서 [매크로 이름]에 나열된 매크로 중 앞서 Macro 모듈 이름으로 입력하였던 '상품매매거래입력' 매크로를 선택하고 [확인] 단추를 누른다. 그러면 B3:C4 셀 범위에 표시했던 명령단추에 선택된 매크로가 연결되어진다.

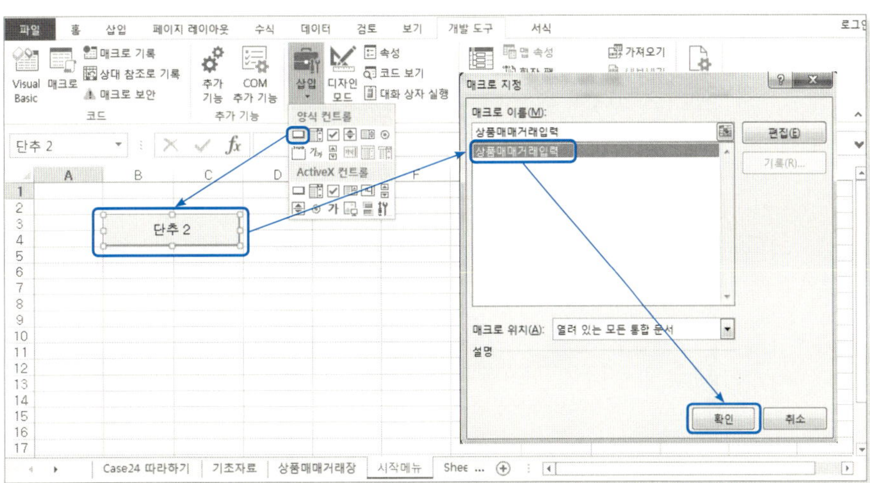


❺ 연결된 매크로를 실행하기 전에, 먼저 오른쪽 마우스로 명령단추의 내부를 클릭하고 단추의 이름을 '**상품매매 거래입력**'으로 변경해 놓는다. 그리고 단추 외의 다른 장소를 클릭했다가, 다시 마우스를 '상품매매 거래입력' 단추 위로 위치시키면 마우스 모양이 매크로 실행커서(☝) 형태로 변하고, 이때 왼쪽 마우스를 클릭하면 매크로가 실행되어 '상품매매거래입력화면' 폼이 팝업으로 나타난다.

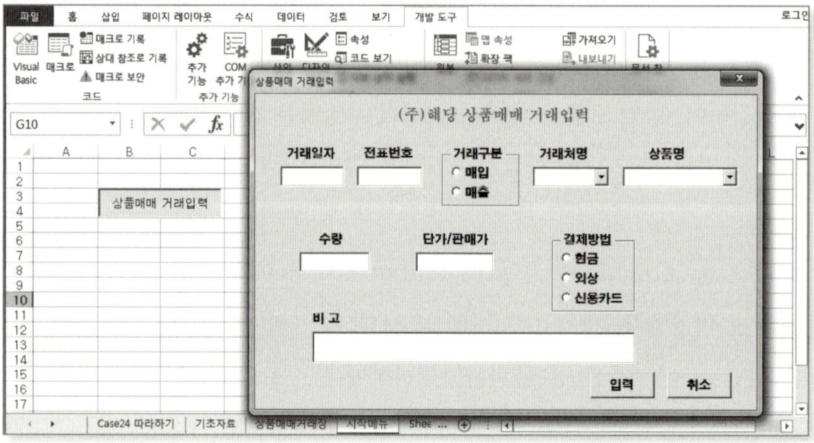

❻ '시작메뉴' 시트 위에 팝업으로 표시된 '㈜해당 상품매매 거래입력' 폼 상자에 다음의 가상거래를 시험 삼아 입력해 본다.

| ㈜해당 거래 1 | 10월 3일(전표번호 50-11) 거래처 행복침대로부터 '침대 평상형 GD' 15개를 단가 ₩5,000에 외상으로 매입하다. |
|---|---|

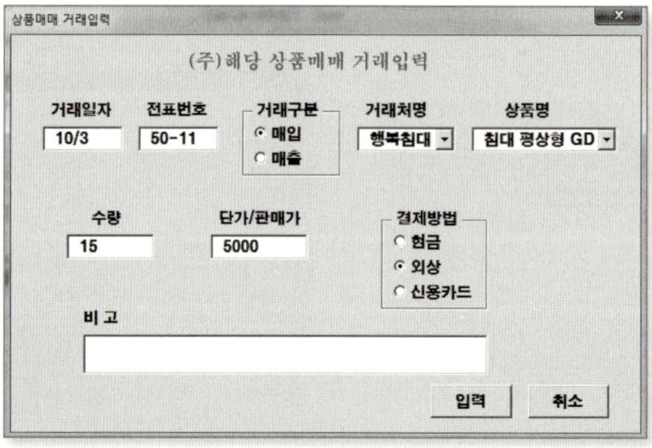

❼ 그런데 '비고' 자료를 입력하려다 보니 오류가 있음을 발견하였다. '기초자료'에서는 분명 '비고'에 선택 표시할 자료들을 나열해 두었었는데, '상품매매 거래입력' 폼의 '비고'란은 [텍스트상자] 형식으로 정의되어 있어서 '기초자료' 시트에서 정의해두었던 '비고' 자료들을 선택하여 표시할 수 없게 된 것이다. 이 문제를 해결하는 절차를 수행해야 한다.

❽ '상품매매 거래입력' 폼에 오류가 있음을 확인하였지만, 아직 [입력] 또는 [취소] 단추의 실행 프로시저를 등록하지 않은 상태이므로, 이 폼을 닫기 위해서는 폼의 오른쪽 위 [닫기](☒) 단추를 클릭해야 한다. [닫기] 단추를 클릭하면, '상품매매거래입력' 매크로 모듈에서 폼을 불러오는 다음 단계인 메시지상자를 표시하는 프로시저가 표시된다. 나타난 [계속여부선택] 메시지상

자에서 [아니오]를 클릭하면 다음 프로시저에 따라 '상품매매거래장' 시트로 돌아온다. 여기서 최소한 '상품매매거래입력' 매크로 모듈은 정상적으로 작동하고 있음을 확인할 수 있다.

❾ 위에서 확인된 폼 설계의 오류를 수정하기 위해 다시 [개발도구] 탭의 [Visual Basic]을 클릭하고, 나타난 VBA 편집기의 왼쪽 [프로젝트] 창에서 [폼]-[frm상품매매거래입력화면]을 더블클릭하여 오른쪽에 앞서 작성한 폼을 표시한다.

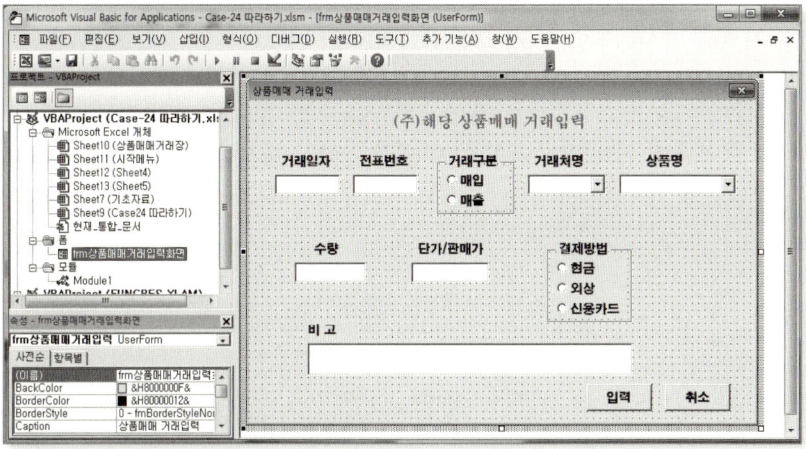

❿ 현재 [텍스트상자]로 표시되어 있는 '비고' 컨트롤을 [콤보상자] 컨트롤로 변경하기 위해, 먼저 '비고'의 [텍스트상자]를 선택하고 지운다. 그리고 [도구상자]에서 [콤보상자]를 클릭하여 지운 자리에 드래그하여 표시한다. 표시된 '비고' 콤보상자의 [속성]을 아래와 같이 재설정한다.

| 컨트롤 이름 | 컨트롤 종류 | 속 성 |
|---|---|---|
| 비고 | 콤보상자 | • (이름): cbo비고<br>• ListRows: 8<br>• RowSource: 비고<br>• Style: 2-fmStyleDropDownList |

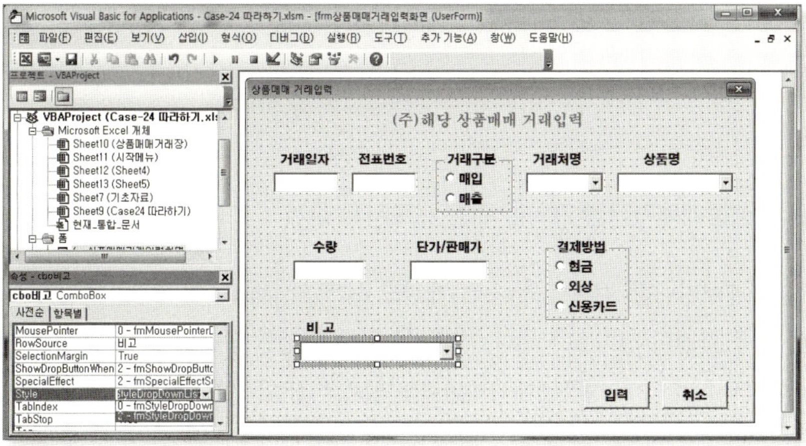

⑪ 컨트롤을 변경하였으므로 탭 순서도 달라져 있을 것이다. 따라서 폼의 빈 공간에서 오른쪽 마우스를 눌러 [탭 순서]를 클릭한다. [탭 순서] 상자에서 방금 수정한 'cbo비고' 컨트롤을 찾아보니 맨 아래쪽에 배열되어 있다. 이를 선택하여 [위로 이동] 버튼을 클릭하면서 원래의 위치인 'cmd입력' 위쪽으로 배치시킨 후, [확인]을 누르고 빠져 나온다.

⑫ 위에서 [모듈] 프로시저에는 문제가 없는 것으로 확인한 바 있다. 따라서 다시 VBA 편집기의 [파일] 탭에서 [닫고 Microsoft Excel(으)로 돌아가기]를 선택한 후, 되돌아 온 Worksheet에서 '시작메뉴' 시트에 작성해두었던 [상품매매 거래입력] 명령단추를 클릭해 본다. 이제 '비고' 컨트롤이 콤보상자로 표시되고 있다.

⑬ 팝업 표시된 '상품매매 거래입력' 폼에 다시 위의 ⑥에서 제시한 [가상거래1]을 [TAB]을 눌러가며 차례로 입력해 본다. 변경된 '비고' 콤보상자 컨트롤에서는 '외상 매입'을 선택하여 표시한다.

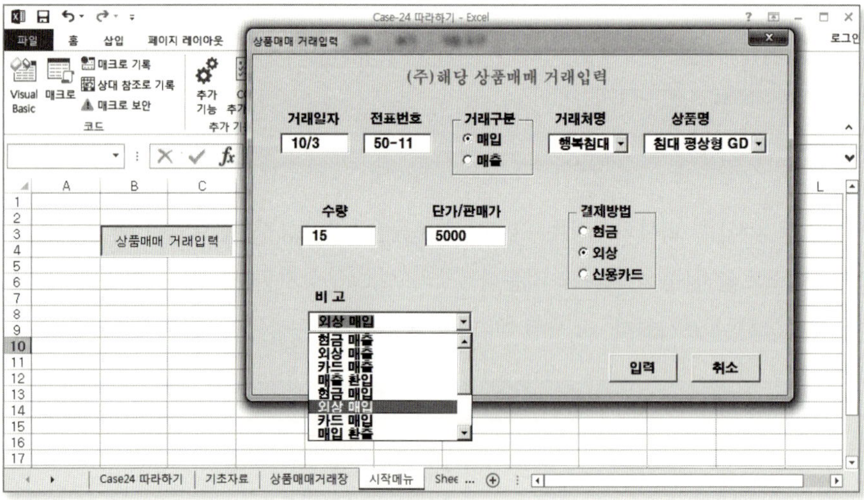


⑭ 이제 입력 폼의 기능이 정상 작동하는 것으로 확인하였으므로, 명령단추 [입력]과 [취소]를 실행하기 위한 프로시저를 설계해야 한다. 현재의 입력 폼에서 빠져나오기 위해 폼의 오른쪽 위 [닫기](☒) 단추를 클릭한다. 그리고 이어서 나타나는 [계속여부선택] 메시지상자에서도 [아니오]를 선택한다.

### 2) 입력자료의 상품매매거래장 기록을 위한 프로시저 설계

❶ 표시된 '상품매매거래장' 시트에서 다시 [개발도구] 탭의 [Visual Basic]을 클릭하면, 이전에 작업하였던 모듈 화면이 먼저 표시된다. 이전에 설계해두었던 폼 화면을 표시하기 위해 왼쪽 [프로젝트] 창에서 [폼] – [frm상품매매거래입력화면]을 더블클릭한다.

❷ 오른쪽 폼 화면에서 먼저 [취소] 명령단추를 실행하기 위한 프로시저를 만들기 위해, [취소] 명령단추를 더블클릭한다. 그러면 오른쪽 창에 폼 화면이 감추어지고 대신에 [취소] 명령단추에 대한 Click 이벤트 프로시저를 작성할 수 있는 기본 코드가 표시된다.

❸ 자동 표시된 [취소] 명령 Click 이벤트 기본 프로시저 내에 'Unload Me' 코드를 삽입하여 입력한다.

| | |
|---|---|
| Private Sub cmd취소_Click()<br>    Unload Me<br>End Sub | ① |

**코드 설명**

①: 현재 실행되고 있는 사용자 정의 폼(Me)을 닫는다(자료입력 취소).

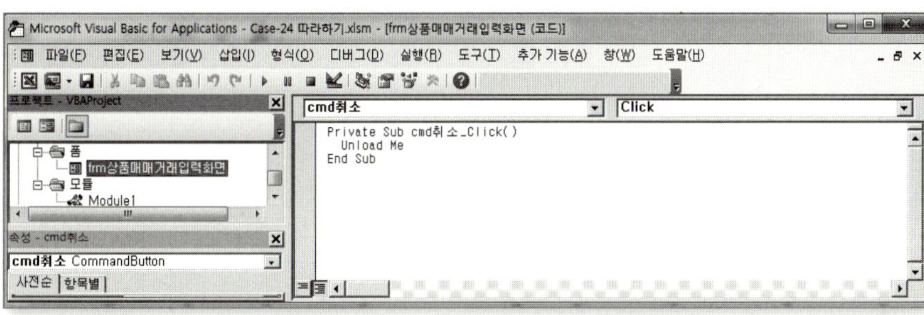


❹ 다시 왼쪽 [프로젝트] 창의 [폼]-[frm상품매매거래입력화면]을 더블클릭하고, 오른쪽 창에 다시 표시된 입력 폼에서 이번에는 [입력] 명령단추를 더블클릭한다. 그러면 앞서 작성했던 [취소] 프로시저 위에 새로운 [입력] 프로시저의 기본 코드가 자동으로 표시된다.

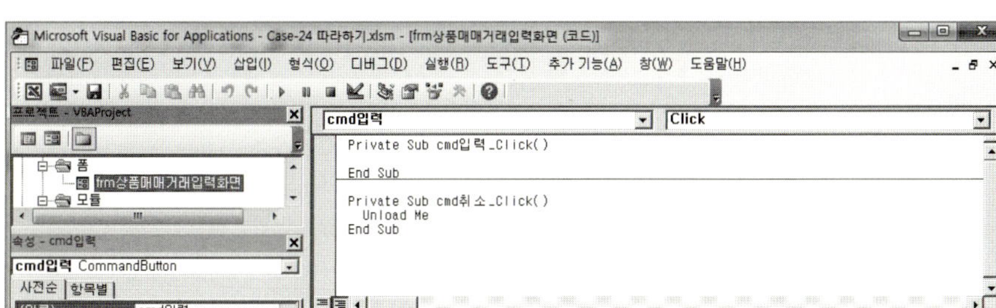


❺ 'cmd입력_Click()' 매크로는 입력상자를 통해 선택 입력된 거래자료들을 '상품매매거래장' 시트의 양식에 맞춰 기록하기 위한 메인 프로시저이다. 따라서 선택된 자료의 입력과 표시를 위한 다양한 환경설정을 함께 고려하여 프로시저를 설계해야 한다. 'cmd입력_Click()' 프로시저의 Code를 입력하기 전에, 먼저 프로그램 전체에서 공통으로 사용되어야 할 변수를 Public 문을

사용하여 정의해 두어야 한다. 그리고 자동 생성된 'Private Sub cmd입력_Click()' 이벤트의 기본 프로시저 내에 [입력] 명령단추를 실행하기 위한 Code를 아래와 같이 입력한다.

```
Public 거래 As String
Public 지불 As String
-------------------------------
Private Sub cmd입력_Click()
    Dim 기준 As Integer
    If opt매입.Value=True Then
        거래="매입"
    ElseIf (opt매출.Value=True) Then
        거래="매출"
    Else
        MsgBox "거래구분(매입 또는 매출)을 선택하지 않았습니다."
        Exit Sub
    End If
    If opt현금.Value=True Then
        지불="현금"
    ElseIf (opt외상.Value=True) Then
        지불="외상"
    ElseIf (opt신용카드.Value=True) Then
        지불="신용카드"
    Else
        MsgBox "결제방법을 선택하지 않았습니다."
        Exit Sub
    End If

    With Worksheets("상품매매거래장")
        기준=.Range("A4").CurrentRegion.Rows.Count+4
        .Cells(기준, 1).Value=Me.txt거래일자
        .Cells(기준, 2).Value=Me.txt전표번호
        .Cells(기준, 3).Value=거래
        .Cells(기준, 4).Value=Me.cbo거래처명.Column(0)
        .Cells(기준, 5).Value=Me.cbo상품명.Column(0)
        .Cells(기준, 6).Value=Val(Me.txt수량)
        .Cells(기준, 7).Value=Val(Me.txt단가)
        .Cells(기준, 8).FormulaR1C1="=RC[-2]*RC[-1]"
        .Cells(기준, 9).Value=지불
        .Cells(기준, 10).Value=Me.cbo비고.Column(0)
    End With
    Unload Me
End Sub
```

**코드 설명**

①~②: '거래'변수와 '지불'변수는 각각 문자열(텍스트)로 정의하고, 모든 프로시저에서 공통으로 사용한다 (Public).

③: [입력] 명령단추를 클릭하면 실행되는 매크로의 시작부분임을 의미한다.

④: '기준' 변수를 정수로 선언(Dim)한다.

⑤~⑫: [If 문부터 End If 문까지]: 폼의 [거래구분] 프레임에서 [옵션단추] '매입'(opt매입)이 선택되었으면 (true), '거래' 변수에 '매입'이라고 저장한다. 만약 '매출'(opt매출)이 선택되었다면(true), '거래' 변수에 '매출'이라고 저장한다. 하나의 프레임 내에서는 옵션단추 중 하나만 선택할 수 있기 때문에, '거래'변수에는 '매입', 또는 '매출' 중 어느 하나만 저장된다. 만일 이 둘 중 어느 하나도 선택되어 있지 않은 경우에는 (Else) 메시지상자에 '거래구분(매입 또는 매출)을 선택하지 않았습니다.'는 메시지가 표시되고, [입력] 매크로를 빠져나가게 된다.

⑬~㉒: [If 문부터 End If 문까지]: 폼의 [결제방법] 프레임에서 [옵션단추] '현금'(opt현금)이 선택되었으면 '지불' 변수에 '현금'이라고 저장하고, '외상'(opt외상)이 선택되었다면 '지불' 변수에 '외상'이라고 저장되며, '신용카드'(opt신용카드)가 선택되었다면 '지불' 변수에 '신용카드'가 저장된다. 만일 이 둘 중 어느 하나도 선택되어 있지 않은 경우에는(Else) 메시지상자에 '결제방법을 선택하지 않았습니다.'는 메시지가 표시되고, [입력] 매크로를 빠져나가게 된다.

㉓: '상품매매거래장'시트에서 아래 End With 문이 나올 때까지 이하의 작업을 순차적으로 처리한다. With 문으로 시작되는 프로시저는 End With 문이 나올 때까지 With 뒤의 조건(즉 '매입매출대장'에서 작업을 수행하는 조건) 내에서 작업이 이루어진다.

㉔: '기준' 변수에 입력할 행 번호를 저장한다. '상품매매거래장'시트의 A4 셀로부터 데이터가 입력되어 있는 마지막 셀까지의 행 수를 센(CurrentRegion.Rows. Count) 다음, 여기에 4를 더하여 그 다음에 입력할 행 번호를 계산한다.

㉕: ['기준' 행의 1열(A열)] 셀에 'txt거래일자' 컨트롤에 입력된 값(텍스트)을 기록한다.

㉖: ['기준' 행의 2열(B열)] 셀에 'txt전표번호' 컨트롤에 입력된 값(텍스트)을 기록한다.

㉗: ['기준' 행의 3열(C열)] 셀에 [거래구분] 프레임에서 선택된 옵션단추에 따라 대입된 '거래' 변수의 값을 기록한다.

㉘: ['기준' 행의 4열(D열)] 셀에 콤보상자 '거래처명'에서 선택된 값을 기록한다. 여기서 column(0)은 Combo 상자의 0번 열 값에 선택 값이 표시되어 있다는 의미이다.

㉙: ['기준' 행의 5열(E열)] 셀에 콤보상자 '상품명'에서 선택된 값을 기록한다.

㉚: ['기준' 행의 6열(F열)] 셀에 텍스트상자 '수량'에서 선택된 값을 기록한다. 텍스트 상자에서 셀로 반환되는 모든 값은 문자로 인식되므로, 이를 Val 함수를 이용하여 숫자로 변환한다.

㉛: ['기준' 행의 7열(G열)] 셀에 텍스트상자 '단가'에서 선택된 값을 기록한다.

㉜: ['기준' 행의 8열(H열)] 셀에 현재 셀에서 2열 왼쪽 셀(RC[-2])의 값(즉 수량)과 1열 왼쪽 셀(RC[-1])의 값(즉 단가)을 곱하여 기록한다(금액=수량×단가).

㉝: ['기준' 행의 9열(I열)] 셀에 [결제방법] 프레임에서 선택된 옵션단추의 값이 대입된 '지불' 변수를 기록한다.

㉞: ['기준' 행의 10열(J열)] 셀에 콤보상자 '비고'에서 선택된 값을 기록한다.

㉟: 위의 ㉓에서 시작된 With 반복문을 종료한다.

㊱: 현재 실행되고 있는 사용자 정의 폼(frm매입매출입력화면)을 닫는다. 사용자 정의 폼을 'Me'로 표현한다.

㊲: Sub로 시작한 'cmd입력_Click' 매크로를 종료한다.

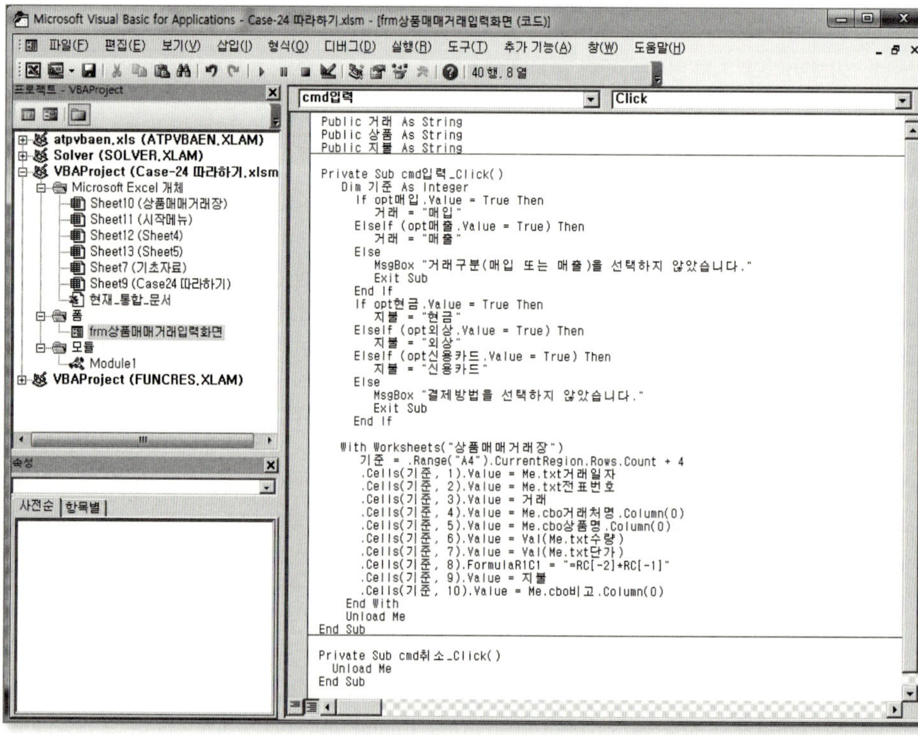


❻ Code 입력이 끝나면 현재의 VBA 편집기 [파일] 탭에서 [닫고 Microsoft Excel로 돌아가기]를 선택하여 Worksheet로 되돌아온다. 이제 폼의 입력자료를 '상품매매거래장' 시트의 양식에 기록하기 위한 'cmd입력_Click()' 프로시저가 등록되었으므로 제대로 작동하는지 테스트해 보기로 한다. Worksheet에서 '시작메뉴' 시트를 선택하고, 앞서 만들어 둔 [상품매매 거래입력] 명령단추를 클릭하여 실행해 본다.

❼ 팝업 표시된 [㈜해당 상품매매 거래입력] 폼에서 각 컨트롤에 직접 입력하거나 또는 선택 표시하여 위에서 사용했던 가상거래1을 다시 입력해 본다.

| ㈜해당 거래 1 | 10월 3일(전표번호 50-11) 거래처 행복침대로부터 '침대 평상형 GD' 15개를 단가 ₩5,000에 외상으로 매입하다. |
|---|---|

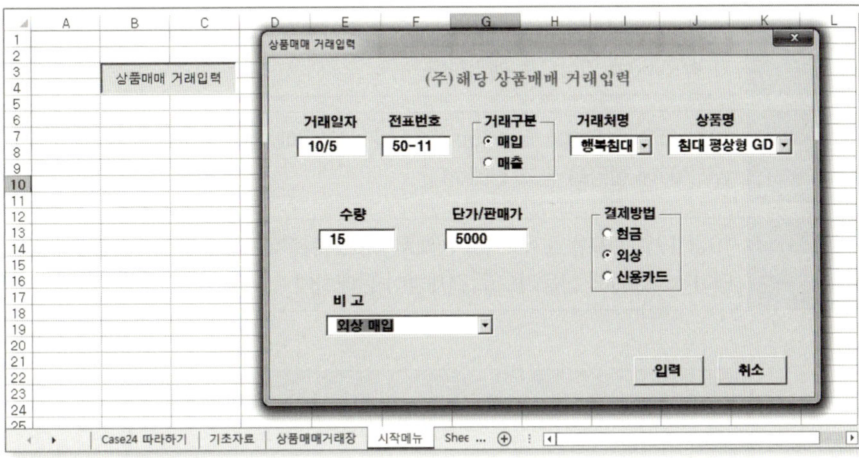


❽ [입력] 명령단추를 클릭하면, 입력상자 폼이 사라지고 대신 [계속여부선택] 대화상자가 표시된다.

❾ 입력된 자료가 '상품매매거래장' 시트의 양식에 맞게 기록되고 있는지 확인해보기 위해 [계속여부선택] 대화상자에서 [아니오]를 선택한다. 그러면 팝업으로 표시되었던 입력상자 폼이 사라지고 '상품매매거래장' 시트가 표시된다. '상품매매거래장' 시트에서 원하는 위치에 원하는 자료가 적절히 기록되고 있는지 확인한다.

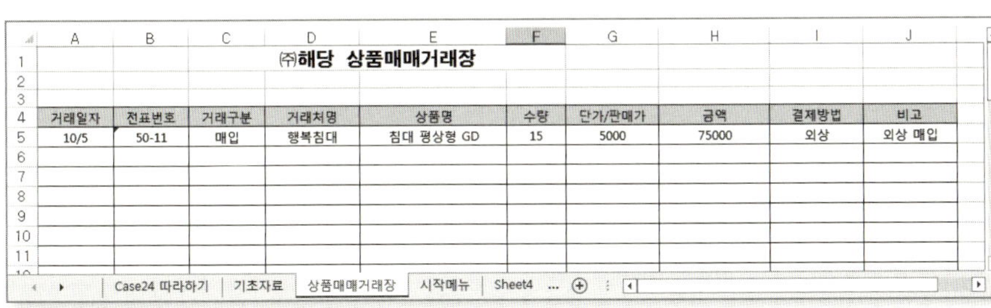


❿ 이것으로 하나의 거래가 입력된 상태를 확인하였지만, 또 다른 거래를 입력하였을 때도 올바른 위치에 제대로 기록될 것인지, 그리고 연속된 거래 입력의 경우에는 어떻게 달라지는지 등을 확인해보기 위해 다음의 거래들을 추가로 입력해본다.

| | |
|---|---|
| **㈜해당 거래 2** | 10월 7일(전표번호 50-12) 거래처 한남가구로부터 '소파 카우치형LK' 30개를 단가 ₩3,000에 신용카드로 결제하여 매입하다. |
| **㈜해당 거래 3** | 10월 10일(전표번호 50-13) 거래처 HK가구에 '소파 카우치형LK' 20개를 개당 판매가 ₩4,500에 현금을 받고 판매하다. |

| ㈜해당 거래 4 | 10월 12일(전표번호 50-14) 거래처 일등가구로부터 '침대 데이베드형SS' 45개를 단가 ₩7,000에 외상으로 매입하다. |
|---|---|
| ㈜해당 거래 5 | 10월 15일(전표번호 50-15) 거래처 가산가구에 '침대 평상형 GD' 10개를 판매단가 ₩7,700에 현금을 받고 판매하다. |
| ㈜해당 거래 6 | 10월 19일(전표번호 50-16) 거래처 다모아가구에 '침대 데이베드형SS' 27개를 판매단가 ₩9,500에 신용카드로 결제받아 판매하다. |

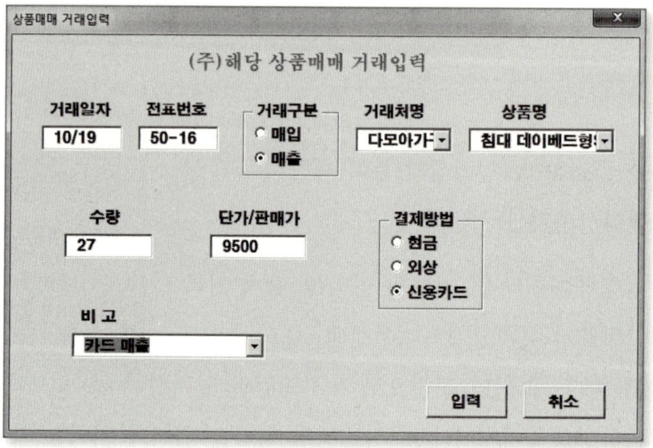


⓫ 거래를 연속하여 입력하는 경우에는 [계속여부선택]에서 [예]를 클릭하고 입력절차를 계속한다. 그러나 위의 6번째 거래를 입력한 후 입력절차를 끝내고자 하는 경우에는 [계속여부선택] 상자에서 [아니오]를 클릭하면 '상품매매거래장' 시트를 선택하여 입력결과가 제대로 기록되고 있는지를 확인할 수 있게 보여준다.

㈜해당 상품매매거래장

| 거래일자 | 전표번호 | 거래구분 | 거래처명 | 상품명 | 수량 | 단가/판매가 | 금액 | 결제방법 | 비고 |
|---|---|---|---|---|---|---|---|---|---|
| 10/5 | 50-11 | 매입 | 행복침대 | 침대 평상형 GD | 15 | 5000 | 75000 | 외상 | 외상 매입 |
| 10/7 | 50-12 | 매입 | 한남가구 | 소파 카우치형LK | 30 | 3000 | 90000 | 신용카드 | 카드 매입 |
| 10/10 | 50-13 | 매출 | HK가구 | 소파 카우치형LK | 20 | 4500 | 90000 | 현금 | 현금 매출 |
| 10/12 | 50-14 | 매입 | 일등가구 | 침대 데이베드형SS | 45 | 7000 | 315000 | 외상 | 외상 매입 |
| 10/15 | 50-15 | 매출 | 가산가구 | 침대 평상형 GD | 10 | 7700 | 77000 | 현금 | 현금 매출 |
| 10/19 | 50-16 | 매출 | 다모아가구 | 침대 데이베드형SS | 27 | 9500 | 256500 | 신용카드 | 카드 매출 |

Case24 따라하기 | 기초자료 | 상품매매거래장 | 시작메뉴 | Sheet4

⓬ '상품매매거래장' 시트 설계 의도대로 두 번째, 세 번째, …, 여섯 번째 거래가 입력 순서대로 위에서 아래로 순차적으로 기록되고 있으며, 각 컨트롤의 값들도 원하는 열에 제대로 표시되고

있음을 확인하였다. 이로써 ㈜해당의 상품매매거래를 하나의 상품매매거래장에 기록하기 위한 매크로 프로시저는 완성되었다.

⓭ 다음 절차를 진행하기 전에 지금까지의 작업 내용을 저장해두기 위해, [파일] 탭에서 [다른 이름으로 저장하기]를 클릭하고 파일 경로를 선택한 후, [다른 이름으로 저장] 대화상자의 [파일 형식]에서 반드시 [Excel 매크로 사용 통합문서]를 선택하고 파일 이름(예컨대 'Case－603 따라하기')을 입력한 후에 [저장]을 클릭한다.

## 5단계 상품별 재고관리대장 기록을 위한 프로시저 설계

입력화면 폼(frm상품매매거래입력)을 통해 상품매매거래장에 입력된 매입, 매출 거래는 상품별 재고관리를 위해 다시 별도의 품목별 상품재고장에 기록하고 관리하여야 한다. 이를 위해 품목별로 별도의 상품재고장 시트를 준비해두고, 입력화면 폼을 통해 입력되는 매입 또는 매출거래에 대해 각각 해당 상품재고장의 매입 또는 매출란에 자동 기록되도록 하는 프로시저를 설계한다.

### 1) 품목별 상품재고장 시트 설계

❶ Worksheet의 '상품매매거래장' 시트 오른쪽에 새 시트를 삽입하고, 시트의 이름을 '**상품재고장－침대데이베드형**'으로 변경한다.

❷ '상품재고장－침대데이베드형' 시트의 E1 셀에 상품재고장 이름으로 '**상품재고장－침대 데이베드형**'을 입력한다. E1:H1 셀 범위를 선택하고 [병합하고 가운데 맞춤]으로 설정한 후, [홈] 탭의 [글꼴]에서 [견고딕], '14pt'로 설정한다.

❸ A3 셀에는 '**㈜해당**'을 입력한다. M3 셀에 '**(금액단위: 원)**'을 입력하고 M3:N3 셀 범위를 선택한 후 [병합하고 가운데 맞춤]으로 설정한다.

❹ D4, G4, J4, M4 셀에는 각각 '**매입**', '**매출원가**', '**재고**', '**매출액**'을 입력하고, A5, B5, C5 셀에는 각각 '**거래일자**', '**전표번호**', '**거래처**'를 입력한다. 그리고 D5:F5, G5:I5, J5:L5 셀 범위에는 '**수량**', '**단가**', '**금액**'을 차례로 입력하고, M5 셀과 N5 셀에는 '**단가**', '**금액**'을 각각 입력한다. A25 셀에 '[합계]'를 입력하고, D25 셀에는 '**=SUM(D6:D24)**'을 입력한 후, D25 셀을 복사하여 F25, G25, I25, J25, L25, N25 셀에 각각 붙여넣기 한다. 그리고 A4:N25 셀 범위를 선택하고 [홈] 탭의 [글꼴]에서 [맑은 고딕], '11pt'로, [테두리]를 [모든 테두리]로, 그리고 [맞춤]에서 [가운데 맞춤]으로 설정한다. D4:F4, G4:I4, J4:L4, M4:N4 셀 범위에서는 각각 [병합하고 가운데 맞춤]으로 설정한다.

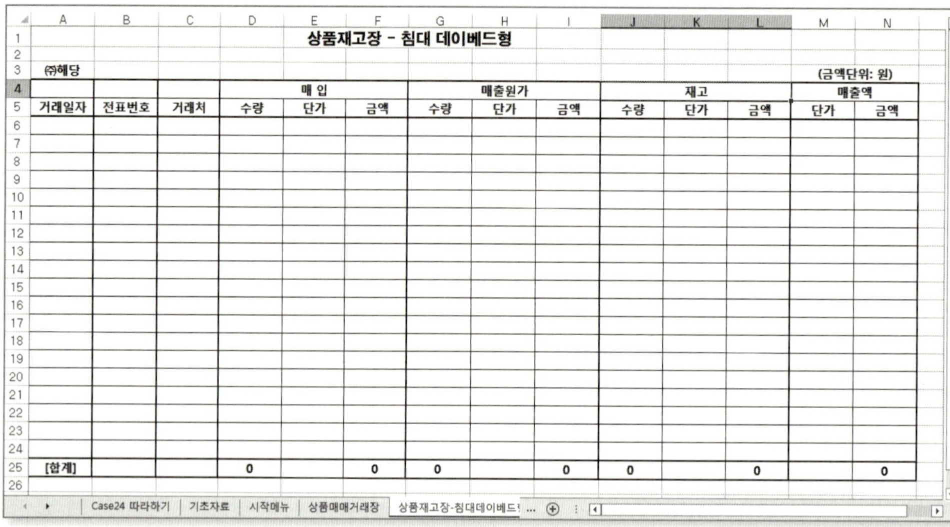


❺ 이동평균법으로 계산되는 단가 및 금액 부분은 원 단위 이상으로 표시되도록 할 필요가 있다. 따라서 Ctrl 키를 누른 상태에서 H6:I25 셀 영역과 K6:L25 셀 영역을 함께 선택한 후, 오른쪽 마우스 [셀 서식]에서 [표시 형식]을 [숫자]로 선택하고 [소수 자릿수]를 '0', [음수]를 '－1234' 형식으로 선택한 후 [확인]을 누른다.

❻ 상품재고장 양식의 기본 형식이 작성되었다. 이제 '상품재고장－침대데이베드형' 시트의 이름 부분을 마우스로 클릭한 상태에서 Ctrl 키와 함께 누르면서 오른쪽으로 이동하여 복사본을 만드는 절차를 3번 반복하여 수행한다. 그리고 복제되어 표시된 '상품재고장－침대데이베드형 (2)' 시트의 이름을 **'상품재고장－침대평상형'**으로, '상품재고장－침대데이베드형 (3)' 시트의 이름을 **'상품재고장－소파샤무드'**로, 그리고 '상품재고장－침대데이베드형 (4)' 시트의 이름을 **'상품재고장－소파카우치형'**으로 각각 변경해 놓는다.

❼ 시트 이름이 변경된 '상품재고장－침대평상형' 시트를 선택하고 E1 셀에 입력되어 있는 '상품재고장－침대 데이베드형'을 **'상품재고장－침대 평상형'**으로 변경한다. 마찬가지로 '상품재고장－소파샤무드' 시트와 '상품재고장－소파카우치형' 시트의 E1 셀에서도 각각 **'상품재고장－소파 샤무드형'**, **'상품재고장－소파 카우치형'**으로 변경해 놓는다.

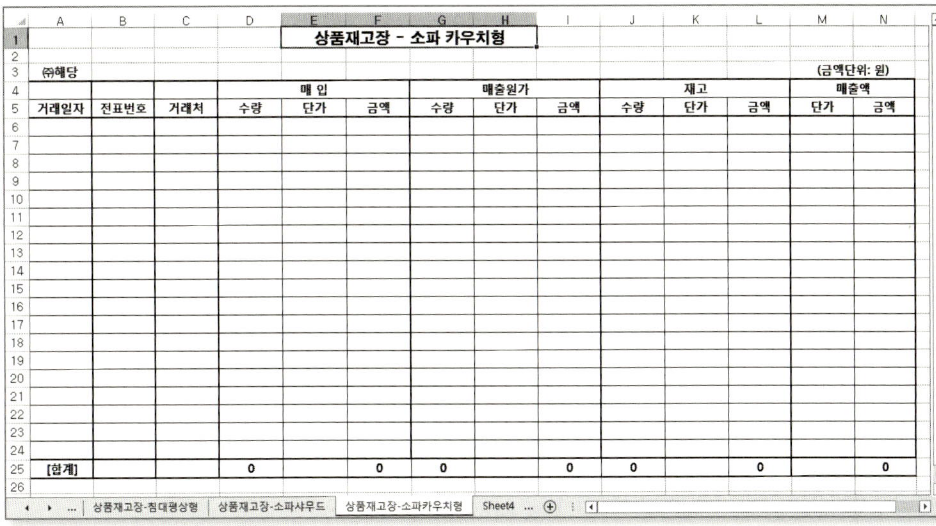
상품재고장 - 소파 카우치형

㈜해당 (금액단위: 원)

| | | | 매 입 | | | 매출원가 | | | 재고 | | | 매출액 | |
|---|---|---|---|---|---|---|---|---|---|---|---|---|---|
| 거래일자 | 전표번호 | 거래처 | 수량 | 단가 | 금액 | 수량 | 단가 | 금액 | 수량 | 단가 | 금액 | 단가 | 금액 |
| [합계] | | | 0 | | 0 | 0 | | 0 | 0 | | 0 | | 0 |



❽ 이로써 품목별 상품재고장의 기본 양식은 모두 설계되었다. 그런데 각 상품재고장은 당기(월)의 재고 변화를 기록하기 전에 먼저 전기(월) 말의 재고잔액을 미리 기록해 두어야 한다. 상품 종류별 전기(월) 말 재고액은 각각 다음과 같다고 가정한다.

| 품목 | 수량 | 단가 | 금액 |
|---|---|---|---|
| 침대-데이베드형 | 40 | 6,000 | 240,000 |
| 침대-평상형 | 20 | 4,000 | 80,000 |
| 소파-샤무드 | 40 | 3,000 | 120,000 |
| 소파-카우치형 | 30 | 3,000 | 90,000 |

❾ 전기말 재고액은 각 상품재고장의 첫 줄에 **'전기이월'**로 기록하고 '재고'란에 수량, 단가, 금액을 각각 기록한다.

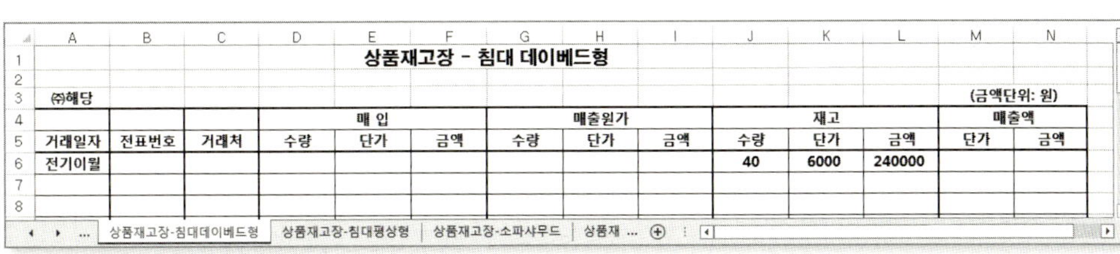
상품재고장 - 침대 데이베드형

㈜해당 (금액단위: 원)

| | | | 매 입 | | | 매출원가 | | | 재고 | | | 매출액 | |
|---|---|---|---|---|---|---|---|---|---|---|---|---|---|
| 거래일자 | 전표번호 | 거래처 | 수량 | 단가 | 금액 | 수량 | 단가 | 금액 | 수량 | 단가 | 금액 | 단가 | 금액 |
| 전기이월 | | | | | | | | | 40 | 6000 | 240000 | | |



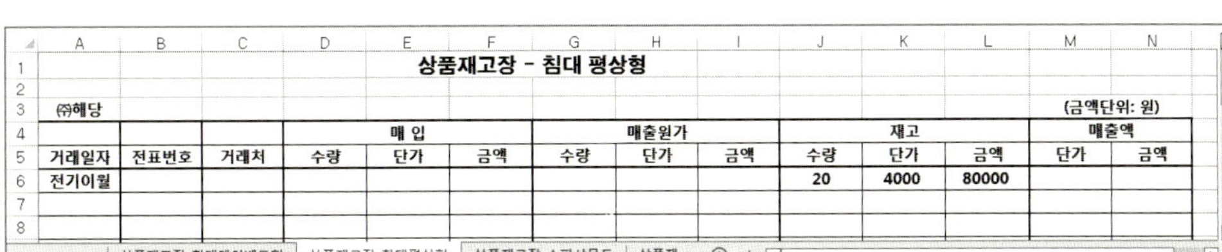
상품재고장 - 침대 평상형

㈜해당 (금액단위: 원)

| | | | 매 입 | | | 매출원가 | | | 재고 | | | 매출액 | |
|---|---|---|---|---|---|---|---|---|---|---|---|---|---|
| 거래일자 | 전표번호 | 거래처 | 수량 | 단가 | 금액 | 수량 | 단가 | 금액 | 수량 | 단가 | 금액 | 단가 | 금액 |
| 전기이월 | | | | | | | | | 20 | 4000 | 80000 | | |

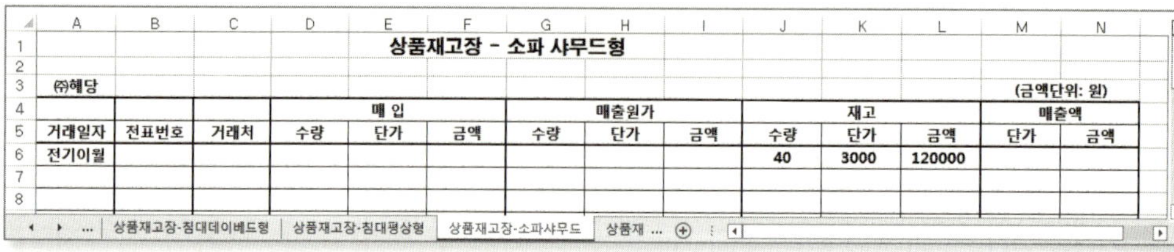


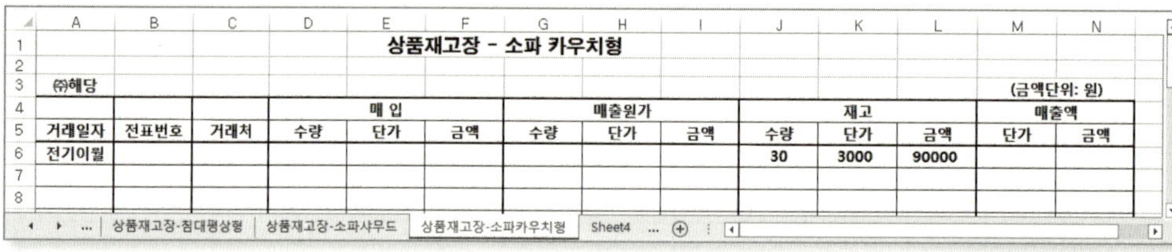


## 2) 품목별 상품재고장에의 기록을 위한 프로시저 설계

이제 입력화면 폼(frm상품매매거래입력)을 통해 입력된 매입, 매출거래를 해당 상품명에 따라 각각의 해당 상품재고장에 전기하는 프로시저를 설계한다.

❶ Worksheet의 [개발도구] 탭에서 [Visual Basic]을 클릭하고, VBA 편집기에서 [프로젝트] 창의 [폼] – [frm상품매매거래입력화면]을 더블클릭한다. 오른쪽 [상품매매 거래입력] 폼 내부의 빈 칸 부분을 더블클릭하여 프로시저의 Code 입력화면을 표시한다.

❷ 이미 입력되어 있는 프로시저 Code는 매입/매출 거래에 대한 분개장 역할을 하는 것으로, 상품 종류에 관계없이 모든 거래를 하나의 시트에 순차적으로 기록하는 의미가 있다. 따라서 각 거래가 입력될 때 분개장 성격의 '상품매매거래장' 시트에 기록되면서, 동시에 상품 종류별로 별도의 상품재고장에도 구분하여 기록하여 품목별로 재고관리가 이루어질 수 있도록 분기하는 프로시저 Code를 추가할 필요가 있다. 그런데 입력화면 폼에서 선택된 결과에 따라 분기하여 기록하도록 하는 Code에는 'If 문'을 사용하는 방법과 'Select Case 문'을 사용하는 방법이 대표적이며, 'If 문'을 사용하는 방법은 앞에서 이미 적용해 보았으므로 여기서는 **'Select Case'**를 적용해 보기로 한다.

참고

**판단에 따라 분기하는 프로시저**

프로시저를 수행하는 도중 특정 조건에 따라 실행여부를 결정하거나 수행절차를 분기하도록 하는 Code를 판단문 또는 조건문이라고 한다. VBA에서 사용되는 대표적인 판단문으로는 If 문과 Select Case 문이 있다.

**If 문을 이용한 판단문**

가장 많이 사용되는 대표적인 판단문으로, 하나 또는 여러 개의 조건을 판단하여 다음 수행절차를 분기하도록 한다. If 문을 사용하는 대표적인 구문은 다음과 같다.

```
If 조건 Then
    조건이 True인 경우에 처리할 명령
Else
    조건이 False인 경우에 처리할 명령
End If
```

If 문을 사용할 때 여러 번의 판단이 필요한 경우에는 If 문 내에 ElseIf 문을 사용하여 다양한 조건을 판단하는 절차를 수행할 수 있다.

```
If 조건1 Then
    조건1이 True인 경우에 처리할 명령
ElseIf 조건2 Then
    조건1이 False이고 조건2가 True인 경우 처리할 명령
Else
    조건1이 False이고 조건2도 False인 경우에 처리할 명령
End If
```

그러나 판단해야 할 조건이 많아지는 경우에는 If 문의 Code를 이해하기 쉽지 않을 수도 있다.

### Select Case 문을 이용한 판단문

만일 판단해야 할 조건의 대상 값이 여러 개인 경우에는 조건의 판단값에 따라 다음의 수행절차를 여러 가지로 분기하여 수행하도록 하는 것이 효과적이며, 이 때 사용할 수 있는 것이 Select Case 문이다. Select Case 문을 사용하는 대표적인 구문은 다음과 같다.

```
Select Case 판단값
    Case 조건1
        판단값이 조건1인 경우에 분기하여 처리할 명령
    Case 조건2
        판단값이 조건2인 경우에 분기하여 처리할 명령
    Case Else
        판단값이 조건1,2 이외의 경우에 분기하여 처리할 명령
End Select
```

Select Case 문을 사용할 경우 여러 조건에 따라 분기할 수 있고 Code를 이해하기는 쉽지만, Code의 줄이 길어지게 되는 단점이 있다.

❸ 기존에 입력되어 있는 Code에 추가하여, 다음의 견고딕체 부분의 Code를 삽입하여 입력한다.

| Code | |
|---|---|
| Public 거래 As String | – |
| Public 지불 As String | – |
| **Public 상품 As String** | ① |
| ------------------------------------------ | – |
| Private Sub cmd입력_Click() | – |
|     Dim 기준 As Integer | – |
|     **Dim 기준2 As Integer** | ② |

```
Dim 기준3 As Integer    ③
Dim 기준4 As Integer    ④
Dim 기준5 As Integer    ⑤
    If opt매입.Value=True Then
        거래="매입"
    ElseIf (opt매출.Value=True) Then
        거래="매출"
    Else
        MsgBox "거래구분(매입 또는 매출)을 선택하지 않았습니다."
        Exit Sub
    End If
    If opt현금.Value=True Then
        지불="현금"
    ElseIf (opt외상.Value=True) Then
        지불="외상"
    ElseIf (opt신용카드.Value=True) Then
        지불="신용카드"
    Else
        MsgBox "결제방법을 선택하지 않았습니다."
        Exit Sub
    End If
    If cbo상품명.Value="침대 데이베드형SS" Then    ⑥
        상품="침대 데이베드형SS"    ⑦
    ElseIf (cbo상품명.Value="침대 평상형 GD") Then    ⑧
        상품="침대 평상형 GD"    ⑨
    ElseIf (cbo상품명.Value="소파 샤무드4S") Then    ⑩
        상품="소파 샤무드4S"    ⑪
    ElseIf (cbo상품명.Value="소파 카우치형LK") Then    ⑫
        상품="소파 카우치형LK"    ⑬
    Else    ⑭
        MsgBox "상품명이 선택되지 않았습니다."    ⑮
        Exit Sub    ⑯
    End If    ⑰

With Worksheets("상품매매거래장")
    기준=.Range("A4").CurrentRegion.Rows.Count+4
    .Cells(기준, 1).Value=Me.txt거래일자
    .Cells(기준, 2).Value=Me.txt전표번호
    .Cells(기준, 3).Value=거래
    .Cells(기준, 4).Value=Me.cbo거래처명.Column(0)
    .Cells(기준, 5).Value=Me.cbo상품명.Column(0)
    .Cells(기준, 6).Value=Val(Me.txt수량)
    .Cells(기준, 7).Value=Val(Me.txt단가)
    .Cells(기준, 8).FormulaR1C1="=RC[-2]*RC[-1]"
    .Cells(기준, 9).Value=지불
    .Cells(기준, 10).Value=Me.cbo비고.Column(0)
End With
```

```
Select Case 상품
Case "침대 데이베드형SS"
    With Worksheets("상품재고장-침대데이베드형")
    기준2=.Range("A5").CurrentRegion.Rows.Count+3
        .Cells(기준2, 1).Value=Me.txt거래일자
        .Cells(기준2, 2).Value=Me.txt전표번호
        .Cells(기준2, 3).Value=Me.cbo거래처명.Column(0)
    If 거래="매입" Then
        .Cells(기준2, 4).Value=Val(Me.txt수량)
        .Cells(기준2, 5).Value=Val(Me.txt단가)
        .Cells(기준2, 6).FormulaR1C1="=RC[-2]*RC[-1]"
    ElseIf (거래="매출") Then
        .Cells(기준2, 7).Value=Val(Me.txt수량)
        .Cells(기준2, 8).FormulaR1C1="=R[-1]C[3]"
        .Cells(기준2, 9).FormulaR1C1="=RC[-2]*RC[-1]"
        .Cells(기준2, 13).Value=Val(Me.txt단가)
        .Cells(기준2, 14).FormulaR1C1="=RC[-7]*RC[-1]"
    Else
        MsgBox "거래구분(매입 또는 매출)을 선택하지 않았습니다."
        Exit Sub
    End If
        .Cells(기준2, 10).FormulaR1C1="=R[-1]C+RC[-6]-RC[-3]"
        .Cells(기준2, 11).FormulaR1C1="=(R[-1]C[1]+RC[-5])/(R[-1]C[-1]+RC[-7])"
        .Cells(기준2, 12).FormulaR1C1="=RC[-2]*RC[-1]"
    End With

    Case "침대 평상형 GD"
    With Worksheets("상품재고장-침대평상형")
        기준3=.Range("A5").CurrentRegion.Rows.Count+3
        .Cells(기준3, 1).Value=Me.txt거래일자
        .Cells(기준3, 2).Value=Me.txt전표번호
        .Cells(기준3, 3).Value=Me.cbo거래처명.Column(0)
    If 거래="매입" Then
        .Cells(기준3, 4).Value=Val(Me.txt수량)
        .Cells(기준3, 5).Value=Val(Me.txt단가)
        .Cells(기준3, 6).FormulaR1C1="=RC[-2]*RC[-1]"
    ElseIf (거래="매출") Then
        .Cells(기준3, 7).Value=Val(Me.txt수량)
        .Cells(기준3, 8).FormulaR1C1="=R[-1]C[3]"
        .Cells(기준3, 9).FormulaR1C1="=RC[-2]*RC[-1]"
        .Cells(기준3, 13).Value=Val(Me.txt단가)
        .Cells(기준3, 14).FormulaR1C1="=RC[-7]*RC[-1]"
    Else
        MsgBox "거래구분(매입 또는 매출)을 선택하지 않았습니다."
        Exit Sub
    End If
        .Cells(기준3, 10).FormulaR1C1="=R[-1]C+RC[-6]-RC[-3]"
        .Cells(기준3, 11).FormulaR1C1="=(R[-1]C[1]+RC[-5])/(R[-1]C[-1]+RC[-7])"
```

```
        .Cells(기준3, 12).FormulaR1C1="=RC[-2]*RC[-1]"
    End With

    Case "소파 샤무드4S"
    With Worksheets("상품재고장-소파샤무드")
        기준4=.Range("A5").CurrentRegion.Rows.Count+3
        .Cells(기준4, 1).Value=Me.txt거래일자
        .Cells(기준4, 2).Value=Me.txt전표번호
        .Cells(기준4, 3).Value=Me.cbo거래처명.Column(0)
    If 거래="매입" Then
        .Cells(기준4, 4).Value=Val(Me.txt수량)
        .Cells(기준4, 5).Value=Val(Me.txt단가)
        .Cells(기준4, 6).FormulaR1C1="=RC[-2]*RC[-1]"
    ElseIf (거래="매출") Then
        .Cells(기준4, 7).Value=Val(Me.txt수량)
        .Cells(기준4, 8).FormulaR1C1="=R[-1]C[3]"
        .Cells(기준4, 9).FormulaR1C1="=RC[-2]*RC[-1]"
        .Cells(기준4, 13).Value=Val(Me.txt단가)
        .Cells(기준4, 14).FormulaR1C1="=RC[-7]*RC[-1]"
    Else
        MsgBox "거래구분(매입 또는 매출)을 선택하지 않았습니다."
        Exit Sub
    End If
        .Cells(기준4, 10).FormulaR1C1="=R[-1]C+RC[-6]-RC[-3]"
        .Cells(기준4, 11).FormulaR1C1="=(R[-1]C[1]+RC[-5])/(R[-1]C[-1]+RC[-7])"
        .Cells(기준4, 12).FormulaR1C1="=RC[-2]*RC[-1]"
    End With

    Case "소파 카우치형LK"
    With Worksheets("상품재고장-소파카우치형")
    기준5=.Range("A5").CurrentRegion.Rows.Count+3
        .Cells(기준5, 1).Value=Me.txt거래일자
        .Cells(기준5, 2).Value=Me.txt전표번호
        .Cells(기준5, 3).Value=Me.cbo거래처명.Column(0)
    If 거래="매입" Then
        .Cells(기준5, 4).Value=Val(Me.txt수량)
        .Cells(기준5, 5).Value=Val(Me.txt단가)
        .Cells(기준5, 6).FormulaR1C1="=RC[-2]*RC[-1]"
    ElseIf (거래="매출") Then
        .Cells(기준5, 7).Value=Val(Me.txt수량)
        .Cells(기준5, 8).FormulaR1C1="=R[-1]C[3]"
        .Cells(기준5, 9).FormulaR1C1="=RC[-2]*RC[-1]"
        .Cells(기준5, 13).Value=Val(Me.txt단가)
        .Cells(기준5, 14).FormulaR1C1="=RC[-7]*RC[-1]"
    Else
        MsgBox "거래구분(매입 또는 매출)을 선택하지 않았습니다."
        Exit Sub
    End If
```

```
            .Cells(기준5, 10).FormulaR1C1 = "=R[-1]C+RC[-6]-RC[-3]"                ㉧
            .Cells(기준5, 11).FormulaR1C1 = "=(R[-1]C[1]+RC[-5])/(R[-1]C[-1]+RC[-7])"   ㉨
            .Cells(기준5, 12).FormulaR1C1 = "=RC[-2]*RC[-1]"                        ㉩
        End With                                                                    ㉪
                                                                                    -
        Case Else                                                                   ㉫
            MsgBox "상품명이 올바로 선택되어 있지 않았습니다."                          ㉬
            Exit Sub                                                                ㉮
        End Select                                                                  ㉯
        Unload Me                                                                   -
    End Sub                                                                         -
```

**코드 설명**

①: '상품' 변수를 문자열(텍스트)로 정의하고, 모든 프로시저에서 공통으로 사용하도록 한다(Public).

②~⑤: '기준2'~ '기준5' 변수를 정수로 선언(Dim)한다.

⑥~⑰: [If 문부터 End If 문까지]: 폼의 [cbo상품명] 콤보상자에 선택 입력되어 있는 정보를 '상품' 변수에 저장한다(즉, [cbo상품명] 콤보상자에서 '침대 데이베드형SS'가 선택되어 있는 경우에는 '상품' 변수에 '침대 데이베드형SS'를 저장하고, '침대 평상형 GD'가 선택되어 있는 경우에는 '상품' 변수에 '침대 평상형 GD'를, '소파 샤무드4S'가 선택되어 있는 경우에는 '상품' 변수에 '소파 샤무드4S'를, '소파 카우치형LK'가 선택되어 있는 경우에는 '상품' 변수에 '소파 카우치형LK'를 각각 저장해 둔다. 만일 폼의 [cbo상품명] 콤보상자에 아무것도 선택되어 있지 않은 경우에는 '상품명이 선택되지 않았습니다.'라는 메시지를 표시한 후 프로시저를 중단하고 빠져나간다).

⑱: '상품' 변수에 어떤 내용이 저장되어 있느냐에 따라 아래 Case 문 중의 해당 프로시저를 선택하여 진행한다. 흔히 한두 가지의 조건 중에서 선택하도록 판단하는 경우에는 [If ~ ElseIf ~ End If] 문을 사용하지만, 선택하는 조건이 많아지는 경우에는 [Select Case ~ Case ~ End Select] 문을 사용하는 것이 보다 편리하다. 여기서는 상품 종류가 4가지나 되므로 If 문보다는 Select 문을 이용한다.

⑲: [Case] 뒤의 조건이 충족되는 경우(즉, '상품' 변수에 '침대 데이베드형SS'가 저장되어 있는 경우) 아래 [With~End With] 프로시저를 실행한다.

⑳: 만일 '상품명' 콤보상자에서 '침대 데이베드형SS'가 선택되어 있는 경우에는 '상품재고장-침대데이베드형' 시트에서 프로시저가 진행된다.

㉑: 먼저 A5 셀을 기준으로 자료가 입력되어 있지 않은 첫 번째 셀의 행번호를 계산하여 '기준2' 변수에 저장한다.

㉒: '기준2'행의 첫 번째 열(cells(기준2,1))에는 '거래일자' 텍스트상자에서 선택된 값을 표시한다.

㉓~㉔: '기준2'행의 두 번째 열(cells(기준2,2))에는 '전표번호' 텍스트상자의 선택 값을, 그 오른쪽에는 '거래처명' 콤보상자의 선택 값을 표시한다.

㉕~㉘: 만일 [거래구분] 프레임에서 '매입' 옵션단추가 선택되어 있는 경우에는(즉, 매입거래인 경우에는) 4열과 5열에 각각 '수량'과 '단가' 텍스트상자의 값을 표시한다. 그리고 기준2 행의 6열에는 현재의 셀(cells(기준2,6))에서 왼쪽 2번째 열(RC[-2])의 값(즉, 수량)에 왼쪽 첫 번째 열(RC[-1])의 값(즉, 단가)을 곱한 값으로 표시한다.

㉙~㉜: 만일 [거래구분] 프레임에서 '매출' 옵션단추가 선택되어 있는 경우에는(즉, 매출거래인 경우에는) 4열~6열을 비워두고 7열에 '수량'을 입력하고, 8열에는 바로 위 행(R[-1])에서 오른쪽 3번째 열(C[3])에 표시되어 있는 값(즉, 재고란에 이동평균법으로 재계산되어 있는 새로운 단가)을 표시한다. 그리고 9열에는 현재의 셀에서 2열 왼쪽 셀(RC[-2])의 값과 1열 왼쪽 셀(RC[-1])의 값을 곱하여 표시한다(즉, 수량×단가; 매출원가를 의미함).

㉝~㉞: 13열에는 '단가' 텍스트상자에 선택된 단가(즉, 현재 매출거래를 진행하고 있는 중이므로 여기서의 단가는 판매단가를 의미함)를 표시하고, 14열에는 7열에 표시된 수량(RC[-7])과 바로 왼쪽 열(RC[-1])에 표시된 단가(판매단가)를 곱하여 매출액(판매금액)을 표시한다.

㉟~㊲: 그 이외의 경우(즉, [거래구분] 프레임에서 옵션단추가 선택되어 있지 않은 경우)에는 '거래구분(매입 또는 매출)을 선택하지 않았습니다.'라는 메시지가 표시되고 프로시저를 중단한다.

㊳: 매입거래와 매출거래의 기록을 종료한다.

㊴~㊶: 매입/매출 거래 기록을 종료한 후, 다시 10열로 돌아와서 재고 수량을 계산하여 표시한다. 재고수량은 바로 위 행(R[-1]C)의 값(즉, 이전 거래 종료 후의 재고수량)에 6열 왼쪽의 값(즉, 매입 수량)을 더하고 3열 왼쪽의 값(즉, 판매수량)을 차감한 숫자를 기록한다. 11열에는 남아 있는 재고의 단가를 이동평균법에 의해 계산하여 표시한다. 즉, 바로 위 행 1칸 오른쪽 셀의 값(즉, 이전 거래 종료 후의 재고금액)에 5열 왼쪽의 값(즉, 매입금액)을 더한 후에, 바로 위 행 왼쪽 열의 값(즉, 이전 재고수량)에 7열 왼쪽 셀의 값(즉, 매입수량)을 더한 수치로 나누어 계산한다. 그리고 12열에는 2열 왼쪽의 수량과 1열 왼쪽의 재계산된 단가를 곱하여 재고금액을 표시한다.

㊷: '상품재고장-침대데이베드형' 시트에서 진행하고 있는 프로시저를 끝낸다.

㊸~Ⓟ: '상품' 변수에 '침대 평상형 GD'가 저장되어 있는 경우(즉, 상품명 콤보상자에서 '침대 평상형 GD'를 선택한 경우) '상품재고장-침대평상형' 시트에서 아래 프로시저가 진행된다. 기록되는 시트만 다를 뿐, 진행되는 프로시저의 내용은 위의 ㉑~㊷ 절차와 동일하다.

Ⓠ~ⓝ: '상품' 변수에 '소파 샤무드4S'가 저장되어 있는 경우(즉, 상품명 콤보상자에서 '소파 샤무드4S'를 선택한 경우) '상품재고장-소파샤무드' 시트에서 아래 프로시저가 진행된다. 기록되는 시트만 다를 뿐, 진행되는 프로시저의 내용은 위의 ㉑~㊷ 절차와 동일하다.

ⓞ~㉰: '상품' 변수에 '소파 카우치형LK'가 저장되어 있는 경우(즉, 상품명 콤보상자에서 '소파 카우치형LK'를 선택한 경우) '상품재고장-소파카우치형' 시트에서 아래 프로시저가 진행된다. 기록되는 시트만 다를 뿐, 진행되는 프로시저의 내용은 위의 ㉑~㊷ 절차와 동일하다.

㉱~㉮: 만일 '상품' 변수가 비어있는 경우(즉, 상품명 콤보상자가 선택되어 있지 않은 경우)에는 '상품명이 올바로 선택되어 있지 않았습니다'라는 메시지가 표시되고, 이를 확인하면 프로시저를 종료한다.

㉯: 상품재고장 기록을 위한 모든 프로시저(즉, Select Case~End Select)를 종료한다.

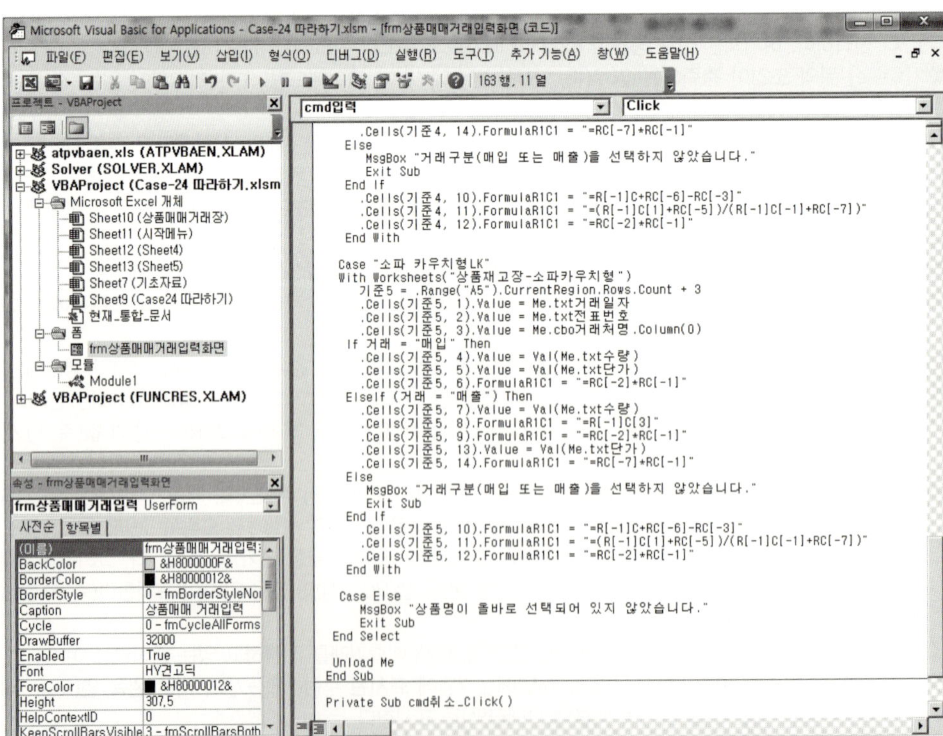

❹ 이제 추가한 상품별 재고관리 프로시저 Code를 포함하여 전체 프로시저 Code가 원하는 방향으로 작동하는지 확인해 보기로 한다. 그런데 지금까지 시험용으로 입력해 본 거래사례들은 상품재고장을 설계하기 이전의 입력사항이므로, 이들이 상품재고장에도 제대로 반영되는지 살펴보기 위해서, 먼저 이전의 입력 거래들을 모두 지우고 다시 처음부터 입력해보기로 한다. Worksheet로 돌아와서 '상품매매거래장' 시트에서 기존에 자료가 입력되어 있는 모든 셀 범위(A5:J10)를 선택하고 Delete 키를 눌러 지운다.

❺ '시작메뉴' 시트를 선택하고 [상품매매 거래입력] 명령단추를 클릭하여 입력화면 폼에 이전에 사용했던 아래 거래자료들을 다시 하나씩 입력해보기로 한다.

| | |
|---|---|
| ㈜해당 거래 1 | 10월 3일(전표번호 50-11) 거래처 행복침대로부터 '침대 평상형 GD' 15개를 단가 ₩5,000에 외상으로 매입하다. |
| ㈜해당 거래 2 | 10월 7일(전표번호 50-12) 거래처 한남가구로부터 '소파 카우치형LK' 30개를 단가 ₩3,000에 신용카드로 결제하여 매입하다. |
| ㈜해당 거래 3 | 10월 10일(전표번호 50-13) 거래처 HK가구에 '소파 카우치형LK' 20개를 개당 판매가 ₩4,500에 현금을 받고 판매하다. |
| ㈜해당 거래 4 | 10월 12일(전표번호 50-14) 거래처 일등가구로부터 '침대 데이베드형SS' 45개를 단가 ₩7,000에 외상으로 매입하다. |
| ㈜해당 거래 5 | 10월 15일(전표번호 50-15) 거래처 가산가구에 '침대 평상형 GD' 10개를 판매단가 ₩7,700에 현금을 받고 판매하다. |
| ㈜해당 거래 6 | 10월 19일(전표번호 50-16) 거래처 다모아가구에 '침대 데이베드형SS' 27개를 판매단가 ₩9,500에 신용카드로 결제받아 판매하다. |

❻ [상품매매 거래입력] 폼에 '거래1'을 입력한 후 [계속여부선택] 상자에서 [예]를 선택한 후 '거래2'를 입력한다. 이러한 절차를 반복하여 아래와 같이 마지막 '거래6'을 입력하고, [계속여부선택] 상자에서 [아니오]를 선택하면 입력화면 폼이 사라지고 대신 '상품매매거래장' 시트에의 기록 결과를 보여준다.

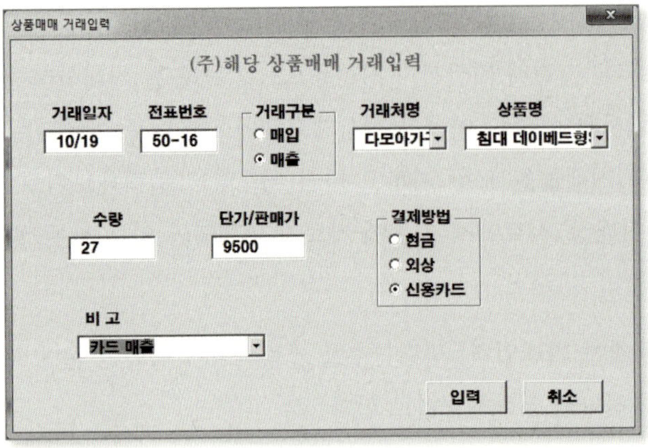

㈜해당 상품매매거래장

| 거래일자 | 전표번호 | 거래구분 | 거래처명 | 상품명 | 수량 | 단가/판매가 | 금액 | 결제방법 | 비고 |
|---|---|---|---|---|---|---|---|---|---|
| 10/3 | 50-11 | 매입 | 행복침대 | 침대 평상형 GD | 15 | 5000 | 75000 | 외상 | 외상 매입 |
| 10/7 | 50-12 | 매입 | 한남가구 | 소파 카우치형LK | 30 | 3000 | 90000 | 신용카드 | 카드 매입 |
| 10/10 | 50-13 | 매출 | HK가구 | 소파 카우치형LK | 20 | 4500 | 90000 | 현금 | 현금 매출 |
| 10/12 | 50-14 | 매입 | 일동가구 | 침대 데이베드형SS | 45 | 7000 | 315000 | 외상 | 외상 매입 |
| 10/15 | 50-15 | 매출 | 가산가구 | 침대 평상형 GD | 10 | 7700 | 77000 | 현금 | 현금 매출 |
| 10/19 | 50-16 | 매출 | 다모아가구 | 침대 데이베드형SS | 27 | 9500 | 256500 | 신용카드 | 카드 매출 |

(시트 탭: 기초자료 | 시작메뉴 | 상품매매거래장 | 상품재고장-침대데이베드형 ...)

❼ '상품매매거래장' 시트의 기록 결과는 위의 가상거래 6개를 모두를 제대로 반영하고 있음을 확인할 수 있다. 이들 상품매매거래장의 기록 내용이 품목별 상품재고장에도 제대로 분기되어 전기되고 있는지 확인해 보기 위해 먼저 '상품재고장 – 침대데이베드형' 시트를 선택해 본다.

상품재고장 - 침대 데이베드형

㈜해당 (금액단위: 원)

| 거래일자 | 전표번호 | 거래처 | 매 입 수량 | 매 입 단가 | 매 입 금액 | 매출원가 수량 | 매출원가 단가 | 매출원가 금액 | 재고 수량 | 재고 단가 | 재고 금액 | 매출액 단가 | 매출액 금액 |
|---|---|---|---|---|---|---|---|---|---|---|---|---|---|
| 전기이월 | | | | | | | | | 40 | 6000 | 240000 | | |
| 10/12 | 50-14 | 일동가구 | 45 | 7000 | 315000 | | | | 85 | 6529 | 555000 | | |
| 10/19 | 50-16 | 다모아가구 | | | | 27 | 6529 | 176294 | 58 | 6529 | 378706 | 9500 | 256500 |
| [합계] | | | 45 | | 315000 | 27 | | 176294 | 183 | | 1173706 | | 256500 |

(시트 탭: 상품매매거래장 | 상품재고장-침대데이베드형 | 상품재고장-침대평상형 | 상품재고장-소 ...)

❽ 위의 6개 가상거래 중 '침대 데이베드형SS' 상품을 거래한 것은 10월 12일(전표번호 50-14)과 10월 19일(전표번호 50-16)의 2건의 거래이므로, '상품재고장-침대데이베드형' 시트에도 이 두 개의 거래내용만이 전기되어 있어야 한다. 또한 2개의 거래 중 첫 번째 거래는 매입거래이며, 매입 단가가 전기이월 재고품의 단가와 같지 않으므로 10월 12일의 거래가 기록된 후의 재고란 단가는 '이동평균법'에 의해 새로운 단가(₩6,529)로 변경되어 기록되고 있다. 또한 두 번째 매출거래에서는 새로 계산된 재고단가를 적용하여 매출원가가 계산되고 있으며, 맨 오른쪽 '매출액'란에는 판매단가(₩9,500)와 판매수량(G8 셀)을 곱하여 메출액을 계산하고 있다.

❾ '상품재고장-침대평상형' 시트와 '상품재고장-소파카우치형' 시트에서도 각각 해당 상품의 매입, 매출 내역이 이동평균법에 의해 적절히 계산되어 기록되고 있음을 확인할 수 있다. 다만, '상품재고장-소파샤무드' 시트에는 관련 거래내용이 없어 전기된 내용이 표시되지 않고 있다. 그러나 다른 상품재고장 기록의 정확성을 확인하였으므로 이 경우에도 관련 상품의 거래가 이루어지는 경우 적절히 기록될 것으로 예상된다.

## 유사 사례 603-1 혼자해보기 ㈜해당의 재고관리 프로시저 확장

**현황**

㈜해당은 위 [Case 39]에서 설계한 재고관리대장의 프로시저를 일부 변경하여 보다 다양한 형태로 재고관리를 수행하고자 한다.

**요구사항**

위 [Case 39]에서 설계한 상품매매거래장과 상품별 재고관리대장에 대한 프로시저의 변경 및 확장을 위해 고려하고 있는 구체적인 방안은 다음과 같다. 이를 확장하기 위한 프로시저를 수행해 보시오.

1. 매입, 매출 기록의 독립
   - 위 [Case 37]에서는 매입거래와 매출거래를 하나의 장부형식('상품매매거래장')을 사용하여 기록하고 있지만, 실무상으로는 이들을 분리하여 각각 별도의 시트에 기록하는 것이 더 편리할 수도 있다. 만일 매입거래와 매출거래가 발생할 때마다 상품매매거래장에 기록하면서, 동시에 매입거래는 매입장에, 매출거래는 매출장에도 기록되도록 하려면 장부설계의 구성이나 관련 프로시저를 어떻게 변경해야 할까?

2. 결제방법에 따른 보조원장의 기록
   - 위 [Case 37]에서는 결제방법으로 '현금', '외상', '신용카드' 중의 하나를 선택하도록 하고 있는데, 상품 종류별로 별도의 상품재고장 기록을 수행하는 방법과 마찬가지로 결제방법에 따라 별도의 현금출납장과 외상관리대장, 신용카드관리대장 등의 보조원장을 기록할 필요도 있을 것이다. 이들 보조원장을 추가하여 기록하도록 하려면 어떻게 설계 또는 변경하는 것이 좋을까?

3. 거래처별 매매관리대장의 기록
   - 위 [Case 37]의 경우 관리하고 있는 거래처수가 많아서 상품 품목별 상품재고장 기록의 경우에 비해 복잡할 수는 있지만, 실무상으로는 거래처별 매입/매출 관리가 필요한 경우가 많다. 거래처별 매매 관련 보조원장을 기록하도록 하려면 어떤 수정 절차가 필요할까?

# 유사 사례 603-1 혼자해보기 Tips & 풀이 요약

## 1단계 필요한 장부 양식의 설계(매입장, 매출장, 현금출납장, 외상관리대장)

**㈜해당 상품매입장**

| 거래일자 | 전표번호 | 거래처명 | 상품명 | 수량 | 단가 | 금액 | 결제방법 | 비고 |
|---|---|---|---|---|---|---|---|---|
| | | | | | | | | |

기초자료 | 시작메뉴 | 상품매매거래장 | 매입장 | 매출장

**㈜해당 상품매출장**

| 거래일자 | 전표번호 | 거래처명 | 상품명 | 수량 | 단가 | 금액 | 결제방법 | 비고 |
|---|---|---|---|---|---|---|---|---|
| | | | | | | | | |

기초자료 | 시작메뉴 | 상품매매거래장 | 매입장 | 매출장

**㈜해당 현금출납장**

| 거래일자 | 전표번호 | 거래구분 | 거래처명 | 상품명 | 수량 | 단가/판매가 | 입금 | 출금 | 잔액 |
|---|---|---|---|---|---|---|---|---|---|
| 전기이월 | | | | | | | | | |

매출장 | 현금출납장 | 외상관리대장 | 소라가구 | 일등가구

**㈜해당 외상관리대장**

| 거래일자 | 전표번호 | 거래구분 | 거래처명 | 상품명 | 수량 | 단가/판매가 | 외상매입금 | 외상매출금 | 신용카드매입 | 신용카드매출 |
|---|---|---|---|---|---|---|---|---|---|---|
| | | | | | | | | | | |

매출장 | 현금출납장 | 외상관리대장 | 소라가구 | 일등가구

## 2단계 거래처별 매매관리대장 설계(예시: 소리가구, 다른 거래처도 양식 동일)

**㈜해당 거래처별 매매관리대장 - 소라가구**

| 거래일자 | 전표번호 | 거래구분 | 상품명 | 결제방법 | 수량 | 단가/판매가 | 현금매입 | 외상매입 | 현금판매 |
|---|---|---|---|---|---|---|---|---|---|
| | | | | | | | | | |

## 3단계 확장된 장부 양식에 거래 자료를 기록하기 위한 프로시저

앞의 Case 39에서의 [frm상품매매거래입력화면] 프로시저에 다음의 프로시저 코드를 각각 추가한다.

### 1) 변수 선언부에 추가

```
…
Public 거래처 As String
…
Dim 기준6 As Integer
Dim 기준7 As Integer
Dim 기준8 As Integer
Dim 기준9 As Integer
Dim 기준10 As Integer
Dim 기준11 As Integer
Dim 기준12 As Integer
Dim 기준13 As Integer
Dim 기준14 As Integer
Dim 기준15 As Integer
```

### 2) 'With Worksheets("상품매매거래장")' 프로시저 앞에 상품선택 프로시저 삽입

```
…
If cbo거래처명.Value="소라가구" Then
    거래처="소라가구"
ElseIf (cbo거래처명.Value="일등가구") Then
    거래처="일등가구"
ElseIf (cbo거래처명.Value="프라하가구") Then
    거래처="프라하가구"
ElseIf (cbo거래처명.Value="한남가구") Then
    거래처="한남가구"
ElseIf (cbo거래처명.Value="대우가구") Then
    거래처="대우가구"
Else
    MsgBox "거래처명 선택이 잘못되었습니다."
    Exit Sub
End If
```

3) 아래쪽 'Unload Me' 문 위쪽에 거래, 지불, 거래처 분기 위한 프로시저 삽입

```
...
Select Case 거래
Case "매입"
    With Worksheets("매입장")
    기준6=.Range("A4").CurrentRegion.Rows.Count+4
        .Cells(기준6, 1).Value=Me.txt거래일자
        .Cells(기준6, 2).Value=Me.txt전표번호
        .Cells(기준6, 3).Value=Me.cbo거래처명.Column(0)
        .Cells(기준6, 4).Value=Me.cbo상품명.Column(0)
        .Cells(기준6, 5).Value=Val(Me.txt수량)
        .Cells(기준6, 6).Value=Val(Me.txt단가)
        .Cells(기준6, 7).FormulaR1C1="=RC[-2]*RC[-1] "
        .Cells(기준6, 8).Value=지불
        .Cells(기준6, 9).Value=Me.cbo비고.Column(0)
End With

Case "매출"
With Worksheets("매출장")
        기준7=.Range("A4").CurrentRegion.Rows.Count+4
        .Cells(기준7, 1).Value=Me.txt거래일자
        .Cells(기준7, 2).Value=Me.txt전표번호
        .Cells(기준7, 3).Value=Me.cbo거래처명.Column(0)
        .Cells(기준7, 4).Value=Me.cbo상품명.Column(0)
        .Cells(기준7, 5).Value=Val(Me.txt수량)
        .Cells(기준7, 6).Value=Val(Me.txt단가)
        .Cells(기준7, 7).FormulaR1C1="=RC[-2]*RC[-1] "
        .Cells(기준7, 8).Value=지불
        .Cells(기준7, 9).Value=Me.cbo비고.Column(0)
End With
End Select

Select Case 지불
Case "현금"
    With Worksheets("현금출납장")
    기준8=.Range("A4").CurrentRegion.Rows.Count+4
        .Cells(기준8, 1).Value=Me.txt거래일자
        .Cells(기준8, 2).Value=Me.txt전표번호
        .Cells(기준8, 3).Value=거래
        .Cells(기준8, 4).Value=Me.cbo거래처명.Column(0)
        .Cells(기준8, 5).Value=Me.cbo상품명.Column(0)
        .Cells(기준8, 6).Value=Val(Me.txt수량)
        .Cells(기준8, 7).Value=Val(Me.txt단가)
    If 거래="매출" Then
        .Cells(기준8, 8).FormulaR1C1="=RC[-2]*RC[-1]"
    ElseIf (거래="매입") Then
        .Cells(기준8, 9).FormulaR1C1="=RC[-3]*RC[-2]"
```

```
        End If
            .Cells(기준8, 10).FormulaR1C1="=R[-1]C+RC[-2]-RC[-1]"
    End With

    Case "외상"
        With Worksheets("외상관리대장")
        기준9=.Range("A4").CurrentRegion.Rows.Count+4
            .Cells(기준9, 1).Value=Me.txt거래일자
            .Cells(기준9, 2).Value=Me.txt전표번호
            .Cells(기준9, 3).Value=거래
            .Cells(기준9, 4).Value=Me.cbo거래처명.Column(0)
            .Cells(기준9, 5).Value=Me.cbo상품명.Column(0)
            .Cells(기준9, 6).Value=Val(Me.txt수량)
            .Cells(기준9, 7).Value=Val(Me.txt단가)
        If 거래="매입" Then
            .Cells(기준9, 8).FormulaR1C1="=RC[-2]*RC[-1]"
        ElseIf (거래="매출") Then
            .Cells(기준9, 9).FormulaR1C1="=RC[-3]*RC[-2]"
        End If
    End With

    Case "신용카드"
        With Worksheets("외상관리대장")
        기준10=.Range("A4").CurrentRegion.Rows.Count+4
            .Cells(기준10, 1).Value=Me.txt거래일자
            .Cells(기준10, 2).Value=Me.txt전표번호
            .Cells(기준10, 3).Value=거래
            .Cells(기준10, 4).Value=Me.cbo거래처명.Column(0)
            .Cells(기준10, 5).Value=Me.cbo상품명.Column(0)
            .Cells(기준10, 6).Value=Val(Me.txt수량)
            .Cells(기준10, 7).Value=Val(Me.txt단가)
        If 거래="매입" Then
            .Cells(기준10, 10).FormulaR1C1="=RC[-4]*RC[-3]"
        ElseIf (거래="매출") Then
            .Cells(기준10, 11).FormulaR1C1="=RC[-5]*RC[-4]"
        End If
    End With
    End Select

    Select Case 거래처
    Case "소라가구"
        With Worksheets("소라가구")
        기준11=.Range("A4").CurrentRegion.Rows.Count+4
            .Cells(기준11, 1).Value=Me.txt거래일자
            .Cells(기준11, 2).Value=Me.txt전표번호
            .Cells(기준11, 3).Value=거래
            .Cells(기준11, 4).Value=Me.cbo상품명.Column(0)
            .Cells(기준11, 5).Value=지불
```

```
            .Cells(기준11, 6).Value=Val(Me.txt수량)
            .Cells(기준11, 7).Value=Val(Me.txt단가)
        If 거래="매입" And 지불="현금" Then
            .Cells(기준11, 8).FormulaR1C1="=RC[-2]*RC[-1]"
        ElseIf (거래="매입" And 지불="외상" Or 지불="신용카드") Then
            .Cells(기준11, 9).FormulaR1C1="=RC[-3]*RC[-2]"
        ElseIf (거래="매출" And 지불="현금") Then
            .Cells(기준11, 10).FormulaR1C1="=RC[-4]*RC[-3]"
        ElseIf (거래="매출" And 지불="외상" Or 지불="신용카드") Then
            .Cells(기준11, 11).FormulaR1C1="=RC[-5]*RC[-4]"
        End If
    End With

    Case "일등가구"
        With Worksheets("일등가구")
        기준12=.Range("A4").CurrentRegion.Rows.Count+4
            .Cells(기준12, 1).Value=Me.txt거래일자
            .Cells(기준12, 2).Value=Me.txt전표번호
            .Cells(기준12, 3).Value=거래
            .Cells(기준12, 4).Value=Me.cbo상품명.Column(0)
            .Cells(기준12, 5).Value=지불
            .Cells(기준12, 6).Value=Val(Me.txt수량)
            .Cells(기준12, 7).Value=Val(Me.txt단가)
        If 거래5="매입" And 지불="현금" Then
            .Cells(기준12, 8).FormulaR1C1="=RC[-2]*RC[-1]"
        ElseIf (거래="매입" And 지불="외상" Or 지불="신용카드") Then
            .Cells(기준12, 9).FormulaR1C1="=RC[-3]*RC[-2]"
        ElseIf (거래="매출" And 지불="현금") Then
            .Cells(기준12, 10).FormulaR1C1="=RC[-4]*RC[-3]"
        ElseIf (거래="매출" And 지불="외상" Or 지불="신용카드") Then
            .Cells(기준12, 11).FormulaR1C1="=RC[-5]*RC[-4]"
        End If
    End With

    Case "프라하가구"
        With Worksheets("프라하가구")
        기준13=.Range("A4").CurrentRegion.Rows.Count+4
            .Cells(기준13, 1).Value=Me.txt거래일자
            .Cells(기준13, 2).Value=Me.txt전표번호
            .Cells(기준13, 3).Value=거래
            .Cells(기준13, 4).Value=Me.cbo상품명.Column(0)
            .Cells(기준13, 5).Value=지불
            .Cells(기준13, 6).Value=Val(Me.txt수량)
            .Cells(기준13, 7).Value=Val(Me.txt단가)
        If 거래="매입" And 지불="현금" Then
            .Cells(기준13, 8).FormulaR1C1="=RC[-2]*RC[-1]"
        ElseIf (거래="매입" And 지불="외상" Or 지불="신용카드") Then
            .Cells(기준13, 9).FormulaR1C1="=RC[-3]*RC[-2]"
```

```
    ElseIf (거래="매출" And 지불="현금") Then
        .Cells(기준13, 10).FormulaR1C1="=RC[-4]*RC[-3]"
    ElseIf (거래="매출" And 지불="외상" Or 지불="신용카드") Then
        .Cells(기준13, 11).FormulaR1C1="=RC[-5]*RC[-4]"
    End If
End With

Case "한남가구"
    With Worksheets("한남가구")
    기준14=.Range("A4").CurrentRegion.Rows.Count+4
        .Cells(기준14, 1).Value=Me.txt거래일자
        .Cells(기준14, 2).Value=Me.txt전표번호
        .Cells(기준14, 3).Value=거래
        .Cells(기준14, 4).Value=Me.cbo상품명.Column(0)
        .Cells(기준14, 5).Value=지불
        .Cells(기준14, 6).Value=Val(Me.txt수량)
        .Cells(기준14, 7).Value=Val(Me.txt단가)
    If 거래="매입" And 지불="현금" Then
        .Cells(기준14, 8).FormulaR1C1="=RC[-2]*RC[-1]"
    ElseIf (거래="매입" And 지불="외상" Or 지불="신용카드") Then
        .Cells(기준14, 9).FormulaR1C1="=RC[-3]*RC[-2]"
    ElseIf (거래="매출" And 지불="현금") Then
        .Cells(기준14, 10).FormulaR1C1="=RC[-4]*RC[-3]"
    ElseIf (거래="매출" And 지불="외상" Or 지불="신용카드") Then
        .Cells(기준14, 11).FormulaR1C1="=RC[-5]*RC[-4]"
    End If
End With

Case "대우가구"
    With Worksheets("대우가구")
    기준15=.Range("A4").CurrentRegion.Rows.Count+4
        .Cells(기준15, 1).Value=Me.txt거래일자
        .Cells(기준15, 2).Value=Me.txt전표번호
        .Cells(기준15, 3).Value=거래
        .Cells(기준15, 4).Value=Me.cbo상품명.Column(0)
        .Cells(기준15, 5).Value=지불
        .Cells(기준15, 6).Value=Val(Me.txt수량)
        .Cells(기준15, 7).Value=Val(Me.txt단가)
    If 거래="매입" And 지불="현금" Then
        .Cells(기준15, 8).FormulaR1C1="=RC[-2]*RC[-1]"
    ElseIf (거래="매입" And 지불="외상" Or 지불="신용카드") Then
        .Cells(기준15, 9).FormulaR1C1="=RC[-3]*RC[-2]"
    ElseIf (거래="매출" And 지불="현금") Then
        .Cells(기준15, 10).FormulaR1C1="=RC[-4]*RC[-3]"
    ElseIf (거래="매출" And 지불="외상" Or 지불="신용카드") Then
        .Cells(기준15, 11).FormulaR1C1="=RC[-5]*RC[-4]"
    End If
End With
End Select
```

## 유사 사례 603-2 혼자해보기 ㈜각화의 매입매출대장과 보조장부 관리

### 현황

㈜각화는 지역 내 가구소매점에 패브릭 소파 종류만을 전문으로 공급하는 도매 유통회사이다. 공급할 상품들은 공장에서 직접 구매하거나 전문 도매시장에서 일괄 구입하여 보관하였다가, 거래처의 구매요청에 따라 즉시 배송해주는 시스템이다. ㈜각화는 상품 매입과 매출 관련 거래를 하나의 거래입력화면을 통해 관리하고자 한다.

㈜각화의 매입매출 관련 기초자료와 매입매출대장의 기본 형식은 다음과 같다.

〈매입매출 기초자료〉

| 거래구분 | 거래처명 | 품목명 | 색상 | 결제방법 | 부가세 |
|---|---|---|---|---|---|
| 매입 | 나들잇벌 | 보니애 | 아이보리 | 현금 | 포함 |
| 매출 | 저바두치 | 비앙스 로블레 | 화이트 | 신용카드 | 무 |
| | 돌실나이 | 쟈밀 레포사 | 노란색 | 외상 | |
| | 아씨방 | 한샘 핸디 | 파란색 | | |
| | 경원패션 | 리바트 이즈마인 | 자주색 | | |
| | 하트나인 | 에보니아 라떼 | 은회색 | | |
| | 옵세브 | 플젠 다윈 | 진회색 | | |
| | 오브제 | 마티노 아르모 | 진자주색 | | |
| | 보브 | 뉴망고 패브릭 | 검정 | | |
| | 디쎄 | 이케아 EKTORP | 곤색 | | |
| | 나이스크럽 | 리바트 뉴탕 | 쑥자주 | | |
| | 반석패션 | 두닷모노 로니 | 밤색 | | |
| | | 필우드 에이미 | 주황색 | | |
| | | 에보니아 하모니 | | | |

〈매입매출대장 기본 형식〉

| 거래일자 | 거래구분 | 거래처명 | 품목명 | 색상 | 수량 | 단가 | 금액 | 결제방법 | 부가세 |
|---|---|---|---|---|---|---|---|---|---|
| | | | | | | | | | |
| | | | | | | | | | |
| | | | | | | | | | |

요구 사항

1. 위 자료에 의해 매입매출거래를 한꺼번에 처리하기 위한 프로시저와 매입매출대장을 설계해보시오.

2. 설계된 매입매출대장에서 다음과 같은 확장방안을 고려해 보시오.

   1) 매입장과 매출장 기록 분리하기

   - 하나의 매입매출대장에서 매입/매출 거래를 함께 기록하면서, 동시에 매입거래의 경우에는 매입장에, 매출거래의 경우에는 매출장에 각각 따로 기록되도록 하려면 어떻게 할까?

   2) 현금, 신용카드, 외상 거래의 구분 기록

   - 매입매출대장에 기록된 후 현금매매거래의 경우에는 현금출납장, 외상거래와 신용카드거래의 경우에는 외상관리대장에 각각 따로 기록 관리되도록 하려면 어떻게 할까?

   3) 부가세에 대한 또 다른 처리

   - 위 매입매출대장에서는 부가세 포함 여부만을 구분하여 표시하고 있지만, 매입/매출 시에 부가세를 별도로 계산하여 매입액, 매출액에 추가하기로 한다면 프로시저를 어떻게 구성해야 할까?

# 유사 사례 603-2 혼자해보기 Tips & 풀이 요약

## 1단계 매입매출대장 설계

## 2단계 매입매출거래 입력화면 설계

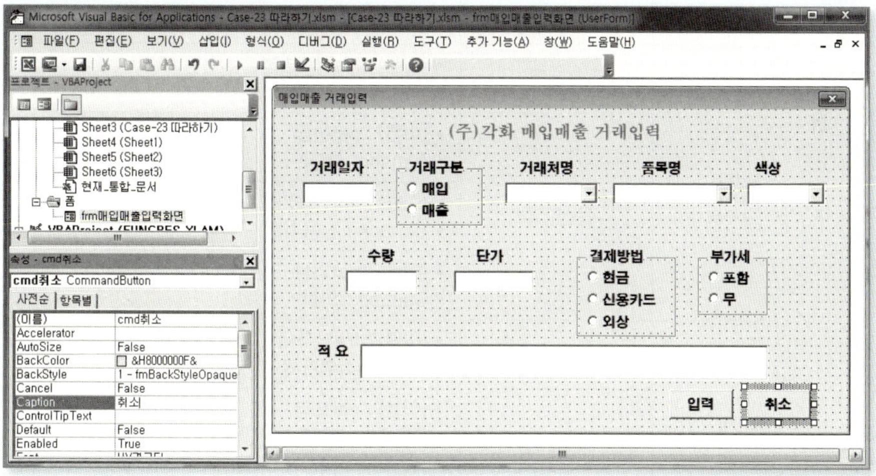

| 컨트롤 이름 | 컨트롤 종류 | 속 성 |
|---|---|---|
| 거래일자 | 텍스트상자 | • (이름) : txt거래일자 |
| 거래구분 | 프레임 | • (이름) : fra거래구분<br>• Caption : 거래구분 |
| | 옵션단추1 | • (이름) : opt매입<br>• Caption : 매입 |
| | 옵션단추2 | • (이름) : opt매출<br>• Caption : 매출 |
| 거래처명 | 콤보상자 | • (이름) : cbo거래처명<br>• ListRows : 10<br>• RowSource : 거래처명<br>• Style : 2-fmStyleDropDownList |
| 품목명 | 콤보상자 | • (이름) : cbo품목명<br>• ListRows : 10<br>• RowSource : 품목명<br>• Style : 2-fmStyleDropDownList |
| 색상 | 콤보상자 | • (이름) : cbo색상<br>• ListRows : 10<br>• RowSource : 색상<br>• Style : 2-fmStyleDropDownList |
| 수량 | 텍스트상자 | • (이름) : txt수량 |
| 단가 | 텍스트상자 | • (이름) : txt단가 |
| 결제방법 | 프레임 | • (이름) : fra결제방법<br>• Caption : 결제방법 |
| | 옵션단추 | • (이름) : opt현금<br>• Caption : 현금 |
| | | • (이름) : opt신용카드<br>• Caption : 신용카드 |
| | | • (이름) : opt외상<br>• Caption : 외상 |
| 부가세 | 프레임 | • (이름) : fra부가세<br>• Caption : 부가세 |
| | 옵션단추 | • (이름) : opt포함<br>• Caption : 포함 |
| | | • (이름) : opt무<br>• Caption : 무 |
| 적요 | 텍스트상자 | • (이름) : txt적요<br>• EnterKeyBehavior : True<br>• IMEMode : 10-fmIMEModeHangul<br>• MultiLine : True<br>• ScrollBars : 2-fmScrollBarsVertical |
| 입력 | 명령단추 | • (이름) : cmd입력<br>• Caption : 입력 |
| 취소 | 명령단추 | • (이름) : cmd취소<br>• Caption : 취소 |

## 3단계 입력 폼 실행 프로시저

```
Sub 매입매출거래입력()
    계속여부=vbYes
    Do While 계속여부=vbYes
        frm매입매출입력화면.Show
    계속여부=MsgBox("계속해서 다른 거래를 입력하시겠습니까?",vbYes,"계속여부선택")
    Loop
    Sheets("매입매출대장").Select
End Sub
```

```
Private Sub cmd취소_Click()
        Unload Me
End Sub
```

```
Public trans As String
Public paymd As String
Public vadd As String
------------------------------------------------------------------------------------------
Private Sub cmd입력_Click()
    Dim iPS As Integer
    If opt매입.Value=True Then
        trans="매입"
    ElseIf (opt매출.Value=True) Then
        trans="매출"
    Else
        MsgBox "매입매출을 선택하지 않았습니다."
        Exit Sub
    End If
    If opt현금.Value=True Then
        paymd="현금"
    ElseIf (opt신용카드.Value=True) Then
        paymd="신용카드"
    ElseIf (opt외상.Value=True) Then
        paymd="외상"
    Else
        MsgBox "결제방법을 선택하지 않았습니다."
        Exit Sub
    End If
    If opt포함.Value=True Then
        vadd="포함"
    ElseIf (opt무.Value=True) Then
        vadd="무"
    Else
        MsgBox "부가세 여부를 선택하지 않았습니다."
```

```
            Exit Sub
        End If

        With Worksheets("매입매출대장")
            iPS=.Range("A3").CurrentRegion.Rows.Count + 3
            .Cells(iPS, 1).Value=Me.txt거래일자
            .Cells(iPS, 2).Value=trans
            .Cells(iPS, 3).Value=Me.cbo거래처명.Column(0)
            .Cells(iPS, 4).Value=Me.cbo품목명.Column(0)
            .Cells(iPS, 5).Value=Me.cbo색상.Column(0)
            .Cells(iPS, 6).Value=Val(Me.txt수량)
            .Cells(iPS, 7).Value=Val(Me.txt단가)
            .Cells(iPS, 8).FormulaR1C1="=RC[-2]*RC[-1]"
            .Cells(iPS, 9).Value=paymd
            .Cells(iPS, 10).Value=vadd
            .Cells(iPS, 11).Value=Me.txt적요
        End With
        Unload Me
End Sub
```

* 거래 입력 화면

**매입매출대장**

| 거래일자 | 거래구분 | 거래처명 | 품목명 | 색상 | 수량 | 단가 | 금액 | 결제방법 | 부가세 | 비고 |
|---|---|---|---|---|---|---|---|---|---|---|
| 6/13 | 매입 | 경원패션 | 플젠 다윈 | 노란색 | 20 | 100 | 2000 | 현금 | 포함 | 경원패션에서 플젠다윈 20개(단가 100) 현금 매입 |
| 6/15 | 매출 | 저바두치 | 뉴망고 패브릭 | 진회색 | 25 | 220 | 5500 | 신용카드 | 포함 | 저바두치에 뉴망고패브릭 25개(단가 220) 카드판매 |
| 6/20 | 매입 | 디쎄 | 리바트 뉴탕 | 은회색 | 100 | 130 | 13000 | 외상 | 무 | 디쎄에 은회색 리바트뉴탕 100개(단가 130) 외상구매 |

Case-23 따라하기 | 기초자료 | 매입매출대장 | 초기화면 | Sheet2 | Sheet3

## 4단계 보조장부 양식 설계

### 1) 매입장과 매출장 설계(양식은 같음)

**매입장**

| 거래일자 | 거래처명 | 품목명 | 색상 | 수량 | 단가 | 부가세 | 금액 | 결제방법 | 비고 |
|---|---|---|---|---|---|---|---|---|---|
| 10-10 | 나들잇벌 | 보니애 | 아이보리 | 10 | 4000 | 포함 | 44000 | 현금 | 부가세 포함 거래 |
| 10-13 | 아씨방 | 한샘 핸디 | 자주색 | 30 | 4000 | 포함 | 132000 | 현금 | 부가세 포함 매입 |
| 10-14 | 보브 | 마티노 아르모 | 진자주색 | 25 | 4000 | 무 | 100000 | 신용카드 | 부가세 없는 매입 |
| 11-10 | 돌실나이 | 리바트 이즈마인 | 자주색 | 30 | 1000 | 포함 | 33000 | 현금 | 현금결제 |

초기화면 | 매입장 | 매출장 | 매입매출집계표 | 현금출납장

## 2) 현금출납장과 외상관리대장 설계

**현금출납장**

| 거래일자 | 거래구분 | 거래처명 | 품목명 | 수량 | 단가 | 부가세 | 입금 | 출금 | 잔액 | 비고 |
|---|---|---|---|---|---|---|---|---|---|---|
| 01월 01일 | 기조이월 | | | | | | | | 500000 | 전기이월 |
| 11-10 | 매입 | 돌실나이 | 리바트 이즈마인 | 30 | 1000 | 포함 | | 33000 | 467000 | 현금결제 |
| 11-11 | 매입 | 경원패션 | 에보니아 라떼 | 50 | 2000 | 포함 | | 110000 | 357000 | 현금결제2 |
| 11-15 | 매출 | 경원패션 | 쟈밀 레포사 | 30 | 4000 | 포함 | 132000 | | 489000 | 현금매출1 |

매출장 | 매입매출집계표 | 현금출납장 | 외상관리대장 | Sheet2

**외상관리대장**

| 거래일자 | 거래구분 | 거래처명 | 품목명 | 수량 | 단가 | 부가세 | 외상매입금 | 외상매출금 | 신용카드매입 | 신용카드매출 | 비고 |
|---|---|---|---|---|---|---|---|---|---|---|---|
| 11-12 | 매입 | 경원패션 | 에보니아 라떼 | 30 | 2000 | 포함 | 66000 | | | | 외상거래1 |
| 11-13 | 매입 | 경원패션 | 에보니아 라떼 | 10 | 4000 | 포함 | | | 44000 | | 신용카드1 |
| 11-15 | 매출 | 아씨방 | 뉴망고 패브릭 | 40 | 1500 | 무 | | | | 66000 | 신용카드2 |

매출장 | 매입매출집계표 | 현금출납장 | 외상관리대장 | Sheet2

## 5단계 보조장부 분기 기록 위한 프로시저

```
Select Case trans
Case "매입"
    With Worksheets("매입장")
    위치1 = .Range("A3").CurrentRegion.Rows.Count + 3
    .Cells(위치1, 1).Value = Me.txt거래일자
    .Cells(위치1, 2).Value = Me.cbo거래처명.Column(0)
    .Cells(위치1, 3).Value = Me.cbo품목명.Column(0)
    .Cells(위치1, 4).Value = Me.cbo색상.Column(0)
    .Cells(위치1, 5).Value = Val(Me.txt수량)
    .Cells(위치1, 6).Value = Val(Me.txt단가)
    .Cells(위치1, 7).Value = vadd
If vadd = "포함" Then
    .Cells(위치1, 8).FormulaR1C1 = "=RC[-3]*RC[-2]*1.1 "
ElseIf (vadd = "무") Then
    .Cells(위치1, 8).FormulaR1C1 = "=RC[-3]*RC[-2]          "
End If
    .Cells(위치1, 9).Value = paymd
    .Cells(위치1, 10).Value = Me.txt적요
End With
Case "매출"
    With Worksheets("매출장")
    위치2 = .Range("A3").CurrentRegion.Rows.Count + 3
    .Cells(위치2, 1).Value = Me.txt거래일자
    .Cells(위치2, 2).Value = Me.cbo거래처명.Column(0)
```

```
        .Cells(위치2, 3).Value=Me.cbo품목명.Column(0)
        .Cells(위치2, 4).Value=Me.cbo색상.Column(0)
        .Cells(위치2, 5).Value=Val(Me.txt수량)
        .Cells(위치2, 6).Value=Val(Me.txt단가)
        .Cells(위치2, 7).Value=vadd
    If vadd="포함" Then
        .Cells(위치2, 8).FormulaR1C1="=RC[-3]*RC[-2]*1.1 "
    ElseIf (vadd="무") Then
        .Cells(위치2, 8).FormulaR1C1="=RC[-3]*RC[-2] "
    End If
        .Cells(위치2, 9).Value=paymd
        .Cells(위치2, 10).Value=Me.txt적요
    End With
    End Select

    Select Case paymd
    Case "현금"
        With Worksheets("현금출납장")
        위치3=.Range("A3").CurrentRegion.Rows.Count + 3
        .Cells(위치3, 1).Value=Me.txt거래일자
        .Cells(위치3, 2).Value=trans
        .Cells(위치3, 3).Value=Me.cbo거래처명.Column(0)
        .Cells(위치3, 4).Value=Me.cbo품목명.Column(0)
        .Cells(위치3, 5).Value=Val(Me.txt수량)
        .Cells(위치3, 6).Value=Val(Me.txt단가)
        .Cells(위치3, 7).Value=vadd
    If trans="매출" Then
        .Cells(위치3, 8).FormulaR1C1="=RC[-3]*RC[-2]*1.1 "
    ElseIf (trans="매입") Then
        .Cells(위치3, 9).FormulaR1C1="=RC[-4]*RC[-3]*1.1 "
    End If
        .Cells(위치3, 10).FormulaR1C1="=R[-1]C+RC[-2]-RC[-1] "
        .Cells(위치3, 11).Value=Me.txt적요
    End With
    Case "외상"
        With Worksheets("외상관리대장")
        위치4=.Range("A3").CurrentRegion.Rows.Count + 3
        .Cells(위치4, 1).Value=Me.txt거래일자
        .Cells(위치4, 2).Value=trans
        .Cells(위치4, 3).Value=Me.cbo거래처명.Column(0)
        .Cells(위치4, 4).Value=Me.cbo품목명.Column(0)
        .Cells(위치4, 5).Value=Val(Me.txt수량)
        .Cells(위치4, 6).Value=Val(Me.txt단가)
        .Cells(위치4, 7).Value=vadd
    If trans="매입" Then
        .Cells(위치4, 8).FormulaR1C1="=RC[-3]*RC[-2]*1.1 "
    ElseIf (trans="매출") Then
        .Cells(위치4, 9).FormulaR1C1="=RC[-4]*RC[-3]*1.1 "
```

```
End If
    .Cells(위치4, 12).Value=Me.txt적요
End With
Case "신용카드"
    With Worksheets("외상관리대장")
    위치5=.Range("A3").CurrentRegion.Rows.Count + 3
    .Cells(위치5, 1).Value=Me.txt거래일자
    .Cells(위치5, 2).Value=trans
    .Cells(위치5, 3).Value=Me.cbo거래처명.Column(0)
    .Cells(위치5, 4).Value=Me.cbo품목명.Column(0)
    .Cells(위치5, 5).Value=Val(Me.txt수량)
    .Cells(위치5, 6).Value=Val(Me.txt단가)
    .Cells(위치5, 7).Value=vadd
If trans="매입" Then
    .Cells(위치5, 10).FormulaR1C1="=RC[-5]*RC[-4]*1.1 "
ElseIf (trans="매출") Then
    .Cells(위치5, 11).FormulaR1C1="=RC[-6]*RC[-5]*1.1 "
End If
    .Cells(위치5, 12).Value=Me.txt적요
End With
End Select
```

CHAPTER

# 07

Excel Programming

# EXCEL로 만드는 재무회계 프로그램

# 사전이해 Excel 재무회계 프로그래밍 절차

## 1. 재무회계프로그램 작성 목표

기업의 회계업무는 매우 다양하지만, 회계영역에서 다루어야 할 기본적인 업무내용은 주로 화폐금액으로 측정되는 모든 경제적 변동내역을 빠짐없이 기록하고 요약하여 이를 일정한 형식으로 보고해야 한다. 여기서 기록 및 보고업무의 수행을 위해 하나의 표준화된 규칙을 정하여 따르고 있으며, 이를 복식부기회계라고 한다. 따라서 대부분의 회계프로그램은 복식부기 회계절차를 따르게 된다. 복식부기에 의해 작성된 회계기록은 해당 정보를 필요로 하는 모든 사람들에게 제공된다. 이 때 정보이용자가 기업 내부자(경영자 및 업무담당자)인 경우에는 이들 각자의 의사결정 목적에 따라 보고내용과 형식이 각각 달라질 수밖에 없지만, 기업 외부자(주주, 채권자, 관계기관 등)인 경우에는 흔히 재무제표라고 하는 하나의 표준화된 보고서 형식에 따라 작성하여 제공하게 된다. 이와 같이 공통적인 복식부기 회계절차에 따르되 기업 외부의 불특정 다수인들을 위해 보고하는 일련의 절차를 흔히 재무회계라고 하며, 이를 위해 작성된 프로그램을 재무회계프로그램이라고 한다. 따라서 재무회계프로그램은 일반적으로 기업의 규모나 업종, 업태에 관계없이 거의 모든 기업들이 동일한 절차와 형식을 따르게 된다.

여기에서는 이러한 재무회계 업무절차를 수행하기 위한 보편적인 형식의 회계프로그램을 EXCEL의 주요 기능을 이용하여 Prototype 형태로 만들어 보고, 이를 통해 실제 기업에서 발생가능한 거래자료들을 직접 입력하여 재무제표 등의 보고서를 작성하는 절차까지를 실습형태로 진행해 보기로 한다. 다만 실무상으로는 각 기업마다 사용하는 장부형식과 보고서 형식이 다소 차이가 있을 수 있으나, 여기서는 표준화된 형식의 약식 장부와 보고서 사용을 전제로 한다.

## 2. 회계업무의 수행 절차

재무회계프로그램을 만들기 위해서는 먼저 회계업무가 수행되는 절차에 대해 정확히 이해하고 있어야 한다. 또한 각각의 절차에 적용되는 장부형식과 이를 구현하기 위해 어떠한 EXCEL 기능을 사용할 수 있을 것인지에 대한 사전 이해도 필요하다.

일반적인 회계업무 수행절차(accounting cycle)는 다음 그림과 같이 요약될 수 있다.

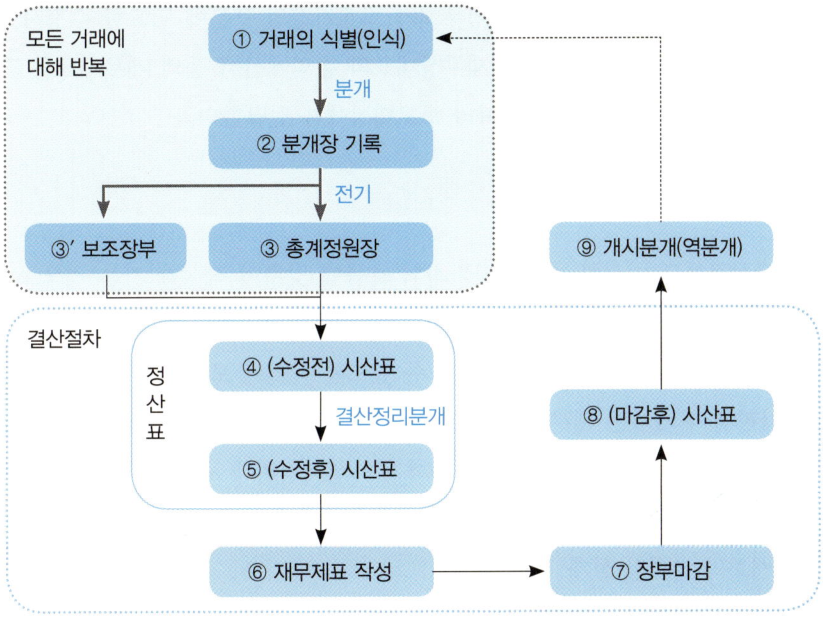


흔히 회계업무의 시작은 기업에서 발생한 어떤 활동이 장부에 기록해야 한 대상(거래, transaction)인지 아닌지를 식별하는 것으로부터 이루어진다. 만일 장부에 기록해야 할 거래라고 판단되면 이를 복식부기의 분개형식에 따라 분개장에 기입한다. 그러나 모든 거래는 마스터파일인 총계정원장에 빠짐없이 기록되어야 하며, 따라서 분개장은 총계정원장에 기록하기 위한 준비절차인 셈이다.

분개장에 기록된 각 거래는 분개된 계정과목에 따라 해당 총계정원장으로 전기한다. 총계정원장에는 발생한 모든 거래가 분개된 계정 분류에 따라 일일이 기록되기 때문에 총계정원장을 마스터파일이라고 한다. 이 때 총계정원장에는 거래에 관한 자세한 사항을 모두 기록할 수 없기 때문에, 구매나 판매 등 주된 영업활동과 관련하여 추가적인 관리와 보고업무에 필요한 사항들을 별도로 구분, 기록하기 위해 보조장부인 매입장, 매출장 등을 따로 만들어 이중으로 전기하는 방법을 사용한다. 즉, 보조장부는 주요장부인 총계정원장의 기록내용을 보조, 보완하기 위해 이중으로 별도 기록하는 장부인 셈이다.

결산시점에는 그동안 모든 장부에 기록된 거래내용들을 종합하여 요약, 보고하여야 한다. 이를 위해 먼저 총계정원장의 각 계정별 대차잔액을 구하여 시산표를 작성한다. 시산표는 그동안 각 계정별로 나뉘어 기록된 거래내용이 복식부기의 원리에 따라 기록되어 있음을 검증하는 수단이기도 하다. 이 때 주요 거래는 동시에 보조장부에도 기록되어 있으므로, 보조장부를 정리하여 총계정원장의 내용과 일치여부를 조사하는 절차도 함께 진행된다.

시산표 작성이 결산의 준비작업이었다면, 결산의 본 절차는 결산정리작업을 수행하는 것으로

부터 시작된다. 결산시에 수행해야 할 수정분개와 회계기간의 구분에 필요한 수정사항들을 정리하여 정산표를 작성하고, 정산표에 따라 재무상태표와 손익계산서 등의 재무제표를 작성하게 된다. 작성된 재무제표는 재무제표 양식에 따라 보고대상에게 전달한다.

## 3. 회계프로그램 개발 절차

회계프로그램 작성절차도 이러한 회계순환과정의 흐름에 맞추어 작성해 가는 것으로 한다. 다만 회계프로그램 개발의 궁극적인 목적이 재무제표 작성에만 있다기보다는, 작성된 재무제표를 조직 내외부의 각종 의사결정에 효율적으로 활용할 수 있도록 적절한 보고를 수행하도록 하는 목적도 가지고 있다. 따라서 여기서는 재무보고와 그 활용측면까지를 고려하여 일반적인 프로그램 개발 절차에 재무제표분석과 그래픽보고서 작성부분까지도 설계범위에 포함시켜 진행하고자 한다. 이에 회계프로그램 개발과정은 다음의 6단계로 구분하여 진행된다.

- 1단계: 문서화와 분개장 설계
- 2단계: 거래자료의 입력통제기능 설계
- 3단계: 매입매출장과 시산표 설계
- 4단계: 결산정리와 재무제표 작성
- 5단계: 재무제표분석과 그래픽보고서
- 6단계: 회계장부 및 보고서 최종 검토

| 회계프로그램 작성 지침 |
|---|
| 1. 작성되는 회계프로그램은 모든 기업에 일반적으로 적용될 수 있도록 한다.<br>2. 모든 거래는 복식부기의 기본원리에 따라 기록, 관리되는 것으로 한다.<br>3. 모든 거래는 분개장에 기록되며, 이후의 회계처리절차는 자동으로 이루어질 수 있도록 한다. 따라서 필요한 경우 언제든 실시간으로 각종 장부와 결산재무제표를 확인할 수 있도록 한다.<br>4. 각종 장부 양식은 표준식을 따른다. 다만, EXCEL 서식 적용에 필요한 경우 일부 형식을 변경하여 적용할 수 있다.<br>5. 작성되는 재무제표는 재무상태표와 손익계산서 및 이익잉여금처분계산서로 한정하되, 주요 항목에 대한 예측지표를 포함하는 것으로 한다.<br>6. 각종 장부에는 거래 입력시 오류가 발생하지 않도록 예방통제 기능을 포함하도록 한다. |

| 거래자료 입력시 수행사항 |
|---|
| 1. 파일명과 출자자의 이름에는 본인의 실명을 사용한다.<br>2. 예시로 입력되는 거래는 특정 월중에 발생한 것으로 가정한다. 다만, 모든 장부 및 보고서 설계가 완료된 이후에는 연중 거래의 기록을 전제로 한다.<br>3. 작업파일은 데이터의 안전성을 위해 작업 단계별로 구분하여 자주 저장하도록 한다. |

# Step 1 문서화와 분개장 설계

## 1단계 문서화(Documentation)

**참고**

### 문서화(Documentation)란?

문서화란 새로운 소프트웨어를 개발하는 과정에서, 소프트웨어 개발과 관련된 모든 주요 내용과 절차들을 문서형태로 만들어 보관하는 작업을 의미한다. 즉, 새로 개발되는 소프트웨어에 대한 개발방침, 요구조건, 설계내용, 운용방법, 관리정보, 개발자 정보, 주요 기능, 특성 등 시스템에 대한 상세한 설명을 공통적으로 사용하기 위해 기록해 두는 것을 말한다. 다소 복잡한 프로그램인 경우에는 알고리즘과 플로차트, 시방서(specification) 등을 포함하기도 한다.

문서화는 사후에 해당 프로그램을 수정하거나 사용자 또는 관리자에 대한 이용교육 등에 활용되기도 하고, 시스템에 문제가 생겼을 때 그 원인을 진단, 처방하는 절차에도 반드시 필요하다. 따라서 문서화는 프로그램 작성에서 매우 중요한 부분이다.

❶ 새 통합문서를 열고, [파일] 탭에서 [정보]를 선택하고 오른쪽 [속성]에서 '고급 속성'을 선택한다.

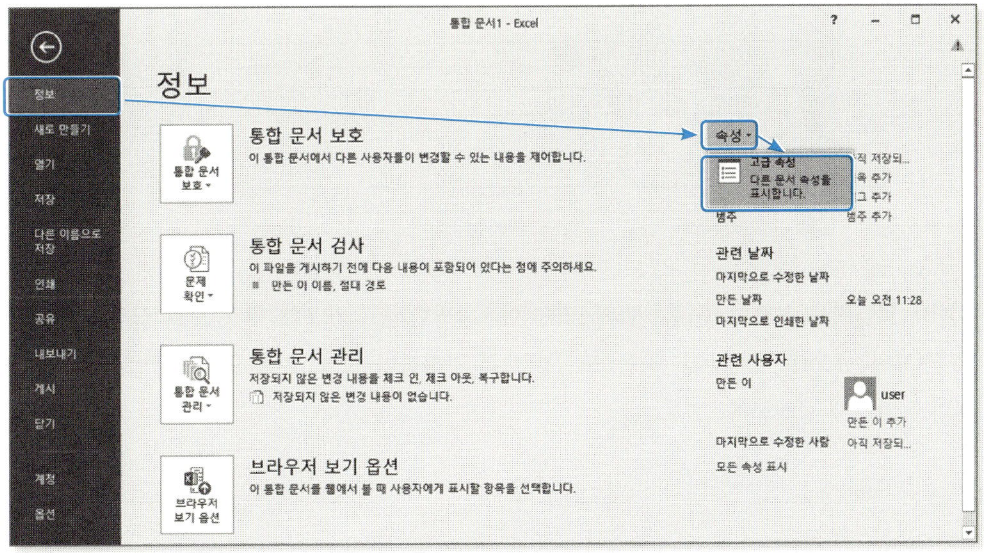

❷ '통합문서 속성' 창에서 다음의 정보를 입력한다.

- 제목: 재무회계프로그램1
- 주제: 일반목적 회계프로그램 개발
- 만든이: (본인 이름)
- 회사: 청송산업

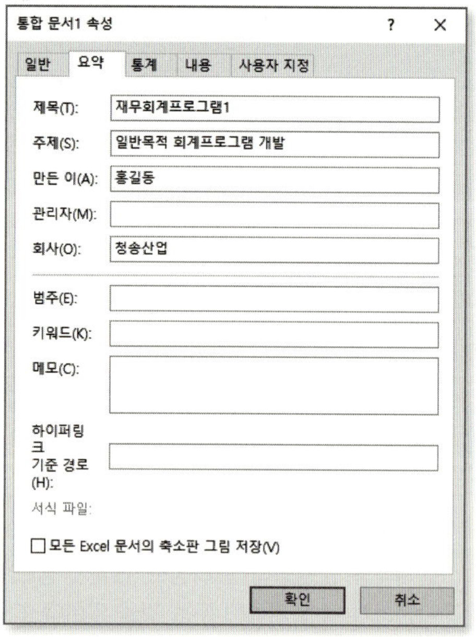


❸ [확인]을 누르고 '통합문서 속성' 창을 빠져나와 Worksheet로 돌아온 후, Sheet1의 A열의 '열 너비'를 15, '가운데 맞춤', 글꼴을 '기울임꼴'로 조정하고 B열의 '열 너비'를 50으로 조정한 후, A1:B13 셀범위에 다음의 자료를 입력한다.

| | A | B | C |
|---|---|---|---|
| 1 | | 재무회계프로그램1 | |
| 2 | *회사명 :* | 청송산업 | |
| 3 | *적용 회계연도:* | 2023 회계연도 | |
| 4 | *법인세율 :* | 30% | |
| 5 | *개발 목적 :* | 일반목적 실시간 재무회계 프로그램 만들기 | |
| 6 | *작성일 :* | 2023-01-01 | |
| 7 | *작성자 :* | (본인 이름 입력) | |
| 8 | *갱신일자 :* | 2022-08-02 | |
| 9 | *갱신자 :* | (본인 이름 입력) | |
| 10 | | | |
| 11 | | 내부통제 승인 | |
| 12 | *승인자 :* | | |
| 13 | *승인일 :* | | |
| 14 | | | |

❹ A1:B1 셀범위를 선택하고 [홈] 탭의 [맞춤]에서 [병합하고 가운데 맞춤]으로 설정한 후 [글꼴]은 '견고딕', 12pt로, [채우기 색]을 '노란색'으로 지정한다. 그리고 A11:B11 셀범위에 대해서도 위와 동일하게 설정한다.

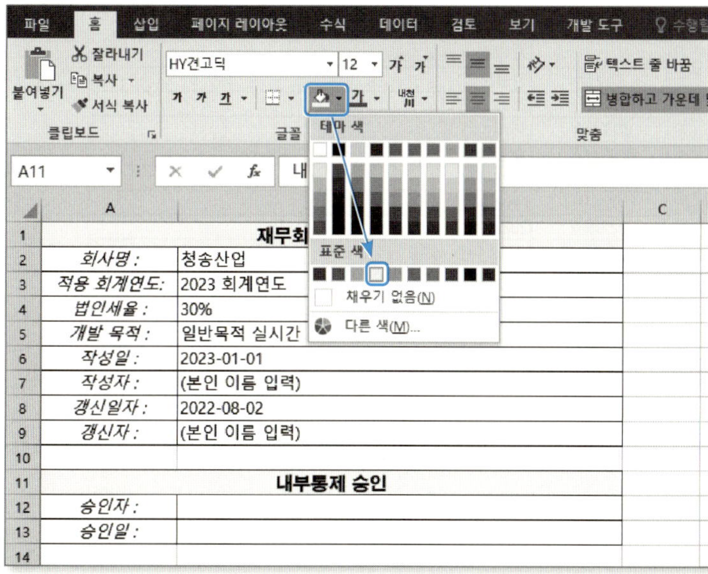

❺ 날짜 형식을 바꾸어 표시하기 위해, 날짜가 표시되거나 표시되어야 할 B6, B8, B13 셀들을 Ctrl키를 누르면서 함께 선택한 후, 오른쪽 마우스 [셀 서식] – [표시형식] – [날짜] – [형식]을 '2012/3/14' 형식으로 선택하고 [확인]을 누른다.

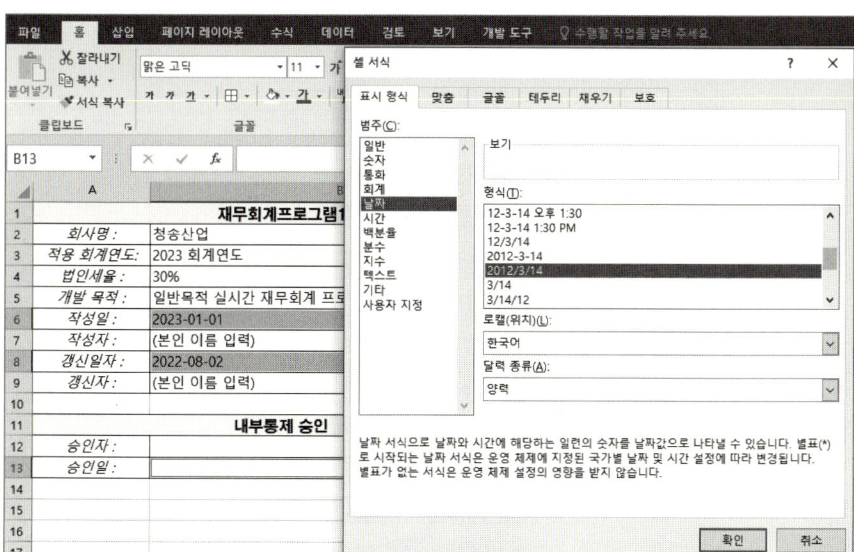

❻ 현재 작업 중인 Sheet1의 아래쪽 워크시트 탭을 더블클릭하여 Sheet1의 이름을 **'문서화'**로 바꾼다.

| | A | B | C |
|---|---|---|---|
| 1 | | 재무회계프로그램1 | |
| 2 | *회사명 :* | 청송산업 | |
| 3 | *적용 회계연도:* | 2023 회계연도 | |
| 4 | *법인세율 :* | 30% | |
| 5 | *개발 목적 :* | 일반목적 실시간 재무회계 프로그램 만들기 | |
| 6 | *작성일 :* | 2023-01-01 | |
| 7 | *작성자 :* | (본인 이름 입력) | |
| 8 | *갱신일자 :* | 2022-08-02 | |
| 9 | *갱신자 :* | (본인 이름 입력) | |
| 10 | | | |
| 11 | | 내부통제 승인 | |
| 12 | *승인자 :* | | |
| 13 | *승인일 :* | | |
| 14 | | | |

❼ 지금까지 표시한 문서화 시트의 내용은 주로 프로그램의 기본적인 사항들만을 기술한 것이고, 프로그램의 설계내용이나 개발절차 등을 보완 설명하기 위해서 주요 개발사항들을 데이터흐름도(DFD; Data Flow Diagram) 형태로 그려서 포함하는 것이 보통이다. 우리가 앞으로 수행하고자 하는 회계프로그램 개발절차(DFD)를 확정하고 이를 위의 문서화 내용 아래쪽에 DFD로 그려 표시하도록 한다. Excel에서도 이러한 DFD를 쉽게 표시할 수 있도록 [삽입] 탭의 [일러스트레이션]-[도형]-[순서도]에 관련 그래픽이 제공되고 있으므로 이를 활용하여 표시할 수도 있고, 또는 호환되는 Powerpoint 등에서 DFD를 그려서 복사한 후 삽입하여 표시할 수도 있을 것이다.

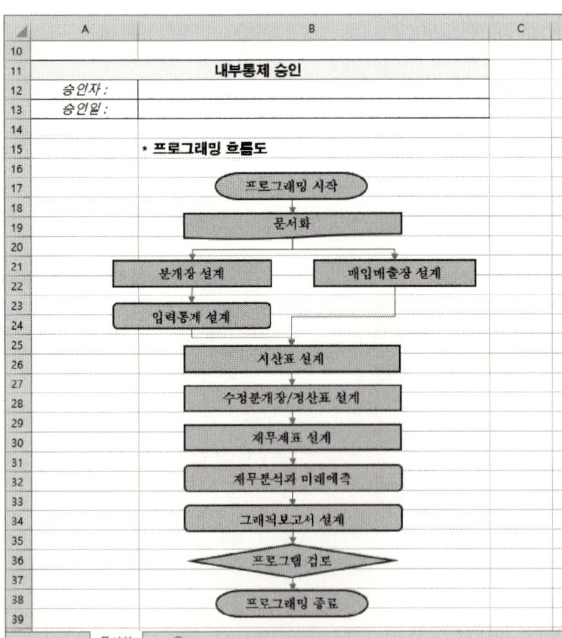


❽ 지금까지 작업한 엑셀 문서를 파일명 **'본인이름_Part1'**(예컨대 홍길동_Part1.xlsx)으로 저장한다.

## 2단계 분개장 설계

**참고**

### 분개장(General Journal)이란?

분개장은 발생한 모든 거래를 차변과 대변으로 분리하여 발생순서대로 기록하는 장부이다. 즉, 분개장은 거래가 일어난 순서와 날짜에 따라 분개의 개념을 적용하여 각각의 계정과목과 금액을 정하고, 거래의 개요를 기록하는 장부이다. 모든 거래는 발생시에 맨 먼저 분개장에 기록되므로 이를 원시기입장이라고도 하며, 거래의 주요 내용이 간추려 기록되므로 분개일기장이라고도 한다. 분개장은 총계정원장에 전기하기 위한 준비 장부로서, 총계정원장과 함께 주요 장부를 구성하며 회계처리(부기)에서 반드시 필요한 기본적인 장부의 하나이다.

따라서 분개장의 설계는 올바른 회계처리를 위해 전제가 되는 절차로서 출발점이라고도 할 수 있다.

❶ 먼저 분개장 양식을 설계하기 위해, 새로운 sheet2를 선택하고 sheet의 이름을 **'분개장'**으로 바꾸어 기록한다.

❷ 분개장 sheet의 B1 셀에 **'분 개 장'**으로 입력하고, B1:F1 셀영역을 선택하여 [홈] 탭의 [맞춤]에서 '병합하고 가운데 맞춤'을 클릭한다. 그리고 A3:G3 범위에 다음과 같은 머리글을 입력하고, [홈] 탭에서 [글꼴] - [테두리] - [모든 테두리]와 [맞춤] - [가운데 맞춤]으로 지정한다.

| | A | B | C | D | E | F | G | H |
|---|---|---|---|---|---|---|---|---|
| 1 | | | **분 개 장** | | | | | |
| 2 | | | | | | | | |
| 3 | 날짜 | 거래번호 | 계정명 | 계정코드 | 적요 | 차변 | 대변 | |
| 4 | | | | | | | | |
| 5 | | | | | | | | |



❸ 선택된 머리글 영역(A3:G3)에 대해 다시 [홈] 탭의 [글꼴] - [채우기 색] - [연한녹색]으로 지정하고, 오른쪽 마우스 [셀 서식]의 [맞춤]에서 '가로'와 '세로'의 텍스트 맞춤을 각각 '가운데'로 선택한다.

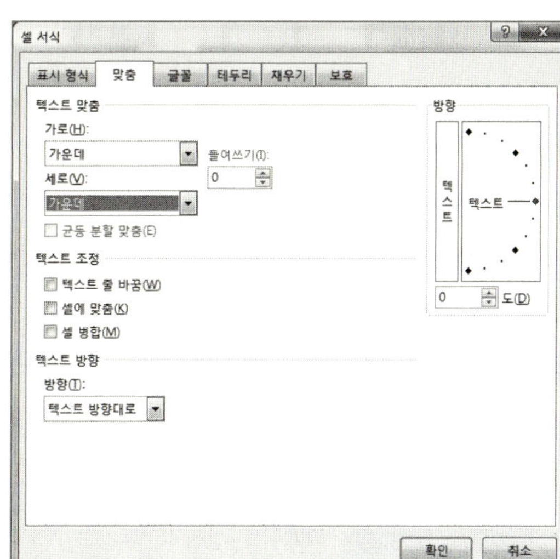

❹ 이제 A열 전체를 선택하고, 오른쪽 마우스 [셀 서식]의 [표시형식]에서 [날짜]의 형식을 "2012/3/14"로 선택한 후 [확인]을 누른다. B열의 경우에는 [셀 서식]을 "일반"으로 지정해 둔다.

❺ F열과 G열 머리글을 함께 선택하고, 오른쪽 마우스 [셀 서식]의 [표시형식] – [통화]에서 '소수 자릿수'를 '0'으로, '기호'를 '없음'으로, '음수' 표시를 붉은 색 '(1,234)' 형식으로 선택한 후 "확인" 버튼을 누른다.

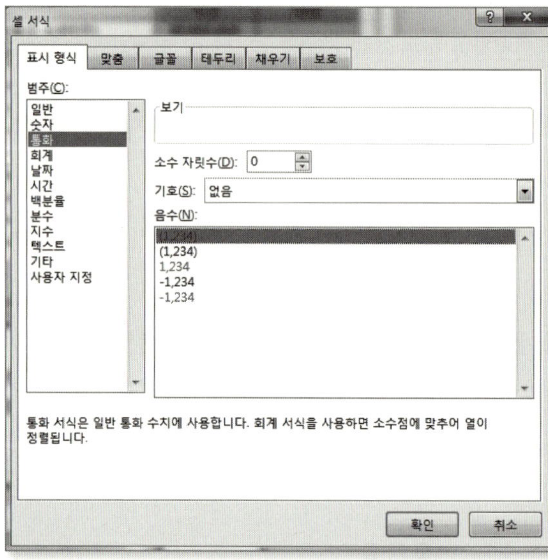


❻ Ctrl 키를 누른 상태에서 A, B, D, F, G열 머리글 부분을 함께 선택하고, [홈] 탭의 [셀] – [서식]에서 '열 너비'를 '12'로 조정한다(오른쪽 마우스의 "열 너비"를 사용할 수도 있다). 마찬가지로 C열(계정명)의 '열 너비'를 '20'으로, 그리고 E열(적요)의 '열 너비'를 '45'로 지정한다.

이상의 결과는 다음과 같이 표시된다.

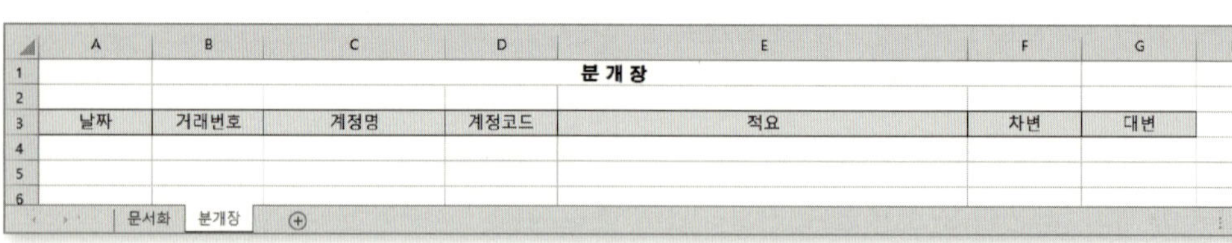


❼ 이제 분개장의 머리글 양식이 완성된 상태에서 아래 행에 다음의 최초 거래를 양식에 따라 입력해 보기로 한다.

| 거래 #1 | 2023년 6월 1일 홍길동이 현금 ₩80,000,000을 출자하여 보통주식 4,000주를 교부하였다. |
|---|---|

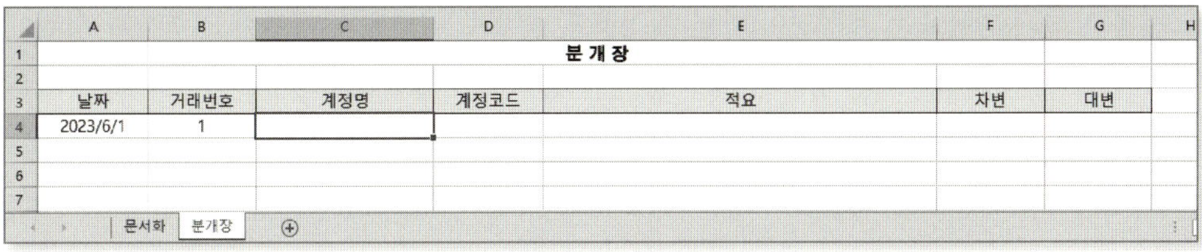


❽ 그런데 계정명(계정과목명)은 회사마다 서로 다를 수도 있고 글자수가 많은 것도 있어서 한 글자만 다르더라도 서로 다른 계정으로 잘못 인식될 수도 있다. 따라서 흔히 회사에서 쓰는 계정명을 별도의 시트에 따로 정의해두고 이를 참조하여 표시하는 형태로 입력하도록 해야 정확한 입력이 가능하다.

❾ 따라서 별도의 시트에서 계정과목들을 정리해두기 위해, 새 시트(sheet3)를 생성하고 시트 이름을 '**계정과목표**'로 변경해 둔다.

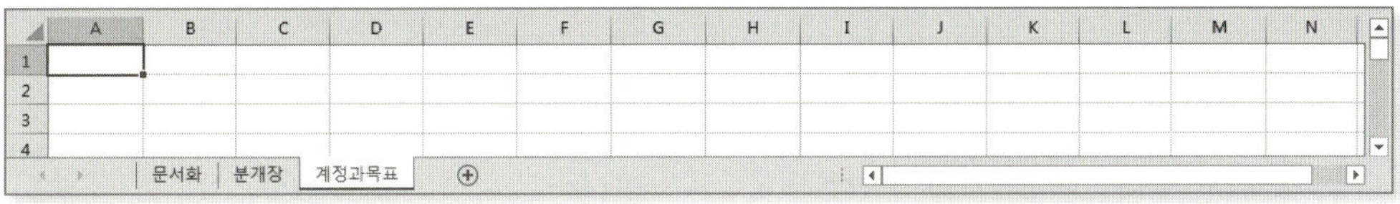


❿ '계정과목표' sheet에는 회사에서 사용하는 계정과목들과 그 코드번호를 함께 표시한다. 흔히 계정과목표에 표시되는 계정들은 자산, 부채, 자본, 수익, 비용 항목들 순으로, 그리고 유동성 배열법에 따라 순차적으로 배열하고 이들에 대해 각각의 고유의 코드번호를 부여하고 그 코드번호를 중심으로 관리하는 것이 보통이다.

⓫ 이러한 계정과목 배열 원칙에 따라 '계정과목표' sheet의 A열과 B열에 각각 다음의 계정코드와 계정명 자료를 차례로 입력한다. A열의 '열 너비'는 '10', B열의 '열 너비'는 '25'로 설정한다.

| | A | B | C |
|---|---|---|---|
| 1 | 1110 | 현금 | |
| 2 | 1190 | 선급보험료 | |
| 3 | 1320 | 비품 | |
| 4 | 1411 | 소모품 | |
| 5 | 1520 | 컴퓨터설비 | |
| 6 | 2110 | 외상매입금 | |
| 7 | 2116 | 미지급법인세 | |
| 8 | 2120 | 지급어음 | |
| 9 | 3100 | 자본금 | |
| 10 | 3510 | 이익잉여금 | |
| 11 | 4110 | 매출 | |
| 12 | 5810 | 법인세비용 | |
| 13 | | | |

문서화 | 분개장 | 계정과목표

⑫ 그런데 이 계정과목표는 계정명이 아닌 계정코드 순으로 나열된 것이어서 입력자가 사전에 모든 계정에 대한 계정코드를 정확히 알고 있어야 입력이 수월하다. 그러나 회사 규모가 크고 사용하는 계정이 많아질수록 모든 계정에 대한 코드번호를 기억하고 있기는 어려우며, 계정과목명 자체가 오름차순으로 정렬되어 있는 것도 아니어서, 이 상태로는 계정과목 입력에 어려움이 따를 수밖에 없다. 따라서 이 계정코드 중심의 계정과목표를 계정과목명 오름차순 배열로 변경해 놓을 필요가 있다.

⑬ 계정코드와 계정과목명이 표시되어 있는 A1:B12 셀범위를 선택하여 복사하고 D1 셀에 붙여넣기 한다. D열에 표시된 계정코드들을 모두 선택하여 그대로 F열(계정명 뒤쪽 열)로 이동시킨다. E열의 열너비는 B열에서와 같이 25로, F열의 열너비는 10으로 설정한다. 정렬된 E1:F12 셀범위를 선택하고 [데이터] 탭의 [정렬]에서 [정렬기준]을 '열 E', [정렬]을 '오름차순'으로 선택한 후 [확인]을 누르면 E1:F12 셀범위의 값들이 E열의 계정과목명 오름차순으로 정렬되어 표시된다.

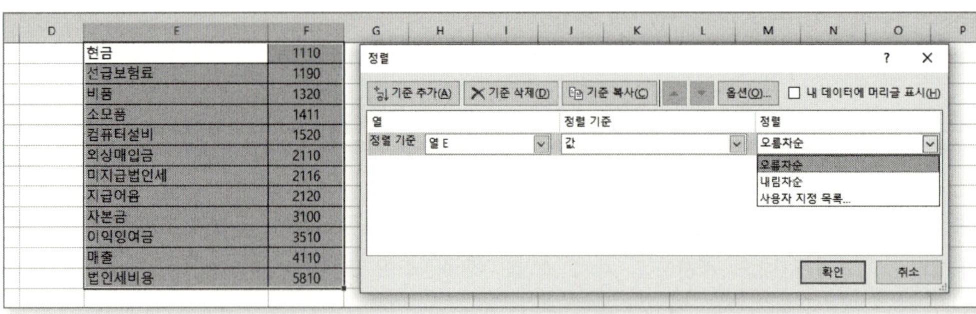


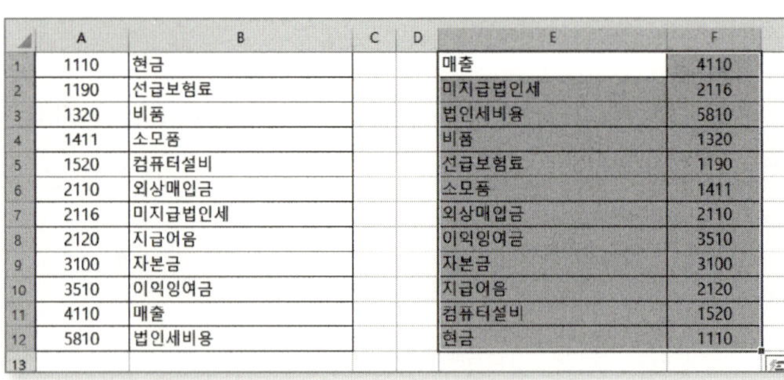


⑭ 이제 정렬된 E1:E12 셀범위를 선택하고, '이름상자'(A1 셀 바로 윗 부분)에 **'순차계정명1'**로 입력한 후 Enter 키를 누른다. 또 이번에는 E1:F12 셀범위를 선택하여 '이름상자'에 **'순차계정과목표1'**로 입력하고 Enter 키를 누른다. 즉 계정명만 나열된 E1:E12 셀범위와 계정명과 계정코드를 함께 포함하는 E1:F12 셀범위에 각각 서로 다른 이름을 부여해 두는 것이다.

Tip

### 셀 범위에 이름을 붙이는 방법

특정 셀이나 셀범위에 이름을 부여해 두면 통합문서의 어디에서든 그 이름으로 특정 셀주소나 범위를 참조하도록 할 수 있다.

**1. 메뉴의 수식 탭을 이용하는 방법**

1) 이름을 붙이고자 하는 셀 또는 셀범위를 선택한다.
2) [수식] 탭에서 [정의된 이름]-[이름 정의]를 클릭한다.
3) [새 이름] 상자에서 부여하고자 하는 이름을 입력한다.
4) '확인'을 누른다.

**2. 이름상자를 이용하는 방법**

1) 이름을 붙이고자 하는 셀 또는 셀범위를 선택한다.
2) A1 셀 위쪽에 있는 이름상자를 클릭한다.
3) 부여하고자 하는 이름을 입력하고, Enter 키를 누른다(이름을 부여한 후 반드시 Enter 키를 눌러야 해당 이름이 저장됨).

⑮ 이제 '분개장' sheet로 돌아와서, C4:C15 셀범위를 선택한 후 [데이터] 탭의 [데이터 도구]-[데이터 유효성검사]-[데이터 유효성검사]를 선택한다. [데이터 유효성] 상자의 [설정]에서 '제한대상'을 '목록'으로 선택하고 아래에 나타난 '원본' 상자를 클릭하여 조금 전에 이름부여해 두었던 "**=순차계정명1**"로 입력한다(또는 [원본]상자를 클릭한 후 '계정과목표' 시트의 E1:F12 셀범위를 선택해도 결과는 같게 표시된다).

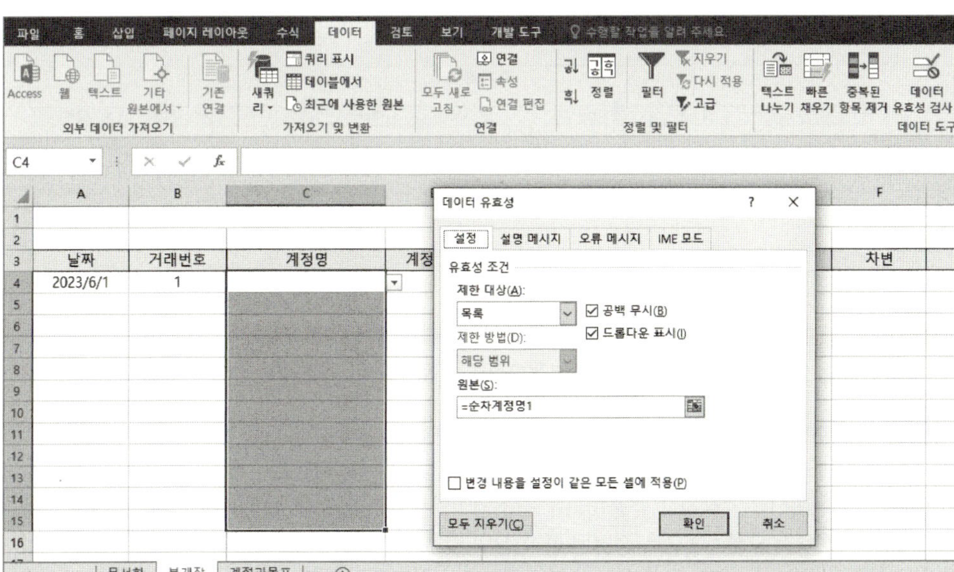

⑯ [확인]을 누르면 데이터 유효성검사가 적용된 E1:F12 셀 오른쪽에 선택화살표(▾)가 표시되고, 이 선택화살표를 클릭하면 "순차계정명1"로 이름정의 해두었던 계정과목들이 오름차순 순서대로 표시되어 나타난다. 이제 오름차순으로 표시된 계정과목명 중에서 원하는 계정을 선택하여 C열에 입력할 수 있다. C4 셀에는 원래 앞의 [거래#1]의 예시에 따라 "현금" 계정을 입력할 것이므로 선택화살표에서 "현금"을 선택하여 표시한다.

⑰ C4셀에 특정 계정과목명이 선택 입력되면 다음 D4 셀에는 그 계정과목의 코드번호가 자동으로 표시되도록 할 것이다. 해당 계정코드는 앞서 '계정과목표' 시트에서 오름차순으로 정렬하여 표시해 둔 E1:F12 셀범위(이름: '순차계정과목표1')에서 E열의 계정과목명에 해당하는 F열의 계정코드를 표시하도록 해야 한다. 이를 위해 '찾기/참조영역' 함수인 VLOOKUP 함수를 적용할 수 있다. 따라서 D4 셀에 '**=VLOOKUP(C4,순차계정과목표1,2)**'로 입력하면, C4 셀에 표시된 '현금' 계정에 해당하는 계정코드 '1110'을 찾아 D4 셀에 자동으로 표시해 준다.

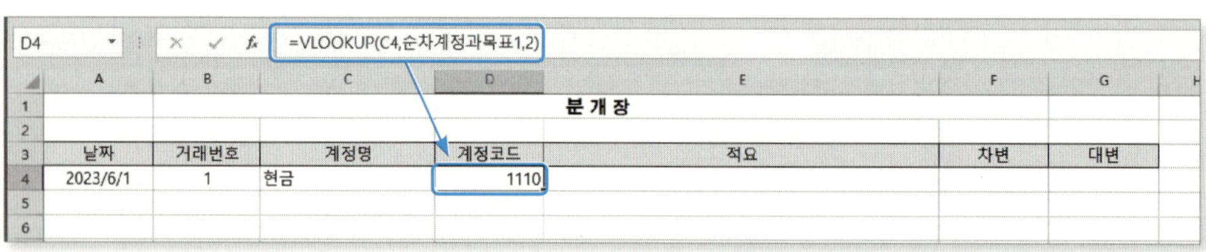


**Tip**

## VLOOKUP 함수

VLOOKUP 함수는 참조영역(배열)의 첫 열(맨 왼쪽 열)의 값을 검색하여 지정한 열(Index_number)의 같은 행에 들어 있는 값을 표시한다. 배열은 기본적으로 오름차순으로 정렬되어 있어야 한다.

VLOOKUP(lookup_value, table_array, col_index_num, [range_lookup])

- lookup_value: 표(배열)의 첫 열에서 찾으려는 값. 이는 값이나 셀주소 또는 텍스트일 수도 있다.
- table_array: 데이터를 검색하고 추출하려는 참조영역의 표(배열). 이는 범위 참조나 범위 이름이 될 수도 있다. 일반적으로 오름차순으로 정렬된 둘 이상의 열을 가진 데이터로 구성되어 있다.
- col_index_num: 배열(table_array) 내의 열 번호로, 값을 추출할 열을 지정한다. 배열 표의 첫 열 값은 '1'이다.

- [range_lookup]: 찾으려는 값(lookup_value)과 정확히 일치한 것을 찾을 것인가, 아니면 이와 가장 비슷한 값을 찾아도 되는 것인가의 여부를 결정하는 것. 만일 정확하게 일치하는 값을 찾으려면 'false'를, 비슷하게 일치하는 값을 찾으려면 'true'를 지정한다. 'true'를 지정할 경우 찾는 값보다 작은 값 중에서 가장 큰 값을 찾게 된다. 이 인수는 생략할 수 있으며, 생략하는 경우 'true'로 지정한 것으로 본다.

⑱ D4 셀에 적용된 함수는 아래쪽에도 동일하게 적용될 수 있다. 따라서 D4 셀에서 '자동채우기 핸들'을 이용하여 D15 셀까지 끌어다 놓으면 된다. 그런데 아래쪽에 복사되어 표시된 D5:D15 셀영역의 함수 적용 결괏값은 모두 '#N/A'로 표시되어 오류(Not Available)가 있음을 알려주고 있다. 이는 각 셀의 VLOOKUP 함수가 참조하고 있는 바로 앞 셀(C5:C15)에 아직 계정코드가 입력되어 있지 않은 상태이므로, 결국 빈칸을 참조하라는 의미가 되어 오류(#N/A)로 표시되고 있는 것이다.

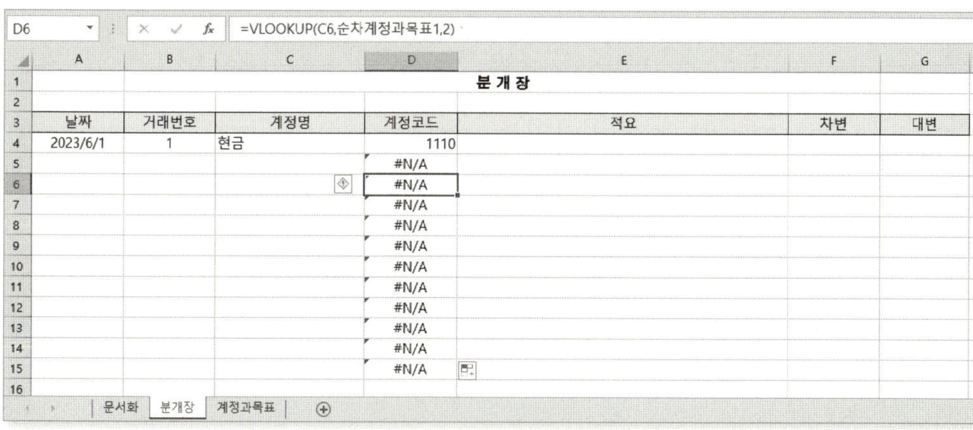


⑲ 이 오류를 수정하기 위해서는 참조하는 C열의 셀이 빈칸인 경우(계정명이 아직 입력되지 않은 경우)에는 D열에서도 값을 표시하지 않도록 해두면 될 것이다. 따라서 처음에 VLOOKUP함수를

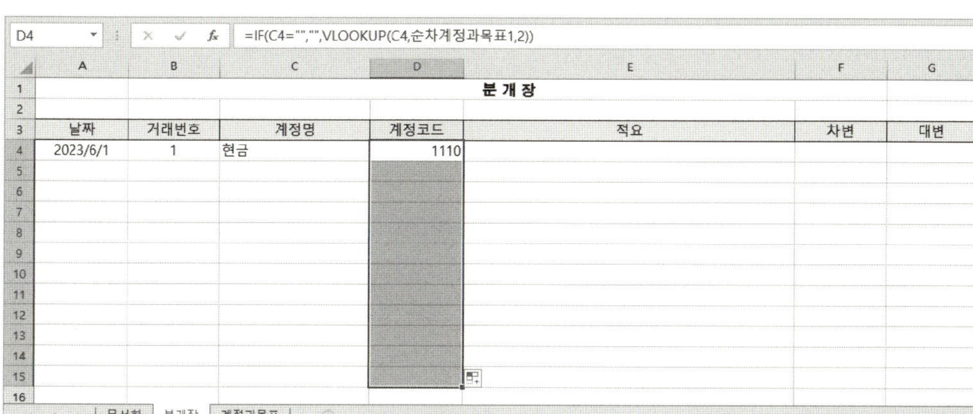

입력했던 D4 셀을 다시 선택하고, 입력되어 있는 함수에 IF함수문을 추가하여 '**=IF(C4="","", VLOOKUP(C4,계정과목표,2))**'와 같이 변경한다. 그리고 다시 D4 셀의 '자동채우기 핸들'로 D5:D15 셀영역에 복사해 두면 이제 오류가 나타나지 않게 된다(""는 빈칸을 의미함).

⑳ 적요를 표시하는 E4셀에는 거래 내용을 요약하여 직접 입력하는 곳으로, '**홍길동의 현금 출자(보통주 4,000주)**'로 입력한다. 그리고 C4에 입력된 계정(현금)이 차변 계정을 표시하는 것이므로 그 금액 '**80,000,000**'을 F4 셀에 입력한다.

㉑ 지금까지는 [거래 #1]의 차변 분개내용을 입력한 것이며, 그 다음 줄(5행)에는 대변 분개내용을 입력한다. 먼저 C5 셀에서 유효성검사 선택화살표를 클릭하여 입력하고자 하는 '자본금' 계정을 선택하면, D5 셀에서는 앞서 입력해두었던 함수식에 의해서 자본금 해당 코드 "3100"이 자동으로 표시되어진다. 이 자본금 계정은 대변에 설정된 것이므로 G5 셀에 금액 '**80,000,000**'을 입력한다.

| | A | B | C | D | E | F | G |
|---|---|---|---|---|---|---|---|
| 1 | | | | 분 개 장 | | | |
| 2 | | | | | | | |
| 3 | 날짜 | 거래번호 | 계정명 | 계정코드 | 적요 | 차변 | 대변 |
| 4 | 2023/6/1 | 1 | 현금 | 1110 | 홍길동의 현금 출자 (보통주 4,000주) | 80,000,000 | |
| 5 | | | 자본금 | 3100 | | | 80,000,000 |
| 6 | | | | | | | |
| 7 | | | | | | | |

문서화 | 분개장 | 계정과목표

㉒ 5행의 나머지 셀영역(A5, B5, E5)은 4행의 값을 그대로 적용하여 표시할 수 있을 것이다. 다만 이때 4행의 값을 그대로 표시하도록 하는 경우 오류가 나타날 수 있으므로 이를 사전에 예방하기 위해서 A5 셀에는 IF 함수와 ISBLANK 함수를 함께 사용하여 '**=IF(ISBLANK(C5),"",A4)**'와 같이 입력한다. 이는 만일 C5 셀에 계정명이 입력되지 않고 빈 셀인 경우에는 A5 셀도 빈칸으로 표시하고, 계정명이 입력되어 있는 경우에는 바로 위쪽 A4 셀의 내용과 같이 표시하라는 의미이다. 마찬가지로 B5 셀에는 함수 '**=IF(ISBLANK(C5),"",B4)**'로, 그리고 E5 셀에는 함수 '**=IF(ISBLANK(C5),"",E4)**'로 각각 입력한다. 모든 표시내용이 가운데로 나란히 정렬되도록 하기 위해 A4:G15 셀범위를 선택하여 [가운데 맞춤]으로 설정한다.

E5 =IF(ISBLANK(C5),"",E4)

| | A | B | C | D | E | F | G |
|---|---|---|---|---|---|---|---|
| 1 | | | | 분 개 장 | | | |
| 2 | | | | | | | |
| 3 | 날짜 | 거래번호 | 계정명 | 계정코드 | 적요 | 차변 | 대변 |
| 4 | 2023/6/1 | 1 | 현금 | 1110 | 홍길동의 현금 출자 (보통주 4,000주) | 80,000,000 | |
| 5 | 2023/6/1 | 1 | 자본금 | 3100 | 홍길동의 현금 출자 (보통주 4,000주) | | 80,000,000 |
| 6 | | | | | | | |
| 7 | | | | | | | |
| 8 | | | | | | | |

㉓ [거래 #1]의 예는 차변과 대변이 각각 하나씩인 분개의 예에 해당하지만, 경우에 따라서는 차변 또는 대변이 복수 이상의 혼합거래가 나타날 수도 있다. 이를 대비하기 위해서 A5:B5 셀범위를 복사하여 A6:B7에 붙여넣기 하고, E5 셀을 복사하여 E6:E7에 붙여넣기 한다. 이 경우 아직 C6, C7셀에 계정명이 입력되지 않은 상태이므로 결과는 표시되지 않는다(C6:C7은 유효성검사 선택에 의해서, D6:D7은 함수 수식에 의해서 자동 표시되는 부분이고, F6:G7은 금액을 직접 입력하는 부분이므로 수정하지 않는다).

㉔ 지금까지 A4:G7 셀범위에 각종 설정이나 수식을 입력해 두었는데, 이 중에서 직접 입력이나 선택이 필요한 부분과 자동으로 표시되므로 입력이 필요 없는 부분을 서로 구분 표시해 둘 필요가 있다. 이 중 입력이 필요한 부분을 따로 표시해두기 위해서, Ctrl 키를 누른 상태에서 A4, B4, C4:C7, E4, F4:G7 범위를 함께 선택한 후 [홈] 탭에서 [글꼴] - [채우기 색]을 '노란색'을 선택하여 선택 범위의 배경색을 바꾼다. 또 A4:G7 셀범위를 선택하여 [테두리]를 '모든 테두리'로 설정하고, 다시 '굵은 바깥쪽 테두리'를 추가한다.

| | A | B | C | D | E | F | G |
|---|---|---|---|---|---|---|---|
| 1 | | | | | 분 개 장 | | |
| 2 | | | | | | | |
| 3 | 날짜 | 거래번호 | 계정명 | 계정코드 | 적요 | 차변 | 대변 |
| 4 | 2023/6/1 | 1 | 현금 | 1110 | 홍길동의 현금 출자 (보통주 4,000주) | 80,000,000 | |
| 5 | 2023/6/1 | 1 | 자본금 | 3100 | 홍길동의 현금 출자 (보통주 4,000주) | | 80,000,000 |
| 6 | | | | | | | |
| 7 | | | | | | | |
| 8 | | | | | | | |
| 9 | | | | | | | |

㉕ 여기서 A4:G7 셀 범위는 하나의 거래를 표시하기 위해 설정된 부분이다. 또 다른 거래를 아래쪽에 계속해서 입력해나가도록 하기 위해서, 한 행을 비워둔 후 동일한 서식을 적용하도록 한다. A4:G7 셀 범위를 선택한 후 복사하여 A9 셀에 붙여넣기 한다. 그리고 붙여넣기 한 A9:G12 셀범위에서 노란색으로 표시된 부분의 값을 모두 선택하여 지운다. 이 노란색 부분은 새로운 거래자료를 직접 입력하는 부분이기 때문에 비워두기 위한 것이다.

| | A | B | C | D | E | F | G |
|---|---|---|---|---|---|---|---|
| 1 | | | | | 분 개 장 | | |
| 2 | | | | | | | |
| 3 | 날짜 | 거래번호 | 계정명 | 계정코드 | 적요 | 차변 | 대변 |
| 4 | 2023/6/1 | 1 | 현금 | 1110 | 홍길동의 현금 출자 (보통주 4,000주) | 80,000,000 | |
| 5 | 2023/6/1 | 1 | 자본금 | 3100 | 홍길동의 현금 출자 (보통주 4,000주) | | 80,000,000 |
| 6 | | | | | | | |
| 7 | | | | | | | |
| 8 | | | | | | | |
| 9 | | | | | | | |
| 10 | | | | | | | |
| 11 | | | | | | | |
| 12 | | | | | | | |
| 13 | | | | | | | |

문서화 | 분개장 | 계정과목표

㉖ 이제 새로 마련된 분개장 부분(A9:G12)에 다음의 두 번째 거래를 입력해보기로 한다.

| 거래 #2 | 2023년 6월 1일 홍길동으로부터 공정시가 ₩28,000,000에 해당하는 컴퓨터설비와 현금 ₩40,000,000을 출자받고, 보통주식 3,400주를 교부하였다. |
|---|---|

㉗ 먼저 A9 셀에는 날짜(2023-6-1)를 입력하고, B9 셀에는 두 번째 거래인 "2"를 입력하는 대신에 새로운 수식 '=**IF(ISBLANK(C9),"",B4+1)**'을 입력한다. 이는 매번 새로운 거래번호를 입력해야 하는 불편을 수식을 통해 자동 부여되도록 하기 위한 것이다. 나머지 셀에는 규칙에 따라 선택 또는 입력하여 완성한다.

| | A | B | C | D | E | F | G |
|---|---|---|---|---|---|---|---|
| 1 | | | | | 분 개 장 | | |
| 2 | | | | | | | |
| 3 | 날짜 | 거래번호 | 계정명 | 계정코드 | 적요 | 차변 | 대변 |
| 4 | 2023/6/1 | 1 | 현금 | 1110 | 홍길동의 현금 출자 (보통주 4,000주) | 80,000,000 | |
| 5 | 2023/6/1 | 1 | 자본금 | 3100 | 홍길동의 현금 출자 (보통주 4,000주) | | 80,000,000 |
| 6 | | | | | | | |
| 7 | | | | | | | |
| 8 | | | | | | | |
| 9 | 2023/6/1 | 2 | 현금 | 1110 | 홍길동 현금/현물 출자(보통주 3,400주) | 40,000,000 | |
| 10 | 2023/6/1 | 2 | 컴퓨터설비 | 1520 | 홍길동 현금/현물 출자(보통주 3,400주) | 28,000,000 | |
| 11 | 2023/6/1 | 2 | 자본금 | 3100 | 홍길동 현금/현물 출자(보통주 3,400주) | | 68,000,000 |
| 12 | | | | | | | |
| 13 | | | | | | | |

문서화 | 분개장 | 계정과목표

㉘ 그런데 여기서 만일 입력자의 부주의나 실수로 인해서 G11셀에 입력해야 할 "68,000,000"을 "6,800,000"으로 잘못 입력하였다고 가정해 보자. 이 경우 복식부기의 대차평형의 원리에 따라 차변 분개 금액의 합계와 대변 분개 금액의 합계가 서로 일치해야 함에도 불구하고 아무런 오류메시지도 표시되지 않는다면 분개장 입력에 문제가 있는 것이다.

㉙ 따라서 이러한 입력오류가 발생하지 않도록 하기 위해서는 분개의 대차 합계액을 검토하여 오류 발생사실을 알려주는 내부통제장치가 필요하다. 이를 위해 E2 셀에 수식 "**=IF(SUM(F:F)=SUM(G:G),"","대차가 맞지 않음!")**"을 입력하면, E2셀에 해당 오류메시지가 표시된다.

E2 =IF(SUM(F:F)=SUM(G:G),"","대차가 맞지 않음!")

| | A | B | C | D | E | F | G |
|---|---|---|---|---|---|---|---|
| 1 | | | | | 분 개 장 | | |
| 2 | | | | | 대차가 맞지 않음! | | |
| 3 | 날짜 | 거래번호 | 계정명 | 계정코드 | 적요 | 차변 | 대변 |
| 4 | 2023/6/1 | 1 | 현금 | 1110 | 홍길동의 현금 출자 (보통주 4,000주) | 80,000,000 | |
| 5 | 2023/6/1 | 1 | 자본금 | 3100 | 홍길동의 현금 출자 (보통주 4,000주) | | 80,000,000 |
| 6 | | | | | | | |
| 7 | | | | | | | |
| 8 | | | | | | | |
| 9 | 2023/6/1 | 2 | 현금 | 1110 | 홍길동 현금/현물 출자(보통주 3,400주) | 40,000,000 | |
| 10 | 2023/6/1 | 2 | 컴퓨터설비 | 1520 | 홍길동 현금/현물 출자(보통주 3,400주) | 28,000,000 | |
| 11 | 2023/6/1 | 2 | 자본금 | 3100 | 홍길동 현금/현물 출자(보통주 3,400주) | | 6,800,000 |
| 12 | | | | | | | |
| 13 | | | | | | | |

문서화 | 분개장 | 계정과목표

㉚ 오류메시지가 표시될 경우 이를 강조하여 표시하기 위해, E2 셀의 [셀 서식]을 아래와 같이 설정한다.

- 글꼴: 견고딕
- 글꼴 스타일: 기울임꼴
- 크기: 12
- 색: 빨강
- 셀 맞춤: 가운데 맞춤

㉛ 그런데 이 상태에서는 대차가 맞지 않더라도 얼마의 금액이 차이가 나는지를 알 수는 없다. 따라서 E2 셀의 수식을 다음과 같이 변경한다.

=IF(SUM(F:F)=SUM(G:G),"",**"대차가 맞지 않음! 차이금액은 "** & TEXT(SUM(F:F)-SUM(G:G),"###,###원"))

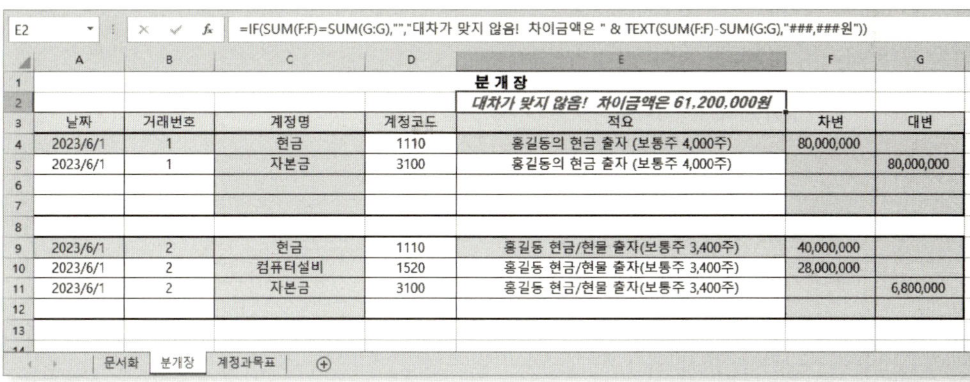

E2 | =IF(SUM(F:F)=SUM(G:G),"","대차가 맞지 않음! 차이금액은 " & TEXT(SUM(F:F)-SUM(G:G),"###,###원"))

| | A | B | C | D | E | F | G |
|---|---|---|---|---|---|---|---|
| 1 | | | | | 분 개 장 | | |
| 2 | | | | | *대차가 맞지 않음! 차이금액은 61,200,000원* | | |
| 3 | 날짜 | 거래번호 | 계정명 | 계정코드 | 적요 | 차변 | 대변 |
| 4 | 2023/6/1 | 1 | 현금 | 1110 | 홍길동의 현금 출자 (보통주 4,000주) | 80,000,000 | |
| 5 | 2023/6/1 | 1 | 자본금 | 3100 | 홍길동의 현금 출자 (보통주 4,000주) | | 80,000,000 |
| 6 | | | | | | | |
| 7 | | | | | | | |
| 8 | | | | | | | |
| 9 | 2023/6/1 | 2 | 현금 | 1110 | 홍길동 현금/현물 출자(보통주 3,400주) | 40,000,000 | |
| 10 | 2023/6/1 | 2 | 컴퓨터설비 | 1520 | 홍길동 현금/현물 출자(보통주 3,400주) | 28,000,000 | |
| 11 | 2023/6/1 | 2 | 자본금 | 3100 | 홍길동 현금/현물 출자(보통주 3,400주) | | 6,800,000 |
| 12 | | | | | | | |
| 13 | | | | | | | |

문서화 | 분개장 | 계정과목표

㉜ 위 E2 셀의 수식은 분개장에 입력되는 전체 거래를 대상으로 한 것이다. 그런데 과연 어느 거래 입력에서 대차가 일치하지 않고 있는지를 개별적으로 표시할 필요도 있다. 따라서 먼저 첫 번째 거래 입력의 아래 빈칸 행의 셀(E8)에 다음의 수식을 입력한다.

셀 E8: =IF(SUM(F4:F7)=SUM(G4:G7),"",**"대차불일치 - 거래번호 "** & B5 & **"에서 "**& TEXT(SUM(F4:F7)-SUM(G4:G7),"###,###원"))

(글꼴: 빨간색, 굵게 맞춤: 가운데 맞춤)

그런데 첫 번째 거래에서는 대차가 일치하는 분개이므로 E8 셀에 오류메시지가 따로 표시되지 않는다.

㉝ 이번에는 E8 셀의 수식을 복사하여 E13에 붙여넣기 하면, 두 번째 거래는 대변 금액을 잘못 입력한 경우이기 때문에 E13 셀에 해당 오류가 표시된다.

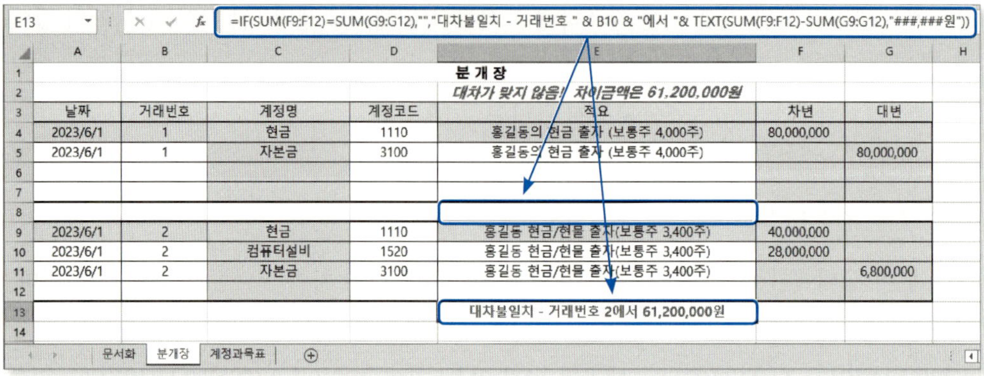


❸❹ 오류메시지를 표시하는 수식이 반영되었으므로, 이제 일부러 금액을 잘못 입력한 G11 셀의 금액(6,800,000)을 올바른 금액 '**68,000,000**'으로 고쳐 입력하면 E2 셀과 아래 E13 셀의 오류메시지가 모두 사라지게 된다.

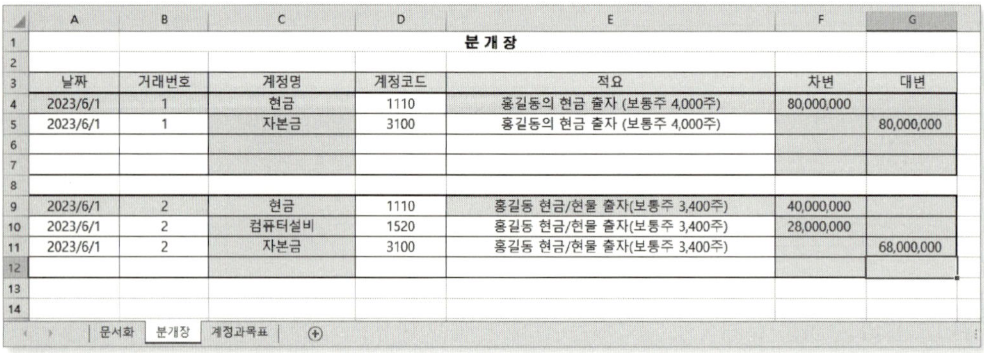


## 3단계 설계된 분개장 체크

지금까지 2가지 거래 사례를 입력해 보면서 분개장 양식에서 내부통제 차원의 미리 준비해 두어야 할 사항들을 점검해 보았으나 이것만으로 결코 충분한 것은 아니다. 이는 어떤 형태이든 다양한 거래들이 분개장을 통해서 처음 장부에 기록되어지는 것이고, 회계처리의 시작점인 분개장에의 입력이 잘못되는 경우 이후의 모든 자료가 왜곡되어 표시되어질 것이기 때문이다. 따라서 분개장이 회계처리에 필요한 모든 정보내용을 포함하면서도, 부주의나 고의에 의한 입력 오류를 모두 방지하거나 예방할 수 있는 제도적 장치들을 설계 단계에서부터 충분히 고려하도록 해야 한다.

❶ 분개장에 입력되어 있는 수식들이 분개장이 수행하게 될 기능들을 제대로 반영하고 있는지를 체크해 보기 위해, 추가로 세 번째 거래 사례를 입력해보기로 한다. 세 번째 분개를 입력하기 위한 셀 영역을 확보하기 위해, 앞서 두 번째 거래 분개시의 경우와 마찬가지로, 먼저 A9:G13

셀범위를 복사하여 A14 셀에 붙여넣기 한 후, 수식으로 변경한 B14 셀을 제외하고 노란색으로 칠해진 나머지 셀들의 값을 모두 지운다.

| | A | B | C | D | E | F | G |
|---|---|---|---|---|---|---|---|
| 1 | | | | | 분 개 장 | | |
| 2 | | | | | | | |
| 3 | 날짜 | 거래번호 | 계정명 | 계정코드 | 적요 | 차변 | 대변 |
| 4 | 2023/6/1 | 1 | 현금 | 1110 | 홍길동의 현금 출자 (보통주 4,000주) | 80,000,000 | |
| 5 | 2023/6/1 | 1 | 자본금 | 3100 | 홍길동의 현금 출자 (보통주 4,000주) | | 80,000,000 |
| 6 | | | | | | | |
| 7 | | | | | | | |
| 8 | | | | | | | |
| 9 | 2023/6/1 | 2 | 현금 | 1110 | 홍길동 현금/현물 출자(보통주 3,400주) | 40,000,000 | |
| 10 | 2023/6/1 | 2 | 컴퓨터설비 | 1520 | 홍길동 현금/현물 출자(보통주 3,400주) | 28,000,000 | |
| 11 | 2023/6/1 | 2 | 자본금 | 3100 | 홍길동 현금/현물 출자(보통주 3,400주) | | 68,000,000 |
| 12 | | | | | | | |
| 13 | | | | | | | |
| 14 | | | | | | | |
| 15 | | | | | | | |
| 16 | | | | | | | |
| 17 | | | | | | | |
| 18 | | | | | | | |

문서화 | 분개장 | 계정과목표

❷ A14 셀 이하 각 셀에 다음의 세 번째 거래를 입력해 본다.

| 거래 #3 | 2023년 6월 3일에 사무실용 비품 ₩7,860,000을 구입하고 대금은 현금 대신에 약속어음을 발행해 주었다. |
|---|---|

다만, 여기서도 분개장이 입력 오류체크를 제대로 수행하는지 검사해 보기 위해 대변에 입력해야 할 금액을 일부러 차변쪽에 입력해 보기로 한다.

| | A | B | C | D | E | F | G |
|---|---|---|---|---|---|---|---|
| 1 | | | | | 분 개 장 | | |
| 2 | | | | | *대차가 맞지 않음! 차이금액은 15,720,000원* | | |
| 3 | 날짜 | 거래번호 | 계정명 | 계정코드 | 적요 | 차변 | 대변 |
| 4 | 2023/6/1 | 1 | 현금 | 1110 | 홍길동의 현금 출자 (보통주 4,000주) | 80,000,000 | |
| 5 | 2023/6/1 | 1 | 자본금 | 3100 | 홍길동의 현금 출자 (보통주 4,000주) | | 80,000,000 |
| 6 | | | | | | | |
| 7 | | | | | | | |
| 8 | | | | | | | |
| 9 | 2023/6/1 | 2 | 현금 | 1110 | 홍길동 현금/현물 출자(보통주 3,400주) | 40,000,000 | |
| 10 | 2023/6/1 | 2 | 컴퓨터설비 | 1520 | 홍길동 현금/현물 출자(보통주 3,400주) | 28,000,000 | |
| 11 | 2023/6/1 | 2 | 자본금 | 3100 | 홍길동 현금/현물 출자(보통주 3,400주) | | 68,000,000 |
| 12 | | | | | | | |
| 13 | | | | | | | |
| 14 | 2023/6/3 | 3 | 비품 | 1320 | 어음발행 비품 구입 | 7,860,000 | |
| 15 | 2023/6/3 | 3 | 지급어음 | 2120 | 어음발행 비품 구입 | 7,860,000 | |
| 16 | | | | | | | |
| 17 | | | | | | | |
| 18 | | | | | 대차불일치 - 거래번호 3에서 15,720,000원 | | |
| 19 | | | | | | | |

문서화 | 분개장 | 계정과목표

❸ 고의로 대변 대신 차변에 입력한 사실을 분개장의 수식을 통해 오류메시지로 제대로 표시해주고 있음을 확인하였다. 이제 해당 입력통제 기능을 확인하였으니 잘못 입력된 F15 셀의 값을 지우고, G15 셀에 올바른 대변 값(7,860,000)을 입력하면 오류메시지가 사라지게 된다.

❹ 꼭 필요한 절차는 아니라 하더라도, 분개장 등 장부 설계과정에서 수식의 정확성 여부를 체크하거나 더 나은 수식 적용이 가능한가를 검토해보기 위해, 수식이 적용된 셀들의 결괏값 표시 대신에 수식 자체를 표시하도록 하여 검토해 볼 수 있다. 분개장 sheet에서 [수식] 탭의 [수식 분석] - [수식 표시]를 클릭하면 분개장 설계에 적용되었던 모든 수식에 대해 결괏값 대신 수식 자체로 표시된다.

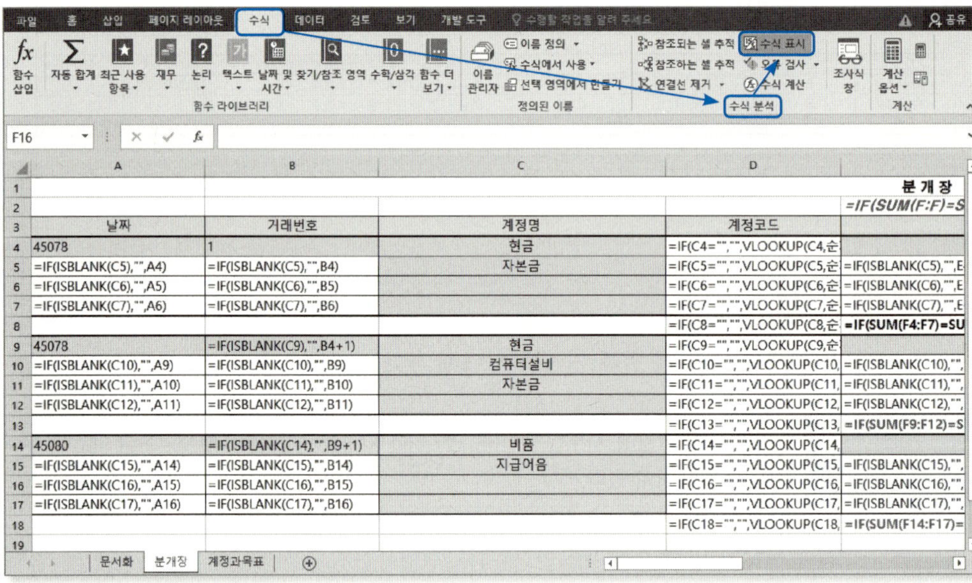


❺ 각 셀에 입력된 수식이 모두 표시되어 있으므로, 해당 수식에 오류가 있는지, 더 나은 표현법이 가능한지 등을 검토해 볼 수 있다. 만일 수식에 오류가 있는지를 직접 눈으로 살펴보기 어렵다면, EXCEL의 '오류검사' 기능을 사용할 수도 있다. 수식이 표시된 상태에서 [수식] 탭의 [수식 분석] - [오류 검사]를 클릭하면 선택된 Sheet 전체에 대한 오류 검사를 수행하고 그 결과를 표시한다(수식 대신 값으로 표시된 상태에서도 오류 검사가 가능하다). 만일 오류 검사 결과 어떤 오류가 발견된 경우에는 완료 대화상자 대신에 오류검사 대화상자가 표시된다.

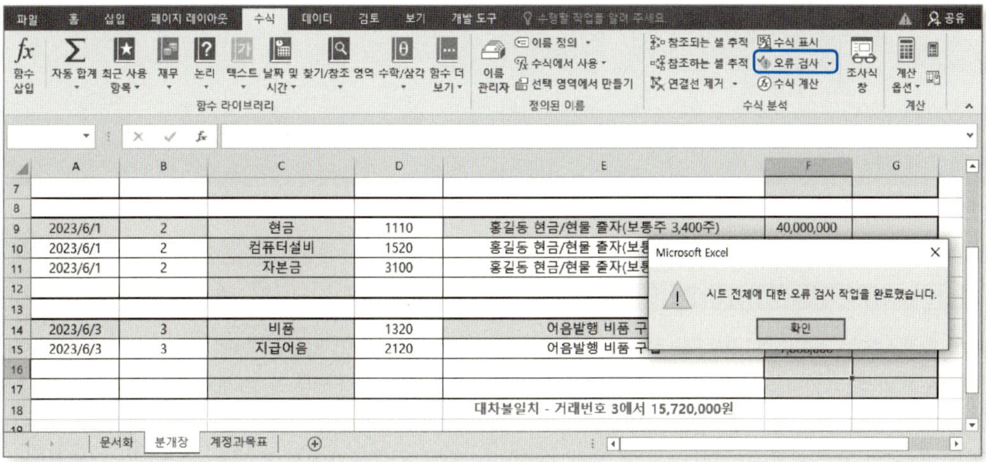

> **Tip**
>
> **오류 검사 기능**
>
> 워드프로세서에서 맞춤법검사나 문법체크 기능이 사용되고 있듯이, EXCEL에서도 '오류 검사'기능이 있다. '오류 검사'툴은 특정 규칙을 사용하여 수식 상에 문제가 있는지의 여부를 검사한다. 그러나 이러한 규칙은 작성된 워크시트에 문제가 전혀 없음을 보증한다기 보다는, 흔히 범할 수 있는 일반적인 오류나 실수를 발견하는 데 주로 사용된다. '오류 검사'에 어떤 규칙들이 적용되고 있는지를 알고자 하는 경우에는 [파일] 탭의 [옵션]-[수식]-[오류 검사 규칙]에서 확인해 볼 수 있다.

❻ 수식과 오류체크까지를 마쳤으므로 다시 [수식] 탭의 [수식 분석]-[수식 표시]를 클릭하여 값 표시 형식으로 되돌려 놓는다.

❼ 이제 분개장 설계에 필요한 모든 수식이 올바로 적용되고 있음을 확인했으므로, 이 분개장 양식을 기본 양식으로 사용할 수 있게 되었다.

❽ 지금까지 작성하여 완성된 Spreadsheet 파일을 앞서 저장해 둔 파일명(예컨대 홍길동_Part1.xlsx)으로 다시 저장해 둔다.

# Step 2 거래자료의 입력통제기능 설계

> **참고**
>
> **입력통제(Input Control) 기능이란?**
>
> 흔히 회계장부는 정형화된 형식과 절차에 따라 기록된다. 이는 회계의 기초를 아는 사람이라면 누구나 동일한 분개와 처리절차를 수행할 수 있도록 하기 위함이다. 그런데 대부분의 회계처리절차는 자동화되어 있는 경우가 많지만, 최초의 거래 입력만큼은 아직도 사람의 손에 의해 수행되는 경우가 많다. 따라서 회계처리에서의 오류는 주로 사람의 손에 의해 수행되는 자료 입력단계에서 발생하는 경우가 대부분이다. 그래서 회계프로그램을 설계할 때 최초의 자료 입력단계에서 오류가 발생하지 않도록 사전에 예방하는 차원에서 각종 통제기능이 적용된다. 이를 예방통제(preventive control)라고도 한다. 만일 회계처리의 시작 단계인 입력과정에서 오류가 발생하면 최종적인 결과까지 영향을 미칠 수 있기 때문에 입력통제 기능의 충분한 활용 여부가 프로그램의 성패를 좌우하게 된다.

## 1단계 분개장 입력통제 설계

❶ 앞에서 작성한 엑셀파일(홍길동_Part1.xlsx)을 계속해서 사용하되, 이전 파일은 원본으로 두기 위해 [파일] 탭에서 [다른 이름으로 저장하기]를 선택하여 '**홍길동_Part2.xlsx**'로 저장한다.

❷ 설계된 분개장 양식에 앞으로 발생할 많은 거래들을 입력하게 되는 경우 제목과 필드명 등의 머릿글 부분이 화면 위로 감겨 올라갈 수 있을 것이다. 이를 방지하기 위해 먼저 머릿글 행을

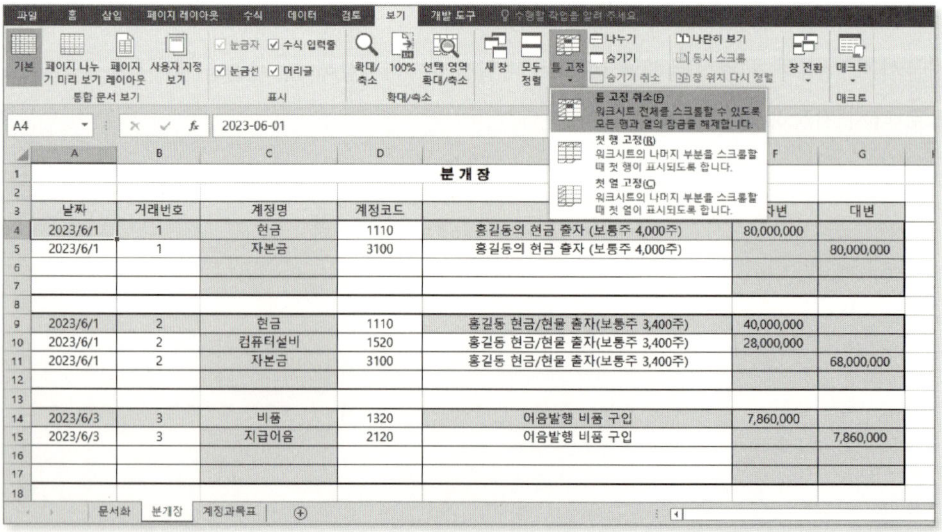

고정시키기로 한다. 분개장 sheet에서 A4 셀을 선택하고 [보기] 탭의 [창]-[틀 고정]-[틀 고정]을 선택한다.

❸ 앞의 [거래 #3] 자료를 입력한 A14:G17 셀영역은 오류체크를 위한 것이었으므로, B14 셀을 제외한 나머지 노란색 영역의 값을 모두 지운다.

❹ A14:G18 셀 영역을 복사하여 A19와 A24 셀에 두 번 붙여넣기 한다.

| | A | B | C | D | E | F | G |
|---|---|---|---|---|---|---|---|
| 1 | | | | 분개장 | | | |
| 2 | | | | | | | |
| 3 | 날짜 | 거래번호 | 계정명 | 계정코드 | 적요 | 차변 | 대변 |
| 4 | 2023/6/1 | 1 | 현금 | 1110 | 홍길동의 현금 출자 (보통주 4,000주) | 80,000,000 | |
| 5 | 2023/6/1 | 1 | 자본금 | 3100 | 홍길동의 현금 출자 (보통주 4,000주) | | 80,000,000 |
| 6 | | | | | | | |
| 7 | | | | | | | |
| 8 | | | | | | | |
| 9 | 2023/6/1 | 2 | 현금 | 1110 | 홍길동 현금/현물 출자(보통주 3,400주) | 40,000,000 | |
| 10 | 2023/6/1 | 2 | 컴퓨터설비 | 1520 | 홍길동 현금/현물 출자(보통주 3,400주) | 28,000,000 | |
| 11 | 2023/6/1 | 2 | 자본금 | 3100 | 홍길동 현금/현물 출자(보통주 3,400주) | | 68,000,000 |
| 12 | | | | | | | |
| 13 | | | | | | | |
| 14 | | | | | | | |
| 15 | | | | | | | |
| 16 | | | | | | | |
| 17 | | | | | | | |
| 18 | | | | | | | |
| 19 | | | | | | | |
| 20 | | | | | | | |
| 21 | | | | | | | |
| 22 | | | | | | | |
| 23 | | | | | | | |
| 24 | | | | | | | |
| 25 | | | | | | | |
| 26 | | | | | | | |
| 27 | | | | | | | |

❺ A14:G17, A19:G22, A24:G27 셀 영역에 각각 다음의 거래들을 입력해 본다.

| 거래 #3 | 2023년 6월 2일 청송산업은 판매용 컴퓨터설비 ₩20,000,000을 구입하고 대금은 전액 현금으로 지불하였다. |
|---|---|

| 거래 #4 | 2023년 6월 5일 청송산업은 소모품을 구입하고 대금 ₩2,400,000을 현금으로 지불하였다. |
|---|---|

| 거래 #5 | 2023년 6월 7일 홍길동은 공정시가 ₩7,000,000 상당의 비품과 공정시가 ₩4,800,000 상당의 컴퓨터설비, 그리고 현금 ₩23,800,000을 출자하고 2,200주의 주식을 배정받았다. |
|---|---|

* 다만, [거래 #5]를 입력할 때 오류체크를 제대로 수행하는지 검사해 보기 위해 컴퓨터설비 금액(4,800,000)을 일부러 그 아랫줄에 입력하기로 한다.

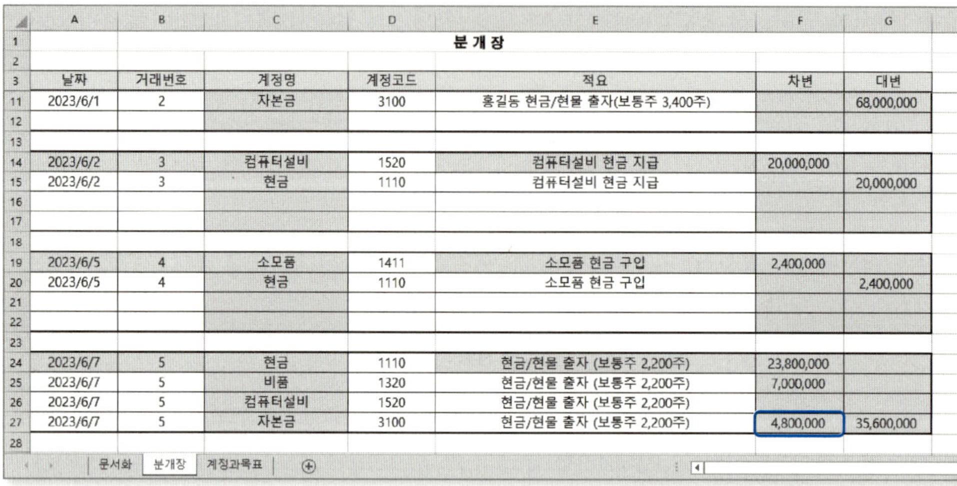

| | A | B | C | D | E | F | G |
|---|---|---|---|---|---|---|---|
| 1 | | | | 분 개 장 | | | |
| 2 | | | | | | | |
| 3 | 날짜 | 거래번호 | 계정명 | 계정코드 | 적요 | 차변 | 대변 |
| 11 | 2023/6/1 | 2 | 자본금 | 3100 | 홍길동 현금/현물 출자(보통주 3,400주) | | 68,000,000 |
| 12 | | | | | | | |
| 13 | | | | | | | |
| 14 | 2023/6/2 | 3 | 컴퓨터설비 | 1520 | 컴퓨터설비 현금 지급 | 20,000,000 | |
| 15 | 2023/6/2 | 3 | 현금 | 1110 | 컴퓨터설비 현금 지급 | | 20,000,000 |
| 16 | | | | | | | |
| 17 | | | | | | | |
| 18 | | | | | | | |
| 19 | 2023/6/5 | 4 | 소모품 | 1411 | 소모품 현금 구입 | 2,400,000 | |
| 20 | 2023/6/5 | 4 | 현금 | 1110 | 소모품 현금 구입 | | 2,400,000 |
| 21 | | | | | | | |
| 22 | | | | | | | |
| 23 | | | | | | | |
| 24 | 2023/6/7 | 5 | 현금 | 1110 | 현금/현물 출자 (보통주 2,200주) | 23,800,000 | |
| 25 | 2023/6/7 | 5 | 비품 | 1320 | 현금/현물 출자 (보통주 2,200주) | 7,000,000 | |
| 26 | 2023/6/7 | 5 | 컴퓨터설비 | 1520 | 현금/현물 출자 (보통주 2,200주) | | |
| 27 | 2023/6/7 | 5 | 자본금 | 3100 | 현금/현물 출자 (보통주 2,200주) | 4,800,000 | 35,600,000 |
| 28 | | | | | | | |



❻ 분명 [거래 #5]의 금액 입력에서 오류가 있었음에도 불구하고 분개장에서는 이 오류를 체크하지 못하고 있다. 따라서 입력자에게 같은 줄에 두 개의 숫자가 잘못 입력되어 있다는 사실을 알리기 위해 오류메시지를 표시하는 통제기능을 추가하기로 한다. I27 셀에 수식 '**=IF(AND(F27〈〉0,G27〈〉0),"차변과 대변이 같은 줄에 입력됨","")**'을 입력한다.

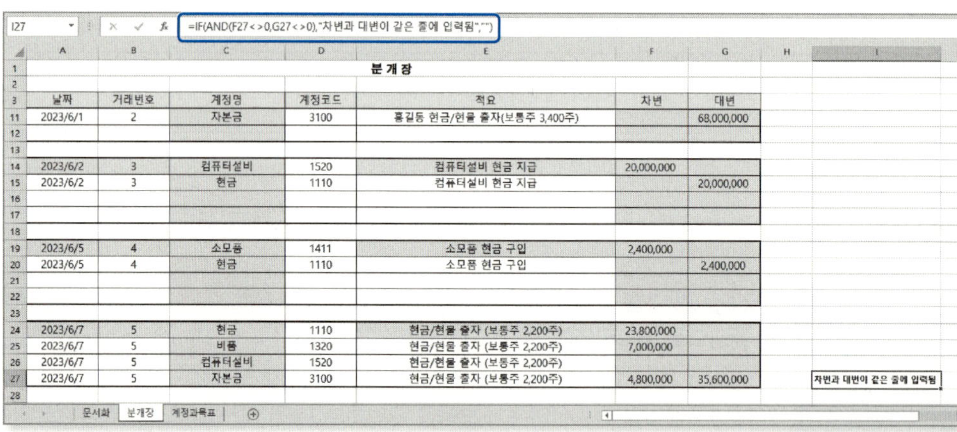



| | A | B | C | D | E | F | G | H | I |
|---|---|---|---|---|---|---|---|---|---|
| 1 | | | | 분 개 장 | | | | | |
| 2 | | | | | | | | | |
| 3 | 날짜 | 거래번호 | 계정명 | 계정코드 | 적요 | 차변 | 대변 | | |
| 11 | 2023/6/1 | 2 | 자본금 | 3100 | 홍길동 현금/현물 출자(보통주 3,400주) | | 68,000,000 | | |
| 12 | | | | | | | | | |
| 13 | | | | | | | | | |
| 14 | 2023/6/2 | 3 | 컴퓨터설비 | 1520 | 컴퓨터설비 현금 지급 | 20,000,000 | | | |
| 15 | 2023/6/2 | 3 | 현금 | 1110 | 컴퓨터설비 현금 지급 | | 20,000,000 | | |
| 16 | | | | | | | | | |
| 17 | | | | | | | | | |
| 18 | | | | | | | | | |
| 19 | 2023/6/5 | 4 | 소모품 | 1411 | 소모품 현금 구입 | 2,400,000 | | | |
| 20 | 2023/6/5 | 4 | 현금 | 1110 | 소모품 현금 구입 | | 2,400,000 | | |
| 21 | | | | | | | | | |
| 22 | | | | | | | | | |
| 23 | | | | | | | | | |
| 24 | 2023/6/7 | 5 | 현금 | 1110 | 현금/현물 출자 (보통주 2,200주) | 23,800,000 | | | |
| 25 | 2023/6/7 | 5 | 비품 | 1320 | 현금/현물 출자 (보통주 2,200주) | 7,000,000 | | | |
| 26 | 2023/6/7 | 5 | 컴퓨터설비 | 1520 | 현금/현물 출자 (보통주 2,200주) | | | | |
| 27 | 2023/6/7 | 5 | 자본금 | 3100 | 현금/현물 출자 (보통주 2,200주) | 4,800,000 | 35,600,000 | | 차변과 대변이 같은 줄에 입력됨 |
| 28 | | | | | | | | | |

❼ 그런데 이 오류메시지는 분개장 양식의 오른쪽에 표시되게 되므로 입력자가 이 오류메시지를 보기 어려울 수도 있다. 또한 이 오류메시지에 숫자 등이 포함되어 문장이 길어질 수도 있으며, 또 다른 오류메시지를 표시해야 할 경우도 발생할 수 있다. 따라서 발생가능한 오류메시지들을 따로 정리해두기 위해 별도의 Worksheet를 사용하기로

한다. 분개장 시트 오른쪽에 새로운 Worksheet를 삽입하고, '계정과목표' sheet 뒤로 이동시킨 후 sheet 이름을 **'오류테이블'**로 변경한다.

❽ '오류테이블' sheet의 A1:B2 셀 영역에 다음의 오류메시지를 입력한 후, A열과 B열의 [열 너비]를 각각 10과 40으로 지정한다.

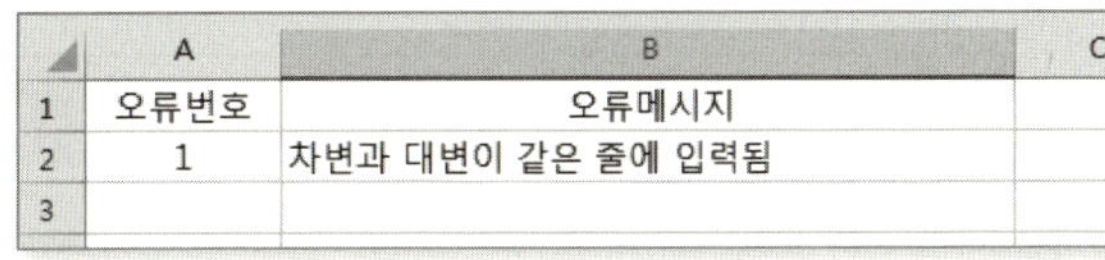


❾ '오류테이블' sheet의 A1:B15 셀 범위를 선택하여 '이름상자'(A1 셀 위쪽)에 **'오류테이블'**이라고 입력하고 'Enter' 키를 누른다(또는 A1:B15 셀 범위를 선택하고 [수식] 탭의 [정의된 이름]-[이름 정의] 대화상자에서 '이름'에 '오류테이블'로 입력해도 결과는 같다).

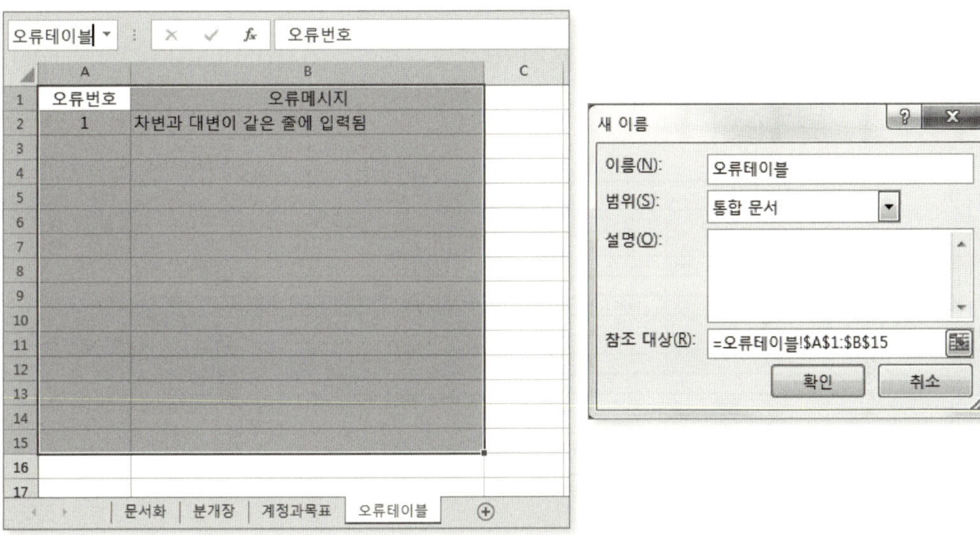


❿ 이제 '분개장' sheet로 돌아와서 이전에 오류메시지가 표시되어 있는 I27 셀을 선택하고, 이미 입력되어 있는 수식을 새 수식 '**=IF(AND(F27<>0,G27<>0),1,"")**'으로 고쳐 넣는다. 그러면 I27 셀에 이전에 문자로 표시되었던 오류메시지 대신에 오류번호 '1'이 표시된다.

⓫ I27 셀 옆의 J27, K27, L27 셀에도 이후에 다른 오류메시지를 표시할 예정이므로, H27셀에 이들 셀 범위까지를 포함하여 I27:L27 영역에 표시되는 모든 오류 메시지 번호를 합계하는 수식 '**=SUM(I27:L27)**'을 입력한다(숫자 가운데정렬).

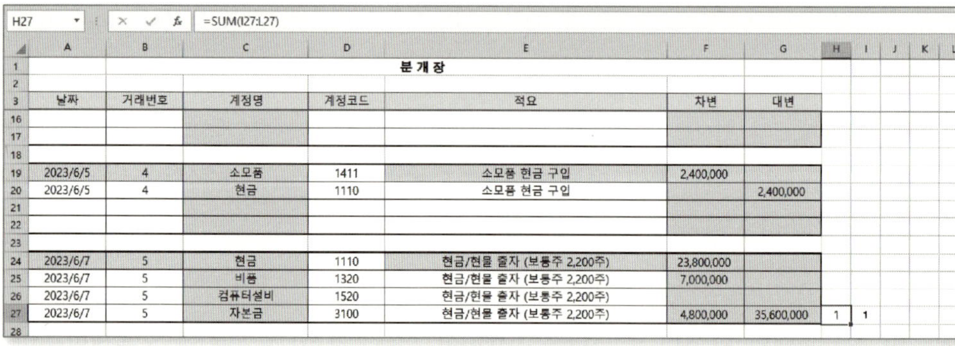


⓬ 만일 입력에 오류가 발견되어 H27 셀에 숫자가 표시되는 경우 오류테이블에서 해당 오류메시지를 찾아 E27 셀에 표시하도록 하기 위해, E27 셀에 관련 수식을 입력한다.

그런데 E27 셀에는 이미 수식 '=IF(ISBLANK(C27),"",E26)'이 입력되어 있으므로, 이를 포함하여 새로운 수식 '=IF(H27>0,VLOOKUP(H27,**오류테이블**,2),IF(ISBLANK(C27),"",E26))'으로 고쳐 입력한다.

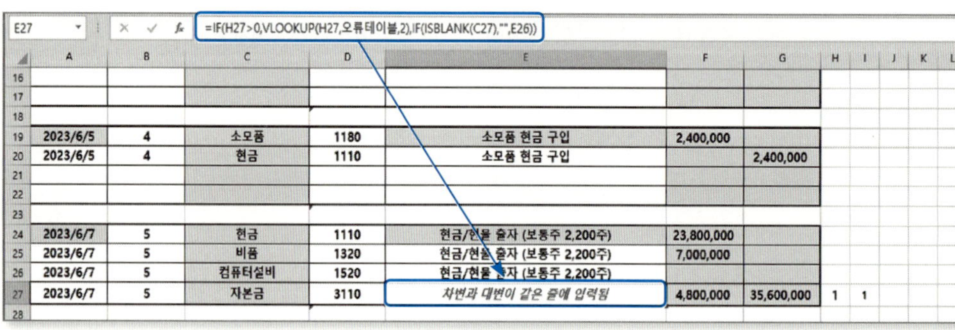


⓭ 그런데 E27 셀의 수식을 보면 H27의 조건에 따라서 셀(E27)에 표시되는 메시지기 달라질 수 있다. 즉, H27에 오류번호가 나타나지 않으면 E27 셀에는 위의 적요내용이 표시되지만, 만일 오류번호가 나타나게 되면 적요 대신에 해당 오류메시지가 표시되도록 되어 있다. 따라서 적요가 표시될 경우와 오류메시지가 표시될 경우 각각 표시되는 형식이 다르게 설정해 놓을 필요가 있다.

이를 위해 **조건부 서식**을 사용하기로 한다. E27 셀을 클릭하고, [홈] 탭의 [스타일]-[조건부 서식]-[새 규칙]을 선택한다.

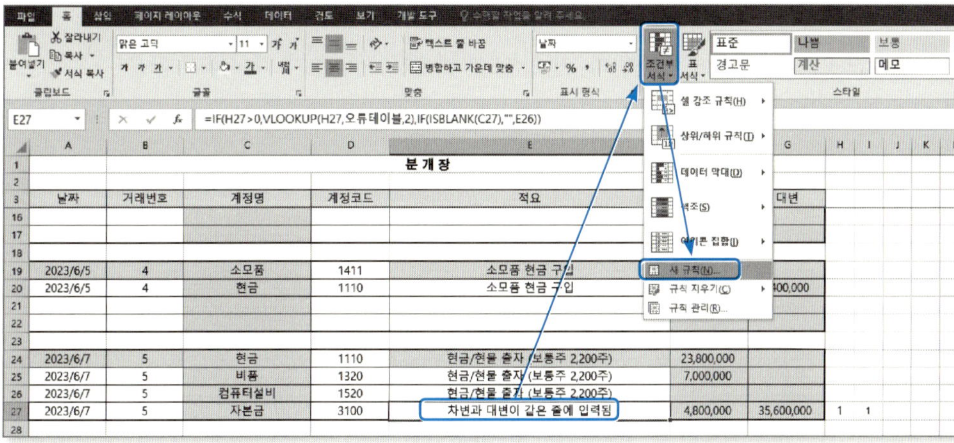

⑭ [새 서식 규칙] 상자의 [규칙 유형 선택]에서 '수식을 사용하여 서식을 지정할 셀 결정'을 선택하고, 아래 서식 지정 상자에 오류 존재여부를 표시하는 조건인 수식 '=H27>0'을 입력한다.

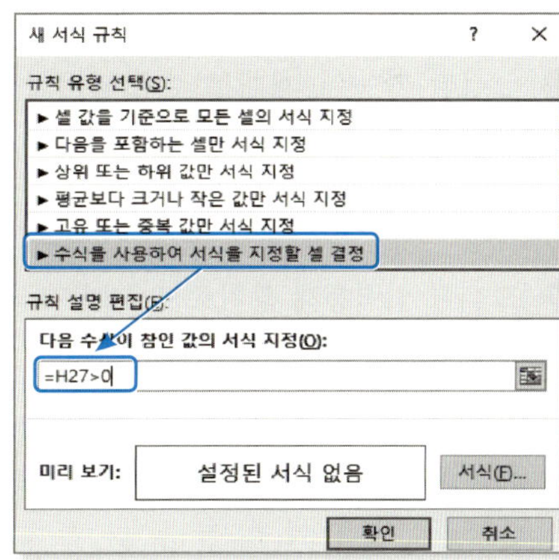


⑮ 계속해서 [새 서식 규칙] 상자의 맨 아래 [서식] 버튼을 클릭하고, 나타난 [셀 서식] 상자에서 [글꼴] 탭의 '글꼴 스타일'을 '굵은 기울임꼴'로, 그리고 '색'을 '빨강'으로 선택한 후 [확인]을 누른다.

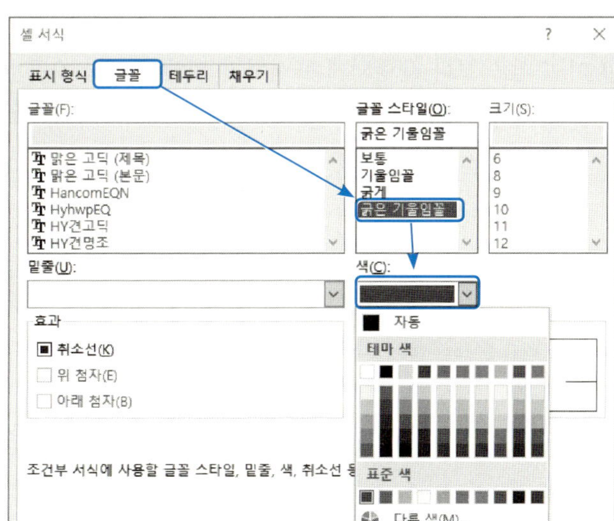

⑯ 이제 [새 서식 규칙] 상자에서 [확인]을 누르면 설정된 조건부 서식에 따라 E27 셀에 오류메시지가 빨강색으로 표시되어 나타난다. 만일 H27 셀에 오류번호가 나타나지 않은 경우에는 위쪽 셀 적요가 적용되어 검정색으로 표시될 것이다.

| | A | B | C | D | E | F | G | H | I | J | K | L |
|---|---|---|---|---|---|---|---|---|---|---|---|---|
| 1 | | | | | **분 개 장** | | | | | | | |
| 2 | | | | | | | | | | | | |
| 3 | 날짜 | 거래번호 | 계정명 | 계정코드 | 적요 | 차변 | 대변 | | | | | |
| 16 | | | | | | | | | | | | |
| 17 | | | | | | | | | | | | |
| 18 | | | | | | | | | | | | |
| 19 | 2023/6/5 | 4 | 소모품 | 1411 | 소모품 현금 구입 | 2,400,000 | | | | | | |
| 20 | 2023/6/5 | 4 | 현금 | 1110 | 소모품 현금 구입 | | 2,400,000 | | | | | |
| 21 | | | | | | | | | | | | |
| 22 | | | | | | | | | | | | |
| 23 | | | | | | | | | | | | |
| 24 | 2023/6/7 | 5 | 현금 | 1110 | 현금/현물 출자 (보통주 2,200주) | 23,800,000 | | | | | | |
| 25 | 2023/6/7 | 5 | 비품 | 1320 | 현금/현물 출자 (보통주 2,200주) | 7,000,000 | | | | | | |
| 26 | 2023/6/7 | 5 | 컴퓨터설비 | 1520 | 현금/현물 출자 (보통주 2,200주) | | | | | | | |
| 27 | 2023/6/7 | 5 | 자본금 | 3100 | *차변과 대변이 같은 줄에 입력됨* | 4,800,000 | 35,600,000 | 1 | 1 | | | |
| 28 | | | | | | | | | | | | |

⑰ 설정된 기능이 제대로 수행되는지 살펴보기 위해 일부러 오류로 입력한 F27 셀의 금액(4,800,000)을 삭제하고 F26 셀에 동일 금액(4,800,000)을 입력하여 수정한다. 이제 E27셀에 오류메시지가 사라지고 위 셀의 적요가 검정색으로 표시된다.

⑱ 또 다른 입력통제 장치로서, 대변계정이 차변계정보다 먼저 입력되면 오류로 표시되도록 설정할 필요가 있다. 이는 거래 입력의 일반적 관행으로 차변계정들을 먼저 입력한 후 대변계정을 입력하도록 해야 차변합계와 대변합계의 검토가 쉬워질 수 있기 때문이다.

따라서 대변계정이 차변계정보다 먼저 입력되어 있는 경우 이를 오류로 인식하고 해당 오류메시지를 표시하도록 하기 위해 J27 셀에 수식 '**=IF(AND(F27>0,G26>0),"대변계정이 차변계정보다 먼저 표시됨","")**'을 입력한다.

⑲ 이 수식을 보다 세련되게 표시하기 위해서 해당 오류메시지를 '오류테이블'에 등록해 두고 이를 참조하여 표시하는 방법으로 변경해 보기로 한다. 따라서 먼저 아래 sheet에서 '오류테이블' sheet를 선택하고 A3:B3 범위에 오류번호: 2, 메시지: '**대변계정이 차변계정보다 먼저 표시됨**'을 추가한다.

| | A | B | C | D |
|---|---|---|---|---|
| 1 | 오류번호 | 오류메시지 | | |
| 2 | 1 | 차변과 대변이 같은 줄에 입력됨 | | |
| 3 | 2 | 대변계정이 차변계정보다 먼저 표시됨 | | |
| 4 | | | | |
| 5 | | | | |

문서화 | 분개장 | 계정과목표 | 오류테이블

⑳ 다시 '분개장' sheet로 돌아와서 J27 셀에 입력되어 있는 수식을 '**=IF(AND(F27>0,G26>0),2,"")**'으로 변경한다.

㉑ 이 수식이 제대로 적용되는지를 확인하기 위해서 먼저 [거래 #5]의 분개장 기입내용을 다음과 같이 입력순서를 바꾸어 변경해 본다(C26과 C27, F27과 G26). 그 결과 E27 셀에는 다음과 같이 오류메시지가 표시된다.

| | A | B | C | D | E | F | G | H | I | J | K | L |
|---|---|---|---|---|---|---|---|---|---|---|---|---|
| 1 | | | | | 분 개 장 | | | | | | | |
| 2 | | | | | | | | | | | | |
| 3 | 날짜 | 거래번호 | 계정명 | 계정코드 | 적요 | 차변 | 대변 | | | | | |
| 18 | | | | | | | | | | | | |
| 19 | 2023/6/5 | 4 | 소모품 | 1411 | 소모품 현금 구입 | 2,400,000 | | | | | | |
| 20 | 2023/6/5 | 4 | 현금 | 1110 | 소모품 현금 구입 | | 2,400,000 | | | | | |
| 21 | | | | | | | | | | | | |
| 22 | | | | | | | | | | | | |
| 23 | | | | | | | | | | | | |
| 24 | 2023/6/7 | 5 | 현금 | 1110 | 현금/현물 출자 (보통주 2,200주) | 23,800,000 | | | | | | |
| 25 | 2023/6/7 | 5 | 비품 | 1320 | 현금/현물 출자 (보통주 2,200주) | 7,000,000 | | | | | | |
| 26 | 2023/6/7 | 5 | 자본금 | 3100 | 현금/현물 출자 (보통주 2,200주) | | 35,600,000 | | | | | |
| 27 | 2023/6/7 | 5 | 컴퓨터설비 | 1520 | *대변계정이 차변계정보다 먼저 표시됨* | 4,800,000 | | 2 | | **2** | | |
| 28 | | | | | | | | | | | | |

㉒ 이로써 두 번째 입력통제기능이 제대로 작동하고 있음을 확인하였으므로, 위 20)에서 일부러 입력순서를 바꾸어 놓았던 것을 원래대로 환원해 둔다(C26과 C27, F27과 G26).

㉓ 또 다른 **입력오류**가 가능한 상황 중 하나는 **계정명** 및 계정코드가 입력되지 않은 상황에서 차변이나 대변에 금액이 입력되는 경우이다. 이는 회계실무상 금액의 입력이 반드시 어느 계정과목과 관련된 것인가가 사전에 설정되어 있어야 하고, 그 계정과목의 성격에 따라서 차변에 기록될 것인지 대변에 기록될 것인지도 결정될 수 있기 때문에, 계정과목명과 계정코드의 입력 없이 금액이 먼저 기록되는 것은 오류로 보는 것이다.

이러한 **입력통제기능**을 설계하기 위해서 이번에는 해당 오류메시지를 '오류테이블'에 먼저 등록해 두고 표시하는 방법으로 진행해 보기로 한다. '오류테이블' sheet를 선택하고 A4:B4 범위에 오류번호: 3, 메시지: '**계정명과 코드번호 입력이 필요함**'을 추가한다.

| | A | B | C | D |
|---|---|---|---|---|
| 1 | 오류번호 | 오류메시지 | | |
| 2 | 1 | 차변과 대변이 같은 줄에 입력됨 | | |
| 3 | 2 | 대변계정이 차변계정보다 먼저 표시됨 | | |
| 4 | 3 | 계정명과 코드번호 입력이 필요함 | | |
| 5 | | | | |

문서화 | 분개장 | 계정과목표 | 오류테이블 | 분개장 (2)

㉔ 이제 다시 '분개장' sheet로 돌아와서, K27 셀에 수식 '**=IF(ISBLANK(C27), IF(OR(F27<>0, G27<>0),3,""),"")**'을 입력한다.

㉕ 이 통제기능이 제대로 작동되는지 시험해보기 위해 C27 셀에 입력된 계정코드를 삭제해 본다. 그러면 다음과 같이 E27 셀에 오류메시지 '계정명과 코드번호 입력이 필요함'이 표시된다.

| | A | B | C | D | E | F | G | H | I | J | K | L |
|---|---|---|---|---|---|---|---|---|---|---|---|---|
| 1 | | | | | 분개장 | | | | | | | |
| 2 | | | | | | | | | | | | |
| 3 | 날짜 | 거래번호 | 계정명 | 계정코드 | 적요 | 차변 | 대변 | | | | | |
| 18 | | | | | | | | | | | | |
| 19 | 2023/6/5 | 4 | 소모품 | 1411 | 소모품 현금 구입 | 2,400,000 | | | | | | |
| 20 | 2023/6/5 | 4 | 현금 | 1110 | 소모품 현금 구입 | | 2,400,000 | | | | | |
| 21 | | | | | | | | | | | | |
| 22 | | | | | | | | | | | | |
| 23 | | | | | | | | | | | | |
| 24 | 2023/6/7 | 5 | 현금 | 1110 | 현금/현물 출자 (보통주 2,200주) | 23,800,000 | | | | | | |
| 25 | 2023/6/7 | 5 | 비품 | 1320 | 현금/현물 출자 (보통주 2,200주) | 7,000,000 | | | | | | |
| 26 | 2023/6/7 | 5 | 컴퓨터설비 | 1520 | 현금/현물 출자 (보통주 2,200주) | 4,800,000 | | | | | | |
| 27 | | | | | *계정명과 코드번호 입력이 필요함* | | 35,600,000 | 3 | | | 3 | |
| 28 | | | | | | | | | | | | |

㉖ 이제 다시 C27 셀에 원래의 계정코드 '3100'으로 선택하여 되돌려 놓는다.

㉗ 지금까지 설계해 둔 입력통제 기능이 제대로 수행되고 있는지 시험해보기 위해, 이번에는 F27 셀에 **'5,000'**, G26 셀에 '7,000'을 각각 입력해 본다.

| | A | B | C | D | E | F | G | H | I | J | K | L |
|---|---|---|---|---|---|---|---|---|---|---|---|---|
| 1 | | | | | 분개장 | | | | | | | |
| 2 | | | | | *대차가 맞지 않음! 차이금액은 -2.000원* | | | | | | | |
| 3 | 날짜 | 거래번호 | 계정명 | 계정코드 | 적요 | 차변 | 대변 | | | | | |
| 18 | | | | | | | | | | | | |
| 19 | 2023/6/5 | 4 | 소모품 | 1411 | 소모품 현금 구입 | 2,400,000 | | | | | | |
| 20 | 2023/6/5 | 4 | 현금 | 1110 | 소모품 현금 구입 | | 2,400,000 | | | | | |
| 21 | | | | | | | | | | | | |
| 22 | | | | | | | | | | | | |
| 23 | | | | | | | | | | | | |
| 24 | 2023/6/7 | 5 | 현금 | 1110 | 현금/현물 출자 (보통주 2,200주) | 23,800,000 | | | | | | |
| 25 | 2023/6/7 | 5 | 비품 | 1320 | 현금/현물 출자 (보통주 2,200주) | 7,000,000 | | | | | | |
| 26 | 2023/6/7 | 5 | 컴퓨터설비 | 1520 | 현금/현물 출자 (보통주 2,200주) | 4,800,000 | 7,000 | | | | | |
| 27 | 2023/6/7 | 5 | 자본금 | 3110 | *계정명과 코드번호 입력이 필요함* | 5,000 | 35,600,000 | 3 | 1 | 2 | | |
| 28 | | | | | 대차불일치 - 거래번호 5에서 -2,000원 | | | | | | | |

㉘ 차변과 대변에 서로 다른 금액이 입력되어 있기 때문에 E2 셀과 E28 셀에 대차 불일치와 관련된 오류메시지가 표시되는 것은 당연하다. 그런데 E27 셀에 표시되는 오류메시지는 C27셀과 D27셀에 계정명과 계정코드가 제대로 입력되어 있음에도 불구하고 '오류번호 3'의 '계정명과 코드번호 입력이 필요함'으로 잘못 표시하고 있다. 이는 일부러 잘못 입력한 자료에서 오류번호 1번("차변과 대변이 같은 줄에 입력됨")과 오류번호 2번("대변계정이 차변계정보다 먼저 표시됨")이 함께 표시되는 상황이어서, 모든 오류를 합계해서 표시하는 H27 셀에 이들을 합한 '3'으로 표시되고 있기 때문에 나타나는 현상이다. 따라서 이 문제를 해결하기 위해 '오류테이블' sheet에서 오류번호 '3'을 '4'로 변경한다.

| | A | B | C |
|---|---|---|---|
| 1 | 오류번호 | 오류메시지 | |
| 2 | 1 | 차변과 대변이 같은 줄에 입력됨 | |
| 3 | 2 | 대변계정이 차변계정보다 먼저 표시됨 | |
| 4 | 4 | 계정명과 코드번호 입력이 필요함 | |
| 5 | | | |

문서화 | 분개장 | 계정과목표 | 오류테이블 | Sheet2 | Sheet3

㉙ 그리고 다시 ‘분개장’ sheet로 돌아와서 K27 셀의 수식을 ‘**=IF(ISBLANK(C27),IF(OR(F27<>0, G27<>0),4,""),"")**’로 수정한다.

㉚ 그런데 이번에는 E27 셀에 이전과는 달리 두 번째 오류메시지인 “대변계정이 차변계정보다 먼저 표시됨”이 표시된다. G26 셀의 금액을 ‘7,000’ 대신 F27 셀의 금액과 같은 ‘5,000’으로 수정해 보아도 E2 셀과 E28 셀에 표시되었던 오류메시지는 없어졌지만, E27 셀의 오류메시지는 그대로 두 번째 오류메시지만을 표시하고 있다.

이는 E27 셀에 포함된 VLOOKUP 함수에서 ‘찾는 값’인 ‘3’(H27)이 ‘오류테이블’ 이름 범위에서 더 이상 찾을 수 없기 때문에 가장 가까운 하위 값인 오류번호 ‘2’를 참조하여 표시하고 있기 때문이다. 이 문제를 해결하기 위해서 정확하게 일치하는 오류번호만을 참조하도록 VLOOKUP 함수에 ‘FALSE’ 조건을 추가하면 결괏값은 ‘#N/A’로 표시된다. 따라서 #N/A로 표시되는 오류를 바로 잡기 위해 ‘IFERROR’ 함수까지를 사용하여 E27 셀의 수식을 ‘**=IF(H27>0,IFERROR(VLOOKUP(H27,오류테이블,2,FALSE),"두 가지 이상의 오류가 있음"),IF(ISBLANK(C27),"",E26))**’으로 수정한다.

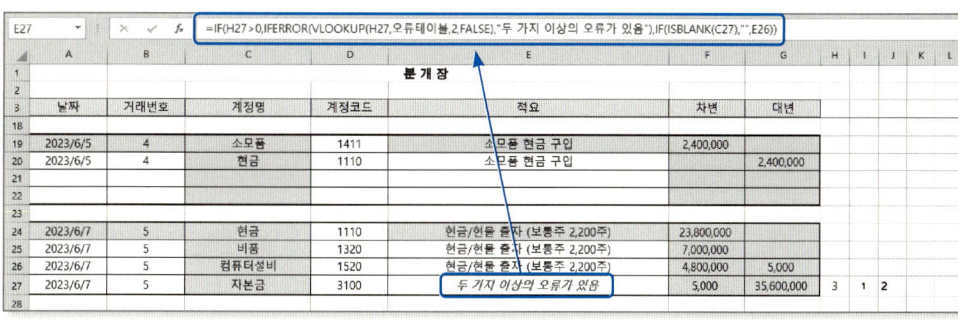


㉛ 이제 일부러 잘못 입력한 G26, F27 셀의 값들을 하나씩 지워가면서 해당 오류메시지가 제대로 표시되고 있는지 확인해 본다. C27 셀의 계정명도 지웠다가 다시 입력하면서 오류번호 #4의 메시지가 제대로 표시되는지 확인해 본다.

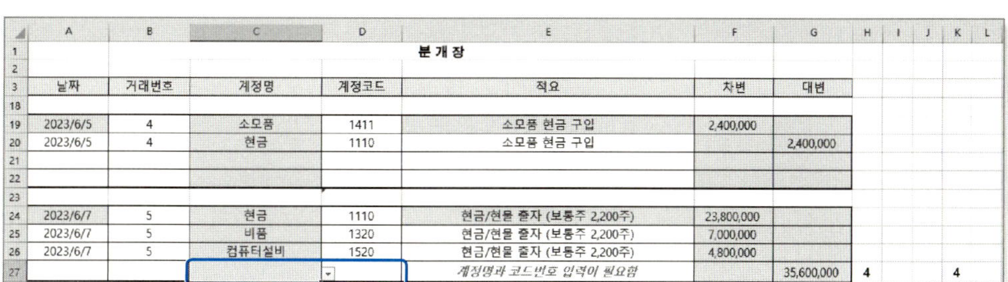

㉜ 거래자료의 입력과정에서 발생할 수 있는 또 하나의 입력오류는 소숫점 이하의 숫자 문제이다. 우리는 앞에서 분개장 양식을 설계하면서 F열과 G열의 금액 입력부분 [표시형식]을 [통화]로 지정하고 [소수 자릿수]를 '0'으로 선택했었기 때문에, F열과 G열에 표시되는 금액에 소숫점 이하 자릿수는 나타나지 않는다.

그러나 만일 입력과정에서의 부주의로 인해 소숫점 이하 숫자가 포함되거나 ',' 대신 '.'으로 입력하여 소숫점 이하의 숫자가 포함된 수치가 잘못 입력되는 경우, 화면에의 표시는 지정 조건에 따라 원 단위까지만 표시되더라도 EXCEL에서는 소숫점 이하 자릿수까지 기억하고 있어서 결과적으로 대차 합계에 차이가 있는 것으로 표시될 수도 있다.

예컨대 G27 셀의 값을 '35,600,000' 대신에 '**35,600,000.058**'과 같이 소숫점 이하 자릿수를 포함한 금액으로 입력해 보자.

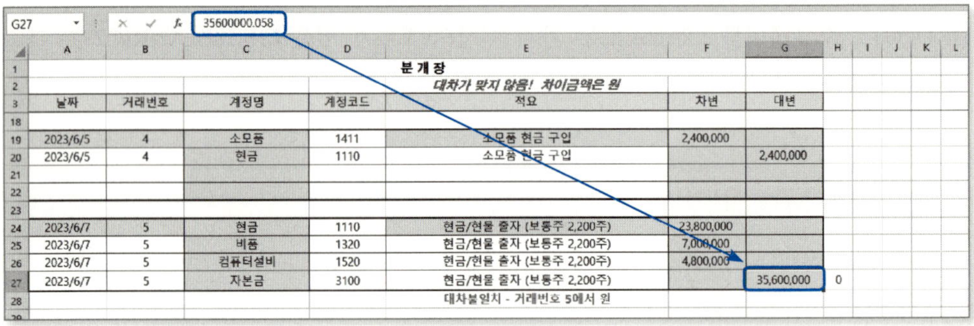


㉝ 화면에 표시되는 외관상으로는 원 단위까지만 표시되므로 오류를 발견할 수 없지만, G27 셀에 소숫점 이하 숫자가 포함되어 있어 차변합계와 대변합계에 차이가 있는 것으로 E2, E28 셀에 오류메시지가 표시된다.

㉞ 이러한 오류를 **오류메시지**로 표시하기 위해 먼저 '오류테이블' sheet에서 '**소숫점 이하의 숫자가 포함되어 있음**'을 오류번호 8번으로 등록한다.

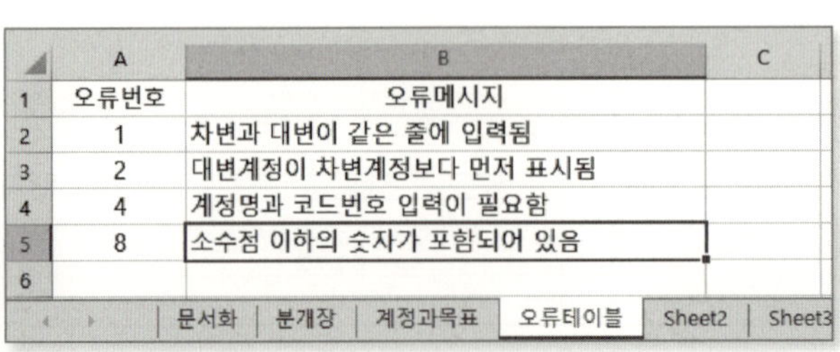

㉟ 이를 오류메시지로 표시하기 위해, 다시 '분개장' sheet로 돌아와서 L27 셀에 '=**IF(OR(ROUNDDOWN(F27,0)〈〉F27,ROUNDDOWN(G27,0) 〈〉G27),8,0)**'로 입력한다. 그러면 E27 셀에는 오류번호 8번의 오류메시지가 표시된다.

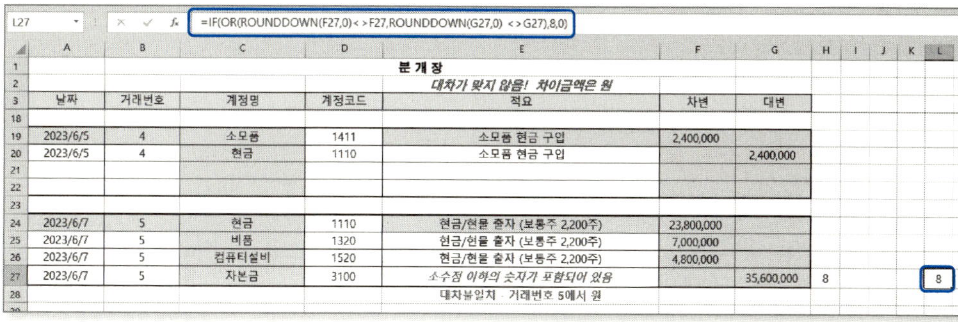


㊱ 이제 소숫점 관련 입력통제기능까지 확인되었으므로, G27 셀에 잘못 입력해 두었던 숫자를 '35,600,000'으로 수정하여 오류메시지가 표시되지 않도록 한다.

㊲ 지금까지 설계한 입력통제 기능들은 하나의 거래를 입력하기 위해 준비한 4개의 행 중 하나의 행(27행)에만 적용되고 있다. 그러나 이러한 통제기능은 다른 3개 행(24행:26행)에도 동일하게 적용되도록 해야 한다.

셀 범위 H27:L27을 복사하여 H24:L26에 붙여넣기 한다.

또 E27 셀을 복사하여 E25:E26에 붙여넣기 한다(H24 셀은 제외).

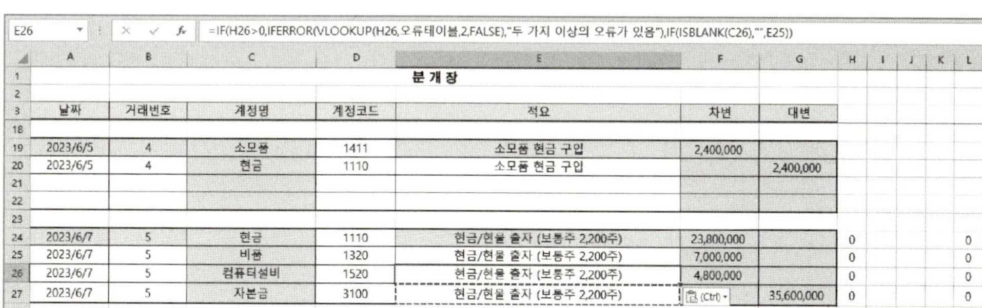


㊳ 그런데 H24:L27 영역에 표시되고 있는 '0'은 오류가 아닌 의미없는 숫자이므로 '0'이 화면에 표시되지 않도록 할 필요가 있다(물론 다른 숫자는 표시되도록 함).

H24:L27 영역을 선택하고 [홈] 탭에서 [스타일]-[조건부 서식]-[새 규칙]을 선택한 후, [새 서식 규칙] 상자에서 '규칙 유형 선택'을 '다음을 포함하는 셀만 서식 지정'으로 선택한다. 아래 [규칙 설명 편집]에서 '셀 값', '=', '0'을 각각 선택 또는 입력하고, [서식]을 클릭하여 [셀 서식]

상자에서 [글꼴] 탭의 '색'을 바탕색과 같은 '흰색'으로 선택한다. [확인]을 연속으로 누르면 '0'으로 표시되었던 H24:L27 영역에서 '0'이 감춰져 보이지 않게 된다.

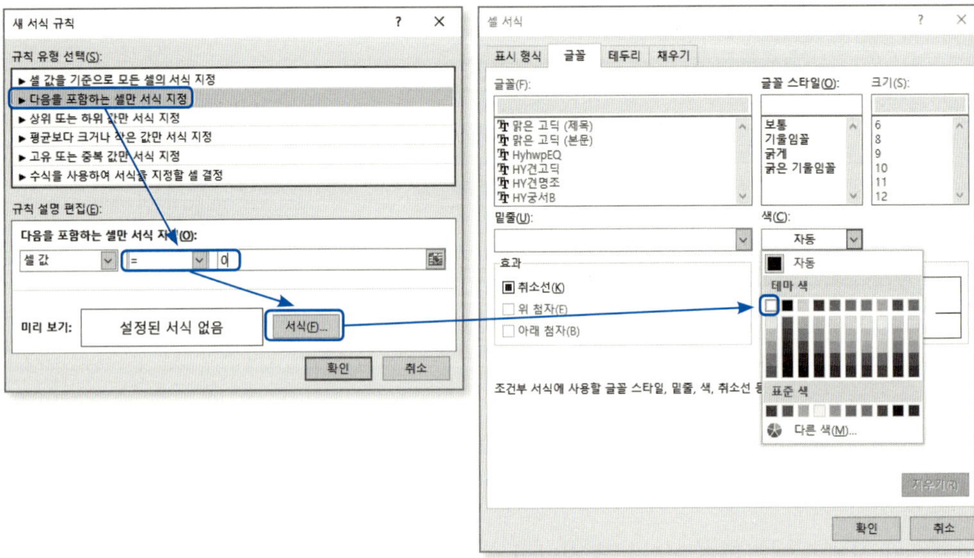


㊴ 이제 이 [거래 #5] 관련 입력부분(A24:L28)을 분개장 양식의 기본틀로 사용할 준비를 한다. 먼저 A24:G27 영역의 노란색 셀들 중에서 수식이 입력되어 있는 B24 셀을 제외한 나머지 셀들(A24, C24:C27, E24, F24:G27)의 값을 모두 지운다. 그리고 셀 범위 A24:L28을 복사하여 A4, A9, A14, A19 셀에 각각 붙여넣기 한다.

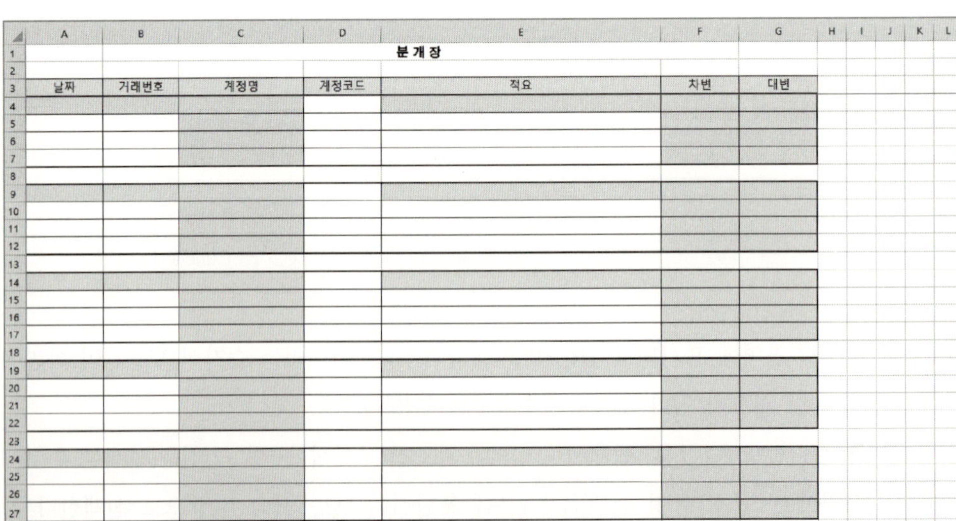

㊵ B4 셀에 입력되어 있는 수식을 지운다. 그리고 A4와 B4 셀에 각각 '2023-6-1'과 첫거래 '1'을 입력한다. 나머지 셀은 입력하지 않고 그대로 둔 채, 이번엔 A9 셀에서부터 앞의 [거래 #2] 자료를 다시 입력해 본다(B9 셀에는 수식이 있으므로 입력하지 않는다).

| 거래 #2 | 2023년 6월 1일 홍길동은 공정시가 ₩40,000,000에 해당하는 컴퓨터설비와 현금 ₩28,000,000을 출자하고, 보통주식 3,400주를 교부받았다. |
|---|---|

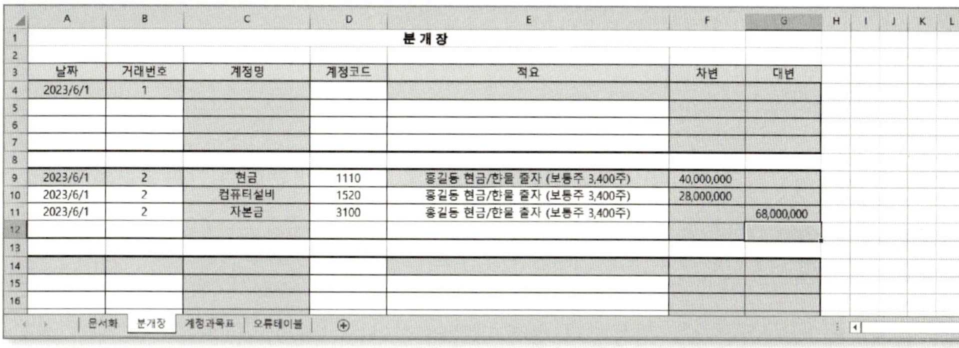

분개장

| 날짜 | 거래번호 | 계정명 | 계정코드 | 적요 | 차변 | 대변 |
|---|---|---|---|---|---|---|
| 2023/6/1 | 1 | | | | | |
| 2023/6/1 | 2 | 현금 | 1110 | 홍길동 현금/한물 출자 (보통주 3,400주) | 40,000,000 | |
| 2023/6/1 | 2 | 컴퓨터설비 | 1520 | 홍길동 현금/한물 출자 (보통주 3,400주) | 28,000,000 | |
| 2023/6/1 | 2 | 자본금 | 3100 | 홍길동 현금/한물 출자 (보통주 3,400주) | | 68,000,000 |



㊶ 여기서 [거래 #2]를 입력해 본 이유는 A24:L28 영역에서 입력한 수식들이 다른 곳에 복사하여 적용해도 동일한 결과를 보이는지를 확인하고 한 것이며, 특히 B9 셀이 자동으로 표시되는지 확인하고자 한 것이다. B9 셀에 거래번호를 입력하지 않았지만, 두 번째 거래부터는 자동으로 표시됨을 확인하였으므로 B9 셀의 노란색 바탕을 지운다([홈] 탭에서 [글꼴]-[채우기 색]-[채우기 없음] 클릭). B4 셀은 노란색 표시를 그대로 둔다.

㊷ 이제 거래 자료를 입력한 모든 노란색 셀(A4:B4, A9, C9:C11, E9, F9:G11)의 자료들을 지운다.

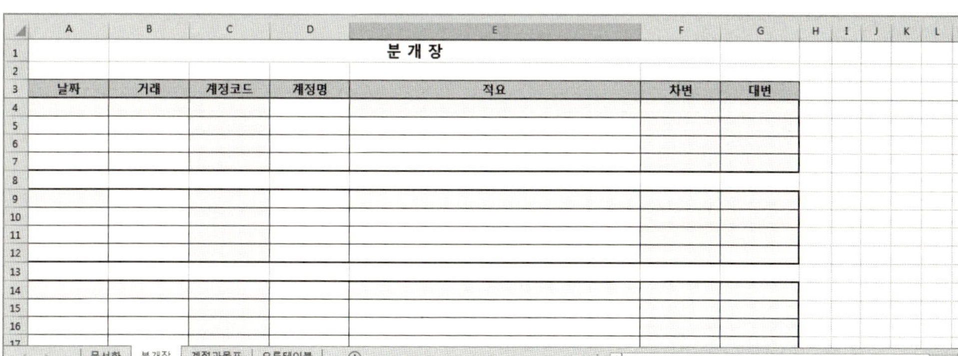

분 개 장

| 날짜 | 거래 | 계정코드 | 계정명 | 적요 | 차변 | 대변 |
|---|---|---|---|---|---|---|



㊸ 지금까지 작업한 Worksheet를 저장해 둔다(파일명: 홍길동_part2).

## 2단계 분개장 응용통제 설계

> **참고**
>
> **응용통제(application control)**
>
> 회계프로그램이 제대로 작동하도록 하기 위해 사전에 설정해두는 예방통제 성격의 통제 기능은 흔히 일반통제(general control)와 응용통제(application contro;)로 구분되고 있다. 이 중 일반통제는 소프트웨어의 설계, 보안, 데이터관리, 직무분리, 문서화 등과 같이 시스템 전체의 일반적인 활동을 통제하기 위한 것이다. 이에 반해 응용통제는 프로그램 내에서 하나하나의 거래가 오류 없이 정확하게 처리되도록 하기 위한 통제활동으로, 데이터의 준비에서부터 입력, 처리, 출력, 저장에 이르기까지 발생하는 모든 오류와 사고를 감시하고 점검하기 위한 것이다.

분개장 설계와 관련하여 적용되어야 할 응용통제를 몇 가지로 구분하여 살펴보기로 한다.

| 응용통제 1 | 날짜 필드에는 날짜 이외의 자료가 입력되어서는 안된다. |
|---|---|

위의 분개장에 이 응용통제를 적용하기 위해 다음의 절차를 수행한다.

❶ A4와 A9 셀을 함께 선택한다(컨트롤 키를 누른 상태에서 A4와 A9 셀을 누른다).

❷ [데이터] 탭의 [데이터 도구]에서[데이터 유효성검사]를 클릭한다.

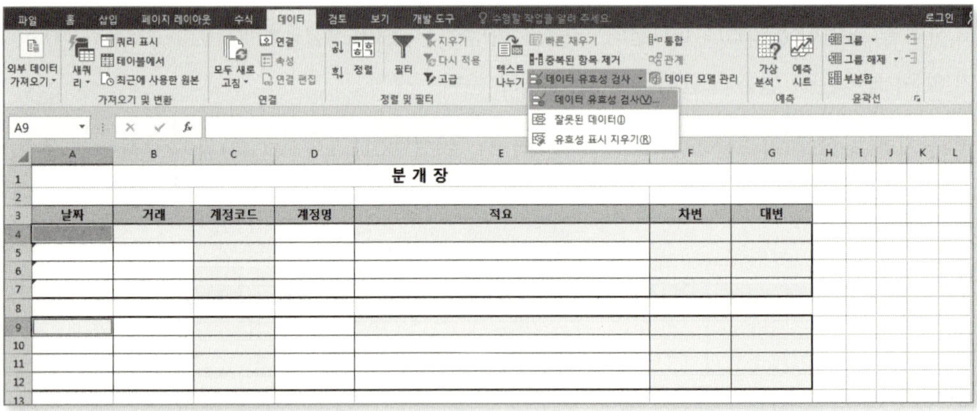

❸ [데이터 유효성] 상자의 [설정]에서 [제한대상]을 '날짜'로 선택하고, [제한 방법]을 '해당 범위'로, 그리고 [시작 날짜]를 '2023/1/1', [끝 날짜]를 '2023/12/31'로 입력한다. 그리고 [데이터 유효성] 상자의 [오류 메시지] 탭에서 [스타일]을 '중지'로 선택하고, [제목]에 '날짜 입력 오류', [오류 메시지]에 **'거래일자를 날짜 형식으로 입력하시오.'**로 입력한다. [확인]을 누른다.

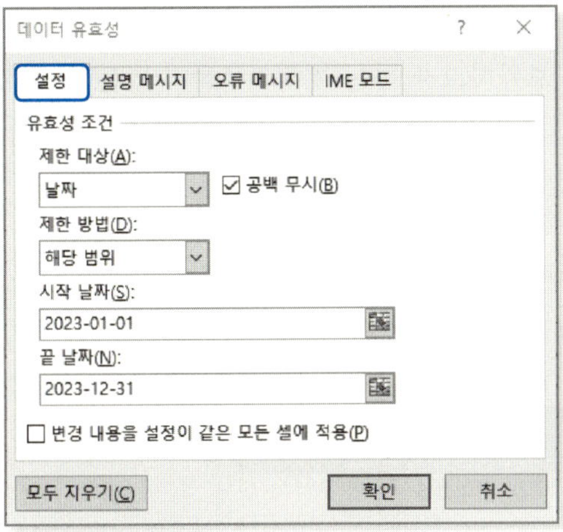


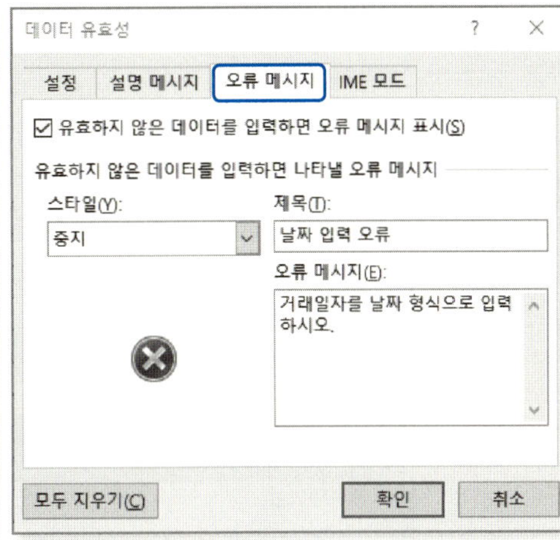


❹ 이제 유효성 검사가 적용된 A4 셀에 날짜 형식이 아닌 임의의 숫자 '4500'을 입력해 보면, 다음과 같은 오류메시지가 표시된다.

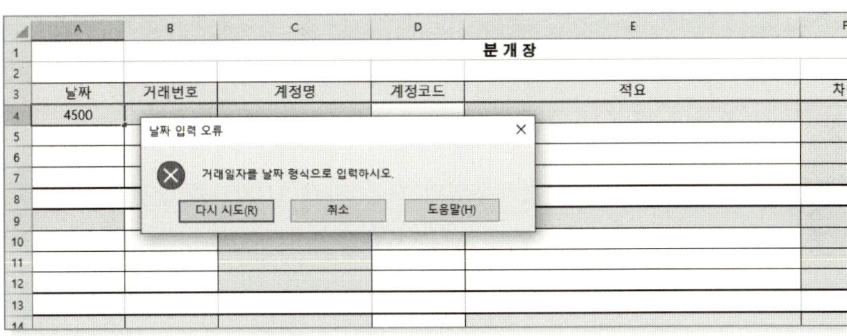


❺ [다시 시도]를 눌러 이번엔 날짜 형식으로 '2023 - 6 - 1'을 입력해 본다. 이번에는 A4 셀에 이미 지정되어 있는 날짜 형식에 따라 '2023/6/1'로 표시되며 오류메시지는 나타나지 않는다. 유효성 검사가 올바로 적용되고 있음을 확인했으므로 A4 셀의 자료를 지운다.

**응용통제 2** 계정코드 난에는 등록된 코드번호만이 입력되어야 한다.

위의 분개장에는 이미 [데이터 유효성 검사] 기능과 VLOOKUP 함수 적용을 통해서 이 응용통제가 수행되고 있다. 그러나 앞에서는 설명 편의상 극히 제한된 숫자의 계정과목들만을 등록해두었을 뿐이므로, 이를 보다 현실화해서 확장하여 적용하는 절차를 진행해 보기로 한다.

❶ '계정과목표' sheet를 선택하고 [수식] 탭의 [정의된 이름] - [이름관리자]를 클릭해보면 이전에 등록해두었던 이름들이 표시된다.

❷ 이 중 '순차계정명1'과 '순차계정과목표1'은 이전의 한정된 계정만을 적용하고 있는 것이므로, 이들을 수정/보완하여 사용할 수도 있겠지만, 보완하고자 하는 계정과목들이 많은 관계로 이들을 삭제하고 다른 이름으로 새로 등록하여 사용하기로 한다. [이름관리자] 상자에서 이름 '순차계정명1'과 '순차계정과목표1'을 선택하여 [삭제]를 클릭하고 [확인]을 누른다.

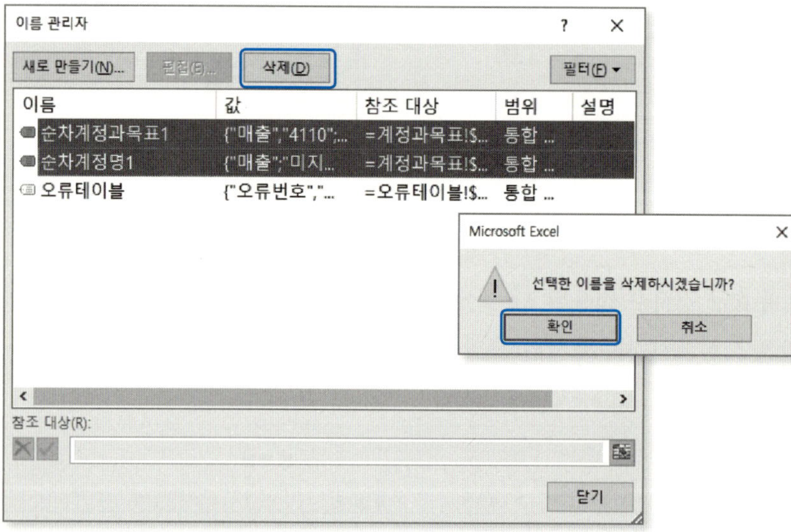


❸ '계정과목표' sheet에서 이전에 등록해두었던 모든 자료(A1:F12)를 선택하여 지운 후, 다시 A1:B34 셀 범위에 다음의 계정코드와 계정과목 자료를 새로 입력한다.

| | A | B |
|---|---|---|
| 1 | 1110 | 현금 |
| 2 | 1120 | 당좌예금 |
| 3 | 1140 | 외상매출금 |
| 4 | 1160 | 상품 |
| 5 | 1170 | 원재료 |
| 6 | 1180 | 소모품 |
| 7 | 1220 | 장기대여금 |
| 8 | 1320 | 비품 |
| 9 | 1321 | 비품감가상각누계액 |
| 10 | 1420 | 건물 |
| 11 | 1421 | 건물감가상각누계액 |
| 12 | 1520 | 컴퓨터설비 |
| 13 | 1521 | 설비감가상각누계액 |
| 14 | 2110 | 외상매입금 |
| 15 | 2140 | 단기차입금 |
| 16 | 2170 | 미지급이자 |
| 17 | 2310 | 사채 |

| | A | B |
|---|---|---|
| 18 | 2330 | 장기차입금 |
| 19 | 3110 | 자본금 |
| 20 | 3210 | 주식발행초과금 |
| 21 | 3510 | 이익잉여금 |
| 22 | 4110 | 매출 |
| 23 | 4210 | 수수료수익 |
| 24 | 4230 | 이자수익 |
| 25 | 4410 | 유형자산처분이익 |
| 26 | 5110 | 매입 |
| 27 | 5130 | 매출원가 |
| 28 | 5210 | 급여 |
| 29 | 5230 | 임차료 |
| 30 | 5250 | 광고비 |
| 31 | 5410 | 감가상각비 |
| 32 | 5510 | 이자비용 |
| 33 | 5710 | 재해손실 |
| 34 | 5810 | 법인세 |

❹ 계정코드와 계정명을 새로 입력한 A1:B34 셀범위를 선택하여 복사한 후, F1 셀에 붙여넣기 한다. 복사된 G1:G34 셀범위를 선택하고 선택범위를 왼쪽 E열로 끌기하여 E1:E34 셀범위로 이동시킨다(이미 이전에 열너비를 조정해둔 바 있으므로 새로 열너비를 설정할 필요는 없다). 그리고 E1:F34 셀범위를 선택하고 [데이터]-[정렬]에서 [정렬기준]을 '열E'로, [정렬]을 '오름차순'으로 설정하고 [확인]을 누른다.

❺ 오름차순으로 정렬된 계정과목명 부분(E1:E34)을 범위설정하고 A1 셀의 바로 위 '이름상자'에 '**순차계정명2**'로 이름을 입력한 후 Enter 키를 누른다. 또 계정명과 코드번호 부분을 함께 범위선택(E1:F34)한 후 '이름상자'에 '**순차계정과목표2**'로 입력한 후 Enter 키를 누른다.

❻ 이제 [수식] 탭의 [정의된 이름]-[이름관리자]를 클릭하여 나타난 [이름관리자] 상자에서 방금 이름 부여한 '순차계정명2'와 '순차계정과목표2' 이름이 제대로 등록되어 나타나는지 확인해 본다.

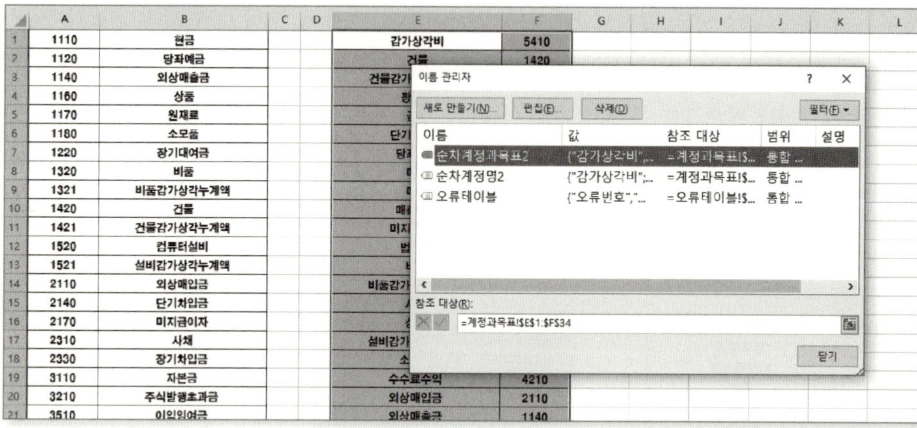


❼ [이름관리자]를 [닫기]하고 다시 '분개장' sheet로 돌아와서, Ctrl 키를 누른 채로 C4:C7과 C9:C12 셀 영역을 함께 선택한 후, [데이터] 탭의 [데이터 도구]-[**데이터 유효성검사**]를 선택한다. 이때 나타난 [데이터 유효성] 상자에서 [설정] 탭을 클릭해보면 '사용자가 선택한 이름이 지정된 범위를 찾을 수 없습니다.'라는 오류메시지상자가 표시된다. 이는 앞에서 유효성검사에 적용했던 '순차계정명1' 이름과 해당 범위가 삭제되었기 때문에 나타나는 오류메시지이다.

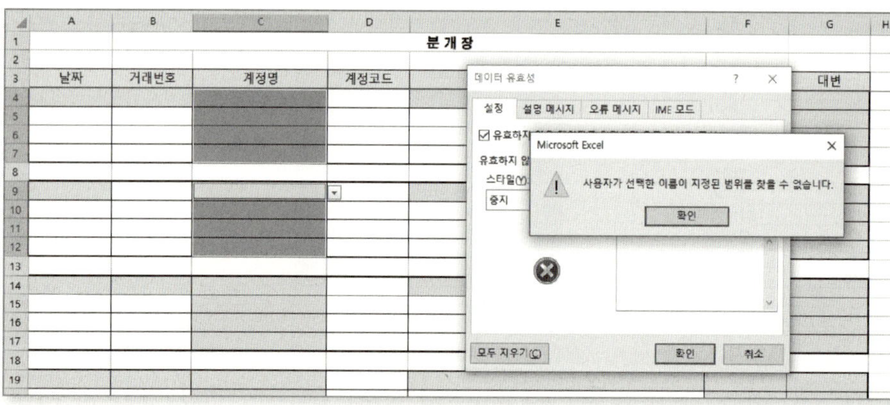


❽ 이 문제를 해결하기 위해서는 먼저 오류메시지 상자에서 [확인]과 [데이터 유효성] 상자에서 [취소]를 누르고 빠져 나온 후, 앞에서 설정해 두었던 모든 [데이터 유효성 검사] 기능을 해제하여야 한다. [데이터 유효성 검사] 기능이 C열에 설정되어 있으므로 C열의 머리글 부분을 클릭하여 C열 전체를 선택한 후에, 다시 [데이터]-[데이터 유효성 검사]-[데이터 유효성 검사]를 클릭하면 '데이터 유효성 설정이 없는 셀이 선택범위에 있습니다. 이 셀에도 데이터 유효성을 적용하시겠습니까?'라는 질문이 표시되는데 여기에서 [아니오]를 선택하면 [데이터 유효성] 상자가 표시되는데, 여기에서 [모두 지우기]를 선택하고 [확인]을 누른다. 이제 C열에 설정해 두었던 모든 [데이터 유효성] 기능이 삭제되어 표시되지 않는다.

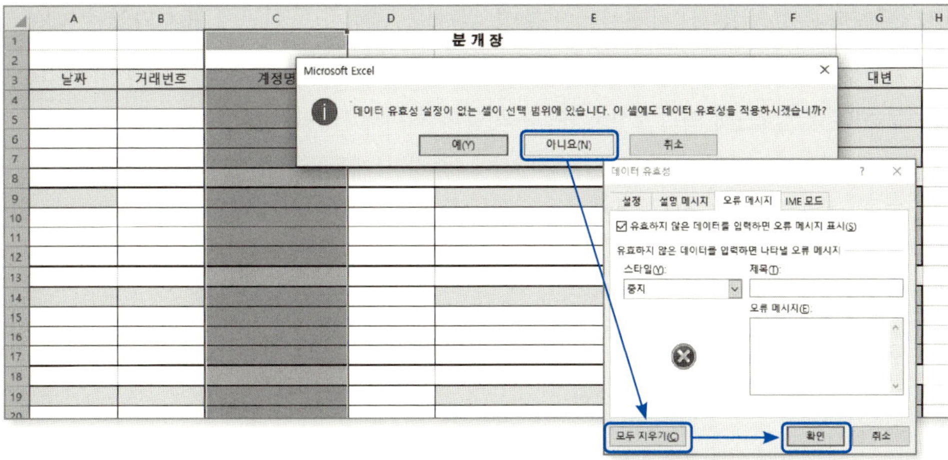


❾ 이제 C열의 노란색 부분에 다시 [데이터 유효성 검사] 기능을 적용하도록 한다. 먼저 C4:C7, C9:C12, C14:C17, C19:C22, C24:C27 셀영역을 Ctrl키를 누르면서 함께 선택한 후에 [데이터] 탭의 [데이터 유효성 검사]-[데이터 유효성 검사]를 클릭한다. [데이터 유효성] 상자의 [설정] 탭에서 '제한대상'을 '목록'으로 지정하고 '원본'상자를 클릭하여 '=**순차계정명2**'로 이전에 설정해두었던 이름을 입력한다(또는 '원본'상자에서 이름을 직접 입력하는 대신에 [계정과목표] 시트를 클릭하고 계정명이 입력되어 있는 E1:E34 셀범위를 선택해도 '원본'상자에는 "=**순차계정명2**"로 같게 입력된다). 이제 [데이터 유효성 검사] 상자에서 [확인]을 누르면 선택된 C열의 노란색 부분에 '데이터 유효성' 기능이 적용되어 해당 셀의 오른쪽에 선택화살표()가 표시되어진다.

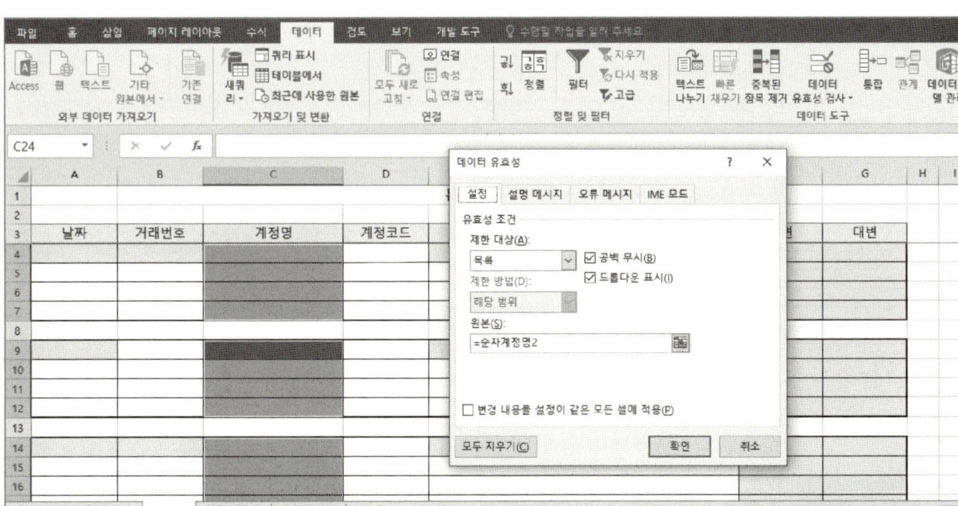

⑩ 다시 [데이터 유효성 검사]-[데이터 유효성 검사]를 클릭하면 이전에 표시되었던 '데이터 유효성 설정이 없는 셀이 선택범위에 있습니다. 이 셀에도 데이터 유효성을 적용하시겠습니까?' 라는 질문이 표시되는데 여기에서도 [아니오]를 선택하면 [데이터 유효성] 상자가 표시되는데, 이제 [오류 메시지] 탭을 선택한다. [스타일]에 '중지', [제목]에 '**계정과목명 입력 오류**', [오류 메시지]에 '**계정과목표에 있는 계정명을 사용해야 합니다!**'로 각각 입력하고 [확인] 버튼을 누른다.

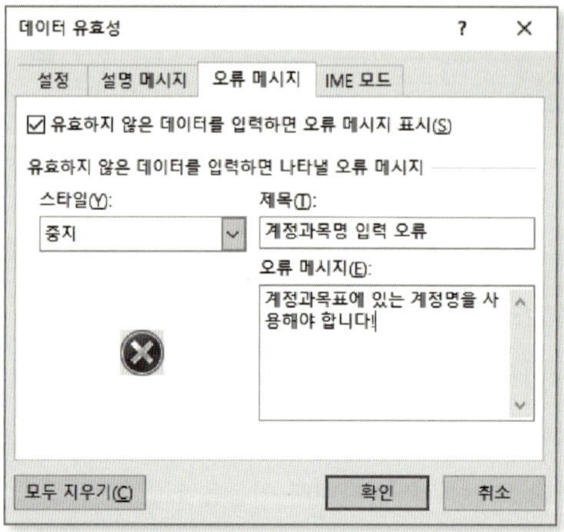


⑪ D4 셀을 선택하고 이미 입력되어 있는 수식 '=IF(C4="","",VLOOKUP(C4,순차계정과목표1,2))'를 '**=IF(C4="","",VLOOKUP(C4,순차계정과목표2,2))**'로 변경한다(즉, 범위참조를 당초의 '순차계정과목표1'에서 '순차계정과목표2'로 변경하는 것임). 그리고 D4 셀을 복사하여 D5:D7, D9:D12 영역에 각각 붙여넣기 한다.

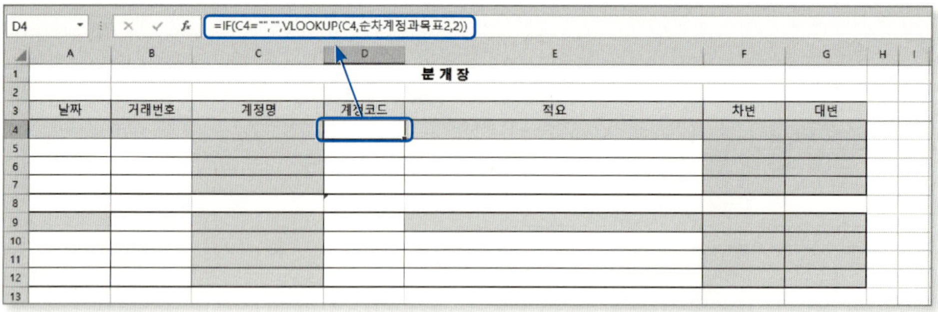


| 응용통제 3 | 분개장 거래입력은 반드시 차변거래부터 입력한다. |
|---|---|

흔히 분개를 수행할 때 '(차) 계정과목 xxx (대) 계정과목 xxx' 형식으로 분개한다. 따라서 발생한 거래를 분개장에 입력할 때도 차변항목부터 입력하도록 하는 것이 분개절차에도 맞을 뿐만 아

니라 오류, 누락 등을 방지하는 효과도 거둘 수 있다. 따라서 하나의 거래를 분개장에 기입할 때 첫 대변 셀에는 값을 입력하지 않도록 통제기능을 부여할 필요가 있다. 즉, 분개장 거래입력의 첫 줄에는 반드시 **차변계정**이 입력되도록 통제하려는 것이다.

❶ '분개장' sheet에서 Ctrl 키를 누른 상태에서 G4 셀과 G9 셀을 함께 선택한다. [데이터] 탭에서 [데이터 도구] – [데이터 유효성검사] – [데이터 유효성검사]를 클릭한다.

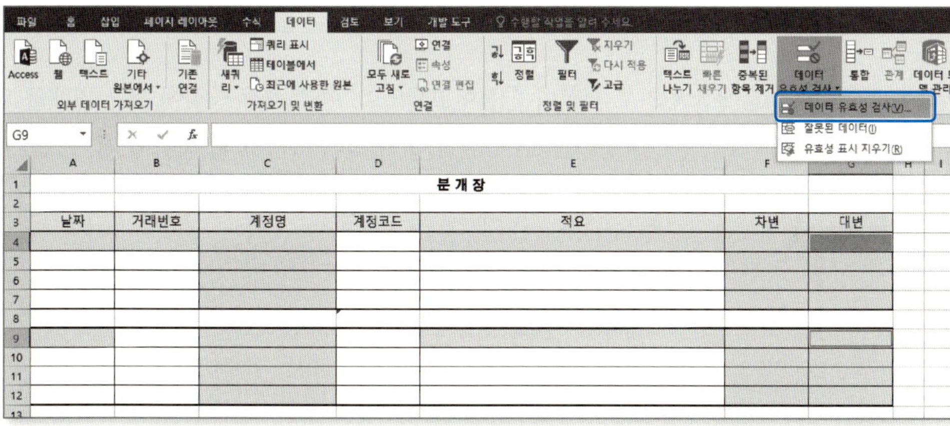


❷ [데이터 유효성] 대화상자의 [설정] 탭에서 [제한대상]을 '정수'로, [제한 방법]을 '해당 범위'로, [최솟값]을 '0', [최댓값]을 '0'으로 각각 선택 또는 입력한다. 계속해서 [데이터 유효성] 대화상자의 [오류 메시지] 탭에서 [스타일]을 '중지'로 선택하고, [제목]에 '**입력순서 오류**'로, [오류 메시지]에 '**왼쪽 차변계정에만 입력 가능합니다!**'로 각각 입력한 후 [확인]을 누른다.

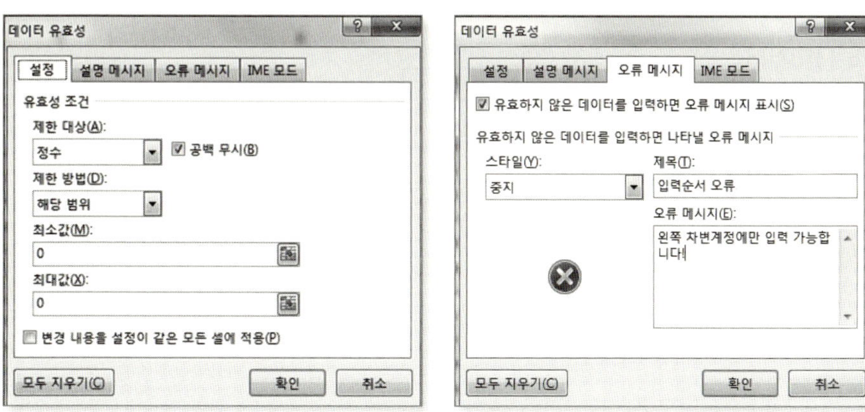


❸ 이로써 각 분개의 첫 행에는 차변계정의 금액만 입력 가능하도록 통제된다.

## 3단계 분개장 양식의 수식 보호

> **참고**
>
> **시트보호 기능**
>
> 분개장 양식과 같이 주요 셀에 복잡한 수식이 포함되어 있는 경우 실수로 해당 셀의 수식이 지워지거나 잘못된 데이터가 입력되어 원래 의도했던 기능이 실행되지 않을 수도 있다. 따라서 EXCEL에서는 미리 설정되어 있는 수식을 보호하거나 또는 입력가능한 셀 범위만을 제외한 나머지 모든 영역에 자료의 입력을 제한하는 기능을 수행할 수 있다. 이를 **시트보호** 기능이라 한다.

지금까지의 작업으로 분개장의 기초 서식이 만들어졌으므로, 이 분개장 양식에 모든 거래를 입력할 수 있는 상태로 만들고, 자료를 입력할 수 있는 셀을 제외한 나머지 셀 범위에 시트보호 기능을 적용해 보기로 한다.

❶ '분개장' sheet에서 먼저 전체 셀 영역을 선택한다(즉, A1 셀의 왼쪽 위 칸 클릭).

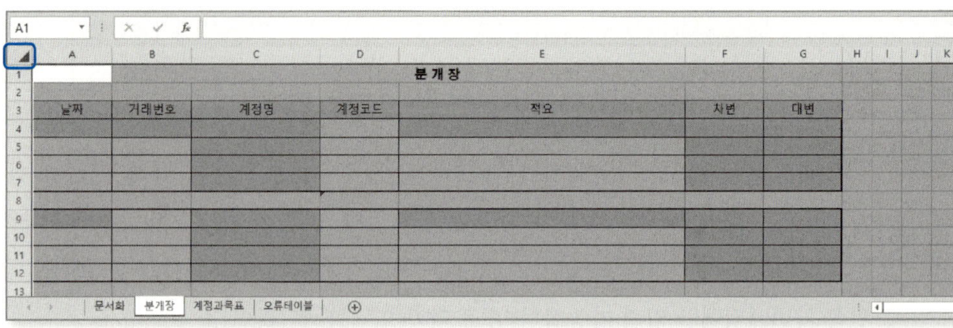


❷ sheet 전체가 선택된 상태에서 오른쪽 마우스 [셀 서식]–[보호] 탭에서 '잠금'에 체크하여 선택한다.

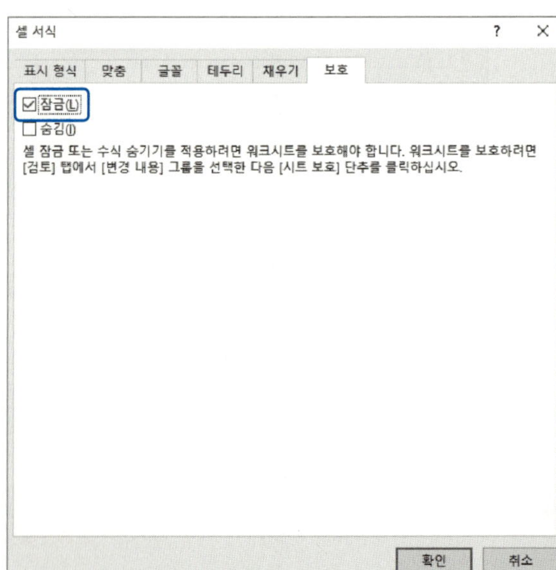

❸ 이제 '분개장' sheet에서 Ctrl 키를 누른 채로 노란색 셀들(A4:B4, C4:C7, E4, F4:G7, A9, C9:C12, E9, F9:G12)을 차례대로 선택한 후, 오른쪽 마우스 [셀 서식] - [보호] 탭에서 이번에는 선택되어 있는 '잠금'을 선택해제한다(즉, sheet 전체가 '잠금' 표시되어 있으므로 여기서 선택한 노란색 셀들에만 자료를 입력할 수 있도록 '잠금해제'하려고 하는 것이다).

❹ 이제 모든 입력통제기능이 설정되어 있는 두 번째 분개영역(A9:L13)을 아래쪽에 확대 적용되도록 서식을 복제해 두기로 한다. A9:L13 셀 영역을 선택하여 복사한 후 A14:A278 셀 영역을 선택하여 붙여넣기 한다. 즉, A9:L13 셀서식을 아래 A278:L278 셀 영역까지 확대 적용하여 많은 거래 내용을 아래쪽에 계속해서 입력할 수 있도록 준비하고자 하는 것이다(이때 아래쪽 A14:L28 셀범위에 설정되어 있던 기존의 양식은 모두 무시된다).

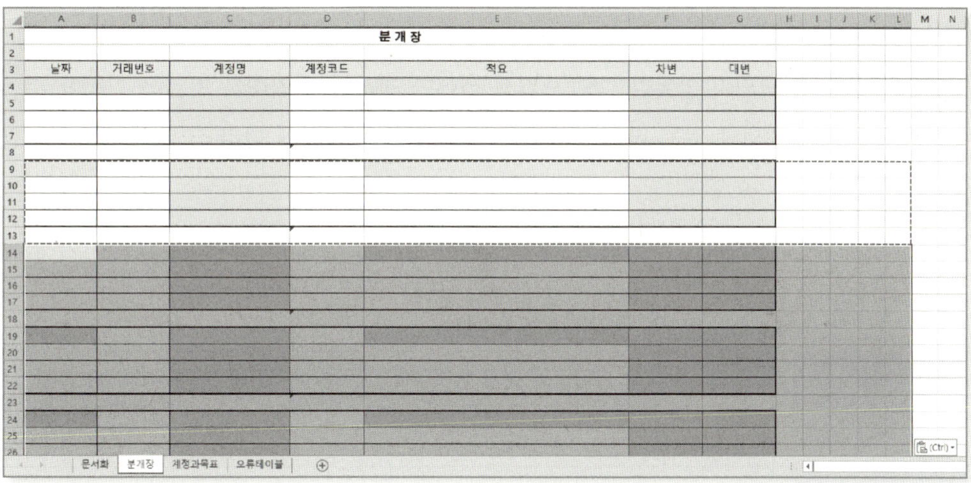

이로써 '분개장' sheet에서 노란색 영역은 모두 [셀 보호] - [잠금해제]로 표시되고, 노란색이 아닌 다른 영역은 모두 [셀 보호] - [잠금] 상태로 표시되어 있다.

❺ 이제 앞에서 설정한 [셀 보호] 기능을 활성화하도록 한다. 앞에서 A9:L13 셀 범위에서 적용해 두었던 셀 [잠금]과 [잠금해제] 기능이 아래쪽 셀 영역에도 동일하게 적용되어 있는 상태이다. 시트보호를 위해 먼저 [검토] 탭의 [변경내용] - [시트 보호]를 클릭하여 시트보호 기능을 수행한다(또는 [홈] 탭의 [셀] - [서식]에서 [시트 보호]를 클릭해도 같은 결과이다). [시트 보호] 대화상자에서 먼저 맨 위쪽의 '잠긴 셀의 내용과 워크시트 보호'에 체크가 되어 있는지를 확인한 후, [시트보호 해제 암호]에 '0000'으로 입력하고, [워크시트에서 허용할 내용]이 '잠기지 않은 셀 선택'만 체크표시되도록 설정한 후 [확인]을 누른다. 이어서 나타나는 [암호 확인] 상자에 앞에서 입력했던 암호 '0000'을 다시 입력하여 [확인]을 누른다.

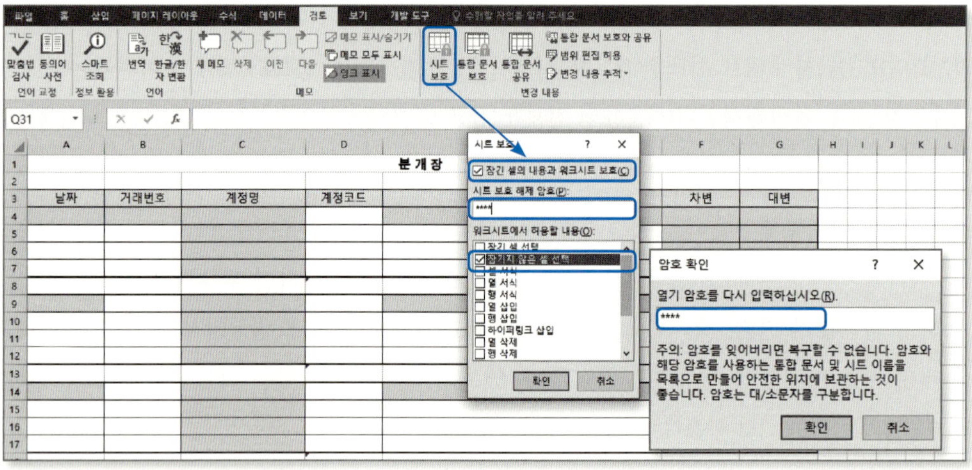

❻ 이제 시트보호 기능이 적용되었으므로 sheet의 어느 곳에서도 노란색 셀 영역을 제외한 나머지 셀은 마우스로 선택되지 않는다. 즉, 노란색 셀에만 정해진 규칙대로 자료를 입력할 수 있으며, 셀 보호가 수행되고 있는 다른 셀에서는 이미 정해진 수식에 따라 그 결과만을 확인할 수 있게 된다.

❼ [시트 보호] 기능이 제대로 수행되고 있는지 확인해 보기 위해, 앞에서 사용했던 [거래 #1]~[거래 #5]의 자료를 이 새 분개장에 다시 입력해 본다.

| | |
|---|---|
| **거래 #1** | 2023년 6월 1일 홍길동이 현금 ₩80,000,000을 출자하여 보통주식 4,000주를 교부하였다. |

| | |
|---|---|
| **거래 #2** | 2023년 6월 1일 홍길동은 공정시가 ₩28,000,000에 해당하는 컴퓨터설비와 현금 ₩40,000,000을 출자하고, 보통주식 3,400주를 교부받았다. |

| | |
|---|---|
| **거래 #3** | 2023년 6월 2일 청송산업은 판매용 컴퓨터설비 ₩20,000,000을 구입하고 대금은 전액 현금으로 지불하였다. |

| | |
|---|---|
| **거래 #4** | 2023년 6월 5일 청송산업은 소모품을 구입하고 대금 ₩2,400,000을 현금으로 지불하였다. |

| | |
|---|---|
| **거래 #5** | 2023년 6월 7일 홍길동은 공정시가 ₩7,000,000 상당의 비품과 공정시가 ₩4,800,000 상당의 컴퓨터설비, 그리고 현금 ₩23,800,000을 출자하고 2,200주의 주식을 배정받았다. |

※ 앞에서 거래입력에 사용했던 계정과목명과 계정코드번호가 모두 변경되었으므로 이전의 분개내용은 참조하지 않고 새로운 계정과목명과 계정코드로 입력한다. 계정명 입력란은 [데

이터 유효성검사] 기능이 적용되어 있으므로 키보드로 계정과목명을 직접 입력하지 않고, 해당 셀을 클릭했을 때 나타나는 선택메뉴 중에서 선택하여 적용하면 된다. D열의 계정코드는 C열의 계정명 선택에 따라 미리 입력되어 있는 함수식에 의해 자동으로 표시되어질 것이다.

❽ '분개장'에 입력된 결과는 다음과 같이 표시된다.

| | A | B | C | D | E | F | G | H | I | J |
|---|---|---|---|---|---|---|---|---|---|---|
| 1 | | | | | 분 개 장 | | | | | |
| 2 | | | | | | | | | | |
| 3 | 날짜 | 거래번호 | 계정명 | 계정코드 | 적요 | 차변 | 대변 | | | |
| 4 | 2023/6/1 | 1 | 현금 | 1110 | 홍길동의 현금 출자 (보통주 4,00주) | 80,000,000 | | 2 | | 2 |
| 5 | 2023/6/1 | 1 | 자본금 | 3110 | 홍길동의 현금 출자 (보통주 4,00주) | | 80,000,000 | | | |
| 6 | | | | | | | | | | |
| 7 | | | | | | | | | | |
| 8 | | | | | | | | | | |
| 9 | 2023/6/1 | 2 | 현금 | 1110 | 홍길동 현금/현물 출자 (보통주 3,400주) | 40,000,000 | | | | |
| 10 | 2023/6/1 | 2 | 컴퓨터설비 | 1520 | 홍길동 현금/현물 출자 (보통주 3,400주) | 28,000,000 | | | | |
| 11 | 2023/6/1 | 2 | 자본금 | 3110 | 홍길동 현금/현물 출자 (보통주 3,400주) | | 68,000,000 | | | |
| 12 | | | | | | | | | | |
| 13 | | | | | | | | | | |
| 14 | 2023/6/2 | 3 | 컴퓨터설비 | 1520 | 컴퓨터설비 현금 구입 | 20,000,000 | | | | |
| 15 | 2023/6/2 | 3 | 현금 | 1110 | 컴퓨터설비 현금 구입 | | 20,000,000 | | | |
| 16 | | | | | | | | | | |
| 17 | | | | | | | | | | |
| 18 | | | | | | | | | | |
| 19 | 2023/6/5 | 4 | 소모품 | 1180 | 소모품 현금 구입 | 2,400,000 | | | | |
| 20 | 2023/6/5 | 4 | 현금 | 1110 | 소모품 현금 구입 | | 2,400,000 | | | |
| 21 | | | | | | | | | | |
| 22 | | | | | | | | | | |
| 23 | | | | | | | | | | |
| 24 | 2023/6/7 | 5 | 현금 | 1110 | 홍길동 현금/현물 출자 (보통주 2,200주) | 23,800,000 | | | | |
| 25 | 2023/6/7 | 5 | 비품 | 1320 | 홍길동 현금/현물 출자 (보통주 2,200주) | 7,000,000 | | | | |
| 26 | 2023/6/7 | 5 | 컴퓨터설비 | 1520 | 홍길동 현금/현물 출자 (보통주 2,200주) | 4,800,000 | | | | |
| 27 | 2023/6/7 | 5 | 자본금 | 3110 | 홍길동 현금/현물 출자 (보통주 2,200주) | | 35,600,000 | | | |
| 28 | | | | | | | | | | |

문서화 | 분개장 | 계정과목표 | 오류테이블

❾ 그런데 모든 거래자료를 입력해놓고 보니 J4 셀에 오류번호 2(대변계정이 차변계정보다 먼저 표시됨)가 표시되고 있음을 알 수 있다. 이는 대변계정이 차변계정보다 먼저 표시되는 경우 이를 오류로 표시하기 위해 설정해 놓았던 것인데, 분개장의 첫 거래 맨 첫줄에서는 그 위쪽의 대변 입력사항을 검토하는 의미가 없는 것이므로, 이 수식은 사실상 의미가 없는 것이어서 다음의 절차에 의해 수정한다.

❿ 현재 시트보호가 수행되고 있는 상황에서는 해당 셀의 양식을 변경할 수 없으므로 먼저 시트보호를 해제해 두어야 한다. 시트보호해제는 [검토] 탭의 [변경내용] - [시트보호 해제]를 선택해도 되고, 또는 [홈] 탭의 [셀] - [서식]에서 '시트보호 해제'를 선택하여 수행할 수도 있다. 다만 현재 시트보호가 이루어진 상태이므로 '시트보호' 대신에 '시트보호 해제'로 표시되고 있는 것이다.

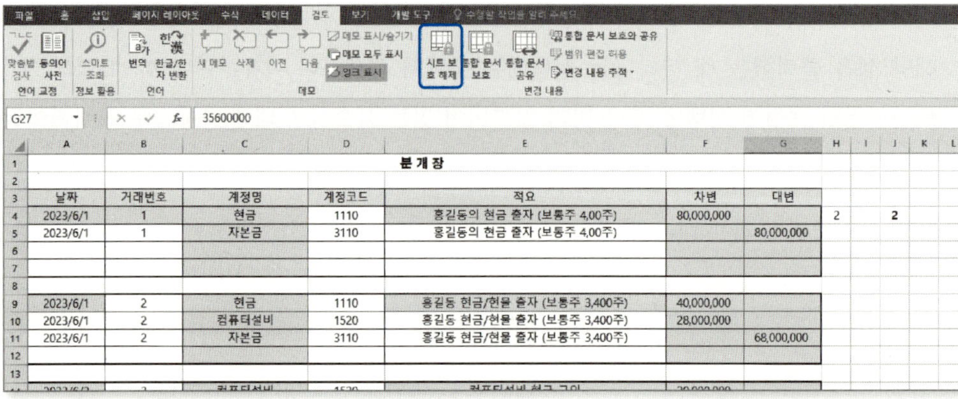


⓫ '시트 보호 해제' 대화상자에서 이전에 설정해 두었던 암호 '0000'을 입력하면 시트보호가 해제되어 편집 가능한 상태가 된다.

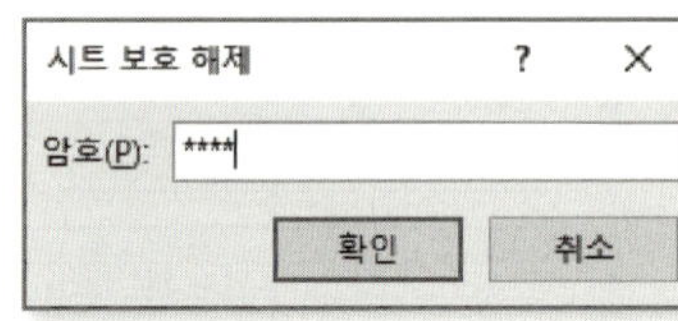


⓬ 이제 수정하고자 하는 J4 셀을 선택하고, 이전의 수식(=IF(AND(F4>0,G3>0),2,""))을 '=**IF(AND(F4="",G4>0),2,"")**'로 수정한다. 이로써 J4셀에 표시되었던 오류번호는 나타나지 않게 된다. 그리고 J4 셀을 복사하여 J9 셀에 붙여넣기 한다.

⓭ 이러한 수식 변경은 J9, J14, J19... 등 각 분개입력부분의 첫 줄에도 동일하게 적용되어야 할 것이다. 따라서 변경된 수식이 포함된 J4셀을 포함하여 J4:J8 셀범위를 선택하여 복사한 후, 아래 J9:J278 셀범위를 선택하여 한꺼번에 붙여넣기 한다.

⓮ 수식변경이 모든 분개장 영역에 반영되었으므로, 다시 시트보호 기능을 재설정한다. [검토] 탭에서 [시트 보호](또는 [홈] 탭의 [셀]-[서식]에서 '시트 보호')를 선택하고, [시트 보호] 대화상자에서 다시 암호 '**0000**'을 연속해서 입력하고 [확인]을 누른다.

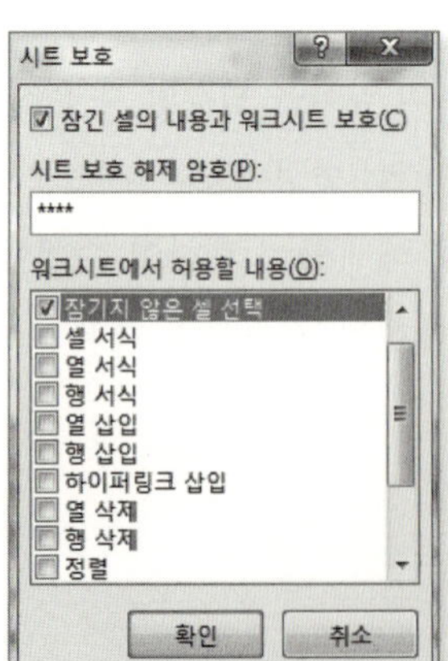


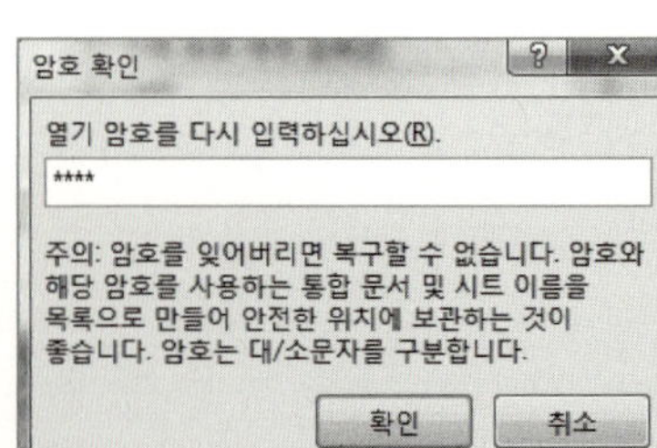

⑮ 또 다른 수식에 오류가 존재하는지를 살펴보고자 하는 경우에는 [수식] 탭에서 [수식 분석]-[수식 표시]를 클릭하여 표시되는 전체 수식을 검토해 볼 수 있다.

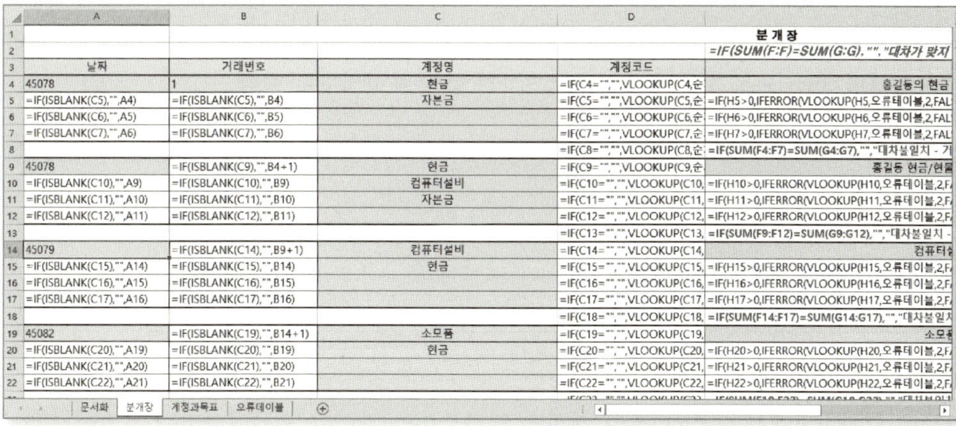

| | A | B | C | D | |
|---|---|---|---|---|---|
| 1 | | | | | 분 개 장 |
| 2 | | | | | =IF(SUM(F:F)=SUM(G:G),"","대차가 맞지 |
| 3 | 날짜 | 거래번호 | 계정명 | 계정코드 | |
| 4 | 45078 | 1 | 현금 | =IF(C4="","",VLOOKUP(C4,순 | 홍길동의 현금 |
| 5 | =IF(ISBLANK(C5),"",A4) | =IF(ISBLANK(C5),"",B4) | 자본금 | =IF(C5="","",VLOOKUP(C5,순 | =IF(H5>0,IFERROR(VLOOKUP(H5,오류테이블,2,FAL |
| 6 | =IF(ISBLANK(C6),"",A5) | =IF(ISBLANK(C6),"",B5) | | =IF(C6="","",VLOOKUP(C6,순 | =IF(H6>0,IFERROR(VLOOKUP(H6,오류테이블,2,FAL |
| 7 | =IF(ISBLANK(C7),"",A6) | =IF(ISBLANK(C7),"",B6) | | =IF(C7="","",VLOOKUP(C7,순 | =IF(H7>0,IFERROR(VLOOKUP(H7,오류테이블,2,FAL |
| 8 | | | | =IF(C8="","",VLOOKUP(C8,순 | =IF(SUM(F4:F7)=SUM(G4:G7),"","대차불일치 - 거 |
| 9 | 45078 | =IF(ISBLANK(C9),"",B4+1) | 현금 | =IF(C9="","",VLOOKUP(C9,순 | 홍길동 현금/현물 |
| 10 | =IF(ISBLANK(C10),"",A9) | =IF(ISBLANK(C10),"",B9) | 컴퓨터설비 | =IF(C10="","",VLOOKUP(C10, | =IF(H10>0,IFERROR(VLOOKUP(H10,오류테이블,2,F |
| 11 | =IF(ISBLANK(C11),"",A10) | =IF(ISBLANK(C11),"",B10) | 자본금 | =IF(C11="","",VLOOKUP(C11, | =IF(H11>0,IFERROR(VLOOKUP(H11,오류테이블,2,F |
| 12 | =IF(ISBLANK(C12),"",A11) | =IF(ISBLANK(C12),"",B11) | | =IF(C12="","",VLOOKUP(C12, | =IF(H12>0,IFERROR(VLOOKUP(H12,오류테이블,2,F |
| 13 | | | | =IF(C13="","",VLOOKUP(C13, | =IF(SUM(F9:F12)=SUM(G9:G12),"","대차불일치 - |
| 14 | 45079 | =IF(ISBLANK(C14),"",B9+1) | 컴퓨터설비 | =IF(C14="","",VLOOKUP(C14, | 컴퓨터설 |
| 15 | =IF(ISBLANK(C15),"",A14) | =IF(ISBLANK(C15),"",B14) | 현금 | =IF(C15="","",VLOOKUP(C15, | =IF(H15>0,IFERROR(VLOOKUP(H15,오류테이블,2,F |
| 16 | =IF(ISBLANK(C16),"",A15) | =IF(ISBLANK(C16),"",B15) | | =IF(C16="","",VLOOKUP(C16, | =IF(H16>0,IFERROR(VLOOKUP(H16,오류테이블,2,F |
| 17 | =IF(ISBLANK(C17),"",A16) | =IF(ISBLANK(C17),"",B16) | | =IF(C17="","",VLOOKUP(C17, | =IF(H17>0,IFERROR(VLOOKUP(H17,오류테이블,2,F |
| 18 | | | | =IF(C18="","",VLOOKUP(C18, | =IF(SUM(F14:F17)=SUM(G14:G17),"","대차불일치 |
| 19 | 45082 | =IF(ISBLANK(C19),"",B14+1) | 소모품 | =IF(C19="","",VLOOKUP(C19, | 소모품 |
| 20 | =IF(ISBLANK(C20),"",A19) | =IF(ISBLANK(C20),"",B19) | 현금 | =IF(C20="","",VLOOKUP(C20, | =IF(H20>0,IFERROR(VLOOKUP(H20,오류테이블,2,F |
| 21 | =IF(ISBLANK(C21),"",A20) | =IF(ISBLANK(C21),"",B20) | | =IF(C21="","",VLOOKUP(C21, | =IF(H21>0,IFERROR(VLOOKUP(H21,오류테이블,2,F |
| 22 | =IF(ISBLANK(C22),"",A21) | =IF(ISBLANK(C22),"",B21) | | =IF(C22="","",VLOOKUP(C22, | =IF(H22>0,IFERROR(VLOOKUP(H22,오류테이블,2,F |

문서화 | 분개장 | 계정과목표 | 오류테이블

⑯ 다시 [수식] 탭에서 [수식 분석]-[수식 표시]를 클릭하여 원래 상태로 되돌려 놓는다.

## 4단계 분개장 검사

지금까지 수행한 통제기능을 다시 전반적으로 체크해보기 위해 오류가 포함된 몇 가지 입력작업을 수행해 보자.

❶ A29 셀로부터 시작되는 거래 입력란에 다음 [거래 #6]을 입력해 본다. 다만, 오류 체크를 위해 날짜(A29)와 대변계정명(C30) 입력을 일부러 생략하고 진행해 본다.

| 거래 #6 | 2023년 6월 10일 비품 ₩2,500,000을 구입하고 현금으로 지불하다. |
|---|---|

그러면 다음과 같이 E30 셀에 '계정명과 코드번호 입력이 필요함' 오류메시지가 표시되고 있다.

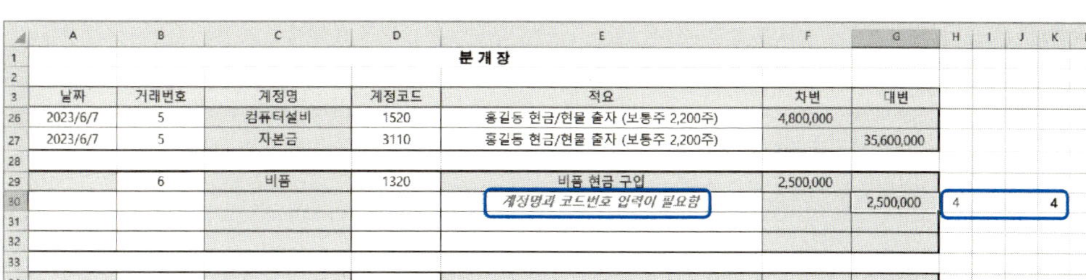

| | A | B | C | D | E | F | G | H | I | J | K | L |
|---|---|---|---|---|---|---|---|---|---|---|---|---|
| 1 | | | | | 분 개 장 | | | | | | | |
| 2 | | | | | | | | | | | | |
| 3 | 날짜 | 거래번호 | 계정명 | 계정코드 | 적요 | 차변 | 대변 | | | | | |
| 26 | 2023/6/7 | 5 | 컴퓨터설비 | 1520 | 홍길동 현금/현물 출자 (보통주 2,200주) | 4,800,000 | | | | | | |
| 27 | 2023/6/7 | 5 | 자본금 | 3110 | 홍길동 현금/현물 출자 (보통주 2,200주) | | 35,600,000 | | | | | |
| 28 | | | | | | | | | | | | |
| 29 | | 6 | 비품 | 1320 | 비품 현금 구입 | 2,500,000 | | | | | | |
| 30 | | | | | 계정명과 코드번호 입력이 필요함 | | 2,500,000 | 4 | | | 4 | |
| 31 | | | | | | | | | | | | |
| 32 | | | | | | | | | | | | |
| 33 | | | | | | | | | | | | |
| 34 | | | | | | | | | | | | |

❷ [거래 #6] 자료입력과 관련하여 원래 날짜와 대변계정명 입력의 두 가지 입력오류가 발견되기를 기대했었던 것이지만, 결과화면에서는 이 중 계정과목 입력과 관련된 한 가지 오류메시지만 표시되고 있음을 알 수 있다. 어쨌든 최소한 우리가 설정한 계정명 및 코드번호 입력과 관련된 오류통제기능은 제 기능을 수행하고 있음을 확인한 것이므로, 이 오류를 바로잡기 위해 C30 셀에서 계정명 '현금'으로 선택하여 계정코드까지 함께 표시되도록 한다.

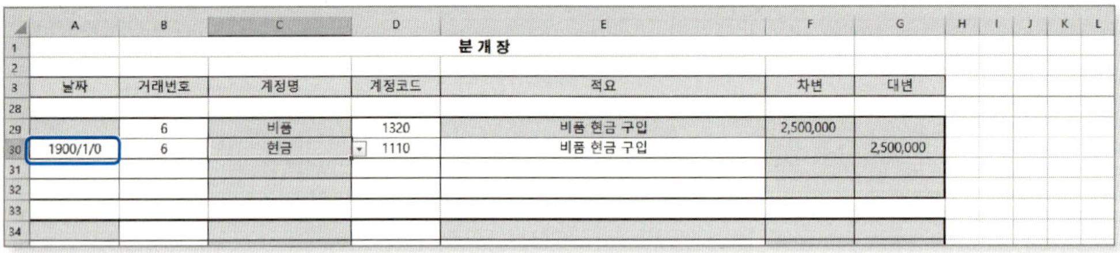


❸ 그런데 결과화면에서는 조금 전의 계정명 입력오류와 관련된 오류메시지는 사라졌지만, A30 셀(날짜 입력셀)에서 의도하지 않았던 날짜가 표시되고 있음을 알 수 있다. 원래 A30 셀에는 A29 셀에 입력된 날짜를 그대로 복제하여 표시되도록 관련 수식['=IF(ISBLANK(C30),"",A29)'] 이 입력되어 있었던 것인데, A29 셀에 날짜가 입력되어 있지 않아 이를 '0'으로 잘못 인식하고 이를 날짜형식으로 표시하고 있는 것이다. 이는 여러 가지 통제기능을 설정해 온 이전의 분개장 설계에서 미처 반영하지 못했던 새로운 오류 형태를 발견한 것이다.

참고

**엑셀에서의 날짜 표시**

엑셀에서는 날짜도 하나의 숫자로 간주하여 날짜 간 연산이 가능한 구조를 사용하고 있다. 이를 위해 '1900년 1월 1일'을 숫자 '1'로 간주하고 하루씩 날짜가 경과됨에 따라 1씩 증가하는 형태를 가정한다. 따라서 날짜 입력란에 '1'을 입력하는 경우 엑셀에서는 이를 '1900년 1월 1일'로 인식하고 있는 것이며, 본 예에서 A29셀이 빈칸이므로 이를 '0'으로 간주하여 '1900년 1월 0일(1900/1/0)'로 표시하고 있는 것이다.

❹ 새로 발견된 이 오류 유형을 **오류통제** 기능에 추가하여 관리하기 위해서, 먼저 '오류테이블' sheet의 A6:B6 셀 범위에 각각 '**15**', '**거래일자가 입력되지 않았음**'을 입력한다.

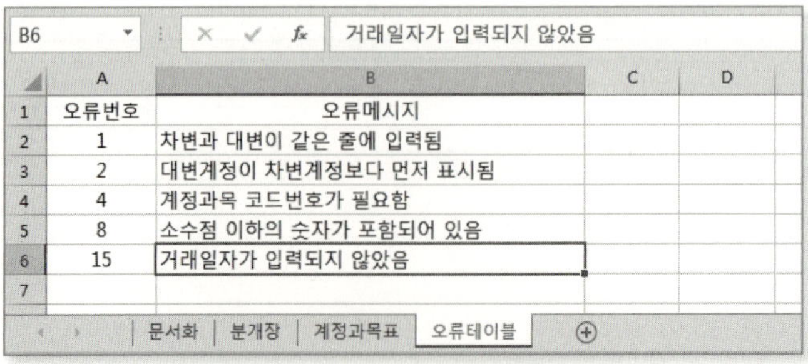

❺ 다시 '분개장' sheet로 돌아와서, 먼저 시트보호된 상태를 해제하여야 한다. [검토] 탭의 [변경내용]-[시트 보호 해제]를 선택한다(암호 '0000' 입력). 그리고 M30 셀에 새로운 수식 '**=IF(AND(F29>0,A29=""),15,"")**'을 입력하고, H30 셀에서는 이전의 수식(=SUM(I30:L30))에 M30 셀까지를 포함하는 새로운 수식 '**=SUM(I30:M30)**'으로 수정해 놓는다. 그리고 [수식] 탭의 [정의된 이름]-[이름 관리자]에서 이미 등록되어 있는 이름 "오류테이블"을 선택하고 아래 [참조 대상]을 "**=오류테이블!$A$1:$B$6**"으로 변경해 놓는다.

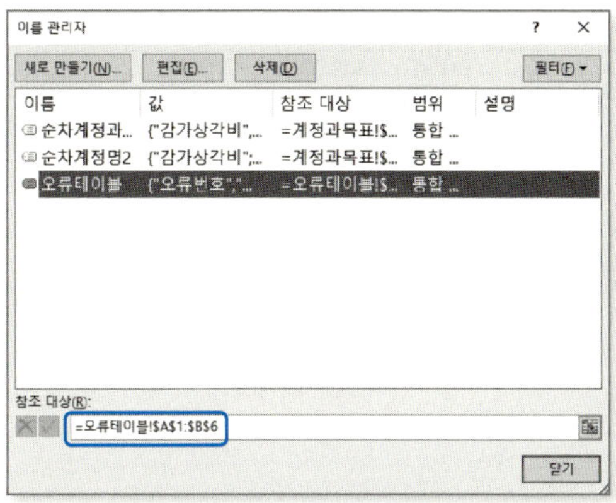


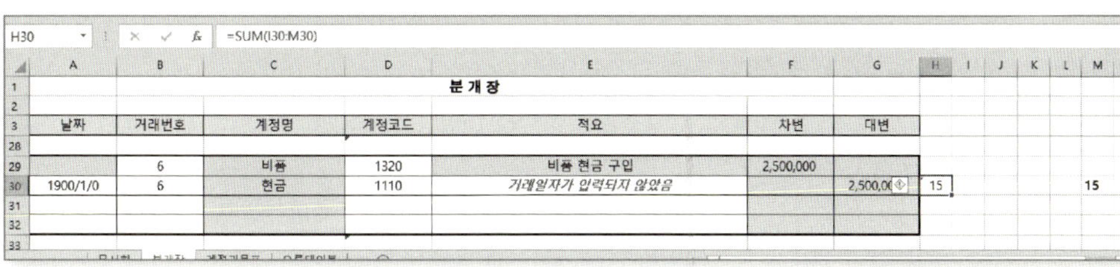


❻ 이제 다시 분개장 시트로 돌아와 보면, M30과 H30 셀에 각각 '15' 오류번호가 표시되고, E30 셀에도 오류번호 '15'에 해당하는 오류메시지 "거래일자가 입력되지 않았음"으로 표시되고 있다. 거래일자 미입력 오류 통제기능이 수행되고 있음을 확인하였으므로, A29 셀에 거래일자 '2023-06-10'을 입력하여 E30 셀의 오류메시지가 사라지고 A29셀에도 날짜가 제대로 표시되는지 확인해 본다.

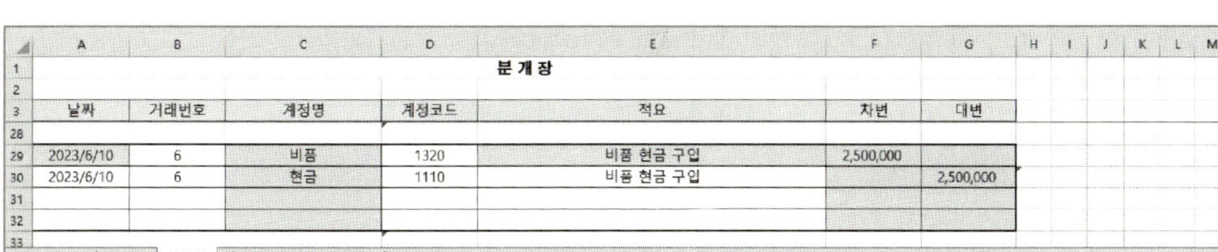

❼ 이번에는 금액 입력과 관련된 통제기능을 검사하기 위해, F30 셀에 대변금액과 같은 금액으로 '2,500,000'을 입력해 본다. 기대했던 대로 E2, E33 셀에 대차 불일치와 관련된 오류메시지들이 표시되고 E30 셀에도 오류번호 '1'의 메시지가 표시된다.

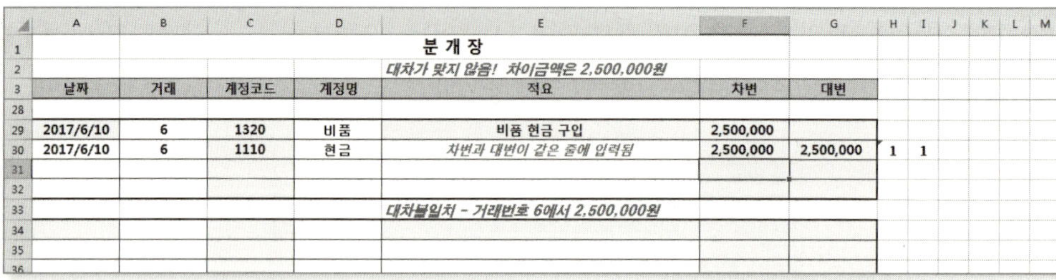


❽ 이제 오류번호 '2'의 통제기능을 확인해 보기 위해 F29 셀과 G30 셀의 금액을 지우고 G29 셀에 '2,500,000'을 입력해 본다. 그러면 E30 셀에 '대변계정이 차변계정보다 먼저 표시됨'이라는 #2 오류메시지가 표시되면서 동시에 G29 셀에 등록된 '데이터 유효성검사' 관련 오류메시지 상자가 팝업 형태로 나타난다.

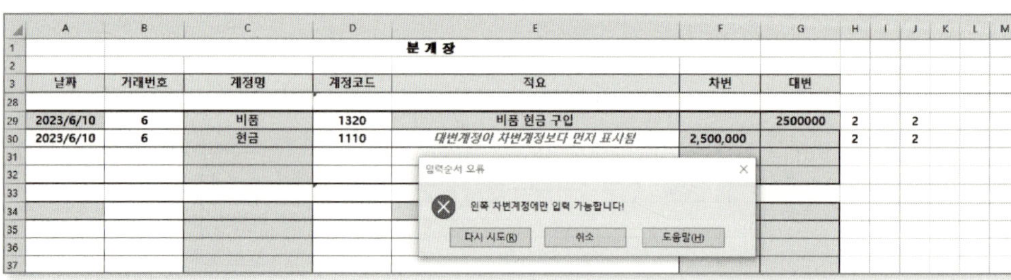


❾ 이는 앞에서 설정한 [응용통제 3]의 기능이 제대로 수행되고 있음을 확인한 것이므로, [입력순서 오류] 상자에서 [취소]를 누르고, 조금 전 마지막으로 입력했던 [거래 #6]의 자료를 모두 지운다(A29, C29:C30, E29, F29:G30).

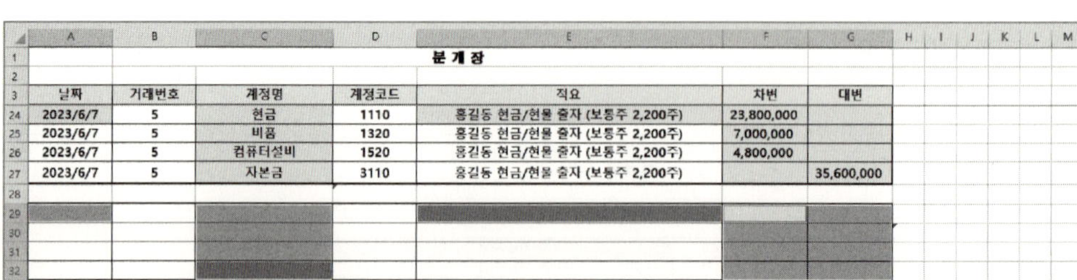

⑩ 다시 [응용통제 1]을 테스트하기 위해, A29 셀에 "3000"을 입력해 본다. 입력한 수치가 날짜형식(YYYY-MM-DD)과 다르기 때문에 [날짜 입력 오류] 메시지상자가 표시된다. 만일 이 오류메시지가 나타나지 않는다면 [응용통제 1]의 과정을 체크하고 수정해야 한다. 잘못 입력한 오류가 확인되었으므로 [취소]를 선택하여 빠져나온다.

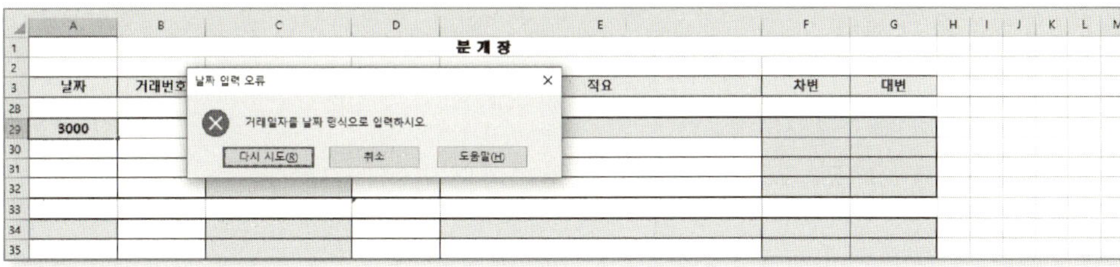


⑪ 이번에는 [응용통제 2]를 테스트하기 위해, C29 셀에 정의되지 않은 계정명 **'받을어음'**을 직접 입력해 본다. 다음과 같은 오류메시지가 나타나면 [응용통제 2]의 기능이 제대로 수행되고 있는 것이다. [취소]를 누른다.

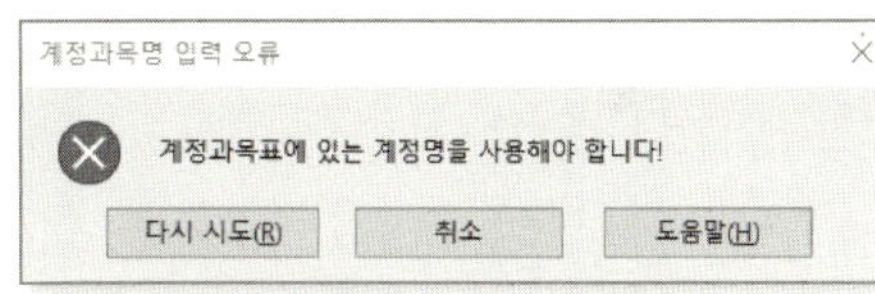


⑫ [응용통제 3]을 테스트하기 위해, 이번에는 G29 셀에 **'4000'**을 입력해 본다. G29 셀은 분개 입력의 첫 행으로, 첫 행에서는 반드시 차변계정을 먼저 입력하도록 하기 위해 대변계정 금액입력을 통제하는 [데이터 유효성검사] 기능을 미리 적용해두었던 것이다. 따라서 분개의 첫 행에 해당하는 G29 셀에 먼저 금액이 입력되면 다음과 같은 '유효성검사' 관련 오류메시지가 표시된다. 확인되었으면 [취소] 버튼을 클릭한다.

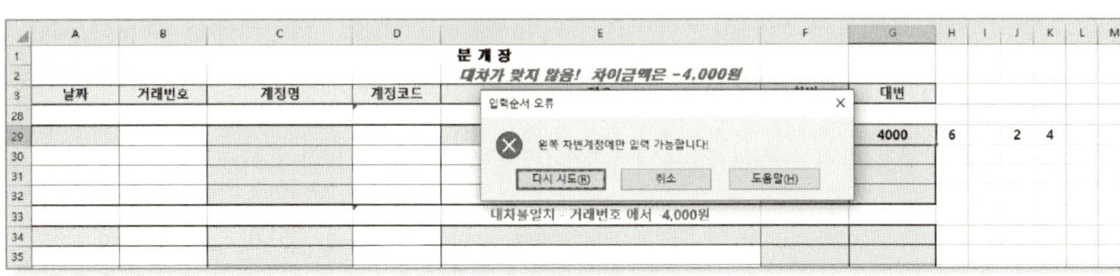


⑬ 이제 마지막으로 [시트 보호] 기능을 시험해보기 전에, 앞의 ⑤에서 오류를 수정하기 위해 '시트 보호 해제'를 선택했으므로 다시 '시트 보호'를 수행해야 한다.

그런데 앞의 ⑤에서 M30과 H30 셀의 수식이 변경되었으므로 이를 다른 거래입력 셀들에도 동일하게 적용하도록 먼저 수정하는 절차를 수행해야 한다. A29:M33 셀 영역을 선택하여 [복사]한 후, 다시 A34:A278 영역을 선택하고 [붙여넣기]한다. 다시 A29:M33 셀 영역을 선택하여 [복사]한 후, 이번에는 A9:A28 영역을 선택하고 [붙여넣기]한다. 또 H10:M10 셀 범위를 선택하여 [복사]한 후, H5 셀을 선택하여 [붙여넣기]한다.

⑭ 아직도 거래입력 자료가 남아 있는 첫 거래의 노란색 영역(A4:B4, C4:C5, E4, F4:G5)을 모두 지워서 빈 '분개장' 양식만 남겨두도록 한다.

⑮ 이제 [시트 보호] 기능을 다시 수행하기 위해, [검토] 탭의 [시트 보호](또는 [홈] 탭의 [셀] - [서식] - [시트 보호])를 클릭하고, 암호 '0000'을 두 번 계속해서 입력한 후 [확인]을 누른다.

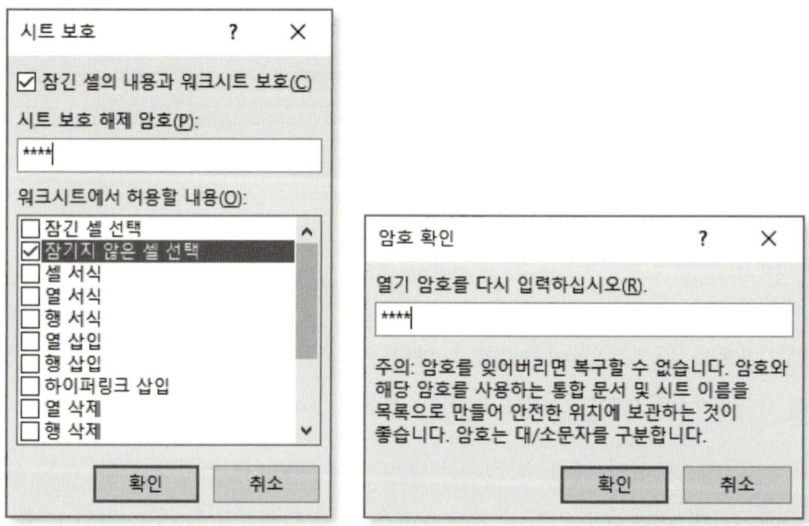


⑯ '분개장' sheet가 적절히 보호되고 있는지를 체크하기 위해, A10 셀에 날짜 '2023 - 6 - 8'을 입력해 본다. 그런데 선택하려는 셀(A10)은 이미 [시트 보호] 기능이 수행되고 있어 선택이 되지 않는다. 만일 노란색 영역을 제외한 나머지 셀이 마우스로 선택된다면 [시트 보호] 기능이 제대로 수행되지 않고 있음을 의미하는 것이며, 이때에는 [시트 보호]를 제대로 적용하도록 필요한 설정을 다시 검토해보아야 한다.

⑰ 이제 대부분의 입력통제기능들이 적용된 '분개장' 양식의 원본이 완성되었으므로 파일을 새이름('홍길동_Part2 - 원본')으로 저장해둔다.

# Step 3 매입매출장과 시산표 설계

**참고** **매입매출장 관리의 중요성**

대부분의 기업에서 가장 자주 발생하는 거래는 상품의 매입과 매출에 관련된 거래이다. 여기서 상품이란 그 기업에서 정상적인 영업활동(판매활동)을 위해 구입하고 판매하는 물건을 말한다. 따라서 매입 및 매출과 관련된 거래는 그 빈도도 잦을 뿐만 아니라, 담당사원에 대한 실적관리나 품목관리, 결제방법의 관리 등 매매활동과 관련된 다양한 추가정보를 함께 관리하도록 장부가 설계될 필요가 있다.

이러한 점을 고려하여 실무상으로는 거래를 상품매매거래와 일반거래로 구분하고, 일반거래의 경우에는 앞서 설계한 분개장에 기록하며, 상품매매거래의 경우에는 별도의 매입장과 매출장, 또는 이 둘을 합한 형식의 매입매출장 양식을 설계하여 기록해 가는 방법을 사용하는 경우가 많다.

## 1단계 매입매출장 설계

매입 및 매출 거래가 빈번한 기업에서는 매입장과 매출장을 따로 관리하는 방법을 사용하기도 하지만, 이 두 가지 장부는 대부분의 관리항목이 유사하여 장부를 따로 관리하는 것보다는 하나의 통합장부에서 관리하도록 하는 방법이 더 수월할 수도 있다. 따라서 여기서는 매입매출장 양식을 사용하여 관련 관리항목들을 함께 관리하는 방법을 사용하기로 한다.

### 가. 매입매출장 양식 설계

❶ 이전 단계에서 저장해 둔 '홍길동_Part2 – 원본' 파일을 열고, '오류테이블' sheet 옆에 '새 시트'를 삽입하여 추가한다. 새 시트의 이름을 [이름바꾸기]를 통해 **'매입매출장'**으로 수정해 둔다.

❷ '매입매출장' sheet에서 B1 셀에 제목인 **'매입매출장'**을 입력하고, A3:K3 셀 영역에 다음과 같이 머리글을 각각 입력한다.

| | A | B | C | D | E | F | G | H | I | J | K | L |
|---|---|---|---|---|---|---|---|---|---|---|---|---|
| 1 | | **매입매출장** | | | | | | | | | | |
| 2 | | | | | | | | | | | | |
| 3 | 날짜 | 거래번호 | 담당자 | 거래처 | 품목명 | 구분 | 금액 | 매입액 | 매출액 | 결제방법 | 계정과목 | |
| 4 | | | | | | | | | | | | |
| 5 | | | | | | | | | | | | |

문서화 | 분개장 | 계정과목표 | 오류테이블 | 매입매출장

❸ A3:K28 셀 영역을 선택하고, [홈] 탭의 [글꼴] – [테두리]에서 '모든 테두리'로 선택한다. 이어서 [홈] 탭의 [맞춤] – [가운데 맞춤]으로 정렬한다.

❹ 장부이름 '매입매출장'을 가운데로 위치하도록 하기 위해, B1:J1 셀 영역을 선택하고 [홈] 탭의 [맞춤] – [병합하고 가운데 맞춤]을 선택한 후, 글꼴 크기를 '14'로 조정한다. A열부터 K열까지 각 열을 하나씩 선택하고 '열 너비'를 각각 10, 8, 8, 10, 15, 8, 15, 15, 15, 10, 12로 조정한다.

❺ A28 셀에 **'합계'**를 입력하고, A28:B28을 선택하여 [홈] 탭의 [맞춤] – [병합하고 가운데 맞춤]을 클릭한다. H28 셀에 수식 **'=SUM(H4:H27)'**을 입력하고, H28 셀을 복사하여 I28 셀에 붙여넣기 한다. A3:K28 셀영역을 선택하고 [홈] 탭의 [글꼴] – [테두리]에서 "모든 테두리"로 설정한다.

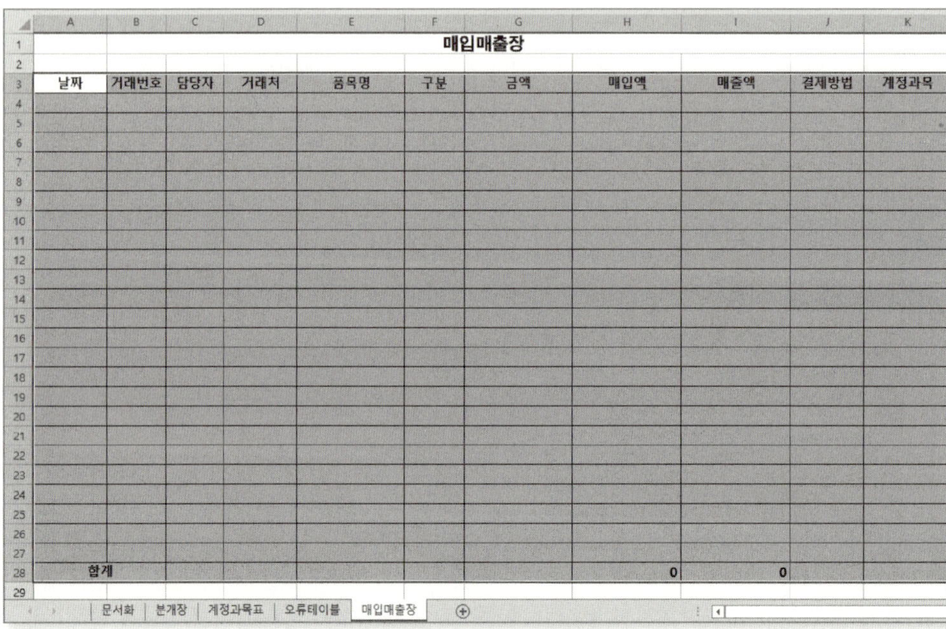


❻ '날짜' 열에 입력형식을 지정하기 위해, A4:A27 셀 영역을 선택하고 오른쪽 마우스 [셀서식] – [표시형식]에서 [날짜]를 '2012/3/14' 형식으로 지정한다. 그리고 같은 셀 영역에 대해서 [데이터] 탭의 [데이터 도구] – [데이터 유효성 검사]를 선택하고 [데이터 유효성] 상자에서 [설정]의 [제한대상]을 '날짜'로 선택하고, [제한 방법]을 '해당범위', [시작날짜]를 **'2023 – 01 – 01'**, [끝 날짜]를 **'2023 – 12 – 31'**로 입력한 후 [확인]을 누른다.

이는 날짜 필드를 '년/월/일' 형식으로 지정하되, 회계기간 내의 날짜만이 입력될 수 있도록 제한하고자 하는 것이다. 예컨대 A5 셀에 날짜형식이 아닌 임의의 숫자 **'5555'**를 입력하는 경우 다음과 같은 오류메시지가 표시된다('취소' 클릭).

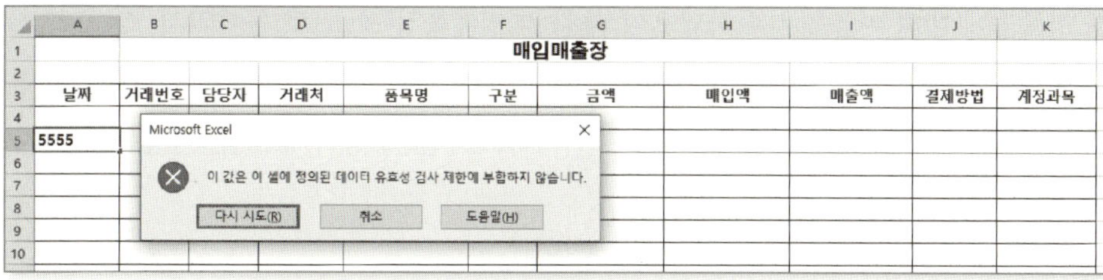


❼ '거래번호' 필드에는 첫 거래의 경우(B4)에는 숫자로 입력하되, 이하의 거래에는 자동으로 번호가 부여되도록 하기 위해, B5 셀에 수식 '=IF(A5>0,B4+1,"")'을 입력한다. 그리고 B5에서 '자동채우기 핸들'로 B27까지 채워넣기 한다.

❽ '매입매출장' sheet 옆에 '새 시트'를 삽입하여 추가하고, 새 시트의 이름을 [이름바꾸기]를 통해 **'항목관리'**로 수정해 둔다. '항목관리' sheet에서 B2 셀로부터 이하에 담당자, 사원번호, 입사일, 거래처, 품목명, 결제방법 등의 다음 자료를 입력한다.

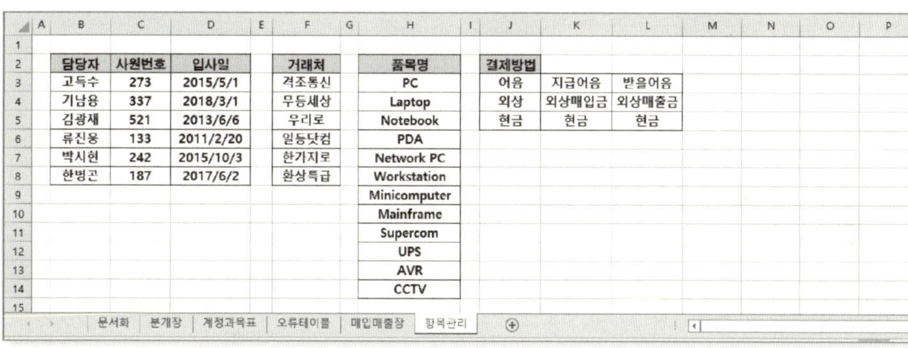


❾ B3:B8, C3:C8, D3:D8, F3:F8, H3:H14 셀 영역을 각각 선택하고 각각에 대하여 **'항목_담당자'**, **'항목_사원번호'**, **'항목_입사일'**, **'항목_거래처'**, **'항목_품목명'** 등의 이름을 부여한다. 또 J3:L5 셀 영역에 대해서도 **'항목_결제방법표'** 이름을 부여한다(열머리글 A 위쪽의 '이름상자'에 각각 입력하고 Enter키 누름).

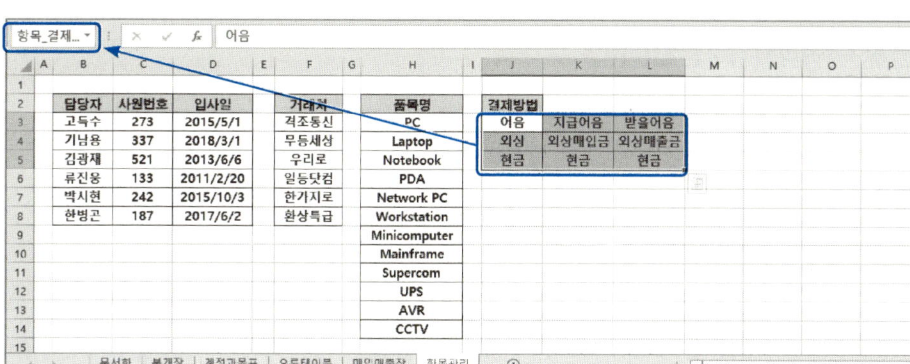

⑩ 이제 항목들에 대해 이름을 부여하였으니 다시 '매입매출장' sheet로 돌아와서, C4:C27 셀 영역을 선택하고 [데이터] 탭의 [데이터 도구] - [데이터 유효성 검사]를 클릭한 후, [데이터 유효성] 상자의 [설정]에서 [제한대상]을 '목록'으로 선택하고, [원본] 상자에 이름 '=**항목_담당자**'를 입력한 후 [확인]을 누른다.

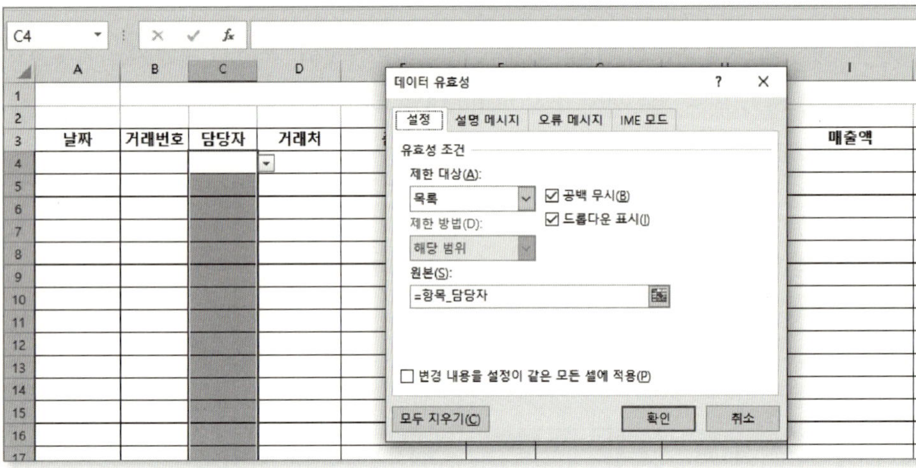


⑪ 같은 방법으로, D4:D27 셀 영역에서는 [원본] 상자에 '=**항목_거래처**'로, 그리고 E4:E27 셀 영역에서는 [원본] 상자에 '=**항목_품목명**'으로 각각 입력하여 [데이터 유효성 검사]를 완료한다. F열의 [구분] 필드에서는 '매입' 또는 '매출' 중 하나를 선택하여 입력하도록 할 것이므로, 마찬가지로 [데이터 유효성] 상자에서 [제한대상]을 '목록'으로 선택하되 [원본]란에 '**매입,매출**'로 쉼표로 구분하여 직접 입력하고 [확인]을 누른다.

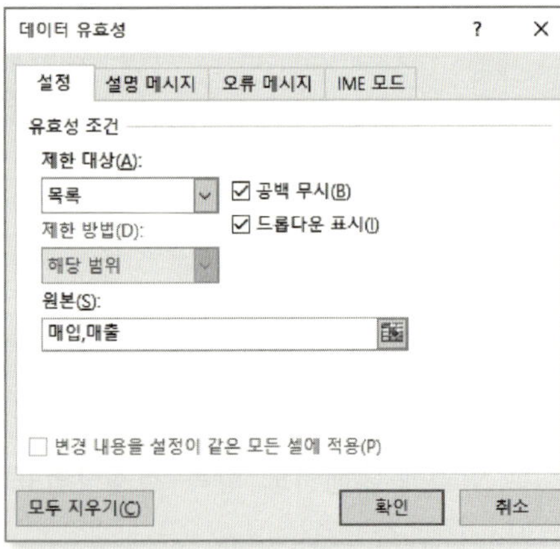


**참고** **[데이터 유효성]의 [원본] 표시방법**

[데이터 유효성]의 [원본] 상자에 '=항목_거래처'와 같이 "="로 시작하는 경우에는 "=" 이후의 해당 이름(미리 정의된 이름)을 참조하라는 의미이며, "=" 없이 항목들을 쉼표(,)로 구분하여 열거하는 경우에는 열거된 항목 중에서만 선택할 수 있도록 표시하라는 의미이다.

⑫ G열(금액란)은 직접 입력하도록 할 것이므로 그대로 두고, H4 셀에 수식 '**=IF(F4="","",IF(F4="매입",G4,""))**'을 입력하고, I4 셀에 수식 '**=IF(F4="","",IF(F4="매출",G4,""))**'을 입력

한다. 이제 H4:I4 셀 영역을 선택하여 자동채우기 핸들로 I27 셀까지 '끌기'하여 H4:I27 영역에 해당 수식을 채워넣기 한다.

⑬ J열(결제방법)은 항목관리 시트의 결제방법(어음, 외상, 현금) 중 하나를 선택하여 입력하도록 하고, K열(계정과목)에는 J열에서의 선택에 따라 해당 계정과목을 자동으로 표시하도록 할 것이다. 먼저 '결제방법' 입력부분(J4:J27 셀 영역)을 선택한 후, [데이터] 탭의 [데이터 도구]-[데이터 유효성 검사]를 클릭하고, [데이터 유효성] 상자의 [설정]에서 [제한대상]을 '목록'으로 선택하고, [원본] 상자에 '**현금,외상,어음**'을 입력한 후 [확인]을 누른다.

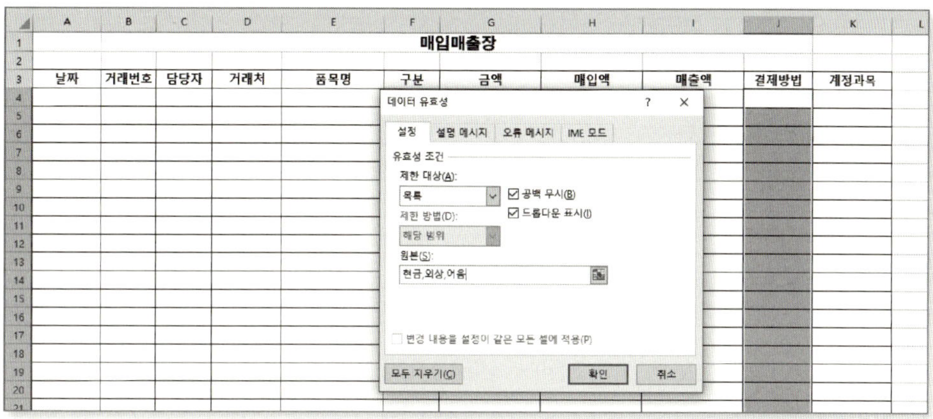


⑭ K4 셀에서는 앞의 J4셀의 선택에 따라 해당 계정과목을 자동으로 찾아 표시하도록 하기 위해, 수식 '**=IF(J4="","",IF(F4="매입",VLOOKUP(J4,항목_결제방법표,2),VLOOKUP(J4,항목_결제방법표,3)))**'으로 입력한 후, K4 셀에서 자동채우기 핸들로 K27 셀까지 끌어 채워넣기 한다.

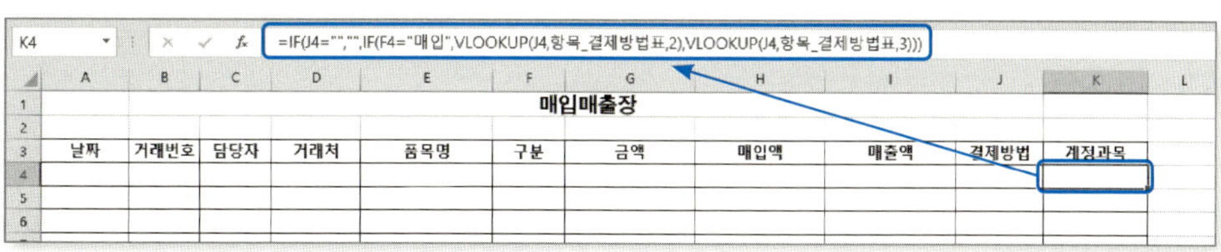


⑮ '매입매출장' sheet에서도 분개장의 경우와 같이 거래자료 입력시 입력부분과 자동표시 부분을 구분하여 표시해둘 필요가 있다. 수식으로 정의되어 자동으로 표시될 부분(B5:B27, H4:I27, K4:K27)은 그대로 두고, 나머지 입력이 필요한 셀영역(A4:A27, B4, C4:G27, J4:J27)을 Ctrl 키를 누르면서 함께 선택한 후, [홈] 탭의 [글꼴]-[채우기 색]에서 '황금색'으로 선택하여 표시한다.

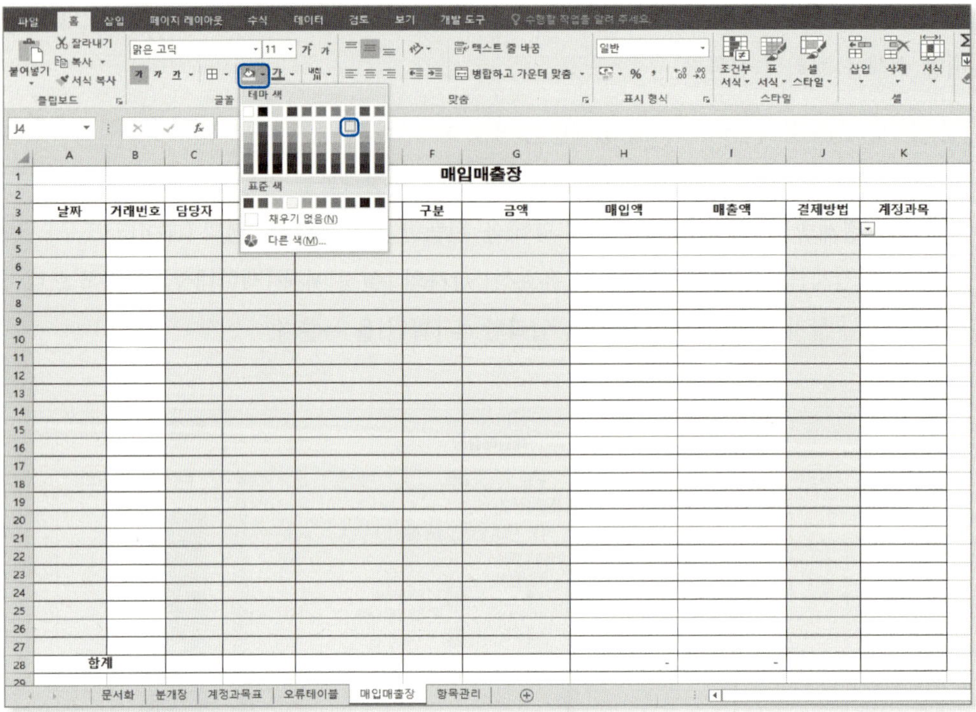

⑯ 숫자로 표시되는 금액부분은 천원 단위 구분표시가 적용되도록 하는 것이 기본이므로, G열, H열, I열의 글머리부분을 함께 선택하고, [홈] 탭의 [표시 형식] – [쉼표 스타일(,)]을 적용하도록 한다.

⑰ 이제 매입매출장의 기본양식이 설계되었으므로 '셀 잠금'과 '시트 보호' 기능을 수행하기로 한다. 시트 영역 전체를 선택(A1 셀 왼쪽 위 모서리부분)하고 오른쪽 마우스 [셀 서식] 상자에서 [보호] 탭의 '잠금'이 선택해제되도록 체크표시를 지운다.

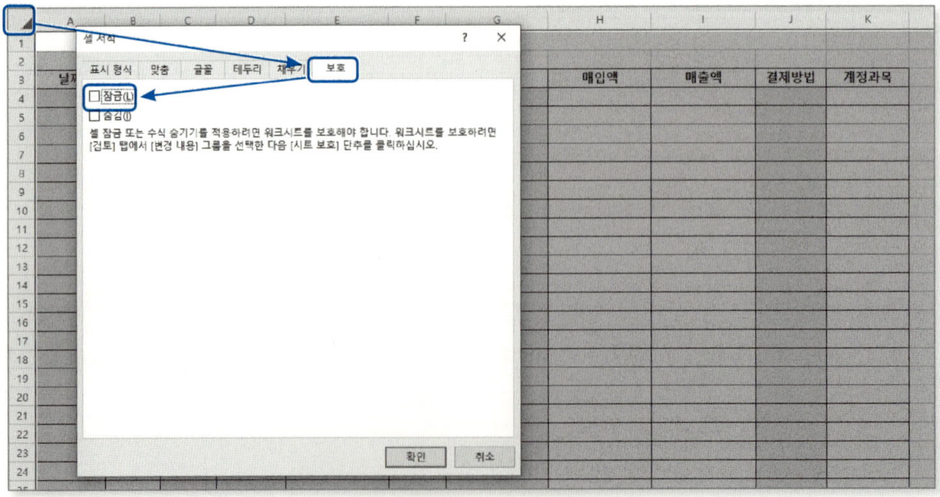

⑱ 다음으로 거래자료가 표시되는 셀범위(A4:K28) 중 수식에 의해 자동 표시되어질 영역(B5:B27, H4:I28, K4:K28)을 Ctrl 키를 누르면서 함께 선택한 후, 오른쪽 마우스 [셀 서식] 상자에서 [보호] 탭의 '잠금'을 이번에는 선택하여 체크 표시한다. 그리고 [검토] 탭의 [변경내용]-[시트 보호]를 선택하고, [시트 보호] 대화상자에서 '잠기지 않은 셀 선택'만을 체크표시 선택되도록 하고 '시트보호 해제 암호'에 '0000'을 입력하여 [확인]한 후, [암호 확인] 대화상자에서 다시 '암호'에 '0000'을 입력한다.

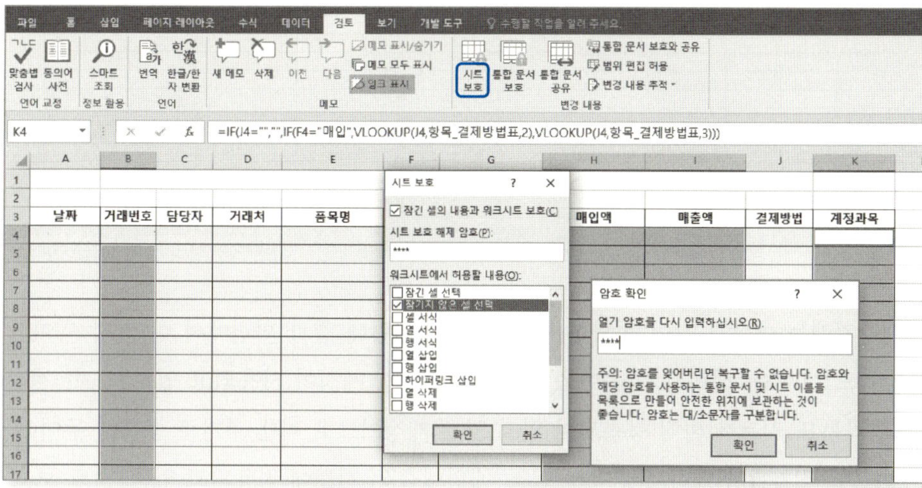

⑲ 이제 거래자료 입력부분 중 황금색 영역을 제외한 나머지 영역은 마우스로 선택할 수 없도록 [시트 보호]가 이루어졌다. [시트 보호]가 이루어진 '매입매출장' sheet에 다음의 매입 및 매출 관련 거래들을 차례로 입력해 본다.

| 날짜 | 거래번호 | 담당자 | 거래처 | 품목명 | 구분 | 금액 | 결제방법 |
|---|---|---|---|---|---|---|---|
| 2023-6-3 | 4000 | 기남용 | 무등세상 | Notebook | 매입 | 24,000,000 | 현금 |
| 2023-6-5 | 4001 | 박시현 | 우리로 | Network PC | 매입 | 17,000,000 | 외상 |
| 2023-6-6 | 4002 | 고득수 | 환상특급 | Notebook | 매출 | 32,000,000 | 외상 |
| 2023-6-9 | 4003 | 김광재 | 격조통신 | Supercom | 매출 | 26,000,000 | 현금 |
| 2023-6-12 | 4004 | 박시현 | 우리로 | Workstation | 매입 | 15,000,000 | 어음 |
| 2023-6-14 | 4005 | 고득수 | 격조통신 | PC | 매출 | 52,000,000 | 현금 |
| 2023-6-17 | 4006 | 한병곤 | 무등세상 | AVR | 매입 | 8,000,000 | 현금 |
| 2023-6-19 | 4007 | 기남용 | 한가지로 | Network PC | 매출 | 22,000,000 | 외상 |
| 2023-6-22 | 4008 | 류진웅 | 일등닷컴 | Notebook | 매출 | 33,000,000 | 현금 |
| 2023-6-25 | 4009 | 한병곤 | 한가지로 | Workstation | 매출 | 26,000,000 | 현금 |

**매입매출장**

| 날짜 | 거래번호 | 담당자 | 거래처 | 품목명 | 구분 | 금액 | 매입액 | 매출액 | 결제방법 | 계정과목 |
|---|---|---|---|---|---|---|---|---|---|---|
| 2023/6/3 | 4000 | 기남용 | 무등세상 | Notebook | 매입 | 24,000,000 | 24,000,000 | | 현금 | 현금 |
| 2023/6/5 | 4001 | 박시현 | 우리로 | Network PC | 매입 | 17,000,000 | 17,000,000 | | 외상 | 외상매입금 |
| 2023/6/6 | 4002 | 고득수 | 환상특급 | Notebook | 매출 | 32,000,000 | | 32,000,000 | 외상 | 외상매출금 |
| 2023/6/9 | 4003 | 김광재 | 격조통신 | Supercom | 매출 | 26,000,000 | | 26,000,000 | 현금 | 현금 |
| 2023/6/12 | 4004 | 박시현 | 우리로 | Workstation | 매입 | 15,000,000 | 15,000,000 | | 어음 | 지급어음 |
| 2023/6/14 | 4005 | 고득수 | 격조통신 | PC | 매출 | 52,000,000 | | 52,000,000 | 현금 | 현금 |
| 2023/6/17 | 4006 | 한병곤 | 무등세상 | AVR | 매입 | 8,000,000 | 8,000,000 | | 현금 | 현금 |
| 2023/6/19 | 4007 | 기남용 | 한가지로 | Network PC | 매출 | 22,000,000 | | 22,000,000 | 외상 | 외상매출금 |
| 2023/6/22 | 4008 | 류진웅 | 일등닷컴 | Notebook | 매출 | 33,000,000 | | 33,000,000 | 현금 | 현금 |
| 2023/6/25 | 4009 | 한병곤 | 한가지로 | Workstation | 매출 | 26,000,000 | | 26,000,000 | 현금 | 현금 |
| 합계 | | | | | | | 64,000,000 | 191,000,000 | | |

문서화 | 분개장 | 계정과목표 | 오류테이블 | 매입매출장 | 항목관리

⑳ 매입매출거래는 예상과 같이 정확히 입력되었다. 그런데 결과 화면에서 한 가지 특이한 것은 결제방법으로 '어음' 선택시 '받을어음' 또는 '지급어음' 계정이 사용되고 있지만, 이 계정이 앞서 '계정과목표' 시트에 아직 등록되어 있지 않은 계정이므로 이를 추가로 등록해 두어야 한다. 이 추가등록 절차를 진행하기에 앞서 먼저 '매입매출장' 시트에 적용되고 있는 '시트 보호' 기능을 해제해 두기 위해 [검토] 탭에서 '시트 보호 해제'를 선택하고, 암호 **'0000'**을 입력한다.

㉑ 이제 계정과목 추가등록을 위해서 '계정과목표' sheet를 선택한다. '받을어음' 계정은 계정과목 유동성배열법을 적용하는 경우 '외상매출금' 계정 다음에 위치하도록 코드번호가 부여되어야 한다. 따라서 B열에서 '외상매출금' 계정이 등록되어 있는 3행의 아래 4행의 머릿글 부분을 선택하고 오른쪽 마우스에서 [삽입]을 누른 후, 새로 삽입된 4행의 A4 셀에 새 계정코드 **'1150'**을, 그리고 B4 셀에 새 계정명 **'받을어음'**을 각각 입력한다. 마찬가지로 '지급어음' 계정은 '외상매입금' 계정 아래쪽에 위치하도록 하기 위해 16행에서 한 행을 삽입한 후, 새로 삽입된 16행의 A16 셀과 B16 셀에 각각 **'2120'**, **'지급어음'**을 입력한다.

동일한 계정명과 코드가 오른쪽에도 반영되어 나중에 다시 정렬할 수 있도록 우선 오른쪽 빈칸 E4, F4 셀에 각각 **'받을어음'**, **'1150'**, 그리고 E16, F16 셀에 각각 **'지급어음'**, **'2120'**으로 입력한다.

| | A | B | C | D | E | F | G |
|---|---|---|---|---|---|---|---|
| 1 | 1110 | 현금 | | | 감가상각비 | 5410 | |
| 2 | 1120 | 당좌예금 | | | 건물 | 1420 | |
| 3 | 1140 | 외상매출금 | | | 건물감가상각누계액 | 1421 | |
| 4 | 1150 | 받을어음 | | | 받을어음 | 1150 | |
| 5 | 1160 | 상품 | | | 광고비 | 5250 | |
| 6 | 1170 | 원재료 | | | 급여 | 5210 | |
| 7 | 1180 | 소모품 | | | 단기차입금 | 2140 | |
| 8 | 1220 | 장기대여금 | | | 당좌예금 | 1120 | |
| 9 | 1320 | 비품 | | | 매입 | 5110 | |
| 10 | 1321 | 비품감가상각누계액 | | | 매출 | 4110 | |
| 11 | 1420 | 건물 | | | 매출원가 | 5130 | |
| 12 | 1421 | 건물감가상각누계액 | | | 미지급이자 | 2170 | |
| 13 | 1520 | 컴퓨터설비 | | | 법인세 | 5810 | |
| 14 | 1521 | 설비감가상각누계액 | | | 비품 | 1320 | |
| 15 | 2110 | 외상매입금 | | | 비품감가상각누계액 | 1321 | |
| 16 | 2120 | 지급어음 | | | 지급어음 | 2120 | |
| 17 | 2140 | 단기차입금 | | | 사채 | 2310 | |
| 18 | 2170 | 미지급이자 | | | 상품 | 1160 | |
| 19 | 2310 | 사채 | | | 설비감가상각누계액 | 1521 | |
| 20 | 2330 | 장기차입금 | | | 소모품 | 1180 | |
| 21 | 3110 | 자본금 | | | 수수료수익 | 4210 | |



㉒ 계정이 추가된 E열과 F열에서 다시 계정과목명 오름차순으로 재정렬이 필요하다. E1:F36 셀범위를 선택하고 [데이터] 탭에서 [정렬 및 필터]-[정렬]을 선택하고, [정렬] 대화상자에서 '내 데이터에 머리글 표시' 선택부분을 체크해제한 후, [정렬기준]에서 '열E'를, 그리고 [정렬]에서 '오름차순'으로 선택하여 [확인]을 누른다(이는 앞으로 사용할 VLOOKUP 함수에서 표시된 계정과목을 참조하여 해당 계정코드를 찾는 작업에 필요하기 때문에 계정과목의 오름차순으로 정렬을 행한 것이다).

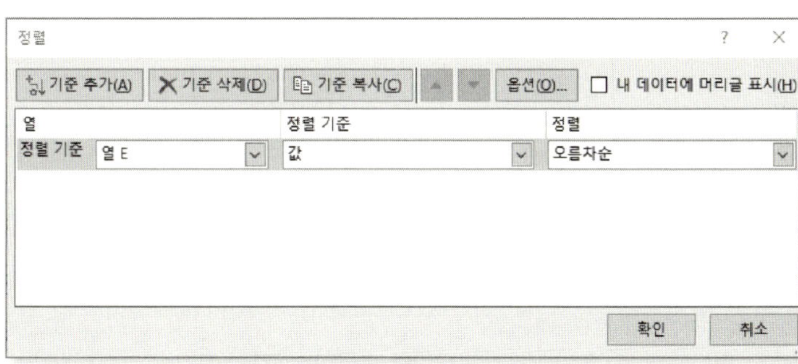


㉓ 이제 E열과 F열의 데이터가 추가된 계정들을 반영하여 다시 오름차순으로 정렬되었다. 그런데 새 계정들이 추가되었으므로 일반적인 경우에는 이 영역에 앞서 정의해두었던 이름들('순차계정명2', '순차계정과목표2')을 지우고 새로 이름부여하는 절차가 필요하지만, 새로 추가되는 데이터가 기존의 이름정의 범위 내에 추가되는 경우에는 참조범위가 자동조정되어 확대 적용되기 때문에 이 경우에는 기존의 이름들을 다시 정의할 필요는 없다. 따라서 이러한 자동 조정이 반영되어 있는지를 확인해보기 위해 [수식] 탭의 [이름관리자]를 클릭하고, [이름 관리자] 대화상자에서 기존에 정의해두었던 이름 '순차계정과목표2'와 '순차계정명2'를 각각 선택하여 아래쪽

[참조 대상]란에 표시되고 있는 참조범위가 올바로 확장되어 있는지 확인해 본다. 기존의 설정에서는 E34 셀까지가 범위로 지정되었던 것인데, 2개의 계정이 추가되어 E36까지 확장되었고, 이 변경된 참조범위가 이를 자동으로 변경하여 표시하고 있으므로 추가로 수정할 필요는 없음을 확인할 수 있다. 이름 '순차계정명2'의 경우에도 같다.

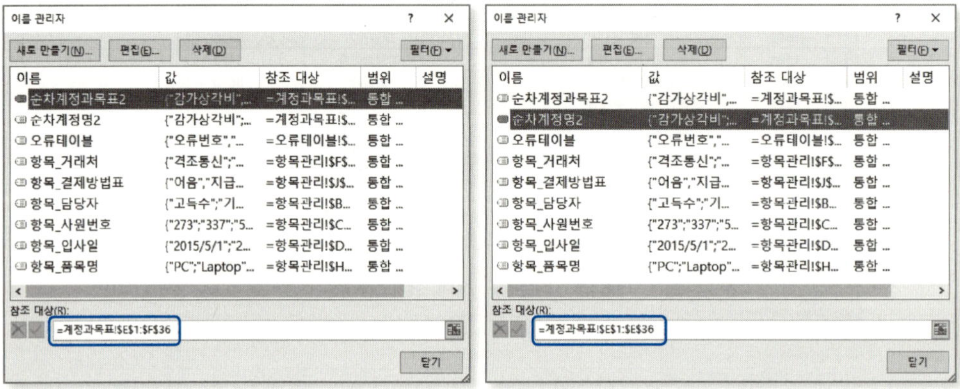

㉔ 이제 다시 '매입매출장' sheet로 돌아와서, K열의 '계정과목' 뒤쪽 L열에 해당 계정코드를 표시하도록 추가하기로 한다. L3 셀에 '계정코드'를 입력하고, L4 셀에 수식 '**=IF(K4="","",VLOOKUP(K4,순차계정과목표2,2))**'을 입력한 후, L4 셀에서 '자동채우기 핸들'로 L27 셀까지 끌기 하여 채워 넣는다.

㉕ '계정코드' 수식이 포함된 L3:L28 셀영역을 선택하고 '모든 테두리'로 설정한다. 그리고 L4:L28 영역도 수식으로 정의되어 자동으로 표시되므로 시트보호시 입력이 통제되도록 하기 위해 셀 잠금을 표시해둘 필요가 있다. L4:L28 셀영역을 선택하고 오른쪽 마우스 [셀 서식]의 [보호] 탭에서 '잠금'에 체크표시가 되어 있는지 확인해 본다('잠금' 체크 표시 안되어 있는 경우 체크 표시).

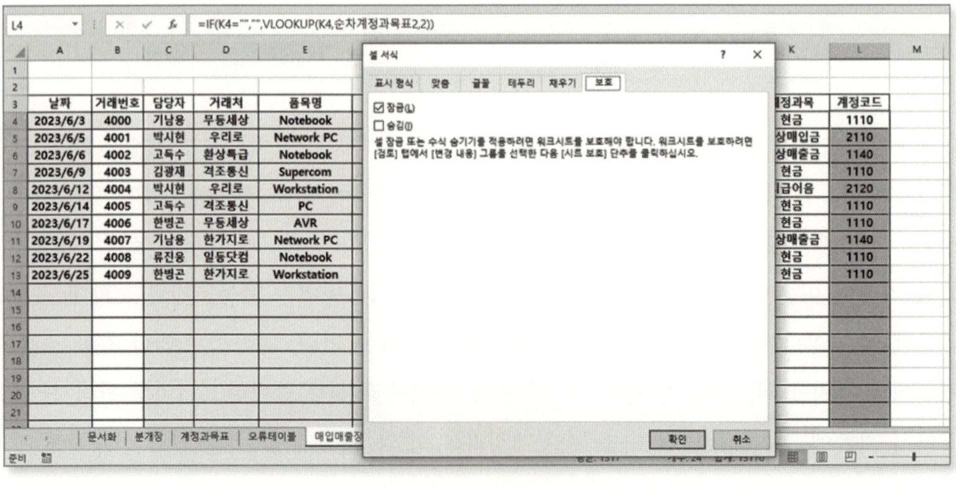

㉖ 매입매출장에 기록된 모든 거래는 각 머리글 단위별로 구분/집계하여 분석과정이 필요할 수도 있고, 또 결산시점에는 구분이나 각 계정별로 그동안의 실적자료를 집계하는 절차가 필요할 수도 있으므로, 이 매입매출장 설계단계에서 미리 각 머리글 단위별로 이름을 부여해 두는 것이 좋다. 이를 위해 먼저 매입매출장 양식에서 합계부분을 제외한 자료 입력부분에 해당하는 A3:L27 영역을 선택하고, [수식] 탭의 [정의된 이름]-[선택영역에서 만들기]를 클릭한다. [선택영역에서 이름 만들기] 대화상자에서 '첫 행'만이 체크되도록 설정을 변경한 후 [확인]을 누른다.

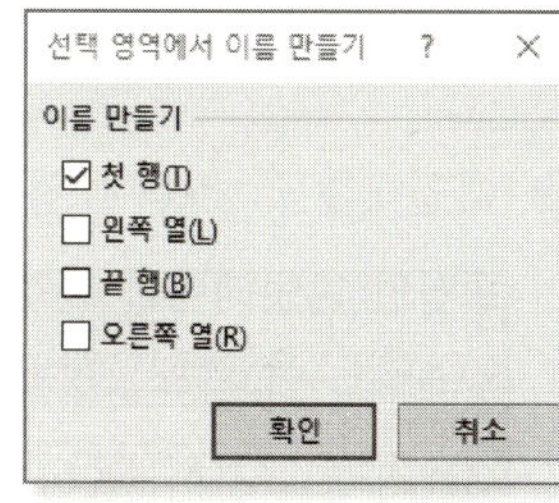


㉗ 의도한 대로 각 머리글 열단위 이름부여가 제대로 수행되었는지 확인해보기 위해서, [수식] 탭의 [정의된 이름]-[이름관리자]를 클릭한다. [이름관리자] 대화상자에는 다음과 같이 매입매출장 각 열의 머리글을 이름으로 부여한 결과를 표시하고 있다(이전에 이름이 부여된 '순차＊＊＊', '항목_＊＊＊', '오류테이블' 이외의 12개 이름).

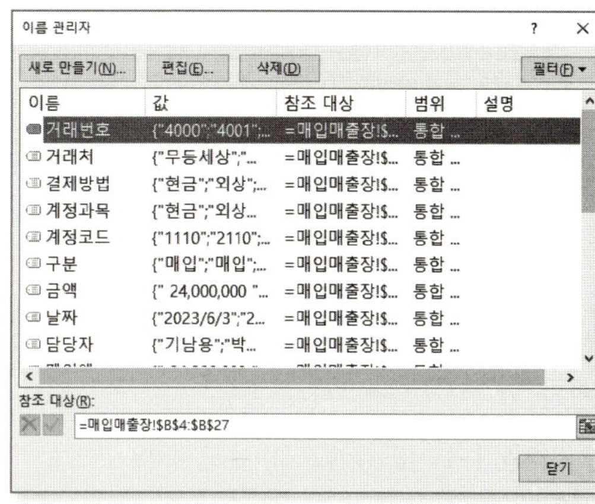


㉘ 지금까지 여러 설정이 마무리된 '매입매출장'은 다음과 같이 표시된다.

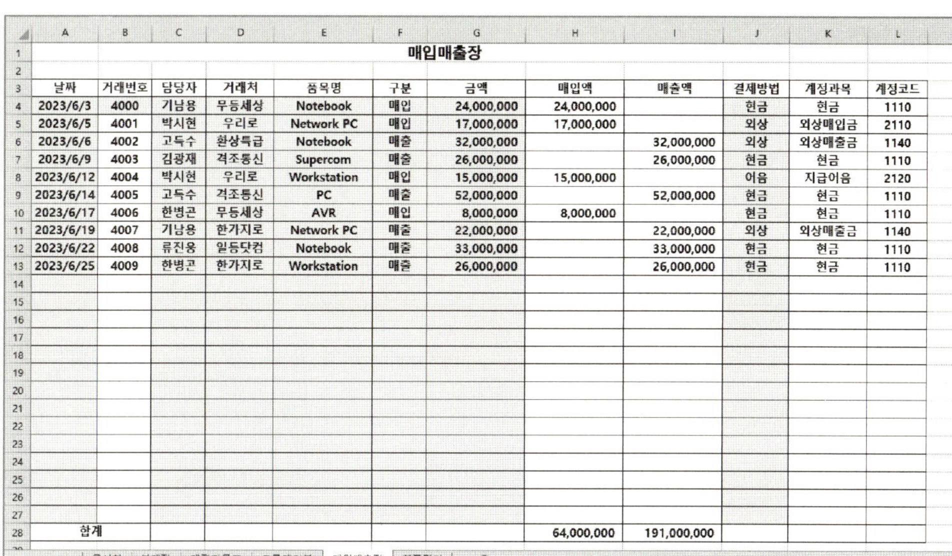

매입매출장

| 날짜 | 거래번호 | 담당자 | 거래처 | 품목명 | 구분 | 금액 | 매입액 | 매출액 | 결제방법 | 계정과목 | 계정코드 |
|---|---|---|---|---|---|---|---|---|---|---|---|
| 2023/6/3 | 4000 | 기남용 | 무등세상 | Notebook | 매입 | 24,000,000 | 24,000,000 | | 현금 | 현금 | 1110 |
| 2023/6/5 | 4001 | 박시현 | 우리로 | Network PC | 매입 | 17,000,000 | 17,000,000 | | 외상 | 외상매입금 | 2110 |
| 2023/6/6 | 4002 | 고득수 | 환상특급 | Notebook | 매출 | 32,000,000 | | 32,000,000 | 외상 | 외상매출금 | 1140 |
| 2023/6/9 | 4003 | 김광재 | 격조통신 | Supercom | 매출 | 26,000,000 | | 26,000,000 | 현금 | 현금 | 1110 |
| 2023/6/12 | 4004 | 박시현 | 우리로 | Workstation | 매입 | 15,000,000 | 15,000,000 | | 어음 | 지급어음 | 2120 |
| 2023/6/14 | 4005 | 고득수 | 격조통신 | PC | 매출 | 52,000,000 | | 52,000,000 | 현금 | 현금 | 1110 |
| 2023/6/17 | 4006 | 한병곤 | 무등세상 | AVR | 매입 | 8,000,000 | 8,000,000 | | 현금 | 현금 | 1110 |
| 2023/6/19 | 4007 | 기남용 | 한가지로 | Network PC | 매출 | 22,000,000 | | 22,000,000 | 외상 | 외상매출금 | 1140 |
| 2023/6/22 | 4008 | 류진웅 | 일등닷컴 | Notebook | 매출 | 33,000,000 | | 33,000,000 | 현금 | 현금 | 1110 |
| 2023/6/25 | 4009 | 한병곤 | 한가지로 | Workstation | 매출 | 26,000,000 | | 26,000,000 | 현금 | 현금 | 1110 |
| 합계 | | | | | | | 64,000,000 | 191,000,000 | | | |

## 나. 매입매출장 피벗테이블 worksheet 설계

❶ '매입매출장' sheet에 입력된 거래자료를 분석하는 방법은 여러 가지가 있을 수 있지만, 그중 대표적인 피벗테이블 분석은 가장 자주 사용되는 방법이므로, 미리 그 양식을 별도의 시트에 설정해두고 자동 표시되도록 할 수 있다. 이를 위해 먼저 분석을 수행하고자 하는 범위(A3:L27)를 선택한 후, [삽입] 탭의 [표]-[피벗 테이블]을 클릭한다.

❷ [피벗테이블 만들기] 대화상자에서 [표 또는 범위 선택]란에는 이미 선택한 범위가 표시되고 있다. 아래 [피벗테이블 보고서를 넣을 위치를 선택하십시오.]에서 '새 워크시트'로 선택하고 [확인]을 누른다.

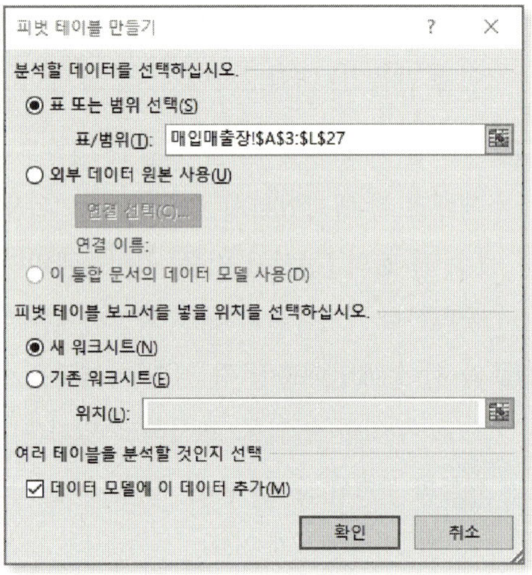


❸ 새로 만들어진 피벗테이블 sheet의 오른쪽 [피벗 테이블 필드] 목록에서 '담당자' 필드를 선택하여 아래쪽 [필터] 상자 안으로 끌어 놓기 한다. 그리고 '구분' 필드는 [열] 상자로, '계정과목' 필드는 [행] 상자로, '금액' 필드는 [값] 상자로 각각 끌어 놓기 한다. 이제 피벗테이블 sheet는 다음과 같이 표시된다.

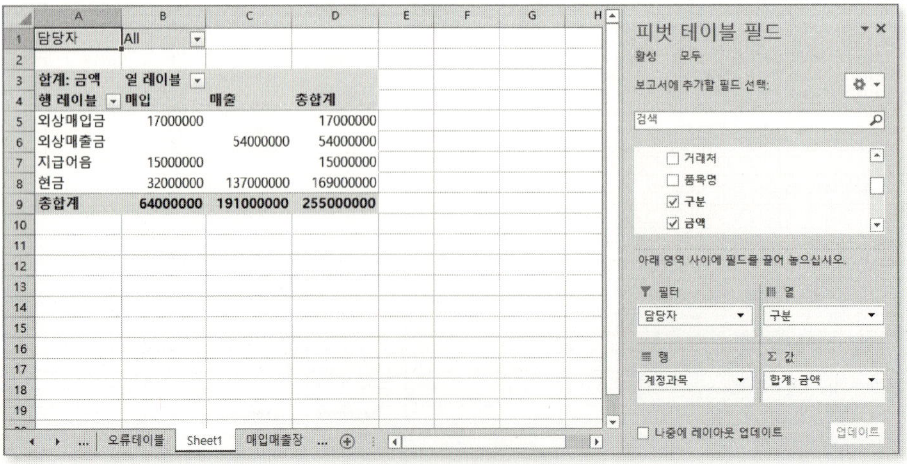

❹ 시트 왼쪽에 표시되는 피벗테이블에서는 설정에 따라 매입/매출 구분별, 계정과목별로 합계금액이 요약되어 하나의 표로 표시되고 있다. 다만 이 피벗테이블에 표시되는 금액들이 천원 단위 구분표시가 적용되어 있지 않으므로, B열부터 E열의 머릿글 부분을 함께 선택한 후 [홈] 탭의 [표시 형식]-[쉼표 스타일]을 클릭하여 천원 단위 구분표시로 변경하고, 각 열의 너비를 금액단위를 고려하여 적절한 너비로 조정한다.

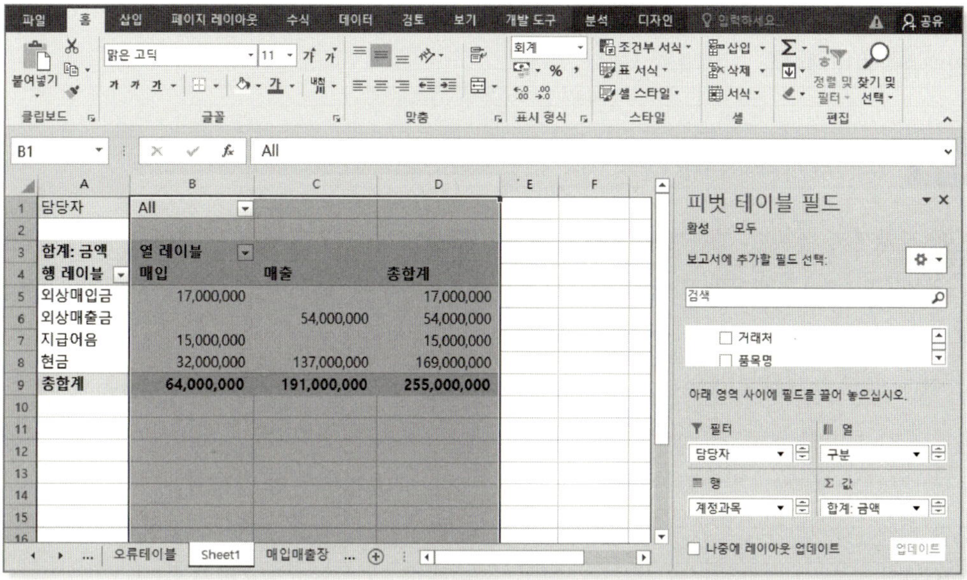

❺ 자동 생성된 이 피벗테이블에서는 B, C, D열의 금액부분이 '합계'로 표시되고 있지만, 만약 금액의 '합계' 대신에 '개수', '평균' 등의 수치로 변경하여 표시할 필요가 있는 경우에는 표시되는 피벗테이블의 A3 셀('합계: 금액')을 클릭하고 오른쪽 마우스 [값 요약 기준]에서 '개수' 등을 선택하여 원하는 내용으로 변경 표시할 수도 있다.

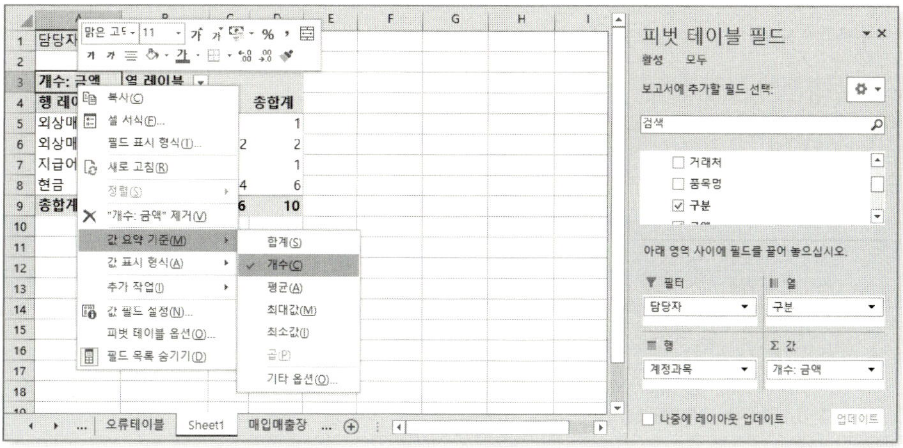

❻ 다시 A3 셀의 설정을 '합계: 금액'으로 되돌려 놓는다.

❼ 피벗테이블 분석에서는 지금까지 '매입매출장'에 입력된 모든 거래자료들을 요약하여, 기간 중 매입 총액(64,000,000)과 매출 총액(191,000,000), 그리고 외상매입금 증가액(17,000,000), 외상매출금 증가액(54,000,000), 지급어음 증가액(15,000,000), 현금 증가액(137,000,000)과 감소액(32,000,000) 등의 정보를 요약 표시해주고 있다.

❽ 이와 같이 새로 만들어진 피벗테이블 시트(Sheet1)의 이름 탭을 더블클릭하여 시트 이름을 '**매입매출장피벗테이블**'로 변경해 둔다.

## 2단계 분개장에 일반거래 입력

그런데 지금까지 설계한 '매입매출장'은 기업에서 이루어지는 모든 거래 중에서도 주된 영업활동인 매입거래와 매출거래만을 입력하도록 설계된 장부이다. 따라서 매입 및 매출 거래가 아닌 일반거래는 모두 매입매출장이 아닌 분개장을 통해서 입력하여야 한다.

그러나 앞서 분개장 설계과정에서 입력 예시로 사용하였던 거래사례들은 각종 통제기능을 추가하고 추가 계정과목들을 설정하는 과정에서 모두 지우고 빈 분개장만을 '원본'의 이름으로 저장해둔 상태이다. 따라서 이 분개장 원본('분개장' 시트)에 아래의 새로운 일반거래 사례들을 다시 차례로 입력해 보기로 한다.

❶ 일반거래 자료들을 입력하기 전에, 먼저 '분개장' sheet를 선택하고 분개장 양식에 '시트 보호' 기능이 잘 적용되고 있는지를 확인해 보아야 한다. '시트 보호' 기능이 적용되고 있는지의 여부는 [검토] 탭의 [변경 내용] 그룹에 표시되고 있는 메뉴들을 살펴보면 곧바로 알 수 있다. 즉 [변경 내용] 그룹에 '시트 보호 해제' 메뉴가 표시되어 있으면 이미 '시트 보호'가 실행되고 있음을 의미하고, 만일 '시트 보호'로 표시되는 경우에는 '시트 보호' 기능 설정이 필요한 상황(즉 시트 보호 해제 상태)임을 의미하는 것이다. 분개장에 거래 입력은 '시트 보호'된 상태에서 수행되어야 하므로, 만일 시트 보호가 해제되어 있는 상태라면 앞에서 설명한 바대로 '시트 보호' 기능을 설정한 후에 거래를 입력하도록 한다.

❷ '시트 보호'된 분개장 양식에 다음의 일반거래들을 날짜순으로 입력한다.

| 거래 번호 | 거래 내역 |
|---|---|
| 1 | 2023/6/1 홍길동이 현금 ₩20,000,000과 건물 ₩80,000,000을 출자하고 보통주식 5,000주를 교부받았다. |
| 2 | 2023/6/2 청송산업은 사무실용 비품 ₩8,000,000을 구입하고 대금은 전액 현금으로 지불하였다. |
| 3 | 2023/6/5 박식한은 현금 ₩40,000,000과 공정시가 ₩25,000,000에 해당하는 컴퓨터설비를 출자하고, 보통주식 3,200주를 교부받았다. |

| | |
|---|---|
| 4 | 2023/6/7 사무실용 소모품을 구입하고 대금 ₩3,000,000을 현금으로 지불하였다(자산처리). |
| 5 | 2023/6/9 나라은행으로부터 단기운영자금 ₩40,000,000을 차입하고 이를 당좌계좌에 입금하도록 하였다. |
| 6 | 2023/6/11 사무실용 비품 ₩3,000,000을 구입하고 대금은 현금으로 지급하였다. |
| 7 | 2023/6/14 거래처 무등산과 상호협력 MOU를 체결한 후 ₩25,000,000을 장기대여하기로 하고 당좌수표로 지급하였다. |
| 8 | 2023/6/16 나날신문에 상품 및 업체 홍보광고를 싣고 광고비 ₩3,000,000을 당좌수표로 지급하였다. |
| 9 | 2023/6/19 거래처 알파고의 구매업무를 대행해주고 대행수수료로 ₩1,800,000을 현금으로 받았다. |
| 10 | 2023/6/21 나라은행으로부터 시설자금 명목으로 장기차입금 ₩20,000,000을 차입하고 당좌계좌에 입금하였다. |
| 11 | 2023/6/22 매장으로 임차하여 사용하고 있는 건물에 대한 임차료 ₩5,000,000을 현금으로 지급하였다. |
| 12 | 2023/6/24 청송산업은 나라은행 단기차입금에 대한 이자로 ₩2,000,000을 현금으로 지급하였다. |
| 13 | 2023/6/25 사원들에게 6월분 급여 ₩7,000,000을 당좌계좌에서 계좌이체하였다. |
| 14 | 2023/6/27 거래처 무등산으로부터 장기대여금에 대한 3개월분 이자 ₩1,500,000을 현금으로 받았다. |

❸ 각 거래를 분개장에 입력하는 단계마다 미리 설정되어 있는 각종 입력통제기능들이 수행되어 오류메시지들이 적절히 표시되어지는지를 확인해 보는 것도 중요하다.

위의 모든 거래들을 분개장에 입력한 결과는 다음과 같다.

**분 개 장**

| 날짜 | 거래번호 | 계정명 | 계정코드 | 적요 | 차변 | 대변 |
|---|---|---|---|---|---|---|
| 2023/6/1 | 1 | 현금 | 1110 | 홍길동 현금/현물 출자 (보통주 5,000주) | 20,000,000 | |
| 2023/6/1 | 1 | 건물 | 1420 | 홍길동 현금/현물 출자 (보통주 5,000주) | 80,000,000 | |
| 2023/6/1 | 1 | 자본금 | 3110 | 홍길동 현금/현물 출자 (보통주 5,000주) | | 100,000,000 |
| 2023/6/2 | 2 | 비품 | 1320 | 사무실용 비품 현금 구입 | 8,000,000 | |
| 2023/6/2 | 2 | 현금 | 1110 | 사무실용 비품 현금 구입 | | 8,000,000 |
| 2023/6/5 | 3 | 자본금 | 3110 | 박식한 현금/현물 출자 (보통주 3,200주) | 40,000,000 | |
| 2023/6/5 | 3 | 컴퓨터설비 | 1520 | 박식한 현금/현물 출자 (보통주 3,200주) | 25,000,000 | |
| 2023/6/5 | 3 | 자본금 | 3110 | 박식한 현금/현물 출자 (보통주 3,200주) | | 65,000,000 |
| 2023/6/7 | 4 | 소모품 | 1180 | 소모품 현금 구입 | 3,000,000 | |
| 2023/6/7 | 4 | 현금 | 1110 | 소모품 현금 구입 | | 3,000,000 |
| 2023/6/9 | 5 | 당좌예금 | 1120 | 나라은행에서 단기운영자금 차입 | 40,000,000 | |
| 2023/6/9 | 5 | 단기차입금 | 2140 | 나라은행에서 단기운영자금 차입 | | 40,000,000 |
| 2023/6/11 | 6 | 비품 | 1320 | 사무실용 비품 현금 구입 | 3,000,000 | |
| 2023/6/11 | 6 | 현금 | 1110 | 사무실용 비품 현금 구입 | | 3,000,000 |

| | | | | | | | |
|---|---|---|---|---|---|---|---|
| 34 | 2023/6/14 | 7 | 장기대여금 | 1220 | 무등산에 자금 장기대여 | 25,000,000 | |
| 35 | 2023/6/14 | 7 | 당좌예금 | 1120 | 무등산에 자금 장기대여 | | 25,000,000 |
| 36 | | | | | | | |
| 37 | | | | | | | |
| 38 | | | | | | | |
| 39 | 2023/6/16 | 8 | 광고비 | 5250 | 나날신문 광고비 당좌수표 지급 | 3,000,000 | |
| 40 | 2023/6/16 | 8 | 당좌예금 | 1120 | 나날신문 광고비 당좌수표 지급 | | 3,000,000 |
| 41 | | | | | | | |
| 42 | | | | | | | |
| 43 | | | | | | | |
| 44 | 2023/6/19 | 9 | 현금 | 1110 | 구매대행수수료 현금 수령 | 1,800,000 | |
| 45 | 2023/6/19 | 9 | 수수료수익 | 4210 | 구매대행수수료 현금 수령 | | 1,800,000 |
| 46 | | | | | | | |
| 47 | | | | | | | |
| 48 | | | | | | | |
| 49 | 2023/6/21 | 10 | 당좌예금 | 1120 | 나라은행에서 장기차입금 당좌예입 | 20,000,000 | |
| 50 | 2023/6/21 | 10 | 장기차입금 | 2330 | 나라은행에서 장기차입금 당좌예입 | | 20,000,000 |
| 51 | | | | | | | |
| 52 | | | | | | | |
| 53 | | | | | | | |
| 54 | 2023/6/22 | 11 | 임차료 | 5230 | 건물 임차료 현금 지급 | 5,000,000 | |
| 55 | 2023/6/22 | 11 | 현금 | 1110 | 건물 임차료 현금 지급 | | 5,000,000 |
| 56 | | | | | | | |
| 57 | | | | | | | |
| 58 | | | | | | | |
| 59 | 2023/6/24 | 12 | 이자비용 | 5510 | 단기차입금 이자 현금 지급 | 2,000,000 | |
| 60 | 2023/6/24 | 12 | 현금 | 1110 | 단기차입금 이자 현금 지급 | | 2,000,000 |
| 61 | | | | | | | |
| 62 | | | | | | | |
| 63 | | | | | | | |
| 64 | 2023/6/25 | 13 | 급여 | 5210 | 사원 급여 계좌이체 | 7,000,000 | |
| 65 | 2023/6/25 | 13 | 당좌예금 | 1120 | 사원 급여 계좌이체 | | 7,000,000 |
| 66 | | | | | | | |
| 67 | | | | | | | |
| 68 | | | | | | | |
| 69 | 2023/6/27 | 14 | 현금 | 1110 | 무등산 장기대여금 이자 현금 수령 | 1,500,000 | |
| 70 | 2023/6/27 | 14 | 이자수익 | 4230 | 무등산 장기대여금 이자 현금 수령 | | 1,500,000 |
| 71 | | | | | | | |
| 72 | | | | | | | |

❹ 이 '분개장'의 경우에도 앞의 '매입매출장'의 경우와 같이 나중의 분석 및 집계 목적을 위해 미리 열 머리글 단위의 이름을 미리 부여해둘 필요가 있다. 열단위 머리글 이름부여에 앞서서 먼저 '분개장' 시트에 현재 적용되어 있는 '시트 보호' 기능을 해제하여야 한다. [검토] 탭에서 [시트 보호 해제]를 클릭하고 암호 '0000'을 입력하여 [확인]을 누른다.

❺ 3행에 표시된 머리글 단위로 이름을 부여해야 하는데 이때 먼저 생각해보아야 할 것은, 현재 상태대로 이름을 부여하면 앞서 '매입매출장', '계정과목표' 등의 시트에서 먼저 이름정의 해둔 이름들과 서로 중복되어 충돌 오류로 나타날 가능성이 있다(예컨대 날짜, 거래번호, 결제방법, 계정코드 등...). 따라서 이러한 중복가능성을 배제하기 위해서 먼저 분개장의 머리글 제목들을 조금 다른 이름으로 변경하여 이름부여하고 다시 원상으로 복귀하는 방법을 사용하기로 한다.
분개장의 각 머릿글 제목 앞에 각각 "**분개_**"를 삽입하여 다음과 같이 변경해 둔다.

| 날짜 | 거래번호 | 계정명 | 계정코드 | 적요 | 차변 | 대변 |
|---|---|---|---|---|---|---|

⬇

| 분개_날짜 | 분개_거래번호 | 분개_계정명 | 분개_계정코드 | 분개_적요 | 분개_차변 | 분개_대변 |
|---|---|---|---|---|---|---|

❻ 변경한 머리글 부분을 포함하여 셀 범위 A3:G278을 선택하고 [수식] 탭의 [정의된 이름] - [선택영역에서 만들기]를 클릭한다. 이어서 [선택 영역에서 이름 만들기] 대화상자에서 '첫 행'만을 선택으로 표시하고 [확인]을 누른다.

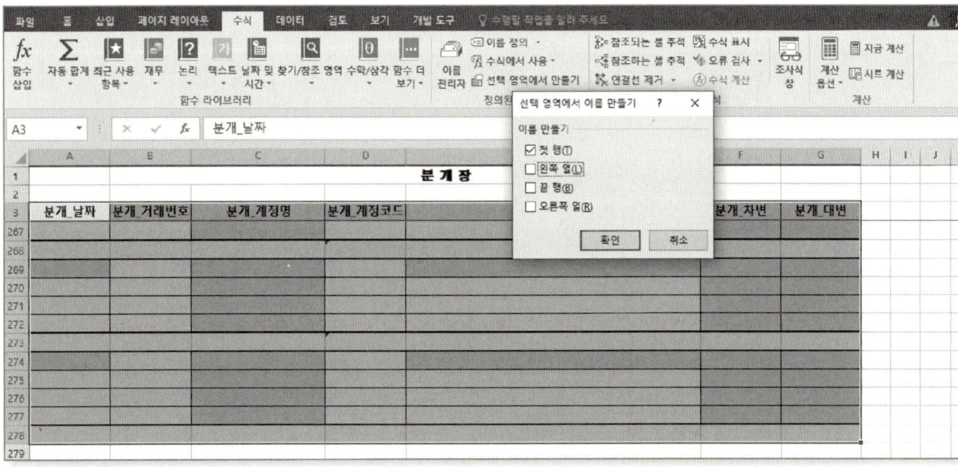

❼ 지정한 대로 열 단위로 각각 이름이 부여되어 있는지를 확인하기 위해서, [수식] 탭의 [정의된 이름] - [이름관리자]를 클릭해 본다.

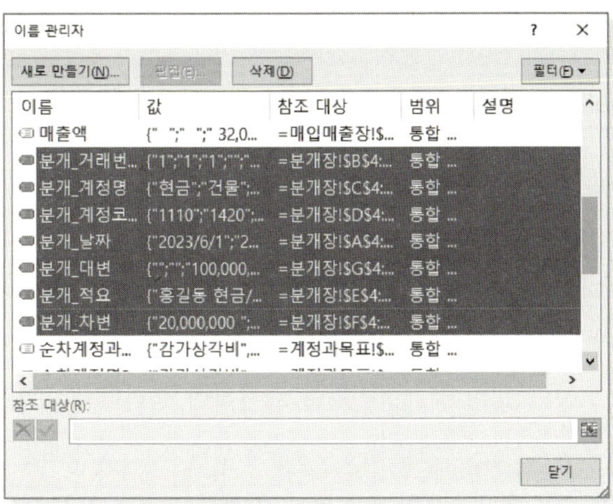

❽ [이름관리자] 대화상자에 표시된 이름 중에서 '분개_'로 시작하는 7개 이름들이 새로 정의된 이름들이다. 이들 각 이름을 선택하고 아래 [참조 대상]에 각각 분개장 시트의 해당 열범위를 적절히 참조하도록 설정되어 있는지 확인해 본다(예컨대 이름 '분개_거래번호'의 경우 [참조 대상]에 "=분개장!$B$4:$B$278"로 설정되어 있다). 모두 확인되었으면 이름관리자 대화상자를 닫는다.

❾ 이제 위 5)에서 각 열머리글 제목들을 임시로 변경했던 목적(열단위 이름부여)을 달성한 셈이니 각 열머리글의 앞부분 '분개_'부분을 모두 지원서 다시 원래의 열머리글 상태로 되돌려 놓는다.

| 분개_날짜 | 분개_거래번호 | 분개_계정명 | 분개_계정코드 | 분개_적요 | 분개_차변 | 분개_대변 |
|---|---|---|---|---|---|---|

⬇

| 날짜 | 거래번호 | 계정명 | 계정코드 | 적요 | 차변 | 대변 |
|---|---|---|---|---|---|---|

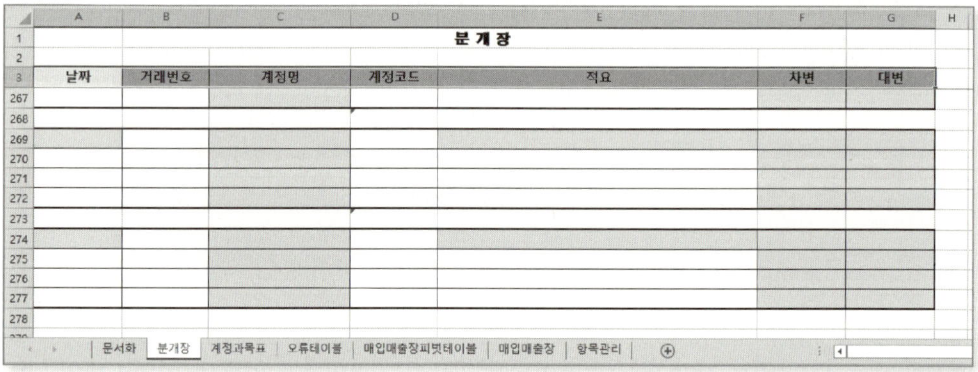


❿ 이로써 매입매출장과 분개장에 새로운 거래들을 입력하고 각각의 열머리글을 새로운 이름으로 부여해 두었으니 현재의 Worksheet를 새로운 파일명으로 저장해 둔다('홍길동_Part3').

## 3단계 시산표(Trial Balance) 설계

시산표 작성은 결산작업을 수행하기 위한 기초자료를 생성하는 절차로, 흔히 총계정원장에 각 계정과목별로 전기되어 정리되고 있는 기중의 모든 거래내역들에 대한 대차 잔액을 계정과목별로 하나의 표에 요약하는 과정이다. 이 시산표 자료는 결산정리절차를 거쳐 재무상태표와 손익계산서 등 주요 재무제표를 작성하기 위한 기초자료로 활용된다.

따라서 대부분의 경우 시산표는 총계정원장을 요약하여 정리하는 방법으로 작성되지만, 우리가 설계하고 있는 프로그램에서는 총계정원장 기록을 생략하고 있기 때문에 이러한 전통적인 시산표 작성과정을 수행할 수는 없다. 대신에 우리가 설계하고 있는 프로그램에서는 모든 거래자료가 분개장 또는 매입매출장에 순차적으로 기록되고 있기 때문에, 이 분개장과 매입매출장이 총계정원장 기록까지도 대신하고 있는 셈이다. 따라서 여기서는 총계정원장 대신에 이들 분개장과 매입매출장에 기록된 거래자료들을 직접 요약 정리하여 시산표를 작성하는 방법을 사용한다.

물론 일반적인 회계 관행상으로는 분개장의 기록을 각 계정별로 전기하여 표시하고 있는 총계정원장이 주요 장부에 해당하는 것은 사실이다. 그러나 EXCEL 특유의 자료구조나 서식을 이용하는 경우 굳이 거래의 각 분개 내용을 일일이 총계정원장 해당 계정에 옮겨 적는 복잡한 절차 없이도, 분개장과 매입매출장 기록을 직접 요약 표시하여 동일한 결과를 얻을 수 있기 때문에, 이 방법은 장부기록절차를 단순화하면서도 시산표를 작성할 수 있는 새로운 시도라고 할 수 있다.

## 가. 시산표 양식 설계 및 작성

❶ 먼저 사용하고자 하는 시산표 양식을 설계해두기로 한다. 시산표에는 기업에서 사용하고 있는 모든 계정과목들이 나열되는 구조를 갖고 있으므로, 전혀 새롭게 작성하는 것보다는 기존의 '계정과목표' sheet를 복사하여 사용하면 편리하다. 앞에서 저장해 두었던 '홍길동_Part3' 파일의 '계정과목표' sheet 이름 탭을 클릭하고, Ctrl 키를 누른 상태에서 마우스로 맨 오른쪽 '항목관리' 시트의 오른쪽에 끌기하여 놓는다. 이로써 '계정과목표(2)' 시트가 복제되었다(또는 '계정과목표' sheet를 선택하고 시트 이름 위에서 오른쪽 마우스 [이동/복사]를 선택한 후 [이동/복사] 대화상자에서 '(끝으로 이동)'을 선택하고 아래 '복사본 만들기'에 체크한 후 [확인]을 눌러도 동일하게 복제할 수 있다).

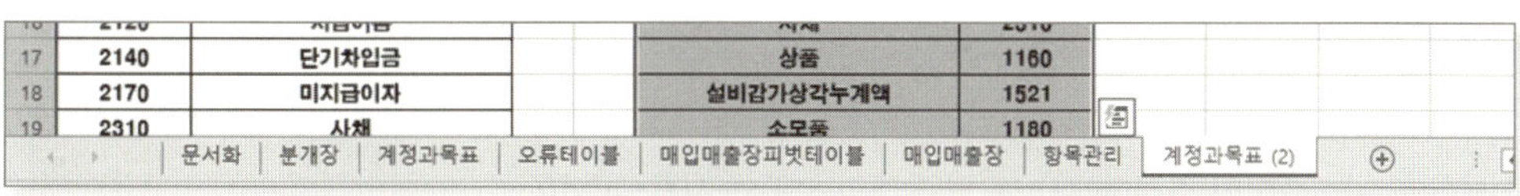


❷ 복제된 '계정과목표 (2)' sheet의 탭을 더블클릭한 후 새 이름 '**시산표**'로 수정한다.

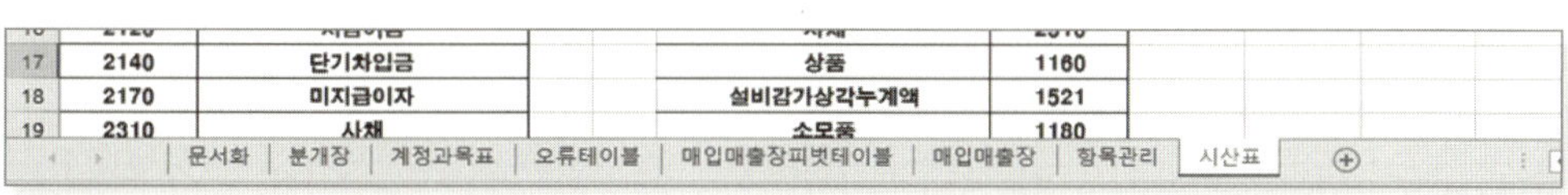


❸ 이제 '시산표' sheet에서 오른쪽에 계정명 오름차순으로 정렬해 두었던 부분은 필요 없으므로 E열과 F열의 머리글 부분을 함께 선택하여 오른쪽 마우스에서 [삭제]를 실행한다. 그리고 남은 A, B 열 위쪽으로 4개의 행을 삽입하기 위해 1행부터 4행까지의 행머리글 부분을 함께 선택한 후 오른쪽 마우스 [삽입]을 클릭한다(이로써 '현금' 계정 위쪽으로 4줄의 빈칸이 확장되었다).

❹ 새로 삽입된 A1 셀에 회사명 '**청송산업**'을 입력한다. B2 셀에는 '**시 산 표**'로 입력하고, B2:D2 셀 범위를 함께 선택하여 [홈] 탭에서 [맞춤] - [병합하고 가운데 맞춤]을 클릭한다. 해당 셀의 글꼴은 '견고딕, '16' pt로, 글꼴 색은 '파랑'으로 지정한다.

❺ B4, C4, D4 셀에 각각 머리글 '**계정과목**', '**차변**', '**대변**'을 입력한다. E4 셀과 I4 셀은 비워두고, F4, G4, H4, J4, K4, L4 셀에는 각각 '**분개장_차변합**', '**분개장_대변합**', '**분개장_잔액**', '**매매장_차변합**', '**매매장_대변합**', '**매매장_잔액**'으로 입력한다. 그리고 금액이 표시될 C열, D열, F열,

G열, H열, J열, K열, L열의 열 너비를 각각 '15'로 조정한다.

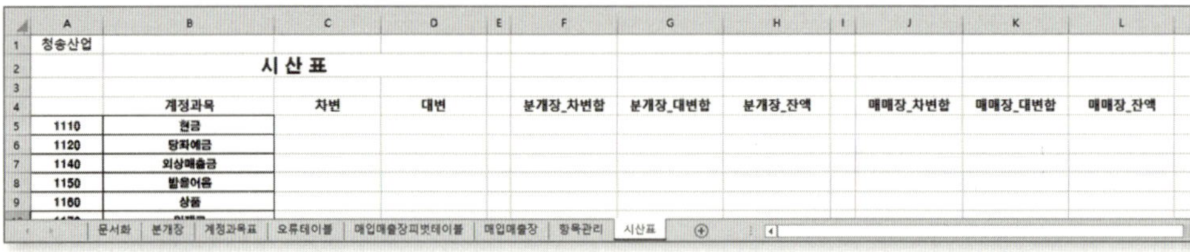


❻ B열에서 마지막 계정과목이 입력되어 있는 셀 아래 셀(B42)에 '[ **합 계** ]'를 입력한다.

❼ 시산표의 F5 셀에는 분개장에 입력된 거래자료들 중에서 현금계정의 증가와 관련된 모든 금액을 합계(현금계정 차변합계)하여 표시한다. 이를 위해 F5 셀에 수식 '**=SUMIF(분개_계정코드,A5,분개_차변)**'을 입력한다. 마찬가지로 분개장에 입력된 거래자료에서 현금계정의 감소와 관련된 모든 금액을 합계(현금계정 대변합계)하여 표시하기 위해 G5 셀에 수식 '**=SUMIF(분개_계정코드,A5,분개_대변)**'을 입력한다. H5 셀에는 분개장에서의 현금계정 대차잔액을 표시하기 위해 수식 '**=F5-G5**'을 입력한다.

참고

## SUMIF 함수 사용법

SUMIF 함수는 주어진 조건하에서 셀 범위 내의 모든 숫자를 더한다.

〈구문〉: SUMIF(범위, 조건, 합계범위)

- 범위(Range): 조건을 적용하고자 하는 셀 범위
- 조건(Criteria): 더할 셀의 조건을 지정하는 수, 식 또는 텍스트
- 합계범위(Sum_range): 합을 구할 실제 셀들

❽ 또한 매입매출장에 입력된 매입/매출 거래자료에서 현금계정의 증가(현금 매출)와 관련된 모든 금액을 합계하여 표시하기 위해 J5 셀에 수식 '**=SUMIF(계정코드,A5,매출액)**'을 입력한다. 마찬가지로 매입매출장에 입력된 거래자료에서 현금계정의 감소(현금 매입)와 관련된 모든 금액을 합계하여 표시하기 위해 K5 셀에 수식 '**=SUMIF(계정코드,A5,매입액)**'을 입력한다. L5 셀에는 매입매출장에서 발생한 현금계정 대차잔액을 표시하기 위해 수식 '**=J5-K5**'를 입력한다.

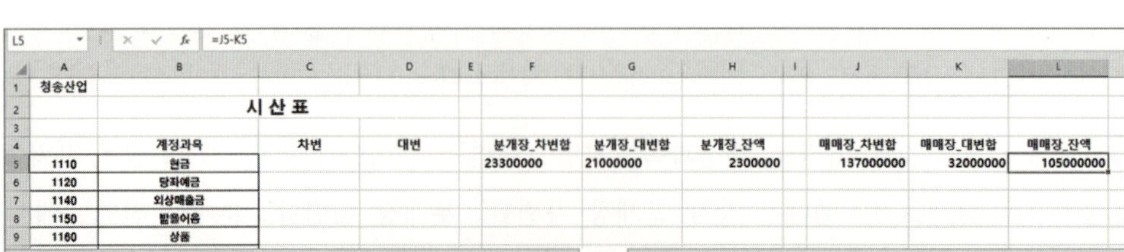

❾ 이제 수식이 입력된 F5:L5 셀 영역을 함께 선택하고, '자동채우기 핸들'을 이용하여 L40 셀까지 끌어 채워넣기 한다. 금액 표시 셀들에 천원 단위 구분표시를 적용하기 위해 C5:L41 셀범위를 선택하고 [홈] 탭의 [표시형식]에서 '쉼표 스타일'(,)을 선택한다.

❿ 또한 시산표에 매입매출장에서의 매출액합계와 매입액합계를 반영하기 위해, K28 셀에 수식 '=**매입매출장!**I28'을 입력하고, J32 셀에 수식 '=**매입매출장!**H28'을 각각 입력한다.

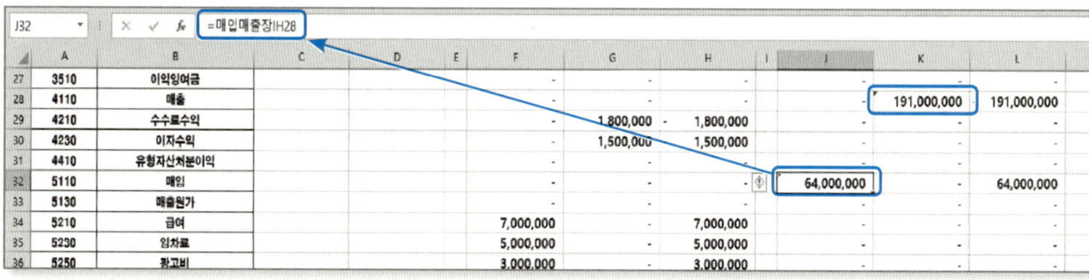

J32 | =매입매출장!H28

| | A | B | C | D | E | F | G | H | I | J | K | L | M |
|---|---|---|---|---|---|---|---|---|---|---|---|---|---|
| 27 | 3510 | 이익잉여금 | | | | - | - | - | | - | - | - | |
| 28 | 4110 | 매출 | | | | - | - | - | | - | 191,000,000 | 191,000,000 | |
| 29 | 4210 | 수수료수익 | | | | - | 1,800,000 | - 1,800,000 | | - | - | - | |
| 30 | 4230 | 이자수익 | | | | - | 1,500,000 | 1,500,000 | | - | - | - | |
| 31 | 4410 | 유형자산처분이익 | | | | - | - | - | | - | - | - | |
| 32 | 5110 | 매입 | | | | - | - | - | | 64,000,000 | - | 64,000,000 | |
| 33 | 5130 | 매출원가 | | | | - | - | - | | - | - | - | |
| 34 | 5210 | 급여 | | | | 7,000,000 | - | 7,000,000 | | - | - | - | |
| 35 | 5230 | 임차료 | | | | 5,000,000 | - | 5,000,000 | | - | - | - | |
| 36 | 5250 | 광고비 | | | | 3,000,000 | - | 3,000,000 | | - | - | - | |

⓫ 이 시산표의 '분개장 잔액'과 '매매장 잔액'에서의 수치가 양(+)의 값인 경우에는 차변잔액을 의미하며, 음(-)의 값인 경우에는 대변잔액을 의미한다.

따라서 C5 셀에 수식 '=IF((H5+L5)〉0,H5+L5,"")'을 입력하고, D5 셀에는 수식 '=IF((H5+L5)〈0,-(H5+L5),"")'을 각각 입력한다.

그리고 C5:D5 셀 범위를 선택하고 '자동채우기 핸들'을 이용하여 D40 셀까지 끌어 채워넣기 한다. 해당 범위에도 천원단위 구분표시를 적용하기 위해 [홈] 탭의 '쉼표 스타일'을 다시 클릭할 필요도 있다.

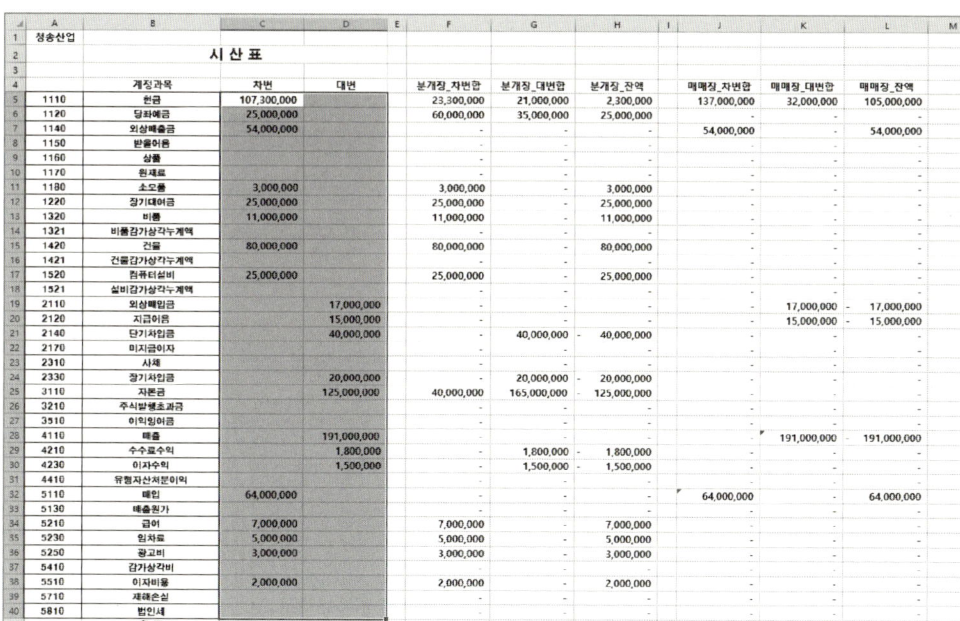

| | A | B | C | D | E | F | G | H | I | J | K | L | M |
|---|---|---|---|---|---|---|---|---|---|---|---|---|---|
| 1 | 청송산업 | | | | | | | | | | | | |
| 2 | | 시 산 표 | | | | | | | | | | | |
| 3 | | | | | | | | | | | | | |
| 4 | | 계정과목 | 차변 | 대변 | | 분개장_차변합 | 분개장_대변합 | 분개장_잔액 | | 매매장_차변합 | 매매장_대변합 | 매매장_잔액 | |
| 5 | 1110 | 현금 | 107,300,000 | | | 23,300,000 | 21,000,000 | 2,300,000 | | 137,000,000 | 32,000,000 | 105,000,000 | |
| 6 | 1120 | 당좌예금 | 25,000,000 | | | 60,000,000 | 35,000,000 | 25,000,000 | | - | - | - | |
| 7 | 1140 | 외상매출금 | 54,000,000 | | | - | - | - | | 54,000,000 | - | 54,000,000 | |
| 8 | 1150 | 받을어음 | | | | - | - | - | | - | - | - | |
| 9 | 1160 | 상품 | | | | - | - | - | | - | - | - | |
| 10 | 1170 | 원재료 | | | | - | - | - | | - | - | - | |
| 11 | 1180 | 소모품 | 3,000,000 | | | 3,000,000 | - | 3,000,000 | | - | - | - | |
| 12 | 1220 | 장기대여금 | 25,000,000 | | | 25,000,000 | - | 25,000,000 | | - | - | - | |
| 13 | 1320 | 비품 | 11,000,000 | | | 11,000,000 | - | 11,000,000 | | - | - | - | |
| 14 | 1321 | 비품감가상각누계액 | | | | - | - | - | | - | - | - | |
| 15 | 1420 | 건물 | 80,000,000 | | | 80,000,000 | - | 80,000,000 | | - | - | - | |
| 16 | 1421 | 건물감가상각누계액 | | | | - | - | - | | - | - | - | |
| 17 | 1520 | 컴퓨터설비 | 25,000,000 | | | 25,000,000 | - | 25,000,000 | | - | - | - | |
| 18 | 1521 | 설비감가상각누계액 | | | | - | - | - | | - | - | - | |
| 19 | 2110 | 외상매입금 | | 17,000,000 | | - | - | - | | - | 17,000,000 | - 17,000,000 | |
| 20 | 2120 | 지급어음 | | 15,000,000 | | - | - | - | | - | 15,000,000 | - 15,000,000 | |
| 21 | 2140 | 단기차입금 | | 40,000,000 | | - | 40,000,000 | - 40,000,000 | | - | - | - | |
| 22 | 2170 | 미지급이자 | | | | - | - | - | | - | - | - | |
| 23 | 2310 | 사채 | | | | - | - | - | | - | - | - | |
| 24 | 2330 | 장기차입금 | | 20,000,000 | | - | 20,000,000 | - 20,000,000 | | - | - | - | |
| 25 | 3110 | 자본금 | | 125,000,000 | | 40,000,000 | 165,000,000 | - 125,000,000 | | - | - | - | |
| 26 | 3210 | 주식발행초과금 | | | | - | - | - | | - | - | - | |
| 27 | 3510 | 이익잉여금 | | | | - | - | - | | - | - | - | |
| 28 | 4110 | 매출 | | 191,000,000 | | - | - | - | | - | 191,000,000 | - 191,000,000 | |
| 29 | 4210 | 수수료수익 | | 1,800,000 | | - | 1,800,000 | - 1,800,000 | | - | - | - | |
| 30 | 4230 | 이자수익 | | 1,500,000 | | - | 1,500,000 | - 1,500,000 | | - | - | - | |
| 31 | 4410 | 유형자산처분이익 | | | | - | - | - | | - | - | - | |
| 32 | 5110 | 매입 | 64,000,000 | | | - | - | - | | 64,000,000 | - | 64,000,000 | |
| 33 | 5130 | 매출원가 | | | | - | - | - | | - | - | - | |
| 34 | 5210 | 급여 | 7,000,000 | | | 7,000,000 | - | 7,000,000 | | - | - | - | |
| 35 | 5230 | 임차료 | 5,000,000 | | | 5,000,000 | - | 5,000,000 | | - | - | - | |
| 36 | 5250 | 광고비 | 3,000,000 | | | 3,000,000 | - | 3,000,000 | | - | - | - | |
| 37 | 5410 | 감가상각비 | | | | - | - | - | | - | - | - | |
| 38 | 5510 | 이자비용 | 2,000,000 | | | 2,000,000 | - | 2,000,000 | | - | - | - | |
| 39 | 5710 | 재해손실 | | | | - | - | - | | - | - | - | |
| 40 | 5810 | 법인세 | | | | - | - | - | | - | - | - | |
| 41 | | [ 합 계 ] | | | | | | | | | | | |

⓬ 41행에 합계 금액을 표시하기 위해서 먼저 C41 셀에 수식 '=**SUM(C5:C40)**'을 입력한다. 그리고 C41 셀을 복사하여 D42, F42:H42, J42:L42 셀 영역에 각각 붙여넣기 한다.

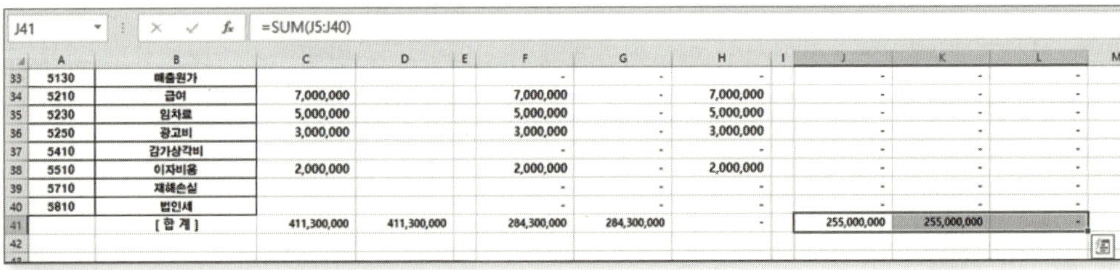
J41 =SUM(J5:J40)

| | A | B | C | D | E | F | G | H | I | J | K | L | M |
|---|---|---|---|---|---|---|---|---|---|---|---|---|---|
| 33 | 5130 | 매출원가 | | | | - | - | - | | - | - | - | |
| 34 | 5210 | 급여 | 7,000,000 | | | 7,000,000 | - | 7,000,000 | | - | - | - | |
| 35 | 5230 | 임차료 | 5,000,000 | | | 5,000,000 | - | 5,000,000 | | - | - | - | |
| 36 | 5250 | 광고비 | 3,000,000 | | | 3,000,000 | - | 3,000,000 | | - | - | - | |
| 37 | 5410 | 감가상각비 | | | | - | - | - | | - | - | - | |
| 38 | 5510 | 이자비용 | 2,000,000 | | | 2,000,000 | - | 2,000,000 | | - | - | - | |
| 39 | 5710 | 재해손실 | | | | - | - | - | | - | - | - | |
| 40 | 5810 | 법인세 | | | | - | - | - | | - | - | - | |
| 41 | | [ 합 계 ] | 411,300,000 | 411,300,000 | | 284,300,000 | 284,300,000 | - | | 255,000,000 | 255,000,000 | - | |
| 42 | | | | | | | | | | | | | |

⓭ 합계로 표시된 부분(41행)에서 차변합계와 대변합계가 서로 일치하는지를 확인한다. 이는 시산표의 대차평형의 원리를 의미하는 것으로, 만일 대차 합계가 서로 일치하지 않으면 계산과정의 어디에선가 오류가 있다는 것을 뜻한다. 다만 화면에 표시되는 수치만으로는 일치 여부를 정확히 파악하기 어려울 수도 있으므로 수식에 의해 오류메시지가 표시되도록 D43 셀에 수식 '=**IF(C42=D42,"","대차가 맞지 않음")**'을 입력해 둔다. 분개장의 대차합계 일치여부와 매매장의 대차합계 일치여부는 각각 H41 셀과 L41 셀이 대차잔액을 표시하고 있으므로 이들 셀이 '0' 값을 표시하고 있으면 차변합계와 대변합계가 서로 일치하고 있음을 의미한다.

⓮ 이제 작성하고자 하는 시산표의 내용이 모두 정리되었으므로, 시산표 표시형식으로 정리해 보기로 한다.

먼저 수치가 표시되고 있는 모든 영역(C5:L41)을 선택하고 오른쪽 마우스 [셀 서식]을 선택한다. [셀 서식] 대화상자에서 [표시 형식]을 '숫자'로 선택하고, [소수 자릿수]를 '0', [1000 단위 구분 기호(,) 사용]에 체크하며, [음수] 표시로 '-1,234'를 선택하고 [확인]을 누른다.

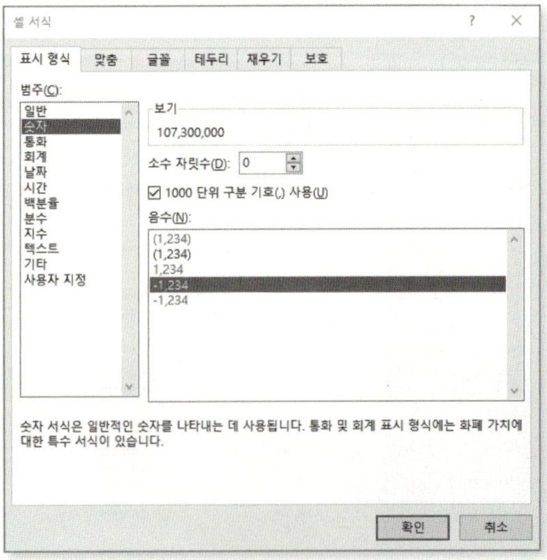

⑮ A4:D41 셀 범위를 선택하여 [홈] 탭의 [글꼴]에서 글꼴을 '견고딕', 글꼴크기를 '11'로 지정하고, [테두리]를 '모든 테두리'로, [맞춤]에서는 '가운데 맞춤'으로 정렬한다. 다시 C5:D41 셀 영역을 선택하여 [홈] 탭에서 [맞춤] – [오른쪽 맞춤]을 선택한다.

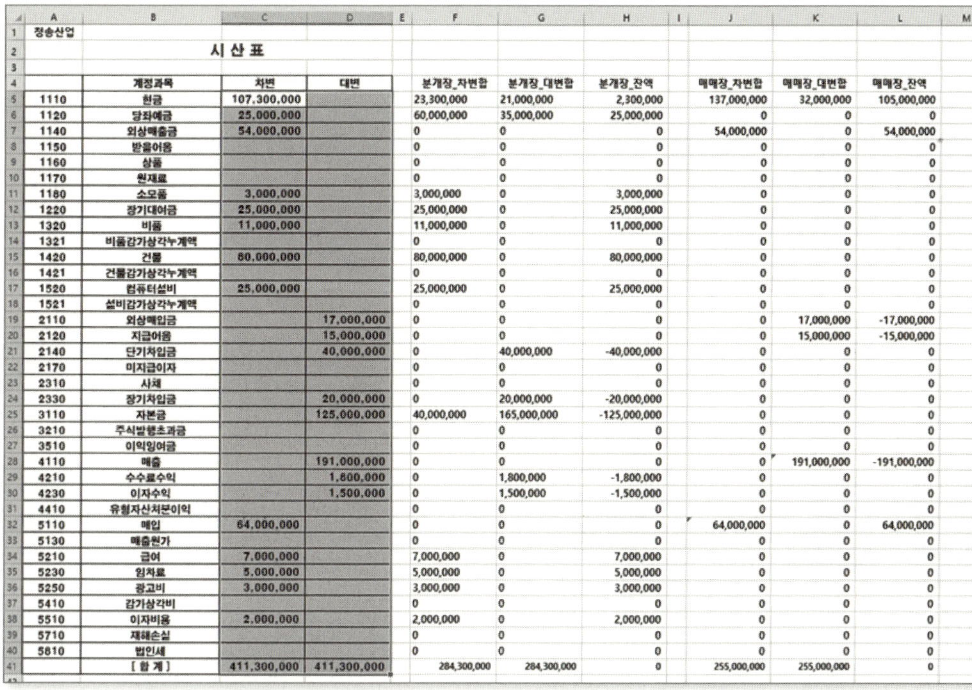

| A | B | C | D | F | G | H | J | K | L |
|---|---|---|---|---|---|---|---|---|---|
| 청송산업 | | | | | | | | | |
| | 시 산 표 | | | | | | | | |
| | 계정과목 | 차변 | 대변 | 분개장_차변합 | 분개장_대변합 | 분개장_잔액 | 매매장_차변합 | 매매장_대변합 | 매매장_잔액 |
| 1110 | 현금 | 107,300,000 | | 23,300,000 | 21,000,000 | 2,300,000 | 137,000,000 | 32,000,000 | 105,000,000 |
| 1120 | 당좌예금 | 25,000,000 | | 60,000,000 | 35,000,000 | 25,000,000 | 0 | 0 | 0 |
| 1140 | 외상매출금 | 54,000,000 | | 0 | 0 | 0 | 54,000,000 | 0 | 54,000,000 |
| 1150 | 받을어음 | | | 0 | 0 | 0 | 0 | 0 | 0 |
| 1160 | 상품 | | | 0 | 0 | 0 | 0 | 0 | 0 |
| 1170 | 원재료 | | | 0 | 0 | 0 | 0 | 0 | 0 |
| 1180 | 소모품 | 3,000,000 | | 3,000,000 | 0 | 3,000,000 | 0 | 0 | 0 |
| 1220 | 장기대여금 | 25,000,000 | | 25,000,000 | 0 | 25,000,000 | 0 | 0 | 0 |
| 1320 | 비품 | 11,000,000 | | 11,000,000 | 0 | 11,000,000 | 0 | 0 | 0 |
| 1321 | 비품감가상각누계액 | | | 0 | 0 | 0 | 0 | 0 | 0 |
| 1420 | 건물 | 80,000,000 | | 80,000,000 | 0 | 80,000,000 | 0 | 0 | 0 |
| 1421 | 건물감가상각누계액 | | | 0 | 0 | 0 | 0 | 0 | 0 |
| 1520 | 컴퓨터설비 | 25,000,000 | | 25,000,000 | 0 | 25,000,000 | 0 | 0 | 0 |
| 1521 | 설비감가상각누계액 | | | 0 | 0 | 0 | 0 | 0 | 0 |
| 2110 | 외상매입금 | | 17,000,000 | 0 | 0 | 0 | 0 | 17,000,000 | -17,000,000 |
| 2120 | 지급어음 | | 15,000,000 | 0 | 0 | 0 | 0 | 15,000,000 | -15,000,000 |
| 2140 | 단기차입금 | | 40,000,000 | 0 | 40,000,000 | -40,000,000 | 0 | 0 | 0 |
| 2170 | 미지급이자 | | | 0 | 0 | 0 | 0 | 0 | 0 |
| 2310 | 사채 | | | 0 | 0 | 0 | 0 | 0 | 0 |
| 2330 | 장기차입금 | | 20,000,000 | 0 | 20,000,000 | -20,000,000 | 0 | 0 | 0 |
| 3110 | 자본금 | | 125,000,000 | 40,000,000 | 165,000,000 | -125,000,000 | 0 | 0 | 0 |
| 3210 | 주식발행초과금 | | | 0 | 0 | 0 | 0 | 0 | 0 |
| 3510 | 이익잉여금 | | | 0 | 0 | 0 | 0 | 0 | 0 |
| 4110 | 매출 | | 191,000,000 | 0 | 0 | 0 | 0 | 191,000,000 | -191,000,000 |
| 4210 | 수수료수익 | | 1,800,000 | 0 | 1,800,000 | -1,800,000 | 0 | 0 | 0 |
| 4230 | 이자수익 | | 1,500,000 | 0 | 1,500,000 | -1,500,000 | 0 | 0 | 0 |
| 4410 | 유형자산처분이익 | | | 0 | 0 | 0 | 0 | 0 | 0 |
| 5110 | 매입 | 64,000,000 | | 0 | 0 | 0 | 64,000,000 | 0 | 64,000,000 |
| 5130 | 매출원가 | | | 0 | 0 | 0 | 0 | 0 | 0 |
| 5210 | 급여 | 7,000,000 | | 7,000,000 | 0 | 7,000,000 | 0 | 0 | 0 |
| 5230 | 임차료 | 5,000,000 | | 5,000,000 | 0 | 5,000,000 | 0 | 0 | 0 |
| 5250 | 광고비 | 3,000,000 | | 3,000,000 | 0 | 3,000,000 | 0 | 0 | 0 |
| 5410 | 감가상각비 | | | 0 | 0 | 0 | 0 | 0 | 0 |
| 5510 | 이자비용 | 2,000,000 | | 2,000,000 | 0 | 2,000,000 | 0 | 0 | 0 |
| 5710 | 재해손실 | | | 0 | 0 | 0 | 0 | 0 | 0 |
| 5810 | 법인세 | | | 0 | 0 | 0 | 0 | 0 | 0 |
| | [ 합 계 ] | 411,300,000 | 411,300,000 | 284,300,000 | 284,300,000 | 0 | 255,000,000 | 255,000,000 | 0 |

⑯ A4:D4, A41:D41 셀 영역을 함께 선택하고 [홈] 탭에서 [글꼴] – [채우기 색]을 '주황색'으로 설정한다. A41:B41 셀 영역은 [맞춤] – [병합하고 가운데 맞춤]으로 설정한다.

⑰ 시산표 상의 날짜표시는 분개장에 마지막으로 입력된 거래일자로 지정한다. 이를 위해 B3 셀에 수식 '=TEXT(MAX(분개_날짜),"YYYY-MM-DD") & " 현재"'로 입력한다. 그리고 B3:D3 영역을 선택 한 후 [홈] – [맞춤] – [병합하고 가운데 맞춤]으로 지정한다.

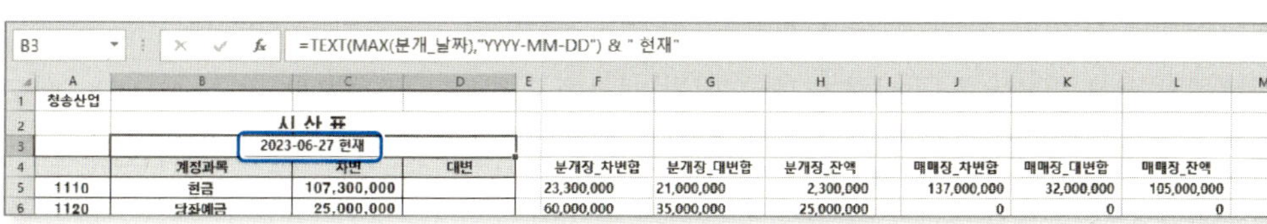

B3 | =TEXT(MAX(분개_날짜),"YYYY-MM-DD") & " 현재"

| A | B | C | D | F | G | H | J | K | L |
|---|---|---|---|---|---|---|---|---|---|
| 청송산업 | | | | | | | | | |
| | 시 산 표 | | | | | | | | |
| | 2023-06-27 현재 | | | | | | | | |
| | 계정과목 | 차변 | 대변 | 분개장_차변합 | 분개장_대변합 | 분개장_잔액 | 매매장_차변합 | 매매장_대변합 | 매매장_잔액 |
| 1110 | 현금 | 107,300,000 | | 23,300,000 | 21,000,000 | 2,300,000 | 137,000,000 | 32,000,000 | 105,000,000 |
| 1120 | 당좌예금 | 25,000,000 | | 60,000,000 | 35,000,000 | 25,000,000 | 0 | 0 | 0 |

⑱ E열 이후에 표시되는 수치들은 A~D열에 정리된 시산표 작성에 이용되었던 데이터들이며, 사실 시산표에서 표시하고자 하는 영역은 이 A~D열뿐이긴 하지만, E열 이후의 자료들을 삭제하면 시산표 내용이 영향을 받기 때문에 삭제하는 대신에 눈에 보이지 않는 색상으로 정리하기로

한다. F열부터 L열까지의 열머리 부분을 한꺼번에 선택하고 [홈] 탭의 [글꼴] - [글꼴 색]을 '흰색'으로 지정하여 화면에 직접 보이지 않도록 설정한다.

⑲ 이제 '시산표' 시트는 다음과 같이 표시된다.

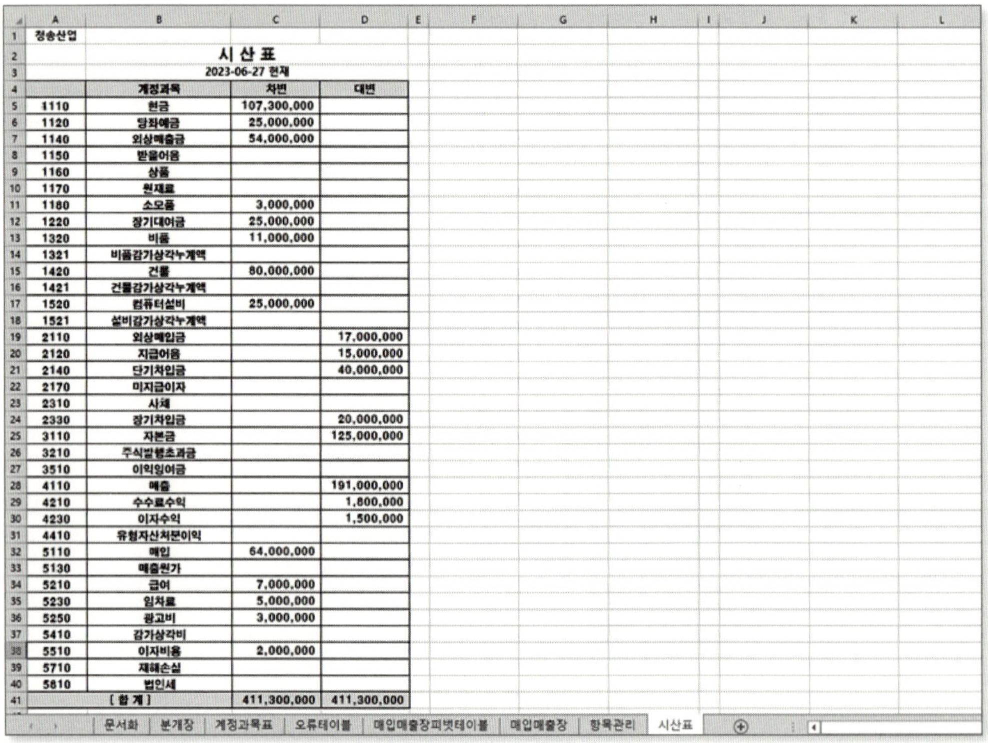

| 청송산업 | | | |
|---|---|---|---|
| | 시 산 표 | | |
| | 2023-06-27 현재 | | |
| | 계정과목 | 차변 | 대변 |
| 1110 | 현금 | 107,300,000 | |
| 1120 | 당좌예금 | 25,000,000 | |
| 1140 | 외상매출금 | 54,000,000 | |
| 1150 | 받을어음 | | |
| 1160 | 상품 | | |
| 1170 | 원재료 | | |
| 1180 | 소모품 | 3,000,000 | |
| 1220 | 장기대여금 | 25,000,000 | |
| 1320 | 비품 | 11,000,000 | |
| 1321 | 비품감가상각누계액 | | |
| 1420 | 건물 | 80,000,000 | |
| 1421 | 건물감가상각누계액 | | |
| 1520 | 컴퓨터설비 | 25,000,000 | |
| 1521 | 설비감가상각누계액 | | |
| 2110 | 외상매입금 | | 17,000,000 |
| 2120 | 지급어음 | | 15,000,000 |
| 2140 | 단기차입금 | | 40,000,000 |
| 2170 | 미지급이자 | | |
| 2310 | 사채 | | |
| 2330 | 장기차입금 | | 20,000,000 |
| 3110 | 자본금 | | 125,000,000 |
| 3210 | 주식발행초과금 | | |
| 3510 | 이익잉여금 | | |
| 4110 | 매출 | | 191,000,000 |
| 4210 | 수수료수익 | | 1,800,000 |
| 4230 | 이자수익 | | 1,500,000 |
| 4410 | 유형자산처분이익 | | |
| 5110 | 매입 | 64,000,000 | |
| 5130 | 매출원가 | | |
| 5210 | 급여 | 7,000,000 | |
| 5230 | 임차료 | 5,000,000 | |
| 5250 | 광고비 | 3,000,000 | |
| 5410 | 감가상각비 | | |
| 5510 | 이자비용 | 2,000,000 | |
| 5710 | 재해손실 | | |
| 5810 | 법인세 | | |
| | [ 합 계 ] | 411,300,000 | 411,300,000 |



⑳ 이로써 시산표는 완성되었지만, 사실 시산표에서 직접 입력작업을 수행할 일은 없고 모두 수식에 의해 자동으로 표시되는 것이므로 이 시산표 시트에 '시트 보호'를 설정해둘 필요가 있다. 이를 위해 [검토] 탭에서 [시트 보호]를 클릭하고, [시트 보호] 상자에서 '잠긴 셀의 내용과 워크시트 보호'가 선택되도록 한 후 아래 [워크시트에서 허용할 내용]에서는 아무것도 체크되지 않도록 설정하고 [시트 보호 해제 암호]에 '0000'을 입력한 후 [확인]을 누른다. 여기서는 워크시트에서 허용할 내용을 지정하지 않고 있기 때문에 시산표 시트를 보기만 할 뿐 어느 셀도 선택되지 않도록 되어 있다. 만일 특정 셀을 선택하도록 시도하는 경우에는 다음의 오류메시지가 표시된다.

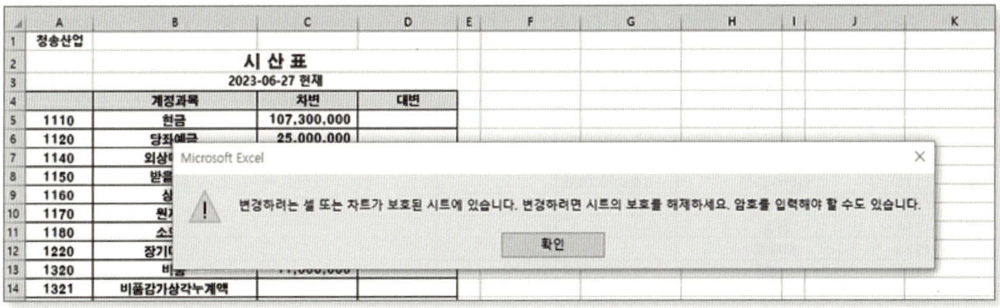


## 나. 시산표 테스트

작성된 시산표가 제대로 기능을 수행하고 있는지 확인해 볼 필요가 있다. 시산표에는 직접 자료를 입력하지 않긴 하지만, 분개장이나 매입매출장에 거래자료가 추가로 입력되면 시산표에도 그 결과가 실시간으로 반영되어 표시되어야 한다.

❶ '분개장' sheet를 선택하고, 이전의 거래 기록 아래쪽에 다음의 추가 거래를 입력해 본다. 다만, 이 추가거래를 입력하는 목적은, 분개장에 거래가 입력되면 그 결과가 곧바로 시산표에도 제대로 반영되고 있는지의 여부를 확인하고자 하는 것이므로, 추가거래 입력에 앞서서 현재의 해당 계정 잔액이 얼마로 표시되고 있는지를 먼저 확인해 두는 것이 필요하다(현금계정 107,300,000, 단기차입금 40,000,000). 또 추가거래를 입력하기 전에 분개장에 '시트 보호'가 해제되어 있는 상태라면 다시 '시트 보호' 기능을 수행([검토] 탭의 [시트 보호])한 후에 입력하도록 한다.

| #15 | 2023/6/28 나라은행에서 빌려 쓴 단기차입금 중 일부(₩12,700,000)를 현금으로 갚았다. |
|---|---|

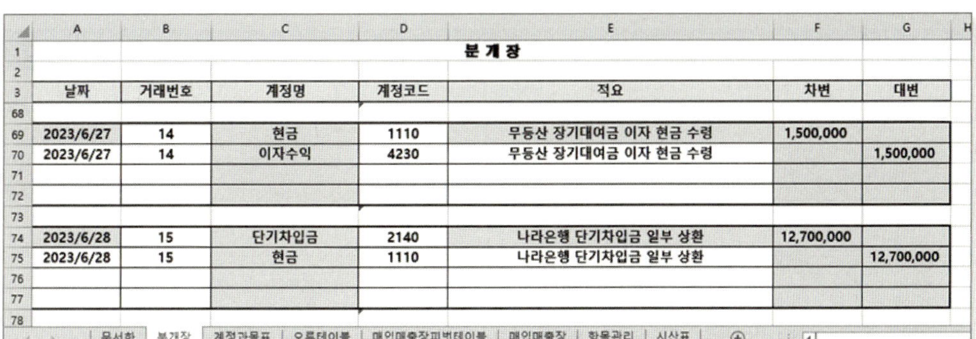


❷ 이제 '시산표' sheet를 선택하고, 추가로 입력한 거래의 영향으로 인해 단기차입금 잔액과 현금 잔액에 변동금액이 제대로 반영되어 있는지 확인한다.

| | 청송산업 | | |
|---|---|---|---|
| | 시 산 표 | | |
| | 2023-06-28 현재 | | |
| | 계정과목 | 차변 | 대변 |
| 1110 | 현금 | 94,600,000 | |
| 1120 | 당좌예금 | 25,000,000 | |
| 1140 | 외상매출금 | 54,000,000 | |
| 1150 | 받을어음 | | |
| 1160 | 상품 | | |
| 1170 | 원재료 | | |
| 1180 | 소모품 | 3,000,000 | |
| 1220 | 장기대여금 | 25,000,000 | |
| 1320 | 비품 | 11,000,000 | |
| 1321 | 비품감가상각누계액 | | |
| 1420 | 건물 | 80,000,000 | |
| 1421 | 건물감가상각누계액 | | |
| 1520 | 컴퓨터설비 | 25,000,000 | |
| 1521 | 설비감가상각누계액 | | |
| 2110 | 외상매입금 | | 17,000,000 |
| 2120 | 지급어음 | | 15,000,000 |
| 2140 | 단기차입금 | | 27,300,000 |

문서화 | 분개장 | 계정과목표 | 오류테이블 | 매입매출장피벗테이블 | 매입매출장 | 항목관리 | 시산표

❸ 추가 거래입력의 영향으로 현금이 이전의 ₩107,300,000에서 ₩94,600,000으로 ₩12,700,000 만큼 감소한 금액으로 표시되고 있으며, 단기차입금도 동일 금액이 감소한 ₩27,300,000으로 표시되고 있다. 이는 시산표가 분개장의 기록을 실시간으로 반영하고 있음을 의미한다.

❹ 이제 시산표가 매입매출장 기록도 실시간으로 잘 반영하고 있는지를 살펴보기 위해서, 매입매출장에 다음의 매출 관련 추가 거래를 입력해 본다. 여기서도 마찬가지로, 추가거래 입력 후에는 이미 해당 계정 금액이 자동 변경되어 있을 수도 있으므로 이 추가거래 관련 계정의 현재 잔액을 미리 확인해 두는 것이 필요하다(외상매출금 54,000,000, 매출 191,000,000). 또 추가거래를 입력하기 전에 매입매출장에 '시트 보호'가 해제되어 있는 상태라면 다시 '시트 보호' 기능을 수행([검토] 탭의 [시트 보호])한 후에 입력하도록 한다.

| 날짜 | 담당자 | 거래처 | 품목명 | 구분 | 금액 | 결제방법 |
|---|---|---|---|---|---|---|
| 2023-6-29 | 박시현 | 일등닷컴 | Notebook | 매출 | 3,333,000 | 외상 |

매입매출장

| 날짜 | 거래번호 | 담당자 | 거래처 | 품목명 | 구분 | 금액 | 매입액 | 매출액 | 결제방법 | 계정과목 | 계정코드 |
|---|---|---|---|---|---|---|---|---|---|---|---|
| 2023/6/3 | 4000 | 기남용 | 무등세상 | Notebook | 매입 | 24,000,000 | 24,000,000 | | 현금 | 현금 | 1110 |
| 2023/6/5 | 4001 | 박시현 | 우리로 | Network PC | 매입 | 17,000,000 | 17,000,000 | | 외상 | 외상매입금 | 2110 |
| 2023/6/6 | 4002 | 고득수 | 환상특급 | Notebook | 매출 | 32,000,000 | | 32,000,000 | 외상 | 외상매출금 | 1140 |
| 2023/6/9 | 4003 | 김광재 | 격조통신 | Supercom | 매출 | 26,000,000 | | 26,000,000 | 현금 | 현금 | 1110 |
| 2023/6/12 | 4004 | 박시현 | 우리로 | Workstation | 매입 | 15,000,000 | 15,000,000 | | 어음 | 지급어음 | 2120 |
| 2023/6/14 | 4005 | 고득수 | 격조통신 | PC | 매출 | 52,000,000 | | 52,000,000 | 현금 | 현금 | 1110 |
| 2023/6/17 | 4006 | 한병곤 | 무등세상 | AVR | 매입 | 8,000,000 | 8,000,000 | | 현금 | 현금 | 1110 |
| 2023/6/19 | 4007 | 기남용 | 한가지로 | Network PC | 매출 | 22,000,000 | | 22,000,000 | 외상 | 외상매출금 | 1140 |
| 2023/6/22 | 4008 | 류진웅 | 일등닷컴 | Notebook | 매출 | 33,000,000 | | 33,000,000 | 현금 | 현금 | 1110 |
| 2023/6/25 | 4009 | 한병곤 | 한가지로 | Workstation | 매출 | 26,000,000 | | 26,000,000 | 현금 | 현금 | 1110 |
| 2023/6/29 | 4010 | 박시현 | 일등닷컴 | Notebook | 매출 | 3,333,000 | | 3,333,000 | 외상 | 외상매출금 | 1140 |

문서화 | 분개장 | 계정과목표 | 오류테이블 | 매입매출장피벗테이블 | 매입매출장 | 항목관리 | 시산표

❺ 이제 매입매출장에 추가 입력된 거래가 시산표에 실시간으로 반영되어 있는지 확인하기 위해 '시산표' sheet를 선택한다.

❻ 추가 입력한 외상매출 거래로 인해 시산표상의 외상매출금이 ₩54,000,000에서 ₩57,333,000으로 변경되었으며, 매출액 역시 ₩191,000,000에서 ₩194,333,000으로 추가거래 금액인 ₩3,333,000만큼 각각 증가된 금액을 표시하고 있다.

| | A | B | C | D |
|---|---|---|---|---|
| 1 | 청송산업 | | | |
| 2 | | 시 산 표 | | |
| 3 | | 2023-06-27 현재 | | |
| 4 | | 계정과목 | 차변 | 대변 |
| 5 | 1110 | 현금 | 107,300,000 | |
| 6 | 1120 | 당좌예금 | 25,000,000 | |
| 7 | 1140 | 외상매출금 | 54,000,000 | |
| 8 | 1150 | 받을어음 | | |
| 9 | 1160 | 상품 | | |
| 10 | 1170 | 원재료 | | |
| 11 | 1180 | 소모품 | 3,000,000 | |
| 12 | 1220 | 장기대여금 | 25,000,000 | |
| 13 | 1320 | 비품 | 11,000,000 | |
| 14 | 1321 | 비품감가상각누계액 | | |
| 15 | 1420 | 건물 | 80,000,000 | |
| 16 | 1421 | 건물감가상각누계액 | | |
| 17 | 1520 | 컴퓨터설비 | 25,000,000 | |
| 18 | 1521 | 설비감가상각누계액 | | |
| 19 | 2110 | 외상매입금 | | 17,000,000 |
| 20 | 2120 | 지급어음 | | 15,000,000 |
| 21 | 2140 | 단기차입금 | | 40,000,000 |
| 22 | 2170 | 미지급이자 | | |
| 23 | 2310 | 사채 | | |
| 24 | 2330 | 장기차입금 | | 20,000,000 |
| 25 | 3110 | 자본금 | | 125,000,000 |
| 26 | 3210 | 주식발행초과금 | | |
| 27 | 3510 | 이익잉여금 | | |
| 28 | 4110 | 매출 | | 191,000,000 |
| 29 | 4210 | 수수료수익 | | 1,800,000 |

| | A | B | C | D |
|---|---|---|---|---|
| 1 | 청송산업 | | | |
| 2 | | 시 산 표 | | |
| 3 | | 2023-06-28 현재 | | |
| 4 | | 계정과목 | 차변 | 대변 |
| 5 | 1110 | 현금 | 94,600,000 | |
| 6 | 1120 | 당좌예금 | 25,000,000 | |
| 7 | 1140 | 외상매출금 | 57,333,000 | |
| 8 | 1150 | 받을어음 | | |
| 9 | 1160 | 상품 | | |
| 10 | 1170 | 원재료 | | |
| 11 | 1180 | 소모품 | 3,000,000 | |
| 12 | 1220 | 장기대여금 | 25,000,000 | |
| 13 | 1320 | 비품 | 11,000,000 | |
| 14 | 1321 | 비품감가상각누계액 | | |
| 15 | 1420 | 건물 | 80,000,000 | |
| 16 | 1421 | 건물감가상각누계액 | | |
| 17 | 1520 | 컴퓨터설비 | 25,000,000 | |
| 18 | 1521 | 설비감가상각누계액 | | |
| 19 | 2110 | 외상매입금 | | 17,000,000 |
| 20 | 2120 | 지급어음 | | 15,000,000 |
| 21 | 2140 | 단기차입금 | | 27,300,000 |
| 22 | 2170 | 미지급이자 | | |
| 23 | 2310 | 사채 | | |
| 24 | 2330 | 장기차입금 | | 20,000,000 |
| 25 | 3110 | 자본금 | | 125,000,000 |
| 26 | 3210 | 주식발행초과금 | | |
| 27 | 3510 | 이익잉여금 | | |
| 28 | 4110 | 매출 | | 194,333,000 |
| 29 | 4210 | 수수료수익 | | 1,800,000 |

❼ 이제 시산표 양식이 설계대로 잘 수행되고 있음을 테스트해 보았으니 이전의 이름('홍길동_Part3')으로 다시 저장해 둔다.

# Step 4 결산정리와 재무제표 작성

> 참고 **결산 절차**
>
> 결산절차가 결코 단순한 과정은 아니어서 전통적으로 결산은 1년 중 연말에 1회 실시하는 것이 관행이었지만, 최근에는 회계처리에 다양한 전산 프로그램이 이용되면서 필요에 따라 수시로 결산을 수행할 수 있게 되었다. 더구나 회계정보 이용자들도 신속한 의사결정을 위해 재무제표 등 사업보고서를 수시로 제공해 주기를 원하면서 반기 또는 분기 결산이 보편화되고 있다.
>
> 결산절차는 시산표 작성으로부터 시작되며, 결산 시점에 조정해야 할 항목들에 대한 수정분개(결산정리분개)와 이를 반영한 수정후 시산표 작성, 그리고 이를 이용한 재무제표 작성 등 일련의 복잡한 과정을 거치게 된다. 그러나 이들 절차는 대부분 정형적인 작업들이어서 정산표라고 하는 하나의 연습장을 통해 이루어지는 경우가 많다.

결산절차는 다소 복잡하긴 하지만 그 순서나 필요한 양식들이 미리 정해져 있는 경우가 많으므로, 결산시점에 이르러 그때그때 새로운 결산작업을 수행하도록 하는 것보다는 미리 EXCEL 수식을 이용하여 자동화 시스템으로 만들어두는 것이 좋다.

## 1단계 수정분개장 설계

수정분개장(Adjusting Journal)은 결산시점에서 기중에 처리했던 거래내용이나 그 결과 중에서 수정이 불가피한 사항이 있거나 또는 결산시점에서만 판단할 수 있는 사항들(예컨대 대손상각, 감가상각, 유가증권 평가 등)에 대해 추가거래 형태로 인식하고 분개하여 다시 총계정원장과 시산표 등에 반영하기 위한 분개장이다. 수정분개장도 일종의 분개장인 만큼, 대부분의 경우에는 기중 거래를 입력하는 일반 분개장 양식을 그대로 적용하거나 또는 일반분개장에서 수정분개까지도 함께 처리하는 경우도 있지만, 여기서는 결산절차를 구분하여 이해하도록 하기 위해서 별도의 장부(수정분개장)에서 결산수정분개를 수행하는 것으로 한다.

❶ 먼저 수정분개장 시트를 새로 만들기 위해, '분개장' sheet를 선택하고 Ctrl 키를 누른 상태에서 마우스로 '시산표' 탭 오른쪽으로 끌기 하여 새 시트('분개장 (2)')로 복제한다.

❷ 복제된 '분개장 (2)' sheet의 탭을 더블 클릭하여 이름을 **'수정분개장'**으로 변경한다.

| | | | | | | | |
|---|---|---|---|---|---|---|---|
| 74 | 2023/6/28 | 15 | 단기차입금 | 2140 | 나라은행 단기차입금 일부 상환 | 12,700,000 | |
| 75 | 2023/6/28 | 15 | 현금 | 1110 | 나라은행 단기차입금 일부 상환 | | 12,700,000 |
| 76 | | | | | | | |
| 77 | | | | | | | |

... | 계정과목표 | 오류테이블 | 매입매출장피벗테이블 | 매입매출장 | 항목관리 | 시산표 | 수정분개장 | ⊕

❸ 수정분개장에 이미 표시되어 있는 내용을 지우거나 수정하여 변경할 필요가 있으므로, 만일 수정분개장에 이미 '시트 보호' 기능이 적용되고 있다면 이를 해제한다([검토] 탭에서 [시트 보호 해제] 선택, 암호 '0000').

❹ B1:F1 셀 범위에 입력되어 있는 머리글 '분개장'을 **'수정 분개장'**으로 변경한다. 그리고 3행에 입력되어 있는 각 머리글들의 앞부분에 **'수정_'**을 추가하여 변경한다. 이는 앞으로 수정분개장에 입력된 거래들을 요약 정리할 때 다른 장부(분개장, 매입매출장 등)의 머리글들과 중복되지 않도록 미리 구분하여 표시하기 위한 것이다.

| | A | B | C | D | E | F | G | H |
|---|---|---|---|---|---|---|---|---|
| 1 | | | | **수정 분개장** | | | | |
| 2 | | | | | | | | |
| 3 | 수정_날짜 | 수정_거래번호 | 수정_계정명 | 수정_계정코드 | 수정_적요 | 수정_차변 | 수정_대변 | |

❺ 3행의 머리글 이하 아래쪽에 이미 표시되어 있는 거래자료들은 불필요한 자료들이므로, 이를 지워서 기본 양식의 수정분개장으로 변경하도록 한다. 먼저 첫 거래가 입력되는 4행~8행은 수정분개장에서도 첫 거래 입력부분으로 사용할 것이므로 황금색 바탕 부분(A4:B4, C4:C6, E4, F4:G6)의 내용만 클릭하여 모두 지운다.

❻ 그리고 아래 9행부터 자료가 입력된 부분은 다시 황금색 바탕부분을 일일이 선택하여 지우기보다는, 자료가 입력되어 있는 9행부터 78행까지의 행머리글부분을 함께 선택하여 오른쪽 마우스에서 [삭제]하여 지운다. 그 아래쪽으로 거래가 입력될 수 있는 충분한 여유가 있으므로 이들 거래입력부분을 삭제해도 큰 관계는 없기 때문이다.

❼ 기존 자료를 삭제하고 남은 부분에는 이전에 분개장에서 입력해두었던 수식이 그대로 적용되고 있어야 한다. 현재의 표시상태로는 이를 일일이 확인할 수 없으므로, [수식] 탭의 [수식 분석]-[수식 표시]를 선택하여 양식의 주요 서식이 수식으로 잘 표시되고 있는지 확인해 본다.

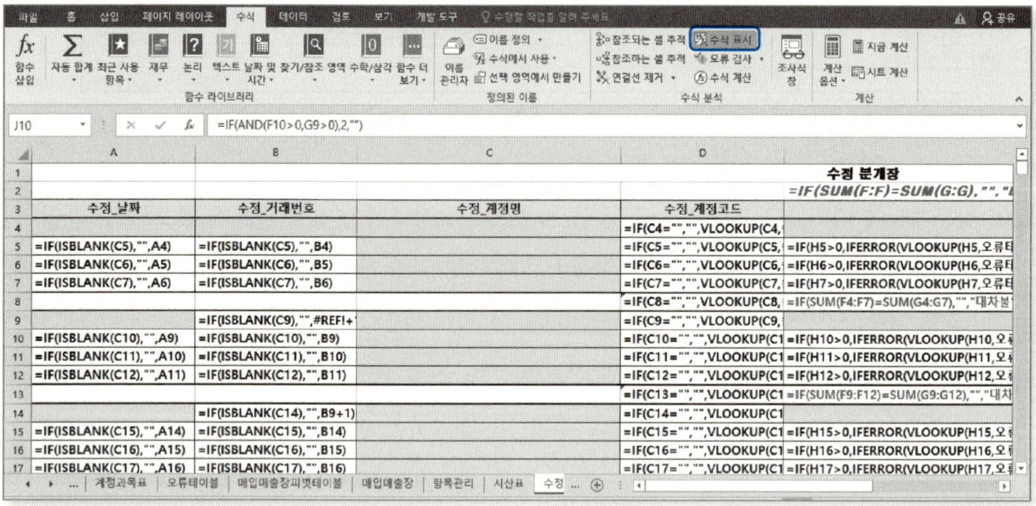

❽ [수식 표시] 화면에서 자세히 살펴보면 B9 셀에 오류(#REF!)가 표시되고 있음을 알 수 있다. 오류표시 내용이 어떤 오류에 해당하는 것인지 보다 상세히 알아보려면 다시 [수식] 탭의 [수식 분석]-[오류 검사]를 클릭해 본다. [오류 검사] 대화상자에서는 '셀이 옮겨졌거나 삭제되어 잘못된 셀 참조가 발생했거나…'로 오류의 원인을 설명해주고 있다. 이것은 우리가 위의 ⑥에서 9행부터 78행까지를 일괄 삭제했었기 때문에 이전의 79행이 새로운 9행으로 변경되면서 참조셀에 혼선이 생기게 된 것이다. B9 셀에 오류가 있음을 확인했으므로 [오류 검사] 창을 닫고 B9 셀을 클릭하여 '#REF!' 부분을 'B4'로 수정하여 수식 '=IF(ISBLANK(C9),"",b4+1)'로 변경해 놓는다. 오류를 수정한 후 다시 [수식] 탭의 [수식 분석]-[수식 표시]를 선택하여 원래 상태로 되돌려 놓는다.

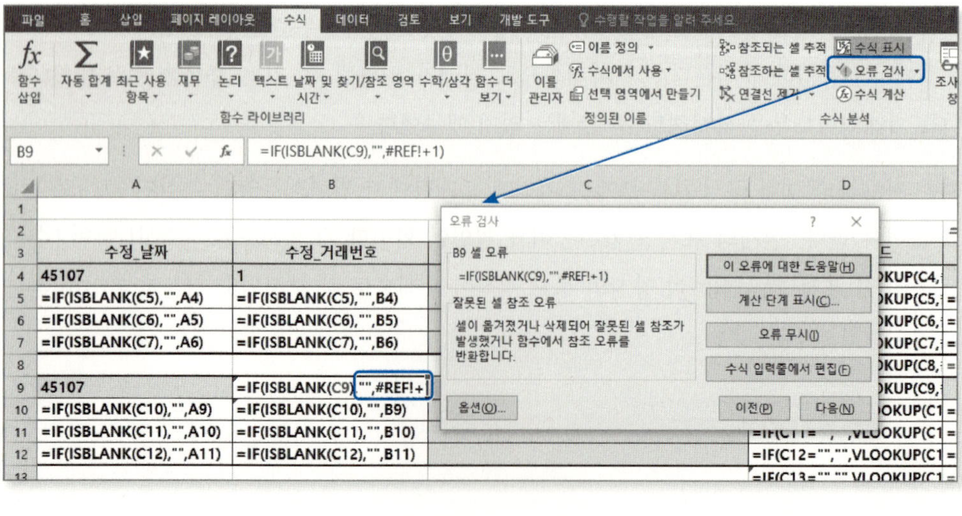

❾ 이제 수정분개장의 기본양식이 준비되었다. 월말 결산을 한다고 가정하고, 6월 말(6월 30일) 결산시점에 행해야 할 다음의 결산정리사항의 수정분개를 '수정 분개장'에 기입해 보기로 한다.

| | 6월 말(6/30) 결산정리사항 |
|---|---|
| 1 | 건물 사용에 대한 임차료 지급액 중 당월분(6월분)은 ₩2,000,000이다. |
| 2 | 소모품 중 6월 중에 사용한 것은 ₩1,000,000이다. |
| 3 | 거래처로부터 외상매출금 중 ₩12,000,000이 당좌계좌로 입금되었음이 확인되었다. |
| 4 | 6월의 감가상각비를 비품에 대해 ₩650,000, 건물에 대해 ₩1,300,000으로 각각 추정하다. |
| 5 | 단기차입금에 대한 6월분 이자 ₩200,000이 추가 발생하였으나 다음 달에 지급하기로 하다. |
| 6 | 사무실용 비품 중 일부(취득원가 ₩1,000,000, 감가상각누계액 ₩100,000)를 ₩940,000에 처분하고 대금은 현금으로 받았다. |
| 7 | 실사를 통해 확인된 미판매 상품의 월말 재고액은 ₩8,000,000이다(단, 월초 상품재고액은 없는 것으로 한다). |
| 8 | 거래처 우리로에 대한 외상매입 대금 중 ₩7,000,000을 현금으로 지급하였다. |

❿ 그런데 수정분개사항을 수정분개장에 입력하기 전에, 결산정리와 관련하여 필요한 계정과목 중에서 아직 계정과목표 시트에 등록되어 있지 않은 새 계정과목(선급비용, 소모품비 계정)이 필요할 것으로 보인다. 만일 등록되어 있지 않은 새 계정이 있는 경우에는 거래를 분개하여 입력하기 전에 미리 계정과목표 시트에 추가 등록한 후 이를 적용하여 분개하도록 해야 할 것이다.

⓫ 추가등록이 필요한 선급비용, 소모품비 계정을 추가하기 위해 먼저 '계정과목표' sheet를 선택한다. 계정과목을 추가하는 방법은 앞서 매입매출장 설계부분에서 설명했던 방법과 같다. 계정의 유동성배열법을 고려했을 때 '선급비용' 계정은 '소모품' 계정 다음에 위치하도록 해야 하고, '소모품비' 계정은 '광고비' 다음에 위치하도록 관련 코드번호와 함께 추가되어야 할 것이다. 따라서 '소모품' 계정 아래 행(8행) 머리글 부분을 클릭하여 오른쪽 마우스 [삽입]을 클릭하고, 삽입된 A8 셀에 '**1190**', B8 셀에 '**선급비용**' 그리고 E8셀에 '**선급비용**', F8셀에 '**1190**'을 각각 입력한다.

⓬ 같은 방법으로 이제 34행 머리글 부분을 클릭하고 오른쪽 마우스 [삽입]을 실행한 후에, 삽입된 A34 셀에 '**5260**', B34 셀에 '**소모품비**', E34 셀에 '**소모품비**', F34 셀에 '**5260**'을 각각 입력한다.

| | A | B | C | D | E | F | G |
|---|---|---|---|---|---|---|---|
| 6 | 1170 | 원재료 | | | 단기차입금 | 2140 | |
| 7 | 1180 | 소모품 | | | 당좌예금 | 1120 | |
| 8 | 1190 | 선급비용 | | | 선급비용 | 1190 | |
| 9 | 1220 | 장기대여금 | | | 매입 | 5110 | |
| 10 | 1320 | 비품 | | | 매출 | 4110 | |
| 11 | 1321 | 비품감가상각누계액 | | | 매출원가 | 5130 | |
| 12 | 1420 | 건물 | | | 미지급이자 | 2170 | |
| 13 | 1421 | 건물감가상각누계액 | | | 받을어음 | 1150 | |
| 14 | 1520 | 컴퓨터설비 | | | 법인세 | 5810 | |
| 15 | 1521 | 설비감가상각누계액 | | | 비품 | 1320 | |
| 16 | 2110 | 외상매입금 | | | 비품감가상각누계액 | 1321 | |
| 17 | 2120 | 지급어음 | | | 사채 | 2310 | |
| 18 | 2140 | 단기차입금 | | | 상품 | 1160 | |
| 19 | 2170 | 미지급이자 | | | 설비감가상각누계액 | 1521 | |
| 20 | 2310 | 사채 | | | 소모품 | 1180 | |
| 21 | 2330 | 장기차입금 | | | 수수료수익 | 4210 | |
| 22 | 3110 | 자본금 | | | 외상매입금 | 2110 | |
| 23 | 3210 | 주식발행초과금 | | | 외상매출금 | 1140 | |
| 24 | 3510 | 이익잉여금 | | | 원재료 | 1170 | |
| 25 | 4110 | 매출 | | | 유형자산처분이익 | 4410 | |
| 26 | 4210 | 수수료수익 | | | 이익잉여금 | 3510 | |
| 27 | 4230 | 이자수익 | | | 이자비용 | 5510 | |
| 28 | 4410 | 유형자산처분이익 | | | 이자수익 | 4230 | |
| 29 | 5110 | 매입 | | | 임차료 | 5230 | |
| 30 | 5130 | 매출원가 | | | 자본금 | 3110 | |
| 31 | 5210 | 급여 | | | 장기대여금 | 1220 | |
| 32 | 5230 | 임차료 | | | 장기차입금 | 2330 | |
| 33 | 5250 | 광고비 | | | 재해손실 | 5710 | |
| 34 | 5260 | 소모품비 | | | 소모품비 | 5260 | |
| 35 | 5410 | 감가상각비 | | | 주식발행초과금 | 3210 | |

계정과목표 | 오류테이블 | 매입매출장피벗테이블 | 매입매출장 | 항목관리 | 시산표 | 수정 ...

⑬ 두 개의 새 계정이 등록되었으므로 오른쪽 E열과 F열은 계정명 오름차순으로 다시 정렬해 두어야 한다. E1:F38 셀영역을 선택하고 [데이터] 탭에서 [정렬]을 선택한 후 [정렬기준]으로 '열 E'를, [정렬]에서 [오름차순]을 선택하고 [확인]을 누른다.

⑭ 새로 추가된 계정코드와 계정과목명이 이전에 이름정의해 두었던 이름의 범위 내에서 이루어진 것이므로 기존의 이름('순차계정명2'와 '순차계정과목표2')에서 추가로 참조범위를 수정해주어야 할 필요는 없겠지만, 추가로 인한 셀 참조 범위가 자동으로 확장되어 있는지 확인해 볼 필요가 있다. 이를 위해 [수식] 탭의 [정의된 이름] – [이름 관리자]를 클릭하고, 이름 '순차계정명

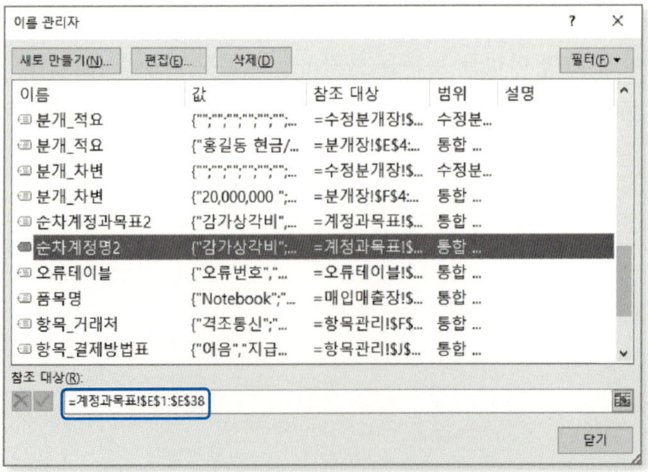

2'를 선택한 후 아래 [참조 대상]의 범위가 "=계정과목표!$E!:$E38"로 확장되어 있는지 확인한다. 이름 '순차계정과목표2'의 경우도 함께 확인해 본다.

⑮ 필요한 새 계정과목을 계정과목표 시트에 추가등록 해두었으므로, 이제 위 9)의 결산정리사항을 분개하여 '수정분개장' sheet에 차례로 입력해 본다. 계정과목을 입력할 때는 선택입력상자에 최근에 추가등록한 계정명도 함께 표시되고 있는지 확인하여 적용해야 한다.

**수정 분개장**

| 수정_날짜 | 수정_거래번호 | 수정_계정명 | 수정_계정코드 | 수정_적요 | 수정_차변 | 수정_대변 |
|---|---|---|---|---|---|---|
| 2023/6/30 | 1 | 선급비용 | 1190 | 임차료 지급액 중 선급액 정리 | 3,000,000 | |
| 2023/6/30 | 1 | 임차료 | 5230 | 임차료 지급액 중 선급액 정리 | | 3,000,000 |
| 2023/6/30 | 2 | 소모품비 | 5260 | 6월분 소모품비 반영 | 1,000,000 | |
| 2023/6/30 | 2 | 소모품 | 1180 | 6월분 소모품비 반영 | | 1,000,000 |
| 2023/6/30 | 3 | 당좌예금 | 1120 | 외상매출금 일부 당좌계좌로 입금 | 12,000,000 | |
| 2023/6/30 | 3 | 외상매출금 | 1140 | 외상매출금 일부 당좌계좌로 입금 | | 12,000,000 |
| 2023/6/30 | 4 | 감가상각비 | 5410 | 6월분 감가상각비 계상 | 1,950,000 | |
| 2023/6/30 | 4 | 비품감가상각누계액 | 1321 | 6월분 감가상각비 계상 | | 650,000 |
| 2023/6/30 | 4 | 건물감가상각누계액 | 1421 | 6월분 감가상각비 계상 | | 1,300,000 |
| 2023/6/30 | 5 | 이자비용 | 5510 | 6월분 단기차입금이자 미지급분 계상 | 200,000 | |
| 2023/6/30 | 5 | 미지급이자 | 2170 | 6월분 단기차입금이자 미지급분 계상 | | 200,000 |
| 2023/6/30 | 6 | 현금 | 1110 | 비품 일부 현금 처분 | 940,000 | |
| 2023/6/30 | 6 | 비품감가상각누계액 | 1321 | 비품 일부 현금 처분 | 100,000 | |
| 2023/6/30 | 6 | 비품 | 1320 | 비품 일부 현금 처분 | | 1,000,000 |
| 2023/6/30 | 6 | 유형자산처분이익 | 4410 | 비품 일부 현금 처분 | | 40,000 |
| 2023/6/30 | 7 | 매출원가 | 5130 | 상품실사액/매입액 매출원가 반영 | 64,000,000 | |
| 2023/6/30 | 7 | 상품 | 1160 | 상품실사액/매입액 매출원가 반영 | 8,000,000 | |
| 2023/6/30 | 7 | 매입 | 5110 | 상품실사액/매입액 매출원가 반영 | | 64,000,000 |
| 2023/6/30 | 7 | 매출원가 | 5130 | 상품실사액/매입액 매출원가 반영 | | 8,000,000 |
| 2023/6/30 | 8 | 외상매입금 | 2110 | 외상매입금 현금 지급 | 7,000,000 | |
| 2023/6/30 | 8 | 현금 | 1110 | 외상매입금 현금 지급 | | 7,000,000 |

⑯ 수정분개장에 입력된 거래자료도 앞의 분개장이나 매입매출장의 경우와 같이, 이 자료를 시산표에 함께 반영하도록 하기 위해서는 먼저 수정분개장에 대해서도 열 머리글 단위로 이름이 부여되어야 한다. 그런데 열머리글 이름부여 전에 미리 현재의 이름정의 상태를 확인해보기 위해 [수식] 탭의 [이름관리자]를 클릭하여 등록되어 있는 이름들을 살펴보니, 의도하지 않았던 이름들이 수정분개장을 참조하는 형식으로 이미 많이 등록되어 있음을 알 수 있다.

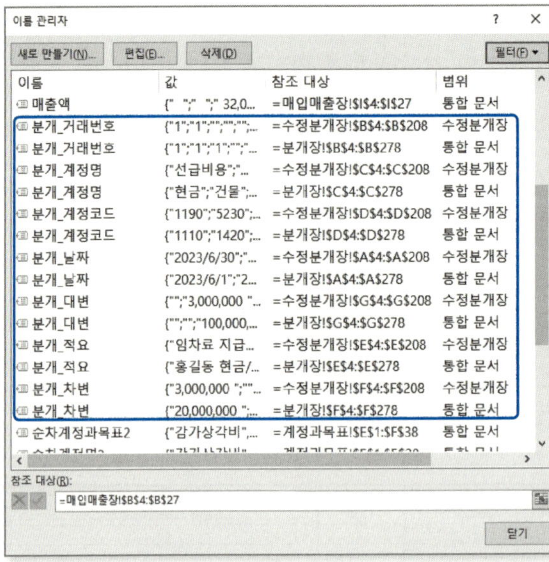


⑰ 이들 이름에서 특이한 점은, '수정분개장'을 참조대상으로 표시하고 있는 이름들은 모두 '분개장'에서 이름 부여한 이름들과 동일하며 참조대상에만 차이를 보이고 있다는 점이다. 이는 우리가 수정분개장을 설계할 때 이전의 분개장 양식을 그대로 복제하여 일부 수정한 후 사용하는 형식을 취하고 있기 때문에, 분개장에서 이름부여한 이름들이 이 수정분개장에도 이중으로 자동 생성되어졌던 것이다.

⑱ 그러나 이름관리자에 동일한 이름이 중복되어 나타나는 것은 앞으로 해당 이름을 적용하는데 혼선을 초래할 가능성이 있으므로 이름이 서로 중복되지 않도록 수정해 주어야 할 것이다. 물론 수정하는 방법은 중복된 이름들 중에서 의도치 않게 생성된('수정분개장'을 참조하고 있는) 이

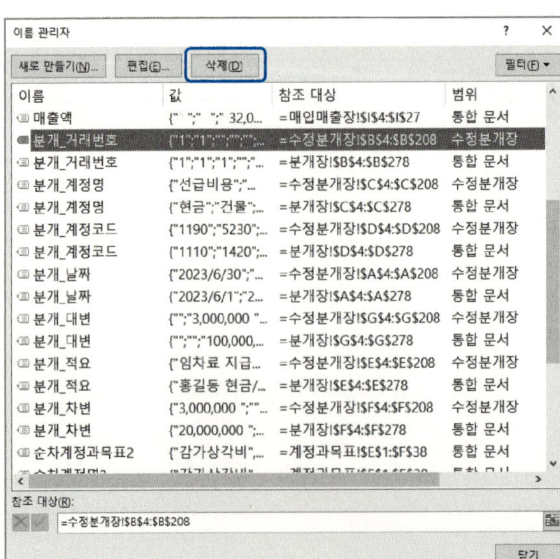

름들을 각각 선택하여 [편집]에서 해당 이름을 수정하여 변경하는 방법도 있겠지만, 이 경우에는 나중에 적용에 오류가 발생할 수도 있다. 따라서 가장 확실한 방법은 중복된 이름들 중에서 '수정분개장' 시트를 참조하고 있는 이름들(의도하지 않게 자동 생성된 이름들)을 모두 선택하여 [이름관리자]에서 [삭제]하고 다시 이름 부여하는 방법이다.

⑲ 중복된 이름이 모두 제거되었으면 '수정분개장' 시트의 A3:G208 셀영역을 선택하고 [수식] 탭의 [정의된 이름] - [선택 영역에서 만들기]를 클릭한다. [선택 영역에서 만들기] 대화상자에서 '첫 행'만이 선택되도록 하고 [확인]을 누른다.

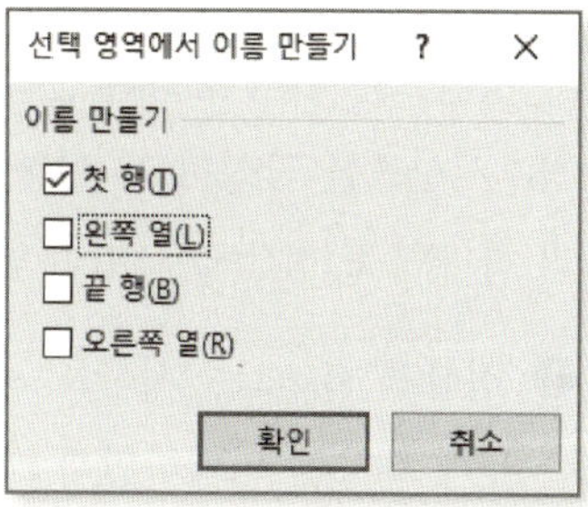


⑳ 이름 부여가 원하는 대로 이루어졌는지 확인해보기 위해 [수식] 탭의 [이름 관리자]를 클릭한다. [이름 관리자] 대화상자에서 첫머리가 '수정_'으로 시작되는 이름들이 새로 만들어진 이름이며, 이들을 각각 선택해가면서 아래 [참조 대상]에 '수정분개장'과 해당 셀영역이 제대로 표시되고 있는지 확인해 본 후 [닫기]를 누른다.

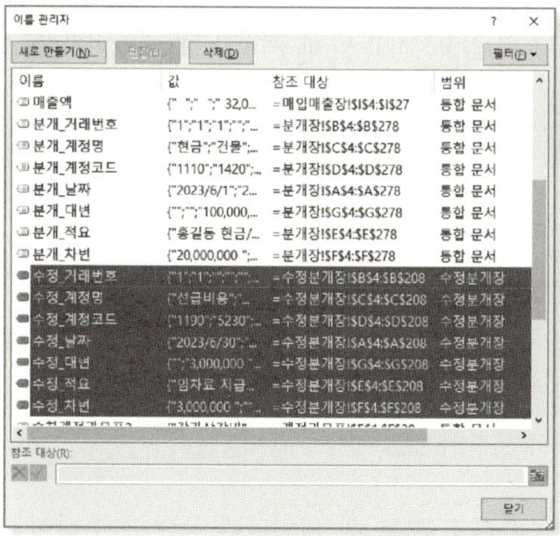


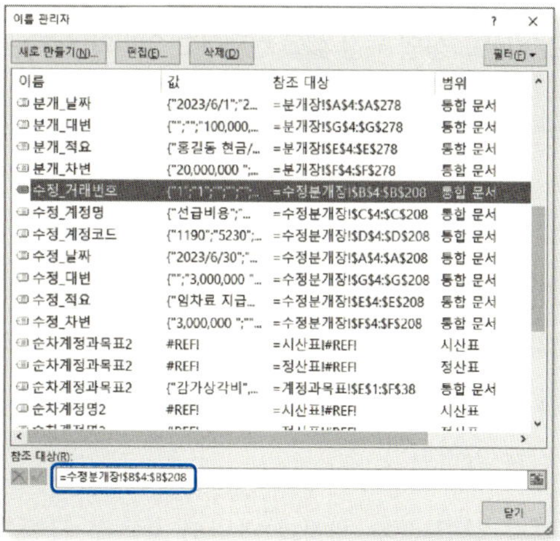


㉑ 이제 이름부여까지 포함하여 '수정분개장' 양식 및 거래입력이 모두 마무리되었으므로 '수정분개장' 시트 양식을 보호하기 위해, [검토] 탭의 [시트 보호]를 선택한다. [시트 보호] 대화상자에서 암호를 '0000'으로 입력하고 [허용할 범위]에서는 이전의 분개장에서 선택해두었던 '잠기지 않은 셀 선택'만 체크되어 있는지 확인한 후 [확인]을 누른다.

㉒ 입력영역(황금색 부분)을 제외한 나머지 셀영역들이 선택되어지는지 확인해 본다.

## 2단계 정산표(worksheet) 설계

정산표는 결산시점에서 반드시 작성해야 하는 장부는 아니다. 그러나 여러 가지 결산절차를 하나의 표 안에서 종합적으로 처리하고, 또 이를 통해 재무상태표와 손익계산서가 쉽게 작성되는 구조를 가지고 있으므로, 실무상으로는 자주 이용되는 결산의 주요 작업표이다.

정산표는 이미 작성된 잔액시산표에 결산정리사항이 반영된 수정분개장의 내용을 반영하여 수정후시산표를 작성하고, 이를 통해 재무상태표와 손익계산서가 만들어지므로, 이러한 절차를 미리 하나의 표(정산표)로 미리 만들어두고 작업을 진행하는 것이 보통이다.

❶ '정산표' sheet는 '시산표' sheet를 복제하여 사용할 것이다. 그런데 앞에서 수정분개장에 수정분개 내용을 입력하면서 2개의 계정을 새로 추가했으므로, 이를 시산표에도 반영해 두도록 해야 한다. '시산표' 시트에는 [시트 보호] 기능이 적용되고 있기 때문에 먼저 '시산표' 시트를 선택하고 [검토] 탭에서 [시트 보호 해제]를 클릭한다(암호 '0000').

참고

**[시트 보호] 상태 여부 판단 방법**

(1) [홈] 탭의 [셀]-[서식]을 클릭하여 나타나는 메뉴에서 [보호]에 '시트 보호 해제'로 표시되어 있으면 현재 [시트 보호] 상태임.
(2) 시산표 상의 특정 셀을 선택하고 임의의 숫자나 문자를 입력하려고 할 때 시트가 보호된 상태임을 알리는 메시지가 표시되면 [시트 보호] 상태임.

❷ 추가되는 2개의 계정을 시산표의 맨 아래쪽 43행과 44행에 삽입하여 표시할 수도 있겠지만, 이미 시산표의 계정과목들이 계정코드순으로 나열되고 있는 상황이다. 따라서 코드번호 **'1190'**의 **'선급비용'**은 12행 머리글부분을 클릭하고 오른쪽 마우스 [삽입]하여 빈칸으로 표시된 A12, B12 셀에 각각 입력한다. 또 코드번호 **'5260'**의 **'소모품비'**는 42행을 삽입하여 A42, B42 셀에 각각 입력한다.

❸ 추가 삽입된 두 계정과 관련된 오른쪽 금액표시 부분도 바로 위 셀영역과 동일한 수식이 적용될 수 있을 것이므로, C11:L11 셀범위를 선택하고 자동채우기핸들로 L12 셀로 끌기 하여 채워넣는다. 마찬가지로 C37:L37 셀범위를 선택하고 자동채우기핸들로 L38 셀로 끌기 하여 채워넣는다. 물론 가장 최근에 새로 등록된 계정들이므로 각 셀의 금액들은 모두 '0'으로 표시된다.

| | A | B | C | D | E | F | G | H | I | J | K | L | M |
|---|---|---|---|---|---|---|---|---|---|---|---|---|---|
| 11 | 1180 | 소모품 | 3,000,000 | | | 3,000,000 | 0 | 3,000,000 | | 0 | 0 | 0 | |
| 12 | 1190 | 선급비용 | | | | 0 | 0 | 0 | | 0 | 0 | 0 | |
| 13 | 1220 | 장기대여금 | 25,000,000 | | | 25,000,000 | 0 | 25,000,000 | | 0 | 0 | 0 | |
| 14 | 1320 | 비품 | 11,000,000 | | | 11,000,000 | 0 | 11,000,000 | | 0 | 0 | 0 | |
| 15 | 1321 | 비품감가상각누계액 | | | | 0 | 0 | 0 | | 0 | 0 | 0 | |
| 16 | 1420 | 건물 | 80,000,000 | | | 80,000,000 | 0 | 80,000,000 | | 0 | 0 | 0 | |
| 17 | 1421 | 건물감가상각누계액 | | | | 0 | 0 | 0 | | 0 | 0 | 0 | |
| 18 | 1520 | 컴퓨터설비 | 25,000,000 | | | 25,000,000 | 0 | 25,000,000 | | 0 | 0 | 0 | |
| 19 | 1521 | 설비감가상각누계액 | | | | 0 | 0 | 0 | | 0 | 0 | 0 | |
| 20 | 2110 | 외상매입금 | | 17,000,000 | | 0 | 0 | 0 | | 0 | 17,000,000 | -17,000,000 | |
| 21 | 2120 | 지급어음 | | 15,000,000 | | 0 | 0 | 0 | | 0 | 15,000,000 | -15,000,000 | |
| 22 | 2140 | 단기차입금 | | 27,300,000 | | 12,700,000 | 40,000,000 | -27,300,000 | | 0 | 0 | 0 | |
| 23 | 2170 | 미지급이자 | | | | 0 | 0 | 0 | | 0 | 0 | 0 | |
| 24 | 2310 | 사채 | | | | 0 | 0 | 0 | | 0 | 0 | 0 | |
| 25 | 2330 | 장기차입금 | | 20,000,000 | | 0 | 20,000,000 | -20,000,000 | | 0 | 0 | 0 | |
| 26 | 3110 | 자본금 | | 125,000,000 | | 40,000,000 | 165,000,000 | -125,000,000 | | 0 | 0 | 0 | |
| 27 | 3210 | 주식발행초과금 | | | | 0 | 0 | 0 | | 0 | 0 | 0 | |
| 28 | 3510 | 이익잉여금 | | | | 0 | 0 | 0 | | 0 | 0 | 0 | |
| 29 | 4110 | 매출 | | 194,333,000 | | 0 | 0 | 0 | | 0 | 194,333,000 | -194,333,000 | |
| 30 | 4210 | 수수료수익 | | 1,800,000 | | 0 | 1,800,000 | -1,800,000 | | 0 | 0 | 0 | |
| 31 | 4230 | 이자수익 | | 1,500,000 | | 0 | 1,500,000 | -1,500,000 | | 0 | 0 | 0 | |
| 32 | 4410 | 유형자산처분이익 | | | | 0 | 0 | 0 | | 0 | 0 | 0 | |
| 33 | 5110 | 매입 | 64,000,000 | | | 0 | 0 | 0 | | 64,000,000 | 0 | 64,000,000 | |
| 34 | 5130 | 매출원가 | | | | 0 | 0 | 0 | | 0 | 0 | 0 | |
| 35 | 5210 | 급여 | 7,000,000 | | | 7,000,000 | 0 | 7,000,000 | | 0 | 0 | 0 | |
| 36 | 5230 | 임차료 | 5,000,000 | | | 5,000,000 | 0 | 5,000,000 | | 0 | 0 | 0 | |
| 37 | 5250 | 광고비 | 3,000,000 | | | 3,000,000 | 0 | 3,000,000 | | 0 | 0 | 0 | |
| 38 | 5260 | 소모품비 | | | | 0 | 0 | 0 | | 0 | 0 | 0 | |
| 39 | 5410 | 감가상각비 | | | | 0 | 0 | 0 | | 0 | 0 | 0 | |
| 40 | 5510 | 이자비용 | 2,000,000 | | | 2,000,000 | 0 | 2,000,000 | | 0 | 0 | 0 | |
| 41 | 5710 | 재해손실 | | | | 0 | 0 | 0 | | 0 | 0 | 0 | |
| 42 | 5810 | 법인세 | | | | 0 | 0 | 0 | | 0 | 0 | 0 | |
| 43 | | [ 합 계 ] | 401,933,000 | 401,933,000 | | 297,000,000 | 297,000,000 | 0 | | 258,333,000 | 258,333,000 | 0 | |
| 44 | | | | | | | | | | | | | |

◀ ▶ ... | 매입매출장 | 항목관리 | 시산표 | 수정분개장 | ⊕

❹ 이제 '시산표' sheet를 선택하고 시트 이름 탭에서 Ctrl 키를 누른 상태에서 마우스로 시트 탭을 끌기 하여 맨 오른쪽('수정분개장' 시트 옆)에 위치시킨 후 마우스를 먼저 놓고 Ctrl 키를 놓는다. 복제되어 새로 생성된 '시산표 (2)' sheet의 탭을 더블클릭하여 '**정산표**'로 이름을 바꾸어 놓는다.

❺ '정산표' sheet의 B2 셀을 '시산표' 대신 '**정산표**'로 바꾼다.

❻ 4행과 5행의 행머리글부분을 선택한 후 오른쪽 마우스에서 [삽입]을 선택하여 4, 5행에 빈 줄을 삽입한다. 그리고 새로 만들어진 5행의 C5 셀에 '잔액시산표'를 입력한다. C5:B5 셀 영역을 선택한 후 [홈] 탭의 [맞춤] – [병합하고 가운데 맞춤]으로 선택하고, [글꼴]을 '파랑' 색, '굵게'로 선택한다.

| | A | B | C | D | E | F |
|---|---|---|---|---|---|---|
| 1 | 청송산업 | | | | | |
| 2 | | 정 산 표 | | | | |
| 3 | | 2023-06-28 현재 | | | | |
| 4 | | | | | | |
| 5 | | | 잔액시산표 | | | |
| 6 | | 계정과목 | 차변 | 대변 | | |
| 7 | 1110 | 현금 | 94,600,000 | | | |
| 8 | 1120 | 당좌예금 | 25,000,000 | | | |
| 9 | 1140 | 외상매출금 | 57,333,000 | | | |
| 10 | 1150 | 받을어음 | | | | |
| 11 | 1160 | 상품 | | | | |

◀ ▶ ... | 매입매출장 | 항목관리 | 시산표 | 수정분개장 | 정산표 | ⊕

❼ 정산표는 흔히 결산일에 작성하는 것이며, 수정분개장의 입력도 대부분 결산일에 수행되는 것이어서 가장 최근의 날짜는 수정분개장을 참조하도록 해야 할 것이다. 이를 반영하기 위해서 B3 셀에 입력되어 있는 수식을 새로운 수식 '**=TEXT(MAX(수정_날짜),"YYYY-MM-DD") & "에 해당하는 기간"**'으로 변경한다.

❽ 아래 B4:D4 셀 영역을 선택하여 [홈] 탭의 [글꼴]-[테두리]를 [테두리 없음]으로 선택한다.

❾ 그런데 F열부터 L열까지는 시산표의 금액 계산을 위한 수식이 이미 입력되어 있지만 보호 차원에서 숫자가 보이지 않도록 설정해 둔 것이다. 그러나 정산표 설계과정에서 이를 혼동하여 자칫 지워질 수도 있으므로, F열부터 L열의 열머리글 부분을 함께 선택하여 [글꼴] 색을 파란색으로 변경해 둔다.

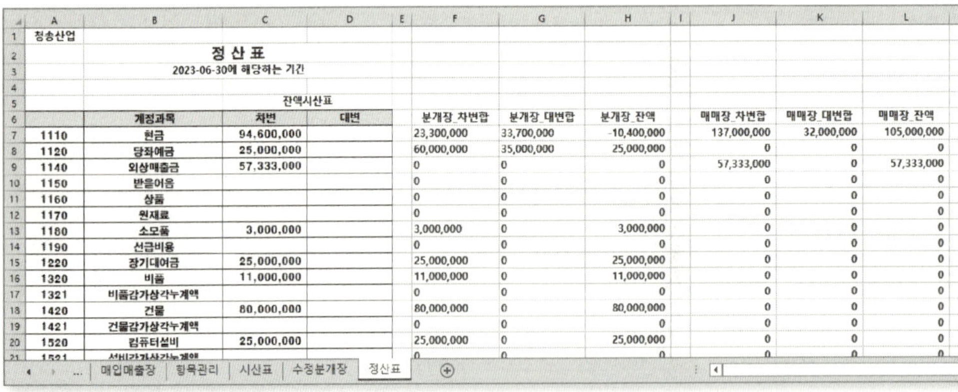

| | A | B | C | D | E | F | G | H | I | J | K | L |
|---|---|---|---|---|---|---|---|---|---|---|---|---|
| 1 | 청송산업 | | | | | | | | | | | |
| 2 | | 정 산 표 | | | | | | | | | | |
| 3 | | 2023-06-30에 해당하는 기간 | | | | | | | | | | |
| 4 | | | | | | | | | | | | |
| 5 | | | 잔액시산표 | | | | | | | | | |
| 6 | | 계정과목 | 차변 | 대변 | | 분개장_차변합 | 분개장_대변합 | 분개장_잔액 | | 매매장_차변합 | 매매장_대변합 | 매매장_잔액 |
| 7 | 1110 | 현금 | 94,600,000 | | | 23,300,000 | 33,700,000 | -10,400,000 | | 137,000,000 | 32,000,000 | 105,000,000 |
| 8 | 1120 | 당좌예금 | 25,000,000 | | | 60,000,000 | 35,000,000 | 25,000,000 | | 0 | 0 | 0 |
| 9 | 1140 | 외상매출금 | 57,333,000 | | | 0 | 0 | 0 | | 57,333,000 | 0 | 57,333,000 |
| 10 | 1150 | 받을어음 | | | | 0 | 0 | 0 | | 0 | 0 | 0 |
| 11 | 1160 | 상품 | | | | 0 | 0 | 0 | | 0 | 0 | 0 |
| 12 | 1170 | 원재료 | | | | 0 | 0 | 0 | | 0 | 0 | 0 |
| 13 | 1180 | 소모품 | 3,000,000 | | | 3,000,000 | 0 | 3,000,000 | | 0 | 0 | 0 |
| 14 | 1190 | 선급비용 | | | | 0 | 0 | 0 | | 0 | 0 | 0 |
| 15 | 1220 | 장기대여금 | 25,000,000 | | | 25,000,000 | 0 | 25,000,000 | | 0 | 0 | 0 |
| 16 | 1320 | 비품 | 11,000,000 | | | 11,000,000 | 0 | 11,000,000 | | 0 | 0 | 0 |
| 17 | 1321 | 비품감가상각누계액 | | | | 0 | 0 | 0 | | 0 | 0 | 0 |
| 18 | 1420 | 건물 | 80,000,000 | | | 80,000,000 | 0 | 80,000,000 | | 0 | 0 | 0 |
| 19 | 1421 | 건물감가상각누계액 | | | | 0 | 0 | 0 | | 0 | 0 | 0 |
| 20 | 1520 | 컴퓨터설비 | 25,000,000 | | | 25,000,000 | 0 | 25,000,000 | | 0 | 0 | 0 |
| 21 | 1521 | 설비감가상각누계액 | | | | 0 | 0 | 0 | | 0 | 0 | 0 |



❿ 정산표는 C~D열의 잔액시산표 부분을 포함해서 수정분개, 수정후시산표, 손익계산서, 재무상태표 등을 각각 차변과 대변으로 표시하여 10위식 정산표로 작성하는 것이 보통이므로, 잔액시산표가 표시되고 있는 D열 오른쪽으로 최소 8칸의 빈 공간을 추가하는 것이 필요하다. 이를 위해 E열부터 L열의 머리글을 선택하고 오른쪽 마우스 [삽입]을 선택하여 8개의 빈 열 공간을 확보한다.

⓫ 셀 범위 C5:D45를 선택하고 [홈] 탭의 [글꼴]-[테두리]를 '굵은 바깥쪽 테두리'로 설정한다.

⓬ 다시 C5:D45 셀범위를 선택하여 복사하고 E5, G5, I5, K5 셀에 각각 붙여넣기 한다. 그리고 C열부터 L열까지의 열 머리글을 선택하여 [열 너비]를 '15'로 조정한다.

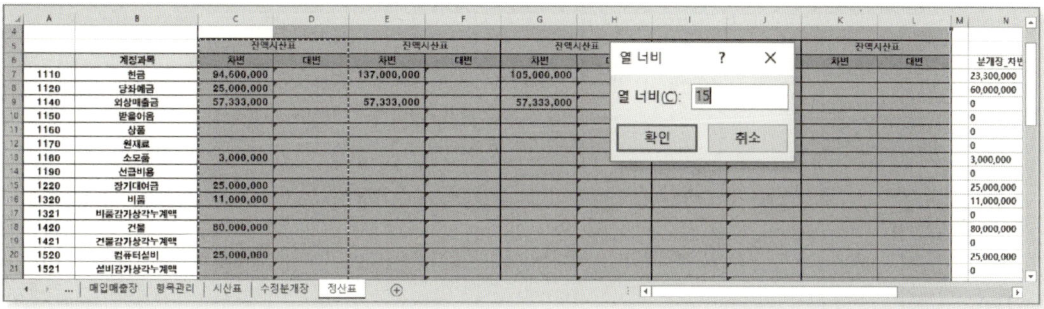


⑬ E5 셀의 머리글을 '**수정분개**'로 수정한다. 마찬가지로 G5 셀을 '**수정후 시산표**', I5 셀을 '**손익계산서**', K5 셀을 '**재무상태표**'로 각각 수정한다.

⑭ E7:L44 셀 범위는 수식을 새롭게 정의하여 표시할 부분이므로 이 영역을 선택하고 Del 키를 눌러 이미 표시되어 있는 자료들을 모두 지운다.

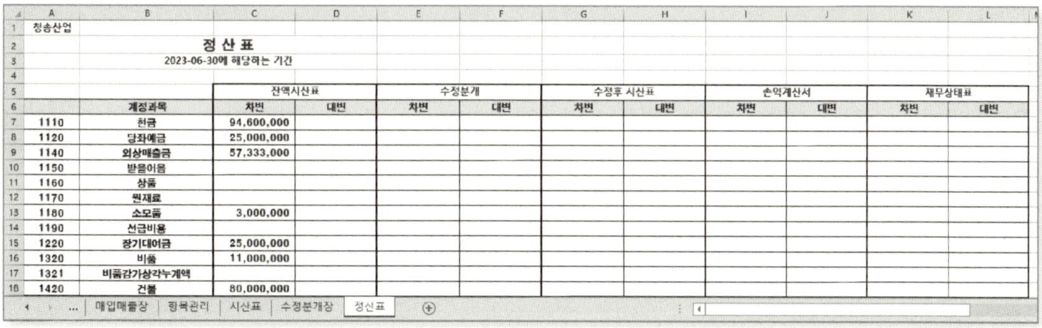


⑮ R6:T45 셀 범위를 선택하여 복사하고 V6 셀에 붙여넣기 한다. V열~X열의 열 머리글을 선택하여 [열 너비]를 '15'로 조정한다. 그리고 V6 셀의 머리글을 '**수정분개_차변합**'으로, W6 셀의 머리글을 '**수정분개_대변합**'으로, X6 셀의 머리글을 '**수정분개_잔액**'으로 각각 수정해 놓는다.

⑯ V7 셀에 수식 '**=SUMIF(수정_계정코드,A7,수정_차변)**'을 입력하고, W7 셀에는 수식 '**=SUMIF(수정_계정코드,A7,수정_대변)**'을 각각 입력한다(X7 셀 수식은 잔액을 구하는 수식이므로 그대로 둔다).

⑰ V7:X7 셀 범위를 선택하고 자동채우기핸들로 X44 셀까지 끌기하여 채워넣는다.

⑱ C45 셀의 합계란 수식이 '**=SUM(C7:C44)**'로 변경되어 있는지 확인한다. 이는 앞서 시산표 수정과정에서 추가된 2개의 계정과목이 범위 중에 포함되어 있어서 합계 수식 또한 자동으로 갱신되어지는 부분이지만 다시 확인해 두고자 하는 것이다. 이제 C46 셀을 복사하여 D46:L46, N46:P46, R46:T46, V46:X46 셀 범위에 각각 붙여넣기 한다.

| | K | L | N | O | P | R | S | T | V | W | X |
|---|---|---|---|---|---|---|---|---|---|---|---|
| 4 | | | | | | | | | | | |
| 5 | 재무상태표 | | | | | | | | | | |
| 6 | 차변 | 대변 | 분개장_차변합 | 분개장_대변합 | 분개장_잔액 | 매매장_차변합 | 매매장_대변합 | 매매장_잔액 | 수정분개_차변합 | 수정분개_대변합 | 수정분개_잔액 |
| 7 | | | 23,300,000 | 33,700,000 | -10,400,000 | 137,000,000 | 32,000,000 | 105,000,000 | 940,000 | 7,000,000 | -6,060,000 |
| 8 | | | 60,000,000 | 35,000,000 | 25,000,000 | 0 | 0 | 0 | 12,000,000 | 0 | 12,000,000 |
| 9 | | | 0 | 0 | 0 | 57,333,000 | 0 | 57,333,000 | 0 | 12,000,000 | -12,000,000 |
| 10 | | | 0 | 0 | 0 | 0 | 0 | 0 | 0 | 0 | 0 |
| 11 | | | 0 | 0 | 0 | 0 | 0 | 0 | 8,000,000 | 0 | 8,000,000 |
| 12 | | | 0 | 0 | 0 | 0 | 0 | 0 | 0 | 0 | 0 |
| 13 | | | 3,000,000 | 0 | 3,000,000 | 0 | 0 | 0 | 0 | 1,000,000 | -1,000,000 |
| 14 | | | 0 | 0 | 0 | 0 | 0 | 0 | 3,000,000 | 0 | 3,000,000 |
| 15 | | | 25,000,000 | 0 | 25,000,000 | 0 | 0 | 0 | 0 | 0 | 0 |
| 16 | | | 11,000,000 | 0 | 11,000,000 | 0 | 0 | 0 | 0 | 1,000,000 | -1,000,000 |
| 17 | | | 0 | 0 | 0 | 0 | 0 | 0 | 100,000 | 650,000 | -550,000 |
| 18 | | | 80,000,000 | 0 | 80,000,000 | 0 | 0 | 0 | 0 | 0 | 0 |
| 19 | | | 0 | 0 | 0 | 0 | 0 | 0 | 0 | 1,300,000 | -1,300,000 |
| 20 | | | 25,000,000 | 0 | 25,000,000 | 0 | 0 | 0 | 0 | 0 | 0 |
| 21 | | | 0 | 0 | 0 | 0 | 0 | 0 | 0 | 0 | 0 |
| 22 | | | 0 | 0 | 0 | 0 | 17,000,000 | -17,000,000 | 7,000,000 | 0 | 7,000,000 |
| 23 | | | 0 | 0 | 0 | 0 | 15,000,000 | -15,000,000 | 0 | 0 | 0 |
| 24 | | | 12,700,000 | 40,000,000 | -27,300,000 | 0 | 0 | 0 | 0 | 0 | 0 |
| 25 | | | 0 | 0 | 0 | 0 | 0 | 0 | 0 | 200,000 | -200,000 |
| 26 | | | 0 | 0 | 0 | 0 | 0 | 0 | 0 | 0 | 0 |
| 27 | | | 0 | 20,000,000 | -20,000,000 | 0 | 0 | 0 | 0 | 0 | 0 |
| 28 | | | 40,000,000 | 165,000,000 | -125,000,000 | 0 | 0 | 0 | 0 | 0 | 0 |
| 29 | | | 0 | 0 | 0 | 0 | 0 | 0 | 0 | 0 | 0 |
| 30 | | | 0 | 0 | 0 | 0 | 0 | 0 | 0 | 0 | 0 |
| 31 | | | 0 | 0 | 0 | 0 | 194,333,000 | -194,333,000 | 0 | 0 | 0 |
| 32 | | | 0 | 1,800,000 | -1,800,000 | 0 | 0 | 0 | 0 | 0 | 0 |
| 33 | | | 0 | 1,500,000 | -1,500,000 | 0 | 0 | 0 | 0 | 0 | 0 |
| 34 | | | 0 | 0 | 0 | 0 | 0 | 0 | 0 | 40,000 | -40,000 |
| 35 | | | 0 | 0 | 0 | 64,000,000 | 0 | 64,000,000 | 0 | 64,000,000 | -64,000,000 |
| 36 | | | 0 | 0 | 0 | 0 | 0 | 0 | 64,000,000 | 8,000,000 | 56,000,000 |
| 37 | | | 7,000,000 | 0 | 7,000,000 | 0 | 0 | 0 | 0 | 0 | 0 |
| 38 | | | 5,000,000 | 0 | 5,000,000 | 0 | 0 | 0 | 0 | 3,000,000 | -3,000,000 |
| 39 | | | 3,000,000 | 0 | 3,000,000 | 0 | 0 | 0 | 0 | 0 | 0 |
| 40 | | | 0 | 0 | 0 | 0 | 0 | 0 | 1,000,000 | 0 | 1,000,000 |
| 41 | | | 0 | 0 | 0 | 0 | 0 | 0 | 1,950,000 | 0 | 1,950,000 |
| 42 | | | 2,000,000 | 0 | 2,000,000 | 0 | 0 | 0 | 200,000 | 0 | 200,000 |
| 43 | | | 0 | 0 | 0 | 0 | 0 | 0 | 0 | 0 | 0 |
| 44 | | | 0 | 0 | 0 | 0 | 0 | 0 | 0 | 0 | 0 |
| 45 | 0 | 0 | 297,000,000 | 297,000,000 | 0 | 258,333,000 | 258,333,000 | 0 | 98,190,000 | 98,190,000 | 0 |

⓳ E7 셀에는 수식 '=IF(X7>0,X7,"")'을 입력하고, F7 셀에는 수식 '=IF(X7<0,−X7,"")'을 입력한다. 그리고 E7:F7 셀 범위를 선택하고 자동채우기핸들로 F44 셀까지 끌어 채워넣는다. 필요한 경우 수시로 [모든 테두리]와 [굵은 바깥쪽 테두리], [쉼표 스타일] 등을 적용하도록 한다.

| | A | B | C | D | E | F | G | H | I | J |
|---|---|---|---|---|---|---|---|---|---|---|
| 4 | | | | | | | | | | |
| 5 | | | 잔액시산표 | | 수정분개 | | 수정후 시산표 | | 손익계산서 | |
| 6 | | 계정과목 | 차변 | 대변 | 차변 | 대변 | 차변 | 대변 | 차변 | 대 |
| 7 | 1110 | 현금 | 94,600,000 | | | 6,060,000 | | | | |
| 8 | 1120 | 당좌예금 | 25,000,000 | | 12,000,000 | | | | | |
| 9 | 1140 | 외상매출금 | 57,333,000 | | | 12,000,000 | | | | |
| 10 | 1150 | 받을어음 | | | | | | | | |
| 11 | 1160 | 상품 | | | 8,000,000 | | | | | |
| 12 | 1170 | 원재료 | | | | | | | | |
| 13 | 1180 | 소모품 | 3,000,000 | | | 1,000,000 | | | | |
| 14 | 1190 | 선급비용 | | | 3,000,000 | | | | | |
| 15 | 1220 | 장기대여금 | 25,000,000 | | | | | | | |
| 16 | 1320 | 비품 | 11,000,000 | | | 1,000,000 | | | | |
| 17 | 1321 | 비품감가상각누계액 | | | | 550,000 | | | | |
| 18 | 1420 | 건물 | 80,000,000 | | | | | | | |
| 19 | 1421 | 건물감가상각누계액 | | | | 1,300,000 | | | | |
| 20 | 1520 | 컴퓨터설비 | 25,000,000 | | | | | | | |
| 21 | 1521 | 설비감가상각누계액 | | | | | | | | |
| 22 | 2110 | 외상매입금 | | 17,000,000 | 7,000,000 | | | | | |
| 23 | 2120 | 지급어음 | | 15,000,000 | | | | | | |
| 24 | 2140 | 단기차입금 | | 27,300,000 | | | | | | |
| 25 | 2170 | 미지급이자 | | | | 200,000 | | | | |
| 26 | 2310 | 사채 | | | | | | | | |
| 27 | 2330 | 장기차입금 | | 20,000,000 | | | | | | |
| 28 | 3110 | 자본금 | | 125,000,000 | | | | | | |
| 29 | 3210 | 주식발행초과금 | | | | | | | | |
| 30 | 3510 | 이익잉여금 | | | | | | | | |
| 31 | 4110 | 매출 | | 194,333,000 | | | | | | |
| 32 | 4210 | 수수료수익 | | 1,800,000 | | | | | | |
| 33 | 4230 | 이자수익 | | 1,500,000 | | | | | | |
| 34 | 4410 | 유형자산처분이익 | | | | 40,000 | | | | |
| 35 | 5110 | 매입 | 64,000,000 | | | 64,000,000 | | | | |
| 36 | 5130 | 매출원가 | | | 56,000,000 | | | | | |
| 37 | 5210 | 급여 | 7,000,000 | | | | | | | |
| 38 | 5230 | 임차료 | 5,000,000 | | | 3,000,000 | | | | |
| 39 | 5250 | 광고비 | 3,000,000 | | | | | | | |
| 40 | 5260 | 소모품비 | | | 1,000,000 | | | | | |
| 41 | 5410 | 감가상각비 | | | 1,950,000 | | | | | |
| 42 | 5510 | 이자비용 | 2,000,000 | | 200,000 | | | | | |
| 43 | 5710 | 재해손실 | | | | | | | | |
| 44 | 5810 | 법인세 | | | | | | | | |
| 45 | | [ 합 계 ] | 401,933,000 | 401,933,000 | 89,150,000 | 89,150,000 | 0 | 0 | 0 | |

⑳ Z열의 열머리글을 선택하고 [열 너비]를 '15'로 조정한후, [홈] 탭의 [글꼴] – [글꼴 색]을 '검정'으로 선택한다.

㉑ Z6 셀에는 머리글 '수정후_잔액'을 입력한다. Z7 셀에 수식 '**=P7+T7+X7**'을 입력하고, Z7 셀에서 자동채우기핸들로 Z44 셀까지 끌기 하여 채워넣는다. Z45 셀에는 수식 '**=SUM(Z7:Z44)**'를 입력한다.

㉒ 이제 G열과 H열에 '수정후 시산표' 금액을 표시하는 수식을 입력하도록 한다. 여기서 수정후 시산표의 차변금액은 **[잔액시산표 차변금액+수정분개 차변금액–수정분개 대변금액]**으로 계산되며, 수정후 시산표의 대변금액은 **[잔액시산표 대변금액–수정분개 차변금액+수정분개 대변금액]**으로 계산된다.

그런데 이 합계금액은 [분개장 잔액+매매장 잔액+수정분개장 잔액](즉, Z열의 값)과도 일치한다. 이때 이 최종 합계금액(Z열의 값)이 양수(+)인 경우에는 차변잔액을, 그리고 음수(–)인 경우에는 대변잔액을 각각 의미한다. 따라서 Z열의 값이 양수(+)인 경우에는 수정후시산표의 차변에 기록하며, Z열의 값이 음수(–)인 경우에는 수정후시산표의 대변에 양(+)의 값으로 각각 기록하면 된다.

이제 이러한 논리를 G7 셀에 반영하여 수식 '**=IF(Z7〉0,Z7,"")**'을, 그리고 H7 셀에는 수식 '**=IF(Z7〈0,–Z7,"")**'을 각각 입력한다. 그리고 G7:H7 셀 범위를 선택하고 자동채우기핸들로 H44 셀까지 끌기하여 채워넣는다.

| | A | B | C | D | E | F | G | H | I | J | K | L |
|---|---|---|---|---|---|---|---|---|---|---|---|---|
| 4 | | | | | | | | | | | | |
| 5 | | | 잔액시산표 | | 수정분개 | | 수정후 시산표 | | 손익계산서 | | 재무상태표 | |
| 6 | | 계정과목 | 차변 | 대변 | 차변 | 대변 | 차변 | 대변 | 차변 | 대변 | 차변 | 대변 |
| 7 | 1110 | 현금 | 94,600,000 | | | 6,060,000 | 88,540,000 | | | | | |
| 8 | 1120 | 당좌예금 | 25,000,000 | | 12,000,000 | | 37,000,000 | | | | | |
| 9 | 1140 | 외상매출금 | 57,333,000 | | | 12,000,000 | 45,333,000 | | | | | |
| 10 | 1150 | 받을어음 | | | | | | | | | | |
| 11 | 1160 | 상품 | | | 8,000,000 | | 8,000,000 | | | | | |
| 12 | 1170 | 원재료 | | | | | | | | | | |
| 13 | 1180 | 소모품 | 3,000,000 | | | 1,000,000 | 2,000,000 | | | | | |
| 14 | 1190 | 선급비용 | | | 3,000,000 | | 3,000,000 | | | | | |
| 15 | 1220 | 장기대여금 | 25,000,000 | | | | 25,000,000 | | | | | |
| 16 | 1320 | 비품 | 11,000,000 | | | 1,000,000 | 10,000,000 | | | | | |
| 17 | 1321 | 비품감가상각누계액 | | | | 550,000 | | 550,000 | | | | |
| 18 | 1420 | 건물 | 80,000,000 | | | | 80,000,000 | | | | | |
| 19 | 1421 | 건물감가상각누계액 | | | | 1,300,000 | | 1,300,000 | | | | |
| 20 | 1520 | 컴퓨터설비 | 25,000,000 | | | | 25,000,000 | | | | | |
| 21 | 1521 | 설비감가상각누계액 | | | | | | | | | | |
| 22 | 2110 | 외상매입금 | | 17,000,000 | 7,000,000 | | | 10,000,000 | | | | |
| 23 | 2120 | 지급어음 | | 15,000,000 | | | | 15,000,000 | | | | |
| 24 | 2140 | 단기차입금 | | 27,300,000 | | | | 27,300,000 | | | | |
| 25 | 2170 | 미지급이자 | | | | 200,000 | | 200,000 | | | | |
| 26 | 2310 | 사채 | | | | | | | | | | |
| 27 | 2330 | 장기차입금 | | 20,000,000 | | | | 20,000,000 | | | | |
| 28 | 3110 | 자본금 | | 125,000,000 | | | | 125,000,000 | | | | |
| 29 | 3210 | 주식발행초과금 | | | | | | | | | | |
| 30 | 3510 | 이익잉여금 | | | | | | | | | | |
| 31 | 4110 | 매출 | | 194,333,000 | | | | 194,333,000 | | | | |
| 32 | 4210 | 수수료수익 | | 1,800,000 | | | | 1,800,000 | | | | |
| 33 | 4230 | 이자수익 | | 1,500,000 | | | | 1,500,000 | | | | |
| 34 | 4410 | 유형자산처분이익 | | | | 40,000 | | 40,000 | | | | |
| 35 | 5110 | 매입 | 64,000,000 | | | 64,000,000 | | | | | | |
| 36 | 5130 | 매출원가 | | | 56,000,000 | | 56,000,000 | | | | | |
| 37 | 5210 | 급여 | 7,000,000 | | | | 7,000,000 | | | | | |
| 38 | 5230 | 임차료 | 5,000,000 | | | 3,000,000 | 2,000,000 | | | | | |
| 39 | 5250 | 광고비 | 3,000,000 | | | | 3,000,000 | | | | | |
| 40 | 5260 | 소모품비 | | | 1,000,000 | | 1,000,000 | | | | | |
| 41 | 5410 | 감가상각비 | | | 1,950,000 | | 1,950,000 | | | | | |
| 42 | 5510 | 이자비용 | 2,000,000 | | 200,000 | | 2,200,000 | | | | | |
| 43 | 5710 | 재해손실 | | | | | | | | | | |
| 44 | 5810 | 법인세 | | | | | | | | | | |
| 45 | | [ 합 계 ] | 401,933,000 | 401,933,000 | 89,150,000 | 89,150,000 | 397,023,000 | 397,023,000 | 0 | 0 | 0 | 0 |

㉓ 이제 I7:J44 셀 범위에 '손익계산서' 금액을 표시하는 수식을 입력한다.

앞에서 계정코드번호를 정의할 때 코드번호가 4,000번 이상인 경우에는 손익계산서 계정을, 그리고 4,000번 아래인 경우에는 재무상태표 계정을 의미하는 것으로 설계되었다. 따라서 정산표에서 손익계산서란에는 계정코드가 4,000번 이상인 항목만 금액을 표시하면 된다. 또한 Z열의 해당 항목 금액이 양수(+)인 경우에는 차변에 표시하고, 음수(-)인 경우에는 대변잔액으로 표시한다.

따라서 I7 셀에 수식 '**=IF(A7〉4000,IF(Z7〉0,Z7,""),"")**'을, 그리고 J7 셀에 수식 '**=IF(A7〉4000, IF(Z7〈0,-Z7,""),"")**'을 각각 입력한다. 그리고 I7:J7 셀 범위를 선택하고 자동채우기핸들로 J44 셀까지 끌기 하여 채워넣는다.

㉔ 이제 K7:L44 셀 범위에 '재무상태표' 금액을 표시하는 수식을 입력한다.

계정코드번호가 4,000번 아래인 경우에는 재무상태표 계정을 의미하는 것으로 정의하였으므로 K7 셀에 수식 '**=IF(A7〈4000,IF(Z7〉0,Z7,""),"")**'을, 그리고 L7 셀에 수식 '**=IF(A7〈4000,IF(Z7〈0,-Z7,""),"")**'을 각각 입력한다. 마찬가지로 K7:L7 셀 범위를 선택하고 자동채우기핸들로 L44 셀까지 끌기 하여 채워넣는다.

| | A | B | C | D | E | F | G | H | I | J | K | L |
|---|---|---|---|---|---|---|---|---|---|---|---|---|
| 4 | | | | | | | | | | | | |
| 5 | | | 잔액시산표 | | 수정분개 | | 수정후 시산표 | | 손익계산서 | | 재무상태표 | |
| 6 | | 계정과목 | 차변 | 대변 | 차변 | 대변 | 차변 | 대변 | 차변 | 대변 | 차변 | 대변 |
| 7 | 1110 | 현금 | 94,600,000 | | | 6,060,000 | 88,540,000 | | | | 88,540,000 | |
| 8 | 1120 | 당좌예금 | 25,000,000 | | 12,000,000 | | 37,000,000 | | | | 37,000,000 | |
| 9 | 1140 | 외상매출금 | 57,333,000 | | | 12,000,000 | 45,333,000 | | | | 45,333,000 | |
| 10 | 1150 | 받을어음 | | | | | | | | | | |
| 11 | 1160 | 상품 | | | 8,000,000 | | 8,000,000 | | | | 8,000,000 | |
| 12 | 1170 | 원재료 | | | | | | | | | | |
| 13 | 1180 | 소모품 | 3,000,000 | | | 1,000,000 | 2,000,000 | | | | 2,000,000 | |
| 14 | 1190 | 선급비용 | | | 3,000,000 | | 3,000,000 | | | | 3,000,000 | |
| 15 | 1220 | 장기대여금 | 25,000,000 | | | | 25,000,000 | | | | 25,000,000 | |
| 16 | 1320 | 비품 | 11,000,000 | | | 1,000,000 | 10,000,000 | | | | 10,000,000 | |
| 17 | 1321 | 비품감가상각누계액 | | | | 550,000 | | 550,000 | | | | 550,000 |
| 18 | 1420 | 건물 | 80,000,000 | | | | 80,000,000 | | | | 80,000,000 | |
| 19 | 1421 | 건물감가상각누계액 | | | | 1,300,000 | | 1,300,000 | | | | 1,300,000 |
| 20 | 1520 | 컴퓨터설비 | 25,000,000 | | | | 25,000,000 | | | | 25,000,000 | |
| 21 | 1521 | 설비감가상각누계액 | | | | | | | | | | |
| 22 | 2110 | 외상매입금 | | 17,000,000 | 7,000,000 | | | 10,000,000 | | | | 10,000,000 |
| 23 | 2120 | 지급어음 | | 15,000,000 | | | | 15,000,000 | | | | 15,000,000 |
| 24 | 2140 | 단기차입금 | | 27,300,000 | | | | 27,300,000 | | | | 27,300,000 |
| 25 | 2170 | 미지급이자 | | | | 200,000 | | 200,000 | | | | 200,000 |
| 26 | 2310 | 사채 | | | | | | | | | | |
| 27 | 2330 | 장기차입금 | | 20,000,000 | | | | 20,000,000 | | | | 20,000,000 |
| 28 | 3110 | 자본금 | | 125,000,000 | | | | 125,000,000 | | | | 125,000,000 |
| 29 | 3210 | 주식발행초과금 | | | | | | | | | | |
| 30 | 3510 | 이익잉여금 | | | | | | | | | | |
| 31 | 4110 | 매출 | | 194,333,000 | | | | 194,333,000 | | 194,333,000 | | |
| 32 | 4210 | 수수료수익 | | 1,800,000 | | | | 1,800,000 | | 1,800,000 | | |
| 33 | 4230 | 이자수익 | | 1,500,000 | | | | 1,500,000 | | 1,500,000 | | |
| 34 | 4410 | 유형자산처분이익 | | | | 40,000 | | 40,000 | | 40,000 | | |
| 35 | 5110 | 매입 | 64,000,000 | | | 64,000,000 | | | | | | |
| 36 | 5130 | 매출원가 | | | 56,000,000 | | 56,000,000 | | 56,000,000 | | | |
| 37 | 5210 | 급여 | 7,000,000 | | | | 7,000,000 | | 7,000,000 | | | |
| 38 | 5230 | 임차료 | 5,000,000 | | | 3,000,000 | 2,000,000 | | 2,000,000 | | | |
| 39 | 5250 | 광고비 | 3,000,000 | | | | 3,000,000 | | 3,000,000 | | | |
| 40 | 5260 | 소모품비 | | | 1,000,000 | | 1,000,000 | | 1,000,000 | | | |
| 41 | 5410 | 감가상각비 | | | 1,950,000 | | 1,950,000 | | 1,950,000 | | | |
| 42 | 5510 | 이자비용 | 2,000,000 | | 200,000 | | 2,200,000 | | 2,200,000 | | | |
| 43 | 5710 | 재해손실 | | | | | | | | | | |
| 44 | 5810 | 법인세 | | | | | | | | | | |
| 45 | | [ 합 계 ] | 401,933,000 | 401,933,000 | 89,150,000 | 89,150,000 | 397,023,000 | 397,023,000 | 73,150,000 | 197,673,000 | 323,873,000 | 199,350,000 |

㉕ 그런데 잔액시산표, 수정분개, 수정후 시산표의 아래쪽 합계부분은 차변합계와 대변합계가 일치하지만, 손익계산서와 재무상태표의 경우에는 차변합계와 대변합계가 서로 일치하지 않고 있다. 손익계산서의 경우에는 대변합계가 더 크고, 재무상태표에서는 차변합계가 더 크다. 따

라서 손익계산서의 대변합계(흔히 '수익'이라고 함)에서 차변합계(흔히 '비용'이라고 함)를 뺀 나머지를 '당기순이익'이라고 한다. 만일 대변합계에서 차변합계를 뺀 나머지가 음수(-)인 경우에는 이를 '당기순손실'이라고 한다.

따라서 손익계산서에서 당기순이익(당기순손실)을 계산하기 위해 I46 셀에 수식 '**=IF(J45>I45, J45-I45,"")**'을, 그리고 J46 셀에 수식 '**=IF(J45<I45,I45-J45,"")**'을 각각 입력한다.

㉖ 마찬가지로 재무상태표에도 당기순이익을 계산하기 위해 K46 셀에 수식 '**=IF(L45>K45,L45-K45,"")**'을, 그리고 L47 셀에 수식 '**=IF(L45<K45,K45-L45,"")**'을 각각 입력한다.

㉗ 그런데 손익계산서의 I46 셀에서 계산된 당기순이익(₩124,523,000)과 재무상태표의 L46 셀에서 계산된 당기순이익(₩124,523,000)은 항상 일치해야 한다. 만일 이들 금액에 차이가 있는 경우에는 계산과정의 어디에선가 오류가 있음을 의미하는 것이므로, 반드시 그 오류의 원인을 찾아내어 수정하도록 해야 한다.

㉘ B46 셀에는 '당기순이익'을, 그리고 B47 셀에는 '[ **합 계** ]'를 입력한다. 그리고 I47 셀에 수식 '**=SUM(I45:I46)**'을 입력한 후, I47 셀을 복사하여 J47:L47 셀에 붙여넣기 한다. 이제 손익계산서의 최종 차변합계와 대변합계는 서로 일치하게 되었다. 재무상태표의 경우도 같다.

| | A | B | C | D | E | F | G | H | I | J | K | L |
|---|---|---|---|---|---|---|---|---|---|---|---|---|
| 5 | | | 잔액시산표 | | 수정분개 | | 수정후 시산표 | | 손익계산서 | | 재무상태표 | |
| 6 | | 계정과목 | 차변 | 대변 | 차변 | 대변 | 차변 | 대변 | 차변 | 대변 | 차변 | 대변 |
| 7 | 1110 | 현금 | 134,600,000 | | | 6,060,000 | 128,540,000 | | | | 128,540,000 | |
| 8 | 1120 | 당좌예금 | 25,000,000 | | 12,000,000 | | 37,000,000 | | | | 37,000,000 | |
| 9 | 1140 | 외상매출금 | 57,333,000 | | | 12,000,000 | 45,333,000 | | | | 45,333,000 | |
| 10 | 1150 | 받을어음 | | | | | | | | | | |
| 11 | 1160 | 상품 | | | 8,000,000 | | 8,000,000 | | | | 8,000,000 | |
| 12 | 1170 | 원재료 | | | | | | | | | | |
| 13 | 1180 | 소모품 | 3,000,000 | | | 1,000,000 | 2,000,000 | | | | 2,000,000 | |
| 14 | 1220 | 장기대여금 | 25,000,000 | | | | 25,000,000 | | | | 25,000,000 | |
| 15 | 1320 | 비품 | 11,000,000 | | | 1,000,000 | 10,000,000 | | | | 10,000,000 | |
| 16 | 1321 | 비품감가상각누계액 | | | | 550,000 | | 550,000 | | | | 550,000 |
| 17 | 1420 | 건물 | 80,000,000 | | | | 80,000,000 | | | | 80,000,000 | |
| 18 | 1421 | 건물감가상각누계액 | | | | 1,300,000 | | 1,300,000 | | | | 1,300,000 |
| 19 | 1520 | 컴퓨터설비 | 25,000,000 | | | | 25,000,000 | | | | 25,000,000 | |
| 20 | 1521 | 설비감가상각누계액 | | | | | | | | | | |
| 21 | 2110 | 외상매입금 | | 17,000,000 | 7,000,000 | | | 10,000,000 | | | | 10,000,000 |
| 22 | 2120 | 지급어음 | | 15,000,000 | | | | 15,000,000 | | | | 15,000,000 |
| 23 | 2140 | 단기차입금 | | 27,300,000 | | | | 27,300,000 | | | | 27,300,000 |
| 24 | 2170 | 미지급이자 | | | | 200,000 | | 200,000 | | | | 200,000 |
| 25 | 2310 | 사채 | | | | | | | | | | |
| 26 | 2330 | 장기차입금 | | 20,000,000 | | | | 20,000,000 | | | | 20,000,000 |
| 27 | 3110 | 자본금 | | 165,000,000 | | | | 165,000,000 | | | | 165,000,000 |
| 28 | 3210 | 주식발행초과금 | | | | | | | | | | |
| 29 | 3510 | 이익잉여금 | | | | | | | | | | |
| 30 | 4110 | 매출 | | 194,333,000 | | | | 194,333,000 | | 194,333,000 | | |
| 31 | 4210 | 수수료수익 | | 1,800,000 | | | | 1,800,000 | | 1,800,000 | | |
| 32 | 4230 | 이자수익 | | 1,500,000 | | | | 1,500,000 | | 1,500,000 | | |
| 33 | 4410 | 유형자산처분이익 | | | | 40,000 | | 40,000 | | 40,000 | | |
| 34 | 5110 | 매입 | 64,000,000 | | | 64,000,000 | | | | | | |
| 35 | 5130 | 매출원가 | | | 56,000,000 | | 56,000,000 | | 56,000,000 | | | |
| 36 | 5210 | 급여 | 7,000,000 | | | | 7,000,000 | | 7,000,000 | | | |
| 37 | 5230 | 임차료 | 5,000,000 | | | 3,000,000 | 2,000,000 | | 2,000,000 | | | |
| 38 | 5250 | 광고비 | 3,000,000 | | | | 3,000,000 | | 3,000,000 | | | |
| 39 | 5410 | 감가상각비 | | | 1,950,000 | | 1,950,000 | | 1,950,000 | | | |
| 40 | 5510 | 이자비용 | 2,000,000 | | 200,000 | | 2,200,000 | | 2,200,000 | | | |
| 41 | 5710 | 재해손실 | | | | | | | | | | |
| 42 | 5810 | 법인세 | | | | | | | | | | |
| 43 | 1190 | 선급비용 | | | 3,000,000 | | 3,000,000 | | | | 3,000,000 | |
| 44 | 5260 | 소모품비 | | | 1,000,000 | | 1,000,000 | | 1,000,000 | | | |
| 45 | | | | | | | | | | | | |
| 46 | | [ 합 계 ] | 441,933,000 | 441,933,000 | 89,150,000 | 89,150,000 | 437,023,000 | 437,023,000 | 73,150,000 | 197,673,000 | 363,873,000 | 239,350,000 |
| 47 | | 당기순이익 | | | | | | | 124,523,000 | | | 124,523,000 |
| 48 | | [ 합 계 ] | | | | | | | 197,673,000 | 197,673,000 | 363,873,000 | 363,873,000 |

계정과목표 | 오류테이블 | 매입매출장 | 매입매출장 피벗테이블 | 시산표 | 수정분개장 | 정산표 | 항목관리

㉙ A46:L47 셀 영역을 선택하고 [홈] 탭에서 [글꼴]-[테두리]-[모든 테두리]로 지정하고 다시 [굵은 바깥쪽 테두리]로 지정한다. A47:B47 셀 영역을 선택하고 [홈] 탭에서 [맞춤]-[병합하고 가

운데 맞춤]으로 지정한다. 그리고 최종 합계금액을 표시하고 있는 C45:H45 셀 영역과 I47:L47 셀 영역에 대해서는 각각 [홈] 탭의 [글꼴]－[테두리]에서 [아래쪽 이중 테두리]로 선택한다.

㉚ 이제 정산표가 모두 완성되었다. N열부터 Z열까지의 수치는 정산표(A열~L열)의 금액을 계산하기 위해 사용되었던 수식이 기록된 것이다. 만일 이를 삭제할 경우 정산표의 금액이 잘못 표시될 수 있으니 이를 삭제하지 않고, 대신 눈에 보이지 않게 바탕색(흰색)으로 변경한다(N열부터 Z열의 열 머리 부분을 선택한 후, [홈] 탭의 [글꼴]－[글꼴 색]을 '흰색'으로 지정한다. 그러나 이들 영역의 아래 합계부분에서는 숫자는 보이지 않지만 배경색과 테두리가 아직 남아 있을 수 있으므로, N45:Z45 셀 범위에 대해서는 [홈] 탭의 [글꼴]－[채우기 색]에서'채우기 없음'으로, 그리고 [테두리]에서 '테두리 없음'으로 지정한다).

## 3단계 손익계산서(Income Statement) 표시하기

정산표에서도 손익계산서란이 포함되어 있기는 하지만 이는 손익계산서의 기본 양식으로 표시되고 있다기보다는 당기순이익을 계산하기 위한 하나의 과정으로 작성되고 있는 것일 뿐이다. 재무상태표의 경우도 마찬가지이다. 따라서 손익계산서와 재무상태표를 기본 양식에 따라 재배열하고 보고서로서의 체계와 양식을 갖추어 다시 작성하는 절차가 수행되어야 한다.

흔히 손익계산서는 매출액으로부터 시작하여 이익의 성격 구분에 따라 5구분 배열로 표시하는 방법이 사용되고, 재무상태표는 유동성배열법에 따라 작성하되 자산, 부채, 자본으로 크게 구분하여 표시하는 방법을 따르고 있다.

❶ '손익계산서' sheet를 만들기 위해 '정산표' 시트 오른쪽에 새 sheet를 생성한다.

❷ 새로 만들어진 sheet의 이름을 '**손익계산서**'로 변경한다.

❸ 손익계산서에 표시할 내용은 모두 정산표에 계산되어 있는 셈이므로 필요한 부분만 가져다가 표시하거나 셀 연결을 해놓으면 된다. 먼저 '정산표' sheet에 표시된 계정코드와 계정과목을 그대로 이용하기 위해서, '전상표' 시트의 A6:B47 셀 범위를 선택하고 복사하여 '손익계산서' sheet의 A6 셀에 붙여넣기 한다. 다시 '정산표' sheet에서 A1:D3 셀 범위를 복사하여 '손익계산서' sheet의 A1 셀에 붙여넣기 한다.

❹ '손익계산서' sheet에서 D7 셀을 선택하고 수식 '**=ABS(정산표!Z7)**'을 입력한다. 그리고 D7 셀의 '자동채우기 핸들'을 이용하여 D44 셀까지 끌어 채워넣는다(이로써 정산표상의 '수정후 잔액'이 '손익계산서' sheet에 절댓값 형태로 연결되어지게 되었다). A열~D열의 [열 너비]를 각각 '10', '30', '15', '15'로 조정한다.

| | A | B | C | D | E |
|---|---|---|---|---|---|
| 1 | 청송산업 | | | | |
| 2 | | 정 산 표 | | | |
| 3 | | 2023-06-30에 해당하는 기간 | | | |
| 4 | | | | | |
| 5 | | | | | |
| 6 | | 계정과목 | | | |
| 7 | 1110 | 현금 | | 88,540,000 | |
| 8 | 1120 | 당좌예금 | | 37,000,000 | |
| 9 | 1140 | 외상매출금 | | 45,333,000 | |
| 10 | 1150 | 받을어음 | | - | |
| 11 | 1160 | 상품 | | 8,000,000 | |
| 12 | 1170 | 원재료 | | - | |
| 13 | 1180 | 소모품 | | 2,000,000 | |
| 14 | 1190 | 선급비용 | | 3,000,000 | |
| 15 | 1220 | 장기대여금 | | 25,000,000 | |
| 16 | 1320 | 비품 | | 10,000,000 | |
| 17 | 1321 | 비품감가상각누계액 | | 550,000 | |
| 18 | 1420 | 건물 | | 80,000,000 | |
| 19 | 1421 | 건물감가상각누계액 | | 1,300,000 | |
| 20 | 1520 | 컴퓨터설비 | | 25,000,000 | |
| 21 | 1521 | 설비감가상각누계액 | | - | |
| 22 | 2110 | 외상매입금 | | 10,000,000 | |
| 23 | 2120 | 지급어음 | | 15,000,000 | |
| 24 | 2140 | 단기차입금 | | 27,300,000 | |
| 25 | 2170 | 미지급이자 | | 200,000 | |
| 26 | 2310 | 사채 | | - | |
| 27 | 2330 | 장기차입금 | | 20,000,000 | |
| 28 | 3110 | 자본금 | | 125,000,000 | |
| 29 | 3210 | 주식발행초과금 | | - | |
| 30 | 3510 | 이익잉여금 | | - | |
| 31 | 4110 | 매출 | | 194,333,000 | |
| 32 | 4210 | 수수료수익 | | 1,800,000 | |
| 33 | 4230 | 이자수익 | | 1,500,000 | |
| 34 | 4410 | 유형자산처분이익 | | 40,000 | |
| 35 | 5110 | 매입 | | - | |
| 36 | 5130 | 매출원가 | | 56,000,000 | |
| 37 | 5210 | 급여 | | 7,000,000 | |
| 38 | 5230 | 임차료 | | 2,000,000 | |
| 39 | 5250 | 광고비 | | 3,000,000 | |
| 40 | 5260 | 소모품비 | | 1,000,000 | |
| 41 | 5410 | 감가상각비 | | 1,950,000 | |
| 42 | 5510 | 이자비용 | | 2,200,000 | |
| 43 | 5710 | 재해손실 | | - | |
| 44 | 5810 | 법인세 | | - | |
| 45 | [ 합 계 ] | | | | |
| 46 | | 당기순이익 | | | |
| 47 | [ 합 계 ] | | | | |

❺ 이 sheet를 다음에 '재무상태표' sheet 작성에도 사용하도록 하기 위해 먼저 복제해 두기로 한다. '손익계산서' sheet의 탭을 선택하고 Ctrl 키를 누른 상태에서 '손익계산서' sheet 다음으로 옮기고, 먼저 마우스를 놓은 후 Ctrl 키를 놓는다. 복제된 '손익계산서 (2)' sheet의 탭을 더블 클릭하여 '**재무상태표**'로 바꾸어 놓는다.

❻ 다시 '손익계산서' sheet로 돌아와서, B2 셀의 머리글을 '**손익계산서**'로 바꾼다.

❼ B3 셀에 입력되어 있는 수식을 새로운 수식 '**=TEXT(MIN(분개_날짜),"YYYY－MM－DD") & " 부터 " & TEXT(MAX(수정_날짜),"YYYY－MM－DD") &"까지"**'로 변경한다.

❽ 3행~47행까지의 행 머리부분을 선택하고 [글꼴]을 '견고딕', [글꼴 크기]를 '11'로 지정한다. C열과 D열의 열머리글을 선택하여 [홈] 탭에서 [표시 형식]－[쉼표 스타일]로 지정한다.

❾ 표시되고 있는 계정과목들 중에서 재무상태표 관련 계정과목 행들(7행부터 30행까지)의 머리글을 선택하고 오른쪽 마우스에서 [삭제]를 클릭한다. 이제 남은 것은 손익계산서 항목들뿐이다.

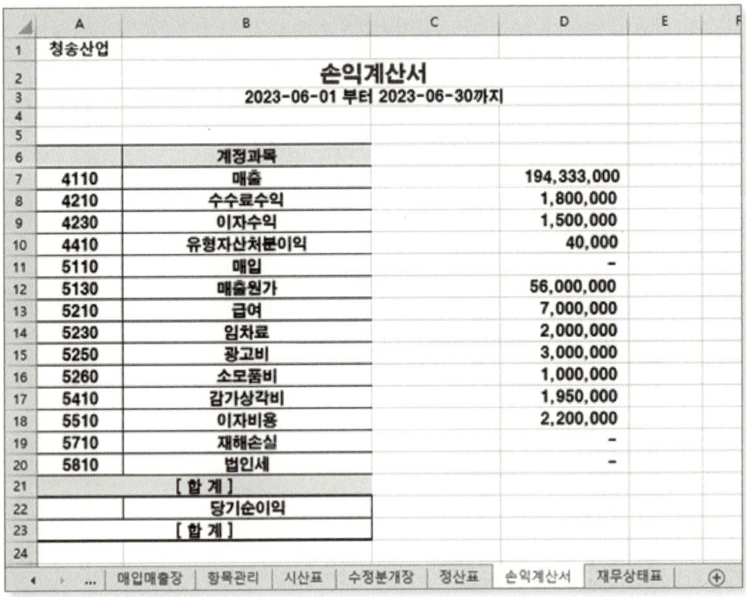

| | A | B | C | D |
|---|---|---|---|---|
| 1 | 청송산업 | | | |
| 2 | | 손익계산서 | | |
| 3 | | 2023-06-01 부터 2023-06-30까지 | | |
| 4 | | | | |
| 5 | | | | |
| 6 | | 계정과목 | | |
| 7 | 4110 | 매출 | | 194,333,000 |
| 8 | 4210 | 수수료수익 | | 1,800,000 |
| 9 | 4230 | 이자수익 | | 1,500,000 |
| 10 | 4410 | 유형자산처분이익 | | 40,000 |
| 11 | 5110 | 매입 | | - |
| 12 | 5130 | 매출원가 | | 56,000,000 |
| 13 | 5210 | 급여 | | 7,000,000 |
| 14 | 5230 | 임차료 | | 2,000,000 |
| 15 | 5250 | 광고비 | | 3,000,000 |
| 16 | 5260 | 소모품비 | | 1,000,000 |
| 17 | 5410 | 감가상각비 | | 1,950,000 |
| 18 | 5510 | 이자비용 | | 2,200,000 |
| 19 | 5710 | 재해손실 | | - |
| 20 | 5810 | 법인세 | | - |
| 21 | | [ 합 계 ] | | |
| 22 | | 당기순이익 | | |
| 23 | | [ 합 계 ] | | |
| 24 | | | | |



⑩ 머리글 행(6행)과 합계 표시 행(21행, 23행)도 각각의 행머리 부분을 클릭하여 삭제한다. [테두리] 표시가 남아 있는 A6:B20 셀 영역을 선택하여 [홈] 탭의 [글꼴] - [테두리]에서 '테두리 없음'으로 선택한다.

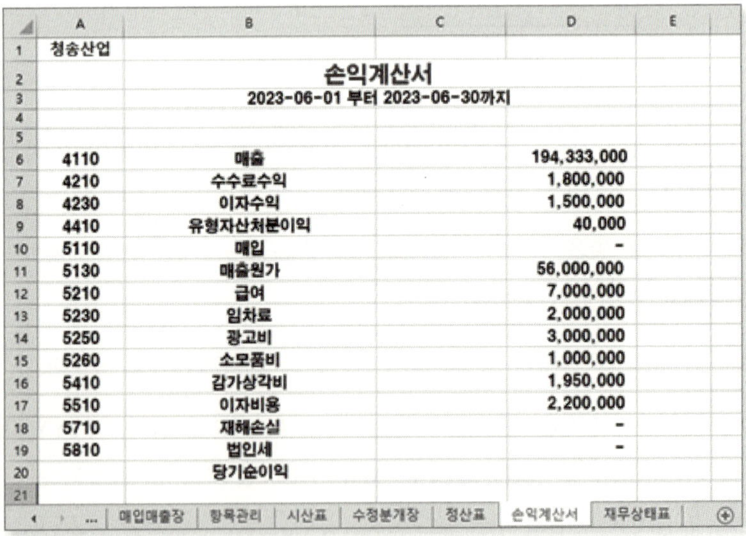

| | A | B | C | D |
|---|---|---|---|---|
| 1 | 청송산업 | | | |
| 2 | | 손익계산서 | | |
| 3 | | 2023-06-01 부터 2023-06-30까지 | | |
| 4 | | | | |
| 5 | | | | |
| 6 | 4110 | 매출 | | 194,333,000 |
| 7 | 4210 | 수수료수익 | | 1,800,000 |
| 8 | 4230 | 이자수익 | | 1,500,000 |
| 9 | 4410 | 유형자산처분이익 | | 40,000 |
| 10 | 5110 | 매입 | | - |
| 11 | 5130 | 매출원가 | | 56,000,000 |
| 12 | 5210 | 급여 | | 7,000,000 |
| 13 | 5230 | 임차료 | | 2,000,000 |
| 14 | 5250 | 광고비 | | 3,000,000 |
| 15 | 5260 | 소모품비 | | 1,000,000 |
| 16 | 5410 | 감가상각비 | | 1,950,000 |
| 17 | 5510 | 이자비용 | | 2,200,000 |
| 18 | 5710 | 재해손실 | | - |
| 19 | 5810 | 법인세 | | - |
| 20 | | 당기순이익 | | |
| 21 | | | | |



⑪ 이제 남아 있는 손익계산서 관련 계정들을 중심으로 손익계산서 양식에 따라 보고서 형식으로 작성해보기로 한다.

참고

## 보고식 손익계산서 기본 양식

매출액
−매출원가
기초상품재고액
+당기매입액
−기말상품재고액

**매출총이익**
−판매비와 관리비

**영업이익**
+영업외수익
−영업외비용

**법인세차감전순이익**
−법인세비용

**당기순이익**

⓬ 먼저 매출 계정 아래쪽으로 필요한 빈공간을 확보하기 위해서 7행부터 19행까지의 행 머리부분을 선택하고 오른쪽 마우스 [삽입]을 선택한다. 이로써 '매출' 계정과 '수수료수익' 계정사이에 빈 행들이 추가된다. 다음으로 계정과목 '매출원가'가 기록되어 있는 행(24행) 전체를 행머리글 부분을 선택하여 빈 행으로 삽입된 7행으로 끌어다 놓는다. 이때 행 전체를 함께 이동해야 해당 계정과목뿐만 아니라 계정코드와 금액까지도 함께 이동하게 된다. 그 아랫줄 B8 셀에는

| | A | B | C | D | E | F |
|---|---|---|---|---|---|---|
| 1 | 청송산업 | | | | | |
| 2 | | 손익계산서 | | | | |
| 3 | | 2023-06-01 부터 2023-06-30까지 | | | | |
| 4 | | | | | | |
| 5 | | | | | | |
| 6 | 4110 | 매출 | | 194,333,000 | | |
| 7 | 5130 | 매출원가 | | 56,000,000 | | |
| 8 | | 기초상품재고액 | | | | |
| 9 | 5110 | 당기매입액 | | - | | |
| 10 | | 기말상품재고액 | | | | |
| 11 | | 매출총이익 | | | | |
| 12 | | 판매비와 관리비 | | | | |
| 13 | 5210 | 급여 | | 7,000,000 | | |
| 14 | 5230 | 임차료 | | 2,000,000 | | |
| 15 | 5250 | 광고비 | | 3,000,000 | | |
| 16 | 5260 | 소모품비 | | 1,000,000 | | |
| 17 | 5410 | 감가상각비 | | 1,950,000 | | |
| 18 | | 영업이익 | | | | |
| 19 | | 영업외수익 | | | | |
| 20 | 4210 | 수수료수익 | | 1,800,000 | | |
| 21 | 4230 | 이자수익 | | 1,500,000 | | |
| 22 | 4410 | 유형자산처분이익 | | 40,000 | | |
| 23 | | 영업외비용 | | | | |
| 24 | 5510 | 이자비용 | | 2,200,000 | | |
| 25 | 5710 | 재해손실 | | - | | |
| 26 | | 법인세차감전순이익 | | | | |
| 27 | 5810 | 법인세 | | - | | |
| 28 | | 당기순이익 | | | | |
| 29 | | | | | | |

... 매입매출장 | 항목관리 | 시산표 | 수정분개장 | 정산표 | 손익계산서 | 재무상태표

**'기초상품재고액'**을 입력한다. 계정과목 '매입'이 기록되어 있는 행 자체를 끌기하여 9열로 옮겨 놓고, B9 셀의 '매입'을 **'당기매입액'**으로 수정한다. 그리고 아래쪽에 **'기말상품재고액'**, **'매출총이익'**, **'판매비와 관리비'** 등을 차례로 입력한다. 이와 같은 방법으로 아래쪽의 각 행 자료들을 관련 비용 및 수익항목의 구분에 따라 해당 계정과목의 행 자체를 끌어놓거나 새로운 이름을 입력하여 다음 그림과 같이 재배치한다. 이때 소분류 항목들의 경우에는 계정명 앞에 빈칸을 삽입하여 서로 구분될 수 있도록 한다.

⑬ '기초상품재고액'은 없는 것으로 가정하였으므로 C8 셀은 빈 칸으로 두고, C9 셀에 매입합계액을 표시하기 위해 수식 '**=ABS(시산표!C33)**'을 입력한다. C10 셀에는 기말상품재고액을 표시하기 위해 수식 '**=ABS(정산표!E11)**'을 입력한다. 그리고 [기초상품재고액(C8)+당기매입액(C9)－기말상품재고액(C10)]의 계산결과(56,000,000)가 D7 셀에 이미 표시된 매출원가 금액(56,000,000)과 서로 일치하는지 확인해 본다(이 금액은 이미 정산표에 계산되어 넘어온 것이다).

⑭ 매출액에서 매출원가를 차감하여 매출총이익을 계산하는 구조이므로, D11 셀에는 수식 '**=D6－D7**'을 입력한다.

⑮ 손익계산서에서 C열은 소구분 항목들을 배열하는 곳이므로 판매비와 관리비의 소구분항목에 해당하는 급여부터 감가상각비 금액들은 C열로 이동하여 배치한다. 이를 위해 D13:D17 셀 범위를 선택하고 끌기하여 바로 왼쪽 열(C13:C17)로 옮겨 놓는다. D12 셀에는 이들 소구분 항목들의 합계를 표시하기 위해 수식 '**=SUM(C13:C17)**'로 입력한다. 그리고 D18 셀에는 [매출총이익－판매비와관리비=영업이익] 산식에 따라 영업이익을 계산하여 표시하기 위해 수식 '**=D11－D12**'로 입력한다.

⑯ D20:D22 셀 범위도 영업외수익의 소구분 항목에 해당하는 것이므로 D20:D22 셀범위를 선택하고 끌기하여 바로 왼쪽 열(C20:C22)로 옮겨 놓는다. D19 셀에는 이들 소구분 항목들의 합계를 영업외수익 합계금액으로 표시하기 위해 수식 '**=SUM(C20:C22)**'으로 입력한다. 마찬가지로 이번에는 영업외비용의 소구분 항목에 해당하는 D24:D25 셀 범위를 선택하고 끌기하여 바로 왼쪽 열(C24:C25)로 옮겨 놓는다. D23 셀에는 영업외비용 항목들의 합계를 표시하기 위해 수식 '**=SUM(C24:C25)**'를 입력한다. D26 셀의 법인세차감전순이익 금액은 수식 '**=D18+D19－D23**'으로 입력하여 계산한다.

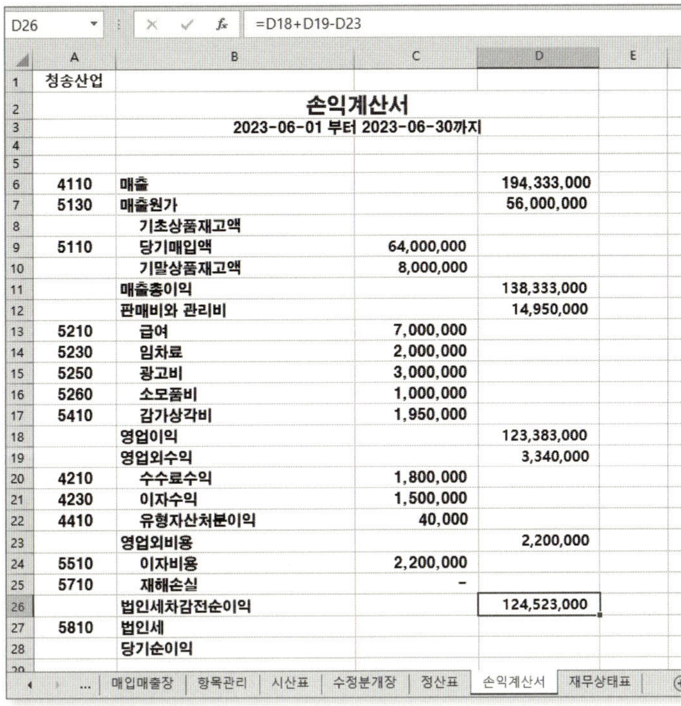

D26 =D18+D19-D23

| | A | B | C | D | E |
|---|---|---|---|---|---|
| 1 | 청송산업 | | | | |
| 2 | | 손익계산서 | | | |
| 3 | | 2023-06-01 부터 2023-06-30까지 | | | |
| 4 | | | | | |
| 5 | | | | | |
| 6 | 4110 | 매출 | | 194,333,000 | |
| 7 | 5130 | 매출원가 | | 56,000,000 | |
| 8 | | 기초상품재고액 | | | |
| 9 | 5110 | 당기매입액 | 64,000,000 | | |
| 10 | | 기말상품재고액 | 8,000,000 | | |
| 11 | | 매출총이익 | | 138,333,000 | |
| 12 | | 판매비와 관리비 | | 14,950,000 | |
| 13 | 5210 | 급여 | 7,000,000 | | |
| 14 | 5230 | 임차료 | 2,000,000 | | |
| 15 | 5250 | 광고비 | 3,000,000 | | |
| 16 | 5260 | 소모품비 | 1,000,000 | | |
| 17 | 5410 | 감가상각비 | 1,950,000 | | |
| 18 | | 영업이익 | | 123,383,000 | |
| 19 | | 영업외수익 | | 3,340,000 | |
| 20 | 4210 | 수수료수익 | 1,800,000 | | |
| 21 | 4230 | 이자수익 | 1,500,000 | | |
| 22 | 4410 | 유형자산처분이익 | 40,000 | | |
| 23 | | 영업외비용 | | 2,200,000 | |
| 24 | 5510 | 이자비용 | 2,200,000 | | |
| 25 | 5710 | 재해손실 | - | | |
| 26 | | 법인세차감전순이익 | | 124,523,000 | |
| 27 | 5810 | 법인세 | | | |
| 28 | | 당기순이익 | | | |

... 매입매출장 | 항목관리 | 시산표 | 수정분개장 | 정산표 | 손익계산서 | 재무상태표

⑰ 다음으로는 D27 셀에 법인세를 계산하여 표시한다. 맨 처음 '문서화' sheet 작성시 이미 정의해 둔 바와 같이, 청송산업에 적용되는 법인세율은 30%로 가정하고 있다. 이는 손익계산서에서 계산된 법인세차감전순이익에 30%만큼의 법인세비용을 납부해야 한다는 것을 의미한다. 따라서 D27 셀에 수식 '**=D26*문서화!B4**'를 입력한다.

⑱ 당기순이익을 표시하는 D28 셀에는 수식 '**=D26-D27**'로 입력한다. 여기서 계산된 당기순이익이 청송산업의 실제 당기순이익이다. 앞에서 작성한 정산표에서는 법인세가 고려되지 않은 법인세차감전순이익(₩124,523,000)이 당기순이익으로 표기되고 있지만, 실제로는 여기 손익계산서에서와 같이 법인세비용을 차감한 잔액(₩87,166,100)이 당기순이익이다.

⑲ 이제 손익계산서 작성에 필요한 수식은 모두 정의되었고 금액도 확정된 셈이다. 이 보고서를 좀 더 보기 쉽고 읽기 쉬운 양식으로 만들어 보자. D11:D17 셀 영역을 선택하고, [홈] 탭의 [글꼴]-[테두리]에서 '위쪽/아래쪽 테두리'를 선택한다. 또 D26:D27 셀 영역을 선택하고 마찬가지로 '위쪽/아래쪽 테두리'를 선택한다. 이번엔 D28 셀을 선택하고 [홈] 탭의 [글꼴]-[테두리]에서 '아래쪽 이중 테두리'를 선택한다.

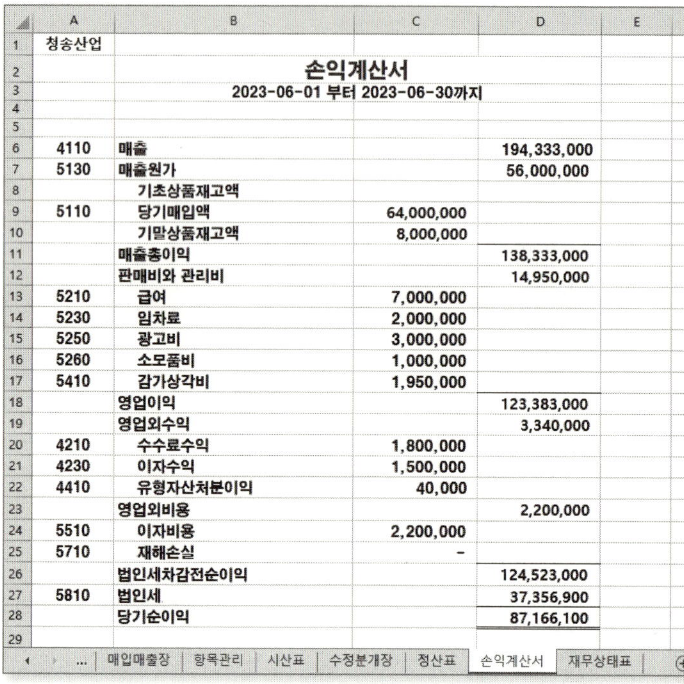

| | A | B | C | D |
|---|---|---|---|---|
| 1 | 청송산업 | | | |
| 2 | | 손익계산서 | | |
| 3 | | 2023-06-01 부터 2023-06-30까지 | | |
| 4 | | | | |
| 5 | | | | |
| 6 | 4110 | 매출 | | 194,333,000 |
| 7 | 5130 | 매출원가 | | 56,000,000 |
| 8 | | 기초상품재고액 | | |
| 9 | 5110 | 당기매입액 | 64,000,000 | |
| 10 | | 기말상품재고액 | 8,000,000 | |
| 11 | | 매출총이익 | | 138,333,000 |
| 12 | | 판매비와 관리비 | | 14,950,000 |
| 13 | 5210 | 급여 | 7,000,000 | |
| 14 | 5230 | 임차료 | 2,000,000 | |
| 15 | 5250 | 광고비 | 3,000,000 | |
| 16 | 5260 | 소모품비 | 1,000,000 | |
| 17 | 5410 | 감가상각비 | 1,950,000 | |
| 18 | | 영업이익 | | 123,383,000 |
| 19 | | 영업외수익 | | 3,340,000 |
| 20 | 4210 | 수수료수익 | 1,800,000 | |
| 21 | 4230 | 이자수익 | 1,500,000 | |
| 22 | 4410 | 유형자산처분이익 | 40,000 | |
| 23 | | 영업외비용 | | 2,200,000 |
| 24 | 5510 | 이자비용 | 2,200,000 | |
| 25 | 5710 | 재해손실 | - | |
| 26 | | 법인세차감전순이익 | | 124,523,000 |
| 27 | 5810 | 법인세 | | 37,356,900 |
| 28 | | 당기순이익 | | 87,166,100 |

⑳ 모든 수식을 제대로 입력했었다고 생각되지만 혹시 손익계산서 sheet의 수식 입력에 오류가 있는지를 체크해 보기 위해서 [수식] 탭의 [수식 분석] – [수식 표시]를 선택해 본다.

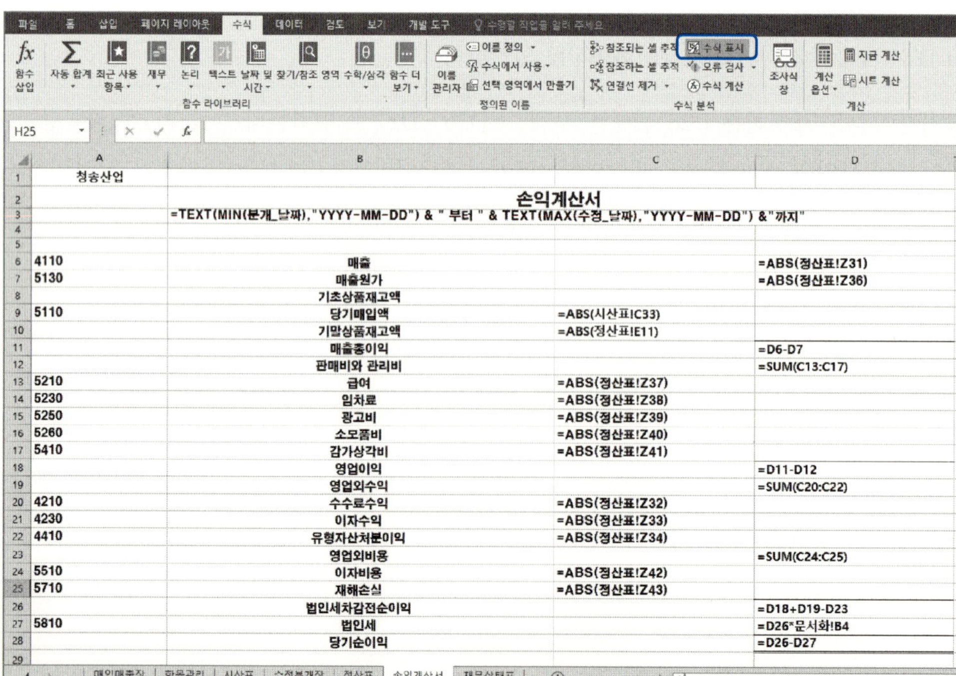

| | A | B | C | D |
|---|---|---|---|---|
| 1 | 청송산업 | | | |
| 2 | | 손익계산서 | | |
| 3 | | =TEXT(MIN(분개_날짜),"YYYY-MM-DD") & " 부터 " & TEXT(MAX(수정_날짜),"YYYY-MM-DD") &"까지" | | |
| 4 | | | | |
| 5 | | | | |
| 6 | 4110 | 매출 | | =ABS(정산표!Z31) |
| 7 | 5130 | 매출원가 | | =ABS(정산표!Z36) |
| 8 | | 기초상품재고액 | | |
| 9 | 5110 | 당기매입액 | =ABS(시산표!C33) | |
| 10 | | 기말상품재고액 | =ABS(정산표!E11) | |
| 11 | | 매출총이익 | | =D6-D7 |
| 12 | | 판매비와 관리비 | | =SUM(C13:C17) |
| 13 | 5210 | 급여 | =ABS(정산표!Z37) | |
| 14 | 5230 | 임차료 | =ABS(정산표!Z38) | |
| 15 | 5250 | 광고비 | =ABS(정산표!Z39) | |
| 16 | 5260 | 소모품비 | =ABS(정산표!Z40) | |
| 17 | 5410 | 감가상각비 | =ABS(정산표!Z41) | |
| 18 | | 영업이익 | | =D11-D12 |
| 19 | | 영업외수익 | | =SUM(C20:C22) |
| 20 | 4210 | 수수료수익 | =ABS(정산표!Z32) | |
| 21 | 4230 | 이자수익 | =ABS(정산표!Z33) | |
| 22 | 4410 | 유형자산처분이익 | =ABS(정산표!Z34) | |
| 23 | | 영업외비용 | | =SUM(C24:C25) |
| 24 | 5510 | 이자비용 | =ABS(정산표!Z42) | |
| 25 | 5710 | 재해손실 | =ABS(정산표!Z43) | |
| 26 | | 법인세차감전순이익 | | =D18+D19-D23 |
| 27 | 5810 | 법인세 | | =D26*문서화!B4 |
| 28 | | 당기순이익 | | =D26-D27 |

㉑ 표시된 수식을 통해 오류를 확인하기 어려운 경우에는 [수식] 탭의 [오류 검사]를 수행해 볼 수도 있다. 이 경우 발견된 오류가 없으면 오류검사 확인 메시지가 표시된다. 이제 손익계산서 수식에 오류가 없는 것으로 판단되면 다시 [수식] 탭의 [수식 분석]-[수식 표시]를 선택하여 원본으로 되돌려 놓는다.

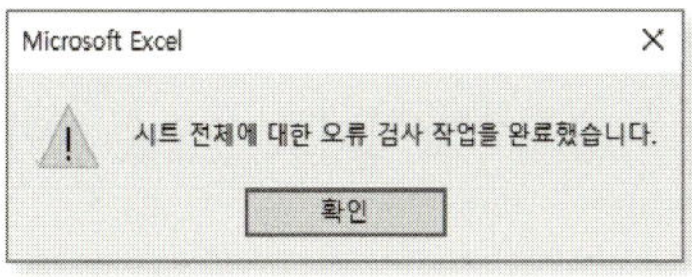


㉒ 그런데 당기순이익은 최종적으로 손익계산서에서 계산되어 확정되는 것이다. 그래서 앞의 시산표나 정산표에서도 법인세 금액이 표시되지 않은 채로 결산이 진행되어 온 것이다. 이제 손익계산서가 작성되어 법인세 금액이 확정되었으며, 이 법인세 역시 분명 그 회계기간 중의 비용으로 처리되어야 할 항목이므로 이를 수정분개장에 추가 입력하여 손익 산정에 반영하도록 해야 한다. 이를 위해 '수정분개장' sheet에 다음과 같이 법인세비용을 확정하는 수정분개를 입력한다. 다만, '수정분개장' sheet의 F44 셀과 G45 셀에는 법인세비용 금액을 수식으로 표시하거나 직접 입력하지 않고 손익계산서에서 확정된 금액을 참조하여 표시하도록 '**=손익계산서!D27**'과 같이 입력한다(다만 실무에서는 이 예시에서와 같이 비록 월 단위로 결산서를 작성하는 경우에도 매월 법인세 금액을 계산하지 않고 연 단위, 또는 반기 단위로 계산하는 것이 보통이다. 그러나 여기서는 법인세비용을 계산하는 과정과 이를 수정분개장에 반영해야 함을 이해하도록 하기 위해 해당 절차를 수행하고 있는 것으로 이해해 두는 것이 좋다).

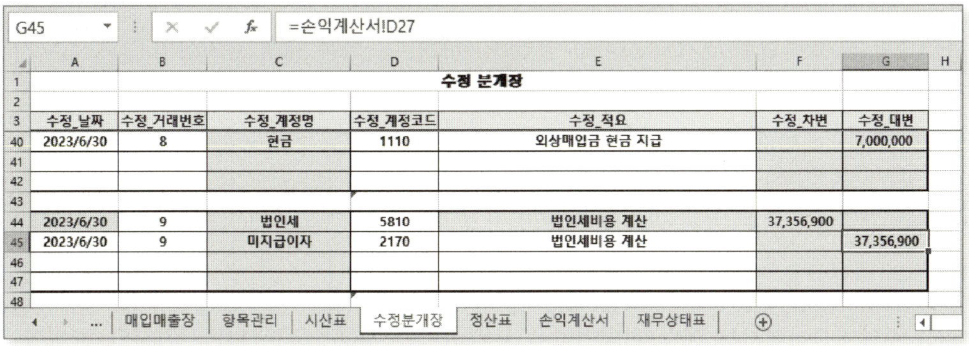


| | A | B | C | D | E | F | G |
|---|---|---|---|---|---|---|---|
| 3 | 수정_날짜 | 수정_거래번호 | 수정_계정명 | 수정_계정코드 | 수정_적요 | 수정_차변 | 수정_대변 |
| 40 | 2023/6/30 | 8 | 현금 | 1110 | 외상매입금 현금 지급 | | 7,000,000 |
| 41 | | | | | | | |
| 42 | | | | | | | |
| 43 | | | | | | | |
| 44 | 2023/6/30 | 9 | 법인세 | 5810 | 법인세비용 계산 | 37,356,900 | |
| 45 | 2023/6/30 | 9 | 미지급이자 | 2170 | 법인세비용 계산 | | 37,356,900 |
| 46 | | | | | | | |
| 47 | | | | | | | |
| 48 | | | | | | | |

(※ 위 분개에서 대변 계정으로 '미지급이자' 계정 대신 '미지급법인세' 계정을 사용하는 것이 원칙이지만, 미지급법인세로 분개하기 위해서는 새 계정명과 계정코드를 추가로 등록하는 절차를 다시 수행해야 하는 불편이 있으므로, 여기서는 임시로 미지급법인세와 성격상 가장 가깝다고 생각되는 '미지급이자' 계정으로 처리하고 있다.)

㉓ 이제 법인세비용을 수정분개장에 추가 기입한 결과가 제대로 반영되어 있는지 확인해 보기 위해 '정산표' sheet를 선택해 본다. '정산표' sheet의 수정분개란 아래쪽 법인세의 금액 '37,356,900'이 추가(E44)되어 있고, 손익계산서란의 당기순이익(I46 셀)과 재무상태표란의 당기

순이익(L46 셀)이 모두 손익계산서에서 계산된 당기순이익 금액(₩87,166,100)과 일치하도록 변경되어 표시되고 있음을 확인할 수 있다.

청송산업

**정 산 표**

2023-06-30에 해당하는 기간

| | | 잔액시산표 | | 수정분개 | | 수정후 시산표 | | 손익계산서 | | 재무상태표 | |
|---|---|---|---|---|---|---|---|---|---|---|---|
| | 계정과목 | 차변 | 대변 | 차변 | 대변 | 차변 | 대변 | 차변 | 대변 | 차변 | 대변 |
| 5210 | 급여 | 7,000,000 | | | | 7,000,000 | | 7,000,000 | | | |
| 5230 | 임차료 | 5,000,000 | | | 3,000,000 | 2,000,000 | | 2,000,000 | | | |
| 5250 | 광고비 | 3,000,000 | | | | 3,000,000 | | 3,000,000 | | | |
| 5260 | 소모품비 | | | 1,000,000 | | 1,000,000 | | 1,000,000 | | | |
| 5410 | 감가상각비 | | | 1,950,000 | | 1,950,000 | | 1,950,000 | | | |
| 5510 | 이자비용 | 2,000,000 | | 200,000 | | 2,200,000 | | 2,200,000 | | | |
| 5710 | 재해손실 | | | | | | | | | | |
| 5810 | 법인세 | | | 37,356,900 | | 37,356,900 | | 37,356,900 | | | |
| | [ 합 계 ] | 401,933,000 | 401,933,000 | 126,506,900 | 126,506,900 | 434,379,900 | 434,379,900 | 110,506,900 | 197,673,000 | 323,873,000 | 236,706,900 |
| | 당기순이익 | | | | | | | 87,166,100 | | | 87,166,100 |
| | [ 합 계 ] | | | | | | | 197,673,000 | 197,673,000 | 323,873,000 | 323,873,000 |

매입매출장 | 항목관리 | 시산표 | 수정분개장 | 정산표 | 손익계산서 | 재무상태표

## 4단계 재무상태표(Statement of Financial Position) 표시하기

손익계산서와 마찬가지로, 정산표에 표시되고 있는 재무상태표는 그 구성항목들을 모두 포함하고 있기는 하지만, 정식 재무상태표 보고양식을 따르고 있는 것은 아니다. 따라서 기업회계기준에서 예시하고 있는 재무상태표 기본 양식에 따라 정산표에 표시되고 있는 항목들을 재구성하여 표시하도록 해야 한다.

흔히 재무상태표는 크게 자산, 부채, 자본으로 구분하며, 각 구성항목들을 유동성배열법에 따라 유동성이 큰 항목들을 먼저 표시하는 방법을 사용한다. 물론 대형 장치산업 등에서는 거꾸로 비유동자산을 먼저 표시하고 유동자산을 나중에 표시하는 고정성배열법이 사용되는 경우도 있기는 하지만, 이는 예외적인 상황으로 이해해도 좋을 것이다.

❶ 앞서 '손익계산서' sheet를 작성하면서 미리 만들어 두었던 '재무상태표' sheet를 선택한다.

❷ B2 셀의 머리글을 '**재무상태표**'로 변경한다.

❸ 흔히 손익계산서에서는 해당 회계기간을 표시하지만 재무상태표에서는 결산일 현재의 시점을 "**현재"와 같이 표시한다. 따라서 B3 셀에 입력되어 있는 수식을 새로운 수식 '**=TEXT(-MAX(수정_날짜),"YYYY-MM-DD") & " 현재"**'로 변경한다.

❹ A열~E열의 열머리글을 각각 선택하여 [열 너비]를 각각 '10', '20, '5', '15', '15'로 조정한다. B열을 선택하고 [홈] 탭의 [맞춤]-[왼쪽 맞춤]으로 지정하며, D열과 E열은 [홈] 탭의 [표시 형식]-[쉼표 스타일]로 지정한다.

❺ 3행부터 50행까지의 행 머리부분을 선택하고 [홈] 탭의 [글꼴]-[글꼴]을 '견고딕', [글꼴 크기]를 '11'로 지정한다. 그리고 [테두리]에서 '테두리 없음'으로 선택한다.

❻ 표시되어 있는 계정과목 중 재무상태표 관련 항목만 남기고 손익계산서 관련 항목들이 포함된 행(31행~47행)을 모두 행 머리부분을 선택하여 삭제한다.

| | A | B | C | D | E |
|---|---|---|---|---|---|
| 1 | 청송산업 | | | | |
| 2 | | 재무상태표 | | | |
| 3 | | 2023-06-30 현재 | | | |
| 4 | | | | | |
| 5 | | | | | |
| 6 | | 계정과목 | | | |
| 7 | 1110 | 현금 | | 88,540,000 | |
| 8 | 1120 | 당좌예금 | | 37,000,000 | |
| 9 | 1140 | 외상매출금 | | 45,333,000 | |
| 10 | 1150 | 받을어음 | | - | |
| 11 | 1160 | 상품 | | 8,000,000 | |
| 12 | 1170 | 원재료 | | - | |
| 13 | 1180 | 소모품 | | 2,000,000 | |
| 14 | 1190 | 선급비용 | | 3,000,000 | |
| 15 | 1220 | 장기대여금 | | 25,000,000 | |
| 16 | 1320 | 비품 | | 10,000,000 | |
| 17 | 1321 | 비품감가상각누계액 | | 550,000 | |
| 18 | 1420 | 건물 | | 80,000,000 | |
| 19 | 1421 | 건물감가상각누계액 | | 1,300,000 | |
| 20 | 1520 | 컴퓨터설비 | | 25,000,000 | |
| 21 | 1521 | 설비감가상각누계액 | | - | |
| 22 | 2110 | 외상매입금 | | 10,000,000 | |
| 23 | 2120 | 지급어음 | | 15,000,000 | |
| 24 | 2140 | 단기차입금 | | 27,300,000 | |
| 25 | 2170 | 미지급이자 | | 37,556,900 | |
| 26 | 2310 | 사채 | | - | |
| 27 | 2330 | 장기차입금 | | 20,000,000 | |
| 28 | 3110 | 자본금 | | 125,000,000 | |
| 29 | 3210 | 주식발행초과금 | | - | |
| 30 | 3510 | 이익잉여금 | | - | |
| 31 | | | | | |

… | 시산표 | 수정분개장 | 정산표 | 손익계산서 | 재무상태표 | ⊕

❼ 재무상태표에서는 자산과 부채 계정에 대해 기본적으로 유동성배열법을 적용하고 있다. 그런데 우리는 이미 이를 대비하여 '계정과목표' 시트에서 유동성배열법에 따라 계정코드를 부여했었고, 추가 등록된 계정의 경우에도 시산표와 정산표에서 이를 고려하여 계정코드 순으로 배열해오고 있었기 때문에 이를 다시 계정코드 순으로 재배열할 필요는 없다.

❽ '재무상태표' 시트에 표시되어 있는 항목들을 계정과목코드 구분에 따라 자산항목(1000번대)과 부채항목(2000번대), 자본항목(3000번대)으로 구분하여, 다음과 같이 행을 삽입 또는 삭제하고 합계란도 설정해 둔다.

| | A | B | C | D | E | F |
|---|---|---|---|---|---|---|
| 1 | 청송산업 | | | | | |
| 2 | | 재무상태표 | | | | |
| 3 | | 2023-06-30 현재 | | | | |
| 4 | | | | | | |
| 5 | | | | | | |
| 6 | | 자 산 | | | | |
| 7 | 1110 | 현금 | | 88,540,000 | | |
| 8 | 1120 | 당좌예금 | | 37,000,000 | | |
| 9 | 1140 | 외상매출금 | | 45,333,000 | | |
| 10 | 1150 | 받을어음 | | - | | |
| 11 | 1160 | 상품 | | 8,000,000 | | |
| 12 | 1170 | 원재료 | | - | | |
| 13 | 1180 | 소모품 | | 2,000,000 | | |
| 14 | 1190 | 선급비용 | | 3,000,000 | | |
| 15 | 1220 | 장기대여금 | | 25,000,000 | | |
| 16 | 1320 | 비품 | | 10,000,000 | | |
| 17 | 1321 | 비품감가상각누계액 | | 550,000 | | |
| 18 | 1420 | 건물 | | 80,000,000 | | |
| 19 | 1421 | 건물감가상각누계액 | | 1,300,000 | | |
| 20 | 1520 | 컴퓨터설비 | | 25,000,000 | | |
| 21 | 1521 | 설비감가상각누계액 | | - | | |
| 22 | | [ 자산 총계 ] | | | | |
| 23 | | | | | | |
| 24 | | | | | | |
| 25 | | 부채와 자본 | | | | |
| 26 | 2110 | 외상매입금 | | 10,000,000 | | |
| 27 | 2120 | 지급어음 | | 15,000,000 | | |
| 28 | 2140 | 단기차입금 | | 27,300,000 | | |
| 29 | 2170 | 미지급이자 | | 37,556,900 | | |
| 30 | 2310 | 사채 | | - | | |
| 31 | 2330 | 장기차입금 | | 20,000,000 | | |
| 32 | | [ 부채 총계 ] | | | | |
| 33 | | | | | | |
| 34 | 3110 | 자본금 | | 125,000,000 | | |
| 35 | 3210 | 주식발행초과금 | | - | | |
| 36 | 3510 | 이익잉여금 | | - | | |
| 37 | | [ 자본 총계 ] | | | | |
| 38 | | | | | | |
| 39 | | [ 부채와 자본 총계 ] | | | | |

… | 수정분개장 | 정산표 | 손익계산서 | 재무상태표 | ⊕

⑨ 합계를 표시하는 E22 셀에는 수식 '=**SUM(D7:D21)**'을 입력하고, E32 셀에는 수식 '=**SUM(D26:D31)**'을, E37 셀에는 수식 '=**SUM(D34:D36)**'을, 그리고 E39 셀에는 수식 '=**E32+E37**'을 각각 입력한다.

⑩ 그런데 기대와는 달리 '자산총계'와 '부채 및 자본 총계'의 금액이 서로 일치하지 않고 있다. 그 원인은 '감가상각누계액'과 '이익잉여금'의 표시에 있다. '감가상각누계액'은 해당 자산에서 차감하는 형식으로 표시되어야 하는데, 앞에서 우리가 모든 셀에 절대셀(ABS) 형식을 취했기 때문에 양수의 금액으로 표시되고 있는 것이다. 이를 바로잡기 위해서 D17, D19, D21 셀의 수식에 '-'를 추가하여 각각 '=**-ABS(정산표!Z17)**'과 '=**-ABS(정산표!Z19)**', '=**-ABS(정산표!Z21)**'로 수정한다. 그리고 당기순이익은 이익잉여금의 구성항목의 하나이므로 이를 이익잉여금 금액에 포함시켜 표시하기 위해서 D36 셀의 수식 뒤쪽에 '**+손익계산서!D28**'을 추가하여, 수식을 '=**ABS(정산표!Z30)+손익계산서!D28**'로 수정하여 입력한다.

⑪ 이제 '자산총계'와 '부채 및 자본 총계'의 금액이 서로 일치하여 대차평형의 원리가 적용되게 되었다(E22 셀과 E39 셀).

| | A | B | C | D | E | F |
|---|---|---|---|---|---|---|
| 1 | 청송산업 | | | | | |
| 2 | | 재무상태표 | | | | |
| 3 | | 2023-06-30 현재 | | | | |
| 4 | | | | | | |
| 5 | | | | | | |
| 6 | | | 자 산 | | | |
| 7 | 1110 | 현금 | | 88,540,000 | | |
| 8 | 1120 | 당좌예금 | | 37,000,000 | | |
| 9 | 1140 | 외상매출금 | | 45,333,000 | | |
| 10 | 1150 | 받을어음 | | - | | |
| 11 | 1160 | 상품 | | 8,000,000 | | |
| 12 | 1170 | 원재료 | | - | | |
| 13 | 1180 | 소모품 | | 2,000,000 | | |
| 14 | 1190 | 선급비용 | | 3,000,000 | | |
| 15 | 1220 | 장기대여금 | | 25,000,000 | | |
| 16 | 1320 | 비품 | | 10,000,000 | | |
| 17 | 1321 | 비품감가상각누계액 | | - 550,000 | | |
| 18 | 1420 | 건물 | | 80,000,000 | | |
| 19 | 1421 | 건물감가상각누계액 | | - 1,300,000 | | |
| 20 | 1520 | 컴퓨터설비 | | 25,000,000 | | |
| 21 | 1521 | 설비감가상각누계액 | | - | | |
| 22 | | [ 자산 총계 ] | | | 322,023,000 | |
| 23 | | | | | | |
| 24 | | | | | | |
| 25 | | | 부채와 자본 | | | |
| 26 | 2110 | 외상매입금 | | 10,000,000 | | |
| 27 | 2120 | 지급어음 | | 15,000,000 | | |
| 28 | 2140 | 단기차입금 | | 27,300,000 | | |
| 29 | 2170 | 미지급이자 | | 37,556,900 | | |
| 30 | 2310 | 사채 | | - | | |
| 31 | 2330 | 장기차입금 | | 20,000,000 | | |
| 32 | | [ 부채 총계 ] | | | 109,856,900 | |
| 33 | | | | | | |
| 34 | 3110 | 자본금 | | 125,000,000 | | |
| 35 | 3210 | 주식발행초과금 | | - | | |
| 36 | 3510 | 이익잉여금 | | 87,166,100 | | |
| 37 | | [ 자본 총계 ] | | | 212,166,100 | |
| 38 | | | | | | |
| 39 | | [ 부채와 자본 총계 ] | | | 322,023,000 | |

... 수정분개장 | 정산표 | 손익계산서 | 재무상태표

⑫ 표를 정리하기 위해서 먼저 E22 셀을 선택하고 [홈] 탭의 [글꼴] - [테두리]에서 '위쪽 테두리'와 '아래쪽 이중 테두리'를 각각 차례로 선택한다. E39 셀의 경우에도 E22 셀과 같다. E32 셀과 E37 셀에서는 각각 [홈] 탭의 [글꼴] - [테두리]에서 '위쪽 테두리'를 선택한다.

| | A | B | C | D | E | F |
|---|---|---|---|---|---|---|
| 1 | 청송산업 | | | | | |
| 2 | | 재무상태표 | | | | |
| 3 | | 2023-06-30 현재 | | | | |
| 4 | | | | | | |
| 5 | | | | | | |
| 6 | | | 자 산 | | | |
| 7 | 1110 | 현금 | | 88,540,000 | | |
| 8 | 1120 | 당좌예금 | | 37,000,000 | | |
| 9 | 1140 | 외상매출금 | | 45,333,000 | | |
| 10 | 1150 | 받을어음 | | - | | |
| 11 | 1160 | 상품 | | 8,000,000 | | |
| 12 | 1170 | 원재료 | | - | | |
| 13 | 1180 | 소모품 | | 2,000,000 | | |
| 14 | 1190 | 선급비용 | | 3,000,000 | | |
| 15 | 1220 | 장기대여금 | | 25,000,000 | | |
| 16 | 1320 | 비품 | | 10,000,000 | | |
| 17 | 1321 | 비품감가상각누계액 | | - 550,000 | | |
| 18 | 1420 | 건물 | | 80,000,000 | | |
| 19 | 1421 | 건물감가상각누계액 | | - 1,300,000 | | |
| 20 | 1520 | 컴퓨터설비 | | 25,000,000 | | |
| 21 | 1521 | 설비감가상각누계액 | | - | | |
| 22 | | [ 자산 총계 ] | | | 322,023,000 | |
| 23 | | | | | | |
| 24 | | | | | | |
| 25 | | | 부채와 자본 | | | |
| 26 | 2110 | 외상매입금 | | 10,000,000 | | |
| 27 | 2120 | 지급어음 | | 15,000,000 | | |
| 28 | 2140 | 단기차입금 | | 27,300,000 | | |
| 29 | 2170 | 미지급이자 | | 37,556,900 | | |
| 30 | 2310 | 사채 | | - | | |
| 31 | 2330 | 장기차입금 | | 20,000,000 | | |
| 32 | | [ 부채 총계 ] | | | 109,856,900 | |
| 33 | | | | | | |
| 34 | 3110 | 자본금 | | 125,000,000 | | |
| 35 | 3210 | 주식발행초과금 | | - | | |
| 36 | 3510 | 이익잉여금 | | 87,166,100 | | |
| 37 | | [ 자본 총계 ] | | | 212,166,100 | |
| 38 | | | | | | |
| 39 | | [ 부채와 자본 총계 ] | | | 322,023,000 | |

수정분개장 | 정산표 | 손익계산서 | 재무상태표

⑬ 재무상태표에 적용되고 있는 수식이 제대로 표현되고 있는지를 확인하기 위해서 [수식] 탭의 [수식 분석] - [수식 표시]를 선택해본다.

⑭ 수식에 이상이 없는 경우 다시 [수식] 탭의 [수식 분석] - [수식 표시]를 선택하여 되돌려 놓는다.

⑮ 이 worksheet 파일을 다시 **'홍길동_Part3'**으로 저장해 둔다.

# Step 5 재무제표 분석과 그래픽 보고서

참고

**재무분석과 보고서 양식의 다양화**

회계업무의 1차적인 목표는 거래의 정확한 기록을 통해 정확한 재무제표를 작성하는데 있지만, 보다 궁극적으로는 작성된 재무제표를 읽고 해석하여 미래의 경영을 예측하는 의사결정을 수행하는 것이 보다 중요하다. 이를 위해 흔히 작성된 재무제표를 통해 미래예측 보고서를 작성하는 경우가 많다. EXCEL 보고서는 대부분 서로 연관된 수식으로 정의되고 있기 때문에 이를 이용하여 미래의 각종 지표를 예측하고 분석하는 업무에 활용하기 좋다. 특히 EXCEL의 각종 Chart 기능을 활용하면 분석결과와 예측치를 읽기 쉬운 다양한 형태로 구성할 수도 있으며, Dashboard 기능을 통해 다양한 지표를 함께 분석하는 방법도 수행할 수 있다.

## 1단계 재무제표분석

재무제표에는 기업의 모든 활동내역이 일정한 형식(복식부기)에 따라 기록, 집계, 요약되어 있다. 따라서 기업 규모가 클수록, 그리고 다양한 영업활동을 수행할수록 재무제표는 다양한 계정과목과 수치로 복잡하게 표현되기 마련이다. 이러한 재무제표를 통해 기업의 재무상태와 경영성과를 어떻게 분석하고 평가할 것인가의 방법론을 제시하는 것이 곧 재무제표분석이다. 재무제표분석은 곧 기업의 재무제표를 보는 눈을 의미하며, 흔히 재무안전성, 수익성, 효율성 측면에서 몇 가지 비율 개념으로 측정하고 평가하고 있다. 재무제표분석에 흔히 사용되는 비율의 종류는 다음과 같다.

| 구분 | 종류 | 계산식 |
|---|---|---|
| 재무안전성 | 유동비율 | = 유동자산/유동부채 |
| | 자기자본비율 | = 자기자본/총자산 |
| | 부채비율 | = 총부채/총자산 |
| | 자기자본대비부채비율 | = 총부채/자기자본 |
| 수익성 | 총자산이익률 | = 당기순이익/총자산 |
| | 자기자본이익률 | = 당기순이익/자기자본 |
| | 매출액순이익률 | = 당기순이익/매출액 |
| | 매출액영업이익률 | = 영업이익/매출액 |
| 효율성 | 총자산회전율 | = 매출액/총자산 |
| | 재고자산회전율 | = 매출액/재고자산 |
| | 고정자산회전율 | = 매출액/고정자산 |
| | 매출채권회전율 | = 매출액/평균매출채권 |

이제 앞에서 작성된 재무제표를 통해 이러한 재무비율을 어떻게 계산하고 또 활용할 것인가를 살펴보기로 한다.

❶ Worksheet의 아래 시트 탭에서 '워크시트 삽입 탭'()을 클릭하거나, 또는 시트 탭에서 오른쪽 마우스 [삽입] - [워크시트] - [확인]을 통해 새 sheet를 만든다.

❷ 새로 만들어진 sheet의 탭을 더블클릭하고, 워크시트의 이름을 '**재무비율분석**'으로 바꾼 후, '재무상태표' 시트 다음으로 옮겨 놓는다.

❸ '재무비율분석' sheet의 A1:C17 셀 영역에 다음과 같이 기초자료를 입력한다. 다만 C열에서와 같이 '='로 시작하는 레이블을 입력하는 경우에는 오류메시지(#NAME?)가 표시된다. 이는 엑셀에서는 모든 '='로 시작하는 입력사항을 연산이 가능한 숫자 또는 이름으로 생각하고 있기 때문이다. 따라서 '='로 시작하는 글을 레이블 형태로 입력하는 경우에는 이 입력사항이 레이블이라는 것을 알리기 위해 먼저 작은따옴표(')를 입력한 후에 '='로 시작하는 레이블을 입력하면 된다.

A열, B열, C열의 '열 너비'를 글자 폭만큼 넓혀 조정한다. B2 셀에 입력한 '재무비율분석'은 B2:C2 셀을 선택하여 [병합하고 가운데 맞춤]으로 조정한다.

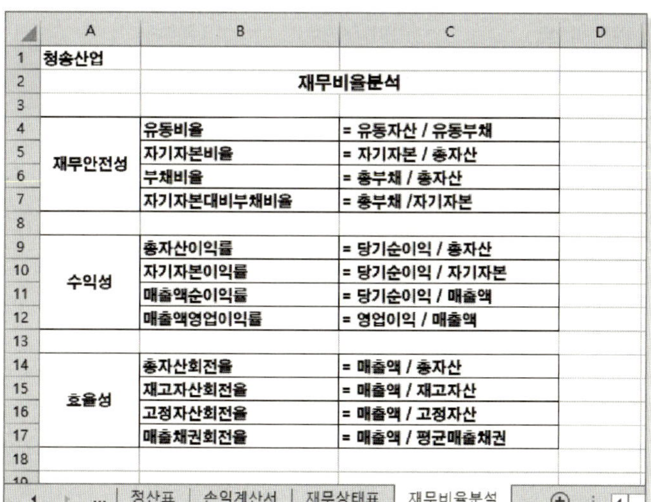

| | A | B | C | D |
|---|---|---|---|---|
| 1 | 청송산업 | | | |
| 2 | | 재무비율분석 | | |
| 3 | | | | |
| 4 | 재무안전성 | 유동비율 | = 유동자산 / 유동부채 | |
| 5 | | 자기자본비율 | = 자기자본 / 총자산 | |
| 6 | | 부채비율 | = 총부채 / 총자산 | |
| 7 | | 자기자본대비부채비율 | = 총부채 /자기자본 | |
| 8 | | | | |
| 9 | 수익성 | 총자산이익률 | = 당기순이익 / 총자산 | |
| 10 | | 자기자본이익률 | = 당기순이익 / 자기자본 | |
| 11 | | 매출액순이익률 | = 당기순이익 / 매출액 | |
| 12 | | 매출액영업이익률 | = 영업이익 / 매출액 | |
| 13 | | | | |
| 14 | 효율성 | 총자산회전율 | = 매출액 / 총자산 | |
| 15 | | 재고자산회전율 | = 매출액 / 재고자산 | |
| 16 | | 고정자산회전율 | = 매출액 / 고정자산 | |
| 17 | | 매출채권회전율 | = 매출액 / 평균매출채권 | |
| 18 | | | | |



❹ 이제 D열에는 C열에 표시된 각각의 비율 산식에 따라 이를 숫자로 표시하는 수식을 입력한다. 먼저 D열의 열 너비를 '10'으로 조정하고, D4 셀을 선택하여 수식 '**=SUM(재무상태표!D7:D14)/SUM(재무상태표!D26:D29)**'을 입력한다.

❺ 마찬가지로 D5 셀부터 D17 셀 영역에 각각 다음의 수식을 차례로 입력한다.

D5: '=재무상태표!E37/재무상태표!E22'

D6: '=재무상태표!E32/재무상태표!E22'

D7: '=재무상태표!E32/재무상태표!E37'

D9: '=손익계산서!D28/재무상태표!E22'

D10: '=손익계산서!D28/재무상태표!E37'

D11: '=손익계산서!D28/손익계산서!D6'

D12: '=손익계산서!D18/손익계산서!D6'

D14: '=손익계산서!D6/재무상태표!E22'

D15: '=손익계산서!D6/SUM(재무상태표!D11:D12)'

D16: '=손익계산서!D6/SUM(재무상태표!D16:D21)'

D17: '=손익계산서!D6/SUM(재무상태표!D9:D10)'

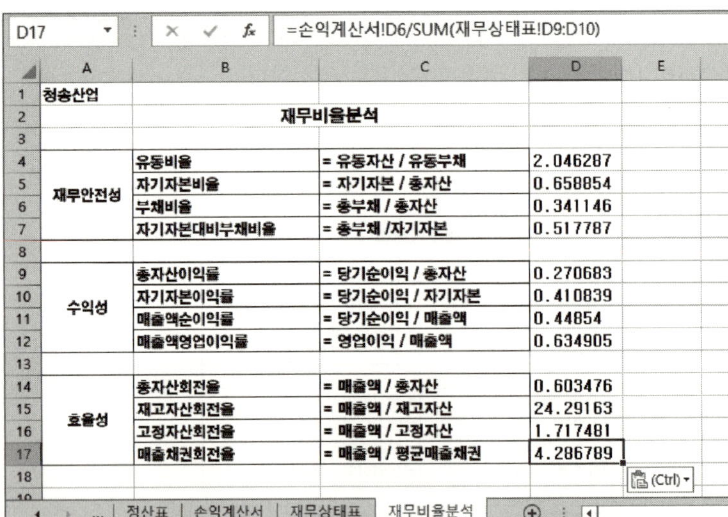


| | A | B | C | D | E |
|---|---|---|---|---|---|
| 1 | 청송산업 | | | | |
| 2 | | 재무비율분석 | | | |
| 3 | | | | | |
| 4 | 재무안전성 | 유동비율 | = 유동자산 / 유동부채 | 2.046287 | |
| 5 | | 자기자본비율 | = 자기자본 / 총자산 | 0.658854 | |
| 6 | | 부채비율 | = 총부채 / 총자산 | 0.341146 | |
| 7 | | 자기자본대비부채비율 | = 총부채 /자기자본 | 0.517787 | |
| 8 | | | | | |
| 9 | 수익성 | 총자산이익률 | = 당기순이익 / 총자산 | 0.270683 | |
| 10 | | 자기자본이익률 | = 당기순이익 / 자기자본 | 0.410839 | |
| 11 | | 매출액순이익률 | = 당기순이익 / 매출액 | 0.44854 | |
| 12 | | 매출액영업이익률 | = 영업이익 / 매출액 | 0.634905 | |
| 13 | | | | | |
| 14 | 효율성 | 총자산회전율 | = 매출액 / 총자산 | 0.603476 | |
| 15 | | 재고자산회전율 | = 매출액 / 재고자산 | 24.29163 | |
| 16 | | 고정자산회전율 | = 매출액 / 고정자산 | 1.717481 | |
| 17 | | 매출채권회전율 | = 매출액 / 평균매출채권 | 4.286789 | |
| 18 | | | | | |

❻ D열을 선택하고 오른쪽 마우스 [셀 서식]을 선택한다. [셀 서식] 상자에서 [표시 형식]으로 '숫자'를 선택하고 '소수 자릿수'를 '2'로, '음수'를 붉은 색 '(1234.10)'으로 선택한 후 [확인]을 누른다.

❼ Ctrl 키를 누른 상태에서 D4:D7, D9:D12, D14:D17 영역을 함께 선택하고, [홈] 탭의 [글꼴]-[테두리]-[모든 테두리]를 선택하고, [맞춤]을 [가운데 맞춤], 글꼴은 견고딕으로 설정한다.

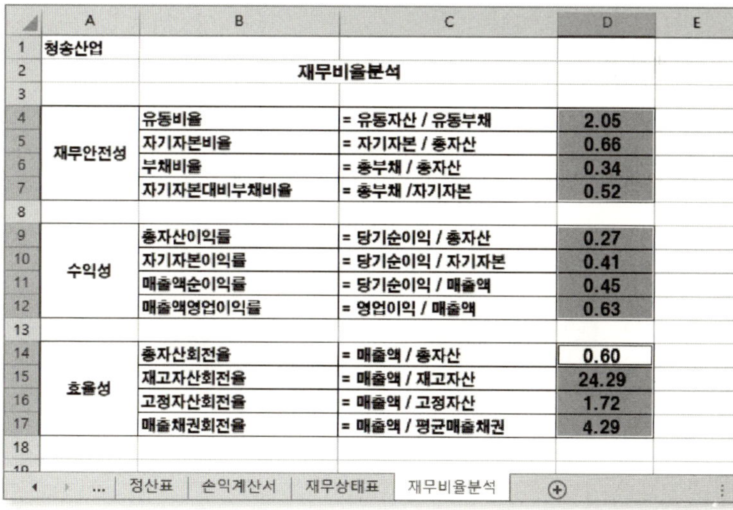

| | A | B | C | D | E |
|---|---|---|---|---|---|
| 1 | 청송산업 | | | | |
| 2 | | 재무비율분석 | | | |
| 3 | | | | | |
| 4 | 재무안전성 | 유동비율 | = 유동자산 / 유동부채 | 2.05 | |
| 5 | | 자기자본비율 | = 자기자본 / 총자산 | 0.66 | |
| 6 | | 부채비율 | = 총부채 / 총자산 | 0.34 | |
| 7 | | 자기자본대비부채비율 | = 총부채 /자기자본 | 0.52 | |
| 8 | | | | | |
| 9 | 수익성 | 총자산이익률 | = 당기순이익 / 총자산 | 0.27 | |
| 10 | | 자기자본이익률 | = 당기순이익 / 자기자본 | 0.41 | |
| 11 | | 매출액순이익률 | = 당기순이익 / 매출액 | 0.45 | |
| 12 | | 매출액영업이익률 | = 영업이익 / 매출액 | 0.63 | |
| 13 | | | | | |
| 14 | 효율성 | 총자산회전율 | = 매출액 / 총자산 | 0.60 | |
| 15 | | 재고자산회전율 | = 매출액 / 재고자산 | 24.29 | |
| 16 | | 고정자산회전율 | = 매출액 / 고정자산 | 1.72 | |
| 17 | | 매출채권회전율 | = 매출액 / 평균매출채권 | 4.29 | |
| 18 | | | | | |



❽ 이제 의도했던 12가지 재무비율은 모두 계산되었다. 물론 각각의 재무비율은 과거(연 또는 월)의 동일 자료나 연관 산업의 기업자료들과 비교할 수 있어야 그 성과 자체를 평가해 볼 수 있겠지만, 여기서는 아직 그러한 자료를 활용할 수 없으므로 향후의 비교 판단을 위한 기초자료를 생성하였다는데 의의를 두기로 한다. 한편 이러한 비교 평가를 위해서는 비율분석 수치 자체도 필요하긴 하지만, 현실적으로는 이를 차트 형태로 표시한 자료가 더 많이 이용될 수 있으므로 분석비율을 각각의 차트 형태로 변환해 두기로 한다. 먼저 재무안전성 비율들을 차트로 함께 표현하기 위해서 B4:B7 셀 영역을 선택한 후 Ctrl 키를 누른 상태에서 D4:D7 셀 영역을 함께 선택한다. 그리고 [삽입] 탭의 [차트]에서 [2차원 묶은 세로 막대형]을 선택한다.

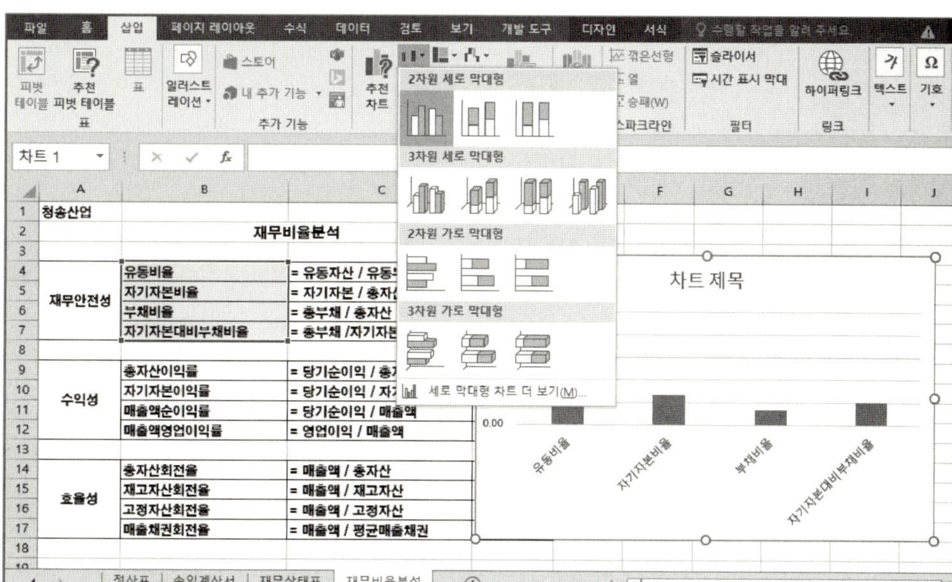

❾ 생성된 차트의 '차트 영역'을 마우스로 선택하고, 표의 아래쪽 A20 셀 영역으로 끌어다 놓은 후, 차트 내의 '차트 제목'을 클릭하여 '**재무안전성 비율**'로 고쳐 놓는다.

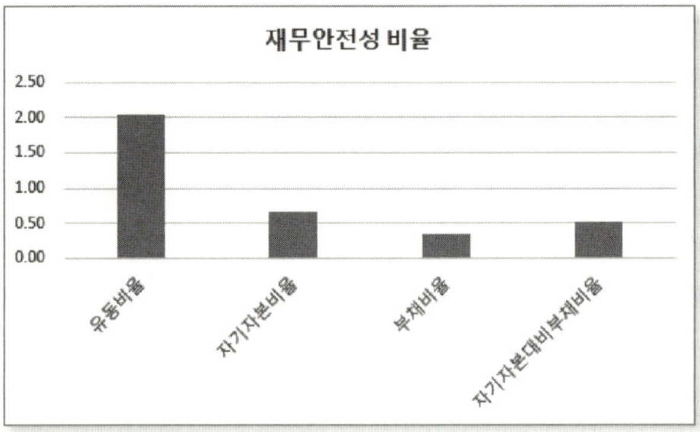


❿ 또 수익성 관련 비율들을 차트로 표시하기 위해서, Ctrl 키를 이용하여 B9:B12 셀영역과 D9:D12 셀영역을 함께 선택한 후 [삽입] 탭의 [차트]에서 [2차원 묶은 세로 막대형]을 선택한다. 생성된 차트를 다시 표 아래쪽으로 끌어다 놓은 후, '차트 제목'을 '**수익성 비율**'로 고쳐 놓는다.

⓫ 효율성비율까지도 마저 차트로 표시하기 위해서, Ctrl 키를 이용하여 B14:B17 셀영역과 D14:D17 셀영역을 함께 선택하고, [삽입] 탭의 [차트]에서 [2차원 묶은 세로 막대형]을 선택한다. 생성된 차트를 아래쪽 두 개의 표 오른쪽으로 끌어다 놓은 후, '차트 제목'을 '**효율성 비율**'로 고쳐 놓는다.

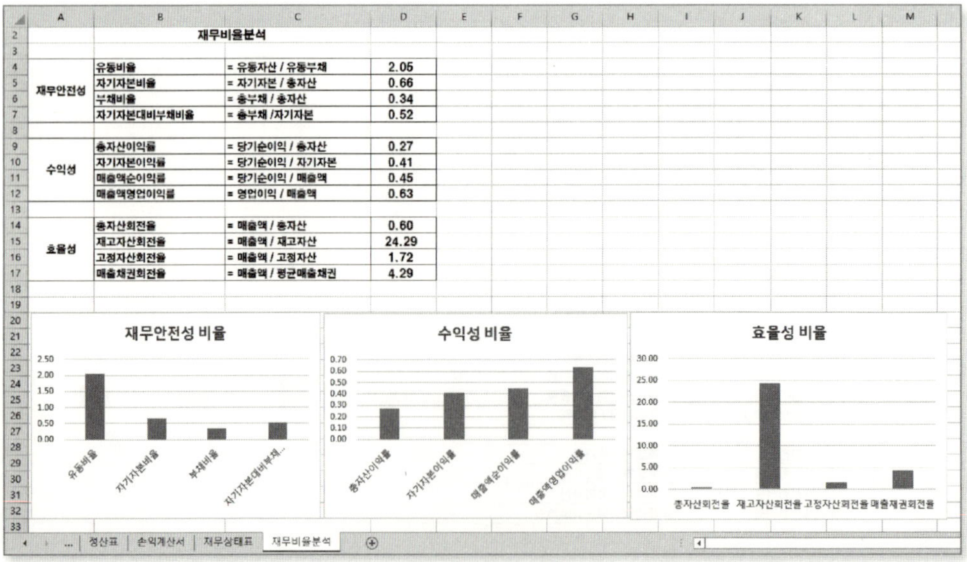

재무비율분석

| | | | |
|---|---|---|---|
| 재무안전성 | 유동비율 | = 유동자산 / 유동부채 | 2.05 |
| | 자기자본비율 | = 자기자본 / 총자산 | 0.66 |
| | 부채비율 | = 총부채 / 총자산 | 0.34 |
| | 자기자본대비부채비율 | = 총부채 /자기자본 | 0.52 |
| 수익성 | 총자산이익률 | = 당기순이익 / 총자산 | 0.27 |
| | 자기자본이익률 | = 당기순이익 / 자기자본 | 0.41 |
| | 매출액순이익률 | = 당기순이익 / 매출액 | 0.45 |
| | 매출액영업이익률 | = 영업이익 / 매출액 | 0.63 |
| 효율성 | 총자산회전율 | = 매출액 / 총자산 | 0.60 |
| | 재고자산회전율 | = 매출액 / 재고자산 | 24.29 |
| | 고정자산회전율 | = 매출액 / 고정자산 | 1.72 |
| | 매출채권회전율 | = 매출액 / 평균매출채권 | 4.29 |

⑫ 맨 처음 작성한 '재무안전성 비율' 차트의 '차트 영역'을 클릭하고, 오른쪽에 나타난 [차트 스타일]을 선택한 후, [스타일] 대화상자에서 '스타일 14'를 선택 적용한다.

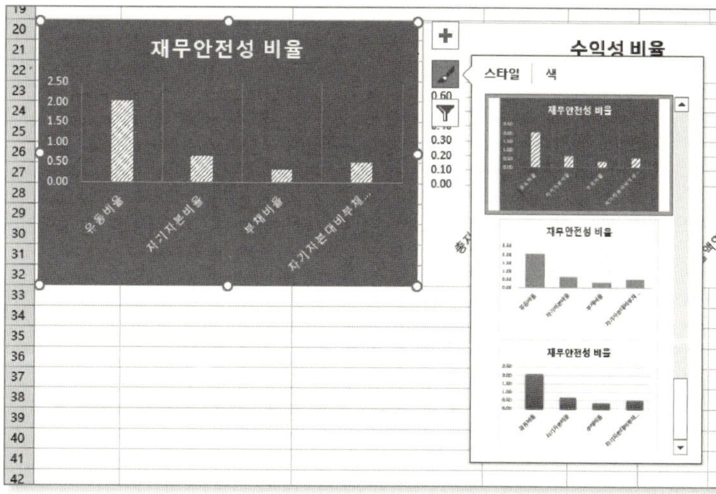


⑬ 두 번째 '수익성 비율' 차트를 선택하고, 이번에는 '스타일 4'를 적용해본다. 그리고 세 번째 '효율성 비율' 차트는 '스타일 9'으로 선택한다.

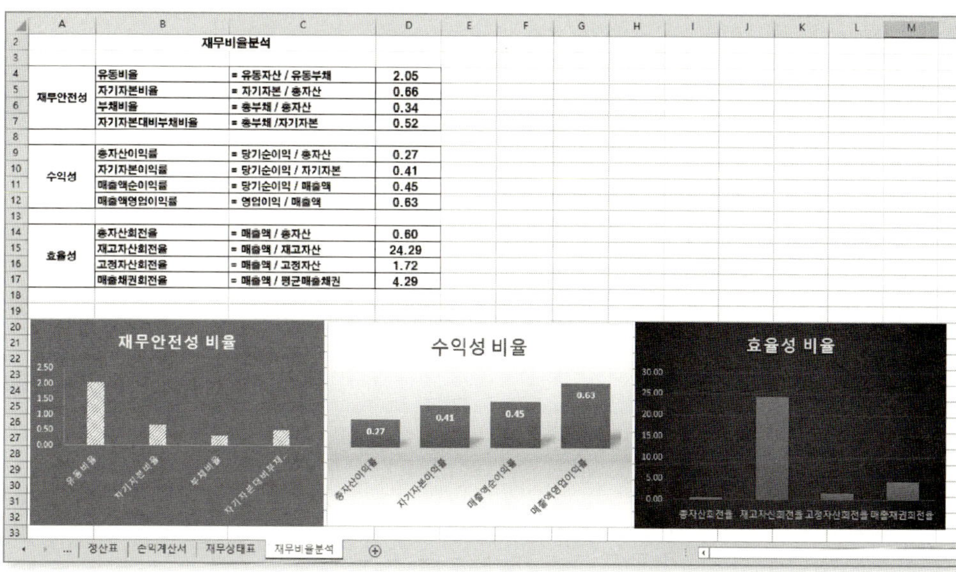


⑭ 이상으로 작성된 재무제표를 중심으로 각종 비율분석을 수행하는 과정과 이를 차트로 표시하는 방법에 대해서 그 기초적인 작업절차를 수행해 보았다. 물론 이 하나의 분석으로 성과를 직접 평가해본다기보다는 향후 월별, 연간 비교평가나 다른 기업들과의 비교평가를 위한 기초자료를 작성한 것이라고 볼 수 있다.

## 2단계 손익 자료의 미래예측

흔히 기업의 수익성 여부에 대한 판단은 이익 수치의 절대적인 금액과 위에서와 같은 관련비율을 검토해 보는 것도 중요하지만, 그러한 이익 수치나 비율이 과연 미래에도 똑같이 유지되거나 성장 가능성이 있는지에 대한 추세 판단도 필요하다. 이와 같이 과거의 실적자료를 토대로 미래의 변동 가능성을 가늠해 보는 것을 **미래예측**이라고 한다.

미래를 예측해보기 위한 방법도 여러 가지가 있을 수 있겠지만, 여기서는 손익계산서 자료를 중심으로 주요 이익 수치가 미래에 어떻게 변동할 것인지를 예측하는 방법에 대해 살펴보기로 한다.

❶ 미래손익예측을 수행해 보기 위해서 '손익계산서' 시트 자료를 활용하기로 한다. 먼저 '손익계산서' 시트의 탭을 선택하고 Ctrl 키를 누른 상태에서 마우스로 맨 마지막 시트 다음으로 끌기하여 복제한 후 복제된 '손익계산서(2)' sheet의 탭을 더블클릭하여 탭 이름을 '**미래 손익예측**'으로 변경한다.

❷ '미래 손익예측' sheet에서 B2 셀의 머리글을 '**미래 손익예측**'으로 변경하고, B3 셀의 기간표시를 삭제한다.

❸ 손익계산서 자료와 연관시키기 위해, D6 셀의 수식을 수식 '=**손익계산서!D6**'로 변경한다. 그리고 D6 셀을 복사하여 D7, C8:C10, C13:C17, C20:C22, C24:C25 영역에 각각 붙여넣기 한다 (다른 셀들은 표시된 수식을 그대로 이용한다).

❹ 이 회사의 미래 수지예측을 위해 동업종의 계절적 월별 경기지표를 이용하기로 한다. 청송산업 관련 최근 동업종 '계절적 월별 경기지표'는 다음 표와 같다고 가정한다.

| 월별 | 1월 | 2월 | 3월 | 4월 | 5월 | 6월 | 7월 | 8월 | 9월 | 10월 | 11월 | 12월 |
|---|---|---|---|---|---|---|---|---|---|---|---|---|
| 계절지수 | –5% | 2% | 8% | 15% | 7% | 3% | 6% | 18% | 12% | 7% | –8% | –13% |

❺ 이 사례에서는 현재 6월의 실적을 기록하고 있으므로 7월의 실적부터 예측하기 위해, **E4** 셀에 '**7월**'을 입력하고 **E4** 셀에서 '자동채우기 핸들'을 이용하여 **P4** 셀까지 채워넣기 한다.

❻ E30 셀에 '**계절적 월별 경기지표**'를 입력한다. **E4:P4** 셀 영역을 복사하여 E31 셀에 붙여넣기 하고, E32:P32 셀 영역에 위 4)의 표에서 7월 계절지수인 '6%'부터 계절지수를 오른쪽으로 연속하여 입력한다.

| | A | B | C | D |
|---|---|---|---|---|
| 1 | 청송산업 | | | |
| 2 | | 미래 손익예측 | | |
| 3 | | | | |
| 4 | | | | |
| 5 | | | | |
| 6 | 4110 | 매출 | | 194,333,000 |
| 7 | 5130 | 매출원가 | | 56,000,000 |
| 8 | | 기초상품재고액 | - | |
| 9 | 5110 | 당기매입액 | 64,000,000 | |
| 10 | | 기말상품재고액 | 8,000,000 | |
| 11 | | 매출총이익 | | 138,333,000 |
| 12 | | 판매비와 관리비 | | 14,950,000 |
| 13 | 5210 | 급여 | 7,000,000 | |
| 14 | 5230 | 임차료 | 2,000,000 | |
| 15 | 5250 | 광고비 | 3,000,000 | |
| 16 | 5260 | 소모품비 | 1,000,000 | |
| 17 | 5410 | 감가상각비 | 1,950,000 | |
| 18 | | 영업이익 | | 123,383,000 |
| 19 | | 영업외수익 | | 3,340,000 |
| 20 | 4210 | 수수료수익 | 1,800,000 | |
| 21 | 4230 | 이자수익 | 1,500,000 | |
| 22 | 4410 | 유형자산처분이익 | 40,000 | |
| 23 | | 영업외비용 | | 2,200,000 |
| 24 | 5510 | 이자비용 | 2,200,000 | |
| 25 | 5710 | 재해손실 | - | |
| 26 | | 법인세차감전순이익 | | 124,523,000 |
| 27 | 5810 | 법인세 | | 37,356,900 |
| 28 | | 당기순이익 | | 87,166,100 |

| | E | F | G | H | I | J | K | L | M | N | O | P |
|---|---|---|---|---|---|---|---|---|---|---|---|---|
| 4 | 7월 | 8월 | 9월 | 10월 | 11월 | 12월 | 1월 | 2월 | 3월 | 4월 | 5월 | 6월 |
| 30 | 계절적 월별 경기지표 | | | | | | | | | | | |
| 31 | 7월 | 8월 | 9월 | 10월 | 11월 | 12월 | 1월 | 2월 | 3월 | 4월 | 5월 | 6월 |
| 32 | 6% | 18% | 12% | 7% | -8% | -13% | -5% | 2% | 8% | 15% | 7% | 3% |

정산표 | 손익계산서 | 재무상태표 | 재무비율분석 | 미래 손익예측

❼ E열부터 P열의 열 머리부분을 선택하고 오른쪽 마우스 [열 너비]를 '15'로 지정한다. 이어서 [홈] 탭의 [글꼴]-[글꼴]을 '견고딕'으로 선택하고 [글꼴 크기]를 '11'로 지정한다. 금액 자료가 표시될 영역인 E6:P28 셀 범위를 선택하고 [홈] 탭의 [표시 형식]-[쉼표 스타일]로 지정한다.

❽ 이제 준비된 E6:P28 셀범위에 추정손익계산서를 작성해보기로 한다. 먼저 E6 셀의 7월 매출액 추정치는 이전 달(6월) 매출액(D6셀)에 7월의 경기지표(6%)를 고려한 변동액 만큼 증가 또는 감소하는 것으로 추정할 수 있으므로, E6 셀에 수식 '=**D6*(1+E32)**'로 입력한다. 마찬가지로 아래 매출원가(E7)와 판매비 및 관리비(E12)의 경우에도 이전 달의 실적에 경기지표 만큼의 성장률이 고려되어 증감하는 것으로 보고, E7 셀과 E12 셀에 수식 '=**D7*(1+E32)**'과 수식 '=

E23 =$D$23

| | B | C | D | E | F | G | H | I | J | K |
|---|---|---|---|---|---|---|---|---|---|---|
| 4 | | | | 7월 | 8월 | 9월 | 10월 | 11월 | 12월 | 1월 |
| 5 | | | | | | | | | | |
| 6 | 매출 | | 194,333,000 | 205,992,980 | | | | | | |
| 7 | 매출원가 | | 56,000,000 | 59,360,000 | | | | | | |
| 8 | 기초상품재고액 | - | | | | | | | | |
| 9 | 당기매입액 | 64,000,000 | | | | | | | | |
| 10 | 기말상품재고액 | 8,000,000 | | | | | | | | |
| 11 | 매출총이익 | | 138,333,000 | | | | | | | |
| 12 | 판매비와 관리비 | | 14,950,000 | 15,847,000 | | | | | | |
| 13 | 급여 | 7,000,000 | | | | | | | | |
| 14 | 임차료 | 2,000,000 | | | | | | | | |
| 15 | 광고비 | 3,000,000 | | | | | | | | |
| 16 | 소모품비 | 1,000,000 | | | | | | | | |
| 17 | 감가상각비 | 1,950,000 | | | | | | | | |
| 18 | 영업이익 | | 123,383,000 | | | | | | | |
| 19 | 영업외수익 | | 3,340,000 | 3,340,000 | | | | | | |
| 20 | 수수료수익 | 1,800,000 | | | | | | | | |
| 21 | 이자수익 | 1,500,000 | | | | | | | | |
| 22 | 유형자산처분이익 | 40,000 | | | | | | | | |
| 23 | 영업외비용 | | 2,200,000 | 2,200,000 | | | | | | |
| 24 | 이자비용 | 2,200,000 | | | | | | | | |
| 25 | 재해손실 | - | | | | | | | | |
| 26 | 법인세차감전순이익 | | 124,523,000 | | | | | | | |
| 27 | 법인세 | | 37,356,900 | | | | | | | |
| 28 | 당기순이익 | | 87,166,100 | | | | | | | |
| 29 | | | | | | | | | | |
| 30 | | | | 계절적 월별 경기지표 | | | | | | |
| 31 | | | | 7월 | 8월 | 9월 | 10월 | 11월 | 12월 | 1월 |
| 32 | | | | 6% | 18% | 12% | 7% | -8% | -13% | -5% |

정산표 | 손익계산서 | 재무상태표 | 재무비율분석 | 미래 손익예측

**D12*(1+E32)**'을 각각 입력한다. 추정손익계산서 작성에서 흔히 영업외수익과 영업외비용 등 영업외 항목들은 단기간 내에 큰 변동 없는 것으로 가정하는 것이 보통이므로, E19 셀과 E23 셀에는 수식 '**=$D$19**'과 수식 '**=$D$23**'으로 각각 입력한다.

❾ E27 셀의 법인세는 D27 셀의 수식을 그대로 적용하되, 이 수식에서 다른 시트의 셀을 참조하고 있기 때문에 이를 먼저 절대셀 참조형식으로 바꾸어 놓기 위해 D27 셀의 수식(=D26*문서화!B4)을 '**=D26*문서화!$B$4**'로 변경해 놓은 후, D27 셀을 복사하여 E27 셀에 붙여넣기 한다. 이제 나머지 각 이익개념을 표시하는 E11, E18, E26, E28 셀의 수식은 각각 왼쪽의 D열에서 D11, D18, D26, D28 셀의 수식을 복사하여 하나씩 붙여넣기하여 완성한다.

❿ Ctrl 키를 누른 상태에서 E11, E18, E26, E28 셀을 함께 선택하고, [홈] 탭의 [글꼴] – [테두리]에서 '위쪽 테두리'를 선택한다. 다시 E28 셀만을 선택하고 [홈] 탭의 [글꼴] – [테두리]에서 '아래쪽 이중 테두리'를 선택한다.

| | B | C | D | E | F | G | H | I |
|---|---|---|---|---|---|---|---|---|
| 9 | 당기매입액 | 64,000,000 | | | | | | |
| 10 | 기말상품재고액 | 8,000,000 | | | | | | |
| 11 | 매출총이익 | | 138,333,000 | 146,632,980 | | | | |
| 12 | 판매비와 관리비 | | 14,950,000 | 15,847,000 | | | | |
| 13 | 급여 | 7,000,000 | | | | | | |
| 14 | 임차료 | 2,000,000 | | | | | | |
| 15 | 광고비 | 3,000,000 | | | | | | |
| 16 | 소모품비 | 1,000,000 | | | | | | |
| 17 | 감가상각비 | 1,950,000 | | | | | | |
| 18 | 영업이익 | | 123,383,000 | 130,785,980 | | | | |
| 19 | 영업외수익 | | 3,340,000 | 3,340,000 | | | | |
| 20 | 수수료수익 | 1,800,000 | | | | | | |
| 21 | 이자수익 | 1,500,000 | | | | | | |
| 22 | 유형자산처분이익 | 40,000 | | | | | | |
| 23 | 영업외비용 | | 2,200,000 | 2,200,000 | | | | |
| 24 | 이자비용 | 2,200,000 | | | | | | |
| 25 | 재해손실 | - | | | | | | |
| 26 | 법인세차감전순이익 | | 124,523,000 | 131,925,980 | | | | |
| 27 | 법인세 | | 37,356,900 | 39,577,794 | | | | |
| 28 | 당기순이익 | | 87,166,100 | 92,348,186 | | | | |
| 29 | | | | | | | | |
| 30 | | | | 계절적 월별 경기지표 | | | | |
| 31 | | | | 7월 | 8월 | 9월 | 10월 | 11월 |
| 32 | | | | 6% | 18% | 12% | 7% | -8% |
| 33 | | | | | | | | |
| 34 | | | | | | | | |
| 35 | | | | | | | | |
| 36 | | | | | | | | |
| 37 | | | | | | | | |

정산표 | 손익계산서 | 재무상태표 | 재무비율분석 | 미래 손익예측

⓫ 이제 7월의 주요 손익지표를 추정하기 위한 수식이 절대셀, 상대셀 개념을 포함하여 모두 정의되었으므로, 7월의 해당 수식들을 8월 이후의 기간에 똑같이 적용할 수 있다. 따라서 E6:E28 셀 범위를 선택하고, 선택된 범위 중 마지막 E28 셀의 오른쪽 아래 '자동채우기 핸들(+)'을 P28 셀까지 끌기하여 채워 넣는다.

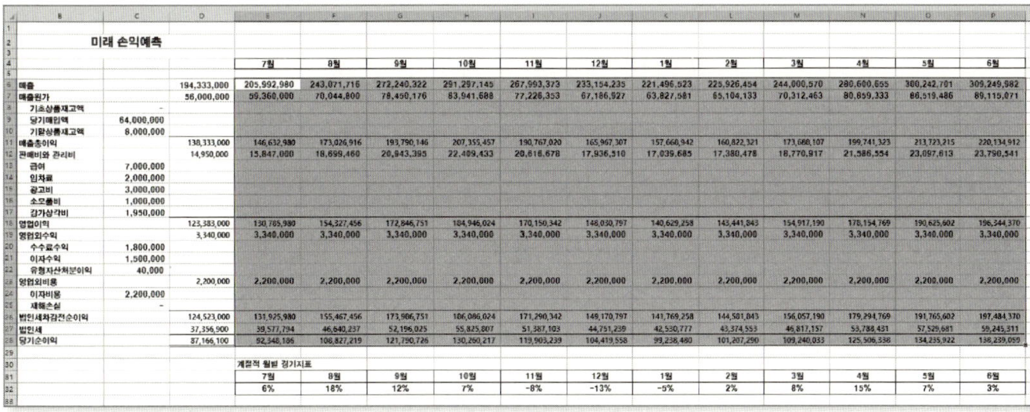

미래 손익예측

| | | | 7월 | 8월 | 9월 | 10월 | 11월 | 12월 | 1월 | 2월 | 3월 | 4월 | 5월 | 6월 |
|---|---|---|---|---|---|---|---|---|---|---|---|---|---|---|
| 매출 | | 194,333,000 | 205,992,980 | 243,071,716 | 272,240,322 | 291,297,145 | 267,993,373 | 233,154,235 | 221,496,523 | 225,926,454 | 244,000,570 | 280,600,655 | 300,242,701 | 309,249,982 |
| 매출원가 | | 56,000,000 | 59,360,000 | 70,044,800 | 78,450,176 | 83,941,688 | 77,226,353 | 67,186,927 | 63,827,581 | 65,104,133 | 70,312,463 | 80,859,333 | 86,519,486 | 89,115,071 |
| 기초상품재고액 | - | | | | | | | | | | | | | |
| 당기매입액 | 64,000,000 | | | | | | | | | | | | | |
| 기말상품재고액 | 8,000,000 | | | | | | | | | | | | | |
| 매출총이익 | | 138,333,000 | 146,632,980 | 173,026,916 | 193,790,146 | 207,355,457 | 190,767,020 | 165,967,307 | 157,668,942 | 160,822,321 | 173,688,107 | 199,741,323 | 213,723,215 | 220,134,912 |
| 판매비와 관리비 | | 14,950,000 | 15,847,000 | 18,699,460 | 20,943,395 | 22,409,433 | 20,616,678 | 17,936,510 | 17,039,685 | 17,380,478 | 18,770,917 | 21,586,554 | 23,097,613 | 23,790,541 |
| 급여 | 7,000,000 | | | | | | | | | | | | | |
| 임차료 | 2,000,000 | | | | | | | | | | | | | |
| 광고비 | 3,000,000 | | | | | | | | | | | | | |
| 소모품비 | 1,000,000 | | | | | | | | | | | | | |
| 감가상각비 | 1,950,000 | | | | | | | | | | | | | |
| 영업이익 | | 123,383,000 | 130,785,980 | 154,327,456 | 172,846,751 | 184,946,024 | 170,150,342 | 148,030,797 | 140,629,258 | 143,441,843 | 154,917,190 | 178,154,769 | 190,625,602 | 196,344,370 |
| 영업외수익 | | 3,340,000 | 3,340,000 | 3,340,000 | 3,340,000 | 3,340,000 | 3,340,000 | 3,340,000 | 3,340,000 | 3,340,000 | 3,340,000 | 3,340,000 | 3,340,000 | 3,340,000 |
| 수수료수익 | 1,800,000 | | | | | | | | | | | | | |
| 이자수익 | 1,500,000 | | | | | | | | | | | | | |
| 유형자산처분이익 | 40,000 | | | | | | | | | | | | | |
| 영업외비용 | | 2,200,000 | 2,200,000 | 2,200,000 | 2,200,000 | 2,200,000 | 2,200,000 | 2,200,000 | 2,200,000 | 2,200,000 | 2,200,000 | 2,200,000 | 2,200,000 | 2,200,000 |
| 이자비용 | 2,200,000 | | | | | | | | | | | | | |
| 재해손실 | - | | | | | | | | | | | | | |
| 법인세차감전순이익 | | 124,523,000 | 131,925,980 | 155,467,456 | 173,986,751 | 186,086,024 | 171,290,342 | 149,170,797 | 141,769,258 | 144,581,843 | 156,057,190 | 179,294,769 | 191,765,602 | 197,484,370 |
| 법인세 | | 37,356,900 | 39,577,794 | 46,640,237 | 52,196,025 | 55,825,807 | 51,387,103 | 44,751,239 | 42,530,777 | 43,374,553 | 46,817,157 | 53,788,431 | 57,529,681 | 59,245,311 |
| 당기순이익 | | 87,166,100 | 92,348,186 | 108,827,219 | 121,790,726 | 130,260,217 | 119,903,239 | 104,419,558 | 99,238,480 | 101,207,290 | 109,240,033 | 125,506,338 | 134,235,922 | 138,239,059 |

계절적 월별 경기지표

| 7월 | 8월 | 9월 | 10월 | 11월 | 12월 | 1월 | 2월 | 3월 | 4월 | 5월 | 6월 |
|---|---|---|---|---|---|---|---|---|---|---|---|
| 6% | 18% | 12% | 7% | -8% | -13% | -5% | 2% | 8% | 15% | 7% | 3% |

⓬ D4 셀을 선택하고 이번 달인 '**6월**'을 입력한다.

⓭ 이제 추정 손익계산서가 완성되었으므로, 이를 EXCEL Chart 형식으로 표시해보기로 한다.

⓮ 손익계산서 추이 예측 자료에서 가장 많이 보는 부분이 매출액, 영업이익, 당기순이익 등의 변화이므로, 이에 해당하는 영역을 먼저 선택한다. 즉, 각 항목의 이름까지를 포함하기 위해 먼저 B4:P4 영역을 선택한 후, Ctrl 키를 누른 상태에서 마우스로 다시 B6:P6, 그리고 B18:P18, B28:P28 셀 영역을 함께 선택한다.

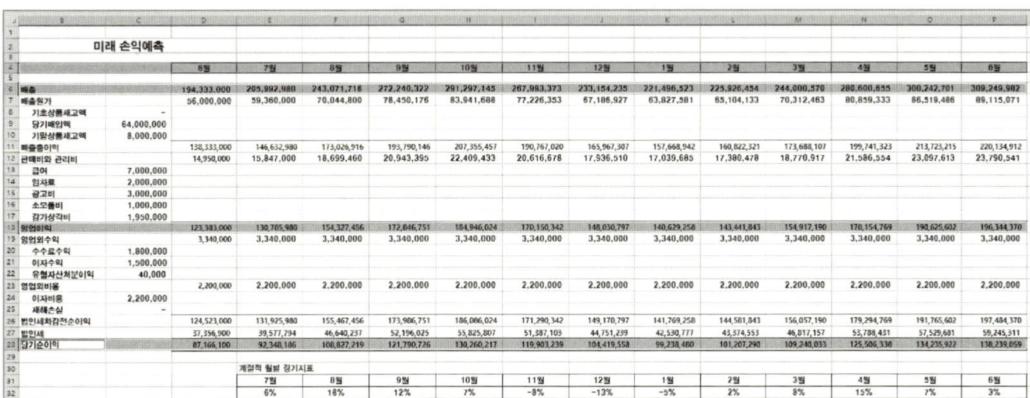

미래 손익예측

| | | 6월 | 7월 | 8월 | 9월 | 10월 | 11월 | 12월 | 1월 | 2월 | 3월 | 4월 | 5월 | 6월 |
|---|---|---|---|---|---|---|---|---|---|---|---|---|---|---|
| 매출 | | 194,333,000 | 205,992,980 | 243,071,716 | 272,240,322 | 291,297,145 | 267,993,373 | 233,154,235 | 221,496,523 | 225,926,454 | 244,000,570 | 280,600,655 | 300,242,701 | 309,249,982 |
| 매출원가 | | 56,000,000 | 59,360,000 | 70,044,800 | 78,450,176 | 83,941,688 | 77,226,353 | 67,186,927 | 63,827,581 | 65,104,133 | 70,312,463 | 80,859,333 | 86,519,486 | 89,115,071 |
| 기초상품재고액 | - | | | | | | | | | | | | | |
| 당기매입액 | 64,000,000 | | | | | | | | | | | | | |
| 기말상품재고액 | 8,000,000 | | | | | | | | | | | | | |
| 매출총이익 | | 138,333,000 | 146,632,980 | 173,026,916 | 193,790,146 | 207,355,457 | 190,767,020 | 165,967,307 | 157,668,942 | 160,822,321 | 173,688,107 | 199,741,323 | 213,723,215 | 220,134,912 |
| 판매비와 관리비 | | 14,950,000 | 15,847,000 | 18,699,460 | 20,943,395 | 22,409,433 | 20,616,678 | 17,936,510 | 17,039,685 | 17,380,478 | 18,770,917 | 21,586,554 | 23,097,613 | 23,790,541 |
| 급여 | 7,000,000 | | | | | | | | | | | | | |
| 임차료 | 2,000,000 | | | | | | | | | | | | | |
| 광고비 | 3,000,000 | | | | | | | | | | | | | |
| 소모품비 | 1,000,000 | | | | | | | | | | | | | |
| 감가상각비 | 1,950,000 | | | | | | | | | | | | | |
| 영업이익 | | 123,383,000 | 130,785,980 | 154,327,456 | 172,846,751 | 184,946,024 | 170,150,342 | 148,030,797 | 140,629,258 | 143,441,843 | 154,917,190 | 178,154,769 | 190,625,602 | 196,344,370 |
| 영업외수익 | | 3,340,000 | 3,340,000 | 3,340,000 | 3,340,000 | 3,340,000 | 3,340,000 | 3,340,000 | 3,340,000 | 3,340,000 | 3,340,000 | 3,340,000 | 3,340,000 | 3,340,000 |
| 수수료수익 | 1,800,000 | | | | | | | | | | | | | |
| 이자수익 | 1,500,000 | | | | | | | | | | | | | |
| 유형자산처분이익 | 40,000 | | | | | | | | | | | | | |
| 영업외비용 | | 2,200,000 | 2,200,000 | 2,200,000 | 2,200,000 | 2,200,000 | 2,200,000 | 2,200,000 | 2,200,000 | 2,200,000 | 2,200,000 | 2,200,000 | 2,200,000 | 2,200,000 |
| 이자비용 | 2,200,000 | | | | | | | | | | | | | |
| 재해손실 | - | | | | | | | | | | | | | |
| 법인세차감전순이익 | | 124,523,000 | 131,925,980 | 155,467,456 | 173,986,751 | 186,086,024 | 171,290,342 | 149,170,797 | 141,769,258 | 144,581,843 | 156,057,190 | 179,294,769 | 191,765,602 | 197,484,370 |
| 법인세 | | 37,356,900 | 39,577,794 | 46,640,237 | 52,196,025 | 55,825,807 | 51,387,103 | 44,751,239 | 42,530,777 | 43,374,553 | 46,817,157 | 53,788,431 | 57,529,681 | 59,245,311 |
| 당기순이익 | | 87,166,100 | 92,348,186 | 108,827,219 | 121,790,726 | 130,260,217 | 119,903,239 | 104,419,558 | 99,238,480 | 101,207,290 | 109,240,033 | 125,506,338 | 134,235,922 | 138,239,059 |

계절적 월별 경기지표

| 7월 | 8월 | 9월 | 10월 | 11월 | 12월 | 1월 | 2월 | 3월 | 4월 | 5월 | 6월 |
|---|---|---|---|---|---|---|---|---|---|---|---|
| 6% | 18% | 12% | 7% | -8% | -13% | -5% | 2% | 8% | 15% | 7% | 3% |

⓯ [삽입] 탭의 [차트]에서 '2차원 묶은 세로 막대형'을 선택한다.

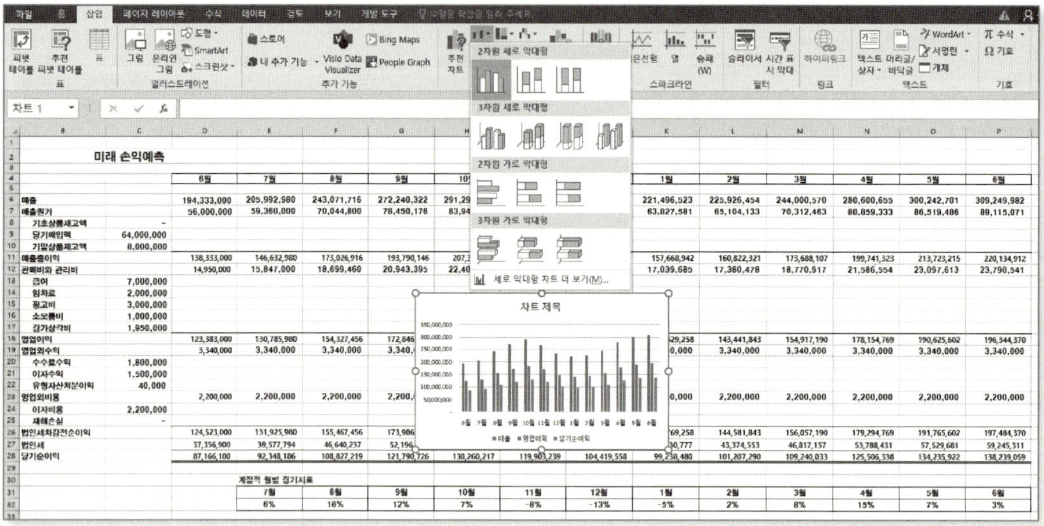

⑯ 생성된 차트를 아래쪽 빈 공간 영역으로 끌기 하여 B34:G54 영역에 배치하도록 크기를 조정한다.

⑰ 차트를 선택하고, [디자인] 탭의 [차트 레이아웃]-[빠른 레이아웃]에서 차트 제목과 범례 가 표시되는 [레이아웃 1]을 선택한다.

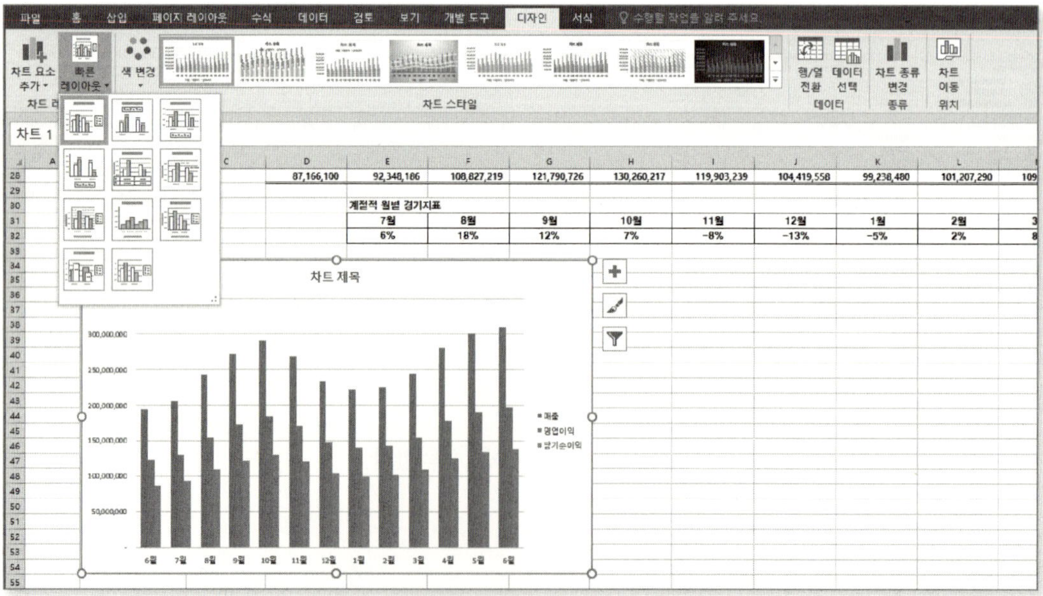

⑱ 변경된 차트 내부의 '차트 제목'부분을 클릭하고 **'월별 손익지표 추이 예측'**으로 변경한다. Y축의 금액표시가 너무 복잡하므로 이를 간단하게 표시하기 위해, 차트의 '세로 축'(Y축)을 선택하고 오른쪽 마우스를 클릭하여 '축 서식'을 선택한다. 오른쪽의 [축 서식] 대화상자에서 [축 옵션]의 [표시 단위]를 '백만'으로 선택한다. 그리고 아래쪽의 '차트에 단위 레이블 표시'를 선택한다.

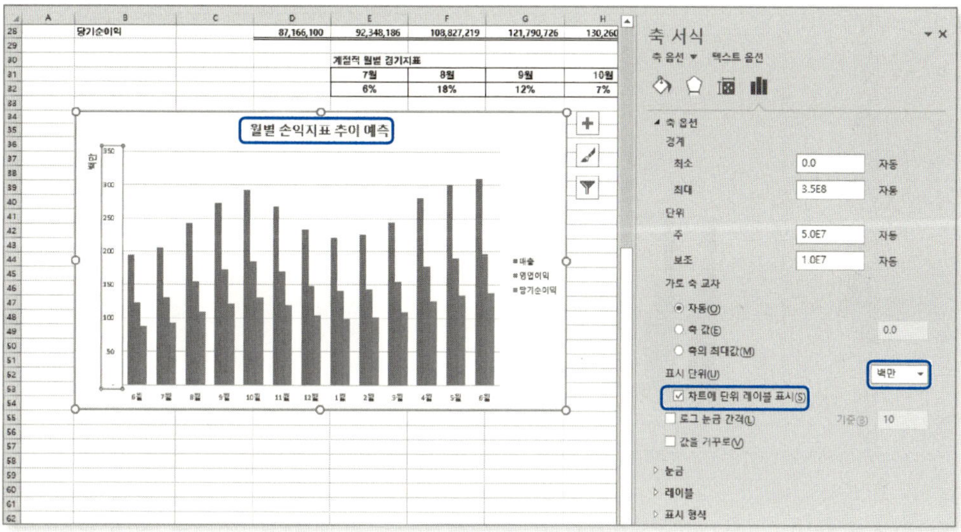

⑲ 범례가 차트의 오른쪽을 차지하고 있어 차트가 적게 보이므로, '범례'를 클릭하고 차트의 위쪽(차트제목 아래 영역)으로 이동시킨 후, 범례의 오른쪽을 끌기하여 범례를 한 줄로 표시되도록 조정한다.

⑳ 이제 차트의 '그림 영역'을 클릭하고, 오른쪽 선을 끌기 하여 차트를 확대하여 표시되도록 한다.

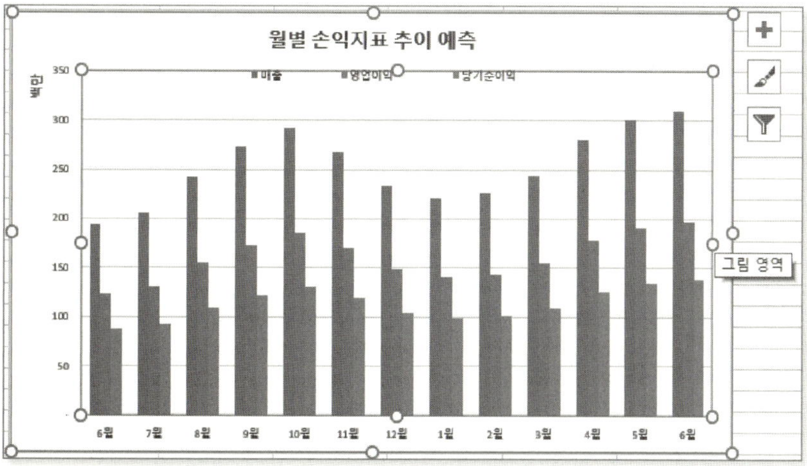

㉑ 표시된 차트에서 '매출액' 막대를 다른 두 가지(영업이익, 당기순이익) 이익 개념과 구분하여 표시하기 위해 막대 형식이 아닌 꺾은선 형태로 바꾸어 보기로 한다. 차트 내에서 매출액을 표시하고 있는 청색 막대 중 어느 하나를 선택하고(이때 모든 청색 막대가 선택 표시된다) 오른쪽 마우스를 클릭한다. [계열 차트 종류 변경]을 선택한다.

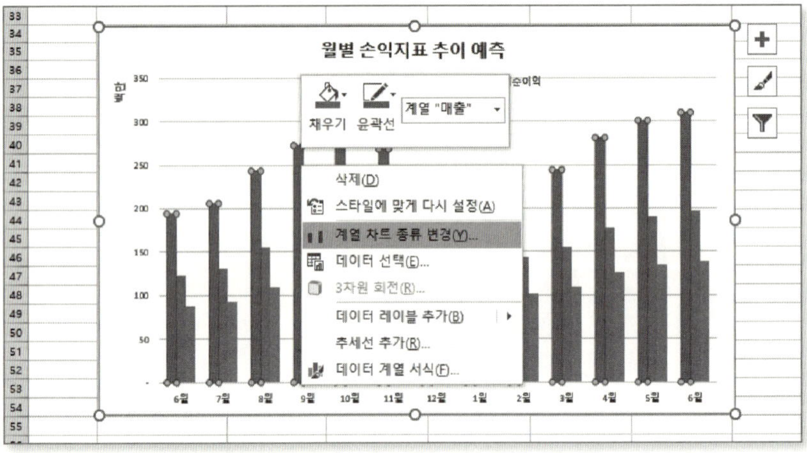


㉒ [차트 종류 변경] 대화상자에서 [콤보]를 선택하고 오른쪽 위에서 [사용자 지정 조합]을 클릭한다. 그리고 오른쪽 아래에서 '매출액'의 '차트 종류'를 [표식이 있는 꺾은선형]으로 선택한 후 [확인]을 누른다.

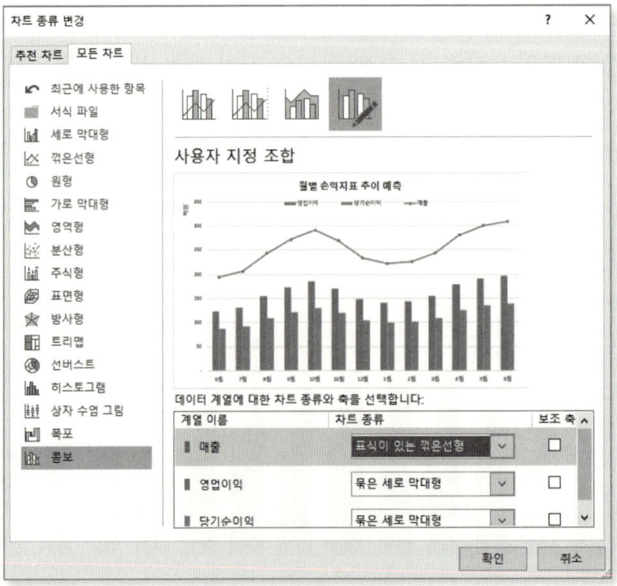

㉓ 변경된 차트의 꺾은선을 더 두껍게 표시하기 위해, 다시 꺾은선의 어느 한 부분을 클릭하여 꺾은선 전체를 선택하고, 오른쪽에 표시되는 [데이터 계열 서식] 상자에서 [계열 옵션]의 [채우기 및 선]을 선택하고, 아래쪽 선 너비를 '3pt'로 조정한다.

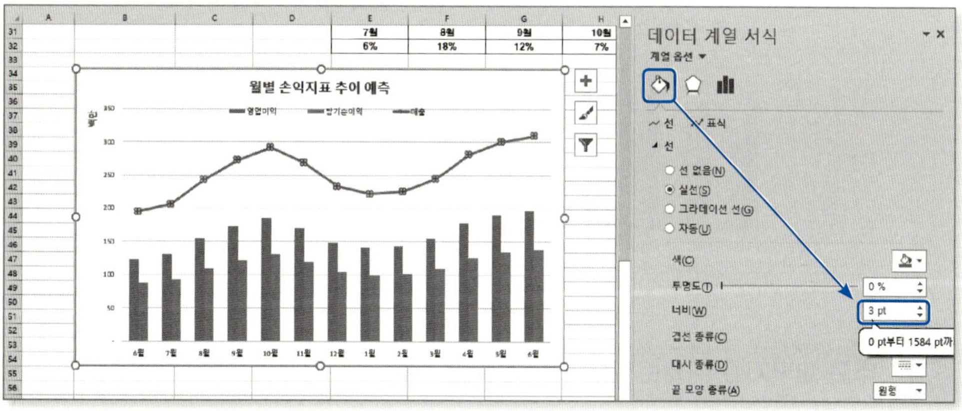


㉔ 이번에는 꺾은선으로 변경된 매출액의 월별 예측 금액을 꺾은선 위에 표시해 보자. 다시 꺾은선 전체를 선택한 후, 오른쪽 마우스 [데이터 레이블 추가] – [데이터 레이블 추가]를 선택한다. 그러면 꺾은선에 해당 매출액 금액이 표시되어 나타난다. 표시된 매출액 수치를 클릭하여 글씨 크기를 늘려 표시할 수도 있다.

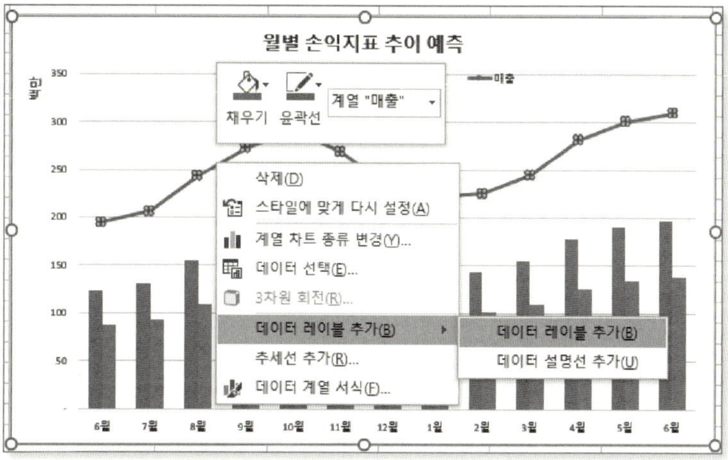


㉕ 마찬가지로, 막대형으로 표시되고 있는 '영업이익'과 '당기순이익' 차트에도 [데이터 레이블 추가]를 실행하여 해당 데이터 레이블을 표시해 본다.

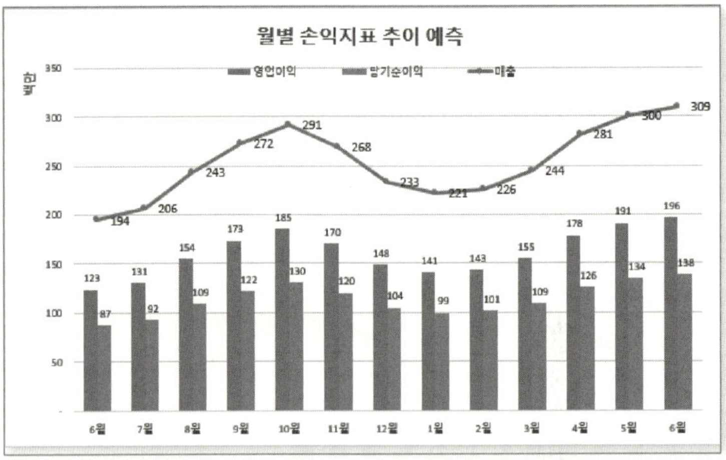


## 3단계 주요 재무지표 대시보드(Dashboard)

**참고**

**대시보드의 사용**

대시보드(dashboard)는 자동차의 계기판이나 속도계처럼 자동차 운행에 관련된 주요 정보를 시각화하여 한눈에 보여줌으로써 운행에 관련된 의사결정을 빠르고 종합적으로 수행할 수 있도록 도와주는 것이다. 기업에서도 경영활동과 관련된 각종 의사결정에 주요 경영정보를 요약하여 제공하는 하나의 방법으로 대시보드가 활용되고 있다. 특히 최근 각종 디자인 및 그래픽 기술이 발전하면서 기업 재무보고서에 다양한 주요 경영 및 경제지표들을 시각화하여 표현하는 도구로 각광을 받고 있다.

기업의 재무지표는 대부분 숫자로 구성되어 있어서 이를 엑셀의 표작성 기능이나 차트작성 방법 등을 이용하여 다양한 형태의 대시보드로 표현해 볼 수 있다. 지금까지 작성된 주요 재무제표 요소들과 차트를 중심으로 대시보드로 만드는 과정을 수행해 보기로 한다.

❶ 새 sheet를 생성하여 sheet 이름을 '**재무지표 대시보드**'라고 수정하고, 마지막 '미래 손익예측' sheet 다음으로 위치시킨다.

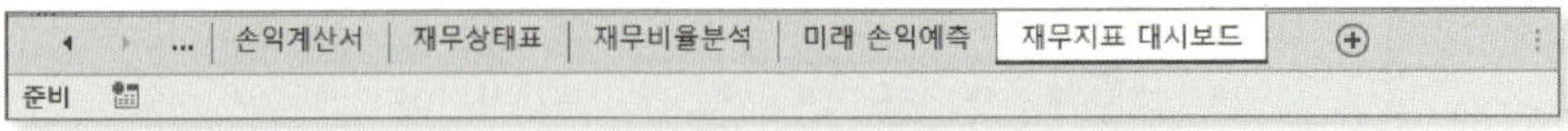


❷ '재무지표 대시보드' sheet에서 C1 셀에 '**청송산업 재무지표 Dashboard**'를 입력한다. C1:G1 셀 범위를 선택하고, [홈] 탭의 [맞춤]-[병합하고 가운데 맞춤]을 클릭한 후, [글꼴]-[글꼴]을 '견고딕', [글꼴 크기]를 '14'로, 그리고 [글꼴 색]을 '파랑'으로 지정한다.

❸ Dashboard의 위쪽에 재무제표의 주요 지표를 요약하여 표시하기 위해, 먼저 표시할 주요 항목명을 나열한다. I2 셀에는 '**(단위: 천원)**'으로 입력한다. A3:I6 셀범위의 글꼴크기는 '9'로 조정한다.

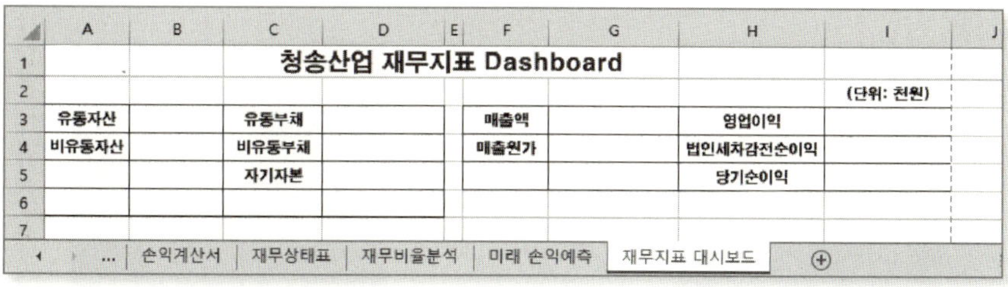


❹ 각 항목에 해당하는 금액을 앞서 작성한 재무제표로부터 가져오기 위해 해당 셀에 각각 다음의 수식을 입력한다. 여기서 모든 숫자를 한 화면 내에 표시하도록 하기 위해 천원 단위로 반올림하여 표시하는 것이다.

B3: '**=SUM(재무상태표!D7:D14)/1000**'

B4: '**=SUM(재무상태표!D15:D21)/1000**'

D3: '**=SUM(재무상태표!D26:D29)/1000**'

D4: '**=SUM(재무상태표!D30:D31)/1000**'

D5: '**=SUM(재무상태표!D34:D36)/1000**'

B6: '**=SUM(B3:B5)**'

D6: '**=SUM(D3:D5)**'

G3: '**=손익계산서!D6/1000**'

G4: '**=손익계산서!D7/1000**'

I3: '**=손익계산서!D18/1000**'

I4: '**=손익계산서!D26/1000**'

I5: '**=손익계산서!D28/1000**'

❺ '재무비율분석' sheet를 선택하고, Ctrl 키를 누른 상태에서 작성해 두었던 3개 차트를 차례로 클릭하여 함께 복사한다. 그리고 다시 '재무지표 대시보드' sheet로 돌아와 A9 셀 영역에 붙여넣기 한다. 붙여넣기 한 차트들을 축소 조정하여 3개의 차트를 한 줄로 표시하되, 오른쪽 끝이 위의 표 오른쪽 끝과 일치하도록 크기를 설정한다. 이때 필요한 경우 각 차트의 글씨 크기도 축소하여 표시되도록 한다.

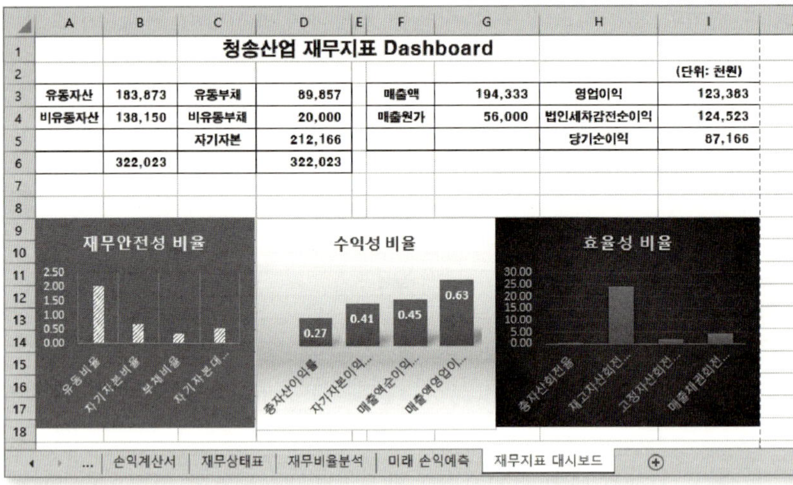


❻ 다시 '미래 손익예측' sheet를 선택하고, 작성된 '월별 손익지표 추이 예측' 차트를 복사한다. 그리고 다시 '재무지표 대시보드' sheet로 돌아와 3개 재무비율 차트 아래 영역(A20)에 붙여넣기 한다. 붙여넣기 한 '월별 손익지표 추이 예측' 차트의 크기를 조정하여, 위의 3개 재무비율 차트의 오른쪽 끝과 일치하도록 한다. 단, 이 차트의 아래쪽 크기는 축소하여 전체 Dashboard가 한 화면에 표시되고 인쇄될 수 있도록 크기를 적절히 조정한다. 크기를 조정할 때 인쇄화면 표시(인쇄 미리보기)를 참조하여 위 표 영역의 행높이와 차트 크기를 재조정할 필요가 있다. 미리보기 화면에서 용지의 여백을 왼쪽, 오른쪽을 각 '0.5' 위, 아래를 각 '2.9' 정도로 조정하여 전체 대시보드 표시내용이 한 화면에 인쇄될 수 있도록 조정해 둔다.

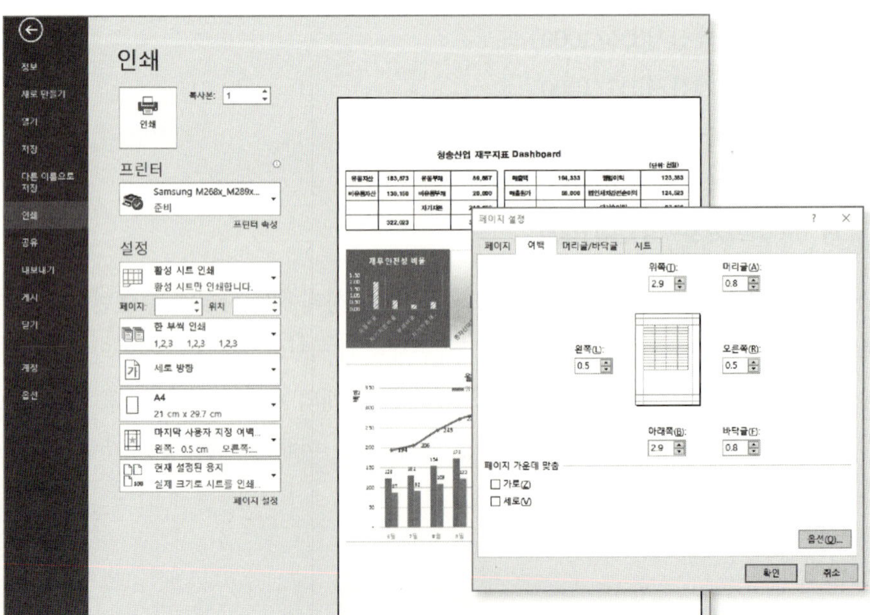

❼ '재무지표 대시보드' 시트에서 아래쪽 추이 예측 차트를 좀더 부각시킬 수 있도록 조정해 보기로 한다. '월별 손익지표 추이 예측' 차트에서 '차트 영역'을 클릭하고, 오른쪽의 [차트 스타일] 아이콘을 선택하여 나타난 대화상자에서 [색]-[색상형]-[색 4]를 클릭한다. 해당 차트가 [색 4]의 색상 구성에 따라 변화 표시된다.

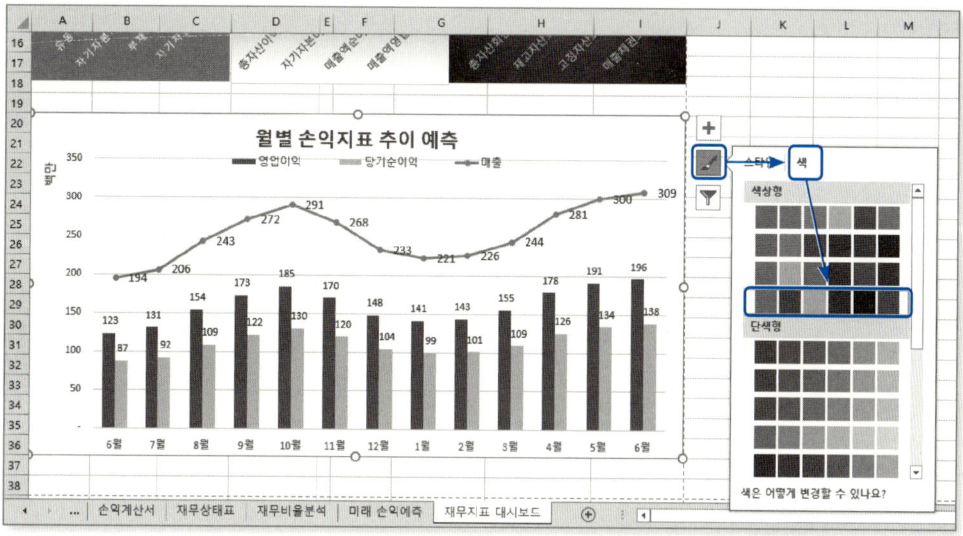


❽ 다시 '월별 손익지표 추이 예측' 차트에서 '차트 영역'을 클릭하고, 오른쪽 마우스를 눌러 나타나는 위쪽 [윤곽선] 상자를 선택한다. [윤곽선] 대화상자의 [테마 색]에서 '파랑'을 선택하고 아래 [두께]에서 '11/2pt'를 선택한다.

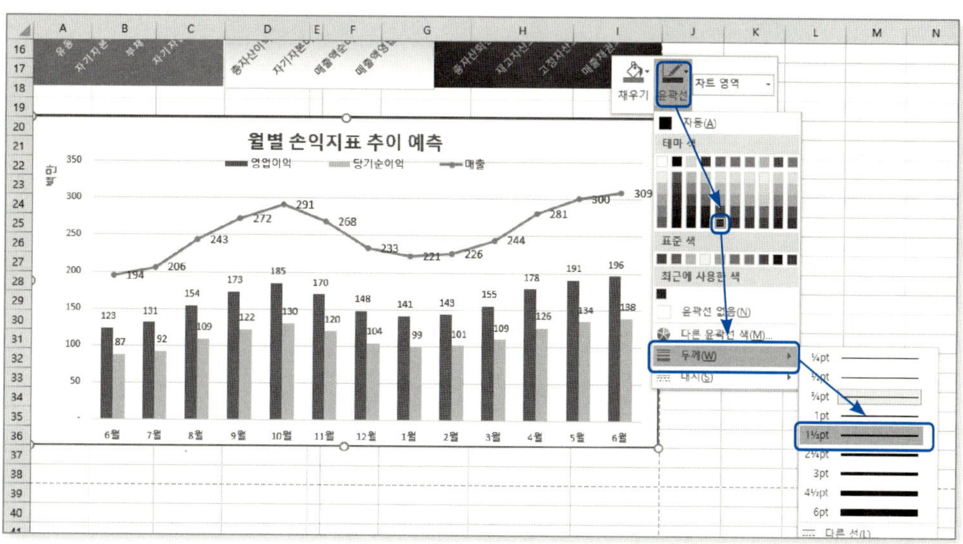

⑨ 다시 '월별 손익지표 추이 예측' 차트의 '그림 영역'을 클릭하고, 오른쪽 [그림영역 서식] 대화상자에서 [채우기]에 '그라데이션 채우기'를 선택한 후, 아래 [그라데이션 미리 설정]에서 '위쪽 스포트라이트 강조 6'을 선택한다.

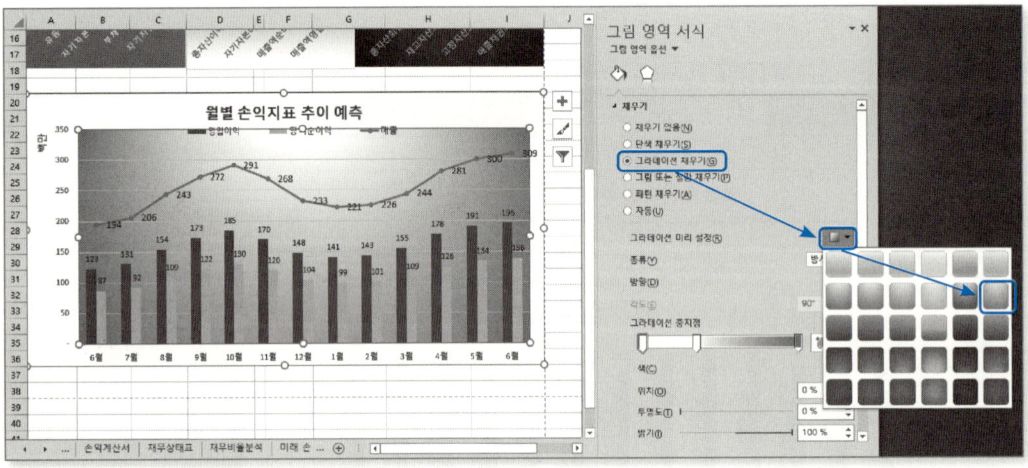

⑩ 이제 재무지표 Dashboard를 한 화면에서 보고, 인쇄할 수 있는 준비가 되었다.

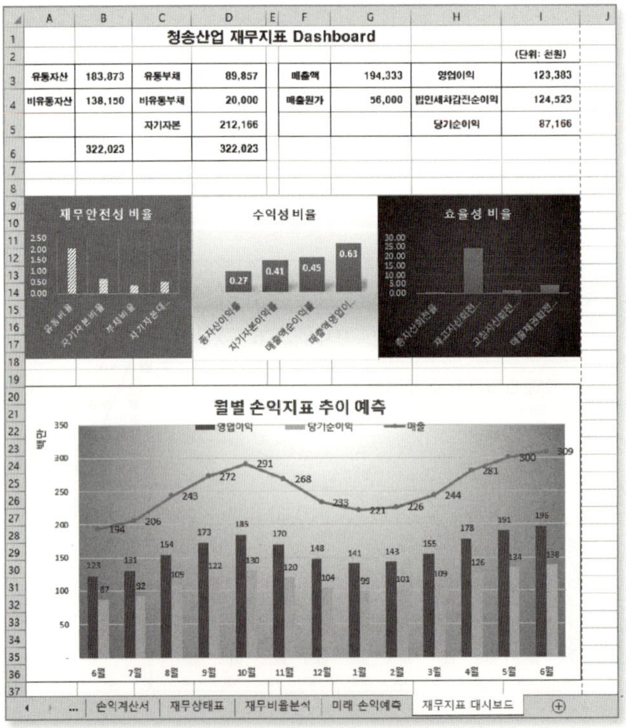

⑪ 지금까지 작업한 파일을 새이름 '**홍길동_Part4**'로 저장해 둔다.

## Step 6 회계장부 및 보고서 최종 검토

지금까지 설계한 분개장, 매입매출장 및 재무제표와 각종 보고서 양식을 최종적으로 검토해 보고, 차후에 다른 거래 입력에 사용될 수 있도록 필요한 시트 보호 기능을 추가한다.

❶ 먼저 거래 입력양식(분개장, 매입매출장, 수정분개장)의 완전성을 검토해 보기 위해 다음의 각 거래를 하나씩 입력해 본다.

| | |
|---|---|
| 일반거래 | 2023/6/30 사무실용 비품 ₩2,000,000와 소모품 ₩300,000을 구입하고 대금은 현금으로 지급하다. |
| 매매거래 | 2023/6/30 사원 김광재가 거래처 한가지로부터 Laptop ₩4,000,000을 외상으로 구매하였다. |
| 수정분개 | 2023/6/30 사무실에서 사용하고 있는 컴퓨터설비에 대해 당월 감가상각비로 ₩1,400,000을 계상하기로 하였다. |

❷ 위의 첫 번째 거래는 매입/매출을 수반하지 않는 일반거래로 분개장에 다음과 같이 입력한다.

분 개 장

| | A | B | C | D | E | F | G |
|---|---|---|---|---|---|---|---|
| 3 | 날짜 | 거래번호 | 계정명 | 계정코드 | 적요 | 차변 | 대변 |
| 77 | | | | | | | |
| 78 | | | | | | | |
| 79 | 2023/6/30 | 16 | 비품 | 1320 | 비품과 소모품 현금 구입 | 2,000,000 | |
| 80 | 2023/6/30 | 16 | 소모품 | 1180 | 비품과 소모품 현금 구입 | 300,000 | |
| 81 | 2023/6/30 | 16 | 현금 | 1110 | 비품과 소모품 현금 구입 | | 2,300,000 |
| 82 | | | | | | | |
| 83 | | | | | | | |
| 84 | | | | | | | |

문서화 | 분개장 | 계정과목표 | 오류테이블 | 매입매출장피벗테이블 | 매입매출장 | 항목관리 | ...

분개장 입력과 관련하여 오류메시지가 나타나지 않았다.

❸ 위의 두 번째 거래는 매입거래이므로 '매입매출장'에 다음과 같이 입력한다.

| | A | B | C | D | E | F | G | H | I | J | K | L |
|---|---|---|---|---|---|---|---|---|---|---|---|---|
| 13 | 2023/6/25 | 4009 | 한병곤 | 한가지로 | Workstation | 매출 | 26,000,000 | | 26,000,000 | 현금 | 현금 | 1110 |
| 14 | 2023/6/29 | 4010 | 박시현 | 일등닷컴 | Notebook | 매출 | 3,333,000 | | 3,333,000 | 외상 | 외상매출금 | 1140 |
| 15 | 2023/6/30 | 4011 | 김광재 | 한가지로 | Notebook | 매입 | 4,000,000 | 4,000,000 | | 외상 | 외상매입금 | 2110 |
| 16 | | | | | | | | | | | | |
| 17 | | | | | | | | | | | | |
| 18 | | | | | | | | | | | | |

문서화 | 분개장 | 계정과목표 | 오류테이블 | 매입매출장피벗테이블 | 매입매출장 | 항목관리 | ...

매입매출장 기입과 관련하여 양식 상의 오류메시지는 나타나지 않았다.

❹ 위의 세 번째 거래는 결산정리사항으로 '수정분개장'에 다음과 같이 입력한다. 다만, 여기에서 유의할 점은 감가상각비 관련 분개 외에도 위의 3)에서 매입거래가 발생하였지만 아직 판매되지 않고 창고에 남아있는 상태이기 때문에, 매입액만큼 매출원가를 늘려주고 추가로 남아있는 만큼 기말상품 재고액을 늘려주는 수정분개가 별도로 함께 수행되어야 한다는 것이다. 따라서 수정분개장에 다음의 거래번호 10과 11 두 가지 분개자료를 입력한다.

**수정 분개장**

| 수정_날짜 | 수정_거래번호 | 수정_계정명 | 수정_계정코드 | 수정_적요 | 수정_차변 | 수정_대변 |
|---|---|---|---|---|---|---|
| 2023/6/30 | 10 | 감가상각비 | 5410 | 컴퓨터설비 당월 감가상각비 계상 | 1,400,000 | |
| 2023/6/30 | 10 | 설비감가상각누계액 | 1521 | 컴퓨터설비 당월 감가상각비 계상 | | 1,400,000 |
| 2023/6/30 | 11 | 매출원가 | 5130 | 매입 추가분 매출원가/기말상품 산입 | 4,000,000 | |
| 2023/6/30 | 11 | 상품 | 1160 | 매입 추가분 매출원가/기말상품 산입 | 4,000,000 | |
| 2023/6/30 | 11 | 매입 | 5110 | 매입 추가분 매출원가/기말상품 산입 | | 4,000,000 |
| 2023/6/30 | 11 | 매출원가 | 5130 | 매입 추가분 매출원가/기말상품 산입 | | 4,000,000 |

수정분개장 입력과 관련해서도 아무런 오류메시지가 나타나지 않았다.

❺ 검토를 위해 추가 입력된 3가지 거래자료가 모두 입력되었으니 이제 이들 자료가 재무상태표와 손익계산서에 잘 반영되고 있는지를 살펴보자.

손익계산서에서는 당기매입액과 기말상품재고액이 이전의 금액보다 각각 ₩4,000,000 증가된 금액으로 표시되고 있으며, 감가상각비도 ₩1,400,000 증가된 ₩3,350,000으로 수정되었다. 이로써 법인세차감전순이익이 변경되고 법인세비용이 감소됨으로써 당기순이익도 ₩87,166,100에서 ₩86,186,100으로 변경되었다.

청송산업

**손익계산서**

2023-06-01 부터 2023-06-30까지

| 코드 | 계정 | | 금액 |
|---|---|---|---|
| 4110 | 매출 | | 194,333,000 |
| 5130 | 매출원가 | | 56,000,000 |
| | 기초상품재고액 | | |
| 5110 | 당기매입액 | 64,000,000 | |
| | 기말상품재고액 | 8,000,000 | |
| | 매출총이익 | | 138,333,000 |
| | 판매비와 관리비 | | 14,950,000 |
| 5210 | 급여 | 7,000,000 | |
| 5230 | 임차료 | 2,000,000 | |
| 5250 | 광고비 | 3,000,000 | |
| 5260 | 소모품비 | 1,000,000 | |
| 5410 | 감가상각비 | 1,950,000 | |
| | 영업이익 | | 123,383,000 |
| | 영업외수익 | | 3,340,000 |
| 4210 | 수수료수익 | 1,800,000 | |
| 4230 | 이자수익 | 1,500,000 | |
| 4410 | 유형자산처분이익 | 40,000 | |
| | 영업외비용 | | 2,200,000 |
| 5510 | 이자비용 | 2,200,000 | |
| 5710 | 재해손실 | - | |
| | 법인세차감전순이익 | | 124,523,000 |
| 5810 | 법인세 | | 37,356,900 |
| | 당기순이익 | | 87,166,100 |

청송산업

**손익계산서**

2023-06-01 부터 2023-06-30까지

| 코드 | 계정 | | 금액 |
|---|---|---|---|
| 4110 | 매출 | | 194,333,000 |
| 5130 | 매출원가 | | 56,000,000 |
| | 기초상품재고액 | | |
| 5110 | 당기매입액 | 68,000,000 | |
| | 기말상품재고액 | 12,000,000 | |
| | 매출총이익 | | 138,333,000 |
| | 판매비와 관리비 | | 16,350,000 |
| 5210 | 급여 | 7,000,000 | |
| 5230 | 임차료 | 2,000,000 | |
| 5250 | 광고비 | 3,000,000 | |
| 5260 | 소모품비 | 1,000,000 | |
| 5410 | 감가상각비 | 3,350,000 | |
| | 영업이익 | | 121,983,000 |
| | 영업외수익 | | 3,340,000 |
| 4210 | 수수료수익 | 1,800,000 | |
| 4230 | 이자수익 | 1,500,000 | |
| 4410 | 유형자산처분이익 | 40,000 | |
| | 영업외비용 | | 2,200,000 |
| 5510 | 이자비용 | 2,200,000 | |
| 5710 | 재해손실 | - | |
| | 법인세차감전순이익 | | 123,123,000 |
| 5810 | 법인세 | | 36,936,900 |
| | 당기순이익 | | 86,186,100 |

❻ 재무상태표에서는 상품이 추가 매입액인 ₩4,000,000만큼 증가된 금액으로 변경되었고, 소모품, 비품이 각각 구입액만큼 증가 표시되고 있으며, 외상매입액도 ₩4,000,000만큼 증가된 금액으로 표시되고 있다. 현금계정 역시 비품과 소모품 구입에 사용된 ₩2,300,000만큼 감소하였고, 법인세비용 계산금액이 감소(₩420,000)한 만큼 미지급법인세 대용으로 기록된 미지급이자 계정 역시 ₩420,000만큼 감소된 금액으로 표시되고 있다. 또한 자산총계(₩324,623,000)와 부채 및 자본총계(₩324,623,000)도 서로 일치하여 대차평형이 이루어지고 있음을 알 수 있다.

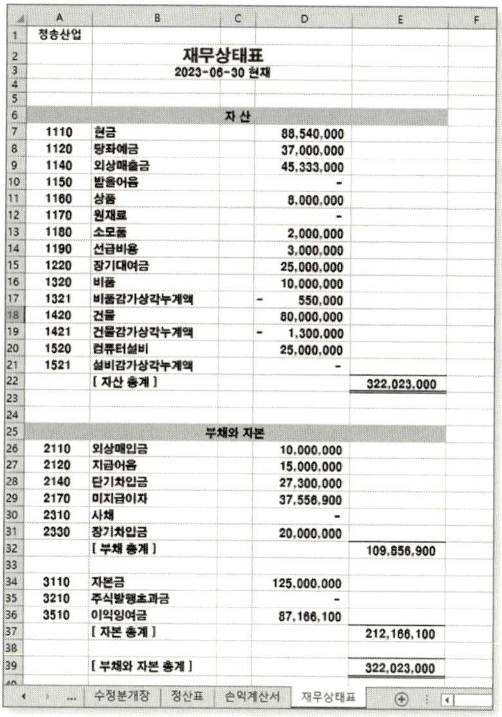

| A | B | C | D | E |
|---|---|---|---|---|
| 청송산업 | | | | |
| | 재무상태표 | | | |
| | 2023-06-30 현재 | | | |
| | 자 산 | | | |
| 1110 | 현금 | | 88,540,000 | |
| 1120 | 당좌예금 | | 37,000,000 | |
| 1140 | 외상매출금 | | 45,333,000 | |
| 1150 | 받을어음 | | - | |
| 1160 | 상품 | | 8,000,000 | |
| 1170 | 원재료 | | - | |
| 1180 | 소모품 | | 2,000,000 | |
| 1190 | 선급비용 | | 3,000,000 | |
| 1220 | 장기대여금 | | 25,000,000 | |
| 1320 | 비품 | | 10,000,000 | |
| 1321 | 비품감가상각누계액 | - | 550,000 | |
| 1420 | 건물 | | 80,000,000 | |
| 1421 | 건물감가상각누계액 | - | 1,300,000 | |
| 1520 | 컴퓨터설비 | | 25,000,000 | |
| 1521 | 설비감가상각누계액 | | - | |
| | [ 자산 총계 ] | | | 322,023,000 |
| | 부채와 자본 | | | |
| 2110 | 외상매입금 | | 10,000,000 | |
| 2120 | 지급어음 | | 15,000,000 | |
| 2140 | 단기차입금 | | 27,300,000 | |
| 2170 | 미지급이자 | | 37,556,900 | |
| 2310 | 사채 | | - | |
| 2330 | 장기차입금 | | 20,000,000 | |
| | [ 부채 총계 ] | | | 109,856,900 |
| 3110 | 자본금 | | 125,000,000 | |
| 3210 | 주식발행초과금 | | - | |
| 3510 | 이익잉여금 | | 87,166,100 | |
| | [ 자본 총계 ] | | | 212,166,100 |
| | [ 부채와 자본 총계 ] | | | 322,023,000 |



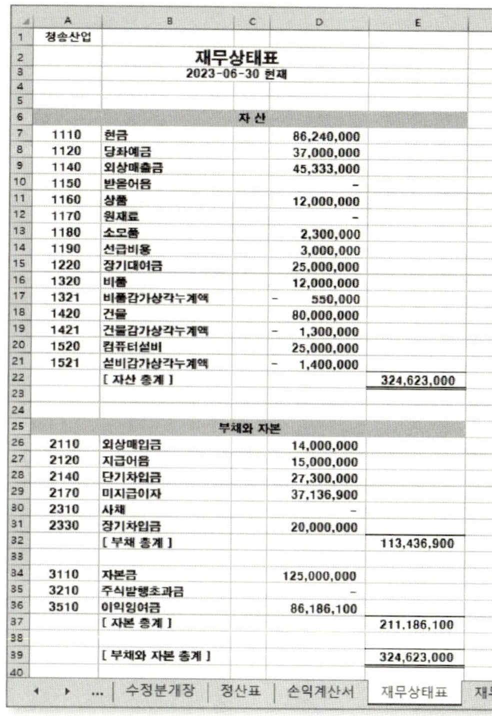

| A | B | C | D | E |
|---|---|---|---|---|
| 청송산업 | | | | |
| | 재무상태표 | | | |
| | 2023-06-30 현재 | | | |
| | 자 산 | | | |
| 1110 | 현금 | | 86,240,000 | |
| 1120 | 당좌예금 | | 37,000,000 | |
| 1140 | 외상매출금 | | 45,333,000 | |
| 1150 | 받을어음 | | - | |
| 1160 | 상품 | | 12,000,000 | |
| 1170 | 원재료 | | - | |
| 1180 | 소모품 | | 2,300,000 | |
| 1190 | 선급비용 | | 3,000,000 | |
| 1220 | 장기대여금 | | 25,000,000 | |
| 1320 | 비품 | | 12,000,000 | |
| 1321 | 비품감가상각누계액 | - | 550,000 | |
| 1420 | 건물 | | 80,000,000 | |
| 1421 | 건물감가상각누계액 | - | 1,300,000 | |
| 1520 | 컴퓨터설비 | | 25,000,000 | |
| 1521 | 설비감가상각누계액 | - | 1,400,000 | |
| | [ 자산 총계 ] | | | 324,623,000 |
| | 부채와 자본 | | | |
| 2110 | 외상매입금 | | 14,000,000 | |
| 2120 | 지급어음 | | 15,000,000 | |
| 2140 | 단기차입금 | | 27,300,000 | |
| 2170 | 미지급이자 | | 37,136,900 | |
| 2310 | 사채 | | - | |
| 2330 | 장기차입금 | | 20,000,000 | |
| | [ 부채 총계 ] | | | 113,436,900 |
| 3110 | 자본금 | | 125,000,000 | |
| 3210 | 주식발행초과금 | | - | |
| 3510 | 이익잉여금 | | 86,186,100 | |
| | [ 자본 총계 ] | | | 211,186,100 |
| | [ 부채와 자본 총계 ] | | | 324,623,000 |



❼ 따라서 이들 변경된 수치는 각 분개장에의 거래 입력이 수식에 의해 모두 정상적으로 기록되고 있으며, 기록 내용이 재무상태표와 손익계산서에 제대로 반영되고 있음을 의미하는 것이다.

❽ 이들 변경된 수치는 재무비율분석이나 관련 차트에도 영향을 미치고 있으며, '미래 손익예측' 차트와 '재무제표 대시보드'에 까지도 변경된 내용을 반영하여 자동으로 변경 표시되고 있음을 알 수 있다.

| | | | |
|---|---|---|---|
| 재무안전성 | 유동비율 | = 유동자산 / 유동부채 | 2.05 |
| | 자기자본비율 | = 자기자본 / 총자산 | 0.66 |
| | 부채비율 | = 총부채 / 총자산 | 0.34 |
| | 자기자본대비부채비율 | = 총부채 /자기자본 | 0.52 |
| 수익성 | 총자산이익률 | = 당기순이익 / 총자산 | 0.27 |
| | 자기자본이익률 | = 당기순이익 / 자기자본 | 0.41 |
| | 매출액순이익률 | = 당기순이익 / 매출액 | 0.45 |
| | 매출액영업이익률 | = 영업이익 / 매출액 | 0.63 |
| 효율성 | 총자산회전율 | = 매출액 / 총자산 | 0.60 |
| | 재고자산회전율 | = 매출액 / 재고자산 | 24.29 |
| | 고정자산회전율 | = 매출액 / 고정자산 | 1.72 |
| | 매출채권회전율 | = 매출액 / 평균매출채권 | 4.29 |

| | | | |
|---|---|---|---|
| 재무안전성 | 유동비율 | = 유동자산 / 유동부채 | 1.99 |
| | 자기자본비율 | = 자기자본 / 총자산 | 0.65 |
| | 부채비율 | = 총부채 / 총자산 | 0.35 |
| | 자기자본대비부채비율 | = 총부채 /자기자본 | 0.54 |
| 수익성 | 총자산이익률 | = 당기순이익 / 총자산 | 0.27 |
| | 자기자본이익률 | = 당기순이익 / 자기자본 | 0.41 |
| | 매출액순이익률 | = 당기순이익 / 매출액 | 0.44 |
| | 매출액영업이익률 | = 영업이익 / 매출액 | 0.63 |
| 효율성 | 총자산회전율 | = 매출액 / 총자산 | 0.60 |
| | 재고자산회전율 | = 매출액 / 재고자산 | 16.19 |
| | 고정자산회전율 | = 매출액 / 고정자산 | 1.71 |
| | 매출채권회전율 | = 매출액 / 평균매출채권 | 4.29 |

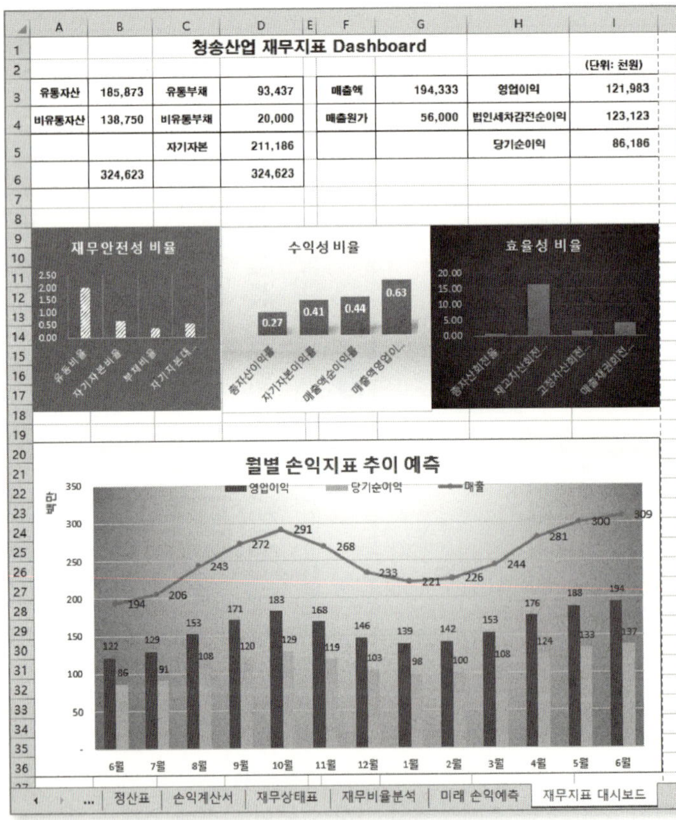


**9** 지금까지 설계한 각종 장부와 보고서 서식들이 의도대로 입력된 거래자료들을 실시간으로 반영하고 있음을 확인하였으므로, 차후에 다른 거래 자료들을 입력하는데에도 활용할 수 있도록 양식과 수식을 보호해 두기로 한다.

입력통제기능 수행을 위해 시트보호가 필요한 장부는 분개장, 매입매출장, 수정분개장 등이다. 먼저 '분개장' sheet를 선택하고 [검토] 탭을 클릭해서 [변경내용] 그룹에서 [시트 보호 해제]로 표시되고 있으면 이 분개장에는 이미 시트보호 기능이 적용되고 있는 것이다. 만일 시트보호가 해제되어 있는 상태여서 [시트 보호] 메뉴가 표시되고 있는 경우에는 [시트 보호]를 클릭하여 [암호]를 '0000'으로 설정하고, 다시 암호를 확인 입력한 후 [확인]을 누른다.

마찬가지 방법으로 '매입매출장'과 '수정분개장' sheet에서도 [시트 보호] 기능 설정 여부를 확인하여 필요한 경우 시트보호를 추가로 설정해 둔다.

⑩ 지금까지 작업한 파일을 이젠 최종 파일명 **'홍길동 – 재무회계프로그램 – 완성'**으로 저장한다.

# 찾아보기

| 저자 약력 |

## 정 용 기

- 현 전남대학교 경영학부 교수
- (사)한국산학협동연구원 원장
- 전남대학교 경영대학 학장
- 한국전산회계학회 회장
- 광주지방국세청 국세심사위원
- NH농협캐피탈/남화토건(주)/전남신용보증재단 사외이사
- 한국경영교육인증원 인증위원회 위원

[주요 저서 및 논문]

- 회계정보시스템
- 행렬회계
- 회계원리
- 아하! 회계가 이거구나!
- EXCEL활용 회계실무
- PC업무활용
- Corporate Financial Disclosure Strategy in the Cyber World
- 회계정보의 멀티미디어형 표현방법에 관한 연구 등


Excel 회계실무와 프로그래밍

초판 발행 2022년 9월 15일

지은이 정용기
펴낸이 김중용
편 집 심성보
펴낸곳 도서출판 정독
경기도 고양시 일산서구 하이파크로 113, 102-204
등록 제406-2014-000093호

전 화 031)924-7203 팩 스 02)718-8554
홈페이지 www.jeongdok.co.kr 이메일 admin@jeongdok.co.kr
ISBN 979-11-6858-075-6 93320





정 가 33,000원